Juan Fernández-Nespral, Julia Fritz,
Anke Lutz, Sylvia Thebes

WÖRTERBUCH ZUR UNTERNEHMENS-FINANZIERUNG

DEUTSCH – SPANISCH
SPANISCH – DEUTSCH

Verlegt vom
Bundesverband der Dolmetscher
und Übersetzer e.V. (BDÜ)

Juan Fernández-Nespral, Julia Fritz,
Anke Lutz, Sylvia Thebes

WÖRTERBUCH ZUR UNTERNEHMENS-FINANZIERUNG

DEUTSCH – SPANISCH
SPANISCH – DEUTSCH

Die Deutsche Bibliothek – CIP Einheitsaufnahme

FERNÁNDEZ-NESPRAL, JUAN; FRITZ, JULIA;
LUTZ, ANKE; THEBES, SYLVIA:
WÖRTERBUCH ZUR UNTERNEHMENSFINANZIERUNG
DEUTSCH - SPANISCH
SPANISCH - DEUTSCH
verlegt vom Bundesverband der Dolmetscher und Übersetzer e.V. (BDÜ)

ISBN 978-3-938430-11-8

ISBN 978-3-938430-11-8

Das vorliegende Wörterbuch zur Unternehmensfinanzierung basiert auf einem Diplomarbeitsprojekt. Die drei im Rahmen dieses Projekts entstandenen Diplomarbeiten wurden im Jahr 2000 am Lehrstuhl für Spanische Übersetzungswissenschaft von Prof. Dr. Nelson Cartagena am Institut für Übersetzen und Dolmetschen der Universität Heidelberg angenommen. Wir danken Herrn Prof. Dr. Cartagena, dass er dieses Projekt gefördert hat. Außerdem danken wir Herrn Dipl. Mathematiker Martin Spoden für die Programmierung der Datenbank sowie für die technische Unterstützung bei der Erstellung der Druckvorlage. Dem Verlag danken wir für sein Interesse an diesem Wörterbuch und für seine Aufnahme in die Schriftenreihe des BDÜ. Vor Drucklegung wurde das vorliegende Werk überarbeitet und aktualisiert.

Vorwort

Dieses Wörterbuch zur Unternehmensfinanzierung richtet sich in erster Linie an Übersetzer deutscher und spanischer Fachtexte aus den Bereichen Wirtschaft und Recht. Aber auch für Betriebs- und Volkswirte sowie für Juristen, die bei ihrer Arbeit als Vermittler im Austausch zwischen der deutschen und der spanischen Wirtschaft agieren, kann dieses Wörterbuch hilfreich sein.

Der Erstellung dieses Werks gingen Überlegungen voraus, wie ein zweisprachiges Wörterbuch aufgebaut sein sollte, damit Übersetzer ihre Tätigkeit zuverlässig und mit möglichst geringem Zeitaufwand ausüben können. Dieses Wörterbuch unterscheidet sich daher von herkömmlichen zweisprachigen Wörterbüchern, in denen einem Terminus in der Ausgangssprache eine Auswahl an Übersetzungen in der Zielsprache gegenübersteht. Für Übersetzer von Fachtexten, von deren Wahl des richtigen Terminus das Gelingen der (Fach-)Kommunikation abhängt, ist das bloße Angebot von Übersetzungs*möglichkeiten* oft wenig hilfreich, da für die Entscheidung, welcher der angebotenen Termini der passende für den jeweiligen Kontext ist, meist weitere Recherchen erforderlich sind.

Das vorliegende Werk soll den Nutzern auf dem Weg zur treffenden Übersetzung zeitaufwändige Recherchen ersparen. Dazu dienen etwa Informationen wie definitorische Begriffsabgrenzungen, Kontextbeispiele und Kommentare zur Erläuterung möglicher kulturspezifischer Unterschiede der jeweiligen Begriffe. Die Einträge dieses Wörterbuchs, dessen Korpus auf einem betriebswirtschaftlichen Lehrbuch in deutscher Sprache basiert (Dornieden, Ulrich et al. (1993[1]): *Unternehmensfinanzierung*. Wiesbaden: Gabler), sind wie folgt aufgebaut:

1) Terminus in der Ausgangssprache
2) Informationen zum Terminus in der Ausgangssprache
   in Form von Definitionen (def) und/oder Explikationen (expl)
3) Kontextbeispiel (kon) in der Ausgangssprache
4) Terminus in der Zielsprache
5) Informationen zum Terminus in der Zielsprache
   in Form von Definitionen (def) und/oder Explikationen (expl)
6) Kontextbeispiel (kon) in der Zielsprache

7) Kommentar (Komm) je nach Bedarf entweder zur Ziel- oder zur Ausgangssprache sowie sprach- und kulturspezifisch
8) Querverweise (^...^) verknüpfen die Einträge untereinander

Die Termini in Ausgangs- und Zielsprache sind jeweils fett gedruckt. Termini, die im wirtschaftlichen Kontext unterschiedliche Bedeutungen aufweisen, wurden durch Nummerierung entsprechend gekennzeichnet. Bei spanischen Termini kann der Zusatz (ÜV) angefügt sein. Diese Abkürzung steht für Übersetzungsvorschlag. Es handelt sich dabei um Termini, für die die konsultierte Fachliteratur keine explizite Übersetzungslösung bietet. Die Übersetzungsvorschläge basieren meist auf Informationen aus der konsultierten deutschen und spanischen Fachliteratur und wurden mit spanischsprachigen Experten aus Wirtschaft und Recht abgestimmt. Handelt es sich bei den Übersetzungsvorschlägen um Mehrworttermini, können einige Gliedteile in Parenthese stehen. Die in Parenthese stehenden Gliedteile können je nach Spezifizierungsgrad des jeweiligen Kontextes, in dem der Terminus verwendet wird, entfallen oder ohne Parenthese angeführt werden.

Beispiel: Absetzung für Abnutzung → amortización (a efectos impositivos) (ÜV)

In einem bestimmten Kontext könnte *amortización*, in einem anderen Kontext hingegen der Terminus *amortización a efectos impositivos* die geeignetere Übersetzung sein.

Die Definitionen (def) im Deutschen und Spanischen, die ausschließlich enzyklopädischen Nachschlagewerken entnommen wurden, dienen zur Begriffsabgrenzung. Bei einigen Termini sind Definitionen aus verschiedenen Nachschlagewerken aufgeführt. Dies ist meist dann der Fall, wenn eine Definition durch weitere Begriffsfacetten einer anderen Definition ergänzt wird. Die unterschiedlichen Definitionen sind nummeriert, wobei die Reihenfolge der Definitionen keinerlei Wertung impliziert, sondern der Leserfreundlichkeit dienen soll. Bot die konsultierte Fachliteratur keine expliziten Definitionen, wurden für die entsprechenden Termini Definitionsvorschläge verfasst. Diese sind mit (DV) gekennzeichnet und beruhen auf inhaltlichen Angaben der konsultierten deutschen und spanischen Fachliteratur. Auch beim Verfassen der Definitionsvorschläge wurden Experten aus den Gebieten Wirtschaft und Recht beratend hinzugezogen.

Zur weiteren Begriffsabgrenzung wurden bei einigen Termini Informationen aus Fachbüchern, Gesetzestexten oder anderen Dokumenten, etwa relevantes Publikationsmaterial von Finanzdienstleistern, angeführt. Bei diesen Eintragselementen handelt es sich um so genannte Explikationen (expl).

Die deutschen Kontextbeispiele (kon) wurden hauptsächlich dem Korpustext entnommen. Ähnlich wie im Spanischen dienten jedoch auch andere Fachbücher, Fachzeitschriften oder das Internet als Quelle für Kontextbeispiele. In den Kontextbeispielen werden die Termini in einen bestimmten Zusammenhang gesetzt, um eine mögliche syntaktische und semantische Verwendung aufzuzeigen.

Die Kommentare (Komm) können sich auf verschiedene Eintragselemente beziehen und daher auch an verschiedenen Stellen innerhalb eines Eintrags stehen. Meist wurden sie im Anschluss an das Eintragselement, auf das sie sich beziehen, eingefügt. Zusammenfassende Kommentare, die sich auf den Eintrag als Ganzes beziehen, stehen am Ende des Eintrags. Die Kommentare können zusätzliche, erläuternde sowie sprach- und kulturspezifische Informationen enthalten.

Die Termini sind untereinander durch Querverweise verknüpft. Diese sind durch ^...^ gekennzeichnet und im Anschluss an die entsprechenden Termini aufgeführt. Der Nutzer kann mit Hilfe der Querverweise zusätzliche Informationen zu verwandten Termini erhalten.

Die Bedeutungsunterschiede einiger grundlegender Termini der Betriebswirtschaft werden im Anhang graphisch dargestellt. Die Einträge der relevanten Termini enthalten einen entsprechenden Hinweis auf den Anhang.

Die Quellen sind in Sigelform (drei Großbuchstaben gefolgt von einer Seitenzahl) abgekürzt. Quellen aus enzyklopädischen Nachschlagewerken wurden nicht mit einer Seitenzahl versehen. Die Angabe (vs ...) bei einem Sigel einer enzyklopädischen Quelle verweist auf den entsprechenden Eintrag in der konsultierten Quelle. Am Ende des Buches befindet sich ein Sigelverzeichnis mit bibliographischen Angaben. Quellen aus dem Internet wurden mit der entsprechenden URL gekennzeichnet.

Das skizzierte Informationsangebot zu einzelnen Termini bietet unseres Erachtens eine feste Grundlage, um zu einer guten Übersetzungslösung zu gelangen. Wir wünschen den Nutzern, dass das vorliegende Wörterbuch zur Unternehmensfinanzierung ein hilfreicher Begleiter bei ihrer (Übersetzungs-)Tätigkeit sei!

Juan Fernández-Nespral

Julia Fritz

Anke Lutz

Sylvia Thebes

Hamburg und Heidelberg, im April 2006

Abkürzungsverzeichnis

Abs.	Absatz
adj.	Adjektiv
adv.	Adverb
AktG	Aktiengesetz
Art.	Artikel
art.	artículo
BBankG	Bundesbankgesetz
BetrVG	Betriebsverfassungsgesetz
BGB	Bürgerliches Gesetzbuch
BOE (auch B.O.E.)	Boletín Oficial del Estado
bzgl.	bezüglich
bzw.	beziehungsweise
CdC (auch CDC)	Código de Comercio
d. h.	das heißt
def	Definition
dgl.	dergleichen
DV	Definitionsvorschlag
einschl.	einschließlich
esp.	especialmente
EStG	Einkommensteuergesetz
etc.	etcetera
evtl.	eventuell
expl	Explikation
f	Femininum
ff.	fortfolgende
fpl	Femininum Plural
gem.	gemäß
GenG	Genossenschaftsgesetz
ggf.	gegebenenfalls
HGB	Handelsgesetzbuch
i. A.	im Allgemeinen
i. d. R.	in der Regel
i. e. S.	im engeren Sinne
i. w. S.	im weitesten Sinne
InsO	Insolvenzordnung
insbes.	insbesondere
jdm.	jemand
KO	Konkursordnung
Komm	Kommentar
kon	Kontext
L.O.B.	Ley de Ordenación Bancaria
LSA (auch L.S.A.)	Ley de Sociedades Anónimas
LSRL	Ley de Sociedades de Responsabilidad Limitada
m	Maskulinum
mpl	Maskulinum Plural
n	Neutrum
npl	Neutrum Plural
o. a.	oben angeführt
o. g.	oben genannt
OWiG	Gesetz über Ordnungswidrigkeiten
p. a.	per annum
RL	Richtlinie
Rz.	Randziffer
s. u.	siehe unten
sog.	so genannt
StGB	Strafgesetzbuch
u.	und
u. Ä.	und Ähnliches
u. U.	unter Umständen
UStG	Umsatzsteuergesetz
usw.	und so weiter
ÜV	Übersetzungsvorschlag
v. a.	vor allem
v. H.	von Hundert (= Prozent)
vt	transitives Verb
WPO	Wirtschaftsprüfungsordnung
z. B.	zum Beispiel
z. T.	zum Teil
ZPO	Zivilprozessordnung

DEUTSCH – SPANISCH

A

Abgaben *fpl* ^*Beiträge*^ ^*Gebühren*^ ^*Steuern*^ (def) (öffentliche) ist der Sammelbegriff für alle Geldleistungen, die der Bürger kraft öffentlichen Rechts an den Staat oder an sonstige Körperschaften des öffentlichen Rechts abzuführen hat. (...) (CRL); (kon) Verbrauchsteuern sind Abgaben, die den Verbrauch oder Gebrauch bestimmter Waren belasten. (USS: 126) **tributos** *mpl* (def) Prestación pecuniaria de carácter coactivo establecida por el Estado u otro ente público, de acuerdo con los procedimientos establecidos en el ordenamiento jurídico, y con la finalidad u objetivo primordial de financiar los gastos públicos. Los tributos se dividen en impuestos, tasas y contribuciones especiales. (DEN); (expl) Los tributos se clasifican en tasas, contribuciones especiales e impuestos: a) Las tasas son tributos cuyo hecho imponible consiste en la prestación de servicios o la realización de actividades en régimen de Derecho público que se refieran, afectan o benefician a los sujetos pasivos, cuando concurran las dos siguientes circunstancias: 1) Que sean de solicitud o recepción obligatoria por los administrados [entspricht dem Terminus *Gebühren*]. 2) Que no puedan prestarse o realizarse por el sector privado por cuanto impliquen intervención en la actuación de los particulares o cualquier otra manifestación del ejercicio de autoridad o porque, en relación a dichos servicios, esté establecida su reserva a favor del sector público conforme a la normativa vigente. (...) b) Contribuciones especiales son aquellos tributos cuyo hecho imponible consiste en la obtención por el sujeto pasivo de un beneficio o de un aumento de valor de sus bienes, como consecuencia de la realización de obras públicas o del establecimiento o ampliación de servicios públicos [entspricht dem Terminus *Beiträge*]; c) Son impuestos los tributos exigidos sin contraprestación, cuyo hecho imponible está constituido por negocios, actos o hechos de naturaleza jurídica o económica, que ponen de manifiesto la capacidad contributiva del sujeto pasivo, como consecuencia de la posesión de un patrimonio, la circulación de los bienes o la adquisición o gasto de la renta [entspricht dem Terminus *Steuern*]. (LGT); (kon) Los tributos en los Estados de la CEE cumplen la función esencial de ser ingresos estatales para el sostenimiento de las cargas públicas, pero adicionalmente contribuyen también al mantenimiento de las cargas propias del funcionamiento de las Comunidades. (SFE: 5)

Absatz *m* ^*Absatzmarkt*^ ^*Beschaffung*^ ^*Produktion*^ ^*Verkauf (WDW)*^ (def) Die Schlussphase des innerbetrieblichen Umsatzprozesses, der aus den Kapitalbewegungen im Beschaffungs-, Produktions- und Absatzbereich besteht bzw. die Menge der in einer Zeiteinheit veräußerten Güter von Gewinnungs-(Urproduktions-), Fabrikations-, Veredelungs- und Handelsunternehmen. (GWL); (kon) Die deutsche Papierindustrie hat beim Absatz und der Produktion ein zufrieden stellendes Ergebnis für das Jahr 2003 erreicht. (www.presseportal.de) **cifra de ventas** *f* ^*distribución (UEC)*^ ^*ventas*^ (Komm) *ventas* ist die Kurzform von *cifra de ventas* (en unidades físicas); (def) Suma de las operaciones realizadas durante el ejercicio o período considerado. Normalmente un año contable. (MDB); (kon) La facturación, la cifra (o el volumen) de ventas y la cifra de negocios son indicadores de la dimensión de las actividades comerciales de una empresa. (SMA: 79)

Absatzmarkt *m* ^*Beschaffungsmarkt*^ (def) Bezeichnung der Wirtschaftstheorie und -praxis für den der Produktion nachgelagerten Markt, auf dem die Produkte einer Firma verkauft (abgesetzt) werden. Gegenstück ist der vorgelagerte Markt, der Beschaffungsmarkt. Der Absatzmarkt des Verkäufers (Anbieters) ist für den Käufer (Nachfrager) Beschaffungsmarkt. (GWL); (kon) Ausgangspunkt für Investitionen müssen (...) grundsätzlich die auf den Absatzmärkten des Unternehmens bestehenden Chancen sein, welche unter Abwägung der mit ihnen verbundenen Risiken im Hinblick auf ihre Rentabilität zu beurteilen sind. (GUF: 105) **mercado de venta** *m* ^*mercado consumidor (ABA)*^ ^*mercado de consumo (TMD)*^ (expl) Segmento de mercado formado por los particulares y familias, o consumidores últimos, que usan un producto o servicio para satisfacer sus propias necesidades. (TMD); (kon) Por mercado se entiende el establecimiento destinado a las operaciones de compra y venta de artículos de primera necesidad y de consumo diario. (...). (DDU vs mercado); (Komm) Hay que entender el término *consumidor último* en su sentido más general, pues para una empresa que produzca productos intermedios el consumidor de los mismos será otra empresa y no los particulares o las familias.

Absatzplan *m* ^*Absatzplanung*^ (def) Ausgangspunkt betrieblicher Planung, mit dem alle anderen Planungen verknüpft sind: Kapazitäts- und Investitionsplanung, Finanzplanung, Produktions- und Einkaufsplanung, Kosten-, Ertrags- und Gewinnplanung. Kurzfristiger Absatzplan: Bestimmend für Umfang und zeitliche Verteilung der Produktion sowie für die kurzfristige Finanzplanung. (GWL); (kon) Hieraus abgeleitet wird der kurzfristige Absatzplan, welcher die Planungsgrundlage für die übrigen Teilbereiche (Einkauf, Produktion, Verkauf, Forschung und Verwaltung) bildet. (GUF: 111) **plan de ventas** *m* ^*expectativas de ventas (ABA)*^ ^*previsión de ventas*^ (def) Recoge los fondos obtenidos a corto plazo y los epígrafes o formas en que los mismos son invertidos. La denominación varía según la partida concreta que se estudie. Así, por ejemplo, para el papel comercial se reconoce como corto plazo los vencimientos interiores a noventa días, para los créditos los que no pasan de año y medio, mientras que los depósitos ajenos sólo engloban los contabilizados en cuenta corriente y Caja de Ahorros. (MDB); (kon) La fijación <a priori> de la actividad microeconómica comienza, generalmente por la previsión de ventas; este problema implica las mayores dificultades, debido a la incertidumbre que impregna el mercado. (ABA: 136)

Absatzplanung *f* ^*Absatzplan*^ (def) Entscheidungen über in der Zukunft zu erzielende Absatzmengen und Umsätze auf den jeweiligen Märkten und Teilmärkten sowie mit den jeweiligen Kundengruppen der Unternehmung in den Planungszeiträumen. Der Absatzplanung liegt der geplante Einsatz der marketingpolitischen Instrumente sowie die Einschätzung des Konkurrenz- und Kundenverhaltens zugrunde. (GWL); (kon) Bei erhöhten Absatzerwartungen wird sich die Investitionsplanung auf die Unterlagen der Absatzplanung stützen, bei Investitionen zur Verbesserung der Produktionsstruktur dagegen unmittelbar auf die Produktplanung zurückgreifen. (GUF: 106) **planificación de ventas** *f* ^*programa de ventas (ABA)*^ (def) Decisiones empresariales sobre los objetivos de venta según mercados y grupos de clientes durante un período de tiempo determinado. (DV); (expl) Actividad de la dirección de ventas que comprende las funciones de especificación de los objetivos de venta, elección del sistema de ventas y selección de los vendedores (...) (TMD); (kon) Los demás presupuestos (compras, fabricación, costes, inversión, financiación...) se deducen del programa de ventas. (ABA: 136)

Abschreibung *f* (def) Betrag bzw. Methode zur Ermittlung des Betrages, der bei Gegenständen des Anlagevermögens, die im Laufe der Nutzungsdauer durch Nutzung eingetretenen Wertminderungen an den einzelnen Vermögensgegenständen erfassen soll und der dementsprechend in der Gewinn- und Verlustrechnung als Aufwand (bzw. in der Kostenrechnung als Kosten) angesetzt wird. Von *Abschreibung* wird heute auch dann gesprochen, wenn die unterschiedlichen vorgeschriebenen oder möglichen Verfahren zur Abwertung (einschl. Bewertungskorrekturen) von Vermögensgegenständen des Anlage- und Umlaufvermögens (vgl. §§ 253, 254 HGB) sowie von Bilanzierungshilfen gemeint sind. Mit A[bschreibung] i. w. S. wird nicht nur der betrieblich bedingte Leistungsverzehr während einer Rechnungsperiode an einem Vermögensgegenstand des Anlagevermögens erfasst, sondern auch die sich aus sonstigen Abwertungsgeboten und Abwertungswahlrechten ergebenden Wertminderungen. (GWL); (expl) Wenn in der Literatur und Praxis von Finanzierung aus Abschreibungen bzw. Abschreibungsgegenwerten die Rede ist, dann meint man einen Effekt, der häufig als Lohmann-Ruchti-Effekt oder auch als Ruchti-Effekt bezeichnet wird. Allgemein versteht man unter Abschreibung die Verteilung eines Kaufpreises für ein langfristig nutzbares Wirtschaftsgut auf eine Anzahl von Jahren. (DÄU); (kon) Bekanntlich gibt es Aufwendungen, die erst zu einem späteren Zeitpunkt zu Ausgaben werden (zum Beispiel Abschreibungen), während andererseits Umsatzerlöse aus Zielverkäufen dem Unternehmen erst später als Einzahlungen zufließen. (GUF: 79) **amortización** *f* (def 1) La amortización contable consiste en la operación contable mediante la cual se va reduciendo el valor de las inmovilizaciones de estructura que se deprecian necesariamente en el curso del tiempo. La amortización le proporciona a la empresa ciertas cantidades de dinero, que se deducen de los beneficios brutos para llegar a la determinación de los beneficios netos, que no es necesario, por el momento, gastar. (AEE); (def 2) Reducción del valor atribuido a la propiedad, maquinaria y mercaderías comprendidas en un inventario o balance, a medida que pierden utilidad, pasa el tiempo o deben ser renovados; su depreciación. (AEE); (kon) En contabilidad, sin embargo, la amortización se refiere a la depreciación o pérdida de valor de un bien. (SMA: 81)

Absetzung für Abnutzung *f* ^*AfA*^ (Komm) In Fachtexten ist die Abkürzung *AfA* eher gebräuchlich.; (def) Unter dem steuerrechtlichen Begriff Absetzung für Abnutzung (AfA) wird die planmäßige Erfassung des nutzungsbedingten Werteverzehrs einzelner Wirtschaftsgüter des abnutzbaren Anlagevermögens verstanden. Bei der Absetzung für Abnutzung tritt die tatsächliche Wertentwicklung der Wirtschaftsgüter zunächst in den Hintergrund. Die Vornahme planmäßiger Wertherabsetzungen hängt nicht davon ab, dass das Wirtschaftsgut tatsächlich auch eine Wertminderung erfahren hat. Vielmehr besteht die Zielsetzung der planmäßigen Abschreibung darin, die Anschaffungs- oder Herstellungskosten (AHK) der Wirtschaftsgüter möglichst periodengerecht auf die Nutzungsdauer zu verteilen, um eine gleichmäßige Besteuerung zu gewährleisten. Grundsätzlich sind die AfA nach Maßgabe der betriebsgewöhnlichen Nutzungsdauer des Wirtschaftsgutes zu bemessen (§ 7 Abs. 1 S. 2 EStG). Um Gewinnverlagerungen durch überhöhten oder zu geringen Abschreibungsaufwand zu vermeiden, werden die AfA-Sätze und betriebsgewöhnlichen Nutzungsdauern der einzelnen Anlagegüter für die Bemessung der steuerlichen Abschreibung von der Finanzverwaltung in AfA-Tabellen zusammengestellt. (...) Eine Abweichung von den Werten der AfA-Tabellen ist nur in Ausnahmefällen erlaubt und muss besonders begründet werden. Das Einkommenssteuerrecht geht grundsätzlich von der linearen AfA aus (Abschreibung in gleichen Jahresbeträgen). Daneben ist die (geometrisch) degressive Abschreibung (Abschreibung in fallenden Jahresbeträgen) bei beweglichen Wirtschaftsgütern des Anlagevermögens innerhalb bestimmter Grenzen zulässig (§ 7 Abs. 1 und Abs. 2 EStG).(...) Ein Wechsel der Abschreibungsmethode ist nur von der degressiven zur linearen Methode erlaubt (§ 7 Abs. 3 EStG). (...) (LBW); (expl) Die steuerliche Normalabschreibung, die Absetzung für Abnutzung (AfA), ist die Abschreibung im eigentlichen Sinne und ein rechnungstechnisches Mittel der betrieblichen Aufwandsverteilung und periodengerechten Erfolgsermittlung. (ZBR: 40); (kon) Abnutzbares Anlagevermögen ist mit den Anschaffungs- oder Herstellungskosten vermindert um die Absetzung für Abnutzung zu bewerten. (HFK: 331)

amortización (a efectos impositivos) *f* (ÜV) ^*amortización*^ (def) Acción y efecto de contabilizar en el ejercicio una cuota o porcentaje del precio de adquisición de los bienes del activo fijo para reflejar la depreciación sufrida por el desgaste o la obsolescencia. Se denomina amortización constante o amortización lineal cuando las cuotas son iguales para todos los ejercicios contables; amortización decreciente, cuando disminuyen. Esta última es la que, generalmente, refleja con mayor fidelidad la depreciación del activo, ya que éste pierde una gran parte de su valor de cambio en el momento en que se adquiere. No es fácil, sin embargo, mantener en el tiempo una correspondencia exacta entre la depreciación del activo y la amortización acumulada: basta la aparición de un sustituto más productivo para que la depreciación sea muy significativa o total. Para que no haya pérdida es necesario que el activo esté amortizado cuando deje de ser útil. (RDD); (Komm) Der Terminus *Absetzung für Abnutzung* gehört im Deutschen ausschließlich der steuerrechtlichen Terminologie an. Durch steuerrechtliche Abschreibungen wird der zu versteuernde Gewinn einer Unternehmung ermittelt. In der Gewinn- und Verlustrechnung stellen sie den Aufwand dar. Im Ertragssteuerrecht werden insgesamt drei Arten von Abschreibungen unterschieden: a) Absetzung für Abnutzung, b) Teilwertabschreibung und c) Sonderabschreibung und Bewertungsfreiheit. Die Absetzung für Abnutzung fungiert als steuerliche Normalabschreibung. 1974 wurde in einem Entwurf eines EStG (Einkommenssteuergesetz) von der Steuerreformkommission daher vorgeschlagen, in Zukunft nur noch den Terminus *Abschreibung* an Stelle von *Absetzung für Abnutzung* zu verwenden. Dieser Vorschlag hat sich in der Praxis jedoch nicht durchgesetzt. Da das spanische Steuersystem vom deutschen abweicht, gibt es im Spanischen keine Entsprechung des Terminus *Absetzung für Abnutzung* mit allen seinen Ausprägungen. Es ist daher möglich, den Begriff mit dem Terminus *amortización* zu übersetzen, da es sich um den Normalfall der Abschreibung handelt oder gemäß Übersetzungsvorschlag den Terminus *amortización (a efectos impositivos)* als Übersetzung zu wählen. Um bei der Übersetzung deutlich zu machen, dass dieser Terminus ausschließlich im deutschen Steuerrecht vorkommt (im Handelsrecht wird für diesen Begriff *planmäßige Abschreibung* verwendet, vgl. KKB: 186 ff.), sollte der deutsche Terminus im Anschluss an den spanischen in Parenthese angeführt werden.; (kon) Hemos visto en el apartado anterior cómo contabilizar la amortización del inmovilizado. No obstante, a la hora de fijar la amortización del inmovilizado hay que decidir dos parámetros: el plazo de amortización y el método de amortización. (ABC: 78)

Abtretung *f* ^*Forderungsabtretung (GWL)*^ ^*Zession*^ (Komm) Man unterscheidet zwischen offener, halboffener und stiller Forderungsabtretung, Global- und Mantelzession; (def) Übertragung einer Forderung von dem bisherigen Gläubiger (Zedenten) auf einen neuen Gläubiger (Zessionar). (GWL vs Forderungsabtretung); (expl) Mit dem Abschluss des Vertrages zur Abtretung von Forderungen (Zession) tritt der neue Gläubiger (Zessionar) an die Stelle des alten Gläubigers (Zedent). Dem Schuldner braucht die Abtretung nicht angezeigt werden. Die Abtretung kann formlos (auch mündlich) erfolgen, doch übergibt der Zedent dem Zessionar in der Regel eine einfache schriftliche Abtretungserklärung. (MÜS); (kon) Wird die Abtretung dem Drittschuldner nicht mitgeteilt (= Stille Zession), so zahlt er mit befreiender Wirkung an den Kreditnehmer, der den Betrag weiterleitet. (GUF: 66) **cesión** *f* (def) La renuncia o transmisión, gratuita u onerosa, que se hace de una cosa, crédito, acción o derecho a favor de otra persona. La cesión – de no usarse como sinónimo de transmisión – es un contrato por el cual uno transfiere a otro el crédito, derecho o acción que tiene contra un tercero. La cesión puede efectuarse por venta, donación, permuta, dación en pago, legado o cualquier otro título eficaz para que lo propio de uno se torne del que antes era ajeno. Pueden constituir objeto de la cesión todos los derechos y acciones, así reales como personales. (DDU); (kon) En el Derecho alemán se permite la cesión del nombre mercantil al enajenar un negocio. (HAC: 81)

Abtretungsverbot *n* ^*Abtretung*^ ^*Zessionsverbot (MÜS)*^ (def) Ausschluss der Abtretung von Forderungen an Dritte (§ 390 BGB). A[btretungsverbot] besteht, wenn Leistung an einen anderen nicht ohne Inhaltsveränderung erfolgen kann, wenn Abtretung durch Vereinbarung ausgeschlossen (§ 399 BGB) oder Forderung unpfändbar ist (§ 400 BGB). (GWL); (expl) Die Parteien eines Schuldverhältnisses können formfrei vereinbaren, dass eine Abtretung der Forderung unstatthaft ist. Wird gleichwohl die Forderung abgetreten, so ist die Abtretung rechtsunwirksam; im Einzelfall kann das Abtretungsverbot durch Zustimmung des Schuldners mit Wirkung für die Zukunft aufgehoben werden. (MÜS); (kon) Probleme auf der Abnehmerseite können sich ergeben, wenn Kunden für die Forderungen Abtretungsverbote praktizieren und den Übergang zum Factoring als Schwäche missdeuten. (GUF: 60) **pacto de no cesión de crédito** *m* ^*exclusión de la cesión de créditos*^ ^*pacto por la no cesión de créditos*^ ^*prohibición de la cesión de créditos*^ (Komm) El contexto alemán se refiere a una modalidad de la prohibición que consiste en un pacto entre las partes. Los pactos prohibitivos son una práctica corriente, recogida por la doctrina en sus formas más tradicionales (pacto de no prestar la evicción, pacto de no pedir, pacto de no enajenar...). La cesión de créditos no tiene lugar cuando hay prohibición expresa, restricción que consiste en el título, o impedimentos generales de ilicitud o inmoralidad.

Abwicklung *f* ^*Liquidation*^

abzinsen *vt* ^*diskontieren*^ (def) Begriff der Zinseszinsrechnung: Ermittlung des Anfangskapitals für ein gegebenes Endkapital bzw. Bestimmung des Bar- oder Gegenwartwertes zukünftiger Zahlungen durch Multiplikation mit dem zugehörigen Abzinsungsfaktor. (GWL vs Abzinsung); (kon) Da diese [Ausgaben und Einnahmen] zu verschiedenen Zeiten anfallen, müssen sie auf den Berechnungszeitpunkt abgezinst, also diskontiert werden. (GUF: 107) **descontar** *vt* ^*actualizar (DEN)*^ (def 1) Procedimiento de cálculo financiero por el cual es posible expresar el valor futuro de un capital a su valor presente en función de la variable tiempo. (DEN vs actualización); (def 2) Calcular el valor actual de una renta que se va a recibir en un futuro. (DEN); (Komm) Die Termini *actualización* bzw. *indexación* implizieren die Ermittlung von Daten, die einen monetären Wertverlust verhindern sowie den tatsächlichen Wert von zukünftigen Ein- und Auszahlungen widerspiegeln.; (kon) Para calcular la Rentabilidad Real del Fondo Tipo A del mismo mes de noviembre, debemos incorporar los valores de la unidad de fomento para esos días, con el objeto de deflactar la rentabilidad nominal, es decir, descontar el valor de la inflación del período calculado.

AfA *f* ^*Absetzung für Abnutzung*^ (Komm) In Fachtexten ist die Abkürzung gebräuchlicher als die Langform *Absetzung für Abnutzung*. Da Besteuerungen in Deutschland und Spanien unterschiedlich geregelt sind, gibt es im Spanischen keine Entsprechung für *Absetzung für Abnutzung*.; (kon) Dem Leasing-

Nehmer steht die AfA nach der betriebsgewöhnlichen Nutzungsdauer des Leasing-Gegenstandes zu. (www.leasing.de)

AG *f* ^*Aktiengesellschaft*^ (kon) Gründet ein maßgeblicher Kapitalgeber mit Hilfe von Strohmännern eine GmbH oder eine AG und erwirbt er später die Anteile der übrigen Gründer wieder zurück, so handelt es sich zwar formal bei diesen Unternehmungen um Kapitalgesellschaften mit den dafür geltenden Haftungen, de facto hat eine solche Unternehmung in ihren Entscheidungen jedoch die Beweglichkeit einer Einzelfirma. (GUF: 33) **S.A.** *f* (kon) En la denominación de la Compañía deberá figurar necesariamente la indicación *Sociedad Anónima* o su abreviatura *S.A.*. (LSA art. 2, 1.)

Agio (1) *n* ^*Disagio*^ (def) Aufgeld. 1. Begriff: Betrag, um den der Preis oder Kurs den Nennwert eines Wertpapiers oder die Kaufkraftparität einer Geldsorte übersteigt (genauer: Emissionsagio). Das A[gio] wird meist in Prozent des Nennwertes ausgedrückt. – Gegensatz: Disagio. - (...) Beispiele: (1) Aktie mit Nennwert 1.000 EUR wird zum Kurs von 110 ausgegeben; Agio = 10 % des Nennwertes = 100 EUR. (...) (GWL); (kon) Die Ausgabe muss nicht zum Nennwert erfolgen: Bei Unterpari-Ausgaben liegt der Begebungskurs um das Disagio darunter, bei Überpari-Ausgaben liegt er um das Agio darüber, bei Pariausgaben ist er mit dem Nennwert identisch. (GUF: 40) **prima de emisión** *f* (def 1) (...) Cantidad por encima del valor nominal de una acción que se exige a los suscriptores en el momento de entrar una sociedad en el mercado bursátil, o al ampliar su capital, para ajustar el precio de venta efectivo al valor en libros de la sociedad, o al nivel de su cotización en bolsa. (...) (TDE); (def 2) Diferencia entre el precio de pago de una emisión y el nominal del título. (...) (ADE); (Komm) Im angeführten deutschen Kontextbeispiel wird der Begriff *Agio* in seiner engeren Bedeutung des Emissionsagios gemäß der deutschen Definition verwendet. Dieser Sachverhalt sollte bei der Übersetzung immer durch den spanischen Terminus *prima de emisión* und nicht durch den Terminus *agio* ausgedrückt werden, da Letzterer noch einige andere Bedeutungen umfasst. (siehe auch Kommentar zu Agio 2).; (kon) Será lícita la emisión de acciones con prima. La prima de emisión deberá satisfacerse íntegramente en el momento de la suscripción. (LSA art. 47, 3.) **Agio (2)** *n* ^*Disagio*^ **agio** *m* (def 1) Beneficio que se obtiene del cambio de moneda, o de descontar letras, pagarés, etc. // Especulación sobre valores cotizados en bolsa, a veces manipulando noticias o con información confidencial (insider trading). Se llama agionista a la persona que se dedica al agio, y por extensión, y con connotación peyorativa, a cualquier especulador. (TAM); (def 2) Es el beneficio realizado sobre determinados operaciones de Banca. Aparece, básicamente, en el descuento de efectos de comercio. El agio es una cantidad cobrada por el banco por el descuento del efecto de que se trate. (...) (ADE); (def 3) (...) Diferencia, expresada en tanto por ciento, entre el valor nominal, o par, y un precio más elevado. (MDB); (Komm) Bei den Termini *Agio* und *agio* handelt es sich nicht – wie aufgrund derselben Herkunft zu vermuten wäre – um vollständige Synonyme. Je nach Kontext könnte es sich dabei auch um einen falschen Freund handeln: Während der deutsche Terminus *Agio* hauptsächlich im Sinne von Emissionsagio verwendet wird, bezeichnet der spanische Terminus *agio* verschiedene Formen des Aufgeldes im Allgemeinen und nur selten ein Emissionsagio (siehe def 3). Auch Spekulationen über an der Börse gehandelte Wertpapiere werden im Spanischen als *agio* bezeichnet (siehe def 1). Bei der Übersetzung sollte die Vielzahl der verschiedenen Bedeutungen des spanischen Begriffs beachtet werden. Es empfiehlt sich, statt *agio* den Begriff *prima de emisión* zu verwenden. (siehe auch Kommentar zu Agio (1).

Akkreditiv *n* ^*Zahlungsanweisung*^ (def) An eine Bank erteilter Auftrag, aus dem Guthaben (...) des Auftraggebers (...) in einer bestimmten Zeitspanne einem Dritten (...) eine bestimmte Geldsumme unter bestimmten Bedingungen (...) verfügbar zu machen. Da eine Bank den Auftrag meist an eine weitere weitergibt, kann man das Akkreditiv auch als Anweisung einer Bank an eine andere bezeichnen, im Auftrag ihres Kunden einem Dritten (...) einen bestimmten Geldbetrag unter bestimmten Bedingungen und in festgelegter Zeit zur Verfügung zu stellen oder eine Tratte zu akzeptieren bzw. zu diskontieren. (...) Das Akkreditiv, vor allem im Außenhandelsgeschäft gebräuchlich, ist ein abstraktes Zahlungsversprechen. Es dient zunächst der für zwei Vertragsparteien sicheren Zahlungsabwicklung, ist aber oft auch mit einer Kreditaufnahme verbunden. (...) (BAL); (kon) Die Akzeptleistung erfolgt zugunsten des Exporteurs unter einem Akkreditiv, das im Auftrag des Importeurs von der Importbank oder im Auftrag der Importeursbank von der Remboursbank meist unwiderruflich eröffnet und als bestätigtes oder unbestätigtes dem Exporteur von seiner Hausbank avisiert wird. (GUF: 61) **crédito documentario** *m* (def) Medio de pago muy utilizado en comercio internacional, también denominado carta de crédito. Es un medio seguro, que suele utilizarse con nuevos clientes. Se inicia con las instrucciones que da el importador a su banco para que emita un crédito a favor del exportador. El banco paga contra la entrega de los documentos requeridos. (TMD); (expl) (...) Según las Reglas y Usos Uniformes relativos a los Créditos Documentarios, las expresiones *crédito(s) documentario(s)* (...) significan todo convenio, cualquiera que sea su denominación o descripción, en virtud del cual un banco (banco emisor), obrando a petición y de acuerdo con las instrucciones de un cliente (ordenante), deberá efectuar un pago a un tercero (beneficiario), o a su orden, o deberá pagar, aceptar o negociar las letras de cambio (giros), que libre el beneficiario, o autorizar que tales pagos sean efectuados, o que tales giros sean pagados, aceptados o negociados por otro banco, contra entrega de los documentos exigidos, siempre que las cláusulas y condiciones estipuladas hayan sido cumplidas. (...) (BCD: 53); (kon) Los créditos documentarios son, por excelencia, los medios de pago y de financiación del comercio internacional, principalmente en las relaciones comerciales con países lejanos o en vías de desarrollo. (BCD: 14);

Aktie *f* ^*Aktien, neue*^ ^*Aktiengesellschaft*^ ^*Aktionär*^ ^*Gattung*^ ^*Inhaberaktie*^ ^*Namensaktie*^ ^*Namensaktie, vinkulierte*^ ^*Quotenaktie*^ ^*Stammaktie*^ ^*Summenaktie*^ ^*Vorzugsaktie*^ (def) I. Begriff: Bruchteil des Grundkapitals einer Aktiengesellschaft. Jede A[ktie] repräsentiert einen in Euro ausgedrückten, nach der Gesamtzahl der ausgegebenen A[ktien] berechneten Bruchteil des Grundkapitals (§ 1 II, § 6 AktG). Das deutsche Aktienrecht kennt nur die Nennwertaktie. In anderen Ländern hat sich daneben auch die Quotenaktie eingebürgert, die auf einen bestimmten Anteil, z. B. ein Fünfzigtausendstel, des Grundkapitals lautet. Die A[ktie] ist ein Wertpapier, das der Beteiligungsfinanzierung dient und das Mitgliedschaftsrecht (vgl. unten) des Aktionärs an einer Aktiengesellschaft verbrieft. Die A[ktie] ist ein deklaratorisches Wertpapier, da die Urkunde lediglich die auch schon vorher bestehende mitgliedschaftliche Stellung des Aktionärs bestätigt, also nicht begründet. Die Verbriefung der Aktionärsrechte in A[ktie] dient der leichteren Übertragung der Mitgliedschaft und damit dem Aktienhandel. (...) 2. Das Grundkapital der Aktiengesellschaft und der Kommanditgesellschaft auf Aktien ist in A[ktien] zerlegt (§ 1 II AktG). Die A[ktien] lauten auf einen festen Nennbetrag (§ 6 AktG, sog. Nennwertaktie). Die Nennbeträge der A[ktien] und deren Zahl bestimmt die Satzung der AG (§ 23 III 4 AktG). A[ktien] sind unteilbar (§ 8 III AktG). 3. Ausgabe: Die Ausgabe von A[ktien] verschiedener Nennbeträge ist zulässig. Die Ausgabe von A[ktien] (Emission) mit Disagio (unter dem Nennwert; Unterpari-Emission) ist unzulässig, mit Agio (Überpari-Emission) zulässig (§ 9 AktG). (...) 4. Die Aktienurkunde, die durch besonderes Papier (Wasserzeichen) und besonderen Druck gegen Fälschung gesichert ist, muss enthalten: Nennbetrag, Name des Ausstellers (AG) und, falls Namensaktie, Name des Berechtigten; sie ist vom Vorstand zu unterzeichnen (Faksimile statthaft). Zwecks Erhebung der Dividende sind sämtliche A[ktien] mit Dividendenscheinen und Erneuerungsschein ausgestattet, sog. Bogen, die zusammen mit der Aktienurkunde (Mantel) erst das Gesellschaftsrecht verbriefen. (...) V. Wirtschaftliche Funktionen: 1. Die A[ktie] als Finanzierungsinstrument dient der Beschaffung von Risikokapital. Die Aktienfinanzierung als Form der Beteiligungsfinanzierung dominiert traditionell in Branchen, in denen vornehmlich große Unternehmen vertreten sind. (...) Auch in der Kreditwirtschaft hat die Aktienfinanzierung eine erhebliche Bedeutung. 2. Die A[ktie] als Anlageinstrument hat vorrangig für Unternehmen und private Haushalte Bedeutung. Weitere Anlegergruppen sind ausländische Investoren, Versicherungen, Kapitalanlagegesellschaften und Kreditinstitute sowie öffentliche Haushalte. Mit einer Anlage in A[ktien] können verschiedene Ziele verfolgt werden: Beteiligung an einer Aktiengesellschaft als dauernde, ertragbringende Kapitalanlage (Anlagemotiv), Sachwertbeteiligung zur Vermeidung von Geldwertverlusten (Sachwertmotiv), Gewinnerzielung über Kauf und Verkauf (Spekulationsmotiv) und – für Großanleger – Einflussnahme auf die Geschäftspolitik der AG bzw. Beherrschung des Unternehmens (Mitsprache- und Beherrschungsmotiv). (...) (GWL); (kon) Nach geltendem Recht übernehmen die Gründer in Form der Einheits- oder Simultangründung selbst alle Aktien. (GUF: 24) **acción** *f* (def 1) Cada una de las partes en que está dividido el capital escriturado de una sociedad anónima. Pueden ser nominales o al portador, pudiendo diferenciarse en series distintas por su valor nominal o por el contenido de sus derechos; p.e.: con derecho a voto – acciones políticas – o sin él. La tenencia de acciones faculta a participar preferentemente en las sucesivas ampliaciones de capital, a entrar en el reparto de las ganancias (dividendos), a percibir parte del patrimonio resultante en caso de liquidación de la sociedad, y a votar en la junta general de accionistas cuando se posee el mínimo que los estatutos exigen para el ejercicio de tal derecho. Las acciones de las empresas que cumplen ciertos requisitos son objeto de cotización en bolsa. Pueden ser »ordinarias«, (...); »nominativas«, (...); »al portador«, (...); »con prima«, (...); »liberadas«, (...); y »sindicadas«, (...), »sindicato de accionistas«, (...). (TAM); (def 2) La acción, referida naturalmente a la Sociedad Anónima, puede contemplarse: 1) Como cada una de las partes alícuotas en que el capital social se divide. Su valor nominal es una cifra permanente resultante de dividir el capital social (también cifra permanente) por el número de acciones. Pero frente a este *valor nominal* existe el *valor real*, que es el resultado de dividir el patrimonio social (cifra variable que está en función de los avatares económicos de la sociedad) por el número de acciones. Incluso podríamos añadir un tercer valor: »valor en Bolsa o de mercado«, que depende de múltiples factores, entre los que destaca el patrimonio que la sociedad ostenta y la coyuntura económica en un momento determinado. 2) Como título. La acción se refleja en un documento, apto para la circulación, que deberá contener como requisitos mínimos los establecidos en el artículo 43 de la Ley de Sociedades Anónimas. En este documento se refleja la participación económica del socio, así como la legitimación para el ejercicio de los derechos sociales, acreditando, asimismo, la pertenencia de su titular a la sociedad. 3) Como fundamento de la condición de socio. La titularidad de la acción lleva inherentes una serie de derechos y que como mínimo son: a) Derecho a participar en los beneficios; b) Derecho a la cuota de liquidación; c) Derecho de suscripción preferente en la emisión de nuevas acciones, y d) Votar en las Juntas Generales. (DEE); (def 3) (...), ni tampoco podrán ser emitidas por una cifra inferior a su valor nominal, aunque es lícita la emisión de acciones con prima. (...) (GAR); (kon) En la sociedad anónima el capital, que estará dividido en acciones, se integrará por las aportaciones de los socios, quienes no responderán personalmente de las deudas sociales. (LSA art. 1)

Aktien, junge *fpl ^Aktien, neue^*

Aktien, neue *fpl ^Aktie^ ^Bezugsrecht^ ^Neuaktie^* (def) (...) die bei einer Kapitalerhöhung neu ausgegebenen Aktien im Gegensatz zu den alten Aktien. Die Inhaber alter Aktien erhalten i. d. R. ein Bezugsrecht auf die j[ungen] A[ktien] oder auf einen Teil davon. Sobald die j[ungen] A[ktien] den alten hinsichtlich Dividende etc. gleichstehen, entfällt die Bezeichnung j[unge] A[ktien] und die gesonderte Notierung im Börsenverkehr. (...) (GWL vs junge Aktien); (kon) [Die ordentliche Kapitalerhöhung] ist laut § 182 AktG nur durch Ausgabe neuer Aktien, also nicht durch Erhöhung des Nennbetrages der vorhandenen Aktien möglich. (GUF: 26) **nuevas acciones** *fpl* (def) Acción que pertenece a la emisión más reciente, contrariamente a la acción antigua, que corresponde a las anteriores o a la primera emisión. En ocasiones, las acciones viejas y las nuevas poseen derechos económicos diferentes. (DEN vs acción nueva); (kon) El aumento del capital social podrá realizarse por emisión de nuevas acciones o por elevación del valor nominal de las ya existentes. (LSA art. 151, 1.)

Aktiengesellschaft *f ^AG^ ^Aktie^ ^Aktionär^ ^Aufsichtsrat^ ^Hauptversammlung^ ^Vorstand^* (def) Handelsgesellschaft (»Aktienverein«) mit eigener Rechtspersönlichkeit, also eine juristische Person, deren Gesellschafter, die Aktionäre, i. d. R. nicht aktiv bei ihr tätig sind, sondern lediglich mit ihren Einlagen auf das Grundkapital beteiligt sind und nur damit haften. Eine persönliche Haftung der Aktionäre existiert nicht, für die Verbindlichkeiten der AG haftet ausschließlich das Aktienkapital. Das Grundkapital, das mit seinem Nennbetrag ins Handelsregister eingetragen ist, entspricht dem Nennwert der Summe aller von der AG emittierten Aktien. Es wird aufgebracht, in dem die Anteile an Kapitalanleger verkauft werden, die sowohl natürliche Personen als auch andere Unternehmen sein können. Die AG ist die geeignetste Unternehmungsform, die die Möglichkeit bietet, große Kapitalbeträge dadurch aufzubringen (Beteiligungsfinanzierung), dass sehr viele Kapitalanteile mit niedrigen Nennwerten emittiert werden und sich auch kleine Kapitalanleger an ihr beteiligen können. Sie ist zugleich die typische Rechtsform für Großunternehmen. (...) Die Satzung der AG bestimmt Firma, Sitz, Unternehmensgegenstand, Höhe des Grundkapitals, Nennwerte und Gattungen der Aktien (...) u. a. m. Die AG hat 3 Organe: Vorstand, Aufsichtsrat und

HV [Hauptversammlung]. (...) Die Konstruktion der AG findet sich in den Grundlagen in sämtlichen wesentlichen Industriestaaten; allerdings differieren die rechtlichen Regelungen. Prototyp sind vor allem die großen Publikumsgesellschaften, bei denen eine große Anzahl von Aktionären oft mit kleinen und kleinsten Aktienbeträgen beteiligt ist. (BAL); (kon) In der Aktiengesellschaft treten die Bindungen zwischen dem Eigenkapital und den Kapitalgebern im Vergleich zur GmbH noch stärkter zurück. (GUF: 23)
sociedad anónima *f* (Komm) In der Fachliteratur ist sowohl die Groß- als auch die Kleinschreibung zu finden. Streng genommen müsste immer dann die Großschreibung angewandt werden, wenn es sich um eine bestimmte Gesellschaft handelt, wohingegen die Kleinschreibung allgemeinen Aussagen über die Gesellschaftsform vorbehalten ist.; (def 1) (...) Se gobierna por un consejo de administración – que a su vez puede transferir muchas de sus competencias a un consejo delegado – que responde ante la junta general de accionistas. Es la única clase de empresa cuyas acciones pueden cotizarse en Bolsa. (...) (TAM); (def 2) Es una sociedad de carácter mercantil cuyo capital está dividido en acciones y se integra por las aportaciones de los socios, los cuales no responden personalmente de las deudas sociales; es, por tanto, una sociedad capitalista en la que más que las condiciones de los socios interesa su participación social; (...). (DEE); (kon) La sociedad anónima, cualquiera que sea su objeto, tendrá carácter mercantil, y en cuanto no se rija por disposición que le sea específicamente aplicable, quedará sometida a los preceptos de esta Ley. (LSA art. 3)

Aktionär *m* ^*Aktie*^ ^*Aktiengesellschaft*^ ^*Hauptversammlung*^ (def 1) Besitzer von Aktien einer AG, somit Gesellschafter oder Miteigentümer der Unternehmung, dessen Verpflichtung zur Leistung von Einlagen bei der Gründung der AG oder bei der Ausgabe neuer Aktien bei Grundkapitalerhöhungen durch den Nennbotrag oder höheren Ausgabebetrag begrenzt wird. Er hat i. d. R. keine Geschäftsführungsbefugnisse noch muss er bei der AG tätig sein (...). Der Aktionär haftet nicht persönlich für die Schulden der AG. (...) (BAL); (def 2) (...) 1. Rechte: Der A[ktionär] hat Anspruch auf Anteil am Reingewinn (auf Dividende) sowie bei Auflösung der AG am Liquidationserlös. Er hat Stimmrecht und Auskunftsrecht in der Hauptversammlung, ferner zum Schutze seiner Interessen besondere Rechte, wie das der Anfechtung von Beschlüssen der Hauptversammlung sowie u. U. Minderheitsrecht, mit deren Hilfe er auch die Einberufung einer außerordentlichen Hauptversammlung erzwingen kann. Bei Ausgabe neuer Aktien oder von Wandelschuldverschreibungen hat der A[ktionär] i. A. ein Bezugsrecht. 2. Pflichten: Der A[ktionär] ist zu Zahlungen gegenüber der AG nur bis zur Vollzahlung des Nennwertes bzw. des satzungsmäßigen höheren Ausgabebetrags der Aktie oder zu den in der Satzung bestimmten Sacheinlagen verpflichtet. Für Gesellschaftsschulden haftet er persönlich nur, wenn ihm Einlagen zurückgewährt wurden. In besonderen Fällen können dem A[ktionär] auch Nebenverpflichtungen obliegen und Sonderrechte zustehen (Nebenverpflichtungen der Aktionäre). (GWL); (kon) Es ist für die Eigenfinanzierung einer Aktiengesellschaft von besonderer Bedeutung, dass der Aktionär die Mitgliedschaft in der Gesellschaft nicht kündigen kann. (GUF: 24)
accionista *m* (Komm) En la Sociedad Anónima, los términos *accionista* y *socio* son sinónimos.; (def 1) (...) Las acciones confieren a su titular legítimo la condición de socio y le atribuyen, como mínimo, los siguientes derechos: a) Participar en el reparto de las ganancias sociales y en el patrimonio resultante de la liquidación. b) Derecho preferente de suscripción en la emisión de nuevas acciones. c) Voto en las Juntas Generales, con sujeción a lo estatutariamente dispuesto. d) Obtención de información de conformidad con lo dispuesto en varios artículos de la mencionada ley. (MDB); (def 2) (...) Es accionista el que es titular de acciones, bastando la titularidad de una sola acción para tener tal condición. (...) Se obtiene la calidad de accionista por la adquisición de acciones; se pierde por la transmisión o pérdida de todas ellas. (...) (DEE); (kon) Sólo tienen acciones aquellos que participan en el capital de una sociedad anónima, o de una sociedad comanditaria por acciones. (www.contabilidad.tk)

Aktiva *pl* ^*Aktivposten*^

Aktivgeschäft *n* ^*Passivgeschäft*^ (def) Bezeichnung der Gesamtheit aller Bankgeschäfte, die der Mittelverwendung der Kreditinstitute dienen und ihren Niederschlag auf der Aktivseite der Bankbilanz finden. Hierzu zählen insbes.: 1. Kurzfristige Aktivgeschäfte: Diskont- und Akzeptkredit (Wechselkredit), Lombardkredit (Kreditgewährung gegen Verpfändung von Wertpapieren oder Waren), Kontokorrentkredit, Avalkredit und Rembourskredit. 2. Langfristige Aktivgeschäfte: Hypothekarkredit (der Realkreditinstitute und

Sparkassen), Kommunaldarlehen, sonstige langfristige Darlehen (meist von Spezialinstituten gewährt). (GWL) **operación de activo** *f* (def) Operaciones de crédito que la Banca concede a su clientela, quedando contabilizadas en el activo e instrumentadas en distintas modalidades: pólizas de crédito, descuento financiero, descuento de papel comercial, etc., por las cuales percibe comisión e intereses. (MDB); (kon) Las operaciones bancarias se clasifican en: operaciones de activo (la concesión de créditos y préstamos, el descuento de letras de cambio), operaciones de pasivo (captación de ahorro mediante depósitos bancarios). (SMA: 91)

Aktivposten *pl ^Aktiva (WDW)^ ^Bilanz^ ^Passivseite^* (def) Summe der Vermögensteile, Rechnungsabgrenzungsposten, Korrekturposten und Bilanzierungshilfen eines Unternehmens, die auf der linken Seite der Bilanz aufgeführt werden. (GWL vs Aktiva); (kon) In der Unternehmung kann jedoch auch Eigenkapital durch Anlage stiller Reserven gebildet werden, indem Aktivposten der Bilanz unter- oder Passiva überbewertet werden. (GUF: 75) **activo** *m* (def) Denominación de la contabilidad para registrar en el balance (normalmente en su parte izquierda y frente al pasivo) las anotaciones que reflejan las inversiones realizadas en capital fijo, en otras formas de inmovilizado, mercaderías, stocks (de productos terminados), derechos de cualquier clase, caja y bancos, y activos financieros (inversiones en valores, fondos públicos, etc.). (TAM); (kon) El activo es el conjunto de todo lo que la empresa posee y lo que le deben, el pasivo la suma de todo lo que adeuda. También se dice que el pasivo indica la fuente de donde procede el capital, y el activo la forma que éste adquiere dentro de la empresa. (HAC: 156)

Akzept *n ^Wechsel^* (def) Akzept bedeutet allgemein Annahme (...), im Besonderen aber die Annahme eines Wechsels. Die Annahmeerklärung wird auf den Wechsel gesetzt, i. d. R. auf die Vorderseite links quer durch die Unterschrift des Akzeptanten. (...) Durch das Akzept wird der Bezogene verpflichtet, den Wechsel bei Fälligkeit (...) zu bezahlen. (...) (CRL); (kon) Eine besonders wichtige Position der Finanzsphäre sind vom Unternehmen akzeptierte Wechsel (Akzepte), die an vorderster Stelle zu den Fälligkeitsterminen einzuplanen sind. (GUF: 97) **aceptación** *f ^letra de cambio aceptada (LCC)^* (def) En Derecho mercantil, la aceptación es el acto por el que el librado acepta una letra de cambio presentada por el tenedor o simple portador. (DEI); (kon) La aceptación es la declaración de voluntad del librado, obligándose a satisfacer el importe de la letra a su vencimiento, la asunción de su obligación cambiaria. (LCC: 50)

Akzeptkredit *m ^Diskontkredit^ ^Negotiationskredit^ ^Rembourskredit^* (def) Der Akzeptkredit gehört zu den kurzfristigen Bankkrediten. Eine Bank akzeptiert im Auftrag des Kreditnehmers einen auf sie gezogenen Wechsel unter der Bedingung, dass der Kreditnehmer den Gegenwert des Wechsels bei Fälligkeit der Bank zur Verfügung stellt. Diese Verpflichtung begründet das Verhältnis zwischen akzeptierender Bank und Wechselaussteller (=Kreditnehmer). (HFW); (kon) Da (...) auch solche Gläubiger den Wechsel akzeptieren werden, die den Schuldner nicht kennen, hat der Akzeptkredit seine größte Bedeutung in der Außenhandelsfinanzierung. (GUF: 54) **crédito de aceptación** *m* (def) La aceptación bancaria cuando se utiliza como instrumento crediticio. (...) Un banco, mediante un contrato especial, abre un crédito. El titular del mismo libra letras hasta determinado importe contra el banco, que las acepta. Los plazos de ambas operaciones se escalonan de forma tal, que el titular del crédito tenga que saldarlo antes del vencimiento de las letras. El titular del crédito obtiene de esa manera descuentos en el mercado de dinero a un tipo de interés que suele ser inferior al corriente (...). (DDU); (expl) Crédito por el cual un banco acepta una letra de cambio librada a su cargo por un cliente; el efecto aceptado es descontado por ese banco o por otro banco. (UEC)

Altersversorgung *f ^Sozialleistungen^ ^Sozialversicherung^* (def) Bezeichnung für die auf den einzelnen Bürger bezogene allgemeine Daseinsvorsorge für das Alter. Sie hat drei »Säulen«: die individuelle Vorsorge durch Ersparnisse i. w. S. (einschließlich Lebensversicherung), die gesetzliche Altersversorgung (vor allem Rentenversicherung) sowie teilweise die betriebliche Altersversorgung . (...) (BAL); (kon) [Bei Personalausgaben] ist zu berücksichtigen, dass Urlaubs- und Weihnachtsgelder und sonstige tarifliche Zahlungen (zum Beispiel für Altersversorgung und Unterstützung) in den jeweiligen Monaten einzuplanen sind, in denen die tatsächlichen Zahlungen erfolgen. (GUF: 96) **pensión de jubilación** *f* (def) Prestación económica de larga duración, es decir, renta normalmente vitalicia que principalmente entrega la Seguridad Social, a partir del cumplimiento de determinados requisitos, con el fin de sustituir la capacidad de generar ingresos cuando ésta ha desaparecido. Las pensiones más habituales son las de jubilación, orfandad, viudedad e incapacidad. A finales del siglo XX proliferan los planes y fondos de pensiones, que son fondos de inversión colectiva a través de los cuales los individuos canalizan su ahorro en previsión de necesidades futuras de forma que les permita asegurarse una retribución futura en forma de pensión al margen de la Seguridad Social. (DEI); (expl) [La] pensión de jubilación o retiro (...) puede ser: a) De carácter forzoso al cumplir el personal la edad legalmente señalada para cada caso (generalmente sesenta y cinco años). b) Voluntaria, que se declara a instancia de parte, siempre que el interesado haya cumplido los sesenta años y reconocidos treinta de servicio. (ESJ vs funcionarios); (kon) Sin pretender abarcar la gama completa de costes que afectan a los recursos humanos, tendremos: (...) los gastos derivados de prestaciones sociales, no salariales, tales como complementos de pensiones de jubilación, créditos al personal y otras atenciones laborales. (MEE: 239); (Komm) Die Beitragsbetimmungen werden im spanischen Gesetz zur Sozialversicherung (Ley General de la Seguridad Social) zu Beginn des Kapitels über die Altersversorgung (capítulo VII, sección primera) geregelt. Es wird dort von *cotizaciones* (Beitragsleistungen) gesprochen. Die Termini *Altersversorgung* bzw. *pensión de jubilación* beziehen sich demnach in erster Linie auf das Rentensystem (régimen de pensiones). Als Äquivalent empfiehlt sich der hier angeführte spanische Terminus oder der Terminus *pensión de jubilación complementaria* (= betriebliche Altersversorgung). Übersetzungsvorschläge zum deutschen Kontext: a) *pagos de las cotizaciones a la Seguridad Social (jubilación)*, b) *pagos para las pensiones de jubilación*.

Amortisationsrechnung *f* (def) Verfahren der Praxis zur Beurteilung von Investitionsobjekten bei Unsicherheit. Vorteilhaftigkeitskriterium ist die Dauer der Amortisation des investierten Kapitals (Amortisationsdauer; payback period). (GWL); (expl) Der Ansatzpunkt der Amortisationsrechnung besteht in der Überlegung, die Zeitspanne zu bestimmen, innerhalb derer die durch das Investitionsobjekt gebundenen Finanzmittel über die Einnahmen aus dem Umsatzprozess wieder zurückfließen. (EIL); (kon) Zu den statischen Verfahren gehören die Kosten-/Leistungs- und die Gewinnvergleichsrechnung, die Return on Investment-Methode sowie die Amortisationsrechnung. (GUF: 108) **cálculo de amortización (según el pay-back)** *m* (def) La amortización en sí misma se calcula en función de la vida económica o capacidad de generación de fondos de un activo. En el caso de inseguridad respecto a un proyecto de inversión se efectúa un cálculo básico: en qué período de tiempo (en análisis económicos) se puede recuperar la inversión realizada a través de los ingresos netos. (DV vs TAM); (Komm) Auch als Pay-Back bezeichnet (siehe TAM : expresión anglosajona que se refiere al período de recuperación de un capital invertido).

Ankauf *m* ^*Kauf*^ (Komm) Die Begriffe *Ankauf* bzw. *adquisición* implizieren die eigentliche Handlung und den Moment des Kaufs einer Sache. (Vgl. *Einkauf* und *Kauf*).; (def) Kauf, Erwerb eines Wertobjektes, Kauf in einer größeren Menge (DUW); (kon) Ist der Exporteur der Begünstigte eines Zahlungsversprechens der auftraggebenden (Importeurs-) Bank im Rahmen der akkreditivähnlichen Ermächtigung des Commercial Letter of Credit (CLC), so kann er unter Vorlage des CLC die Dokumententratte einer Bank seiner Wahl zum Ankauf vorlegen, sofern er nicht auf eine bestimmte Bank verwiesen ist (restricted CLC). (GUF: 61) **adquisición** *f* ^*compra (DTB)*^ (def) (...) Acto por el que una persona se apropia de un bien o derecho que anteriormente no tenía, de dueño conocido o que éste le ha transmitido. (...) (DEI); (kon) La adquisición de la vivienda, dado el precio de ésta en relación con la renta personal, requiere un ahorro previo que generalmente se complementa con un préstamo. (CAV: 2)

Anlagen (1) *fpl* ^*Anlagen*^ ^*Anlagevermögen*^ ^*Investitionsgüter*^ ^*Leasing*^ (def) Vermögensgegenstände, die dem Unternehmen langfristig zu dienen bestimmt sind (...). (GWL); (kon) Aus betriebswirtschaftlicher Sicht geht es bei Investitionen in der Regel um den Einsatz von langfristigem Kapital in Produktionsmittel eines Unternehmens, also in Grundstücke, Betriebs- und Geschäftsgebäude, Maschinen, technische und andere Anlagen sowie Betriebs- und Geschäftsausstattung als Sachinvestitionen.(GUF: 105)
bienes de equipo *mpl* (def) En contraposición a inmuebles e instalaciones, por una parte, y por otra parte, a mercaderías y materias primas, se llama bienes de equipo a los objetos materiales con identidad propia, susceptibles de ser integrados en explotaciones empresariales o profesionales, con

carácter instrumental en orden a la obtención de los resultados económicos a que dichas explotaciones se enderezan. Los bienes de equipo constituyen un típico objeto de las operaciones de leasing. (HJL); (kon) En el comercio bilateral hispano-argentino destacan las exportaciones españolas de maquinaria y bienes de equipo. (REE: 59) **Anlagen (2)** *fpl* (def) Alle Vermögensteile, die einer Unternehmung nicht zur Weiterveräußerung, sondern zur dauernden Nutzung im Rahmen des Betriebszwecks dienen. (GWL); (expl) Unter dem wirtschaftlichen Vorgang des Anlegens versteht man die Umwandlung von Bargeld in Vermögenspositionen, die der Unternehmung auf Dauer dienen sollen und in der Regel selbst nicht Geld darstellen. In diesem weiten Sinne sind sowohl Ansprüche auf Geld als auch Realgüter ihrem Wesen nach Anlagen. Während im ersten Fall von Finanzanlagen gesprochen wird, handelt es sich im zweiten Fall um Realanlagen. Im betrieblichen Rechnungswesen, in der Absatzwirtschaft und in der Produktionswirtschaft hat sich jedoch ein engerer Anlagenbegriff als zweckmäßig durchgesetzt, der sich nur auf materielle Realgüter (Sachgüter) bezieht. Demnach sind Anlagen Vermögensteile einer Unternehmung, die unbewegliche oder bewegliche Sachgüter darstellen. Dieser Begriff umfasst beispielsweise Grundstücke, Gelände, Maschinen, Transfergrößen, Schmelzöfen, Gießformen, Werkzeuge, u. a. (HWW) (kon) In der Unternehmung kann jedoch auch Eigenkapital durch Anlagen stiller Reserven gebildet werden, indem Aktivposten der Bilanz unter- oder Passiva überbewertet werden. (GUF: 74) **activo fijo** *m* (def) Conjunto de elementos tangibles e intangibles e inversiones financieras permanentes destinados a servir, de forma duradera, a la actividad de la empresa y que generalmente no se destinan a la venta. También llamado inmovilizado. (DEN); (kon) Las nuevas inversiones extranjeras pueden hacerse tanto en divisas como en forma de importación de bienes de equipo. (HAC: 182) **instalaciones** *fpl* (def) Conjunto de los elementos del inmovilizado material que en una empresa permiten el correcto funcionamiento de ésta. (DEN); (kon) En la valoración de los elementos del activo deberán observarse las reglas siguientes: 1.°Los inmuebles, instalaciones, concesiones, licencias, patentes, marcas y demás elementos del patrimonio de la empresa que figuren en el activo se valuarán al precio de adquisición, que deberá ser amortizado anualmente en proporción al tiempo que hayan de utilizarse y a la disminución que sufran por su uso o disfrute. (MLS: 107 (Art. 104))

Anlagendeckungsgrad *m* (def) Horizontale Bilanzkennzahl, die angibt, in welchem Umfang das Anlagevermögen einer Unternehmung durch langfristige Finanzierungsmittel (Eigenkapital, langfristiges Fremdkapital) gedeckt ist. Anzustreben ist i. d. R. ein kongruenter Anlagendeckungsgrad, d. h. ein Verhältnis von 1:1. (...) (BAL); (kon) Zählt es außerdem zu einer relativ konjunkturstabilen Branche und erfüllt gewisse Anforderungen an die Bilanzkennzahlen (z. B. Anlagendeckungsgrad und Liquiditätsziffern), so wird für das Schuldscheindarlehen die Deckungsstockfähigkeit erteilt, wenn seine Laufzeit 15 Jahre nicht übersteigt. (GUF: 46/47) **ratio de estabilidad** *m* *^coeficiente de estabilidad (COD)^ ^coeficiente de inmovilización (ABA)^* (Komm) Im deutschen Rechnungswesen kommt häufig der Gliedteil *-grad* vor. Im Spanischen bieten sich dafür als Übersetzungsmöglichkeiten die Termini *coeficiente*, *ratio* und *índice* an: La palabra *ratio* (...) figura en la literatura contable de casi todos los países; con el sentido que la utilizamos aquí equivale a razón, índice o coeficiente; es el cociente o relación existente entre dos cuentas, dos masas o dos magnitudes determinadas. (ABA: 131); (expl) Ratio de estabilidad (financiación del activo fijo por capitales permanentes). Es el cociente de dividir el Activo fijo entre el Pasivo fijo (recursos propios y exigible a largo plazo): (Activo fijo)/(Recursos permanentes) < 1. Este ratio deberá dar menor que uno, de lo contrario significaría que parte del Activo fijo era financiado con créditos a corto plazo; ello implica la amenaza constante de suspensión de pagos, debido a la falta de correlación entre las financiaciones y las inversiones. Al ser menor que uno, una parte de los recursos permanentes van a financiar una porción del circulante (alrededor del 50% de éste), tal como debe suceder en toda empresa normalmente estructurada. (...) (ABA: 320); (kon) Al ratio de estabilidad se le denomina también coeficiente de inmovilización. (ABA: 320)

Anlagevermögen *n* *^Umlaufvermögen^ ^Vermögen^* (def) Teile des Vermögens einer Unternehmung, die nicht zur Veräußerung bestimmt sind (irrige Bezeichnung: Anlagekapital). (GWL); (expl) Unter Anlagevermögen sind diejenigen Vermögensgegenstände zu verstehen, die am Bilanzstichtag dauernd dem Geschäftsbetrieb zu dienen bestimmt sind, d. h. die nicht zum Zweck der Veräußerung beschafft worden sind, insbesondere Grundstücke, Gebäude, Maschinen, Werkzeuge, Inventar, Patente, Beteiligungen u. a. m. (MÜL); (kon) Mobile Güter des Anlagevermögens werden bei dieser Konstruktion nach evtl. Anzahlungen mit ihrem Restkaufpreis von Teilzahlungsbanken auf Wechselbasis krediert. (GUF: 57) **activo fijo** *m* ^*activo permanente*^ ^*capital fijo*^ ^*inmovilizado (DCE)*^ ^*valores inmovilizados (UEC)*^ (def 1) El formado por bienes inmuebles o por cosas de las que no cabe disponer, por encontrarse destinadas a la producción: como tierras, edificios, instalaciones de la industria o el comercio, las máquinas, los vehículos auxiliares, etc. (...) (DDU); (def 2) Está compuesto por elementos patrimoniales cuya función es la de asegurar la continuación de las actividades de la vida de la empresa. También se le denomina inmovilizado. (AEE); (expl) Conjunto de bienes inscritos en el balance y que en la vida normal de la empresa no están destinados a ser enajenados. (UEC); (kon) Bajo inversión se entiende el flujo de producción que se orienta a incrementar el activo fijo de la sociedad o el volumen de existencias (...). (WTP: 9)

Anleihe *f* ^*Austauschanleihe*^ ^*Obligation*^ ^*Optionsanleihe*^ ^*Schuldverschreibung*^ ^*Wandelanleihe*^ ^*Teilschuldverschreibung*^ (def 1) Langfristiger Kredit, der durch die Ausgabe von Schuldverschreibungen am Kapitalmarkt aufgenommen wird. (...) Die Bedeutung der Anleihen in Form von Inhaberschuldverschreibungen liegt darin, dass ein Kreditnehmer große Kreditsummen, die eine einzelne Bank nicht einräumen kann oder wegen des damit verbundenen Risikos nicht einräumen will, von vielen einzelnen Gläubigern aufnehmen kann. Die insgesamt benötigte Kreditsumme wird somit in marktgängiger Stückelung auf die einzelnen Stücke, die man als Teilschuldverschreibungen bezeichnet, aufgeteilt. Neben der Aufnahmemöglichkeit großer Kreditsummen liegt der Vorteil der Inhaberschuldverschreibungen in der Abstimmung der Überlassungsdauer zwischen Gläubigern und Schuldnern. (...) Anleihen kommen wegen der geforderten Mindesthöhe der Emissionen, wegen der erheblichen Ausgabekosten und wegen der geforderten Sicherheiten nur für große Unternehmen, meist in der Rechtsform der Aktiengesellschaft (...), für Kreditinstitute (...), und für staatliche Institutionen (...) in Frage. (...) (VGW); (def 2) Schuldverschreibung, Obligation, bond. 1. Begriff: Sammelbezeichnung für Effekten mit (meist) fester Verzinsung, in marktgängiger Stückelung, in denen die Gläubigerrechte verbrieft sind; Begebung i. d. R. zur langfristigen Schuldaufnahme in größerem Umfang am in- und ausländischen Kapitalmarkt. Die Emission bedarf staatlicher Genehmigung. 2. Ausstattung: a) Verzinsung: i. d. R. festverzinslich, international neue Anleiheformen mit Zinsanpassungen, d. h. mit variabler Verzinsung möglich (floating rate note (FRN)); Zinszahlungen jährlich oder halbjährlich. (...) Wesentlich für den Plazierungserfolg einer A[nleihe] ist nicht die Nominal-, sondern die Effektivverzinsung. b) Laufzeit: I. A. 5-10 Jahre, in Hochzinsperioden auch darunter. Seitens der Gläubiger sind A[nleihen] unkündbar; die Schuldner behalten sich i. d. R. das Recht auf Kündigung vor (meist nach Ablauf einer Sperrfrist). Grundsätzlich kann zwischen (in der Bundesrepublik Deutschland nicht vorkommenden) Rentenanleihen ohne Tilgungszwang und Tilgungsanleihen unterschieden werden. (...) d) Stückelung: Mindestnennbeträge meist 50 EUR, bevorzugte Mittelgröße 500 EUR; Stücke sind i. d. R. mit Zinsscheinen und Erneuerungsschein ausgestattet. Heute werden vielfach nur Sammelurkunden ausgestellt und effektive Stücke nicht mehr ausgeliefert. (...) 3. Emission: Die Abstimmung geplanter Emissionen mit der Aufnahmebereitschaft des Kapitalmarktes erfolgt durch den Zentralen Kapitalmarktausschuss. (...) (GWL); (kon) Die Laufzeit von Anleihen beträgt im allgemeinen 8-20 Jahre, wobei in der Regel eine tilgungsfreie Zeit von oft fünf Jahren am Anfang steht. (GUF: 40) **empréstito** *m* (Komm) En la terminología alemana el término *Anleihe* designa tanto la forma de crédito (die Kreditart = empréstito) como el título-valor (das Wertpapier) que lo materializa. Con este segundo significado se usan prácticamente como sinónimos: *Anleihe*, *Obligation*, y *Schuldverschreibung* (siehe auch Kommentar bei *Obligation*); (def 1) Préstamo que toma el Estado o una corporación, o una empresa, y que normalmente está representado por títulos negociables en bolsa, nominativas o al portador, y que cabe colocar en el mercado interior o en el exterior. (...) (TAM); (def 2) Es un préstamo de gran cuantía, dividido en préstamos pequeños. Cada préstamo pequeño se llama obligación, y el conjunto de todas las obligaciones empréstito. Constituye una fuente tradicional de financiación a largo plazo de las grandes empresas, a través de la emisión de obligaciones o de bonos de caja, reintegrados por anualidades. Es decir, se trata de créditos a largo plazo que van convirtiéndose periódicamente en exigible a corto plazo hasta su total extinción. (AEE); (kon) El empréstito, a su vez, es una forma específica del crédito que normalmente toma forma de emisión de obligaciones o bonos. (SMA: 97)

Anschlussfinanzierung *f* ^*Prolongation*^ ^*revolvierend*^ ^*Revolving*^ ^*Umschuldung*^ (def) Wird bei fristeninkongruenter Finanzierung notwendig. Diese liegt einerseits vor, wenn die Kapitalüberlassungsdauer (...) kürzer ist als die Kapitalbindungsdauer (...), und/oder die Höhe des Nutzungsentgelts (Zins) nicht über die gesamte Kapitalnutzungsdauer festgeschrieben ist. Fristinkongruente Finanzierung ist heute durchaus üblich, da einerseits Kapitalien bei bestimmten Finanzierungsformen (...) nicht fristkongruent überlassen werden. Andererseits werden in bestimmten Kapitalmarktsituationen mittel- und langfristige Investitionen mit kurzfristigem Kapital finanziert. Zu einem späteren Zeitpunkt soll dann zu den erwarteten günstigeren Konditionen eine Anschlussfinanzierung erfolgen. (...) (BFL); (kon) Durch Gläubigertausch werden die kurzfristigen Kredite in langfristige umgewandelt; bei dieser Anschlussfinanzierung trägt der Makler das Betrags- und Terminrisiko, das Zinsrisiko trägt der Kreditnehmer. (GUF: 46) **financiación de adaptación** *f* (ÜV) ^*financiación complementaria (ÜV)*^ (def 1) Es todo tipo de financiación que supone la continuación de otra que vence. En este sentido se puede tratar tanto de prórroga, renovación o reestructuración de la deuda (refinanciación: se modifican las condiciones previamente establecidas, siempre de manera beneficiosa para el deudor. Por ejemplo, mediante un aplazamiento del pago.) (DV); (def 2) Reponer o renovar un préstamo o crédito ya vencido. La renovación puede hacerse por un plazo igual o distinto, por más o menos nominal, etcétera, y se produce tanto en las letras de cambio como en los créditos. (MDB vs renovación); (kon) Intimamente relacionado con la cuestión del vencimiento del plazo está el problema de las prórrogas y el de las renovaciones. (GCB: 214)

Anspruch *m* (def) Im Sinne des BGB »das Recht, von einem anderen ein Tun oder ein Unterlassen zu verlangen« (§ 194 BGB). (GWL); (Komm) Der Anspruch besteht immer zwischen zwei Personen, dem Anspruchsberechtigten und dem Anspruchsverpflichteten. Der Berechtigte kann ein bestimmtes Verhalten vom Verpflichteten verlangen; der Verpflichtete ist zu diesem Verhalten dem Berechtigten gegenüber verpflichtet.; (kon) Für den Eigenkapitalgeber gilt im Gegensatz zum Darlehensgeber jedoch das Prinzip, dass kein fester Zinsanspruch besteht, sondern lediglich ein Anspruch auf eine der jeweiligen Einlage entsprechende Beteiligung am Gewinn oder Verlust. (GUF: 13) **pretensión** *f* ^*derechos (DDU)*^ (Komm) Der Terminus *derechos* erlangt seine fachsprachliche Bedeutung durch die Pluralverwendung; (def) Derecho, cualquier sea su solidez, que se alega para obtener una cosa o ejercer determinadas facultades. (DDU); (kon) El objetivo final de este registro consiste en mostrar la situación patrimonial de la sociedad. Es decir, se intenta conocer los bienes, los derechos y las deudas que tiene la empresa en un momento dado. (SMA: 77)

Anteil *m* ^*Aktie*^ ^*Anteilschein*^ ^*Beteiligung*^ ^*Einlage*^ (def) Grundlage der Eigentumsrechte der Gesellschafter an Personengesellschaften (Einlagen), Kapitalgesellschaften (Stammeinlagen, Aktien), Genossenschaften und an Sondervermögen (z. B. Investmentanteile an einem Wertpapierfonds). Verbriefte Eigentumsrechte an einer Gesellschaft bezeichnet man auch als Anteilspapiere, die Eigentumsrechte an dem Sachvermögen einer Kapitalgesellschaft als Anteilsscheine. Beide können als Inhaber- oder als Namenspapiere ausgegeben werden. (LBW vs Anteile); (kon) Gründet ein maßgeblicher Kapitalgeber mit Hilfe von Strohmännern eine GmbH oder eine AG und erwirbt er später die Anteile der übrigen Gründer wieder zurück, so handelt es sich zwar formal bei diesen Unternehmungen um Kapitalgesellschaften mit den dafür geltenden Haftungen, de facto hat eine solche Unternehmung in ihren Entscheidungen jedoch die Beweglichkeit einer Einzelfirma. (GUF: 33) **cuota** *f* (Komm) Der Terminus *cuota* wird im Allgemeinen als Kurzform von *cuota de participación* verwendet.; (def) Parte determinada y fija que corresponde a cada uno de los interesados en un negocio, suscripción, empréstito, etc. (...) (DDU); (kon) El acuerdo de transformación no podrá modificar las participaciones de los socios en el capital de la sociedad. A cambio de las acciones que desaparezcan los antiguos accionistas tendrán derecho a que se les asignen acciones, cuotas o participaciones proporcionales al valor nominal de las acciones poseídas por cada uno de ellos. (LSA art. 229, 1.)

Anteilschein *m* ^*Anteil*^ (Komm) In der Fachliteratur ist sowohl die Schreibweise *Anteil-*

schein als auch *Anteilsschein* zu finden.; (def) Investmentzertifikate. 1. Begriff: Wertpapiere, die die Ansprüche des Anteilinhabers gegenüber der Kapitalanlagegesellschaft verbriefen. A[nteilscheine] können als Inhaberpapiere ausgegeben werden oder auf Namen lauten; im letzten Fall gilt Entsprechendes wie für Namensaktien. Mit Übertragung des A[nteilscheins] geht der Anteil des Veräußerers an den zum Sondervermögen der Kapitalanlagegesellschaft gehörenden Gegenständen auf den Erwerber über (Traditionspapiere). 2. Der Wert des im A[nteilscheins] verbrieften Anteils ergibt sich aus der Teilung des Wertes des Sondervermögens durch die Zahl der Anteile; befinden sich eigene A[nteilscheine]. im Sondervermögen, so wird für die bei der Ermittlung des Wertes des Sondervermögens kein Wert angesetzt und die Anteile, über welche die A[nteilscheine] ausgestellt sind, werden bei der Zahl der Anteile nicht mitgerechnet. (...) 3. Der Ausgabepreis für einen A[nteilschein] muss dem Wert des Anteils am Sondervermögen zuzüglich eines in den Vertragsbedingungen festzusetzenden Aufschlags entsprechen. (...) (GWL); (kon) Nach der Art der Ausstellung unterscheidet man Summenaktien, d. h. Anteilscheine, die auf einen festen Nennbetrag lauten, und Quotenaktien, die auf einen Anteil (Prozentsatz vom Grundkapital) ausgestellt sind. (GUF: 24) **certificado de participación** *m* (def 1) Documento en el que se asegura la veracidad de un hecho, de un documento o de circunstancias que constan en un archivo, registro o libro, autorizado por una persona competente para que pueda tener un valor jurídico determinado. (DEN vs certificado); (def 2) Forma de representar una cuota en un fondo de inversión. En él deberá figurar el número de participaciones que representa, denominación del fondo, sociedad gestora, domicilios, fecha de constitución del fondo y datos regístrales. El participante en un fondo tiene derecho, si así lo solicita, a recibirlo de la sociedad gestora. (...) (TAM); (Komm) (def 2) des Spanischen bezieht sich auf Anteilscheine eines Investmentfonds. Dies entspricht Punkt 2 der deutschen Definition, der sich mit Sondervermögen befasst.; (kon) Entidades de Inversión Colectiva. (...) Como intermediarios financieros su función es la de atraer recursos, mediante la emisión de activos financieros indirectos (sus propias acciones, los certificados de participación, etc.) que invierten en la adquisición de activos financieros directos (en su mayoría títulos-valores cotizados en Bolsa). (LBE: 221)

Anweisung *f ^Zahlungsanweisung^*

Anzahlung *f ^Vorauszahlung^* (def) Bei einem zu erwerbendem Gut oder zu produzierenden Objekt (...) Zahlung des Käufers bzw. des Auftraggebers, bevor er das Gut usw. erhält. Anzahlungen sichern dem Käufer im Normalfall den späteren Erhalt des Objektes, vor allem aber sichern sie den Verkäufer gegen die spätere Nichtabnahme in Höhe der Anzahlung ab (...). (BAL); (kon) Die Zahlungsvorausleistung des Abnehmers kann ganz (Vorauszahlung) oder teilweise (Anzahlung) erfolgen, der Leistungsvollzug des kreditnehmenden Betriebes ist ihr jedenfalls nachgelagert. (GUF: 56/57) **pago a cuenta** *m ^anticipo (DEI)^ ^pago parcial (DEI)^* (def) Pago realizado por el deudor en el momento de constitución de la obligación a modo de pago parcial, que habrá de ser descontado del monto total en la liquidación final de la operación. Anticipo o pago parcial realizado por el deudor y aceptado por el acreedor, en el bien entendido de la no existencia de convenio para ello, pues en caso contrario se trataría de una operación a plazos, y la cantidad entregada, el cumplimiento de uno de esos plazos. (...). (DEI); (Komm) In der konsultieren Fachliteratur bleibt offen, ob es sich bei diesem Begriff um die Entrichtung einer Gesamtsumme oder nur um die eines Teilbetrags handelt. Dem hier angegebenen deutschen Kontext zufolge handelt es sich um eine Zahlung eines Teilbetrages einer Gesamtsumme. Die Definitionen der konsultierten Lexika, in denen dieser Terminus oft mit *Vorauszahlung* gleichgesetzt wird, bestätigen diese Aussage jedoch nicht. Das nähere Studium der Fachliteratur lässt den Schluss zu, dass die Begriffe *Anzahlung* und *Vorauszahlung* in der Wirtschaftsterminologie synonym verwendet werden. (Vgl. Kommentar zu *Vorauszahlung*).; (kon) Alle anderen Zeiten, in denen das Arbeitsvehältnis ruht und der Mitarbeiter daher nicht das reguläre Arbeitsentgelt bezieht (z. B. Zeiten des Erziehungsurlaubs, Zeiten unbezahlten Urlaubs), gelten nicht als anrechenbare Dienstzeiten.

Anzahlungsgarantie *f ^Garantie^* (def) Verpflichtungserklärung von Seiten des Empfängers einer Anzahlung, diesen Betrag zurückzuzahlen, falls die im Kaufvertrag zur Lieferung vorgesehene Ware von ihm nicht geliefert wird. Im Auslandsgeschäft wird die A[nzahlungsgarantie] durch eine Bank mit selbstschuldnerischer Bürgschaft geleistet, wenn es der ausländische Besteller fordert; Form der Bankgarantie. (GWL); (Komm) Der

Garantiebetrag lautet etwa auf 10-20 % des Auftragswertes und ist in der Höhe mit der geleisteten Anzahlung identisch.; (expl) Die etwa im Schiffsbau und im Großmaschinenbau sowie im Auslandsgeschäft üblichen Anzahlungen können verloren sein, wenn der Auftragnehmer seiner Lieferverpflichtung nicht nachkommt. Dies wird durch die Anzahlungsgarantie ausgeschlossen. Der Auftraggeber (Avalbegünstigter) erhält in diesem Fall von der Bank einen Betrag in Höhe der Anzahlung, die er dem Auftragnehmer (Avalkreditnehmer) geleistet hat. (DÄU); (kon) Anzahlungsgarantien sind hauptsächlich bei der Ausfuhr von Industrieanlagen und anderen langfristigen Investitionsgütern üblich. (www.hypovereinsbank.de) **garantía de reembolso de pago a cuenta** *f* (def) Por medio de esta garantía el comprador se asegura el reembolso de los anticipos efectuados en el caso de que el vendedor no cumpla sus obligaciones. En el comercio internacional existen la cláusula roja y la cláusula verde en los créditos documentarios, con las cuales se cumple esta función. (TAM)

Arbeitsentgelt *n* *^Einkommen^* *^Entgelt^* *^Gehalt^* *^Gratifikation^* *^Lohn^* *^Provision^* *^Tantieme^* *^Weihnachtszuwendung^* (def) (...) Inbegriff aller aus nichtselbstständiger Arbeit erzielten Einkünfte, d. h. aus einem Arbeits- oder Dienstverhältnis. A[rbeitsentgelt] ist das Bruttoentgelt, das sich aus dem an den Arbeitnehmer auszubezahlenden Nettoentgeltbetrag und den vom Arbeitgeber einbehaltenen öffentlich-rechtlichen Lohnabzügen (Lohnsteuer und Sozialversicherungsbeiträge) zusammensetzt. (...) Grundsätze: Für gleiche oder gleichwertige Arbeit darf nicht wegen des Geschlechts des Arbeitnehmers eine geringere Vergütung vereinbart werden (Gleichbehandlung). Die Höhe des Arbeitsentgeltes sollte grundsätzlich dem Wert der geleisteten Arbeit entsprechen; Zuschläge (z. B. für Mehrarbeit, Sonn- und Feiertagsarbeit) sind unabhängig von diesem Grundsatz zu sehen. Regelung i. d. R. im Arbeitsvertrag. Arbeitsentgelte, die nicht üblicherweise in den Tarifverträgen des betreffenden Wirtschaftszweiges geregelt sind, können durch Betriebsvereinbarung geregelt werden (§ 77 III BetrVG). Auch ohne besondere Abmachung ist der Arbeitgeber zur Zahlung des Arbeitsentgeltes an den Arbeitnehmer in Höhe des ortsüblichen Lohns (§ 612 BGB) als Entgelt für geleistete Arbeit verpflichtet. (...). (GWL); (kon) Kurzarbeitergeld können Sie beziehen, wenn Sie wegen des Arbeitsausfalls ein vermindertes oder gar kein Arbeitsentgelt erhalten und der Arbeitsunfall erheblich ist. (SSÜ: 8) **paga** *f* (def 1) (...) De modo más específico, sueldo; y más aún el de empleados burocráticos. (...) (DDU); (def 2) Retribución por la prestación de un servicio derivado de una relación contractual. Generalmente se aplica al pago de sueldos y honorarios a los trabajadores y puede ser en dinero o en especie. (DEN vs remuneración); (Komm) Im weitesten Sinne umfassen die beiden hier aufgeführten spanischen Definitionen das Arbeitsentgelt aus selbstständiger Arbeit, wobei im engeren Sinne damit – wie im Deutschen – normalerweise auch das Arbeitsentgelt aus unselbstständiger Arbeit bezeichnet werden kann.; (kon) La paga corresponde al diferencial de 1,5 puntos registrado desde 1995 entre la inflación media española y la catalana. (I-01)

Artikelerfolgsrechnung *f* *^Erfolgsrechnung^*

Aufbringung *f* (def) Das Beschaffen von Geldmitteln. (DV); (kon) Die externe Aufbringung von Eigenkapital ist im Rahmen einer Kapitalerhöhung sowohl durch eine Erhöhung bereits gezeichneter Geschäftsanteile als auch durch die Aufnahme neuer Genossen möglich. (GUF: 30) **aportación** *f* (def) Cantidad o bien aportado. (DDU); (kon) Los fondos aportados por los promotores del proyecto constituyen el primer recurso de la nueva empresa. En muchos casos esta aportación es claramente insuficiente y esto condiciona la marcha de la empresa. (ABC: 131)

Aufsichtsrat *m* *^Aktiengesellschaft^* *^Hauptversammlung^* *^Vorstand^* (def) Vom Gesetz (§§ 95-116 AktG, §§ 9, 36-41 GenG) zwingend vorgeschriebenes Organ einer Aktiengesellschaft (AG) und Genossenschaft (Genossenschaftsorgane 2) auch bei GmbH, OHG, KG und KGaA möglich (...). 1. Aufgaben: Überwachung der Geschäftsführung, Prüfung von Jahresabschluss und Lagebericht und Bericht darüber in der Hauptversammlung. 2. Zusammensetzung: a) Der A[ufsichtsrat] muss nach § 95 AktG mindestens aus drei Mitgliedern bestehen; (...) Ein Drittel der Aufsichtsratsmitglieder müssen (von den Betriebsangehörigen in geheimer Wahl unmittelbar gewählte) Vertreter der Arbeitnehmer (darunter keine leitenden Angestellten) sein. Keine Beteiligung der Arbeitnehmer im Aufsichtsrat, wenn die Aktiengesellschaft weniger als 500 Arbeitnehmer beschäftigt. (...). e) Der A[aufsichtsrat] wählt aus seiner Mitte einen Vorsitzenden und mindestens einen Stellvertreter, die zum Handelsregister anzumelden sind (§ 107 AktG). f) Die Aufsichtsratsmitglieder brauchen nicht Aktionäre der Gesellschaft zu sein, dürfen aber nicht dem Vorstand angehören. (...) 3. Wahl: Der A[ufsichtsrat] wird durch die Hauptversammlung (mit Ausnahme der Arbeitnehmervertreter), der erste A[ufsichtsrat] durch die Gründer gewählt (Gründung). (...) 5. Die Amtsdauer darf vier Bilanzjahre nicht überschreiten (beim ersten A[ufsichtsrat] läuft sie nur bis zur Hauptversammlung, die über die erste Bilanz zu beschließen hat). 6. Veränderungen im A[ufsichtsrat] sind in den Gesellschaftsblättern zu veröffentlichen und unverzüglich dem Handelsregister einzureichen. 7. Abberufung des A[ufsichtsrats] ist, falls die Satzung nichts anderes vorsieht, nur mit Dreiviertel-Mehrheit der Hauptversammlung (mit Ausnahme der Arbeitnehmervertreter) möglich. (...) 9. Für seine Tätigkeit erhält der A[ufsichtsrat] eine Vergütung (Aufsichtsratsvergütung). 10. Haftung: Falls ein Mitglied seine Obliegenheiten nicht mit der Sorgfalt eines ordentlichen Kaufmanns wahrnimmt, kann es für Schäden von den Aktionären haftbar gemacht werden. 11. Der A[ufsichtsrat] muss mindestens in jedem Halbjahr einmal einberufen werden. Die Beschlussfähigkeit kann, soweit nicht gesetzlich geregelt, durch Satzung bestimmt werden. Mangels gesetzlicher oder Satzungsbestimmung ist der A[ufsichtsrat] beschlussfähig, wenn mindestens die Hälfte der vorgesehenen Mitgliederzahl teilnimmt, mindestens jedoch drei Mitglieder. Der Beschlussfähigkeit steht nicht entgegen, dass die vorgesehenen Sitze nicht alle besetzt sind, auch wenn das vorgeschriebene zahlenmäßige Verhältnis zwischen Vertretern der Aktionäre und der Arbeitnehmer nicht gewahrt ist (§ 108 AktG). (...) (GWL); (kon) Der Aufsichtsrat sollte seiner Überwachungspflicht unabhängig von finanziellen Anreizen nachkommen. (www.dis-ag.com) **consejo de vigilancia** *m* (def) El consejo de vigilancia de la sociedad anónima alemana es el órgano de control sobre el consejo directivo. No sólo vigila la gestión que realice el consejo directivo, sino designa y destituye al mismo. Para poder ejercer estas funciones dispone de derechos de consulta e inspección y el consejo directivo está obligado a informarle detalladamente. Aparte de esta función de control el consejo de vigilancia tiene la obligación de convocar a la junta general en situaciones especiales. El consejo de vigilancia está formado por lo menos de tres miembros, o de un número de ellos divisible entre tres. La composición del consejo está regulada en el § 96 AktG, donde se establecen los casos en los cuales los representantes de los trabajadores han de formar parte del consejo. La duración de su cargo se extiende a cuatro años como máximo. (DV); (expl) La legislación de países como Alemania y Austria contempla la existencia de un consejo de vigilancia, formado por representantes de la propiedad y de los trabajadores, que tiene como función principal la elección y el control del consejo de administración. (SMA: 72); (Komm) Die Übersetzung der Organe der deutschen *Aktiengesellschaft* bzw. der spanischen *sociedad anónima* ist problematisch, weil diese Unternehmensrechtsformen in beiden Ländern unterschiedlich strukturiert sind. Während die deutsche AG aus drei Organen (Vorstand, Aufsichtsrat und Hauptversammlung) besteht, gibt es in der spanischen *S.A.* nur die *junta general* und den *consejo de administración*. Allein aus der unterschiedlichen Anzahl an Organen ergibt sich also, dass deren jeweilige Kompetenzen voneinander abweichen müssen. Die o. g. Übersetzung kann also nur ein Übersetzungsvorschlag für einen deutschen Begriff sein, der in dieser Form in Spanien nicht existiert.; (kon) Y, al contrario, la participación puede efectuarse a través de órganos, como los consejos de administración o vigilancia en las sociedades anónimas, que no son órganos de representación del personal, ni siquiera órganos de la empresa, sino órganos de la misma sociedad. (MDT: 125)

Auftrag (1) *m* *^Kundenauftrag (GWL)^* (def) Durch einen Kunden ausgelöste Aufforderung, eine spezifische Leistung bzw. ein spezifisches Gut (Produkt oder Produktbündel) zu erstellen, was nur durch bestimmte Aktionen (Arbeiten, Operationen, Tätigkeiten) von Aktionsträgern (Potenzialelementen) möglich ist (...). (GWL vs Kundenauftrag); (expl) Rechtsgrundlage: § 662 BGB: Durch die Annahme eines Auftrages verpflichtet sich der Beauftragte, ein ihm von dem Auftraggeber übertragenes Geschäft für diesen unentgeltlich zu besorgen. (kon) Die deutsche Industrie hat im August deutlich weniger Aufträge als vor einem Jahr verbucht.; **pedido** *m* (def) Encargo de compra o entrega que se hace a una fábrica o comercio, ya directamente, ya a través de un comisionista o viajante. (DDU); (kon) El incremento en el número de pedidos en la primera mitad del año 2003 de un 25% con respecto al mismo período en el 2002, hace suponer que esta previsión es muy conservadora. **Auftrag (2)** *m* (def) Allgemein: organisatorisches Hilfsmittel der Betriebssteuerung: Die beauftragte Stelle wird zur Ausführung einer Leistung verpflichtet. Das Recht, Aufträge zu erteilen, ist bei bestimmten Funktionsstellen (Instanzen) konzentriert (...). (GWL); (kon) Die Akzeptleistung erfolgt zugunsten des Exporteurs unter einem Akkreditiv, das im Auftrag des Importeurs von der Importbank oder im Auftrag der Importeursbank von der Remboursbank meist unwiderruflich eröffnet und als bestätigtes oder unbestätigtes dem Exporteur von seiner Hausbank avisiert wird. (GUF: 61) **mandato** *m* *^encargo (DDU)^* (def) El mandato es un contrato consensual por el cual una de las partes, llamada mandante, confía su representación, el desempeño de un servicio o la gestión de un negocio, a otra persona, el mandatario (...), que acepta el encargo. (...). (DDU)

Auftragsvergabe, öffentliche *f* *^Ausschreibung^ ^Ausschreibung, öffentliche^*

Aufwand *m* *^Aufwendungen^*

Aufwands- und Ertragsrechnung *f* *^Gewinn- und Verlustrechnung^*

Aufwendungen *pl* *^Aufwand (GUF)^ ^Erfolg^ ^Erträge^ ^Gewinn^ ^Verlust^* (Komm) Der Fachliteratur zufolge sind die Termini *Aufwand* und *Aufwendungen* Synonyme.; (def) Erfolgsrechnerischer Begriff des Jahresabschlusses (Gewinn- und Verlustrechnung). Aufwendungen repräsentieren den Wert der in der Rechnungsperiode verbrauchten oder verzehrten Güter und Dienstleistungen einer Unternehmung. Sie stehen den Erträgen (...) gegenüber. (...) (LKC); (kon) Bekanntlich gibt es Aufwendungen, die erst zu einem späteren Zeitpunkt zu Ausgaben werden (zum Beispiel Abschreibungen), während andererseits Umsatzerlöse aus Zielverkäufen dem Unternehmen erst später als Einzahlungen zufließen. (GUF: 79) **gastos** *mpl* *^gastos del periodo por consumo de bienes o servicios (ÜV)^* (def) En la terminología alemana, el término *Aufwendungen* refleja las salidas de dinero en la cuenta de pérdidas y ganancias, es decir, los gastos. Según la definición alemana, se entiende por *Aufwendungen* el valor de bienes y prestaciones de servicios absorbidos durante el proceso de producción de una empresa. Contribuyen, por consiguiente, a una reducción del patrimonio neto. (DV); (Komm) Die zweite aufgeführte Übersetzungsmöglichkeit bietet sich an, wenn durch den Terminus *gastos* der Begriff *Aufwendungen* nicht treffend übersetzt werden kann. In diesem Fall ist eine Umschreibung des Begriffs nötig. Der zweiten Übersetzungsmöglichkeit zufolge ist in *Aufwendungen* nicht der Wert von entrichteten Leistungen enthalten, die erst später in Anspruch genommen werden (z. B. Benzinverbrauch, der erst nach der Bezahlung einsetzt). (Vgl. Schemata im Anhang).

Ausfallbürgschaft *f* *^Bürgschaft^ ^Schadlosbürgschaft (GWL)^* (def) Sonderform der Bürgschaft. Der Bürge haftet nur, soweit der Gläubiger mit seiner Forderung ausfällt. Der Ausfallbürge braucht nicht erst die Einrede der Vorausklage zu erheben, vielmehr muss der Gläubiger nachweisen, dass er die Zwangsvollstreckung gegen den Hauptschuldner versucht und dabei einen Ausfall erlitten hat. (GWL); (expl) Die Ausfallbürgschaft lässt den Rückgriff auf den Bürgen nur in der Höhe des Betrages zu, mit dem der Kreditgeber bei der Verwertung anderer Sicherheiten des Kreditnehmers ausfällt. (DRU); (kon) Ihre Bürgschaften sind Ausfallbürgschaften: Sie greifen also erst bei nachgewiesener Zahlungsunfähigkeit des Schuldners und wandeln sich nach einjährigem Zahlungsversuch in selbstschuldnerische um. (GUF: 63) **excusión** *f* (def) Derecho de los fiadores que garantizan un pago para no ser compelidos a él mientras tenga bienes suficientes el obligado principal o preferentemente. (DMM); (kon) La excusión no tiene lugar: cuando el fiador haya renunciado expresamente a ella; cuando se haya obligado solidariamente con el deudor; en el caso de quiebra o concurso del deudor; cuando éste no pueda ser demandado judicialmente dentro del Reino.

Ausfallrisiko *n* *^Kreditsicherheit^* (def) Gefahr des teilweisen oder vollständigen Verlustes von Forderungen allgemein sowie von Forderungen und Kursverlusten bei Wertpapieren; hervorgerufen durch Insolvenz bzw. Insolvenzgefährdung des Schuldners. Das Ausfallrisiko wird beim Gläubiger auch als Gläubigerrisiko und beim Anteilseigner (z. B. Aktionär) als Anteilseignerrisiko bezeichnet. (GWL); (expl) Durch die Kreditsicherheit erwirbt der Kreditgeber – zusätzlich zu den vertraglichen Ansprüchen gegen den Kreditnehmer – Ansprüche auf die Verwertung von Sachen bzw. Rechten (Real- oder Sachensicherheit) oder gegen dritte Personen (Personensicherheit). Je nach dem Rechtscharakter und dem ökonomischen Wert der Sicherheit kann eine solche Vereinbarung das Risiko des Kreditgebers, Zins- und/oder Tilgungsbeträge nicht oder verspätet zu erhalten, spürbar senken. Kreditsicherheiten senken somit das Ausfallrisiko des Kreditgebers. (DRU); (kon) Die Auslagerung des Ausfallrisikos erspart evtl. Kreditversicherungsprämien, Wegfälle von Debitorenverlusten und alle Eintreibkosten von Forderungen. (GUF: 60) **riesgo de pérdida** *m* *^riesgo de impago (AEE)^* (def) Es la probabilidad de que los intereses o el principal, o ambos, de un crédito no sean repagados (...) (TAM); (expl) En general, es toda consecuencia no prevista que pueda ocasionar una pérdida económica, resultar perjudicial o ser desagradable. (...) En una decisión de compra el comprador incurre en un riesgo, por cuanto la adquisición de un producto puede ocasionarle algún tipo de perjuicio.(...) (TMD); (kon) El cheque cruzado permite evitar los riesgos de pérdida, robo o extravío del documento. (HAC: 203)

Ausgabe *f ^Emission^* (def) Die Möglichkeit zur Ausgabe von Wertpapieren haben insbesondere Unternehmen in der Rechtsform der AG. Sie dient in erster Linie der Kapitalbeschaffung. Zum Zweck der Beschaffung von Eigenkapital werden Aktien ausgegeben (...); der Fremdkapitalbedarf kann gedeckt werden durch Anleihefinanzierung. (...) (BBL); (kon) Dabei ist jedoch gleichzeitig zu bedenken, dass mit der externen Eigenfinanzierung durch Ausgabe von Aktien unter Umständen hohe Kosten verbunden sind. (GUF: 32)

Ausgaben *fpl ^Einnahmen^* (def) (...) Monetäres Äquivalent der beschafften Menge an Gütern und Dienstleistungen. Ausgaben führen zu einer Abnahme des Geldvermögensbestandes, d. h. des Bestandes an liquiden Mitteln (Bargeld und Sichtguthaben) und Forderungen abzüglich des Bestandes an Verbindlichkeiten. Ausgaben können, müssen aber nicht mit einem unmittelbaren Abfluss von Zahlungsmitteln verbunden sein (...). Bei Ratenkauf bzw. Kauf auf Kredit entstehen Ausgaben (...), die erst zu einem späteren Zeitpunkt durch Auszahlung getilgt werden. (...) (BRO); (kon) Jede Investition im Sinne einer Beschaffung von Realgütern zur Durchführung der betrieblichen Tätigkeit verursacht Ausgaben und setzt die Verfügbarkeit finanzieller Mittel voraus. (GUF: 7) **gastos** *mpl ^gastos por compra de bienes o contratación de servicios (ÜV)^* (Komm) Die zweite angeführte Übersetzungsmöglichkeit bietet sich an, wenn durch den Terminus *gastos* der Begriff *Ausgaben* nicht treffend übersetzt werden kann. In diesem Fall ist eine Umschreibung des Begriffs nötig. Bei der Begriffsabgrenzung sollte beachtet werden, dass Ausgaben immer zu einer Verringerung der liquiden Mittel führen. (Vgl. Schemata im Anhang).; (def) Costo, coste, importe en dinero desembolsado por la realización de una actividad. Equivalente monetario de las compras realizadas, haciendo referencia al momento de adquisición. Conjunto de desembolsos y pagos, normalmente en dinero aunque se admiten otro tipo de bienes o valores, realizados dentro del normal ejercicio y funcionamiento de una actividad económica. En materia presupuestaria, los gastos que se contraponen a los ingresos, se señalan como partida periódica para hacer frente a las necesidades previstas. (DEI); (expl) Gastos y pagos: Estos términos se confunden habitualmente en el lenguaje coloquial, sin embargo la Contabilidad les otorga significados distintos. Decimos que se ha producido un gasto en el momento en que se contrae el compromiso de pago, independientemente de que este se produzca o no. Quiere decir esto, por ejemplo, que en una compra al contado coinciden en el tiempo el gasto y el pago, pero en una compra a crédito el gasto se produce en el momento en que efectuamos la compra mientras que el pago puede producirse mucho tiempo después. (ABC: 19); (kon) Económicamente una empresa es rentable siempre que el conjunto de sus ingresos sea superior al conjunto de sus gastos. (FEI: 1.5)

Auslosung *f ^Anleihe^ ^Obligation^ ^Schuldverschreibung^ ^Serie^ ^Tilgung^* (def) Verlosung. I. Wertpapierrecht: Form der Tilgung (...) von Schuldverschreibungen (Anleihen) während der Laufzeit gemäß den Anleihebedingungen. Es werden nach einer tilgungsfreien Zeit jeweils zu den Zinsterminen anhand der Stücknummern Papiere ausgelost und zurückgezahlt. Die einfachere Form der Tilgung ist der Rückkauf von Stücken durch den Emittenten (Schuldner). Man unterscheidet Serienauslosungen und Gruppenauslosungen (Auslosungsanleihen). (...) (GWL); (kon) Die Tilgung kann, hinausgehend über die beim Realkredit geschilderten Formen, durch Auslosung und/oder als freihändiger Rückkauf (an der Börse) erfolgen. (GUF: 40/41) **sorteo** *m* (def) Amortización de obligaciones de acuerdo con el sistema de sorteo en fechas determinadas, quedando, en consecuencia, sujeta la amortización a un procedimiento de azar. (MDB); (kon) El comisario presenciará los sorteos que hubieren de celebrarse, tanto para la adjudicación como para la amortización de las obligaciones, y vigilará el pago de los intereses y del principal, en su caso, y, en general, tutelará los intereses comunes de los obligacionistas. (LSA art. 303, 3.)

Ausschreibung *f ^Auftragsvergabe, öffentliche^ ^Ausschreibung, öffentliche^ ^Submission^ ^Verdingung^* (def 1) Öffentliche Bekanntgabe von Bedingungen, zu denen ein Vertragsangebot erwartet wird, z. B. für

Bauarbeiten, Beschaffungsaufträge u. Ä. Zwei Formen der Ausschreibung sind zu unterscheiden: offene Ausschreibung (für jeden Anbieter möglich) und beschränkte Ausschreibung (Kreis der Bieter wird nach bestimmten Kriterien begrenzt). (GWL); (def 2) Die Ausschreibung ist ein vorwiegend im öffentlichen Einkauf angewandtes Verfahren der organisierten Konkurrenz. Die Ausschreibung ist dadurch gekennzeichnet, dass durch einen Konkurrenzaufruf zur Abgabe von Angeboten für eine durch eine Leistungsbeschreibung präzisierte Leistung aufgefordert wird und dass die einzelnen Angebote nach bestimmten Spielregeln behandelt werden. Im Falle eines öffentlichen Konkurrenzaufrufs – z. B. durch Anzeige in einer Tageszeitung – spricht man von einer öffentlichen Ausschreibung. (HAW); (kon) Gebräuchlich sind sie als Sicherung der Auftragsausführung bei öffentlichen Ausschreibungen (Bietungsgarantie), der ordnungsgemäßen Vertragserfüllung (Lieferungs- bzw. Leistungsgarantie), der geleisteten Anzahlungen besonders im Anlageauslandsgeschäft (Anzahlungsgarantie) und Beseitigung von Qualitätsmängeln (Gewährleistungsgarantie). (GUF: 55) **concurso-subasta** *m* *^licitación (DDU)^* (def) La subasta se caracteriza por el automatismo, ya que el contrato se adjudica a la mejor oferta económica. El concurso es el procedimiento de selección del contratista que concede a la Administración mayor margen de apreciación. La adjudicación se ortoga a la proposición que reuniendo las condiciones exigidas en el pliego resulte más ventajosa, atendiendo a criterios no exclusivamente económicos. (ESJ vs contratos administrativos)

Ausschreibung, öffentliche *f* *^Auftragsvergabe, öffentliche (GWL)^* *^Ausschreibung^* (def) Verfahren zur Vergabe von öffentlichen Aufträgen. Nationale Verfahren der ö[ffentlichen] A[usschreibung] sind seit Ende 1989 stark von den EU-Richtlinien (RL) beeinflusst. Ziel der RL ist es, auf dem Weg zum Binnenmarkt allen Unternehmen der Gemeinschaft gleichermaßen Zugang zu den öffentlichen Aufträgen (über einem jeweils spezifischen Schwellenwert) sämtlicher Mitgliedstaaten zu verschaffen. Für die ö[ffentliche] A[usschreibung] bedeutet dies insbesondere (1) gemeinschaftsweite Publizität der Ausschreibung, (2) Transparenz des Vergabeverfahrens, (3) Zuschlag ohne Diskriminierung, (4) Kontrolle der Vergabeentscheidung. (GWL vs Öffentliche Auftragsvergabe); (kon) Die öffentliche Ausschreibung muss stattfinden, soweit nicht die Natur des Geschäfts oder besondere Umstände eine Ausnahme rechtfertigen. (www.uni-weimar.de) **concurso público** *m* *^concurso-subasta^* *^licitación pública (DDU)^* (def) Son tanto los que tienen por objeto la ejecución de obras y servicios públicos como los tendientes a la provisión de cargos de esa misma índole. (DDU)

Ausschreibungsgarantie *f* *^Bietungsgarantie^* *^Garantie^* (Komm) Im Auslandsbankgeschäft werden die Termini *Ausschreibungs-* und *Bietungsgarantie* synonym verwendet.; (expl) (Bietungsgarantie), wird häufig bei öffentlichen und privaten Ausschreibungen verlangt, besonders im Auslandsgeschäft, wenn die sich bewerbende Firma unbekannt ist. Die Bank übernimmt bei der Ausschreibungsgarantie die Gewähr dafür, dass die Firma ein ernsthaftes Angebot macht und nicht zurücktritt, bevor der Vertrag zum Abschluss kommt. Tritt dieser Fall doch ein, so haftet die Bank in der vereinbarten Höhe für die der ausschreibenden Stellen entstandenen Kosten und Nachteile. Wenn die Firma den Zuschlag erhält, tritt an die Stelle der Bietungsgarantie die Leistungs- oder Lieferungsgarantie der Bank (MÜS); (kon) Zunächst wird eine Ausschreibungsgarantie in Höhe von 5 % des Gegenstandswerts des betreffenden Projekts benötigt. (www.hallo-dubai.com) **garantía de participación** *f* (def) Modalidad de garantía bancaria que debe acompañar a las ofertas de licitación para responder de las obligaciones inherentes a la adjudicación de dicha licitación. (DCE)

Ausschüttung *f* *^Dividende^* *^Gewinnbeteiligung (siehe (def 2))^* (def) Sammelbezeichnung für Zahlungen wie Dividende, Boni, Gratisaktien, Liquidationserlöse u. dgl., die an die Anteilseigner einer Unternehmung ausgeschüttet (verteilt) wirden. (BAL); (kon) Eine erste Ausschüttung planen wir für Anfang Dezember 2004 in der Sammelausschüttung für Bibliothekstantieme, Kopiervergütung, Pressespiegel und Weitersendevergütung. (www.bildkunst.de) **reparto de las ganancias** *m* (Komm) Der Terminus *reparto de las ganancias* bezeichnet die Ausschüttungen eines Unternehmens an die Anteilseigner im Allgemeinen (vgl. Definition im Deutschen). Der Sonderfall der Dividendenausschüttung wird im Spanischen als *reparto de dividendos* oder *distribución de dividendos* bezeichnet.; (expl 1) (...) La explotación de la empresa social se hace por parte de los socios con ánimo de obtener un beneficio individual participando en el reparto de las ganancias obtenidas. De ahí que no puedan considerarse verdaderas sociedades mercantiles aquellas uniones de personas que no persigan un fin económico lucrativo o que, aun procurando la obtención de ganancias, no se propongan la distribución de éstas entre los coasociados. Todos los socios, sin excepción, deben ser llamados a participar en las ganancias. Ordinariamente la participación es proporcional al importe de la respectiva aportación; pero cabe pactar un régimen distinto, estableciendo diferentes medidas de participación para unos y otros socios, sin que pueda llegarse a excluir a ninguno de toda participación en los beneficios, porque esa exclusión sería contraria a la esencia misma de la sociedad. (...) (UDM: 94); (expl 2) El derecho de participar en el reparto de las ganancias sociales. (...) La sociedad puede constituir reservas voluntarias substrayendo al reparto una parte de los beneficios de cada ejercicio, e incluso podrá suspender totalmente el reparto de dividendos si las necesidades de la empresa así lo exigen; pero no podrá negarse sistemáticamente a repartir las ganancias arrojadas por los balances, porque ello iría contra la finalidad perseguida por los socios al constituirse en sociedad. Una vez que la sociedad acuerda el reparto de determinados beneficios surge en cada accionista el derecho al dividendo correspondiente a sus acciones; derecho que tiene ya un contenido concreto y definido y que coloca al accionista en la posición de acreedor frente a la sociedad. Este derecho viene a constituir en definitiva la realización práctica del derecho a participar en las ganancias. (...) (UDM: 184/185); (kon) Concepto de la sociedad mercantil. Puede definirse como asociación de personas que crean un fondo patrimonial común para colaborar en la explotación de una empresa, con ánimo de obtener un beneficio individual participando en el reparto de las ganancias que se obtengan. (...) (UDM: 92)

Außenfinanzierung *f ^Finanzierung, externe^*

Außenstände *pl* (def) Summe der Forderungen aus Warenlieferungen und Leistungen. Außenstände stehen gesammelt im Kunden- oder Debitorenkonto, spezialisiert im Kontokorrentbuch oder in der Kundenkartei. Sie bedürfen einer ständigen Kontrolle, damit ggf. das Mahnverfahren sofort einsetzen kann. Ordnungsmäßiger Eingang der A[ußenstände] ist Voraussetzung für die Zahlungsbereitschaft (Liquidität). (GWL); (kon) Der Abbau der Forderungen (Außenstände) kann zum Beispiel durch Verschärfung des Mahnwesens, Verbesserung der Konditionen für prompte Zahler (Skonto), Verkauf von Forderungen an eine Factoring-Gesellschaft erfolgen, sofern die entsprechenden Voraussetzungen vorliegen (GUF: 116) **deuda pendiente** *f ^créditos a cobrar (GWW)^ ^cobros pendientes (GWW)^ ^deuda activa (ABC)^ ^saldos pendientes (ECT)^* (def) Crédito pendiente a favor, que faculta al acreedor para exigir el pago. (DEI); (kon) Cuando solicitamos un crédito a un banco, y el plazo en el que lo tenemos que devolver es superior a un año, registraremos en esta cuenta el importe de la deuda pendiente con el banco. (ABC: 62)

Ausstattung *f ^Aktie^ ^Kupon^ ^Mantel^* (def) Das Grundkapital einer AG und die Aktien müssen auf einen Nennbetrag in EUR lauten. (...) Die Aktienurkunden selbst bestehen aus dem Mantel, d. h. der Urkunde, in der die Aktionärsrechte verbrieft sind, und Bogen (Couponbogen), der meist mit 10 oder 20 Gewinnanteilscheinen (Coupons) und einem Erneuerungsschein (Talon) versehen ist. Mantel und Bogen sind bei deutschen Aktien i. d. R. nicht miteinander verbunden, werden aus Sicherheitsgründen von den Banken meist auch getrennt voneinander aufbewahrt. (...) Durch die Wahl anderer Umrahmungen, Farben, Untergrundzeichnungen, Typensorten u. dgl. sind die Wertpapiere verschiedener Emittenten abweichend zu gestalten. (...) Die banktechnischen Anweisungen bestimmen, dass die Nummer des Stücks auf der rechten oberen Hälfte des Mantels anzubringen, der Nennbetrag der Wertpapiere an der oberen Kante rechts außerhalb der Umrahmung zu wiederholen ist (...), verschiedene Stückelungen derselben Emission durch veränderte Farbzusammenstellungen zu unterscheiden sind, Mantel und Bogen getrennt sein müssen, Mäntel und Ertragsscheine bestimmte Formate und festgesetzte Größen haben, die Gewinnanteil- und Zinsscheine die Nummern der Papiere und den Nennbetrag tragen, die Gewinnanteilscheine statt Angabe des Geschäftsjahrs fortlaufende Nummern aufweisen müssen. (...) (BAL vs Ausstattung von Aktien), (kon) Die Aktiengesellschaft muss im Rahmen ihrer Emissionspolitik insbesondere die Art der Kapitalerhöhung festlegen, die Bezugsbedingungen definieren, den Zeitpunkt der Emission bestimmen und die Ausstattung der Aktie regeln. (GUF: 27) **configuración del título** *f* (ÜV) (def) Se refiere a la configuración del aspecto físico de los títulos valores para diferenciar los de distintos emisores: colores, marco, dibujos, tamaño, etc. (DV); (expl) Título de la acción. 1. Los títulos, cualquiera que sea su clase, estarán numerados correlativamente, se extenderán en libros talonarios, podrán incorporar una o más acciones de la misma serie y contendrán, como mínimo, las siguientes menciones: a) La denominación y domicilio de la sociedad, los datos identificadores de su inscripción en el Registro Mercantil y el número de identificación fiscal. b) El valor nominal de la acción, su número, la serie a que pertenece y, en el caso de que sea privilegiada, los derechos especiales que otorgue. c) Su condición de nominativa o al portador. d) Las restricciones a su libre transmisibilidad, cuando se hayan establecido. e) La suma desembolsada o la indicación de estar la acción completamente liberada. f) Las prestaciones accesorias, en el caso de que las lleven aparejadas. g) La suscripción de uno o varios administradores, que podrá hacerse mediante reproducción mecánica de la firma. En este caso se extenderá acta notarial por la que se acredite la identidad de las firmas reproducidas mecánicamente con las que se estampen en presencia del Notario autorizante. El acta deberá ser inscrita en el Registro Mercantil antes de poner en circulación los títulos. (LSA art. 53)

Aussteller *m* *^Bezogener^* *^Wechsel^* (def) Derjenige, der einen Wechsel oder einen Scheck ausschreibt und ihn damit auf einen anderen zieht. (BAL); (kon) Die Sicherheit besteht für die Bank in der Wechselverpflichtung von Ausstellern, Bezogenem und evtl. Vorgiranten sowie der Wechsel(rechts-)strenge, sodass das Unternehmen von gesonderten zusätzlichen Sicherheiten absehen kann. (GUF: 52/53) **librador** *m* (def) Es la persona que emite o libra un efecto de comercio mandando que el importe del mismo sea pagado. En la letra de cambio, la firma del librador es requisito esencial para la creación de una cambial válida. El librador garantiza, con su firma, el pago de la letra; y, salvo cláusula en contra, garantiza también la aceptación de aquélla. (...) (RDD); (kon) El librador es el autor de la declaración cambiaria principal, el creador de la letra y por lo tanto el deudor cambiario frente a terceros. (LCC: 24)

Austauschanleihe *f* *^Anleihe^* *^Konversion^* (def) Umwandlung der Schuldbedingungen einer Anleihe durch Umwandlung in eine neue (Konvertierungsanleihe) mit verändertem Zinsfuß, veränderter Laufzeit und/oder veränderten Tilgungsbedingungen, meist nach vorheriger Kündigung. (GWL vs Konversion); (kon) Fast ausschließlich behalten sich die Schuldner das Recht auf vorzeitige Kündigung, d. h. auf Rückzahlung vor dem Ablauf der vorgesehenen Laufzeit vor, um bei abgesunkenem Zinsniveau durch eine Austauschanleihe herunterkonvertieren oder bei gestiegenem Zinsniveau zur Pflege ihres Emissionsstandings heraufkonvertieren zu können. (GUF: 41) **empréstito de conversión** *m* (ÜV nach GWB) (def) (...) Abusando una vez más, y unilateralmente, de su potestad legislativa o reglamentaria, el Poder público *estafa* en cierto modo a los subscriptores de los empréstitos cuando, evolucionada la plaza económica o superada la transitoria dificultad monetaria para la Hacienda pública, resuelve una conversión que le permite reducir la tasa del interés, que los subscriptores suelen soportar, privados de mejor panorama para sus inversiones y contra la colocación de su dinero a mayor plazo, como supusieron al prestar al Estado. (DDU vs empréstito)

Auszahlungen *fpl* *^Einzahlungen^* (def) Auszahlungen im Sinne des Rechnungswesens liegen vor, wenn Geldbeträge von einer Unternehmung an Dritte überführt werden. Auszahlungen sind direkt an Zahlungsvorgänge geknüpft. (...) (LKC); (expl) Der Begriff kennzeichnet Bewegungen von Zahlungsmittelbeträgen von der Unternehmung an die Umwelt. Durch die Auszahlung werden die Zahlungsmittelbestände (Bar- und Buchgeld) des Unternehmens vermindert. (...). (WER: 10); (Komm) Häufig wird der Terminus *Auszahlungen* fälschlicherwiese als Synonym für den Terminus *Ausgaben* verwendet. Dies hängt damit zusammen, dass die beiden Begriffe eng beieinander liegen: Beide bezeichnen einen Geldabfluss. Während Auszahlungen direkt an Zahlungsvorgänge gebunden sind, z. B. durch Barzahlung, stellen Ausgaben das monetäre Äquivalent für eine beschaffte Güter- und Leistungsmenge dar, d. h. die Zahlung erfolgt nicht bei Warenannahme, sondern zu einem späteren Zeitpunkt. Folgendes Beispiel trägt zur Klärung bei: Erhält ein Unternehmen am 1. März von einem Lieferanten Waren für EUR 1.000 gegen bar, so entsteht eine Ausgabe in Höhe der Auszahlung von EUR 1.000. Eine Ausgabe in gleicher Höhe (und noch keine Auszahlung) entsteht auch dann, wenn der Lieferant ein Zahlungsziel von einem Monat gewährt.; (kon) Als Finanzplan, auch Finanzbudget, bezeichnet man eine mehr oder weniger detaillierte Gegenüberstellung aller zukünftigen Einzahlungen und Auszahlungen. (GUF: 79) **pagos** *mpl* *^desembolso (DEI)^* (def 1) (...) Entrega de una cantidad debida. Desde un punto de vista financiero, el pago está constituido por los desembolsos efectuados como consecuencia de la adquisición de los factores necesarios para la realización de la actividad de la empresa y que se imputan al período en que esos factores vayan a ser consumidos en el proceso productivo. Aunque en una acepción general, suele identificarse el pago con el cumplimiento de las obligaciones pecuniarias, con el pago de las deudas de dinero, en sentido jurídico, el pago es la ejecución de la prestación debida que extingue la obligación, cualquiera que fuera ésta (entrega de una cosa, ejecución de una obra, etc.). El pago tiene la doble función de satisfacer el interés del acreedor y liberar al deudor, por lo que es el modo normal de extinción de las obligaciones. (...) (DEI); (def 2) En la terminología alemana, se entiende por el concepto de *Auszahlungen* una disminución de los fondos monetarios de la empresa causada por salidas de dinero en efectivo o dinero en cuenta. En el balance se contraponen a los cobros (*Einzahlungen*) y junto con estos reflejan la situación de liquidez de la empresa. Son magnitudes importantes para la planificación de inversiones, de finanzas y de liquidez. (DV); (kon) Los pagos se realizan usualmente mediante cheque a la orden, letras de cambio, giros bancarios, carta de crédito, siendo este último medio el más recomendable. (REC: 45)

Avalkredit *m* ^*Bankaval (GWL)*^ ^*Bankgarantie*^ (def) Haftungsübernahme durch Kreditinstitute (Avalkreditgeber) für und im Auftrag eines Kunden (Avalkreditnehmer) gegenüber Dritten im In- oder Ausland (Begünstigter). Die Bank stellt dabei keine eigenen Mittel, sondern ihre eigene Kreditwürdigkeit zur Verfügung (Kreditleihe).Die wichtigsten Avalkredite sind: Kreditbürgschaft, Frachtstundungsbürgschaft (Frachtstundung), Prozessbürgschaft, Bietungsgarantie, Anzahlungsgarantie, Lieferungs und Leistungsgarantie, einschließlich Gewährleistungsgarantie. (GWL); (expl) Der Avalkredit stellt – ähnlich wie der Akzeptkredit – keine Geldleihe, sondern eine Kreditleihe dar. Der (französische) Begriff Aval stand ursprünglich für Wechselbürgschaft, heute wird er allgemeiner verwendet: Die Bank gibt eine Bürgschaft oder eine Garantie dafür, dass der Avalkreditnehmer einer von ihm eingegangenen Verpflichtung gegenüber einem Dritten nachkommt. Sie stellt also keine liquiden Mittel, sondern ihren guten Ruf zur Verfügung und ermöglicht so dem Avalkreditnehmer die Aufnahme von Krediten bei Dritten ohne besondere Kreditwürdigkeitsprüfung. Die Bank wird aus diesem Engagement nur dann in Anspruch genommen, wenn der Avalkreditnehmer seine Verbindlichkeiten gegenüber dem Dritten nicht ordnungsgemäß begleicht. (DÄU); (kon) Beim Avalkredit verbürgt sich die avalierende Bank im Auftrag eines Kunden (Avalkreditleiher) gegenüber einem Dritten (Avalbegünstigter), für gegenwärtige oder künftige Zahlungsverbindlichkeiten des kreditleihenden Unternehmens einzustehen. (GUF: 55)
aval bancario *m* ^*crédito de aval (DDU)*^ (Komm) En el caso del aval bancario el avalista es una entidad de crédito, la cual responde con su solvencia.; (def 1) Fianza por la que una persona, avalista, responde del pago de una letra de cambio si el obligado, avalado, no satisface su importe. (AEE); (def 2) Dentro del comercio, el afianzamiento, dado por un tercero, para pagar una letra de cambio. Es la »obligación escrita que toma un tercero de garantizar, a su vencimiento, el pago de una letra de cambio. El aval es una obligación particular independiente de la que contraen el endosante y el aceptante.« (...) Es una garantía especial usada en el comercio. Cabe, además, señalar que el aval no es privativo de las letras de cambio. (DDU); (kon) El aval tiene por objeto afianzar, en todo o en parte, el pago de una letra de cambio; y aunque constituye una obligación distinta o independiente de la contraída por el aceptante y endosante, es un contrato mercantil y accesorio del de la letra, cuyo abono garantiza.

B

BA *f* ^*Bundesagentur für Arbeit*^ *(kon)* Wegen der hohen Kosten für den virtuellen Arbeitsmarkt hat die Innenrevision der Bundesagentur für Arbeit (BA) die Staatsanwaltschaft benachrichtigt. (www.heise.de) **INEM** *m* (Komm) Akronym für *Instituto Nacional de Empleo*. Diese spanische Institution entspricht der Bundesagentur für Arbeit in Deutschland. Seit 2003 ist die offizielle Bezeichnung dieser Institution *Servicio Público de Empleo Estatal*. Im Sprachgebrauch und auch in offiziellen Dokumenten wird jedoch immer noch *INEM* verwendet.; (kon) El INEM se estructura en Servicios Centrales y Territoriales. (INE: 294)

Bank *f ^Sparkasse^* (def) (...) Wirtschaftsunternehmen, die Handel mit Forderungen auf eigene Rechnung betreiben, d. h. Kredit aufnehmen und vergeben und in diesem Rahmen den bargeldlosen und bargeldsparenden Zahlungsverkehr ermöglichen, da ihre Verbindlichkeiten in Form von Sichteinlagen allgemein als Zahlungsmittel akzeptiert werden. Zusätzlich bieten sie Dienstleistungen im Zusammenhang mit Finanztransaktionen wie Vermittlung von Kreditgeschäften und Verwaltung von Forderungen an. Der Kreis der Kreditinstitute wird im Gesetz über das Kreditwesen (§ 1) definiert. Banken gehören zum Sektor der Finanzinstitutionen, deren gemeinsames Charakteristikum ist, dass ihre Aktiva zum größten Teil aus Forderungen bestehen. Sie unterscheiden sich von nichtmonetären Finanzinstitutionen (Versicherungen, Investmentgesellschaften) durch die Art der gehandelten Vermögensobjekte (...), doch bestehen zwischen allen Finanzinstitutionen Konkurrenzbeziehungen, da die jeweils gehandelten Aktiva von den Nichtbanken als begrenzt substituierbar angesehen werden. Die wichtigste Funktion der Banken besteht in der Kredittransformation. Ihre Existenz ermöglicht indirekte Kreditbeziehungen zwischen Nichtbanken. Aufgrund von Spezialisierungsvorteilen (...), Risikominderung durch Risikostreuung (...) sowie öffentlicher Bankenaufsicht (...) sind Banken in der Lage, Schuldtitel und Kredite anzubieten, welche die unterschiedlichen Portfoliopräferenzen von Kreditanbietern und -nachfragern im Nichtbankensektor besser zu befriedigen vermögen als eine direkte Kreditbeziehung. Bankeinlagen haben typischerweise ein geringeres Vermögensrisiko (...), kürzere Laufzeiten und eine höhere Liquidität und Teilbarkeit als Bankkredite (...). (GLV); (kon) Die Banken kaufen bevorzugt solche Wechsel an, die den Rediskonterfordernissen der Deutschen Bundesbank und damit dem Refinanzierungsinteresse der Bank entsprechen. (GUF: 52) **banco** *m* (def) Institución financiera de intermediación que recibe fondos en forma de depósito de las personas que poseen excedentes de liquidez, utilizándolos posteriormente para operaciones de préstamo a personas con necesidades de financiación, o para inversiones propias. Presta también servicios de todo tipo relacionados con cualquier actividad realizada en el marco de actuación de un sistema financiero. (DEN); (kon) Los bancos y otras instituciones financieras tienen entre sus cometidos el de prestar recursos económicos a las empresas. (ABC: 134)

Bankaval *m ^Avalkredit^*

Bankgarantie *f ^Anzahlungsgarantie^ ^Avalkredit^ ^Bietungsgarantie^ ^Liefergarantie^ ^Leistungsgarantie^* (def) (abstraktes, d. h. vom Grundgeschäft gelöstes) Leistungsversprechen, das insbes. im Auslandsgeschäft große Bedeutung besitzt. Es wird seitens einer Bank die Haftung übernommen, dass ein bestimmter Erfolg eintritt bzw. ein möglicher Schaden nicht eintritt. Bedeutende Formen: (1) Anzahlungsgarantie; (2) Bietungsgarantie; (3) Liefergarantie; (4) Leistungsgarantie; (5) Gewährleistungsaval; (6) Konossementsgarantie (Indemnitätsbrief), Bankaval auf Wechseln, (Avalkredit). (GWL); (Komm) Die Bankgarantie ist kein Finanzierungsgeschäft, sondern ein Avalkredit: die Bank stellt bei der Herauslegung von Bankgarantien lediglich ihre eigene Kreditwürdigkeit zur Verfügung (= Kreditleihegeschäft).; (kon) Der kreditnehmende Betrieb betreibt mit der Vorauszahlung Abnahmesicherung, der Kunde vergewissert sich des betrieblichen Leistungswillens und sichert sich vor dem Anzahlungsverlust durch eine Bankgarantie (Bankbürgschaft), die er dem Lieferanten abverlangt. (GUF: 57) **garantía bancaria** *f* (def 1) Clase de fianza en virtud de la cual un banco, actuando como fiador, responde frente al acreedor principal, del cumplimiento de alguna obligación contraída por su cliente, que en este caso es el deudor principal o afianzado (...). (DCE); (def 2) Documento independiente emitido por un banco para responder ante terceros del cumplimiento de una obligación contraída por un cliente suyo (...). Tratándose de un banco de primer orden, la garantía bancaria se considera como sinónimo de liquidez. (MDB); (kon) Modalidad de garantía bancaria prestada ante la aduana para responder del pago de los derechos arancelarios por parte del importador o del exportados, según los casos. (DDU vs garantía ante la aduana)

Bankkonto *n ^Konto^*

Bankkredit *m ^Kredit^* (def 1) Kredit, der Unternehmungen sowie privaten und öffentlichen Haushalten bei Banken eingeräumt wird. – Einteilungsmöglichkeiten: a) Nach der Fristigkeit: Kurz-, mittel- und langfristige B[ankkredite] – b) Nach der Art der Mittelbereitstellung: Buchkredit, Diskontkredit und Akzeptkredit. B[ankkredit] in Form von Bar- oder

Buchgeld: Geldleihe. (GWL); (def 2) Bankkredite sind Gelddarlehen von Kreditinstituten aufgrund eines Kreditvertrages und gehören zu den typischen Aktivgeschäften der Banken. Aufgrund der unterschiedlichen Refinanzierungsmöglichkeiten legen Sparkassen und Realkreditinstitute hauptsächlich langfristige B[ankkredite] heraus, die durch Spareinlagen und Pfandbriefemissionen finanziert werden, wohingegen die Kreditbanken überwiegend kurz- und mittelfristige B[ankkredite] gewähren, deren Refinanzierung durch kurzfristige Kundeneinlagen erfolgt. (...) (LBW); (kon) Ein Kontokorrentkredit ist ein Bankkredit, der in in- oder ausländischer Währung von einem Kreditinstitut seinen Kunden in bestimmter Höhe eingeräumt und von diesen je nach Bedarf in wechselndem Umfang bis zu der vereinbarten Höchstgrenze (Kreditlinie) beansprucht wird. (GUF: 50) **crédito bancario** *m* (def) Es el que concede un banco, como derecho a obtener fondos hasta una cierta cantidad, a cambio de unos intereses o comisiones determinados, y hasta una fecha en que ha de devolverse. Durante el plazo acordado, el acreditado puede hacer uso o no del crédito a su conveniencia; a diferencia del préstamo, en el que se tiene la obligación contractual de recibir los fondos desde el primer día. (...) Dependiendo de la forma en que se paguen los intereses, existen los créditos a tipo fijo, a tipo fijo variable, etc. Los fondos disponibles en el crédito pueden o no provenir de un solo banco, como es el caso de los créditos sindicados o los club deals. (TAM); (kon) Pero llegó un momento en que el crédito bancario a corto plazo no satisfazó las necesidades del comercio y de la industria. (UDM II: 850)

Bareinlage *f ^Bargründung^ ^Einlage^ ^Sacheinlage^* (def) Im Gegensatz zur Sacheinlage Einbringung von Bargeld in eine Unternehmung, z. B. bei der Zeichnung von Aktien einer AG, bei deren Gründung oder einer Grundkapitalerhöhung. (...) (BAL); (kon) Im Gegensatz zur Sachgründunng Gründung einor Unternehmung unter Einbringung von Geldkapital, von Bareinlagen. (BAL vs Bargründung) **aportación dineraria** *f* (def) Son las efectuadas en metálico por los socios de la S. A.; deberán realizarse en moneda nacional. Si la aportación fuere en moneda extranjera, se determinará la equivalencia en moneda nacional con arreglo a la ley (...). (DDM vs aportación dineraria a la Sociedad Anónima); (kon) Las aportaciones dinerarias deberán establecerse en moneda nacional. (LSA art. 37, 1.)

Bargeld *n ^Zahlungsmittel^* (def) Primärliquide Mittel, also Banknoten und Geldmünzen als gesetzliche Zahlungsmittel sowie evtl. Guthaben bei der Zentralnotenbank (...) (BAL); (kon) Als Zahlungsmittelbestände kommen in Frage: Kassenbestände (Bargeld), Bank- und Postgiroguthaben sowie sofort liquidierbare Vermögensgegenstände, wie Schecks, rediskontfähige Wechsel und andere Wertpapiere. (GUF: 90) **metálico** *m ^dinero en efectivo (ECT)^ ^efectivo (DEI)^* (def) Relativo al metal o confeccionado con ese material. Por antonomasia hace referencia a las monedas, acuñadas con metal, antiguamente nobles (oro y plata), y en la actualidad con aleaciones de menor valor. Aunque en un principio el dinero en metálico hacía referencia al representado en monedas, por oposición al papel moneda y billetes de banco, en la actualidad, al hablar de metálico, y más especialmente, de pagos en metálico se relaciona con las operaciones realizadas al contado, por oposición a las efectuadas a plazo o valiéndose de cualquier otro instrumento de pago. (DEI); (kon) Todo lo que se ha hecho hasta ahora nos recuerda bastante a la cuenta de la vieja. Sin embargo estos sencillos mecanismos nos permiten ver algunas de las cosas que nos interesan. Por ejemplo, el saldo de la cuenta de caja nos dirá la disponibilidad en metálico en cada momento, sin tener que contar el dinero. (ABC: 31)

Bargründung *f ^Bareinlage^ ^Gründung^ ^Sachgründung^* (def) Im Gegensatz zur Sachgründung Gründung einer Unternehmung unter Einbringung von Geldkapital, von Bareinlagen. Normalfall vor allem bei der Gründung der AG. (BAL); (kon) Wird das Kapital durch Geldeinzahlungen zur Verfügung gestellt, spricht man von der so genannten Bargründung. (GUF: 10) **fundación con aportaciones en metálico** *f* (ÜV) (def) La fundación con aportaciones en metálico es la forma usual de la constitución de una sociedad, sobre todo en caso de una sociedad anónima. Se trata de una fundación de este tipo en caso de que todos los socios realicen sus aportaciones en capital monetario, es decir tratándose sólo de aportaciones dinerarias. (DV); (expl) La aportación social. Para la constitución de la sociedad, cualquiera que sea el sistema seguido, hay que desembolsar el capital social – según ya hemos dicho – en una cuarta parte al menos (art. 8). El desembolso se hace aportando los socios a la sociedad dinero (...), de forma que lo aportado entre a formar parte del patrimonio social, distinto y separado del de los socios. (...) (UDM: 167)

Bausparvertrag *m* (def) Vertrag zwischen einer Bausparkasse und einem Bausparer über eine bestimmte Vertragssumme (Bausparsumme) zur Erlangung eines Baudarlehens. Von der vereinbarten Bausparsumme muss der Bausparer einen bestimmten Prozentsatz (meist 40 %) selbst als Sparguthaben aufbringen. Durch die Leistung von Sparbeiträgen, die verzinst werden, erwirbt der Bausparer den Anspruch auf Gewährung eines vonseiten der Bausparkasse unkündbaren Bauspardarlehens. Die Vertragssumme wird nach Ablauf der Mindestsparzeit (meist 18 Monate) und dem Erreichen des Mindestsparguthabens (Leistungszahl oder Bewertungszahl) zugeteilt. Die Leistungszahl wird aus dem Bausparguthaben und dem zehnfachen Betrag der in ihm enthaltenen Zinsen errechnet. Die Zuteilung hängt allerdings auch von den verfügbaren Mitteln der Bausparkasse (Bauspareinzahlungen, Zins- und Tilgungsleistungen, Fremdmittel) ab (Zuteilungsmasse). Das Bauspardarlehen, das steuerlich begünstigt ist, muss in monatlichen Raten i. d. R. innerhalb von etwa zehn jahren einschließlich einer Verzinsung von etwa 5 % zurückgezahlt werden. Die Bausparförderung besteht in der Gewährung einer an eine bestmmte Einkommensgrenze gebundenen staatlichen Bausparprämie. Seit 1996 sind Bausparverträge nicht mehr als Sonderausgaben abzugsfähig. In einen Bausparvertrag können auch vermögenswirksame Leistungen eingebracht werden. Innerhalb bestimmter Einkommensgrenzen wird hier mit einer Arbeitnehmer-Sparzulage gefördert. (BRO-06); (kon) Zweck des Bausparvertrages ist die Erlangung eines unkündbaren, in der Regel zweistellig zu sichernden Tilgungsdarlehens (Bauspardarlehen) aufgrund planmäßiger Sparleistungen. (BBB: 17) **cuenta de ahorro-vivienda** *f* (def) Cuenta abierta mediante contrato de depósito entre particulares e instituciones financieras con el único fin de ahorrar para la compra de una vivienda. Suele ofrecer un tipo de interés inferior al de otras cuentas de depósito a plazo, pero lleva inherente, bajo ciertas condiciones, un beneficio fiscal, cuya cuantía se calcula como un porcentaje sobre la cuantía depositada. (DEN); (expl) (...) Libreta de ahorro de naturaleza fiscal, con alta remuneración, cuya finalidad es la formación de un capital con destino a la adquisición o rehabilitación de una vivienda que vaya a constituir la residencia habitual del titular. Está sujeta a las características legales de la Cuenta Vivienda y puede acogerse a las ventajas fiscales de la misma.

Bearbeitungsprovision *f ^Kredit^* (def) Provision, die u. U. von Banken im Zusammenhang mit der Gewährung von Krediten anstelle einer Umsatzprovision berechnet wird. (GWL); (Komm) Bei Krediten, die nicht in laufender Rechnung gewährt werden und für die eine Tilgung in regelmäßigen Raten über einen Zeitraum von mehr als zwölf Monaten vereinbart ist, darf eine einmalige Bearbeitungsprovision von höchstens zwei Prozent des ursprünglichen Kreditbetrages an Stelle der Umsatzprovision berechnet werden. (kon) Die Finanzierungskosten beim Diskontkredit umfassen die Wechselsteuern, die Diskontspesen als Inkassospesen, die Diskontprovision als Bearbeitungsprovision und den Diskont. (GUF: 53) **comisión de apertura** *f* (def) (...) Percepción por la prestación de un servicio. Las comisiones bancarias están sujetas, en España, a las tarifas publicadas por el Consejo Superior Bancario. Se diferencian de los intereses en que éstas se perciben por un servicio, mientras que los intereses responden a un capital. (MDB vs comisión); (expl) (...) La obligación típica del acreditado en esta fase del contrato consiste en pagar la comisión pactada como contraprestación de la concesión de crédito. La comisión representa así el precio del alquiler del crédito y confirma en este sentido el carácter bilateral del contrato. Las pólizas bancarias impresas imponen la obligación de pagar la comisión aunque no se haga uso del crédito, y es lógico que así sea por el carácter que acabamos de atribuir a esta obligación. En algunas pólizas se prevé, además, el pago de otra comisión trimestral sobre el saldo mayor dispuesto durante ese período. En realidad esto representa un interés adicional. (...) (GCB: 210/211); (kon) El acreditado asume normalmente en la apertura de crédito tres distintas obligaciones: a) La de satisfacer al Banco una comisión de apertura consistente en un tanto por ciento sobre el total del crédito abierto. (UDM II: 867)

Bedarf *m ^Bedürfnis^ ^Menge, erforderliche^ ^Nachfrage (WDW)^ ^Verbrauch^* (def) Ökonomischer Begriff für eine am Markt tatsächlich auftretende Nachfrage (GWL) (Komm) Bedarf = konkretisiertes Bedürfnis, dem die verfügbare Kaufkraft gewidmet werden kann.; (kon) Übersteigt der Bedarf an Eigenkapital die Finanzierungsmöglichkeiten der Teilhaber, haben diese Unternehmungsformen nicht die Möglichkeit, sich an den organisierten Kapitalmarkt zu wenden. (GUF: 21) **necesidades** *fpl* (def) Necesidad de obtener recursos para enjugar el déficit, por el exceso del gasto sobre los ingresos o para incrementar el negocio o emprender uno nuevo, tanto se refiera al Estado, Autonomías, Ayuntamientos o empresas. (TRI vs necesidad de financiación); (kon) Parte a un consumo inmediato, o sea gasta dinero para satisfacer sus necesidades más básicas. (SMA: 7)

Bedürfnis *n* *^Bedarf^* (def) Wunsch, der aus dem Empfinden eines Mangels herrührt. Man unterscheidet: natürliche Bedürfnisse, gesellchaftliche Bedürfnisse, Grundbedürfnisse. (GWL) (kon) Auf der Website (...) finden KMU [Kleine und Mittlere Unternehmen] und Neuunternehmen durch Hinweise, Verhaltens- und Vorgehenstipps aufgezeigt, welche Finanzierungsmöglichkeiten ihnen für die spezifischen Bedürfnisse offen stehen und auf welche Informationen ihre Geldgeber angewiesen sind, um einen bedarfsgerechten Finanzierungsweg zu finden. (www.unternehmensfinanzierung.de) **necesidades** *fpl* (def) Sensación de carencia de algo unida al deseo de satisfacerla. (AEE); (kon) Se entiende por necesidad la sensación de una carencia, unida al deseo de hacerla desaparecer. (LTE: 93)

begleichen *vt* *^Saldo^* (def) (...) (Verdeutschung von saldieren) (...) (eine Schuld, eine Rechnung) bezahlen (...) (DAB); (kon) Bei Abwägung von Bankkredit und Lieferantenkredit wird sich das Unternehmen im Regelfall für einen Kontokorrentkredit entscheiden und seine Warenrechnungen unter Abzug von Skonto begleichen. (GUF: 119) **saldar** *vt* *^pagar (BRW)^* *^pagar cuentas pendientes^* (def) En banca, liquidar una cuenta, deuda u obligación entregando la cantidad que se debe o recibiendo la cantidad a la que se tiene derecho. (DEN); (kon) Colombia insistirá en usar reservas para saldar la deuda externa.

Beiträge (1) *mpl* *^Abgaben^* (def 1) Beiträge (...) sind eine Unterart der öffentlichen Abgaben. Man versteht darunter Geldleistungen, die dem Einzelnen im Hinblick auf eine besondere Gegenleistung des Beitragsberechtigten auferlegt werden, nämlich dafür, dass ihm die Möglichkeit der Benutzung besonderer Einrichtungen oder der Ausnutzung besonderer Vorteile zur Verfügung gestellt wird (...). Voraussetzung ist deshalb die Nutzungsmöglichkeit; entsprechend dieser sind daher ggf. die Beitrágssätze zu staffeln. Ob der Beitragspflichtige von der Nutzungsmöglichkeit Gebrauch macht, ist unerheblich. (...) (CRL); (def 2) (...) Abgaben, die von der öffentlich-rechtlichen Körperschaft aufgrund spezieller gesetzlicher Ermächtigung zur Deckung des Aufwands für die Schaffung, Erweiterung oder Erneuerung öffentlicher Einrichtungen von demjenigen erhoben werden, dem die Möglichkeit der Inanspruchnahme dieser Einrichtungen nicht nur vorübergehende Vorteile bietet. (GWL); (kon) Die Beiträge müssen dann bis auf einen Mindestbestand abgebaut und zinsbringend (zum Beispiel als Termingeld) angelegt werden, da überflüssige Liquidität zu Lasten der Rentabilität geht. (GUF: 82) **contribución** *f* (def) Cuota o cantidad que se paga para algún fin, y principalmente la que se impone para las cargas del Estado. Aportación a un objetivo, gasto o pérdida común, por ejemplo, la contribución a gastos fijos de un producto es la diferencia entre su precio de venta y su coste variable. (DEI); (expl) (...) Contribuciones especiales son aquellos tributos cuyo hecho imponible consiste en la obtención por el sujeto pasivo de un beneficio o de un aumento de valor de sus bienes, como consecuencia de la realización de obras públicas o del establecimiento o ampliación de servicios públicos. (...). (LGT); (kon) Deberá abarcar las cuotas fija y proporcional actualmente vigentes dentro de la contribución rústica y pecuaria. (PTE: 34)

Beiträge (2) *mpl* *^Einlage (CRL)^* (Komm) In der konsultierten Fachliteratur wird für den Terminus *Beiträge* im hier aufgeführten deutschen Kontext meist der Terminus *Einlage* verwendet. Aus diesem Grund wird ergänzend eine zweite Definition zum Terminus *Einlage* angeführt. (def) Einlage wird der Beitrag eines Gesellschafters (Aktionärs, Genossen) genannt, den er als Beteiligung an einer Gesellschaft des bürgerlichen Rechts, einer Handelsgesellschaft oder einer stillen Gesellschaft leistet. Meist wird die Einlage in Geld erbracht (...) Sie kann aber (...) auch durch Übertragung von Sachwerten oder Rechten geleistet werden. (...) Die E[inlage] ist i. d. R. maßgebend für die Höhe des Gesellschaftsanteils. Sie ist immer Ausgangsbetrag für die Feststellung des Kapitalanteils. (...). (CRL vs Einlage); (kon) Wurde im Gesellschaftsvertrag nichts anderes vereinbart, haben die Gesellschafter nach § 706 BGB die gleichen Beiträge zu leisten. (GUF: 19) **aportación** *f* (def) En el ámbito mercantil, entrega por parte de cada uno de los socios del contravalor, en dinero o en especie, de las acciones que suscriben. (...) En las sociedades anónimas, el accionista debe desembolsar en el momento de la suscripción, al menos el 25 por 100 del valor nominal de cada una de las acciones, salvo que los estatutos de la sociedad aumenten dicho porcentaje. Posteriormente, en los plazos fijados en los estatutos, o en su defecto, el determinado por los administradores, deberá completar el pago hasta cubrir totalmente el nominal. En el caso de sociedades de responsabilidad limitada, el desembolso de las acciones debe ser íntegro en el momento de la suscripción. (DEI); (expl) Rechtsgrundlage: Art. 36 de la Ley de Sociedades Anónimas: 1) Sólo podrán ser objeto de aportación los bienes o derechos patrimoniales susceptibles de valoración económica. En ningún caso podrán ser objeto de aportación el trabajo o los servicios. No obstante, en los estatutos sociales podrán establecerse con carácter obligatorio para todos o algunos accionistas prestaciones accesorias distintas de las aportaciones de capital, sin que pueden integrar el capital de la sociedad. 2) Toda aportación se entiende realizada a título de propiedad, salvo que expresamente se estipule de otro modo. Art. 47: 1) Las acciones representan partes alícuotas del capital social. Será nula la creación de acciones que no respondan a una efectiva aportación patrimonial a la sociedad.; (kon) Los socios o el empresario individual habrán realizado una serie de aportaciones, en el inicio de las actividades por parte de la empresa, para conformar su capital inicial, su función será la adquisición del inmovilizado. (FEI: 2.2)

Beleihungsgrenze *f* *^Beleihungssatz (GWL)^* *^Beleihungswert^* (def 1) Prozentsatz vom Beleihungswert, bis zu dem ein Gegenstand oder Recht beliehen werden kann. Die Höhe des B[eleihungssatzes] richtet sich nach der Verwertbarkeit des Beleihungsobjektes. (GWL vs. Beleihungssatz); (def 2) Höchstmaß, zu dem die Bank ein Objekt (Pfand, Hypothek, Grundschuld) beleiht. In der Regel 80 % des Verkehrswertes. (Verkehrswert = zu einem bestimmten Zeitpunkt erzielbarer Verkaufspreis.). (WDW); (expl) Da die Qualität des Objektes sowohl von seinem Wert als auch von seiner Ertragskraft bestimmt wird, muss dessen Beleihungswert (= Höhe der Beleihungsfähigkeit) und ggf. eine (darunter liegende) Beleihungsgrenze ermittelt werden. Die Beachtung einer Beleihungsgrenze durch einen Kreditgeber beruht einerseits auf gesetzlichen Vorschriften, andererseits auf dem Vorsichtsmotiv, um durch eine Kürzung des Beleihungswertes anfällige Abschläge im Falle zwangsweiser Verwertung vorwegzunehmen. (EIL); (kon) Unter den grundpfandrechtlichen Sicherungsformen dominiert (...) die Grundschuld vor der Hypothek, die Beleihungsgrenze liegt je nach Objekt höchstens bei 60 Prozent des Beleihungswertes, der ein besonderes Problem darstellen kann. (GUF: 38) **límite de pignoración** *m* *^límite de crédito^* (def 1) Cantidad máxima de que se puede disponer de un crédito bancario. (...). (MDB) (def 2) Límite del préstamo a cuenta de garantías o seguridades dadas. Cantidad mínima de la que puede disponer un cliente de un crédito bancario, que será establecida de acuerdo al riesgo tolerable para cada prestatario en función del bien o derecho dado en garantía. (DV); (kon) El límite máximo de los créditos que pueden autorizarse por el Banco de España a organismos públicos, empresas nacionales y nacionalizadas, para operaciones de corto plazo o de campaña, se fija por decreto previo informe del Consejo de Economía Nacional. (TEE: 969)

Beleihungssatz *m* *^Beleihungsgrenze^*

Beleihungswert *m* *^Beleihungsgrenze^* (def) Wert, der dem Beleihungsgegenstand unter Berücksichtigung aller für die Bewertung maßgebenden Umstände beizumessen ist. Gegenstände der Beleihung sind u. a. Grundstücke und Gebäude, Wohnungs- bzw. Teileigentum, Erbbaurechte, Wertpapiere, Forderungen und Schiffe. Grundlage für die Ermittlung des B[eleihungswertes] sind – je nach Beleihungsgegenstand – der Ertragswert, der Sach- bzw. Substanzwert (Sachwert) oder der Verkehrswert; (GWL); (expl 1) Vor der Beleihung bebauter Grundstücke ist daher der Beleihungswert zu ermitteln, d. h. der Wert, der bei einer (Zwangs-)Veräußerung als erzielbar angesehen wird (Verkehrswert). (WÖH); (expl 2) Beleihungswert = Höhe der Beleihungsfähigkeit (EIL) (Komm) Verkehrswert = zu einem bestimmten Zeitpunkt erzielbarer Verkaufspreis.; (kon) In der Besicherung rangiert die Grundschuld bei Anleihen mit etwa 40 Prozent des Beleihungswertes vor der Hypothek wegen ihres abstrakten Charakters. (GUF: 41) **valor de pignoración** *m* *^límite de préstamo (UEC)^* (Komm) Weitere Übersetzungsmöglichkeiten sind: *valor como colateral* oder der englische Terminus *value to loan*, oft abgekürzt als *VTL*.; (def) Valor concedido a un objeto dado en garantía. La base para calcular el valor del objeto dado en prenda es el valor de venta, el valor real. Valor que se ortoga a un título cuando se utiliza como garantía de una operación crediticia. Valor que se ortorga a un título cuando se utiliza como garantía de una operación crediticia. (DV)

Beschaffung *f* *^Absatz^* *^Beschaffungsmarkt^* *^Kauf (WDW)^* *^Produktion^* (def 1) Bezeichnung für die Versorgungsfunktion von Organisationen. Im Gegensatz zur Praxis, in der der Einkaufsbegriff synonym verwendet wird, hat sich in der Wissenschaft Beschaffung als Oberbegriff für die Subsysteme Einkauf (mit dem Ziel der Optimierung des Preis-Leistungs-Verhältnisses) und Beschaffungslogistik (Ziel einer bedarfsgerechten, körperlichen Verfügbarkeit der Einsatzgüter) eingebürgert. Auch der Objektumfang der Beschaffung wird in Wissenschaft und Praxis uneinheitlich abgegrenzt. Während in der betriebswirtschaftlichen Literatur alle zur Erreichung des Sachzieles der Unternehmung erforderlichen Einsatzfaktoren (Material, Anlagegüter, Arbeitskräfte, Kapital, Dienstleistungen, Rechte, externe Informationen) als Beschaffungsobjekte diskutiert werden, konkretisiert sich die engere Begriffsinterpretation der Praxis in der Zuordnung von Material (Roh-, Hilfs- und Betriebsstoffe, Halbfabrikate, Handelsware) und Dienstleistungen als üblicher Objektumfang der Beschaffungsabteilung. (GWL); (def 2) Als Beschaffung im weiteren Sinne bezeichnet man sämtliche Tätigkeiten, die darauf gerichtet sind, dem Betrieb die benötigten, aber nicht selbst erzeugten Güter zur Verfügung zu stellen. Diese Güter werden von den Beschaffungsmärkten bezogen. (HAW); (kon) Ursächlich für die Kapitalbindung in einer Unternehmung ist (...) die Tatsache, dass einerseits in der Realität Beschaffung, Produktion und Absatz nur zu verschiedenen Zeiten möglich sind, andererseits aber der zu Einnahmen führende Absatz den ausgabenwirksamen Prozessen Beschaffung und Produktion nachgeschaltet ist. (GUF: 1) **aprovisionamiento** *m* (expl) Función por la que una empresa o un comerciante programa, obtiene y gestiona los bienes y servicios necesarios para desarrollar su actividad de fabricación o venta. Adquisición de un producto o servicio. Puede ser al contado, con entrega simultánea de su precio, bien en dinero efectivo o por otro medio de pago, o a crédito, con diferimiento del pago de su importe. (TMD); (kon) (...) En la mayoría de ellas [empresas] se establecen departamentos de acuerdo con las distintas funciones del proceso productivo: aprovisionamiento, producción, distribución, contabilidad, dirección de personal, etc. (SMA: 70)

Beschaffungsmarkt *m* *^Beschaffung^* (def) Ein der Produktionsstufe einer Unternehmung vorgelagerter Markt, auf dem Güter oder Dienstleistungen für den Produktionsprozess gekauft werden können. Gegensatz: Absatzmarkt. Der Beschaffungsmarkt des Käufers (Nachfragers) ist für den Verkäufer (Anbieter) Absatzmarkt. (GWL) **mercado de aprovisionamiento** *m* (def) Lugar de negociación de bienes y servicios en el que una empresa se abastece de los que precisa para el proceso de producción. (DV)

Besicherung *f* *^Garantie^* *^Kreditsicherheit^* (def) Bevorrechtigter Anspruch auf Befriedigung einer Kreditforderung auf bestimmten Vermögensbestandteilen des Kreditnehmers oder eines Dritten oder auf Befriedigung aus dem gesamten Vermögen eines Dritten, der dazu dient, im Falle der völligen oder eingeschränkten Zahlungsunfähigkeit des Kreditnehmers die Rückzahlung des Darlehens sicherzustellen. (VGW vs Kreditsicherheit); (kon) Da meist Kapitalsammelstellen, z. B. Versicherungen, Sozialversicherungsträger, Pensionskassen, (...), die Kreditgeber sind, müssen die strengen Anforderungen des Bundesaufsichtsamtes für das Versicherungs- und Bausparwesen an die Besicherung erfüllt werden. (GUF: 45) **garantía** *f* (def) (...) Contrato por el cual una persona llama fiador, se obliga a cumplir pagar la obligación de otro, llamado deudor principal, en el supuesto de que éste no cumpla con el acreedor. (...) (TRI vs fianza); (kon) Los acreedores de la sociedad de responsabilidad limitada tienen por sola garantía el activo social y no pueden entablar acción alguna contra los socios. (HAC: 167)

Besitz *m* *^Eigentum^* (def) Zum Unterschied gegenüber dem Eigentum tatsächliche Verfügungsgewalt über eine Sache. Als Besitzer, der die Rechte über die Sache selbst ausübt, als auch der Mittelbare, der durch ein Besitzmittlungsverhältnis (Miete, Pacht, Leihe) einem anderen den unmittelbaren Besitz überlassen hat. Besitz ist vererblich und übertragbar. Er wird durch die Rechtsordnung gegen Eingriffe Dritter geschützt. Wer eine Sache vom Besitzer gutgläubig erwirbt, wird Eigentümer, sofern die Sache nicht gestohlen, verloren gegangen oder sonstwie abhanden gekommen ist. Es wird vermutet, dass ein Besitzer zugleich Eigentümer einer Sache ist. (BAL); (kon) Bei der Sicherungsübereignung wird dem Kreditgeber zwar das Eigentumsrecht am Sicherungsgut übertragen, der unmittelbare Besitz aber bleibt beim Kreditnehmer aus betrieblichen Nutzungsgründen und wird für den Gläubiger durch Besitzmittlungsverhältnis (§ 930 BGB) ersetzt. (GUF: 64); (expl) Rechtsgrundlage: § 854 BGB: 1) Der Besitz einer Sache wird durch die Erlangung der tatsächlichen Gewalt über die Sache erworben. 2) Die Einigung des bisherigen Besitzers und des Erwerbers genügt zum Erwerbe, wenn der Erwerber in der Lage ist, die Gewalt über die Sache auszuüben. **posesión** *f* (def) Estrictamente el poder de hecho y de derecho sobre una cosa material, constituido por un elemento intencional o animus (la creencia y el propósito de tener la cosa como propia) y un elemento físico o corpus (la tenencia o disposición efectiva de un bien material.). (DDU) ; (expl) Rechtsgrundlage: Art. 431 del Código Civil: La posesión se ejerce en las cosas o en los derechos por la misma persona que los tiene y los disfruta, o por otra parte en su nombre.; (kon) Si hay en nuestro Código una materia en que la utilización de los elementos históricos de la interpretación resulta completamente indispensable para su correcto y coherente entendimiento, tal materia es sin duda la posesión. (PYP: 121)

Besitzkonstitut *n* *^constitutum possessorium (GWL)^* *^Sicherungsübereignung^* (def) Besitzverschaffung bei Übereignung beweglicher Sachen (§ 930 BGB), die die nach § 929 BGB zur Eigentumsübertragung erforderliche Übergabe der Sache durch eine Vereinbarung zwischen dem bisherigen Eigentümer und dem Erwerber ersetzt, nach der der Erwerber den mittelbaren Besitz an der Sache erlangt in Form eines konkreten Rechtsverhältnisses, z. B. Miete, Leihe, Verwahrung. Besitzkonstitut ist von Bedeutung bei der Sicherungsübereignung, z. B. zur Kreditgewährung. Der Gläubiger wird Eigentümer und zugleich mittelbarer Besitzer, wohingegen der Schuldner im (unmittelbaren) Besitz der Sache bleibt. Dagegen ist der Eigentumsvorbehalt auch ohne Besitzkonstitut voll wirksam. (GWL); (expl) Besonderes Besitzmittlungsverhältnis zwischen unmittelbarem und mittelbarem Besitzer. Überlässt jemand aufgrund eines genau bestimmten Rechtsverhältnisses eine Sache einem anderem, so bleibt er solange mittelbarer Besitzer der Sache, bis ihm der unmittelbare Besitzer den Besitz mittelt, d. h. eine für den anderen besitzt. Beim Besitzkonstitut wird der mittelbare Besitz dadurch gegründet, dass der Besitzer einer Sache einem anderen unter Beibehaltung des unmittelbaren Besitzers den mittelbaren Besitz einräumt, dies geschieht u. a. bei der Sicherungübereignung. (MÜS); (kon) Ein Besitzkonstitut kommt bei einer Sicherungsübereignung vor.(www.anwalt-suchservice.de). **constituto posesorio** *m* (def) Pacto en virtud del cual el vendedor de una cosa continúa ocupándola como representante del comprador (...). Se califica de simple tenedor al »que trasmitió la propiedad de la cosa, y se constituyó poseedor a nombre del adquirente.« (DDU)

Bestand *m* (def) Bestand = Menge x Preis; Anzahl der materiellen und immateriellen Gegenstände einer Unternehmung, die in Maßangaben und Gewicht ausgedrückt wird (DV); (kon) Zwar werden (...) bei zweifelsfrei bestimmbaren Sicherungsgütern wie Kraftfahrzeugen, Maschinen und Geräten die Nachteile der schwerfälligen Verpfändung vermieden, bei Warenlagern mit wechselndem Bestand kann es aber Probleme geben. (GUF: 65) **existencias** *fpl* *^stocks (SDE)^* (Komm) Beim Terminus *stocks* handelt es sich um einen englischen Ausdruck, der im Spanischen als Synonym für den Terminus *existencias* verwendet wird; (def) Todos los bienes y materiales de una empresa que son almacenados para ser vendidos, o incluidos en el proceso productivo. Recibe el mismo nombre el grupo de cuentas del activo circulante del balance que incluye las siguientes partidas: mercaderías, materias primas, otros aprovisionamientos, productos en curso, productos semiterminados, productos terminados y subproductos, residuos y materiales recuperados. (DEN); (Komm) Der Terminus *Bestand* erfordert im Spanischen je nach Kontext verschiedene Übersetzungen. Die Entsprechung für *Bestand an Aufträgen* ist der spanische Terminus *cartera de pedidos* Der *Bestand an Finanzmitteln* sollte mit den Termini *fondos* bzw. *reservas* übersetzt werden. In Kontexten, in denen *Bestand* in seiner allgemeinen Bedeutung (Bestehen) verwendet wird – wie zum Beispiel in folgendem Kontextbeispiel: *Zum Vorteil der zielnehmenden Betriebe erfolgt die Besicherung lediglich durch (verlängerten) Eigentumsvorbehalt, sodass sie ihren Bestand an Sicherheiten schonen.* (GUF: 50) – empfiehlt es sich meist, eine Umschreibung als Übersetzung zu wählen. Diese könnte im angegebenen Beispiel wie folgt lauten: »*...sin que la empresa deba prestar garantías adicionales..*«; (kon) En temas anteriores fueron estudiadas la inversión en bienes de equipo y en existencias, que absorben una considerable parte del caudal inversor en la empresa. (MEE: 233)

Beteiligung *f* *^Anteil^* *^Beteiligungsfinanzierung^* (def) Gesellschaftlicher Anteil am

Kapital einer Unternehmung. Mit einer Beteiligung sind grundsätzlich folgende Rechte und Pflichten verbunden: a) Möglichkeit der Einflussnahme auf die Unternehmenspolitik, b) Anspruch auf Anteil (entsprechend dem Kapitalanteil) am Gewinn, c) Haftung für Verluste zumindest bis zur Höhe des nominalen Kapitalanteils und d) Anspruch auf einen Anteil am Liquidationserlös bei Auflösung des Unternehmens. Rechtsform und Gesellschaftsvertrag der Beteiligungsgesellschaft bestimmen den rechtlichen Charakter der Beteiligung (...). Die Stärke des Einflusses auf die Unternehmenspolitik hängt von der Höhe der Beteiligung (...) ab. (VGW); (kon) Finanzwirtschaftlich bedingt ist der Anlass zur Bereitstellung von Kapital auch dann, wenn mit den zur Verfügung gestellten Mitteln eine Beteiligung an einem anderen Unternehmen erworben werden soll. (GUF: 9) **participación** *f* (def 1) Presencia de una persona física o jurídica en el capital de una empresa, de forma directa o a través de otra empresa previamente participada. (...) (TAM) ; (def 2) Contribuir a la expansión de un negocio aportando capital, trabajo o técnica y percibiendo una fracción de los beneficios según la forma estipulada. (GAR vs participar); (kon) El acuerdo de transformación no podrá modificar las participaciones de los socios en el capital de la sociedad. A cambio de las acciones que desaparezcan los antiguos accionistas tendrán derecho a que se les asignen acciones, cuotas o participaciones proporcionales al valor nominal de las acciones poseídas por cada uno de ellos. (LSA art. 229, 1.)

Beteiligungsfinanzierung *f* *^Beteiligung^* *^Finanzierung^* *^Finanzierung, externe^* *^Fremdfinanzierung^* (def) 1. Begriff: Sammelbezeichnung für alle Formen gesellschaftlicher Beschaffung von Eigenkapital durch Kapitaleinlagen von neu hinzukommenden Gesellschaftern der Unternehmung. Die aus der B[eteiligungsfinanzierung] möglichen Rechtsfolgen, wie Mitwirkung an der Geschäftsführung, Gewinn und Verlustbeteiligung sowie Haftung für die Verbindlichkeiten, sind (je nach der rechtlichen Unternehmungsform) verschieden gesetzlich geregelt oder vertraglich zu vereinbaren. 2. Finanzierungsmittel zur B[eteiligungsfinanzierung]: (1) Einlagen, (2) Aktien, (3) Kuxe, (4) Bohranteile, (5) Schiffsparts des Kapitalgebers am Gewinn (in der AG in Form der Dividende, sonst als Gewinnausschüttung) und gegebenenfalls am Liquidationserlös sind vertraglicher Vereinbarung zugängig. 3. Mischformen zwischen B[eteiligungsfinanzierung] und Fremdfinanzierung werden in der Gewinnobligation gesehen (d. h. Papiere mit begrenztem Dividendenanspruch) sowie in der Wandelanleihe und auch in zweckgebundenen Rücklagen für soziale Zwecke. 4. Für die Kapitalgeber gehört die Beteiligung zum Finanzanlagevermögen, sofern es sich um eine dauernde Beteiligung handelt. (...) (GWL); (kon) Eine messerscharfe Trennung von Beteiligungs- und Fremdfinanzierung ist nicht immer möglich, weil die Praxis eine Reihe von Mischformen ausgebildet hat, in dem Bestreben, die Vorzüge beider Finanzierungsarten zu verbinden. (GUF: 35) **financiación mediante nuevas participaciones** *f* (ÜV) (def) Adquisición de capital propio mediante nuevas participaciones de terceros, hasta entonces no vinculados con la sociedad, quienes, aportando su capital a ella, reciben los mismos derechos como los otros socios. (DV)

Beteiligungsgesellschaft *f* *^Holding-Gesellschaft (GWL)^* (def) Als Vorform des Trusts in den USA entwickelte Effektenhaltungsgesellschaft. H[olding]-G[esellschaften] produzieren nicht selbst; ihre wirtschaftliche Tätigkeit erstreckt sich auf die Verwaltung von Effekten sämtlicher von ihnen beherrschter Unternehmungen und zumeist auf die Abstimmung von deren Produktionsprogrammen, soweit dies zur Marktbeeinflussung zweckmäßig erscheint. Die Aktionäre einzelner Gesellschaften geben der H[olding]-G[esellschaft] ihre Aktien und erhalten dafür diejenigen der H[olding]-G[esellschaft] (sog. Effektensubstitution). Die rechtliche Selbstständigkeit der Unternehmungen bleibt zumindest nach außen bestehen; die wirtschaftliche Selbstständigkeit geht im Hinblick auf die Finanzierung völlig, bezüglich der Unternehmenspolitik weitgehend auf die H[olding]-G[esellschaft] über. (GWL vs Holding-Gesellschaft); (expl) Gesellschaft, die über andere Gesellschaften aufgrund finanzieller Beteiligungen eine Kontrolle ausübt (NET); (kon) Da die Beteiligungsgesellschaften die unternehmerische Selbstständigkeit der finanzierungswürdigen Firmen nicht antasten möchten, bewegen sich die Kapitalquoten zwischen 10 und 49 Prozent. (GUF: 21) **sociedad en participación** *f* (expl) Sociedad cuyo objeto es el control de otras sociedades mediante participaciones financieras en ellas. (NET) (Komm) In spanischen Wörterbüchern oft auch als *sociedad de cartera* bezeichnet, die der im Deutschen verwendeten Entsprechung 'Holding-Gesellschaft' gleichkommt.

Betrag *m* (def) bestimmte Geldsumme (DAB);

(kon) Wird Wandelrecht von Obligationären ausgeübt, verwandelt sich in Höhe entsprechender Beträge Fremdkapital in Eigenkapital. Wandlungsobjekte sind in der Regel Stammaktien, in die umgewandelt wird. (GUF: 44) **importe** *m* (def) Cuantía, cantidad total de dinero en una operación. (DEI); (kon) La diferencia entre ambos importes, constituida por los gastos financieros de la operación, se contabilizará como gastos a distribuir en varios ejercicios. (SSD: 355); (kon) Una muestra de esta consolidación es el Acuerdo de Cooperación Económica y Financiera para el período 1998-2000, por el que España pone a disposición de Turquía facilidades financieras por importe de 410 millones de dólares con el objetivo de dar cobertura a los proyectos españoles de diversos sectores. (REE: 91)

Betrieb (1) *m* *^Produktionsstätte (GWL)^* (def 1) Systemindifferenter Oberbegriff für Wirtschaftseinheiten, die mittels des Einsatzes von Produktionsfaktoren für Dritte Leistungen erstellen. B[etriebe] in Marktwirtschaften werden als Unternehmungen bezeichnet, wenn sie dem Autonomieprinzip, dem Prinzip des Privateigentums und dem erwerbswirtschaftlichen Prinzip gehorchen. Der Begriff B[etrieb] wird in verschiedener Weise benutzt und umgangssprachlich oft als Synonym für Unternehmung gebraucht. Mit B[etrieb] können auch nur Teilbereiche der Unternehmung bezeichnet werden. (GWL); (def 2) Wirtschaftseinheit, die der ständigen Durchführung bestimmter Produktionsaufgaben (kein Konsum) im Rahmen der gesamtwirtschaftlichen Gütererstellung dient. (LHW); (kon) Das Eigenkapital wird im Rahmen der externen Finanzierung durch Einzahlungen der Eigenkapitalgeber bei der Gründung oder bei einem laufenden Betrieb durch Kapitalerhöhungen aufgebracht. (GUF: 10) **empresa** *f* (def 1) Asociación científica, industrial o de otra índole, creada para realizar obras materiales, negocios o proyectos de importancia, concurriendo de manera común a los gastos que origina y participando también todos los miembros de las ventajas que reporte. Casa o sociedad mercantil (...) (DDU); (def 2) Desde un punto de vista económico, se define como unidad económica de producción básica. Es decir, la empresa a través de unos factores de producción, combinados adecuadamente, obtiene bienes y servicios que, una vez realizados, llevan a alcanzar unos objetivos definidos. Unidad o agente que manipula factores propios y/o alquilados para producir bienes y servicios que vende a otras empresas, a las economías domésticas o a la administración pública. Generalmente, se la supone motivada por el deseo de maximización de beneficio. (AEE); (kon) Empresa es la organización económica, aislada e independiente, de un proceso de producción en la economía moderna, en oposición a la unidad técnica que es la explotación. (HAC: 146) **Betrieb (2)** *m* **explotación** *f* (def 1) Es una unidad productiva de carácter técnico. Se constata en ella un hecho material, sin sentido jurídico. La explotación es el lugar de trabajo en el que se encuentra la materia que da sentido al hecho empresarial. La explotación se corresponde con una única empresa, mientras que la empresa puede tener varias explotaciones. (AEE); (def 2) Organización de los medios conducentes al aprovechamiento de las riquezas de toda índole, y principalmente agrícolas, pecuarias, mineras e industriales. (DDU); (kon) Empresa es la organización económica, aislada e independiente, de un proceso de producción en la economía moderna, en oposición a la unidad técnica que es la explotación. (HAC: 146)

Betriebserfolg *m* *^Betriebsergebnis^*

Betriebserfolgsrechnung *f* *^Erfolgsrechnung^*

Betriebsergebnis *n* *^Betriebserfolg (GWL)^* (def) Im Rechnungswesen das getrennt vom Unternehmensergebnis ermittelte Ergebnis des betrieblichen Leistungsprozesses (Betriebsgewinn oder -verlust), festzustellen durch Gegenüberstellung der Kosten und Betriebserträge (Leistungen). B[etriebsergebnis] und das neutrale Ergebnis bilden das Unternehmungsergebnis. (GWL); (kon) Wie beeinflusst die Fortführung der bisherigen Geschäftspolitik das Betriebsergebnis, die Liquidität und die Steuerbelastung? (GUF: 113) **resultado de explotación** *m* (def) Son los resultados derivados de la gestión normal de la empresa. (DEE); (kon) Para conocer los resultados de la empresa hay que mirar la cuenta de pérdidas y ganancias. (SMA: 78)

Betriebsvermögen *n* *^Anlagevermögen^* *^Privatvermögen^* *^Umlaufvermögen^* *^Vermögen^* (def) Der Begriff Betriebsvermögen ist gesetzlich nicht definiert. Unter Betriebsvermögen wird die Summe aller dem Unternehmer zuzurechnenden Wirtschaftsgüter verstanden, die in einem tatsächlichen oder wirtschaftlichen Förderungszusammenhang zum Betrieb gestellt sind. Die Betriebsvermögen-Eigenschaft ist für jedes einzelne Wirtschaftsgut gesondert zu prüfen. (GWL); (expl) Summe der Vermögensgegenstände, die zum Betrieb gehören. Die Abgrenzung der Wirtschaftsgüter des Betriebsvermögens und des Privatvermögens ist für die Zwecke der Besteuerung sehr erheblich. Zum notwendigen Betriebsvermögen zählen vor allem Grundstücke, die betrieblich genutzt werden. Dies gilt auch bei teilweise betrieblicher Nutzung. Bei Personengesellschaften zählen auch betrieblich genutzte Grundstücke, die einem Gesellschafter allein gehören, zum Betriebsvermögen. Dagegen sind Gegenstände, die der privaten Lebensführung dienen, notwendiges Privatvermögen und können nicht ins Betriebsvermögen eingelegt werden. (MÜS); (kon) Da die Eröffnung des Geschäftes in finanztechnischer Hinsicht keiner Form unterliegt, gestaltet sich die Gründung im Normalfall in der Weise, dass der Unternehmer aus seinem Privatvermögen Kapital abzweigt und es dem Betriebsvermögen der Unternehmung zuführt. (GUF: 14) **capital de explotación** *m ^activo contable (AEE)^* (def) Conjunto de bienes y derechos de contenido económico de los que es titular una empresa. El activo representa la estructura económica o capital en funcionamiento. Los diversos elementos del activo se clasifican por su grado de disponibilidad. Dentro de la empresa forma la estructura económica, es decir, el destino de las fuentes de financiación. El activo se divide en: a) activo inmovilizado, que está compuesto por elementos patrimoniales cuya función es asegurar la vida de la empresa, b) activo circulante, que está compuesto por elementos patrimoniales cuyo fin es el desarrollo de la actividad principal de la empresa. (AEE); (kon) La situación financiera al final del ejercicio es consecuencia de una serie de operaciones que pueden ser de dos clases esenciales: a) de explotación: ventas e ingresos de explotación, compras y gastos de explotación (…). (ABA: 356)

Bevorschussung *f* (def) Gewährung eines Vorschusses, der zur Finanzierung von noch nicht fälligen Forderungen oft auch im Rahmen des Factoring vergeben wird. (DV); (kon) Kreditiert wird die Frist, die zwischen Bevorschussung der Forderung und ihrer Fälligkeit verstreicht, als Kreditsicherung dienen die abgetretenen bzw. verkauften Forderungen. (GUF: 58) **concesión de un anticipo** *f* (def) En el ámbito bancario, crédito a corto plazo en base a la realización de títulos valores o de crédito. También suelen denominarse así los descubiertos en cuenta corriente o el pago por descuento de certificaciones. (DEI); (kon) Se trata de entidades cuya actividad consiste en gestionar el cobro de los créditos contra terceros por sus empresas clientes y en la concesión de anticipos sobre los mismos, en comisión de cobranza o en nombre propio con asunción de riesgo. (SSD: 368)

Bezogener *m ^Aussteller^ ^Wechsel^* (def) Bezogener ist bei einem Wechsel oder Scheck derjenige, der die Wechsel(scheck)-summe zahlen soll (...). Zur Zahlung verpflichtet wird der Bezogene erst, wenn er den Wechsel annimmt (Akzept). (...) Bezogener darf bei einem Scheck nur ein öffentliches oder privates im Handelsregister eingetragenes Bankinstitut sein (...). (CRL); (kon) Die Sicherheit besteht für die Bank in der Wechselverpflichtung von Ausstellern, Bezogenem und evtl. Vorgiranten sowie der Wechsel(rechts)strenge, sodass das Unternehmen von gesonderten zusätzlichen Sicherheiten absehen kann (GUF: 52/53) **librado** *m* (def) Persona física o jurídica a cuyo cargo se libra una letra de cambio o a quien se dirige el mandato de pago. En caso de no cumplir con su obligación, puede ser reclamado por vía ejecutiva u ordinaria. (DEN); (kon) La aceptación es la declaración de voluntad del librado, obligándose a satisfacer el importe de la letra a su vencimiento, la asunción de su obligación cambiaria. (LCC: 50)

Bezugsrecht *n ^Aktien, neue^ ^Aktionär^* (def) Erfolgt in einer Aktiengesellschaft eine Kapitalerhöhung durch Ausgabe junger Aktien (...), so hat jeder Aktionär ein gesetzliches Bezugsrecht, d. h. das Recht, dass ihm ein seinem Anteil am bisherigen Grundkapital entsprechender Teil der neuen Aktien zugeteilt wird (§ 186 Abs. 1 AktG). Ein Bezugsrecht haben die Aktionäre auch auf Wandelschuldverschreibungen, Gewinnschuldverschreibungen und Genussrechte (§ 221 Abs. 4 AktG). Im Kapitalerhöhungsbeschluss kann das Bezugsrecht ganz oder z. T. ausgeschlossen werden (§ 186 Abs. 3 AktG). (...) Das Bezugsrecht hat die Aufgabe, der Gesellschaft die Ausgabe neuer Aktien zu einem Kurs zu ermöglichen, der erheblich unter dem Kurs der alten Aktien liegen kann. (...) Der Ausgleich des für die alten Aktionäre durch die Kapitalverwässerung eingetretenen Vermögensverlust genügt allein nicht, um ihre Zustimmung zu einer Kapitalerhöhung zu gewinnen, denn die Erhöhung des Grundkapitals führt zu einer Veränderung der Stimmrechtsverhältnisse, wenn nicht jeder alte Aktionär im Verhältnis zu seinem bisherigen Anteil an der Kapitalerhöhung teilnehmen kann. Das Bezugsrecht hat deshalb weiterhin die Aufgabe, die bestehenden Stimmrechtsverhältnisse zu wahren. (VGW); (kon) Optionsanleihen verbuchen als Zusatzrecht im Optionsschein ein Bezugsrecht auf Aktien, sie erfordern nach § 221 AktG die qualifizierte Mehrheit der Hauptversammlung und begründen ein Bezugsrecht der Altaktionäre. (GUF: 43) **derecho de suscripción preferente** *m* *^derecho de suscripción (TAM)^* (def) La emisión de nuevas acciones afecta directamente al interés de los accionistas, ya que las nuevas van a participar juntamente con las antiguas en el reparto de dividendos, en las reservas y en el activo de la sociedad en el momento de su liquidación. Precisamente surge el derecho de suscripción preferente para los antiguos accionistas como compensación a este perjuicio. La LSA lo concede en su artículo 48. En los aumentos de capital podrán ejercerlo los accionistas existentes al momento de la nueva emisión y los obligacionistas titulares de obligaciones convertibles en aquel momento (art. 158). Los derechos de suscripción preferente serán transmisibles en las mismas condiciones que las acciones de las que se deriven. En las cosas en que el interés de la Sociedad así lo exija, la Junta General, al decidir el aumento de capital, podrá acordar la supresión total o parcial del derecho de suscripción preferente, en los términos previstos en los artículos 144 y 159 LSA. (ESJ); (kon) El derecho de suscripción preferente defiende los intereses de los accionistas actuales evitando que pierdan valor con la ampliación de capital. (www.aulafacil.com)

Bietungsgarantie *f* *^Ausschreibungsgarantie^* *^bid bond^* *^tender guarantee (GWL)^* *^Garantie^* (Komm) Im Auslandsbankgeschäft werden die Termini *Ausschreibungs-* und *Bietungsgarantie* synonym verwendet.; (def) Form der Bankgarantie, auch im Rahmen von Auslandsausschreibungen, für Kunden (Anbieter) dafür, dass alle Ausschreibungsbedingungen erfüllt und alle Leistungsinhalte (qualitativ und fristgemäß) erbracht werden können sowie für die Zahlung einer für Nichtannahme des Auftrags, für Nicht- oder Teilerfüllung oder im Mangelfall oder bei Verzug fälligen Verbotsstrafe; dient der Absicherung der ausschreibenden Stelle. (GWL); (Komm) Der Garantiebetrag einer Bietungsgarantie liegt meist über 2-5 % des Angebotswertes.; (expl) Bei öffentlichen Ausschreibungen besteht für die Auftraggeber das Risiko, dass das Unternehmen, das den Zuschlag erhält, den Auftrag nicht oder nicht vollständig ausführt. Die Lösung besteht in der Vereinbarung von Konventionalstrafen, die den Auftragnehmer binden und in der Absicherung durch eine Bietungsgarantie eines Kreditinstituts, das in Konventionalstrafe auch dann leistet, wenn der Auftraggeber nicht leisten will oder nicht (mehr) kann. (DRU); (kon) Gemäß den Ausschreibungsbedingungen muss eine Bietungsgarantie beigebracht werden. (www.sparkasse-koeln-bonn.de) **garantía de licitación** *f* (def) Modalidad de garantía bancaria que debe acompañar a las ofertas de licitación para responder de las obligaciones inherentes a la adjudicación de dicha licitación. (DCE)

Bilanz *f* *^Aktivposten^* *^Kontenabschluss, jährlicher (WDW)^* *^Passivseite^* (def) Im Grundsatz der Abschluss des Rechnungswesens einer Unternehmung für einen bestimmten Zeitpunkt (Bilanzstichtag) in Form einer Gegenüberstellung von Vermögen und Kapital. Das Vermögen (Aktiva) zeigt die konkrete Verwendung der eingesetzten finanziellen Mittel, das Kapital (Passiva) die Ansprüche der Gläubiger (Fremdkapital) und der Unternehmer (Eigenkapital als Saldo zwischen Vermögen und Fremdkapital, also als Restanspruch) an das Vermögen. Vermögen und Kapital stellen dieselbe Wertgesamtheit dar; kommt in der sog. Bilanzgleichung (Aktiva = Passiva) zum Ausdruck. I. d. R. ist nur eine rein rechnerische, also keine materielle Zuordnung zwischen einzelnen Vermögens- und Kapitalteilen möglich (goldene Bilanzregel). (GWL); (expl) Die Bilanz ist eine Gegenüberstellung der Aktiva und Passiva eines Unternehmens. Die Aktiva repräsentieren das Vermögen der Unternehmung nach seiner art- und wertmäßigen Zusammensetzung, während die Passiva das zur Finanzierung der Vermögenswerte notwendige Kapital aufzeigen. Die Passivseite zeigt die Herkunft der zur Verfügung gestellten Mittel, die Aktivseite dokumentiert deren Verwendung. (SPR); (kon) Der klassische Finanzierungsbegriff knüpft an die Gliederung der Bilanz an und umfasst die Versorgung des Unternehmens mit Kapital. (GUF: 2) **balance** *m* (def) Existen dos tipos de balance: a) balance de situación, que recoge la situación del patrimonio de la empresa en un momento determinado. Indica el valor del patrimonio, así como los resultados obtenidos durante un período económico. Éste se ordena en dos grandes masas patrimoniales llamadas activo y pasivo, b) balance de comprobación de sumas y saldos que recoge los saldos de todas las cuentas en un momento dado. Como su nombre indica, sirve para comprobar que la suma de todas las cuentas con saldo deudor tiene que ser exactamente igual a la suma de todas las cuentas con saldo acreedor. (En este tipo de balance intervienen toda clase de cuentas de activo, de pasivo, de neto) (AEE); (kon) Las sociedades anónimas tienen obligación de publicar anualmente el balance detallado de su situación económica. (HAC: 166)

Bilanzprüfer *m ^Wirtschaftsprüfer^*

Bonität *f ^Kreditwürdigkeit^ ^Sicherheit (WDW)^ ^Zahlungsfähigkeit^* (def) Im weiteren Sinne Fähigkeit eines institutionellen oder individuellen Schuldners, in der Zukunft seinen Schuldendienstverpflichtungen nachzukommen; im engeren Sinne relative Ertragskraft des Schuldners in der Zukunft, die Quantifizierung des Grades der zukünftigen Schuldendienstfähigkeit eines Schuldners. (GWL); (expl) Güte oder Qualität eines Schuldners bzw. Emittenten, bezeichnet den Grad der persönlichen Kreditwürdigkeit (Ruf, Charakter und Zuverlässigkeit einer Person) und der materiellen Kreditwürdigkeit (Fähigkeit zur Kreditbedienung aufgrund gesicherter Liquidität und/oder Vermögenswerten). Auskunfteien versuchen die Bonität einer Firma durch Kennziffern zu erfassen. (MÜS); (kon) Unternehmen erstklassiger Bonität verzichten z. T. auf Besicherung und gestehen den Obligationären lediglich die Negativklausel zu. (GUF: 41) **solvencia** *f* (def 1) (...) La solvencia determina la »salud« patrimonial; el no ser superado el activo por el pasivo exigible; el poseer bienes bastantes para hacer frente a las eventuales obligaciones. (DDU); (def 2) Capacidad de una entidad para hacer frente a todas sus obligaciones, para lo cual debe mantener a medio y largo plazo unos activos suficientes para cubrir sus pasivos. (AEE) (kon) Además el banco central controla los balances y la solvencia de los distintos bancos obligándoles a mantener unas reservas obligatorias. (SMA: 107)

Bonitätsprüfung *f ^Kreditwürdigkeit^*

Börse *f ^Börseneinführungsprovision^ ^Börsenprospekt^ ^Börsenzulassung^ ^Börsenzulassungsgebühr^ ^Effekten^ ^Wertpapier^* (def) I. Begriff: 1. Allgemein: Marktveranstaltung, die hinsichtlich des Ortes, der Zeit, der Marktteilnehmer und des Ablaufs genau geregelt ist. Wichtige Merkmale einer B[örse]: a) Fungibilität (gegenseitige Vertretbarkeit) der Handelsobjekte wie Waren, Devisen oder Effekten; b) örtliche Konzentration von Angebot und Nachfrage. Letztgenanntes Merkmal verliert jedoch insofern an Bedeutung als durch den Einsatz moderner Kommunikationstechnologien die örtliche Dezentralisation voranschreitet. Neben den Präsenzbörsen entstanden zahlreiche Computerbörsen u. a. die Deutsche Terminbörse (DTB). 2. In der Bundesrep[ublik] D[eutschland]: Eine staatlich genehmigte Marktveranstaltung, auf der sich regelmäßig zu bestimmten Zeiten an bestimmten Örtlichkeiten Kaufleute treffen, um vertretbare Effekten, Waren oder Devisen, die nicht im Börsenraum körperlich vorhanden sind, zu standardisierten Börsen- und Vertragsbedingungen zu handeln. II. Arten: (nach den jeweiligen Handelsobjekten zu unterscheiden): 1. Waren-B[örsen]: (...). 2. Dienstleistungs-B[örsen]: (...). 3. Devisen-B[örsen]: (...). 4. Effekten-B[örsen] (Wertpapier-B[örsen]): Handelsobjekte auf diesen B[örsen] sind Wertpapiere des Kapitalmarktes (Aktien, Rentenwerte). a) Rechtsgrundlage: Rechtsgrundlage jeder B[örse] ist das Börsengesetz (BörsG) vom 22. 6. 1896, zuletzt [2002] geändert. Durch dieses werden für alle deutschen B[örsen] gültige Bestimmungen über Aufbau der B[örse], Ablauf des Börsengeschehens, Staatsaufsicht, Träger, Selbstverwaltungsorgane kodifiziert. Darüber hinaus hat jede B[örse] eine durch den Börsenvorstand zu erlassende und von der jeweiligen Landesregierung zu genehmigende Börsenordnung. Seit dem 1. Mai 1987 gibt es zudem ein eigenes Börsenzulassungs-Gesetz. b) Rechtsform: Die B[örse] selbst hat die Rechtsform einer öffentlich-rechtlichen, körperschaftsähnlichen Einrichtung eigener Art nach Maßgabe des Börsengesetzes. Die Träger der B[örse] sind entweder rechtsfähige Vereine (Vereinsbörsen) oder die Industrie- und Handelskammer als eine Körperschaft des öffentlichen Rechts (Kammerbörsen). Börsenplätze in der Bundesrep[ublik] D[eutschland]: München, Stuttgart, Frankfurt am Main, Düsseldorf, Hamburg, Hannover, Berlin, Bremen. (...) Als Börsenteilnehmer mit Befugnis zur Teilnahme am Börsenhandel können auf Antrag zugelassen werden: Alle ins Handelsregister eingetragenen Einzelkaufleute, persönlich haftende Gesellschafter einer OHG, KG, KGaA und die gesetzlichen Vertreter einer juristischen Person sowie deren Vertreter (Prokuristen, Handlungsbevollmächtigte), kraft ihres Amtes sind zugelassen amtliche Kursmakler und freie Makler. (...) d) Teilmärkte: (1) Amtlicher Handel: Bundes- und Länderanleihen sind kraft Gesetz an allen B[örsen] zugelassen. Alle anderen Wertpapiere bedürfen der Zulassung zum amtlichen Handel durch die Zulassungsstelle der jeweiligen B[örse] (...) (2) Geregelter Markt: Nicht zum amtlichen Handel zugelassene Papiere werden in diesem Marktsegment gehandelt. Die Aufsicht über den geregelten Markt hat der Börsenvorstand. (...) (GWL); (kon) Da (...) die Gesellschaftsanteile nicht an der Börse gehandelt werden können und die Veräußerung eines Geschäftsanteils nach dem Gesellschaftsvertrag oft nur mit Zustimmung der Gesellschafterversammlung oder nach Erfüllung ganz bestimmter Auflagen möglich ist, sind die Kapitalanteile im Vergleich zur Aktiengesellschaft stärker personengebunden. (GUF: 22) **bolsa** *f* (Komm) Die Großschreibung des Terminus überwiegt in der Fachliteratur.; (def) Institución de carácter económico que tiene por objeto la contratación pública mercantil sobre: a) Los efectos públicos b) Los valores industriales y mercantiles emitidos por las personas físicas y las jurídicas legalmente constituidas, y los certificados de participación de los fondos de inversión mobiliaria. c) Las letras de cambio, cobranzas, pagarés y cualesquiera otros valores mercantiles organizados en régimen colegiado de mediación para la seguridad jurídica y económica de lo contratado y la proclamación oficial de los precios. Este mercado de negociación es un mercado de inversión de ahorros y posibilitador de la financiación de la empresa. La eficacia de este mercado depende preferentemente de la eficacia cualitativa de su funcionamiento: fluidez de recursos, estabilidad a corto y largo plazo, coste de funcionamiento y aptitud para reparto de los fondos en proporción a las necesidades. En España existen tres Bolsas de valores: Madrid, Barcelona y Bilbao. [Hoy en día 4: otra en Valencia]. Dentro de lo que en sentido general se denomina Bolsa, existen en realidad, dos instituciones: El mercado de emisiones y el mercado bursátil propiamente dicho. En el primero las empresas y el sector público obtienen financiación por medio de la emisión de valores, que son suscritos por los ahorradores. Una vez emitidos los títulos, éstos pueden ser objeto de transacciones en el mercado secundario. Es evidente que este segundo mercado, aunque no suministra financiación a las entidades emisoras, la posibilita por la liquidez que da la colocación de futuras emisiones. (DEE); (kon) (...) Cuando haya de procederse a la venta de las acciones, la enajenación se verificará por medio de un miembro de la bolsa, si están admitidas a negociación en el mercado bursátil, o por medio de Corredor de Comercio colegiado o Notario público, en otro caso, y llevará consigo, si procede, la sustitución del título originario por un duplicado. (LSA art. 45, 2.)

Börseneinführungsprovision *f ^Börse^* (def 1) Für die Börseneinführung von Wertpapieren muss eine an der Börse zugelassene Bank die Antragstellung übernehmen. Für die dabei entstehenden Kosten berechnet die Bank dem betreffenden Emittenten eine Provision, deren Berechnung von der Höhe des zur Zulassung beantragten Grundkapitals abhängt. (BAL); (def 2) Die Börseneinführungsprovision, die für die Ausarbeitung des Prospekts, die Stellung des Zulassungsantrags, Durchführung des Zulassungsverfahrens und Übernahme der Prospekthaftung erhoben wird, wird von der einführenden Bank dem Emittenten bzw. der Unternehmung, die die Einführung des Wertpapiers betreibt, berechnet und unter die Mitglieder des Emissionskonsortiums nach ihren Quoten verteilt. (BAL vs Börseneinführungskosten); (kon) (...) der Emissionskurs vermindert sich um die einmaligen Kosten wie Bankenprovisionen, Börseneinführungsprovisionen, Genehmigungs- und Notariatsgebühren, Börsenzulassungsgebühren, Druck-, Investitions- und Projektkosten und anderes mehr. (GUF: 41/42) **comisión para la admisión a cotización en bolsa** *f* (ÜV) (def 1) Es la comisión que cobra el banco encargado del proceso de la admisión de valores a cotización en bolsa de la entidad emisora. Se compone de los gastos de todo el proceso de admisión como por ejemplo los gastos para el prospecto, etc. (DV); (def 2) Cantidad expresada en términos absolutos, y con más frecuencia en porcentaje, que suele pactarse antes de realizar una operación comercial, inmobiliaria, bursátil, financiera, etc., y que se otorga por un mandante a un agente como retribución por su labor de intermediación. (TAM vs comisión)

Börsenprospekt *m* *^Börse^* *^Börsenzulassung^* (def) (...) (2) Bei Börseneinführung: Der vor Einführung zu veröffentlichende ausführliche Bericht, von dessen Vorlage nur Bund, Länder, und Mitgliedsstaaten der Europäischen [Union] befreit sind (...). Der Prospekt muss alle für die Beurteilung des Wertpapiers wesentlichen Angaben enthalten, insbesondere Verwendungszweck und Nennbetrag der Emission, Kündigungs- und Beleihungsbedingungen, Kennzeichnung der Wertpapierurkunde, Sicherstellung, Vorzugsrechte, Zweck und Umfang der Gesellschaft, Kapitalhöhe und -zusammensetzung, Gewinnverteilungsvorschriften und Gewinnentwicklung der letzten fünf Jahre, letzte Bilanz und Erfolgsrechnung, Höhe der Hypothekarschulden und Anleihen usw. Der Prospekt muss in einer Zeitung (»Pflichtblatt«) bzw. im Bundesanzeiger veröffentlicht werden (...). (BFL vs Prospekt); (kon) Für den Zulassungsantrag und den Börsenprospekt müssen verschiedene Publizitätspflichten beachtet werden. (GUF: 24) **folleto informativo** *m* *^folleto de emisión (DEN)^* *^prospecto (AEO)^* *^prospecto de emisión (AMC)^* (def) Es la información que se requiere publicar para conseguir que la CNMV [Comisión Nacional del Mercado de Valores] apruebe una emisión de valores. Aparte de incluir la descripción detallada de los valores a emitir, del procedimiento que se seguirá para su colocación, y del colectivo de potenciales compradores, se requiere que incluya los informes de auditoría del emisor (a una fecha no anterior a los seis meses de la de presentación de la Comisión), copia de la comunicación previa enviada a la CNMV, y régimen fiscal de los valores emitidos. Si la emisión de valores estuviera garantizada por terceros, se tiene que registrar también la información financiera auditada de los garantes. Asimismo, se deberá detallar cualquier contrato de aseguramiento de la emisión que pueda existir. El espíritu de la regulación del folleto es la protección del pequeño inversor. (TAM vs folleto de emisión); (expl) Art. 28. El folleto informativo contendrá la información necesaria para que los inversores puedan formular un juicio fundado sobre la inversión que se les propone. El folleto informativo deberá reproducir literalmente las conclusiones de las auditorías de cuentas previstas en el artículo 27 y los términos de los documentos que acrediten las características de los valores afectados y los derechos y obligaciones de tenedores, así como, en los términos previstos en el artículo 29, el procedimiento de colocación de los valores. Dicho folleto deberá ser suscrito por persona con poder para obligar a la entidad emisora de los valores, y ésta no podrá oponer, frente al inversor de buena fe, hecho o derechos derivados de las auditorías de cuentas y de los citados documentos o relativos al procedimiento de colocación que no consten en el expresado folleto. El resto del contenido del folleto informativo se determinará reglamentariamente y podrá ser distinto en función de las características de la entidad emisora, de las cuantías de la emisión afectada o de otras características de los correspondientes valores. La Comisión Nacional del Mercado de Valores verificará que el folleto informativo cumple los requisitos establecidos, procediendo en caso afirmativo a incorporarlo al correspondiente registro oficial previsto en el artículo 29 y, en otro caso, a requerir dicho cumplimiento. Toda entidad emisora de valores estará obligada a publicar el correspondiente folleto informativo y a hacer entrega de él gratuitamente a sus suscriptores. Dicha entidad deberá, además, facilitar el acceso del público al folleto informativo en su domicilio social, así como mediante cualquier otro procedimiento que reglamentariamente se determine. (CLM: Ley del Mercado de Valores: 712); (kon) Los promotores, antes de realizar cualquier publicación de la sociedad proyectada, deberán aportar a la Comisión Nacional del Mercado de Valores una copia completa del programa de fundación a la que acompañarán un informe técnico sobre la viabilidad de la sociedad proyectada y los documentos que recojan las características de las acciones a emitir y los derechos que se reconocen a sus suscriptores. Asimismo aportarán un folleto informativo, cuyo contenido se ajustará a lo previsto por la normativa reguladora del Mercado de Valores. (...) (LSA: art. 21, 1)

Börsenzulassung *f ^Börse^* *^Börsenprospekt^* *^Börsenzulassungsgebühr^* (def) Zum börsenmäßigen Handel von Wertpapieren erforderliche Erlaubnis. Die Z. v. W. [Zulassung von Wertpapieren] z. B. erfolgt an jeder Börse in einem besonderen (...) Verfahren durch eine Kommission, die Zulassungsstelle, die über den Zulassungsantrag entscheidet, insbes. ob die Emission erhebliche allgemeine Interessen schädigt oder offenbar zu einer Übervorteilung des Publikums führt (...). Voraussetzungen: Der Antragsteller hat einen Prospekt vorzulegen, der vor der Einführung des Wertpapiers an der Börse zu veröffentlichen ist. Das Gesamtvolumen muss mindestens EUR 250.000 betragen. Der von einer an der Börse vertretenen Bank zu stellende Antrag wird von Zulassungsstellen veröffentlicht. Die Bekanntgabe der Zulassung erfolgt durch Börsenaushang und im amtlichen Kursblatt. Bundes- und Länderanleihen bedürfen keiner Zulassungsgenehmigung. (GWL vs Zulassung von Wertpapieren); (kon) Über die Zulassung von Aktien zum amtlichen Handel entscheidet die Zulassungsstelle der jeweiligen Börse auf Antrag eines Kreditinstituts, das Mitglied der Börse sein muss. (WÖH: 57) **admisión a cotización en bolsa** *f* (def) Acción de inscribir un determinado valor, previos ciertos requisitos legales (de capital mínimo e información), para su libre negociación en una bolsa de valores. Puede tratarse de acciones, obligaciones, deuda pública, pagarés, etc. En España, los requisitos son tener un capital mínimo de unos 1.200.000 millones de euros; los beneficios de los dos últimos ejercicios o en tres ejercicios no consecutivos de los últimos cinco años deben haber sido suficientes para poder repartir al menos un dividendo del 6%; el número de accionistas con participaciones individuales menores del 25% deben ser al menos de cien; la sociedad debe tener auditados sus estados financieros de los tres últimos años; y debe obtener autorización pertinente de la Comisión Nacional del Mercado de Valores. (TAM); (expl) Art. 27. (...) La Comisión Nacional del Mercado de Valores verificará que la auditoría exigida cumple los requisitos establecidos, procediendo, en caso afirmativo, a incorporarla al correspondiente registro oficial previsto en el artículo 92 y, en otro caso, a requerir dicho cumplimiento. (CLM: Ley del Mercado de valores: 711/712); (kon) Se solicitará la admisión de estos títulos a cotización oficial en la Bolsa de Madrid. (AEO: 306)

Börsenzulassungsgebühr *f ^Börse^* (def) Für die Zulassung von Wertpapieren zum Börsenhandel sind i. d. R. an die Börse Gebühren zu entrichten. (...) Die Zulassungsgebühren für den geregelten Markt betragen die Hälfte der Gebühren für den amtlichen Handel. Gebührenfrei ist die Börseneinführung der Anleihen des Bundes, der Bundesländer, von Bundesbahn, Bundespost, Kreditanstalt für Wiederaufbau, Deutsche Ausgleichsbank. (BAL vs Zulassungsgebühren für Wertpapiere); (kon) Denn der Emissionskurs vermindert sich um die einmaligen Kosten wie Bankenprovisionen, Börseneinführungsprovisionen, Genehmigungs- und Notariatsgebühren, Börsenzulassungsgebühren, Druck-, Investitions- und Projektkosten und anderes mehr. (GUF: 41/42) **comisión de cotización** *f ^comisión de colocación^* (def) La que las bolsas cobran por admitir una acción a cotizar en ella. (TAM); (kon) El Plan General de Contabilidad cita en modo de ejemplo los siguientes [gastos de constitución]: »honorarios de letrados, notarios y registradores; impresión de memorias, boletines y títulos; tributos del Estado, Provincia y Municipio, publicidad, comisiones y otros gastos de colocación de títulos.« (DEE vs gastos de constitución)

Bund und Länder (def) Bund ist die Bezeichnung des GG [Grundgesetzes] für den Gesamtstaat (Zentralstaat), dessen Gliedstaaten die Länder sind. (...) (CRL); (expl) Der Bund ist kein Zentralstaat im Unterschied zu einem Gesamtstaat, sondern nur die oberstaatliche Organisation, die zugleich im Verhältnis zu den Gliedstaaten den Bundesstaat repräsentiert. (...) Das Grundgesetz hat eine Aufteilung der Kompetenzen nur zwischen den Organen des Bundes und denen der Länder vorgenommen, wobei unter Bund der durch Zusammenschluss der Länder entstandene Gesamtstaat verstanden wird. (...) Es gibt für die Aufgaben der Länder weder besondere Organe eines Zentralstaates oder eines Gesamtstaates noch ist eine Aufteilung der den Ländern zugewiesenen staatlichen Aufgaben zwischen einem Gesamtstaat und einem Zentralstaat vorgenommen worden. (...) Das Verhältnis von Bund und Ländern ist grundsätzlich das der Gleichordnung. Im Bundesstaat des Grundgesetzes gibt es weder eine allgemeine Überordnung des Bundes, noch eine allgemeine Bundesaufsicht über die Länder. (...) Die Länder sind Glieder des Bundes mit eigener (...) nicht vom Bunde abgeleitet, sondern von ihm anerkannter staatlicher Hoheitsmacht. (...) Es ist von Rechts wegen ausgeschlossen, die bundesstaatliche Struktur zu beseitigen und an ihrer Stelle irgendeine Form des Einheitsstaates zu setzen, aber die einzelnen Länder der Bundesrepublik sind weder in ihrer Existenz noch in ihrem Gebietsstand gegen Eingriffe und Veränderungen durch die Bundesgewalt verfassungsrechtlich geschützt. (...) Das Eigentümliche des Bundesstaates ist, dass der Gesamtstaat und die Gliedstaaten Staatsqualität besitzen. Das heißt, dass sowohl der Gesamtstaat als auch die Gliedstaaten je ihre eigene, von ihnen selbst bestimmte Verfassung besitzen. (...) Die Länder sind soweit nicht das Grundgesetz in Art. 28 Abs. 1 und 2 oder in anderen Vorschriften für bestimmte Tatbestände etwas anderes vorschreibt, frei in der Ausgestaltung ihrer Verfassung. Im Rahmen der bundesstaatlichen Ordnung ist grundsätzlich den Organen des Bundes die Wahrung der Gesamtverfassung allein anvertraut (...). Die Staatsgewalt ist im Bundesstaat für Gesetzgebungs-, Vollziehungs- und Rechtssprechungskompetenzen zwischen Bund und Ländern geteilt. Diese Art der Gewaltenteilung hat sich als besondere Garantie für die Freiheit des Bürgers erwiesen (...) (SBK: 517/518); (kon) Infolge der erleichterten, mittelstandsfördernden Kreditbeschaffungswirkung bestehen zwischen Bund und Ländern und den Kreditgarantiegemeinschaften Rückbürgschaftsvertäge. (GUF: 63) **Federación y Länder** *^Fede-*

ración y estados federados^ (def) En Alemania, denominación para el Estado central, compuesto de varios estados federados llamados Länder. El bund es el órgano de decisión de todos los asuntos referentes a la unidad y mantenimiento del Estado central, y cuenta con un gobierno y un Jefe del Estado, que lo preside. Dentro de sus competencias, el Bund otorga a los estados federados un verdadero poder de autodeterminación: los Länder tienen su propia legislación en muchos campos, pueden tomar decisiones referentes a su Constitución y mandar sus propios representantes (diputados elegidos por el pueblo) a la Cámara Baja o Bundestag del Gobierno central. Sin embargo, ciertas competencias, como el mando militar o la facultad de declarar guerra o paz residen exclusivamente en el Bund. Además, la Constitución de los diferentes estados federados debe tener cierta homogeneidad con la del Bund, y la legislación del Estado central tendrá preferencia sobre la de los Länder. (DV); (Komm) In den konsultierten spanischen Lexika wird der Teminus *Bund und Länder* nicht lemmatisiert. Selbst unter dem Eintrag *Alemania* findet man zu diesem Begriff kaum Information. Ein Grund dafür ist wahrscheinlich die Schwierigkeit, diesen Begriff in eine andere Sprache und Kultur zu übertragen (Realienbezeichnung), da er sich ausschließlich auf das politische System in Deutschland bezieht. In Fachtexten zu diesem Thema fällt auf, dass bei der Übersetzung dieses Terminus terminologische Abweichungen auftreten. Für den Terminus *Bund* bietet die Fachliteratur die Übersetzungen *estado federado, estado central, federación* oder *bund.* Als Äquivalent für *Länder* findet man folgende Vorschläge: *estados, estados federados, estados federales* und *länder.* Außerdem findet man – auch häufig in Tageszeitungen – für den Terminus *Bund und Lände* die Übersetzung *el Bund y los Länder.* Diesen Terminus sollte man in spanischen Texten jedoch nur verwenden, wenn man davon ausgehen kann, dass die Leser den Begriff verstehen. In spanischen Übersetzungen bietet es sich an, den deutschen Terminus anzuführen gefolgt von einem in Parenthese gesetzten hier angeführten spanischen Termini.; (kon) Cuando en alguna esfera de competencia exclusiva de la Federación resultasen afectados intereses de los Länder o cuando, por lo demás, la Federación tuviese derecho a legislar, el Gobierno federal tendrá en cuenta la postura del Bundesrat. [Aus der spanischen Übersetzung zum Grundgesetz]. (LUE: 60)

Bundesagentur für Arbeit *f ^BA^* (def) Körperschaft des öffentl[ichen] Rechts mit Selbstverwaltung, errichtet 1952, bis 1969 unter der Bez[eichnung] Bundesanstalt für Arbeitsvermittlung und Arbeitslosenversicherung, bis 2003 unter der Bez[eichnung] Bundesanstalt für Arbeit, Sitz: Nürnberg. Die der Rechtsaufsicht des Bundesministeriums für Wirtschaft und [Technologie] unterstellte B[undesagentur] f[ür] A[rbeit] ist Trägerin der Aufgaben der Arbeitsförderung. (...) Sie gliedert sich in die Zentrale, die Regionaldirektionen (frühere Landesarbeitsämter) auf der mittleren Verwaltungsebene und die Agenturen für Arbeit (frühere Arbeitsämter) auf der örtl[lichen] Verwaltungsebene. Die Selbstverwaltungsorgane setzen sich drittelparitätisch aus Vertretern der Gewerkschaften, der Arbeitgeber und von öffentl[ichen] Körperschaften zusammen. (...) Die B[undesagentur] f[ür] A[rbeit] erhebt für die Durchführung ihrer Aufgaben von Arbeitnehmern und Arbeitgebern Beiträge, soweit die Mittel nicht durch Umlagen aufgebracht werden. Der Beitragssatz ist für Arbeitnehmer und Arbeitgeber gleich. Kann der Bedarf der B[undesagentur] f[ür] A[rbeit] aus den Einnahmen und den Umlagen nicht gedeckt werden, gewährt der Bund Darlehen bzw. Zuschüsse. (BRO-06); (kon) Wegen der hohen Kosten für den virtuellen Arbeitsmarkt hat die Innenrevision der Bundesagentur für Arbeit (BA) die Staatsanwaltschaft benachrichtigt. (www.heise.de) **Agencia Federal del Trabajo** *f* (ÜV) (Komm) Bei Verwendung dieses Übersetzungsvorschlags sollte die offizielle Bezeichnung *Bundesagentur für Arbeit* in Parenthese angeführt werden. (def) Organismo público alemán, dependiente del Ministerio de [Economía y Tecnología], cuyas principales funciones son ayudar a que los trabajadores encuentren un puesto de trabajo y a que las empresas contraten a aquellos trabajadores que lo están buscando, tramitar y controlar las prestaciones de desempleo y, en general, toda actividad encaminada a conseguir el pleno empleo. (DEN); (expl) Institución análoga en España: [*Instituto Nacional de Empleo*]. Real Decreto Ley 16 de noviembre [1978], núm. 36/78, Art. 5: (...) 1. Se crea el Instituto Nacional de Empleo con el carácter de Organismo autónomo administrativo, dotado de personalidad jurídica propia para el cumplimiento de sus fines y adscrito al Ministerio de Trabajo. Se integran en el Instituto Nacional de Empleo: El Servicio de Empleo y Acción Formativa, Promoción

Profesional Obrera y la Obra de Formación Profesional de la administración Institucional de Servicios Socio-Profesionales. Son funciones del Instituto Nacional de Empleo: Organizar los Servicios de Empleo en orden a procurar, pública y gratuitamente, el mejor desarrollo y utilización de los recursos; ayudar a los trabajadores a encontrar un empleo y a las Empresas a contratar a los trabajadores apropiados a sus necesidades; fomentar la formación del trabajador en estrecha vinculación con la política de empleo, a través de las oportunas acciones de actualización, perfeccionamiento y, en su caso, de reconversión profesionales; gestionar y controlar las prestaciones de empleo y las subvenciones y ayudas para fomento y protección del empleo y, en general, cualquier acción conducente a una política activa de empleo. 2. Los recursos del Instituto Nacional de Empleo serán los siguientes: a) Las consignaciones y recursos que tienen asignados los Organismos que se integran en el mismo, exceptuados, en su caso, los procedentes de la participación en la cuota de Seguridad Social, que se reconvierten en aportación estatal. b) Las consignaciones que se le asignen con cargo a los Presupuestos Generales del Estado. c) La cuota de desempleo y la participación en la cuota de Formación Profesional. d) Los rendimientos de su patrimonio y de los bienes de los Organismos que en él se integran. e) Las subvenciones y donaciones de Entidades públicas y Entidades y personas privadas. (...); (kon) Se crea el INEM por Real Decreto Ley 36/1978, de 16 de noviembre sobre gestión institucional de la Seguridad Social, la Salud y el Empleo, aunque su estructura se establece por el Real Decreto 1458/1986, de 6 de junio, por el que se determina la estructura orgánica del Instituto Nacional de Empleo. (INE: 292); (Komm) Die *Bundesagentur für Arbeit* entspricht in Spanien der Einrichtung *Instituto Nacional de Empleo*. Aufgrund der jeweiligen unterschiedlichen Bedingungen haben sich in den Institutionen beider Länder verschiedene Strukturen herausgebildet. Die offizielle Bezeichnung des *Instituto Nacional de Empleo* lautet seit 2003 *Servicio Público de Empleo Estatal*. Im allgemeinen Sprachgebrauch sowie in offiziellen Dokumenten wird jedoch immer noch *Instituto Nacional de Empleo* verwendet.

Bundesaufsichtsamt für das Versicherungswesen *n* (def) Abk. BAV, 1901 gegr[ündet] (seitdem mehrere Namensänderungen), 1951 neu errichtete selbstständige Bundesoberbehörde im Geschäftsbereich des Bundesministeriums der Finanzen, Sitz: Bonn. Aufgaben: Finanz- und Rechtsaufsicht über deutsche Versicherungsunternehmen im Inland und bei Tätigkeit in der EU; Aufsicht über die Tätigkeit von Versicherern aus Drittstaaten; Bearbeitung der Beschwerden von Versicherungsnehmern, Versicherten und Geschädigten. 2002 ging das BAV in der neu gegründeten Bundesanstalt für Finanzdienstleistungen auf.; (kon) In der Regel werden sich die Emissionsunternehmen darum bemühen, für ihre Obligationen beim Bundesaufsichtsamt für das Versicherungswesen die Deckungsstockfähigkeit zu erhalten, um sie auch bei Versicherungen und anderen Kapitalsammelstellen unterbringen zu können. (GUF: 42)

Oficina Federal de Control de Seguros *f* (Komm) Diese Übersetzung stammt aus der internen Datenbank *Euterpe* des Europäischen Parlaments in Luxemburg. Der deutschen BAV entspricht die spanische Institution *Dirección General de Seguros*. Es empfiehlt sich, in einer Übersetzung vom Deutschen ins Spanische den deutschen Terminus gefolgt von dem in Parenthese gesetzten Terminus *Oficina Federal de Control de Seguros* anzuführen. Je nach textrelevanter Spezifizierungsnotwendigkeit empfiehlt es sich, den Terminus der spanischen Institution in einer kurzen Erklärung, z. B. *corresponde a la Dirección General de Seguros*, anzuführen. Bei einer Übersetzung vom Spanischen ins Deutsche ist analog zu verfahren. Die *Dirección General de Seguros* wurde im Jahr 2004 in *Dirección General de Seguros y Fondos de Pensiones* umbenannt. Die folgenden Angaben beziehen sich auf den Terminus *Dirección General de Seguros*. (def) 1. Es en España el Órgano de Control de la actividad aseguradora encuadrado en el Ministerio de Economía y Hacienda. Ejerce materialmente el control indicado atribuido legalmente a referido Ministerio. 2. Competencias: a) Respecto a las entidades aseguradoras: i) Autorización previa inicial para efectuar operaciones. ii) Autorización previa de nuevos Ramos. iii) Autorizaciones de las cesiones de cartera, fusiones, transformaciones, escisiones y agrupaciones de entidades. iv) Supervisión de la documentación contractual y técnica que utilicen las entidades. v) Programar o acordar, según el caso, la adopción de determinadas medidas en situaciones anómalas: medidas cautelares (planes de financiación o de rehabilitación, supervisión de operaciones, prohibición de disposición de bienes, suspensión de funciones al consejo de adminstración, etc.) o sanciones (destitución de administradores, renovación de la autorización para operar y disolución de la entidad, etc.). vi) Comparación y análisis de la información estadístico-contable que trimestralmente y anualmente han de remitir las entidades. b) Respecto a los mediadores de seguros: agentes, corredores de seguros: Control sobre las personas físicas o jurídicas que realicen dichas actividades, comprobando si se cumplen las condiciones necesarias para su actuación, la obtención del título correspondiente, su inscripción en el Registro Especial que se lleva a tales efectos aplicando, en la medida que corresponda, el régimen disciplinario y de control por inspección previsto por la Ley. c) Respecto a los peritos-tasadores de seguros, comisarios de averías y liquidadores de averías: El control se ejerce, en esencia, con el mismo ámbito de aplicación que en el caso anterior, si bien referido únicamente a la actuación del tercer perito. d) Inspección sobre las personas y entidades sometidas a la legislación especial de seguros: De acuerdo con la Ley, se efectuará por los funcionarios pertenecientes al Cuerpo Superior de Inspectores de Finanzas del Estado. e) Resolución de las reclamaciones que puedan formularse contra las personas o entidades sometidas a control, por razón de sus actividades y operaciones específicas. f) Formalización y custodia de los Registros Especiales en entidades, de peritos-tasadores, comisarios y liquidadores de averías, de corredores de reaseguro y de título de agentes y corredores de seguros. 3. Organización interna: La Dirección General de Seguros se articula en las cinco Subdirecciones Generales siguientes: a) Subdirección General de Seguros: Con funciones de coordinación de las distintas unidades administrativas y de sustitución del Director General en los casos de enfermedad, ausencia, vacaciones u otras causas justificadas. b) Subdirección General de Gestión. Sus funciones más destacadas son: i) Tramitar los expedientes relativos a inscripciónes, ampliaciones de ramos, fusiones, cesiones de cartera, escisiones, transformaciones y agrupaciones transitorias. ii) Controlar la documentación estatuaria, técnica y contractual que utilizen las entidades aseguradoras. iii) Tramitar todas las cuestiones referentes a los mediadores, peritos-tasadores, comisarios y liquidadores de averías. iv) Confección y custodia de los Registros Especiales antes referidos. c) Subdirección General de Inspección. Su cometido principal es la realización del control por inspección o intervención, la aplicación del régimen sancionador y de las medidas cautelares, así como el análisis y comprobación de la documentación estadístico-contable que periódicamente deben remitir las entidades. d) Subdirección General de Planes y Fondos de Pensiones. Su función principal es la de tramitar todos los expedientes referentes a Planes y Fondos de Pensiones y los Registros Especiales referidos a esta materia. e) Gabinete de Estudios y Relaciones Internacionales. Coordinar los grupos de trabajo que se puedan constituir, así como las relaciones con organismos internacionales, y efectuar los estudios macroeconómicos e informes especiales que se consideren necesarios. (DMS); (kon) La política de cesión de las entidades, según los datos remitidos a la Dirección General de Seguros en la documentación estadística, permanece prácticamente constante a lo largo del periodo considerado. (ESE: 13)

Bürge (1) *m* ^*Bürge*^ ^*Bürgschaft*^ (def) Vertrag, durch den sich der Bürge gegenüber dem Gläubiger eines Dritten (des sog. Hauptschuldners) verpflichtet, für die Erfüllung einer (auch künftigen oder bedingten) Verbindlichkeit des Hauptschuldners einzustehen (§ 765 BGB). Die Erklärung des Bürgen bedarf wegen ihrer Gefährlichkeit der Schriftform gem. § 766 BGB. Die Annahme durch den Gläubiger ist formlos, auch stillschweigend möglich. Die Verpflichtung des Bürgen richtet sich nach dem jeweiligen Stand der Hauptverbindlichkeit, der Bürge haftet auch, wenn die Hauptverbindlichkeit durch Verschulden oder Verzug des Hauptschuldners geändert wird. Der Bürge hat, sofern er keine selbstschuldnerische Bürgschaft übernommen hat, in der Regel die Einrede der Vorausklage (§§ 771 ff. BGB). Befriedigt der Bürge den Gläubiger, geht dessen Forderung gegen den Hauptschuldner nebst etwaigen Sicherungsrechten (z. B. Pfandrecht) kraft Gesetzes (also ohne besondere Forderungsabtretung) auf ihn über (§ 774 BGB); aus diesem Grunde wird der Bürge auch befreit, soweit der Gläubiger Sicherungsrechte aufgibt, aus denen er Ersatz hätte erlangen können (§ 776 BGB). (GWL vs Bürgschaft); (kon) Durch Bürgschaftsvertrag verpflichtet sich der Bürge gegenüber dem Gläubiger (Kreditgeber) eines Dritten, für die Erfüllung der Verbindlichkeiten des Dritten einzustehen (§ 765 BGB). (GUF: 63) **fiador** *m* ^*garante (UEC)*^ (def) Quien constituye una fianza u obligación de responder por otra persona en el caso de que ésta no quiera o no pueda cumplir total o parcialmente. El fiador es un segundo deudor, pero no siempre de segundo grado, porque puede obligarse solidariamente, y entonces el acreedor puede dirigirse contra él, conjunta o preferentemente. (DDU); (kon) Personas que aceptan sustituir al deudor en caso de insolvencia. (SMA: 98) **Bürge (2)** *m* **avalista** *m* (def 1) El que da el aval. El que afianza una letra de cambio o un pagaré dado por un tercero. Como obligaciones del avalista, aun no siendo comerciante, figuran la de quedar solidariamente garante de la letra de cambio. (DDU) (def 2) La diferencia entre el aval y la fianza está en que, por esta última, se obliga uno a pagar o cumplir por un tercero, en el caso de no hacerlo éste; mientras, en el aval, el tenedor del documento puede, a su vencimiento, reclamar el importe, directa y ejecutivamente, de cualquiera de los firmantes del mismo. El aval es una garantía especial usada en el comercio. (DDU); (kon) El avalista resulta garante frente ad incertam personam (si no se limita el aval a persona determinada), (...) mientras que en la fianza se es deudor frente a un acreedor determinado. (SCJ: 176 (I))

Bürgschaft *f ^Bürge^ ^Garantie^ ^Sicherheit (WDW)^* (def 1) Vertrag, durch den sich der Bürge gegenüber dem Gläubiger eines Dritten (des sog. Hauptschuldners) verpflichtet, für die Erfüllung einer (auch künftigen oder bedingten) Verbindlichkeit des Hauptschuldners einzustehen (§ 765 BGB). (GWL); (def 2) Durch eine Bürgschaft übernimmt eine Person, der Bürge, gegenüber dem Kreditgeber die Verpflichtung, für die Erfüllung der Verbindlichkeiten des Kreditnehmers einzustehen. Hinter den Kreditnehmer tritt somit eine bürgende zweite Person, von der der Kreditgeber die Zahlungen einfordern kann, wenn der Kreditnehmer diese nicht leistet. (KEL); (kon) Während Bürgschaften gegenüber der Öffentlichen Hand als Zollaval (für Zahlungsaufschub bei Zollschulden von Importeuren), Steueraval oder Frachtaval üblich sind, findet der Avalkredit in dieser Form auch Verwendung bei vorgesehenen Vertragsstrafen, geleisteten Anzahlungen, Prozessverpflichtungen, Wechselschulden u. a. m. (GUF: 55); (Komm) In der Abstraktheit unterscheidet sich die *Bürgschaft* von dem im Sprachgebrauch sehr häufig synonym verwendeten Begriff *Garantie*: Die Bürgschaft ist vom Grundgeschäft abhängig. Sie wird daher als akzessorisch bezeichnet. **fianza** *f ^garantía (DDU)^* (def) Toda obligación, constituída para asegurar el cumplimiento de otra principal, contraída por un tercero. Fianza es también la prenda dada por el contratante para asegurar el exacto cumplimiento de su obligación. Las partidas expresaban que era »la obligación que uno hace para seguridad de que otro pagará lo que debe, o cumplirá las condiciones de algún contrato«, así como »la convención por la cual un tercero toma sobre sí el cumplimiento de la obligación ajena, para el caso de que no la cumpla el que la contrató« (...) (DDU); (kon) Por la fianza se obliga uno a pagar o cumplir por un tercero, en el caso de no hacerlo éste (...).

Bürgschaft, akzessorische *f ^Bürgschaft^ ^Sicherheiten, akzessorische (GWL)^* (def) Unbedingt und dauernd mit dem Bestand einer Forderung verbundene Kreditsicherheiten (Sicherheit). Akzessorische Sicherheiten haben demnach ein unselbstständiges Nebenrecht zum Gegenstand, das nur in Verbindung mit der zugrundeliegenden Forderung gilt. Zu den a[kzessorischen] S[icherheiten]. zählen: Bürgschaft, Pfandrecht und Hypothek. (GWL vs akzessorische Sicherheiten); (expl) Die Bürgschaft ist akzessorisch, d. h. die Verpflichtung des Bürgen ist nach Bestand und Umfang von der Hauptschuld abhängig. (WÖH); (kon) Die Bürgschaft ist akzessorisch. (GUF: 63) **garantía accesoria** *f ^fianza accesoria (CDC)^* (def) Bien, título, derecho o cualquier otra cosa que responde del cumplimiento de una obligación, y que resulta accesoria a ella, de modo que si la obligación principal se extingue, también se extinguirá la garantía. (DEN); (kon) La fianza es un contrato accesorio que supone siempre una obligación principal, como que su objeto es asegurar el cumplimiento de ésta y el fiador, no puede, por tanto, obligarse más intensa ni más extensamente que el deudor en la obligación a que aquél sirve de garantía.

Bürgschaft für Regressschuld *f ^Rückbürgschaft^*

Bürgschaft, selbstschuldnerische *f ^Bürgschaft^* (def) Form der Bürgschaft, bei der der Bürge auf die Einrede der Vorausklage verzichtet hat (§ 773 BGB). Der Gläubiger braucht also nicht gegen den Schuldner zu klagen; er kann sofort den Bürgen in Anspruch nehmen. Die selbstschuldnerische Bürgschaft ähnelt der Schuldmitübernahme, die Erklärung des Bürgen bedarf aber der Schriftform (§ 766 BGB). (GWL); (expl) Bevor der Gläubiger seine Rechte aus dem Bürgschaftsvertrag geltend machen kann, muss er ohne Erfolg eine Zwangsvollstreckung gegen den Hauptschuldner versucht haben. Ist das nicht geschehen, so kann der Bürge die sog. Einrede der Vorausklage geltend machen. Es ist jedoch auch möglich, dass – wie es in der Praxis die Regel ist – der Bürge auf die Einrede der Vorausklage von vorneherein verzichtet. Das macht den Bürgschaftsanspruch zur Kreditsicherung tauglicher, weil der Gläubiger seine Ansprüche schneller befriedigen kann. Diese Form der Bürgschaft bezeichnet man als selbstschuldnerische Bürgschaft. (WÖH); (kon) Zur Sicherung des Darlehens ist eine selbstschuldnerische Bürgschaft für den gesamten Darlehensbetrag beizubringen. (http://studentenwerk.tu-clausthal.de)

garantía de responsabilidad directa *f* *^fianza sin beneficio de excusión^* *^fianza solidaria (FHW)^* *^garantía autónoma (SCJ)^* *^garantía directa (SCJ)^* (def) Se trata de un contrato accesorio de otro principal. (...) Consecuencia de esta subsidiariedad es el beneficio de excusión (...). Dicho beneficio es renunciable, lo que proporciona la existencia de la fianza solidaria, en virtud de la cual el acreedor goza de la posibilidad de dirigirse indistintamente contra el deudor o fiador, sin necesidad de excusión alguna. Ultimamente se ha desarrollado una variedad de esta fianza solidaria de gran raigambre en el mundo mercantil; es la conocida como »pago al primer requerimiento«, en virtud del cual, el acreedor, vencida la obligación, requiere al garante exigiéndole su cumplimiento y éste ha de satisfacer el pago de forma inmediata. (ESJ vs fianza); (kon) La garantía venía sucesivamente cedida a un banco austríaco (se trata, por consiguiente, de un típico caso de la denominada garantía directa o triangular con cesión de la misma a un tercero) (...). (SCJ: 509)

C

Cash-flow *m* (def) In der Bilanz-, Unternehmungs- und Aktienanalyse verwendete Kennzahl zur Beurteilung der Finanz- und Ertragskraft einer Unternehmung. Der Cash-flow (Umsatz- oder Finanzüberschuss) bezeichnet den Zugang an flüssigen Mitteln einer Unternehmung aus dem Umsatzprozess und anderen Quellen innerhalb eines bestimmten Zeitraumes, i. d. R. des Geschäftsjahres. Zur Berechnung des Cash-flow werden verschiedene Elemente berücksichtigt. Üblicherweise setzt er sich zusammen aus dem Bilanzgewinn der Periode (ohne Vortrag), vermindert um die Auflösung von Rücklagen, plus Zuführung zu den Rücklagen, plus Abschreibungen auf das Anlagevermögen. Eine detaillierte Cash-flow-Ermittlung berücksichtigt darüber hinaus z. B. die Zu- bzw. Abgänge an Wertberichtigungen oder Pensionsrückstellungen usw. (...) (BAL); (kon) Reicht der Cash-flow aus, um die Fremdmittel innerhalb eines vertretbaren Zeitraumes wieder zurückzuführen? (GUF: 117) **flujo de caja** *m* *^cash flow (DEI)^* *^flujo de tesorería (DEI)^* (Komm) Der konsultierten spanischen Fachliteratur zufolge kann der Terminus *cash flow* mit oder ohne Bindestrich geschrieben werden.; (def 1) Frecuentemente mencionada como cash flow, es la cantidad neta de dinero que con su actividad de ventas y otros ingresos genera una empresa. Es igual a los cobros realizados durante el período estudiado, menos los pagos. Con la información que publican las empresas en las cuentas anuales, no es posible calcularla, y se utilizan varias aproximaciones al cálculo exacto. La primera aproximación, desde el punto de vista histórico, fue la suma de beneficio neto más la amortización, lo que equivalía a no considerar como gasto la amortización, ya que no implica salida de caja. Posteriormente, empezó a definirse como el beneficio neto más todos los gastos y menos todos los ingresos no dinerarios: provisiones, amortizaciones, etc. Con esta definición se conseguía revelar la cosmética contable que algunas empresas realizaban, modificando las cifras de gasto o ingreso no dinerarios, meros apuntes contables, para mostrar el beneficio deseado. (...). (TAM vs caja generada); (def 2) En contabilidad, conjunto de las anotaciones contables que se realizan en la cuenta de tesorería de una empresa. (DEN); (def 3) Entradas y salidas de dinero generadas por un proyecto, inversión o cualquier actividad económica. También es la diferencia entre los cobros y los pagos realizados por una empresa en un período determinado. (DEN); (kon) El cash-flow es uno de los conceptos que con mayor dinamismo se utilizan por los responsables de la función financiera de la empresa. (MEE: 65)

CLC *m* *^Commercial Letter of Credit^* (Komm) Sowohl in deutschen als auch in spanischen Fachtexten ist es üblich, die englische

Abkürzung zu verwenden. Bezüglich der Verwendung der Langform in spanischen Fachtexten konnte nach Rücksprache mit Fachleuten, die im Außenhandel tätig sind, festgestellt werden, dass der englische Terminus *Commercial Letter of Credit* dem spanischen in der Praxis vorgezogen wird. In manchen Lexika ist zwar eine spanische Entsprechungen zu finden, im Sprachgebrauch wird sie aber kaum verwendet. Ein Grund dafür könnte die vorrangige Position der englischen Sprache im internationalen Handel sein: Um Missverständnisse beim anderssprachigen Handelspartner zu vermeiden, wird auf eine einheitliche (englische) Terminologie zurückgegriffen. Eine Abkürzung für den spanischen Terminus *Carta Comercial de Crédito* konnte in der Fachiteratur nicht nachgewiesen werden. Laut Auskunft eines spanischen Experten auf diesem Gebiet wäre sie *CCC*.

Commercial Letter of Credit *m* *^CLC^* *^Zahlungsanweisung^* (def) Handelskreditbrief, Sonderform des Akkreditivs; besonders in angloamerikanischen Ländern bevorzugtes Instrument zur Finanzierung des internationalen Handels. (GWL); (kon) Ist (...) (in einer dritten Form) der Exporteur der Begünstigte eines Zahlungsversprechens der auftraggebenden (Importeurs-) Bank im Rahmen der akkreditivähnlichen Ermächtigung des Commercial Letter of Credit (CLC), so kann er unter Vorlage des CLC die Dokumententratte einer Bank seiner Wahl zum Ankauf vorlegen, sofern er nicht auf eine bestimmte Bank verwiesen ist (restricted CLC). (GUF: 61) **carta comercial de crédito** *f* (def) Variante del crédito documentario utilizada primordialmente en los Estados Unidos consistente en un compromiso unilateral del Banco emisor directamente frente al beneficiario del crédito en el sentido de que atenderá a los giros que el beneficiario libre a su cargo relativos a la carta comercial de crédito expedida. Este tipo de crédito elimina la función que el Banco intermediario ejercía en el crédito documentario, y la reduce a la secundaria de hacer seguir el original de la carta a su beneficiario. (PDE); (kon) Contrariamente a la carta comercial de crédito, que es básicamente un mecanismo de pago, la carta de crédito standby es una forma de garantía de banco.; (Komm) Sowohl in deutschen als auch in spanischen Fachtexten ist es üblich, die englische Abkürzung zu verwenden. Bezüglich der Verwendung der Langform in spanischen Fachtexten konnte nach Rücksprache mit Fachleuten, die im Außenhandel tätig sind, festgestellt werden, dass der englische Terminus *Commercial Letter of Credit* dem spanischen in der Praxis vorgezogen wird. In manchen Lexika ist zwar eine spanische Entsprechungen zu finden, im Sprachgebrauch wird sie aber kaum verwendet. Ein Grund dafür könnte die vorrangige Position der englischen Sprache im internationalen Handel sein: Um Missverständnisse beim anderssprachigen Handelspartner zu vermeiden, wird auf eine einheitliche (englische) Terminologie zurückgegriffen. Eine Abkürzung für den spanischen Terminus *Carta Comercial de Crédito* konnte in der Fachliteratur nicht nachgewiesen werden. Laut Auskunft eines spanischen Experten auf diesem Gebiet wäre sie *CCC*.

Constitutum possessorium *n* *^Besitzkonstitut^*

Consulter *m* *^Unternehmensberater^*

Controller *m* *^Treasurer^* (def) Controller ist der amerikanische Ausdruck für den Verantwortlichen für die Planung, Lenkung und Kontrolle des Unternehmensgeschehens. Control bedeutet dabei nicht allein kontrollieren, sondern lenken, beherrschen, in der Hand haben. Der Controller ist jedoch nicht verantwortlich für die Gewinnerzielung, sondern dafür, dass ein entsprechender Apparat vorhanden ist, um das Ziel »Gewinn« zu überwachen und zu steuern. Der Controller ist mehr ein wirtschaftlicher Ratgeber des Managements. Seine Aufgabe besteht in der fachlichen Interpretation der Zahlen und betriebswirtschaftlichen Zusammenhänge. Auf diese Weise leistet er gleichzeitig einen wesentlichen Beitrag zur Realisierung einer Führung durch Ziele (...). (LKC); (kon) Eine laufende Liquiditätsplanung deckt nicht nur finanzielle Engpässe frühzeitig auf, sie signalisiert dem »Controller« oder dem »Treasurer« einen nachhaltigen Finanzüberschuss im Unternehmen. (GUF: 117) **interventor** *m* (Komm) Der Terminus *interventor* hat verschiedene Bedeutungen. Gemäß DEN wird er als spanisches Äquivalent zum englischen Terminus *controller* definiert.; (def) Persona que dentro de una empresa o entidad garantiza la legitimidad de las operaciones internas. (DEN); (kon) El interventor, cuya misión es controlar la ejecución de los Presupuestos de todos los ministerios, se irá a Washington a trabajar en el Fondo Monetario Internacional (FMI) como auditor. (I-04)

D

Damnum *n* *^Darlehen^* (def) Betrag, der bei einer Darlehensgewährung häufig neben den Darlehenszinsen berechnet wird. Das D[amnum] kann in Form eines Abschlags bei Auszahlung des Darlehens (Disagio), eines Zuschlags bei Rückzahlung (Agio) oder durch entsprechende Verbuchungen der ersten Tilgungsraten (Tilgungsstreckung) vereinbart werden. (GAB); (expl) (...) Das [Damnum] ist die Differenz zwischen dem Nominalwert eines Darlehens und dem tatsächlich an den Darlehensnehmer ausbezahlten Betrag, die in Prozent des Nominalwerts ausgedrückt wird. (...) (WÖH: 140); (kon) Die laufenden Kosten langfristiger Darlehen umfassen neben sonstigen vor allem den Nominalzins, die einmaligen setzen sich meist aus Kosten der Sicherheitenbestellung und dem Damnum zusammen, um welches der Auszahlungsbetrag unter dem Nominalbetrag liegt. (GUF: 39) **damnum** *m* (def 1) En general se entiende por damnum la diferencia entre el importe total puesto a la disposición del prestatario y el importe a reembolsar o sea el valor nominal del préstamo. (DV); (def 2) (...) pérdida/perjuicio/gasto (DDU)

Darlehen *n* *^Damnum^* *^Darlehen, langfristiges^* *^Darlehen, partiarisches^* *^Darlehensgeber^* *^Darlehensnehmer^*; (def) (...) die Hingabe von Geld oder anderen vertretbaren Sachen mit der Verpflichtung des Darlehensempfängers dem Darleiher das Empfangene in Sachen von gleicher Art, Güte und Menge zurückzuerstatten. Für die Vergabe von Darlehen wird in der Praxis oft der Begriff *Kredit* verwendet. Dieser Begriff, (...), ist weiter als der des Darlehens, das nur eine bestimmte Form des Kredits darstellt. (...) Ein Darlehen liegt aber nur dann vor, wenn der Schuldner die geliehenen Geld- oder Sachwerte für eine gewisse Zeit behalten, d. h. wenn der Gläubiger seine Leistung nicht regelmäßig zurückfordern darf. Kredite in Form des Darlehens treten häufig im Bereich der Personalkredite, Realkredite und langfristigen Unternehmensfinanzierung (dort z. B. als Schuldscheindarlehen) auf. (...) Die wichtigsten Merkmale von Darlehen sind die Tilgung und die Verzinsung. (...) (VGW); (kon) Der genau umgekehrte Vorgang würde sich vollziehen bei einer Erhöhung der Einlagen der Gesellschafter zur Tilgung eines Darlehens (Substitution von Fremdkapital durch Eigenkapital). (GUF: 9) **préstamo** *m* (def 1) Por el préstamo una persona transmite a otra el uso de un bien por cierto tiempo, con obligación de devolución de la misma cosa prestada si ésta no es fungible (...), o bien si se trata de dinero o cosa fungible de devolverse otro tanto de la misma especie y calidad (préstamo simple que admite el cobro de interés). (DEE); (def 2) Uso de dinero ajeno a cambio del pago de intereses. Se diferencia del crédito en que es una suma cierta que se devuelve en un término fijo. El que concede el préstamo es llamado prestamista y el que lo recibe prestatario. El más conocido es el préstamo bancario. (TAM); (kon) (...) En el caso de que se incluyan en el coste de producción del inmovilizado los intereses de los préstamos destinados a financiar su fabricación, se hará constar esta circunstancia en la memoria. (LSA art. 195, 4.)

Darlehen gegen Faustpfänder *n* *^Lombardkredit (GUF)^* (kon) Lombardkredit ist die Vergabe von Darlehen gegen Faustpfänder – bewegliche Sachen oder Forderungen – gemäß §§ 1204 ff. BGB. (GUF: 56) **asegurado con prenda** *m* *^crédito con garantía de valores^* *^crédito pignoraticio (AEE)^* *^préstamo con prenda^* (kon) El crédito pignoraticio sigue devengando intereses pese a la declaración del concurso de acreedores. En concurrencia con otros créditos sobre bienes muebles, »el crédito pignoraticio excluye a los demás hasta donde alcance el valor de la cosa dada en prenda.« (AEE)

Darlehen, langfristiges *n* *^Darlehen^* (expl) Als langfristig werden solche Darlehen bezeichnet, deren Laufzeit mehr als vier Jahre beträgt. (WÖH: 131); (kon) Auf dieser Basis [Rechtsgrundlage für Anleihen] lassen sich Obligationen, Schuldverschreibungen als verkehrsfähige Urkunden definieren, mit denen sich ausstellende Schuldner gegenüber dem Gläubiger zu bestimmen Gegenleistungen (Zinszahlungen) für die Gewährung eines langfristigen Darlehens verpflichten. (GUF: 39/40) **préstamo a largo plazo** *m* (Komm) Zum Problem der nichteinheitlichen Abgrenzung der einzelnen Fristen siehe Kommentar bei *langfristiger Kredit.*; (def) De cinco años en adelante. (MDB); (kon) Las monedas y los billetes son, por tanto, los activos más líquidos: en el extremo opuesto, estarían los préstamos a largo plazo sin posibilidad de recuperación total hasta su vencimiento. (GDE: 406)

Darlehen, partiarisches *n* *^Darlehen^* (def 1)

(Gesellschafterdarlehen) gewinnbeteiligtes Darlehen, welches eine Personengesellschaft durch ihre Gesellschafter erhält. Die Unternehmung erhält durch die Gesellschafter zusätzliches Kapital, welches im Zeitpunkt des Kapitalzu- oder abflusses in der Machtstruktur des Gesellschafterkreises keinerlei Verschiebungen auslöst. Die Gesellschafter erhalten eine Verzinsung, die sich i. d. R. am Unternehmenserfolg orientiert und damit u. U. deutlich über derjenigen für alternative Kapitalanlagen liegt. Soweit Unternehmen mit festen Eigenkapitalien ausgestattet sind (GmbH, AG, KGaA, KG), die den Gesellschaftern (oder einem Teil von ihnen) ein Entnahmerecht verwehren, bietet sich das partiarische Darlehen an. Zudem erfolgt bei Darlehenseinräumung keine Erweiterung des Haftungsumfangs der nicht voll haftenden Gesellschafter. (...) (BFL); (def 2) Partiarischer Vertrag ist ein Vertrag, durch den jemand am Gewinn eines Unternehmens verhältnismäßig beteiligt wird. Dies kann in Form einer einmaligen Prämie für das Zustandekommen des Geschäfts (...) geschehen, aber auch durch eine echte Gewinnbeteiligung (z. B. Geldhingabe von 20 % des erzielten Reingewinns; sog. partiarisches Darlehen). Der partiarisch Beteiligte hat einen Anspruch auf Auskunft und Rechenschaftslegung über die Höhe des erzielten Gewinns. (...) (CRL vs partiarischer Vertrag); (kon) Wird bei einem Rechtsgeschäft, bei dem dem Vertragspartner eine Geldsumme überlassen wird, eine Beteiligung am Verlust ausgeschlossen, so muss es sich dabei nicht notwendigerweise um ein partiarisches Darlehen handeln, da auch bei der stilen Gesellschaft die Verlustbeteiligung ausgeschlossen werden kann. (www.kaerner.de) **préstamo participativo de los socios** *m* (ÜV) (expl) (...) Los créditos participativos, (...) son préstamos en los cuales, con independencia del pacto de interés que se fija, el acreedor participa en el beneficio neto del deudor, aunque en cuanto a la prelación de créditos se sitúe en orden posterior al resto de los acreedores ordinarios y previo al de los accionistas, (...). (RSF: 448) ; (Komm) Se trata de un préstamo de los socios a la sociedad que conlleva una característica de los créditos participativos en el sentido de que los socios prestamistas reciben unos intereses o una prima única en función de los beneficios de la empresa.; (kon) Existen algunas modalidades de préstamos como pueden ser los préstamos participativos o las obligaciones convertibles en acciones que están en una situación intermedia entre la inversión vía capital y la inversión vía crédito. (AAI: 340)

Darlehensgeber *m* *^Darlehen^* *^Darlehensnehmer^* (def 1) Ausleiher von Krediten bzw. Darlehen, auch in wirtschaftlicher Sicht. Käufer von Schuldtiteln wie verzinslichen Wertpapieren u. dgl. (...) (BAL vs Kreditgeber); (def 2) Das D[arlehen] (...) ist Gegenstand eines – im Allgemeinen Sprachgebrauch häufig ebenfalls als Darlehen bezeichneten – schuldrechtlichen Darlehensvertrags. Danach hat der Darlehensgeber dem Darlehensnehmer die freie Nutzung von Geld oder anderen vertretbaren Sachen (...) für die Laufzeit des Darlehens dadurch zu verschaffen, dass er dem Darlehensnehmer das Eigentum am Darlehensgegenstand überträgt. (...); der Darlehensgeber ist zur Valutierung und Belassung des Kapitals verpflichtet, der Darlehensnehmer zur Darlehensrückzahlung. Das entgeltliche D[arlehen] bildet sogar einen gegenseitigen Vertrag (...); im Gegenseitigkeitsverhältnis stehen einerseits die Pflicht des Darlehensgebers, dem Darlehensnehmer das Kapital bis zur Fälligkeit des Darlehensrückzahlungsanspruchs zu belassen, und andererseits die Pflicht des Darlehensnehmers, den vereinbarten Darlehenszins zu entrichten. (...) Unter den Ansprüchen des Darlehensgebers ragt beim verzinslichen D[arlehen] der Anspruch auf die vertraglich vereinbarten Zinsen hervor, die nach der dispositiven gesetzlichen Regelung nachträglich zum Jahresende fällig werden (...). (LLR vs Darlehen); (kon) Für den Eigenkapitalgeber gilt im Gegensatz zum Darlehensgeber (...) das Prinzip, dass kein fester Zinsanspruch besteht, sondern lediglich ein Anspruch auf eine der jeweiligen Einlage entsprechende Beteiligung am Gewinn oder Verlust. (GUF: 13) **prestamista** *m* (def) Persona o entidad que entrega las cosas objeto del préstamo. (...) (DDM); (kon) En el ámbito financiero, por crédito se entiende una operación por la cual el prestamista (normalmente un banco) deja una determinada suma de dinero (capital inicial o principal) a la libre disposición del prestatario durante un período prefijado. (SMA: 97)

Darlehensnehmer *m* *^Darlehen^* *^Darlehensgeber^* (def 1) (...) Vertrag, durch den ein Darlehensnehmer, der Geld oder andere vertretbare Sachen empfangen hat, verpflichtet wird, dem Darlehensgeber das Empfangene in Sachen von gleicher Art, Güte und Menge zurückzuerstatten (...) und je nach Vereinbarung auch Zinsen zu zahlen (...). (GAB vs Darlehen); (def 2) Das D[arlehen] (...) ist Gegenstand eines – im allgemeinen Sprachgebrauch häufig ebenfalls als Darlehen bezeichneten – schuldrechtlichen Darlehensvertrags. Danach hat der Darlehensgeber dem Darlehensnehmer die freie Nutzung von Geld oder anderen vertretbaren Sachen (...) für die Laufzeit des Darlehens dadurch zu verschaffen, dass er dem Darlehensnehmer das Eigentum am Darlehensgegenstand überträgt. (...); der Darlehensgeber ist zur Valutierung und Belassung des Kapitals verpflichtet, der Darlehensnehmer zur Darlehensrückzahlung. Das entgeltliche D[arlehen] bildet sogar einen gegenseitigen Vertrag (...); im Gegenseitigkeitsverhältnis stehen einerseits die Pflicht des Darlehensgebers, dem Darlehensnehmer das Kapital bis zur Fälligkeit des Darlehensrückzahlungsanspruchs zu belassen, und andererseits die Pflicht des Darlehensnehmers, den vereinbarten Darlehenszins zu entrichten. (...) Der wichtigste Anspruch des Darlehensnehmers aus dem Darlehensvertrag geht auf die Hingabe des Darlehensvaluta durch Übertragung des Eigentums. (...) (LLR vs Darlehen); (kon) Beim Direktrevolving kommen die Kreditverträge zwischen Darlehensnehmer und Kapitalgeber unmittelbar zustande. (GUF: 47) **prestatario** *m* (def) Persona o entidad que recibe las cosas objeto del préstamo; tiene la obligación de devolver otra cantidad igual de la misma especie o clase y pagar la retribución correspondiente si se hubiese estipulado. (...). (DDM); (kon) En el ámbito financiero, por crédito se entiende una operación por la cual el prestamista (normalmente un banco) deja una determinada suma de dinero (capital inicial o principal) a la libre disposición del prestatario durante un período prefijado. (SMA: 97)

Debitor *m ^Gläubiger^ ^Schuldner^* (def) In der Buchführung gebrauchter Ausdruck für Warenschuldner oder Kunden, die die Waren vom Lieferer auf Kredit beziehen (Schuldner). (GWL); (expl) Aktivposten in der Bankbilanz unter der Bezeichnung »Forderungen«. (MÜS); (kon) Hierbei handelt es sich um Eingänge aus »offenen Debitoren« (Forderungen aus Lieferungen und Leistungen). (GUF: 92) **deudor** *m* (def) Es el sujeto pasivo de una obligación, es decir, el que está obligado a cumplir la prestación en virtud de un contrato o disposición expresa legal. (AEE) (Komm) Dentro de la contabilidad se distingue entre deudores (= personas que deben dinero al comerciante por otros conceptos distintos de la venta de mercancías) y clientes (= personas a las que el comerciante vende las mercancías, objeto de su negocio).; (kon) El fiador no puede ser compelido a pagar al acreedor sin hacerse antes excusión de todos los bienes del deudor.

Deckung *f ^Deckungsstock^ ^Überdeckung^ ^Unterdeckung^* (def) (...) Befriedigung, Bereitstellung der erforderlichen Mittel (...) (DUW); (kon) Bei der Abstimmung zwischen Finanzmittelbedarf und dessen Deckung durch entsprechendes Kapital sind neben der jeweiligen unternehmerischen Leitmaxime auch die daraus abgeleiteten Teilziele und Nebenbedingungen, wie Rentabilität, Unabhängigkeit, Sicherheit und vor allem Liquidität, zu berücksichtigen. (GUF: 89) **cobertura** *f* (def) Cantidad, suma, posición o garantía que se tiene disponible o fácilmente utilizable para responder de una deuda o compromiso. Se dice que un cliente tiene cobertura suficiente cuando el saldo de su cuenta de ahorro excede en mucho al descubierto de su cuenta corriente. Y asimismo, cuando para responder al riesgo de papel comercial tenga en cualquier modalidad de cuenta dinero suficiente o una posición acreedora próxima y vencer que represente la suficiente garantía como para responder de ese riesgo. (MDB); (kon) Nos referimos, por un lado, al riesgo de insolvencia, y, por otro, a la cobertura de los compromisos que en materia de pensiones tienen contraídos con el personal. (GDE: 393)

Deckungsstock *m ^Deckung^* (def) Prämienreservefonds, Summe der zur Deckung der Deckungsrückstellungen aller Versicherten eines Versicherers erforderlichen Vermögenswerte. Der D[eckungsstock] wird getrennt verwaltet, ein Treuhänder überwacht die Einhaltung der strengen aufsichtsrechtlich vorgeschriebenen Vermögensanlage-Richtlinien. (GWL); (kon) Deckungsstock ist ein Begriff des Versicherungsaufsichtsgesetzes für das Deckungskapital besonders der Lebensversicherungen; wird die Deckungsstockfähigkeit erteilt, können Versicherungen ihre Deckungskapitalbeträge in entsprechenden Forderungen anlegen. (GUF: 42) **fondo de garantía** *m* (def 1) Tercera parte del margen de solvencia que las entidades aseguradoras deberán disponer en cada ejercicio económico como patrimonio propio no comprometido. Su cuantía depende del ramo en que la entidad opere y del tipo de ésta (...). (ESJ); (def 2) En determinadas sociedades, empresas e instituciones, cuenta especial formada por aportaciones periódicas, o cantidades retiradas de los beneficios especiales o cuantiosos, para responder de ciertas obligaciones, dar solidez a la entidad o atender eventuales gastos extraordinarios. (...) (DDU II)

Delkredere *n* (Komm) Laut OED bedeutet del crédere *of belief, of trust* (del = of the; credere = to believe). Ebenso ist *del crédere* der angeführten Quelle zufolge produktiv mit Wortzusammensetzungen: *del credere agent, del credere account* etc.; (def) (...) Das Delkredere kommt bei Handelsvertretern und Kommissionären vor. Beim Delkredere steht der Handelsvertreter oder Kommissionär dem Unternehmer oder Kommittenten gegenüber dafür ein, dass der Dritte (Kunde, Vertragspartner des Kommissionärs) die Verbindlichkeit aus dem abgeschlossenen oder vermittelten Geschäft erfüllt. Das Delkredere ist also eine Garantie für die Zahlungsfähigkeit. (CRL); (kon) In der Regel wird beim Exportfactoring neben der Finanzierung und Dienstleistung auch das Delkredere übernommen, weil die Gebühr von 1 Prozent des Rechnungsbetrages durch den Vorteil des sicheren Forderungseingangs mehr als aufgewogen wird. (GUF: 62) **delcrédere** *m* ^*garantía (LPH)*^ (Komm) In der deutschen Übersetzung des spanischen Handelsgesetzbuches wird Delkredere-(Provision) mit dem Terminus *garantía* wiedergegeben. Bei den Recherchen erwies es sich als sehr schwierig für den Terminus *delcrédere* im Spanischen eine Definition und Kontexte zu finden. Außerdem weist diesr Terminus keine einheitliche Schreibweise auf. Neben der hier angegebenen Version kann er auch als zweigliedriger Terminus auftreten (üblich im Italienischen, aus dem dieser Terminus entlehnt ist: *del crédere* (siehe OED vs del credere). Dies könnte ein Hinweis darauf sein, dass der Terminus *delcrédere* im Spanischen zu den selten vorkommenden Fachausdrücken gehört und in der Praxis immer mehr vom Terminus *garantía* aus dem Sprachgebrauch verdrängt wird. Trotzdem wurde der Terminus *garantía* an dieser Stelle nicht als erste Übersetzungsmöglichkeit, sondern als Synonym aufgeführt, da es sich dabei um einen sehr weitgefassten Begriff handelt, der je nach Kontext verschiedene Bedeutungen zulässt.; (def) Prima al comisionista, garantía. (...) (DBE); (def) Fianza mercantil contractual, según la cual puede garantizarse un riesgo máximo o mínimo en favor de un tercero. La suma a ella afecta se llama Delkredereprovision, y trata de ella el pár. 394 del HGB. (QDD); (kon) Si el comisionista percibiere sobre una venta además de la comisión ordinaria, otra, llamada de garantía, correrán de su cuenta los riesgos de la cobranza, quedando obligado a satisfacer al comitente el producto de la venta en los mismos plazos pactados por el comprador. (Art. 272 del Código de Comercio). (LPH: 172)

Desinvestition *f* ^*Investition*^ (def) Rückgewinnung bzw. Freisetzung der in konkreten Vermögenswerten gebundenen finanziellen Mittel durch Verkauf, Liquidation und Aufgabe. Die Desinvestition ist die Umkehrung der Investition. (...) (GWL); (kon) In der Vorstudie gilt es, in einem ersten Schritt abzuklären, ob in den nächsten Jahren überhaupt mit einer signifikanten Desinvestition der Pensionskassen im Bereich des Immobilienmarktes resp. des Mietwohnungsmarktes zu rechnen ist. (www.aramis-research.de) **desinversión** *f* (def) En general, la desinversión es el procedimiento por el que se disminuyen los activos producidos existentes en una economía, o se minoran los inventarios de un patrimonio dado. Un modo de realizarlo es mediante la desvalorización o cambio de destino de los bienes de capital. Desde un punto de vista empresarial, las desinversiones son orígenes de fondos, es decir, la conversión de empleos en recursos mediante la venta de activos. Desde un punto de vista más general, la desinversión consiste en la retirada de un inversor de la inversión en la que tomaba parte, ya sea con el fin de recuperar liquidez, o por haber finalizado el plazo de dicha inversión, de manera que el inversor recupera lo invertido y los resultados obtenidos. Puede no implicar la destrucción de la inversión, sino simplemente la salida del patrimonio del inversor de la misma, para pasar a otro sujeto. (DEI); (kon) La Corporación Banesto quiere aprovechar el buen ejercicio previsto por Isolux-Wat en 1998 para poner en marcha la última desinversión significativa de su cartera empresarial. (I-05)

Dienstleistungen *fpl* (def) (...) In Abgrenzung zur Warenproduktion (materielle Güter) spricht man bei den Dienstleistungen von immateriellen Gütern. Als ein typisches Merkmal von Dienstleistungen wird die Gleichzeitigkeit von Produktion und Verbrauch angesehen (z. B. Taxifahrt, Haarpflege in einem Frisiersalon). Da die unmittelbare, überwiegend auch personengebundene Arbeitsleistung des Produzenten hier den wesentlichen Inhalt der Dienstleistungen ausmacht, werden nur geringe Möglichkeiten zur Produktivitätssteigerung gesehen. (GWL); (kon) Der in jedem

Unternehmen sich vollziehende betriebliche Kreislauf zwischen Geld- beziehungsweise Sacheinlagen, Erstellung von Gütern oder Bereitstellung von Dienstleistungen und daraus erzielten Umsatzerlösen muss durch den Finanzplan hinsichtlich der Zahlungsströme so gesteuert werden, dass die Erlöse so früh wie möglich zu Einzahlungen werden. (GUF: 81) **prestaciones de servicios** *fpl* (def) (...) Concepto: Se definía en el texto legal como contrato por el cual una de las partes se obliga a prestar a la otra un servicio mediante un precio cierto, que ésta última se compromete a pagar a la primera. Pueden celebrarlo todos los que con arreglo a su ley nacional tienen capacidad para obligar y obligarse. Se perfecciona por el mero consentimiento y puede celebrase de palabra o por escrito. (..) Objeto: Forman el mismo todos los hechos y servicios no contrarios a la ley, a las buenas costumbres o al orden público. Ha de señalarse la cuantía y forma de pago de la remuneración convenida y determinarse del modo más preciso la prestación o servicio contratado. (DDU); (kon) La liberalización interior se extenderá a las prestaciones de servicios entre dos Estados miembros. (SFE: 9)

Dienstleistungsbilanz *f ^Zahlungsbilanz^* (def) (Bilanz des unsichtbaren Handels) Teilbilanz der Zahlungsbilanz, in der die Dienstleistungstransaktionen zwischen Inland und Ausland erfasst werden. Auf der Aktivseite wird die Ausfuhr, auf der Passivseite die Einfuhr von Dienstleistungen ausgewiesen. (VGW); (kon) Die Dienstleistungsbilanz erfasst alle Dienstleistungen, die zwischen In- und Ausländern geleistet werden. (VGW vs Zahlungsbilanz) **balanza de servicios** *f* (def) Parte de la balanza de pagos en la que se recogen las exportaciones e importaciones de servicios (transportes, seguros, fletes, turismo, asistencia técnica, etc). (DMA); (kon) La segunda subbalanza es la de servicios. El turismo es por ejemplo en el caso de España el principal apartado dentro de esta subbalanza, pero no el único, pues también aparecen las rentas de inversión, los fletes y seguros, las operaciones gubernamentales y otros servicios como patentes, comisiones bancarias, etc. (SMA: 33)

Disagio *n ^Agio^* (def) Abgeld 1. Begriff: Spanne, um die der Preis oder Kurs hinter dem Nennwert eines Wertpapiers oder der Parität einer Geldsorte zurückbleibt. Aktien dürfen nicht mit D[isagio] ausgegeben werden (§ 9 AktG). (...) Gegensatz: Agio. (GWL); (kon) Die Ausgabe muss nicht zum Nennwert erfolgen: bei Unterpari-Ausgaben liegt der Begebungskurs um das Disagio darunter, bei Überpari-Ausgaben liegt er um das Agio darüber, bei Pariausgaben ist er mit dem Nennwert identisch. (GUF: 40) **disagio** *m* (def) Diferencia expresada en tanto por ciento entre el valor nominal o par y un precio inferior. Contr.: Agio. (MDB)

Diskont *m* (def) Zinsabzug bei noch nicht fälligen Zahlungen, insbes. beim Ankauf von Wechseln für die Zeit vom Verkaufstag des Wechsels bis zum Fälligkeitstag; der Verkäufer des Wechsels erhält die um die Zinsen verkürzte Wechselsumme ausgezahlt. (GWL); (kon) Die Finanzierungskosten beim Diskontkredit umfassen die Wechselsteuern, die Diskontspesen als Inkassospesen, die Diskontprovision als Bearbeitungsprovision und den Diskont. (GUF: 53) **descuento** *m* (def) Cantidad que se descuenta o se rebaja del importe de una letra, pagaré u otro documento mercantil por abonarla antes de vencer. (DDU) (expl) Diferencia entre el valor nominal y el valor actual de un crédito a su vencimiento (UEC); (kon) Si el tomador lo desea, puede llevar la letra al descuento, normalmente a un banco, que le avanzará el importe menos un descuento. (SMA: 101)

diskontieren *vt ^abzinsen^* (kon) Da diese zu verschiedenen Zeiten anfallen, müssen sie auf den Berechnungszeitpunkt abgezinst, also diskontiert werden. (GUF: 107) **descontar** *vt*

Diskontierung *f ^Diskont (GWL)^* (def) Diskontierung ist der Ankauf von noch nicht fälligen Wechseln und (seltener) Schecks unter Abzug der Zinsen (Diskont) bis zum Fälligkeitstag und meist auch einer Diskontprovision. Der anzurechnende Zinssatz (Diskontsatz) richtet sich nach dem Notenbankdiskontsatz. (GWL vs Diskontgeschäft); (kon) Das Unternehmen wird sich nun meist durch Diskontierung Geld verschaffen oder (seltener) den Wechsel zahlungshalber weietergeben. (GUF: 54) **descuento** *m* (def) Son operaciones bancarias por las que se adquieren títulos de crédito de vencimiento futuro. Con este tipo de operaciones, el banco paga al tenedor del importe que percibirá en su día, cuando el título venza, descontando el interés correspondiente. Los títulos más frecuentemente descontados son las letras de cambio, conociéndose ese descuento como descuento comercial. (AEE); (expl) Transferencia de créditos no vencidos, generalmente materializados por efectos (descuento sobre efectos de comercio) contra pago del valor actual. (UEC); (kon) Si el tomador lo desea, puede llevar la letra al descuento, normalmente a un banco, que le avanzará el importe menos un descuento. (SMA: 101)

Diskontkredit *m* ^*Akzeptkredit*^ ^*Wechseldiskontkredit*^ (expl) Ein Lieferant, der Forderungen an Abnehmer hat, kann diese Forderungen durch einen Wechsel im Sinne des Art. 1 des WG, den der Schuldner akzeptiert, verbriefen. Der Wechsel kann bei einer Bank unter bestimmten Bedingungen zur Diskontierung eingereicht werden: die noch nicht fällige Forderung an den Lieferanten wird – in Wechselform gekleidet – an die Bank verkauft. Die Bank schreibt dem Lieferanten den Betrag vermindert um Zinsen für die Restlaufzeit (Diskont) und Spesen gut und gewährt damit dem den Wechsel einreichenden Lieferanten Kredit. (DRU); (kon) Im Allgemeinen stellt sich der Wechseldiskontkorrentkredit effektiv 1,5 bis 2,5 Prozent günstiger dar als der Kontokorrentkredit, allerdings werden beim Diskont die Zinsen im voraus abgezogen. (GUF: 53) **crédito de descuento** *m* (def) Contrato por virtud del cual el banco anticipa a su cliente el importe de un crédito no vencido que éste tiene contra un tercero y que le es cedido salvo buen fin, descontando del importe íntegro del crédito los intereses correspondientes al tiempo que media entre el anticipo y el vencimiento de un crédito. (ESJ vs descuento); (kon) Se entiende por descuento (...) el hecho de abonar un Banco al cliente, en dinero, el importe de un título de crédito no vencido, descontando los intereses correspondientes al tiempo que media entre el anticipo y el vencimiento del crédito. De este modo, el Banco concede crédito al poseedor de otro crédito contra tercera persona, y obtiene la garantía que desea mediante la cesión pro solvendo del mismo crédito que descuente. (BPM: 57)

Diskontsatz *m* ^*Diskont (GWL)*^ (def) Zinssatz für Wechselkredite (Diskontkredit, Rediskontkredit). Beim Wechselankauf werden die anzukaufenden Wechsel mit dem im Kreditvertrag vereinbarten Zinssatz (Diskontsatz) entsprechend ihrer Laufzeit abgezinst. Dem Kreditnehmer (Wechseleinreicher) wird der Barwert der Wechsel gutgeschrieben. Bei Fälligkeit der Wechsel erfolgt die Rückzahlung durch den Zahlungspflichtigen zum Nennbetrag der Wechsel. Die Differenz zwischen Barwert und Nennbetrag wird als Diskont bezeichnet. (GWL); (expl) Im Regelfall werden im Diskontsatz sowohl die Sollzinsen als auch die Diskontprovision zu einem einheitlichen Nettozinssatz zusammengefasst und von der Wechselsumme als Bezugsgrundlage berechnet. Die Besonderheit besteht darin, dass der Zins nicht auf die Kreditsumme aufgeschlagen, sondern von dieser abgezogen wird. (EIL); (kon) [Teil der] Kostenkomponenten des Kontokorrentkredits [ist]: der Kontokorrentkreditzins (Sollzins), der als Zuschlag zum Diskontsatz der Bundesbank bestimmt wird (...). (GUF: 51) **tipo de descuento** *m* (def) Porcentaje de minoración del valor de un activo en general, normalmente letras de cambio o pagarés, para asegurar su remuneración. (AEE); (expl) Tasa de descuento bancario: tasa a la cual, en función de la tasa oficial de descuento, un banco practica el descuento de letras de cambio. (UEC); (kon) El Bundesbank es independiente del Gobierno, fija los tipos de descuento y las reservas mínimas que deben mantener las instituciones de crédito, y dirige las operaciones sobre el mercado de dinero. (HAC: 194)

Disposition *f* (def) Verfügung, z. B. über ein Konto, über einen zugesagten Kredit usw. (BAL); (kon) Vielmehr sind diese (...) in der monetären Sphäre der Unternehmung zu suchen. Dispositionen bzw. Bewegungen im Geldbereich erfordern dann die Bereitstellung von Kapital. (GUF: 9) **disposición de crédito** *f* (def) Cada una de las entregas que un prestatario renta con cargo a una cuenta de crédito o un préstamo. (EEE); (kon) Durante el auge de la primera mitad de la década hubo una gran disposición de crédito externo a tasas inferiores a las nacionales, en medio de la apertura al mercado de capitales, la acumulación de reservas internacionales y la revaluación del peso.

Dividende *f* ^*Ausschüttung*^ ^*Gewinnbeteiligung (siehe def 2))*^ (def) Anteil am Gewinn einer AG (auch der GmbH, Genossenschaft u. a.), der auf eine einzelne Aktie entfällt. Bei Aktien, die pro Stück notiert werden, bezieht sich die Dividende auf das Stück. Die HV [Hauptversammlung] beschließt nach dem Vorschlag von Vorstand und Aufsichtsrat über die Höhe. Die Satzung kann auch eine andere Form der Gewinnverteilung vorschreiben. Anders als der Zins ist die Dividende vom Bilanzgewinn abhängig, den eine Unternehmung im Geschäftsjahr erzielt bzw. ausweist. Sie kann daher schwanken evtl. ausfallen, wenn die Ertragslage schlecht ist oder Investitionen Verzicht auf Dividendenausschüttung anraten. (...) (BAL); (kon) Die Ausgestaltungen kann die Gewinnrechte anstelle eines festen Anleihezinses einsetzen, wenn ein fester Grundzins entfällt, oder sie kann die Gewinnansprüche ergänzend über einen festen Anleihegrundzins hinaus gewähren, wobei oft eine Kopplung mit den Dividenden praktiziert wird. (GUF: 42/43) **dividendo** *m* ^*dividendo activo (TAM)*^ (def) Fracción de los beneficios que se destina para distribuir entre los accionistas después de atender las dotaciones legales, estatutarias y voluntarias. El derecho del accionista al dividendo está recogido en la ley (...). (GAR); (kon) La distribución de dividendos a los accionistas ordinarios se realizará en proporción al capital que hayan desembolsado. (LSA art. 215, 1.)

Drittschuldner *m* ^*Verpfändung*^ ^*Zwangsvollstreckung*^ (def 1) Bei der Zwangsvollstreckung durch Forderungspfändung derjenige, der seinerseits dem Schuldner etwas schuldet, z. B. bei der Zwangsvollstreckung in die Lohnforderung des Schuldners der Arbeitgeber. (GWL); (def 2) Schuldner einer Forderung, die vom Gläubiger des Gläubigers gepfändet wird. (LHW); (kon) Diese Zession ist auch ohne Benachrichtigung der Drittschuldner wirksam. (GUF: 66) **deudor tercero** *m* (def) Deudor del deudor. El acreedor, para satisfacer el pago de la deuda que se ha contraído con él, pignora los derechos de crédito de un deudor sobre otras personas. (DV); (expl) El [deudor] tercero, a diferencia de lo que ocurre con el deudor, no está vinculado en la relación obligatoria y, por tanto, si se prescinde de su animus solvendi, se pierde también todo punto de referencia y aun de justificación respecto a su incidencia en el débito ajeno. (ACM: 51); (kon) La posibilidad de la intervención solutaria del tercero obliga a considerar si será o no preciso que el mismo esté animado del propósito de extinguir la obligación que cumple o animus solvendi o si, por el contrario, bastará con la mera plasmación objetiva de la prestación que adeuda. (ACM: 52)

E

Effekten *pl* ^*Fungibilität*^ ^*Wertpapier*^ (def) In Urkunden verbriefte Wertpapiere, die vertretbar (fungibel), börsenfähig, und zur Kapitalanlage geeignet sind (Aktien, Anleihen, Pfandbriefe, Kuxe usw.). Effekten sind i. d. R. leicht übertragbar und daher für den Handel an der Effektenbörse geeignet. Vielfach wird der Begriff Effekten synonym mit Wertpapier gebraucht. Dies ist nicht zulässig, da zwar einerseits Effekten Wertpapiere sind, dennoch zahlreiche Wertpapiere die Effekteneigenschaft fehlt (z. B. Wechsel, Schecks, Banknoten). (BFL); (kon) Nimmt man die Markt-(Verkehrs)fähigkeit der Obligationen infolge ihrer Verbriefung in der Form vertretbarer Wertpapiere (Effekten) hinzu, so wird die sehr große langfristige Schuldsumme eines Emittenten in viele kleine fungible Anlagebeträge finanzschwacher Sparer mit evtl. auch nur relativ kurzfristigen Anlageengagements transformiert. (GUF: 40) **valor mobiliario** *m* (def) Instrumento que surgió para proporcionar seguridad y facilidad a la transmisión de derechos, con frecuencia sobre bienes inmuebles, transformando dichos derechos en valores que son fácilmente transmisibles, razón por la cual reciben esa denominación. Todo valor mobiliario se caracteriza además por ser negociable y estar agrupado en emisiones. Los principales ejemplos de valores mobiliarios son las acciones, las obligaciones, las letras de cambio y los pagarés. (DEN); (kon) Las acciones podrán estar representadas por medio de títulos o por medio de anotaciones en cuenta. En uno y otro caso tendrán la consideración de valores mobiliarios. (LSA art. 51); (Komm) Die in der deutschen Definition erläuterte klare Unterscheidung zwischen Wertpapieren und Effekten konnte in der konsultierten spanischen Fachliteratur nicht nachgewiesen werden. Den Definitionen in der konsultierten spanischen Fachliteratur zufolge wird jede Art von Wertpapieren – unabhängig davon, ob sie das in Deutschland für die Effekteneigenschaft notwendige Kriterium einer hohen Fungibilität erfüllen – als *título valor* bezeichnet. Die o. a. Definition zu *valores mobiliarios* entspricht zwar zum Großteil der deutschen Definition, schließt aber auch *letras de cambio*, also Wechsel, mit ein. Diese zählen im Deutschen nicht zu den Effekten. Für die Übersetzung des deutschen Terminus kommen im Spanischen die Termini *título valor* und *valor mobiliario* in Frage. Der Terminus *efectos*, der auch in zweisprachigen Wörterbüchern als Übersetzung vorgeschlagen wird, sollte eher mit Vorsicht verwendet werden, da er im Spanischen vor allem Wertpapiere, wie Wechsel oder Schecks, bezeichnet. Diese zählen im Deutschen nicht zu den Effekten.

Effektivverzinsung *f* ^*Nominalzins*^ ^*Verzin-*

sung^ ^*Zins*^ (def) Tatsächlicher (relativer) Ertrag, den ein Wertpapier einbringt. (Gegens.: Nominalzins). Wird bestimmt von Erwerbskurs, Erwerbskosten, Zinsertrag, Zinstermine, Agio bzw. Disagio bei Rückzahlung, Laufzeit und Form der Tilgung. Wird ein Titel zu einem Kurs unter 100 gekauft, liegt die effektive Verzinsung über dem Nominalzins; bei einem Kaufpreis über 100 ist die Effektivverzinsung niedriger als die Nominalverzinsung. Der Effektivzins bei Krediten bringt für den Schuldner das tats[ächliche] Leistungsentgelt für die Aufnahme des Kredits zum Ausdruck. Für den Gläubiger ist er Ausdruck der Rentabilität (Rendite). Durch die verschiedenen Faktoren weichen regelmäßig der Nominalzins einer Anleihe und ihre tatsächliche Rendite voneinander ab. (...) (BAL); (kon) Da infolge der üblichen Ratentilgung – Finanzierungssumme durch Laufzeit in Monaten bzw. Quartalen ergibt die monatliche Wechselsumme – der durchschnittliche Kreditbetrag nur etwa die Hälfte des ursprünglichen ausmacht, ist die Effektivverzinsung p. a. etwa doppelt so hoch wie die Optik des Nominalzinses vortäuscht. (GUF: 57) **tipo de interés efectivo** *m* (def 1) [La tasa anual equivalente] Generalmente conocido por su acrónimo TAE, tipo de interés efectivo que cobran o pagan anualmente las entidades de crédito en la concesión de un préstamo o aceptación de un deposito, respectivamente. Para su cálculo se tienen en cuenta el tipo de interés nominal, así como todas las comisiones y gastos que sean repercutibles al prestatario. Este tipo de interés, junto con la fórmula financiera utilizada para su determinación debe obligatoriamente constar en todas las operaciones de crédito. (DEN vs tasa anual equivalente); (def 2) Para un determinado período, es aquel tipo de interés que pagadero al final del período, tiene el mismo resultado económico que un tipo de interés nominal que se abona con mayor frecuencia. Un interés del 12% anual mensualizado representa un interés efectivo mayor que el mismo interés nominal del 12% semestral. (TAM); (kon) Dependiendo de la frecuencia de pago de intereses se puede calcular el tipo de interés efectivo. (TAM vs tipo de interés nominativo)

Effizienz *f* ^*Produktivität*^

eG *f* **SCoop.** *f* ^*Soc. Coop.*^

Eigenfinanzierung *f* ^*Finanzierung*^ ^*Finanzierung, externe*^ ^*Finanzierung, interne*^ ^*Beteiligungsfinanzierung*^ ^*Fremdfinanzierung*^ ^*Selbstfinanzierung*^ (def) Zuführung von Eigenkapital in einem Unternehmen entweder »von innen«, d. h. aus dem betrieblichen Umsatzprozess (Innenfinanzierung). Um eine Eigenfinanzierung in Form der Einlagen- oder Beteiligungsfinanzierung handelt es sich, wenn einem Unternehmen durch den Eigentümer (...), durch die Miteigentümer (...), oder durch die Anteilseigner (...) Eigenkapital von außen zugeführt wird. (...) Die wichtigste Form der Eigenfinanzierung aus dem betrieblichen Umsatzprozess ist die Selbstfinanzierung, d. h. die Finanzierung aus Gewinnen, die nicht ausgeschüttet, sondern auf Rücklagekonten überführt werden. (VGW); (kon) Kernstück jeder Unternehmensfinanzierung sollte die Eigenfinanzierung sein. (www.kmu-next.ch) **financiación propia** *f* (def 1) Medios de financiación acumulados procedentes del ahorro de la empresa (reservas, previsiones) y del ahorro de los accionistas o propietarios del capital. Los fondos propios equivalen a la suma del capital desembolsado más las reservas y previsiones en un momento de vida de la empresa. (DEE vs fondos propios); (def 2) Es la forma de financiación de la empresa mediante fondos propios obtenidos o de nuevas aportaciones de los socios o del proceso de la autofinanciación. (DV); (kon) El balance no muestra cómo se han generado las pérdidas o los beneficios de una empresa, sino cómo ha financiado la empresa sus actividades. Indica la estructura del capital de la empresa separando la financiación propia de la financiación ajena. (SMA: 77/78)

Eigenkapital *n* ^*Eigenmittel*^ ^*Fremdkapital*^ (def) Im Gegensatz zum Fremdkapital jene Mittel, die von den Eigentümern einer Unternehmung zu deren Finanzierung aufgebracht oder als erwirtschafteter Gewinn im Unternehmen belassen wurden (Selbstfinanzierung). (GWL); (expl) Wenn der Kapitalgeber eher Ansprüche auf Gewinnanteile hat, wenn er mithin Risiken trägt, und wenn ihm gewisse Rechte der Entscheidung beim Kapitalnehmer zustehen, spricht man von Eigenkapital. (SPR); (kon) Das Eigenkapital wird im Rahmen der externen Finanzierung durch Einzahlungen der Eigenkapitalgeber bei der Gründung oder bei einem laufenden Betrieb durch Kapitalerhöhungen aufgebracht. (GUF: 10) **capital propio** *m* ^*fondos propios (NET)*^ ^*recursos propios (MDB)*^ (def 1) De los que dispone la empresa por participación de los accionistas (...). (MDB); (def 2) Comprende: capital desembolsado, reservas legales, estatutarias, voluntarias y previsiones, resultados anteriores, fondos de renovación. (AEE); (kon) Las instituciones de crédito son entidades que con recursos propios y ajenos realizan esencialmente operaciones crediticias y prestan subsidiariamente servicios mercantiles de otro tipo. (TEE: 962)

Eigenmittel *pl ^Eigenkapital^*

Eigentum *n ^Besitz^* (def 1) Umfassendstes, absolutes dingliches Recht an einer Sache. Das Recht auf (Privat-) Eigentum wird durch das Grundgesetz in Art. 14 ausdrücklich gewährleistet; es gibt dem Eigentümer neben den Rechten auch Pflichten auf (...). Der Eigentümer [kann], soweit nicht Gesetze oder Rechte Dritter entgegenstehen, mit einer Sache, die sein Eigentum ist, nach Belieben verfahren und andere von jeder Einwirkung ausschließen. (BAL); (def 2) (...) Sache über die jdm. Verfügungs- und Nutzungsgewalt, die rechtliche (aber nicht unbedingt die tatsächliche) Herrschaft hat. (...) (DAB); (expl 1) Kommentar zur Rechtsgrundlage Art. 14 Grundgesetz: Das Eigentum ist ebenso wie die Freiheit ein elementares Grundrecht; das Bekenntnis zu ihm ist eine Wertentscheidung des GG von besonderer Bedeutung für den sozialen Rechtsstaat (...). Es steht in einem inneren Zusammenhang mit der Garantie der persönlichen Freiheit. Ihm kommt im Gesamtgefüge der Grundrechte die Aufgabe zu, dem Träger des Grundrechts einen Freiheitsraum im vermögensrechtlichen Bereich sicherzustellen und ihm damit eine eigenverantwortliche Gestaltung des Lebens zu ermöglichen (...). (LGK: Art. 14 Rz. 1-20 13); (expl 2) Das Eigentum ist bekanntlich ein unerschöpfliches Thema, das keineswegs Philosophen, Soziologen und Politikwissenschaftlern heimisch ist. Darüber hinaus ist es außerhalb des wissenschaftlichen Bereichs seit langem zu einem Synonym für wirtschaftliche Macht und damit zu einem Schlag- und Kampfwort in ideologischen und politischen Auseinandersetzungen geworden (...). (BGBK: 40); (kon) Der Eigentumsvorbehalt basiert auf § 449 BGB und besagt, dass der Verkäufer einer beweglichen Sache sich das Eigentum an ihr bis zur vollen Bezahlung des Kaufpreises vorbehält. (GUF: 65) **propiedad** *f* (def) Derecho real de disposición y goce de un bien o un derecho, sin más limitaciones que las establecidas por las leyes. (EEE); (expl) Rechtsgrundlage: Art. 348 del Código Civil: Derecho de gozar y disponer de una cosa, sin más limitaciones que las establecidas por las leyes. El propietario tiene acción contra el tenedor y el poseedor de la cosa para reivindicarla.; (kon) El comprador adquiere la propiedad de la empresa sin efectuar apenas desembolso inicial. (SSD: 811)

Eigentumsvorbehalt *m* (def) Besondere Abrede beim Kaufvertrag über bewegliche Sachen, durch die sich der Verkäufer das Eigentum an der verkauften Sache bis zur vollständigen Bezahlung des Kaufpreises vorbehält. Eigentumsvorbehalt bedeutet, dass das Eigentum unter der aufschiebenden Bedingung der vollständigen Zahlung des Kaufpreises übertragen wird und dass der Verkäufer zum Rücktritt vom Vertrag berechtigt sein soll, wenn der Käufer mit der Zahlung in Verzug kommt. (§ 449 BGB) (GWL); (expl) Der Eigentumsvorbehalt ist das am weitesten verbreitete Sicherungsmittel der Warenkreditgeber, der Lieferanten. Der Eigentumsvorbehalt besteht darin, dass sich der Verkäufer einer beweglichen Sache das Eigentum an der Sache bis zur Zahlung des vollen Kaufpreises durch den Käufer vorbehält. Das Eigentum an der Sache geht erst mit der vollständigen Zahlung des Kaufpreises auf den Käufer über. Der Verkäufer ist bis zur vollen Zahlung des Kaufpreises Kreditgeber und sichert den Kredit durch das Rückforderungsrecht »seiner« Ware, wenn der Käufer mit der Zahlung in Verzug gerät. (DRU); (kon) Neben seiner Kostspieligkeit bereits bei weithin üblichen Zahlungsbedingungen birgt er für den Käufer auch die Gefahr, von Lieferanten abhängig zu werden, wegen des Eigentumsvorbehaltes nur beschränkte Verfügungsgewalt über die bezogene Ware zu haben, durch hohe Lieferverbindlichkeiten seine Kreditfähigkeit bei Banken zu beeinträchtigen und bei Umsatz(Absatz-)stockungen in Liquiditätsschwierigkeiten zu geraten. (GUF: 49) **reserva de dominio** *f ^reserva de propiedad (UEC)^* (def) Modalidad de la compraventa en la cual el vendedor se reserva la propiedad de la cosa vendida hasta que el comprador le pague íntegramente el precio. (DDU vs pactum reservatae dominii); (kon) El pacto de reserva de dominio es relativamente moderno. (http://premium.vlex.com)

Eigenwechsel *m ^Solawechsel^*

Einheitsgründung *f ^Gründung^ ^Simultangründung^ ^Stufengründung^* (def) Form der Gründung einer AG, bei der sämtliche Aktien von den Gründern fest übernommen werden. Sie ist nach AktG allein zulässige Form der Gründung. (...) (BAL); (kon) Nach geltendem Recht übernehmen die Gründer in Form der Einheits- oder Simultangründung selbst alle Aktien. (GUF: 24)

Einkauf *m ^Kauf^* (def) In der Wirtschaftspraxis

geläufiger Begriff, der alle operativen Tätigkeiten eines Wirtschaftssubjektes beschreibt, die mit der Bestellung im Rahmen der Versorgung mit Werkstoffen, Waren und Betriebsmitteln verbunden sind. (...) Zielsetzung des E[inkaufs] ist die Optimierung des Preis-Leistungsverhältnisses. Tätigkeiten des E[inkaufs] sind die Abwicklung des Bestellvorganges, die Festlegung der Einkaufspolitik und die Beschaffungsmarktforschung. (...) (GWL); (kon) Die wesentlichen Einflussfaktoren für das verbesserte Betriebsergebnis sind Konditionsverbesserungen im Einkauf und Kosteneinsparungen im Vertrieb. **compra** *f ^actividades de compra^* (Komm) Bezieht sich der Terminus *Einkauf* auf den Teilbereich eines Unternehmens, sollte, die Übersetzung *departamento de compra* gewählt werden.; (def) Convenio entre dos o más partes por el que una persona o entidad adquiere de otra un producto o servicio a cambio de una determinada cantidad de dinero. La compra puede efectuarse al contado, a crédito o con pago anticipado. (DTB); (kon) En otras ocasiones, las compras se gestionan teniendo en cuenta las posibles fluctuaciones de los mercados internacionales de productos. (MEE: 194)

Einkommen *n ^Arbeitsentgelt^ ^Einkünfte^* (def) Den Wirtschaftseinheiten auf Grund ihrer Position im Prozess der volkswirtschaftlichen Wertschöpfung oder auf Grund ihrer Position im gesellschaftlichen Gefüge zufließende Geldbeträge oder Naturalleistungen. Man unterscheidet u. a.: a) mit Rücksicht auf die Verteilungsstufe: Faktoreinkommen (...), laufende Übertragung (...); b) unter klassenspezifischen Gesichtspunkten: Lohneinkommen (Lohn), Profiteinkommen (Profit); unter Beachtung der Anspruchsgrundlage: kontraktbestimmte Einkommen (insbes. Löhne, Gehälter, Renten, Nettomieten und -pachten, Zinsen), Residualeinkommen (...); d) als Kategorien des Einkommenskreislaufs: Brutto/ Nettoeinkommen, Inlands-/ Inländereinkommen, entstandenes/verteiltes/verfügbares Einkommen; e) mit Rücksicht auf die ökonomische Substanz: Nominaleinkommen, Realeinkommen (...); f) als Steuergegenstand (...): Differenz der einem Wirtschaftssubjekt zufließenden Wertströme (...) und der zu ihrer Erlangung notwendigen in Geld ausgedrückten »Vorleistungen«. Das Einkommen stellt eine wichtige Bestimmungs- und Bezugsgröße einzelwirtschaftlicher Entscheidungen dar. Dementsprechend nimmt es in der Haushaltstheorie (...) ebenso wie in der Unternehmenstheorie (...) einen hervorragenden Platz ein. (...) (GLV); (kon) Die Bezieher höherer Einkommen werden versuchen, ihr Konsumniveau zu halten. **renta** *f ^ingresos (TAM)^* (def 1) Utilidad, beneficio o incremento de riqueza que una persona física o jurídica percibe en un período de tiempo en forma de retribuciones del trabajo o rendimientos del capital o de la tierra. La renta puede percibirse en unidades monetarias (renta monetaria) o en productos (renta en especie). (DEN); (def 2) Cantidades que son pagadas o debidas a una empresa, a cambio de la venta de sus productos o prestación de un servicio. Son un mero apunte contable a distinguir de los cobros, o dinero que la empresa recibe. (TAM vs ingresos); (kon) La financiación es una de las principales necesidades del sector de la vivienda, ya que, dada la relación de su precio con la renta del usuario, su adquisición requiere un ahorro previo del adquirente y/o de terceros. (CAV: 1); (Komm) Der Terminus *Einkommen* kann im Spanischen mit *renta* oder *ingresos* übersetzt werden. Im Gegensatz zum Spanischen wird im Deutschen zwischen *Einkommen* und *Einkünfte* terminologisch unterschieden: Beide bezeichnen zwar Zuflüsse von Geld an natürliche Personen, der Terminus *Einkünfte* wurde jedoch im Einkommenssteuerrechtswesen eingeführt, um damit verschiedene Einkommensarten zu bezeichnen. *Einkommen* kann somit als Oberbegriff zu *Einkünfte* verstanden werden. Falls beide Termini im gleichen Kontext auftreten, empfiehlt es sich, zur besseren Begriffsabgrenzung für *Einkünfte* die Übersetzung *tipos de ingresos* zu wählen. In einer Anmerkung im Text könnte der begriffliche Unterschied kurz erklärt werden bzw. in Parenthese der Terminus *Einkünfte* aufgeführt werden. (Vgl. Definition zu *Einkünfte*).

Einkünfte *pl ^Einkommen^* (def) Begriff des Einkommensteuerrechts. Einkünfte sind der Gewinn (§§ 4-7 f EStG) oder der Überschuss der Einnahmen über die Werbungskosten (§§ 8-9 EStG), die der Steuerpflichtige im Rahmen der sieben Einkunftsarten erzielt (§ 2 II EStG). Danach sind zu unterscheiden: 1. Einkünfte aus Land- und Forstwirtschaft (...), 2. Einkünfte aus Gewerbebetrieb (...), 3. Einkünfte aus selbstständiger Arbeit (...), 4. Einkünfte aus nichtselbstständiger Arbeit (...), 5. Einkünfte aus Kapitalvermögen (...), 6. Einkünfte aus Vermietung und Verpachtung (...), 7. Sonstige Einkünfte (...). (GWL); (expl) Die Abgrenzung zwischen den einzelnen Einkunftsarten ist von besonderer Bedeutung. Wie bereits erwähnt, sind die

Einkünfte der ersten drei Einkunftsarten durch Gewinnermittlung, die Einkünfte der vier letzten Einkunftsarten durch Überschuss der Einnahmen über die Werbungskosten zu ermitteln. Bei den Einkunftsarten aus nichtselbstständiger Arbeit, Kapitalvermögen und bei wiederkehrenden Bezügen werden Werbungskosten-Pauschalbeträge gewährt. Bei den einzelnen Einkunftsarten sind besondere Freibeträge bzw. Freigrenzen zu beachten. Schließlich knüpfen an die Einordnung in eine bestimmte Einkunftsart andere Steuern an, z. B. Lohnsteuerpflicht bei nichtselbstständigen Einkünften, Gewerbesteuer bei Einkünften aus Gewerbebetrieb. (HFK: 336); (kon) Die Einkünfte aus Land- und Forstwirtschaft, Gewerbebetrieb und aus selbstständiger Arbeit werden jeweils durch den Gewinn bestimmt. (HGU: 10) **ingresos** *mpl ^rentas (TAM)^* (def) En la terminología alemana, el término *Einkünfte* se usa exclusivamente en el sistema fiscal para denominar los siete tipos de ingresos que pueden obtener los contribuyentes. Hay dos categorias de tipos de ingresos: Dentro de la primera categoria se incluyen los ingresos provenientes de la agricultura y silvicultura, los ingresos de las empresas industriales y los ingresos de las profesiones autónomas. Dentro de la segunda categoria se incluyen los ingresos provenientes del trabajo no autónomo, del patrimonio de capital, del alquiler y arrendamiento o de otras fuentes. (DV); (Komm) Der Terminus *Einkünfte* wurde in Deutschland im Einkommenssteuerrecht eingeführt, um damit verschiedene Einkommensarten voneinander abzugrenzen. *Einkommen* kann somit als Oberbegriff zu *Einkünften* verstanden werden. Da im Spanischen dieser terminologische Unterschied nicht gegeben ist, können die Termini *ingresos* und *renta* als Übersetzung für *Einkünfte* gewählt werden. Sollten im selben Kontext jedoch *Einkünfte* und *Einkommen* zu übersetzen sein, ist es empfehlenswert, für *Einkünfte* den Terminus *tipos de ingresos* zu wählen. In einer Anmerkung im Text könnte der im Deutschen gegebene Unterschied kurz erläutert werden. (Vgl. Definition zu *Einkommen*).

Einlagen *fpl ^Bareinlage^ ^Beiträge^ ^Kapitalerhöhung gegen Einlagen^ ^Sacheinlage^* (def) I. Handelsrecht: Die Bar- oder Sachleistungen, mit denen sich ein Gesellschafter an einer Handelsgesellschaft beteiligt. 1. Aktiengesellschaft: Dem Nennwert bzw. höheren Ausgabebetrag der Aktien entsprechende Beträge, evtl. auch Sacheinlagen. E[inlagen] dürfen wegen der Erhaltung des Grundkapitals nicht zurückgewährt werden; bei verbotswidriger Rückgewähr tritt persönliche Haftung des Aktionärs gegenüber den Gesellschaftsgläubigern und Ersatzpflicht des Vorstandes ein (§§ 57, 62, 93 AktG). (...) 2. Offene Handelsgesellschaft: der sich nach dem Gesellschaftsvertrag bestimmende Gesellschaftsbeitrag. (...) 3. Kommanditgesellschaft: Es gilt Entsprechendes. (...) 4. Stille Gesellschaft: Die E[inlage] des stillen Gesellschafters geht in das Vermögen des Geschäftsinhabers über (...) und wird dem Einlagekonto gutgeschrieben. (...) II. Steuerrecht: 1. Begriff: E[inlagen] sind alle Wirtschaftsgüter, die der Steuerpflichtige dem Betrieb zuführt (§ 4 I 5 EStG). Hierzu gehören Wirtschaftsgüter aller Art (z. B. Geld, Waren, Grundstücke, Forderungen, Patente), Nutzungen und Leistungen nur, wenn ein der E[inlagen] fähiges Wirtschaftsgut vorliegt (z. B. hinsichtlich des Nutzungsrechts eine gesicherte Rechtsposition). Nicht einlagefähig sind die persönliche Arbeitskraft des Unternehmers sowie Wirtschaftsgüter des notwendigen Privatvermögens. (...) Gegensatz: Entnahmen. (GWL); (kon) Für den Eigenkapitalgeber gilt im Gegensatz zum Darlehensgeber jedoch das Prinzip, dass kein fester Zinsanspruch besteht, sondern lediglich ein Anspruch auf eine der jeweiligen Einlage entsprechende Beteiligung am Gewinn oder Verlust. (GUF: 13) **aportaciones** *fpl* (def 1) (...) Parte invertida en la sociedad por cada socio. (MDB); (def 2) Constituye la contribución del socio en cuanto tal a la promoción del fin común de la sociedad. La aportación debe ser determinada, lícita y posible, pero además adecuada a la naturaleza del fin social propuesto y al régimen de responsabilidad patrimonial propio del tipo de sociedad de que se trate. Puesto que la sociedad mercantil tiene un fin económico, la aportación ha de tener una valoración patrimonial. El régimen de limitación de responsabilidad al exclusivo patrimonio social determina que en las sociedades que tienen dicho carácter o nota la aportación deba ser en dinero o en cosas o bienes inmediatamente evaluables en dinero. Los títulos por los que puede efectuarse la aportación son variados, pero igualmente ha de tenerse en cuenta la congruencia entre el título de la aportación y el tipo de sociedad de que se trate. (...) (ESJ); (kon) En la sociedad anónima el capital, que estará dividido en acciones, se integrará por las aportaciones de los socios, quienes no responderán personalmente de las deudas sociales. (LSA art.1)

Einnahmen *fpl ^Ausgaben^* (def) Sie umfassen in betriebswirtschaftlicher Sicht die Einzahlungen, die Forderungszugänge und die Schuldenabgänge eines Unternehmens. Die Einnahmen bilden das wertmäßige Äquivalent zu den vom Betrieb getätigten Verkäufen. Weiterhin wird in der Investitionsrechnung von durchschnittlichen Einnahmen bei der Ermittlung der Annuität sowie von leistungswirtschaftlichen Einnahmen, die sich auf den betrieblichen Prozess der Leistungserstellung bzw., die Transformation dieser Leistungen auf dem Absatzmarkt in finanzielle Mittel beziehen, gesprochen. (...). (GBL); (kon) Die Einnahmen außerhalb der laufenden Geschäftstätigkeit sind relativ einfach zu ermitteln und der entsprechenden Planperiode zuzuordnen, sofern ihnen vertragliche Vereinbarungen zugrundeliegen, zum Beispiel Pachten oder Einnahmen aus Patenten und Lizenzen. (GUF: 94) **ingresos** *mpl ^ingresos procedentes de la venta de bienes y prestaciones de servicios (ÜV)^* (Komm) Die zweite hier angeführte Übersetzungsmöglichkeit bietet sich an, wenn der Terminus *ingresos* nicht ausreicht, um den Begriff *Einnahmen* treffend wiederzugeben. In diesem Fall ist eine Umschreibung des Begriffes nötig. Der Übersetzer sollte wissen, dass *Einnahmen* monetäre Ansprüche implizieren, im Gegensatz zu *Einzahlungen* jedoch keinen direkten Zugriff auf den entsprechenden Betrag ermöglichen. (Vgl. Schemata im Anhang).; (def 1) En la terminología alemana, el concepto *Einnahmen* comprende todos los cobros, y todas las entradas de obligaciones a favor de la empresa. Son el equivalente de valor para todas las ventas realizadas. Además, son muy importantes para controlar la situación de liquidez a medio y a largo plazo de una empresa porque reflejan la capacidad de cumplir las obligaciones. (DV); (def 2) Entradas de dinero que tienen como contrapartida una entrega de bienes o prestación de servicios. Son consecuencia de la actividad de la empresa que es posible porque previamente se han desembolsado unos gastos determinados. Precisamente, la diferencia entre los gastos aplicados al desempeño de la actividad y los ingresos derivados de ella constituye el resultado económico. (DEN) ; (kon) Económicamente una empresa es rentable siempre que el conjunto de sus ingresos sea superior al conjunto de sus gastos. (FEI: 1. 5)

Einträglichkeit *f ^Rentabilität^*

Einzahlungen *fpl ^Auszahlungen^* (Komm) weitere Informationen siehe Anhang; (def) Zahlungsmittelbetrag (Bargeld, Giralgeld), der einem Wirtschaftssubjekt von anderen Wirtschaftssubjekten (Beschaffungs-, Absatz, Geld- und Kapitalmärkten sowie vom Staat) zufließt (Strömungsgröße). (...) (GWL); (kon) In Kleinunternehmen, in denen der Unternehmer die finanziellen Zahlungsströme in Form von Einzahlungen und fälligen Auszahlungen noch selbst überblicken kann, mögen einfache Notizen ausreichen; sofern das Finanzvolumen jedoch eine gewisse Größenordnung angenommen hat, und auf diese Weise nicht mehr kontrolliert werden kann, reicht eine derartige Finanzdisposition nicht mehr aus. (GUF: 79) **cobros** *mpl* (def 1) En la terminología alemana, se entiende por el concepto de *Einzahlungen* un aumento de liquidez de una empresa causada por entradas de dinero en efectivo o dinero en cuenta. Las *Einzahlungen* son convertibles directamente en dinero y, por consiguiente, son importantes para la planificación de inversiones, finanzas y liquidez de la empresa. En el balance se contraponen a las *Auszahlungen* (gastos). (DV); (def 2) Sumas de dinero que por cualquier concepto entran en el patrimonio del comerciante. (COD); (kon) La Tesorería refleja la cantidad de dinero líquido disponible. Refleja pues pagos y cobros, independientemente de como se generen los gastos e ingresos. (ABC: 51/52)

Einzelhandel *m ^Großhandel^* (def) Im funktionellen Sinne ist Einzelhandel der Handel, d. h. die Beschaffung und der Absatz von Handelswaren und sonstigen Leistungen an Letztverbraucher. Der Begriff knüpft also nicht an die Betriebsgröße, sondern am Abnehmerkreis der Betriebe an. Im institutionellen Sinne umfasst der Einzelhandel jene Institutionen und Organisationen, deren wirtschaftliche Tätigkeit ausschließlich oder überwiegend dem Einzelhandel im funktionellen Sinne zuzurechnen ist. Es handelt sich dabei also um eine Wirtschaftsstufe in der Absatzkette für Wirtschaftsgüter, welcher der Großhandel vorgelagert und der Konsumenten nachgelagert ist. (...) (GML); (kon) Zur großen Verbreitung des Lieferantenkredits besonders im Groß- und Einzelhandel hat beigetragen, dass die Lieferanten die Zielgewährung oft als absatzförderndes Mittel einsetzen. (GUF: 50) **comercio minorista** *m ^comercio al detalle (DEN)^ ^comercio al por menor (DEN)^ ^comercio detallista (REE)^* (def) Se trata de la actividad relacionada con la venta de bienes y servicios directamente para el consumidor final para su uso personal. Esta tarea puede ser realizada directamente por el fabricante, intermediarios mayoristas o por empresas minoristas. Este comercio al por menor es una de las actividades principales en la economía española. El comercio minorista establece su estrategia comercial en función de la selección del segmento de mercado al que se pretenda dirigir y la imagen del establecimiento, su localización, el tipo y calidad de los productos ofrecidos, la estrategia de precios y la comunicación que va a realizar frente a los consumidores. (...) (DEI); (kon) Veamos las siguientes cifras orientativas, según las cuales un 2 por 100 de las ventas del comercio minorista fue realizado en España por unos 8.500 establecimientos franquiciados en 1988. (BFF: 122)

Emission *f ^Ausgabe^ ^Emittent^ ^Fremd-emission^ ^Pari-Emission^ ^Über-Pari-Emission^ ^Unter-Pari-Emission^* (def) (...) II. Bank- und Börsenwesen: Ausgabe von Aktien und anderen Wertpapieren, d. h. ihre Unterbringung im Publikum und Einführung in den Verkehr. Die Schaffung von Wertpapieren, ihre Herstellung und Vollziehung durch den Aussteller ist noch keine E[mission]. E[mission] erfolgt a) auf direktem Wege (Handverkauf oder Zeichnung an das Publikum) und b) durch Vermittlung von Banken (das ist die Regel): (1) Die Bank bzw. ein Bankenkonsortium führt den Verkauf kommissionsweise für Rechnung des Ausstellers der Wertpapiere und erhält für ihre Tätigkeit eine Vergütung, Bonifikation; (2) die Bank bzw. ein Bankenkonsortium übernimmt die Wertpapiere zu einem festen Kurs (Übernahmekurs) und bietet sie zu einem darüberliegenden Kurs (Emissionskurs) dem Publikum an. (GWL); (kon) Die einzige Quelle der externen Eigenfinanzierung der Aktiengesellschaft ist die Emission von Aktien, die bei Erfüllung ganz bestimmter Voraussetzungen durch die Zulassungsstelle der Börse zum amtlichen Wertpapierhandel zugelassen werden. (GUF: 25) **emisión** *f* (def 1) (...) Consiste en la creación y puesta en circulación, por parte de las instituciones públicas o privadas, de unos títulos, que son adquiridos o suscritos por el público en general u otras entidades jurídicas. Se concretan [sic.] en la emisión de acciones, emisión de obligaciones, emisión de bonos o títulos de la deuda pública, emisión de títulos de tesorería y emisión de papel moneda cuyo privilegio atañade a los bancos centrales. (AEE); (def 2) (...) Tratándose de valores puede ser a la par: valor nominal; sobre la par o bajo la par. (MDB); (kon) El aumento del capital social podrá realizarse por emisión de nuevas acciones o por elevación del valor nominal de las ya existentes. (LSA art. 151, 1.)

Emittent *m ^Emission^* (def) Juristische Person des Privatrechts (meist AG) oder öffentlich-rechtliche Körperschaft, die Wertpapiere ausgibt. Emittent ist der Antragsteller der Wertpapiere (also z. B. bei Bundesanleihen der Bund, bei Aktien die AG). (...) (BAL); (kon) Nimmt man die Markt-(Verkehrs-)fähigkeit der Obligationen infolge ihrer Verbriefung in der Form vertretbarer Wertpapiere (Effekten) hinzu, so wird die sehr große langfristige Schuldsumme eines Emittenten in viele kleine fungible Anlagebeträge finanzschwacher Sparer mit evtl. auch nur relativ kurzfristigen Anlageengagements transformiert. (GUF: 40) **emisor** *m* (def) Ente jurídico que desarrolla una emisión de acciones u obligaciones. (GAR); (kon) La inversión en acciones de una empresa, en la medida en que su remuneración, caso de existir, depende de los resultados que tal empresa genere, comporta un mayor riesgo que la inversión, por ejemplo, en bonos o en obligaciones, cuya remuneración es más independiente de los resultados del emisor y prioritaria su percepción frente a la posible distribución de beneficios vía dividendos, por ejemplo. (GDE: 409)

Entgelt *n ^Arbeitsentgelt^* (def) Zu zahlendes Äquivalent für beschaffte Waren, Dienst- oder Arbeitsleistungen oder Anspruch auf Zahlung eines geldlichen Äquivalents für abgesetzte Güter. (...) (GWL); (kon) Die Kostenkomponenten des Kontokorrentkredits sind: (...) eine Umsatzprovision als Entgelt für die Zahlungsverkehrsdienste. (GUF: 51) **retribución** *f ^remuneración (DEN)^* (Komm) Eine weitere Übersetzung von *Entgelt* ist der Terminus *contraprestación* (Vgl. BRW spanisch-deutsch Seite 257). Der Terminus *Entgelt* entspricht einer monetären Gegenleistung für geleistete Dienste. Zur besseren Unterscheidung nicht-monetärer Gegenleistungen gegenüber monetären ist es jedoch empfehlenswert, den deutschen Terminus *Entgelt* mit den spanischen Termini *retribución* bzw. *remuneración* wiederzugeben und Gegenleistungen nicht-monetärer Art mit dem Terminus *contraprestación* zu übersetzen (vgl. *Gegenleistung*).; (def) En general, compensación o remuneración obtenida por la realización de una obra o la prestación de un servicio. En un sentido más restringido se utiliza como sinónimo de salario. (DEN); (kon) Habiendo sido superado el repetido baremo por las retribuciones de los trabajadores de la industria de referencia, se hace necesario su revisión, en lo que respeta al Régimen de Accidentes de Trabajo y Enfermedades Profesionales, para acomodarlo en lo posible a las situaciones actuales. (RES: 12)

Entnahme *f* (def) Privatentnahmen. I. Allgemeines: 1. Begriff: Entnahme von Wirtschaftsgütern (Geld, Waren, Erzeugnisse, Nutzungen und Leistungen) durch Unternehmer oder Mitunternehmer aus dem Betrieb für sich, seinen Haushalt oder andere betriebsfremde Zwecke. (...) 2. E[ntnahme] von Geld aus dem Gesellschaftsvermögen ist dem Gesellschafter der OHG sowie dem Komplementär der KG bis zu 4 % seines Kapitalanteils gestattet (§ 122 HGB), außer im ersten Geschäftsjahr. Darüber hinaus kann er seinen diesen Betrag übersteigenden Gewinnanteil des letzten Jahres verlangen, wenn die Auszahlung der Gesellschaft nicht schadet. Weitere E[ntnahmen] nur mit Einwilligung der anderen Gesellschafter. Die Gesellschaft ist verpflichtet, Geld zum Zwecke der gesetzlichen E[ntnahme] zur Verfügung zu halten. Der Anspruch auf E[ntnahme] entfällt nach Fertigstellung der nächsten Jahresbilanz, wobei der nicht erhobene Betrag dem Kapitalanteil zuwächst. Der Kommanditist hat nur Anspruch auf ihm zustehenden Gewinn. Er kann keine Auszahlungen verlangen, solange sein Kapitalanteil die Haftsumme nicht erreicht. (...) (GWL); (kon) Ohne gesetzlichen Beschränkungen zu unterliegen, kann [der Inhaber der Einzelfirma] zu jeder Zeit das Eigenkapital der Firma durch Entnahmen oder Einlagen vermindern oder erhöhen. (GUF: 14) **retirada de fondos** *f* (ÜV) (def) En el sentido amplio se entiende por retirada el hecho de que un empresario o sus socios sacan de la empresa unos bienes económicos, p. e. dinero o mercancías, para fines ajenos a la explotación económica. En un sentido más estricto se refiere a la retirada de aportaciones del capital social por parte de los socios en la sociedad colectiva y en la sociedad comanditaria. El importe máximo que se permite retirar depende de la forma jurídica de la empresa y del consentimiento de todos los socios. (DV)

entrichten *vt* (def) (einen festgelegten Betrag) bezahlen (DAB); (kon) In einem Unternehmen fallen ständig die verschiedensten Ausgaben an: Fällige Wechsel müssen bezahlt, vorgelegte Schecks eingelöst, Löhne und Gehälter gezahlt werden, Steuern sind zu bestimmten Terminen zu entrichten. (GUF: 81) **satisfacer** *vt ^abonar (GWW)^ pagar (GWW)^* (def) Pagar enteramente lo que se debe. (AEI); (kon) Los rendimientos de los depósitos en moneda extranjera y de las cuentas extranjeras en pesetas que se satisfagan a no residentes en España, salvo que el pago se realice a un establecimiento permanente, por el Banco de España y Bancos, Cajas de Ahorro, Cajas Rurales y Cooperativas de Crédito con funciones delegadas de aquél. (CAI: 64)

Erfolg *m ^Aufwendungen^ ^Erträge^* (def) das i. d. R. in monetären Größen erfasste bzw. ausgedrückte Ergebnis des Wirtschaftens (GWL); (expl) Aufwendungen und Erträge bestimmen den Erfolg eines Unternehmens, und dieser wiederum steht im Mittelpunkt des Interesses einer Vielzahl unterschiedlicher externer Adressaten des Rechnungswesens. (WER: 40); (kon) Die Garantiegeber haften mit dem Garantievertrag gegenüber dem Garantienehmer, für einen bestimmten künftigen Erfolg einzustehen oder für das Ausbleiben eines Erfolges Gewähr zu leisten. (GUF: 63) **resultado** *m* (def) Se define por resultado al excedente o ganancia o a la pérdida obtenidos en un período determinado por la empresa o una parte orgánica de la misma (...) a través de la diferencia entre los ingresos y los costes determinados en la Contabilidad Analítica. El resultado puede clasificarse en dos categorías: una que atiende a la diferencia calculada por la actividad del proceso y otra que se relaciona al período, una vez que se ha deducido del resultado anterior el coste de la subactividad. (COD); (kon) La suma de los distintos resultados, ordinarios (explotación y financieros) y extraordinarios, será el resultado del ejercicio, salvando la incidencia del gasto por el impuesto de sociedades. (LAG: 33)

Erfolgsrechnung *f ^Artikelerfolgsrechnung (HUM)^ ^Betriebsergebnisrechnung^ ^Gewinn und Verlustrechnung^* (def) Ermittlung des Erfolgs einer wirtschaftenden Institution innerhalb eines Zeitabschnitts (Totalrechnung, Periodenerfolgsrechnung). Die Art der zu erfassenden Rechengrößen hängt von den Zielen der jeweiligen Institution ab. Gewinn- und Verlustrechnung (GuV): Ermöglicht eine genauere Darstellung des Erfolgs. (GWL); (expl) Die auch als Betriebsergebnisrechnung oder Artikelerfolgsrechnung bezeichnete Erfolgsrechnung erfasst in der Regel differenzierend nach Produktsparten, -gruppen, -arten, mitunter darüber hinausgehend sogar unter Differenzierung nach Produktvarianten (-sorten) für unterjährige Perioden (meist für einzelne Monate) den Überschuss der Erlöse über die Kosten eines Unternehmens. (HUM); (kon) Die kurzfristige Erfolgsrechung für kleine Unternehmen ist gewissermaßen die »kleine

Schwester« der EinnahmenÜberschussrechnung zum Jahresende. (www.existenzgruender.de) **cuenta de pérdidas y ganancias** *f ^cuenta de resultados (AEE)^* (def) En la contabilidad mercantil, título de la cuenta donde se registran los aumentos y beneficios y las disminuciones habidas durante un ejercicio, según el extracto que se realiza de otras cuentas u operaciones. Se indica que a esta cuenta se llevan los créditos incobrables, los quebrantos o ganancias imprevistas; y sus saldos se suman al activo o al pasivo de la empresa, según corresponda. (...) (DDU); (expl) Evaluación de los costes y de los beneficios. (NET); (kon) Para conocer los resultados de la empresa hay que mirar la cuenta de pérdidas y ganancias. (SMA: 78)

Ergebnisrechnung *f ^Gewinn- und Verlustrechnung^*

Ergiebigkeit *f ^Produktivität^*

Erlös *m ^Umsatz^*

Erlöse *mpl ^Kosten^ ^Leistungen^* (def) Auf besonderen Ertragskonten ausgewiesener Gegenwert aus Verkauf, Vermietung und Verpachtung von Produkten, Waren und Dienstleistungen, vermindert um Umsatzsteuer und Erlösschmälerungen (Umsatzerlös). Die E[rlöse] umfassen in der Gewinn- und Verlustrechnung (GuV) (§ 275 HGB) die Umsatzerlöse und einen Teil der sonstigen betrieblichen Erträge. (...) (GWL); (kon) Der in jedem Unternehmen sich vollziehende betriebliche Kreislauf zwischen Geld- beziehungsweise Sacheinlagen, Erstellung von Gütern oder Bereitstellung von Dienstleistungen und daraus erzielten Umsatzerlösen muss durch den Finanzplan hinsichtlich der Zahlungsströme so gesteuert werden, dass die Erlöse so früh wie möglich zu Einzahlungen werden. (GUF: 81) **ingresos** *mpl ^ingresos de explotación que contribuyen a un aumento del patrimonio (ÜV)^* (Komm) Die zweite Übersetzungsmöglichkeit dient zur genaueren Spezifizierung des Begriffs *Erlöse* und ist empfehlenswert in Fällen, in denen der Terminus *ingresos* nicht ausreicht, um den deutschen Begriff wiederzugeben. Das hier angegebene Äquivalent ist eine Begriffsumschreibung. Erlöse stellen ebenso wie Kosten ein objektives Bild des Erfolges einer Unternehmung dar. Dieses Bild sollte möglichst unverzerrt von gesetzlichen Bestimmungen sein, die von unternehmensfremden Aspekten beeinflusst werden. Aus diesem Grund wirken sich steuerliche Einflüsse oder Erlösschmälerungen (disminuciones de ingreso), wie z. B. Preisnachlasse aufgrund mangelhafter Güterqualität, nicht auf die Erlöse aus (vgl. Schemata im Anhang). In der Fachliteratur wird der Terminus *Leistungen* auch als Synonym für *Erlöse* verwendet, da dieser vor Einführung des Terminus *Erlöse* in Gebrauch war. Der Terminus *Leistungen* wird in Fachtexten jedoch immer weniger verwendet, da es zu Verwechslungen mit dem in der Wirtschaftsterminologie verwendeten Begriff *Leistungen* im Sinne von Sach- bzw. Dienstleistungen kommen kann.; (def) En la terminología alemana, el concepto de *Erlöse* (ingresos) se contrapone en la cuenta de pérdidas y ganancias a *Kosten* (costes). (Ver esquema en el anexo). En general, *Erlöse* reflejan al igual que *Erträge*, el valor de los bienes y prestaciones de servicio producidos y recibidos de la empresa durante un cierto periodo. La diferencia importante entre estos dos términos es que *Erlöse* reflejan el resultado »objetivo de una empresa«, es decir, un resultado que no está influido o alterado por disposiciones legales. Los *Erlöse* ofrecen principalmente información relevante para fines internos de la empresa. Normalmente, esta información no se difunde fuera de la empresa. (DV); (kon) En esta cuenta se registran todos los ingresos y todos los gastos en los que ha incurrido la empresa durante el ejercicio. (ABC: 38)

ERP-Fonds *mpl* (def 1) European Recovery Program, Europäisches Wiederaufbauprogramm, aufgrund der Vorschläge des amerikanischen Außenministers George C. Marshall am 3. April 1948 erlassenes einheitliches Hilfsprogramm (Marshall-Plan) für die durch den Krieg zerstörten Länder Europas; infolge der Weigerung der Ostblockländer zur Mitarbeit auf Westeuropa beschränkt. Die Verwaltung lag bei der ECA (Economic Cooperation Administration), die bei der Verteilung der Geschenke und Kredite die Vorschläge der OEEC, die im Zusammenhang mit der ERP-Hilfe gegründet wurden, berücksichtigte. Bis 1951 erhielt Westeuropa 12,4 Mrd. US-Dollar, größtenteils als Geschenke. (...) Die Bundesrep[ublik] D[eutschland] einschl. Berlin (West) erhielt bis Ende 1957 seitens der ECA und ihrer Nachfolgeinstitute 1,7 Mrd. US-Dollar, wovon 1 Mrd. US-Dollar innerhalb von 30 Jahren zurückgezahlt werden mussten. Die DM-Gegenwerte führten zum ERP-Sondervermögen. (...) (GWL vs ERP); (def 2) Nicht rechtsfähiges Sondervermögen des Bundes, das nach dem Zweiten Weltkrieg dem Wiederaufbau diente und danach zur gezielten Förderung der deutschen Wirtschaft, des Umweltschutzes sowie verschiedener anderer, öffentlicher Aufgaben eingesetzt wurde. Die ersten Einlagen stammten aus den DM-Gegenwerten des Europäischen Wiederaufbauprogramms (ERP). Mit Auslaufen der ERP-Sonderhilfe wurden die aus Tilgungs- und Zinszahlungen zurückfließenden sowie zusätzlich aufgenommenen Mittel zur Finanzierung neuer Aufgaben eingesetzt. Vergabe von ERP-Mitteln: I. d. R. als verzinsliche, aber auch als unverzinsliche Darlehen und/oder als verlorene Zuschüsse. (...) (GWL vs ERP-Sondervermögen); (kon) Die Quellen langfristiger Kredite aus öffentlichen Mitteln sind die öffentlichen Haushalte und staatlichen Sondervermögen (z. B. ERP-Fonds). (GUF: 48) **fondos-ERP** *mpl* (ÜV) ^*fondos-PRE (ÜV)*^ (Komm) Die ERP-Fonds sind in Spanien weitgehend unbekannt, da das Land, als einziges Westeuropas, nicht zu den Empfängern der Hilfe aus dem ERP-Programm bzw. dem Marshall-Plan zählte. Aus diesem Grund sollte die Übersetzung dieses Begriffs, unabhängig davon ob die englische Abkürzung ERP oder deren spanische Entsprechung PRE verwendet wird, eine kurze Erkärung beinhalten.; (def 1) Los fondos-ERP (PRE) representan un patrimonio separado del Estado alemán (y otros países europeos) derivado de los fondos obtenidos de EE.UU. por el Plan de Recuperación Económica Europea después de la Segunda Guerra Mundial. Desde los años 50 el Estado federal aprovecha estos fondos especiales para el fomento de la economía mediante la concesión de créditos generalmente a largo plazo y con un tipo de interés inferior a aquel del mercado. (DV); (def 2) El 20 de junio de 1947, el entonces secretario de Estado de EE.UU., en un discurso pronunciado en la Universidad de Harvard, propuso a todos los países europeos la posibilidad de recibir ayuda estadounidense, para salir de la situación de grave postración económica en que se encontraban desde el final de la Segunda Guerra Mundial. La aceptación por los países occidentales de Europa de tal oferta, puso en marcha el »Plan de Recuperación Económica Europea« (European Recovery Plan), más conocido como Plan Marshall, que entre 1948 y 1952 suministró a tales países – de entre los cuales solamente se excluyó a España – alrededor de 20.000 millones de dólares en materias primas, alimentos y equipo industrial; el 90 por 100 como donaciones y el 10 por 100 a pagar a EE.UU. con moneda local. Adicionalmente, para potenciar los efectos de la ayuda, EE.UU. propició fórmulas de cooperación entre los propios países europeos que se instrumentaron a través de la OECE. (TAM vs Plan Marshall)

Ersparnisse *fpl* (def) Im Sinne der volkswirtschaftlichen Gesamtrechnung: Der nach Abzug aller Konsumaufwendungen verbleibende Rest des verfügbaren Einkommens. Identisch mit dem Differenzbetrag von Erträgen (periodenbezogenen empfangenen Leistungen) und Aufwendungen (periodenbezogenen in Anspruch genommenen Leistungen). (GLV); (kon) Die Ausgliederung von Inkasso- und Mahnwesen bringt Ersparnisse an Verwaltungskosten (Personal-, Raum-, Büroausstattungskosten). (GUF: 60) **ahorro** *m* ^*economías (DEN)*^ (Komm) Der deutsche Terminus *Ersparnisse* sollte nach Möglichkeit im Spanischen im Singular übersetzt werden, da der Terminus *ahorros* sich auf Ersparnisse einer Person und nicht einer Unternehmung bezieht (dinero ahorrado a lo largo de la vida). Im hier angegebenen deutschen Kontext bezieht sich der Terminus *Ersparnisse* auf die Ersparnisse eines Unternehmens, die zu einer besseren finanziellen Organisation desselben beitragen sollen. Der spanische Kontext hingegen lässt eine allgemeine Auslegung von *Ersparnissen* im makroökonomischen Sinn zu.; (def) Resultado de la actividad de reservar una parte del consumo actual para destinarla a un consumo futuro. Diferencia positiva entre ingresos y gastos. (DEN); (kon) El ahorro se coloca en su mayor parte en depósitos bancarios, que luego el sistema bancario utiliza para conceder créditos (préstamos) de diferentes tipos a las empresas. (SSD: 358)

Erträge *mpl* ^*Aufwendungen*^ ^*Erfolg*^ ^*Gewinn*^ ^*Verlust*^ (def) (...) In der volkswirtschaftlichen Gesamtrechnung: periodenbezogener monetärer Zufluss aufgrund laufender Leistungstransaktionen. (GLV); (kon) Der operative Gewinn ohne sonstige Erträge und Aufwendungen wuchs um 20 Prozent auf 918 Millionen DKK, während der operative Gewinn (EBIT) 1,083 Millionen DKK betrug. (www.danfoss.com) **ingresos** *mpl* ^*ingresos que contribuyen a un aumento patrimonial (ÜV)*^ (Komm) Die zweite hier aufgeführte Übersetzungsmöglichkeit (Umschreibung des deutschen Begriffs) dient zur genaueren Spezifizierung des deutschen Begriffs. Sie ist in Kontexen empfehlenswert, in denen der Terminus *ingresos* nicht ausreicht, um den deutschen Begriff treffend zu übersetzen. Zur Bedeutung des Begriffs: Der monetäre Wert aus dem Verkauf von Gütern zählt nicht zu *Erträgen*, da dadurch das Nettovermögen einer Unternehmung nicht erhöht wird. *Erträge* spiegeln den monetären Wert von erstellten Gütern oder Dienstleistungen wider, ungeachtet der Tatsache, ob diese veräußert wurden oder nicht (z. B. gelagerte Güter, die produziert wurden und somit einen Wertzuwachs für das Unternehmen zur Folge haben.) (vgl. Schemata im Anhang).; (def) En la terminología alemana, se llaman *Erträge* o *Ertrag* a las entradas de dinero en la cuenta de pérdidas y ganancias. Representan el valor material e inmaterial producido o recibido por una empresa en cierto período. Por consiguiente, los *Erträge* contribuyen a un aumento del patrimonio neto de la empresa y a la determinación del resultado. Para compararlo con su contrapartida las *Aufwendungen* (gastos) (Ver esquema en el anexo.) (DV)

Erwerb *m* (def 1) Im Rechtssinne Erlangung von Vermögensrechten (...). (ÖL I); (def 2) Der allgemeine Sprachgebrauch unterscheidet nicht zwischen schuldrechtlichen und dinglichen Erwerbsgeschäften. Dagegen ist in der Terminologie des BGB E[rwerb] nur die unmittelbare Begründung einer Rechtsinhaberschaft. Diese kann abgeleitet (derivativ) oder ursprünglich (originär) sein. Abgeleiteter E[rwerb] beruht entweder auf Einzelverfügungen (Veräußerungen) oder auf Gesamtrechtsnachfolge. Originär ist ein E[rwerb], der auf bloß tatsächlichen Veränderungen oder allein auf einem Verhalten des Erwerbers beruht (...). (DRL); (kon) Erwerb von Beteiligungen: Finanzwirtschaftlich bedingt ist der Anlass zur Bereitstellung von Kapital auch dann, wenn mit den zur Verfügung gestellten Mitteln eine Beteiligung an einem anderen Unternehmen erworben werden soll. (GUF: 9) **adquisición** *f* (def 1) La incorporación de cualquiera de las facultades jurídicas, personales o reales, al patrimonio de un sujeto. (...) La adquisición de un derecho lleva aneja la posibilidad y licitud de su ejercicio en la forma de actuación inmediata que al mismo corresponda, y por el sujeto mismo, por su representante o por quien obtenga poder o autorización para ello. (...). Unos derechos se adquieren por el nacimiento: (...). Otros se adquieren por el transcurso del tiempo; (...). Pero la fuente principal de los derechos proviene de los hechos con consecuencias jurídicas y de los negocios jurídicos en que la voluntad se entrega, se ofrece, se encadena o vence. (...) (DDU vs adquisición de derechos); (def 2) (...) es la acción y efecto de adquirir; el acto por el cual se hace uno dueño de alguna cosa; y también la misma cosa adquirida. La palabra adquisición, en este último sentido, comprende, hablando en general, todo cuanto logramos o nos viene por compra, donación, herencia u otro título cualquiera; pero, con más rigor, sólo abraza lo que alcanzamos o conseguimos por dinero, ajuste, habilidad, industria u otro título semejante; más no lo que nos viene por derecho de herencia o sucesión; (...). Las reglas que rigen al efecto son: a) el adquiriente debe tener capacidad para adquirir y derecho a la cosa; b) nadie puede transmitir a otro derecho superior al que él mismo tiene; c) la adquisición puede hacerse directamente por uno o por mandatario o representante. (DDU); (kon) El mismo régimen se aplicará cuando la adquisición de las acciones se haya producido como consecuencia de un procedimiento judicial o administrativo de ejecución. (LSA art. 64, 2.)

erwirtschaften *vt* (Komm) Die Definitionen des Begriffs *erwirtschaften* in allgemeinsprachlichen Wörterbüchern beziehen sich nicht konkret auf seine wirtschaftliche Bedeutung. In den konsultierten fachsprachlichen Wörterbüchern konnte der Terminus nicht nachgewiesen werden.; (def) Ein Ergebnis durch möglichst rationelle Verwendung der zur Verfügung stehenden Mittel erzielen. (DV); (kon) Die interne Finanzierung setzt die Ertragskraft eines Unternehmens voraus; denn nur aus tatsächlich erwirtschafteten Erträgen können durch den Betrieb selbst zusätzliche Mittel aufgebracht werden. (GUF: 74) **generar** *vt* (def) Causar, ocasionar, formar, producir. (AEI); (kon) Cuando se percibe el capital derivado de un seguro de vida o de invalidez, el perceptor obtiene un incremento de capital que se ha generado en varios años. (CAI: 23)

Erzeugnisse, unfertige *npl ^Halbwaren^*

Erzeugung *f ^Produktion^*

Expansion *f* (def) (...) Ausweitung der Aktivitäten von Unternehmen (...) (BRO); (kon) Bei Kapitalerhöhungen im Rahmen der Expansion wird es eine gut geführte Aktiengesellschaft am leichtesten haben, sich zusätzliches Eigenkapital von außen zu beschaffen. (GUF: 32) **expansión comercial** *f ^expansión^* (Komm) Der Terminus *expansión* sollte in Wirtschaftstexen nur in eindeutigen Kontexten verwendet werden. Ansonsten empfiehlt sich die Verwendung des Terminus *expansión comercial*, da durch das Adjektiv die Bedeutung des Substantivs konkretisiert wird. (def) Crecimiento o desarrollo de la actividad económica de una empresa mediante la ampliación de la gama de productos o servicios que ofrece, la diversificación hacia nuevos mercados, etc. (DEI); (kon) Actualmente, México y Brasil celebran negociaciones para el establecimiento de un acuerdo de expansión comercial a través del que se pretenden otorgar preferencias arancelarias recíprocas, el cual valdría como preámbulo para lograr un acuerdo México-Mercosur.

Exportfactoring *n* *^Factoring^* (def) Auch: Ausfuhr-Factoring. Variante des Factoring: Factoring in der Außenhandelsfinanzierung. Hierbei schaltet der inländische Factor zur Abdeckung des Kreditrisikos und für das Inkasso der Forderung im anderen Land Korrespondenzbanken, Schwestergesellschaften o. Ä. ein. (BAL); (kon) Beim Exportfactoring verkauft ein Exporteur seine Forderungen eines bestimmten Landes oder Währungsraumes einer Factorbank, die sich mit einem Korrespondenzinstitut im Land des Importeurs in Verbindung setzt (GUF: 61) **factoring de exportación** *m* (expl 1) En términos generales, es la prestación de los servicios administrativo-financieros del factoring a los créditos comerciales originados por las ventas a otros países (...). (HCF); (expl 2) (...) Lo importante a destacar en esta alternativa es que el exportador que lo utiliza se pone en condiciones de replantear su marketing en el país de destino, pudiendo ofertar precios con modalidad de pago en cuenta abierta. Con ello, el exportador puede competir en igualdad de condiciones con sus competidores en el extranjero. (BFF: 27); (kon) Indiquemos, en último término, que para determinados países puede ser compatible que la empresa utilice simultáneamente el factoring de exportación, con una póliza de riesgos de organismos tipo CESCE. (BFF: 52)

F

Factor *m* *^Factoring^* (Komm) Laut RAD ist die Form *factor* ursprünglich eine Entlehnung aus dem Lateinischen (factor, -oris). Die Inhaltsseite des vorliegenden Terminus ist jedoch aus dem Englischen in die deutsche Wirtschaftsterminologie übernommen worden.; (def) (...) Als Forderungsverkäufer (Factor) treten überwiegend Spezialinstitute (...) auf, bei denen es sich in der Regel um Tochtergesellschaften von Großbanken oder um Institute, die den öffentlich-rechtlichen Sparkassen (...) und genossenschaftlichen Volksbanken verbunden sind, handelt. Sie besitzen zum größten Teil Bankstatus. Vermehrt treten seit einigen Jahren eigenständige in- und ausländische Institute am Markt auf, die nicht mit Banken verbunden sind. (...) (KEL vs Factoring); (kon) Factoring ist der Verkauf von Forderungen aus Warenlieferungen und Dienstleistungen durch ein Unternehmen (Klient) an ein Finanzierungsinstitut (Factor). (GUF: 58) **factor** *m* *^compañía de factoring (HCF)^* *^empresa de factoring^* *^sociedad de factoring (BFF)^* (def) En un contrato de factoring, empresa que compra los créditos comerciales de otra empresa y se encarga de gestionar su cobro a los clientes de ésta. De este modo, el cliente paga directamente al factor y éste paga a la empresa sobre la base del período medio de cobro acordado, independientemente de que el cliente pague o no. El factor es generalmente una empresa filial de bancos comerciales que cobra como comisión un porcentaje del 1 al 3% del valor de la factura y que le compensará de aquellos créditos que resultan incobrables. (DEN); (kon) El factoring consiste en la adquisición de las deudas de los clientes de una empresa por parte de un tercero, el Factor, que asume el riesgo y la tarea de cobro. (FEI: 3.38)

Factoring *n* *^Exportfactoring^* *^Factor^* *^Factoring, echtes^* *^Factoring, unechtes^* *^Klient^* (def) Unter Factoring versteht man ein Finanzierungsgeschäft, bei dem ein spezialisiertes Finanzierungsinstitut (Factor) von einem Verkäufer dessen Forderung aus Warenlieferungen und Dienstleistungen laufend oder einmalig ankauft und das Processing (Debitorenmanagement, Mahnwesen, Inkasso) der Forderungen übernimmt. Factoring umfasst demnach den Ankauf von Forderungen unabhängig davon, ob der Käufer der Forderung die Haftung (Delkredere) für deren Einbringlichkeit übernimmt oder nicht. (...) (KEL); (kon) Ausgeschlossen ist Factoring dort, wo im vorhinein eine Fixierung der Rechungsbeträge (Baubranche), der Lieferfristen und (damit) der Zahlungsbedingungen (Großanlagen und Schiffbau) unmöglich ist. (GUF: 60) **factoring** *m* (def) Operación financiera que consiste en la cesión a un factor (empresa de factoring) de créditos comerciales contra sus clientes por una empresa, a cambio de un importe convenido en términos relativos en un contrato, con o sin unos márgenes de variación (un descuento sobre el nominal de los créditos en función de las características, más una retención sobre el volumen de crédito vivo), o disposición discrecional hasta un límite en función de créditos cedidos. El factor realiza una tarea de evaluación técnica de riesgos, una labor de gestión de cobros, unas tareas administrativas y una función de financiación mediante la apertura de crédito al cedente. (...) (DEI); (kon) La empresa que acude al factoring puede aumentar significativamente la velocidad de rotación de su capital circulante, con lo cual puede pasarse a un mayor volumen de ventas y a un mayor beneficio. (BFF: 23)

Factoring, echtes *n* *^Factoring^* (expl) Beim echten Factoring übernimmt der Factor das Risiko der Zahlungsunfähigkeit des Schuldners, das so genannte Delkredererisiko, im Rahmen des vertraglich vereinbarten Limits, zu hundert Prozent. Die Übernahme des Risikos bedeutet, dassder Factor verpflichtet ist, an den Factoring-Nehmer den Betrag der abgetretenen Forderungen zu zahlen, unabhängig davon, ob letztendlich der Schuldner an den Factor bezahlt oder nicht. (...) (CAL); (kon) Übernimmt der Factor alle genannten Funktionen, liegt sog. echtes Factoring vor. (DJF: 496) **factoring sin recurso** *m* (def) (...) Existen dos modalidades de factoring en función del riesgo asumido por el factor: con recurso, si se puede reclamar a la empresa que cede sus créditos cuando el deudor no paga a su vencimiento, y sin recurso, si no se puede realizar dicha reclamación salvo por defecto de factura. (DEN vs factoring); (kon) Factoring sin recurso: cuando la compañía de factoring (factor) asume el riesgo de insolvencia de los compradores (deudores). (HCF: 32)

Factoring, unechtes *n* *^Factoring^* (expl) Beim unechten Factoring trägt der Forderungszedent auch weiterhin das Delkredererisiko, eine Übernahme der Zahlungsfähigkeit des Schuldners durch den Factor findet nicht statt. Vielmehr kann der Factor bei Uneinbringlichkeit der Forderung auf den Factoring-Nehmer zurückgreifen, dem die Pflicht zur Rückzahlung des bereits vorausgezahlten Betrags zukommt, was dem vollen Umfang der ausstehenden Forderung entspricht. (...) (CAL); (kon) Übernimmt der Factor alle genannten Funktionen, liegt sog. echtes Factoring vor. Verbleibt das Ausfallrisiko beim Lieferanten, handelt es sich um »unechtes Factoring«. (DJF: 496) **factoring con recurso** *m* (def) (...) Existen dos modalidades de factoring en función del riesgo asumido por el factor: con recurso, si se puede reclamar a la empresa que cede sus créditos cuando el deudor no paga a su vencimiento, y sin recurso, si no se puede realizar dicha reclamación salvo por defecto de factura. (DEN vs factoring); (kon) Factoring con recurso: si es el cliente (vendedor) el que soporta el riesgo de insolvencia de sus compradores (deudores). (HCF: 32)

Fälligkeit *f* *^Prolongation^* *^Tilgung^* (def) Tritt ein, sobald der Schuldner auf Verlangen des Gläubigers leisten muss. Zeitpunkt der [Fälligkeit eines Anspruchs] je nach dem Inhalt des entsprechenden Rechtsgeschäfts verschieden; ist eine Zeit für die Leistung weder bestimmt noch aus den Umständen zu entnehmen, so kann der Gläubiger die Leistung sofort verlangen, der Schuldner sie sofort bewirken (§ 271 BGB). Oft ist die [Fälligkeit eines Anspruchs] (bei den sog. verhaltenen Ansprüchen) von einer fristgerechten vorhergehenden Kündigung abhängig (z. B. meist beim Darlehen). (GWL vs Fälligkeit eines Anspruchs); (kon) Kreditiert wird die Frist, die zwischen Bevorschussung der Forderung und ihrer Fälligkeit verstreicht, als Kreditsicherung dienen die abgetretenen bzw. verkauften Forderungen. (GUF: 58) **vencimiento** *m* (def) Fecha en que una deuda: crédito, préstamo, etc. debe de quedar saldada, tras pagarse principal e intereses. (TAM); (kon) Si no hubiere cumplido esa obligación cinco días antes del vencimiento del plazo fijado para realizar el pago, podrá hacerlo el usufructuario, sin perjuicio de repetir contra el nudo propietario al terminar el usufructo. (LSA art. 69, 2.)

Fertigfabrikate *npl* *^Fertigwaren^*

Fertigung *f* *^Produktion^*

Fertigungserzeugnis *n* *^Fertigwaren^*

Fertigwaren *fpl* *^Fertigfabrikate (WDW)^* *^Fertigungserzeugnis (GWL)^* *^Halbwaren^* *^Rohstoff^* (def) Produkt, das den Produktionsprozess des Betriebes bis zum Ende durchlaufen hat und das zur weiteren Verwendung bereitsteht: (1) am Markt (Verkauf an nachgelagerte Betriebe oder an Endverbraucher); (2) zum Verbrauch im eigenen Betrieb (Selbstverbrauch). Die rechnerische Übernahme auf Fertigwarenlager erfolgt zumeist mit den bis dahin aufgelaufenen Ist-, Plan- oder Standardkosten (Herstellungskosten) auf die Kostenträgerkonten. (GWL vs Fertigungserzeugnis); (kon) Neben einmaligen und laufenden, vom Umsatz berechneten Gebühren, kann der Franchisegeber

Einnahmen erzielen aus Vermietung von Ausstattungs-, Beratungs-, Ausbildungsleistungen, aus Verkauf von Roh-, Hilfs-, Betriebsstoffen, Halb- und Fertigwaren sowie Werbematerialien und schließlich aus gewährten Krediten. **productos acabados** *mpl ^productos finales^ ^productos terminados (DEE)^* (def) Se trata de aquellos productos que han recibido todos los costes de las distintas fases de fabricación de la empresa y que se destinan a la venta o a ser consumidos en la propia empresa. (DEE); (kon) (...) En el ámbito de la economía de la empresa muchas veces se utilizan los términos productos semielaborados y productos acabados. Los primeros no han pasado por todas las fases de transformación, los acabados y a están listos pasa la venta. (SMA: 1)

Festverzinsung *f* (def) Zinssatz, der für eine bestimmte Laufzeit, i. d. R. bis maximal zehn Jahre, festgeschrieben ist. Nach Ablauf der Zinsbindungsfrist muss über die Konditionen neu verhandelt werden. (GWL vs Festzinssatz); (kon) Die Gewinnbeteiligung kann beispielsweise lauten: Festverzinsung plus Zusatzzins ab einer gewissen Dividendensatzhöhe bis zu einer gewissen Höhe des Gesamtzinses oder Festverzinsung plus 0,5 % Zusatzzins je Prozentpunkt der Aktiendividende. (GUF: 43) **interés fijo** *m ^renta fija (TAM)^* (def) Tipo de interés que no sufre variaciones y que no fluctúa a la par que los otros variables económicos del mercado. (DEN); (kon) No vemos dificultad alguna en admitir esta modalidad ya que los obligacionistas percibirán siempre un interés fijo aparte de esa participación en beneficios que es una ventaja más de las muchas que pueden ofrecérseles. (AEO: 94)

Financial Leasing *n ^Finanzierungsleasing^ ^Leasing^* (expl) Vom Finanzierungsleasing spricht man bei Verträgen, durch die der Leasinggeber Wirtschaftsgüter dem Leasingnehmer für eine bestimmte unkündbare Zeit zur Nutzung überlässt und der Leasingnehmer für die Nutzung pro rata temporis ein Entgelt zu entrichten hat. (LFL: 37); (kon) In der Mitte alternativer Finanzierungsüberlegungen steht das Financial Leasing. (GUF: 68) **arrendamiento financiero** *m ^leasing financiero (SLL)^*

Finanzbedarf *m ^Kapitalbedarf^* (def) F[inanzbedarf] (Kapitalbedarf) ist der Bedarf der Unternehmen an Finanzierungsmitteln. Da die Finanzierungsmittel eines Unternehmens stets dem im Unternehmen investierten Vermögen entsprechen, resultiert der Finanzbedarf aus den Investitionsplänen der Unternehmen. (...) Der F[inanzbedarf] ergibt sich in der Praxis als Summe der in einem Unternehmen geplanten Investitionsauszahlungen, wobei zur Erstellung der Investitionspläne von pauschalen Annahmen über die Kosten der Deckung des F[inanzbedarfs] ausgegangen wird. (LBW); (kon) Andererseits lässt sich eine ungünstige Phase für Kapitalerhöhung vermeiden, indem diese bei Deckung des Finanzbedarfs per Ausgabe von Wandelobligationen vertagt wird. (GUF: 45) **necesidad de dinero** *f* (def 1) Disposición de los sujetos económicos a mantener saldos de dinero ociosos para hacer frente a los desfases habituales entre ingresos y pagos, y/o para evitar los riesgos no aceptados de las formas de mantener riqueza, y/o para obtener beneficios derivados de las fluctuaciones de las cotizaciones de los activos financieros. (DEE); (def 2) Cantidad de dinero líquido que los agentes económicos desean mantener en un momento dado. (AEE)

Finanzbudget *n ^Finanzplan (VGW)^* (def) Instrument der Finanzplanung zur Erfassung sämtlicher Ereignisse mit Konsequenzen für die Zahlungsmittelebene einer Unternehmung. Der Finanzplan dient der prospektiven Sicherung der Zahlungsfähigkeit eines Unternehmens und bildet die Grundlage für die sich anschließende Finanzkontrolle. (VGW vs Finanzplan); (kon) Als Finanzplan, auch Finanzbudget, bezeichnet man eine mehr oder weniger detaillierte Gegenüberstellung aller zukünftigen Einzahlungen und Auszahlungen. (GUF: 79) **presupuesto** *m* (def) Conjunto de los gastos e ingresos previstos en cierta operación, particularmente, de los previstos en la vida de la empresa para cierto tiempo. (DMM)

Finanzierung *f ^Anschlussfinanzierung^ ^Beteiligungsfinanzierung^ ^Eigenfinanzierung^ ^Finanzierung, externe^ ^Finanzierung, interne^ ^Fremdfinanzierung^ ^Innenfinanzierung^ ^Refinanzierung^ ^Selbstfinanzierung^ ^Umfinanzierung^ ^Vorfinanzierung^* (def) 1. Begriff: Maßnahmen der Mittelbeschaffung und -rückzahlung und damit der Gestaltung der Zahlungs-, Informations-, Kontroll- und Sicherungsbeziehungen zwischen Unternehmen und Kapitalgebern (...). 2. Formen: a) Außenfinanzierung: (1) Finanzierung durch bisherige Eigentümer (Eigenfinanzierung); (2) Finanzierung durch neue Eigentümer (Beteiligungsfinanzierung); (3) Finanzierung durch Gläubiger (Fremdfinanzierung). b) Innenfinanzierung: (1) Finanzierung durch zwangsweise erfolgende Bindung von Mitteln an Unternehmen (z. B. Finanzierung aus

Abschreibungen, Finanzierung über die Dotierung von Rückstellungen); (2) Finanzierung durch Einbehaltung von ausschüttungsfähigem, aber nicht ausgeschüttetem Überschuss (Selbstfinanzierung). (GWL); (kon) Dieses Schema macht sowohl die geldwirtschaftliche Verflechtung einer Unternehmung mit ihrem Umfeld (Unternehmen der vorgelagerten Stufe, Arbeitsmärkte, Geld- und Kapitalmärkte sowie Absatzmärkte) als auch die Wiedergeldwerdung als zeitliche Brücke zwischen Beschaffung und Absatz und damit die zeitliche Komponente der Finanzierung deutlich. (GUF: 2) **financiación** *f* (def) En su consideración original, la financiación de la empresa se plantea como la obtención de medios de financiación para la empresa (créditos, empréstitos, ampliaciones de capital). Este enfoque se centraba en la obtención de fondos, en el análisis de las instituciones financieras aportantes de fondos, con una preocupación por los costes directos de los diferentes fondos, sin analizar los efectos de los medios sobre la estructura financiera. En una segunda etapa, la financiación se amplia introduciendo en la misma no sólo los problemas de obtención de fondos para la empresa, sino la utilización de éstos, es decir, integra los fenómenos del proceso de inversión. Por ello, la financiación es algo más que la obtención de fondos para la empresa, analiza también la efectiva utilización de estos fondos en las actividades de la empresa. En este proceso nos encontramos con un objetivo de igualación marginal de las ventajas derivadas del uso potencial de fondos con su coste, es decir, con el concepto central de la financiación que es el coste de capital de la empresa. La financiación es, pues, aquella parte de la empresa o, mejor, aquel subsistema de la misma que pretende lograr los objetivos financieros asignados, teniendo presente las ventajas de los empleos potenciales con el coste de los diversos medios potenciales. Las funciones de financiación se pueden agrupar en: obtención de medios, decisión sobre medios alternativos, decisiones de inversión, y decisiones de análisis y planificación financiera, soporte de las anteriores decisiones. (DEE); (kon) Se entiende por financiación la consecución de dinero por la empresa para su equipamiento y desarrollo; (...). (ABA: 16)

Finanzierung, externe *f* *^Beteiligungsfinanzierung^ Eigenfinanzierung^ ^Finanzierung^ ^Finanzierung, interne^ ^Fremdfinanzierung^*; (def) Marktfinanzierung, Art der Finanzierung, bei der Kapital von außen in die Unternehmung einfließt. Zu unterscheiden sind: (1) zusätzliche Kapitaleinlagen des oder der bisherigen Unternehmer (Eigenfinanzierung); (2) Kapitaleinlagen aus Beteiligungen Dritter an der Unternehmung (Beteiligungsfinanzierung); (3) Aufnahme von Krediten (Fremdfinanzierung). (...) (GWL vs Außenfinanzierung); (kon) Mittels eines bewährten Evaluationsverfahrens wird abgeklärt, ob das Projekt die Bedingungen (...) des Marktpotenzials erfüllt und eine reale Chance auf externe Finanzierung hat. (www.kmuinnovation.com)

financiación externa *f* *^financiación exterior^* (def) Corresponde a la financiación que tiene su origen en el ahorro externo a la empresa. Esta financiación se plantea ante los mercados nacional o internacional, ante las diferentes instituciones financieras (Banca, Cajas de Ahorro, etc.) y de acuerdo con un conjunto de posibles medios, acciones, obligaciones, créditos etc. (...). (DEE); (kon) Cuando una empresa por necesidad o conveniencia decide incrementar sus medios de acción debe elegir entre la financiación exterior y la autofinanciación. (ABA: 17)

Finanzierung, interne *f* *^Finanzierung^ ^Finanzierung, externe^ ^Innenfinanzierung^ ^Selbstfinanzierung^* (Komm) Die in (kon 2) angeführte Unterscheidung zwischen der internen Finanzierung und der Innenfinanzierung (als interne Finanzierung zzgl. Abschreibungen), konnte in der konsultierten Fachliteratur nicht nachgewiesen werden. In den konsultierten Fachwörterbüchern wurde diese Art der Finanzierung meist unter dem Eintrag *Innenfinanzierung* lemmatisiert und der Terminus *interne Finanzierung* als Synonym angegeben. Im Spanischen existiert für diese Art der Finanzierung nur der Terminus *financiación interna*. Soll in einem bestimmten Kontext explizit die enge Bedeutung des Terminus *interne Finanzierung* ausgedrückt werden, könnte dafür der Terminus *financiación interna sin amortizaciones* gewählt werden.; (kon 1) Nur zum Teil identisch sind die Begriffe interne Finanzierung und Innenfinanzierung, die für verschiedene Sachverhalte in der Literatur verwendet werden. (GUF: 73); (kon 2) Der Begriff der Innenfinanzierung ist insofern weiter gefasst, als er die interne Finanzierung (Eigen- und Fremdfinanzierung) beinhaltet und zusätzlich noch die Finanzierung durch Abschreibungen einschließt. (GUF: 73) **financiación interna** *f* (def) La financiación interna de la empresa está integrada por la autofinanciación más los recursos ocasionales (beneficios extraordinarios) y ajenos a la explotación no distribuidos. Se corresponde con el ahorro bruto de la empresa. (DEE)

Finanzierungsleasing *n* ^*Financial Leasing*^ ^*Leasing*^ (def) Bei den [Finanzierungsleasingverträgen] handelt es sich um solche Verträge, die für eine zwischen dem L[easing]-Geber und dem L[easing]-Nehmer vereinbarte Grundmietzeit unkündbar sind. Die Grundmietzeit entspricht maximal der betriebsgewöhnlichen Nutzungsdauer, ist aber i. d. R. kürzer, jedoch meist länger als die Hälfte der in den AfA-Tabellen angegebenen Nutzungsdauer. Je nachdem, ob das L[easing]-Objekt durch die L[easing]-Raten nach Ablauf der Grundmietzeit einschließlich aller Nebenkosten voll oder teilamortisiert ist, unterscheidet man beim [Finanzierungsleasing] zwischen Voll- oder Teilamortisationsverträgen. Im Gegensatz zum Operate-L[easing] trägt der L[easing]-Nehmer das volle Investitionsrisiko, insbesondere auch die Gefahr des technischen Fortschritts oder der Einschränkung bzw. des Wegfalls der Verwendungsmöglichkeiten des L[easing]-Objektes während der Grundmietzeit. Zusätzlich trifft den L[easing]-Nehmer neben den Versicherungs-, Wartungs- und Reparaturaufwendungen auch das Risiko des zufälligen Untergangs des L[easing]-Objektes, da die Verpflichtung zur Zahlung der noch fälligen L[easing]-Raten bestehen bleibt. (LBW vs Leasing); (expl) Üblicherweise wird Leasing mit Finanzierungs-Leasing gleichgesetzt. Finanzierungs-Leasing kann man als Sonderform der Fremdfinanzierung ansehen. Es dient allgemein der Beschaffung von Investitionsgütern. Grundlage ist ein langfristiger, in der Regel unkündbarer Vertrag zwischen einem Unternehmen (Leasingnehmer) und einer Leasinggesellschaft (Leasinggeber). Der Leasinggeber erwirbt das Wirtschaftsgut und stellt es dem Leasingnehmer für einen bestimmten, vertraglich fixierten Zeitraum (Grundmietzeit) zur Nutzung zur Verfügung. Nach Ablauf dieser Grundmietzeit muss der Leasingnehmer das Leasingobjekt zurückgeben bzw. kann bestimmte Optionsrechte ausüben. Unter einer Option wird beim Leasing verstanden, dass der Leasingnehmer nach Ablauf der Vertragslaufzeit die Wahlmöglichkeit hat, bestimmte, bei Vertragsbeginn vereinbarte Rechte wahrzunehmen. Häufig wird ihm eine Kaufoption oder eine Mietverlängerungsoption eingeräumt. Dem Leasingnehmer steht es dann frei, die Option auszuüben oder das Leasingobjekt an die Leasinggesellschaft zurückzugeben. (...) Die Vertragslaufzeit liegt aus steuerrechtlichen Gründen allgemein zwischen 40 und 90 Prozent der betriebsgewöhnlichen Nutzungsdauer und dauert im Mobilien-Leasing meistens zwischen 2 bis 9 Jahre, im Immobilien-Leasing bis zu 22,5 Jahre. Die Leasinggesellschaft ist zivilrechtlicher und regelmäßig auch wirtschaftlicher Eigentümer des Leasingobjektes und bilanziert dieses. Das Investitionsrisiko wird beim Finanzierungs-Leasing vom Leasingnehmer getragen, da er das Objekt nicht beliebig zurückgeben kann. Zudem muss er auch die Objektwartung und -instandhaltung übernehmen. (KKL: 33); (kon) Üblicherweise wird Leasing mit Finanzierungsleasing gleichgesetzt. (KKL: 33) **arrendamiento financiero** *m* ^*leasing financiero (SLL)*^ (def) Puede definirse el arrendamiento financiero como un contrato mercantil en que una de las partes, mediante precio determinado, se obliga a adquirir una cosa cierta y ceder su uso a la otra parte por un período al término del cual ésta deberá devolvérsela o, a su elección, comprársela a un precio adicional. De lo expuesto se deduce que el arrendamiento financiero es un negocio jurídico de mediación, concertado sobre un objeto que, en el momento del concierto de voluntades, no pertenece a la parte que asume la obligación de ceder su uso. La sociedad de leasing, actuando en nombre y por cuenta propios, pero por encargo de la otra parte contractual, y en interés tanto de ésta como propio, debe realizar otro negocio jurídico – la adquisición del bien con un tercero –, llevando a cabo así una actividad de intermediación característica, que sitúa a toda la institución en el genuino ámbito crediticio. (...). (HJL); (expl) Rechtsgrundlage: Real Decreto Ley 15/1977, art. 19 de 25 de febrero: A los efectos de la presente disposición constituyen operaciones de arrendamiento financiero aquellas operaciones que, cualquiera que sea su denominación, consistan en el arrendamiento de bienes de equipo, capital productivo y vehículos adquiridos exclusivamente para dicha finalidad por Empresas constituidas en la forma prevista en el artículo 22 y según las especificaciones señaladas por el futuro usuario. Las mencionadas operaciones deberán incluir una opción de compra a favor del usuario a término del arrendamiento.; (kon) Por norma general, los contratos de arrendamiento financiero documentan los términos del arrendamiento propiamente dicho y los de la opción de compra, dejando fuera del alcance de los derechos y obligaciones derivados de dicho convenio jurídico a la fase de adquisición del bien por parte de la entidad arrendadora. (SSL: 63); (Komm) Der am häufigsten vorkommende Typ von Leasingverträgen ist der Finanzierungsleasingvertrag. Sowohl im Deutschen als auch im Spanischen wird daher der Terminus *Leasing* synonym zu *Finanzierungsleasing* verwendet. Der englische Terminus *Leasing* ist fester Bestandteil der deutschen und spanischen Wirtschaftssprache geworden: »el término leasing se utiliza en casi todos los países del mundo occidental, ya que con el se quiere expresar algo más que un alquiler tradicional« (Vgl. SDD: 95). In Spanien wird daher neben dem Terminus *arrendamiento financiero* auch *leasing financiero* verwendet, selbst wenn dies manchmal auf Widerstand stoßen mag: »La denominación de leasing financiero constituye (al menos en el ordenamiento jurídico español) una genuina redundancia, ya que si se considera que el término arrendamiento financiero es el equivalente que el legislador español ha consagrado para trasladar jurídicamente el vocablo sajón leasing, resulta claro que leasing financiero significa, ni más ni menos, arrendamiento financiero financiero, duplicación por completo reprobable. Si cuanto antecede se calificara de purismo terminológico, habría de indicarse entonces que esta denominación de leasing financiero aparece por oposición a la de leasing operativo (...).« (Vgl. HJL: 90). Im Deutschen ist neben der dt.-engl. Hybridbildung *Finanzierungsleasing* auch der englische Terminus *Financial Leasing* üblich.; (kon) Los dos grandes tipos de leasing son el leasing operativo y el leasing financiero. (SLL: 23)

Finanzmakler *m* (def) Sammelbezeichnung für berufsmäßige Vermittler v. a. von mittel- und langfristigen Krediten (Schuldscheindarlehen, Hypotheken und revolvierenden Wechselkrediten) sowie von Beteiligungen und ganzen Unternehmungen. Z. T. vermitteln F[inanzmakler] Industriekredite aus Geldern der Kapitalsammelstellen (Lebensversicherungsunternehmen, Sozialversicherungsträger, Arbeitslosenversicherung etc.); z. T. betreiben sie neben dem Finanzmaklergeschäft auch Finanzberatung. Die F[inanzmakler] arbeiten z. T. in privatem Auftrag, z. T. als Agenten von Teilzahlungsbanken, Hypothekenbanken und der filiallosen Universalbanken. Bei kleinen F[inanzmaklern] häufig Koppelung mit Versicherungsvertretungen. (GWL); (kon) Das Schuldscheindarlehen wird über die Laufzeit von einer (Einzelschuldscheindarlehen) oder mehreren (Teilschuldscheindarlehen) Kapitalsammelstellen dem Kreditnehmer ohne Vermittlung durch eine Bank oder einen Finanzmakler gewährt. (GUF: 46) **intermediario financiero** *m* (def) Instituciones especializadas en la mediación entre los prestamistas últimos (los que gastan por debajo de sus disponibilidades) y los prestatarios últimos (los que gastan por encima de sus disponibilidades) de la economía; su objeto es conseguir una mayor eficacia en la asignación de los fondos y diversificar los riesgos, transformando los activos financieros indirectos. Los intermediarios financieros se suelen clasificar en bancarios y no bancarios. (AEE); (kon) El programa deberá ser suscrito por todos los promotores, cuyas firmas habrán de legitimarse notarialmente. El folleto habrá de ser suscrito, además, por los intermediarios financieros que, en su caso, se encarguen de la colocación y aseguramiento de la emisión. (LSA art. 21, 1.)

Finanzplan *m* ^*Finanzbudget (VGW)*^ ^*Liquiditätsplan*^ (def) Zukunftsbezogene Rechnung, die für eine bestimmte Zeitspanne (Planungszeitraum) Ein- und Auszahlungen für jede zu definierende Periode (Tag, Woche, Monat, Quartal, Jahr) gegenüberstellt. (GWL); (Komm) kurzfristiger Finanzplan = Liquiditätsplan; langfristiger Finanzplan = Investitionsplan (GUF); (kon) Während der Jahresabschluss über die Unternehmensentwicklung der Vergangenheit Rechenschaft gibt, ist der Finanzplan das Steuerungsinstrument für die unternehmerische Finanzpolitik der Zukunft. (GUF: 79) **presupuesto** *m* ^*plan de asignación de recursos*^ ^*plan financiero*^ (def) Resultado del proceso de preparación de las decisiones financieras. Resumen numérico de las estrategias financieras de la empresa. El plan financiero recoge los orígenes de fondos de la empresa con sus previsibles empleos en su consideración de medio y largo plazo (...). (DEE); (kon) En su aspecto financiero y contable, la Academia entiende por presupuesto: Cómputo anticipado del coste de una obra; y también de los gastos o de las rentas de un hospital, ayuntamiento u otro cuerpo, y aun de los generales de un Estado, o especiales de un ramo; (...). (DDU)

Firma *f* (def) (...) II. Begriff: 1. Allgemein: Name, unter dem ein Vollkaufmann im Handel seine Geschäfte betreibt und die Unterschrift abgibt. Das Recht des Kaufmanns auf seine F[irma] ist ein gegen jeden Dritten wirkendes absolutes Recht (Firmenschutz). Der Kaufmann muss seine F[irma] zwecks Eintragung im Handelsregister zur Anmeldung bringen (§ 29 HGB). (...) Die F[irma] muss Aufschluss über die Person des Inhabers und die Art seines Unternehmens geben (Grundsatz der Firmenwahrheit). (...) (GWL) (Komm) Aus den folgenden Kontextbeispielen wird deutlich, dass der Begriff *Firma* nur selten (hier ausschließlich in Kontext 3) in seiner eigentlichen Bedeutung des Namens eines Unternehmens verwendet wird. Üblicher ist die synonyme Verwendung dieses Terminus zum Terminus *Unternehmen*.; (kon 1) Verschmelzung von Firmen: Auch die Fusion als die Verschmelzung zweier Unternehmen kann einen Kapitalbedarf auslösen, wenn die Gesellschafter beider Unternehmen nach der Verschmelzung in einer festgelegten Relation an der Unternehmung beteiligt sein sollen. (GUF: 9); (kon 2) Ohne gesetzlichen Beschränkungen zu unterliegen, kann er zu jeder Zeit das Eigenkapital der Firma durch Entnahmen oder Einlagen vermindern oder erhöhen. (GUF: 14); (kon 3) Die OHG ist zwar keine juristische Person, sie tritt aber im Rechtsverkehr als eine geschlossene Einheit unter ihrer Firma auf. (GUF: 15) **razón social** *f ^firma (ESJ)^* (def) Denominación de una sociedad que la identifica como tal en el tráfico y con el que interviene en las transacciones propias de su objeto. Las exigencias legales para la formación de la firma son distintas según el tipo de sociedad. Pero en todas ellas ha de expresarse el tipo de sociedad de que se trate. La denominación de la sociedad es mención esencial de la escritura. Las sociedades anónimas y de responsabilidad limitada no podrán adoptar denominación idéntica a la de otra sociedad preexistente, a cuyo efecto funcionan en el Ministerio de Justicia sendos Registros de nombres que expiden las oportunas certificaciones. La firma, denominación o razón social en cuanto identificadora de la sociedad no constituye de suyo el nombre comercial como signo distintivo amparado por la propiedad industrial, aunque puede acogerse a esta protección con sujeción a sus normas propias. Sin embargo, la práctica registral se orienta en el sentido de asimilar la función identificadora de la sociedad, con la función identificadora contra la confusión en el mercado propio del nombre comercial. (ESJ vs firma o razón social); (kon) En la escritura de constitución de la sociedad se expresarán: a) Los nombres, apellidos y edad de los otorgantes, si éstos fueran personas físicas, o la denominación o razón social, si son personas jurídicas, y, en ambos casos, la nacionalidad y el domicilio. (...) (LSA art. 8)

Fixkosten *pl ^Kosten^* (def) (...) Kosten, die von der jeweils betrachteten Einflussgröße unabhängig sind, d. h. Kosten, die sich nicht automatisch mit der jeweils betrachteten Einflussgröße ändern. (GWL); (kon) Die fallenden Preise bei gleichzeitig hohen Fixkosten erhöhen den Rationalisierungsdruck. **costes fijos** *mpl* (def) Los costes fijos son aquellos que permanecen invariables para un período de tiempo, y no disminuyen aunque se reduzca el nivel de actividad de la empresa, pues son independientes del volumen de operaciones de la misma. Esto no quiere decir que permanezcan invariables para otros períodos, sino que se modificarán como consecuencia, por ejemplo, de una alteración en los precios de los factores o por una necesidad de aumentar los medios de producción. (...) (DEI); (kon) En efecto, los pagos fijos por su cuantía y vencimiento pueden coincidir o no con los costes fijos de la empresa. (ABA: 272)

Fonds *m* (def) Für bestimmte Zwecke gehaltene Geldmittel oder Vermögenswerte (...), die z. T. auch unter besonderer Verwaltung stehen (...) (BRO); (kon) Dabei werden die verschiedenen Beteiligungen zu einem Fonds zusammengefasst, der sich durch Ausgabe von Zertifikaten refinanziert. (GUF: 21) **fondo** *m* (def) Las cantidades de dinero reunido en una caja o en un depósito para llevar a cabo determinadas actividades económicas, tales como amortización de deudas, fomento de la agricultura, ayuda al desarrollo, etc. (TAM); (kon) Los proyectos que se financiarán con los recursos del fondo deberán ser factibles desde el punto de vista técnico, económico y social y ser ejecutados por empresas, organizaciones o instituciones con adecuada capacidad técnica y financiera. (REE: 65)

Forderungen (1) *fpl ^Anspruch (WDW)^* **activos** *mpl* (Komm) Eine weitere Übersetzungsmöglichkeit ist *derechos de crédito*. Bzgl. Forderungen aus Sicht des Gläubigers siehe *^créditos (DDU)^*; (def) Derecho a recibir de otro alguna cosa, por lo general dinero. (DDU); (Komm) créditos: en el comercio, el importe general de los valores efectivos, créditos y derechos que un comerciante tiene a su favor.; (kon) El contrato de cesión de bienes se perfecciona por el mero consentimiento de acreedores y deudor, y la entrega de los activos por parte de éste, supone el cumplimiento de una de las obligaciones a su cargo, en fase en ejecución de contrato. (ACM: 189) **Forderungen (2)** *fpl* (def) Anspruch auf Entgelt für eine erbrachte Leistung. In der Bilanz sind Forderungen in der Regel im Umlaufvermögen auszuweisen und zu untergliedern (Bilanzgliederung). Vgl. auch *Besitzwechsel.* (GWL); (expl) »Forderungen an Kreditinstitute«, Aktivposition der Bankbilanz, in der alle Einlagen des Kreditinstituts auf einem Konto bei einer anderen Bank und alle Kreditaufnahmen der anderen Bank bei bilanzierenden Kreditinstitut ausgewiesen werden, unterteilt nach Fristen. »Forderungen an Kunden«, Aktivpostition der Bankbilanz, in der alle Kredite der Bank in Geld an Nichtbanken ausgewiesen werden. Der Posten ist aufgeteilt in Forderungen mit einer Laufzeit oder Kündigungsfrist von weniger als vier Jahren und einer Laufzeit oder Kündigungsfrist von vier Jahren und länger. Für die Zuordnung ist die ursprünglich vereinbarte Frist maßgeblich. (MÜS); (kon) Um auszuschließen, dass das Unternehmen nur seine zweifelhaften Forderungen an die Factoringbank veräußert, übernimmt der Factor nur die gesamten Forderungen oder wenigstens sämtliche Forderungen eines Teilbereiches; auch kann er nach Prüfung die Übernahme bestimmter Kundenforderungen ablehnen und sich auf Forderungen mit Restlaufzeit von nicht mehr als drei Monaten beschränken. (GUF: 58) **deudas** *fpl* (Komm) aus der Sicht des Schuldners *siehe ^deudores (DDU)^*; (def) En su significado más general, sinónimo de obligación. Con mayor propiedad técnica, su efecto jurídico: la prestación que el sujeto pasivo (o deudor) de la relación obligacional debe al sujeto activo (o acreedor) de la misma. Así, toda deuda consiste en un dar, decir, a hacer o no hacer algo que otro puede exigir (...) (DDU); (kon) Al dar principio a sus operaciones, el comerciante debe establecer un inventario que contenga la relación exacta del dinero, valores, créditos, bienes muebles e inmuebles, mercancías que constituyen el activo, la relación exacta de las deudas y toda clase de obligaciones pendientes que forman el pasivo y, por fin, la diferencia exacta entre el activo y el pasivo. (HAC: 156)

Forderungsabtretung *f ^Zession^*

Forderungsabtretung, stille *f ^Zession, stille^*

Forderungszession *f ^Zession^*

Frachtaval *m ^Avalkredit^* (expl 1) Bankbürgschaft bei Frachtstundung: Von der Dt. Verkehrs-Kredit-Bank zur Abwicklung des Bahnverkehrs durchgeführtes Verfahren zur bargeldlosen Abrechnung von Frachten, Gebühren und sonstigen tarif- oder vertragsmäßigen Forderungen der Bahn und der von ihr geschuldeten Nachnahmen und sonstigen Beträge mittels Anweisungen. (MÜS); (expl 2) Betrieben, die regelmäßig Güter von der Bundesbahn transportieren lassen, werden die anfallenden Gebühren gestundet, wenn Kreditinsitute gegenüber der Deutschen Verkehrs-Kredit-Bank AG, die die Abrechnung für die Bundesbahn übernimmt, eine entsprechende Bürgschaft leisten. (WÖH); (kon) Während Bürgschaften gegenüber der Öffentlichen Hand als Zollaval (für Zahlungsaufschub bei Zollschulden von Importeuren), Steueraval oder Frachtaval üblich sind, findet der Avalkredit in dieser Form auch Verwendung bei vorgesehenen Vertragsstrafen, geleisteten Anzahlungen, Prozessverpflichtungen, Wechselschulden u. a. m. (GUF: 55) **seguro para el transporte ferroviario** *m* (def) Tipo de aval bancario que permite a las empresas el pago aplazado de las tasas debidas por el transporte por ferrocarril. (DV)

Franchisee *m ^Franchisenehmer (GUF)^ ^Franchising^* (Komm) Der Einfluss von Anglizismen auf die deutsche Wirtschaftssprache ist sehr groß. Um im internationalen Geschäftsverkehr zwischen Fachleuten eine reibungslose Kommunikation zu gewährleisten, wird in deutschen Wirtschaftstexten häufig der englische Terminus dem deutschen vorgezogen.; (kon) Der Franchisegeber (Franchisor) schließt Franchiseverträge mit vielen Franchisenehmern (Franchisees) ab, die Franchisees berechtigen bzw. verpflichten, bestimmte Leistungen des Franchisors unter Verwendung vorgegebener Namen, Warenzeichen, Ausstattung und sonstiger Schutzrechte zu vertreiben. (GUF: 72) **franquiciado** *m*

Franchisegeber *m ^Franchisor (GUF)^ ^Franchising^* (Komm) In deutschen Fachtexten ist auch die Schreibweise mit Bindestrich zwischen den beiden Wortgliedern zu finden: Franchise-Geber.; (expl) (...) Das Leistungsprogramm des Franchise-Gebers ist das Franchise-Paket; es besteht aus einem Beschaffungs-, Absatz- und Organisationskonzept, der Gewährung von Schutzrechten, der Ausbildung des Franchise-Nehmers und der Verpflichtung des Franchise-Gebers, den Franchise-Nehmer aktiv und laufend zu unterstützen und das Konzept ständig weiterzuentwickeln. (...) (HFT) (kon) In aller Regel wird der Franchisenehmer vom Franchisegeber werblich, organisatorisch, schulungs- und finanzmäßig unterstützt. (GUF: 72) **franquiciador** *m* (def) Persona que en un contrato de franquicia concede al franquiciado la explotación de ciertos productos o servicios bajo una misma denominación social o marca y unas condiciones comunes a un conjunto de establecimientos similares pertenecientes a la misma organización. El franquiciador busca diversificar su riesgo, disminuir sus costes fijos y expandir el negocio con una inversión no muy grande. (DEN); (kon) El franquiciador se interesa permanentemente por los resultados que el franquiciado va a conseguir. (BFF: 123)

Franchisenehmer *m* ^*Franchisee (GUF)*^ ^*Franchising*^ (Komm) In deutschen Fachtexten ist auch die Schreibweise mit Bindestrich zwischen den beiden Wortgliedern zu finden: Franchise-Nehmer.; (expl) (...) Aufgrund des Vertrages erhält das eine Unternehmen (...) gegen Zahlung eines einmaligen Betrages und/oder laufender Beträge die Genehmigung, unter genau festgelegten Bedingungen über bestimmte Rechte des anderen Unternehmens (...) zu verfügen. (HFT: 21); (kon) Der Franchisegeber (Franchisor) schließt Franchiseverträge mit vielen Franchisenehmern (Franchisees) ab, die Franchisees berechtigen bzw. verpflichten, bestimmte Leistungen des Franchisors unter Verwendung vorgegebener Namen, Warenzeichen, Ausstattung und sonstiger Schutzrechte zu vertreiben. (GUF: 72) **franquiciado** *m* (def) Persona que en un contrato de franquicia explota un negocio bajo la marca o nombre social de otra (franquiciador), beneficiándose de la práctica y la experiencia de ésta y de un nombre y publicidad comunes al conjunto de las franquicias de esa misma organización. (DEN); (kon) Los franquiciados deben desarrollar el negocio en unas condiciones comparables a las que tuvo la fórmula del franquiciador. (BFF: 123)

Franchising *n* ^*Franchisee*^ ^*Franchisegeber*^ ^*Franchisenehmer*^ ^*Franchisor*^ (def) (...) Franchising ist eine besondere Form der absatzwirtschaftlichen Kooperation, die finanzwirtschaftliche Aspekte für den Franchise-Geber wie auch vor allem für den Franchise-Nehmer mit sich bringt. Bei Franchising liegt eine vertraglich geregelte, auf Dauer angelegte Zusammenarbeit zwischen rechtlich selbstständig bleibenden Unternehmen zugrunde. Der Franchise-Geber erteilt dem Franchise-Nehmer gegen Zahlung einmaliger und/oder laufender Beträge die Genehmigung, in einem festgelegten Rahmen über bestimmte Rechte zu verfügen. Im Einzelnen handelt es sich um die Erlaubnis zur Benutzung einer Marke oder des Firmennamens des Franchise-Gebers, um die Erzeugung und/oder den Vertrieb einer Ware bzw. einer Warengruppe, um die Anwendung eines Produktionsverfahrens oder einer Rezeptur, um die Nutzung eines bestimmten Absatzprogramms. Der Franchise-Geber unterstützt den Franchise-Nehmer durch Beratung, Schulung usw. Im Rahmen des Franchise-Systems erfolgen Finanzierungsleistungen sowohl seitens des Franchise-Gebers als auch des Franchise-Nehmers. Dem Franchise-Nehmer werden verschiedene geregelte Pflichten übertragen. Er hat sich an eine im Einzelnen festgelegte äußere und innere Gestaltung des Geschäfts und der Geschäftsräume zu halten. Sortiment bzw. Produktionsprogramm sind ebenfalls genau fixiert. Außerdem müssen sich die Franchise-Nehmer der vorgegebenen Marken und Zeichen bedienen und die vorgeschriebene Preis- und Wettbewerbspolitik einhalten. Dadurch wird ein einheitliches Image in den Augen der Kunden erreicht, wie es z. B. auch beim Filialunternehmen der Fall ist. (BFL); (expl) Offizielle Definition des Deutschen Franchise-Verbandes: Franchising ist ein vertikal-kooperativ organisiertes Absatzsystem rechtlich selbständiger Unternehmen auf der Basis eines vertraglichen Dauerschuldverhältnisses. Das System tritt am Markt einheitlich auf und wird geprägt durch das arbeitsteilige Leistungsprogramm der Systempartner sowie durch ein Weisungs- und Kontrollsystem zur Sicherung eines systemkonformen Verhaltens. Das Leistungsprogramm des Franchise-Gebers ist das Franchise-Paket; es besteht aus einem Beschaffungs-, Absatz- und Organisationskonzept, der Gewährung von Schutzrechten, der Ausbildung des Franchise-Nehmers und der Verpflichtung des Franchise-Gebers, den Franchise-Nehmer aktiv und laufend zu unterstützen und das Konzept ständig weiterzuentwickeln. Der Franchise-Nehmer ist im eigenen Namen und für eigene Rechnung tätig; er hat das Recht und die Pflicht, das Franchise-Paket gegen Entgelt zu nutzen. Als Leistungsbeitrag liefert er Arbeit, Kapital und Informationen. (HFT: 22/23); (kon) Franchising ist ein Marketing-Kooperationssystem, das meist sehr ausgeprägte Finanzierungsakzente enthält. (GUF: 72) **franquicia** *f* (def) Contrato por el cual una empresa (franquiciadora) concede a otra (franquiciada) el derecho a vender sus productos o prestar sus servicios bajo su misma denominación social o marca, en un territorio determinado, a cambio de una compensación económica y de comprometerse a cumplir las normas en él establecidas. (DEN); (expl) Rechtsgrundlage: Boletín Oficial del Estado (BOE) 17-1-99 no. 15 art. 62: De la actividad comercial en régimen de franquicia 1) La actividad comercial en régimen de franquicia es la que se lleva a efecto en virtud de un acuerdo o contrato por el que una empresa denominada franquiciadora, cede a otra, denominada franquiciada, el derecho a la explotación de un sistema propio de comercialización de productos o servicios. 2) Las personas físicas o jurídicas que pretenden desarrollar en España la actividad de franquiciadores a que se refiere el apartado anterior, deberán inscribirse, en su caso, en el registro que pueden establecer las Administraciones competentes. 3) Asimismo, con una antelación mínima de veinte días a la firma de cualquier contrato o precontrato de franquicia o entrega por parte del futuro franquiciado al franquiciador de cualquier pago, el franquiciador deberá haber entregado al futuro franquiciado por escrito la información necesaria para que pueda decidir libremente y con conocimiento de causa su incorporación a la red de franquicia y, en especial, los datos principales de identificación del franquiciador, descripción del sector de actividad del negocio objeto de franquicia, contenido y características de la franquicia y de su explotación, estructura y extensión de la red y elementos esenciales del acuerdo de franquicia. Reglamentariamente se establecen las demás condiciones básicas para la actividad de cesión de franquicias (...).; (kon) La franquicia se ha desarrollado, con frecuencia, en sectores tradicionales cuya aparición en el mercado estaba en plena madurez o bien en descenso. (BFF: 137)

Franchisor *m* *^Franchisegeber (GUF)^* *^Franchising^* (Komm) Der Einfluss von Anglizismen auf die deutsche Wirtschaftssprache ist sehr groß. Um im internationalen Geschäftsverkehr zwischen Fachleuten eine reibungslose Kommunikation zu gewährleisten, wird in deutschen Wirtschaftstexten häufig der englische Terminus dem deutschen vorgezogen.; (kon) Häufiges Motiv für das Franchisesystem liegt darin, dass der Franchisor trotz knapper Finanzmittel expansives Marketing betreiben will. (GUF: 72) **franquiciador** *m*

Fremdemission *f* *^Emission^* *^Konsortium^* (def) (...) Die gängige Emissionsart ist jedoch die Fremdemission, bei der zur Platzierung der Wertpapiere ein Kreditinstitut bzw. ein Bankenkonsortium eingeschaltet wird. Dabei gibt es drei Möglichkeiten: 1. Die Bank tritt als Geschäftsbesorger auf. Ihre Funktionen beschränken sich dann lediglich auf Zeichnungs-, Vermittlungs- und Verwaltungstätigkeiten. Der emittierenden Unternehmung wird kein Kapital seitens der Bank zur Verfügung gestellt. 2. Die Bank führt den Verkauf kommissionsweise für Rechnung des Emittenten aus und erhält dafür eine Vergütung. 3. Die Bank tritt als Selbstkäufer auf, übernimmt die Wertpapiere zum Übernahmekurs und bietet sie zum höher liegenden Emissionskurs dem Publikum an. (BAL vs Emissionsarten); (kon) Die Fremdemission unter Mitwirkung von Banken ist die Regel, wobei diese die Papiere in konsortialer Form auf eigene Rechnung und Gefahr übernehmen oder lediglich für Rechnung des Emittenten kommissionsweise begeben. (GUF: 40) **emisión por medio de intermediarios** *f* (def) Es la modalidad más extendida de colocación en el mercado de obligaciones o pagarés, o de ampliaciones de capital. Los bancos que integran el sindicato de emisión adquieren la totalidad de los títulos, y se encargan de ofrecerlos al público a su entero riesgo, de modo que si en parte no pueden venderlos, han de quedarse con ellos. (TAM vs emisión asegurada en firme); (Komm) Die *emisión asegurada en firme* ist nur eine der drei Formen der Fremdemission. Sie entspricht Punkt 3 der deutschen Definition und Punkt a) der folgenden spanischen Explikation.; (expl) (...) Las ofertas directas al público son las más usuales, pueden ir dirigidas al público en general o a grupos especiales, tales como empleados, directivos, accionistas y clientes. En el primer caso, la venta se realiza a través de un intermediario financiero que actúa como distribuidor de los títulos. Los denominados bancos de inversión y las sociedades de valores actúan como intermediarios entre los emisores de los títulos y los posibles suscriptores. Sus funciones principales en el mercado primario de valores son las de »intermediario« y »consejero financiero«, además de actuar, en ocasiones, como garantía de la suscripción. El banco de inversión o sociedad de valores que va a intervenir en la operación puede seleccionarse directamente, mediante negociación, o a través de un concurso o subasta pública. En este segundo caso se constituye, habitualmente, un sindicato, ya sea de responsabilidad limitada o colectiva, con la finalidad de repartir el riesgo de la emisión. La venta de títulos por medio de intermediarios especializados de colocación presenta una de las tres modalidades siguientes: a) Venta en firme (aseguramiento). En este supuesto, se realiza directamente la compra de los valores mobiliarios que la empresa quiere colocar en el mercado, y asume el riesgo de quedarse con los invendidos. El beneficio será la diferencia entre los ingresos conseguidos por la venta de los títulos y el precio que ha pagado a la empresa, más los gastos de la operación. b) Venta a comisión (colocación). El banco o Sociedad de Valores actúa como mero intermediario entre la empresa y el público, cobrando una comisión por los títulos vendidos. c) acuerdo »stand by«. Es una venta a comisión con el compromiso de compra de los títulos invendidos a un precio especial. (RSF: 446/447)

Fremdfinanzierung *f* *^Eigenfinanzierung^* *^Finanzierung^* *^Finanzierung, externe^* (def 1) Finanzierung von Unternehmen mittels Fremdkapital. Fremdkapital steht der Unternehmung im Gegensatz zu Eigenkapital nur vorübergehend zur Verfügung. Maßnahmen zur Mittelbeschaffung im Bereich der Fremdfinanzierung richten sich daher auf Kapitalgeber, die nur Gläubigerrechte erwerben und an pünktlicher Erfüllung von Zins- und Tilgungsleistungen interessiert sind. Fremdkapitalgeber erlangen i. d. R. keinen Einfluss auf die Geschäftspolitik. Anspruch auf Anteile am Gewinn entsteht nicht (...), sondern lediglich Anspruch auf fristgerechte Zahlung vereinbarter Zahlungen, allerdings auch im Falle einer Verlustsituation. (...) (BAL); (def 2) Arten der F[remdfinanzierung]: 1) Externe F[inanzierung] (Kreditfinanzierung): Den Unternehmen werden liquide Mittel durch einen speziellen Finanzierungsakt zugeführt. 2) Interne F[inanzierung]: Den Unternehmen fließen im Rahmen des betrieblichen Umsatzprozesses liquide Mittel zu, die Aufwandsäquivalente darstellen, sodass für die zukünftigen Zahlungsverpflichtungen Rückstellungen gebildet werden. Die langfristige F[inanzierung] dient vor allem der Finanzierung des Anlagevermögens. (...) Die wichtigsten Instrumente der kurzfristigen F]inanzierng] sind der Kontokorrentkredit und der Diskontkredit (...) der Banken sowie der Lieferantenkredit und Kundenanzahlungen. (...) (LBW); (kon) Im Vergleich zur Fremdfinanzierung bietet die Bereitstellung von Eigenkapital auch den Vorteil, dass bei schlechter Geschäftslage kein Zinsanspruch besteht. (GUF: 11) **financiación ajena** *f* (def 1) Es la financiación de la empresa mediante fondos ajenos obtenidos o de créditos, préstamos, etc. o de los beneficios de su propia actividad mercantil. (DV); (def 2) Los medios de financiación de la empresa procedentes de los acreedores. Corresponden a los fondos acumulados por créditos, empréstitos, préstamos. Los fondos ajenos son deudas contraídas por la empresa. (DEE vs fondos ajenos); (kon) El balance no muestra cómo se han generado las pérdidas o los beneficios de una empresa, sino cómo ha financiado la empresa sus actividades. Indica la estructura del capital de la empresa separando la financiación propia de la financiación ajena. (SMA: 77/78)

Fremdkapital *n* *^Eigenkapital^* *^Fremdmittel (WDW)^* *^Kreditkapital^* *^Schulden (GWL)^* (def) Bezeichnung für die in der Bilanz ausgewiesenen Schulden der Unternehmung (Verbindlichkeiten und Rückstellungen mit Verbindlichkeitencharakter) gegenüber Dritten, die rechtlich entstanden oder wirtschaftlich verursacht sind. Gegensatz: Eigenkapital (GWL); (expl) Wenn in einem Finanzkontrakt die Rechte des Kapitalgebers und die Pflichten des Kapitalnehmers eher Zinszahlungen und Tilgungen zu einem festen Zeitpunkt zum Inhalt haben, spricht man von Fremdkapital. (SPR); (kon) Bei jeder Unternehmensrechtsform haftet das Eigenkapital bei Verlusten der Unternehmung gegenüber den Gläubigern an erster Stelle. Dadurch ist sichergestellt, dass Verluste das Fremdkapital erst dann berühren, wenn das Eigenkapital voll aufgezehrt ist. (GUF: 11) **capital ajeno** *m* *^capital externo^* *^recursos ajenos (TEE)^* (def) Dentro de las fuentes de financiación, los recursos ajenos comprenden los fondos obtenidos de terceras personas, que esterán reflejadas en las cuentas de Pasivo. Pueden dividirse en créditos de funcionamiento y créditos de financiación. (CDE vs recursos ajenos); (kon) Las instituciones de crédito son entidades que con recursos propios y ajenos realizan esencialmente operaciones crediticias y prestan subsidiariamente servicios mercantiles de otro tipo. (TEE: 962)

Fremdmittel *pl* *^Fremdkapital^*

Fristenkongruenz *f* *^Schuldscheindarlehen^* (def) (...) Postulat, dass der Kapitalbedarf seiner zeitlichen Bindung entsprechend finanziert wird (Kapitalbindungs- und Kapitalüberlassungsdauer müssen deckungsgleich sein). Langfristige Investitionen sind durch langfristiges Kapital (...) zu finanzieren, kurzfristige Investitionen durch kurzfristiges Kapital zu decken. (...) (BFL); (kon) Da ist zunächst einmal das Postulat der Fristenkongruenz, welches als goldene Finanzierungsregel bedeutet, dass die Geldbindungsdauer in Aktiva der Geldüberlassungsdauer vom Kapitalgeber entsprechen soll. (MOI: 259) **congruencia en el plazo** *f* (ÜV) (def) Para garantizar a largo plazo el equilibrio financiero de una empresa es necesario que sus necesidades financieras se financien con recursos cuya duración de cesión coincida con la duración de vinculación del capital. Es decir, las inversiones a largo plazo tienen que ser cubiertas por capitales a largo plazo y las inversiones a corto plazo con capitales a corto plazo. (DV)

fristgerecht *adj ^Fristigkeit^ ^termingerecht^* (Komm) Auch als Adverb möglich (siehe Kontextbeispiel im Deutschen). Im Gegensatz zum Terminus *termingerecht* liegt bei *fristgerecht* die Betonung auf einer Zeitspanne und nicht auf einem Zeitpunkt. (siehe Kommentar unten bei *en el plazo fijado*.; (def) unter Einhaltung einer bestimmten Frist (DAB); (kon) Liquiditätsrisiken bergen die Gefahr, Zahlungsverpflichtungen nicht fristgerecht oder gar nicht nachkommen zu können. **en el plazo fijado** *adv ^en el plazo determinado^* (Komm) Im Gegensatz zum Terminus *termingerecht* liegt bei *fristgerecht* die Betonung auf einer Zeitspanne und nicht auf einem Zeitpunkt. Zur Unterscheidung dieser beiden Termini wird im DDU vs plazo Folgendes aufgeführt: »(...) La legislación procesal con gran frecuencia, la doctrina también y los prácticos, se sirven como sinónimos, soslayando sutilezas técnicas, de los vocablos plazo y término. Sin embargo, discrepan en esencia, por cuanto el plazo es comprensivo de todo el lapso para actuar; en tanto que el término integra tan sólo su vencimiento o final. De ahí que, para ajustarse al léxico positivo, en no pocas especies de las insertas luego, sobre los distintos plazos, se haga remisión a los respectivos términos. (...).«; (def) cumplir con un plazo acordado (DV); (kon) El vendedor se compromete a otorgar la Escritura Pública de compraventa en el plazo fijado a favor del comprador o de cualquier persona o Sociedad que éste designe a tales efectos.

Fristigkeit *f ^fristgerecht^* (def) (...) Zeitdauer der Überlassung finanzieller Mittel bzw. der Bindung finanzieller Mittel (Investition). (...) (GWL); (kon) Im langfristigen Finanzplan sind die für den betreffenden Zeitraum vorgesehenen Investitionen des Unternehmens aufgrund der Anforderungen der einzelnen Unternehmensbereiche (bei Großunternehmen) nach Art, Höhe und Zusammensetzung sowie nach der Quelle oder Fristigkeit der Finanzierungsmittel ausgewiesen. (GUF: 109) **plazo** *m* (def 1) En un empréstito, tiempo que transcurre desde su emisión hasta su amortización, y en un crédito, período comprendido entre su concesión y su vencimiento. (DEN); (def 2) Tiempo o lapso fijado para una acción. (DDU)

Fungibilität *f ^Effekten^* (def) Bez[eichnung] für Waren, Devisen und Wertpapiere, bei denen die einzelnen Stücke oder bestimmte Mengen ohne weiteres ausgetauscht werden können. Fungibel sind vor allem Effekten. Vertretbarkeit des Wertpapiers durch ein anderes Wertpapier derselben Art und desselben Ausstellers über denselben Nennbetrag. Die Börse wird auch als Markt für fungible (vertretbare) Güter bezeichnet. Soweit bei Waren keine völlige Gleichmäßigkeit erwartet werden kann, (z. B. Getreide, Tabak, Kaffee, Baumwolle), können sie durch Typisierung fungibel gemacht und damit börsenmäßig gehandelt werden. (...) (BAL); (kon) Demgemäß werden Schuldscheindarlehen auch nicht an der Börse gehandelt, haben also nur relativ geringe Fungibilität. (GUF: 45) **fungibilidad** *f* (def 1) En el lenguaje financiero y económico en general, característica de determinados bienes consistente en la absoluta equivalencia, por su homogeneidad, entre elementos individuales de una determinada especie; de modo que pueden intercambiarse unos por otros en cualquier momento, sin que se aprecie ninguna diferencia; p. e. el dinero, las acciones de una sociedad, (...). (TAM vs fungible); (def 2) Sustituibilidad. (GAR); (kon) Todas las acciones podrán ser representadas por meras anotaciones en cuenta, en un Registro contable, sin el requisito previo de emisión de títulos, aunque debiendo concurrir también el requisito de la fungibilidad: (...). (CDS: 109)

Fusion *f* (def) (Verschmelzung) Rechtliche und wirtschaftliche Vereinigung zweier oder mehrerer vordem selbständiger Unternehmen. Eine Fusion kann durch Aufnahme einer anderen Unternehmung oder durch Neubildung vollzogen werden. Bei der Fusion durch Aufnahme verliert zumindest ein Unternehmen seine rechtliche und wirtschaftliche Selbständigkeit. Sein Vermögen wird auf die aufnehmende Unternehmung übertragen. Die Fusion durch Neubildung hat zur Folge, dass die Vermögen der beteiligten Unternehmen zusammengefasst und in eine neue Unternehmung eingebracht werden. Fusionsmotive sind Diversifikationsstreben, Streben nach Marktmacht, Zielsetzung der kostengünstigeren Massenproduktion, Konzentration der Kapitalkraft. (...) (BFL); (kon) Verschmelzung von Firmen: Auch die Fusion als die Verschmelzung zweier Unternehmen kann einen Kapitalbedarf auslösen, wenn die Gesellschafter beider Unternehmen nach der Verschmelzung in einer festgelegten Relation an der Unternehmung beteiligt sein sollen. (GUF: 9) **fusión** *f* (def 1) (...) Tiende principalmente a la eliminación de competencia y marcas comerciales, dominio de mercados, crecimiento, reagrupación de capitales, pase de mediana a gran empresa y otros fines. (...) (MDB); (def 2) (...) En toda una serie de legislaciones las fusiones están prohibidas o sometidas a control, para así evitar concentraciones económicas con posibilidades efectivas de restricción de la competencia. (...) (TAM); (def 3) (...) Una fusión entre dos empresas consiste en la adquisición de una empresa por otra y en la absorción de la empresa adquirida por parte de la empresa compradora. En general (...), la empresa compradora mantiene su razón social y adquiere los activos y las deudas de la empresa comprada, que deja de existir en el momento en que la integración se completa. Esta forma de proceder es lo que se conoce como »la fusión por absorción« que es la fusión típica. Junto a esta manera de actuar, existen otros tres procedimientos de llevar a cabo una adquisición: fusión por consolidación, adquisición de acciones sin integración y adquisición de activos. Fusión por consolidación: Se caracteriza por la creación de una nueva empresa, la cual es resultado de dos empresas que existían previamente y que dejan de hacerlo para transferir sus activos y sus deudas a la nueva entidad legal. (...). (AEE); (kon) La fusión de cualesquiera sociedades en una sociedad anónima nueva implicará la extinción de cada una de ellas y la transmisión en bloque a los respectivos patrimonios sociales a la nueva entidad que haya de adquirir por sucesión universal los derechos y obligaciones de aquéllas. (LSA art. 233, 1.)

G

Garantie *f ^Anzahlungsgarantie^ ^Ausschreibungsgarantie^ ^Bietungsgarantie^ ^Bürgschaft^ ^Gewähr^ ^Gewährleistungsgarantie^ ^Haftung^ ^Leistungsgarantie^ ^Liefergarantie^* (def) Im Sinne von Gewährleistung, auch von Bürgschaft. Abstraktes Zahlungsversprechen einer Bank (Garantiebank) für einen Garantieauftraggeber gegenüber dem Garantienehmer (Begünstigter). (GWL); (expl) Zum Katalog der Personalsicherheiten zählen neben der Bürgschaft die Garantie, der Schuldbeitritt und der Kreditauftrag. Wie die Bürgschaft ergibt sich die Garantie aus einem einseitig verpflichtenden Schuldvertrag. Der Garant verpflichtet sich, für einen in der Zukunft liegenden Erfolg einzustehen. Der Unterschied zur Bürgschaft besteht darin, dass die Garantie nicht akzessorisch, d. h. von der dem Vertragsabschluss zugrundeliegenden Forderung unabhängig ist. (WÖH); (Komm) In der Abstraktheit unterscheidet sich die *Garantie* von dem in Fachtexten sehr häufig synonym verwendeten Terminus *Bürgschaft*: Eine Garantie ist abstrakt, d. h. dass die Verpflichtung des die Garantie gewährenden Kreditinstituts vom Grundgeschäft (z. B. Kaufvertrag) unabhängig ist und in der Bundesrepublik Deutschland nicht gesetzlich geregelt ist.; (kon) Da die Garantie abstrakt ist, begründet sie die Verpflichtung des Garanten losgelöst vom Bestand der Hauptschuld. (GUF: 63) **garantía** *f ^fianza (DDU)^* (def) Toda obligación, constituída para asegurar el cumplimiento de otra principal, contraída por un tercero. Fianza es también la prenda dada por el contratante para asegurar el exacto cumplimiento de su obligación. Las partidas expresaban que era »la obligación que uno hace para seguridad de que otro pagará lo que debe, o cumplirá las condiciones de algún contrato«, así como »la convención por la cual un tercero toma sobre sí el cumplimiento de la obligación ajena, para el caso de que no la cumpla el que la contrató...« (DDU); (kon) Los acreedores de la sociedad de responsabilidad limitada tienen por sola garantía el activo social y no pueden entablar acción alguna contra los socios. (HAC: 167)

Garantieauftraggeber *m ^Garantiegeber^*

Garantiebegünstigter *m ^Garantienehmer^*

Garantiegeber *m ^Garantieauftraggeber^ ^Garantienehmer^ ^Garantiesteller (KSK)^* (def) Derjenige, der zugunsten eines Dritten eine Garantie übernimmt; oftmals eine Bank im Rahmen ihres Garantiegeschäfts. (BAL); (kon) Garantiegeber haften mit dem Garantievertrag dem Garantienehmer, für einen bestimmten künftigen Erfolg einzustehen oder für das Ausbleiben eines Erfolges Gewähr zu leisten. (GUF: 63) **garante** *m* (def) Persona que responde mediante una garantía de una obligación contraída por otra persona denominada garantizado. (DCE)

Garantienehmer *m* ^*Garantiebegünstigter (KSK)*^ ^*Garantiegeber*^ (def) Begünstigter aus einer Garantie. Derjenige, gegenüber dem sich ein anderer als Garant für einen Dritten verpflichtet, eine Garantie zu übernehmen. (BAL); (kon) Garantiegeber haften mit dem Garantievertrag dem Garantienehmer, für einen bestimmten künftigen Erfolg einzustehen oder für das Ausbleiben eines Erfolges Gewähr zu leisten. (GUF: 63) **beneficiario de la garantía** *m* ^*garantizado*^ (def) Persona por la que se responde mediante una garantía. (DCE); (kon) En verdad la contestación del deudor principal frente al acreedor está subordinada a la doble condición de que el garante haya pagado y sucesivamente se haya reembolsado del garantizado, mientras en el caso concreto se estaba todavía en el estadio de una simple solicitud de pago hecha por el acreedor al garante. (SCJ: 498 (II))

Garantiesteller *m* ^*Garantiegeber*^

Gattung *f* ^*Aktie*^ (def) Aktien können verschiedene Rechte gewähren, so bei Gewinnverteilung und Verteilung des Gesellschaftsvermögens (Liquidationserlöse) sowie bei der Ausübung des Stimmrechts. Aktien einer AG mit gleichen Rechten bilden eine Gattung. In der Jahresbilanz sind beim gezeichneten Kapital die Gesamtnennbeträge der Aktien jeder Gattung gesondert anzugeben. (...) (BAL vs Aktiengattungen); (kon) Laut § 11 AktG bilden Aktien mit gleichen Rechten eine Gattung. (GUF: 24) **clase** *f* (def) (...) [Las acciones] Pueden ser entre otras: a) nominativas; b) al portador; c) desembolsadas; d) no desembolsadas; e) acciones liberadas; f) acciones preferentes. (AEE vs acción); (expl) (...) En este precepto [la reforma de la L.S.A.] se acaba con el confusionismo del artículo 37 de la Ley anterior al distinguir entre clases y series de acciones, quedando muy claro que la clase constituye el género y la serie la especie, puesto que cada clase puede comprender varias series. Todas las acciones de la misma clase tendrán el mismo contenido de derechos ya sean ordinarias o privilegiadas; y cada serie estará constituida por acciones de idéntico valor nominal, lo que implica que dentro de una misma clase se puedan contener varias series de acciones de distinto valor nominal. (...) (NLS: 53); (kon) (...) El número de acciones en que estuviera dividido el capital social; su valor nominal; su clase y serie, si existieren varias, con exacta expresión del valor nominal, número de acciones y derechos de cada una de las clases; el importe efectivamente desembolsado; y si están representadas por medio de títulos o por medio de anotaciones en cuenta. En caso de que se representen por medio de títulos, deberá indicarse si son nominativas o al portador y si se prevé la emisión de títulos múltiples. (LSA art. 8. g)

Gebühren *fpl* ^*Abgaben*^ (def 1) Abgaben für die Inanspruchnahme einer öffentlichen Institution bzw. für Dienstleistungen im öffentlichen Interesse (Rechts-, Gesundheitswesen, usw. (...). (LKC); (def 2) (...) Im Gegensatz zu Beiträgen belasten G[ebühren] den Einzelnen, der die öffentliche Leistung tatsächlich in Anspruch nimmt; das Einzelmitglied, nicht eine Gruppe als Ganzes gilt als Leistungsempfänger (...). (GWL); (kon) Die in Deutschland besonders hohen Gebühren für die Flugsicherung und die Abfertigung auf den Flughäfen konnten gegenüber dem Vorjahr durch Verhandlungen sogar gesenkt werden. **tasas** *fpl* ^*tarifa (DEN)*^ (Komm) Für den Terminus *Gebühren* gibt es im Spanischen je nach Kontext folgende Übersetzungsmöglichkeiten: Fallen die Gebühren bei Kreditinstituten oder im Rahmen einer Vermittlungstätigkeit (z. B. Maklergebühren) an, so bieten sich die Übersetzungen *comisión* oder *gastos* an. Gebühren, die bei Leasing- oder Factoringgeschäften anfallen, sollten mit *derechos de franquicia* übersetzt werden. Im Unterschied dazu beziehen sich die Termini *tarifa* und *tasa* auf Abgaben, die beispielsweise für die Inanspruchnahme öffentlicher Institutionen entrichtet werden (vgl. die hier angeführten Definitionen).; (def 1) Empleada la voz como sinónimo de tarifa, y más todavía por impuesto, constituye galicismo. (...) En la definición legal, tasas son los tributos cuyo hecho imponible consiste en la utilización del dominio público, la prestación de un servicio público o la realización por la Administración de una actividad que se refiera, afecte o beneficie de modo particular al sujeto pasivo (art. 26). (DDU); (def 2) Lista en la que se recogen los distintos precios de venta de un producto o servicio; este término es mucho más utilizado en el caso de que éstos sean públicos (tarifa telefónica, tarifas del transporte público, etc.). (DEN vs tarifa); (def 3) En el ámbito impositivo, tributo cuyo hecho imponible consiste en la prestación de servicios o la realización de actividades en régimen de derecho público que se refieran, afecten, o beneficien a los sujetos pasivos, siempre que sean de solicitud o recepción obligatoria y que no puedan prestarse o realizarse por el sector privado (...). (DEN); (kon) Además de los impuestos estatales sobre los beneficios, existen también tasas de tipo local que gravan la cifra de negocios (varían entre el 0,1% y el 0,2%, dependiendo de la región) o el total de la nómina (entre el 0,2% y el 0,38%) (REE: 34)

Gegenleistung *f ^Leistung^* (def) Leistung als Erwiderung einer erbrachten Leistung (DAB); (kon) Auf dieser Basis [Rechtsgrundlagen für Anleihen] lassen sich Obligationen, Schuldverschreibungen als verkehrsfähige Urkunden definieren, mit denen sich ausstellende Schuldner gegenüber dem Gläubiger zu bestimmten Gegenleistungen (Zinszahlungen) für die Gewährung eines langfristigen Darlehens verpflichten. (GUF: 39/40) **contraprestación** *f ^contrapartida (SAN)^* (def) Prestación que ha de realizar una parte contratante, por razón de la que ha recibido o debe recibir. (GDJ); (kon) El concepto legal de salario incluye no sólo lo percibido como contraprestación del trabajo efectivo sino también de »los periodos de descanso computables como de trabajo«. (CDT: 378)

Gegenwert *m ^Leistung^* (def) einem anderen Wert entsprechender Wert, Ausgleich (WDW); (kon) Die Bank behält Zinsen für die Restlaufzeit – den Diskont(abschlag) ein – und schreibt lediglich den Gegenwert des Wechsels gut. (GUF: 52) **contravalor** *m* (def) Equivalencia entre dos magnitudes. (DTB); (kon) El programa [programa de conversión de la deuda externa en proyectos medioambientales] permite convertir deuda externa de Costa Rica hasta un importe máximo de 4,68 millones de dólares USA y 50,97 millones de pesetas. Con la aplicación del programa, España condonará el 100% de la deuda concesional (deuda derivada de préstamos FAD), que venza entre el 5 de abril de 1999 y el 31 de diciembre del año 2015, y Costa Rica depositará el 100% del contravalor de la deuda condonada en colones costarricenses en el fondo para el programa medioambiental de Costa Rica-España. (REE: 65)

Gehalt *n ^Arbeitsentgelt^* (def) Gehälter sind auf die Perioden (Monate) bezogene Arbeitsvergütungen für Angestellte. Sie werden als Bruttobeträge, d. h. einschließlich der Arbeitgeberanteile an den gesetzlichen Sozialleistungen erfasst und umfassen auch die Gesamtbezüge des Vorstandes (bei Aktiengesellschaften) sowie die Nebenbezüge der Gehaltsempfänger, inklusive den Gegenwerten für Sachleistungen aller Art. (...) In der Regel stellen Gehälter intervallfixe Kosten dar. Solange die Betriebsbereitschaft einer Kostenstelle aufrechterhalten werden soll, sind alle Gehaltskosten absolut fixe Kosten. (...) (LKC); (kon) In einem Unternehmen fallen ständig die verschiedensten Ausgaben an: Fällige Wechsel müssen bezahlt, vorgelegte Schecks eingelöst, Löhne und Gehälter gezahlt werden, Steuern sind zu bestimmten Terminen zu entrichten. (GUF: 81) **sueldo** *m* (Komm) Die Termini *salario* und *sueldo* werden in spanischen Fachtexten nicht einheitlich verwendet. Eine Begriffsdifferenzierung, die im Deutschen zwischen *Gehalt* und *Lohn* gemacht wird, ist im Spanischen nicht gegeben (vgl. Kommentar zu *Lohn*).; (def) Retribución de un empleado. Viene fijada por mes o por año, y es independiente de las horas efectivamente trabajadas o de la cantidad de productos abricados. El término salario es más general (...). (EEE).; (kon) La presente orden se aplicará sobre los sueldos o salarios que se devenguen a partir de 1 de diciembre del año en curso (...). (RES: 20)

Geld *n ^Zahlungsmittel^* (def 1) Geld ist begrifflich nicht eindeutig abgrenzbar. Vielfach wird es nach seinen Funktionen definiert. Damit ein Gut als Geld bezeichnet werden kann, muss es als allgemeines Zahlungsmittel, als Schuldentilgungsmittel und als Wertaufbewahrungsmittel anerkannt sein; häufig wird auch noch die Eigenschaft der allgemeinen Recheneinheit (...) verlangt. Solche Funktionen erfüllen die gesetzlichen Zahlungsmittel und die Sichteinlagen (...) bei Banken. Aber auch Termin- oder Spareinlagen und Forderungen gegenüber bestimmten Nichtbanken wie Versicherungen und Bausparkassen können in diesem Sinne Geldcharakter besitzen, weshalb sie auch als Quasigeld bzw. near money bezeichnet werden. Geld lässt sich auch als Gut höchster Liquidität definieren. Diese Eigenschaft weisen Bargeld und Buchgeld auf, nicht jedoch Quasigeld oder andere Aktiva, bei deren Umwandlung in Zahlungsmittel Kosten entstehen, die jedoch andererseits i. d. R. (Zins-) Erträge bringen. Während früher Geld durch Prägung von Gold und Silber einen Substanzwert aufwies, ist Geld heute meist völlig stoffwertlos; es entsteht durch Geldschöpfung bei Zentral- und Geschäftsbanken, weshalb es sich um Kreditgeld handelt. (GLV); (def 2) Geld ist das vom Staat (»gesetzliches Zahlungsmittel«) oder vom Verkehr allgemein als Wertmaßstab und Recheneinheit anerkannte Tauschmittel (...) (CRL); (def 3) Geld oder

Zahlungsmittel sind Aktiva, die aufgrund von Marktkonventionen oder gesetzlicher Verpflichtung vom Gläubiger zur Abdeckung von Verbindlichkeiten angenommen werden. (...) (GWL); (def 4) Die Ökonomik hat es bisher nicht vermocht, einen allgemeinen akzeptierten Begriff des Geldes vorzulegen. (...) Einzelne Autoren nennen mehr als ein Dutzend verschiedener Geldfunktionen. (...) Geld diene als Recheneinheit, als generelles Tauschmittel und schließlich als Wertaufbewahrungsmittel. Die genannten Funktionen kreisen somit mehr oder weniger eng um den Tausch. (...) Das Geld ist eine gesellschaftliche Institution, ein soziales Konstrukt. Insoweit ähnelt das Geld der Sprache. Beide Male handelt es sich um ein »dialektisches« Verhältnis zwischen scheinbarem Subjekt und Objekt: Menschen haben die Kommunikationsmedien hervorgebracht und werden zugleich von ihnen geprägt. Der Umgang mit Geld (und Sprache) stellt freilich nicht nur den mehr oder weniger sporadischen Gebrauch eines Werkzeugs zu einem gegebenen Zweck dar, sondern die zwangsläufig permanente Benutzung modifiziert das Verhältnis der Person zu dem, was sie anstrebt. (...) (KEL); (kon) Die Gründung als ein betriebswirtschaftlicher Vorgang beinhaltet Fragen der Planung, der Organisation, der Beschaffung von Geld, Sachmitteln sowie Arbeitskräften und schließlich auch die Erfüllung von verschiedenen Rechtsvorschriften. (GUF: 10) **dinero** *m* (def) Cualquier mercancía ampliamente aceptada como un medio de cambio y medida de valor en pago de bienes y servicios o como descargo de deudas y obligaciones. (...) El dinero actúa como: a) Un medio de cambio. Fundamentalmente debe aceptarse en el intercambio de bienes y servicios y dar a su propietario el poder de comprar bienes y servicios. b) Una medida del valor. Debe utilizarse para comparar el valor de bienes y servicios entre sí con referencia a la mercancía patrón; es decir, debe ser capaz de utilizarse como unidad de cuenta. c) Una medida de pagos diferidos. Los individuos que convienen en recibir el pago en fechas futuras, deben estar seguros de que el valor que recibirán entonces no será inferior al valor de la fecha de la transacción. d) Un almacén de valor. El dinero no debe deteriorarse con el tiempo y su poseedor debe poder retenerlo de un modo indefinido como un medio de cambio. Las propiedades o cualidades del dinero deben deducirse de sus funciones; divisibilidad: el dinero debe ser divisible en unidades de cuenta conveniente; indestructibilidad: no debe deteriorarse ni gastarse con el tiempo y son pocas las monedas que satisfacen este requisito; estabilidad de su valor; su valor no debe fluctuar ampliamente en el tiempo; homogeneidad: todas las unidades deben ser de la misma calidad; reconocibilidad: para desanimar las falsificaciones; de fácil manejo: debe poseer un alto valor de cambio en relación con su volumen y este atributo se hace menos importante cuanto mejor desarrollado está el sistema crediticio. Todas estas propiedades están implicadas en la propiedad fundamental de la aceptabilidad: debe tomarse a cambio de bienes y servicios. (...) (SDE) (Komm) Die Definitionen zeigen, dass eine genaue Abgrenzung des Begriffs *Geld* nicht möglich ist. Besonders deutlich wird dies beim Vergleich mit dem Medium *Sprache*, wie (def 4) im Deutschen zeigt: Über Jahrhunderte hinweg haben die Menschen die Funktion des Geldes, wie die der Sprache, immer wieder neu an die Bedürfnisse ihrer Umwelt angepasst. Geld unterlag einem Zeiten- und Gesellschaftswandel, der sich auf die Ausgestaltung seines Begriffs so bereichernd auswirkte, dass er schliesslich nicht mehr fassbar war. Im spanischen Código Civil wird die Schwierigkeit der Abgrenzung des Begriffs folgendermaßen formuliert: »El dinero y la moneda reciben del legislador civil y mercantil una numerosa y variada denominación peculiar según la función y finalidad con que intervienen en el intercambio patrimonial de las cosas, bienes y servicios; así se habla de »metálico«, »efectivo«, »precio«, »renta«, »interés«, etc., pudiéndose apreciar más de noventa acepciones diversas. (...)«; (kon) El dinero es un bien de uso común en toda clase de transacciones que permite la partición de una operación de trueque, en la que se da una compraventa simultánea de mercancías, en dos operaciones separadas de intercambio. (EPE: 32)

Gelder *npl* ^*Zahlungsmittel*^ (Komm) Im Vergleich zur Singularform *Geld*, bei der es Schwierigkeiten bezüglich der Begriffsabgrenzung gibt, kann bei der Pluralform festgestellt werden, dass in den konsultierten Wörterbüchern der Terminus *Gelder* weder lemmatisiert noch beim Lemma *Geld* auf die Pluralform verwiesen wird. Im Gespräch mit Ökonomen stellte sich heraus, dass dieser Begriff »finanzielle Mittel« impliziert, die in der Regel im Zusammenhang mit Unternehmen, Organisationen, Regierungen etc. eingesetzt werden.; (def) finanzielle Mittel (DV); (kon) Die Fälle, in denen eine finanzielle Überdeckung eintritt, also überflüssige Gelder in der Kasse oder auf den Bankkonten ruhen, dürften in der Praxis seltener auftreten. (GUF: 82) **recursos financieros** *mpl ^fondos (DEI)^ ^recursos (DEI)^* (def) Fuentes de financiación, recogidas en el pasivo de la empresa, que se materializan en las inversiones o activo de ésta. Según su origen o naturaleza se distinguen varias categorías: créditos a corto, medio y largo plazo, financiación interna y externa y capitales permanentes y no permanentes. (DEN); (kon) Las empresas quiebran cuando los recursos financieros disponibles no alcanzan a hacer frente a los compromisos vencidos. (CSC: 15)

Geldmarkt *m ^Kapitalmarkt^ ^Markt, monetärer (HFW)^* (def) Genauso wie es einen Markt für Waren und Leistungen gibt, hat auch Geld einen Markt. Die Gesamtheit des Angebots und der Nachfrage nach Geld nennt man den monetären Markt, manchmal auch den Kreditmarkt. (HFW); (kon) [Kleine Geldinstitute] holen sich ihre Liquidität am Geldmarkt von den großen Banken, die entsprechend mehr von der EZB besorgen, als sie selbst brauchen. (http://ockenfels.uni-koeln.de) **mercado monetario** *m ^mercado de dinero (TAM)^* (def) Mercado en el que se negocian activos financieros a corto plazo (de vencimiento inferior al año). Dichos activos se negocian en forma de créditos, de manera que el mercado de dinero es un mercado de crédito. El papel del mercado de dinero consiste en asegurar que los fondos líquidos o semilíquidos de la economía estén distribuidos y empleados de forma óptima. También se le denomina mercado monetario. (AEE vs mercado de dinero); (kon) Según las características de los títulos que se negocian, los mercados financieros se clasifican en mercados monetarios y mercados de capitales. (SMA: 121)

Generalversammlung (1) *f ^Hauptversammlung^* (Komm) Während *Generalversammlung* im Deutschen ein Oberbegriff für die Versammlung der Gesellschafter aller Unternehmensformen ist, wird im Spanischen zwischen der *junta general* (Gesellschaftsformen: sociedades anónimas und sociedades de responsabilidad limitada) sowie der *asamblea general* (Gesellschaftsform: cooperativas) unterschieden.; (def) Auf Gesetz beruhende Versammlung der Gesellschafter a) einer AG: Hauptversammlung, b) einer GmbH: Gesellschafterversammlung (Gesellschaft mit beschränkter Haftung (GmbH) V), c) einer Genossenschaft: Generalversammlung (Genossenschaftsorgane 3). Die G[eneralversammlung] beschließt insbes. über den Jahresabschluss, die Gewinn- und Verlustverteilung über die Entlastung von Vorstand und Aufsichtsrat, sowie über Änderungen der Satzung. (GWL); (kon) Andererseits ist sie juristische Person, die besonders auch in ihrem organisatorischen Aufbau mit Vorstand, Aufsichtsrat und Generalversammlung als Beschlussorgan Wesenszüge einer Kapitalgesellschaft trägt. (GUF: 30) **junta general** *f* (def) Organo deliberante supremo de las sociedades, de carácter necesario en las sociedades anónimas tal como prevé su ley especial (...). En estas sociedades la junta decide por mayoría en los asuntos de su competencia. Es difícil determinar la línea divisoria con carácter general entre lo que es de la competencia de la junta general y del órgano de la administración, y habrá que estar a lo que dispongan los estatutos, respetando el carácter soberano de la junta en punto a cuestiones de organización o estructura interna de la sociedad en sí y a la que son las naturales consecuencias de la composición y funcionamiento de uno y otro órgano. En cualquier caso la competencia de la junta no se extiende fuera de los límites que marca el carácter corporativo de la participación de los socios en la sociedad. La junta general puede ser ordinaria o extraordinaria, según sus reuniones estén o no previstas en la hoja de estatutos, pero una y otra tienen el mismo ámbito de competencia. Necesariamente ha de reunirse en los seis primeros meses de cada ejercicio para deliberar y resolver acerca de las cuentas y gestión del ejercicio precedente. (...) La junta debe constituirse regularmente con la asistencia de socios que señalen los estatutos (...). La junta se celebrará en el lugar en el que la sociedad tenga su domicilio. Tienen derecho de asistencia los titulares de acciones que acrediten su titularidad como determina el artículo 104. El accionista puede hacerse representar en la junta por otra persona sea o no accionista, salvo que los estatutos nieguen esta facultad o exijan que la representación pueda conferirse sólo a otro accionista. (...) Pueden asistir a la junta, salvo que los estatutos lo prohiban, los gerentes y administradores. Los estatutos pueden autorizar la asistencia de cualesquiera tengan interés en la marcha de la empresa. Los asistentes no accionistas tienen voz, pero carecen de voto. (...) En la sociedad de responsabilidad limitada sólo es exigida la junta general cuando el número de socios exceda de quince o cuando lo exijan los estatutos. En las demás sociedades, la escritura respectiva proveerá. (ESJ vs junta general de socios); (kon) Los accionistas, constituidos en junta general debidamente convocada, decidirán por mayoría en los asuntos propios de la competencia de la junta. (L.S.A. art. 93) **Generalversammlung (2)** *f* **asamblea general** *f* (def) Es el órgano deliberante de las sociedades cooperativas. (...) La asamblea general, integrada por los socios, y en su caso los asociados, es el órgano supremo de expresión de la voluntad social, y sus acuerdos se imponen en todos aquellos, incluso a los disidentes y a los que no hayan participado en la reunión. Tiene las más amplias facultades de orden a los asuntos propios de la cooperativa. En un principio cada socio tiene derecho a un voto, sin perjuicio de que en las cooperativas de primer grado, que no sean de vivienda o de consumo, puedan establecer los estatutos un voto plural. Los acuerdos se adoptan por mayoria simple, y los que sean contrarios a la ley o a los estatutos pueden ser impugnados en juicio declarativo ordinario o por un procedimiento especial, similar a la impugnación de los acuerdos sociales de la [sic.] sociedades anónimas. (ESJ vs asamblea general (cooperativas))

Genosse *m* *^Genossenschaft^* (def) Mitglied einer Genossenschaft (GWL); (expl) Rechtsgrundlage: § 15 GenG [Genossenschaftsgesetz]: 1) Nach der Anmeldung des Statuts zum Genossenschaftsregister bedarf es zum Erwerb der Mitgliedschaft einer von dem Beitretendem zu unterzeichnenden, unbedingten Erklärung des Beitritts. 2) Der Vorstand hat die Erklärung im Fall der Zulassung des Beitretenden behufs Eintragung desselben in die Liste der Genossen dem Gericht (...) einzureichen. Die Eintragung ist unverzüglich vorzunehmen. 3) Durch die Eintragung, welche auf Grund der Erklärung und deren Einreichung stattfindet, entsteht die Mitgliedschaft des Beitretenden. 4) Von der Eintragung hat das Gericht den Genossen und den Vorstand zu benachrichtigen: der Genosse kann auf die Benachrichtigung nicht verzichten. Die Beitrittserklärung wird in Urschrift bei dem Gericht aufbewahrt. Wird die Eintragung versagt, so hat das Gericht hiervon den Antragsteller unter Rückgabe der Beitrittserklärung und den Vorstand in Kenntnis zu setzen.; (kon) Die externe Aufbringung von Eigenkapital ist im Rahmen einer Kapitalerhöhung sowohl durch eine Erhöhung bereits gezeichneter Geschäftsanteile als auch durch die Aufnahme neuer Genossen möglich. (GUF: 30) **socio cooperativo** *m* *^cooperativista (CAV)^* *^socio (DEI)^* (Komm) Wenn aus dem Kontext hervorgeht, dass sich der Terminus *socio* auf ein Mitglied einer Genossenschaft bezieht, wird auf das Adjektiv *cooperativo* verzichtet. In Fällen, in denen der Terminus *socio* jedoch nicht ausreicht, um die Zugehörigkeit einer Person zu einer Genossenschaft deutlich zu machen, wird der Terminus *socio cooperativo* vorgezogen.; (def) Persona que forma parte de una cooperativa y que se caracteriza por tener los mismos derechos que todos los demás socios de la cooperativa, por no responder personalmente de las deudas sociales a no ser que los estatutos establezcan lo contrario, por tener la obligación de participar en la actividad empresarial de la cooperativa, por tener la posibilidad de percibir un interés por su aportación al capital y por no participar directamente en los posibles excedentes del balance de fin de ejercicio. (DEN) ; (expl) Rechtsgrundlage: Art. 29 de la Ley de Sociedades Cooperativas: Personas que pueden ser socios. 1. En las Cooperativas de primer grado pueden ser socios, tanto las personas físicas como las jurídicas, públicas o privadas, con las salvedades establecidas en el capítulo XII. En las Cooperativas de segundo o ulterior grado sólo pueden ser socios las Sociedades Cooperativas, salvo lo establecido en el artículo 30 y en el número 1 del artículo 148. 2. Nadie podrá pertenecer a una Cooperativa a título de empresario, contratista, capitalista u otro análogo, respecto de la misma o de los socios como tales.

Genossenschaft *f* *^eG^* *^Genosse^* (def) Gesellschaft mit nicht geschlossener Mitgliederzahl, die die Förderung des Erwerbs und der Wirtschaft ihrer Mitglieder mittels gemeinschaftlichen Geschäftsbetriebes bezweckt. Die Firma muss die Bezeichnung »eingetragene Genossenschaft« oder kurz »eG« enthalten, jedoch darf kein Zusatz beigefügt werden, der darauf hindeutet, ob und in welchem Umfang die Genossen zur Leistung von Nachschüssen verpflichtet sind. Im Statut müssen jedoch Bestimmungen darüber enthalten sein, ob die Genossen für den Fall, dass die Gläubiger im Konkurs der Genossenschaft nicht befriedigt werden, Nachschüsse zur Konkursmasse unbeschränkt auf eine bestimmte Summe (Haftsumme) oder überhaupt nicht zu leisten haben. Die Genossenschaft, die mindestens sieben Mitglieder haben muss, hat einen Vorstand und einen Aufsichtsrat; Hauptorgan ist die Mitgliederversammlung (Generalversammlung). Sie ist in das Genossenschaftsregister einzutragen. Durch Beitrittserklärung kann man Mitglied der Genossenschaft werden. In der Generalversammlung können die Genossen ihre Rechte ausüben, wobei jeder Genosse unabhängig von der Höhe seines Geschäftsguthabens bzw. Anzahl seiner Geschäftsanteile nur eine Stimme hat. (BAL); (expl) Rechtsgrundlage: GenG § 1: (...) Gesellschaften von nicht geschlossener Mitgliederzahl, welche die Förderung des Erwerbes oder der Wirtschaft ihrer Mitglieder mittels gemeinschaftlichen Geschäftsbetriebes bezwecken (Genossenschaften), namentlich: 1. Vorschuss- und Kreditvereine, 2. Rohstoffvereine, 3. Vereine zum gemeinschaftlichen Verkauf landwirtschaftlicher oder gewerblicher Erzeugnisse (Absatzgenossenschaften, Magazinvereine), 4. Vereine zur Herstellung von Gegenständen und zum Verkauf derselben auf gemeinschaftliche Rechnung (Produktivgenossenschaften), 5. Vereine zum gemeinschaftlichen Einkauf von Lebens- oder Wirtschaftsbedürfnissen im großen und Ablass im kleinen (Konsumvereine), 6. Vereine zur Beschaffung von Gegenständen des landwirtschaftlichen oder gewerblichen Betriebes und zur Benutzung derselben auf gemeinschaftliche Rechnung, 7. Vereine zur Herstellung von Wohnungen, erwerben die Rechte einer »eingetragenen Genossenschaft« nach Maßgabe dieses Gesetzes. 2) Eine Beteiligung an Gesellschaften und sonstigen Personenvereinigungen einschließlich der Körperschaften des öffentlichen Rechts ist zulässig, wenn sie 1. Der Förderung des Erwerbs oder der Wirtschaft der Mitglieder der Genossenschaft oder, 2. ohne den alleinigen oder überwiegenden Zweck der Genossenschaft zu bilden, gemeinnützigen Bestrebungen der Genossenschaft zu dienen bestimmt ist.; (kon) Als Gesellschaft mit nicht geschlossener Mitgliederzahl ist die Genossenschaft eine Personenvereinigung. (GUF: 30) **cooperativa** *f* ^*sociedad cooperativa (CSC)*^ (def) Sociedad compuesta por una asociación de personas que aportan un fondo común, y que se repartirán los beneficios en función de los excedentes. (...) Históricamente, las cooperativas surgieron como un medio de asociación económica de los trabajadores y productores, como asociaciones de tipo mutualista para mejorar su situación social y abaratar los productos de consumo. En la actualidad, el cooperativismo responde a una exigencia constitucional, ya que el art. 129 de la CE contiene un mandato hacia los poderes públicos de promover eficazmente las diversas formas de participación en la empresa y fomentar las sociedades cooperativas mediante la legislación adecuada. Las sociedades cooperativas se constituirán mediante escritura pública, que se inscribirá en el Registro de Cooperativas, momento a partir del cual adquirirán personalidad jurídica. La escritura de constitución deberá contener los estatutos sociales, que pueden ser objeto de calificación previa a su inscripción por el Registro. Es preciso un número mínimo de socios que será de cinco para las cooperativas de primer grado y de dos para las de segundo y ulterior grado. El capital social es variable, dependiendo del número de socios que haya en cada momento, si bien deberá haber un capital social mínimo que vendrá consignado en los estatutos. Este capital está integrado por las aportaciones obligatorias y voluntarias de los socios y asociados y se acreditarán mediante títulos nominativos, que en ningún caso tendrán la consideración de títulos valores, o mediante libretas de participación. (DEI); (expl) Rechtsgrundlage: Art. 1 de la Ley 3/1987, de 2 de abril: 1) Las Cooperativas son Sociedades que, con capital variable y estructura y gestión democráticas, asocian, en régimen de libre adhesión y baja voluntaria, a personas que tienen intereses o necesidades socio-económicas comunes, para cuya satisfacción y al servicio de la comunidad desarrollan actividades empresariales, imputándose los resultados económicos a los socios, una vez atendidos los fondos comunitarios, en función de la actividad cooperativizada que realizan. 2. Cualquier actividad económica podrá ser organizada y desarrollada mediante una Sociedad constituida al amparo de la presente Ley. 3. Las cooperativas se ajustarán en su estructura y funcionamiento a los principios formulados por la Alianza Cooperativa Internacional en los términos establecidos en la presente Ley.; (kon) Los planteamientos ideológicos del cooperativismo fueron enriquecidos por pensadores sociales y aplicados con criterios operativos a las cooperativas. (CSC: 16)

Genussschein *m* (def) 1. Begriff: Urkunde, die Rechte verschiedener Art (vornehmlich Genussrecht am Reingewinn oder am Liquidationserlös) an einer Unternehmung unabhängig von der Rechtsform verbrieft, im Gegensatz zur Aktie, die Gesellschaftsrechte beurkundet. 2. Arten: a) G[enussscheine] können als Inhaberpapiere, Namenspapiere oder Orderpapiere ausgegeben werden. Weitere Unterscheidungen: b) Nach der Form: (1) Nominalpapier, auf bestimmte Summe lautend; (2) Quotenpapier, auf prozentualen Anteil am Gewinn oder Liquidationserlös lautend. c) Nach dem Inhalt: (1) G[enussscheine] mit Anspruch auf Gewinnbeteiligung; (2) G[enusscheine] mit Anspruch auf Anteil am Liquidationserlös; (3) G[enussscheine] mit Anspruch auf Zahlung einer bestimmten Summe. 3. Ausgabe: a) G[enussscheine] können ausgegeben werden (1) als Entschädigung für Forderungserlass bei Sanierung, (2) als Dividendenausgleich, (3) als Aktienersatz für ausscheidende Gesellschafter. b) Die Ausgabe darf nur auf Beschluss der Hauptversammlung mit Zustimmung von mindestens 75 % des anwesenden Kapitals erfolgen (§ 221 AktG). c) Die Aktionäre haben grundsätzlich ein Bezugsrecht. 4. G[enussscheine] sind Eigenkapital, wenn kein Kündigungsrecht seitens des G[enussschein-]Inhabers besteht; Fremdkapital, wenn Kündigungsrecht besteht. (GWL); (kon) Gründe für die Ausgabe von Genussscheinen sind beispielsweise die Einlage schwerbewertbarer Rechte, Sachen oder Leistungen, Zuzahlungen der Aktionäre oder Ablösung von Gläubigerrechten bei der Sanierung, Ablösung von Vorrechten der Vorzugsaktionäre, Durchführung einer Kapitalerhöhung, wenn zum Emissionszeitpunkt der Börsenkurs der Aktien unter pari steht. (GUF: 25) **bono de disfrute** *m* (Komm) El *Genussschein* es un fenómeno que no tiene una equivalencia absoluta en el derecho español, tampoco se trata en todo caso de bonos de disfrute. El problema del *Genussschein* como producto financiero radica ante todo en su dispar tratamiento fiscal en los distintos paises: en España los rendimientos están sometidos a una retención importante (superior al 30%) al estar considerados como dividendos. Éste es en la práctica el principal impedimiento que se encuentra a la hora de colocar el producto en España, ya que el otro aspecto problemático (la posibilidad de riesgo de que no sean pagados intereses cuando el emisor del *Genussschein* no obtenga beneficios, y riesgo de perder el principal) es muy difícil de que se dé, pues quedaría en entredicho el prestigio de la entidad financiera alemana.; (def) Son títulos que se entregan a los titulares de acciones amortizadas como consecuencia de algunas operaciones de reducción del capital social. En virtud de estos títulos, el accionista afectado, aun habiendo recibido el valor nominal de las acciones amortizadas, no queda desligado de la sociedad de modo definitivo. Ya que tales títulos o bonos le otorgan el derecho a seguir participando en los beneficios y en la cuota de liquidación. En cambio tales títulos no le confieren: ni el derecho de voto, ni el derecho de información. Por tanto, dejan de ser accionistas – su participación ya no es una parte alícuota del capital social – y de ahí sea incorrecta la expresión acciones de goce o de disfrute con que se conoce en la práctica. (DEE); (kon) (...) Los bonos de disfrute entregados a los titulares de acciones amortizadas en virtud de reembolso no atribuyen el derecho de voto. (LSA art. 48, 3.)

Geschäft (1) *n* *^Geschäftsführung^* *^Geschäftsjahr^* (def) (...) Bezeichnung für eine Unternehmung und für das Verkaufslokal (Laden) einer Unternehmung (meist Handelsbetrieb), aber auch für eine von mehreren Verkaufsstellen (...) (GWL); (kon) Da die Eröffnung des Geschäftes in finanztechnischer Hinsicht keiner Form unterliegt, gestaltet sich die Gründung im Normalfalle in der Weise, dass der Unternehmer aus seinem Privatvermögen Kapital abzweigt und es dem Betriebsvermögen der Unternehmung zuführt. (GUF: 14) **negocio** *m* *^local (DEI)^* *^local de negocio (UDM)^* *^tienda (DEI)^* (Komm) Der Terminus *empresa* ist eine weitere Übersetzungsmöglichkeit für den Terminus *Geschäft* in diesem Kontext.; (def) Local en que se negocia o comercia (DMM); (kon) Son normas en Derecho objetivo creadas por la observancia repetida, uniforme y constante de los comerciantes en sus negocios. (UDM: 342) **Geschäft (2)** *n* (def) (...) Jede auf Erwerb abzielende Tätigkeit einer Person. (...) (HLW); (kon) Bei der Mantelzession werden laufend Forderungen in einer bestimmten Gesamtsumme abgetreten, bei der Globalzession werden Teile aller gegenwärtigen und künftigen Forderungen des Kreditnehmers gegenüber bestimmten Schuldnern (z. B. Buchstabengruppe A bis M) oder aus bestimmten Geschäften abgetreten. (GUF: 66) **negocio** *m* *^transacción (DEI)^* *^operación (DEN)^* (def) Toda actividad de carácter mercantil y con ánimo de lucro. Cuando se manejan ciertos volúmenes de ventas y un determinado nivel de organización, el negocio alcanza la categoría de empresa. (DEN); (kon) La novedad se ha producido hace apenas quince días, cuando el BBVA y Telefónica anunciaron una alianza mucho más ambiciosa – en recursos económicos y objetivos de desarrollo de nuevos negocios – inmediatamente seguida por el anuncio de acuerdos de similar calado con grandes operadores de telecomunicaciones e Internet por parte de los gigantes alemanes Commerzbank y Deutsche Bank. (I-07)

Geschäftsführung *f* *^Geschäft^* (def) Die G[eschäftsführung] steht den Gesellschaftern gemeinschaftlich zu; für jedes Geschäft ist Zustimmung aller Gesellschafter erforderlich (§ 709 BGB). 1. Durch abweichende Vereinbarung kann die G[eschäftsführung] einem oder mehreren Gesellschaftern unter Ausschluss der übrigen übertragen werden oder kann Mehrheitsbeschluss für verbindlich erklärt werden; Stimmenmehrheit ist im Zweifel nach Kopfzahl zu berechnen. Die geschäftsführenden Gesellschafter sind, soweit im Gesellschaftsvertrag nichts anderes bestimmt, auch zur Vertretung der Gesellschaft berechtigt (§ 714 BGB). 2. Entziehung der im Gesellschaftsvertrag einem oder bestimmten Gesellschaftern übertragenen Geschäftsführung bei wichtigem Grund, z. B. grober Pflichtverletzung oder Unfähigkeit zur ordnungsgemäßen Geschäftsführung, durch einstimmigen Beschluss der übrigen Gesellschafter; falls nach Gesellschaftsvertrag Stimmenmehrheit entscheidet, genügt Mehrheitsbeschluss der übrigen (§ 712 BGB). Wird die Geschäftsführungsbefugnis entzogen, steht sie künftig allen Gesellschaftern gemeinsam zu; ebenso mangels anderer Abrede bei Auflösung der Gesellschaft (§ 730 II BGB). (GWL); (kon) Durch die klare Trennung einer Kapitalgesellschaft von der Privatsphäre der Gesellschafter sowie die im Gesetz verankerte Möglichkeit, die Geschäftsführung auch Nichtgesellschaftern zu übertragen, sind die Kapitalgesellschaften in stärkerem Maße auf Dauer angelegte Unternehmungsformen. (GUF: 32) **gerencia** *f* *^dirección (DEI)^* (def) Administración y dirección de una empresa o sociedad por encargo o mandato, que tiene el fin de cumplir de la manera más eficiente posible una serie de objetivos preestablecidos. (DEN); (kon) El factoring (...) disminuye (...) la presión y las preocupaciones de la gerencia. (HCF: 39/40)

Geschäftsjahr *n* *^Geschäft^* *^Wirtschaftsjahr (GWL)^* (def) bestimmter Zeitraum, für den die Ergebnisse eines Betriebes regelmäßig abschließend (Inventur und Bilanz) buchmäßig festgestellt werden. Das W[irtschaftsjahr] entspricht dem im § 240 HGB erwähnten Geschäftsjahr und umfasst i. d. R. zwölf Monate. Bei Eröffnung oder Aufgabe eines Betriebes oder beim Wechsel des Abschlusstages darf das W[irtschaftsjahr] auch weniger als zwölf Monate umfassen (...) (GWL vs Wirtschaftsjahr); (expl) Rechtsgrundlage: § 240 HGB: 1) Jeder Kaufmann hat zu Beginn seines Handelsgewerbes seine Grundstücke, seine Forderungen und Schulden, den Betrag seines baren Geldes sowie seine sonstigen Vermögensgegenstände genau zu verzeichnen und dabei den Wert der einzelnen Vermögensgegenstände und Schulden anzugeben. 2) Er hat demnächst für den Schluss eines jeden Geschäftsjahrs ein solches Inventar aufzustellen. Die Dauer des Geschäftsjahrs darf zwölf Monate nicht überschreiten. Die Aufstellung des Inventars ist innerhalb der einem ordnungsgemäßen Geschäftsgang entsprechenden Zeit zu bewirken.; (kon) »Jeder Gesellschafter ist berechtigt, aus der Gesellschaftskasse Geld bis zum Betrage von 4 v. H. seines für das letzte Geschäftsjahr festgestellten Kapitalanteils zu seinen Lasten zu erheben und, soweit es nicht zum offenbaren Schaden der Gesellschaft gereicht, auch die Auszahlung seines den bezeichneten Betrag übersteigenden Anteils am Gewinn des letzten Jahres zu verlangen.« (GUF: 15) **ejercicio económico** *m* *^ejercicio (MEE)^* (def) Período de tiempo, generalmente un año natural, en el que se divide la actividad de una empresa para valorarla a efectos económicos y contables y medir el resultado, así como calcular el impuesto de sociedades. (DEN); (kon) Cuando una firma toma, por ejemplo, un especialista en soldadura, los gastos necesarios para su reclutamiento (anuncio publicitario, pruebas de selección, formación asentamiento, etc.) así como los derivados de su entrenamiento permanente, suelen imputarse al ejercicio en que se han materializado. (MEE: 239)

Geschäftsvermögen *n* *^Betriebsvermögen^* (Komm) Hier in der Bedeutung von *Gesellschaftsvermögen*; (def) Das Gesellschaftsvermögen ist das gemeinschaftliche Vermögen der Gesellschafter. Es besteht aus den Gesellschaftsbeiträgen (sowie ggf. der Einlage der Kommanditisten) und den für die Gesellschaft erworbenen Gegenständen. Gesellschaftsvermögen steht allen Gesellschaftern in Gemeinschaft zur gesamten Hand zu. (GWL vs Gesellschaftsvermögen); (kon) Die atypische Stille Gesellschaft: Sie ist dann gegeben, wenn der Gesellschafter am gesamten Geschäftsvermögen, d. h. auch an den stillen Reserven, den Rücklagen und den Vermögenszuwächsen, beteiligt ist. (GUF: 19) **patrimonio social** *m* (def) Patrimonio de una empresa o sociedad mercantil, compuesto por los bienes, derechos y obligaciones que consituyen los medios económicos y financieros a través de los cuales la empresa puede realizar su actividad. La situación económico-financiera normal es aquella en la que los bienes y derechos sumen más que las obligaciones, en caso contrario, supondría un estado de quiebra. El concepto de patrimonio se encuentra en íntima relación con el de capital social, aunque en la realidad casi nunca coinciden ambas cifras. En realidad, el capital social sólo coincidirá con el patrimonio al inicio de la sociedad, y ello cuando todas las acciones o participaciones se encuentren íntegramente desembolsadas, posteriormente, el patrimonio de la sociedad será superior o inferior a la cifra contable del capital según la buena o mala marcha de la sociedad. (DEN)

Gesellschaft mit beschränkter Haftung *f* ^*GmbH*^ (expl) Handelsgesellschaft, deren Gesellschafter mit Stammeinlagen am Stammkapital beteiligt sind, ohne für die Verbindlichkeiten der Gesellschaft über das Stammkapital hinaus zu haften. Die GmbH hat eigene Rechtspersönlichkeit. (NET); (kon) Dagegen bringen die zahlenmäßig wesentlich weniger vertretenen Aktiengesellschaften ein höheres Eigenkapital auf als die Gesellschaften mit beschränkter Haftung. (GUF: 23) **sociedad de responsabilidad limitada** *f* (expl) Sociedad mercantil cuyo capital está dividido en participaciones no negociables en bolsa y en la que los socios no son responsables del pasivo social, sino hasta el importe del capital aportado. La S. L. posee personalidad jurídica. (NET); (kon) Las sociedades de responsabilidad limitada, que tienen su reglamentación más adecuada en Alemania, toman de la colectiva la gestión, y de la anónima la responsabilidad limitada. (HAC: 166)

Gesellschafter *m* (def) Gesellschafter kann entweder eine natürliche oder eine juristische Person des privaten bzw. öffentlichen Rechts sein, die an der Gründung einer Gesellschaft teilnimmt oder später in einem gesellschaftsrechtlichen Akt oder durch Erbfolge Gesellschafter geworden ist (...). (LBW); (kon) Da die mit ihrem gesamten Geschäfts- und Privatvermögen haftenden Gesellschafter zur Geschäftsführung berechtigt sind, steht jedem Gesellschafter ein Kontrollrecht gegenüber der gesamten Unternehmung zu. (GUF: 15) **socio** *m* (def) Se denomina socio a la persona con la que se comparten problemas y beneficios. Las disputas entre socios se originan por diferentes percepciones. De ahí que sea tan importante determinar qué papel juega cada cual en las perspectivas futuras de la empresa. Entre las condiciones que se deben negociar se cuentan: a) cómo se compartirán al activo y las responsabilidades en el caso de una disolución, y b) las normas para apartar de la sociedad a las personas que sean incompetentes o que no sean adecuadas para la empresa. (AEE); (kon) El socio X no aporta capital alguno, figurando como socio industrial y aportando sus iniciativas y trabajo. En la sociedad colectiva los socios se comprometen, en nombre colectivo y bajo una razón social, a participar, en la proporción fijada por ellos, de los mismos derechos y obligaciones. (HAC: 166)

Gesellschaft, stille *f* (def) Die (typische) stille Gesellschaft ist eine Sonderform der Gesellschaft, bei der sich eine Person (auch juristische Person, andere Gesellschaften u. Ä.; stiller Gesellschafter), derart an dem Handelsgewerbe eines anderen (Einzelkaufmann oder Handelsgesellschaft) beteiligt, dass ihre Einlage gegen einen Anteil am Gewinn in das Vermögen des Inhabers des Handelsgeschäfts übergeht. Die Einlage des stillen Gesellschafters kann in Geld-, Sach-, Dienstleistungen u. Ä. bestehen. Ein Gesellschaftsvermögen entsteht nicht. Der stille Gesellschafter wird durch die Beteiligung nicht zum Kaufmann; der Inhaber muss aber Kaufmannn (wenn auch Minderkaufmann) sein und wird aus den mit Dritten abgeschlossenen Geschäften allein berechtigt und verpflichtet. Die stille Gesellschaft ist als solche keine Handelsgesellschaft, sondern eine Gesellschaft des bürgerlichen Rechts. An einem Unternehmen können sich mehrere stille Gesellschafter beteiligen. Es bestehen dann ebenso viele voneinander unabhängige stille Gesellschafen, wie stille Gesellschafter vorhanden sind. (GWL); (expl) Die Stille Gesellschaft ist in §§ 230-237 HGB geregelt: Sie heißt so, weil sie von außen nicht erkennbar ist. Sie wirkt als reine Innengesellschaft nur zwischen einem Unternehmer und dem stillen Gesellschafter, dem so genannten Stillen. Die Stille Gesellschaft ist in der Praxis häufig anzutreffen und dient meist der Finanzierung. (SPR); (kon) Da die Stille Gesellschaft weder eine juristische Person ist noch eine Vermögensgemeinschaft wie die OHG und die KG, bietet sie als reine Personengemeinschaft die Möglichkeit, die Basis der Eigenfinanzierung des Geschäftsinhabers, der als alleiniger Vermögensträger auftritt, zu erweitern. (GUF: 18) **sociedad en participación** *f* ^*contrato de cuentas en* *participación^* (def) En alemán, »Stille Gesellschaft«. Es la entidad que admite los capitales sin concederles ni adjudicarles propiedad en la empresa, pero sí derecho a los beneficios. El capitalista limita su riesgo a la aportación que ha hecho. (ADE) (expl) El art. 239 del C[ódigo] de C[omercio] al contrato de cuentas en participación lo define de la siguente forma: »Podrán los comerciantes interesarse los unos en las operaciones de los otros, contribuyendo para ellas con la parte del capital que convinieren, y haciéndose partícipes de sus resultados prósperos o adversos en la proporción que determinen«. El régimen de constitución de las cuentas en participación no está sometido a ninguna solemnidad, según se establece en el art. 240 del C[ódigo] de C[omercio], y puede pactarse privadamente, tanto de forma oral como escrita, y no es necesaria su inscripción en el Registro Mercantil, bastando como prueba de su existencia cualquiera de los medios admitidos en Derecho. (DFB); (kon) La nueva sociedad en participación se hará cargo tanto de las operaciones como de las redes de distribución de los dos socios. (www.cnh.com)

Gewähr *f ^Garantie^*

Gewährleistungsgarantie *f ^Garantie^* (def) Form der Garantie. Die Gewährleistungsgarantie sichert den Garantienehmer (Begünstigter) für den Fall ab, dass der Garantieauftraggeber (Lieferer, Verkäufer) seinen vertraglichen Gewährleistungspflichten nicht nachkommt. Durch die Gewährleistungsgarantie wird in der Regel eine Liefer- und Leistungsgarantie abgelöst. (GWL); (Komm) Der Betrag einer Gewährleistungsgarantie beträgt circa 5-10 % des Vertragswertes.; (kon) Die meisten Hersteller gewähren auf die Wasserbettenmatratze eine Gewährleistungsgarantie von fünf Jahren, deren Umfang aus der Garantieurkunde hervorgeht. (www.wasserbetten-fakten.de) **garantía** *f* (def) En el ámbito mercantil y comercial, la garantía es el compromiso que asume el vendedor frente al comprador en cuanto a la mercancía o producto vendido, mediante el cual se compromete durante un período de tiempo a reparar el artículo gratuitamente, reponer las piezas que pudieran estar defectuosas, etc. (DDU)

Gewinn *m ^Aufwendungen^ ^Erträge^ ^Gewinnthesaurierung^ ^Tantieme^ ^Verlust^* (def) G[ewinn] ist die Differenz zwischen Ertrag und Aufwand einer Abrechnungsperiode. Er wird bei Personenunternehmen auf der Habenseite des Eigenkapitalkontos verbucht und tritt in der Bilanz entweder in Form des erhöhten Eigenkapitals auf oder wird dort gesondert ausgewiesen. In der Gewinn- und Verlustrechnung von Kapitalgesellschaften erfolgt der Ausweis des G[ewinns] unter der Bezeichnung Jahresüberschuss. Der Posten Bilanzgewinn in der Gewinn- und Verlustrechnung von Aktiengesellschaften beinhaltet dagegen den Jahresüberschuss (bzw. Fehlbetrag) sowie Gewinn- oder Verlustvorträge aus dem Vorjahr und Einstellungen oder Entnahmen aus den Rücklagen. In der Kostenrechnung handelt es sich beim G[ewinn] nicht um die Differenz zwischen den in der Periode erbrachten Leistungen und den Periodenkosten (...). Diese Differenz wird als Betriebsgewinn oder kalkulatorischer G[ewinn] bezeichnet. Der Gewinnbegriff des Steuerrechts ergibt sich aus § 4 Abs. 1 EStG. G[ewinn] ist dabei der Unterschiedsbetrag zwischen dem Betriebsvermögen am Schluss des Wirtschaftsjahres und dem Betriebsvermögen am Schluss des vorangegangenen Wirtschaftsjahrs, vermehrt um den Wert der Entnahmen und vermindert um den Wert der Einlagen. Ohne Bezugnahme auf einen Zurechnungszeitraum wird der Begriff G[ewinn] auch verwendet, um den Erfolg eines Einzelumsatzes zu kennzeichnen. Differenziert werden kann in diesem Fall zwischen dem durchschnittlichen Stückgewinn und dem Grenzgewinn einer zusätzlichen Produktions- bzw. Verkaufseinheit. (LBW); (expl) Ein Gewinn (positiver Erfolg) liegt vor, wenn die Erträge größer sind als die Aufwendungen; Gewinn ist gleichbedeutend mit Kapitalmehrung. (ZBR: 4); (kon) Selbstfinanzierung (auch als interne Eigenfinanzierung zu bezeichnen) bedeutet, dass in der Unternehmung durch Nichtausschüttung von Gewinnen Eigenmittel angesammelt werden. (GUF: 74) **ganancia** *f ^beneficio (DTE)^* (def 1) Incremento del patrimonio líquido del comerciante a consecuencia del éxito en las operaciones mercantiles de su negocio. (COD); (def 2) En general beneficio, utilidad o provecho obtenidos mediante el trabajo o cualquier otra actividad lucrativa. Estrictamente, ganancia hace referencia a la que se obtiene en las actividades comerciales, y en especial, en las operaciones de compraventa mercantil, mediante la compra al por mayor y reventa al detalle, generándose una diferencia entre el precio de adquisición y el de enajenación. Esa plusvalía obtenida en sentido técnico es la ganancia, si bien debe diferenciarse la ganancia bruta, así considerada, de la ganancia neta, la efectivamente obtenida una vez deducidos los gastos necesarios de administración, distribución, etc. (DEI); (kon) Los fondos de renta fija internacional eran, en el plazo de un año, de nuevo más rentables con una ganancia media del 2, 1% que los nacionales, tanto a largo (pérdidas de 1,9% en promedio) como a corto plazo. (I-08)

Gewinn- und Verlustrechnung *f* ^*Aufwands- und Ertragsrechnung (GWL)*^ ^*Erfolgsbilanz*^ ^*Erfolgsrechnung (GUF)*^ ^*Ergebnisrechnung*^ ^*Ertragsbilanz*^ ^*Umsatzrechnung*^ (def) Die GuV ist eine Gegenüberstellung von Aufwendungen und Erträgen zur Ermittlung des Unternehmungsergebnisses und der Darstellung seiner Quellen. Sie ist Pflichtbestandteil des Jahresabschlusses von Kaufleuten (§ 242 III HGB). (GWL); (expl) Die Gewinn- und Verlustrechnung (GuV) ermittelt wie die Bilanz durch Abschluss der Buchführung den Periodenerfolg des Unternehmens, wobei beide Rechnungen durch das Prinzip der doppelten Buchführung miteinander verbunden sind. Die GuV ermittelt den Erfolg durch Saldierung von Aufwendungen und Erträgen der entsprechenden Abrechnungsperiode. (SPR); (kon) Als Ergebnis erhält der Anwender Planbilanzen, Plangewinn- und Verlustrechnungen und Kreditberechnungen über einen Zeitraum von bis zu fünf Jahren. (GUF: 112) **cuenta de pérdidas y ganancias** *f* (def) En la contabilidad mercantil, título de la cuenta donde se registran los aumentos y beneficios y las disminuciones habidas durante un ejercicio, según el extracto que se realiza de otras cuentas u operaciones. A esta cuenta se llevan los créditos incobrables, los quebrantos o ganancias imprevistas; y sus saldos se suman al activo o al pasivo de la empresa, según corresponda (...) (DDU); (kon) El artículo 14 de la Ley de 14 de mayo de 1908 establece para las entidades aseguradoras inscritas en España la obligación de publicar los Balances y Cuentas de Pérdidas y Ganancias de sus operaciones anuales .

Gewinnbeteiligung *f* ^*Ausschüttung*^ ^*Dividende*^ (def) Maßnahmen um Arbeitnehmer über den tariflichen oder vereinbarten Lohn hinaus am Ertrag der Unternehmung zu beteiligen. Auch: Bei von Unternehmen ausgegebenen Schuldverschreibungen kann Gewinnbeteiligung vorgesehen sein: Gewinnschuldverschreibungen, die neben festem Zins mit Anspruch auf Gewinnbeteiligung ausgestattet sind. Entsprechend auch bei der Stillen Gesellschaft. (BAL); (kon) Die Gewinnbeteiligung kann beispielsweise lauten: Festverzinsung plus Zusatzzins ab einer gewissen Dividendensatzhöhe bis zu einer gewissen Höhe des Gesamtzinses oder Festverzinsung plus 0,5 % Zusatzzins je Prozentpunkt der Aktiendividende. (GUF: 43) **participación en los beneficios** *f* ^*participación en las ganancias (LSA art. 30)*^ (def) (...) Sistema de retribución del trabajo en el que los trabajadores tienen parte en las utilidades de la empresa. Se suele emplear como estímulo del personal, bien como una parte de los beneficios netos variables, bien por una asignación fija anual (...). (IDL); (kon) Acostumbra hablarse de participación en los beneficios cuando la remuneración del trabajador, en todo o en parte, viene determinada por, o es extraída de, los beneficios que obtenga el empresario. (ODT: 35)

Gewinnobligation *f* ^*Gewinnschuldverschreibung*^ ^*Obligation*^ (def) (...) Variante der Industrieobligation, bei der als Nutzungsentgelt für die Kapitalüberlassung entweder neben einem festen Basiszins zusätzlich ein mit der Dividende gekoppelter Gewinnanspruch besteht (participating bond) oder lediglich ein Gewinnanteil ohne Basiszinsanspruch (income bond) gewährt wird. Der Obligationär trägt somit das Risiko eines teilweisen oder vollständigen Nutzungsentgeltausfalls. Dieser Tatbestand kann eintreten bei Nichtrealisierung von Gewinnen oder im Fall der Gewinnthesaurierung. Die Gewinnobligation gewährt im Gegensatz zur Aktie kein Beteiligungs-, sondern lediglich ein Gläubigerrecht. Ihre Emission bietet sich in Kapitalmarktsituationen an, die für die Unterbringung von klassischen Festzinsanleihen ungünstig sind. (...) (BFL); (kon) Gewinnobligationen ohne festen Grundzins sind durch Verluste und/oder durch aggressive Einbehaltungspolitik des Unternehmens in ihren Gewinnansprüchen gefährdet, mit Grundzins sind sie im Risiko begrenzt und bei günstigen (künftigen) Ertragslagen und Dividendenaussichten attraktiv. (GUF: 43) **obligación partícipe** *f* ^*obligación con cláusula de participación*^ (def) Aquéllas que, además de un interés fijo, reciben un interés supletorio de acuerdo con los beneficios registrados al final del ejercicio. (DMA); (expl) (...) [Las] obligaciones con cláusula de participación (...) vinculan sus rendimientos a los resultados económicos de la empresa a través de un índice de variabilidad referido a uno de los elementos que condicionan o reflejan dichos resultados; a su vez puede estipularse que la participación de las obligaciones en los resultados de la empresa sea el único rendimiento periódico de las obligaciones, o que sea uno adicional que se suma a un tipo de interés anual fijo. (RSF: 448)

Gewinnschuldverschreibung *f* *^Gewinnobligation^* *^Schuldverschreibung^* (def) Gewinnobligation, mit Anspruch auf Gewinnbeteiligung ausgestattete Anleihe, die aber im Gegensatz zu Wandelschuldverschreibungen kein Umtausch- oder Bezugsrecht auf Aktien gewähren. Ausgabe nur auf Beschluss der Hauptversammlung mit 3/4-Mehrheit des bei Beschlussfassung vertretenen Grundkapitals und nach staatlicher Genehmigung; die Aktionäre haben auf die G[ewinnschuldverschreibung] ein Bezugsrecht (§ 221 AktG). (GWL); (kon) Gewinnschuldverschreibungen sind gemäß § 221 AktG mit Anspruch auf Gewinnanteile ausgestattet. (GUF: 42) **bono** *m*

Gewinnthesaurierung *f* *^Gewinn^* *^Rücklagen^* (def) Die G[ewinnthesaurierung] ist die wichtigste Maßnahme zur Bildung von Gewinnrücklagen. G[ewinnthesaurierung] bedeutet soviel wie Zurückbehaltung von Gewinnen. Ihr Ergebnis ist die Bildung offener Rücklagen. Während bei Personengesellschaften der zurückgehaltene Gewinn auf die individuellen Eigenkapitalkonten der Gesellschafter übertragen wird, erscheinen die offenen Rücklagen bei Gesellschaften mit fest gebundenen Haftungskapital (AG, GmbH, KGaA) auf gesonderten Passivkonten der Bilanz (Gewinnrücklagen). (...) (LBW); (kon) Die Körperschaftssteuer reduziert den Unternehmensgewinn – die Steuerbelastung mindert damit die Dividende oder im Fall der Gewinnthesaurierung den Anteilswert, d. h. den Aktienkurse fallen. (www.amcham.de) **acumulación de beneficios** *f* *^retención de beneficios (DEN)^* (def) Suma global de los beneficios pendientes de distribuir que va obteniendo una empresa en los distintos períodos de su vida económica y que forma parte del patrimonio neto junto con el capital y las reservas. (DEN); (kon) En función del agente con el que se llega al acuerdo, la financiación básica se subdivide en aportaciones de los propietarios, beneficios acumulados, en forma de reservas y reservas de origen diferente a la acumulación de beneficios.

Gläubiger *m* *^Debitor^* *^Kreditgeber (WDW)^* *^Kreditor (GWL)^* *^Schuldner^* (def) Derjenige, der aufgrund eines Schuldverhältnisses vom Schuldner (Debitor) eine Leistung zu fordern berechtigt ist (§ 241 BGB). Bei allen Kaufverträgen ist der Lieferant G[läubiger] des Käufers hinsichtlich des Kaufpreises, Schuldner in Bezug auf die Lieferung der Ware. (GWL); (expl) An einem Schuldverhältnis beteiligte Person, die berechtigt ist, vom Schuldner etwas zu fordern (nämlich: Sachleistung, Sachüberlassung, Arbeitsleistung, Rechtsübertragung, Einräumung von Sicherheiten). Bei zweiseitigen Verträgen (z. B. Kauf, Kredit) ist der Gläubiger der Forderung zugleich Schuldner der Gegenleistung. So hat z. B. der Verkäufer einer Sache einen Anspruch auf Zahlung des Kaufpreises, ist aber verpflichtet, die Kaufsache zu Eigentum zu übertragen. (MÜS); (kon) Laut § 2 GenG haftet den Gläubigern einer Genossenschaft nur das Vermögen der Genossenschaft. (GUF: 30) **acreedor** *m* (def) Es la persona que tiene derecho a pedir el pago de una deuda o bien exigir el cumplimiento de una obligación. El acreedor sujeto activo puede requerir el cumplimiento de una obligación al deudor, sujeto pasivo. (AEE); (kon) Los acreedores de la sociedad de responsabilidad limitada tienen por sola garantía el activo social y no pueden entablar acción alguna contra los socios. (HAC: 167)

Globalabtretung *f* *^Globalzession^*

Globalzession *f* *^Globalabtretung (GWL)^* *^Zession^* (def) Forderungsabtretung, meist zur Sicherung eines Bankkredits, durch die der Zedent alle gegenwärtigen und zukünftigen Forderungen aus dem Verkauf oder der Verwertung einer Sache oder einer geschäftlichen Tätigkeit (z. B. »aus Lieferung von Leder gegen dessen Abnehmer«) mit Vertragsabschluss schon abtritt. (GWL vs Globalabtretung); (expl) In einem Globalzessionsvertrag wird vereinbart, dass sämtliche Forderungen der Unternehmung an namentlich oder örtlich bestimmte Kunden, die bestehen oder in einem bestimmten Zeitraum entstehen werden, an den Kreditgeber abgetreten sind. (SWO); (kon) Bei der Mantelzession werden laufend Forderungen in einer bestimmten Gesamtsumme abgetreten, bei der Globalzession werden Teile aller gegenwärtigen und künftigen Forderungen des Kreditnehmers gegenüber bestimmten Schuldnern (z. B. Buchstabengruppe A bis M) oder aus bestimmten Geschäften abgetreten (GUF: 66) **cesión (de la totalidad de créditos sobre algo en particular)** *f* (ÜV) *^cesión en bloque (ABA)^*

GmbH *f* *^Gesellschaft mit beschränkter Haftung^* (def) Kapitalgesellschaft mit eigener Rechtspersönlichkeit, selbst unbeschränkt mit ihrem Vermögen haftend. Eine Haftung der Gesellschafter besteht nur gegenüber der Gesellschaft; sie ist begrenzt auf die Erbringung der Einlagen und etwaiger Nachschüsse. Gesellschaftsvertrag (vgl. dort IV) mit weitem Spielraum, mitunter Annäherung an offene Handelsgesellschaft (OHG). (GWL vs Gesellschaft mit beschränkter Haftung); (expl) Die GmbH hat selbstständig ihre Rechte und Pflichten. Sie ist juristische Person. Das Mindest-Stammkapital beträgt 25.000 EUR. Wegen der beschränkten Haftung der Gesellschaft hat der Grundsatz der Sicherung der Kapitalaufbringung und Kapitalerhaltung im Interesse des Schutzes der Gläubiger Bedeutung. Durch Bilanzierungsvorschriften wird verhindert, dass das zur Erhaltung des Stammkapitals erforderliche Vermögen der Gesellschaft an die Gesellschafter verteilt wird. Die Geschäftsführung der GmbH erfolgt durch einen oder mehrere Geschäftsführer, die Gesellschafter sein können. Organ der Eigentümer der Gesellschaft ist die Gesellschafterversammlung. (DRU); (kon) Während bei der Kommanditgesellschaft der Komplementär mit seinem gesamten Vermögen, die übrigen Gesellschafter als Kommanditisten aber nur in Höhe ihrer Einlage haften, tritt bei der GmbH das persönliche Element in der Unternehmungsform noch stärker zurück. (GUF: 22) **S. L.** *f ^S. Ltda. (DDU)^* (Komm) Die Abkürzung »S. Ltda.« wird überwiegend in Lateinamerika verwendet.; (def) La mercantil de tipo intermedio entre la colectiva, cuyo carácter personal mantiene, y la anónima, de la cual adopta la limitación de la responsabilidad. Constituye modalidad relativamente moderna de las compañías mercantiles, de éxito grande por rehuir la confusión del patrimonio social y personal de los socios colectivos. Son mercantiles; pueden realizar todas clases de operaciones civiles o comerciales, con excepción de las bancarias, las de seguros, ahorro y capitalización. El número de socios e limitado: no puede exceder de 20. Hasta alcanzar un 10% del capital, habrá que destinar un 5% de las ganancias anuales para el fondo de reserva. No se disuelven estas sociedades por la muerte, interdicción o quiebra de uno o más socios. La quiebra de la sociedad no implica la de los socios. (DDU); (expl) Sociedad mercantil cuyo capital está dividido en participaciones no negociables en bolsa y en la que los socios no son responsables del pasivo social, sino hasta el importe del capital aportado. La S. L. posee personalidad jurídica. (NET); (kon) Tanto la sociedad anónima (S. A.) como la sociedad limitada (S. L. – también llamada sociedad de responsabilidad limitada S. R. L.) son sociedades mercantiles en las que los socios tienen una responsabilidad limitada a las aportaciones efectuadas. (SMA: 70)

GmbH & Co. KG *f* (def) Kommanditgesellschaft, bei der eine GmbH persönlich haftender Gesellschafter ist und andere Rechtspersonen (meist die Gesellschafter der GmbH) Kommanditisten sind. Zulässige Gesellschaftsform, juristisch Personengesellschaft. Durch die Beteiligung der juristischen Person (GmbH) wird die Haftung des persönlich haftenden Gesellschafters auf deren Vermögen beschränkt. Gründung nach den Grundsätzen der Errichtung der KG. In der Firmenbezeichnung muss die GmbH erscheinen, auch bei Gesellschafterwechsel durch Ausscheiden einer natürlichen Person als persönlich haftender Gesellschafter und Eintritt einer GmbH an seine Stelle. Bei Nichtangabe der Beteiligung der GmbH in der Firmenbezeichnung kommt Durchgriffshaftung in Betracht. (GWL); (expl) In dieser Rechtskonstruktion tritt an die Stelle des immer notwendigen Vollhafters (Komplementärs) in einer KG eine Gesellschaft mit beschränkter Haftung. Dadurch gelingt es, die unbeschränkte Haftung einer natürlichen Person (Komplementärs) durch die beschränkte Haftung der juristischen Person <GmbH> abzulösen. Diese KG hat somit ausschließlich beschränkt haftende Teilhaber. Sie ist deshalb recht beliebt. Dies hängt einmal mit den Vorteilen der Haftungsbeschränkung zusammen (...). Es hängt zum anderen mit der Möglichkeit zusammen, sehr viele Kommanditisten an einer KG zu beteiligen und somit relativ hohe Eigenkapitalbeträge aufzubringen. Dies wiederum erlaubt die Realisierung großer Projekte, ohne dass das Risiko für den Einzelnen der Beteiligten zu groß wird: dafür sorgt die durch diese Konstruktion herbeigeführte generelle Haftungsbeschränkung. (DRU); (kon) Wegen der Haftung und der steuerlichen Gesichtspunkte wird bei der GmbH & Co. KG das Gesamtkapital des Komplementärs meistens auf die gesetzlich vorgeschriebene Mindesthöhe beschränkt. (GUF: 34) **Sociedad Limitada y Cia.** *f ^sociedad en comandita^* (def) Compañía mercantil alemana basada en la dualidad de socios: colectivos unos, de responsabilidad ilimitada; y comanditarios otros, de limitada responsabilidad; por lo cual combina el sistema general de la sociedad colectiva en cuanto a los primeros, con las normas de la sociedad anónima, a cuyos accionistas son similados los segundos. En estas sociedades, el socio o socios que tengan el manejo de la compañía, o que estén incluídos en el nombre o razón social, responden solidariamente de los resultados de las operaciones sociales. La sociedad ha de girar con el nombre de uno o varios socios, o de todos ellos. En los dos primeros casos ha de añadirse »y compañía«; y, siempre la indicación de »sociedad en comandita« (...) (DDU); (Komm) En el Derecho español se considera admitida por la doctrina la participación de personas jurídicas como socios de una sociedad colectiva o de una sociedad comanditaria. En consecuencia, la figura de la sociedad de responsabilidad limitada socio colectivo de una sociedad comanditaria resulta posible también en el Derecho español. En la reforma de 1995 se introdujo un precepto por imperativo comunitario que se dirige a esta clase de sociedades. En la práctica española esta solución se encuentra poco difundida.; (kon) La comanditaria, en que uno o varios sujetos aportan capital determinado al fondo común, para estar a las resultas de las operaciones sociales dirigidas exclusivamente por otros. Las Compañías pueden admitir a un socio comanditario respecto al cual regirán las disposiciones establecidas sobre las disposiciones en comandita, quedando sujetos los demás socios a las reglas comunes de las Sociedades des colectivas.

Gratifikation *f ^Arbeitsentgelt^* (def 1) G[ratifikation] ist ein Teil des Arbeitslohns, der aus besonderen Anlässen (z. B.Weihnachten, Dienstjubiläum) neben dem laufenden Gehalt (Lohn) gezahlt wird. Die G[ratifikation] kann freiwillig geleistet werden, (...) oder auf einer Rechtspflicht (...) beruhen. Die G[ratifikation] unterliegt dem Gleichbehandlungsgrundsatz. Anspruch nur, wenn das Arbeitsverhältnis im maßgeblichen Zeitpunkt noch besteht. (...) (CRL); (def 2) (...) G[ratifikationen]. sind keine Schenkungen; sie sind i. d. R. Anerkennung für geleistete Dienste und Anreiz für weitere Dienstleistung. Auf die Zahlung einer G[ratifikation] besteht weder kraft Gesetzes noch der Fürsorgepflicht des Arbeitgebers ein Rechtsanspruch. Es ist eine besondere Rechtsgrundlage erforderlich. (GWL); (kon) Viele Arbeitgeber haben über Jahre hinweg vorbehaltlos bestimmte Gratifikationen (z. B. 13. Monatsgehalt, Urlaubsgeld, Weihnachtsgeld) an ihre Arbeitnehmer gezahlt. (www.sakowski.de) **gratificación** *f* (Komm) Der Terminus *gratificaciones extraordinarias* wird im Gesetz verwendet. Im allgemeinen Sprachgebrauch ist der Terminus *pagas extraordinarias* eher üblich.; (def 1) Recompensa pecuniaria por un servicio eventual o por una prestación extraordinaria. (...) En sentido laboral estricto, beneficio económico, más en concreto, cierta suma de dinero que el empresario concede en forma excepcional, y también habitualmente, a sus subordinados, en razón de los servicios prestados por éstos y por las ventajas que en forma directa o indirecta le hayan reportado a la empresa. (DDU); (def 2) Compensación monetaria que se da a cambio de un servicio prestado de forma eventual o como recompensa por un buen rendimiento obtenido en el desempeño de la actividad laboral. (DEN); (expl 1) Rechtsgrundlage: Art. 31 § 2 del Código del Trabajo: Gratificaciones extraordinarias: El trabajador tiene derecho a dos gratificaciones extraordinarias al año, una de ellas con ocasión de las fiestas de Navidad y la otra en el mes que se fije por convenio colectivo o por acuerdo entre el empresario y los representantes legales de los trabajadores. Igualmente se fijará por convenio colectivo la cuantía de tales gratificaciones. No obstante, podrá acordarse en convenio colectivo que las gratificaciones extraordinarias se prorrateen en las doce mensualidades.; (expl 2) pagas extraordinarias: Son dos al año y se pagan en los meses de junio y diciembre. Su importe será al menos de una mensualidad de sueldo y trienio. (INE: 4); (kon) Las ganancias incluyen: El salario base – complementos salariales que pueden ser: (...) De vencimiento periódico superior al mes tales como gratificaciones, pagas extraordinarias, participación en beneficios etc. (RES: 7)

Großhandel *m ^Einzelhandel^* (def) (...) der nur an Einzelhandel und weiterverarbeitende liefernde Handel; vielfach spezialisiert: Rohstoff-, Halbfabrikat-, Fertigfabrikat-, Großhandel (...); Hauptfunktion: Vermittlung des Güteraustausches über große Entfernungen, Lagerhaltung und Sortimentsgestaltung, Kreditgewährung an den Einzelhandel; (...) (HLW); (kon) Zur großen Verbreitung des Lieferantenkredits besonders im Groß- und Einzelhandel hat beigetragen, dass die Lieferanten die Zielgewährung oft als absatzförderndes Mittel einsetzen. (GUF: 60) **comercio mayorista** *m ^comercio al por mayor (DEN)^* (def) En el sentido estricto, los mayoristas son intermediarios que venden la mercancía a otros intermediarios, sin embargo, pueden existir comercios minoristas con venta al público que también comercien con establecimientos comerciales, con lo que también realizan funciones de mayorista. La justificación de la existencia del comercio mayorista se basa en la reducción de las transacciones que se realizan entre fabricantes y minoristas, además de ofrecer una serie de servicios como el mantener una fuerza de ventas que permite llegar a un mayor número de clientes, reducción del coste de transporte entre fabricante y vendedor, adecuación de la producción a la demanda mediante el almacenamiento, etc. (DEI); (kon) Las repercusiones de la integración económica europea en el sector de la distribución comercial, y específicamente en el ámbito del comercio mayorista, están suponiendo la reforma y modernización de sus estructuras internas. (CMM: 13)

Grundkapital (1) *n* *^Kapital, gezeichnetes^* **capital social** *m* (Komm) Im Spanischen bezeichnet der Terminus *capital social* das Gesellschaftskapital aller Unternehmensrechtsformen. Dagegen unterscheidet man im Deutschen zwischen dem *Grundkapital* der AG und dem *Stammkapital* der GmbH.; (def) En la legislación, el nombre de capital social, con mayor o menor precisión técnica, alterna con las expresiones fondo social y bienes de la sociedad. En relación con las compañías colectivas, el art. 125 del Cód. de Com. esp. indica que la escritura social deberá expresar »el capital que cada socio aporta en dinero efectivo, créditos o efectos, con expresión del valor que se dé a éstos o de las bases sobre que haya de hacerse el avalúo« (...); (kon) El Consejo de Administración de la Sociedad pone en conocimiento de los señores accionistas el derecho preferente que tienen de suscribir acciones del aumento del capital social (...). **Grundkapital (2)** *n* (def) Aktienkapital einer Aktiengesellschaft (AG), entspricht zahlenmäßig dem Nennwert aller ausgegebenen Aktien. 1. Höhe des G[rundkapitals]: Die Höhe des G[rundkapitals] sagt nichts über den ständig wechselnden Wert des Gesellschaftsvermögens aus. 2. In der Bilanz ist das G[rundkapital] als gezeichnetes Kapital auf der Passivseite auszuweisen (§ 152 AktG, § 266 HGB). Der feste Betrag des G[rundkapitals] kann nicht durch Gewinn oder Verlust verändert werden; (...). (...) (GWL); (kon) Umfinanzierung des Passivkapitals: Veränderung der abstrakten Kapitalpositionen der Passivseite der Bilanz, ohne dass sich das Gesamtkapital ändert (z. B. Umwandlung von Fremdkapital in Eigenkapital oder von Rücklagen in Grundkapital). (GUF: 5) **capital social** *m* *^capital escriturado^ ^capital jurídico (DEE)^* (def) Para las sociedades que revisten forma mercantil, es la cifra representativa de los compromisos de aportación de los socios o accionistas a la sociedad. Dicha cifra se denomina también capital social o capital escriturado, por ser el capital que figura en la escritura de constitución con las modificaciones (por aumento o reducción) legalmente adoptadas durante la vida social. Tal capital social puede estar desembolsado en su totalidad o desembolsado parcialmente. En el caso de tratarse de una Sociedad Anónima, el capital desembolsado no puede ser inferior al 25 por 100 del capital social. (...) (DEE vs capital jurídico); (kon) Gas Natural ha vendido un 4,5% de Enagás, con lo que su participación en su capital social se reduce hasta el 34,9%. (www.cincodias.com)

Grundmietzeit *f* *^Leasing^* (def) Bei Leasing-Geschäften vertraglich fixierter Zeitraum, in dem der Leasingvertrag in der Regel von keiner der Vertragsparteien gekündigt werden kann. (DV); (kon) Die Investitionsrisiken (Schäden, Untergang etc.) trägt während der Grundmietzeit der Leasingnehmer. (GUF: 70) **período básico de leasing** *m* (def) En operaciones leasing período contractualmente establecido en el cual, por regla general, no se puede rescindir el contrato de arrendamiento financiero. (DV); (kon) Si éste [contrato] no fuera rescindible durante el período básico de leasing o período de amortización fiscal del bien, el riesgo de obsolescencia seguiría pesando sobre la empresa-cliente. (SSD: 356)

Grundpfandrechte *npl* *^Grundschuld^ ^Grundstück^ ^Hypothek^ ^Rentenschuld^* (def) Zusammenfassende Bezeichnung für Hypothek, Grundschuld und Rentenschuld. Grundpfandrechten ist gemeinsam, dass der Berechtigte (...) seine Forderung auf Darlehensrückzahlung bei Nichterfüllung aus dem belasteten Grundstück durch Zwangsvollstreckung betreiben kann. Gebräuchlich bei Anleihen, Schuldscheindarlehen sowie sonstigen Krediten. (BAL); (expl) Dem Bedürfnis, auch unbewegliche Sachen, insbesondere Grundstücke, zur Besicherung von Kreditforderungen einzusetzen, hat das BGB durch die Schaffung von Pfandrechten an unbeweglichen Sachen (Grundpfandrechte) Rechnung getragen. Grundpfandrechte sind dingliche Belastungen an Grundstücken, die nicht mit dem Besitz an dem Grundstück verbunden sind. Dass der Grundstückseigentümer sein Grundstück mit einem dinglichen Recht zugunsten eines anderen belasten kann, ohne den Besitz daran aus der Hand geben zu müssen, ermöglicht vielfach erst den Einsatz des Grundstücks als Kreditsicherheit. Die praktische Bedeutung der Grundpfandrechte für die Kreditsicherung ist außerordentlich groß, nicht nur für die Immobilienfinanzierung, sondern auch zur Sicherung von Investitionskrediten. (BRS: Teil 12, Kap. 7.1: 1); (kon) Grundpfandrechte sind dingliche Rechte an einem Grundstück und bestehen unabhängig von dessen jeweiligem Eigentümer. (GUF: 66) **derecho de garantía sobre cosas inmuebles** *m* (ÜV) **derecho de prenda sobre cosas inmuebles** *m* (ÜV) (Komm) Da im spanischen Recht der Begriff *Grundpfandrechte* nicht existiert, wird an dieser Stelle ein Übersetzungs- und Definitionsvorschlag angeführt. In der spanischen Übersetzung des BGB von Eiranova Encinas wird der Terminus *Pfandrechte* mit *derecho de prenda sobre cosas muebles* übersetzt. Analog dazu wurde hier der Terminus *derechos de prenda sobre cosas inmuebles* als Übersetzung für den Terminus *Grundpfandrechte* gebildet, da Grundpfandrechte Pfandrechte an unbeweglichen Sachen sind. In zweisprachigen Wörterbüchern wird für den Terminus *Grundpfandrechte derechos de prenda inmobiliaria* als Entsprechung angegeben. Dieser Terminus ist eine weitere Übersetzungsmöglichkeit, die in der Praxis Anwendung findet. Auch Eiranova Encinas verwendet diesen Terminus in einem Kommentar seiner Übersetzung des BGB und fügt hinzu (EEC: 357): »El BGB distingue – evitando del concepto superior »Grundpfandrechte« – entre hipoteca, deuda territorial (Grundschuld) y deuda de renta (Rentenschuld).«; (def) En Derecho Alemán existen tres derechos de garantía sobre cosas inmuebles (Grundpfandrechte). Estos son la hipoteca (Hypothek), la deuda territorial (Grundschuld) y la deuda de renta (Rentenschuld). Constituyen gravámenes impuestos sobre bienes inmuebles que sirven como garantía para obligaciones. (DV)

Grundschuld (1) *f* ^*Grundpfandrechte*^ (def) (...) Durch die Bestellung einer Grundschuld wird ein Grundstück in der Weise belastet, dass aus ihm eine Geldsumme zu zahlen ist. Eine Grundschuld entsteht durch Einigung und Eintragung im Grundbuch und erlischt durch Aufhebung in Verbindung mit der Löschung des Rechts im Grundbuch (...) oder Befriedigung aus dem Grundstück. (...) (BRO); (expl 1) die Grundschuld unterscheidet sich von der Hypothek dadurch, dass bei ihr die rechtliche Verbindung mit einer Forderung fehlt. Sie stellt eine abstrakte Belastung eines Grundstücks dar, weil sie lediglich dessen unmittelbare dingliche Haftung für den eingetragenen Betrag zuzüglich Zinsen und Nebenleistungen begründet (...). Außer Anwendung bleiben deshalb diejenigen Vorschriften des Hypothekenrechts, die auf der Abhängigkeit der Hypothek von der gesicherten Forderung beruhen. Die übrigen Vorschriften des Hypothekenrechts sind dagegen entsprechend anwendbar (...). So ist es für den Bestand der Grundschuld vollkommen unschädlich, wenn die Forderung, zu deren Sicherung sie bestellt worden ist, geringer wird oder ganz erlischt. Auch zur Entstehung der Grundschuld ist das Bestehen einer Forderung nicht notwendig. Ebenso ist ein Auswechseln der Forderung, die gesichert werden soll, ohne weiteres möglich. Diese außerordentliche Flexibilität erklärt, weshalb die Grundschuld mittlerweile in der Bankpraxis die Hypothek als Kreditsicherungsmittel weitgehend verdrängt hat. (BRS: Teil 12, Kap. 7.3: 1); (expl 2) Rechtsgrundlage: § 1191 BGB: Ein Grundstück kann in der Weise belastet werden, dass an denjenigen, zu dessen Gunsten die Belastung erfolgt, eine bestimmte Geldsumme aus dem Grundstücke zu zahlen ist (Grundschuld). § 1192 BGB: 1) Auf die Grundschuld finden die Vorschriften über die Hypothek entsprechende Anwendung, soweit sich nicht daraus ein anderes ergibt, dass die Grundschuld nicht eine Forderung voraussetzt..; (kon) Die Grundschuld eignet sich vorzüglich als Sicherungsmittel, weil sie abstrakt, d. h. unabhängig vom wechselndem (Fort-)Bestand der Kreditforderung ist. (GUF: 67) **deuda territorial** *f* (def) Relación jurídica originada en Alemania, donde es conocida con el nombre de Grundschuld, que se traduce por deuda territorial o hipoteca independiente. Constituye el gravamen de una finca a cambio de una cantidad de dinero. A diferencia de la hipoteca propiamente dicha, la deuda territorial no es derecho accesorio, por no suponer un crédito, y por la posibilidad de establecerla sin necesidad de asegurar obligación alguna. Esta deuda admite su constitución en cédulas o cartas de deuda al portador. El capital sólo vence después de la denuncia, derecho éste que corresponde por igual al propietario del inmueble y al acreedor del capital. (DDU); (expl) La deuda territorial es una carga del contenido que consiste simplemente en una suma de dinero que hay que pagar por la finca; este pago puede, aunque no debe, servir para la satisfacción de una reclamación. Si lo hace, la deuda territorial será, sin embargo, independiente del crédito en su contenido real (no accesoria). Puede ser solicitada como tal para el propietario (§ 1196) (EEC: 357)

(Komm) Bei einem Immobilienerwerb in Spanien wird die Sicherung i. d. R. durch eine Hypothekenbestellung gewährleistet, da es im spanischen Recht den Begriff Grundschuld nicht gibt.; (kon) Aus der Übersetzung des § 1191 BGB: 1) Una finca puede ser gravada de manera que una cierta suma deba pagarse a costa de la finca a la persona en cuyo beneficio se establece el gravamen (deuda territorial). (CCA: 373) **Grundschuld (2)** *f* **hipoteca independiente** *f* ^*deuda territorial (DDU)*^ (Komm) Der Terminus *hipoteca abstracta* ist gemäß DDU ebenfalls eine Übersetzungsmöglichkeit für den Terminus *Grundschuld*. Nach Rücksprache mit spanischen Juristen wird jedoch folgender Einwand bezüglich der unter (2) angeführten Übersetzungsvorschläge vorgebracht: Eine Hypothek ist laut Definition sowohl im Deutschen als auch im Spanischen an eine Forderung gebunden (Akzessorietät). Die Termini *hipoteca abstracta* und *hipoteca independiente* erscheinen daher paradox, denn die Adjektive *abstracta* und *independiente* weisen auf etwas hin, das »ungebunden« ist. Aus diesem Grund wird empfohlen, für den Terminus *Grundschuld* die wörtliche Übersetzung *deuda territorial* zu wählen. Andernfalls könnten sich Missverständisse ergeben.; (def) La carente de vínculo registral entre el crédito y la hipoteca que lo garantiza. En tal hipoteca, para fines de movilización territorial, se reserva al propietario el establecimiento del rango hipotecario. La hipoteca pierde así su carácter accesorio, para transformarse en un valor preferentemente económico. Para Giménez Arnau constituye el gravamen que se supone existente a favor del dueño de la finca gravada y que hace a éste acreedor con garantía real sobre su inmueble, en el grado y con la preferencia señalada por la antigüedad de un título hipotecario. La institución ha tenido favorable acogida en el Derecho alemán. (DDU)

Grundstück *n* ^*Grundpfandrechte*^ ^*Immobilien*^ ^*Mobilien*^ (def 1) Im privatrechtlichen Sinn begrenzte, durch Vermessung gebildete Teile der Erdoberfläche, die im Grundbuch als selbstständige Grundstücke eingetragen sind. (BAL); (def 2) Zivilrecht: Der allgemeine Sprachgebrauch bezeichnet als G[rundstück] einen durch eine geschlossene Grenzlinie festgelegten Teil der Erdoberfläche. Diese begrifflichen Anforderungen sind weder hinreichend noch notwendig, um ein G[rundstück] i[m] S[inne] der Rechtssprache des BGB, der zugehörigen Verfahrensvorschriften (...) und der hierauf bezogenen sonstigen gesetzlichen Regelungen zu bestimmen. Danach ist ein G[rundstück] der Teil der Erdoberfläche, der im Bestandsverzeichnis des Grundbuchs unter einer eigenen Nummer eingetragen ist (...). (DRL); (def 3) Einkommenssteuerlich werden G[rundstücke] in zwei verschiedene Wirtschaftsgüter aufgeteilt: in Grund und Boden und Gebäude. (DRL); (kon) Grundpfandrechte sind dingliche Rechte an einem Grundstück und bestehen unabhängig von dessen jeweiligem Eigentümer. (GUF: 66) **bien inmueble** *m* (def) Se consideran bienes inmuebles, por contraposición a los bienes muebles, los que tienen una situación fija en el espacio y no son susceptibles de desplazamiento. (...) (DEI) (Komm) Je nach Art des Grundstücks bieten sich im Spanischen verschiedene Übersetzungen für den deutschen Terminus *Grundstück* an: In Kontexten, in denen es sich im weitesten Sinne um Grundstücke handelt, wird der Terminus mit *bien inmueble* oder *inmueble* übersetzt. In konkreteren Fällen wird im Spanischen zwischen Grundstücken, die sich auf dem Land oder in der Stadt befinden, unterschieden. Gemäß DDU und GDJ wird der Terminus *solar* für bebaute und unbebaute Flächen in städtischen Gebieten verwendet. In diesem Fall werden ebenso die Termini *predio urbano* und *finca urbana* verwendet. Durch die Adjektive wird signalisiert, wo sich das Grundstück befindet. Im Gegensatz dazu spricht man von *finca rústica* oder *predio rústico*, wenn sich ein Grundstück auf dem Land befindet. Im Allgemeinen handelt es sich dabei um Nutzflächen für land- oder forstwirtschaftliche Zwecke, d. h das Errichten von Gebäuden auf diesen Flächen ist i. d. R. nicht vorgesehen bzw. erlaubt.; (kon) La Ley 26/1988, de Disciplina e Intervención de las Entidades de Crédito, en su Disposición adicional séptima establece que los contratos de arrendamiento financiero tendrán una duración mínima de dos años cuando tengan por objeto bienes muebles y de diez años cuando tengan por objeto bienes inmuebles; (...). (SSD: 354)

Gründung *f* ^*Bargründung*^ ^*Einheitsgründung*^ ^*Sachgründung*^ ^*Simultangründung*^ ^*Stufengründung*^ (def 1 [allgemein]) Firmengründung, Geschäftsgründung, Unternehmungsgründung. I. Allgemein: 1. Begriff: Errichtung eines arbeitsfähigen, erwerbswirtschaftlichen Betriebs. Erforderliche Maßnahmen: Planung (der Beschaffung, der Leistungserstellung, des Absatzes, der Finanzierung und der Organisation), Beschaffung der Erstausstattung an Kapital, an Personal, an Betriebsmitteln und ggf. Waren oder Stoffen, Aufbau der inneren und äußeren Organisation. 2. Arten der Gründung: a) Bargründung; b) Sachgründung; c) gemischte Gründung. 3. Erforderlichenfalls Handelsregistereintragung (...). (GWL); (kon) Grundsätzlich kann es sich dabei [Finanzierung] um drei Vorgänge handeln: die Kapitalbeschaffung im Rahmen der Gründung oder Erweiterung, die Kapitalrückzahlung bei einer Schrumpfung oder Auflösung des Betriebes oder um reine Tausch- oder Umschichtungsvorgänge innerhalb der verschiedenen Kapitalpositionen. (GUF: 2/3); (def 2 [Aktiengesellschaft]) I. Ablauf: 1. Die Satzung (Gesellschaftsvertrag) ist in notariell beurkundeter Form durch den oder die Gründer festzustellen (§§ 2, 23, 28 AktG). (...) 2. Gleichzeitig mit der Feststellung der Satzung findet die Übernahme der Aktien durch die Gründer gegen Einlagen statt (Simultangründung, Einheitsgründung). Mit Übernahme aller Aktien durch die Gründer ist die Gesellschaft errichtet (§ 29 AktG). Die Übernahme der Aktien verpflichtet zur Einlage. Die Errichtung der Gesellschaft ist somit nicht auch an die Voraussetzung geknüpft, dass die Einlagen bereits geleistet sind. (...). 3. (Notariell beurkundete) Bestellung des ersten Aufsichtsrats (AR) und des Abschlussprüfers für das erste Voll- oder Rumpfgeschäftsjahr durch die Gründer sowie Bestellung des ersten Vorstands durch den Aufsichtsrat (§ 30 AktG). 4. Gründungsprüfung und Erstattung des Gründungsberichts durch die Gründer und Prüfung des Hergangs der G[ründung] durch den Vorstand und Aufsichtsrat, deren Ergebnisse in einem besonderen Prüfungsbericht darzulegen sind. (...) 5. Leistung der Einlagen: Im Falle der Bareinlage muss der eingeforderte Betrag mindestens ein Viertel des Nennbetrags und bei Ausgabe der Aktien über pari auch den Mehrbetrag umfassen (Unterpari-Emissionen sind gem. § 9 I AktG verboten). Sacheinlagen sind vollständig zu leisten. (...) 6. Anmeldung der Gesellschaft durch sämtliche Gründer, Mitglieder des Vorstands und Mitglieder des Aufsichtsrats zur Eintragung in das Handelsregister (§§ 36, 37 AktG). (...) 8. Eintragung in das Handelsregister, mit der die Gesellschaft die eigene Rechtspersönlichkeit erlangt (konstitutive Wirkung der Eintragung gem. § 3 AktG). Vor der Eintragung besteht die Gesellschaft zivilrechtlich als teilfähige Organisationsform sui generis (Vorgesellschaft). 9. Ausgabe der Aktien durch Eintausch der Kassenscheine. Inhaberaktien dürfen nur ausgegeben werden, wenn das Grundkapital voll eingezahlt ist. Stehen stattdessen Einlagen noch aus, darf die Gesellschaft nur Namensaktien ausgeben oder für den Fall einer baldigen Einzahlung der noch ausstehenden Einlagen die Kassenscheine gegen Zwischenscheine (Interimsscheine) eintauschen (§ 10 AktG). (GWL vs Gründung einer Aktiengesellschaft); (kon) Die bei der Gründung einer Aktiengesellschaft zu erfüllenden Mindestauflagen bestimmen in § 2 AktG, dass die Gesellschaft von mindestens 5 Personen gegründet werden muss. (GUF: 24) **constitución** *f* ^*fundación*^ (Komm) Als alleinstehender Begriff werden *fundación* und *constitución* vollständig synonym verwendet. Auch zur Bildung von Komposita sind beide Termini gebräuchlich, allerdings bestehen hier i. d. R. feste Verbindungen, in denen *fundación* und *constitución* nicht gegeneinander austauschbar sind: z. B. *fundación simultánea* oder *escritura de constitución.*; (def) Creación legal de una sociedad. Para que una sociedad adquiera personalidad jurídica debe constituirse mediante escritura pública y ser inscrita en el Registro Mercantil. (DEN); (kon) Cuando el desembolso se efectúe, total o parcialmente, mediante aportaciones no dinerarias, deberá expresarse, además, su valor, y si los futuros desembolsos se efectuarán en metálico o en nuevas aportaciones no dinerarias. En este último caso, se determinará su naturaleza, valor y contenido, la forma y el procedimiento de efectuarlas, con mención expresa del plazo de su desembolso, que no podrá exceder de cinco años desde la constitución de la sociedad. (...) (LSA art. 40, 2.)

Gut *n* ^*Investitionsgüter*^ ^*Konsumgüter*^ (def) Jedes Mittel, das Nutzen stiftet und damit der Befriedigung menschlicher Bedürfnisse dient. Da die Bedürfnisse der Wirtschaftssubjekte i. d. R. größer sind als die für ihre Befriedigung verfügbaren Mittel, ist Knappheit das Merkmal der wirtschaftlichen Güter; nur sie sind Gegenstand des Wirtschaftens. (BRO); (kon) Der in jedem Unternehmen sich vollziehende betriebliche Kreislauf zwischen Geld- beziehungsweise Sacheinlagen, Erstellung von Gütern oder Bereitstellung von Diensteistungen und daraus erzielten Umsatzerlösen muss durch den Finanzplan hinsichtlich der Zahlungsströme so gesteuert werden, dass die Erlöse so früh wie möglich zu Einzahlungen werden. (GUF: 81) **bien** *m* (def) Cualquier objeto o servicio capaz de satisfacer una necesidad. (DEN); (kon)

Cuando el riesgo de cambio se deriva de la existencia de bienes en el exterior o de activos financieros con vencimiento a largo plazo, la cobertura total no es posible en el mercado de cambios a plazo. (FEE: 73)

Guthaben *n* *^Gutschrift^* *^Lastschrift^* (def) Geldbestand eines Bankkunden bei seiner Bank auf seinem Konto. Auch: Differenz (...) auf einem Konto zwischen der Summe der Gutschriften und der Lastschriften, wobei erstere größer ist. (BAL); (kon) Im besonderen kommen Grundstücke und Gebäude (Eigenheim) sowie Vermögenswerte, die beim Kreditinstitut angelegt und hinterlegt sind (Guthaben, Wertpapiere) in Betracht. (RPB: 150) **haber** *m* *^saldo acreedor (DEN)^* *^saldo activo (GWW)^* (def 1) En el ámbito bancario, situación en la que en una cuenta corriente o de ahorro hay fondos a favor de su titular. (DEN vs saldo acreedor); (def 2) En un sistema contable de doble entrada, parte derecha de las hojas de contabilidad. En el haber se anotan las disminuciones, si la cuenta es de activo; los aumentos, si es de pasivo, y los ingresos y ganancias, si es una cuenta de pérdidas y ganancias, es decir, recoge todos los abonos contables. (DEN); (kon) Así, para cada cuenta conoceremos la suma total de las operaciones registradas tanto en el debe como en el haber y su saldo en un momento dado. (ABC: 93)

gutschreiben *vt* *^Gutschrift^* (def) als Guthaben eintragen, anrechnen (DAB); (kon) Ist der gezeichnete Kapitalanteil voll eingezahlt, so werden Gewinnanteile der Kommanditisten nicht den Kapitalkonten gutgeschrieben, sondern als Auszahlungsverbindlichkeiten der Gesellschaft gegenüber den Kommanditisten auf sog. Gesellschafterdarlehenskonten ausgewiesen. (GUF: 17) **abonar** *vt* *^acreditar (DEN)^* (def) En contabilidad, practicar una anotación en el haber de una cuenta. (DEN); (kon) Es, como se ha indicado, el caso más frecuente y diariamente se da miles de veces, primordialmente en la práctica bancaria; actualmente el giro a la orden o el endoso se realiza normalmente con un Banco, el cual descuenta la cambial y abona el importe de la letra descontada en la cuenta corriente del librador o del endosante, salvo que la letra haya sido tomada en comisión de cobro, en cuyo caso el abono sólo tiene lugar cuando la cambial ha sido pagada por el librador; (...). (LCC: 162)

Gutschrift *f* *^Guthaben^* *^gutschreiben^* *^Lastschrift^* (def) Buchung einer Leistung zugunsten einer Person oder eines Unternehmens auf der Habenseite des betreffenden Kontos (...) (GWL); (kon) Man sagt, das Warenkonto wird mit dem Betrag belastet (...), das Kreditorenkonto dagegen (...) entlastet (...) oder der Betrag dem Kreditorenkonto gutgebracht oder gutgeschrieben. Die Einträge selbst bezeichnet man als Belastung und Lastschrift im Soll, als Gutschrift im Haben. (WAS: 34/35) **abono** *m* (def) En contabilidad, anotación o asiento en el haber de una cuenta. (DEN); (kon) Las relaciones contables describen los motivos más comunes o generales de cargo y abono de las cuentas de tres cifras, sin agotar las posibilidades que cada una de ellas admite. (LAG: 50)

H

Haben *n* *^Soll^* (def) Rechte Bankkontoseite. Auf ihr werden Gutschriften auf dem Konto des Kunden verbucht. (...) (BAL); (kon) Ganz gleich um welches Konto es sich handelt, die linke Seite ist mit »Soll« und die rechte mit »Haben« überschrieben. (WAS: 31) **haber** *m* (def) En un sistema contable de doble entrada, parte derecha de las hojas de contabilidad. En el haber se anotan las disminuciones, si la cuenta es de activo; los aumentos, si es de pasivo, y los ingresos y ganancias, si es una cuenta de pérdidas y ganancias, es decir, recoge todos los abonos contables. (DEN); (kon) Las cuentas de gastos, que habitualmente tendrán saldo deudor, se colocarán así en el haber y las de ingresos en el debe. (ABC: 95)

Haftung *f* (def) Schuldenhaftung besteht für Gesellschaftsschulden (Haftung der Gesellschaft und eine persönliche Haftung der Gesellschafter als Gesamtschuldner). Entgegenstehende Vereinbarungen sind möglich, Dritten gegenüber aber unwirksam (§ 128 HGB). Hierin liegt ein grundlegender Unterschied im Wesen der Personengesellschaft zu dem der Kapitalgesellschaft. Diese besondere Art der Schuldenhaftung gestattet dem Gläubiger, auf zwei verschiedene Vermögensbereiche, nämlich das Gesellschaftsvermögen und das Privatvermögen der einzelnen Gesellschafter, Zugriff zu nehmen. Schuldenhaftung bei juristischen Personen (insbes. Kapitalgesellschaften): Es haftet nur das Vermögen der juristischen

Person, nicht das Privatvermögen ihrer Mitglieder, Gesellschafter etc. Gewisse Ausnahmen bei der Genossenschaft (GWL vs Schuldenhaftung); (expl) Im engeren Sinne haftet für die Erfüllung einer Schuld, welchen Rechtsgrund sie auch haben möge, das Vermögen des Schuldners. Im weiteren Sinne wird mit Haftung auch das Einstehen für eine aus einem Schuldverhältnis herrührende Schuld, insbesondere auf Schadensersatz bezeichnet (MÜS); (kon) In der Rangfolge und im Umfang der Haftung des einer Unternehmung zur Nutzung überlassenen Kapitals konkretisiert sich eine bestimmte Sicherungsqualität des Eigenkapitals. (GUF: 12) **responsabilidad** *f* (def) Obligación de satisfacer cualquier pérdida o daño causado, porque así lo exija la naturaleza de una obligación, o se halle determinado por la Ley. (GDJ); (kon) La sociedad colectiva y la sociedad comanditaria (o en comandita) son dos tipos de sociedades mercantiles en las que la responsabilidad de algunos socios por la actuación de la empresa va más allá del capital invertido en ella. (SMA: 73)

Halberzeugnisse *npl ^Halbwaren^*

Halbwaren *fpl ^Erzeugnisse, unfertige (GWL)^ ^Fertigwaren^ ^Halberzeugnisse^ ^Rohstoff^ ^Zwischenerzeugnisse^* (def) Be- oder verarbeitete Stoffe, deren Produktionsprozess noch nicht beendet ist. (GWL vs unfertige Erzeugnisse); (kon) Neben einmaligen und laufenden, vom Umsatz berechneten Gebühren kann der Franchisegeber Einnahmen erzielen aus Vermietung von Ausstattungs-, Beratungs-, Ausbildungsleistungen, aus Verkauf von Roh-, Hilfs-, Betriebsstoffen, Halb- und Fertigwaren sowie Werbematerialien und schließlich aus gewährten Krediten. (GUF: 73) **productos semielaborados** *mpl* (def) Son los productos fabricados en la empresa que son susceptibles de una fase de transformación ulterior, o bien de ser destinados a la venta. Esto último es menos frecuente. La diferencia conceptual con los productos en curso es que éstos se encuentran dentro de una fase y no han recibido todos los costes correspondientes a la misma, mientras que los productos semiterminados han terminado al menos una fase (nunca la última) y no han comenzado la siguiente. (DEE); (kon) En el ámbito de la economía de la empresa muchas veces se utilizan los términos productos semielaborados y productos acabados. Los primeros no han pasado por todas las fases de transformación, los acabados y a están listos para la venta. (SMA: 1)

Handelsbilanz *f ^Warenbilanz (GWL)^ ^Zahlungsbilanz^* (def) Als Handelsbilanz bezeichnet man die nach handelsrechtlichen Vorschriften aufzustellenden Bilanzen. Sie gehören zu der Gruppe der externen Bilanzen, die sich im Gegensatz zu internen Bilanzen zwar in erster Linie an außerhalb des Betriebes stehende Personen und Institutionen wenden (...), die aber auch der Selbstinformation der Unternehmer bzw. der geschäftsführenden Gesellschafter oder Organe dienen. (LBW); (kon) In der Handelsbilanz werden Importe und Exporte von Erzeugnissen und Waren erfasst. (VGW vs Zahlungsbilanz) **balanza comercial** *f* (def) Parte de la balanza de pagos en la que se recogen los ingresos procedentes de las exportaciones y los pagos de las importaciones. Su saldo refleja el superávit o déficit comercial (...) (DMA); (kon) La primera de las subbalanzas es la ya mencionada balanza comercial o de mercancías que registra todas las transacciones de bienes o productos tangibles que realiza un país con el extranjero. (SMA: 33)

Handelsgesetzbuch *n ^HGB^* (Komm) Das HGB regelt den Handel in Deutschland. Bezieht sich der Terminus Handelsgesetzbuch in einem Kontext speziell auf das deutsche Handelsgesetzbuch, wird empfohlen *código de comercio alemán* als Übersetzung zu wählen. Analog verhält es sich mit der Übersetzung des spanischen Terminus *Código de Comercio* ins Deutsche: In entsprechenden Kontexten, sollte die Übersetzung *spanisches Handelsgesetzbuch* gewählt werden.; (def) Das H[andelsgesetzbuch vom 10. Mai 1897 mit späterer Änderung, regelt einen wesentlichen Teil des vom allgemeinen bürgerlichen Recht abweichenden Sonderrechts des Handels. Inhalt: Vorschriften über den Handelsstand (Kaufmann, Handelsregister, Firma, Prokura, Handlungsvollmacht, Handlungsgehilfen und Handlungslehrlinge, Handelsvertreter und Handelsmakler), die offene Handelsgesellschaft (OHG), Kommanditgesellschaft (KG) und stille Gesellschaft; allgemeine Regeln über Handelsgeschäfte, Handelsbücher (Bücher); Einzelbestimmungen über den Handelskauf, das Kommissionsgeschäft, die Spedition, das Lagergeschäft und den Frachtvertrag. (...) (GWL); (kon) Das Rechtsverhältnis der persönlich haftenden Gesellschafter untereinander und gegenüber den Kommanditisten sowie gegenüber Dritten bestimmt sich abweichend vom Aktienrecht nach den Vorschriften des Handelsgesetzbuches über die Kommanditgesellschaft. (GUF: 28)

Código de Comercio *m* (Komm) Der *Código*

de Comercio regelt den Handel in Spanien. Bezieht sich der Terminus Handelsgesetzbuch in einem Kontext speziell auf das deutsche Handelsgesetzbuch, wird empfohlen *código de comercio alemán* als Übersetzung zu wählen. Analog verhält es sich mit der Übersetzung des spanischen Terminus *Código de Comercio* ins Deutsche: In entsprechenden Kontexten, sollte die Übersetzung *spanisches Handelsgesetzbuch* gewählt werden. (def) Principal cuerpo legal del Derecho mercantil, que regula los actos de comercio efectuados entre las personas físicas y/o jurídicas. Fue promulgado en 1885 y entró en vigor el 1 de enero de 1886, consta de 955 artículos divididos en cuatro libros cuyos títulos son: a) De los comerciantes y del comercio en general. b) Los contratos especiales de comercio. c) El comercio marítimo. d) La suspensión de pagos, las quiebras y las prescripciones. (DDM); (kon) Si la aportación consistiese en bienes muebles o inmuebles o derechos asimilados a ellos, el aportante estará obligado a la entrega y saneamiento de la cosa objeto de la aportación en los términos establecidos por el Código Civil para el contrato de compraventa, y se aplicarán las reglas del Código de Comercio sobre el mismo contrato en punto a la transmisión de riesgos. (LSA: art. 39, 1.)

Handelsregister *n* (Komm) Dem deutschen Handelsregister entspricht in Spanien *Registro Mercantil* Die inhaltlichen Ausgestaltungen der beiden Register beziehen sich jeweils auf Deutschland oder Spanien. Bezieht sich ein Kontext auf das deutsche Handelsregister, wird empfohlen, den Terminus *registro mercantil alemán* zu wählen. Analog sollte der Terminus *Registro Mercantil* mit *spanisches Handelsregister* übersetzt werden, sofern der Kontext dies entsprechend erfordert. (def 1) ein bei den Amtsgerichten geführtes öffentliches Register, das Vollkaufleute und Handelsgesellschaften unter ihrer Firma verzeichnet und bestimmte Rechtsvorgänge offenkundig macht (Publizitätsprinzip). Im HGB und Nebengesetzen (z. B. Aktiengesetz) finden sich verstreut die Vorschriften über die Pflicht zur Eintragung und zur Anmeldung eintragungspflichtiger Tatsachen. Die Eintragung kann mit Zwangsgeld erzwungen, in Ausnahmefällen von Amts wegen vorgenommen werden. Bestandteile: Das H[andelsregister] besteht aus der Abteilung A für die Einzelkaufleute und die Personengesellschaften des Handelsrechts mit Ausnahme der stillen Gesellschaft sowie für die juristischen Personen des öffentlichen Rechts und Abteilung B für die Kapitalgesellschaften. Die Bestimmung des H[andelsregisters] für die Öffentlichkeit findet darin Ausdruck, dass die Einsicht jedem gestattet ist (Handelsregistereinsicht). Darüber hinaus erfolgt auch die öffentliche Bekanntmachung der eingetragenen Tatsachen. Den Behörden gegenüber wird ein Zeugnis über Eintragungen oder Fehlen solcher durch ein Positivattest bzw. Negativattest erbracht. Verstößt eine Eintragung gegen gesetzliche Vorschriften, so kann sie von Amts wegen gelöscht werden. (...) (GWL); (def 2) (...) Enthält insbesondere Angaben über Firma und Sitz der Unternehmung, Haftungsverhältnisse (Unternehmungsform, Namen voll haftender Gesellschafter), Höhe des Kapitals bei Kapitalgesellschaften, Ausgabe über die zur Vertretung einer Gesellschaft berechtigten Personen und Umfang der Vertretungsbefugnis. (...) (BAL); (kon) Das Eigenkapital des Kommanditisten: Die Kapitalanteile der Kommanditisten sind nominell fixiert und werden in der festgelegten Höhe auch in das Handelsregister eingetragen. (GUF: 17) **Registro Mercantil** *m* (Komm) Dem spanischen *Registro Mercantil* entspricht das Handelsregister in Deutschland. Die inhaltlichen Ausgestaltungen der beiden Register beziehen sich jeweils auf Deutschland oder Spanien. Bezieht sich ein Kontext auf das deutsche Handelsregister, wird empfohlen, den Terminus *registro mercantil alemán* zu wählen. Analog sollte der Terminus *Registro Mercantil* mit *spanisches Handelsregister* übersetzt werden, sofern der Kontext dies entsprechend erfordert.; (def) Institución oficial, abierta al público, en la que para garantizar la seguridad del tráfico mercantil han de inscribirse las sociedades de todo tipo, así como los demás actos jurídicos que se detallan por las leyes y reglamentos y depositar las cuentas anuales. (TAM); (kon) Los títulos, cualquiera que sea su clase, estarán numerados correlativamente, se extenderán en libros talonarios, podrán incorporar una o más acciones de la misma serie y contendrán, como mínimo, las siguientes menciones: a) La denominación y domicilio de la sociedad, los datos identificadores de su inscripción en el Registro Mercantil y el número de identificación fiscal. (...) (LSA art. 53, 1.)

Hauptversammlung *f* ^*Aktiengesellschaft*^ ^*Aktionär*^ ^*Generalversammlung*^ (def) Die H[auptversammlung] ist das oberste Willensbildungsorgan einer Aktiengesellschaft oder

Kommanditgesellschaft auf Aktien. (...) In ihr üben die Aktionäre ihre Rechte in den Angelegenheiten der Gesellschaft aus, soweit das Gesetz nichts anderes bestimmt. Insbesondere zählen hierzu gem. § 119 AktG die Bestellung der Aufsichtsratsmitglieder (ausschließlich der Arbeitnehmervertreter), Verwendung des Bilanzgewinns, Entlastung des Vorstands und des Aufsichtsrates, die Bestellung des Abschlussprüfers, Satzungsänderungen, Maßnahmen der Kapitalbeschaffung und -herabsetzung, Bestellung von Prüfern für bestimmte Vorgänge und die Auflösung der AG. Über die Entlastung von Vorstand und Aufsichtsrat und die Verwendung des Bilanzgewinns (...) verhandelt und beschließt die H[auptversammlung] in den ersten acht Monaten des Geschäftsjahres nach Einberufung durch den Vorstand (...). Eine außerordentliche H[auptversammlung] ist einzuberufen, wenn es das Wohl der Gesellschaft erfordert (...), oder wenn Aktionäre, deren Anteile den zwanzigsten Teil des Grundkapitals erreichen, sie unter Angabe von Gründen verlangen (...). Den Vorsitz der H[auptversammlung] bestimmt die Satzung; regelmäßig wird es der Aufsichtsratsvorsitzende sein. Über die Beschlüsse ist ein notariellens Protokoll aufzunehmen. (...) (LBW); (kon) Optionsanleihen verbuchen als Zusatzrecht im Optionsschein ein Bezugsrecht auf Aktien, sie erfordern nach § 221 AktG die qualifizierte Mehrheit der Hauptversammlung und begründen ein Bezugsrecht der Altaktionäre. (GUF: 43) **junta general de accionistas** *f* (def) La junta general es el máximo órgano de la sociedad anónima alemana. Es la asamblea de todos los accionistas de la sociedad y de los miembros de los consejos directivo y de vigilancia que tienen que tomar parte en ella. En la junta general el accionista tiene la posibilidad de ejercer sus derechos principales como el derecho de voto y el derecho de información. La junta general presupone la convocatoria en debida forma por el consejo directivo o, excepcionalmente, por el consejo de vigilancia. Se ha de convocar al menos una junta general ordinaria anualmente. Las juntas generales extraordinarias se convocarán en caso de necesidad o por petición de una mayoría de accionistas. (DV); (Komm) Die Übersetzung der Organe der deutschen Aktiengesellschaft bzw. der spanischen sociedad anónima ist problematisch, weil diese Unternehmensrechtsform in beiden Ländern unterschiedlich strukturiert ist. Während die deutsche AG aus drei Organen (Vorstand, Aufsichtsrat und Hauptversammlung) besteht, gibt es in der spanischen S. A. nur die *junta general* und den *consejo de administración*. Allein aus der unterschiedlichen Anzahl an Organen ergibt sich also, dass deren jeweilige Kompetenzen voneinander abweichen müssen. Die o. a. Übersetzung kann daher nur ein Übersetzungsvorschlag für einen deutschen Begriff sein, der in dieser Form in Spanien nicht existiert. Die größte Übereinstimmung besteht bei der deutschen Hauptversammlung und der spanischen *junta general de accionistas*. Beide stellen eine Vollversammlung der Aktionäre und das oberste Willenbildungsorgan der Gesellschaft dar. Eine weitere wichtige gemeinsame Funktion ist die Kontrolle über die Entscheidungen von Vorstand und Aufsichtsrat bzw. vom consejo de administración. Auch die Entscheidungskompetenzen von Hauptversammlung und junta general stimmen im Wesentlichen überein: Beide Organe entscheiden z. B. über die Verwendung des Bilanzgewinns oder mögliche Satzungsänderungen wie Kapitalerhöhungen bzw. -herabsetzungen.; (kon) La sociedad anónima se gobierna a través de una junta general de accionistas en la que están representados todos los socios. (SMA: 72)

heraufkonvertieren *vt* *^Austauschanleihe^* *^Konversion^* (def) (...) Eine Kündigung von Anleihen zum Zweck von Heraufkonvertierung wird die Schuldnerin u. U. dann vornehmen, wenn bei steigendem Zinsniveau der Anleihekurs extrem fällt. (BFL vs Konvertierung); (kon) Fast ausschließlich behalten sich die Schuldner das Recht auf vorzeitige Kündigung, d. h. auf Rückzahlung vor dem Ablauf der vorgesehenen Laufzeit vor, um bei abgesunkenem Zinsniveau durch eine Austauschanleihe herunterkonvertieren oder bei gestiegenem Zinsniveau zur Pflege ihres Emissionsstandings heraufkonvertieren zu können. (GUF: 41) **convertir (a título de interés más elevado)** *vt*

Herstellung *f ^Produktion^*

herunterkonvertieren *vt* *^Austauschanleihe^* *^Konversion^* (kon) Fast ausschließlich behalten sich die Schuldner das Recht auf vorzeitige Kündigung, d. h. auf Rückzahlung vor dem Ablauf der vorgesehenen Laufzeit vor, um bei abgesunkenem Zinsniveau durch eine Austauschanleihe herunterkonvertieren oder bei gestiegenem Zinsniveau zur Pflege ihres Emissionsstandings heraufkonvertieren zu können. (GUF: 41) **convertir (a título de interés más bajo)** *vt*

HGB *n* *^Handelsgesetzbuch^* (kon) So regelt z. B. § 122 HGB die Entnahmemöglichkeit wie folgt: »Jeder Gesellschafter ist berechtigt, aus der Gesellschaftskasse Geld bis zum Betrage von 4 v. H. seines für das letzte Geschäftsjahr festgestellten Kapitalanteils zu seinen Lasten zu erheben und, soweit es nicht zum offenbaren Schaden der Gesellschaft gereicht, auch die Auszahlung seines den bezeichneten Betrag übersteigenden Anteils am Gewinn des letzten Jahres zu verlangen.« (GUF: 15) **C. de C.** *m* (kon) Si las acciones son al portador, entregados los títulos, su transmisión se sujetará a lo dispuesto por el Art. 545 C. de c. (...) (GCP: 114)

Höchstbetragsbürgschaft *f* ^*Bürgschaft*^ (expl 1) Bürgschaftsverpflichtung, die auf einen Maximalbetrag (zuzüglich Zinsen und Kosten) begrenzt ist. (MÜS); (expl 2) Die Höchstbetragsbürgschaft beschränkt die Sicherheit für den Kreditgeber auf einen bestimmten Betrag, der den Stand der Forderung gegen den Kreditnehmer unterschreiten kann. (DRU); (kon) Banken verlangen selbstschuldnerische Bürgschaften und Schriftform, üblich ist die Höchstbetragsbürgschaft. (GUF: 63) **fianza limitada** *f* ^*aval limitado en la cantidad*^ ^*aval limitado en el importe*^ ^*garantía de monto máximo*^ (def) El aval limitado reduce la garantía a tiempo, caso, cantidad o personas expresamente determinados. (DDU vs aval limitado)

Holding-Gesellschaft *f* ^*Beteiligungsgesellschaft*^

Hypothek *f* ^*Grundpfandrechte*^ (def) zu den Grundpfandrechten zählendes eingeschränktes dingliches Grundstücksrecht zur Sicherung einer Forderung. Mit der Hypothek wird ein Grundstück oder Miteigentumsanteil hieran in der Weise belastet, dass an den Berechtigten eine bestimmte Geldsumme wegen einer ihm zustehenden oder künftigen bedingten Forderung aus dem Grundstück zu zahlen ist (...). Der Grundstückseigentümer haftet also mit dem Wert des Grundstücks. Belastet werden können auch grundstücksgleiche Rechte wie Erbbaurechte. Dagegen gibt die Hypothek kein Recht auf Besitz an dem Grundstück. (BRO); (expl 1) Die Hypothek ist in ihrem Bestand abhängig von einer zu sichernden Forderung, d. h., die Höhe der Hypothek ist abhängig vom Forderungsbestand. Entsteht keine Forderung, kann auch keine Hypothek entstehen. Dieser Zusammenhang wird als Akzessorietät bezeichnet. Eine Hypothek und Forderung können nur gemeinsam übertragen werden (...). Dies gilt nicht nur bei rechtsgeschäftlichem Erwerb (...), sondern auch bei Erwerb der Hypothek durch Erbgang (...) oder im Weg der Zwangsvollstreckung kraft gerichtlicher Anordnung (...). In der Bankpraxis spielt die Hypothek als Sicherungsmittel kaum noch eine Rolle; sie wurde fast vollständig von der Grundschuld verdrängt. Auf eine Darstellung des Hypothekenrechts kann aber keinesfalls verzichtet werden, weil das Recht der Grundschuld weitgehend durch Verweisung auf die für die Hypothek geltenden Vorschriften geregelt ist (...), also auf diesen aufbaut. (BRS: Teil 12, Kap. 7.2: 1); (expl 2) Der Unterschied zwischen Grundschuld und Hypothek besteht darin, dass die Grundschuld schlechthin die Zahlung einer bestimmten Geldsumme aus dem Grundstück zum Inhalt hat, während bei der Hypothek die Geldsumme an den Berechtigten zur Befriedigung wegen einer ihm zustehenden Forderung zu zahlen ist. (BGBW: 630); (expl 3) Rechtsgrundlage: BGB § 1113: 1) Ein Grundstück kann in der Weise belastet werden, dass an denjenigen, zu dessen Gunsten die Belastung erfolgt, eine bestimmte Geldsumme zur Befriedigung wegen einer ihm zustehenden Forderung aus dem Grundstücke zu zahlen ist (Hypothek).; (kon) Die Hypothek ist akzessorisch, sie ermäßigt sich also und erlischt mit der Kreditforderung. (GUF: 67) **hipoteca** *f* (def) La hipoteca, en general, hace referencia a la hipoteca inmobiliaria (...). De este concepto se desprende que la hipoteca es un derecho real de garantía que se impone como medida de aseguramiento de una obligación de tal modo que, en caso de incumplimiento, el acreedor hipotecario se encuentra legitimado para proceder a la satisfacción forzosa de su derecho de crédito, a través de los procedimientos legales establecidos para el ejercicio de la acción hipotecaria, realizando el valor de los bienes hipotecados, enajenándolos y percibiendo el producto de la venta, independientemente de quién sea en el momento de la ejecución el poseedor o propietario de los mismos. La hipoteca es un derecho real que sujeta directa e inmediatamente los bienes sobre los que se impone, pero que no requiere el desplazamiento de la cosa hipotecada, quedando ésta en poder del deudor hipotecario. Además tiene carácter accesorio a la misma, corriendo la misma suerte de la obligación principal, lo que implica que la extinción de la obligación supone la de la hipoteca. Uno de los requisitos constitutivos de la hipoteca para su plena validez y eficacia es la necesidad de constancia en escritura pública y su inscripción en el Registro de la

Propiedad, así como en los demás Registros oficiales o administrativos cuando sea necesario. La hipoteca garantiza tanto el importe nominal del principal como los intereses y rentas que se hubieran devengado desde su constitución, siempre y cuando no se hubiere pactado lo contrario. Así pues, cuando en la escritura se hubiera hecho constar el importe de los intereses que genera la obligación, éstos quedan igualmente amparados con la garantía hipotecaria. (...) (DEI) ; (expl) Rechtsgrundlage: Art. 1.782 del Código Civil: La hipoteca es un derecho real sobre los bienes inmuebles, que se sujetan al cumplimiento de una obligación. (kon) La comparación de precios de hipotecas o préstamos de vivienda lo ayudará a conseguir términos de financiamiento más favorables. (www.ftc.gov)

I

Illiquidität *f* *^Kreditwürdigkeit^* *^Liquidität^* *^Zahlungsunfähigkeit^* (def) Kennzeichen des Zustandes eines Wirtschaftssubjekts (privater oder öffentlicher Haushalt, Unternehmung, Bank), dem zur Fortführung seiner laufenden Geschäfte die erforderlichen liquiden Mittel fehlen. Illiquide können natürliche und juristische Personen sowie Staaten und Länder sein. Illiquidität hat je nach Wirtschaftssubjekt verschiedene Ursachen. Bei Unternehmen können Gründe für die Illiquidität in dauernden Betriebsverlusten oder in langfristiger Anlage kurzfristiger Verbindlichkeiten liegen. Für Banken bestehen besondere gesetzliche Vorschriften, die Illiquidität verhüten sollen. Außenwirtschaftliche Illiquidität von Staaten ist in ihrer mangelnden oder fehlenden Devisenschöpfungskraft bzgl. relativ konstanter bzw. ansteigender Devisenausgaben begründet. Illiquidität ist immer mit fehlender Kreditwürdigkeit verbunden, da kreditwürdige Personen, Unternehmen oder Staaten vorübergehende Zahlungsunfähigkeit, die nur durch Fehldispositionen und nicht durch fundamentale Ursachen begründet ist, durch Kreditaufnahmen überbrücken können. (BAL); (kon) Die Verhütung von Zahlungsschwierigkeiten bis hin zur Illiquidität ist die wichtigste Aufgabe insbesondere des kurzfristigen Finanzplanes (Liquiditätsplans), weil sonst dem Unternehmen der Kollaps in Form des Vergleichs- oder Konkursverfahrens droht. (GUF: 81) **falta de liquidez** *f* (def) Situación de la persona física o jurídica en la que le es imposible hacer frente a sus obligaciones a corto plazo por insuficiencia de efectivo. En el ámbito empresarial se produce por un desacompasamiento entre el activo realizable y el pasivo de donde proviene (...). (DEE); (kon) Por ejemplo, una empresa puede devenir en insolvente por una mala gestión de tesorería, siendo su activo superior al pasivo exigible; esto es, la insolvencia se debe a la falta de liquidez y no a la insuficiencia patrimonial, porque el neto patrimonial es positivo. (SST: 730)

Immobilien *fpl* *^Grundstück^* *^Mobilien^* (def) Unbewegliche Güter, also vor allem Grundstücke und Gebäude. Im Gegensatz zu Geldvermögen ist der Eigentümer von Immobilien gegen die Auswirkungen einer Geldwertminderung (Inflation) geschützt; Immobilien gelten als besonders krisensichere Kapitalanlagen. Sie können in der Regel leicht zur Sicherung von Darlehen verpfändet werden (...) (BAL); (kon) Die Finanzierung sämtlicher Immobilien in beiden Parks soll im Investorenmodell z. B. im Rahmen eines offenen Immobilienfonds durch einen Investor erfolgen. **bienes inmuebles** *mpl* *^bienes raíces (TAM)^* *^inmuebles (DEN)^* (Komm) Vgl. Kommentar zu *Grundstück*.; (def) Las tierras, solares, edificios y construcciones que son objeto de transacciones en el llamado mercado inmobiliario. (TAM vs bienes raíces); (kon) Para asegurarse el pago del impuesto sobre la ganancia de capital derivada de los bienes inmuebles, la ley española obliga, a quien adquiera un inmueble a un no residente, a retener el 5% del importe del precio e ingresarlo en el Tesoro Público.

Indossament *n* *^Wechsel^* (def) Schriftliche Übertragungserklärung bei Orderpapieren. Die schriftliche Erklärung ist meist auf der Rückseite des Orderpapiers anzubringen, wodurch Eigentum und die weiteren Rechte aus dem Wertpapier durch den bisherigen Inhaber der Urkunde (Indossant, Girant) auf einen anderen (Indossatar, Giratar) übertragen werden. (BAL); (expl) Rechtsgrundlage: Art. 11 Wechsel- und Scheckgesetz: Jeder Wechsel kann durch Indossament übertragen werden, auch wenn er nicht ausdrücklich an Order lautet.; (kon) Der Erwerb einer vollgültigen Wechselforderung setzt im Regelfall die Übertragung durch

Indossament voraus. (WSZ: 43) **endoso** *m* (def) Forma de transmisión y circulación de los documentos de créditos mediante una declaración escrita en el título por la que el actual tenedor (endosante) transmite a otra persona (endosatario) el derecho incorporado al título, mandando que se pague a esa nueva persona designada a su orden. (...). (DEI); (kon) El endoso es un acto jurídico cambiario accesorio por el cual el tenedor de la letra (tomador o cesionario del tomador), mediante una declaración suscrita en el título, acompañada de la entrega del documento, transmite al endosatario, utilizando la fórmula legal, la propiedad de la letra de cambio y todos los derechos a ella inherentes. (LCC: 56)

Industrieobligation *f* *^Obligation^* (def) Festverzinsliche Anleihe, deren Emittent (Schuldner) ein Industrieunternehmen ist. Diese Wertpapiere dienen der Beschaffung langfristigen Fremdkapitals, das meist für Investitionen benötigt wird. Zur Ausgabe ist eine Genehmigung des Bundesfinanzministeriums erforderlich. Besicherung erfolgt regelmäßig durch erststellige Grundschulden oder Sicherungshypotheken; in Ausnahmefällen kommen auch Bürgschaften von anderen Unternehmen, öffentliche Bürgschaften u. a. in Frauge. Bei bekannten Unternehmen unzweifelhafter Bonität werden auch Negativerklärungen abgegeben. Die Konditionen sind unterschiedlich; die Anleihebedingungen geben im Einzelnen Auskunft darüber. Industrieobligationen werden an der Börse meist amtlich gehandelt und notiert. Die deutschen Unternehmen haben in den letzten Jahren nur in wenigen Fällen von der Möglichkeit, Fremdkapital durch Auflegung einer Anleihe aufzunehmen, Gebrauch gemacht. Stattdessen ist das flexiblere und kostengünstigere Schuldscheindarlehen in den Vordergrund gerückt. (BAL); (kon) Die Industrieobligationen haben viel ihrer Bedeutung an Schuldscheindarlehen abgetreten. (GUF: 42) **obligación industrial** *f* (def) Las que han sido emitidas por una sociedad industrial. (GAR)

Inhaber (1) *m* *^Aktionär^* *^Obligationär^* *^Unternehmer^* (def) Unternehmer auf dessen/deren Rechnung und Gefahr ein Gewerbebetrieb geführt wird; meist identisch mit der im Handelsregister eingetragenen Firma. Ausnahmen: Einzelkaufmann führt übernommene Firma fort; bei der OHG sind nicht alle Gesellschafter namentlich in der Firma genannt; Kommanditisten, die in der Firma nicht erwähnt werden. Auch Kapitalgesellschaften wird man zu den I[nhabern] zu rechnen haben. (LBW); (kon) Der Gläubiger des früheren Inhabers kann (...) den Erwerber in Anspruch nehmen. (www.ihk-nordwestfalen.de) **propietario** *m* (def 1) Persona o entidad que goza del derecho de propiedad sobre una cosa, es decir, que puede disponer de ella libremente, sin más limitaciones que las impuestas por las leyes o por la naturaleza de la cosa en cuestión. (...) (DMM); (def 2) En derecho alemán de sociedades significa concretamente »empresario a cuya cuenta y riesgo corre la explotación; la mayor parte de las veces idéntico a la razón inscrita en el Registro Mercantil.« (DV); (kon) Como concepto más amplio, la expresión »participación« o »participación en la gestión« puede utilizarse para referirse al conjunto de situaciones en las que los trabajadores participan, junto con los propietarios de las empresas, en la gestión de las mismas en virtud precisamente de su condición de trabajadores. (MDT: 126)

Inhaber (2) *m* (def) Besitzer einer finanziellen Position i. w. S. (...). (BAL); (kon) Der Inhaber einer Wandelschuldverschreibung hat die Vorteile, gegen Kursverfall durch den Kurs vergleichbarer Normalobligationen als Kursuntergrenze abgesichert zu sein und zugleich durch den Wandelcharakter an den Chancen einer Aktienkurssteigerung teilzuhaben. (GUF: 45) **titular** *m* *^tenedor^* (def) (...) A quien se reconoce un derecho como consecuencia de ser propietario de un documento o título. (MDB); (kon) Los titulares de acciones sin voto tendrán derecho a percibir el dividendo anual mínimo que establezcan los estatutos sociales, que no podrá ser inferior al cinco por ciento del capital desembolsado por cada acción sin voto. (...) (LSA art. 91, 1.)

Inhaberaktie *f* *^Aktie^* *^Namensaktie^* (def) Als I[nhaberaktie] (im Gegensatz zu Namensaktien) werden Aktien bezeichnet, bei denen der Berechtigte in der Aktienurkunde nicht namentlich genannt wird und somit jeder Inhaber legitimiert ist, die mit der I[nhaberaktie] verbundenen Rechte auszuüben. I[nhaberaktien] sind durch Einigung und Übergabe übertragbar und damit als fungible Wertpapiere (Effekten) für einen börsenfähigen Handel hervorragend geeignet. I[nhaberaktien] sind die in der BRD vorherrschende Aktienart. (LBW); (kon) Soweit die Satzung der Gesellschaft nichts anderes bestimmt, sind die Aktien grundsätzlich als Inhaberaktien auszustellen (§ 24 AktG). (GUF: 24) **acción al portador** *f* (def) Título cuyo poseedor es considerado a todos los efectos como propietario de los derechos y obligaciones dimanantes del mismo, sin necesidad de que conste expresamente su nombre. La transmisión de propiedad se produce por simple entrega física del título. Para ser reputada al portador es preciso que su importe esté totalmente desembolsado. Contrario: Acción nominativa. (MDB); (kon) Una vez impresos y entregados los títulos, la transmisión de las acciones al portador se sujetará a lo dispuesto por el artículo 545 del Código de Comercio. (...) (LSA art. 56, 2.)

Inkassowesen *n* *^Mahnwesen^* (def) Einzug von fälligen Forderungen, meist durch finanzwirtschaftliche Institutionen (Post, Banken, Inkassogesellschaften) für Dritte, unentgeltlich oder gegen Inkassoprovision (Akkreditive, Schecks, verloste Wertpapiere, Wechsel). (...) (BFL); (kon) Die Ausgliederung von Inkasso- und Mahnwesen bringt Ersparnisse an Verwaltungskosten (Personal-, Raum-, Büroausstattungskosten). (GUF: 60) **gestión de cobros** *f* (def) Actividad realizada por los bancos, cajas u otras entidades financieras consistente en ocuparse del cobro de los efectos o facturas que sus clientes les han dado para ello. (DEN); (kon) Por otro lado, es bien conocido el importante papel que desempeña en la empresa una buena gestión de cobros, utilizando mecanismos como los descuentos por pronto pago. (BFF: 22)

Innenfinanzierung *f* *^Finanzierung^* *^Finanzierung, externe^* *^Finanzierung, interne^* *^Selbstfinanzierung^* (def) Finanzierung von Unternehmen aus dem Umsatzprozess und aus Vermögensumschichtungen. Bei der Innenfinanzierung unterscheidet man die Finanzierung aus einbehaltenen Gewinnen (Selbstfinanzierung i. e. S.), aus Abschreibungen und über die Dotierung von Rückstellungen. (BAL); (kon) Der Begriff der Innenfinanzierung ist insofern weiter gefasst, als er die interne Finanzierung (Eigen- und Fremdfinanzierung) beinhaltet und zusätzlich noch die Finanzierung durch Abschreibungen einschließt. (GUF: 73) **financiación interna** *f*

Insolvenz *f* *^Zahlungsunfähigkeit^*

Insolvenzmasse *f* *^Konkursmasse^*

Investition *f* *^Desinvestition^* (def) Einsatz von Produktionsverfahren zur Erhaltung (...), Ausdehnung (...) und Verbesserung (...) des reproduzierbaren volkswirtschaftlichen Sachvermögens. Durch Investition wird ein Teil des volkswirtschaftlichen Güterangebotes künftiger Verwendung gewidmet und damit gegenwärtigem Konsum (und Export) vorenthalten (...). (GLV); (kon) Die Notwendigkeit einer Investition ist stets im Zusammenhang mit der gesamten Unternehmenssituation zu beurteilen. (GUF: 107) **inversión** *f* (def) Colocación de fondos en un proyecto (de explotación, financiero, etc.) con la intención de obtener un beneficio en el futuro. (DEN); (kon) La inversión es una magnitud que desempeña un papel básico en todo proceso económico (...). (MEE: 139)

Investitionsgüter *npl* *^Anlagen^* *^Gut^* *^Konsumgüter^* (def) Investitionsgüter sind Leistungen, die von Organisationen (NichtKonsumenten) beschafft werden, um mit ihrem Einsatz (Ge- oder Verbrauch) weitere Güter für die Fremdbedarfsdeckung zu erstellen oder um sie unverändert an andere Organisationen weiterzuveräußern, die diese Leistungserstellung vornehmen. Wesentliche Merkmale der Abgrenzung von Investitionsgütern gegenüber Konsumgütern sind demnach der Nachfrager (Konsument/NichtKonsument) und der Verwendungszweck (Konsum/Leistungserstellung). (...) (GML); (kon) Leasing ist ein für einen bestimmten Zeitraum abgeschlossenes, in der Regel während dieser Zeit unkündbares Mietverhältnis zwischen einem Leasinggeber und einem Leasingnehmer zwecks Finanzierung beweglicher und unbeweglicher Investitionsgüter. (GUF: 69) **bienes de capital** *mpl* *^bienes de equipo (DEN)^* *^bienes de inversión (DEN)^* *^bienes de producción (TMD)^* (def) Bienes que se utilizan para la producción de otros bienes de consumo o de inversión, y que se deprecian en el proceso de fabricación. Por ejemplo, maquinaria, herramientas, edificios, etc. (DEN); (kon) Esta combinación EXIM BANK-Banca privada es el fruto del interés del gobierno Norteamericano por fomentar la exportación de bienes de capital, y consiste básicamente en que por medio del EXIM BANK el gobierno asegura o garantiza el pago del financiamiento que un banco comercial haga a una empresa extranjera que desee comprar bienes de capital fabricados en los Estados Unidos. (I-09)

Investitionsplan *m* (def 1) Aufstellung der für einen bestimmten Zeitraum (meist mittel- und langfristig) geplanten Investitionen einer Unternehmung aufgrund der Anforderungen der verschiedenen Betriebsabteilungen und der Investitionsrechnung. Der I[investitionsplan] geht in den Finanzplan ein. (GWL); (def 2) Grundlage der Bereitstellung und Errichtung neuer Anlagen ist in der Regel der Investitionsplan. Er informiert darüber zu welchem Zeitpunkt, in welchem Bereich, welche Anlagen zu erstellen sind. (HWW); (kon) Der Finanzplan oder das Finanzbudget besteht bei größeren Unternehmen aus verschiedenen Teilplänen, zum Beispiel aus dem kurzfristigen Finanzplan, dem Kostenplan, dem Debitorenbudget sowie dem langfristigen Finanzplan (Investitionsplan). (GUF: 80) **plan de inversiones** *m* (def) Plan que contempla las inversiones a realizar en un período determinado. Se elabora sobre la base de los datos facilitados por los distintos departamentos de la empresa. (DV)

J

Jahresabschluss *m* *^Bilanz^* *^Gewinn- und Verlustrechnung^* (def) Die nach den handelsrechtlichen Vorschriften von allen Kaufleuten aufzustellende Jahresbilanz auch und Gewinn- und Verlustrechnung (GuV) (§§ 242 ff. HGB). Im Rahmen der gesetzlichen Vorschriften sind sämtliche Vermögensgegenstände, Schulden, Rechnungsabgrenzungsposten, Aufwendungen und Erträge im Jahresabschluss auszuweisen. Der Jahresabschluss hat den Grundsätzen ordnungsmäßiger Buchführung zu entsprechen, insbesondere muss er klar und übersichtlich sein, Saldierungen zwischen Aktiva und Passiva, Aufwendungen und Erträgen sind unzulässig (vgl. Bilanzgliederung, Gliederung der Gewinn- und Verlustrechnung (GuV)). (GWL); (expl) Nach § 242 HGB bilden Bilanz und Gewinn- und Verlustrechnung den Jahresabschluss, der nach Grundsätzen ordnungsgemäßer Buchführung klar und übersichtlich, innerhalb einer dem ordnungsgemäßen Geschäftsgang entsprechenden Zeit, in deutscher Sprache und rechtsverbindlich unterzeichnet, aufzustellen ist. (MÜS); (kon) Während der Jahresabschluss über die Unternehmensentwicklung der Vergangenheit Rechenschaft gibt, ist der Finanzplan das Steuerungsinstrument für die unternehmerische Finanzpolitik der Zukunft. (GUF: 79) **cuentas anuales** *fpl* *^cierre de ejercicio (UEC)^* (Komm) El cierre de ejercicio se refiere a las cuentas de balance y de pérdidas y ganancias (PyG).; (def) Estados finales de un ejercicio económico donde se encuentra recopilada toda la información contable de una unidad económica. Según se recoge en la cuarta parte del Plan General de Contabilidad de 1990, las cuentas anuales comprenden el balance, la cuenta de pérdidas y ganancias y la memoria. Estos documentos forman una unidad y deben ser redactados con claridad y mostrar la imagen fiel del patrimonio, de la situación financiera y de los resultados de la empresa, de conformidad con el Código de Comercio, con lo previsto en el Texto Refundido de la Ley de Sociedades Anónimas y con el Plan General de Contabilidad. Las cuentas anuales deberán ser formuladas por el empresario o, en su caso, por los administradores, en el plazo de tres meses a partir de la fecha de cierre de ejercicio. La estructura de las cuentas anuales de las Sociedades Anónimas, incluidas las laborales, las Sociedades de responsabilidad limitada y las comanditarias por acciones, se ajustarán a los modelos normales según lo dispuesto reglamentariamente, salvo para aquellos casos que cumplan los requisitos establecidos para formular cuentas anuales abreviadas. (MDB); (expl) Es el asiento final que se anota en los libros al cierre del ejercicio contable; consiste en adeudar todas las cuentas que tengan saldo acreedor y abonar todas las que tengan saldo deudor, con lo cual todas las cuentas quedarán canceladas (...). (COD); (kon) Cuenta final por mayor, de entradas y salidas, efectuada en una casa de comercio, y que revela la situación de su activo y pasivo, es decir, su capital. (...). (DDU vs balance)

Jahresprämie *f* *^Einkommen^* (def) Entgelt des Versicherungsnehmers für den Versicherungsschutz. Zusammen mit der Prämie sind Versicherungssteuer und Nebengebühren zu entrichten. Die Prämie ist im Allgemeinen für ein Jahr bemessen und wird i. d. R. im Voraus bezahlt; bei Zahlung einer tariflichen Jahresprämie in unterjährigen Raten ist für Zinsausfall und Verwaltungskosten Zuschlag zu entrichten. (GRL vs Prämie); (kon) Zu beachten ist, dass alle Ausgaben (zum Beispiel Jahresprämien bei Versicherungen) für den Zeitpunkt des jeweiligen Mittelabflusses einzuplanen sind. (GUF: 96) **prima anual** *f* (def) Aquélla cuya satisfacción por el tomador del seguro se realiza al principio de la anualidad correspondiente de vigencia de la cobertura. La regla general, para los seguros concertados por años, prorrogables por iguales períodos, es el cálculo anual de la prima y su satisfacción anticipada al período en curso. Sin embargo, y pese al principio de indivisibilidad de la prima, ésta puede ser fraccionada en períodos más cortos facilitando su liquidación por el asegurado. (DEI); (kon) La cuota o prima anual del seguro se calcula de acuerdo al número de personas de la familia y los ingresos de los asegurados.

Juniorpartner *m* ^*Seniorpartner*^ (Komm) Dieser Terminus wurde aus dem Englischen entlehnt (*junior partner*). Durch seinen häufigen Gebrauch in Wirtschaftstexten wurde er im Laufe der Zeit in den deutschen Wortschatz übernommen und seine Schreibweise ans Deutsche angepasst (siehe auch Kommentar bei *socio menor*).; (def) Mit weniger Rechten ausgestatteter (jüngerer) Geschäftspartner. (DUW); (kon) Nimmt eine OHG oder eine Einzelunternehmung einen Juniorpartner auf (in den meisten Fällen einen ehemaligen Mitarbeiter oder einen Nachkommen des Einzelunternehmers bzw. eines Gesellschafters der OHG), so werden dem Seniorpartner oft besondere Rechte eingeräumt. (GUF: 16) **socio menor** *m* ^*socio no principal (ÜV)*^ (def) Socio de una sociedad, de una empresa o de un bufete que todavía no tiene derecho a voto para decidir e influir en los asuntos de negocios. (DV); (Komm) Weder in Spanien noch in Deutschland gibt es eine rechtliche Regelung über Rechte, Funktionen und Stellung eines Juniorpartners. Wie lange ein Geschäftspartner als Juniorpartner fungiert, bis er zum Seniorpartner aufsteigt, ist je nach Gesellschaft oder Unternehmen unterschiedlich. Der Begriff stammt ursprüngllich aus dem nordamerikanischen Wirtschaftssystem. Durch den starken Einfluss der englischen Sprache im wirtschaftlichen Bereich gelangte der Begriff ins Deutsche und Spanische. Im Deutschen fällt kaum noch auf, dass es sich bei dem Terminus um ein entlehntes Wortgut handelt, da er durch Groß- und Zusammenschreibung »eingedeutscht« wurde. Ein Vergleich mit verschiedenen Übersetzungen englisch-deutscher Wörterbücher ergibt, dass für den englischen Terminus »junior« meist die Übersetzungen »ohne Vorrechte« und »nachrangig« gewählt werden.

K

Kapazität *f* (def) Kapazität ist die Fähigkeit eines Betriebes, innerhalb eines Zeitabschnitts eine bestimmte Leistung zu erstellen. Die Kapazität hängt ab von der Anzahl und dem Ausbildungsstand der Belegschaftsmitglieder, von quantitativen und qualitativen Leistungsvermögen (...) der maschinellen Anlagen und von der Organisation des Betriebsablaufes. Die Kapazität eines Betriebes bzw. eines Betriebsteiles verursacht fixe Kosten. Je besser die Kapazität ausgenutzt wird, um so niedriger liegen die fixen Kosten je Leistungseinheit. (...) (LKC); (kon) Wird die Kapazität eines Unternehmens vergrößert, zum Beispiel durch den Bau einer Anlage zur Herstellung von Produkt E (die Produkte A bis D werden bereits gefertigt), so handelt es sich um eine Erweiterungsinvestition. (GUF: 105) **capacidad** *f* (def) En un contexto empresarial, cantidad de producción que una empresa puede realizar en un período de tiempo y con una técnica y tecnología dadas. (DEI); (kon) En la medida en que se espera una estabilización de la producción en 15,8 millones de unidades en los próximos años y que la capacidad productiva sigue aumentando como consecuencia de las nuevas inversiones y mejoras de la productividad, el grado medio de utilización de la capacidad instalada permanecerá en torno al 75 por 100. (REE: 67)

Kapital *n* ^*Grundkapital*^ ^*Kapital, genehmigtes*^ ^*Kapital, gezeichnetes*^ ^*Kapitalerhöhung*^ ^*Kapitalherabsetzung*^ ^*Kapitalrückzahlung*^ ^*Mindestkapital*^ (def) Umfasst im betriebswirtschaftlichen Sinne die Gesamtheit aller Sachmittel (Realkapital) und Finanzmittel (Geldkapital), die der Betriebswirtschaft zur Leistungserstellung und/oder Leistungsverwertung zur Verfügung stehen. Die Passivseite der Bilanz weist das Kapital von Volumen und Herkunft, untergliedert in Eigen- und Fremdkapital aus. (BFL); (kon) Dieser Zusammenhang wird besonders dann deutlich, wenn im Falle rückläufiger Beschäftigung zwecks Auslastung der Kapazitäten unvermindert weiterproduziert wird in der Erwartung, dass die dadurch anwachsenden Lagerbestände, die Kapital binden, zu einem späteren Zeitpunkt wieder abgebaut werden können. (GUF: 8) **capital** *m* (def 1) (...) Los recursos financieros de los que a largo plazo dispone una empresa: recursos ajenos o deuda frente a terceros, y recursos propios. (...) (TAM); (def 2) Partida del balance formada con las aportaciones realizadas por los socios de una sociedad. (DEN); (kon) En la sociedad anónima el capital, que estará dividido en acciones, se integrará por las aportaciones de los socios, quienes no responderán personalmente de las deudas sociales. (LSA art. 1)

Kapital, genehmigtes *n* ^*Kapitalerhöhung*^ (def) Form der Kapitalerhöhung (...), die nicht an einen bestimmten Finanzierungsanlass gebunden ist. Der Vorstand der Aktiengesellschaft wird für längstens fünf Jahre von der Hauptversammlung ermächtigt, das Grundkapital bis zu einem bestimmten Nennbetrag, der die Hälfte des bisherigen Grundkapitals nicht überschreiten darf, durch Ausgabe neuer Aktien, zu der der Aufsichtsrat seine Zustimmung geben soll, zu erhöhen. Dieses Verfahren soll die Schwerfälligkeit, die der ordentlichen Kapitalerhöhung durch eine Anzahl rechtlicher Vorschriften anhaftet, überwinden und dem Vorstand eine größere Elastizität in der finanziellen Disposition, insb. die Ausnutzung günstiger Situationen am Kapitalmarkt ermöglichen. (...) (VGW); (kon) Das genehmigte Kapital: Es gibt der Aktiengesellschaft die Möglichkeit, die externe Beschaffung des Eigenkapitals den Finanzierungsnotwendigkeiten rasch und ohne Einschaltung der zum Teil umständlichen Formvorschriften bei den übrigen Kapitalerhöhungen anzupassen. (GUF: 26/27) **capital autorizado** *m* (def) En una Sociedad Anónima, y según el artículo 96 de la Ley reguladora de su régimen jurídico, »es la cifra de capital a la que se puede llegar por acuerdo del Consejo de Administración, que tiene la facultad de aumentar el capital de la misma en una o varias veces hasta una cifra determinada en la oportunidad y en la cuantía que ellos decidan sin previa consulta a la Junta General. Estas elevaciones no podrán, en ningún caso, ser superiores a la mitad del capital nominal de la sociedad en el momento de la autorización, y deberá realizarse dentro del plazo máximo de cinco años a contar de la fundación de la sociedad o de la modificación de sus estatutos...«, donde se autorizó por la Junta General a los administradores a llevar a cabo tales ampliaciones de capital. Hasta que la emisión se realice, el capital autorizado no podrá estar representado por acciones ni llevado al pasivo del balance. (DEE); (kon) El aumento de capital en caso de capital autorizado excluye la necesidad del acuerdo de Junta General, pues los estatutos (originarios o modificados) delegan en los administradores la facultad de elevar el capital, pudiendo éstos hacerlo en el momento que consideren más oportuno, pero con los siguientes límites: (...) (ESJ vs aumento del capital social)

Kapital, gezeichnetes *n* ^*Grundkapital*^ (def) Nominalkapital von Kapitalgesellschaften, als erste Position auf der Passivseite der Bilanz ausgewiesen. G[ezeichnetes]. K[apital] ist das Kapital, auf das die Haftung der Gesellschafter für die Verbindlichkeiten der Kapitalgesellschaft gegenüber den Gläubigern beschränkt ist (§ 272 I HGB). Bei AGs ist als g[ezeichnetes] K[apital] das Grundkapital (§ 152 I AktG) und bei GmbHs das Stammkapital (§ 42 I GmbHG) auszuweisen. (...) (GWL); (kon) Das Genossenschaftsgesetz sieht außerdem vor, dass bei Gründung der Genossenschaft die Genossen mindestens 10 v. H. des gezeichneten Kapitals sofort einzahlen. (GUF: 30) **capital suscrito** *m* (def) Capital que los socios de una sociedad mercantil se han comprometido documentalmente a aportar a la sociedad, al construirse la sociedad, o en posteriores ampliaciones del capital social, legalmente aprobadas. (DEE); (kon) Para que la junta pueda constituirse válidamente, deberá concurrir a ella, en nombre propio o ajeno, un número de suscriptores que represente, al menos, la mitad del capital suscrito. (...) (LSA art. 26, 2.)

Kapitalbedarf *m* ^*Finanzbedarf*^ (def) Finanzbedarf, Summe der für die Durchführung der verschiedenen unternehmerischen Teilpläne erforderlichen finanziellen Mittel einer Periode. Die Differenz zwischen (Gesamt-)K[apitalbedarf] und den aus der Innenfinanzierung zur Verfügung stehenden Mitteln der Periode ist der Betrag, der durch Außenfinanzierung beschafft werden muss. (GWL); (kon) Erhaltung der Kapazität: Ist es dem Unternehmen nicht möglich, Preissteigerungsrücklagen zu bilden, und konnte während der Nutzung eines Anlagegutes lediglich vom Anschaffungspreis abgeschrieben werden, so löst die Wiederbeschaffung dieses Anlagegutes nach Erschöpfung seines Nutzungsvorrates bei gestiegenem Preis einen Kapitalbedarf aus, ohne dass dadurch eine Veränderung der Kapazität eintreten muss. (GUF: 8) **demanda de capital** *f* (def) La cantidad o stock de capital (equipo y planta) deseado por una unidad de producción depende del volumen esperado de ventas, del estado de la tecnología, del coste del trabajo y del capital financiero, de los rendimientos del equipo capital y de las expectativas empresariales sobre el futuro. (...) (DEE)

Kapitalbilanz *f* ^*Kapitalverkehrsbilanz (VGW)*^ ^*Zahlungsbilanz*^ (def) Teilbilanz der Zahlungsbilanz, in der die in einer Periode neu begründeten Forderungen und Verbindlichkeiten (jeweils abzüglich Tilgungen) von Inländern gegenüber Ausländern einander gegenübergestellt werden. (VGW); (kon) In der Kapitalbilanz, auch Kapitalverkehrsbilanz, sind alle Gegenwerte aus Güter- und Dienstleistungsausfuhren bzw. –einfuhren sowie reine Kapitaltransaktionen erfasst. (VGW vs Zahlungsbilanz) **balanza de capital** *f* ^*balanza por cuenta de capital*^ (def) Dentro de la balanza de pagos, recoge los movimientos de capital a largo y corto plazo, y la variación de la reserva de divisas de un país. En los movimientos de capital se distingue entre los correspondientes al sector público y al privado, y los que conciernen el sistema bancario. (TAM); (kon) La cuarta y última de las subbalanzas es la por cuenta de capital o balanza de capitales, tanto privados como públicos. Esta balanza recoge todos los flujos financieros que se deben a inversiones o a la concesión de créditos. (SMA: 34)

Kapitaldienst *m* ^*Tilgung*^ ^*Verzinsung*^ (def) Tilgungs- und Zinszahlungen des Schuldners für aufgenommene Anleihen und Kredite sowie laufend wiederkehrende Leistungen wie Renten, Pensionen usw. Bei der Annuitätenmethode bedeutet der Kapitaldienst den jährlichen Beitrag zur Tilgung und Verzinsung des noch in dem Investitionsobjekt gebundenen Kapitals. (BAL); (kon) Dabei bleibt zwar die Summe aus Tilgung und Zinsen (Kapitaldienst) während der gesamten Darlehenslaufzeit unverändert, jedoch fallen mit zunehmender Dauer durch den schrumpfenden Darlehensbetrag die Zinsen, und es steigt der Tilgungsanteil. (GUF: 38/39) **servicio de la deuda** *m* ^*coste explícito de capital (RCS)*^ (def 1) Está formado por la parte del principal y por los intereses correspondientes que en una emisión de deuda, bonos, obligaciones y otros títulos de renta fija entrega periódicamente el prestatario. (DEN vs servicio de deuda); (def 2) El servicio de la deuda pública, que incluye el reembolso del principal y el pago de los intereses, constituye partida obligada de los presupuestos generales del Estado. (...) (TAM vs deuda pública)

Kapitalerhöhung *f* ^*Kapitalerhöhung aus Gesellschaftsmitteln*^ ^*Kapitalerhöhung, bedingte*^ ^*Kapitalerhöhung gegen Einlagen*^ *Kapitalherabsetzung*^ (def) Sämtliche Finanzierungsmaßnahmen zur Erhöhung des Eigenkapitals eines Unternehmens. Die Kapitalerhöhung kann entweder durch Zuführung neuen Eigenkapitals von außen (z. B. Einlagen der Unternehmer oder Mitunternehmer, Ausgabe junger Aktien, Erhöhung des Stammkapitals der GmbH) oder durch Selbstfinanzierung (Nichtentnahme von Gewinnen bzw. Zuweisung von Gewinnen an offene Rücklagen) erfolgen. (...) Die Aufgabe einer Kapitalerhöhung ist i. d. R. eine Verbesserung der Liquidität des Betriebes, (...). Eine Kapitalerhöhung wird immer dann erfolgen müssen, wenn ein Betrieb auf Grund einer guten Geschäftslage seine Kapazität erweitern will und folglich neue Mittel zur Finanzierung benötigt. (...) (VGW); (kon) Gründe für die Ausgabe von Genussscheinen sind beispielsweise die Einlage schwerbewertbarer Rechte, Sachen oder Leistungen, Zuzahlungen der Aktionäre oder Ablösung von Gläubigerrechten bei der Sanierung, Ablösung von Vorrechten der Vorzugsaktionäre, Durchführung einer Kapitalerhöhung, wenn zum Emissionszeitpunkt der Börsenkurs der Aktien unter pari steht. (GUF: 25) **aumento de capital** *m* ^*ampliación de capital (MDB)*^ (Komm) In der konsultierten Fachliteratur werden die Termini *aumento de capital* und *ampliación de capital* in etwa mit der gleichen Häufigkeit verwendet, wenn allgemein von einer Kapitalerhöhung gesprochen wird. Wird aber die Form der Kapitalerhöhung im Kontext genauer präzisiert, wird i. d. R. der Terminus *aumento* verwendet.; (def) Decisión que toma la junta general de accionistas de una sociedad anónima, o por delegación de ésta su consejo de administración, para emitir nuevas acciones con las cuales aumentar el capital escriturado de la empresa. La ampliación puede hacerse con cargo a reservas sin desembolso por parte de los accionistas que reciben las acciones gratis; o con el pago de su valor nominal; o incluso con una prima por encima del mismo. Frecuentemente los accionistas tienen derecho de suscripción preferente de las acciones de la ampliación y si no desean hacer uso del mismo pueden vender los cupones representativos de sus derechos. (TAM vs ampliación de capital); (expl 1) Concepto. Por aumento de capital hay que entender aquella operación jurídica por virtud de la cual se eleva la cifra del capital social que figura en los Estatutos. Con esto queda dicho que todo aumento de capital implica en definitiva una modificación estatutaria. (...) (UDM: 265); (expl 2) El aumento del capital social podrá realizarse por emisión de nuevas acciones o por elevación del valor nominal de las ya existentes. En ambos casos el contravalor del aumento del capital podrá consistir tanto en nuevas aportaciones dinerarias o no dinerarias al patrimonio social, incluida la compensación de créditos contra la sociedad, como en la transformación de reservas o beneficios que ya figuraban en dicho patrimonio. (LSA art. 151, 2.); (kon) Kasenna consigue un aumento de capital por valor de 11 millones de dólares. (http://es.biz.yahoo.com)

Kapitalerhöhung, bedingte *f* *^Kapitalerhöhung^* (def) Sonderform der Kapitalerhöhung von Aktiengesellschaften (...), die drei Zwecke verfolgen kann (...): (1) Sicherung der Ansprüche auf Aktien, die sich aus Umtausch- und Bezugsrechten der Inhaber von Wandelschuldverschreibungen ergeben, (2) Vorbereitung von Fusionen (3) Schaffung von Bezugsrechten für Arbeitnehmer der Gesellschaft zum Bezug neuer Aktien gegen Einlage von Geldforderungen, die den Arbeitnehmern aus einer ihnen von der Gesellschaft eingeräumten Gewinnbeteiligung zustehen. Eine bedingte Kapitalerhöhung kann ebenso wie das genehmigte Kapital nur mit qualifizierter Mehrheit von der Hauptversammlung beschlossen werden. Es dürfen nur so viele Aktien ausgegeben werden, wie Umtausch- oder Bezugsrechte durch die Inhaber von Wandel- oder Optionsschuldverschreibungen und durch gewinnbeteiligte Arbeitnehmer geltend gemacht werden. (...) Da durch die bedingte Kapitalerhöhung der Aktienkurs beeinflusst werden kann und die Aktionäre kein Bezugsrecht auf die im Rahmen einer solchen Kapitalerhöhung ausgegebenen Aktien besitzen, wird eine mögliche Vermögensminderung für die Aktionäre dadurch ausgeschlossen, dass ihnen ein Bezugsrecht auf die Wandel- und Optionsschuldverschreibungen eingeräumt werden muss (...). (...) (VGW); (kon) Auch bei ihrer Ausgabe sind eine qualifizierende Mehrheit der Hauptversammlung, ein Bezugsrecht der Aktionäre sowie eine beschlossene bedingte Kapitalerhöhung (§ 192 ff. AktG) Voraussetzung. (GUF: 43/44)

aumento del capital por conversión de obligaciones en accion *m* (expl) (...) La característica de esta operación, peculiar de las sociedades en situación económica precaria, está en que no se traen nuevos fondos al patrimonio social, pero disminuyo el pasivo exigible al hacerse el desembolso de las nuevas acciones con cargo a los créditos representados por las obligaciones que se convierten en acciones. La mecánica de la operación será distinta según que la conversión de las obligaciones esté prevista o no en la escritura de emisión de éstas. En el primer caso, la conversión de las obligaciones, y el aumento consiguiente del capital, se hará en la forma y condiciones previstas en dicha escritura. En el segundo, para que pueda realizarse la operación exige la ley (art. 95) dos condiciones especiales: »1°El consentimiento de los obligacionistas afectados. 2°Que el valor nominal del conjunto de las acciones que han de recibirse no supere el valor de las obligaciones objeto del canje, calculando el tipo de emisión. En otro caso, la diferencia habrá de ser abonada por los obligacionistas o estar cubierta por las reservas libres o los beneficios de la sociedad.« El consentimiento de los obligacionistas ha de ser individual. No se trata de que la asamblea de obligacionistas acuerde por mayoría la conversión; es preciso que la consienta cada obligacionista. Con la segunda condición se propone la ley evitar que la emisión de las acciones se haga bajo la par, contraviniendo la prohibición del artículo 36. Por último, como la conversión de obligaciones en acciones podría ser perjudicial para los obligacionistas en el supuesto de que la sociedad no esté in bonis, la ley se ocupa de proteger a aquéllos estableciendo que »no podrá la sociedad recurrir a este procedimiento de aumento de capital en el caso de que, siendo el valor del patrimonio inferior a la cifra del capital social, no proceda en primer término a reducir su capital para restablecer el equilibrio con el patrimonio« (art. 95, 4). Este precepto jugará especialmente en el supuesto de que la conversión esté prevista en favor de la sociedad en la escritura de emisión, pues, en otro caso, la mejor defensa del obligacionista estará en la negación de su consentimiento a la conversión. (UDM: 68/269) (Komm) Puede tratarse también de obligaciones en sentido amplio: derechos de crédito a favor de los empleados para participar en los beneficios.

Kapitalerhöhung gegen Einlagen *f* *^Kapitalerhöhung^* *^Kapitalerhöhung, ordentliche^* (def) (Ordentliche Kapitalerhöhung) vollzieht sich durch Ausgabe neuer (junger) Aktien (...). Sie erfordert einen Beschluss der Hauptversammlung mit mindestens Dreiviertelmehrheit des bei der Beschlussfassung anwesenden Aktienkapitals. Sind mehre Aktiengattungen vorhanden, so muss diese Mehrheit für jede Gattung getrennt erzielt werden. (...) Der Beschluss über die Kapitalerhöhung und ihre Durchführung ist zur Eintragung in das Handelsregister anzumelden. Die Kapitalerhöhung wird wirksam, wenn ihre Durchführung eingetragen worden ist. Den Aktionären steht grundsätzlich ein unentziehbares Bezugsrecht auf die neuen Aktien entsprechend ihrem Anteil am bisherigen Grundkapital zu (...), um dem Aktionär die Aufrechterhaltung seiner bisherigen prozentualen Beteiligung (...) zu ermöglichen. (...) (VGW) **aumento del capital mediante nuevas aportaciones** *m* (def) (...) El aumento de capital puede llevarse a cabo mediante nuevas aportaciones o con medios propios de la sociedad. Normalmente, en el primer caso se emitirán nuevas acciones; pero, por lo que se refiere a éstas, el aumento de capital puede significar la emisión de nuevas acciones o el incremento del valor nominal de las viejas en circulación. El acuerdo de la Junta General relativo al aumento de capital con nuevas aportaciones y emisión de acciones nuevas debe fijar las condiciones del desembolso, y para el caso de admitir aportaciones no dinerarias se aportarán las formalidades y garantías previstas para este supuesto en el momento de la fundación. Los socios tienen el derecho de suscripción preferente. Si las nuevas acciones se van a ofrecer al público, se redactará el programa de aumento con los datos que requiere el artículo 91 LSA. (...) (ESJ vs aumento del capital social)

Kapitalerhöhung aus Gesellschaftsmitteln *f* ^*Kapitalerhöhung*^ (def) I. Begriff: Besondere Form der Kapitalerhöhung bei Kapitalgesellschaften. Kapitalrücklagen und Gewinnrücklagen werden in Grund- bzw. Stammkapital umgewandelt. II. Durchführung: 1. Bei Aktiengesellschaften (§§ 207-220 AktG): a) Voraussetzungen: Beschluss der Hauptversammlung mit ¾-Mehrheit. Anmeldung des Beschlusses zur Eintragung in das Handelsregister. (...). b) Umwandlungsfähigkeit: Gewinnrücklagen können, soweit sie nicht zweckbestimmt sind, in vollem Umfang umgewandelt werden; die Kapitalrücklage und die gesetzliche Rücklage nur, soweit sie den zehnten oder den in der Satzung bestimmten höheren Teil des bisherigen Grundkapitals übersteigen. (...) c) Verfahren: Mit der Eintragung in das Handelsregister gilt das Grundkapital als erhöht. Die Aktionäre erhalten die neuen Aktien (Freiaktien) im Verhältnis ihrer Anteile am bisherigen Grundkapital. d) Bedingtes Kapital erhöht sich in gleichem Maß wie das Grundkapital, eigene Aktien nehmen an der Erhöhung des Grundkapitals teil. (...) IV. Beurteilung: 1. Nachteile: Neue Anteilsrechte sind ab dem Zeitpunkt des Beschlusses (i. d. R. für das ganze laufende Geschäftsjahr) dividendenberechtigt. Im Gegensatz dazu musste das entsprechende Kapital als Rücklage nicht bedient werden. 2. Vorteile: Durch die sinkenden Kurse wird die Fungibilität der Aktie erhöht; auch erhöht sich dadurch die Dividendenrendite der Aktionäre. Im Gegensatz zur Bindung in den Gewinnrücklagen ist die Ausschüttung der entsprechenden Mittel als Grundkapital nur unter bestimmten Bedingungen (bei einer Kapitalherabsetzung) möglich; die Kreditwürdigkeit des Unternehmens wird dadurch erhöht. (GWL); (kon) Die Kapitalerhöhung aus Gesellschaftsmitteln: Sie erfolgt gemäß §§ 20 bis 220 AktG und stellt lediglich eine Berichtigung des Grundkapitals dar. (GUF: 27) **aumento del capital con cargo a reservas** *m* (expl) Aumento del capital con cargo a reservas: Está regulado en el artículo 94, que admite este procedimiento tanto emitiendo acciones nuevas como aumentando el valor nominal de las acciones antiguas. Habrá de realizarse con cargo a reservas disponibles, y suele acudirse a este procedimiento en las épocas económicamente buenas, en que las sociedades acumulan más reservas de las necesarias. La operación ofrece la ventaja de no imponer sacrificio económico alguno a los accionistas, y su mecanismo está perfectamente explicado por el texto legal. El aumento se hace »mediante traspaso de la cuenta de reservas a la de capital y entrega a los accionistas de nuevas acciones ordinarias en proporción a las que ya posean y sin exigirles desembolso alguno. También podrán convertirse estas reservas en capital sin emisión de nuevas acciones, aumentando el valor nominal de las antiguas«. Para esta operación no se puede utilizar la reserva legal, que tiene otro destino distinto marcado por la ley (...). Habrán de ser reservas disponibles. Y en realidad, en su aspecto económico, la operación se traduce en un simple traspaso de la cuenta de reservas a la de capital, sin incrementar en nada el patrimonio social. Las acciones emitidas no tienen la consideración de acciones »gratuitas«, que estarían prohibidas. Son acciones real y efectivamente desembolsadas, siquiera el desembolso se haga con cargo a beneficios acumulados en poder de la sociedad e integrados en su patrimonio. Cuando la sociedad tiene reservas tácitas u ocultas (...), también con cargo a ellas se puede hacer la ampliación de capital (art. 88). (...) (UDM: 267/268); (kon) En cualquier caso, la junta general deberá señalar el plazo máximo para que pueda llevarse a efecto la conversión. En tanto ésta sea posible, si se produce un aumento del capital con cargo a reservas o se reduce el capital por pérdidas, deberá modificarse la relación de cambio de las obligaciones por acciones, en proporción a la cuantía del aumento o de la reducción de forma que afecte de igual manera a los accionistas y a los obligacionistas. (LSA art. 294)

Kapitalerhöhung, ordentliche *f* *^Kapitalerhöhung^* *^Kapitalerhöhung gegen Einlagen^* (kon) Die ordentliche Kapitalerhöhung: Sie kennzeichnet den Normalfall der externen Eigenfinanzierung zur Deckung eines wachsenden Kapitalbedarfs. (GUF: 26) **aumento ordinario de capital** *m*

Kapitalgesellschaft *f* *^Personengesellschaft^* (Komm) El término alemán es más restrictivo que el español: sólo comprende las S. A., S. L. y S. C. por acciones.; (def) Eine Gruppe der möglichen Unternehmungsformen der Handelsgesellschaften. Im Gegensatz zu Personengesellschaften steht die kapitalmäßige Beteiligung der Gesellschafter im Vordergrund. Eine Beteiligung ohne Kapitaleinlage ist nicht möglich, eine persönliche Mitarbeit der Gesellschafter nicht erforderlich. Das Zurücktreten persönlicher Gesichtspunkte wird begünstigt durch die der K[apitalgesellschaft] eigene Rechtsform der juristischen Person, die der Kapitalgesellschaft Rechtsfähigkeit verleiht und für Vertretung und Geschäftsführung besondere (nicht notwendig mit den Gesellschaftern personengleiche) Organe erfordert. Die Anteile der Gesellschafter der Kapitalgesellschaft sind regelmäßig übertragbar, ohne dass durch Gesellschafterwechsel oder Ausscheiden bzw. Eintritt von Gesellschaftern der Bestand der Kapitalgesellschaft beeinflusst wird. Die Willensbildung (Beschlussfassung) erfolgt in der Regel nach dem Verhältnis der Kapitalbeteiligung. Das persönliche Vermögen der Gesellschafter haftet nicht für die Schulden der Gesellschaft (Ausnahme: Komplementär der KGaA). (GWL); (expl) Kapitalgesellschaften heben sich vor allem dadurch von Personengesellschaften ab, dass die Geschäftsführungsberechtigung nicht automatisch den Eigenkapitalgebern (oder einer Gruppe aus ihnen) zusteht, sondern die Geschäftsführer durch Gremien – in denen die Eigentümer allerdings mindestens mitentscheiden – gewählt werden. Auch ist die Haftung der Gesellschafter für die Verbindlichkeiten der Gesellschaft bei Kapitalgesellschaften zumeist stärker eingeschränkt als bei Personengesellschaften. (SWO); (kon) Die Geschäftsführung wird in der GmbH, wie bei allen Kapitalgesellschaften, von den Kapitalgebern losgelöst. (GUF: 22) **sociedad capitalista** *f* *^sociedad de capital (DDU)^* (Komm) El término alemán es más restrictivo que el español: sólo comprende las S. A., S. L. y S. C. por acciones.; (def) En el Derecho Mercantil, aquella en que la aportación de los socios consiste en dinero. Aunque ello constituya la norma general, y aun la exclusiva en las sociedades anónimas, no acontece lo mismo en todas las especies; y así tanto en las sociedades colectivas como en las comanditarias, cabe que los socios aporten bienes de todas clases, y aun que no aporten sino el valor que significa el propio trabajo, sea manual, de asesoramiento o de dirección. (DDU); (kon) La sociedad mercantil, caracterizada como persona jurídica, constituye el comerciante social o colectivo; y reviste multitud de formas, de las cuales las más frecuentes son: la sociedad colectiva, la anónima, la comanditaria, la de responsabilidad limitada, la de capital y la de industria, analizadas en las respectivas voces. (DDU vs sociedad mercantil)

Kapitalherabsetzung *f* *^Kapitalerhöhung^* *^Kapitalrückzahlung^* (def) Verringerung des Grund- bzw. des Stammkapitals einer Kapitalgesellschaft. Zu unterscheiden: 1. Nominelle K[apitalherabsetzung]: Ausgleich von Verlusten oder Wertminderungen durch Anpassung des Eigenkapitals (Sanierung). 2. Effektive K[apitalherabsetzung]: Rückzahlung eines Teils des Grundkapitals oder Umwandlung von Grundkapital in Rücklagen. I. Aktiengesellschaft (gesetzlich geregelt): 1. Ordentliche K[apitalherabsetzung] (§§ 222-228 AktG): a) Voraussetzungen: Beschluss der Hauptversammlung nur mit ¾- oder höherer Mehrheit. Im Beschluss ist der Zweck der K[apitalherabsetzung] festzulegen, insbes., ob Rückzahlungen an die Aktionäre erfolgen sollen. b) Verfahren: Herabsetzung des Nennbetrags pro Aktie (Aktienherabsetzung) oder, wenn dadurch der gesetzlich vorgeschriebene Mindestnennwert unterschritten würde, durch eine Zusammenlegung von Aktien (Aktienzusammenlegung) realisiert. Mit der Eintragung des Beschlusses im Handelsregister ist das Grundkapital herabgesetzt. c) Den Gläubigern, die sich binnen sechs Monaten nach Bekanntmachung der Eintragung melden, ist Sicherheit zu leisten, soweit sie nicht Befriedigung verlangen können. Zahlungen an Aktionäre sind erst nach Gewährung dieser Sicherheiten gestattet. (...) 2. Vereinfachte K[apitalherabsetzung] (§§ 229-236 AktG): Es dürfen keine Zahlungen an die Aktionäre erfolgen. Die K[apitalherabsetzung] ist zulässig zur Verlustdeckung, Einstellung von Beträgen in die Kapitalrücklage. Die Gewinnrücklagen sind vorher ganz aufzulösen, die gesetzliche und Kapitalrücklage insoweit, als sie 10 % des nach Herabsetzung verbleibenden Grundkapitals übersteigen. Gewinne dürfen erst wieder ausgeschüttet werden, wenn die gesetzliche und die Kapitalrücklage 10 % des Aktienkapitals erreichen; höhere Ausschüttung als 4 % auf das Grundkapital ist erst nach Befriedigung oder Sicherstellung der Gläubiger zulässig. 3. Einziehung von Aktien (§§ 237-239 AktG): a) Erwerb eigener Aktien oder b) zwangsweiser Einzug. Letzterer ist nur möglich, wenn er in der Satzung vorgesehen ist. (...) (GWL); (kon) Eigenkapitalrückzahlung: Dauerhafter Eigenkapitalentzug durch Ausschüttung, effektive Kapitalherabsetzung, Ausgleich von Verlusten durch Liquidation. (GUF: 5) **reducción de capital** *f ^disminución de capital^* (def 1) Disminución del capital social de una empresa que ha de hacerse de acuerdo con lo estipulado en los estatutos o en virtud de acuerdo tomado en Junta General de socios. Se da esta situación cuando se producen pérdidas o cuando una empresa dedicada a una actividad que ha de extinguir se va paulatinamente procediendo a su liquidación. (MDB); (def 2) (...) Se suele instrumentar a través de la amortización de acciones existentes o mediante la reducción del valor nominal de las mismas. En el ordenamiento jurídico español se debe instrumentar mediante escritura pública con posterior inscripción en el Registro Mercantil. (AEE); (kon) La reducción del capital puede tener por finalidad la devolución de aportaciones, la condonación de dividendos pasivos, la constitución o el incrementó de la reserva legal o de reservas voluntarias o el restablecimiento del equilibrio entre el capital y el patrimonio de la sociedad disminuido por consecuencia de pérdidas. (...) (LSA art. 163, 1.)

Kapitalmarkt *m ^Geldmarkt^* (def) Allgemein gilt, dass als Kapitalmarkt die gedachte Einheit jener Institutionen und Tauschbeziehungen bezeichnet wird, durch welche liquide Mittel von Individuen, Firmen, Gesellschaften und staatlichen Körperschaften an andere Wirtschaftseinheiten gegen Entgelt leihweise oder in einem Beteiligungsverhältnis gegeben werden. Im Gegensatz zu dieser wissenschaftlich orientierten Definition bezeichnet die Praxis den Kapitalmarkt häufig als Markt für Wertpapiere (Rentenmarkt und Aktienmarkt) (HFW); (kon) Dieser Umstand setzt die Aktiengesellschaft im Vergleich mit anderen Rechtsformen in die Lage, sich über den Kapitalmarkt relativ leicht langfristiges Kapital (sowohl Eigen- als auch Fremdkapital) zu beschaffen. (GUF: 25) **mercado de capitales** *m* (def) Mercado en el que se negocian activos financieros a medio y largo plazo (de vencimiento superior al año). Dichos activos pueden negociarse en forma de créditos (mercado de crédito a medio y largo plazo) o en forma de valores (mercado de valores). A su vez, en este último mercado existe un mercado primario o de emisión donde surgen inicialmente los activos financieros y un mercado secundario, donde estos activos son objeto de negociaciones sucesivas. Aunque la expresión mercado de capitales incluye, en realidad, un conjunto de mercados, su transparencia parcial permite hablar de un único mercado de capitales. (AEE); (kon) Los mercados de capitales comprenden las transacciones de títulos cuya vida es a más largo plazo. (SMA:121)

Kapitalrendite *f ^Return on Investment^*

Kapitalrückzahlung *f ^Kapitalherabsetzung^* (def) Allgemein: Begleichung von Verbindlichkeiten in Geldform. Speziell: Verminderung des haftenden Eigenkapitals durch Rückzahlung von Einlagen an Anteilseigner. (BAL); (kon) Grundsätzlich kann es sich dabei um drei Vorgänge handeln: die Kapitalbeschaffung im Rahmen der Gründung oder Erweiterung, die Kapitalrückzahlung bei einer Schrumpfung oder Auflösung des Betriebes oder um reine Tausch- oder Umschichtungsvorgänge innerhalb der verschiedenen Kapitalpositionen. (GUF: 2/3) **amortización de acciones** *f ^devolución de aportaciones^ ^reembolso del capital^* (def) Práctica exclusiva de las sociedades anónimas y las comanditarias por acciones que consiste en una reducción de un capital social mediante el reembolso a los accionistas de todo o parte del valor nominal del capital por ellos suscrito, o mediante la adquisición de sus propias acciones. (DEN vs amortización); (expl) Rechtsgrundlage : Modalidades de la reducción. 1. La reducción del capital puede tener por finalidad la devolución de aportaciones, la condonación de dividendos pasivos, la constitución o el incrementó de la reserva legal o de reservas voluntarias o el restablecimiento del equilibrio entre el capital y el patrimonio de la sociedad disminuido por consecuencia de pérdidas. (...) 2. La reducción podrá realizarse mediante la disminución del valor nominal de las acciones, su amortización o su agrupación para canjearlas. Art. 164 (...) 3. Cuando la reducción implique amortización de acciones mediante reembolso a los accionistas y la medida no afecte por igual a todas las acciones, será preciso el acuerdo de la mayoría de los accionistas interesados, adoptado en la forma prevista en los artículos 144 y 148. (LSA art. 163/164); (kon) [La reducción del capital] Se suele instrumentar a través de la amortización de acciones existentes o mediante la reducción del valor nominal de las mismas. (AEE vs reducción del capital)

Kapitalsammelstelle *f ^Kreditinstitut^ ^Versicherung^* (def) Einrichtung am Finanzmarkt, die durch das Angebot von Kapitalanlagealternativen mehr oder weniger große Einlagen verschiedener Anleger bündelt und diese an Kunden in Form von Krediten vergibt oder selbst nach den Grundsätzen der Risikostreuung anlegt. Diese Losgrößentransformation resultiert daraus, dass Investoren für die Finanzierung ihrer Investitionen hohe Kapitalbeträge benötigen, während die einzelnen privaten Anleger nur verhältnismäßig geringe Beträge zur Verfügung stellen wollen oder können. (...) Kapitalsammelstellen sind Kreditinstitute, Versicherungsgesellschaften, Sozialversicherungsträger, Bausparkassen, Investmentgesellschaften und Kapitalbeteiligungsgesellschaften. (...) (VGW); (kon) Da meist Kapitalsammelstellen, z. B. Versicherungen, Sozialversicherungsträger, Pensionskassen, (...) die Kreditgeber sind, müssen die strengen Anforderungen des Bundesaufsichtsamtes für das Versicherungs- und Bausparwesen an die Besicherung erfüllt werden. (GUF: 45) **Sociedad Mediadora del Mercado de Dinero (SMMD)** *f* (def 1) Son sociedades anónimas que actúan por cuenta propia, es decir, asumiendo riesgo, y cuyo objeto social es la intermediación financiera en los mercados monetarios, interbancarios y, de acuerdo con lo prescrito en la ley 14/1988, del Mercado de Valores, en el mercado de la Deuda Pública representada en Anotaciones en Cuenta. (DFB); (def 2) (SMMD) Es aquella que interviene como mediador o broker en el mercado interbancario español. Están reguladas por el Banco de España. (TAM)

Kapitalstruktur *f* (def) Aufbau und Zusammensetzung der Kapitalrechte an einem Unternehmen dokumentiert auf der Passivseite der jeweiligen Bilanz. Nach den klassischen Finanzierungsregeln stellt die Kapitalstruktur einen Maßstab für die Beurteilung der Finanzierungspolitik eines Unternehmens mittels der Bilanzanalyse dar. Nach ihnen gibt es zu jeder Vermögenszusammensetzung eine optimale Kapitalstruktur, die die durchschnittlichen Kapitalkosten minimiert. (KEL); (kon) Sämtliche Unternehmensaktivitäten in diesem Bereich werden als Finanzwerte (Soll-/Istwerte) geplant, und zwar unter Berücksichtigung (...) der gewünschten Vermögens- und Kapitalstruktur der Bilanz (...) (GUF: 111) **estructura del capital** *f* (def) Relación o ratio del capital de una empresa o institución a su deuda a largo plazo. (AEE); (kon) Indica la estructura del capital de la empresa separando la financiación propia de la financiación ajena. (SMA: 77)

Kapitalverkehrsbilanz *f ^Kapitalbilanz^*

Kauf (1) *m ^Ankauf^ ^Einkauf^ ^Verkauf^* (def) Der Kauf ist ein gegenseitiger Vertrag, durch den eine Verpflichtung zum Austausch einer Sache oder eines sonstigen Gegenstandes, insbesondere eines Rechts (Rechtkauf) oder einer Sachgesamtheit, gegen Geld (sonst Tausch) begründet wird (...). Durch den Kaufvertrag wird der Verkäufer verpflichtet, dem Käufer die Sache zu übergeben (...), ihm also den Besitz einzuräumen, und das Eigentum an der Sache bzw. das verkaufte Recht zu verschaffen (...). (CRL); (kon) Zusätzlich zu den Obligationen können nämlich Neuaktien später durch Kauf in Ausübung des Options-/Bezugsrechts erworben werden, sodass der Gläubiger hernach auch Aktionär ist. (GUF: 43) **compraventa** *f* (def) Contrato por el que uno de los contratantes (vendedor) se obliga a entregar una cosa determinada y el otro (comprador) a pagar por ella un precio estipulado. (DEN); (kon) Si se trata de un contrato de compraventa de bienes inmuebles (un piso, un terreno etc.), deberá constar en escritura pública necesariamente. **Kauf (2)** *m ^Beschaffung^*

KG *f ^Kommanditgesellschaft^* (kon) In der externen Eigenfinanzierung bietet die KGAA gegenüber der KG den Vorteil, dass das Kommanditkapital über den organisierten Kapitalmarkt beschafft werden kann. (GUF: 29) **S.C.** *f ^SCom. (MLE)^*

KGaA *f ^Kommanditgesellschaft auf Aktien^* (kon) Durch die starke Stellung der Komplementäre ist die KGAA im Vergleich zur AG stärker personengebunden, was sich dann zum Vorteil der Gesellschaft auswirkt, wenn es sich bei den Komplementären um qualifizierte Untemehmerpersönlichkeiten handelt. (GUF: 29) **S. Com. por A.** *f* (kon) Podrá utilizarse una razón social, con el nombre de todos los socios colectivos, de algunos de ellos o de uno sólo, o bien, una denominación objetiva, con la necesaria indicación de »Sociedad en comandita por acciones« o su abreviatura »S. Com. Por A.« (C. de c. art. 153)

Klient *m ^Factoring^* (expl) [Bezüglich

Factoring-Geschäfte:] (...) Ehe wir jedoch in unseren Erörterungen fortfahren (...), sollen zwei Bezeichnungen, die ständig wiederkehren und zu Verwechslungen Anlass geben könnten, klargestellt werden. Es handelt sich um die Termini »Klient« und »Kunde« oder »Abnehmer«. Jedesmal, wenn vom »Klienten« gesprochen wird, ist damit immer das Unternehmen gemeint, das mit dem Factor in einem direkten Vertragsverhältnis steht, mit anderen Worten, das Unternehmen, welches seine Forderungen an den Factor verkauft. Der Amerikaner spricht hier vom »client« (...). (KGF: 17); (kon) Factoring ist der Verkauf von Forderungen aus Warenlieferungen und Dienstleistungen durch ein Unternehmen (Klient) an ein Finanzierungsinstitut (Factor). (GUF: 58) **cliente** *m* (expl) Vendedor de mercancías o servicios y titular, por tanto, de los créditos comerciales (facturas) que cede a la compañía de factoring (factor). (HCF); (kon) En un contrato de factoring aparecen todas o varias de las cláusulas siguientes: (...) Aseguramiento al cliente del pago de los créditos aceptados por el factor, cualesquiera que sea el resultado de cobro y el compromiso del cliente para facilitar los instrumentos adicionales de prueba para ejercer las oportunas acciones contra los deudores. (FEI: 3. 39)

Kommanditaktionär *m* *^Aktionär^* *^Kommanditgesellschaft auf Aktien^* (def) Aktionär einer Kommanditgesellschaft auf Aktien, der nicht persönlich für die Verbindlichkeiten der Gesellschaft haftet. (BAL); (kon) Sie wird in § 278 AktG definiert als »eine Gesellschaft mit eigener Rechtspersönlichkeit, bei der mindestens ein Gesellschafter den Gesellschaftsgläubigern unbeschränkt haftet (persönlich haftender Gesellschafter) und die übrigen an dem in Aktien zerlegten Grundkapital beteiligt sind, ohne persönlich für die Verbindlichkeiten der Gesellschaft zu haften (Kommanditaktionäre)«. (GUF: 28) **comanditario accionista** *m* (def) Accionista de la sociedad en comandita por acciones, el cual no responde personalmente por las deudas de la empresa. Sus derechos y deberes equivalen a aquellos del accionista de la sociedad anónima. (DV); (kon) Ante la laguna legal, que no determina normas específicas para el régimen de estas sociedades, la doctrina esp. se inclina a aceptar las reglas de la sociedad anónima en cuanto al capital integrado por acciones y los derechos y deberes de los comanditarios accionistas. (DDU vs sociedad en comandita por acciones)

Kommanditgesellschaft *f* *^KG^* *^Kommanditist^* *^Komplementär^* (def) K[ommanditgesellschaft] ist eine handelsrechtliche Personengesellschaft, die sich von der offenen Handelsgesellschaft allein dadurch unterscheidet, dass bei einem Teil der Gesellschafter die Haftung gegenüber den Gesellschaftsgläubigern auf einen bestimmten Betrag begrenzt ist (§ 161 I HGB). Es müssen also im Übrigen alle Voraussetzungen einer OHG vorliegen. Gesellschafter der KG sind die unbeschränkt haftenden Komplementäre und die beschränkt haftenden Kommanditisten. Jede KG muss mindestens einen Komplementär und mindestens einen Kommanditisten haben. Wie bei der OHG kann Komplementär auch eine juristische Person, insbesondere eine Gesellschaft mit beschränkter Haftung sein (...). Die Rechtsverhältnisse der KG entsprechen grundsätzlich denen der OHG (§ 161 II HGB) mit folgenden Ausnahmen: In die Firma darf nicht der Name eines Kommanditisten aufgenommen werden. In das Handelsregister sind die Namen der Kommanditisten und die Geldbeträge ihrer Einlage (Haftsumme) einzutragen, während bei der Bekanntmachung nur die Zahl der Kommanditisten anzugeben ist (§ 162 HGB). Die Kommanditisten sind von der Geschäftsführung ausgeschlossen; diese steht allein den Komplementären zu (§ 164 HGB). Jedoch kann im Gesellschaftsvertrag einem Kommanditisten die Geschäftsführung übertragen werden. Die Kommanditisten haben stets Kontrollrechte (§ 166 HGB). Bei der Verteilung von Gewinn und Verlust (§§ 167, 168 HGB) ist wichtig, dass der Kommanditist am Verlust nur bis zum Betrag seines Kapitalanteils und seiner noch rückständigen Einlage teilnimmt. Für die Verbindlichkeiten der Gesellschaft haftet er ebenso wie der Komplementär persönlich und unmittelbar, jedoch nur bis zur Höhe seiner Einlage (Haftsumme); seine Haftung entfällt, wenn er seine Einlage geleistet hat und so der Betrag der Haftsumme in das Gesellschaftsvermögen geflossen ist (§ 171 I HGB). Anders als bei der OHG ist der Tod eines Kommanditisten kein Auflösungsgrund (§ 177 HGB), desgleichen nicht dessen Ausscheiden aus einer KG, die auf die Mitgliedschaft vieler rein geldmäßig beteiligter Kommanditisten angelegt ist (...). (CRL); (kon) Die Rechtsform der Kommanditgesellschaft wird unter Finanzierungsgesichtspunkten meistens dann gewählt, wenn das Kapital der Initiatoren der Gesellschaft (Komplementäre) für die Eigenfinanzierung nicht ausreicht. (GUF: 17/18)

sociedad en comandita *f* ^*sociedad comanditaria (DEI)*^ (def) La sociedad comanditaria o sociedad en comandita viene a ser una sociedad colectiva con algunas notas de las sociedades anónimas. La característica principal de las sociedades comanditarias es la coexistencia de dos clases diferenciadas de socios: socios colectivos con una responsabilidad personal, solidaria e ilimitada de las deudas sociales y unos socios comanditarios que tienen una responsabilidad limitada a su aportación a la sociedad. La sociedad comanditaria, al igual que la colectiva, es una sociedad personalista, en la que la gestión social queda encomendada a los socios colectivos, pero en la que existe además otra clase de socios: los comanditarios. La sociedad en comandita gira bajo un nombre colectivo que incluirá todos, alguno o uno sólo de los socios colectivos, indicando a continuación en los dos últimos casos »y compañía«, y siempre indicando además »sociedad en comandita«. En la razón social no pueden incluirse los nombres de los socios comanditarios, quedando en caso contrario sujetos a idénticas responsabilidades que los socios gestores, sin adquirir por ello iguales derechos. Los socios colectivos tienen el mismo régimen en cuanto a derechos y obligaciones que los socios colectivos en la sociedad colectiva, por tanto, vendrán obligados a realizar su aportación; participarán en la gestión y administración de la sociedad cuando éstas no se hayan atribuido a alguno o algunos socios en concreto; precisarán para la representación de la sociedad tener la autorización de uso de la firma social y constar así inscrito en el Registro Mercantil; acceso a la contabilidad e información sobre la marcha de la sociedad en los plazos establecidos; derecho a participar a prorrata en los beneficios sociales y una responsabilidad personal e ilimitada sobre las deudas sociales. Por su parte, los socios comanditarios vendrán obligados a efectuar su aportación al capital de la sociedad, que en ningún caso podrá efectuarse en especie, esto es, el socio comanditario no puede ser socio industrial. Dicha aportación será el límite de su responsabilidad por las deudas sociales. Los socios comanditarios tienen prohibido cualquier acto de gestión de la sociedad, que no podrán realizar ni tan siquiera en calidad de apoderados de los socios gestores, en contrapartida, no pesa sobre ellos la obligación de no concurrencia. Por último, su participación en las ganancias se acomodará a su proporción en la aportación social. Este es el régimen de la sociedad comanditaria simple. (...). (DEI); (kon) La sociedad en comandita, al igual que la colectiva, gira y se obliga en el tráfico bajo una denominación subjetiva o razón social. (UDM: 221)

Kommanditgesellschaft auf Aktien *f* (def) I. Charakterisierung: 1. Begriff: Handelsrechtliche Unternehmungsform, Mischform von Kommanditgesellschaft (KG) und Aktiengesellschaft (AG). 2. Rechtliche Grundlagen: §§ 278-290 AktG. 3. Rechtliche Gestaltung: a) Die KGaA ist eine juristische Person, hat also eigene Rechtspersönlichkeit. Ein oder mehrere Gesellschafter haften persönlich mit ihrem gesamten Vermögen (Komplementäre), die übrigen (Kommanditisten, KommanditAktionäre) nur mit ihrer Einlage, die durch die Aktie verbrieft ist. b) Die Vorschriften über Gründung und Verwaltung sind mit gewissen, durch das Hinzutreten der Komplementäre bedingten Abweichungen die gleichen wie bei der AG: Die Komplementäre (auch Geschäftsinhaber genannt) bilden den Vorstand der KGaA. Die Beschlüsse der Hauptversammlung bedürfen der Zustimmung der Komplementäre bei Angelegenheiten, für die auch bei der KG das Einverständnis der Komplementäre und Kommanditisten erforderlich ist. Die Komplementäre dürfen Aktien übernehmen und können selbstständige Einlagen neben dem Kommanditkapital machen. Sie haben in der Hauptversammlung nur ein Stimmrecht für ihre Aktien, keines in den Fällen des § 286 I AktG. Rechtsstellung der Komplementäre untereinander und gegenüber den Kommanditaktionären entsprechend §§ 161 ff. HGB. c) Umwandlung in eine KG ist durch Beschluss der Hauptversammlung mit Zustimmung aller Komplementäre möglich. Soweit Sondervorschriften nichts anderes bestimmen, gelten sämtliche Bestimmungen für die AG sinngemäß, insbesondere bezüglich der Publikationspflicht, des Jahresabschlusses etc. 4. Wirtschaftliche Bedeutung: Die KGaA hat nur geringe Verbreitung gefunden. Doch kann die Persönlichkeit der Komplementäre, die durch die persönliche Haftung aufs engste mit dem Geschick des Unternehmens verknüpft sind, der KGaA besonderes Vertrauen verschaffen. (...) (GWL); (kon) Die Kommanditgesellschaft auf Aktien ist eine Unternehmungsmischform mit Wesenszügen der Kommanditgesellschaft und der Aktiengesellschaft. (GUF: 28)

sociedad en comandita por acciones *f* ^*Sociedad comanditaria por acciones (HAC)*^ (def 1) Variedad de la Sociedad en Comandita, en la que el capital aportado por los socios comanditarios está representado por acciones. Debido a esto, presenta ciertas semejanzas con la S. A. Así, por ejemplo en la escritura de constitución deberán constar los detalles referentes a las acciones (...). Su capital no podrá exceder de cincuenta millones de pesetas, de acuerdo con el artículo 4.°de la L. S. A. y deberá estar desembolsado en una cuarta parte conforme al artículo 8.° de la L. S. A. (DDM); (def 2) (...) Ante la laguna legal, que no determina normas específicas para el régimen de estas sociedades, la doctrina esp. se inclina a aceptar las reglas de la sociedad anónima en cuanto al capital integrado por acciones y los derechos y deberes de los comanditarios accionistas. (...) (DDU); (kon) La sociedad en comandita por acciones tendrá el capital dividido en acciones, que se formarán por las aportaciones de todos los socios, uno de los cuales responderá personalmente de las deudas sociales como socio colectivo en los términos previstos por los artículos 127 y 137. (ODM: 115)

Kommanditist *m* *^Kommanditgesellschaft^* *^Komplementär^* (def) Gesellschafter einer Kommanditgesellschaft (KG). [Der Kommanditist haftet] nur beschränkt mit seinem Vermögen, nämlich bis zur Höhe der in dem Handelsregister eingetragenen Kommanditeinlage (Haftsumme). (...). (GWL); (kon) Die Kapitalanteile der Kommanditisten sind nominell fixiert und werden in der festgelegten Höhe auch in das Handelsregister eingetragen. (GUF: 17) **socio comanditario** *m* *^comanditario (DEI)^* (def) Socio que junto con los socios colectivos forma parte de una sociedad comanditaria, y que se caracteriza por no intervenir en la gestión social y responder de las deudas sociales de forma limitada hasta una cantidad establecida que generalmente coincide con la cifra de su aportación a la sociedad. (DEN); (kon) Las obligaciones que asume el socio comanditario no coinciden enteramente con las del socio colectivo. (UDM: 217)

Komplementär *m* *^Kommanditgesellschaft^* *^Kommanditist^* (def) Komplementär ist derjenige Gesellschafter einer Kommanditgesellschaft oder KG auf Aktien, der unbeschränkt haftet und dem grundsätzlich die Geschäftsführung zusteht. (...) (CRL); (kon) Da die Komplementäre zur Geschäftsführung befugt sind, können diese nur natürliche Personen sein. (GUF: 29) **socio colectivo** *m* (def) Socio que forma parte de una sociedad colectiva o de una sociedad comanditaria encargado de desempeñar la dirección y la gestión de la sociedad y que se caracteriza por responder personal, solidaria e ilimitadamente de las obligaciones sociales frente a terceros. (DEN); (kon) Las obligaciones que asume el socio comanditario no coinciden enteramente con las del socio colectivo. (UDM: 217)

Konkurs *m* *^Konkursverfahren (WDW)^* *^Zahlungseinstellung^* *^Zahlungsunfähigkeit^* (def) Ein besonderes gerichtliches Vollstreckungsverfahren, das der Verwertung des gesamten, dem Schuldner im Zeitpunkt der Konkurseröffnung gehörenden pfändbaren Vermögens zum Zweck der gleichmäßigen Befriedigung aller an dem Verfahren teilnehmenden persönlichen Gläubiger (Konkursgläubiger) dient. (GWL); (expl) Konkursgrund ist gemäß Konkursordnung für alle Unternehmungen, unabhängig von der Rechtsform, die Zahlungsunfähigkeit, bei einigen Rechtsformen, vor allem juristischen Personen, darüber hinaus die Überschuldung. Als Konkurskriterium wird Überschuldung gewählt. (SWO); (kon) Im Hinblick auf die Konsequenzen dieser Regelung für die Genossen modifiziert jedoch § 6 Nr. 3 GenG, dass im Statut für den Fall eines Konkurses folgende Alternativregelungen getroffen werden müssen: (GUF: 30) **quiebra** *f* *^bancarrota (VOX)^* (def) De las acepciones anteriores surgen las jurídicas de insolvencia, bancarrota, de pasivo superior al activo, de superar las deudas a los bienes y a los créditos. En Derecho Mercantil, acción y situación del comerciante que no puede satisfacer las deudas u obligaciones contraídas; ya porque al vencimiento de algunas no dispone de fondos o bienes que le son debidos (...), ya por notoria falta de recursos económicos, en que propiamente existe quiebra, por cuanto alguno o varios de los acreedores no podrán cobrar íntegramente; y todos, o los demás, deberán ser sometidos a soportar a prorrata el perjuicio consiguiente. (...) (DDU); (kon) Se considera en quiebra al comerciante que sobresee en el pago corriente de sus obligaciones. (HAC: 170)

Konkursmasse *f* *^Insolvenzmasse (GWL)^* *^Konkurs^* *^Zwangsvollstreckung^* (def) Das gesamte einer Zwangsvollstreckung unterliegende Vermögen des Gemeinschuldners im Zeitpunkt der Konkurseröffnung (§ 1 KO, ab 1. Januar 1999: § 35 InsO). Bewegliche Sachen; Grundstücke und grundstücksgleiche Rechte; Forderungen; das Geschäft des Gemeinschuldners; Arbeitseinkommen bis zur Konkurseröffnung, soweit eine Lohnpfändung zulässig ist; Ansprüche aus

Versicherungsverträgen; Urheberrechte an Werken der Literatur, Tonkunst, bildenden Kunst und Fotografie gehören nur zur K[onkursmasse], wenn der Gemeinschuldner die Einbeziehung bewilligt; bei Erfinderrechten (Patenten, Gebrauchsmustern), soweit schon Vorbereitungen zu ihrer Verwertung getroffen sind, kann auch die Anmeldebefugnis zur K[onkursmasse] gehören; das Warenzeichen fällt mit dem Geschäftsbetrieb, zu dem es gehört, in die Masse und kann mit diesem ohne Zustimmung des Gemeinschuldners veräußert werden. (GWL); (expl) Ausgeschlossen von der Konkursmasse ist alles, was der Gemeinschuldner nach Konkurseröffnung erwirbt, und die nach § 811 ZPO unpfändbaren Sachen. Ferner gehört nicht zur Konkursmasse, was als Sache Dritter der Aussonderung unterliegt. (MÜS); (kon) Das Kreditverhältnis kann darüber hinaus zusätzlich Verwertungsrechte eines Sicherungsgutes, Informations-, Kontroll- und Mitspracherecht sowie Ansprüche auf Konkursmasse als Gläubigerrechte umfassen. (GUF: 34) **masa de la quiebra** *f* (def) Conjunto patrimonial de la quiebra, sujeto a satisfacción de los créditos contra el quebrado y de las responsabilidades y gastos a resarcir inherentes a tal situación de insolvencia; masa que se administra por representantes de los acreedores, aunque dependientes de la superior decisión o aprobación judicial (...). En definitiva, la masa de la quiebra puede caracterizarse, por lo que el Código de Comercio califica de estado de la misma: la universalidad de los bienes, derechos, acciones y obligaciones del fallido o quebrado, con las excepciones establecidas en la ley (...). (DDU); (kon) Los síndicos son los mandatarios designados para representar a los acreedores. Ejercen el derecho de disposición y administración sobre la masa de quiebra, realizándola para satisfacer a los acreedores. (HAC: 171)

Konkursverfahren *n ^Konkurs^*

konsortial *adj ^Konsortium^* (def) (...) Wortbildungselement mit der Bedeutung »ein Konsortium betreffend«. (DGF vs konsortial-); (kon) Die Fremdemission unter Mitwirkung von Banken ist die Regel, wobei diese die Papiere in konsortialer Form auf eigene Rechnung und Gefahr übernehmen oder lediglich für Rechnung des Emittenten kommissionsweise begeben. (GUF: 40) **en consorcio** *adv*

Konsortium *n ^Fremdemission^* (def) Gemeinschaft von Banken zur Durchführung eines einmaligen Geschäfts oder sich wiederholender Geschäfte z. B. zur Unterbringung von Wertpapieren im Rahmen des Emissionsgeschäfts, zur Gewährung von Krediten. (...) Bei Konsortialgeschäften handelt es sich im Allgemeinen um Großgeschäfte, die über die Finanzkraft eines Instituts hinausgehen. (...) (BAL vs Bankenkonsortium); (kon) P[latzierung] wird häufig von einem Konsortium (Platzierungskonsortium, auch underwriter) durchgeführt, das dem Emittenten die vollständige P[latzierung] garantiert; im Fall der Nichtplazierung verbleiben die Papiere im Bestand der Konsortialbanken. (GWL vs Plazierung) **consorcio** *m ^sindicato de colaboración^* (def 1) Grupo de bancos o entidades financieras que se reparten los títulos de una emisión con el fin de colocar los nuevos valores entre los accionistas, con lo que tambien reparte los riesgos asociados a esa operación. (DFB); (def 2) El que se forma para la financiación y concesión de créditos a grandes empresas, que sería difícil y arriesgado realizar por un solo banco. (MDB vs consorcio bancario o de bancos); (def 3) Agrupación de empresas pertenecientes a un mismo sector que persiguen alcanzar ciertos objetivos con un menor riesgo, conservando cada empresa su personalidad jurídica y autonomía financiera. (DEN)

Konsumgüter *npl ^Gut^ ^Investitionsgüter^* (def) Güter, die für den Letztverbrauch bestimmt sind und der Bedürfnisbefriedigung der Konsumenten dienen. Konsumgüter können dauerhafte Güter oder Güter für den sofortigen Verbrauch (...) sein. (BRO); (kon) Gliedert man nach der Art des Leasing-Gegenstandes, so sind Leasing-Verträge über Konsumgüter (Konsumgüter-Leasing), LeasingVerträge über Investitionsgüter (Investitionsgüter-Leasing), Leasing-Verträge über Gebäude (Immobilien-Leasing) etc. zu unterscheiden. (WÖH: 186) **bienes de consumo** *mpl* (def) Bienes o servicios destinados a satisfacer necesidades humanas y que son consumidos por los usuarios finales sin sufrir ninguna transformación ulterior. (DEN); (kon) El automóvil, lejos ya de considerarse un bien de lujo, ha adquirido el carácter de herramienta fundamental de trabajo para las empresas o de bien de consumo duradero fundamental para las familias. (REE: 66)

Kontenabschluss, jährlicher *m ^Bilanz^*

Konto (1) *n ^Bankkonto (WDW)^ ^Konto^* (def) In der Buchführung die zur Aufnahme und wertmäßigen Erfassung von Geschäftsvorfällen bestimmten Rechnungen. Jedes Konto hat eine Soll- und eine Habenseite

(auch: Debet- und Kreditseite). (GWL vs Konten); (expl) Ein Konto, das auf der Grundlage eines Kontokorrentvertrages gemäß §§ 355-357 HGB von einem Kreditinstitut geführt wird, kann kreditorisch oder debitorisch sein. Der Kontoinhaber erhält über die Bestandsveränderungen besondere Mitteilungen, entweder in Form von Kontoauszügen oder besonders ausgestatteter Urkunden (Sparbuch). (MÜS); (kon) Das Kontokorrentkonto (auch Girokonto genannt) ist ein laufendes Konto, das der Abwicklung des täglichen Zahlungsverkehrs dient. (www.kredit-magazin.com) **cuenta bancaria** *f* (def) Es la representación de la evolución y situación de un elemento patrimonial con independencia de los demás. Por convenio admitido universalmente, a la parte izquierda se le denomina deber y a la parte derecha haber. (AEE); (kon) La creación del depósito significa ingresar en el banco una determinada cantidad de dinero; en ese momento se dice que el banco abre una cuenta a favor de ese ahorrador. (SMA: 95)
Konto (2) *n* (def) (Rechnung) Zweiseitige Geschäftsvorfall-Aufzeichnungsstelle in der (doppelten) Buchführung. (NFW) **cuenta (contable)** *f* (def) Representación contable que refleja la situación de cada uno de los elementos patrimoniales de una empresa. Consta de dos partes, debe y haber. (DEN)

Konto, atmendes *n ^Kontokorrentkonto^*

Kontokorrentkonto *n ^Konto, atmendes^ ^Kontokorrentkredit^* (def) Bankkonto: Die kontenartig geführte Rechnung eines Bankkunden, die seinen Geschäftsverkehr mit der Bank erkennen lässt. (...) für täglich mögliche Einzahlungen, Abhebungen, Überweisungen ein laufendes Giro- oder Kontokorrentkonto (GWL vs Bankkonto).; (kon) Das Kontokorrentkonto (auch Girokonto genannt) ist ein laufendes Konto, das der Abwicklung des täglichen Zahlungsverkehrs dient. (www.kredit-magazin.com) **cuenta corriente** *f* (kon) La cuenta corriente, al establecerse mediante el concierto de voluntades entre las personas que convienen llevarla a efecto, constituye un contrato que ni el Código Civil ni el de Comercio, aunque mencionado por éste en los artículos 175, 543 y 909, lo definen y regulan, pero, que según los usos y costumbres mercantiles reconocidos y admitidos por la jurisprudencia, tiene dos caracteres jurídicos, distintos esencialmente, además, de los créditos en cuenta corriente, según que consistan en la imposición de cantidades que quien las recibe, si bien puede utilizarlas, está obligado a devolverlas, parcial o totalmente, cuando se le reclamen, a virtud de mandatos de pago del imponente, y que median entre los contratantes, ya sean en favor o en contra de cualesquiera de ellos.

Kontokorrentkredit *m ^Kredit in laufender Rechnung (GWL)^ ^Kreditlinie^* (def) Kredit, den der Kreditnehmer innerhalb der festgesetzten Laufzeit durch Verfügungen über sein Konto bis zur vereinbarten Kreditlinie in Anspruch nehmen kann. Der K[ontokorrentkredit] an Unternehmen ist ein Betriebskredit, der der Finanzierung der Gütererzeugung und Güterbereitstellung dient (Betriebsmittelkredit, Saisonkredit, Überziehungskredit, Zwischenkredit). Der K[ontokorrentkredit] an Privatpersonen wird als Dispositionskredit zur Verfügung gestellt und dient der Konsumfinanzierung (Konsumentenkredit). (GWL); (expl) Der Kontokorrentkredit wird in der Regel für ein Jahr gewährt, sodass er zu den kurzfristigen Krediten gerechnet wird. Da es aber üblich ist, ihn immer wieder zu verlängern, ist er faktisch meist längerfristig. Mit diesem Kredit stellt die Bank ein Instrument zur Verfügung, das den schwankenden Einzahlungen aus dem Umsatzprozess entgegen kommt. Die Zahlungsreihe ist hier nicht fix, sondern es wird eine Höchstgrenze (Kreditlinie) festgelegt, bis zu der der Kreditnehmer den Kredit je nach Bedarf in wechselndem Umfang in Anspruch nehmen kann. (SPR); (kon) Durch diese technische Eigenart ist der Kontokorrentkredit ein sehr flexibles Kreditinstrument, mit dem das Kapitalvolumen bei schwankenden Liquiditätserfordernissen fein auf den Kapitalbedarf abgestimmt werden kann. (GUF: 51) **crédito en cuenta corriente** *m* (Komm) Crédito que puede tomarse dentro del plazo establecido disponiendo hasta el límite fijado en la línea de crédito concedida a través de la cuenta corriente.; (kon) Corresponderán principalmente a la índole de estas [sociedades de crédito] compañías las operaciones siguientes: (...) Prestar sobre efectos públicos, acciones u obligaciones, géneros, frutos, cosechas, fincas, fábricas, buques y sus cargamentos, y otros valores, y abrir créditos en cuenta corriente, recibiendo en garantía efectos de igual clase. (LHP: 122)

Konversion *f ^Austauschanleihe^* (def) (...) Bankwesen: 1. Begriff: Umwandlung der Schuldbedingungen einer Anleihe durch Umwandlung in eine neue (Konvertierungsanleihe) mit verändertem Zinsfuß, veränderter Laufzeit und/oder veränderten Tilgungsbedingungen, meist nach vorheriger Kündigung. (...) 2. Zweck: K[onversion] soll dem Schuldner günstigere Bedingungen für Verzinsung und Tilgung der Schulden verschaffen, wenn die Bedingungen der alten Anleihe den veränderten Kapitalmarktverhältnissen nicht mehr entsprechen. Im Rechtsstaat erfolgen K[onversion] auf freiwilliger Basis, d. h., der Gläubiger hat die Wahl zwischen Annahme der Zinsherabsetzung seines Papiers oder Rückzahlung des Anleihebetrages. K[onversion] mit Heraufsetzung des Zinsfußes kommt vor, wenn z. B. bei Fälligkeit die zur Einlösung erforderlichen Mittel nicht zur Verfügung stehen und Ersatz durch eine Anleihe nur mit erhöhtem Zinsfuß möglich ist bzw. wenn eine langfristige, nachhaltige Erhöhung des Marktzinses zu verzeichnen ist. (GWL); (kon) Rückzahlung der gesamten Anleihe: Regelfall bei den Schatzanweisungen; sie findet häufig statt bei Staatsanleihen und Industrieobligationen, bei denen der Schuldner sich die Kündigung jederzeit oder von einem bestimmten Termin ab vorbehalten hat, wenn die (...): Lage auf dem Geldmarkt günstig ist und eine Konversion durchführbar erscheint. (GWL vs Tilgung) **conversión** *f* (def 1) Sustitución de un préstamo por otro con un tipo de interés menor que el inicial o anterior. (AEE); (def 2) Cambio realizado en el marco de una gestión patrimonial, por oposición a las operaciones corrientes de cambio correspondientes a actos de producción de comercio: se refiere a bienes y con mayor frecuencia a valores, transformados en bienes y valores de otra naturaleza o que presentan otras características. Cuando afecta a un crédito, la conversión se realiza por iniciativa del acreedor o a veces por iniciativa del deudor. La conversión decidida por el acreedor significa la utilización de la convertibilidad derivada del título que posee. Esta conversión está inspirada por preocupaciones de rentabilidad, regularidad o especulación. (...) (ESJ); (kon) Abusando una vez más, y unilateralmente, de su potestad legislativa o reglamentaria, el Poder público »estafa« en cierto modo a los subscriptores de los empréstitos cuando, evolucionada la plaza económica o superada la transitoria dificultad monetaria para la Hacienda pública, resuelve una conversión que le permite reducir la tasa del interés, que los subscriptores suelen soportar, privados de mejor panorama para sus inversiones y contra la colocación de su dinero a mayor plazo, como supusieron al prestar al Estado. (DDU vs empréstito)

Konvertierung *f ^Konversion^*

Kosten *pl ^Erlöse^ ^Fixkosten^ ^Leistungen^ ^Nebenkosten^* (def) Allgemein Bezeichnung für die zur Erstellung einer betrieblichen Leistung (...) eingesetzten bzw. verbrauchten in Geld bewerteten Mengen an produktiven Faktoren. Bewerteter Verzehr an wirtschaftlichen, materiellen und immateriellen Gütern zur Erstellung und zum Vertrieb von Gütern und Dienstleistungen. (BAL); (Komm) *Kosten* bzw. *costes* spiegeln den Wert von verbrauchten Gütern und Leistungen eines Zeitraums wider. Steuernachzahlungen (pagos posteriores de impuestos) sind nicht Teil von *Kosten*, ebenso verhält es sich mit dem Verzehr von Gütern einer Periode, die zu Produktionskosten einer anderen Periode gerechnet werden. Zu *Kosten* zählen aber Opportunitätskosten (costes-oportunidad), wie beispielsweise Löhne und Gehälter von Angestellten. (vgl. Schemata im Anhang). (kon) Der Vorteil jeglicher Investitionsplanung liegt (...) in einer systematischen Ermittlung von Kosten und Nutzen und damit darin, die für das Unternehmen gewinnoptimalen Maßnahmen festzulegen. (GUF: 118) **costes** *mpl* (def 1) Valoración en términos monetarios del consumo o sacrificio de los factores productivos aplicados en una actividad económica para la obtención de un determinado producto (bien o servicio). (TMD); (def 2) En la terminología alemana, el concepto de *Kosten* (costes) se contrapone en la cuenta de pérdidas y ganancias a *Erlöse* (ingresos). (Ver esquema en el anexo.) En general, las *Kosten* reflejan la disminución del valor de bienes y prestaciones de servicios gastados por la empresa durante un cierto periodo. En realidad, este concepto se asemeja a *Aufwendungen*, con la única diferencia de que las *Kosten* sirven para fines internos de la empresa. Junto con *Erlöse* reflejan el resultado »objetivo« de la empresa, es decir, un resultado que no está influido o alterado por disposiciones legales (por ejemplo, impuestos). Normalmente la información sobre las *Kosten* no se difunde fuera de la empresa. (DV) (kon) El inconveniente más importante del sistema leasing es su elevado coste. (SSD: 357)

kostengünstig *adj ^Kosten^* (def) bei der Erreichung eines bestimmten Ziels niedrige Kosten verursachend (DV); (kon) In welchem Fall soll eine im Unternehmen vorhandene Anlage durch eine neue, kostengünstigere ersetzt werden? (GUF: 108) **de bajo coste** *adv ^de menor coste^ ^poco costoso (DDU)^* (Komm) In Fachwörterbüchern wird für den Terminus *kostengünstig* meist *económico* als Übersetzungsmöglichkeit angeboten. Dieser

Begriff ist jedoch sehr weit gefasst und impliziert nicht in erster Linie die Vorteilhaftigkeit, die sich aus niedrigen Kosten ergibt.; (def) Lo que causa costes inferiores a otras opciones o sencillamente bajo en relación con el fin perseguido. (DV) (kon) British Airways e Iberia irán equiparando progresivamente sus tarifas a las de las compañía de bajo coste.

Kredit *m* *^Bankkredit^* *^Kredit, kurzfristiger^* *^Kredit, langfristiger^* *^Kredit, mittelfristiger^* *^Kreditfähigkeit^* *^Kreditgeber^* *^Kredit-institut^* *^Kreditnehmer^* *^Personalkredit^* *^Realkredit^* (def) (...) II. Bankwesen: 1. Begriff/Abgrenzung: I. e. S. die Über-lassung von Kapital bzw. Kaufkraft auf Zeit (Kreditgewährung), i. w. S. das Vertrauen in die Fähigkeit und Bereitschaft, Schuldverpflichtungen (Verpflichtung zur Rückzahlung oder zur Bereitstellung der Deckung [Revaluierung]) zu erfüllen (Kreditwürdigkeit). Darüber hinaus wird auch das bei der Fremdfinanzierung überlassene Kapital selbst als K[redit] bezeichnet. Abgrenzung zwischen K[redit] und Darlehen: K[redit] ist gegenüber Darlehen der umfassendere Begriff, da er sich nicht nur auf die Geldleihe, sondern auch auf andere Kreditarten, wie Akzeptkredit und Avalkredit (Formen der Kreditleihe) und auch auf den Diskontkredit erstreckt. Diese Kreditverhältnisse sind rechtlich nicht als Darlehen, sondern als Geschäftsbesorgungsvertrag, als Bürgschaft bzw. Garantie oder als Kauf zu qualifizieren. 2. Kreditbegriff nach Kreditwesengesetz (KWG): (...) Hiernach gehören zu den K[rediten]: (1) Gelddarlehen aller Art, entgeltlich erworbene Geldforderungen, Akzeptkredite sowie Forderungen aus Namensschuldverschreibungen, (2) die Diskontierung von Wechseln und Schecks, (3) die Stundung von Forderungen, (4) Bürg-schaften, Garantien und sonstige Gewähr-leistungen für andere, (5) die Verpflichtung, für die Erfüllung entgeltlich übertragener Geldforderungen einzustehen oder sie auf Verlangen des Erwerbers zurückzuerwerben, (6) Beteiligungen, (7) Gegenstände, über die ein Kreditinstitut als Leasinggeber Leasing-Verträge (Leasing) abgeschlossen hat. (...) 3. Volkswirtschaftliche Bedeutung: Mit K[rediten] stellen Banken und Sparkassen Geldkapital zur Finanzierung der Güter-produktion bereit. Die Kreditinstitute über-nehmen dabei Transformationsfunktionen (Funktionen und Struktur des Kreditwesens). Der produktive Einsatz von Geldkapital dient der Erhöhung des Sozialprodukts und der Beschäftigung. 4. Arten: a) nach Fristigkeit: (...); b) nach Kreditform: (...); c) nach Kreditzweck: (...); d) nach Kreditbesicherung: (...); e) oft auch Unterscheidung von (1) Personalkredit und (2) Realkredit, (...) f) nach Kreditnehmer: (...); g) nach Kredit-geber: (...); h) nach Zahl der Kreditgeber: (...); i) nach Form der Kreditgewährung: (...) (GWL); (kon) Externe Fremdfinanzierung: Bereitstellung fremder Mittel von außen, besonders die Beschaffung von Krediten und sonstigen Fremdmitteln aller Art. (GUF: 4) **crédito** *m* (def) Crédito significa solvencia. Desde una concepción financiera, solvencia se puede definir como la capacidad de la empresa o individuo de convencer al intermediario financiero de que le facilite el crédito. (En esta capacidad se incluyen consideraciones personales, profesionales, etc.). Crédito es, pues, una transferencia temporal limitada del poder de disposición sobre capitales, al efecto de poderlos explotar mediante el pago de unos intereses. Crédito es la transferencia temporal de poder adquisitivo a cambio de reembolsar éste más sus intereses. El crédito es el principal medio de financiación de la empresa. En su planteamiento operativo, se suele diferenciar dentro del mismo el préstamo de la cuenta de crédito propiamente dicho. Normalmente la diferencia entre estos dos planteamientos del crédito (préstamo, cuenta de crédito) está en la formula documental y en las cláusulas que condicionan la utilización. Cara a la empresa, la cuenta de crédito se suele plantear en operaciones con necesidades variables de inversión en el tiempo, mientras que préstamo se une a la inversión cuyo monto está prefijado en fecha y cuantía. La clasificación del crédito se puede efectuar en base a la persona del acreedor, en razón del tiempo, en base a la garantía, a la formalización, (...). (DEE); (kon) (...) Los acreedores de la sociedad podrán ejercitar la acción social de responsabilidad contra los administradores cuando no haya sido ejercitada por la sociedad o sus accionistas, siempre que el patrimonio social resulte insuficiente para la satisfacción de sus créditos. (LSA art. 134, 5.)

Kredit, kurzfristiger *m* *^Kredit^* *^Kredit, langfristiger^* *^Kredit, mittelfristiger^* (def) (...) Arten [von Krediten]: a) nach Fristigkeit: (1) kurzfristiger Kredit: Laufzeit bis zu einem Jahr; (...). (GWL vs Kredit); (kon) Durch Gläubigertausch werden die kurzfristigen Kredite in langfristige umgewandelt; bei dieser Anschlussfinanzierung trägt der Makler das Betrags- und Terminrisiko, das Zinsrisiko trägt der Kreditnehmer. (GUF: 46) **crédito a corto**

plazo *m* (def) Recoge los fondos obtenidos a corto plazo y los epígrafes o formas en que los mismos son invertidos. La denominación varía según la partida concreta que se estudie. Así, por ejemplo, (...), para los créditos los que no pasan de año y medio, (...). (MDB vs corto plazo); (kon) En los mercados monetarios se compran y venden activos a corto plazo, lo que quiere decir que el plazo previsto para el vencimiento del título es casi siempre inferior a un año. Este mercado monetario se subdivide, según el tipo de título, en mercado de divisas (...), mercado interbancario (en el que los bancos se conceden mutuamente créditos a corto plazo) y otro tipo de mercado en el que se negocian efectos comerciales (...). (SMA: 121); (Komm) Bei der Unterteilung in kurz-, mittel- und langfristige Kredite existiert weder in der deutschen noch in der spanischen Fachliteratur ein einheitlicher Maßstab. So heißt es z. B. in ELG vs Kredit: »Die Deutsche Bundesbank grenzt ab zwischen bis zu sechs Monaten, bis zu vier Jahren und über vier Jahre. In der Fachliteratur werden die Grenzen des kurzfristigen Kredits häufig auch auf bis zu zwei Jahre festgelegt, während der langfristige Kredit erst mit Laufzeiten über zehn Jahren beginnt«, und bei RSF: 228 ist Folgendes aufgeführt: »[El] plazo de vencimiento: a corto, medio y largo plazo (hasta un año, entre uno y tres y más de tres años, respectivamente), aunque esta distinción resulta siempre subjetiva y discutible.« Vergleicht man die verschiedenen Fristen in der Fachliteratur kann man in etwa von folgender groben Unterteilung ausgehen: kurzfristige Kredite bei Laufzeiten bis zu ein oder zwei Jahren, mittelfristige Kredite bei Laufzeiten von drei bis fünf Jahren und langfristige Kredite bei Laufzeiten über drei bzw. fünf Jahren.

Kredit, langfristiger *m* *^Kredit^* *^Kredit, kurzfristiger^* *^Kredit, mittelfristiger^* (def) (...) Arten: a) nach Fristigkeit: (...) langfristiger Kredit: Laufzeit von über vier Jahren; (...). (GWL vs Kredit); (kon) Während die Rentenschuld als Kreditsicherungsmittel bei Bankkrediten ungeeignet ist, sind Hypothek (§§ 1113 ff. BGB) und Grundschuld (§§ 1191 BGB) von überragender Bedeutung für die Absicherung langfristiger Kredite. (GUF: 67) **crédito a largo plazo** *m* (def) Fondos que, según los países y los sectores, exceden de los tres años, (...) (MDB vs largo plazo); (expl) (...) El Plan de Contabilidad, al referirse a préstamos, acreedores, fianzas y depósitos considera: plazo largo: si exceden de 5 años; plazo medio: entre 18 meses y 5 años; plazo corto: menos de 18 meses. (...) (ABA: 160); (kon) En teoría, cuanto más larga sea la duración de un crédito tanto más altos serán los intereses (un depósito a largo plazo devenga un interés más alto, un crédito a largo plazo es más caro que uno a corto plazo). (SMA: 99); (Komm) Bei der Unterteilung in kurz-, mittel- und langfristige Kredite existiert weder in der deutschen noch in der spanischen Fachliteratur ein einheitlicher Maßstab. So heißt es z. B. in ELG vs Kredit: »Die Deutsche Bundesbank grenzt ab zwischen bis zu sechs Monaten, bis zu vier Jahren und über vier Jahre. In der Fachliteratur werden die Grenzen des kurzfristigen Kredits häufig auch auf bis zu zwei Jahre festgelegt, während der langfristige Kredit erst mit Laufzeiten über zehn Jahren beginnt«, und bei RSF: 228 ist Folgendes aufgeführt: »[El] plazo de vencimiento: a corto, medio y largo plazo (hasta un año, entre uno y tres y más de tres años, respectivamente), aunque esta distinción resulta siempre subjetiva y discutible.« Vergleicht man die verschiedenen Fristen in der Fachliteratur kann man in etwa von folgender groben Unterteilung ausgehen: kurzfristige Kredite bei Laufzeiten bis zu ein oder zwei Jahren, mittelfristige Kredite bei Laufzeiten von drei bis fünf Jahren und langfristige Kredite bei Laufzeiten über drei bzw. fünf Jahren.

Kredit in laufender Rechnung *m* *^Kontokorrentkredit^*

Kredit, mittelfristiger *m* *^Kredit^* *^Kredit, kurzfristiger^* *^Kredit, langfristiger^* (def) (...) Arten: a) nach Fristigkeit: (...); (2) mittelfristiger Kredit: Laufzeit von einem Jahr bis zu vier Jahren; (...). (GWL vs Kredit); (kon) Bei entsprechendem Finanzverhalten des Unternehmens kann der Kontokorrentkredit daher leicht prolongierbar sein und oft in einen mittel- und sogar langfristigen Kredit übergehen. (GUF: 51) **crédito a medio plazo** *m* (def) (...) En principio, significa todos aquellos fondos o fuentes de financiación a término medio (uno a cinco años), (...) (MDB vs medio plazo); (Komm) Bei der Unterteilung in kurz-, mittel- und langfristige Kredite existiert weder in der deutschen noch in der spanischen Fachliteratur ein einheitlicher Maßstab. So heißt es z. B. in ELG vs Kredit: »Die Deutsche Bundesbank grenzt ab zwischen bis zu sechs Monaten, bis zu vier Jahren und über vier Jahre. In der Fachliteratur werden die Grenzen des kurzfristigen Kredits häufig auch auf bis zu zwei Jahre festgelegt, während der langfristige Kredit erst mit Laufzeiten über zehn Jahren beginnt«, und bei RSF: 228 ist Folgendes aufgeführt: »[El] plazo de vencimiento: a corto, medio y largo plazo (hasta un año, entre uno y tres y más de tres años, respectivamente), aunque esta distinción resulta siempre subjetiva y discutible.« Vergleicht man die verschiedenen Fristen in der Fachliteratur kann man in etwa von folgender groben Unterteilung ausgehen: kurzfristige Kredite bei Laufzeiten bis zu ein oder zwei Jahren, mittelfristige Kredite bei Laufzeiten von drei bis fünf Jahren und langfristige Kredite bei Laufzeiten über drei bzw. fünf Jahren.; (kon) La evolución posterior consistió en ir ampliando el abanico de instituciones autorizadas hasta llegar a la Orden ministerial de 21 de julio de 1969, que la conformidad con las orientaciones del Plan de Desarrollo señala »... la conveniencia de – en tanto no culmine el proceso de especialización bancaria – generalizar la autorización a la banca comercial y mixta para conceder créditos a medio y largo plazo (...)«. (LBE: 157)

Kreditfähigkeit *f* ^*Kredit*^ (Komm) Eine definitorisch eindeutige Unterscheidung zwischen den Begriffen *Kreditfähigkeit* und *Kreditwürdigkeit* wird in der deutschen Fachliteratur nicht immer konsequent eingehalten. Auch zweisprachige Wörterbücher schlagen als Übersetzung für *Kredit-fähigkeit* i. d. R. *solvencia* vor; dieser Terminus enspricht im Deutschen jedoch dem Terminus *Kreditwürdigkeit*.; (def) Fähigkeit, rechtswirksame Kreditverträge abzuschließen. Kreditfähig sind geschäftsfähige natürliche Personen, juristische Personen des privaten und öffentlichen Rechts sowie Personenhandelsgesellschaften, die unter ihrer Firma Rechte und Pflichten erwerben können (OHG, KG sowie Partnerschaftsgesellschaften). Zur Eingehung von Kreditverpflichtungen für Geschäftsunfähige bzw. beschränkt Geschäftsfähige bedürfen die Eltern bzw. der Vormund (Vormundschaft) der Genehmigung des Vormundschaftsgerichts (§§ 1643, 1822 BGB). (GWL) (kon) TC TrustCenter hat weiter das Recht, den Vertrag zu kündigen, wenn sich die Kreditfähigkeit des Kunden seit Vertragsabschluss verschlechtert hat, insbesondere wenn es zu Wechselprotesten gekommen ist oder ein Insolvenzantrag gestellt wurde. (www.trustcenter.de) **capacidad para contratar préstamos** *f* (def 1) (...) los préstamos de dinero se sometan, ya desde el Derecho Romano, a restricciones severas cuando de menores se trata. Así, aun emancipado un menor, no puede tomar dinero a préstamo sin consentimiento de sus padres o tutor (...). Aun siendo administrador legal – salvo pacto – de la sociedad de gananciales el marido, mientras no llegue a la mayor edad, no puede, sin consentimiento de las personas antes citadas, tomar dinero en préstamo (...). El tutor necesita autorización del Consejo de familia para dar y tomar dinero a préstamo, en relación con el menor o incapacitado por aquél tutelado (...). (DDU vs préstamo de dinero); (def 2) Esta capacidad surge de manera negativa, por exclusiones, del art. 1.263 del Cód. Civ. esp. No pueden prestar consentimiento, y en consecuencia tampoco contratar: 1°Los menores no emancipados. [2 Los incapacitados.] (DDU vs capacidad para contratar) (kon) Para dar fianza hay que poseer capacidad para contratar préstamos. (DDU vs capacidad para afianzar)

Kreditgarantiegemeinschaft *f* ^*Ausfallbürgschaft*^ (def) Spezialbanken, die als Selbsthilfeeinrichtungen der mittelständischen Wirtschaft für Unternehmen, die keine ausreichenden Kreditsicherheiten bieten können, Ausfallbürgschaften für langfristige Investitionskredite übernehmen. (GWL); (expl) Kreditgarantiegemeinschaften sind privatwirtschaftlich geführte Selbsthilfeinstitutionen einzelner Branchen, die, durch Rückbürgschaften der öffentlichen Hand abgesichert, Ausfallbürgschaften für langfristige Kredite übernehmen, die der Existenzgründung, Betriebsvergrößerung, Rationalisierung und Umsiedlung kleinerer und mittlerer Unternehmen dienen. (WÖH); (kon) Eigens für die Bürgschaftsübernahme geschaffen sind Kreditgarantiegemeinschaften, die sich gegenüber Banken für Kredite an Freiberufler sowie an kleinere und mittlere Betriebe verbürgen. (GUF: 63) **sociedad de garantía recíproca** *f* ^*comunidades de garantía crediticia*^ (def) Es aquella cuyo objeto social consiste en avalar a las PYMEs [pequeñas y medianas empresas], que muchas veces no tienen suficiente solvencia, una a una, a efectos de conseguir créditos bancarios. También, facilita el acceso a líneas de financiación privilegiada. (TAM) (kon) Existen 26 sociedades de garantía recíproca, con más de 40.000 socios partícipes. (DEN)

Kreditgeber *m* ^*Kredit*^ ^*Kreditnehmer*^ (def) Ausleiher von Krediten bzw. Darlehen, auch in wirtschaftlicher Sicht, Käufer von Schuldtiteln wie verzinslichen Wertpapieren und dergleichen. Kreditgeber sind vor allem Banken aller Art, aber auch Unternehmen, z. B.

als Lieferantenkreditgeber. Nach der Verbraucherkreditrichtlinie ist ein Kreditgeber eine natürliche oder juristische Person, die in Ausübung ihrer gewerblichen oder beruflichen Tätigkeit einen Kredit gewährt, oder eine Gruppe solcher Personen. (...) (BAL); (kon) Bei der Sicherungsübereignung wird dem Kreditgeber zwar das Eigentumsrecht am Sicherungsgut übertragen, der unmittelbare Besitz aber bleibt beim Kreditnehmer aus betrieblichen Nutzungsgründen und wird für den Gläubiger durch Besitzmittlungsverhältnis (§ 930 BGB) ersetzt. (GUF: 64) **acreditante** *m ^dador del crédito (GCB)^* (def) Persona que, en virtud de un crédito, pone a disposición de otra, llamada acreditado, cierta suma de dinero para que éste último la utilice cuando le convenga según sus necesidades, durante el plazo convenido, devolviéndolo al final del mismo y pagando los correspondientes intereses. (DDM); (kon) Persona o entidad que, en virtud de un contrato de crédito, puede utilizar en una o varias veces la suma de dinero puesta a su disposición por el acreditante, con la obligación de devolverla al vencimiento de la operación, pagando los correspondientes intereses. (DDM vs acreditado)

Kreditinstitut *n* (def) Sind nach der Legaldefinition in § 1 Kreditwesengesetz (KWG) (...) Unternehmen, die Bankgeschäfte betreiben, wenn der Umfang dieser Geschäfte einen in kaufmännischer Weise eingerichteten Geschäftsbetrieb erfordert. Werden Bankgeschäfte in vollkaufmännischem Umfang betrieben, so ist es für die hierdurch begründeten Kreditinstitute unerheblich, ob und in welchem Umfang daneben noch andere Geschäfte betrieben werden. Unerheblich ist ferner die Rechtsform. (...) Kreditinstitute (...) bedürfen der schriftlichen Erlaubnis des Bundesaufsichtsamtes für das Kreditwesen (BAK) zum Betreiben von Bankgeschäften. (...) (LBW); (kon) Ein Kontokorrentkredit ist ein Bankkredit, der in in- oder ausländischer Währung von einem Kreditinstitut seinen Kunden in bestimmter Höhe eingeräumt und von diesen je nach Bedarf in wechselndem Umfang bis zu der vereinbarten Höchstgrenze (Kreditlinie) beansprucht wird. (GUF: 50) **institución de crédito** *f ^entidad de crédito^* (def) Establecimientos bancarios o entidades que de algún modo tengan en el crédito su función habitual. Intervienen decisivamente en el mercado de dinero recogiendo las sumas que exceden las necesidades inmediatas de los ahorradores para destinarlas a quienes precisan fondos para invertirlos. Pueden ser públicas o privadas, según el origen del capital inicial, su constitución y el ámbito de su actividad. (MDB); (kon) Cuando una institución de crédito preste servicios de Tesorería y caja, no estará sujeta a requisitos adicionales de capital por causa de tales servicios. (www.superval.gob.sv)

Kreditkapital *n ^Fremdkapital^*

Kreditlinie *f ^Kontokorrentkredit^* (def) Einem Kreditnehmer entsprechend der Kreditzusage eingeräumte Kreditbeträge. Die Krediteinräumung kann nach außen dokumentiert (Kreditvertrag) oder intern von der Bank festgesetzt worden sein. Offene Kreditlinien entstehen, wenn die Höchstbeträge nicht beansprucht werden. (GWL); (expl) Im Allgemeinen erfolgt ähnlich der Handhabung bei der Gewährung des Kontokorrentkredits nach Prüfung der Kreditwürdigkeit die Einräumung einer Kreditlinie (Diskontlinie) als Höchstbetrag, bis zu dem die Bank bereit ist, geeignete Wechsel anzukaufen. Bis zu diesem Betrag kann somit das Wechselobligo des Kunden auf Grund geeigneten Wechselmaterials ausgedehnt werden. (EIL); (Komm) Maximaler Betrag, über den man verfügen kann (Dispokredit). (kon) Die Höhe der Kreditlinie richtet sich u. a. nach der Dauer der Mitgliedschaft des durchschnittlichen Umsatzvolumens, [und] der Einhaltung von Zahlungszielen. (https://club.masterplan.de) **línea de crédito** *f* (def) Modalidad de crédito bancario por la que el banco abre una cuenta de crédito al prestatario para que éste disponga de ella en la forma que estime conveniente dentro del plazo y cuantía estipulados. El coste de la operación se determina en función del importe del crédito dispuesto. (DEN); (expl) Importe puesto a la disposición de alguien, cuya utilización está subordinada a la iniciativa del beneficiario. (UEC)

Kreditnehmer *m ^Kredit^ ^Kreditgeber^* (def) Die Privatperson oder das Unternehmen oder der öffentliche Haushalt, der (die) einen Kredit von einer Bank zugesagt erhält bzw. in Anspruch nimmt. (...) (BAL); (kon) Das Schuldscheindarlehen wird über die Laufzeit von einer (Einzelschuldscheindarlehen) oder mehreren (Teilschuldscheindarlehen) Kapitalsammelstellen dem Kreditnehmer ohne Vermittlung durch eine Bank oder einen Finanzmakler gewährt. (GUF: 46) **acreditado** *m ^tomador del crédito (GCB)^* (def) Persona o entidad que, en virtud de un contrato de crédito, puede utilizar en una o varias veces la suma de dinero puesta a su disposición por el acreditante, con la obligación de devolverla al vencimiento de la operación, pagando los correspondientes intereses. (DDM); (kon) La apertura de crédito es una operación jurídica unitaria. Es un contrato único, que atribuye al acreditado un derecho de crédito sobre la suma total que el banco pone a su disposición. (UDM II: 866)

Kreditsicherheit *f* *^Sicherheiten^* (def) Durch die Vereinbarung von Kreditsicherheiten in einem Kreditvertrag erhält der Kreditgeber einen Anspruch auf die Verwertung von Sachen bzw. Rechten (Sachsicherheit) oder gegen dritte Personen (Personensicherheit) für den Fall, dass der Kreditnehmer seine Zahlungen aus dem Kreditvertrag nicht vertragskonform leistet. Die Forderung des Kreditgebers wird in diesem Fall durch den Erlös für das Sicherungsgut bei Ausübung des Verwertungsrechts im Falle der Real- oder Sachsicherheit bzw. durch die Leistung eines Dritten im Falle der Personensicherheiten gedeckt. Durch den Verwertungsanspruch bzw. den Anspruch gegen Dritte soll die Gefahr von Kreditausfällen für den Kreditgeber verhindert bzw. vermieden werden. Während der Laufzeit des Kredits vermindern Kreditsicherheiten die Kontrollkosten des Kreditgebers, soweit diese das Engagement voll decken und von zweifelsfreiem Wert sind (z. B. Bardeckung, Grundpfandrechte im erststelligen Beleihungsraum. (GWL) **aseguramiento de crédito** *m* *^garantía del crédito^* (def) En general, con una garantía se trata de asegurar el cumplimiento de una obligación, en este caso el reembolso de las cantidades recibidas en concepto de crédito, respondiendo con una cosa o derecho u obligándose un tercero personalmente. (DDU); (expl) Contrato por el cual el asegurador garantiza al asegurado la insolvencia eventual de algunos deudores de éste. (UEC)

Kreditwürdigkeit *f* *^Bonität^* *^Kreditwürdigkeitsprüfung^* *^Vertrauenswürdigkeit (WDW)^* (def) Maßstab für die Beurteilung der Fähigkeit eines potentiellen privaten oder institutionellen Kreditnehmers, einen zur Verfügung gestellten Kredit vereinbarungsgemäß verzinsen und tilgen zu können. Die K[reditwürdigkeit] ist abhängig von den persönlichen Verhältnissen sowie von den gegenwärtigen und zu erwartenden zukünftigen Einkommens- und Vermögensverhältnissen eines Kreditnehmers. Diese werden im Rahmen der Kreditwürdigkeitsprüfung vor der Kreditvergabe überprüft. (GWL); (expl) In erster Linie abhängig von der Ertragslage des Kreditnehmers. Bei der Prüfung der Kreditwürdigkeit ist deshalb vor allem aufgrund von Bilanzen nebst Gewinn- und Verlustrechnungen, Vermögensaufstellungen, ferner Kreditstatus, Liquiditätsbilanzen, Finanzplänen und dergleichen festzustellen und damit die Aussicht für die Bedienung des Kredites. (MÜS); (kon) Vor der Vergabe von Krediten wird die Kreditwürdigkeit des Kreditnehmers geprüft. (GUF: 62) **solvencia** *f* *^crédito (DDU)^* (def) Capacidad de una entidad para hacer frente a todas sus obligaciones, para lo cual debe mantener a medio y largo plazo unos activos suficientes para cubrir sus pasivos. (AEE); (kon) (...) Se dice dar a crédito cuando se presta dinero o se vende algo para ser pagado más adelante, sin otra seguridad que la del crédito (solvencia) de quien lo recibe. (DDU vs crédito)

Kreditwürdigkeitsprüfung *f* *^Bonitätsprüfung (EIL)^* *^Kreditwürdigkeit^* *^Kreditwürdigkeitsanalyse (GWL)^* (def) Analyse der persönlichen und wirtschaftlichen Verhältnisse eines potenziellen Kreditnehmers zur Abschätzung des mit einer Kreditvergabe verbundenen Risikos. Das Ergebnis der Kreditwürdigkeitsprüfung dient als Entscheidungsgrundlage für die Gewährung beauftragter bzw. die Belassung eingeräumter Kredite. (GWL); (kon) Auch die übrigen mit der Kreditwürdigkeitsprüfung verbundenen Aktivitäten des Kreditinstituts, insbesondere die Prüfung der Zahlungsfähigkeit, die Untersuchung der Rentabilität von Investitionen, die Prüfung der Kapitalstruktur oder der Wettbewerbsfähigkeit, decken sich weitgehend mit den Zielen der Finanzplanung. (GUF: 119) **examen de la solvencia** *m* (def) Análisis de la situación personal y económica de un eventual tomador de crédito con el fin de evaluar el riesgo que resulta de la concesión de un crédito. El resultado del examen de la solvencia sirve de base decisoria para la concesión de créditos. (DV)

Kundenauftrag *m* *^Auftrag^*

Kundenstamm *m* (def) fester Kundenkreis (DAB); (kon) Factoring wird angewandt, wenn es sich um repetierende Verkäufe mit einer konstanten Kundschaft oder einen festen Kundenstamm handelt. (GUF: 60) **clientela** *f* (def) Conjunto de clientes de una persona física o jurídica. (DEN); (kon) La clientela es atraída por la notoriedad de una marca. (BFF: 120)

Kündigung *f* (def) An die Stelle des Rücktritts tritt bei Dauerschuldverhältnissen i. d. R. die K[ündigung]. Sie ist im BGB nicht zusammenfassend geregelt, sondern bei den einzelnen Vertragstypen ((...) Dienstleistungsvertrag, Arbeitsverhältnis, Miete, Gesellschaft usw.) besonders ausgestaltet. Dies gilt insbesondere hinsichtlich der K[ündigungs]fristen (...) sowie der sonstigen K[ündigungs]voraussetzungen. Man unterscheidet allgemein die sog. ordentliche und außerordentliche Kündigung. Die ordentliche Kündigung ist regelmäßig an eine besimmte Frist und oftmals an sonstige Voraussetzungen gebunden; sie kann auch für eine bestimmte Zeit vertraglich ganz ausgeschlossen werden (...) sofern hierin keine Sittenwidrigkeit oder ein Verstoß gegen Treu und Glauben zu sehen ist. Daneben gibt die außerordentliche Kündigung das Recht, ein Vertragsverhältnis i. d. R. ohne Einhaltung einer Frist (fristlose Kündigung) zu lösen. Die Voraussetzungen für eine außerordentliche Kündigung sind gleichfalls bei den einzelnen Vertragsverhältnissen verschieden; gemeinsam ist jedoch allen, dass ein wichtiger Grund, der in einzelnen Fällen konkretisiert ist, vorliegen muss, der unter Berücksichtigung der gesamten Verhältnisse (..) nach Treu und Glauben die Fortsetzung des Dauerschuldverhältnisses bis zum nächsten ordentlichen Kündigungstermin dem Kündigenden nicht mehr zumutbar erscheinen lässt (...). Verschiedentlich ist auch vorgesehen, dass die außerordentliche Kündigung innerhalb einer bestimmten Frist ab Kenntnis des wichtigen Grundes erklärt werden muss (...), sonst wird das Kündigungsrecht verwirkt (...). Das Recht zur außerordentlichen Kündigung kann durch Vertragsbestimmungen regelmäßig nicht ausgeschlossen werden (...). Für die Kündigungserklärung als Ausübung eines Gestaltungsrechts gelten die Grundsätze über die Rücktrittserklärung (...) entsprechend. Durch die wirksame Kündigung erlischt das Schuldverhältnis für die Zukunft (...), eine Rückforderung wie beim Rücktritt ist daher ausgeschlossen (...). (CRL); (kon) Innerhalb der Grundmietzeit ist eine Kündigung des Leasingvertrages nicht möglich. (GUF: 69)

resolución *f* (def) Procedimiento jurídico por el que se deja sin efecto una obligación o un contrato. En el primer caso la resolución puede ser instada por una sola de las partes implicadas o bien por ambas, y puede afectar al futuro exclusivamente, o bien tanto al futuro como al pasado. En la resolución contractual, la extinción del contrato puede ser solicitada por uno sólo de los contratantes al haberse producido unos o varios de los hechos previstos como causantes de dicha extinción (resolución unilateral) o puede efectuarse por mutuo acuerdo de los contratantes (resolución convencional). (DEN); (kon) La acción de resolución del contrato de arrendamiento por obras inconsentidas que modifican la configuración del local de negocio es viable dentro de los quince años siguientes a su realización, sin que entre tanto el mero conocimiento de los hechos y la subsiguiente actitud pasiva del arrendador, impliquen consentimiento tácito de las obras llevadas a cabo. (JDI: 678); (Komm) Dem deutschen Terminus *Kündigung*, der das Auflösen eines Rechtsverhältnisses impliziert, stehen im Spanischen verschiedene Termini gegenüber, die nur in bestimmten Kontexten verwendet werden können. Der Terminus *resolución de un contrato* bezeichnet *Kündigung* im weitesten Sinne. In bestimmten Fällen wird jedoch das Synonym *rescisión de un contrato* verwendet (siehe Código de Comercio Art. 132 und 135 bzgl. Offene Handelsgesellschaften). Im spanischen Gesellschaftsrecht werden im GmbH-Gesetz vom 23. März 1995 in Kapitel IX Artikel 95 und 96 die Termini *separación* und *exclusión* im Zusammenhang mit Mitgliedern angeführt. Der Terminus *separación* steht dabei für die Kündigung, die durch eigene Entscheidung und auf Wunsch des Mitgliedes erfolgte, also für den freiwilligen Austritt. Der Terminus *exclusión* steht dagegen für die Kündigung durch die GmbH, also für den unfreiwilligen Ausschluss eines Mitgliedes aus der Gesellschaft. Im arbeitsrechtlichen Sinn werden andere Termini für Kündigung verwendet: Der Terminus *cese* wird in diesem Zusammenhang sowohl als Kündigung durch den Arbeitgeber als auch durch den Arbeitnehmer verstanden. Zur besseren Unterscheidung dieser beiden Kündigungsfälle spricht man von *dimisión*, wenn die Kündigung auf eigenen Wunsch des Arbeitnehmers eingereicht wird, und von *despido*, wenn dem Arbeitnehmer von seinem Arbeitgeber gekündigt wird, d. h., die Kündigung gegen den Willen des Arbeitnehmers geschieht.

Kupon *m* (Komm) Schreibweise »Coupon« auch möglich. GWL *^Aktie^* *^Ausstattung^* *^Mantel^* (def) Sammelbezeichnung für die zu einem Wertpapier gehörenden Ertragsscheine, Dividendenscheine oder Zinsscheine, die neben dem Erneuerungsschein den (Coupon-)Bogen bilden (...). Der Inhaber des Coupons bezieht auf ihn die fällige Dividende bzw. Zinszahlung. Er ist zu diesem Zweck der betreffenden Unternehmung vorzulegen (nach Abtrennung vom Bogen). Beim Normalfall der Depotverwaltung durch eine Bank gehört die Einziehung der Coupons und die Auszahlung der entsprechenden Beträge zu den Depotverwaltungsarbeiten, die ohne Mitwirkung des Depotkunden erledigt werden. Ansprüche aus fälligen Coupons verjähren in 4 Jahren. (BAL); (kon) Der Bogen verbrieft bei Aktien die Gewinnanteilsscheine (Kupons), bei anleihen die Zinsscheine und den jeweiligen zugehörigen Talon. (www.ax.net.de) **cupón** *m* (def) Parte separable de un título que representa el derecho de su propietario a cobrar una suma correspondiente a la renta de dicho título. El cupón representa los intereses de una obligación, el dividendo de una acción o el derecho de suscripción o de atribución para un aumento de capital. (ESJ); (expl) Por razones prácticas de comodidad, para el cobro de los intereses los títulos suelen llevar cupones, adheridos, ordinariamente al portador, de manera que su importe se percibirá contra la sola presentación del cupón respectivo. (...) Los cupones son pequeñas cédulas que van unidas al título y gozan de fuerza ejecutiva, (...). Estas cédulas, cuadritos o pequeños rectángulos, van generalmente bordeando el título o adheridos a su parte inferior y llevan impreso el nombre de la sociedad, el número de la obligación, el número de cada cupón y la fecha en que deben ser pagados. (...) Las sociedades o entidades emisoras de obligaciones crean con estos cupones un sucedáneo del dinero circulante, porque el cupón es, al fin y al cabo, un documento de crédito; documento al portador y negociable, ya que en Bolsa también se negocian los cupones independientemente del título respectivo. (...) El cupón es, pues, en su aspecto jurídico, un documento de crédito representativo de una deuda vencida a favor de su tenedor y por ello tiene fuerza ejecutiva con sólo confrontarlo con el título de que procede (...). Es fundamental la distinción entre los cupones de las obligaciones y los de las acciones. Los primeros dan derecho a un interés fijo mientras que los de las acciones no dan por sí derecho en nada. Lo que perciben los accionistas es una cantidad que determina la Junta General de Accionistas. El acuerdo de esta Junta es el que confiere el derecho a percibir el dividendo y no la mera posesión de un cupón, el cual sólo se utiliza con fines prácticos y para facilitar la operación. Tanto es así, que unas veces el cupón da derecho a dividendos, otras a asistencia a Juntas, otras a suscripción de acciones de nuevas emisiones, etc. Por el contrario, el cupón de una obligación confiere un derecho de crédito; tiene valor en sí que se hará realizable cuando llegue su vencimiento. (AEO: 76/77); (kon) Antiguamente, para tener derecho al cobro de los intereses era necesario recortar el cupón correspondiente a cada periodo, que llevaba incorporado el título. (SMA: 131)

Kurs *m* *^Notierung^* (def) 1. Begriff: Der an der Börse amtlich durch einen Kursmakler festgestellte Marktpreis für fungible Wertpapiere, Devisen (Wechselkurs) oder Waren. Bei Wertpapieren ist zwischen der Kursnotierung (in Prozent des Nominalbetrags) und der Stücknotierung zu unterscheiden. (...) 2. Arten: a) Kassakurs: für im Kassamarkt abgeschlossene Geschäfte; zu unterscheiden: (1) Einheitskurs (Kassakurs i. e. S.): vom Kursmakler für jedes Papier täglich festgesetzter, offizieller K[urs] aller zum amtlichen Handel zugelassenen Papiere; der Börsenmakler hat diesen so festzusetzen, dass die Umsätze maximiert werden; (2) variabler K[urs] (fortlaufender K[urs], Schwankungs-K[urs]): für bestimmte Papiere fortlaufend notierter K[urs]; die Geschäfte werden individuell zu unterschiedlichen Preisen ermittelt. b) Terminkurs: (variabler) K[urs] für erst später zu erfüllende Geschäfte (Termingeschäfte). 3. Kursbildung: Die Höhe des K[urses] ist abhängig von den Vorgängen auf Geld- und Kapitalmarkt, Veränderung von Angebot und Nachfrage des betreffenden Papiers oder einer Wertpapiergattung, sowie von politischen Ereignissen und psychologischen Faktoren. (...) (GWL); (kon) Die Konditionen – Recht auf Bezug von Aktien in einem bestimmten Verhältnis, zu einem bestimmten Kurs und innerhalb einer festgesetzten Frist – des späteren Aktienbezuges müssen bei Ausgabe der Obligationen festgelegt werden. (GUF: 43) **cotización** *f* *^cambio bursátil (AEE)^* (def) Precio de los valores mobiliarios en Bolsa expresado generalmente en porcentaje de su valor nominal (cotización). (AEE vs cambio bursátil); (kon) Esta operación [el rescate en bolsa] es beneficiosa a la sociedad cuando los títulos son cotizados por debajo de la par. Debe hacerse con prudencia para no hacer subir la cotización. (AEO: 133)

L

Lastschrift *f* ^*Guthaben*^ ^*Gutschrift*^ (def) Bezeichnung für die buchungstechnische Belastung der Soll-Seite eines Kontos. (BFL); (kon) Man sagt, das Warenkonto wird mit dem Betrag belastet (...), das Kreditorenkonto dagegen (...) entlastet (...) oder der Betrag dem Kreditorenkonto gutgebracht oder gutgeschrieben. Die Einträge selbst bezeichnet man als Belastung und Lastschrift im Soll, als Gutschrift im Haben. (WAS: 34/35) **cargo** *m* ^*adeudo (DTB)*^ (def) Anotación en el debe de una cuenta. (DEN); (kon) Las relaciones contables describen los motivos más comunes o generales de cargo y abono de las cuentas de tres cifras, sin agotar las posibilidades que cada una de ellas admite. (LAG: 50)

Laufzeit *f* ^*Leasing*^ (def) (...) Der Zeitraum, über den ein Kredit (...) bzw. eine Anleihe (...) vertragsgemäß läuft, bis er (sie) voll zurückgezahlt ist. (BAL); (kon) Die Laufzeit von Anleihen beträgt im Allgemeinen 8-20 Jahre, wobei in der Regel eine tilgungsfreie Zeit von oft fünf Jahren am Anfang steht. (GUF: 40) **plazo** *m* ^*duración de leasing (SSD)*^ (Komm) Die Termini *período contractual* und *plazo de vigencia* sind ebenfalls Übersetzungsmöglichkeiten für den Terminus *Laufzeit*.; (def) En un empréstito, tiempo que transcurre desde su emisión hasta su amortización, y en un crédito, período comprendido entre su concesión y su vencimiento. (DEN)

Leasing *n* ^*Financial Leasing*^ ^*Finanzierungsleasing*^ ^*Grundmietzeit*^ ^*Laufzeit*^ ^*Leasinggeber*^ ^*Leasingnehmer*^ ^*Leasingrate*^ ^*Operating Leasing*^ ^*Sale and lease back*^ ^*Wartung*^ (Komm) Terminologisch ist der Begriff *Leasing* schwer zu erfassen, da er verschiedene Leasingvertragstypen bezeichnet. In der Regel wird er für die am häufigsten auftretende Leasingvariante verwendet: das Finanzierungsleasing. »Wenn in Deutschland vom Leasing die Rede ist, so meint man das sog. Finanzierungsleasing.« (LFL: 37); (def) (...) Besondere Vertragsformen der Vermietung und Verpachtung von Investitions- und Konsumgütern. Der Vermieter (L[easing]geber) verpflichtet sich im Rahmen eines L[easing]vertrags, dem Mieter (L[easing]nehmer) bestimmte Wirtschaftsgüter (L[easing]-Objekte) gegen periodische Zahlungen (L[easing]raten) zur Verfügung zu stellen. Wegen der vielfältigen Erscheinungsformen in der Praxis ist der L[easing]-Begriff nicht eindeutig abgrenzbar. (...) Wirtschaftliche Beurteilung des L[easing]: Wirtschaftlichkeitsvergleiche zwischen dem Kreditkauf und dem L[easing] lassen i. d. R. die Kreditfinanzierung günstiger erscheinen. Wird berücksichtigt, dass der L[easing]-Nehmer beim L[easing] neben dem Kaufpreis des Wirtschaftsguts bzw. den Kapitalkosten auch den Verwaltungskostenanteil, die Risikoprämie und eine Gewinnquote des L[easing]-Gebers kalkulieren muss, scheint die Kreditfinanzierung günstiger als das L[easing] zu sein. Die Kosten des L[easing] belaufen sich auf etwa 130 % des Kaufpreises. L[easing] hat allerdings gegenüber dem Kreditkauf steuerliche Vorteile. Durch eine L[easing]-Finanzierung wird die Bezugsbasis der Gewerbeertrag- und Gewerbekapitalsteuer nicht berührt. Dagegen müssen bei einer Kreditfinanzierung die Dauerschulden zum Gewerbekapital und die Zinsen auf diese Dauerschulden zum Gewerbeertrag jeweils zur Hälfte hinzugerechnet und damit versteuert werden. L[easing] weist auch gegenüber der Eigenfinanzierung Vorteile auf. Durch die ratenweise Zahlung erfolgt eine relative Zinsersparnis im Vergleich zur sofortigen Zahlung. Ist das L[easing]-Objekt beim L[easing]-Geber zu bilanzieren, hat der L[easing]-Nehmer im Vergleich zu einer eigenen Aktivierung einen liquiditäts- und rentabilitätsmäßigen Vorteil durch eine Steuerverschiebung. Dies ergibt sich daraus, dass die L[easing]-Raten beim L[easing]-Nehmer steuerlich als Betriebsausgabe voll absetzbar sind. Der L[easing]-Nehmer erhält einen zinslosen Steuerkredit, je kürzer die Grundmietzeit im Verhältnis zur betriebsgewöhnlichen Nutzungsdauer ist und somit je höher die L[easing]-Raten im Verhältnis zu den Abschreibungen sind. Diese rentabilitätsmäßigen Vorteile können die höheren Kosten des L[easing] überkompensieren. Folgende Gründe können für eine L[easing]-Finanzierung sprechen: a) Schonung der Eigenkapitaldecke; b) Schonung von Sicherheiten; c) Ausdehnung des Finanzierungsvolumens; d) Liquiditätsvorsorge; e) Einschränkung des Überalterungsrisikos; f) Kostenvorteile gegenüber einer Kreditfinanzierung; g) steuerliche Vorteile; h) feste Kalkulationsbasis. (LBW); (expl) Heutzutage begegnet einem der Begriff »Leasing« fast täglich und in allen Bereichen. Leasing wird nicht nur als Finanzierungsalternative für die Beschaffung von Investitionsgütern gesehen. Mittlerweile gibt es Leasingfinanzierungen auch für alle möglichen anderen Objekte, vom Privatfahrzeug über teuere Uhren bis hin zu Hühnern. Es liegt auf der Hand, dass es sich hier nicht um die gleichen Formen des Leasing handelt, auch wenn im ursprünglichen Sinne immer eine besondere Form der Miete zugrunde liegt. (...) (KKL: 33); (kon) Gegenüber der Eigenfinanzierung ist das Leasing anfänglich in einem liquiditätsmäßigen Vorteil, der aber mit fortschreitender Nutzungsdauer abnimmt. (GUF: 72); (Komm) Der Leasingvertrag ist rechtlich gesehen ein Mietvertrag. Als Vorteil des Leasing gilt der Finanzierungseffekt, da das Leasingobjekt dem Leasinggeber als Sicherheit dient, und der übrige Sicherheitenbestand des Leasingnehmers für andere Zwecke verfügbar bleibt. Im Allgemeinen dient Leasing zur Schonung der Liquidität, konkrete Vor- und Nachteile des Leasing hängen vom Leasingvertragstyp ab (vgl. GUF: 68-72). **leasing** *m* (def) La palabra anglosajona leasing deriva del verbo 'to lease', que en inglés significa 'arrendar'. Con aquella palabra se denominó en Estados Unidos la técnica de financiación que, a finales del siglo XIX, comenzaron a emplear las compañías explotadoras de grandes ferrocarriles y de telecomunicaciones para utilizar o colocar en el mercado determinados instrumentos en régimen de alquiler, dando origen a lo que hoy se llamaría leasing operativo, si bien la voz se trasladó ya a mediados del siglo XX a operaciones financieras, con intervención de agentes crediticios. (...) La expresión arrendamiento financiero se introdujo en España por el Real Decreto-ley 15/1977, de 25 de febrero, y desde entonces es la que se utiliza en el lenguaje oficial, aunque en términos comerciales y financieros se emplee habitualmente la palabra leasing. Es de notar que la voz leasing había aparecido en documentos oficiales administrativos, como la Circular de la Dirección General de Tráfico de 16 de febrero de 1979, sobre matriculación y transferencias de vehículos, y la Orden de 3 de junio de 1976, que adoptó el Plan General de Contabilidad. (HJL); (kon) Las dos grandes clases de leasing »strictu sensu« son el leasing operativo y el leasing financiero, distinción que se basa principalmente en las características del arrendador. (SLL)

Leasinggeber *m* *^Leasing^* *^Leasinggesellschaft (KKL)^* *^Leasingnehmer^* *^Vermieter (KEL)^* (expl) Als Leasinggesellschaft wird ein Unternehmen bezeichnet, das sich mit der Vermietung von mobilen oder immobilen Investitionsgütern beschäftigt, die es nach den Vorstellungen und Bedürfnissen der von vornherein feststehenden Mieter anschafft oder herstellt und deren Investitionskosten es 100 % oder nahezu in voller Höhe fremdfinanziert. (...). (KKL: 36); (kon) Leasing ist ein für einen bestimmten Zeitraum abgeschlossenes, in der Regel während dieser Zeit unkündbares Mietverhältnis zwischen einem Leasinggeber und einem Leasingnehmer zwecks Finanzierung beweglicher und unbeweglicher Investitionsgüter. (GUF: 69) **arrendador financiero** *m* *^arrendador (HJL)^* *^compañía de leasing (HJL)^* *^proveedor (SSL)^* *^sociedad de leasing (HJL)^* (Komm) In der Fachliteratur findet man verschiedene Möglichkeiten, den Begriff *Leasinggeber* ins Spanische zu übersetzen. Die meisten Autoren verwenden *arrendador* und *proveedor* als Synonyme. Die Verwendung dieser Termini ist aber nur empfehlenswert, wenn aus dem Kontext deutlich hervorgeht, dass es sich um einen Vermieter eines Leasingvertrags handelt. In spanischen Gesetzestexten wird vorrangig der Terminus *arrendador* verwendet. In der Quelle HJL wird vorgeschlagen, den Terminus *Leasinggeber* mit *arrendador financiero* zu übersetzen. Dies ist jedoch nicht empfehlenswert: Zum einen weil dieser Terminus nicht in jedem Kontext verständlich ist, und zum anderen weil er der Quelle HJL zufolge auf den Leasinggeber eines jeden Leasingvertrags zutrifft. Warum sollte man aber den Leasinggeber eines Operationsleasingvertrags als *arrendador financiero* bezeichnen? Der Terminus *arrendador operativo* würde sich in diesem Fall als Übersetzung eher anbieten. Um Missverständnisse zu vermeiden, ist es empfehlenswert, den Terminus *Leasinggeber* in nicht eindeutigen Kontexten mit dem spanischen Terminus *arrendador en un contrato de leasing* zu übersetzen. Der Übersetzer hat damit die Möglichkeit, den Terminus je nach Leasingvertrag zu spezifizieren, indem die Termini *contrato de leasing* oder *contrato de arrendamiento* mit den Adjektiven für die jeweiligen Leasingarten erweitert werden, z. B. *arrendador de un contrato de leasing operativo* (vgl. Kommentar zu *Leasingnehmer*).; (def) Parte contratante que asume la obligación de adquirir el bien, según las especificaciones del futuro usuario, y facilita a éste su utilización en régimen de leasing durante el período estipulado, confiriéndole además la opción de compra, que puede ser ejercitada al término de dicho período. Como contraprestación por estos servicios, el arrendador financiero acredita frente al usuario un determinado precio contractual. La condición de arrendador financiero venía conferida a las sociedades con objeto social exclusivo, autorizadas expresamente para el ejercicio de esas actividades por la autoridad administrativa competente (que fue el Ministerio de Economía y Hacienda hasta agosto de 1988, y el Banco de España desde entonces) e inscritas en el Registro Especial llevado por la misma autoridad administrativa. Desde el 1 de enero de 1990, los Bancos, Cajas de Ahorro, Caja Postal de Ahorros y Cooperativas de Crédito pueden actuar también como arrendadores financieros. Junto con las antesmencionadas sociedades, que tienen consideración de entidades de crédito (si bien, según la terminología del Banco de España, son entidades de crédito »de ámbito operativo limitado«). (HJL); (kon) La diferencia sustancial radica en que en todo caso y momento, el arrendador financiero es dueño del bien, por lo que parecería lógico que en caso de incumplimiento, los arrendadores tengan derechos sobre los bienes para ejecutar conforme a derecho.

Leasingnehmer *m ^Leasing^ ^Leasinggeber^ ^Mieter (KML)^* (def) Partei eines Leasingvertrages, der von der Leasinggesellschaft das Leasingobjekt gegen Zahlung vereinbarter Leasingraten zur Benutzung überlassen wird. (DV); (kon) Leasing ist ein für einen bestimmten Zeitraum abgeschlossenes, in der Regel während dieser Zeit unkündbares Mietverhältnis zwischen einem Leasinggeber und einem Leasingnehmer zwecks Finanzierung beweglicher und unbeweglicher Investitionsgüter. (GUF: 69) **arrendatario financiero** *m ^arrendatario (SLL)^ ^usuario (HJL)^* (Komm) Analog zu *arrendador* kann mit *arrendatario* bei der Bezeichnung der Parteien in den verschiedenen Leasingverträgen verfahren werden. (siehe Kommentar zu *Leasingeber*).; (def) Parte contratante según cuyas especificaciones la sociedad de arrendamiento financiero adquiere un bien, cuya utilización en régimen de leasing le facilita durante el período estipulado, confiriendo además al usuario su opción de compra, que podría ser ejercitada al término de dicho período. Como contraprestación, el usuario se obliga a pagar al arrendador financiero un determinado precio contractual. (...) (HJL vs usuario).; (kon) Los requerimientos y notificaciones prevenidos en los apartados anteriores se efectuarán en el domicilio del arrendatario financiero designado en el contrato inicial.

Leasingrate *f ^Leasing^* (def) Teilbetrag der Gesamtsumme des Leasinggegenstandes, den der Leasingnehmer je nach Vertragsgestaltung an den Leasinggeber in vereinbarten Zeitabständen entrichten muss. Dabei unterscheidet man zwei Arten der Ratenzahlungen: a) Vollamortisation: dem Leasinggeber werden während der Grundmietzeit die gesamten Kosten des Leasinggegenstandes erstattet (Anschaffungskosten, Finanzierungskosten etc.). b) Teilamortisation: dem Leasinggeber werden die gesamten Kosten für den Leasinggegenstand während der Grundmietzeit nicht vollständig zurückbezahlt. In diesem Fall wird eine unkündbare Grundmietzeit von mehr als 40 % jedoch nicht mehr als 90 % der betriebsgewöhnlichen Nutzungsdauer des Leasinggegenstandes vereinbart. (DV); (kon) Außerdem sind die Leasingraten so bemessen, dass sie in ihrer Gesamtheit während der Grundmietzeit bereits 120 bis 150 Prozent der Anschaffungskosten betragen. (GUF: 70) **cuota de arrendamiento financiero** *f* (def) Cada una de las partes en las que se fracciona el precio contractual del arrendamiento financiero, para realizar periódicamente su pago. Dicho faccionamiento no implica la pérdida del carácter unitario del referido precio. Cada cuota se compone de varios conceptos: »parte destinada a la recuperación del coste del bien«, »cargas financieras« y a veces otros como »seguro«, »gastos de formalización«, »timbraje«, »corretaje«, »mantenimiento del material« etc. A la cantidad resultante se le aplica el impuesto indirecto correspondiente, que no puede considerarse que forme parte de la cuota (no del precio contractual). Dentro de una operación, todas las cuotas pueden ser del mismo importe (cuotas lineales), o presentar diferencias cuantitativas. En estos casos, pueden ser de las llamadas cuotas crecientes o decrecientes, según sus cuantificaciones vayan en aumento o disminución a lo largo de la operación. (HJL vs cuota); (Komm) Die vorangehende Definition ist in der zitierten Quelle unter dem Terminus *cuota* aufgeführt. Da dieser Terminus wegen seines allgemeinen Charakters und ungenauen Begriffsabgrenzung jedoch nur in eindeutigen Kontexten verwendet werden kann, bietet es sich vielmehr an, den Terminus *cuota de arrendamiento financiero* als Übersetzung für *Leasingrate* zu wählen. Der Terminus *cuota de leasing* ist eine weitere Übersetzungsmöglichkeit, die je nach Vertragstyp durch Anfügen der entsprechenden Adjektive spezifiziert werden könnte, z. B. *cuota de leasing operativo,* *cuota de leasing de retro*, etc.; (kon) Las cuotas de arrendamiento financiero deberán aparecer expresadas en los respectivos contratos diferenciando la parte que corresponde a la recuperación del bien por la entidad arrendadora, excluido el valor de la opción de compra, y la carga financiera exigida por la misma. (SSD: 354)

Leihe *f* ^*Miete*^ ^*Pacht*^ (def 1) die unentgeltliche Überlassung des Gebrauchs einer Sache (§§ 598-604 BGB). Gegensatz: Die entgeltliche Gebrauchsüberlassung (Miete). Der Verleiher muss den Gebrauch gestatten, haftet nur für Vorsatz und grobe Fahrlässigkeit und kann i. d. R. die Sache jederzeit zurückfordern. Der Entleiher haftet für jedes Verschulden, muss die Sache pfleglich behandeln, darf sie nicht weiterverleihen und muss sie nach Zeitablauf oder Kündigung zurückgeben. (GWL); (def 2) (...) bei der *Leihe* im täglichen Leben liegt dagegen oftmals nur ein Gefälligkeitsverhältnis ohne rechtliche Bindung vor (...). Sobald ein Entgelt für die Gebrauchsüberlassung zu zahlen ist, liegt – trotz fälschlicher Bezeichnung (»Leihbücherei«) – Miete (...) vor. (...) (CRL); (expl) Rechtsgrundlage: § 598 BGB: Durch den Leihvertrag wird der Verleiher einer Sache verpflichtet, dem Entleiher den Gebrauch der Sache unentgeltlich zu gestatten.; (kon) Der Vertrag über das unentgeltliche Unterstellen von Möbeln auf dem Dachboden ist also Leihe. (BGBE: 564) **comodato** *m* (def) El comodato es un contrato civil, esencialmente gratuito, consistente en la entrega que una persona hace a otra durante cierto de tiempo de una cosa no fungible para que la use y posteriormente la devuelva. El comodato, según el art. 1.740 del C[ódigo] c[ivil] se configura como un préstamo de uso, por oposición al mutuo o simple préstamo que es de consumo. El comodante conserva la propiedad de la cosa, y el comodatario adquiere un derecho de uso por el que no debe pagar ningún interés. Se diferencia del simple préstamo en que éste es remunerado generalmente y la entrega es de dinero u otra cosa fungible con el pacto de devolver al finalizar el plazo, otro tanto de la misma especie y calidad. Concluyendo, el comodato recae sobre cosas no fungibles e inconsumibles, y se caracteriza como un préstamo de uso; el mutuo o simple préstamo tiene por objeto dinero u otros bienes fungibles y consumibles, caracterizándose como un préstamo de consumo. (DEI); (expl) Rechtsgrundlage: Art. 1.740 del Código Civil: Por el contrato de préstamo, una de las partes entrega a la otra, o alguna cosa no fungible para que use de ella por cierto tiempo y se la devuelva, en cuyo caso se llama comodato, o dinero u otra cosa fungible, con condición de devolver otro tanto de la misma especie y calidad, en cuyo caso conserva simplemente el nombre de préstamo. El comodato es esencialmente gratuito. El simple préstamo puede ser gratuito o con pacto de pagar interés. (kon) Aus der Übersetzung des § 598 BGB: Por el contrato de comodato el comodante de una cosa se obliga a permitir gratuitamente al comodatorio el uso de la cosa. (CCA: 123); (Komm) Juristisch gesehen ist die Leihe ein Vertrag. In der Praxis wird daher häufig auch der Terminus *Leihvertrag* verwendet. Auch im Spanischen wird der Terminus *comodato* sowohl für *Leihvertrag* als auch für *Leihe* verwendet. In Definitionen wird *comodato* meist als *contrato* bezeichnet. Der Begriff *comodato* ist eine der zwei Ausprägungen des *contrato de préstamo*, die im Gegensatz zur Miete steht. »Es necesariamente a título gratuito; pues, si mediara en el préstamo un precio, se convertiría en un contrato de arrendamiento de cosa.« (Vgl. die hier angeführten Definitionen im Deutschen). Die zweite Ausprägung des *contrato de préstamo* ist die entgeltliche Überlassung einer Sache. Im Deutschen entspricht dies dem Darlehen. Der im DDU und DEI angegebene Terminus *préstamo de uso* ist eine weitere Übersetzungsmöglichkeit sowie der Terminus *empréstito de uso*, der im DDU angegeben wird: »(...) se refiere al contrato de préstamo, en sus dos formas: tanto el de las cosas que cabe usar sin destruirlas, que se denomina comodato o empréstito de uso, como el de cesión de las mismas para un empleo en que se consumen, denominado mutuo o empréstito de consumo. (...).«

Leistung *f* ^*Gegenleistung*^ (def) (Zivilrecht) Im engeren Sinne Handlung oder Unterlassung, zu der der Schuldner aufgrund eines Schuldverhältnisses verpflichtet ist (...) (GWL); (kon) Wurde im Gesellschaftsvertrag eine Nachschusspflicht vereinbart, dann kann die Gesellschaft das Eigenkapital dem jeweiligen Bedarf elastisch anpassen, weil die Gesellschafter automatisch zur Leistung von weiteren Einlagen verpflichtet sind. (GUF: 22/23) **prestación** *f* (def) En sentido genérico, acto de prestar, préstamo, empréstito. En materia obligacional, la prestación es el objeto de la obligación, cuyo contenido necesariamente ha de consistir en dar, hacer o no hacer alguna cosa. La prestación es el deber jurídico del deudor, obligado a su cumplimiento, y cuyo correlativo es el derecho de crédito del acreedor para exigir su ejecución. (DEI); (kon) Donde se incluirán las prestaciones recibidas de mano de obra o maquinaria, de fuera de la explotación por ejemplo, la recolección con cosechadora alquilada, transportes contratados, etc. (PTE: 33)

Leistungsbilanz *f* *^Erfolgsrechnung^* *^Zahlungsbilanz^* (def) Von Anhängern der dynamischen Bilanztheorie geschaffener Begriff für die Erfolgsrechnung. (GWL); (kon) Zusammen mit der Handelsbilanz und der Übertragungsbilanz bildet die Dienstleistungsbilanz die Leistungsbilanz. (VGW vs Dienstleistungsbilanz) **balanza de pagos corrientes** *f ^saldo de balanza de pagos por cuenta corriente (DMA)^* (def) Parte de la balanza de pagos compuesta por la balanza comercial, la balanza de servicios y la balanza de transferencias. Comprende las operaciones que modifican la renta y la capacidad de gasto de un país. Un saldo negativo (déficit) de esta balanza indica que el ahorro ha sido menor que la inversión o, lo que es lo mismo, que el país ha obtenido un préstamo neto del exterior. (DMA); (kon) A la hora de realizar comparaciones internacionales se suele utilizar, no tanto la balanza de pagos, sino algunas subbalanzas, como la comercial o la de servicios, pero todavía más la denominada balanza por cuenta corriente, que es una suma de los saldos de las subbalanzas de mercancías, de servicios y de transferencias. (SMA: 34)

Leistungsgarantie *f* *^Bankgarantie^* *^Garantie^* (def) Vom jeweiligen Lieferanten im Außenhandel zu erstellende, meist mit der Bürgschaft einer Bank gekoppelte Garantie als Sicherheit dafür, dass die Lieferung oder die Ausführung der Aufträge die technischen Bedingungen auch nach Erstellung der Anlage erfüllt. (GWL); (expl 1) Absicherung von Seiten des Importeurs mittels Eventualverbindlichkeiten der Bank in Form von Aval. (KSK); (expl 2) Hierbei verpflichtet sich die Bank als Avalkreditgeber zur Zahlung von Konventionalstrafen, falls der abgeschlossene Vertrag nicht ordnungsgemäß erfüllt wird. (DÄU); (kon) Eastgate wird den Kunden in vielen Bereichen eine Leistungsgarantie geben und möchte sich damit mit der Hong Kong Telecom und mit Singapore Telecom messen. (www.localglobal.de) **garantía de funcionamiento** *f ^garantía de rendimiento^* (def 1) (...) En términos comerciales se llama asimismo garantía la seguridad de buen funcionamiento, respaldada por la reparación gratuita, que los vendedores de ciertos productos, especialmente máquinas, dan durante un lapso determinado a los compradores. (DDU vs garantía); (def 2) Se trata de un tipo de fianza mercantil, es decir, que tiene por objeto asegurar el cumulimiento de un contrato mercantil, utilizado en el comercio exterior. El fiador o avalista es un banco. (DV)

Leverage *f* (def) Erhöhung der Eigenkapitalrentabilität durch zunehmende Fremdfinanzierung, solange die Gesamtkapitalrentabilität über dem Fremdkapitalzins liegt. Die betonte Finanzierung mit Fremdkapital (Zunahme des Verhältnisses Fremdkapital zu Eigenkapital) garantiert so lange eine Steigerung der Ertragskraft des Unternehmens, wie die Fremdkapitalzinsen geringer sind als der durch den Fremdkapitaleinsatz erzielte Gewinn (...). Der steigende Fremdkapitaleinsatz birgt jedoch die Gefahr in sich, dass bei rückläufigen Gewinnen die fixen Kosten des Fremdkapitals (Zinsen und Tilgung) zu einer überdurchschnittlichen Abnahme der Rendite führen (= negativer Leverage-Effekt). (LBW vs Leverage-Effekt); (kon) Zudem ist Fremdkapital nicht überall einsetzbar und kann in Krisenzeiten am Eigenkapital zehren (negativer Leverage), weil mit hoher Verschuldung das Kapitalstrukturrisiko ansteigt. (GUF: 35) **apalancamiento** *m* *^apalancamiento financiero (DEN)^* (def 1) El endeudamiento de una empresa tiene una repercusión, que puede ser positiva o negativa, sobre su rentabilidad financiera, esto es, sobre el resultado de sus recursos propios. Cuando los costes financieros son muy elevados, el efecto de apalancamiento puede llegar a ser tan negativo que haga entrar en pérdidas a la empresa. El punto crítico en el que el endeudamiento de una empresa no debe subir, fijándonos exclusivamente en los efectos de la rentabilidad financiera, es aquél en el que el coste de los recursos ajenos sea igual al beneficio obtenido con ellos, en este sentido, lo más normal es establecer si el apalancamiento es positivo, para lo cual, el porcentaje que representen los beneficios antes de deducir cargas financieras, amortizaciones y provisiones e impuestos sobre recursos totales (ajenos y propios) debe ser superior al de la tasa media a la que resulten los recursos ajenos. (...) (DEI); (def 2) Efecto que el endeudamiento origina en la rentabilidad de los capitales propios de una empresa, cuyos resultados pueden incrementarse por encima de lo que se derivaría de sus recursos originarios. Para ello la condición necesaria es que la rentabilidad de las inversiones sea mayor que el coste de las deudas. (DEN vs apalancamiento financiero); (kon) El nivel de rivalidad de un sector afecta al apalancamiento, fundamentalmente, como resultado de las limitaciones que impone en las áreas de la promoción y de los precios. (DPE: 87)

Lieferant *m* (def) Jemand, der Waren liefert. (DGF); (kon) Grunsätzlich kann der Lieferant in seinen Allgemeinen Geschäftsbedingungen die Rückgriffsrechte ausschließen. (www.internetrecht-rostock.de) **proveedor** *m* (def) Persona o empresa que suministra los bienes y servicios necesarios para el proceso productivo de otra empresa, o las mercancías que ésta necesita para realizar su actividad comercial. (DEN); (kon) Si el proveedor está de acuerdo con esta forma de actuar, al mismo tiempo que entrega el jugo de tomate girará una letra. (SMA: 101)

Lieferantenkredit *m* *^Eigentumsvorbehalt^* (def) Kredit, den Lieferanten ihren Kunden durch Gewährung von Zahlungsziel einräumen, eine typische Form des kurzfristigen Kredits. Fristen: Im Durchschnitt 1-3 Monate, zuweilen nach der Absatzdauer der gelieferten Waren (bis 6 Monate, auch länger) bemessen. Bis zum Zahlungseingang häufig Eigentumsvorbehalt. Da der Kunde bei früherer Zahlung in der Regel Skonto abziehen kann (nach Zeitspannen gestaffelt), empfiehlt sich oft Aufnahme von Bankkredit zum Barkauf mit Skontoabzug. Lieferantenkredit bezweckt Absatzsicherung oder Beeinflussung der Geschäftsführung des Kundenunternehmens. Hohe Zinsbelastung durch Lieferantenkredit wird im Warenpreis einkalkuliert. Lieferantenkredit erscheint in der Bilanz unter der Bezeichnung »Verbindlichkeiten aus Lieferungen und Leistungen«. (GWL); (expl) Der bei weitem wichtigste Kredit von Nichtbanken ist der Lieferantenkredit. Der Lieferant liefert eine Ware, gewährt dem Abnehmer ein Zahlungsziel von z. B. 30 Tagen und sichert seinen Zahlungsanspruch durch Vereinbarung eines einfachen bzw. verlängerten Eigentumsvorbehalts. Der Abnehmer kann die Ware verarbeiten und weiterverkaufen und somit möglicherweise die Zahlungsverpflichtungen ganz oder zum Teil aus seinen Umsatzeinzahlungen decken. Der Lieferantenkredit wird, im Vergleich zu einer Kreditgewährung durch Kreditinstitute, nahezu formlos gewährt. (DRU); (kon) Der Lieferantenkredit ist ein Warenkredit insofern, als der Verkäufer dem Abnehmer Zahlungsaufschub gewährt. (GUF: 49) **crédito comercial** *m ^crédito mercantil (UEC)^* (def) Crédito a corto plazo que conceden los proveedores a una empresa para poder financiar sus compras. Tiene un punto de vista doble: para el proveedor es un crédito a clientes y para el cliente es un crédito de proveedores. (DDU); (kon) Según el sector al que se oriente el crédito puede ser agrícola, industrial, comercial, de inversión de consumo, etc. (MDB vs crédito)

Liefergarantie *f ^Lieferungsgarantie^*

Lieferungen und Leistungen *fpl* (def) nach dem Umsatzsteuerrecht Unterbegriff der Leistung. L[ieferungen] u[nd] s[eine] L[eistungen], die ein Unternehmer im Rahmen seines Unternehmens gegen Entgelt im Erhebungsgebiet ausführt, unterliegen der Umsatzsteuer, wenn sie nicht steuerbefreit sind. (...) Lieferung: Durch die Lieferung befähigt der Unternehmer (oder der von ihm Beauftragte) den Abnehmer (oder in dessen Auftrag einen Dritten), im eigenen Namen über den Gegenstand zu verfügen (§ 3 I UStG). Entscheidend ist Übertragung der Verfügungsmacht, nicht des Eigentums; z. B. Lieferung, wenn ein Gegenstand unter Eigentumsvorbehalt verkauft und übergeben wird; keine Lieferung also z. B. bei Sicherungsübereignung vor Eintritt des Sicherungsfalls. Als Gegenstand der Lieferung im Sinne des UStG gelten insbes. Sachen im Sinne des BGB und solche Wirtschaftsgüter, die im Wirtschaftsverkehr wie Sachen behandelt werden (z. B. Strom). Beschafft ein mit der Bearbeitung oder Verarbeitung eines Gegenstandes beauftragter Unternehmer hierzu mindestens einen Hauptstoff, aus dem der Lieferungsgegenstand besteht, so liegt eine Werklieferung vor, die wie die Lieferung behandelt wird. (...) Sonstige Leistung: Leistung, die nicht in Lieferung besteht, auch ein Dulden oder Unterlassen (§ 3 IX UStG) sowie Übertragung von Rechten oder Verzicht auf sie. Werden von einem be- oder verarbeitenden Unternehmer nur Hilfsstoffe (Zutaten und Nebensachen) selbst beschafft, dann handelt es sich um eine Werkleistung (§ 3 IV UStG), dergleichen. wenn ein Unternehmer einem Auftraggeber, der ihm einen Stoff zur Herstellung eines Gegenstandes übergeben hat (z. B. Roggen zur Herstellung von Mehl), an Stelle des hieraus herzustellenden Gegenstandes (Mehl) einen gleichartigen Stoff überlässt, vorausgesetzt, dass das Entgelt für die Leistung unabhängig vom Unterschied des empfangenen Stoffes und dem des überlassenen Gegenstandes berechnet wird (»Umtauschmüllerei«; § 3 X UStG). (GWL); (kon 1) Im Kreditgeschäft mit Unternehmen dominiert die Zession von

Forderungen aus Lieferungen und Leistungen. (GUF: 66) ; (kon 2) Hierbei handelt es sich um Eingänge aus »offenen Debitoren« (Forderungen aus Lieferungen und Leistungen). (GUF: 92) **clientes por ventas y prestaciónes de servicios** *mpl* (Komm) Der Terminus *clientes por ventas y prestaciones de servicios* wird im juristischen Bereich sowie im Rechnungswesen verwendet. Er entspricht dem deutschen Terminus *Forderungen aus Lieferungen und Leistungen.* Je nach Kontext sind verschiedene Übersetzungsmöglichkeiten gegeben. Beispielsweise kann (kon 1) des Deutschen mit »...cesión de créditos provenientes de ventas y prestaciones de servicios« übersetzt werden. Für (kon 2) des Deutschen bietet sich im Spanischen die Übersetzung »clientes por ventas y prestaciones de servicios« an.; (def) Cuenta del activo del balance de una empresa que indica la cantidad a recibir de sus clientes como pago por los productos vendidos o los servicios prestados. (DEN); (kon) El apartado c) del Activo, »Activo circulante«, incluirá: (...) 2. En el apartado III, »Deudores«: 1. Clientes por ventas y prestaciones de servicios. (SAG: 187)

Lieferungsgarantie *f* *^Garantie^* *^Liefergarantie (GWL)^* (def) Gewährleistung (Garantie) für die Erfüllung eines Kaufvertrages bei längeren Lieferzeiten; besonders im Auslandsgeschäft sowie als Bedingung bei Ausschreibungen gefordert. Die geforderte L[ieferungsgarantie] stellt entweder eine vom Abnehmer akzeptierte Bank im Inland oder eine ausländische Bank durch Vermittlung der Bank des Exporteurs. Höhe: ca. 10-20 % des Wertes des Objektes, für das der Zuschlag erteilt wurde. (GWL vs Liefergarantie) (expl 1) Die Liefergarantie beläuft sich wie die Vertragserfüllungsgarantie betragsmäßig auf 5-10 % des Kontraktwertes. (KSK); (expl 2) Hierbei verpflichtet sich die Bank als Avalkreditgeber zur Zahlung von Konventionalstrafen, falls der abgeschlossene Vertrag nicht ordnungsgemäß erfüllt wird. (DÄU); (kon) Umgekehrt musste Greiner bei diesem Vorhaben keine Lieferungsgarantie abgeben. (www.w-und-o.ch) **garantía de entrega** *f* *^garantía de suministro (UEC)^* (def) Garantía bancaria para asegurar el cumplimiento de lo estipulado en contrato para plazos de entrega largos. Utilizada en comercio exterior y en contratación pública. Junto con la garantía de funcionamiento constituye un instrumento adicional al crédito documentario. (DV)

Liquidation *f* *^Liquidationserlös^* (def) (...) Veräußerung vorhandener Vermögenswerte bei der Auflösung einer Unternehmung. Die Gläubigerbefriedigung erfolgt aus dem Erlös der Vermögensgegenstände. Der verbleibende Rest wird unter den Gesellschaftern entsprechend ihrem Kapitalanteil verteilt (...). Allgemeine Gründe für die Liquidation sind: Unrentabilität des Unternehmens, Erreichung des Betriebszwecks, Ausscheiden der (des) Gesellschafter(s) durch Tod, Krankheit. Das AktG (...) nennt folgende Gründe: Ablauf der in der Satzung bestimmten Zeit; Beschluss der Hauptversammlung (...); durch Eröffnung des Konkursverfahrens über das Vermögen der Gesellschaft; Ablehnung des Konkursverfahrens mangels Masse. (...) (BFL); (kon) Während bei der Einzelunternehmung das in keiner Weise begrenzte Entnahmerecht des Unternehmers und dessen einsame Entschlüsse die Existenz der Unternehmung gefährden können, birgt die Rechtsform der OHG andere Gefahren in sich, wie z. B. Fehleinschätzung der Geschäftsführungsqualitäten von Mitgesellschaftern, Kündigung eines Gesellschafters, Eintritt neuer Gesellschafter durch Erbfolge usw. Solche Anlässe können eine Gesellschaft auch bei einem gut laufenden Betrieb unter Umständen zur Liquidation zwingen. (GUF: 16) **liquidación** *f* (def 1) Operación por la cual una sociedad, al disolver su negocio, realiza su activo y liquida sus deudas. (...) (MDB); (def 2) Proceso jurídico encaminado al reparto del Haber social entre los socios, una vez que se hayan dado las causas que motivan la disolución de la sociedad, teniendo en cuenta el marco legal del Derecho Mercantil que regula dicha figura. La liquidación de una sociedad supone la necesidad de tener que arbitrar una instrumentación contable adecuada que recoja el proceso liquidatorio y lo separe del período de gestión normal. El período de liquidación termina con la confección de un balance final, que sirve de base al reparto del haber social entre los socios. (DEE vs liquidación de una sociedad); (kon) La sociedad disuelta conservará su personalidad jurídica mientras la liquidación se realiza. Durante este tiempo deberá añadir a su nombre la frase »en liquidación«. (LSA art. 264)

Liquidationserlös *m* *^Liquidation^* (expl) (...) Beendet ein Unternehmen freiwillig seine Erwerbstätigkeit, so werden in einem – im Gegensatz zum Konkurs – außergerichtlichen Verfahren seine Vermögenswerte veräußert und von dem Veräußerungserlös die Ansprüche der Gläubiger und – soweit noch Mittel übrig bleiben – die Ansprüche der Kapitaleigner befriedigt. Diesen Vorgang nennt man Liquidation oder Abwicklung. (...) Sind alle Gläubiger aus dem Liquidationserlös befriedigt worden, wird das restliche Vermögen auf die Anteilseigner im Verhältnis ihrer Kapitalanteile verteilt. (...) (WÖH: 118/119); (kon) Die Funktion als Basis der Ergebnisverrechnung bezieht sich sowohl auf die laufenden Geschäftsergebnisse als auch auf die Verteilung des Liquidationserlöses bei Beendigung der Unternehmung. (GUF: 13) **patrimonio resultante de la liquidación** *m* ^*activo resultante de la liquidación*^ ^*haber social resultante de la liquidación*^ (def) Terminada la liquidación de la S. A., los liquidadores de la S. A. formarán el balance final, que será censurado por los interventores si hubiesen sido nombrados. También determinarán la cuota del activo social que deberá repartirse por cada acción. Transcurrido el término para impugnar el balance sin que contra él se hayan formulado reclamaciones o firme la sentencia que las hubiese resuelto (...), se procederá al reparto entre los accionistas del haber social existente ateniéndose a lo que del balance resulte. Las cuotas no reclamadas en el término de los noventa días siguientes a la publicación del acuerdo de pago, se consignarán en depósito en el Banco de España o en la Caja General de Depósitos, a disposición de sus legítimos dueños (...). La división del haber social se practicará con arreglo a las normas que se hubieren establecidos en los estatutos o, en su defecto, a las fijadas por la Junta General de accionistas. En todo caso se tendrán en cuenta las siguientes: 1.°Los liquidadores no podrán repartir entre los socios el patrimonio social sin que hayan sido satisfechos todos los acreedores o consignado el importe de sus créditos. Cuando existan créditos no vencidos se asegurará previamente el pago. 2.°El activo resultante después de satisfacer los créditos contra la sociedad se repartirá entre los socios en la forma prevista en los estatutos, o, un su defecto, en proporción al importe nominal de las acciones. Si todas las acciones no se hubiesen liberado en la misma proporción, se restituirán en primer término a los accionistas que hubiesen desembolsado mayores cantidades, del exceso sobre la aportación del que hubiese desembolsado menos, y el resto se distribuirá entre los accionistas en proporción al importe nominal de sus acciones. En esta misma proporción sufrirán las eventuales pérdidas en el caso de que el activo no bastase para reembolsarles las aportaciones hechas (...). (DDM vs división del haber social de la Sociedad Anónima); (expl) El derecho de participar en el patrimonio resultante de la liquidación. (...) Como el patrimonio se va nutriendo con las ganancias sucesivamente reservadas y con las plusvalías que experimenten los bienes sociales, siempre que a la liquidación de la sociedad resulte un patrimonio repartible superior a la cifra del capital nominal, en el reparto final del patrimonio necesariamente irán englobadas ganancias no repartidas durante la vida de la sociedad. En otro caso la cuota de liquidación implicará simple devolución a los socios de todo o parte del capital aportado. (...) (UDM: 185); (kon) En los términos establecidos en esta Ley, y salvo en los casos en ella previstos, el accionista tendrá, como mínimo, los siguientes derechos: a) El de participar en el reparto de las ganancias sociales y en el patrimonio resultante de la liquidación. (LSA art. 48)

Liquidität *f* ^*Illiquidität*^ ^*Liquiditätsreserve*^ (def) (...) Liquidität im einzelwirtschaftlichen engeren Sinne ist die Fähigkeit eines Wirtschaftssubjekts, allen fälligen bzw. berechtigt geltend gemachten Zahlungsanforderungen entsprechen zu können. Diesem Anforderungspostulat dient u. a. die Unterhaltung einer Liquiditätsreserve, die aus monetisierbaren bzw. liquidi(si)erbaren Objekten (sowie Finanzierungsreserven (...)) besteht. (BAL); (kon) Investitionsplanung ist (...) nicht nur Kapazitätsplanung, sondern als Beteiligungsplanung auch strategische Unternehmensplanung, bei der primär nicht so sehr die Aufrechterhaltung der Liquidität im Vordergrund steht, sondern die Erhaltung und Verbesserung der Wettbewerbsfähigkeit des Unternehmens. (GUF : 105) **liquidez** *f* (def) Naturaleza de ciertos activos de los particulares, de las empresas, o de las entidades financieras, según la cual son transformables en dinero efectivo de forma inmediata (...). (TAM); (kon) Los mercados de futuros y opciones desempeñan funciones de gran importancia para el buen funcionamiento de la empresa y del mercado en general. Facilitan liquidez a los títulos, valores que sirven de soporte documental a este tipo de operaciones. (SSD: 750)

Liquiditätsplan *m* ^*Finanzplan*^ (def) Im Bereich der betrieblichen Teilpläne ist der Liquiditätsplan im Rahmen der Finanzplanung als Einnahmen-/Ausgabenplan einzuordnen, wobei Schnittstellen zum Erfolgs-, Investitions-,

Produktions- und Lagerplan bestehen. Aufgrund der von der Unternehmensleitung oder den zuständigen Stabsstellen prognostizierten Vorgaben (Umsätze, Zahlungsziele der Kunden und bei Lieferanten, Einkäufe, nicht ausgenutzte Kreditlinien von Betriebsmittelkrediten, anstehende Investitionen und noch nicht valutierte Darlehen, Darlehenstilgungen) wird geplant, im Allgemeinen zunächst in der Form eines mittelfristigen (ein bis vier Jahre) Rahmenplans, der alle erwarteten Zahlungsflüsse in der Prognoseperiode aufnimmt. Dabei nimmt die Planungsunsicherheit proportional zur Entfernung der Planperiode vom Planungszeitpunkt zu. Die kurzfristigen Liquiditätspläne fügen sich in den Rahmenplan ein; sie werden wochen-, monats-, oder quartalsweise bis zu jährlich aufgestellt. (GWL) (expl) Stabsstellen sind Leitungshilfen ohne Entscheidungs- und Weisungsbefugnis. Sie dienen der Entlastung von Instanzen. (ABW: 171); (kon) Die Verhütung von Zahlungsschwierigkeiten bis hin zur Illiquidität ist die wichtigste Aufgabe insbesondere des kurzfristigen Finanzplanes (Liquiditätsplans), weil sonst dem Unternehmen der Kollaps in Form des Vergleichs- oder Konkursverfahrens droht. (GUF: 81) **plan de liquidez** *m* (def) Dentro de la planificación financiera el plan de liquidez se puede incluir como plan de ingresos y gastos. Se elabora a medio plazo (de uno a cuatro años). Con el plan de liquidez se pretende contar con un instrumento para adoptar precauciones como aumentar las líneas de crédito disponibles, cambiar las condiciones de pago de los clientes o a los proveedores, posponer gastos o inversiones que no sean absolutamente necesarios. (DV)

Liquiditätsreserve *f ^Liquidität^* (def) Summe der liquiden oder kurzfristig liquidierbaren Aktiva der Banken, die zwangsweise (»Zwangsreserven«, Mindestreserve) oder freiwillig (freie Liquiditätsreserven) bei der Zentralbank gehalten werden. Die Liquiditätsreserven der Geschäftsbanken sind in der traditionellen Geld- und Kreditschöpfungstheorie eine wichtige Größe für die Geldpolitik, da nach ihr Kreditinstitute mit dem freien Teil der Liquiditätsreserven einen Kreditschöpfungsprozess einleiten, der erst dann zum Stillstand kommt, wenn die anfänglich vorhandenen Reserven vollständig durch Barabhebung und zusätzliche Mindestreservebelastungen absorbiert worden sind. (GWL); (expl) Mittel eines Kreditinstituts, die zur Aufrechterhaltung der Zahlungsbereitschaft im normalen Ablauf der Bankgeschäfte erforderlich sind. Dagegen können Liquiditätsreserven eines Kreditinstituts nicht im Hinblick auf eine extreme Liquiditätsbelastung bei allgemeinen oder speziellen Vertrauenskrisen der Kreditwirtschaft bzw. einzelner Institute dimensioniert werden. (MÜS); (kon) Selbst bei schlecht überschaubarer Geschäftslage eines Unternehmens ist eine Liquiditätsreserve, die über den Finanzbedarf von zwei Monaten hinausgeht, betriebswirtschaftlich kaum vertretbar. (GUF: 117) **reserva de liquidez** *f ^existencias^ ^fondos realizables a corto plazo (DEN)^ ^reservas líquidas^* (def) Cualquier elemento del activo que puede ser convertido en dinero de forma más o menos inmediata. Puede clasificarse en funcional, cuando dicho elemento de activo está ligado estrechamente al proceso productivo. Por extensión, característica de ciertos activos que son fácilmente transformables en efectivo (depósitos bancarios a la vista, activos financieros que pueden ser vendidos instantáneamente en un mercado organizado, etc.). (DV)

Lohn *m ^Arbeitsentgelt^* (def) Im weiteren Sinne jedes Entgelt für menschliche Arbeitsleistung. Unabhängig von der Art der Tätigkeit umfasst dieser Begriff die verschiedensten Formen des Arbeitsentgeltes: Lohn, Gehalt, Besoldung (des Beamten), Honorar (für den Freiberufler), Unternehmerlohn (für die Unternehmertätigkeit). Als Objekt der Lohntheorie ist Lohn im engeren Sinne das Entgelt für diejenige Arbeit, die in Abhängigkeit von einem Arbeitgeber geleistet wird. (...) (GLV); (kon) In einem Unternehmen fallen ständig die verschiedensten Ausgaben an: Fällige Wechsel müssen bezahlt, vorgelegte Schecks eingelöst, Löhne und Gehälter gezahlt werden, Steuern sind zu bestimmten Terminen zu entrichten. (GUF: 81) **salario** *m* (def 1) Remuneración monetaria o en especie que recibe un trabajador por sus prestaciones en la producción de bienes y servicios. Las retribuciones de un trabajador pueden traducirse en ventajas para su familia, como facilidades para la vivienda, en la educación de los hijos, etc. El salario se pacta bien de forma bilateral entre el trabajador y el empresario o por convenio colectivo, entre los sindicatos y las organizaciones de empresarios. (DEN); (def 2) Conjunto de percepciones económicas que reciben los trabajadores, en dinero o en especie, por la prestación profesional de los servicios laborales por cuenta ajena. Aunque es un término general, se aplica más a los obreros que a los directivos, a diferencia de su traducción literal al inglés. Puede ser por horas trabajadas, por días (jornal) o por producto fabricado (salario a destajo). (EEE) ; (expl) Rechtsgrundlage: § 136, Art. 26: 1 del Estatuto de los Trabajadores: Se considerará salario la totalidad de las percepciones económicas de los trabajadores, en dinero o en especie, por la prestación profesional de los servicios laborales por cuenta ajena, ya retribuyan el trabajo efectivo, cualquiera que sea la forma de remuneración, o los períodos de descanso computables como de trabajo. 2. No tendrán la consideración de salarios las cantidades percibidas por el trabajador en concepto de indemnizaciones o suplidos por los gastos realizados como consecuencia de su actividad laboral, las prestaciones e indemnizaciones de la Seguridad Social y las indemnizaciones correspondientes a traslados, suspensiones o despidos. (EST); (kon) Pensemos por ejemplo en los salarios, éstos habitualmente se pagan en unos determinados plazos, normalmente al final de cada mensualidad, sin embargo el trabajo se está realizando desde el día primero de cada mes y, además cuanto mayor sea la actividad de la compañía mayor será la necesidad de mano de obra, por tanto la financiación gratuita, que recibe la empresa en estos casos es tanto mayor cuanto mayor sea su actividad. (FEI: 3.15); (Komm) In der spanischen Fachliteratur werden die Termini *salario* und *sueldo* nicht einheitlich verwendet (vgl. Kommentar zu *Lohn*). Bezüglich der Begriffsüberschneidung dieser beiden Termini wird im DDU vs salario Folgendes aufgeführt: »(...) Sinonimía. Como sinónimos de salario, aunque con las consiguientes sutilezas diferenciadoras, Casares incluye: haber, dietas, sobresueldo, sobrepaga, semana, quincena, mensualidad (...); todos ellos vocablos que expresan la idea de retribución de servicios. Pero, en concreto, los términos más próximos son: sueldo, soldada, emolumentos, estipendio, derechos, jornal, remuneración, paga, haberes y gratificación (...). Barcia distingue estas últimas palabras, diciendo que el sueldo es la cantidad que el Estado paga a sus empleados; estipendio, la cantidad estipulada de antemano por un trabajo cualquiera; emolumento, lo que aumenta nuestro haber, hace crecer nuestros bienes, y expresa la idea de sobresueldo o gaje, lo opuesto a menoscabo o detrimento; derechos son pagas especiales fijadas en un arancel, por disposiciones legales vigentes; honorarios, el salario distinguido, honroso, que se da a los profesionales académicos. Dentro de la terminología de las retribuciones laborales, barajadas por los distintos autores, quizás el criterio más práctico y lógico sea adoptar la voz de salario para denominar lo que el trabajador percibe por su trabajo; reservar el término de jornal para la remuneración que se conviene por día; y designar como sueldo la retribución abonada con periodicidad semanal al menos, y por lo general por meses completos y vencidos.«

Lombardkredit *m* *^Darlehen gegen Faustpfänder (GUF)^* *^Effektenlombard^* *^Warenlombard^* (def) Von der Zentralbank gegen Verpfändung von Wertpapieren und Schuldbuchforderungen gewährter kurzfristiger Kredit. Die Deutsche Bundesbank hat nach § 19 BBankG das Recht, aber nicht die Pflicht, Kreditinstituten Darlehen zu geben gegen Hinterlegung von im Verzeichnis der bei der Bundesbank beleihbaren Wertpapiere (Lombardverzeichnis) näher bestimmten Schuldtitel. (GWL); (expl) Unter »lombardieren« versteht man die Beleihung von Waren oder Wertpapieren. Der Lombardkredit ist also ein durch die Verpfändung von Waren oder Wertpapieren gesichertes Darlehen. Der Kunde einer Bank nimmt Lombardkredite normalerweise nur dann in Anspruch, wenn die Kontokorrentkreditlinie bereits ausgeschöpft ist. Im Prinzip handelt es sich dann um einen Kontokorrentkredit, der sich durch eine besondere Besicherung auszeichnet. (DÄU); (kon) Lombardkredit ist die Vergabe von Darlehen gegen Faustpfänder – bewegliche Sachen oder Forderungen – gemäß §§ 1204 ff. BGB. (GUF: 56) **crédito sobre valores** *m* *^adelanto sobre valores (DTE)^* *^crédito pignoraticio^* (def) El asegurado con prenda. El crédito pignoraticio sigue devengando intereses pese a la declaración del concurso de acreedores. En concurrencia con otros créditos sobre bienes, muebles, »el crédito pignoraticio excluye a los demás hasta donde alcance el valor de la cosa dada en prenda.« (DDU); (kon) El crédito sobre valores excluye a los demás hasta donde alcance el valor de la cosa dada en prenda. (LCE, Art. 1926)

M

Mahnwesen *n* *^Inkassowesen^* (def) Das Mahnwesen umfasst alle Aktivitäten eines Unternehmens, die notwendig sind, um säumige Kunden zur Begleichung ihrer Schulden aufzufordern. Die dem Unternehmen dafür zur Verfügung stehenden Mittel sind gesetzlich geregelt. (DV); (expl 1) Normalerweise muss der Gläubiger den Schuldner, der nach Eintritt der Fälligkeit nicht leistet, durch eine Mahnung in Verzug setzen (§ 286 Abs. 1 BGB). Wann die Leistung fällig ist, richtet sich nach der vertraglichen Vereinbarung. Ist kein Fälligkeitstermin vereinbart worden, so kann der Gläubiger die Leistung sofort verlangen (§ 271 Abs. 1 BGB). Eine Mahnung braucht nicht als solche bezeichnet zu werden. Der Gläubiger muss dem Schuldner aber unmissverständlich zu verstehen geben, dass er die Leistung nun erwarte und ein Ausbleiben der Leistung Folgen nach sich ziehen werde. Eine Mahnung kann auch mündlich geschehen. Als Mahnung gilt auch die Klageerhebung auf die Leistung oder die Zustellung eines Mahnbescheids. Eine Mahnung ist nicht erforderlich, wenn ein fester Leistungszeitpunkt (Datum) ausgemacht war (§ 286 Abs. 2 BGB), ferner nicht, wenn sie von vornherein zwecklos erscheint (der Schuldner hat sich ernsthaft geweigert zu leisten). Liegen diese Voraussetzungen vor, so tritt der Verzug automatisch ein; es sei denn, dass den Schuldner am Ausbleiben der Leistung kein Verschulden trifft (§ 286 BGB). Liegt dagegen Verzug vor, so muss der Schuldner dem Gläubiger denjenigen Schaden ersetzen, den dieser durch die Leistungsverzögerung erleidet. Daneben behält der Gläubiger natürlich seinen Erfüllungsanspruch. (...). Liegt eine Geldschuld vor, so kann der Gläubiger immer 4 % Verzugszinsen verlangen (...). (RMR: 41/42); (expl 2) Rechtsgrundlage: § 286 BGB) Leistet der Schuldner auf eine Mahnung des Gläubigers nicht, die nach dem Eintritte der Fälligkeit erfolgt, so kommt er durch die Mahnung in Verzug. Der Mahnung steht die Erhebung der Klage auf die Leistung sowie die Zustellung eines Mahnbescheids im Mahnverfahren gleich.; (kon) Abbau der Forderungen (Außenstände) zum Beispiel durch Verschärfung des Mahnwesens, Verbesserung der Konditionen für prompte Zahler (Skonto), Verkauf von Forderungen an eine Factoring-Gesellschaft, sofern die entsprechenden Voraussetzungen vorliegen. (GUF: 116) **sistema monitorio** *m* *^departamento de moniciones (GWW)^* *^impagados (DEN)^* *^reclamación de impagos (BRW)^* (def 1) Nombre del departamento encargado de gestionar los créditos que, vencidos, no han sido cobrados. (DEN vs impagados); (def 2) Sistema por el cual, con motivo de demora, un acreedor exige a sus deudores el pago de las facturas pendientes. En Alemania, el primer aviso es gratuito, es decir, a partir del segundo aviso es cuando el acreedor puede exigir al deudor el pago de una tasa de demora. La ley no regula las disposiciones sobre el número de avisos antes de llevar a cabo medidas legales. En general, el proceso monitorio depende de las costumbres del acreedor y de las disposiciones del contrato. (DV)

Managementberater *m* *^Unternehmensberater^*

Mängelrüge *f* (def) Die beim Handelskauf unverzüglich nach Ablieferung der Ware an den Verkäufer abzusendende Mängelanzeige des Käufers (§§ 377, 378 HGB), Voraussetzung zur Erhaltung der Rechte aus der Sachmängelhaftung. (GWL); (expl) Mitteilung eines Sachmangels durch den Käufer dem Verkäufer gegenüber; die begründete Mängelrüge gibt dem Käufer das Recht auf Minderung oder Wandlung, evtl. auf Schadenersatz. (LHW); (kon) Am durchschnittlichen Verfalltag oder zuvor erhält der Klient 80-90 % der factorierten Forderungen: 10-20 % dienen als Sperrbetrag für die Regelung von Mängelrügen, für Skontiabzüge etc. und werden erst überwiesen, wenn die Rechnung vom Abnehmer ohne Abzug beim Factor beglichen ist. Die (Vor-)Finanzierung der Forderungen wird vom Factor separat in Rechnung gestellt, wenn man vom Diskontverfahren absieht. (GUF: 58) **reclamación por vicios** *f* *^reclamación por defecto de la fabricación^* *^reclamación por vicios de la cosa (UEC)^* (expl 1) El comprador tendrá el derecho de repetir contra el vendedor por defecto en la cantidad o calidad de las mercaderías recibidas enfardadas o embaladas, siempre que ejercite su acción dentro de los cuatro días siguientes al de su recibo, y no proceda la avería de caso fortuita, vicio propio de la cosa o fraude (...). (LHP: 206 (Art.336)); (expl 2) El comprador que no haya hecho reclamación alguna fundada en los vicios internos de la cosa vendida, dentro de los treinta días a su entrega, perderá toda acción y derecho a repetir por esta causa contra el vendedor. (LHP: 208 (Art.342)); (kon) Si el comprador no está conforme con la mercancía, puede hacer valer sus derechos legales y escribir una carta de reclamación indicando sus quejas (...). (WTP: 36)

Mantel *m* *^Aktie^* *^Ausstattung^* *^Kupon^* (def) M[antel] bei Wertpapieren: Urkunde, in der bei Aktien das Anteilsrecht bzw. bei Anleihen die Forderung verbrieft ist. Auf dem M[antel] sind u. a. Wertpapiernummer, Firma, Nennbetrag sowie Ausstellungsdatum und Ort, bei Schuldverschreibungen zusätzlich Zinstermin und Zinssatz sowie Teile der Anleihebedingungen zu vermerken. Außer dem M[antel] gehören zum Wertpapier die Kupons; nur beide zusammen sind verkäuflich, daher werden aus Sicherheitsgründen in der Depotabteilung die M[äntel] meist getrennt von den Kupons im M[antel]tresor aufbewahrt. (...) (GWL); (kon) Die Aktienurkunden selbst bestehen aus dem Mantel, d. h. der Urkunde, in der die Aktionärsrechte verbrieft sind, und Bogen (Couponbogen), der meist mit 10 oder 20 Gewinnanteilscheinen (Coupons) und einem Erneuerungsschein (Talon) versehen ist. (BAL vs Ausstattung von Aktien) **título sin cupones** *m* (ÜV) *^hoja principal de una acción sin cupones ni talón (GWB)^* (def 1) Es el documento expresivo de la tenencia de un derecho sobre una sociedad (acción, obligación) o sobre un deudor (deuda pública, letras del tesoro, cheque). (...) (TAM vs título); (def 2) (...) Como título. La acción se refleja en un documento, apto para la circulación, que deberá contener como requisitos mínimos los establecidos en el artículo 43 de la Ley de Sociedades Anónimas. En este documento se refleja la participación económica del socio, así como la legitimación para el ejercicio de los derechos sociales, acreditando, asimismo, la pertenencia de su titular a la sociedad. (...) (DEE vs acción); (expl) Título de la acción. 1. Los títulos, cualquiera que sea su clase, estarán numerados correlativamente, se extenderán en libros talonarios, podrán incorporar una o más acciones de la misma serie y contendrán, como mínimo, las siguientes menciones: a) La denominación y domicilio de la sociedad, los datos identificadores de su inscripción en el Registro Mercantil y el número de identificación fiscal. b) El valor nominal de la acción, su número, la serie a que pertenece y, en el caso de que sea privilegiada, los derechos especiales que otorgue. c) Su condición de nominativa o al portador. d) Las restricciones a su libre transmisibilidad, cuando se hayan establecido. e) La suma desembolsada o la indicación de estar la acción completamente liberada. f) Las prestaciones accesorias, en el caso de que las lleven aparejadas. g) La suscripción de uno o varios administradores, que podrá hacerse mediante reproducción mecánica de la firma. En este caso se extenderá acta notarial por la que se acredite la identidad de las firmas reproducidas mecánicamente con las que se estampen en presencia del Notario autorizante. El acta deberá ser inscrita en el Registro Mercantil antes de poner en circulación los títulos. (LSA art. 53);

Mantelzession *f* *^Zession^* (def) Eine Art der Sicherungsabtretung (Zession) von Forderungen, bei der sich der Zedent verpflichtet, dem Zessionär Forderungen in bestimmbarer oder variabler Höhe abzutreten und ihm zu bestimmten Zeitpunkten die abgetretenen Forderungen aufzulisten. Die Abtretung wird erst mit der Übergabe der Forderungsaufstellungen wirksam. Damit wird dem Bestimmtheitsgebot genügt. Bis dahin ist der Zessionar nicht vor weiteren Abtretungen geschützt. Mantelzession ist insbes. zur Sicherung von Bankkrediten üblich. Der Gesamtbetrag der abgetretenen Forderungen wechselt und richtet sich jeweils nach der Höhe des beanspruchten Kredits. (GWL); (expl) Die Mantelzession bzw. die Globalzession erfassen Forderungsgesamtheiten. Bei Vereinbarung einer Mantelzession tritt der Schuldner bereits entstandene Forderungen gegenüber Drittschuldnern ab und verpflichtet sich, künftig entstehende Forderungen nach deren Entstehen auf den Gläubiger zur übertragen, um so den Gesamtbestand der abgetretenen Forderungen auf einer vertraglich definierten Mindesthöhe zu halten. (DRU); (kon) Bei der Mantelzession werden laufend Forderungen in einer bestimmten Gesamtsumme abgetreten, bei der Globalzession werden Teile aller gegenwärtigen und künftigen Forderungen des Kreditnehmers gegenüber bestimmten Schuldnern (z. B. Buchstabengruppe A bis M) oder aus bestimmten Geschäften abgetreten. (GUF: 66) **cesión general** *f* (def) Forma de la cesión de créditos en la cual el cedente se obliga a ceder al cesionario sus créditos actuales o futuros para mantener el total de los créditos cedidos en un mínimo contractualmente establecido. (DV)

MAPI-Methode *f* *^MAPI-Verfahren^*

MAPI-Verfahren *n* *^MAPI-Methode (GWL)^* (def 1) Vom Machinery and Allied Products

Institute (Washington D. C.) entwickeltes Rechenverfahren zur Bestimmung der Rentabilität von Investitionen, vorwiegend von Ersatzinvestitionen; Sonderform der internen Zinsfußmethode (Investitionsrechnung III 2). Durch Vergleich zwischen der Lage des Unternehmens mit und ohne geplante Investition wird die Dringlichkeit einer Investition ermittelt. (GWL); (def 2) Ein Hauptproblem der Investitionsrechnung ist die Einbeziehung der Unsicherheit über die zukünftige Entwicklung. Terborgh geht davon aus, dass nur über die unmittelbare Zukunft von einem Jahr sichere Erwartungen zugrunde gelegt werden können und untersucht, ob es vorteilhaft ist, eine Anlage bereits im augenblicklichen Zeitpunkt oder erst in einem Jahr zu ersetzen. (HFW); (expl) Unter der Abkürzung MAPI wird ein Konglomerat von Veröffentlichungen zur Investitionstheorie angesprochen, die von dem Forschungsdirektor des Machinery & Allied Products Institute in Washington, D. C., George Terborgh, herausgegeben wurden. Terborgh bezeichnet die MAPI-Methode als ein geeignetes Instrument zur Behandlung von Investitionsobjekten »having to do with the reduction of costs and the improvement of methods in existing operations (...)«. (FRA); (kon) Ein besonders in den USA verbreitetes Verfahren ist das sogenannte MAPI-Verfahren, welches vor allem bei der Ermittlung der Dringlichkeit von Ersatzinvestitionen Anwendung findet. (GUF: 108) **método MAPI** *m* (Komm) Abkürzung für: *Machinery and Allied Products Institute*; (def) Método de cálculo de la rentabilidad de determinadas inversiones. (DV)

Markt, monetärer *m ^Geldmarkt^*

Mehrheit, qualifizierte *f* (def) (...) 2. Aktienrecht: In der Hauptversammlung der AG eine Mehrheit, die zum Zustandekommen eines gültigen Beschlusses neben der Stimmenmehrheit (mehr als die Hälfte der abgegebenen Stimmen) auch z. B. ¾ des in der Hauptversammlung vertretenen Grundkapitals (bedeutsam bei Vorhandensein von Mehrstimmrechtsaktien) umfassen muss; vorgeschrieben u. a. bei Satzungsänderung, Abberufung von Aufsichtsratsmitgliedern, Kapitalherabsetzung, Verschmelzung (Fusion) und Auflösung der Gesellschaft. (GWL); (kon) Optionsanleihen verbuchen als Zusatzrecht im Optionsschein ein Bezugsrecht auf Aktien, sie erfordern nach § 221 AktG die qualifizierte Mehrheit der Hauptversammlung und begründen ein Bezugsrecht der Altaktionäre. (GUF: 43) **mayoría cualificada** *f* (def) La exigida por encima de la estricta mayoría absoluta (...); como los dos tercios o tres cuartos de los votos o votantes. Se reserva para decisiones importantes, en que no se quiere exponer a una precipitación o un apasionamiento momentáneo la actitud, quizás irrevocable, en un grave asunto. Suelen exigirse las mayorías cualificadas (...); en las modificaciones del capital o de los estatutos de las compañías de comercio, etc. (DDU)

Menge, erforderliche *f ^Bedarf^*

Miete *f ^Miete^ ^Pacht^* (def) Die Miete ist ein Dauerschuldverhältnis, das durch einen gegenseitigen Vertrag (den Mietvertrag) zustande kommt und den Vermieter verpflichtet, dem Mieter den Gebrauch der vermieteten Sache während der Mietzeit zu gewähren; der Mieter ist verpflichtet, dem Vermieter den vereinbarten Mietzins zu zahlen. Die Miete unterscheidet sich von der Pacht zum einen dadurch, dass sich die M[iete] nur auf Sachen, die Pacht sich dagegen auf Gegenstände (= Sachen und Rechte) bezieht, und zum anderen dadurch, dass die M[iete] nur die Überlassung zum Gebrauch, die Pacht dagegen zusätzlich die zum »Genuss der Früchte« (i. d. R. wirtschaftliche Nutzung) umfasst. Gegenstand eines Mietvertrages kann jede Sache, also körperlicher Gegenstand sein. (...). (LBW); (expl) Rechtsgrundlage: § 535 BGB: Durch den Mietvertrag wird der Vermieter verpflichtet, dem Mieter den Gebrauch der vermieteten Sache während der Mietzeit zu gewähren. Der Mieter ist verpflichtet, dem Vermieter den vereinbarten Mietzins zu entrichten.; (kon) Die Miete ist ab dem im Mietvertrag angegebenen Termin zu zahlen. (www.uni-wuerzburg.de) **alquiler** *m ^arrendamiento de uso (CCA)^* (Komm) Das angegebene Synonym stammt aus der Übersetzung des BGB von Melón Infante. Durch die Gliedteile *de uso* des Mehrwortterminus wird das Substantiv *arrendamiento* spezifiziert. Die von Melón Infante gewählte Übersetzungsmöglichkeit verdeutlicht den Gegensatz zum Terminus *Pacht*, für den er die Übersetzung *arrendamiento de uso y disfrute* vorschlägt.; (def 1) Precio que se paga o se recibe por lo alquilado, sean casas o cosas muebles. (DDU); (def 2) Cantidad determinada de dinero que paga el arrendatario al arrendador por el uso de un bien. Se utiliza en ocasiones para designar el régimen de arrendamiento. (DEN); (def 3) Dar o tomar alguna cosa para usarla durante el tiempo determinado por contrato, o sin tiempo fijo, mediante el pago de cierta cantidad. Se refiere especialmente a casas, animales, vehículos y muebles (vgl. Kommentar zu *Pacht*). (DDU vs alquilar); (kon) El alquiler de edificios, maquinaria y aperos entra también en la corriente de ingresos de la empresa agraria. (PTE: 28)

Mindestkapital *n* *^Grundkapital^* *^Kapital^* (def) Mindestgrundkapital, gesetzlich festgelegte Summe des Eigenkapitals, mit dem AG und GmbH mindestens ausgestattet sein müssen. Das M[indestkapital] bei der AG (Grundkapital) beträgt 50.000 EUR, bei der GmbH (Stammkapital) 25.000 EUR. Für Einzelunternehmungen, OHG und KG ist kein M[indestkapital] vorgeschrieben. (GWL); (kon) Hat man sich jedoch aus diesen Überlegungen zur Gründung einer Kapitalgesellschaft entschlossen, dann mag aus finanzwirtschaftlicher Sicht allenfalls das relativ geringe Mindestkapital die zugunsten der GmbH getroffene Entscheidung mit beeinflussen. (GUF: 23) **capital mínimo** *m* (expl) En el marco del Derecho comparado, la fijación de un capital mínimo responde al deseo de reservar ciertos tipos sociales (en particular, la anónima) a iniciativas empresariales de cierta dimensión. Con arreglo a esta idea, la sociedad anónima viene a constituir la forma organizativa de la gran empresa, por la que resulte especialmente idónea su organización interna (estructura corporativa, régimen de mayorías, fácil transmisión de la posición de socio, etc. (...). (CDS: 87); (kon) La cuestión del establecimiento, o no, de un capital mínimo constituye un viejo problema del Derecho de sociedades anónimas español. (CDS: 87)

Mobilien *fpl* *^Grundstück^* *^Immobilien^* (def) Bewegliche Gegenstände: Mobilien sind dem zivilrechtlichen Oberbegriff Sachen zugeordnet, der bewegliche Gegenstände, Grundstücke und Gebäude umfasst. (ÖLW); (kon) Mobilien werden grundsätzlich degressiv abgeschrieben. **bienes muebles** *mpl* (def) Son los bienes que no tienen la consideración de inmuebles. En general, aquellos que pueden ser transportados de un sitio a otro sin pérdida de su valor o utilidad (dinero en cuentas bancarias, efectivo, participaciones en sociedades, etc.) (DEI); (expl) Rechtsgrundlage: Art. 336 del Código Civil: Tienen también la consideración de cosas muebles las rentas o pensiones, sean vitalicias o hereditarias, afectas a una persona o familia, siempre que no graven con carga real una cosa inmueble, los oficios enajenados, los contratos sobre servicios públicos y las cédulas y títulos representativos de préstamos hipotecarios.; (kon) La Ley 26/1988, de Disciplina e Intervención de las Entidades de Crédito, en su Disposición adicional séptima establece que los contratos de arrendamiento financiero tendrán una duración mínima de dos años cuando tengan por objeto bienes muebles y de diez años cuando tengan por objeto bienes inmuebles; (...). (SSD: 354)

Mobilisierbarkeit *f* *^Moblilisierung^* (kon) Einen großen Vorzug besitzt die Aktie als Instrument der externen Eigenfinanzierung hinsichtlich ihrer relativ leichten Mobilisierbarkeit, die es ermöglicht, die langfristigen Finanzierungsbedürfnisse der Gesellschaft und die oft nur kurzfristigen Anlagebedürfnisse der Kapitalgeber in Einklang zu bringen. (GUF: 27) **fácil realización** *f* (ÜV)

Mobilisierung *f* *^Mobilisierbarkeit^* (def) Vorgang, durch den Vermögensgegenstände, insbesondere Forderungstitel, ganz oder vorübergehend vor deren geplanten Liquidationszeitpunkt bzw. Fälligkeit übertragen werden, um so vorzeitig Zahlungsmittel zu erhalten. (Monetisierung) (BAL) **realización** *f* *^movilización^* (def) En el comercio, la acción de vender géneros de cualquier clase, o títulos valores en bolsa, para transformarlos en dinero u otros activos inmediatamente líquidos, incluso aunque sea a un precio por debajo del de adquisición. (TAM vs realizar); (kon) La liquidez de un activo se mide por la facilidad y la certeza de su realización a corto plazo sin sufrir pérdidas. (RSF: 6)

N

Nachbürgschaft *f* *^Bürgschaft^* *^Rückbürgschaft^* (def) Eine für den Bürgen geleistete Bürgschaft. Der Nachbürge muss dem Gläubiger dafür einstehen, dass ein anderer Bürge (Vorbürge) ggf. seine Verpflichtungen dem Gläubiger gegenüber erfüllt. (GWL); (expl) Im Gegensatz zur Rückbürgschaft, mit der eine Absicherungskette seitens des Bürgen gewährleistet wird, erfolgt bei der Nachbürgschaft eine doppelte Absicherung von Seiten der Banken. (KSK); (kon) Daneben kennt das Bürgschaftsrecht noch die Formen der Ausfallbürgschaft, der Zeit-, Mit-, Teil-, Nach- und Rückbürgschaft. (GUF: 63) **fianza subsidiaria** *f* *^fianza subsidiaria a* *favor del prestamista*^ ^*subfianza*^ (def 1) La obligación que se contrae de responder por el fiador; en realidad, se trata de la subfianza, o fianza de la fianza, regida por normas análogas a las de la institución principal. (DDU); (def 2) Garantía que se constituye asumiendo un tercero el compromiso de responder del cumplimiento de una obligación si no la cumple el fiador. Este contrato es accesorio del propio de fianza y admite la pluralidad de elementos en su ejercicio (variedades de solidaridad o subsidiariedad respecto de la responsabilidad). (ESJ vs fianza) (Komm) siehe Art. 1.823 del Código Civil

Nachfrage *f* ^*Bedarf*^

Nachschüsse *mpl* ^*Nachschusspflicht*^ (def 1) Kaufmannssprache (zusätzl. Einzahlung über die Stammeinlage hinaus) (WDW); (def 2) Verpflichtung zu zusätzlichen Einzahlungen auf Kapitalanteile, z. B. bei GmbH, Genossenschaften. Sind Wertpapiere beliehen worden, sind bei Kursrückgängen Nachschüsse zu leisten, damit der gewährte Kredit ausreichend abgesichert bleibt. (BAL); (kon) Die Genossen haben beschränkt auf eine bestimmte Haftsumme Nachschüsse zu leisten. (GUF: 30) **aportación suplementaria** *f* ^*pago adicional*^ ^*pago suplementario (COD)*^ (def) Pagos suplementarios al capital social. (DV)

Nachschusspflicht *f* ^*Nachschüsse*^ (def) Durch Gesetz, Satzung oder Vertrag festgelegte oder auszuschließende beschränkte oder unbeschränkte Verpflichtung für Gesellschafter, an ihre Gesellschaft unter bestimmten Voraussetzungen zahlenmäßig beschränkte oder unbeschränkte Nachschüsse auf die schon bestehende Einzahlungen (Anteile) zu leisten. Nachschüsse dienen meist der Sanierung. (GWL); (expl) Der Gesellschaftvertrag kann vorsehen, dass die Gesellschafter die Einforderung weiterer über die Stammeinlagen hinausgehender Einzahlungen beschließen können. Die Nachschusspflicht kann betragsmäßig beschränkt oder unbeschränkt sein. (WÖH); (kon) Wurde im Gesellschaftsvertrag eine Nachschusspflicht vereinbart, dann kann die Gesellschaft das Eigenkapital dem jeweiligen Bedarf elastisch anpassen, weil die Gesellschafter automatisch zur Leistung von weiteren Einlagen verpflichtet sind. (GUF: 22) **obligación de efectuar una aportación suplementaria** *f* (ÜV) (def) Obligación vinculante para los socios de efectuar pagos adicionales de monto limitado o no en el capital social con el fin de sanear la sociedad. (DV); (expl) 1) El aumento del capital social podrá realizarse por creación de nuevas participaciones o por elevación del valor nominal de las ya existentes. 2) En ambos casos, el contravalor del aumento del capital social podrá consistir tanto en nuevas aportaciones dinerarias o no dinerarias al patrimonio social (...). Art. 74: 1) Cuando el aumento haya de realizarse elevando el valor nominal de las participaciones sociales será preciso el consentimiento de todos los socios, salvo en el caso de que se haga íntegramente con cargo a reserva o beneficios de la sociedad. 3) Cuando el contravalor del aumento consiste en aportaciones no dinerarias (...). (LSRL art. 73, 173)

Namensaktie *f* ^*Aktie*^ ^*Inhaberaktie*^ ^*Namensaktie, vinkulierte*^ (def) Aktie, die auf den Namen des Inhabers lautet (geborenes Orderpapier). Der Aktionär muss in das Aktienbuch der AG eingetragen sein, da nur die in das Aktienbuch eingetragene Person Aktionärsrechte ausüben kann. Nach Indossierung oder Übergabe muss der Gesamtvorgang gemäß § 68 AktG dem Vorstand der AG angezeigt werden. Dieser veranlasst dann die Eintragung in das Aktionärsbuch. (...) (BFL); (kon) Nach § 10 AktG müssen dagegen die Aktien als Namensaktien ausgestellt werden, wenn sie vor der vollen Leistung des Nennbetrages oder des höheren Ausgabebetrages ausgegeben werden. (GUF: 24) **acción nominativa** *f* (def) Son aquellas en las que figura en el documento el nombre del titular, que es el único facultado para ejercitar los derechos y acciones. La L. S. A. exige que sean nominativas mientras no haya sido desembolsado enteramente el importe o cuando lo exijan disposiciones especiales. Cuando los títulos representativos del capital social están constituidos por acciones nominativas, la sociedad lleva un libro-registro de socios en el que se anotan todas las transferencias de dominio que implican un cambio de titularidad y los agentes vienen obligados a comunicarlo a la sociedad. (GAR); (kon) Las acciones nominativas figurarán en un libro registro que llevará la sociedad, en el que se inscribirán las sucesivas transferencias de las acciones, con expresión del nombre, apellidos, razón o denominación social, en su caso, nacionalidad y domicilio de los sucesivos titulares, así como la constitución de derechos reales y otros gravámenes sobre aquéllas. (LSA art. 55)

Namensaktie, vinkulierte *f* ^*Aktie*^ ^*Namensaktie*^ (def) Ist die Übertragung von Namensaktien an die Zustimmung der Gesellschaft gebunden, so liegen vinkulierte Namensaktien vor (...). Mit Hilfe der Vinkulierung kann die Gesellschaft Einfluss auf die Zusammensetzung des Anteilseignerkreises nehmen und so z. B. verhindern, dass die Aktien in die Hände von Personen gelangen, die aus herrschaftsrechtlichen Gründen als Aktionäre nicht genehm sind oder – im Falle nicht voll eingezahlter Aktien – deren Kreditwürdigkeit problematisch ist. (...) Nach gewerlichen Vorschriften zwingend sind v[inkulierte] N[amensaktien] für Kapitalanlagegesellschaften (...), für Wirtschaftsprüfungs- und Buchprüfungsgesellschaften (...), für Steuerberatungsgesellschaften (...) sowie gemeinnützige Wohnungsunternehmen. (VGW vs Namensaktie); (kon) Eine besondere Form der Namensaktien sind die vinkulierten Namensaktien. (GUF: 24) **acción nominativa vinculada** *f* (def) Acción cuya cesión esta sometida a ciertas condiciones legales o contractuales y especialmente a las estatutarias. (Edic)

Nebenkosten *pl* ^*Kosten*^ (def 1) Kosten, für die eine enge sachliche Verknüpfung zu einer bestimmten, betragsmäßig zumeist weit bedeutsameren Kostenart besteht. (GWL); (def 2) Nichtzinsmäßige Kosten des Bank- und Geldverkehrs einer Unternehmung, z. B. Gebühren, Spesen der Bank usw. (BAL); (kon) Die Kreditbeschaffung erfolgt schnell, unkompliziert und unbürokratisch, mit geringen Nebenkosten. (GUF: 48) **gastos adicionales** *mpl ^gastos accesorios (CAI)^* (def) Son costes que tienen una relación con otros costes normalmente más importantes. (DV); (kon) El precio de adquisición comprenderá el consignado en factura más todos los gastos adicionales que se produzcan hasta que los bienes se hallen en almacén, tales como transportes, aduanas, seguros, etc. (LAG: 67)

Negativklausel *f* (def) Klausel in den Anleihekonditionen (Anleihe), gemäß der der Emittent verpflichtet ist, für die Laufzeit der Anleihe seinen Grundbesitz nicht anderweitig zu verpfänden oder im Falle einer neuen Emission den alten Gläubigern eine gleichrangige Sicherung einzuräumen. (GWL); (expl) Schuldverschreibungen (Obligationen) werden in der Regel durch Belastung von Grundstücken des Unternehmens in Form der Eintragung einer Hypothek oder bevorzugt durch eine Grundschuld gesichert. Verzichtet man jedoch auf diese Art der Sicherung, so findet auf jeden Fall die sogenannte Negativklausel Anwendung, d. h. der Emittent übernimmt die Verpflichtung, sein Vermögen nicht durch Veräußerung oder Belastung seines Grundbesitzes und/oder durch Bestellung sonstiger Sicherheiten zugunsten Dritter zum Nachteil der Obligationäre zu verändern. (EIL); (kon) Unternehmen erstklassiger Bonität verzichten z. T. auf Besicherung und gestehen den Obligationären lediglich die Negativklausel zu. (GUF: 41) **cláusula de pignoración negativa** *f ^cláusula negativa^* (def) Promesa escrita del prestatario de no gravar ningún activo con un derecho pignoraticio sin el consentimiento previo del prestamista. (TAM)

Negotiationskredit *m* ^*Negoziierungskredit (GWL)*^ ^*Rembourskredit*^ (def) Im Auslandsgeschäft übliche Finanzierungsform, bei der von Dokumenten begleitete Tratten (gezogener Wechsel) auf der Grundlage von Ziehungsermächtigungen angekauft werden. (GWL vs Negoziierungskredit); (expl) Eine weitere Kreditform im Auslandsgeschäft, die mit dem Rembourskredit eng verwandt ist, ist der Negotiationskredit. Vom Rembourskredit unterscheidet er sich dadurch, dass bei diesem der Exporteur ein Bankakzept erhält, das er bei seiner Bank diskontieren kann, während beim Negotiationskredit die Bank des Exporteurs von der des Importeurs ermächtigt wird, zu ihren Lasten einen vom Exporteur auf den Importeur oder eine Bank gezogenen Wechsel gegen Vorlage der Dokumente anzukaufen oder zu bevorschussen (zu negoziieren), und zwar bevor der Wechsel vom Importeur oder der Bank akzeptiert worden ist. (WÖH); (kon) Dem Negotiationskredit (Trattenankaufkredit) in Form der authority of purchase liegt eine vom Exporteur auf den Importeur gezogene Tratte zugrunde. (GUF: 60) **crédito documentario por negociación** *m* (def) Por medio de él, un banco se compromete a pagar el importe de los efectos emitidos por el exportador a cargo del importador, una vez comprobada la validez de los documentos comerciales presentados. (TAM)

Negoziierungskredit *m* ^*Negotiationskredit*^

Nennbetrag *m* ^*Nennwert*^ ^*Nominalbetrag*^ (kon) Nach § 10 AktG müssen dagegen die Aktien als Namensaktien ausgestellt werden, wenn sie vor der vollen Leistung des Nennbetrages oder des höheren Ausgabebetrages ausgegeben werden. (GUF: 24)

Nennwert *m* ^*Nennbetrag*^ ^*Nominalbetrag*^ (def) Nennbetrag, Nominalwert. (...). N[ennwert] einer Aktie, Anleihe etc.: N[ennwert] entspricht dem aufgedruckten Geldbetrag. Er ergibt sich durch Division von gezeichnetem Grundkapital bzw. Schuldsumme durch die Anzahl der hierüber auszugebenden Anteilscheine oder Obligationen. [Die Aktien müssen auf vollen Euro lauten. Mindestbetrag 1 Euro. (§ 8 AktG)]. Bei festverzinslichen Wertpapieren wird der N[ennwert] am Ende der Laufzeit an den Gläubiger zurückbezahlt, falls kein anderer Rückzahlkurs angegeben ist. Der N[ennwert] kann vom Marktwert und Vermögensteuerwert stark abweichen, insbes. bei Aktien. (...) (GWL); (kon) Die Ausgabe muss nicht zum Nennwert erfolgen: bei Unterpari-Ausgaben liegt der Begebungskurs um das Disagio darunter, bei Überpari-Ausgaben liegt er um das Agio darüber, bei Pariausgaben ist er mit dem Nennwert identisch. (GUF: 40) **valor nominal** *m* ^*valor facial (TAM)*^ (def 1) Dícese del que figura como nominal en cualquier título valor, billete o moneda. (...) (TAM vs valor facial); (def 2) Valor de la parte que representa en el capital social o en el empréstito la acción o la obligación emitida. (...) (DEE); (kon) No podrán ser emitidas acciones por una cifra inferior a su valor nominal. (LSA art. 47, 2.)

Nennwertaktie *f* ^*Summenaktie*^

Neuaktien *fpl* ^*Aktien, neue*^ (kon) Zusätzlich zu den Obligationen können nämlich Neuaktien später durch Kauf in Ausübung des Options-/Bezugsrechtes erworben werden, sodass der Gläubiger hernach auch Aktionär ist. (GUF: 43)

Nominalbetrag *m* ^*Nennbetrag*^ ^*Nennwert*^ (kon) Die laufenden Kosten langfristiger Darlehen umfassen neben sonstigen vor allem den Nominalzins, die einmaligen setzen sich meist aus Kosten der Sicherheitenbestellung und dem Damnum zusammen, um welches der Auszahlungsbetrag unter dem Nominalbetrag liegt. (GUF: 39)

Nominalzins *m* ^*Effektivverzinsung*^ ^*Verzinsung*^ ^*Zins*^ (def) (-fuß, -satz) Der auf das Kapital, den Nennwert bezogene Zins. Gegensatz: der auf den Kurswert eines Wertpapiers bezogenen Zins (Realzins, Effektivverzinsung). (...) (BAL); (kon) Der Nominalzins wird üblicherweise in Schritten von 0,5 % festgelegt, die Zins- (und Tilgungs-) Zahlungen erfolgen im Allgemeinen jährlich oder halbjährlich, z. B. Januar/Juli oder April/Oktober. (GUF: 41) **tipo de interés nominal** *m* (def) Es el que figura en los contratos de financiación o inversión. Dependiendo de la frecuencia de pago de intereses se puede calcular el tipo de interés efectivo. (...) (TAM); (kon) Para un determinado período, es aquel tipo de interés que pagadero al final del período, tiene el mismo resultado económico que un tipo de interés nominal que se abona con mayor frecuencia. Un interés del 12% anual mensualizado representa un interés efectivo mayor que el mismo interés nominal del 12% semestral. (TAM vs tipo de interés efectivo)

Notierung *f* ^*Kurs*^ (def 1) (Börsennotierung) Festsetzung der amtlichen Börsenkurse durch den Börsenvorstand, der diese Aufgabe den amtlichen Börsenmaklern übertragen kann. (...) (BFL); (def 2) (...) Erfolgt für Aktien in €/Stück und für Rentenwerte in Prozent vom Nennwert. Die Kursnotierung für Wertpapiere wird an den verschiedenen Börsenplätzen gesondert durchgeführt; es bestehen jedoch keine gravierenden Unterschiede. I. d. R. erfolgt die Kursnotierung zu Einheitskursen (Kassakurse). Für Wertpapiere, die in großen Stückzahlen gehandelt werden, erfolgt eine variable Notierung. Die Mindestzahl an Aktien für diese Art der Notierung beträgt i. d. R. 50 Stück. (BAL); (kon) Notierung an der Börse: Erfolgt u. a. getrennt für Anleihe mit Optionsschein, Anleihe ohne Optionsschein und Optionsschein. (GWL vs Optionsanleihe) **cotización oficial** *f* (def 1) (...) Las bolsas de valores, de productos básicos, metales, etc., publican diariamente el precio alcanzado por los títulos o mercancías que en ellas se negocian. La cotización puede darse para cuatro momentos de la sesión: apertura, mínima, máxima, y cierre. (...) (TAM); (def 2) (...) es la publicación oficial de los precios o cambios –cotizaciones – alcanzados en cada una de las sesiones del mercado mediante mecanismos competitivos, y de acuerdo con las normas y usos bursátiles. Esta publicidad oficial de las cotizaciones es uno de los fines de la mediación en la contratación bursátil, que se señala en el Reglamento de Bolsas. Esta autenticación oficial se materializa en el Acta de Cotización Oficial y en el Boletin Oficial de cotización. (DFB); (kon) El inversor recibe un tipo de interés inferior al de un bono normal, a cambio de la previsión de que los tipos de interés bajen, aumentando así el precio del bono que podrá comprar o de la esperanza de que suba la cotización de la acción. (...) (TAM vs bono con warrant)

O

Obligation *f* ^*Anleihe*^ ^*Gewinnobligation*^

^*Obligationär*^ ^*Schuldverschreibung*^ ^*Teilschuldverschreibung*^ ^*Wandelobligation*^ (Komm) In der Praxis werden die Begriffe *Anleihe*, *Obligation* und *Schuldverschreibung* häufig synonym verwendet. Ein Bedeutungsunterschied besteht nur dann, wenn die Papiere vom Staat ausgegeben werden. Die Termini *Anleihe*, *Obligation* und *Schuldverschreibung* kennzeichnen dann eine unterschiedliche Ausgestaltung der Wertpapiere, i. d. R. bezüglich ihrer Laufzeit. Im Spanischen wird eine entsprechende Unterscheidung bei *obligaciones* und *bonos* gemacht. Teilweise werden sogar die Begriffe *Obligation* und *Schuldverschreibung* synonym zu *Teilschuldverschreibung* verwendet, obwohl diese die Schuldurkunden darstellen, die einen Anteil am Gesamtbetrag der Anleihe verbriefen. Dies könnte dadurch erklärt werden, dass es sich bei Anleihen i. d. R. um so große Summen handelt, dass kein einzelner Kreditgeber die Gesamtsumme zur Verfügung stellen kann, sondern viele Kreditgeber jeweils nur Teilbeträge einbringen können (vgl. Kommentar zu *Schuldverschreibung*).; (def) (Anleihe, Schuldverschreibung) Wertpapiermäßige Urkunde, die ihrem Inhaber ein Forderungsrecht verbrieft, in dem sich der Aussteller zur Zahlung eines bestimmten Geldbetrags verpflichtet. Als Emittent (Herausgeber) von Obligationen, d. h. festverzinslichen Wertpapieren, treten die öffentliche Hand (...), verschiedene Banken (...), und die Industrie auf (...), die sich auf diese Weise direkt am Kapitalmarkt Fremdkapital beschaffen. Als Mittler sind i. d. R. Banken eingeschaltet. Der Gesamtbetrag einer Anleihe wird in Teilbeträge unterschiedlicher Nennwerte gestückelt, (...). Der Erwerber erhält jährlich einen gleichen Zinsbetrag. Der Zinssatz wird bei Ausgabe der Papiere festgelegt. Rückzahlung erfolgt planmäßig in Teilbeträgen oder zu einem Gesamtfälligkeitstermin. (...) Obligationen sind i. d. R. Inhaberpapiere. (BAL); (kon) Nimmt man die Markt-(Verkehrs-)fähigkeit der Obligationen infolge ihrer Verbriefung in der Form vertretbarer Wertpapiere (Effekten) hinzu, so wird die sehr große langfristige Schuldsumme eines Emittenten in viele kleine fungible Anlagebeträge finanzschwacher Sparer mit evtl. auch nur relativ kurzfristigen Anlageengagements transformiert. (GUF: 40) **obligación** *f* ^*bono*^ (def) En Economía, y en sentido estricto, los títulos valores que emiten empresas o entidades de todo tipo para obtener crédito en el mercado de capitales; con el compromiso de su amortización en un plazo determinado y a un interés normalmente fijo. Suelen tener vencimiento superior a cinco años, ser títulos al portador, y pagar intereses semestral o anualmente. El interés que se paga, expresado en tasa anual, es llamado cupón. Puede emitirse a la par (...) con prima (...) o al descuento (...). Pueden amortizarse a la par o con prima. En algunas emisiones, cada año se amortiza, por sorteo, una parte de las obligaciones emitidas. Pueden ser obligaciones convertibles, con warrant, o indexadas. A veces, los emisores conceden a los compradores una opción de venta (put option), con lo cual consiguen reducir el tipo de interés a pagar, a cambio del riesgo de que la opción sea ejercitada si los tipos de interés han subido en la fecha de ejercicio. (...) (TAM); (kon) Para que la junta general ordinaria o extraordinaria pueda acordar válidamente la emisión de obligaciones, el aumento o la reducción del capital, la transformación, fusión, o escisión de la sociedad y, en general, cualquier modificación de los estatutos sociales, será necesaria, en primera convocatoria, la concurrencia de accionistas presentes o representados que posean, al menos, el cincuenta por ciento del capital suscrito con derecho a voto. (LSA art. 103, 1.)

Obligationär *m* ^*Obligation*^ (def) Besitzer (Inhaber) von Schuldverschreibungen (Obligationen). (BAL); (kon) Wird Wandelrecht von Obligationären ausgeübt, verwandelt sich in Höhe entsprechender Beträge Fremdkapital in Eigenkapital. (GUF: 44) **obligacionista** *m* (def) Persona propietaria de obligaciones emitidas por una empresa. Para la toma de decisiones que afectan a las obligaciones poseidas es frecuente que se constituyan consejos o asambleas de obligacionistas. (MDB); (kon) La convocatoria de la junta habrá de publicarse con un mes de antelación, como mínimo, a la fecha prevista para su celebración, deberá incluir las menciones mínimas del proyecto de fusión legalmente exigidas y hará constar el derecho que corresponde a todos los accionistas, obligacionistas y titulares de derechos especiales distintos de las acciones a examinar en el domicilio social los documentos indicados en el artículo 238, así como el de obtener la entrega o envío gratuitos del texto íntegro de los mismos. (LSA art. 240, 2.)

Obligo (1) *n* (def) (...) Angstklausel (»ohne Obligo« = ohne Gewähr) zur Haftungsbefreiung beim Wechsel (Indossament). (...) (BFL); (kon) Der Vermittler übernimmt zwar die Plazierung, jedoch ohne eigenes Obligo.

(GUF: 46) **responsabilidad** *f* (def) (...) Cada uno de los endosos viene a contituir [sic!], en realidad, una garantía que se superpone a la de emisión del documento y sucesivas cesiones. Mientras mayor sea el número de las personas que han firmado o endosado, mayor seguridad le confiere al titular del crédito, por la responsabilidad solidaria de todos los firmantes. (...) (DDU II vs endoso) **Obligo (2)** *n* (def) (...) Kaufmännischer Sprachgebrauch: Verpflichtung, Verbindlichkeit (z. B. Wechselobligo). (...) (GWL); (kon) Er besteht im Ankauf von Besitzwechseln in- oder ausländischer Währung durch Banken und ist Kreditgewährung insofern, als die Wechseleinreicher bis zur Zahlung durch den Bezogenen im Obligo bleiben. (GUF: 52) **compromiso** *m ^obligación^* (def) Obligación contraída por alguien como consecuencia de una promesa unilateral, contrato, etc. (DEN)

Offene Handelsgesellschaft *f ^OHG^* (def) Die OHG als Personengesellschaft ist Grundform für einen engen Zusammenschluss, wobei persönliche Mitwirkung und volle vermögensmäßige Haftung im Regelfall die wesentlichen Charakteristika sind. Rechtsgrundlagen in folgender Priorität: Gesellschaftsvertrag, §§ 105 ff. HGB, §§ 705 ff BGB (Gesellschaft des bürgerlichen Rechts); die jeweils nachrangigen sind subsidiär. Die Normen aus HGB und BGB sind in vieler Hinsicht veraltet; sie enthalten meist dispositives (abänderbares) Recht, sodass es bei vielen Elementen der Unternehensverfassung darauf ankommt, im Gesellschaftsvertrag eine angemessene Regelung zu treffen. Gegenstand der OHG muss ein vollkaufmännisches Unternehmen sein, sonst ist sie Gesellschaft des BGB. Gesellschafter kann auch eine juristische Person sein. Die OHG hat zwar keine eigene Rechtspersönlichkeit, sie kann aber als Übergangsform zur juristischen Person angesehen werden: Partiell besteht gewisse Rechtsfähigkeit, indem die OHG unter ihrer Firma Eigentum und Rechte erwerben, Verbindlichkeiten eingehen und vor Gericht Prozesspartei sein kann. Das Vermögen der OHG ist Gesamthandvermögen (...). Gesellschafter haften unmittelbar und unbegrenzt. Prinzipiell ist jeder Gesellschafter allein zur Führung der Geschäfte (im Innenverhältnis) berechtigt und verpflichtet. Korrespondierend dazu kann im Grundsatz jeder Teilhaber die Gesellschaft nach außen allein vertreten. Der Ausschluss einzelner Gesellschafter von der Geschäftsführung und von der Vertretung ist möglich, jedoch bedarf dies der Handelsregistereintragung. Die Befugnis zur Geschäftsführung erstreckt sich auf alle Handlungen, die der gewöhnliche Betrieb des Handelsgewerbes der OHG mit sich bringt. Widerspruchsrecht eines Teilhabers. Da nach dem Wortlaut des Gesetzes jeder alles machen und alle verpflichten kann, empfiehlt sich eine klare Kompetenzabgrenzung namentlich in einem größeren, vielgliedrig organisierten Unternehmen, unter Umständen Vorbehalt des Mehrheitsbeschlusses, etwa bei Überschreiten einer bestimmten Wertgrenze, noch bedeutungsvoller aber bei Unternehmenskonzeption oder Vertriebsstrategie. Die gesetzliche Regel über die Beschlussfassung, nämlich Einstimmigkeit, wird meist abgeändert, dabei Stimmverhältnisse nach der Kapitalbeteiligung. Ähnlich veraltet ist die HGB-Vorschrift über die Ergebnisverteilung: Kapitalverzinsung, Zuordnung des Rests nach Köpfen. Die Praxis davon abweichend: Tätigkeitsvergütung, unter Umständen Kapitalverzinsung, Aufgliederung des Restgewinnes nach Kapitalbeteiligung. Wichtiger Punkt für den Gesellschaftsvertrag: Entnahmeregelung. Die dem Gesetzgeber vorschwebenden Auflösungsgründe bedürfen einer Anpassung an heutige Verhältnisse, z. B. zum Tod eines Teilhabers und bei Kündigung. Über die Ermittlung des Auseinandersetzungsguthaben des Ausscheidenden und die Auszahlung sollte der Gesellschaftsvertrag Normen vorsehen, die die Fortführung des Unternehmens finanziell ermöglichen. Betriebswirtschaftlich ist die OHG die Rechtsform für Unternehmen im überschaubaren Rahmen. Sie ist besonders stark vom Vertrauen der Gesellschafter untereinander abhängig. Dem trägt das Gesetz dadurch Rechnung, dass kein Gesellschafter seinen Anteil ohne Zustimmung der anderen abtreten kann. Diese notwendige Kontinuität kann aber problematisch werden, wenn Erben eines Teilhabers eintreten. Auf jeden Fall sollte man in einer OHG die Zahl der Gesellschafter auch bei Erbfolge begrenzen. Nicht selten führt die vornehmlich auf die Persönlichkeiten abgestellte OHG in späteren Generationen zu Problemen im Zusammenwirken. Hier kann u. U. ein neutraler Beirat hilfreich sein. (LBW); (expl) Rechtsgrundlage: § 105 HGB: Eine Gesellschaft, deren Zweck auf dem Betrieb eines Handelsgewerbes unter gemeinschaftlicher Firma gerichtet ist, ist eine offene Handelsgesellschaft, wenn bei keinem der Gesellschafter die Haftung gegenüber den Gesellschaftsgläubigern beschränkt ist.; (kon) Die Offene Handelsgesellschaft kann als ein Zusammenschluss von zwei oder mehreren Einzelkaufleuten aufgefasst werden. (GUF: 15) **sociedad colectiva** *f* ^*sociedad regular colectiva (EEE)*^ (def) Sociedad personalista dedicada, en nombre colectivo y bajo el principio de responsabilidad personal, ilimitada y solidaria de los socios, a la explotación de una industria mercantil. Suelen señalarse como características de estas sociedades. 1) Personalismo. La sociedad colectiva es una sociedad personalista donde la cualidad del socio es determinante, lo que se traduce en la imposibilidad de su transmisibilidad, ni poder sustituir a uno de ellos por un tercero sin el consentimiento de los demás socios colectivos. 2) Sociedad de trabajo, pues los socios colectivos aportan además de sus bienes su esfuerzo personal en la consecución del objeto social. 3) Nombre colectivo, que está formado por el nombre de todos, alguno o uno sólo de los socios colectivos, añadiendo en los dos últimos casos las palabras »y compañía«. No está admitida la posibilidad de utilizar nombres de fantasía, no la inclusión en el nombre social de personas que no pertenezcan a la sociedad, y si lo hacen, quedarán igualmente sometidos a la responsabilidad personal por las deudas sociales. 4) Responsabilidad personal, ilimitada y solidaria de los socios de las deudas sociales. Todos los socios colectivos, esté o no incluido su nombre en la razón social responden personalmente con su patrimonio personal de las deudas de la sociedad, teniendo esta responsabilidad carácter ilimitado y solidario. La gestión y administración de la sociedad, salvo que expresamente en la escritura social se hubiere atribuido a persona determinada, corresponderá a todos los socios colectivos, que por este hecho, se constituirán en gestores de ésta debiendo adoptar las decisiones por unanimidad, aunque puede establecerse en el contrato social que éstas se tomarán simplemente por mayoría. Si la administración se ha atribuido a uno o varios socios gestores, el resto de los socios colectivos no podrán inmiscuirse en la gestión social. Puede suceder también que la representación de la sociedad se otorgue especialmente a un socio concreto, que estará autorizado para usar de la firma social y vincular a la sociedad y el resto de los socios, aunque para ello debe constar así inscrito en el Registro Mercantil. El representante sólo podrá utilizar la firma social en beneficio de la sociedad pues si lo hace en interés propio, incurrirá en abuso de facultades, pudiendo incluso llegarse a nombrar un coadministrador cuando el representante ponga en peligro la masa social. Los socios de la sociedad colectiva tienen la prohibición de concurrencia, esto es, no están capacitados para ejercer por cuenta propia actividades empresariales que pudieran concurrir en régimen de competencia desleal con la sociedad. En cuanto a la distribución de las ganancias, en primer lugar se estará a la escritura social, y cuando no exista determinación al respecto, éstas se dividirán a prorrata de la porción de interés que cada uno tuviera en la sociedad, percibiendo los socios industriales, al menos, igual cantidad que la que percibe la clase de socio capitalista con menor participación. Las pérdidas se imputarán en la misma proporción entre los socios capitalistas, quedando excluido el socio industrial, salvo pacto en contrario. Cuando las sociedades colectivas admiten algún socio comanditario, con un régimen distinto en cuanto a su inclusión en la razón social y en el sistema de participación en las pérdidas y ganancias sociales, la sociedad deja de ser colectiva para encuadrarse en las reglas de la sociedad comanditaria o sociedad en comandita simple. (DEI); (kon) La sociedad colectiva es una verdadera comunidad de trabajo, en la que, salvo prescripción contraria del contrato, todos los socios »tienen la facultad de concurrir a la dirección y manejo de los negocios comunes« (art. 129), sin que la participación del socio en la gestión social se mida por el importe de su aportación patrimonial. (UDM: 190); (Komm) Sowohl im deutschen als auch im spanischen Gesellschaftsrecht ist für die OHG keine Mindestkapitaleinlage vorgesehen, dennoch fand in beiden Ländern eine unterschiedliche Entwicklung statt: Während in Spanien seit Beginn der 1960er Jahre selten Gründungen von OHGs vorgenommen werden, zählt sie in Deutschland zu den bedeutenden und häufig vorkommenden Gesellschaftsformen. Manche spanische Autoren führen die ablehnende Haltung spanischer Gesellschafter gegenüber der Gründung einer OHG auf die gesellschafterunfreundliche spanische Gesetzgebung zurück und nicht zuletzt auf die Tatsache, dass in der Vergangenheit für die Gründung von Aktiengesellschaften ebenfalls kein Mindestkapital vorgesehen war. In Deutschland dagegen hat sich die OHG in der Praxis behauptet. Sie wird als die typische Rechtsform kleinerer und mittlerer Betriebe angesehen. Dies wird ebenfalls auf die Gesetzgebung zurückgeführt, wobei die Gründe, die in Spanien als nachteilig für Gesellschafter betrachtet werden, in Deutschland als besonders vorteilhaft gewertet werden: »Die OHG ist eine ideale Kombination von Arbeitseinsatz, Kapitaleinsatz und Kreditwürdigkeit. Ihrem Leitbild nach sind sämtliche Gesellschafter identisch mit seiner Berufsausübung. Die Kreditwürdigkeit ist wegen der unbeschränkten Haftung optimal. Man kann deshalb mit Recht die offene Handelsgesellschaft als volkswirtschaftlich wünschenswerte Unternehmensform bezeichnen, da sie individuelle Initiativen fördert und an das Verantwortungsbewusstsein der Gesellschafter appelliert.« (KGG: 46). Die Rechtsgrundlagen dieser Gesellschaftsform sind in den Artikeln 125-144 des Código Comercio und in den §§ 105-160 des HGB zu finden.

OHG *f ^Offene Handelsgesellschaft^* (kon) Die OHG ist zwar keine juristische Person, sie tritt aber im Rechtsverkehr als eine geschlossene Einheit unter ihrer Firma auf. (GUF: 15) **SC** *f ^Soc. Col.^*

Operating Leasing *n ^Leasing^* (def) Hierbei handelt es sich um normale Mietverträge im Sinne des BGB. Sie können von beiden Seiten sofort oder erst unter Einhaltung einer Kündigungsfrist gekündigt werden. Der L[easing]-Geber übernimmt bei dieser Vertragsgestaltung das volle Investitionsrisiko. Eine volle Amortisation des L[easing]-Objektes kann bei Kündigung vor Ablauf der Nutzungsdauer nur durch eine oder mehrere Anschlussmieten erzielt werden. Die Gefahren des zufälligen Untergangs und der technischen Entwertung sowie die Aufwendungen für Versicherungen, Wartung und Reparaturen trägt der L[easing]-Geber. Als Folge der Risikobelastung des L[easing]-Gebers kommen für solche L[easing]-Geschäfte i. d. R. nur Wirtschaftsgüter in Betracht, die von einer größeren Zahl von potenziellen L[easing]-Nehmern nachgefragt werden und somit jederzeit weitervermietet werden können. (LBW vs Leasing); (kon) Im Bereich des Operating Leasing etablierte Gesellschaften haben in den letzten Jahren überdurchschnittliche Eigenkapitalrenditen erzielt. **leasing operativo** *m* (def) Se denomina leasing operativo al arrendamiento con opción de compra efectuado por el fabricante, concesionario o distribuidor del bien de que se trata. La diferencia respecto del leasing financiero (...) consiste en que recae sobre un bien que no es adquirido por el arrendador siguiendo especificaciones del usuario, sino en bienes fabricados por dicho arrendador, o en productos que el arrendador comercializa. El leasing operativo es, en consecuencia, utilizado por el agente económico que lo realiza como un instrumento de su propio servicio de ventas para colocar en el mercado los bienes de sus líneas productivas o comerciales. (...) El leasing operativo difiere esencialmente del financiero, y no está regulado en nuestro ordenamiento jurídico, aun cuando pueda practicarse en el marco de la autonomía de la voluntad que caracteriza a nuestro derecho. (...). El leasing operativo se emplea por los fabricantes o comercializadores de algunos importantes sectores económicos, como el de automóviles y de informática, y no es infrecuente que incluya prestaciones complementarias, como mantenimiento y asistencia técnica. (...) Por su propia naturaleza, las sociedades de arrendamiento financiero no pueden realizar operaciones de leasing operativo. (...) (HJL); (kon) La característica principal que diferencia el leasing financiero del leasing operativo, es que el contrato del leasing operativo es revocable a voluntad del arrendatario, previo aviso comunicado al arrendador. (SSD: 356)

Option *f ^Optionsanleihe^ ^Optionsschein^ ^Optionsschuldverschreibung^* (def) Unter einer Option versteht man einen standardisierten Terminkontrakt zwischen zwei Partnern, der ein Wahlrecht enthält. Der Käufer der Option zahlt heute den Optionspreis an den Verkäufer (Stillhalter), von dem er dafür das Entscheidungsrecht erhält, gewisse Transfers zukünftig zu vereinbarten Konditionen verlangen zu können. In dem Kontrakt werden die Erfüllungszeitpunkte bzw. Erfüllungsfristen (Optionsfrist) und der Basispreis, zu dem die Option ausgeübt werden kann, festgelegt. Gegenstand von Optionsgeschäften, die an Optionsbörsen abgewickelt werden, sind Aktien, festverzinsliche Wertpapiere, Devisen, Waren, Terminkontrakte und Aktienindizes. Es ist grundsätzlich zwischen einer Kaufoption (»call«) und einer Verkaufsoption (»put«) zu unterscheiden. (...) Bei einer europäischen Option ist eine Ausübung nur am Ende der Laufzeit möglich. (...) (LBW); (kon) Optionen erlebten in den letzten Jahren eine stürmische Entwicklung und sind zu einem wichtigen Finanzierungsinstrument geworden. (SIF: 533) **opción** *f ^contrato de opciones (AEE)^* (def 1) (...) Existen opciones sobre commodities, acciones, opciones sobre índices bursátiles, opciones sobre tipos de interés, opciones sobre divisa, etc. Pueden ser opciones de compra (call) u opciones de venta (put). Atendiendo al momento en que pueden ejercitarse, serán opciones americanas u opciones europeas. (...) El valor de una opción depende del precio de ejercicio, del precio del activo subyacente y de su volatibilidad, del plazo de la opción, y de los tipos de interés. (...) La principal utilidad de las opciones es la cobertura de una posición tomada en el activo subyacente generándose así, al cubrirse, una posición cubierta. (...) (TAM); (def 2) Contrato entre dos partes que confiere a su comprador el derecho, pero no la obligación, de comprar o vender un activo subyacente a un precio determinado (precio de ejercicio) durante un período o en una fecha fijada de antemano (vencimiento), a cambio del pago de una prima. (...) (AEE); (kon) La opción es un contrato que da derecho a su propietario a comprar o vender un bien a un precio fijo y en un momento determinado (opción europea) o dentro de un periodo de tiempo (opción americana). (SMA: 133)

Optionsanleihe *f* ^*Option*^ ^*Optionsschein*^ ^*Optionsschuldverschreibung*^ (def) Optionsschuldverschreibung, Bezugsobligation, Bezugsrechtsobligation, bond warrant, Anleihe, der ein Optionsschein (warrant) beigelegt ist, der zum Kauf einer in den Optionsbedingungen festgelegten Anzahl von Aktien in einem bestimmten Zeitraum zu einem festen Optionspreis berechtigt. Im Gegensatz zur Wandelschuldverschreibung führt die Ausübung des Optionsrechts nicht zur Einziehung der Anleihe. Optionsschein und Anleihe sind getrennt handelbar. Voraussetzungen: Staatliche Genehmigung ist erforderlich (...). O[ptionsanleihen] müssen mit ¾-Mehrheit in der Hauptversammlung beschlossen werden (§ 221 AktG), den Aktionären steht ein Bezugsrecht zu. Notierung an der Börse: Erfolgt u. a. getrennt für Anleihe mit Optionsschein, Anleihe ohne Optionsschein und Optionsschein. Vorteile: Der Emittent erhält durch Optionsanleihen] zinsgünstiges Fremdkapital, da die O[ptionsanleihen] i d. R. mit niedrigerem Zins als marktüblich ausgestattet ist, und zu späterem Zeitpunkt Eigenkapital. Optionsscheine besitzen im Vergleich zur Aktie höhere Hebeleffekte. Nachteil: Wegen des individuell bestimmbaren Ausübungszeitpunkts des Optionsrechts liegt die Entwicklung des Eigenkapitals nicht fest. (...) (GWL); (kon) Optionsanleihen verbuchen als Zusatzrecht im Optionsschein ein Bezugsrecht auf Aktien, sie erfordern nach § 221 AktG die qualifizierte Mehrheit der Hauptversammlung und begründen ein Bezugsrecht der Altaktionäre. (GUF: 43) **obligación con warrant** *f* (def) La que lleva incorporado un warrant, que puede separarse de la obligación y negociarse aparte. A diferencia de las obligaciones convertibles, el ejercicio del warrant no implica una dilución de las acciones del emisor. Además, la deuda permanece en libros a pesar de dicho ejercicio. (TAM); (kon) Pueden ser obligaciones convertibles, con warrant, o indexadas. (TAM vs obligación)

Optionsschein *m* ^*Option*^ ^*Optionsanleihe*^ ^*Optionsschuldverschreibung*^ (def) (Warrant) Bei Optionsanleihen ist das Recht auf Ausübung der Option gesondert in Optionsscheinen verbrieft, die zwar zusammen mit den Teilschuldverschreibungen der Anleihe ausgegeben werden, aber selbstständige Rechte beinhalten. Daher werden die Optionsscheine an der Börse gehandelt und können amtlich notiert werden. (BAL); (kon) Optionsanleihen verbuchen als Zusatzrecht im Optionsschein ein Bezugsrecht auf Aktien, sie erfordern nach § 221 AktG die qualifizierte Mehrheit der Hauptversammlung und begründen ein Bezugsrecht der Altaktionäre. (GUF: 43) **warrant** *m* (Komm) Puede emplearse directamente el término inglés; cabría traducirlo por derecho especial de suscripción.; (def) En economía financiera, el título valor o parte del mismo, que da derecho a comprar una o más acciones de una sociedad determinada (a un precio prefijado y por un tiempo también preestablecido), que las emite precisamente en el momento en que puede ejercitarse el derecho del warrant. Si al término del plazo el precio del mercado resulta ser más alto que el fijado en el warrant, prevalece este último. Los warrants se utilizan como atractivo adicional en ciertas emisiones de obligaciones. Existen diferentes tipos: separable, el que puede ser escindido del bono al que estaba unido (...); ventana, el que sólo puede ser ejercitado durante un período de tiempo (...); desnudo, el que es emitido sin estar unido a ninguna emisión de obligaciones (...); vendible, el que tiene una opción de venta por la que el inversor puede venderlos al emisor a un precio fijo (...); cubiertos, el que no es emitido por una empresa junto a una emisión de obligaciones, sino que es emitido por un banco como mero producto financiero (...). (...) (TAM); (kon) A diferencia de las obligaciones convertibles, el ejercicio del warrant no implica una dilución de las acciones del emisor. (TAM vs obligación con warrant)

Optionsschuldverschreibung *f* ^*Option*^ ^*Optionsanleihe*^ ^*Optionsschein*^ (kon) Je nach Entwicklung des Aktienkurses ist die Optionsschuldverschreibung mit einem mehr oder weniger starken spekulativen Moment als Kaufanreiz ausgestattet. (GUF: 43) **bono con warrant** *m* (def) Es aquel que incorpora un warrant o derecho a comprar a un cierto precio, un bono o una acción. El inversor recibe un tipo de interés inferior al de un bono normal, a cambio de la previsión de que los tipos de interés bajen, aumentando así el precio del bono que podrá comprar o de la esperanza de que suba la cotización de la acción. (...) (TAM)

P

Pacht *f* ^*Leasing*^ ^*Leihe*^ ^*Miete*^ (def) Die P[acht] ist ein Dauerschuldverhältnis, das durch einen gegenseitigen Vertrag (den Pachtvertrag) zustande kommt und den Verpächter verpflichtet, dem Pächter den Gebrauch des verpachteten Gegenstands und den Genuss der Früchte [sonst nur Miete!], soweit sie nach den Regeln einer ordnungsgemäßen Wirtschaft als Ertrag anzusehen sind, während der Pachtzeit zu gewähren. Der Pächter ist verpflichtet, dem Verpächter den vereinbarten Pachtzins zu entrichten. (...). (LBW); (expl) Rechtsgrundlage: § 581 BGB: 1) Durch den Pachtvertrag wird der Verpächter verpflichtet, dem Pächter den Gebrauch des verpachteten Gegenstandes und den Genuss der Früchte, soweit sie nach den Regeln einer ordnungsmäßigen Wirtschaft als Ertrag anzusehen sind, während der Pachtzeit zu gewähren. Der Pächter ist verpflichtet, dem Verpächter den vereinbarten Pachtzins zu entrichten. 2) Auf die Pacht mit Ausnahme der Landpacht sind, soweit sich nicht aus den §§ 582 bis 584 b etwas anderes ergibt, die Vorschriften über die Miete entsprechend anzuwenden.; (kon) Die Einnahmen außerhalb der laufenden Geschäftstätigkeit sind relativ einfach zu ermitteln und der entsprechenden Planperiode zuzuordnen, sofern ihnen vertragliche Vereinbarungen zugrundeliegen, zum Beispiel Pachten oder Einnahmen aus Patenten und Lizenzen. (GUF: 94) **arrendamiento** *m* ^*arriendo*^ (Komm) Der Terminus *arrendamiento* ist eine häufig verwendete Übersetzung für den Terminus *Pacht*. Es gibt jedoch weitere Übersetzungsmöglichkeiten, wie z. B. *arrendamiento de uso y disfrute*, welches den Unterschied zu Miete, *arrendamiento de uso* (vgl. CCA) hervorhebt. Aus dem hier angegebenen deutschen Kontext geht nicht klar hervor, um welche Art von Pacht es sich handelt. Würde es sich um eine Landpacht handeln, bietet sich gemäß DDU besonders der Terminus *arrendamiento rústico* als Übersetzung an: »(...) en algunas legislaciones, es el contrato por el cual una de las partes cede a otra voluntariamente el disfrute de una finca rústica o de alguno de sus aprovechamientos, mediante precio, canon o renta; ya sea en metálico, ya en especie, ya en ambas cosas a la vez, con el fin de dedicarla a la explotación agrícola, forestal o ganadera. (...).« Bei der Pacht eines Geschäftslokals o. Ä. ist laut DDU *arrendamiento mercantil* eine treffende Übersetzung: »En otras ocasiones, por referirse, al establecimiento o actividad mercantil que se arrienden de modo similar a los de índole común: como el de locales para la instalación o funcionamiento de industrias o el arrendamiento de una empresa; pues nada impide que se ceda temporalmente y por precio la explotación de una fábrica o la de un establecimiento de venta al público. (...)«; (def) Contrato por el que una de las partes se compromete, mediante precio a que la otra se obliga, a prestarle o procurar a ésta el uso o goce temporal de una cosa, o prestarle temporalmente sus servicios o hacer por cuenta de ella una obra determinada. (...). (GDJ); (expl) Rechtsgrundlage: Art. 1.543 del Código Civil: En el arrendamiento de cosas, una de las partes se obliga a dar a la otra el goce o uso de una cosa por tiempo determinado y precio cierto. Rechtsgrundlage: Art. 1.544 del Código Civil: En el arrendamiento de obras o servicios, una de las partes se obliga a ejecutar una obra o a prestar a la otra un servicio por precio cierto.; (kon) La Ley protege especialmente el arrendamiento de local de negocio, configurando como aquel arriendo que recae sobre edificaciones habitables, cuyo destino primordial no sea la vivienda, sino el de ejercerse en ellas, con establecimiento abierto, una actividad de industria, comercio o de enseñanza con fin lucrativo (art.1). (UDM: 136/137)

Pari-Ausgabe *f* ^*Ausgabe*^ ^*Pari-Emission*^ ^*Überpari-Ausgabe*^ (kon) Die Ausgabe muss nicht zum Nennwert erfolgen: bei Unterpari-Ausgaben liegt der Begebungskurs um das Disagio darunter, bei Überpari-Ausgaben liegt er um das Agio darüber, bei Pariausgaben ist er mit dem Nennwert identisch. (GUF: 40)

Pari-Emission *f ^Emission^ ^Pari-Ausgabe^ ^Über-Pari-Emission^ ^Unter-Pari-Emission^* (def) Emission von Wertpapieren zu einem dem Nennwert des Papiers entsprechenden Emissionskurs, d. h. 100 % des Nennwerts. (...) (GWL) **emisión a la par** *f* (def) Cuando el precio de emisión de un valor coincide con el de su valor nominal. (...) (DEE vs a la par); (kon) (...) Tratándose de valores puede ser a la par: valor nominal; sobre la par o bajo la par. (MDB vs emisión)

Passiva *pl ^Passivseite^*

Passivgeschäft *n ^Aktivgeschäft^* (def) Der Refinanzierung dienende Aufnahme von Geldkapital durch die Banken (Bankgeschäfte). Hauptformen: a) Ausgabe von Banknoten: Den Notenbanken vorbehalten; b) Einlagengeschäft: Annahme kurz- und mittelfristiger Einlagen sowie Annahme von Spareinlagen; c) Aufnahme von Geldern am Geldmarkt; d) Ausgabe von Bankaktien, -schuldverschreibungen und Genussscheinen sowie Pfandbriefen, Kommunalobligationen und Kassenobligationen. (GWL) **operación de pasivo** *f* (def) Fondos que la clientela deposita en un banco, de los cuales éste puede disponer para realizar operaciones de activo. Entre las principales operaciones de pasivo destacan las modalidades de cuenta corriente, cuenta de ahorro, imposición a plazo fijo, etc. La captación de pasivo es de gran importancia para todo banco, ya que supone la tendencia de fondos con los cuales trabajar y dar un mejor servicio a su clientela. (MDB); (kon) Las operaciones bancarias se clasifican en: operaciones de activo (la concesión de créditos y préstamos, el descuento de letras de cambio), operaciones de pasivo (captación de ahorro mediante depósitos bancarios). (SMA: 91)

Passivposten *mpl ^Passivseite^*

Passivseite *f ^Aktivposten^ ^Bilanz^ ^Passiva (WDW)^ ^Passivposten (GWL)^* (def) Sammelbegriff für alle auf der Passivseite der Bilanz ausgewiesenen Positionen (Posten), v. a. Eigenkapital einschließlich Rücklagen, Sonderposten mit Rücklagenanteil, Rückstellungen, Verbindlichkeiten, passive Rechnungsabgrenzungsposten. (GWL vs Passiva); (kon) Unter Kapital versteht man dabei die abstrakte Wertsumme des in dem Unternehmen eingesetzten Vermögens, die in der Bilanz auf der Passivseite erscheint. (GUF: 2) **pasivo** *m* (def 1) En contabilidad, y por oposición al activo, el lado derecho del balance donde se anotan las partidas del capital de la empresa, las reservas, el beneficio pendiente de destitución y las demás obligaciones frente a terceros. (TAM); (def 2) Indica, al fin de un período determinado, los capitales puestos a disposición del jefe de empresa, para el funcionamiento de ésta. Es la cantidad total de deudas que una empresa tiene contraídas con terceros (personas o empresas). Representa la estructura financiera o fuentes de financiación de la empresa. (AEE); (kon) El activo es el conjunto de todo lo que la empresa posee y lo que le deben, el pasivo la suma de todo lo que adeuda. También se dice que el pasivo indica la fuente de donde procede el capital, y el activo la forma que éste adquiere dentro de la empresa. (HAC: 156)

Pensionskasse *f* (def) Die P[ensionskassen] stellen neben den Unterstützungskassen, der Direktversicherung, der betrieblichen Ruhegeldverpflichtung (= Pensionszusage) sowie der freiwilligen Höherversicherung in der gesetzlichen Rentenversicherung eine mögliche Form der betrieblichen Altersversorgung dar. P[ensionskassen] werden in der Rechtsform eines Versicherungsvereins auf Gegenseitigkeit oder einer Aktiengesellschaft mit der Zielsetzung gegründet, die Altersversorgung (z. B. Gewährung von Alters-, Invaliditäts-, Witwen- und Waisenrenten) für die Betriebsangehörigen der die Kasse errichtenden Firma durch ausreichende Finanzierung während der Anwartschaft mit Rechtsanspruch sicherzustellen. P[ensionskassen] unterliegen der Versicherungsaufsicht. Ferner unterliegen sie dem Mitbestimmungsrecht des Betriebsrates, wenn die Kasse auf einen Betrieb, ein Unternehmen oder einen Konzern beschränkt ist (...). (...) (LBW); (kon) Der umsatzmäßig weltgrößte Computerkonzern IBM hat angekündigt, rund drei Milliarden Dollar in seine Pensionskasse einzuzahlen, um ein Loch in der Pensionskasse zu füllen. (www.newsbyte.ch) **caja de jubilaciones** *f* (def) Organismo creado por la ley especial para ocuparse de la recaudación de las aportaciones jubilatorias, administración e inversión de tales recursos y pago del retiro o jubilación de los empleados y obreros de la Administración pública o de la actividad privada; y también de los jubilados fallecidos que dejen determinados parientes. Las cajas de jubilaciones pueden organizarse con carácter nacional y general, o de modo descentralizado y según la naturaleza de las prestaciones o servicios; sistema este último que, por múltiples razones de simplificación y solidez financiera, debe evitarse. (DDU)

Pensionsrückstellung *f ^Rückstellung^* (def)

Rückstellungen für ungewisse Verbindlichkeiten, die gem. § 249, 1 HGB gebildet werden müssen (Passivierungspflicht). Sie entstehen aufgrund vertraglicher Zusagen einer Unternehmung gegenüber Arbeitnehmern, ihnen und ggf. auch ihren Angehörigen Alters- oder Invaliditätszusatzversorgung zu gewähren. (...) (BFL); (kon) Interne Fremdfinanzierung: Fremdfinanzierung von innen, durch Bildung von Rückstellungen für nicht sofort fällige Verpflichtungen (z. B. Pensions- oder Steuerrückstellungen). (GUF: 5) **provisión para pensiones** *f* (def) Cuenta del pasivo de una empresa, en la que se contabiliza el pasivo que en el futuro supondrá el tener que pagar pensiones suplementarias a las que reciben sus empleados de la Seguridad Social. Desde el punto de vista del análisis del riesgo crediticio, hay que estudiar si esta provisión es suficiente; así como la inmediatez del pago. (TAM); (kon) No obstante, los pasivos de la empresa de servicios públicos crecieron únicamente 6 por ciento (…) en parte por un aumento en la provisión para pensiones de 1,21 billones de pesos a 1,32 billones de pesos, así como por la reserva para bonos pensionales (…). (www.portafolio-com.co)

Person, juristische *f* (def) Personenvereinigung oder Zweckvermögen mit vom Gesetz anerkannter rechtlicher Selbständigkeit. J[uristische] P[erson] ist Träger von Rechten und Pflichten, hat Vermögen, kann als Erbe eingesetzt werden, in eigenem Namen klagen und verklagt werden. J[uristische] P[ersonen] des Privatrechts sind unter anderem: eingetragene Vereine, Aktiengesellschaften, Gesellschaften mit beschränkter Haftung, Kommanditgesellschaften auf Aktien, eingetragene Genossenschaften. Teilnahme am Wirtschaftsleben durch gewählte oder mittels Satzung bestimmte Organe, durch die sie handelt. Grundsätzlich keine persönliche Haftung der beteiligten Gesellschafter oder Vereinsmitglieder. Anmeldung zum Handelsregister erfolgt ggf. durch sämtliche vertretungsberechtigten Vorstandsmitglieder bzw. Geschäftsführer. J[uristische] P[ersonen] sind nicht deliktsfähig, also auch strafrechtlich nicht verantwortlich. An ihrer Stelle können ihre Organträger (Vorstand, Geschäftsführer und dgl.) bestraft werden (§ 14 I Nr. 1 StGB). Sonderregelung im Ordnungswidrigkeitengesetz (§§ 29, 30 OWiG). (...) (GWL); (kon) Da die Stille Gesellschaft weder eine juristische Person ist noch eine Vermögensgemeinschaft wie die OHG und die KG, bietet sie als reine Personengemeinschaft die Möglichkeit, die Basis der Eigenfinanzierung des Geschäftsinhabers, der als alleiniger Vermögensträger auftritt, zu erweitern. (GUF: 18) **persona jurídica** *f* (def 1) (...) Asociación de interés particular, sea civil, mercantil o industrial, a la que la ley ha concedido personalidad propia, independiente de la de cada uno de sus asociados. (MDB); (def 2) Todo el que tiene aptitud para el Derecho y ante él; el sujeto susceptible de adquirir y ejercer derechos y de aceptar y cumplir obligaciones; ya lo sea por sí o por representante. (DDU); (kon) En la escritura de constitución de la sociedad se expresarán: a) Los nombres, apellidos y edad de los otorgantes, si éstos fueran personas físicas, o la denominación o razón social, si son personas jurídicas, y, en ambos casos, la nacionalidad y el domicilio. (LSA art. 8. a)

Personalkredit *m* ^*Kredit*^ ^*Realkredit*^ (def) (Blankokredit) unbesicherter Bankkredit (reiner Personalkredit), der an besonders kreditwürdige Kunden herausgelegt wird. Grundlage hierfür ist das Vertrauen der für die Kreditherauslage zuständigen Personen in die absolut gegebene gegenwärtige und zukünftig erwartete Kreditwürdigkeit und -fähigkeit des Kreditnehmers. Auf dieser Annahme beruht das Vertrauen der Bank in die Fähigkeit des Kunden, fristgerecht und in vollem Umfang die vereinbarten Nutzungsentgelte (Zinsen, Provisionen etc.) und die Tilgungsraten zu leisten. Die notwendigen Informationen liegen der Bank i. d. R. vor, da ein Personalkredit im Normalfall nur an langjährige Kunden herausgelegt wird. (...) (BFL); (kon) Einem Kreditnehmer darf an Personalkredit nicht mehr als 25 Prozent der Bemessungsgrundlage gewährt werden. (www.meinepolitik.de) **crédito personal** *m* (def) El que se basa exclusivamente en la garantía de un individuo y de sus calidades personales y patrimoniales. (GDJ); (kon) Según la garantía de que disponga el acreedor, el crédito puede ser personal y real. (GCB: 40)

Personengesellschaft *f* ^*Kapitalgesellschaft*^ (def) Zusammenschluss von mindestens zwei Personen zur Verwirklichung eines bestimmten Zwecks in der Rechtsform der Gesellschaft. Personengesellschaften sind: Gesellschaft des bürgerlichen Rechts, Partnerschaftsgesellschaft, offene Handelsgesellschaft (OHG), Kommanditgesellschaft (KG), nicht aber die typische stille Gesellschaft, weil hier ein gesellschaftlicher Zusammenschluss nur im Innenverhältnis vorhanden ist. Im Gegensatz zur Kapitalgesellschaft keine juristische Person; nicht die Kapitalbeteiligung, sondern die Person als Gesellschafter steht im Vordergrund. Grundsätzlich arbeiten die Gesellschafter persönlich mit und haften persönlich mit ihrem Vermögen. Eine Kapitalbeteiligung ist bei den Personengesellschaften nicht erforderlich, wenn auch üblich. Die Abstimmung innerhalb der Personengesellschaften findet nach der Zahl der Gesellschafter, nicht nach dem Verhältnis der Kapitalbeteiligung statt. Die Gesellschafter sind stärker an die Gesellschaft gebunden als die Gesellschafter der Kapitalgesellschaft: die Gesellschaftsbeteiligung ist regelmäßig nicht übertragbar (anders: die Aktie); das Gesellschaftsvermögen steht den Gesellschaftern in Gemeinschaft zur gesamten Hand zu. (GWL); (kon) Die Hauptquelle für die Bereitstellung von Eigenkapital ist bei den Personengesellschaften und bei der Einzelfirma daher zunächst das private Vermögen der Gesellschafter. (GUF: 21) **sociedad de personas** *f ^sociedad personalista (DDU)^* (def) No es de los tecnicismos más felices, por cuanto no cabe sociedad en que no participe el hombre y que, por exigencias del mínimo asociativo que la dualidad impone, no sea de personas. No obstante, con ciertas indulgencias técnicas se emplea para caracterizar a las compañías mercantiles en que los socios son responsables solidaria e ilimitadamente; como sucede en la sociedad colectiva. Con enfoque tal, y por limitarse entonces la contingencia de las obligaciones patrimoniales a los bienes aportados o al capital social, la especie opuesta es la sociedad de responsabilidad limitada (...). (DDU); (expl) Denominación general para las sociedades colectivas y en comandita simple; sociedades en las cuales la »partnership«, la actividad de los socios tiene una importancia particular, con independencia de su participación en el capital. (UEC)

Pfand *n ^Sicherheit^*

Platzierung *f* (Komm) frühere Schreibweise: Plazierung; *^Emission^ ^Fremdemission^ ^Konsortium^* (def) I. Bankwesen: 1. Begriff: Unterbringung neu ausgegebener Wertpapiere (Aktien, industrielle Schuldverschreibungen), insbes. durch Verkauf an das breitere Publikum (vgl. auch Emissionsgeschäft). P[latzierung] wird häufig von einem Konsortium (Platzierungskonsortium, auch underwriter) durchgeführt, das dem Emittenten die vollständige P[latzierung] garantiert; im Fall der Nichtplatzierung verbleiben die Papiere im Bestand der Konsortialbanken. Platzierende Banken erhalten für die Durchführung der P[latzierung] eine Provision. 2. Arten: a) Öffentliche Zeichnung: Anleger besitzen die Möglichkeit, innerhalb einer bestimmten Frist Teile der Wertpapieremission zu zeichnen. Bei hoher Nachfrage kann Zeichnungsfrist verkürzt werden, bei Überzeichnung erfolgt die Zuteilung z. B. durch Verlosung (oft bei Aktienneuemissionen). b) Freihändiger Verkauf: Die platzierenden Banken verkaufen ihr Kontingent ab einem bestimmten Termin ohne vorhergehende Zeichnung. (...) (GWL); (kon) Nach der erfolgreichen Platzierung des ersten Portfolios am Kapitalmarkt legen IKB Deutsche Industriebank und Deutsche Bank gegenwärtig das zweite equiNotes-Progamm auf (www.equinotes.de) **colocación** *f* (def 1) Distribución de acciones u obligaciones entre los accionistas u obligacionistas. (GAR vs colocación de valores mobiliarios); (def 2) Es la venta efectiva de activos financieros; por la propia entidad emisora, o a través de intermediación. Puede conceptuarse también como la actividad conducente a transformar los excedentes de ahorro invirtiéndolos en los diferentes activos. (...) (TAM vs colocación de valores mobiliarios); (kon) El programa deberá ser suscrito por todos los promotores, cuyas firmas habrán de legitimarse notarialmente. El folleto habrá de ser suscrito, además, por los intermediarios financieros que, en su caso, se encarguen de la colocación y aseguramiento de la emisión. (LSA art. 21, 1.)

Preis *m ^Preisnachlass^* (def) Der in Geldeinheiten ausgedrückte (Tausch-) Wert eines Gutes, also einer Ware, einer Dienstleistung, einer Finanzdienstleistung usw. Kommt bei Gütern zustande, die der Bedürfnisbefriedigung dienen können und die knapp sind. (BAL); (kon) Ist es dem Unternehmen nicht möglich, Preissteigerungsrücklagen zu bilden, und konnte während der Nutzung eines Anlagegutes lediglich vom Anschaffungspreis abgeschrieben werden, so löst die Wiederbeschaffung dieses Anlagegutes nach Erschöpfung seines Nutzungsvorrates bei gestiegenem Preis einen Kapitalbedarf aus, ohne dass dadurch eine Veränderung der Kapazität eintreten muss. (GUF: 8) **precio** *m* (def) Valor de una cosa traducido a dinero u otro instrumento de cambio. (...) En Derecho económico, el precio es la suma de dinero entregada a cambio de una cosa, producto o servicio, esto es, la valoración de los mismos compensada en dinero. La fijación del precio es el resultado de dos fuerzas encontradas, de un lado el transmitente que pretende obtener la mayor rentabilidad, de otro el adquirente que persigue la menor onerosidad de la operación. En una economía de mercado, la fijación de los precios como regla general se deriva de la concurrencia de la oferta y la demanda, sin perjuicio de otros factores que pueden intervenir. El precio como compensación y valoración de un bien o servicio, recibe distintos nombres según el ámbito donde se desarrolle: renta, alquiler, interés, rédito, comisión, descuento, salario, honorarios, etc. (...) (DEI); (kon) La diferencia entre el precio y el coste de los productos vendidos constituye el beneficio de explotación, que si no existen otros ingresos y gastos atípicos, coincide con el beneficio de la empresa. (SSD: 306)

Preisnachlass *m ^Preis^* (def) (...) Als Preisnachlass wird insbesondere der bei der Einräumung von Sonderpreisen, Senkung von Höchstpreisen oder Vorliegen von Qualitätsmängeln gewährte Abschlag bezeichnet. (ÖLW); (kon) Rabatte sind Preisnachlässe, die der Abnehmer einer Ware erhält, wenn er bestimmte Leistungskriterien erfüllt. (PPS: 175) **descuento** *m ^rebaja (DEN)^ ^reducción de precio (DMD)^* (def) Cualquier tipo de reducción en el precio de venta de un producto tanto al consumidor como al distribuidor como recompensa a una actuación determinada (pronto pago, compra en grandes volúmenes, compra fuera de temporada, colaboración en la compañía de promoción, etc.). Los descuentos en los precios pueden ser generales, en todos los establecimientos , o aleatorios. (...) (DMD); (kon) El empresario puede acortar el período de maduración sin necesidad de modificar la estructura de la empresa ni su dimensión: el plazo de fabricación disminuye con el uso de horas extraordinarias, primas, nuevos turnos de trabajo; el plazo de ventas se acorta concediendo descuentos a los compradores; el período de cobro se reduce también mediante rebajas por pronto pago, etc. (ABA: 289)

Privatvermögen *n ^Betriebsvermögen^ ^Vermögen^* (def 1) Zusammenfassende betriebswirtschaftliche und handelsrechtliche Bezeichnung für privaten Zwecken dienendes Vermögen; im Sinne des BewG Grundvermögen und sonstiges Vermögen, im Sinne des BewG Kapitalvermögen, Ansprüche aus Lebensversicherungen, Schmucksachen, Hausrat, Kleidung u. Ä., das nicht Betriebsvermögen oder land- und forstwirtschaftliches Vermögen ist. (GWL); (def 2) Im Eigentum eines Einzelkaufmannes oder Gesellschafters einer Personengesellschaft stehendes Vermögen, soweit es nicht Betriebszwecken dient. (LHW); (kon) Da die Eröffnung des Geschäfts in finanztechnischer Hinsicht keiner Form unterliegt, gestaltet sich die Gründung im Normalfalle in der Weise, dass der Unternehmer aus seinem Privatvermögen Kapital abzweigt und es dem Betriebsvermögen der Unternehmung zuführt. (GUF: 14) **patrimonio (personal)** *m ^capital privado (AEE)^* (def) Bienes propios, adquiridos personalmente por cualquier título (...) (DDU); (kon) Reina escasez de capital privado, por lo que ha de estimularse el ahorro a través de la nueva modalidad de los bancos de inversión, evitando la preocupación y el riesgo del depositante individual. (HAC: 194)

Produktion *f ^Absatz^ ^Beschaffung^ ^Erzeugung^ ^Fertigung (GWL)^ ^Herstellung (WDW)^ ^Umsatzprozess^* (def 1) Nach D. Hahn und G. Laßmann der von Menschen gelenkte Entstehungsprozess von Produkten (Sachgütern, Energie und Dienstleistungen). Er wird durch den Einsatz von Arbeitskräften, technischen Anlagen, Material, Energie und Dienstleistungen (Produktionsfaktoren) sowie Informationen unter Beachtung technologischer Bedingungen und Verfahrensregeln sowie sozial-ethischer Normvorstellungen bewirkt. (GWL); (def 2) Herstellung von Gütern, im weiteren Sinne durch die Kombination von Produktionsfaktoren zum Zwecke der Leistungserstellung. (LHW); (kon) Bei der Produktion von Gütern anfallende hohe Standortkosten – wie etwa in Deutschland – sind durchaus auch von Vorteil. (www.wz-berlin.de) **producción** *f* (def) Consiste en la transformación de unos inputs o productos intermedios mediante la aplicación de ciertos inputs primarios y según una técnica productiva dada, obteniéndose unos bienes finales cualitativa y/o cuantitativamente distintos. Hay dos facetas en la producción, una de posibilidades productivas debidas a la técnica disponible (faceta técnica) y otra faceta económica, que tiene en cuenta los precios de los factores de producción utilizados y que busca la obtención de una dimensión óptima de operación. (AEE); (kon) La producción de bienes de capital ha bajado algo a favor de un ligero aumento de la producción de bienes de consumo. (HAC: 36)

Produktionsstätte *f ^Betrieb^*

Produktivität *f ^Effizienz (GWL)^ ^Ergiebigkeit (WDW)^* (def) Ergiebigkeit der betrieblichen Faktorkombination. Produktivität ist nicht gleichbedeutend mit Wirtschaftlichkeit, auch nicht mit Rentabilität, sondern ist das

Verhältnis von Output zu Input. (GWL); (kon) Die Produktitivät gilt als entscheidender Wachstumsfaktor für die Wirtschaft. (www.bfs.admin.ch) **productividad** *f* (def) Hablar de productividad equivale a referirse al grado de eficacia de los factores productivos. En general, se asocia a la idea de eficiencia. Es aplicable a un factor de producción, empresa, industria o economía. La productividad es la relación entre la cantidad producida y los factores empleados para obtenerla. Es la capacidad de producir que presenta cualquier factor. (AEE); (kon) El aumento de la productividad general fue considerable durante el año pasado. (HAC: 36)

Profit *m* *^Gewinn^* (Komm) Der aus dem englischen entlehnte Terminus *Profit* umfasst im Deutschen zwei Bedeutungen: Zum einen wird *Profit* synonym zu *Unternehmergewinn*, der sich aus der Differenz von Erlös und Kosten ergibt, verwendet. Diese Bedeutung wurde von der englischen Wirtschaftsterminologie beeinflusst, wo der Terminus *profit* Gewinn bedeutet. Zum anderen kann sich der deutsche Terminus *Profit* auf den von Karl Marx geprägten Begriff beziehen. Marx definierte ihn als Mehrwert, der dem Kapitalist (Unternehmer) durch die Ausbeutung der Arbeiter zufließt. Im Spanischen wird für den von Marx geprägten Profitbegriff der Terminus *plusvalía* verwendet. In deutschen Fachtexten wird der Terminus *Profit* begrifflich nicht einheitlich verwendet: Manche Autoren beziehen sich auf einen wirtschaftlichen Gewinn im weitesten Sinne, andere wiederum verwenden ihn ausschießlich im Zusammenhang mit dem von Marx geprägten Begriff.; (def) Bezeichnung für Unternehmergewinn. (...) (GWL); (kon) Die Betreiber dieser Mailbox wollen keinen Profit erzielen, sondern sie setzen sich für einen freien Austausch von Meinungen und Informationen ein. **lucro** *m ^beneficio (DEN)^ ^ganancia (DEN)^* (def) Animo de obtención de rentas y beneficios. Ganancias, provecho, utilidad de naturaleza monetaria conseguida con alguna operación o acto. Constituye el fin último y diferenciador de las sociedades civiles y mercantiles. (DEN); (kon) Los efectos de la inflación en los estados contables de las empresas obligan también a introducir una serie de correcciones en la cuenta de resultados, de forma que los nuevos beneficios o pérdidas reflejen las ganancias de capital anteriormente referidas y resulten coherentes con los balances corregidos por causa de la inflación. (EEF: 49)

Prolongation *f ^Fälligkeit^* (def) P[rolongation] (lat. Verlängerung) bedeutet Stundung einer fälligen Leistung bzw. Verlängerung einer Frist. 1. P[rolongation] eines Kredits: Auf Antrag des Kreditnehmers wird die Frist für die Rückzahlung des Kredits verlängert, wobei der prolongierte Kredit nicht zu denselben Konditionen weitergeführt werden muss. Die Bank bestätigt die P[rolongation] schriftlich. (...) (LBW); (kon) In Fällen indirekt revolvierender Teilschuldscheindarlehen kann das Unternehmen Einzelabschnitte freihändig zurückkaufen oder auf eine Prolongation verzichten. (GUF: 47) **prórroga** *f ^prolongación^* (def) Nuevo plazo que se concede como ampliación de otro vencido con anterioridad. (MDB); (expl) (....) Entendemos por prórroga una extensión o prolongación del plazo previsto inicialmente en el contrato y acordada dentro del primitivo plazo de vida de éste. (...) En el primer caso (prórroga) se trata de una simple modificación de uno de los elementos del contrato primitivo (el plazo) y no implica una novación en sentido estricto de las obligaciones contractuales, las cuales subsistirán con sus restantes elementos (sujetos, cantidad, condiciones, etc.) (...) (GCB: 214/215); (kon) Intimamente relacionado con la cuestión del vencimiento del plazo está el problema de las prórrogas y el de las renovaciones. (GCB: 214)

Provision *f ^Arbeitsentgelt^* (def) Provision ist die Vergütung für geleistete Dienste, die nach einem im Einzelfall bestimmten Prozentsatz vom Wert eines besorgten oder vermittelten Geschäfts bemessen wird. Voraussetzungen und Umfang des Anspruchs auf Provisionen sind je nach dem zugrunde liegenden Rechtsverhältnis verschieden. (...) (CRL); (expl) Rechtsgrundlage: § 354 HGB: Wer in Ausübung seines Handelsgewerbes einem anderen Geschäfte besorgt oder Dienste leistet, kann dafür auch ohne Vorabrechnung Provision (...) nach den an dem Orte üblichen Sätzen fordern.; (kon) Die Provision stellt also eine Zahlung in prozentualer Relation zum Umsatzertrag oder -ergebnis der Verkaufsmitarbeiter dar. (PPU: 14) **comisión** *f* (def) Retribución dada a la persona (comisionista) que actúa como intermediario realizando algún acto comercial por cuenta de otro, a título oneroso. (DEN); (kon) La retribución por comisión es muy frecuente respecto de determinados clasificaciones laborales, tales como las de viajantes y agentes de ventas, y por supuesto, representantes de comercio (...). (DTA: 225)

Publizitätspflicht *f* (def) I. Begriff: Unterrichtung der Öffentlichkeit über das Betriebsgeschehen, die Lage und Erfolge einer Unternehmung sowie über die Ursachen ihrer geschäftlichen Entwicklung. P[ublizitätspflicht] liegt grundsätzlich im Interesse des Betriebes, soweit sie seinen Goodwill stärkt und den Kapitalmarkt für eventuelle Wertpapieremissionen aufgeschlossen macht. Die Grenzen der P[ublikationspflicht] liegen dort, wo es um das Bekanntwerden von Betriebsgeheimnissen geht, deren Wahrung gegenüber der Konkurrenz dem Betrieb gestattet sein muss. Eine zu große Ängstlichkeit in dieser Hinsicht liegt jedoch weder im betrieblichen noch im öffentlichen Interesse. II. Gesetzliche Regelung: 1. Grundsätzliches: I. a. besteht für die Unternehmen nur die Verpflichtung, die gesetzlich vorgeschriebenen Eintragungen im Handels- bzw. Genossenschaftsregister durch entsprechende Anmeldungen herbeizuführen. 2. Eine weitergehende Verpflichtung besteht für Kapitalgesellschaften (§§ 325-329 HGB) und eingetragene Genossenschaften (§ 339 HGB). a) Veröffentlichungsumfang: (1) bei kleinen Kapitalgesellschaften (Größenklassen) Jahresbilanz, gem. § 326 HGB verkürzter Anhang, Ergebnisverwendungsvorschlag und -beschluss; (2) bei mittelgroßen und großen Kapitalgesellschaften Jahresbilanz, Gewinn- und Verlustrechnung, Anhang (bei mittelgroßen Gesellschaften Möglichkeit der Vereinfachung der Bilanz und des Anhangs), Lagebericht, Prüfungsvermerk, Bericht des Aufsichtsrats, Ergebnisverwendungsvorschlag und -beschluss die Angaben können zusätzlich in europäischen Währungseinheiten gemacht werden; (...) b) Offenlegungsort: (1) bei kleinen und mittelgroßen Kapitalgesellschaften Einreichung der Unterlagen zum Handelsregister und Bekanntmachung der Einreichung im Bundesanzeiger; (2) bei großen Gesellschaften Veröffentlichung im Bundesanzeiger und anschließende Einreichung der Unterlagen zum Handelsregister; (...) c) Offenlegungsfrist: (1) bei großen und mittelgroßen Kapitalgesellschaften bis zu neun Monaten nach dem Bilanzstichtag, bei kleinen bis zu zwölf Monaten; (...) (GWL vs Publizität); (kon) Vielmehr geben hier primär die Befreiung von der Publizitätspflicht, die Haftungsbeschränkungen und die geringen Gründungskosten den Ausschlag. (GUF: 23) **publicidad legal** *f* *^publicidad de derecho^* *^publicidad oficial^* (Komm) Obwohl der Begriff *publicidad legal* inhaltlich mit dem deutschen Begriff *Publizitätspflicht* übereinstimmt, ist er für die Übersetzung des deutschen Terminus nicht in allen Kontexten ausreichend: Soll die Verplichtung der Gesellschaft besonders hervorgehoben werden, ist es empfehlenswert, diesen Sachverhalt im Spanischen z. B. mit *obligación de publicar* zu übersetzen; (def) Este término se refiere a la naturaleza de los Registros, cuya información podrá ser conocida mediante certificación del contenido de sus asientos, por simple nota informativa o bien a través de copia de los asientos y documentos que se encuentran en él depositados. Sin embargo, el significado de esta palabra va más lejos, también hace referencia a la veracidad de la información contenida en el Registro y su oponibilidad frente a terceros como garantizador de la seguridad jurídica. (DEN vs publicidad registral); (expl 1) Art. 35. Las entidades emisoras de valores admitidos a negociación en algún mercado secundario oficial deberán someter anualmente a auditoría de cuentas sus estados financieros. (...) Dichas entidades deberán hacer público, con carácter trimestral, un avance de sus resultados y otras informaciones relevantes. En todo caso, con carácter semestral, harán públicos sus estados financieros completos, con un detalle similar al requerido para sus estados anuales. El contenido de las informaciones trimestrales y semestrales a las que se refiere este artículo será determinado por el Ministerio de Economía y Hacienda. (CLM: Ley del Mercado de Valores: 715); (expl 2) (...) Doble sentido de la publicidad mercantil. (...) Pero, aparte de que la actividad publicitaria privada pueda estar legalmente regulada, las legislaciones mercantiles modernas se han preocupado de robustecer o reforzar el estatuto jurídico de los empresarios y de amparar el legítimo interés de los terceros, instituyendo un sistema orgánico de publicidad de aquellos actos y situaciones jurídicas más relevantes concernientes al empresario y a su empresa. Y ésta es ya una publicidad legal o de derecho, predominantemente obligatoria, realizada a medio de declaraciones de conocimiento hechas en instrumentos oficiales creados y sostenidos por los Poderes públicos (Registros y periódicos oficiales), a los cuales atribuye la ley importantes efectos. (...) II. Publicidad legal mercantil (...) Sentido y fin de esta publicidad. La extraordinaria importancia de la actividad empresarial en el cuadro general de la actividad económica exige rodearla de un sistema de publicidad oficial que permita conocer en cualquier momento, con rapidez y certidumbre, los más importantes datos referentes a los sujetos de esa actividad, a sus cambios y mutaciones, y a ciertos aspectos del tráfico que realizan. Esta publicidad se practica por declaraciones hechas en boletines o periódicos oficiales y sobre todo por inscripciones en los registros públicos. La publicidad oficial más importante es la publicidad registral. Los registros son los instrumentos típicos de la publicidad legal, y entre ellos destaca por su importancia el Registro Mercantil, que tiene su precedente remoto en la matrícula de mercaderes de las corporaciones o gremios medievales. (...) (UDM II: 75-79); (kon) La iinformación administrativa facilitada a través del sitio web no sustituye la publicidad legal de las leyes, normativas, planes, disposiciones generales y actos que tengan que ser publicados formalmente a los diarios oficiales de las administraciones públicas, que constituyen el único instrumento que da fe de su autenticidad y contenido. (www.camaramadrid.es)

Q

Quotenaktie *f* ^*Aktie*^ ^*Summenaktie*^ (def) Nennwertlose Aktie, in der Bundesrepublik Deutschland unzulässige Form der Aktie; in Kanada und den USA jedoch gebräuchlich. Die Q[uotenaktie] lautet, ohne einen festen Geldbetrag (Nennwert) zu nennen, auf einen dem Anteilsrecht entsprechenden Bruchteil, z. B. bei insgesamt 1000 Aktien einer Gesellschaft 1/1000 des Gesellschaftsvermögens. Gegensatz: Nennwertaktie. (GWL); (kon) Nach der Art der Ausstellung unterscheidet man Summenaktien, d. h. Anteilsscheine, die auf einen festen Nennbetrag lauten, und Quotenaktien, die auf einen Anteil (Prozentsatz vom Grundkapital) ausgestellt sind. (GUF: 24) **acción de cuota** *f* (expl) Las llamadas acciones de cuota. La exigencia del valor nominal en las acciones no cierra el paso, sin embargo, a las denominadas acciones de cuota por contraposición a las de suma. Mientras en estas últimas acciones el valor nominal se expresa numéricamente en dinero, en las de cuota se determina por referencia a una cuota-parte del capital social (una milésima, una diezmilésima, etc.). En realidad también en estas acciones queda perfectamente determinado su valor nominal, ya que, habiendo de figurar en la acción la cifra del capital social, para determinar en [efectivo] el valor de la cuota-parte que la acción representa bastará realizar una simple operación aritmética. (...) (UDM 174/175); (kon) Aclaremos, sin embargo, que no hay que confundir las acciones de cuota con las cuotas sociales; o en otros términos, que no es lo mismo hablar de sociedades con acciones de cuota que de sociedades (no anónimas) con el capital dividido en cuotas. (UDM: 175)

R

Ratentilgung (1) *f* (Komm) Dem deutschen Terminus *Ratentilgung* entspricht im Spanischen der Terminus *amortización a plazos*. Die Termini *amortización parcial* und *amortizacón degresiva* beziehen sich dagegen auf eine bestimmte Form der *Ratentilgung*, bei der die Höhe der jährlichen Rückzahlungsraten (ohne Zinsen) konstant bleibt. Der Terminus *amortización degresiva* sollte nicht ohne einen Zusatz wie z. B. *en sentido financiero* verwendet werden, um Verwechslungen mit einer ebenfalls als *amortización degresiva* bezeichneten Abschreibungsmethode zu vermeiden.; (def) Art der Rückzahlung von Verbindlichkeiten, bei der der Schuldner gleichbleibende jährliche Tilgungsraten bis zur vollständigen Tilgung zu entrichten hat. Da die Kapitalschuld und damit auch die jährliche Zinsschuld immer geringer werden, sinkt auch die sich aus Tilgung und Zins zusammensetzende Jahresleistung. Diese Art der Tilgung wird nicht selten bei der Rückzahlung von Schuldverschreibungen gewährt (Tilgungsanleihe), wenn auch die Rückzahlung der gesamten Anleihe zu einem festen Termin (Gesamtfälligkeit) die heute gebräuchlichste Form der Tilgung ist. (BAL); (kon) Da infolge der üblichen Ratentilgung – Finanzierungssumme durch Laufzeit in Monaten bzw. Quartalen ergibt die monatliche Wechselsumme – der durchschnittliche Kreditbetrag nur etwa die

Hälfte des ursprünglichen ausmacht, ist die Effektivverzinsung p. a. etwa doppelt so hoch wie die Optik des Nominalzinses vortäuscht. (GUF: 57) **amortización a plazos** *f* (def) El que se integra por distintas cuotas generalmente iguales, salvo la primera o la última que suelen modificarse para unificar las demás. Los vencimientos se fijan por lo común en plazos mensuales, anuales o intermedios. El recibo del último plazo de un débito, cuando el acreedor no haga reservas, extingue la obligación en cuanto a los plazos anteriores (...). (DDU vs pago a plazos) **Ratentilgung (2)** *f ^Tilgung^* **amortización parcial** *f ^amortización degresiva (DEN)^* (def) En un préstamo o crédito, es la forma de cancelación de la deuda mediante la entrega de cantidades cada vez más reducidas. Esto se debe a que la cuota de amortización del principal es constante, mientras que la cuota de interés disminuye, ya que se calcula sobre el principal pendiente de amortización. (DEN vs amortización degresiva en sentido financiero); (expl) (...) La amortización parcial consiste en ir reembolsando periódicamente parte del capital a la vez que se abonan los intereses, de tal forma que, al llegar el vencimiento, que es único, hayan quedado pagados todos los intereses y reembolsado el capital. Si tenemos unas obligaciones que valen 1.000 euros y se efectúa su amortización parcial durante diez años, habrá que ir reembolsando 100 euros cada uno de ellos, pero entonces resulta que la deuda iría disminuyendo y que al mismo tenor deberían reducirse los intereses. (AEO: 137)

Realkredit *m ^Kredit^ ^Personalkredit^* (def) I. w. S. im Gegensatz zum Personalkredit durch Vermögenswerte gesicherter Kredit; die Sicherung erfolgt durch Verpfändung von Immobilien, Wertpapieren, Forderungen, Waren. I. e. S. ein Immobilienkredit, d. h. ein durch Grundschulden oder Hypotheken auf Grundstücke und Gebäude gesicherter langfristiger Kredit, deren Wert Verzinsung und Tilgung des Darlehens unabhängig von der Person und Zahlungsfähigkeit des Schuldners jederzeit gewährleistet. (BAL); (kon) Der Begriff Realkredit erfasst langfristige Darlehen, die durch Grundpfandrechte abgesichert sind. (GUF: 38) **crédito real** *m* (def) El asegurado con la garantía de una cosa mueble o inmueble. (DDU); (expl) En el crédito real las garantías descansan fundamentalmente en derechos de prenda que concede el tomador del crédito al dador del crédito. Se concede, pues, en consideración a los bienes del deudor, y puede ser crédito pignoraticio (...) o crédito hipotecario, en el cual la cosa dada en garantía y gravada por el importe del crédito continúa en posesión del deudor o del tercero (...). (GCB: 40/41); (kon) Según la garantía de que disponga el acreedor, el crédito puede ser personal y real. (GCB: 40)

Recht, dingliches *n ^Sachrechte (GWL)^* (def) Sind Sachrechte, weil sie die Sache (das Ding) unmittelbar umfassen, gegen jedermann (jeden Dritten) wirken und von jedem respektiert werden müssen (absolutes Recht). (GWL); (expl) Unter einem Pfandrecht ist ein dingliches Recht zu verstehen, das es dem Sicherungsnehmer gestattet, die verpfändete Sache oder das Recht mit Vorrang vor anderen Gläubigern zu verwerten. (WÖH); (kon) Grundpfandrechte sind dingliche Rechte an einem Grundstück und bestehen unabhängig von dessen jeweiligem Eigentümer. (GUF: 66) **derecho real** *m* (def) Potestad personal sobre una o más cosas, objetos del Derecho. Existe esta facultad cuando una cosa se encuentra sometida total o parcialmente al poder de una persona, en virtud de una relación inmediata oponible a cualquier otro sujeto. Por tanto, derecho real constituye una relación jurídica entre una persona y una cosa: aquélla como sujeto, y ésta cual objeto. En cuanto a las cosas que pueden constituir objeto de un derecho real, lo son todas las que se encuentran en el comercio jurídico, y descritas en las categorías de bienes muebles e inmuebles; además las cosas incorporales, aun cuando no sean hábiles para la generalidad de los derechos reales mencionados, fuera de la propiedad o posesión (...) (DDU); (kon) Si bien los derechos reales no pueden ser definidos con carácter general, y sí especial y determinadamente, es indudable que las obligaciones de los Capitanes como mandatarios, el especialísimo derecho de abandono del buque, da lugar a una garantía real en beneficio de los intereses del comercio marítimo, a fin de que queden siempre asegurados los derechos de tercero, y de esta manera hay que interpretar los artículos 580 y 584 del Código de Comercio.

Rechtsform *f ^Unternehmen^ ^Unternehmung^* (def) Ausdruck der gesetzlich unterschriebenen Form, in der sich ein Unternehmen entfalten darf. (...) (BAL); (kon) Während bei der Einzelunternehmung das in keiner Weise begrenzte Entnahmerecht des Unternehmers und dessen einsame Entschlüsse die Existenz der Unternehmung gefährden können, birgt die Rechtsform der OHG andere Gefahren in sich, wie z. B. Fehleinschätzung der Geschäftsführungsqualitäten von Mitgesellschaftern, Kündigung eines Gesellschafters, Eintritt neuer Gesellschafter durch Erbfolge usw. (GUF: 16)

forma jurídica *f* (expl 1) Por regla general, las compañías mercantiles se constituirán adoptando algunas de las siguientes formas: 1. La regular colectiva, (...). 2. La comanditaria, (...). 3. La anónima, (...). (CDC art. 122); (expl 2) Las sociedades civiles, por el objeto a que se consagren, pueden revestir todas las formas reconocidas por el Código de comercio. En tal caso, les serán aplicables sus disposiciones en cuanto no se opongan a las del presente Código. (...) (CC art. 1670); (kon) A la hora de optar la forma jurídica más conveniente para poner en marcha el proyecto, es necesario analizar una serie de factores que ayudan a determinar la conveniencia de una u otra fórmula. (www.e-empresarias.net)

Refinanzierung *f ^Finanzierung^* (def) Fremdkapitalaufnahme durch Kreditgeber (insbesondere Kreditinstitute), um Mittel für die eigene Kreditgewährung zur Verfügung zu haben. Die häufigsten Refinanzierungsformen der Geschäftsbanken sind Rediskontierung von Wechseln, Aufnahme von Lombardkrediten, Verkauf von Offenmarktpapieren, Aufnahme von Geldmarktkrediten, Emission von Anleihen. (BFL); (kon) Insbesondere in ländlichen Gegenden ist der formale Bankensektor nahezu nicht vertreten und die Unternehmen müssen dort für Kredite aus dem informellen Bereich sehr hohe Zinsen zahlen. Dies führt dazu, dass auf externe Refinanzierung durch Kredite nur in geringem Ausmaß zurückgegriffen wird. (www.kfw-entwicklungsbank.de)

refinanciación *f* (def) En el ámbito bancario, obtención de fondos por parte de las entidades de crédito de otras entidades cuando no tienen disponibles los recursos suficientes para satisfacer las peticiones de crédito de su clientela. (DEN); (expl) Refinanciación. Que el Banco de España puede, y debe en ocasiones, prestar su colaboración a la banca privada transformando en recursos líquidos activos que no lo serían en otro caso, es decir, monetizando dichos activos, (...). La L. O. B. de 1946 llegó más allá, puesto que en el artículo 18 estableció que el Banco de España »... considerará también como misión propia, cuando así lo aconseje el interés general, la de ofrecer a las instituciones de crédito que, habiendo acomodado su actuación a las buenas prácticas bancarias, se encuentren, en caso de crisis general o por otras circunstancias con dificultades de tesorería, el concurso posible dentro de su órbita de acción y compatible con la seguridad de sus operaciones«. Se trata de un artículo muy importante que plantea la actuación del Banco de España como prestamista en última instancia, (...). El redescuento y la pignoración fueron las vías tradicionales de acceso de la banca privada a la refinanciación por el Banco de España. En la actualidad es necesario hablar (...), también y sobre todo, de los créditos del Banco de España de apoyo a la liquidez bancaria y de los bonos de Tesoro, sin olvidar las posibilidades de ajustes de tesorería a través del mercado interbancario. (...) El procedimiento habitual de refinanciarse la banca privada en el Banco de España fue la pignoración de toda clase de valores, efectos o bienes que precisamente hubiera aceptado el Consejo General atendiendo a su estimación en el mercado; (...). Al hablar de los mecanismos de refinanciación no puede el mercado interbancario olvidarse. (...) No existe, (...), una normativa específica dentro de la reglamentación bancaria y se trata esencialmente de un mecanismo de intermediación que pone en contacto a las entidades crediticias que disponen de un superávit transitorio con las que están dispuestas a endeudarse, siempre a plazos cortos y con tipos de interés libres. (LBE: 151-154); (kon) Desde el punto de vista de su normativa jurídica, la clasificación más importante es la que diferencia el crédito a corto plazo del crédito a plazo medio por las repercusiones (...) en su regulación específica: instituciones autorizadas para concederlos, normas para la refinanciación por el Banco de España, tipos de interés, etc. (LBE: 154)

Rembourskredit *m ^Akzeptkredit^ ^Negotiationskredit^* (def) Die Mitwirkung der Bank bei der Begleichung eines überseeischen Warengeschäfts, in bestimmten Fällen verbunden mit Kreditgewährung (Rembourskredit). Als Unterlage für das Remboursgeschäft dienen die Fracht- und Versicherungspapiere (Konnossemente und Versicherungsscheine), evtl. Fakturen und Prüfungszertifikate für Gewicht und Qualität (sog. Dokumente). (GWL vs Remboursgeschäft); (expl) Die Schwierigkeit bei Auslandsgeschäften liegt in der Absicherung von Zahlungszielen. Hier bietet sich die Unterlegung der Exportforderung durch einen Wechsel an, der es dem Exporteur ermöglicht, sich bei Bedarf durch Diskontierung des Wechsels zu refinanzieren. An Stelle sofortiger Zahlung bei Vorlage der Dokumente tritt jedoch die Aushändigung des Akzeptes einer deutschen Bank oder auch einer ausländischen Bank, wenn hierfür die deutsche Bank die Haftung übernimmt. Wechselrechtlich ist also nicht der Importeur, sondern ein bekanntes Kreditinstitut Hauptschuldner. Diese Art des Akzeptkredits wird als Rembourskredit bezeichnet. (WÖH); (kon) Der Rembourskredit verbindet den Akzeptkredit mit dem Dokumentenakkreditiv und dem Diskontkredit. (GUF: 61) **crédito de aceptación (contra documentos)** *m* *^crédito documentario de aceptación^ ^crédito contra reembolso^ ^crédito de reembolso^* (def 1) El banco está obligado a reembolsar el importe de los documentos en orden exigidos en el crédito, al banco intermediario remitente de dichos documentos. El reembolso puede efectuarse a través de un tercer banco quien actuará de acuerdo con las instrucciones del banco emisor y a quien debe dirigirse el banco intermediario para obtener dicho reembolso (...). (DCE); (def 2) Forma de crédito bancario a los particulares instrumentada por letras de cambio. Consiste en la apertura por parte del banco de un crédito a un paticular, a partir de ahí, éste libra letras hasta el importe del crédito concedido, el Banco las aceptará, y se arbitrará un sistema de plazos en los vencimientos, de tal modo que el titular se consigue un crédito para operaciones a corto plazo a un tipo de interés por debajo del normal para otro tipo de empréstitos. (DFB)

Rentabilität *f ^Beschaffenheit, rentable^ ^Einträglichkeit (WDW)^ ^Wirtschaftlichkeit^* (def) Allgemeine Bezeichnung für die Rendite oder Verzinsung einer Investition. In der Investitionsrechnung wird die Rentabilität einer Investition ermittelt, indem der durchschnittliche Gewinn pro Jahr zum durchschnittlich gebundenen Kapital ins Verhältnis gesetzt wird. (KEL); (kon) Bei der Abstimmung zwischen Finanzmittelbedarf und dessen Deckung durch entsprechendes Kapital sind neben der jeweiligen unternehmerischen Leitmaxime auch die daraus abgeleiteten Teilziele und Nebenbedingungen, wie Rentabilität, Unabhängigkeit, Sicherheit und vor allem Liquidität, zu berücksichtigen. (GUF: 89) **rentabilidad** *f* (def) Se dice de la capacidad (o no) de una actividad, rama, sector, etc., de producir ingresos por encima de sus costes, en donde reside la justificación misma de su existencia, habitualmente. Uno de los problemas centrales asociados a este concepto reside en la medición de la rentabilidad de actividades no directamente productivas (servicios generales, administración, etc., y los problemas de imputación asociados). (AEE)

Rentenschuld *f ^Grundpfandrechte^* (def) Die Rentenschuld ist eine Grundschuld, durch die das Grundstück nicht für eine feste Summe, sondern für fortlaufende Zahlungen an regelmäßig wiederkehrenden Terminen haftet (...). Bei ihrer Begründung muss der Betrag bestimmt werden, durch dessen Zahlung die Rentenschuld durch den Grundstückseigentümer abgelöst werden kann (...). Auf die einzelnen Leistungen finden die Vorschriften über die Zinsen einer Hypothek entsprechende Anwendung. Eine persönliche Haftung des Grundstückseigentümers wie bei der Reallast tritt bei der Rentenschuld nicht ein. (CRL); (expl) Die Rentenschuld (...) hat inzwischen jede praktische Bedeutung verloren. (...) (BRS: Teil 12, Kapitel 7. 1:12); (expl) Rechtsgrundlage: § 1199 BGB: 1) Eine Grundschuld kann in der Weise bestellt werden, dass in regelmäßig wiederkehrenden Terminen eine bestimmte Geldsumme aus dem Grundstücke zu zahlen ist (Rentenschuld). 2) Bei der Bestellung der Rentenschuld muss der Betrag bestimmt werden, durch dessen Zahlung die Rentenschuld abgelöst werden kann. Die Ablösungssumme muss im Grundbuch angegeben werden.; (kon) Während die Rentenschuld als Kreditsicherungsmittel bei Bankkrediten ungeeignet ist, sind Hypothek (§§ 1113 ff. BGB) und Grundschuld (§§ 1191 BGB) von überragender Bedeutung für die Absicherung langfristiger Kredite. (GUF: 67) **deuda de renta** *f* (def) Institución jurídica peculiar de Alemania, país donde se denomina Rentenschuld, sumamente parecida al censo consignativo. Consiste en afectar indefinidamente una finca al pago de cierta renta o pensión periódica. No configura derecho real de garantía, puesto que no está relacionada con obligaciones personales. Como característica se citan la determinación del capital para redimirla; corresponder al propietario el derecho de liberarse de esta deuda, sin que el acreedor posea el derecho de exigirla; y aplicarse a las pensiones las reglas relativas a los intereses hipotecarios. Esta deuda de renta puede convertirse en deuda territorial, y a la inversa. (DDU); (expl) La deuda de renta, como subtipo de deuda territorial, es, al igual que ésta, independiente del crédito personal (no accesoria). Su particularidad radica en que hay que pagar una suma determinada por la finca en plazos periódicos regulares, con la que el propietario tiene un derecho de rescate (Ablösungsrecht) (pago de una suma de rescate); el acreedor, sin embargo, no tiene, por lo general, un derecho de rescisión. (CCA: 357/358); (kon) Aus der Übersetzung des § 1199 BGB: 1) Una deuda territorial puede constituirse de tal forma que una cierta suma de dinero deba pagarse a costa de la finca a intervalos reiterados regularmente (deuda de renta). (EEC: 374)

Reserve, stille *f* ^*Rücklagen*^ (def) Aus der veröffentlichten Bilanz nicht ersichtliche Rücklagen, also verdeckte Eigenkapitalteile. Gebildet unter Ausnutzung handels-, und/oder steuerrechtlicher Bewertungsspielräume (Unterbewertung von Aktiva, auch durch überhöhte Abschreibungen, Überbewertung von Passiva). Stellen Selbstfinanzierung dar (...). (BAL); (kon) Die atypische Stille Gesellschaft: Sie ist dann gegeben, wenn der Gesellschafter am gesamten Geschäftsvermögen, d. h. auch an den stillen Reserven, den Rücklagen und den Vermögenszuwächsen, beteiligt ist. (GUF: 19) **reservas ocultas** *fpl* ^*reservas latentes (GWW)*^ ^*reservas tácitas (GWW)*^ (def) Son reservas latentes cuya falta de reflejo contable es totalmente intencionada. (DEI); (kon) Varias delegaciones y observadores se refirieron a la utilización de reservas ocultas. (www.unctad.org)

Return on Investment *m* ^*Kapitalrendite*^ ^*Rentabilität*^ (def) Verhältnis des gesamten investierten Kapitals und des Umsatzes zum Gewinn: RoI ist Kennzahl zur Analyse der Rentabilität. Sie kann als Grundlage für die Unternehmenspolitik und Unternehmensplanung dienen. Als Entscheidungsgrundlage bzgl. Investitionen hat RoI den Nachteil der statischen Betrachtungsweise. (GWL); (expl) Der Return on Investment (ROI) ist eine durchaus verbreitete Kenngröße, die mehr oder minder nahe beim internen Zinsfluss steht oder mehr oder minder nahe an den internen Zinsfluss herangestellt wird. Eine solche »Renditerechnung« wird den statischen Verfahren zugeordnet. Man sagt, sie basiere auf buchhalterischen Daten. Gemeint sind damit relativ einfache Erfolgsgrößen wie Gewinne und Kosten neben Bestandsgrößen wie Investitionsvolumina oder Buchwerten. (ALT); (kon) Betriebswirtschaftlich besonders wirkungsvoll sind alle Maßnahmen, die dazu führen, dass sich der Kapitalumschlag erhöht, da sich hierdurch nicht nur die Finanzlage verbessert (geringerer Kapitalbedarf durch stärkere Nutzung der Finanzmittel), sondern gleichzeitig auch die Rentabilität des Unternehmens erhöht werden kann (Return on Investment). (GUF: 102) **rentabilidad sobre la inversión** *f* ^*rendimiento de la inversión*^ ^*rendimiento del capital invertido*^ (def) Es el cociente entre el beneficio neto y la inversión medida como activo total menos pasivo circulante. (TAM); (expl) Ratio financiero, al que se le suele denominar con las siglas ROI, correspondientes a la locución inglesa (...), y que expresa la relación entre el beneficio neto y el capital invertido, expresada en tanto por ciento. (TMD)

revolvierend *adj* ^*Anschlussfinanzierung*^ ^*Revolving*^ ^*Revolving-Kredit*^ (Komm) Dieses Adjektiv wird in Verbindung mit verschiedenen Substantiven aus dem Bereich der Kreditfinanzierung und Finanzierung mit Schuldscheindarlehen verwendet.; (def) Revolvierend. Allgemein Bezeichnung für – in zahlreichen Wortverbindungen – das fortwährende Wiederaufleben von Fazilitäten u. dgl. zur erneuten Inanspruchnahme. (BAL vs revolving); (kon) Die revolvierende Einzeldeckung sichert die kurzfristigen Forderungen mit Kreditlaufzeiten bis zu 24 Monaten eines Exporteurs, der einen Besteller in laufender Geschäftsbeziehung beliefert. (www.agaportal.de) **rotativo** *adj*

Revolving *n* ^*revolvierend*^ ^*Revolving-Kredit*^ (def) Bankgeschäft, das (...) in der »Eingehung der Verpflichtung, Darlehensforderungen vor Fälligkeit zu erwerben« besteht, etwa die Refinanzierung eines langfristigen Kredits mit kurzfristigen Mitteln, die von einer Vielzahl von Kreditgebern stammen (Revolving-System). Wenn die Kreditgeber ihre Gelder zurückrufen, werden die entsprechenden Mittel durch neu hinzutretende Kapitalgeber ersetzt. Durch das laufende Wechseln findet so die Fristentransformation zwischen den kurzfristig angelegten Mitteln und dem langfristigen Darlehen statt. Der Vermittler trägt das Transformationsrisiko und i. d. R. auch das Zinsänderungsrisiko. (GAB vs Revolving-Geschäft); (kon) Der Schuldscheindarlehensvertrag wird beim indirekten Revolving zwischen Kapitalnehmer und der zwischengeschalteten Bank abgeschlossen, die für die Refinanzierung einzustehen und damit Zins-, und Fristen- und Prolongationsrisiko zu tragen hat. (GUF: 47) **rotación** *f*

Revolving-Kredit *m* ^*revolvierend*^ ^*Revolving*^ (def 1) Bezeichnung für einen Kredit, der von einer Unternehmung im Rahmen eines zugesagten Höchstbetrages je nach ihren Finanzierungsbedürfnissen immer wieder in Anspruch genommen werden kann. (BAL vs revolving credit (2)); (def 2) (...) Das Akkreditiv kann kumulativ oder nicht kumulativ revolvierend sein. (GAB vs revolvierendes Akkreditiv) **crédito rotativo** *m* (def) El que una vez reembolsado puede volver a utilizarse durante un determinado período, análogamente a lo que sucede con una cuenta de crédito. El prestatario gira contra el crédito cuando lo necesita, y paga intereses sobre las cantidades dispuestas; así como una comisión de disponibilidad sobre la parte no utilizada. (TAM)

Rohmaterial *n ^Rohstoff^*

Rohstoff *m ^Fertigwaren^ ^Halbwaren^ ^Rohmaterial (WDW)^* (def) Grundstoffe, die im Produktionsprozess in das Erzeugnis eingehen. Rohstoffe bilden den stofflichen Hauptbestandteil der Erzeugnisse. (GWL); (kon) Neben einmaligen und laufenden, vom Umsatz berechneten Gebühren kann der Franchisegeber Einnahmen erzielen aus Vermietung von Ausstattungs-, Beratungs-, Ausbildungsleistungen, aus Verkauf von Roh-, Hilfs-, Betriebsstoffen, Halb- und Fertigwaren sowie Werbematerialien und schließlich aus gewährten Krediten. (GUF: 73) **materia prima** *f* (def) Se trata de objetos o materiales destinados a ser incorporados a los productos fabricados. Puede ser un producto elaborado o semielaborado en la empresa, que se utiliza para ulteriores transformaciones (por ejemplo, un motor para un automóvil) o de elementos que no han sufrido ninguna transformación, en cuyo caso son materias primas en sentido estricto. Desde el punto de vista de la Contabilidad de Costes, para que un elemento integrante del coste sea considerado materia prima, se exigen dos condiciones: la primera es formar parte físicamente del producto terminado, y la segunda es que sean consumos controlables desde el punto de vista económico, es decir, el beneficio del control es superior al coste. (DEE); (kon) Según el estado de transformación se distingue entre materias primas, bienes intermedios y bienes finales. Las materias primas entran en el proceso productivo tal como se extraen de la naturaleza, sin haber sufrido ningún cambio (...). (SMA: 1)

Rückbürgschaft *f ^Bürgschaft^ ^Bürgschaft für Regressschuld (WDW)^ ^Nachbürgschaft^* (def) Person, die sich einem Bürgen für den Fall, dass er aus der Bürgschaft in Anspruch genommen wird, für die Sicherheit des dem Bürgen vom Hauptschuldner zu leistenden Ersatzes verbürgt. (GWL); (Komm) Im Gegensatz zur Rückbürgschaft, mit der eine Absicherungskette von Seiten des Bürgen gewährleistet wird, erfolgt bei der Nachbürgschaft eine doppelte Absicherung von Seiten der Banken. **garantía subsidiaria** *f ^contrafianza^ ^fianza subsidiaria a favor del primer fiador^ ^garantía de fianza (DDU)^ ^retrogarantía^* (def) Se aplica a la acción o responsabilidad dispuestas para sustituir a otra principal en caso de fallar ésta. (DMM vs subsidiario); (Komm) El fiador se asegura con la fianza (garantía) prestada por otro fiador para el caso de que el deudor no haga frente al pago. En ese caso el primer fiador paga y puede pedir el reembolso directamente al segundo fiador.

Rückkauf, freihändiger *m ^Schuldverschreibung^ ^Tilgung^* (def) Tilgung von Schuldverschreibungen durch Käufe des Emittenten an der Börse, wenn die Tageskurse niedriger als die Rückzahlungskurse sind und die Anleihebedingungen den f[reihändigen] R[ückkauf] vorsehen. (GWL); (kon) Die Tilgung kann, hinausgehend über die beim Realkredit geschilderten Formen, durch Auslosung und/oder als freihändiger Rückkauf (an der Börse) erfolgen. (GUF: 40/41) **rescate en Bolsa** *m* (def) Las sociedades, bajo determinados supuestos, recuperan sus emisiones de obligaciones antes de la fecha de vencimiento. Estos supuestos, regulados por la Ley de Sociedades Anónimas, pueden ser por amortización anticipada según las condiciones de la escritura de emisión, por convenio entre la sociedad y el sindicato de obligacionistas, o por su conversión en acciones (lo que implica una ampliación de capital). (DEN vs rescate de obligaciones); (expl) Cuando las obligaciones son cotizadas en Bolsa, la sociedad tiene otro medio de proceder al reembolso: el de comprarlas. La práctica, considerando la colocación como una venta, emplea la expresión de rescate en Bolsa. Esta operación es beneficiosa a la sociedad cuando los títulos son cotizados por debajo de la par. Debe hacerse con prudencia para no hacer subir la cotización. La validez de la operación no ha sido nunca contradicha ya que la sociedad es libre de adquirir los créditos contra ella misma y su realización no presenta las dificultades encontradas para el rescate de acciones. (...) (AEO: 133); (kon) El rescate en Bolsa acelera la amortización, disminuyendo el número de títulos en circulación pero la sociedad no podrá modificar su cuadro de amortización bajo pretexto de que ha rescatado en el año un cierto número de títulos que quiere descontar de los que debe amortizar. (AEO: 133/134)

Rücklagen *fpl ^Gewinnthesaurierung^ ^Reserve, stille^* (def) Bei Unternehmen Kapitalreserven, die zum Ausgleich evtl. späterer Verluste dienen sollen. Rücklagen bedeuten zusätzliches Eigenkapital; sie werden auf der Passivseite der Bilanz, wenn es sich um offene Rücklagen handelt, nicht auf dem Eigenkapitalkonto, sondern auf gesonderten Rücklagenkonten (Passivkonten) ausgewiesen (...); oder, wenn stille Reserven, treten sie überhaupt nicht in der Bilanz in Erscheinung, weil Vermögensteile unterbewertet oder sie in überhöhten Schuldposten, z. B. in Rückstellungen (...) enthalten sind. Rücklagen haben in erster Linie die Aufgabe, bei Verlusten das Nominalkapital vor einer Reduzierung zu schützen. Sie stellen damit insbesondere eine Art Garantieposten für den Gläubiger dar, weil sie das Risiko eines Zusammenbruchs der Unternehmung mindern. Sie entstehen neben Zurückbehalten von Gewinnen im Unternehmen (Selbstfinanzierung, Gewinnthesaurierung) gelegentlich auch durch Einlage von zusätzlichem Eigenkapital (...). (BAL); (kon) Werden die nicht ausgeschütteten Gewinnanteile offen ausgewiesen, dann schlagen sie sich bei Kapitalgesellschaften im Gewinnvortrag oder in den Rücklagen nieder. (GUF: 75) **reservas** *fpl* (def) Beneficios del ejercicio y de ejercicios anteriores no distribuidos que se utilizarán como autofinanciación o para ser distribuidos entre los socios en el futuro. Se incluyen también las plusvalías calculadas por actualización de balances cuando estas actualizaciones han sido aprobadas legalmente. En el Plan General de Contabilidad están recogidas en varias cuentas que forman parte de los fondos propios, se abonan con cargo a la cuenta de pérdidas y ganancias y se cargan cuando se produce la pérdida o se distribuyen entre los socios. (DEN); (kon) Las reservas, las amortizaciones, las provisiones y las previsiones constituyen las cuatro partidas fundamentales en que se pueden agrupar los recursos financieros internos de la empresa. (SSD: 299)

Rückstellungen *fpl ^Pensionsrückstellung^* (def) Auf der Passivseite der Bilanz als Sicherheitsreserve ausgewiesene Beträge, die zur Begleichung von Verbindlichkeiten gebildet werden, die am Bilanzstichtag bestehen oder erkennbar, aber in ihrer Höhe und evtl. Fälligkeit ungewiss sind (echte Verbindlichkeiten). Für Steuer-, Prozess-, Lohnnachzahlungs-, Prüfungs- und Sachverständigengebühren, Steuern, Risiken aus Lieferungs- und Abnahmeverpflichtungen können Rückstellungen erforderlich sein. Rückstellungen belasten das Jahresergebnis, mindern also den Gewinn, auch steuerlich. Die Höhe der Rückstellungen beruht meist auf Schätzungen; daher enthalten sie oft Stille Reserven. (...) (BAL); (kon) Auch kann über kurzfristige Rückstellungen ein langfristiger Finanzierungseffekt erzielt werden, wenn sich die jeweilige Position durch den Umsatzprozess dauernd aufbaut und durch Inanspruchnahme auflöst. (GUF: 78) **provisiones** *fpl* (def) Pérdidas ciertas no realizadas, coberturas de gastos futuros para reparaciones extraordinarias o responsabilidades futuras por litigios en curso. Las provisiones son cuentas de compensación que tratan de indicar que algunas cuentas de activo están supervaloradas. (AEE vs provisiones); (kon) Si la empresa estima que Hacienda puede reclamarle el pago de impuestos de ejercicios pasados, procederá a dotar una provisión aunque aún no haya una resolución definitiva. (www.aulafacil.com)

Rückzahlung *f ^Tilgung^* (def) Vorgang und Ergebnis der Rückerstattung einer früher erfolgten Zahlung, in dem der Zahlungsmittelschuldner seine Zahlungsmittelverbindlichkeit an den Gläubiger durch Rückzahlung begleicht. Allgemein: Tilgung von Krediten u. a. Schulden aller Art. Speziell: Tilgung von Schuldverschreibungen (Anleihen) aller Art. (...) (BAL); (kon) Von den üblichen Tilgungsformen – Rückzahlung nach Kündigung oder bei Laufzeitende, Rückzahlung in regelmäßigen Zahlungen gleicher Tilgungsbeträge (Tilgungsdarlehen) oder gleicher Kapitaldienstbeträge (Annuitätsdarlehen) – ist die Tilgung in Annuitätenform sehr gebräuchlich. (GUF: 38) **reembolso** *m ^amortización^* (def) En economía, la acción de ir cancelando de forma gradual, por plazos, una deuda, con la devolución paulatina del prin-cipal y de los intereses pactados en la operación de préstamo. (TAM); (kon) Al término del plazo fijado, cuando vence el crédito, el prestatario está obligado a devolver el capital inicial, lo que se llama la amortización o el reembolso del crédito. (SMA: 97)

S

Sacheinlage *f* *^Bareinlage^* *^Einlage^* *^Sachgründung^* (def) Einlage, die nicht durch Bareinzahlung, sondern durch Einbringung von Maschinen, Gebäuden, Grundstücken etc. geleistet wird. 1. S[acheinlage] im Falle der Gründung einer AG (Sachgründung): In der Satzung der AG muss festgesetzt werden: a) Gegenstand der S[acheinlage], b) Person, von der die AG den Gegenstand erwirbt und c) Nennbetrag der zu gewährenden Aktien bzw. Vergütung. Andernfalls sind Vereinbarungen über S[acheinlagen] unwirksam (§ 27 AktG). 2. S[acheinlagen] im Falle einer Kapitalerhöhung einer AG (Sachkapitalerhöhung): Die gleichen, oben genannten Bestimmungen sind im Hauptversammlungsbeschluss zu treffen (§ 183 AktG). Ähnlich bei bedingter Kapitalerhöhung und genehmigtem Kapital (§§ 194, 205 ff. AktG). 3. S[acheinlage] im Falle der Gründung einer GmbH (Sachgründung): In der Satzung der GmbH müssen der Gegenstand der S[acheinlage] und der Betrag der Stammeinlage, auf die sich die S[acheinlage] bezieht, festgesetzt werden (§ 5 IV GmbHG). Gleiches gilt für die S[acheinlage] im Falle einer Kapitalerhöhung (Sachkapitalerhöhung). (GWL); (kon) Bei Sacheinlagen ist der Nennbetrag der für die Einlage zu gewährenden Aktien in der Satzung festzulegen. (www.rhein-necker.ihk24.de) **aportación no dineraria** *f* *^aportación in natura (CDS)^* (def) Son aquellas que se efectúan en bienes o derechos, no en metálico; el valor que se les atribuya, así como el número de acciones recibidas en pago por esta clase de aportaciones, deberá figurar en la escritura de constitución (...). Los fundadores responderán solidariamente frente a la sociedad y frente a terceros de la realidad de las mismas y de su valoración (...). En el caso de fundación sucesiva, el programa de fundación hará mención de la naturaleza y el valor de estas aportaciones y expresará el nombre del aportante y el lugar en que estará a disposición de los suscriptores una memoria explicativa y un informe técnico sobre la valoración asignada (...). Si la aportación consistiere en bienes muebles o inmuebles o derechos asimilados a ellos el aportante estará obligado a la entrega y saneamiento de la cosa objeto de la aportación, (...). Si la aportación consistiere en un derecho de crédito, el aportante responderá de la legitimidad de éste y de la solvencia del deudor. (...) (DDM vs aportaciones no dinerarias a la Sociedad Anónima); (kon) En el caso de que se proyecten aportaciones no dinerarias, en una o en varias veces, el programa hará mención suficiente de su naturaleza y valor, del momento o momentos en que deban efectuarse y, por último, del nombre o denominación social de los aportantes. (LSA art. 20, 1a)

Sachen *fpl* (def) I[m] S[inne] des Bürgerlichen Gesetzbuches Gegenstände der Körperwelt, und zwar feste, flüssige und gasförmige Körper; letztere i. d. R. nur im Behältnis. Keine S[achen] sind dagegen unkörperliche Gegenstände, z. B. Rechte, Sachgesamtheiten, Firmenwert, Kundenkreis eines Kaufmannes und geistige Schöpfungen (z. B. ein Roman als solcher, anders das Buch). Keine Sache ist der Körper des lebenden Menschen. Tiere sind keine Sachen; auf sie sind jedoch die für Sachen geltenden Vorschriften anzuwenden, soweit nichts anderes bestimmt ist (...). (GWL); (expl) Rechtsgrundlage: § 90 BGB: Sachen im Sinne des Gesetzes sind nur körperliche Gegenstände. Dazu heißt es in einem Kommentar zur »Definition der Sache«: § 90 macht die Körperlichkeit eines Gegenstandes zum Kriterium für seine Sachqualität. Dazu bezieht sich das BGB auf die natürliche Anschauung, welche räumliche Abgrenzung und Beherrschbarkeit des Gegenstandes verlangt (...). Nicht gefordert wird die Wahrnehmbarkeit durch den Tastsinn. Die Abgrenzung der Sache muss nicht von Natur aus bestehen. Sache im Sinne des § 90 ist also jedes in räumlicher Abgrenzung für sich bestehende und im Verkehrsleben als selbstständig anerkannte Stück der beherrschten Materie (...).; (kon) Das Pfandrecht dient dem Gläubiger insofern zur Sicherheit, als er sich aus der Sache bzw. dem Recht befriedigen kann; es ist akzessorisch. (GUF: 64) **cosas** *fpl* (def) En una primera aproximación jurídica al lineamiento del concepto de cosa, se debe considerar la tradicional oposición entre cosa y persona; la consideración de la persona como el sujeto del Derecho, y la cosa como el objeto del mismo, que va a dar lugar a la distinción entre el Derecho de las personas y el Derecho de las cosas. Un siguiente aspecto viene dado por la relación entre cosas materiales y tangibles, y cosas inmateriales, generalmente identificadas con derechos, facultades, etc. En la práctica, y aún a pesar de la discusión de algunos juristas que han querido apreciar matices diferenciadores, cosas y bienes se utilizan como equivalentes (...). (DEI); (expl) Rechtsgrundlage: Art. 333 del Código Civil: Todas las cosas que son o pueden ser objeto de aprobación se consideran como bienes muebles o inmuebles.; (kon) Sin embargo, en el Código se afirma que pueden ser objeto de posesión las cosas y los derechos (art. 437). (PYP: 110)

Sachen, bewegliche *fpl* (def) Alle Sachen, die nicht Grundstücke oder Bestandteile von Grundstücken sind. (GWL); (kon) Der Eigentumsvorbehalt basiert auf § 449 BGB und besagt, dass der Verkäufer einer beweglichen Sache sich das Eigentum an ihr bis zur vollen Bezahlung des Kaufpreises vorbehält. (GUF: 65) **bienes muebles** *mpl* (def) »Los que sin alteración alguna pueden trasladarse de una parte a otra (...)«. Para el legislador español son bienes muebles los no enumerados como inmuebles; »y, en general, todos los que se pueden transportar de un punto a otro sin menoscabo de la cosa inmueble a que estuvieren unidos« (art. 335). »Tienen también la consideración de cosas muebles las rentas o pensiones, sean vitalicias o hereditarias, afectas a una persona o familia, siempre que no graven con carga real a una cosa inmueble, los oficios enajenados, los contratos sobre servicios públicos y las cédulas y títulos representativos de préstamos hipotecarios (art. 336 del Cód Civ. esp.).« (DDU); (kon) Al dar principio a sus operaciones, el comerciante debe establecer un inventario que contenga la relación exacta del dinero, valores, créditos, bienes muebles e inmuebles, mercancías que constituyen el activo, la relación exacta de las deudas y toda clase de obligaciones pendientes que forman el pasivo y, por fin, la diferencia exacta entre el activo y el pasivo. (HAC: 156)

Sachgründung *f ^Bargründung^ ^Gründung^ ^Sacheinlage^* (def) Mögliche Form der Gründung einer Handelsgesellschaft, bei der Gründer als Eigenkapital teilweise oder ausschließlich anstelle von Geld Sacheinlagen (Fabrikanlagen, Patente, Maschinen, Grundstücke u. a.) einbringen. Zur Vermeidung von Bewertungsmanipulationen ist anlässlich der Sachgründung eine Gründungsprüfung durch unabhängige Prüfer erforderlich. Gegensatz: Bargründung. (BAL); (kon) Wird (...) der Vorgang der Bereitstellung des Geldkapitals übersprungen und werden an Stelle von Barmitteln Vermögensgegenstände aus dem Privatvermögen in das Betriebsvermögen überführt, so bezeichnet man diesen Vorgang als Sachgründung. (GUF: 10) **fundación mediante aportaciones en especie** *f* (ÜV) (def) Es la forma de fundación de una sociedad mercantil en la cual los socios de la misma no realizan aportaciones dinerarias sino no dinerarias como inmuebles, equipo técnico, etc. (DV); (expl) La aportación social: Para la constitución de la sociedad, cualquiera que sea el sistema seguido, hay que desembolsar el capital social – según ya hemos dicho – en una cuarta parte al menos (art. 8). El desembolso se hace aportando los socios a la sociedad dinero u otros bienes patrimoniales valuables en dinero (bienes muebles o inmuebles, derechos reales y de crédito, de propiedad industrial y comercial, establecimientos comerciales, concesiones mineras y administrativas, títulos de crédito, etcétera), de forma que lo aportado entre a formar parte del patrimonio social, distinto y separado del de los socios. (...) (UDM: 167)

Sachrechte *npl ^Recht, dingliches^*

Saldo *m ^begleichen^ ^Haben^ ^Soll^* (def) Differenzbetrag, der sich durch Aufrechnung der Soll- und Habenseite eines Kontos ergibt. Je nachdem, ob die Soll-, oder Habenseite größer ist, ergibt sich ein Soll-Saldo (Aktiv-Saldo) oder ein Haben-Saldo (Passiv-Saldo). Der Saldo wird bei Abschluss des Kontos als Ausgleichsposten auf der kleineren Seite gebucht; bei Eröffnung des Kontos wird der Saldo der Vorperiode auf der jeweiligen Gegenseite verbucht (Saldo-Vortrag). (BRO); (kon) Der jeweilige Saldo auf einem Konto oder der Stand des Kontos ist meist wichtiger als die absoluten Zahlen im Soll und Haben. (WAS: 38) **saldo** *m* (def) Diferencia existente en un momento determinado entre el debe y el haber de una cuenta contable. (DEN); (kon) La serie en su conjunto muestra una participación de las Cajas normalmente superior al 90% en el total de saldos, que llega a alcanzar el 99% en los años de 1978 a 1980. (CAV: 7)

Sale-and-lease-back *n ^Leasing^ ^Verkauf-Rückmiete (LFL)^* (def) Eine Sonderform [des Leasing] stellt das so genannte »sale and lease back«-Verfahren (»Verkauf und Rückmiete«) dar. Der zukünftige L[easing]-Nehmer verkauft hierbei zunächst das Wirtschaftsgut an eine L[easinggesellschaft] und mietet es von dieser zurück. (LBW vs Leasing); (kon) Das Sale-and-leaseback (...) bewirkt einen echten Liquiditätszuwachs. (GUF: 72) **lease back** *m ^alquiler-venta (EEE)^ ^leasing de retro (SLL)^* (def) Es aquella operación en que el propietario de un bien mueble o inmueble lo vende a la entidad de leasing, quien lo adquiere y lo entrega a aquél (anterior propietario) en régimen de arrendamiento financiero. Es decir, se trata de operaciones en que el vendedor o proveedor del material y el usuario son una misma persona. Salvo en lo concerniente a este aspecto subjetivo del negocio jurídico, se documenta en contratos con los mismos pactos y cláusulas básicas que se contienen en los demás. La finalidad económica comúnmente perseguida por el usuario en este tipo de operaciones es la de obtener tesorería para atender a las necesidades de explotación del negocio o para atender a nuevas inversiones en activos. Por otros motivos, el lease-back es frecuentemente utilizado en las operaciones de leasing sobre materiales de importación, cuando es el futuro usuario quien, por razón de licencias u otros trámites administrativos, ha importado a su propio nombre el bien en cuestión, y una vez en territorio nacional, lo vende a la entidad de arrendamiento financiero, que se lo cederá en leasing. (...) (HJL); (kon) El »lease back« o »leasing de retro« es una fórmula de leasing en la cual el futuro arrendatario, un empresario o usuario, se desprende de un bien de su propiedad vendiéndolo a una sociedad de leasing que a su vez se lo arrienda en régimen de leasing propiamente dicho. (SLL: 15)

Sanierung *f* (def) Maßnahmen zur Wiederherstellung der Rentabilität und des finanziellen Gleichgewichts verlustreicher, überschuldeter bzw. der Gefahr der Zahlungsunfähigkeit ausgesetzter Unternehmungen. Die Sanierung wird meist nicht auf Finanzierungsmaßnahmen beschränkt. Häufig werden zugleich Umstrukturierungen, personelle Veränderungen, Rationalisierungsmaßnahmen usw. eingeleitet, je nach den spezifischen Ursachen der Sanierungsbedürftigkeit (...). Sanierungsmaßnahmen: (1) Buchtechnische (formelle) Sanierung zur Beseitigung einer Unterbilanz (...): (a) Auflösung offener Reserven, die das Buchkapital vermindern, (b) Auflösung Stiller Reserven. (...) (c) Kapitalherabsetzung auf die Höhe des durch Verluste verminderten Vermögens bei Personen- und Kapitalgesellschaften. (...) (2) Zufluss neuen Eigenkapitals. (...) (a) freiwillige Zuzahlung bei der Aktiengesellschaft (...), Nachschüsse bei der GmbH (...). (b) Kapitalerhöhung (...). Bei Aktiengesellschaft erfolgt die Sanierung durch Neuemission von Aktien, bei Einzelunternehmen und Personengesellschaften durch Kapitaleinlagen. (c) Teilliquidation durch Verkauf von Vermögensteilen. (3) Im Bereich des Fremdkapitals: Schuldenumwandlung (...), Kreditaufnahme, Moratorium (Zahlungsaufschub), Forderungsverzicht bzw. außergerichtlicher Vergleich (...). (4) Änderung der Rechts- und Organisationsform (...), personelle Veränderungen, Rationalisierung (...) usw. (5) Gerichtlicher Vergleich (...) oder Zwangsvergleich. (BFL); (kon) Anlässe bzw. Gründe für die Ausgabe von Genussscheinen sind beispielsweise die Einlage schwerbewertbarer Rechte, Sachen oder Leistungen, Zuzahlungen der Aktionäre oder Ablösung von Gläubigerrechten bei der Sanierung, Ablösung von Vorrechten der Vorzugsaktionäre, Durchführung einer Kapitalerhöhung, wenn zum Emissionszeitpunkt der Börsenkurs der Aktien unter pari steht. (GUF: 25) **saneamiento** *m* (def) (...) Hacer que la economía, los bienes, las rentas, etc., dejen de producir pérdidas y comiencen a prosperar y a dar beneficios (...). (DES vs sanear); (kon) En este período se produce el saneamiento económico-financiero de las empresas y la recuperación de sus indicadores de rentabilidad. (GDE: 601)

Satzung *f* (def) Statut, vertragliche Bestimmungen über die Verfassung von Kapitalgesellschaften, Genossenschaften etc. (...) Im Sinne der Kapitalgesellschaften: 1. Aktiengesellschaften und Kommanditgesellschaften auf Aktien: a) Voraussetzungen: Die S[atzung] der AG und KGaA bedarf öffentlicher Beurkundung (§ 23 I AktG), an ihrer Feststellung muss mindestens ein Gründer beteiligt sein (§ 2 AktG). b) Inhalt (§ 23 II, III, IV AktG): (1) Zwingender Inhalt: die Gründer, Angabe von Nennwert, Ausgabebetrag und, wenn mehrere Gattungen bestehen, Gattung der Aktien, Firma und Sitz der Gesellschaft, Gegenstand des Unternehmens, Höhe des Grundkapitals, Nennbeträge und Zahl der Aktien, Form der Bekanntmachungen der Gesellschaft. (...) c) Änderungen der S[atzung] sind nur durch Beschluss der Hauptversammlung mit einer Mehrheit, die i. d. R. ¾ des bei der Beschlussfassung vertretenen Grundkapitals umfassen muss, möglich (§§ 179 ff. AktG). Eine andere Kapitalmehrheit kann in der S[atzung] bestimmt werden. (...) (GWL); (kon) Da jedes Mitglied, soweit nicht in der Satzung etwas anderes bestimmt wurde, unter Einhaltung einer dreimonatigen Kündigungsfrist zum Ende eines Geschäftsjahres kündigen kann, ist das Eigenkapital der Genossenschaft unter Umständen eine rasch veränderliche Größe. (GUF: 31) **estatutos** *mpl* (def) Son reglas corporativas que establecen la organización durable de una entidad, por medio de normas de carácter instrumental; los estatutos constituyen la reglamentación abstracta de una persona jurídica y la ordenación que rige su origen, funcionamiento y disolución. (DEE); (kon) En los estatutos que han de regir el funcionamiento de la sociedad se hará constar: (...) (LSA art. 9)

Schadlosbürgschaft *f ^Ausfallbürgschaft^*

Scheck *m ^Wechsel^* (def) Scheck ist ein schuldrechtliches Wertpapier, das in bestimmter Form ausgestellt, als Scheck bezeichnet werden und auf die Zahlung einer bestimmten Geldsumme (Schecksumme) lauten muss. Der Scheck ist eine besondere Form der Anweisung; er darf nur auf eine Bank, Sparkasse oder bestimmte öffentliche Anstalten gezogen werden (...) Im Gegensatz zum Wechsel kann ein Scheck nicht angenommen werden (...). Auch ein Indossament des Bezogenen ist nichtig (...) Außerdem ist der Scheck zwingend bei Sicht zahlbar (...); dadurch soll vermieden werden, dass der Scheck, der lediglich dem Zahlungsverkehr dienen soll, als Kreditmittel benutzt wird. (...) Wer einen Scheck ausstellt haftet für dessen Zahlung (...). (CRL); (kon) Als Zahlungsmittelbestände kommen in Frage: Kassenbestände (Bargeld), Bank- und Postgiroguthaben sowie sofort liquidierbare Vermögensgegenstände, wie Schecks, rediskontfähige Wechsel und andere Wertpapiere. (GUF: 90) **cheque** *m ^talón (DEI)^* (def) Talón emitido por un banco contra sus propios fondos. Es una promesa de pago del banco nominativa o al portador. Una persona puede comprar un cheque bancario con dinero en efectivo o mediante cargo en su propia cuenta. El banco cobra usualmente una comisión por este servicio. Actualmente es sinónimo de talón. (EEE); (kon) El cheque, como documento, lo crea el librador en el acto de extenderlo. (LCC: 193)

Schenkungsbilanz *f ^Übertragungsbilanz^*

Schuldbetreibung *f ^Zwangsvollstreckung^*

Schulden *fpl ^Fremdkapital^ ^Schuldverhältnis^ ^Verschuldung^ ^Verschuldungsgrad^ ^Umschuldung^* (Komm) Im Gegensatz zur allgemeinsprachlichen Bedeutung wird der Terminus in der Fachsprache stets im Plural verwendet.; (def) Schulden sind Verpflichtungen eines Kaufmanns gegenüber einem Dritten. Im Einzelnen werden sie allgemein definiert als (1) bestehende oder hinreichend sicher erwartete Belastungen des Vermögens, die (2) auf einer rechtlichen oder wirtschaftlichen Leistungsverpflichtung des Unternehmens beruhen und (3) selbstständig bewertbar, d. h. als solche abgrenzbar und z. B. nicht nur Ausfluss des allgemeinen Unternehmerrisikos sind. Der Begriff Schulden umfasst somit nicht nur Verbindlichkeiten, sondern grundsätzlich auch Rückstellungen, die durch die Ungewißheit hinsichtlich Bestehen und/oder Höhe der künftigen Belastungen gekennzeichnet sind. (LBW); (kon) Dabei gilt in den einschlägigen Gesetzen das generelle Prinzip, dass der Haftungsumfang für die Schulden der Unternehmung für den einzelnen Kapitalgeber mit seinem Einfluss auf die Geschäftsführung ebenfalls steigt. (GUF: 12) **deudas** *fpl* (def) Obligación que surge de tomar a préstamo y/o de tomar mercancías a crédito. Dependiendo de la transacción puede incorporar o no intereses. Existen numerosas formas de deuda y, acaso, la más conocida e interesante sea la deuda pública. (AEE); (kon) Las crisis empresariales suponen deudas de más de dos mil millones de euros anuales. (www.unav.es)

Schuldner *m ^Debitor (GWL)^ ^Debitoren^ ^Gläubiger^* (def) Derjenige, der aufgrund eines Schuldverhältnisses dem Gläubiger eine Leistung zu erbringen verpflichtet ist (§ 241 BGB). (GWL); (expl) Notwendig an einem Schuldverhältnis beteiligte Person, die verpflichtet ist, eine Leistung (Geld- oder Sachleistung, Sachüberlassung, Arbeitsleistung, Rechtsübertragung, Einräumung von Sicherheiten) zu erbringen. Die gleichfalls notwendig an einem Schuldverhältnis beteiligte Person, die berechtigt ist, vom Schuldner etwas zu fordern, heißt Gläubiger. (MÜS); (kon) Die Insolvenzordnung differenziert zwischen Verbraucher- und Regelinsolvenzverfahren, wobei der Schuldner keine Wahlmöglichkeit hat. (www.ihk-koeln.de) **deudor** *m* (def) El sujeto pasivo de una obligación, es decir, el que está obligado a cumplir la prestación en virtud de un contrato o disposición expresa legal. (AEE); (kon) El deudor puede ceder sus bienes a los acreedores en pago de sus deudas. (www.solon.org)

Schuldschein *m ^Schuldscheindarlehen^* (def) Schuldbrief, Schuldurkunde. Bürgerliches Recht: 1. Begriff: Urkunde, in der der Schuldner eine bestimmte Leistung, i. d. R. Zahlung einer Geldsumme, verspricht; meist zu Beweiszwecken ausgestellt. Angabe des Schuldgrundes ist nicht erforderlich. Sch[uldschein] ist kein Wertpapier; Besitz der Urkunde ist zur Geltendmachung des Rechts nicht erforderlich. Vorlage bei der Forderungsabtretung kann aber zu gutgläubigem Erwerb führen (...). Das Eigentum am Sch[uldschein] steht dem Gläubiger der Forderung zu (§ 952 BGB). 2. Nach bewirkter Leistung kann der Schuldner neben der Quittung Herausgabe des Sch[uldscheines] verlangen (§ 371

BGB). Erklärt der Gläubiger sich zur Rückgabe außerstande, kann der Schuldner auf dessen Kosten eine Erklärung mit öffentlicher Beglaubigung über das Erlöschen der Schuld verlangen; (Löschungsbewilligung). 3. Die von einem Kaufmann gezeichneten Sch[uldscheine] gelten als im Betrieb seines Handelsgewerbes gezeichnet, sofern sich nicht aus der Urkunde selbst das Gegenteil ergibt (§ 344 II HGB). (...) (GWL); (kon) Während beim fristkongruenten Schuldscheindarlehen der Schuldschein laufzeitkonform untergebracht ist, werden beim revolvierenden mehrere kürzerfristige Geldanlagen wechselnder Kapitalgeber aneinandergereiht in den langfristigen Kredit transformiert. (GUF: 47) **pagaré** *m* (def) Documento por el que una persona se compromete a pagar a la orden de otra una suma de dinero a una fecha cierta; supone una promesa personal de pago que hace el firmante y tiene carácter mercantil si procede de una operación de comercio, produciendo entonces, los mismos efectos que las letras de cambio, salvo la aceptación que es privativa de éstas. (DEE); (kon) Los títulos que se negocian en Bolsa pueden ser: acciones, obligaciones, fondos públicos y pagarés (públicos y privados). (GDE: 413)

Schuldscheindarlehen *n ^Darlehen^ ^Schuldschein^* (def 1) 1. Begriff/Charakterisierung: Darlehen, über das ein Schuldschein ausgestellt wird. Sch[uldscheindarlehen] sind anleiheähnliche (Anleihe), langfristige Großkredite, die von öffentlichen Stellen (Bund, Länder, Gemeinden, ERP-Sondervermögen, Fonds »Deutsche Einheit«) bestimmten Unternehmen (z. B. Deutsche Bahn AG und Deutsche Post AG) bei Kapitalsammelstellen (i. d. R. keine Banken) aufgenommen werden. Die Kapitalsammelstellen erhalten die erforderlichen Mittel von mehreren Kapitalgebern, da es sich um Großkredite handelt. 2 Darlehensgeber: Versicherungsunternehmen (insbes. Lebensversicherungen und Pensionskassen), auch Sozialversicherungsträger. (...) 4. Ausstattung: Die Verzinsung bestimmt sich nach dem Kapitalmarktsatz für erstklassige Anlagen. (...) I. d. R. sind die ersten Jahre tilgungsfrei, dann gleichmäßige jährliche Tilgungsquoten. 5. Beurteilung: a) Vorteile: (1) Der Darlehensnehmer profitiert von den geringen Transaktionskosten und der relativ schnellen und einfachen Bereitstellung. Vorteilhaft ist auch die Flexibilität der Kreditbedingungen und der i. d. R. verglichen mit Bankkrediten, niedrigere Zinssatz. (2) Der Darlehensgeber erhält i. d. R. einen Zinssatz über der Kapitalmarktrendite. b) Nachteile: (1) Hohe Bonitätsanforderungen an Kreditnehmer; eine vorzeitige Kündigung ist i. d. R. nicht möglich. (2) Gefahr der Illiquidität bei unterschiedlichen Bindungsfristen von Darlehensgebern und -nehmern. (GWL); (def 2) (...) Fristkongruente Schuldschein-Darlehen werden dem Kreditnehmer über die Gesamtlaufdauer, ausgestattet mit Festzins oder variablem Zins (Anpassung alle drei oder sechs Monate an die Entwicklung eines Referenzzinssatzes plus Aufschlag), eingeräumt. (...) Revolvierende Schuldschein-Darlehen sind kurzfristige Darlehen, die im Falle der Laufzeitinkongruenz so nacheinandergeschaltet werden, dass über die sich permanent ergebende Fristentransformation die Deckung von Kapitalbedarf und Finanzierung erreicht werden soll. (...) (BFL); (kon) Das Schuldscheindarlehen wird über die Laufzeit von einer (Einzelschuldscheindarlehen) oder mehreren (Teilschuldscheindarlehen) Kapitalsammelstellen dem Kreditnehmer ohne Vermittlung durch eine Bank oder einen Finanzmakler gewährt. (GUF: 46) **pagaré de empresa** *m* (def) Pagaré emitido por una empresa para la obtención de recursos a corto plazo. Suele ser emitido al descuento y al portador, y en caso de insolvencia de la empresa emisora hay una tercera entidad que se compromete a satisfacer la deuda de aquélla. (DEN); (expl) Los pagarés de empresa son valores de renta fija negociables, cualquiera que sea su instrumentación, seriados o no, con vencimiento a corto plazo, emitidos típicamente a descuento por grandes empresas, con la finalidad de diversificar sus fuentes de financiación y conocidos internacionalmente como papel comercial (...). La emisión de pagarés suele responder a necesidades de circulante de las empresas, pero son susceptibles también de uso como financiación a medio y largo plazo, lo que puede instrumentarse mediante la rotación de los pagarés al vencimiento y a través de contratos con entidades bancarias para la adquisición de los no colocados entre el público (o, alternativamente, para la concesión de un crédito por igual importe) en caso de condiciones desfavorables del mercado de pagarés. (...) Dos son, pues, hoy los grandes grupos de oferentes en el mercado de pagarés de empresa. Por una parte, los denominados emisores habituales, normalmente empresas bien conocidas, solventes y de gran dimensión. Suelen realizar las llamadas emisiones en serie, de relativamente bajos nominales (medio o un millón de pesetas, generalmente) y a plazos cortos (en torno a 3-6 meses habitualmente) de acuerdo con programas previamente diseñados, registradas obligatoriamente en la CNMV y que se colocan entre los intermediarios financieros concurrentes por medios de subastas (en las que las instituciones financieras invitadas a participar pujan competitivamente por los pagarés, quedando así fijados sus tipos de interés), quienes luego redistribuyen los pagarés entre el público. (...) Por otra parte, los que podrían denominarse nuevos emisores, que aun siendo empresas reconocidas y de buen nivel de solvencia tienen menor tamaño, se han visto obligadas por el racionamiento crediticio de 1989-1990 a tomar ocasionalmente fondos prestados a través de las denominadas emisiones a medida, que se caracterizan en general por la acomodación del demandante de fondos (el emisor de pagarés) a las exigencias de la demanda (compañías de seguros, sociedades y fondos de carretera, etc.) en cuanto a importe, plazo y tipo de interés. Estas emisiones a medida se han canalizado fundamentalmente a través de los intermediarios financieros y no hay que registrarlas necesariamente en la CNMV, aunque a veces se han colocado sin su colaboración, es decir, estableciéndose un contacto directo entre emisor-inversor, que fijan de mutuo acuerdo las condiciones de la operación. (...) Como características adicionales de los pagarés de empresa actualmente emitidos en España, podemos señalar, por otra parte, las siguientes: a) Son activos que generalmente (salvo que vayan avalados) no llevan garantía especial del emisor, por lo que su colocación depende, en gran medida, de la confianza del inversor en su solvencia. b) Desde que comenzaron a emitirse en nuestro país (...) presentan un elevado nominal, un vencimiento corto (el 85% del total a plazo menor a 6 meses) y un número escaso de grandes empresas emisoras, aunque ampliado en los últimos años, como ya apuntamos. c) (...) Y suele ser igualmente algo inferior a los tipos de interés del mercado interbancario, de forma que las empresas emisoras consigan una finanziación más barata que la proporcionada por un crédito indiciado con el interbancario. (...) (RSF: 158-160) (Komm) Während Schuldscheindarlehen in Deutschland ausschließlich als langfristige Kredite ausgegeben werden, handelt es sich bei »pagarés de empresa« in Spanien i. d. R. um kurzfristige, und nur in Ausnahmefällen um mittel- oder gar langfristige Kredite.; (kon) En efecto, tradicionalmente los pagarés de empresa se emitían sobre todo en nuestro país a través del sistema de back up o respaldo bancario, aun cuando también se realizaran colocaciones directas de pagarés por las empresas. (RSF: 159)

Schuldverhältnis *n* ^*Schulden*^ (def) I. d. R. durch Vertrag begründete rechtliche Form eines Anspruchsverhältnisses zwischen Parteien. (BAL); (def) Ein S[chuldverhältnis] kann aus Vertrag oder aus Gesetz folgen. Im ersten Fall beruht es auf (mindestens) zwei Willenserklärungen, die auf die Begründung des S[chuldverhältnisses] gerichtet sind; dies ist der Regelfall (...). Im zweiten Fall entsteht das S[chuldverhältnis] dadurch, dass jemand einen gesetzlichen Tatbestand erfüllt, an den das Gesetz unabhängig vom Willen des Handelnden als Rechtsfolge eine Pflicht zu einem Tun oder Unterlassen knüpft. (...) Der Inhalt des S[chuldverhältnisses] besteht darin, dass der Gläubiger vom Schuldner eine Leistung fordern kann, die Leistung kann auch in einem Unterlassen bestehen (...). Neben den Hauptleistungspflichten folgen aus dem S[chuldverhältnis] eine Reihe von Nebenleistungspflichten (etwa: die Leistung zur rechten Zeit am rechten Ort und in der rechten Weise zu erbringen) sowie sonstige Nebenpflichten (etwa: Pflicht zur Rücksichtnahme auf Rechtsgüter des Gläubigers, Treuepflicht, Aufklärungspflicht). (...) (LBW); (kon) Der Schuldschein ist kein Wertpapier, sondern lediglich Beweisurkunde in einem individuellen Schuldverhältnis. (GUF: 45) **relación obligacional** *f* (def 1) Todo vínculo de Derecho entre dos o más personas, o entre una de ellas al menos y una cosa corporal o incorporal, con transcendencia en el ordenamiento vigente. Con inconveniente repetición del calificativo substancial, De Castro define la relación jurídica como »situación jurídica en que se encuentran las personas, organizadas unitariamente dentro del orden jurídico total por un especial principio jurídico.« Un sujeto al menos (y la colectividad obligada al reconocimiento o respecto) y una norma rectora caracterizan los elementos necesarios de la relación jurídica. (DDU II vs relación jurídica); (def 2) (...) El tratadista español De Diego enumera estas ocho aceptaciones de obligación: (...) 5a relación obligatoria o derecho de crédito o de obligación (...). En las consideraciones que siguen (...), se examinarán éstas, predominantemente, desde el punto de vista de la relación jurídica entre dos o más personas, en virtud de la cual una o varias de ellas tienen derecho a exigir de otra u otras, y a veces a exigirse recíprocamente, una prestación, positiva o negativa. (...) Como substratos necesarios de toda obligación figuran los personales o sujetos (al menos un acreedor y un deudor), reales (dar hacer o no hacer una cosa) y formales (la causa eficiente). Acreedor y deudor pueden encontrarse en situación recíproca, como en la permuta; en que una de las partes entrega, por ejemplo un libro y recibe un reloj. (...) En el aspecto personal también, la relación jurídica que la obligación engendra requiere un mínimum de dos personas, acreedora la una y la otra deudora, de no engarzarse recíprocamente tales caracteres, como en los contractos bilaterales u onerosos.; (kon) En su significado más general, sinónimo de obligación. Con mayor propiedad técnica, su efecto jurídico: la prestación que el sujeto pasivo (o deudor) de la relación obligacional debe al sujeto activo (o acreedor) de la misma. (DDU II vs deuda)

Schuldverschreibung *f* *^Anleihe^* *^Gewinnschuldverschreibung^* *^Obligation^* *^Optionsschuldverschreibung^* *^Teilschuldverschreibung^* *^Wandelschuldverschreibung^* (def) Geschäftsgrundlage der S[chuldverschreibung] ist die Aufnahme eines langfristigen Darlehens über den anonymen Kapitalmarkt. Die S[chuldverschreibung] selbst sind die Schuldurkunden, in denen sich der Emittent der Anleihe seinen Gläubigern gegenüber zu bestimmten Leistungen verpflichtet, die i. d. R. in der Tilgung des Darlehensbetrages und in der Zahlung fester, an bestimmten Terminen fälliger Nominalzinsen bestehen. In der Praxis werden die Begriffe Anleihe, Obligation und S[chuldverschreibung] häufig Synonym verwendet. (...) Die S[chuldverschreibungen] gliedern sich je nach Aussteller in die Staats-, Landes- und Kommunalanleihen der öffentlichen Hand, in die Pfandbriefe und Kommunalobligationen der Realkreditinstitute und in die Industrieobligationen der privaten Unternehmungen. (...) S[chuldverschreibungen] werden als Inhaberschuldverschreibungen oder Orderschuldverschreibungen ausgegeben. Die Rückzahlung kann nach einem festen Tilgungsplan erfolgen, durch Rückzahlung nach Kündigung durch den Emittenten oder durch den Rückkauf an der Börse durch den Schuldner. (LBW); (kon) Die Gutschrift der Zinsen- und Tilgungszahlungen erfolgt über die jeweilige für die Inhaber der Schuldverschreibung depotführende Stelle. (www.direktbank.at)

bono *m* (def) Título valor con características básicas análogas a las obligaciones, pero generalmente más a corto plazo. Por medio de bonos se materializa la emisión de los empréstitos públicos o privados. Son títulos en general al portador, normalmente negociables en bolsa, con ámbito nacional o internacional, e interés fijo; o flotante, con base en el LIBOR o en otra referencia. Su precio varía inversamente a las variaciones de los tipos de interés. En la mayor parte de los mercados, los precios se cotizan limpios, sin incluir intereses, es decir, ex-cupón. (...) (TAM); (expl) Originalmente la diferencia entre obligaciones y bonos consistía en el plazo de amortización del empréstito. Mientras que las obligaciones implicaban una deuda a largo plazo, es decir de cinco a treinta años, los bonos preveían un plazo medio (hasta cinco años). Sin embargo, en la actualidad esta diferencia tiende a desaparecer y, a veces, se usa el término »bono« también para títulos de renta fija a largo plazo. (SMA: 131); (kon) Al contrario de las acciones, los bonos y obligaciones son casi siempre títulos de renta fija, por lo tanto su poseedor conoce el momento y la cantidad de los intereses que va a cobrar. (SMA: 131)

Selbstfinanzierung *f* *^Eigenfinanzierung^* *^Finanzierung^* *^Finanzierung, interne^* (def) I. Begriff/Arten: Finanzierung durch einbehaltene Gewinne (Gewinnthesaurierung). Bei Einzelunternehmen und Personengesellschaften durch Ansammlung von Gewinnen auf dem Kapitalkonto, bei Kapitalgesellschaften durch Bildung von Gewinnrücklagen (offene S[elbstfinanzierung]); auch z. B. durch die Unterbewertung von Vermögensgegenständen (stille Rücklagen) möglich (stille S[elbstfinanzierung]). (...) Die Entscheidung, ob und in welcher Höhe Gewinne einbehalten oder ausgeschüttet werden, treffen in der GmbH die Gesellschafter; bei der AG ist wegen der Trennung von Eigentum und Geschäftsführung die Entscheidungsbefugnis geteilt: Vorstand und Aufsichtsrat können unter bestimmten Bedingungen bis zur Hälfte des Jahresüberschusses ohne Zustimmung der Aktionäre in Gewinnrücklagen einstellen. Über die Verwendung des verbleibenden Restes entscheidet die Hauptversammlung. Das durch S[elbstfinanzierung] gewonnene Kapital führt bei unverändertem Nominalkapital zu einem höheren Kurswert. III. Beurteilungen: 1. Bei Personengesellschaften und Einzelunternehmen: Die S[elbstfinanzierung] ist wegen der fehlenden Emissionsfähigkeit oft die einzige Möglichkeit zur Eigenkapitalbeschaffung. Durch die S[elbstfinanzierung] wird so indirekt auch der Verschuldungsspielraum beeinflusst. 2. Bei Kapitalgesellschaften: a) Vorteile: Die Haftungsbasis des Unternehmens wird erweitert und der Verschuldungsspielraum erhöht. Das durch S[elbstfinanzierung] aufgebrachte Kapital muss nicht bedient werden; die Mehrheits- und somit Herrschaftsverhältnisse im Unternehmen bleiben unverändert bestehen. Im Vergleich zur Finanzierung über neues Beteiligungskapital (Beteiligungsfinanzierung) ist die S[elbstfinanzierung] weit kostengünstiger, da die Emissionskosten nicht anfallen. b) Nachteile: Durch die erhöhten Kurse nach durchgeführter S[elbstfinanzierung] wird die Fungibilität der Aktien eingeschränkt. Zugleich sinkt die Dividendenrendite der Aktie: Die Ausschüttung pro Aktie sinkt durch die Einstellung in die Gewinnrücklagen, gleichzeitig wird dadurch der Kurs erhöht. Eine Senkung des Kurses ist durch eine Kapitalerhöhung aus Gesellschaftsmitteln möglich. Bei AGs ist die Höhe der S[elbstfinanzierung] und die der Ausschüttung häufig Konfliktstoff zwischen Vorstand und Aufsichtsrat einerseits und den Eigentümern andererseits (agency problem). (...) (GWL); (kon) Aus der Sicht der Unternehmensleitung bestehen die Vorteile der internen Eigenfinanzierung gegenüber der Fremdfinanzierung vor allem darin, dass die zusätzlichen Eigenmittel ohne besondere Formalitäten und Kosten zur Verfügung gestellt werden können und das über die Selbstfinanzierung aufgebrachte Kapital nicht mit starren Zins- und Tilgungsverpflichtungen belastet wird. (GUF: 75/76) **autofinanciación** *f* (def 1) Práctica de retener en la sociedad los beneficios no distribuidos. Representa un ahorro de sus rentas. La mayoría de empresas encuentran que necesitan más capital a medida que se desarrollan y expansionan. Una gran parte de este capital lo proporciona la autofinanciación. La mayoría de las sociedades reinvierten parte de sus beneficios o los colocan en reservas. El capital empleado por las empresas incluye, por consiguiente, los beneficios no distribuidos. (...) Tanto las reservas generales como los beneficios no distribuidos representan beneficios pasados que se han vuelto a invertir. El valor de las acciones ordinarias de una sociedad aumenta a medida que van aumentando los beneficios no distribuidos. Si se emprende una nueva emisión de acciones, el precio deberá tener en cuenta la cantidad de beneficios que se han vuelto a invertir dentro de la empresa. Muchas sociedades con grandes beneficios no distribuidos convierten parte de ellos en capital permanente mediante la emisión de acciones bonificadas a los accionistas existentes. (...) (SDE); (def 2) Aplicación de fondos propios (generalmente beneficios no repartidos y amortizaciones) en proyectos de inversión; sin recurrir, pues, a la financiación con recursos ajenos (endeudamiento). (...) (TAM); (kon) Permanece, sin embargo, como diferencia fundamental entre cajas de ahorro y bancos la ausencia en las cajas de capital social y, por tanto, su única vía de fortalecer los recursos propios es la autofinanciación mediante beneficios retenidos, práctica realizada intensivamente por las cajas en los últimos años a costa, en parte, del crecimiento de su obra benéfica y social. (GDE: 395)

Seniorpartner *m* ^*Juniorpartner*^ (def) Geschäftspartner einer Gesellschaft, eines Unternehmens oder Kanzlei, der Stimmrecht hat und somit Geschäftsentscheidungen mitbestimmen und beeinflussen kann. (DV); (kon) Ist ein Einzelkaufmann oder eine OHG jedoch unter dem Druck von Finanzierungsschwierigkeiten gezwungen, einen Partner aufzunehmen, so muss oft der Seniorpartner dem neuen Gesellschafter Sonderrechte einräumen. (GUF: 16) **socio principal** *m* ^*socio más antiguo (ÜV)*^ (def) Aquel socio que en una sociedad tiene un poder de voto tal que le permite ser quien más influya en las decisiones sociales, y en consecuencia dirigir la gestión y la administración de dicha sociedad. (DEN); (Komm) Weder in Spanien noch in Deutschland gibt es gesetzliche Bestimmungen bezüglich der Rechte, Funktionen und Stellung eines Seniorpartners. In der Regel entscheidet die Dauer der Tätigkeit in oder für eine bestimmte Gesellschaft oder ein bestimmtes Unternehmen, wann ein Geschäftspartner vom Junior- zum Seniorpartner aufsteigt. Die Dauer ist jeweils gesellschafts- oder firmenintern festgelegt. Ursprünglich stammt der Begriff *Seniorpartner* aus dem nordamerikanischen Wirtschaftssystem. Durch den starken Einfluss der englischen Sprache auf den wirtschaftlichen Bereich gelang der Terminus in den Wortschatz anderer Sprachen. Im Deutschen ist die Form des englischen Terminus durch Groß- und Zusammenschreibung eingedeutscht worden. Es fällt daher kaum noch auf, dass es sich dabei um ein entlehntes Wortgut handelt. Der spanische Terminus *socio principal* wird häufig in der Wirtschaftsprüfung verwendet. Zur besseren Erschließung des Terminus ist die Angabe zum englischen Wort *senior* in zweisprachigen englisch-deutschen Wörterbüchern hilfreich, die in der Regel die Übersetzung *bevorrechtigt*, *vorrangig*, *leitend*, *Führungs-* anführen.

Serie *f* ^*Anleihe*^ ^*Auslosung*^ (def) Unterscheidungsmerkmal bei Wertpapieren (Reihe), die aus unterschiedlichen Emissionen stammen. (BAL); (kon) Bei der Auslosung wird die Anleihe in soviel Serien aufgeteilt, wie Tilgungstermine geplant sind, und die zu tilgende Serie wird durch Los bestimmt. (GUF: 41) **serie** *f* (def) Conjunto de valores homogéneos. (GAR vs series)

Sicherheit *f* ^*Ausfallrisiko*^ ^*Bonität*^ ^*Bürgschaft*^ ^*Kreditsicherheit*^ ^*Pfand (WDW)*^ ^*Sicherung*^ (def) Durch die Vereinbarung von Kreditsicherheiten in einem Kreditvertrag erhält der Kreditgeber einen Anspruch auf die Verwertung von Sachen bzw. Rechten (Sachsicherheit) oder gegen dritte Personen (Personensicherheit) für den Fall, dass der Kreditnehmer seine Zahlungen aus dem Kreditvertrag nicht vertragskonform leistet. Die Forderung des Kreditgebers wird in diesem Fall durch den Erlös für das Sicherungsgut bei Ausübung des Verwertungsrechts im Falle der Real- oder Sachsicherheit bzw. durch die Leistung eines Dritten im Falle der Personensicherheiten gedeckt. (GWL vs Kreditsicherheiten); (expl) Sicherheiten sind wesentlicher Bestandteil des Kreditvertrages. Kreditsicherheiten haben eine juristische und eine ökonomische Dimension. In der Literatur werden Sicherheiten überwiegend im Hinblick auf ihre rechtliche Funktion beschrieben. Die ökonomische Sichtweise dagegen beschreibt die Sicherheiten als ein Instrument zur Reduzierung der Kreditausfallgefahr und schafft somit Erklärungsansätze, warum sich in der Praxis Sicherheiten als Kreditbestandteil herausgebildet haben. (SPR); (kon) Die Sicherheit besteht für die Bank in der Wechselverpflichtung von Ausstellern, Bezogenem und evtl. Vorgiranten sowie der Wechsel(rechts-)strenge, sodass das Unternehmen von gesonderten zusätzlichen Sicherheiten absehen kann. (GUF: 52) **fianza** *f* ^*garantía (DDU)*^ ^*seguro de crédito*^ (def) Fianza es también la prenda dada por el contratante para asegurar el exacto cumplimiento de su obligación. (DDU); (kon) Con esta fianza se garantiza el pago del crédito otorgado por la compra de bienes y servicios, o el financiamiento obtenido a través de distintos beneficiarios. (www.banorte.com)

Sicherheiten, akzessorische *fpl* ^*Bürgschaft, akzessorische*^

Sicherung *f* ^*Kreditsicherheit*^ ^*Sicherheiten*^ (def) Hingabe von Vermögenswerten oder Rechten daran als Sicherung des Gläubigers vor Verlusten aus gewährten Krediten. Möglichkeiten der Kreditsicherung: a) Belastung von Grundstücken durch Eintragung von Hypotheken oder Grundschulden in das Grundbuch; b) Sicherungsübereignung von Mobilien, insbes. des Warenlagers; c) Verpfändung bzw. Beleihung von sonstigen Vermögenswerten, z. B. Lombardierung von Wertpapieren; d) Bürgschaftsübernahme durch Dritte (Bürgschaft); e) Eigentumsvorbehalt bei Lieferung von Waren auf Ziel. (GWL vs Kreditsicherung); (expl) Betrachtet man die Kredite nach ihrer Sicherung, d. h. nach den zu ihrer Deckung gegebenen Sicherheiten, kann grundsätzlich zwischen gedeckten und ungedeckten Krediten unterschieden werden. (EIL); (kon) Da an denjenigen eine bestimmte Geldsumme zu zahlen ist, zu dessen Gunsten die Belastung eingetragen wird, bedarf es zur Sicherung der persönlichen Forderung einer zusätzlichen Vereinbarung zwischen Kreditgeber (Sicherungsnehmer) und Kreditnehmer (Sicherungsgeber). (GUF: 67) **garantía** *f* (def) Depósito, fianza, aval, prenda, caución. Persona o cosa que responde del cumplimiento o resolución de lo pactado por un tercero, en caso de que éste no cumpla con su obligación. (DEN); (expl) Derechos aportados por el prestatario o por un tercero al banco que concede el crédito, con el fin de garantizar el importe del mismo en su integridad, en caso de insolvencia total o parcial del deudor. (UEC); (kon) Reserva para garantías de préstamos en favor y dentro de terceros países. (NET)

Sicherungsabtretung *f* ^*Zession*^

Sicherungsübereignung *f* ^*Besitzkonstitut*^ (def) Gesetzlich nicht geregelter, aber in der Praxis entwickelter und in der Rechtsprechung anerkannter Vertrag, durch den der Schuldner dem Gläubiger zur Sicherung einer Schuld das Eigentum an einer beweglichen Sache oder an einer Sachgesamtheit (z. B. Warenlager) mittels Besitzkonstituts überträgt mit der Verpflichtung zur Rückübertragung, sobald die Schuld getilgt ist, oder mit der Vereinbarung, dass das Eigentum nach Erfüllung der Schuld von selbst an den Schuldner zurückfällt. Die Sicherungsübereignung ist ein treuhänderisches Rechtsverhältnis (Treuhandschaft); der Treuhänder, in diesem Fall der Gläubiger, hat Dritten gegenüber die volle Rechtsstellung des Eigentümers, darf jedoch von dieser im Innenverhältnis zum Schuldner nur im Rahmen der getroffenen Vereinbarungen Gebrauch machen. (GWL); (Komm) Im Gegensatz zur Sicherungsabtretung (Abtretung von Forderungen), wird bei der Sicherungsübereignung das Eigentum an einer beweglichen

Sache übertragen (= forderungsgebundene Sicherheiten, akzessorische Sicherheiten).; (kon) Bei der Sicherungsübereignung wird dem Kreditgeber zwar das Eigentumsrecht am Sicherungsgut übertragen, der unmittelbare Besitz aber bleibt beim Kreditnehmer aus betrieblichen Nutzungsgründen und wird für den Gläubiger durch Besitzmittlungsverhältnis (§ 930 BGB) ersetzt. (GUF: 64) **cesión a titulo de garantía de una cosa (que sigue en posesión del deudor)** *f* (ÜV) **cesión en garantía de una cosa (que sigue en posesión del deudor)** *f* (ÜV) *^transmisión de garantía (FHW)^ ^transmisión en garantía (LHW)^ ^transmisión de seguridad^*

Simultangründung *f* *^Einheitsgründung^ ^Gründung^ ^Stufengründung^* (def) Auch: Einheitsgründung. Heute in der Bundesrepublik Deutschland üblich und nach dem AktG allein zulässige Form der Gründung einer AG, bei der das gesamte Grundkapital von den Gründern fest übernommen wird. Gegensatz: Stufengründung (BAL); (kon) Nach geltendem Recht übernehmen die Gründer in Form der Einheits- oder Simultangründung selbst alle Aktien. (GUF: 24) **fundación simultánea** *f* *^fundación por convenio (DDM)^* (def) Se da este caso cuando los fundadores de la Sociedad Anónima, cuyo número no puede ser inferior a tres, asumen todas las acciones y otorgan la escritura social (artículo 10 de la L. S. A.). (DDM); (kon) En el caso de fundación simultánea o por convenio, serán fundadores las personas que otorguen la escritura social y suscriban todas las acciones. (LSA art. 14)

Skonto *n* (def) Prozentualer Nachlass, der vom Kaufpreis entsprechend den Zahlungsbedingungen auf den Rechnungsbetrag bei Barzahlung binnen einer bestimmten Frist gewährt wird, oft auch gestaffelt z. B. »Zahlbar in 3 Monaten netto, binnen 1 Monat 2 %, binnen 10 Tagen 3 % Skonto.« Wirtschaftlich gesehen ist Skonto der Preis für die Kreditnutzung bzw. Vorfinanzierung, die bei der Warenlieferung dem Abnehmer eingeräumt wurde. Außer den anteiligen Zins- und Verwaltungskosten enthält der dem Barpreis zugeschlagene Skonto kalkulatorisch noch eine Prämie für das Kreditrisiko, sodass dem Käufer ein Anreiz für Barzahlung gegeben ist. (GWL); (kon) Der Lieferer gewährt folgende Zahlungsbedingungen: 3 % Skonto bei Zahlung in 10 Tagen oder Netto-Kasse bei 60 Tagen Zahlungsfrist. (GUF: 49) **descuento (por pronto pago)** *m* (def) Descuento por pronto pago es la deducción efectuada, del importe de las mercaderías, por verificar el pago al contado. (DDU); (kon) También se hace referencia al la posibilidad de obtener un descuento por pronto pago del 5 % si se abona la compra antes del día 15 de junio (www.contabilidad. tk)

Solawechsel *m* *^Eigenwechsel (WDW)^ ^Wechsel, eigener^ ^Wechsel, trockener^ (GWL)^* (def) Wechsel, in dem sich der Aussteller zur Zahlung einer Geldsumme verpflichtet. Gegensatz: gezogener Wechsel (Tratte). (GWL); (kon) Für hypothekarisch gesicherte Solawechsel beträgt der Sicherheitsabschlag 22 %. (www.ecb.int) **pagaré** *m* (def) Definido en el Reino Unido por la Bills of Exchange Act de 1882, como una promesa incondicional escrita que una persona hace a otra, comprometiéndose la primera cuando se le demande, o a una fecha fija, a pagar una suma de dinero a una persona determinada, a su orden, o al portador (...) (SDE); (kon) Por descuento bancario se entiende el interés que los bancos cobran por adelantar el importe de un efecto comercial (letras de cambio, pagarés). (SMA: 100)

Soll *n* *^Haben^* (def) Linke Seite des Kontos (...), auf der die Lastschrift gebucht wird. (...) (GWL); (kon) Ganz gleich um welches Konto es sich handelt, die linke Seite ist mit »Soll« und die rechte mit »Haben« überschrieben. (WAS: 31) **debe** *m* (def) Es la expresión de un gasto, de una salida, que se carga al titular de la cuenta como una deuda. Se asienta a la izquierda del haber. (...) (TAM); (kon) Las cuentas de gastos, que habitualmente tendrán saldo deudor, se colocarán así en el haber y las de ingresos en el debe. (ABC: 95)

Soll-Ist-Vergleich *m* (def) Gegenüberstellung von Sollkosten und wirklich entstandenen Kosten eines bestimmten Zeitabschnittes (Istkosten) in der Betriebsabrechnung. Aufgabe der Plankostenrechnung. Bei Verwendung gleicher Planpreise im Soll und Ist entspricht der Soll-Ist-Vergleich einer Gegenüberstellung der vorgegebenen und der verbrauchten Mengen, die dadurch erst addierbar werden. Die errechneten Kostenabweichungen (Abweichungen) werden ermittelt und unter Berücksichtigung der Kosteneinflussgrößen bzw. -bestimmungsfaktoren analysiert, d. h. auf ihre Ursachen zurückgeführt. (GWL); (kon) Durch einen Soll-Ist-Vergleich lassen sich nicht nur Planabweichungen mit ihren Auswirkungen für das Unternehmen feststellen; auf diese Weise können auch bessere Planungsunterlagen für zukünftige Vorhaben geschaffen und damit die Investitionsplanung zu einem wichtigen

Führungsinstrument ausgebaut werden. (GUF: 111) **comparación de previsiones y resultados (de costes)** *f* (def) Comparación de previsiones y resultados en un período determinado dentro del cálculo empresarial. Comparación de las cantidades dadas y de las consumidas que se suman. (DV); (expl) Estudio de la evolución de una serie de parámetros de la empresa que pretende definir el nivel de salud económica de la empresa, la calidad del servicio prestado, la extensión o población servida por la misma, etc.

Solvenz *f ^Zahlungsfähigkeit^*

Sozialleistungen *fpl ^Altersversorung^ ^Sozialversicherung^* (def) soziale Leistungen des Staates bzw. öffentlich-rechtlicher Körperschaften. Zu den Sozialleistungen gehören: a) die im Prinzip aus dem Sozialsystem des Deutschen Reiches übernommene öffentliche Sozialversicherung (Kranken-, Pflege-, Unfall-, Renten- und Arbeitslosenversicherung); b) Kriegs- und Kriegsfolgeleistungen (Kriegsopferversorgung, Lastenausgleich); c) Sozialhilfe, Fürsorgeerziehung und Jugendhilfe; d) Kindergeld; e) Unterhaltsvorschuss; f) Erziehungsgeld. Sozialleistungen sind Gegenstand der amtlichen Sozialstatistik. (...) (GWL); (kon) Für Sozialleistungen sind die sog. Leistungsträger zuständig. (www.bfd.bund.de)

prestaciones sociales *fpl* (def) Facilidades económicas y ayudas de carácter social que conceden, bajo determinadas circunstancias, los organismos públicos y ciertas empresas a las unidades familiares. (DEN); (kon) Todos los trabajadores y trabajadoras tienen derecho a prestaciones sociales que les recompensen la antigüedad en el servicio y los amparen en caso de cesantía. (www.constitución.org)

Sozialversicherung *f ^Altersversorgung^ ^Sozialleistungen^* (def) System der Versicherung, in dem Versicherungs- und Zwangsprinzip unter der Zielsetzung des sozialen Ausgleichs vereint sind. Bei Einführung in Deutschland (1883-89) stand die Verringerung sozialer Spannungen und die Wahrung des sozialen Friedens sowie die Verbesserung der Lebenslage sozial schwacher Bevölkerungsgruppen im Vordergrund. Heute liegt das Schwergewicht der Sozialversicherung in der Erhaltung des Produktionsfaktors Arbeit und in der Erhöhung der individuellen Sicherheit in einem über die freiwillige Vorsorge hinausgehendem Maß (im Sinne der Bereitstellung meritorischer Güter). Dabei stellt die allgemeine Volksversicherung als umfassende wohlfahrtsstaatliche soziale Sicherung eine Maximallösung dar. Das für die Privatversicherung geltende Prinzip der Gleichwertigkeit von Leistung und Gegenleistung (...) wird in der Sozialversicherung dominiert von sozialen Überlegungen bezüglich Leistungsmöglichkeit und -bereitschaft sowie Bedürftigkeit (...). Damit in enger Verbindung steht der grundsätzliche Versicherungszwang in der Sozialversicherung als gesetzlicher Versicherung (...). Weitere Unterschiede zur Individualversicherung liegen in der Art der Aufbringung der Finanzierungsmittel (teilweise durch Nicht-Versicherte: Arbeitgeber, Staat), in der von der individuellen Gefahrenlage absehenden Bemessung der Beiträge der Versicherungsleistungen sowie der Priorität des Schutzes des Versicherten. (...) (GLV); (kon) Die deutschen Gesetze über die Sozialversicherung sehen vor, dass ihre Leistungen nur innerhalb Deutschlands erbracht werden. (SSÜ: 84) **Seguridad Social** *f* (Komm) Der Terminus *Seguridad Social* bezieht sich zum einen auf die Einrichtung, die für das Sozialversicherungswesen in Spanien zuständig ist, und zum anderen auf das System der Sozialversicherung im weitesten Sinne. Aus diesem Grund sind die Möglichkeiten der Groß- sowie der Kleinschreibung gegeben. Der großgeschriebene Terminus bezieht sich i. d. R. auf die Institution, der kleingeschriebene auf das Sozialversicherungssystem, wobei diese Konvention in der Fachliteratur nicht immer eingehalten wird bzw. werden kann, da sich beide Begriffe bedingen und untrennbar sind. (Vgl. die hier angeführte (expl)).; (def) Sistema gestionado por el Estado cuya finalidad principal es dotar de protección a los ciudadanos de un país en caso de enfermedad, muerte de un familiar, etc. La Seguridad Social cubre a los trabajadores por cuenta ajena y autónomos, así como a sus familiares y asimilados, en caso de enfermedad, accidente, desempleo, vejez, etc. Obtiene los recursos necesarios de las aportaciones efectuadas por los trabajadores, empresarios y Estado. (DEN); (expl) *Seguridad* es la cualidad del que está seguro, es decir, libre de daño o de peligro. *Social* es todo lo que se refiere a la sociedad. Luego seguridad social, dicho con expresión vulgarizada, consistirá en lograr por determinados medios que los miembros de la sociedad estén libres de daño o peligro. (...) consideramos una definición que, aunque formulada en 1944, tiene plena vigencia y validez en los momentos actuales. Se debe a William Beveridge y dice como sigue: »Seguridad Social es el conjunto de medidas adoptadas por el Estado para proteger a los ciudadanos contra aquellas situaciones de necesidad de concreción individual que jamás dejarán de presentarse, por óptima que sea la situación de conj*un*to de la sociedad en que viven.« (SST: 68); (kon) La Seguridad Social nació en la Alemania de Bismarck, como un sistema de protección al trabajador frente a una serie de riesgos. (SST: 12)

Sparkasse *f* ^*Bank*^ (def) Kreditinstitute, die heute mit wenigen Ausnahmen die gleichen Bankgeschäfte tätigen wie Kreditbanken. Gegründet wurden Vorläufer der heutigen Sparkassen schon Ende des 18. Jahrhunderts, doch in größerer Zahl entstanden sie erst nach Beendigung der Freiheitskriege. Ursprünglich war ihr Geschäft einlagenorientiert; die Förderung des Kleinsparens sollte vermögenslosen Bevölkerungsschichten ein Mindestmaß an sozialer Sicherheit verschaffen. Das Sparkassenwesen wurde im 19. Jahrhundert von den Kommunen aufgebaut und entwickelte sich erst im 20. Jahrhundert immer mehr in Richtung Geschäftsbank. Noch heute weichen die geschäftspolitischen Grundsätze der Sparkassen erheblich von denen der Kreditbanken ab. Gemeinnützige Ziele haben den Vorrang vor der Gewinnmaximierung, sodass auch unrentable Aufgaben (z. B. Weiterleitung öffentlicher Kreditmittel) übernommen werden. Im Vordergrund steht nach wie vor die Funktion der Kapitalsammelstelle (Kleinsparen) sowie die Kreditgewährung an den Mittelstand und wirtschaftlich schwächere Bevölkerungsschichten. Sparkassen sind überwiegend selbstständige Anstalten des öffentlichen Rechts, für deren Verbindlichkeiten Gemeinden bzw. Gemeindeverbände haften. Sie sind statuarisch verpflichtet, bei ihrer Anlagepolitik besonders auf Sicherheit und Liquidität der erworbenen Vermögensobjekte zu achten. Zulässige Aktivgeschäfte sind vorwiegend Real-, Personal- und kurzfristige Kommunalkredite, Erwerb von Geldmarktpapieren, festverzinslichen Wertpapieren. Spekulative Geschäfte sind ausdrücklich verboten. Der Erwerb von Dividendenwerten und Beteiligungen ist mit Genehmigung der Aufsichtsbehörde möglich. Das Gironetz der Sparkassen und Girozentralen spielt bei der Abwicklung des Zahlungsverkehrs eine wichtige Rolle. (GLV); (kon) Die Darlehen dienen primär zur Finanzierung von Anlageinvestitionen und werden überwiegend von Banken, Sparkassen und Realkreditinstituten, seltener von Pensionskassen und Versicherungen gewährt. (GUF: 38) **caja de ahorros** *f* ^*caja de ahorro (DEN)*^ (Komm) Die Termini *caja de ahorros* und *caja de ahorro* werden in der Umgangs- und Fachsprache gleichbedeutend verwendet. Oft werden im selben Fachtext beide Termini ohne Rücksicht auf terminologische Konsistenz verwendet,. Die Großschreibung der beiden Termini (*Caja de Ahorros* bzw. *Caja de Ahorro* ist auch möglich, meist in Kontexten, in denen sich die Termini auf konkrete Institutionen beziehen, z. B. *Caja de Ahorros de Madrid.*; (def 1) Institución financiera, en la que ejercen una notable influencia algunas instancias públicas como ayuntamientos, diputaciones o comunidades autónomas. Carece de capital, teniendo en su lugar un fondo de dotación fundacional. No tiene ánimo de lucro y originariamente tenía una naturaleza benéfico-social, aunque ha ido perdiendo progresivamente esta característica. (DEN); (def 2) Es difícil señalar qué instituciones fueron las primeras en adoptar actividades que pudieran considerarse propias de las cajas de ahorros, tal como se desarrollaron en el siglo XX hasta su »bancarización«, es decir, hasta su igualación operativa en el marco del Derecho con las restantes entidades de depósito. Con finalidades apreciables de las cajas de ahorro se constituyó la primera Sparkasse en Hamburgo en 1768, pasando en 1778 a ser caja municipal de la ciudad; sobre este modelo de fundación de los gobiernos locales o de organizaciones religiosas se crean en los estados germánicos otras cajas: en Oldenbourg, en 1786; en Kiel en 1796; en Gottingen, en 1801, y bastantes más en el siglo XIX. Este modelo se adoptaría igualmente por Suiza, en donde se estableció la primera caja, la Dienstkasse en 1787; así como por Austria en 1819 y, finalmente en Italia, cuya primera Caja es la de Lombardía, en 1823 y le sigue la de Piamonte en 1827, aunque debe recordarse que algunos importantes Montes de Piedad realizaban operaciones propias de las cajas. (...) En España la primera es una caja particular de ahorros creada en Jerez de la Frontera en 1834, si bien se considera que es la Caja de Madrid la primera, creada en 1838, más en la línea del concepto de cajas de ahorros, siguiendo el modelo francés (...) Basta decir, que en el caso de España el progreso fue considerable a partir del momento en que las cajas tuvieron mayor libertad para realizar sus inversiones y la toma de recursos, aunque es evidente que este crecimiento fue posible gracias a una época de consolidación muy importante en sus respectivas zonas de influencia. (DEI); (kon) Las cajas de ahorros concentran el 53,5% de las oficinas bancarias en España. (http://telefonica.terry.es)

Sperrfrist *f* ^*Veräußerung*^ (def) Zeitraum, in dem ein Wertpapier nicht veräußert werden darf. (BAL); (kon) Die Laufzeit beginnt meist mit einer Sperrfrist, nach deren Ablauf das Wandelrecht frühestens ausgeübt werden kann, aber nicht muss. (GUF: 44) **plazo de suspensión** *m* (ÜV) ^*plazo de espera obligatorio (ÜV)*^ (def) Es el período dentro del cual está prohibida la enajenación de un título-valor. (DV) (Komm) Neben der hier angeführten allgemeinen Bedeutung kann der sich der Terminus *plazo de suspensión* auch auf ein zeitweiliges Aussetzen der Notierung eines Wertpapiers an der Börse beziehen.

Stammaktie *f* ^*Aktie*^ ^*Vorzugsaktie*^ (def) common share, common stock, gewöhnliche Form der Aktie, die dem Inhaber die normalen, im Aktiengesetz vorgesehenen Mitgliedschaftsrechte (Stimm-, Dividenden- und Bezugsrecht, Recht auf Anteil am Liquidationserlos sowie Recht auf Rechenschaftslegung und Information) gewährt. St[ammaktie] ist Hauptträger der Beschaffung von Eigenkapital (vgl. auch Kapitalerhöhung) in der AG. Gegensatz: Vorzugsaktie. (GWL); (kon) Für die Stammaktien gilt das Prinzip der Gleichberechtigung im Hinblick auf das Stimmrecht, das Dividendenrecht, das Bezugsrecht und das Recht auf den Liquidationserlös. (GUF: 24) **acción ordinaria** *f* ^*acción común (DEE)*^ (def 1) Acciones ordinarias (...) son aquellas que otorgan a sus titulares el régimen normal de derechos y obligaciones inherentes a la calidad de socio. (DEE); (def 2) (...) Dan derecho a la percepción del dividendo y representan una parte del capital social igual a su nominal. (MDB); (kon) [El] Banco Guipuzcoana pagará un dividendo de 0,31 euros por acción ordinaria y 0,46 por acción preferente. (http://bolsa.hispavista.com)

Stammeinlage *f* ^*Stammkapital*^ (def) Die auf den einzelnen Gesellschafter entfallende Beteiligung am Stammkapital der GmbH. Die Stammeinlage muss mindestens 100 Euro betragen; der Betrag der Stammeinlage kann für die Gesellschafter verschieden bestimmt werden, muss aber durch 50 teilbar sein. (§ 5 GmbHG). Kein Gesellschafter kann bei Errichtung der GmbH mehrere St[ammeinlagen] übernehmen; nach Errichtung können Gesellschafter auch mehrere Geschäftsanteile erwerben. (GWL); (kon) Mindestens 25 v. H. jeder Stammeinlage müssen eingezahlt sein, damit die Gesellschaft zur Eintragung in das Handelsregister beim zuständigen Gericht angemeldet werden kann. (GUF: 22) **participaciones sociales** *fpl* (def) Cada una de las partes iguales, acumulables e indivisibles en que se divide el capital social de una sociedad de responsabilidad limitada, que no podrán incorporarse a títulos negociables ni denominarse acciones. La sociedad está obligada a llevar un libro de socios en el que se identifique a cada uno de ellos y sus respectivas participaciones, y donde harán constar todas las circunstancias que afecten a las mismas y las posibles transmisiones habidas. La condición de socio se acredita por la inscripción en el libro de socios, si bien éstos tendrán derecho también a obtener una certificación de sus participaciones en la sociedad. (DEN); (kon) La sociedad debe llevar un libro registro de socios, en el que se harán constar la titularidad originaria y las sucesivas transmisiones, voluntarias o forzosas, de las participaciones sociales. (www.telepolis.com)

Stammkapital *n* ^*Stammeinlage*^ (def) Einlage- oder Nominalkapital einer Gesellschaft mit beschränkter Haftung (GmbH), das sich aus der Summe der Nennbeträge aller GmbH-Anteile (Stammeinlagen) ergibt. Mindestsumme: 25.000 EUR (§ 5 GmbHG). Erhöhung oder Verminderung (nicht unter 25.000 EUR): Nur durch Satzungsänderung auf Gesellschafterbeschluss. Finanzierungsmäßig ist das Stammkapital Eigenkapital; es dient zur Finanzierung und als Garantiekapital. (GWL); (kon) Die finanzwirtschaftlich relevanten Vorschriften des Gesetzes bestimmen, dass das Eigenkapital oder auch Stammkapital im Gesellschaftsvertrag fixiert wird und sich nach Geschäftsanteilen auf die einzelnen Gesellschafter verteilt. (GUF: 22) **capital social** *m* ^*bienes de la sociedad (DDU)*^ ^*fondo social*^ (Komm) Im Deutschen wird der Terminus *capital social* in Kontexten, die sich auf eine GmbH (S. L.) beziehen, mit *Stammkapital* und in Kontexten, die sich auf eine AG (S. A.) beziehen, mit *Grundkapial* übersetzt.; (def) En la legislación, el nombre de capital social, con mayor o menor precisión técnica, alterna con las expresiones fondo social y bienes de la sociedad. (DDU)

steuerlich *adj* ^*Steuern*^ (def) die Steuer betreffend; auf die Steuer bezogen (DAB); (kon) Wegen Haftung und der steuerlichen Gesichtspunkte wird bei der GmbH & Co. KG das Gesamtkapital des Komplementärs meistens auf die gesetzlich vorgeschriebene Mindesthöhe beschränkt. (GUF: 34) **fiscal** *adj* ^*impositivo (VOX)*^ ^*tributario (VOX)*^ (Komm) Die Termini *fiscal*, *impositivo* und *tributario* werden meist synonym verwendet.

In einigen Kontexten ist jedoch eine terminologische Differenzierung nötig: Der Terminus *tributario* impliziert eher eine allgemeine Bedeutung, d. h., dieser Terminus kann sich auf alle Kontexte beziehen, die mit Abgaben im weitesten Sinn zu tun haben. Der Terminus *impositivo* hat dagegen eine eingeschränkte Bedeutung und bezieht sich eher auf Steuern und das damit zusammenhängende System und seine Regeln. Der Termini *fiscal* wird hauptsächlich in Kontexten, die sich auf finanztechnische Sachverhalte beziehen oder auf Finanzbehörden hinweisende Bedeutung haben, verwendet. Im hier aufgeführten deutschen Kontext bieten sich die Termini *fiscal* oder *impositivo* als mögliche Übersetzungen an.; (def) Como adjetivo, se aplica a todo lo relativo a la Hacienda Pública, al sistema tributario. (DEN); (kon) La neutralidad fiscal es básica para el desarrollo de unas relaciones fluidas en la Comunidad. (SFE: 12)

Steuern *fpl ^Abgaben^* (def) Steuer ist die einmalige oder laufende Geldleistung, die nicht eine Gegenleistung für eine besondere Leistung darstellt und die von einem öffentlich-rechtlichen Gemeinwesen zur Erzielung von Einnahmen allen auferlegt wird, bei denen der Tatbestand zutrifft, an den das Gesetz die Leistungspflicht knüpft. (...) St[euern] sind ein Teil der öffentlichen Abgaben. (...) St[euern] sind über den Einnahmezweck hinaus Instrumente der Wirtschafts- und Sozialpolitik (...). Die St[euern] teilt man wie folgt ein: 1. Nach der Ertrags- oder Verwaltungshoheit: Bundes-, Landes-, Gemeinde- und Kirchensteuern (...). 2. Nach dem Gegenstand der Besteuerung: a) Personen (Subjekt)steuern, Real (Objekt-)steuern. b) Ertragsteuern (...). c) Besitzsteuern (...). 3. Nach der Auswirkung beim Schuldner: direkte und indirekte Steuern: 4. Kostensteuern (gehen in die Gewinnermittlung ein) und aus dem Gewinn zu entrichtende Steuern. 5. Laufende (ordentliche) Steuern, z. B. Einkommenssteuer, und einmalige (außerordentliche) Steuern (...). (CRL); (kon) In einem Unternehmen fallen ständig die verschiedensten Ausgaben an: Fällige Wechsel müssen bezahlt, vorgelegte Schecks eingelöst, Löhne und Gehälter gezahlt werden, Steuern sind zu bestimmten Terminen zu entrichten. (GUF: 81) **impuestos** *mpl* (def) (...) Los impuestos son los tributos exigidos sin contraprestación, cuyo hecho imponible está constituido por negocios, actos o hechos de naturaleza jurídica o económica, que ponen de manifiesto la capacidad contributiva del sujeto pasivo, como consecuencia de la posesión de un patrimonio, la circulación de bienes o la adquisición o gasto de la renta. Igualmente, participan de la naturaleza de los impuestos las denominadas exacciones parafiscales cuando se exijan sin especial consideración a servicios o actos de la Administración que beneficien o afecten al sujeto pasivo. Los impuestos, como una especialidad de los tributos, son unas obligaciones pecuniarias de Derecho público, impuestas legalmente a favor del Estado u otro ente público, que se origina por la realización del hecho imponible por el sujeto pasivo. La nota principal de los impuestos es la falta de correspondencia recibida por el Estado, lo que los diferencia de las tasas y contribuciones especiales en donde dicha equivalencia o correspondencia se aprecia más de forma inmediata. Por otra parte, los impuestos, que en cualquier caso habrán de ser establecidos por ley, ponen de manifiesto la coacidad contributiva del sujeto pasivo. (DEI); (kon) El dominio normativo de los impuestos a nivel comunitario puede convertirse a su vez en un importante instrumento para la aproximación de las políticas económicas de los Estados miembros cuando se puedan determinar márgenes estrechos para la fijación de los tipos impositivos de la imposición indirecta y de la imposición de sociedades. (SFE: 4)

Stimmrecht *n ^Aktionär^* (def) Durch das S[timmrecht] erhalten Eigenkapitalgeber einer Kapitalgesellschaft (KGaA, GmbH und AG) die Möglichkeit der Einflussnahme auf die Geschäftsführung. Bei der Aktiengesellschaft üben die Aktionäre ihr S[timmrecht] entsprechend dem Nennwert ihrer Stammaktien auf der Hauptversammlung aus. Ausnahmen sind Vorzugsaktien, die ohne Stimmrecht ausgestattet werden können, Mehrstimmrechtsaktien, die vom Aktiengesetz (§ 12) als prinzipiell unzulässig erklärt sind, und die satzungsmäßige Festsetzung eines sog. Höchststimmrechts bzw. Abstufungen des S[timmrechts] für Inhaber mehrerer Aktien der Gesellschaft. Das S[timmrecht] kann durch einen schriftlich legitimierten Bevollmächtigten ausgeübt werden (...), wobei besondere Regelungen für Vertretungen der Aktionäre durch Kreditinstitute gelten. (...) (LBW); (kon) Aus dem Eigenkapital leitet der einzelne Kapitalgeber eine Einflussqualität in der Weise ab, dass er entweder selbst einen Anspruch auf die Geschäftsführung erheben kann oder über sein Stimmrecht den Spielraum der Geschäftsführung beeinflusst. (GUF: 12/13) **derecho de voto** *m* (def) Es el principal de los derechos de soberanía del accionista. Mediante él participa el socio en la administración de la sociedad y fiscaliza la gestión de los administradores, probándola o desaprobándola. Es el instrumento que utiliza el accionista para asegurar su participación en las ganancias de la sociedad. La ley ha consagrado el uso estatutario que condiciona el voto a la posesión de un cierto número de acciones que demuestre la existencia de un interés legítimo en el ejercicio del voto (...). Asimismo dispone la ley de otras dos limitaciones en este derecho: no puede ser ejercitado por el socio que se hallare en mora en el pago de los dividendos pasivos (...). El derecho de voto constituye, según la elaboración jurisprudencial, un derecho personal que por su especial naturaleza no puede ser enajenado con independencia de la acción y ha de ser ejercitado necesariamente por el propio titular por sí o por medio de representante. (ESJ); (kon) Es importante destacar la relevancia que posee el derecho de voto como instrumento que permite a los accionistas fiscalizar la gestión desarrollada por los administradores, que ha adquirido en los últimos tiempos una renovada significación a través del así llamado mercado del control de las empresas. (http://premium.vlex.com)

Stufengründung *f ^Gründung^ ^Einheitsgründung^ ^Simultangründung^* (Komm) In Deutschland wurde die Stufengründung 1965 im AktG verboten. In Spanien ist sie dagegen neben der Simultangründung eine zulässige Form der Gründung einer Aktiengesellschaft. Aufgrund des komplizierten Verfahrens der öffentlichen Zeichnung der Aktien, kommt der Stufengründung aber in der Praxis in Spanien eine weitaus geringere Bedeutung zu als der Simultangründung (vgl. SAG: 5/6).; (def) Sukzessivgründung, Zeichnungsgründung, Form der Gründung einer AG, bei der die Gründer nicht das gesamte Grundkapital (Aktien) übernehmen, sondern das Publikum durch Zeichnung von Aktienbeträgen mitwirken soll. (...) Gegensatz: Einheitsgründung. (GWL); (kon) In der Praxis ist in der Türkei die Einheitsgründung die meist verbreitete Form der AG, da ihre Gründung – im Gegensatz zur Stufengründung – wesentlich einfacher abzuwickeln ist.(www.hermesprojekt.de) **fundación sucesiva** *f ^fundación por suscripción pública (DDM)^* (def) Se da este caso cuando los promotores de una Sociedad Anónima deciden solicitar del público en general la aportación de capital para la constitución de la sociedad mediante la suscripción de las acciones. En este supuesto, deberán redactar el programa de fundación depositándolo en el Registro Mercantil, previa legitimación notarial de sus firmas, antes de lanzar a la publicidad el programa de fundación. El Registro Mercantil hará público en el B.O.E. tanto el depósito como un extracto del programa de fundación (...). El siguiente paso es la suscripción de acciones, y el desembolso mínimo de un 25 por 100 de las mismas (...). Finalmente, en el plazo máximo de seis meses contados a partir del depósito del programa de fundación en el Registro Mercantil, los promotores convocarán, mediante carta certificada y con quince días de antelación como mínimo, a cada uno de los suscriptores de las acciones para que concurran a la Junta Constituyente. El otorgamiento de la escritura de constitución de la Sociedad Anónima, y su posterior inscripción en el Registro Mercantil se efectuará por las personas designadas en la Junta. (DDM); (kon) La Sociedad Anónima puede fundarse en un sólo acto por convenio entre los fundadores (fundación simultánea), o en forma sucesiva por suscripción pública de las acciones (fundación sucesiva). (DDM vs fundación Sociedad Anónima)

Submission *f ^Ausschreibung^*

Sukzessivgründung *f ^Stufengründung^*

Summenaktie *f ^Aktie^ ^Quotenaktie^* (def) Summenaktie, Form der Aktie, die auf eine feste Summe (Nennwert) lautet. Die Einlageverpflichtung des Aktionärs ist begrenzt, ausgenommen, es wird ein höherer Ausgabebetrag festgelegt (vgl. auch Kapitalerhöhung). Gemäß § 6 AktG ist in der Bundesrepublik Deutschland nur die N[ennwertaktie] zulässig. Gegensatz: Quotenaktie. (GWL vs Nennwertaktie); (kon) Nach der Art der Ausstellung unterscheidet man Summenaktien, d. h. Anteilsscheine, die auf einen festen Nennbetrag lauten, und Quotenaktien, die auf einen Anteil (Prozentsatz vom Grundkapital) ausgestellt sind. (GUF: 24) **acción de suma** *f* (expl) (...) La exigencia del valor nominal en las acciones no cierra el paso, sin embargo, a las denominadas acciones de cuota por contraposición a las de suma. Mientras en estas últimas acciones el valor nominal se expresa numéricamente en dinero, en las de cuota se determina por referencia una cuota-parte del capital social (una milésima, una diezmilésima, etc.). (...) (UDM: 174/175); (kon) Las acciones de cuota son incorporables como las de suma a títulos negociables de igual valor, mientras que las cuotas se caracterizan esencialmente por no ser susceptibles de incorporación a documentos circulantes y por la posible desigualdad de los mismos. (UDM: 175)

Syndikat *n* *^Konsortium^*

T

Tantieme *f* *^Arbeitsentgelt^* *^Gewinn^* (def) Anteil am Jahresgewinn einer Unternehmung. Art der Gewinnbeteiligung für leitende Angestellte, Vorstands- und Aufsichtsratsmitglieder. Berechtigte kommen nur dann in den Genuss von Tantiemen, wenn mit Gewinn abgeschlossen wird. (BAL); (kon) Manager sind immer häufiger auch am Unternehmenserfolg beteiligt, sei es als Kapitaleigner, über Gewinnbeteiligungen oder Tantiemen. **participación en beneficios** *f* (def) Sistema utilizado para incentivar a los trabajadores de una empresa consistente en distribuirles un porcentaje determinado del beneficio al final de cada ejercicio económico de forma adicional al sueldo o salario. Para que este sistema realmente funcione es necesario que la cantidad a repartir sea fijada por las partes de común acuerdo y antes de que el beneficio se genere, así como que los trabajadores tengan acceso a las cuentas de la empresa para poder verificar que están cobrando efectivamente lo pactado. (DEN); (kon) Tienen la consideración de retribuciones en especie los derechos especiales de contenido económico que se reserven los fundadores y promotores de una sociedad como remuneración de servicios personales. Según el Reglamento, estos derechos se valorarán, como mínimo, en el 35% del valor equivalente de capital social que permita la misma participación en beneficios. (CAI: 16)

Teilschuldverschreibung *f* *^Anleihe^* *^Obligation^* *^Schuldverschreibung^* (def) Die einzelnen Stücke einer Anleihe (Schuldverschreibung, Obligation). Eine Teilschuldverschreibung drückt also einen verbrieften Anteil am Gesamtbetrag einer Anleihe aus. Die insgesamt benötigte Kreditsumme wird in marktgängiger Stückelung (...) auf die einzelnen Stücke aufgeteilt, die man deshalb als Teilschuldverschreibungen bezeichnet. Neben der Aufnahmemöglichkeit großer Kreditsummen liegt der Vorteil der Stückelung in der Abstimmung der Überlassungsdauer zwischen Gläubigern und Schuldnern. (...) (VGW); (kon) Zum Wesen der Anleihe gehört es, dass die Anleihegesamtsumme in Teilschuldverschreibungen gestückelt wird. (GUF: 40) **obligación** *f* (def 1) [El empréstito] Es un préstamo de gran cuantía, dividido en préstamos pequeños. Cada préstamo pequeño se llama obligación, y el conjunto de todas las obligaciones empréstito. (...) (AEE vs empréstito); (def 2) A una emisión se denomina empréstito cuando los valores mobiliarios introducidos en el mercado son obligaciones. Las obligaciones son títulos de renta fija, preferentemente, emitidas por una sociedad de derecho privado, y representan una parte alícuota de un empréstito (crédito) contra la sociedad emisora. (DEE vs empréstito)

termingerecht *adj* *^fristgerecht^* (Komm) Auch als Adverb möglich, z. B. etw. termingerecht abwickeln. Im Gegensatz zum Terminus *fristgerecht*, bei dem die Betonung auf einer Zeitspanne liegt, impliziert *termingerecht* das Einhalten eines Zeitpunktes. Zur Unterscheidung dieser beiden Termini wird im DDU vs plazo Folgendes aufgeführt: »(...) La legislación procesal con gran frecuencia, la doctrina también y los prácticos, se sirven como sinónimos, soslayando sutilezas técnicas, de los vocablos plazo y término. Sin embargo, discrepan en esencia, por cuanto el plazo es comprensivo de todo el lapso para actuar; en tanto que el término integra tan sólo su vencimiento o final. De ahí que, para ajustarse al léxico positivo, en no pocas especies de las insertas luego, sobre los distintos plazos, se haga remisión a los respectivos términos. (...).«; (def) gemäß einem Termin (DAB); (kon) Durch unsere langjährige Zusammenarbeit mit Fachfirmen garantieren wir (...) eine termingerechte Lieferung (...). (www.piano-fischer.de) **en la fecha fijada** *adv* (def) Lo que se cumple en la fecha acordada. (DV)

Tilgung *f* *^Ratentilgung^* *^Rückzahlung^* (def) Regelmäßige Ab- oder Rückzahlung einer langfristigen Schuld in Teilbeträgen, die verschieden berechnet werden können. Schuldverschreibungen (festverzinsliche Wertpapiere wie Anleihen, Pfandbriefe, Obligationen usw.) werden entsprechend den Emissionsbedingungen getilgt, die auf dem Wertpapier aufgedruckt sind. Die Tilgung kann auch durch allmählichen Rückkauf über die Börse erfolgen. Tilgung kann in einem Betrag oder in Raten erfolgen. Bei kurzfristigen Darlehen wird meist ratenweise Tilgung vereinbart, wobei die Tilgungsrate i. d. R. als Prozentsatz der Darlehenssumme ausgedrückt wird. Tilgungsrate und Zeitabstände der Tilgung können in einem besonderen Tilgungsplan festgelegt werden. (BAL); (kon) Die Konditionen – Recht auf Bezug von Aktien in einem bestimmten Verhältnis, zu einem bestimmten Kurs und innerhalb einer festgesetzten Frist – des späteren Aktienbezuges müssen bei Ausgabe der Obligationen festgelegt werden. Wird von den Gläubigern optiert, d. h. das Bezugsrecht ausgeübt, so entsteht zusätzliches Eigenkapital in Höhe der ausgeübten Bezugsrechte unter Fortbestand der normalen Schuldverschreibungen bis zur Tilgung. (GUF: 43) **amortización** *f* *^reembolso^* (def 1) (...) Un caso particular dentro de la amortización financiera es el de la amortización de obligaciones o devolución en el tiempo de un empréstito: Los métodos más usados son: a) amortización constante de un capital; b) anualidad constante, y c) creación de un fondo de amortización. (DEE vs amortización financiera); (def 2) (...) La amortización es una operación financiera de prestación única y contraprestación múltiple. La amortización constituye el reembolso gradual de una deuda. Así, el reembolso a los tenedores de valores mobiliarios (acciones u obligaciones) del importe de las mismas constituye una amortización. Las acciones pueden ser reembolsadas mediante compra directa en bolsa, o bien mediante sorteo. Se trata de un reembolso voluntario. Las obligaciones constituyen un préstamo que recibe la empresa de los particulares. Éstos reciben el nombre de obligacionistas y se convierten en acreedores de la empresa, la cual debe restituirles la cantidad de los mismos recibida más los intereses. La amortización o devolución del valor de las obligaciones a los obligacionistas es obligatoria y puede ser efectuada por anualidades, quinquenios, decenios, etc. (...) (AEE); (kon) Cuando la sociedad haya retrasado en más de seis meses el pago de los intereses vencidos o la amortización del principal, el comisario podrá proponer al Consejo la suspensión de cualquiera de los administradores y convocar la junta general de accionistas, si aquéllos no lo hicieren, cuando estime que deben ser sustituidos. (LSA art. 304)

Tratte *f ^Wechsel^* (def) Tratte ist ein gezogener Wechsel. Die T[ratte] ist der gesetzliche Regelfall eines Wechsels (...). In diesem Fall wird der Wechsel vom Aussteller auf den Namen dessen gezogen, der bezahlen soll (Bezogener). Notwendige Bestandteile der T[ratte] sind (...): Wechselbezeichnung, Zahlungsanweisung, Bezogener, Verfallzeit, Zahlungsort, Remittent, Ausstellungstag und -ort, Unterschrift. (...) (CRL); (kon) Die Exporteursbank oder eine sonstige im Exportland ist von der Importbank ermächtigt, die Tratte zusammen – weil meist unter einem Dokumentenakkreditiv – mit genau bestimmten Dokumenten zu Lasten der Importbank anzukaufen. (GUF: 61) **letra de cambio** *f*

Treasurer *m ^Controller^* (def) (...) Treasurer [sind] heute in erster Linie für die externe und interne Finanzierung, die Sicherung des finanziellen Gleichgewichts (...) sowie die Verwaltung und Sicherung der Wertpapiere und des sonstigen Eigentums der Unternehmung verantwortlich. Im Einzelnen: Prognose des Kapitalbedarfs, der Zahlungsein-, und -ausgänge, die externe kurzfristige und langfristige Finanzierung, Vorschläge zur Dividendenpolitik, financial public relations, Verwaltung der flüssigen Mittel, Überwachung des Geldein-, und -ausgangs, Kreditgewährung, Forderungseinzug, Anlage freier Mittel, Regelung der Effektenemission, Berichterstattung über das finanzielle Ergebnis und der gesamte Versicherungsbereich. (...) (BFL); (kon) Eine laufende Liquiditätsplanung deckt nicht nur finanzielle Engpässe frühzeitig auf, sie signalisiert dem »Controller« oder dem »Treasurer« einen nachhaltigen Finanzüberschuss im Unternehmen. (GUF: 117) **tesorero** *m* (def) Responsable de la administración y gestión de la liquidez de una sociedad (efectivo, cobros a clientes, pagos a proveedores, etc.) y de encontrar las formas de financiación de entre los recursos propios y ajenos (créditos, emisiones de obligaciones, etc.). (DEN); (kon) En todas las Cooperativas, pero sobre todo en las Cooperativas que comienzan, el cargo de Tesorero es uno de los más importantes. (ECT: 9)

U

Über-Pari-Emission *f ^Emission^ ^Pari-Emission^ ^Unter-Pari-Emission^ ^Unterpari-Ausgabe^* (def) Emission von Wertpapieren zu einem Kurs, der über 100 % des Nennwerts liegt. In der Bundesrepublik Deutschland gestattet. Gegensatz: Unter-Pari-Emission. (GWL) **emisión sobre la par** *f* (def) Emisión de un título por encima de su valor nominal. (...) (DEE vs sobre la par); (kon) Tratándose de valores puede ser a la par: valor nominal; sobre la par o bajo la par. (MDB vs emisión)

Überdeckung *f* *^Deckung^* *^Unterdeckung^* (def) Nichtübereinstimmung zwischen materiellen und finanziellen Fonds, wonach den im Betrieb vorhandenen materiellen Umlaufmittelbeständen entgegen dem Plan nur ein geringeres Volumen an finanziellen Fonds gegenübersteht. (...) (ÖL I); (kon) [Der Finanzbedarf beziehungsweise Finanzüberschuss] bildet dann die Dispositionsgrundlage für vom Unternehmen zu treffende Ausgleichs- und Anpassungsmaßnahmen, wie Kreditaufnahme, Eigenmittelzuführung bei Unterdeckung beziehungsweise Anlage in Wertpapieren oder Kreditrückführung bei Überdeckung. (GUF: 91/92) **exceso de fondos** *m* (def) Es la diferencia positiva entre la caja generada operativa y el uso de sus fondos. Es la caja disponible para reducir la deuda a corto plazo o incrementar la caja. (...) (TAM)

Überpari-Ausgabe *f* *^Ausgabe^* *^Pari-Ausgabe^* *^Überpari-Emission^* (kon) Die Ausgabe muss nicht zum Nennwert erfolgen: bei Unterpari-Ausgaben liegt der Begebungskurs um das Disagio darunter, bei Überpari-Ausgaben liegt er um das Agio darüber, bei Pariausgaben ist er mit dem Nennwert identisch. (GUF: 40)

Übertragung *f* *^Zession^*

Übertragungsbilanz *f* *^Bilanz^* *^Schenkungsbilanz (GWL)^* *^Zahlungsbilanz^* (def) (...) In dem Maße, wie ein Teil des Güterhandels auf Schenkungen beruht, erfolgt eine entsprechende Korrektur im Bereich der Übertragungsbilanz. Analoges gilt für die einseitigen Zahlungen, die zunächst in der Kapitalbilanz verbucht werden und in der Übertragungsbilanz ihre Gegenbuchung finden. (GWL vs Zahlungsbilanz); (kon) Zusammen mit der Handelsbilanz und der Übertragungsbilanz bildet die Dienstleistungsbilanz die Leistungsbilanz. (VGW vs Dienstleistungsbilanz) **balanza de transferencias** *f* (def) Parte de la balanza de pagos en la que se recogen los movimientos internacionales correspondientes a las donaciones públicas o privadas, remesas de emigrantes, etc. (DMA); (kon) La tercera de las subbalanzas es la de transferencias. A diferencia de todas las anteriores se trata de operaciones unilaterales o gratuitas, contra las que no hay que realizar ninguna contraprestación (...). (SMA: 33)

Überziehungsprovision *f* (def) Provision für die Inanspruchnahme eines Überziehungskredits auf dem laufenden Konto (Kontokorrentkredit). Die Überziehungsprovision wird zusätzlich zu den Sollzinsen von dem über dem Kreditlimit liegenden (überzogenen) Betrag erhoben. (GWL); (kon) Die Überziehungsprovision beträgt im Allgemeinen ⅛ ‰ täglich und ersetzt bei Überschreitung des bewilligten Kredites die Kreditprovision auf den beanspruchten Kredit, so wird sie oft mit dem Kontokreditzins zu einem Nettozinssatz zusammengefasst. (GUF: 52) **comisión por exceso de descubierto** *f* (def) Comisión que se aplica cuando el titular de la cuenta corriente sobrepasa el límite de descubierto permitido. (DV)

Umfinanzierung *f* *^Finanzierung^* (def) Alle Finanzierungsvorgänge, die zwar der Kapitalbeschaffung subsumiert werden, aber letztlich keine Vermehrung des der Unternehmung zur Verfügung stehenden Kapitals zur Folge haben: (1) Umschichtung von Fremdkapital in Eigenkapital; (2) Umschichtung von Eigenkapital in Fremdkapital; (3) Umschichtung einer Art des Fremdkapitals in eine andere; (4) Umschichtung einer Art des Eigenkapitals in eine andere. (BAL); (kon 1) Umfinanzierung des Passivkapitals: Veränderung der abstrakten Kapitalpositionen der Passivseite der Bilanz, ohne dass sich das Gesamtkapital ändert (z. B. Umwandlung von Fremdkapital in Eigenkapital oder von Rücklagen in Grundkapital). (GUF: 5); (kon 2) Umfinanzierung des Aktivkapitals: Veränderungen der Vermögenspositionen, ohne dass sich das Gesamtvermögen ändert (z. B. Liquidation von Vermögensteilen und Bereitstellung der frei gewordenen Mittel für neue Investitionen). (GUF: 5) **reestructuración de la financiación** *f* (ÜV) (def) Se denomina reestructuración de la financiación a aquellas formas de financiación por las cuales una empresa no recibe medios financieros nuevos, sino mediante la cual se reemplaza una forma de financiación por otra. Por ejemplo sustituyendo el capital propio por capital ajeno o viceversa, o una forma del capital propio por otra forma del mismo así como una forma del capital ajeno por otra forma del capital ajeno. (DV)

Umlaufvermögen *n* *^Anlagevermögen^* *^Betriebsvermögen^* *^Vermögen^* (def) Sammelbezeichnung für Vermögensgegenstände, die nicht dazu bestimmt sind, dauernd dem Geschäftsbetrieb zu dienen und nicht Posten der Rechnungsabgrenzung sind. Gegensatz: Anlagevermögen. Zum Umlaufvermögen gehören: Vorräte; Forderungen und sonstige Vermögensgegenstände; Wertpapiere; Schecks, Kassenbestände, Bundesbankguthaben, Guthaben bei Kreditinstituten. Wertpapiere gehören nur zum Umlaufvermögen, wenn sie zur Veräußerung oder als kurzfristige Liquiditätsreserve bestimmt sind; andernfalls sind sie im Anlagevermögen auszuweisen. (GWL); (kon) Eine genaue Beobachtung des Umlaufvermögens und seiner Veränderung in der Bilanz kann wertvolle Hinweise auf die Gewinn- und Aktienentwicklung liefern. (www.nzz.ch) **capital circulante** *m* ^*activo circulante*^ ^*capital móvil*^ ^*circulante (m)*^ (Komm) Dieser Terminus sollte nicht mit dem Terminus *capital de rotación* (= Umlaufvermögen abzüglich der kurzfristigen Verbindlichkeiten) verwechselt werden. Im Deutschenn wird *capital de rotación* meist mit dem englischen Terminus *working capital* übersetzt. Dieser Terminus bezeichnet eine Kennzahl zur Beurteilung der Finanzlage einer Unternehmung; (def) En las empresas comerciales, bienes o valores destinados a producir y que se hallan unas veces invertidos en materias primas, otras en dinero o crédito, en productos, en acciones, etc., según las conveniencias y actividades. (DDU); (expl) Conjunto de bienes y derechos cuya conversión en efectivo es posible a corto plazo. (NET)

Umsatz *m* ^*Erlös (GWL)*^ ^*Umsatzerlös*^ (def 1) Summe der in einer Periode verkauften, mit ihren jeweiligen Verkaufspreisen bewerteten Leistungen; auch als Erlös (v. a. im Rechnungswesen) bezeichnet. Umsatz ist Grundlage für die Ermittlung der Umsatzsteuer. (GWL); (def 2) Wert der abgesetzten Erzeugnisse und der erbrachten Leistungen. (LHW); (kon) Im Vorjahresquartal wurde ein Umsatz von 3,49 Milliarden US-Dollar bzw. ein Netto-Gewinn von 295 Millionen US-Dollar oder 0,35 US-Dollar por Aktie erzielt. (www.apple.com) **cifra de negocios** *f* ^*facturación*^ ^*volumen de ventas*^ (expl) Expresión utilizada para señalar los ingresos de una empresa por ventas o prestación de servicios durante un período de tiempo determinado. (DEN); (kon) La cifra de negocios del sector industrial aumenta un 7,6% en 2004 respecto al año anterior. (www.ine.es)

Umsatzprozess *m* ^*Produktion*^ (def) Zeitspanne zwischen der Beschaffung der produktiven Faktoren und dem Eingang der Erlöse für die Erzeugnisse, die aus diesen produktiven Faktoren hergestellt werden. Der Umsatzprozess umfasst die Produktions- und Lagerdauer sowie das Zahlungsziel. (GWL); (kon) Auch kann über kurzfristige Rückstellungen ein langfristiger Finanzierungseffekt erzielt werden, wenn sich die jeweilige Position durch den Umsatzprozess dauernd aufbaut und durch Inanspruchnahme auflöst. (GUF: 78) **proceso de producción y venta** *m* (def) Período entre el aprovisionamiento de los factores productivos y los ingresos que resultan de la transformación de estos factores en bienes. (DV); (kon) Hay una relación muy estrecha entre al calidad de los bienes y servicios que adquirimos y la motivación que han demostrado quienes estuvieron involucrados en el proceso de producción y venta de éstos. (www.monografias.com)

Umsatzrechnung *f* ^*Gewinn- und Verlustrechnung*^

Umschuldung *f* ^*Konversion*^ ^*Schulden*^ ^*Verschuldung*^ (def) Umwandlung kurzfristiger oder kurzfristig fälliger Kredite durch Verlängerung der Laufzeit in langfristige. (...) I. w. S. auch Umwandlung von Fremdkapital in Eigenkapital, z. B. durch Ausgabe von Aktien und Verwendung des Erlöses zur Schuldentilgung. (BAL); (kon) Muss unerwartet ein Darlehen abgelöst werden, kann dies auch durch die Aufnahme eines neuen Darlehens geschehen (Umschuldung). (GUF: 9) **reestructuración de la deuda** *f* (ÜV) (def) Es la transformación de créditos a corto plazo en créditos a largo plazo mediante una prolongación del plazo de vencimiento. (DV)

Umtausch *m* ^*Umwandlung*^ ^*Wandelanleihe*^ ^*Wandelobligation*^ ^*Wandelschuldverschreibung*^ (kon) Bei den Wandelschuldverschreibungen (Wandelobligationen) wird dem Inhaber gemäß § 221 AktG ein Recht auf Umtausch in Aktien gewährt. (GUF: 43) **canje** *m* (def 1) Operación de intercambio de unos títulos-valores por otros ya existentes. (AEE); (def 2) Conversión de obligaciones o bonos en acciones. (...) (MDB); (kon) En el caso de canje de acciones, la información contable y financiero del emisor de la oferta de valores negociables debe estar incluida en el prospecto. (www.legalmania.com.ar)

Umwandlung (1) *f* ^*Umtausch*^ (def) I. Handelsrecht: 1. Begriff: U[mwandlung] ist die Veränderung der Rechtsform eines Unternehmens ohne Liquidation im Wege der Gesamtrechtsnachfolge. 2. Mögliche Gründe: Änderungen der Steuergesetze, Einführung von Publizitäts- und Prüfungspflichten, Mitbestimmungsregelungen, Erbfälle, Kapitalbeschaffungsprobleme, Interesse an einer Änderung der bestehenden Geschäftsführungs- und Haftungsregelungen. (...) 3. Arten: a) Formwechselnde U[mwandlung]: Es ändert sich lediglich die Rechtsform der Gesellschaft (§§ 190 UmwG). b) Verschmelzende Umwandlung]: Übertragung der Vermögensgegenstände und Schulden ohne Liquidation im Wege der Gesamtrechtsnachfolge auf einen bereits bestehenden Rechtsträger (Verschmelzung). (...). Sie wird wirksam mit Eintragung im Register des Sitzes der neuen Rechtsform. Der formwechselnde Rechtsträger besteht hierbei in der in dem Umwandlungsbeschluss bestimmten Rechtsform fort (im Gegensatz zur Verschmelzung). (...) (GWL); (kon) Die Umwandlung einer GmbH in eine AG ist prinzipell problemlos möglich. (www.faz.net) **transformación** *f* (def) Consiste en el cambio experimentado por una compañía que pasa de un tipo de sociedad a otro distinto conservando la misma personalidad jurídica (...). El acuerdo de transformación en las sociedades colectivas y comanditarias requiere el consentimiento de todos los socios y en las sociedades anónimas y de responsabilidad limitada debe adoptarse igual que los acuerdos de modificación de los estatutos o de la escritura social. Debe además este acuerdo hacerse constar en escritura pública e inscribirse en el Registro Mercantil, y además publicarse tres veces en el B.O.E y en los periódicos de gran circulación en la provincia. La transformación no afecta a la personalidad jurídica de la sociedad, ni podrá modificar las participaciones de los socios en el capital de la sociedad. (ESJ vs transformación de sociedades mercantiles); (kon) Salvo disposición legal en contrario, cualquier transformación en una sociedad de tipo distinto será nula. (LSA art. 223, 2.) **Umwandlung (2)** *f* *^Konvertierung^* *^Wandelanleihen^* (def) Umtausch von Wandelanleihen in Aktien. Das Recht zur Wandlung ist in der Anleihe verbrieft und nicht entziehbar. Sie kann nur zu den entsprechenden Wandlungsbedingungen durchgeführt werden. (BAL vs Wandlung); (kon) Bei [Wandelanleihen] muss zumeist eine Sperrfrist, in der die Umwandlung in Aktien nicht möglich ist, beachtet werden (www.acteam.de) **conversión** *f*

Unter-Pari-Emission *f* *^Emission^* *^Pari-Emission^* *^Über-Pari-Emission^* *^Unterpari-Ausgabe^* *^Unterparibegebung^* (def) Emission von Wertpapieren zu einem unter dem Nennwert liegenden Kurs. Bei Anleihen ist die U[nter]-P[ari]-E[mission] die Regel außer bei einem sehr aufnahmefähigen Kapitalmarkt; bei Aktien ist die U[nter]-P[ari]-E[mission] durch § 9 AktG verboten. Gegensatz: Über-Pari-Emission. (GWL) **emisión por debajo de la par** *f* (def) Colocación de títulos en el mercado de capitales, percibiendo la empresa como contrapartida una cantidad inferior en efectivo al valor nominal de los títulos. Está permitido en cuanto a la emisión de obligaciones, pero no de acciones. (GAR); (kon) Intimamente ligada con aquella otra clasificación que hemos hecho entre las obligaciones, según la forma de emisión (a la par, por debajo y por encima de la par), está la que podemos realizar atendiendo a la forma del reembolso. (AEO: 51)

Unterbringung *f* *^Platzierung^*

Unterdeckung *f* *^Deckung^* *^Überdeckung^* (def 1) Unvollständige Deckung kurzfristiger Kredite durch Materialbestände. Die zur Sicherung des Kredits bestimmten Materialbestände sind wertmäßig geringer als die Kreditschuld. (...) (ÖLW); (def 2) (Kaufmannsspr[ache]) nicht ausreichende Deckung. (DUW); (kon) Die Vermeidung einer finanziellen Unterdeckung, also einer Situation, in der die Auszahlungsverpflichtungen die vorhandenen Finanzierungsmittel übersteigen, dürfte in der wirtschaftlichen Praxis gegenüber einem evtl. Finanzstau der weitaus häufigere Fall sein. (GUF: 81) **déficit de fondos** *m* (def 1) Es la diferencia negativa entre la caja generada operativa y el uso de fondos. Deberá ser financiada con deuda o incrementos de capital. (...) (TAM); (def 2) Situación que acaece cuando los flujos negativos son superiores a los positivos. Se aplica generalmente a patrimonio y tesorería. (...) (DEN vs déficit); (kon) Finalmente, el sector público puede tener, a lo largo del ejercicio presupuestario, unos gastos que superen a sus ingresos corrientes; en este caso deberá emitir ciertos títulos que, adquiridos por otros agentes económicos, pondrán a su disposición los recursos financieros necesarios para cubrir su déficit. (RSF: 4/5)

Unternehmen *n* *^Unternehmer^* *^Unternehmung^* (Komm) Der Terminus *Unternehmen* wird v. a. in Gesetzestexten und in der Wirtschaftszweigsystematik verwendet.; (def) (...) Der für die marktwirtschaftliche Ordnung typische Betriebstyp ist das U[nternehmen. (LBW); (kon) Der klassische Finanzierungsbegriff knüpft an die Gliederung der Bilanz an und umfasst die Versorgung des Unternehmens mit Kapital. (GUF: 2) **empresa** *f*

Unternehmensberater *m* *^Consulter^* *^Managementberater (GWL)^* (def) Für das Unternehmensmanagement durch Selbstständige oder Angestellte einer unabhängigen Beratungsgesellschaft erbrachte Dienstleistung, mit der hauptsächlich ein Transfer externer Problemlösungskapazität bezweckt wird. (VGW); (kon) Der Unternehmensberater analysiert die Abläufe und Strukturen in einem Unternehmen mit dem Ziel, den wirtschaftlichen Erfolg zu sichern und auszubauen. (www.hobsons.ch) **consultor de empresa** *m* ^*asesor de empresa*^ ^*consejero de gestión (UEC)*^ (def) Persona exterior a una empresa que asiste a sus directivos en una materia delimitada (...). Normalmente, carece de responsabilidad en la decisión propuesta, pero en los resultados efectivos se pone en juego su prestigio profesional. (TAM); (kon) Los consultores de empresa tuvieron su origen en las economías de mercado libre y actualmente son más comunes en los países altamente desarrollados. (www.lagente.com)

Unternehmensfinanzierung *f* (Komm) Sowohl der deutsche als auch der spanische Terminus sind gängige Ausdrücke in der Wirtschaftsterminologie, jedoch geben weder die konsultierten Lexika noch die Fachliteratur Auskunft über diesen Begriff. Die hier angeführten Definitionen für das Deutsche und Spanische wurden anderen Einträgen in Lexika entnommen. Sie treffen dennoch auf den Begriff *Unternehmensfinanzierung* zu.; (def) Die sich dem Unternehmen bietenden Finanzierungsmöglichkeiten lassen sich aufgrund verschiedener Merkmale systematisieren: 1. Nach der Art der Rechtsbeziehungen zwischen dem Unternehmen und seinen Finanziers unterscheidet man die Eigenfinanzierung und die Fremdfinanzierung. Die Eigenfinanzierung berührt das Eigenkapital, die Fremdfinanzierung das Fremdkapital der Unternehmen. 2. Nach der Art der Herkunft der Finanzierungsmittel unterscheidet man die Außenfinanzierung (externe Finanzierung) von der Innenfinanzierung (interne Finanzierung), wobei im ersten Fall die Finanzierungsmittel von den Unternehmensfinanziers aufgebracht werden, während sie im zweiten Fall aus dem Erlös am Markt verwerteter Vermögensobjekte (insbesondere der betrieblichen Erzeugnisse) entstehen. 3. Nach der zwischen dem Unternehmen und seinen Finanziers verabredeten Dauer der Überlassung der Finanzierungsmittel unterscheidet man die unbefristete von der befristeten Finanzierung und unterteilt die befristete Finanzierung in kurz-, mittel- und langfristige Finanzierung. 4. Nach den besonderen Finanzierungsanlässen ist es üblich, die Gründung, die Kapitalerhöhung, die Kapitalherabsetzung, die Umwandlung, die Fusion, die Sanierung und die Liquidation zu unterscheiden. Diese besonderen Finanzierungsanlässe heben sich von den laufenden Finanzentscheidungen der Unternehmen deutlich ab, insbesondere in Aktiengesellschaften, die bei der Durchführung dieser besonderen Finanzierungsvorgänge zahlreiche Vorschriften des Aktiengesetzes zu beachten haben. 5. Nach der Form, in der den Unternehmen Finanzierungsmittel zufließen, unterscheidet man die Geldfinanzierung (Zufluss von Sachvermögen, Beteiligungen oder besonderen Rechten). (...) (LBW vs Arten der Finanzierung); (kon) Unser Ziel ist es, den Börsengang für das Unternehmen zu einem nachhaltigen Erfolg werden zu lassen, sodass der Kapitalmarkt langfristig als attraktive Quelle zur Unternehmensfinanzierung genutzt werden kann. **financiación de la empresa** *f* ^*financiación empresarial (SSD)*^ (def) Cantidad de dinero necesaria para la realización de una actividad o proyecto de una persona, ente público o empresa. Puede hallarse en forma de recursos propios o de recursos ajenos, que se encuentran detallados según su origen o precedencia en el pasivo del balance y como inversiones en el activo. (DEN vs financiación); (kon) Una importante cuestión consiste en saber si la práctica de la autofinanciación reduce, aumenta o deja inalteradas las posibilidades de financiación de la empresa. (SSD: 332)

Unternehmensführung *f* ^*Management (GWL)*^ (def 1) Anglo-amerikanischer, im Rahmen des betriebswirtschaftlichen Sprachgebrauchs verwandter Begriff für die Leitung eines Unternehmens. Management umfasst alle Aufgaben, die die Leitung eines Unternehmens in allen ihren Bereichen mit sich bringt. Management ist damit wesentlich mehr als Verwaltung. Seit der Jahrhundertwende sind die Probleme der Betriebs- und Geschäftsleitung in den USA, auch in Deutschland in ständig steigendem Maße wissenschaftlich untersucht worden. (GWL vs Management); (def 2) Als Unternehmensführung werden einerseits die Tätigkeiten des Führens (Führungsfunktion, Führungsverhalten), andererseits die Tätigkeiten der Führung (Führungsinstitutionen) verstanden. (HWW); (kon) Geordnete Finanzen sind die Grundlage für jede erfolgreiche Unternehmensführung. (GUF: 79) **gestión empresarial** *f* ^*dirección de la empresa*^ (def) Acción consistente en la ejecución y toma de decisiones en la empresa. El dinamismo de la empresa dependerá de su gestión, la cual implica la búsqueda de equilibrio en las actividades que realice. (AEE); (kon) De todo lo dicho hasta ahora se desprende que una correcta gestión empresarial ha de obtener los recursos suficientes para sustituir todas sus inversiones al final de su vida útil. (SMA: 81)

Unternehmer *m* *^Unternehmen^* *^Unternehmung^* (def 1) Entrepreneur, Persönlichkeit, die eine Unternehmung plant, mit Erfolg gründet und/oder selbstständig und verantwortlich mit Initiative leitet, wobei sie persönliches Risiko oder Kapitalrisiko übernimmt. (...) (GWL); (def 2) Kombiniert aus Eigeninitiative Produktionsfaktoren, um Güter und Dienste zu produzieren, die er mit Gewinn am Markt absetzen will. (...) Der Unternehmer ist der Motor der wirtschaftlichen Entwicklung: (...). (VGW); (kon) Da die Eröffnung des Geschäftes in finanztechnischer Hinsicht keiner Form unterliegt, gestaltet sich die Gründung im Normalfalle in der Weise, dass der Unternehmer aus seinem Privatvermögen Kapital abzweigt und es dem Betriebsvermögen der Unternehmung zuführt. (GUF: 14) **empresario** *m* (def) Titular de una unidad de producción, que asume el riesgo principal de la misma, circunstancia que le diferencia del ejecutivo. Otra nota del verdadero empresario, (...), es la de ser innovador, para alcanzar el más alto nivel de modernización a efectos de lograr el máximo de competitividad. (TAM); (kon) La competencia china inquieta a los empresarios de la automoción. (www.iese.edu)

Unternehmung *f* *^Unternehmen^* *^Unternehmer^* (Komm) Der Terminus *Unternehmung* wird häufig als Synonym für die Termini *Unternehmen* und *Betrieb* verwendet.; (def) Unternehmen. I. Begriff: Wirtschaftlich-rechtlich organisiertes Gebilde, in dem auf nachhaltig ertragbringende Leistung gezielt wird, je nach der Art der U[nternehmung] nach dem Prinzip der Gewinnmaximierung oder dem Angemessenheitsprinzip der Gewinnerzielung. Das Gewinnstreben richtet sich zumindest auf angemessene Verzinsung des betriebsnotwendigen Kapitals. In diesem Sinne kann eine U[nternehmung] aus mehreren bzw. keinem Betrieb (im technischen Sinne) bestehen (z. B. Holding-Gesellschaft). (...) II. Abgrenzung: 1. U[nternehmung] als untergeordneter Begriff: Zunehmend wird »Betrieb« als übergeordneter Begriff verwendet, um auch die Arbeitsstätten der Behörden-Verwaltungen (im eigentlichen Sinne keine U[nternehmung]) einordnen zu können sowie zur besseren Rechtfertigung des Begriffs Betriebswirtschaftslehre. 2. U[nternehmung] als Synonym für Betrieb (häufig verwendet). 3. U[nternehmung] als Synonym für Unternehmen: Inhaltlich gleich sind die Begriffe U[nternehmung] und Unternehmen; letzterer wird z. T. in Gesetzestexten und in der Wirtschaftszweigsystematik verwendet. III. Charakterisierung: Die U[nternehmung] ist eine selbstständige, vom Haushalt des oder der Unternehmer losgelöste Einzelwirtschaft, die sich vom Betrieb dadurch unterscheidet, dass sie eine örtlich nicht gebundene, wirtschaftlich-finanzielle und rechtliche Einheit darstellt. (...) Für ihr Fortbestehen muss die U[nternehmung] im finanziellen Gleichgewicht bleiben: die U[nternehmung] muss langfristig Gewinne machen, da sonst das Eigenkapital aufgezehrt würde (Konkurs); es muss gewährleistet sein, dass die Einnahmen und Auszahlungen so koordiniert werden, dass die U[nternehmung] zu jedem Zeitpunkt liquide ist (Liquidität). (...) IV. Arten: 1. Nach dem Träger des Eigentums: a) private U[nternehmung], b) gemischt-wirtschaftliche U[nternehmung], d. h. U[nternehmung], die der Staat oder eine öffentlich-rechtliche Körperschaft unter Beteiligung privaten Kapitals betreibt und c) öffentliche U[nternehmung] (öffentliche Unternehmen). 2. Nach der Rechtsform: a) Einzelkaufmann, b) Personengesellschaft, (...), c) Kapitalgesellschaft, (...), d) Genossenschaft mit beschränkter Haftpflicht und mit unbeschränkter Haftpflicht, e) Stiftung, f) Versicherungsverein auf Gegenseitigkeit und g) Partenreederei. (...). 3. Das Vorhandensein einer U[nternehmung] lässt erst die Firma entstehen; mit Wegfall der U[nternehmung] erlischt die Firma. 4. Die U[nternehmung] erlischt, wenn die dauernd auf Gewinn gerichtete Tätigkeit nicht fortgesetzt werden soll oder kann. (...). Die U[nternehmung] lässt sich durch die organisatorische Einheit des dahinterstehenden wirtschaftlichen oder ideellen Zwecks kennzeichnen. Anders: Betrieb. Eine U[nternehmung] kann aus mehreren Betrieben bestehen, wenn der mit der U[nternehmung] verfolgte Zweck durch mehrere organisatorisch verselbstständigte Zweckeinheiten erstrebt wird. In diesem Fall hat der Begriff der U[nternehmung] neben dem des Betriebs eine eigenständige betriebsverfassungsrechtliche Bedeutung, da er Anknüpfungspunkt für die Bildung des Gesamtbetriebsrats ist. Andererseits ist es möglich, dass arbeitsrechtlich mehrere Unternehmen einen (gemeinsamen) Betrieb bilden. (GWL); (kon) Ein falscher Standort kann zum Scheitern einer vielversprechenden Unternehmung führen. (www.bridge-online.de) **empresa** *f* (def 1) (...) La empresa privada puede ser de carácter individual, sociedad familiar, sociedad, comanditaria o bien, cuando limita su responsabilidad y divide su capital en acciones, sociedad de responsabilidad limitada o sociedad anónima. En la empresa de tipo cooperativa, los socios son propietarios y trabajadores a la vez, con igual participación todos ellos; cabe, en cambio, diferentes aportaciones en la sociedad anónima laboral. La empresa pública es de capital total o mayoritariamente perteneciente a un poder público, en cuyo caso cabe hablar de empresa mixta. La empresa será nacional o extranjera, según cuál sea el origen de su capital mayoritario. También se distingue en grandes y pequeñas y medianas empresas (PYMEs). (TAM); (def 2) Unidad organizativa y autónoma dedicada a la producción de bienes o al mantenimiento o prestación de ciertos servicios, dirigidos al consumo de la comunidad, y en cuyo seno se desarrollan las relaciones laborales, y con una finalidad lucrativa, ya sea económica o moral, pudiendo gozar o no de personalidad jurídica propia según los casos. La empresa como organización se estructura subjetivamente entre quienes dirigen la producción y controlan los medios productivos, y quienes utilizan éstos para abastecer a la sociedad de una serie de bienes o servicios, pudiendo organizarse en uno o varios centros de trabajo. Ante una clasificación de los elementos integrantes de la empresa, puede estructurarse el elementos [sic.] personal en: empresarios y trabajadores; y el elemento material o patrimonial también admite su clasificación en cuanto a la titularidad, ya que puede pertenecer al estamento directivo, al dirigido, a ambos, o a terceros (como es el caso de las Sociedades Anónimas). (...) (ESJ); (kon) IMAPC agrupa a 24 empresas españolas. (www.plastunivers.com)

Unterpari-Ausgabe *f* *^Ausgabe^* *^Pari-Ausgabe^* *^Über-Pari-Ausgabe^* *^Unterpari-begebung^* *^Unterpari-Emission^* (kon) Die Ausgabe muss nicht zum Nennwert erfolgen: bei Unterpari-Ausgaben liegt der Begebungskurs um das Disagio darunter, bei Überpari-Ausgaben liegt er um das Agio darüber, bei Pariausgaben ist er mit dem Nennwert identisch. (GUF: 40)

Unterparibegebung *f* *^Unterpariausgabe^* *^Unterpariemission^* (kon) Überwiegend wird Unterparibegebung angewandt, um die Normalverzinsung fein auf die gewollte Effektivverzinsung einzustellen. (GUF: 40)

Unterschlagung *f ^Veruntreuung^*

Untreue *f ^Veruntreuung^*

V

Veräußerung *f ^Sperrfrist^* (def) I. Allgemein: Unmittelbar rechtsändernde rechtsgeschäftliche Übertragung von Gegenständen, im Gegensatz zu dem nur eine Verpflichtung zur V[eräußerung] begründenden schuldrechtlichen Geschäft, z. B. dem Kaufvertrag. Form der V[eräußerung] je nach dem Gegenstand unterschiedlich: a) Sachen werden durch Übereignung, b) Forderungen durch Forderungsabtretung veräußert. Sondervorschriften gelten für die Übertragung von Grundpfandrechten (Hypotheken etc.) und von in Wertpapieren verbrieften Forderungen sowie für die V[eräußerung] im Wege der Zwangsvollstreckung. (GWL); (kon) Da jedoch die Gesellschaftsanteile nicht an der Börse gehandelt werden können und die Veräußerung eines Geschäftsanteils nach dem Gesellschaftsvertrag oft nur mit Zustimmung der Gesellschafterversammlung oder nach Erfüllung ganz bestimmter Auflagen möglich ist, sind die Kapitalanteile im Vergleich zur Aktiengesellschaft stärker personengebunden. (GUF: 22) **enajenación** *f* (def) Transmisión del dominio o derecho que asiste a alguien sobre una cosa. Venta de bienes, valores, etc. para resarcirse de una deuda o cancelar un préstamo. (MDB); (kon) Se debe registrar los datos relativos al inversionista que efectúa el retiro o enajenación de acciones, anotando su nombre completo (...). (www.sii.cl)

Verbindlichkeiten *fpl* (def) Begriff des Bilanz- und Steuerrechts: Verbindlichkeiten zählen zu den Schulden und sind – im Gegensatz zu Rückstellungen – prinzipiell dem Grunde und der Höhe nach gewiss. Zu den Verbindlichkeiten gehören Anleihen, Verbindlichkeiten gegenüber Kreditinstituten, Anzahlungen von Kunden, Verbindlichkeiten aus Lieferungen und Leistungen (Warenschulden), Schuldwechsel, Verbindlichkeiten gegenüber verbundenen Unternehmen und gegenüber Unternehmen, mit denen ein Beteiligungsverhältnis besteht, sonstige Verbindlichkeiten insbesondere aus Steuern und im Rahmen der sozialen Sicherheit. (GWL); (expl) Kreditoren eines Kreditinstituts sind insbesondere: Einlagen, aufgenommene Gelder, aufgenommene langfristige Darlehen, eigene Akzepte im Umlauf. Sie sind in die Bilanz zu ihrem Rückzahlungswert einzustellen. Die Verbindlichkeiten sind auszuweisen in den Positionen: Verbindlichkeiten gegenüber Kreditinstituten und Verbindlichkeiten aus dem Bankgeschäft gegenüber anderen Gläubigern sowie eigene Akzepte im Umlauf und Schuldverschreibungen. (MÜS); (kon) Durch Bürgschaftsvertrag verpflichtet sich der Bürge gegenüber Gläubiger (Kreditgeber) eines Dritten, für die Erfüllung der Verbindlichkeiten des Dritten einzustehen (§ 765 BGB). (GUF: 63) **obligaciones** *fpl ^créditos pasivos^ ^deudas (DDU)^* (def) En sentido jurídico, deuda es sinónimo de obligación, y más estrictamente, la presentación que el sujeto pasivo de la relación obligatorio (deudor) se ha comprometido a satisfacer al sujeto activo (acreedor), en cuyo favor nace el derecho de crédito. Así pues, toda deuda, al igual que toda obligación, consiste en dar, hacer o no hacer algo, aunque en su acepción más corriente se identifique deuda con el pago o entrega de la cantidad de dinero debida. Las deudas asumidas obligan al deudor a satisfacerlas por completo a su vencimiento, aunque se permiten pagos anticipados y pagos parciales. El retraso en el pago constituirá en mora al deudor, y facultará al acreedor a exigir el pago de los intereses debidos. (DDU); (Komm) 1. Deuda a corto plazo: Obligaciones de pago de una empresa con vencimiento no superar a un año. Se trata de un tipo de financiación ajena de carácter temporal. 2. Deuda a largo plazo: Obligaciones de pago de una empresa con vencimiento superar a un año. Se trata de una financiación ajena de carácter permanente.; (kon) El intercambio de mercancías entre la República Federal de Alemania y la República Dominicana se regula por los derechos y obligaciones que para los dos países se derivan del Acuerdo General sobre Aduana y Comercio (GATT). (HAC: 99)

Verbrauch *m ^Bedarf^*

Verbriefung *f* (def) Verkörperung von Rechten durch Urkunden mit Wertpapiercharakter. Zulassungsansprüche können durch Schuldverschreibungen verbrieft sein. Aktionärsrechte werden i. d. R. durch die Aktienurkunde verbrieft. (BAL); (kon) Nimmt man die Markt-(Verkehrs-)fähigkeit der Obligationen infolge ihrer Verbriefung in der Form vertretbarer Wertpapiere (Effekten) hinzu, so wird die sehr große langfristige Schuldsumme eines Emittenten in viele kleine fungible Anlagebeträge finanzschwacher Sparer mit evtl. auch nur relativ kurzfristigen Anlageengagements transformiert. (GUF: 40) **incorporación al título-valor** *f ^incorporación al certificado^* (expl 1) (...) El título-valor como objeto de derecho. La incalculable ventaja técnica de la fusión del derecho con el documento en los títulos-valores consiste en que el derecho toma, por decirlo así, la forma del documento y se hace visible en sus transmisiones: el título no sólo prueba el derecho, sino que lo lleva consigo. (...) (GCB: 111); (expl 2) (..) La incorporación de los derechos de socio al título-acción permite que éste cumpla además de una función probatoria una permanente función dispositiva, transmitiendo los derechos con la circulación del documento y legitimando al adquiriente para el ejercicio de los mismos. (...) La más acusada peculiaridad de la acción es la de ser un título que incorpora derechos de carácter corporativo; las acciones son sencillamente títulos de participación social. Por otro lado, como los derechos de la acción no están definidos y delimitados exclusivamente por el tenor de la misma, la nota de la literalidad peculiar de los títulos de crédito está notablemente disminuida en ella, al propio tiempo que se deja transparentar fácilmente su carácter de título causal. (UDM: 174)

Verdingung *f ^Ausschreibung^*

Vergleich *m ^Konkurs^* (def) Vertrag, durch den der Streit oder die Ungewissheit der Parteien über ein Rechtsverhältnis im Wege gegenseitigen Nachgebens beseitigt wird (§ 779 BGB). Vergleich kann sowohl außergerichtlich (außergerichtlicher Vergleich) als auch vor Gericht (gerichtlich) geschlossen werden (Prozessvergleich, Schiedsvergleich). Der Vergleich ist unwirksam, wenn der von den Parteien als feststehend zugrunde gelegte Sachverhalt der Wirklichkeit nicht entspricht und der Streit oder die Ungewissheit bei Kenntnis der Sachlage nicht entstanden wäre. Vergleich kann als Maßnahme zur Abwendung eines Konkurses eingesetzt werden. (GWL); (kon) Kapitalentzug durch Tilgung oder Auslosung sowie durch Kapitalverlust im Vergleich oder Konkurs. (GUF: 5) **avenencia** *f ^convenio^ ^procedimiento conciliatorio (DDU)^* (def) Comparecencia de los interesados, presuntos litigantes, ante el juez municipal u otra autoridad judicial, con la finalidad de evitar la promoción de un litigio (o la prosecución del iniciado sin el cumplimiento de ese trámite procesal previo), mediante fórmulas amistosas y de avenencia, e incluso con el desistimiento del que ha adoptado la iniciativa o por la aceptación del requerido, que encuentran en el solemne acuerdo un substitutivo de la decisión judicial, con la fuerza de documento solemne (...). (DDU vs acto de conciliación); (kon) La comisión deberá dilucidar los puntos controvertidos por las partes y esforzarse por lograr la avenencia entre ellas, en condiciones aceptables para ambas. (www.worldbank.com).

Verkauf *m* ^*Absatz*^ ^*Kauf*^ (Komm) Die Termini *Verkauf* und *venta* implizieren alle nötigen Handlungen, die der Verkauf eines Produkts verlangt sowie den Moment einer Verkaufshandlung. Eine weitere Bedeutung des Terminus *Verkauf* bezieht sich auf den Geschäftsbereich eines Unternehmens, der dafür zuständig ist, den Verkauf eines Produkts abzuwickeln. Diese Bedeutung sollte im Spanischen mit *departamento de ventas* übersetzt werden.; (def 1) Verkauf (§ 433 BGB) ist der gegenseitige Vertrag, durch den sich ein Teil zur Übertragung eines Gegenstandes gegen die Verpflichtung des anderen Teils zur Bezahlung des Kaufpreises verpflichtet (...). (KJB); (def 2) Rechtliche und wirtschaftliche Güterübertragung. Der Absatz umfasst hingegen auch die absatzpolitischen Instrumente wie z. B. Preis- oder Produktpolitik. (SBL); (kon) Neben einmaligen und laufenden, vom Umsatz berechneten Gebühren kann der Franchisegeber Einnahmen erzielen aus Vermietung von Ausstattungs-, Beratungs-, Ausbildungsleistungen, aus Verkauf von Roh-, Hilfs-, Betriebsstoffen, Halb- und Fertigwaren sowie Werbematerialien und schließlich aus gewährten Krediten. (GUF: 73) **venta** *f* (def 1) Operación mediante la cual una persona transmite la propiedad que tiene sobre un bien o derecho a otra a cambio de un precio determinado. (DEN); (def 2) Es la cantidad que una empresa ha facturado a sus clientes por la entrega de bienes o ejecución de servicios. Normalmente, se contabiliza en el momento en que los bienes son entregados y dejan de ser existencias. En algunas industrias, como la construcción naval por ejemplo, se contabilizan como ventas el trabajo realizado en el período considerado, aun cuando el buque no haya sido acabado y entregado. Según la contabilidad española, las ventas hay que contabilizarlas sin incluir los impuestos indirectos, que son considerados un gasto, ni los descuentos por pronto pago, que son considerados como gastos financieros. Sin embargo, los descuentos concedidos por volumen de compras, y las devoluciones, se contabilizan como una reducción en la cifra de ventas. (...). (TAM); (kon) En 1997 las ventas mundiales de automóviles nuevos ascendieron a 37 millones de unidades. (REE: 66)

Verkauf-Rückmiete ^*Sale-and-lease-back*^

Verlust *m* ^*Aufwendungen*^ ^*Erträge*^ ^*Gewinn*^ (def) V[erlust] ist die Differenz zwischen Aufwand und Ertrag (...) in der externen Rechnungslegung bzw. die Differenz zwischen den Kosten und Leistungen (...) in der Kostenrechnung. In der externen Rechnungslegung wird der V[erlust] bei Personengesellschaften auf der Sollseite des Eigenkapitalkontos als Abgangsposten verbucht und tritt in der Bilanz in Form des verminderten Eigenkapitals auf oder wird dort besonders ausgewiesen. Bei Kapitalgesellschaften wird ein V[erlust] unter dem Posten Jahresfehlbetrag ausgewiesen. Der Posten Bilanzverlust bei Aktiengesellschaften setzt sich aus dem Jahresfehlbetrag bzw. Jahresüberschuss, den Einstellungen in die Gewinnrücklagen bzw. Entnahmen aus Rücklagen und den Gewinn- bzw. Verlustvorträgen zusammen. (LBW); (kon) Hat ein Unternehmen ein negatives Ergebnis erwirtschaftet, sodass die Erlöse die Kosten nicht decken, so wirkt sich finanzwirtschaftlich diese Mindereinnahme in Höhe des Verlustes in gleicher Weise kapitalbindend aus wie die Ausgabe für die Investition in Form eines Realgutes. (GUF: 9) **pérdida** *f* (def) Quebranto sufrido por el comerciante en sus operaciones mercantiles, debido al fracaso total o parcial de las mismas. La pérdida supone una disminución del patrimonio líquido y, generalmente, puede evitarse con una buena dirección de los negocios. (COD); (kon) La pérdida que sufre la empresa con las cuentas a cobrar se puede compensar con el beneficio que obtiene de las cuentas a pagar, siempre que su importe y plazos se correspondan. (ABA: 69)

Vermögen *n* ^*Anlagevermögen*^ ^*Betriebsvermögen*^ ^*Privatvermögen*^ ^*Umlaufvermögen*^ ^*Vorratsvermögen*^ (def) Gegenwartswert aller Dinge, die ein Konsument besitzt einschließlich seiner Forderungen und abzüglich seiner Schulden. (GWL); (expl) Die auf der Aktivseite der Bilanz ausgewiesenen Vermögensgegenstände. (LHW); (kon) Unter Kapital versteht man dabei die abstrakte Wertsumme des in dem Unternehmen eingesetzten Vermögens, die in der Bilanz auf der Passivseite erscheint. (GUF: 2) **patrimonio** *m* ^*activo*^ (def) Haber total de una persona natural y jurídica. Por extensión, en el comercio se habla de activo como de haber, que en todo patrimonio hay. (DDU); (kon) El patrimonio es un concepto que corresponde a la consideración estática de la riqueza poseída por una persona. (LTE: 100)

Verpfändung *f* (def) Die rechtsgeschäftliche Bestellung eines Pfandrechts im Gegensatz zum Entstehen der gesetzlichen Pfandrechte. (GWL); (kon) Als Sicherheiten sind beim

Kontokorrentkredit Sicherungsübereignung von Vorratsvermögen, Zession von Buchforderungen und (seltener) Verpfändung von Wertpapieren gebräuchlich. (GUF: 51) **pignoración** *f* *^empeño^* *^remate (DDU)^* (def) Contrato y derecho real por los cuales una cosa mueble se constituye en garantía de una obligación, con entrega de la posesión al acreedor y derecho de éste para enajenarla en caso de incumplimiento y hacerse pago con lo obtenido (...). Pueden darse en prenda todas las cosas muebles que estén en el comercio, siempre que sean susceptibles de posesión. (DDU); (kon) Las pignoraciones sobre valores son sumamente prácticas para prestadores y prestatarios. (HAC: 195)

Verschmelzung *f* *^Fusion^*

Verschuldung *f* *^Schulden^* *^Schuldverhältnis^* *^Verschuldungsgrad^* (def) Synonym für die Verbindlichkeitssituation einer Unternehmung. Entspricht dem aufgenommenen Fremdkapital. (...) Die Einhaltung einer optimalen Verschuldung der Unternehmung ist eine schwierige Managemententscheidung, da dem positiven Rentabilitätseffekt einer erhöhten Verschuldung (Leverage-Effekt) u. U. eine Verschlechterung der Kreditwürdigkeit gegenübersteht. (BAL); (kon) (...) Fremdkapital nicht überall einsetzbar und kann in Krisenzeiten am Eigenkapital zehren (negativer Leverage), weil mit hoher Verschuldung das Kapitalstrukturrisiko ansteigt. (GUF: 35) **endeudamiento** *m* (def) Toda financiación por medio de capital ajeno. Se suele considerar, en términos absolutos o relativos, como el importe del capital ajeno o la relación de capital ajeno en función del pasivo total de la empresa, o bien la relación de fondos ajenos a fondos propios. (DEE); (kon) Como hemos visto en el capítulo 10, se llama endeudamiento a la relación entre recursos ajenos y propios. (ABA: 320)

Verschuldungsgrad *m* *^Schulden^* *^Verschuldung^* (def 1) Kennzahl, die im Rahmen der externen Bilanzanalyse zur Beurteilung der Kapital- und Finanzstruktur einer Unternehmung herangezogen wird. Es lassen sich verschiedene Begriffe unterscheiden: Der statische Verschuldungsgrad zeigt das Verhältnis von Fremdkapital zu Gesamtkapital bzw. Eigenkapital. Der dynamische Verschuldungsgrad spiegelt das Verhältnis von Nettoverschuldung zu cash-flow wieder. Der Begriff Verschuldungsgrad hat darüber hinaus im Rahmen der betrieblichen Finanzwirtschaft zentrale Bedeutung für die Herleitung von Kapitalstrukturmodellen bzw. Aufstellung von Regeln für die optimale Finanzierungsentscheidung. (...) (BAL); (def 2) (...) Der Verschuldungsgrad soll den Umfang der Verschuldung (damit des Risikos) und somit die Fähigkeit, bei entstehenden Verlusten aufgenommene Kredite dennoch bedienen zu können, Auskunft geben. Damit erhält der Kreditgeber Informationen über die Dispositionsfreiheit der Unternehmung und ihre Kreditwürdigkeit. (...) Als optimaler Verschuldungsgrad wird diejenige Kapitalstruktur (Verhältnis des Eigenkapitals zum Fremdkapital) bezeichnet, bei der die durchschnittlichen Kapitalkosten gegenüber anderen Alternativen am geringsten sind (...). (...) (BFL); (kon) Als Sicherheit dient die Eintragung einer erstrangigen vollstreckbaren Grundschuld, die max. 40 Prozent des Beleihungswertes beträgt, sowie die Negativklausel. Dazu muss das kreditnehmende Unternehmen ein Grund/Stammkapital von mindestens 6 Mio. ausweisen und darf keinen höheren Verschuldungsgrad haben als 2:1. (GUF: 46) **ratio de endeudamiento** *m* *^coeficiente de endeudamiento (TAM)^* *^índice de endeudamiento (ABA)^* (Komm) Der im Rechnungswesen häufig vorkommende Gliedteil *-grad* kann im Spanischen mit *coeficiente*, *ratio* oder *índice* übersetzt werden. »La palabra *ratio* (...) figura en la literatura contable de casi todos los países; con el sentido que la utilizamos aquí equivale a razón, índice o coeficiente; es el cociente o relación existente entre dos cuentas, dos masas o dos magnitudes determinadas.« (ABA: 131); (def) Es el cociente entre recursos ajenos y recursos propios. (...) (TAM); (expl) En general se entiende por endeudamiento la proporción existente entre capitales ajenos y propios, referido corrientemente a porcentaje (...). Se estima, en principio, que las deudas no deben exceder del 100% de los recursos propios; de lo contrario, en épocas de crisis pronto caen las empresas en suspensión de pagos, o, lo que es peor, se ven abocadas a la quiebra. (...) Un índice bajo de endeudamiento puede revelar también que el capital propio es excesivo; tal vez reduciendo los recursos propios y sustituyéndolos por capital ajeno, el porcentaje de beneficios de la empresa se vería aumentado (...). Por lo tanto, un pasivo exigible poco elevado puede revelar que no se aprovechan todas las posibilidades del crédito. Si, por el contrario, el índice de endeudamiento es muy elevado puede señalarnos que los recursos propios son insuficientes; la empresa se encuentra demasiada sometida a sus acreedores y su situación financiera puede resultar peligrosa. (...)

(ABA: 189/190); (kon) Ratios de endeudamiento. Como hemos visto en el capítulo 10, se llama endeudamiento a la relación existente entre recursos ajenos y propios. (ABA: 320)

Versicherung *f* ^*Kapitalsammelstelle*^ (def) 1. Begriff: a) Im Rechtssinn: Gemeinschaft gleichartig Gefährdeter (Gefahrengemeinschaft) mit selbstständigen Rechtsansprüchen auf wechselseitige Bedarfsdeckung. b) Im wirtschaftlichen Sinn: Deckung eines im einzelnen ungewissen, insgesamt geschätzten Mittelbedarfs auf der Grundlage des Risikoausgleichs im Kollektiv und in der Zeit. 2. Einteilung: Unterschieden werden die Privatversicherung und die Sozialversicherung. 3. Bedeutung: Die V[ersicherung] besitzt eine einzelwirtschaftliche und eine volkswirtschaftliche Bedeutung. Sie ist für die Einzelwirtschaft oft einfacher, zweckmäßiger und billiger als die Ansammlung entsprechender Mittel für den Schadenfall. Volkswirtschaftliche Bedeutung besitzt die V[ersicherung] insbes. dadurch, dass sie Folgeschäden begrenzt und den technischen Fortschritt fördert. (GWL); (kon) Allerdings müssen Studenten nicht unbedingt eine eigene Versicherung abschließen. (www.wdr.de) **seguro** *m* (def) Contrato consensual en virtud del cual una persona o entidad, denominada asegurador, se compromete mediante un precio convenido, llamado prima, a indemnizar a otra persona, denominada asegurado, o a quien éste designe como beneficiario, los daños ocasionados por un siniestro o acontecimiento, bien en su patrimonio o en su propia persona, según lo pactado y en la proporción establecida. De acuerdo con el C[ódigo] de C[omercio], este contrato será mercantil si fuera comerciante el asegurador y se establecíese a prima fija (...). El contrato de seguro se consignará por escrito en póliza o en otro documento público o privado suscrito por los contratantes (...). (DDM); (kon) Unos y otros tipos de seguro tienen como base económica inexcusable la reunión de gran número de operaciones de la misma especie para llegar a neutralizar el riesgo, repartiéndolo sobre una masa de operaciones uniformes. (UDM II: 769)

Versteigerung *f* ^*Auktion*^ ^*Zwangsvollstreckung*^ (def) Marktveranstaltung, die im Weg des öffentlichen Aufrufs durch den Versteigerer an bestimmten Orten und zu bestimmten Zeiten stattfindet und bei der nicht fungible (nicht vertretbare) Waren an den Meistbietenden verkauft werden. Zwecks Information der Teilnehmer muss die Versteigerungsware am Versteigerungsort oder zumindest in dessen Nähe präsent sein. a) Öffentliche Versteigerung nach privatrechtlichen Grundsätzen, z. B. beim Pfandverkauf, Selbsthilfeverkauf. b) Behördliche Versteigerung: Zwangsvollstreckung; Zwangsversteigerung. (GWL); (kon) Befriedigung findet der Gläubiger bei Rechten aus der Zwangsvollstreckung, bei Pfandgütern aus dem Verkauf, der von einem öffentlichen Handelsmakler oder als öffentliche Versteigerung vollzogen wird. (GUF: 64) **subasta** *f* ^*licitación*^ ^*remate*^ ^*venta pública*^ (def 1) (...) La subasta es la venta pública de bienes o alhajas al mejor postor, por mandato y con intervención de la justicia. (DDU); (def 2) Genéricamente, sistema de venta por el que el propietario de un bien o su representante pone en competencia de los potenciales compradores un día y una hora determinados la posibilidad de adquirirlo, con adjudicación al mejor postor. También utilizado en la venta judicial de bienes en pago a los acreedores. (AEE); (kon) Es la mayor cantidad que se ha pagado en la historia de una subasta por una instantánea. (www.elmundo.de)

Vertrauenswürdigkeit *f* ^*Kreditwürdigkeit*^

Veruntreuung *f* ^*Unterschlagung*^ ^*Unterschlagung, veruntreuende (WDW)*^ ^*Untreue*^ (def 1) Die vorsätzliche, rechtswidrige Zueignung einer fremden (d. h. nicht im Alleineigentum des Täters stehenden) beweglichen Sache, die der Täter in Besitz oder Gewahrsam hat (Abgrenzung zum Diebstahl, der rechtswidrigen, in Zueignungsabsicht erfolgenden Wegnahme einer Sache, die sich im fremden Gewahrsam befindet, sowie zu Untreue und Betrug mitunter schwierig). (GWL vs Unterschlagung); (def 2) Unterschlagung einer dem Täter besonders anvertrauten Sache (Bsp. Verkauf einer hinterlegten Ware) (VGW); (kon) Selbst ein gesonderter Sicherungsraum kann weder Kollisionen mit verlängertem Eigentumsvorbehalt der Lieferanten noch Veruntreuung durch den Kreditnehmer, z. B. durch Mehrfachübereignung, Weiterverpfändung usw., verhindern. (GUF: 65) **malversación** *f* ^*defraudación (DDU)*^ (Komm) El término *defraudación* se emplea de modo especial en los abusos cometidos contra el fisco y contra las propiedades intelectual e industrial.; (def) Apropiación indebida de cosas muebles, recibidas con la obligación de restituirlas (...). (DDU) ; (kon) Penalmente, se estima que existe defraudación cuando se trata de caudales privados, confiados a administradores; y malversación, si la irregularidad recae sobre caudales públicos. (DDU vs malversación)

Verzinsung *f ^Effektivverzinsung^ ^Nominalzins^ ^Zins^ ^Zinssatz^* (def 1) Zahlung von Teilbeträgen auf den Nennwert einer ausgeliehenen Summe von Geldkapital als Preis für dessen Bereitstellung (Zins). (GWL); (def 2) Ertrag bzw. Rendite aus einem Wertpapier. Die Nominalverzinsung gibt den auf den Nennwert bezogenen Ertrag in Prozent an. Die Effektivverzinsung zeigt den prozentualen Ertrag bezogen auf den Kurswert an. Die laufende Verzinsung beschreibt die jährliche Zinszahlung für überlassenes Kapital, wobei Zinseszinseffekte aus unterjähriger Zinszahlung unberücksichtigt bleiben. Ferner ist zu unterscheiden, ob die Verzinsung im Voraus festgeschrieben ist (festverzinsliche Wertpapiere), aufgrund gewisser Bezugsgrößen variabel gestaltet wird (Dividenden, Erträge aus Investmentanteilen) oder aus teils fixen, teils variablen Elementen besteht (z. B. bei zinsvariablen Anleihen bzw. floating rate notes, Gewinnschuldverschreibungen, mit Einschränkung auch Vorzugsaktien.) (BAL); (kon) Für die Unternehmen ist die Ausgabe von Wandelobligationen durch die relativ niedrige Verzinsung und das Agio bzw. geringere Disagio speziell dann vorteilhaft, wenn ihnen der Kapitalmarktzins zu hoch erscheint. (GUF: 44/45) **pago de intereses** *m* (def) Obligación accesoria, que se suma a la principal de devolver el dinero ajeno tomado en préstamo, y que consiste en entregar una cantidad adicional, que depende de la cuantía y del tiempo de disfrute del capital ajeno. (GDJ); (kon) En determinados casos el empréstito no prevé el pago de intereses antes del vencimiento del título, es decir, el inversor recibe en el momento de la amortización el capital inicial más todos los intereses devengados hasta este momento. (SMA: 132)

Vorausbezahlung *f ^Vorauszahlung^*

Vorauszahlung *f ^Anzahlung^ ^Vorausbezahlung (GWW)^ ^Vorauszahlungsfinanzierung (GWL)^* (Komm) In der konsultierten deutschen Fachliteratur gibt es keine einheitliche Definition dieses Begriffs. Die Frage, ob der Terminus die Entrichtung des gesamten oder nur eines Teilbetrags vor Erhalt der Ware ausdrückt, wird nicht befriedigend geklärt. Dem hier angegebenen deutschen Kontext zufolge wird unter *Vorauszahlung* die gesamte Tilgung eines Betrags verstanden, während der Terminus *Anzahlung* nur die Tilgung eines Teilbetrags impliziert. Das GWL trägt zu diesem Problem keine Klärung bei. Durch die Definition im BAL wird der Leser allenfalls verwirrt, denn *Vorauszahlung* wird als ganze und teilweise Zahlung definiert. Die Lexika geben auch keinen Aufschluss, ob sich der Terminus *Anzahlung* auf die Entrichtung einer Gesamt- oder Teilsumme bezieht: Das BAL gibt keine klärende Erläuterung; das GWL setzt in seiner Definition *Anzahlung* mit *Vorauszahlung* gleich. Der Schluss liegt daher nahe, dass die beiden Termini in der Wirtschaftssprache als Synonyme sowohl für die Entrichtung einer Gesamt- als auch einer Teilsumme vor Erhalt der Ware verwendet werden. Im Spanischen verhält es sich ähnlich. Als Grund könnte dafür angeführt werden, dass beide Termini eine Bezahlung vor Erhalt einer Ware implizieren und sich im Sprachgebrauch keine klare Differenzierung bezüglich der Entrichtung einer Gesamt- oder Teilsumme durchgesetzt hat. In manchen spanischen Lexika wird der Terminus *pago a cuenta* als Synonym für *pago parcial* verwendet. Im Sprachgebrauch hat sich der Terminus *pago parcial* jedoch nicht durchgesetzt.; (def) Bezahlung, bevor die damit zu entgeltende Leistung erbracht worden ist. Es kann sich dabei um einen Teil der gesamten später geschuldeten Zahlung handeln oder um die ganze. In der Außenhandelsfinanzierung ist oft Vorauszahlung eines Teils der Auftragssumme bei Vertragsabschluss oder Bestellung üblich. (BAL); (kon) Die Zahlungsvorausleistung des Abnehmers kann ganz (Vorauszahlung) oder teilweise (Anzahlung) erfolgen, der Leistungsvollzug des kreditnehmenden Betriebes ist ihr jedenfalls nachgelagert. (GUF: 56/57) **pago por adelantado** *m ^pago anticipado (DDU)^* (def) Se alude, generalmente, al acto del cobro o pago con anticipación a la entrega de una mercancía, o previamente a la contraprestación de un servicio. El pago por adelanto suele implicar alguna ventaja especial para el comprador; p. e. una reducción en el precio, o la entrega prioritaria del género. (TAM)

Vorauszahlungsfinanzierung *f ^Vorauszahlung^*

Vorfinanzierung *f ^Finanzierung^ ^Umfinanzierung^* (def) Die Beschaffung kurzfristiger Kredite für meist langfristige Finanzierungsvorhaben mit dem Ziel, sie später durch langfristiges Kapital abzulösen. Insbesondere bei angespannter Kapitalmarktsituation bedienen sich Unternehmen dieser Finanzierungsform (...), um sich zu gegebenem Zeitpunkt durch zinsgünstigere Schuldverschreibungen, langfristige Kredite oder auch Aktienemission umzufinanzieren. (...) (BAL); (kon) Die (Vor-)Finanzierung der Forderungen wird vom Factor separat in Rechnung gestellt, wenn man vom Diskontverfahren absieht. (GUF: 58) **prefinanciación** *f* (def) Financiación de carácter provisional, generalmente a corto plazo, obtenida para cubrir las necesidades de fondos que se originan en el espacio de tiempo que media hasta la concesión del crédito definitivo necesario para la financiación de operaciones de gran envergadura. (DEN); (expl 1) (...) Existe, además, el denominado »crédito de prefinanciación«, el cual se solicita de un Banco (...), en espera de mejores condiciones para la emisión de obligaciones o de su consolidación por el Banco de Crédito Industrial. (...) (ABA: 17); (expl 2) (...) b) Créditos de prefinanciación: ocupan una zona intermedia entre los créditos de funcionamiento [a corto plazo] y los de financiamiento [a largo plazo]; sirven de puente entre la concesión de créditos a plazo largo y su disponibilidad. Por ejemplo, la obtención de un crédito oficial de 10 años ha permitido reembolsar el crédito de prefinanciación a 18 meses que se destinó a la compra de una máquina, cuya adquisición interesaba efectuar sin esperar a la concesión del mencionado crédito oficial. (...) (ABA: 197); (kon) En todos los casos el vencimiento del pago de la prefinanciación y financiación deberá guardar relación con el cobro de las exportaciones según lo pactado contractualmente. (www.soler.com.ar)

Vorratsvermögen *n ^Umlaufvermögen^ ^Vermögen^* (def) Bezeichnung für die auf Lager befindlichen, für den Produktionsprozess oder für den Absatz bestimmten Erzeugnisse, Leistungen, Waren und Stoffe, die in der Bilanz unter den Positionen Roh-, Hilfs- und Betriebsstoffe, unfertige Erzeugnisse, unfertige Leistungen, fertige Erzeugnisse und Waren als Teil des Umlaufvermögens ausgewiesen werden. Geleistete Anzahlungen auf Lieferungen von Vermögensgegenständen des Vorratsvermögen sind als gesonderter Posten zusammen mit diesen auszuweisen (§ 266 II HGB). (GWL); (kon) Dieses Vorratsvermögen war weder in den Bilanzen bis zur Verpachtung des Betriebes noch in der Bilanz zum 30. Juni 1977 ausgewiesen. (www.bfn.simons-moll.de) **reservas existentes** *fpl ^existencias^ ^fondo de reserva (AEE)^ ^reserva mercantil^ ^stocks (mpl) (ABA)^* (def) Todos los bienes y materiales de una empresa que son almacenados para ser vendidos, o incluidos en el proceso productivo. Recibe el mismo nombre el grupo de cuentas del activo circulante del balance que incluye las siguientes partidas: mercaderías, materias primas, otros aprovisionamientos, productos en curso, productos semiterminados, productos terminados y subproductos, residuos y materiales recuperados. (DEN); (kon) Definido como la relación entre los recursos propios y ajenos se incluyen en el primer concepto capital desembolsado, las reservas, fondos de regulación y remanente de ejercicios anteriores. (LBE: 147)

Vorstand *m ^Aktiengesellschaft^* (def 1) (...) Der Vorstand kann aus einer oder mehreren Personen bestehen. Bei AG mit einem Grundkapital von mehr als EUR 3 Mio. hat er aus mindestens 2 Personen zu bestehen, sofern nicht die Satzung nur 1 Person bestimmt. (...) Mitglied des Vorstands kann nur eine natürliche, unbeschränkt geschäftsfähige Person sein. (...) Vorstandmitglieder erhalten für ihre Tätigkeit bei der AG i. d. R. ein festes Gehalt und Beteiligung am Jahresgewinn (Tantiemen). (BAL); (def 2) (...) II. V[orstand] der Aktiengesellschaft: (§§ 76-94 AktG): 1. Bestellung: a) der V[orstand] wird vom Aufsichtsrat bestellt. Amtszeit höchstens fünf Jahre, jedoch wiederholte Bestellung zulässig (§ 84 AktG). Bei mehrköpfigem Vorstand kann der Aufsichtsrat ein Mitglied des Vorstandes zum Vorsitzenden ernennen, der, wenn die Satzung oder die Geschäftsordnung des Vorstands nichts anderes bestimmt, nur gleichberechtigtes Mitglied des Vorstands ist. (...). 2. Pflichten: a) Der V[orstand] leitet die AG mit eigener Verantwortung und vertritt sie gerichtlich und außergerichtlich. Vertretungs- und Zeichnungsbefugnis regelt sich nach der Satzung, andernfalls können nur sämtliche Vorstandsmitglieder gemeinsam handeln und zeichnen. b) Er hat mindestens vierteljährlich dem Vorsitzer des Aufsichtsrates oder seinem Stellvertreter zu berichten (§ 90 AktG). Er hat für ordnungsmäßige Buchführung zu sorgen, bei Verlust des halben Aktienkapitals die Hauptversammlung einzuberufen (§ 92 AktG) und bei der Geschäftsführung die Sorgfaltspflicht eines ordentlichen und gewissenhaften Geschäftsleiters anzuwenden (§ 93 AktG). c) Bei Verletzung ihrer Pflichten sind die Vorstandsmitglieder der Gesellschaft gegenüber zum Ersatz des daraus entstehenden Schadens als Gesamtschuldner verpflichtet. Die Vorschriften für die Vorstandsmitglieder gelten auch für ihre Stellvertreter. (...) (GWL); (kon) Obgleich grundsätzlich zunächst die Kapitaleigner zur Geschäftsführung berufen sind, reicht die Vielfalt der Möglichkeiten von der automatischen Berufung zur Geschäftsführung in der Einzelfirma bis zum bestellten, angestellten Geschäftsführer oder Vorstand in Kapitalgesellschaften. (GUF: 13) **consejo**

directivo *m* (Komm) Die Übersetzung der Organe der deutschen Aktiengesellschaft bzw. der spanischen Sociedad Anónima ist problematisch, weil diese Unternehmensrechtsformen in beiden Ländern unterschiedlich strukturiert sind. Während die deutsche AG aus drei Organen (Vorstand, Aufsichtsrat und Hauptversammlung) besteht, gibt es in der spanischen S. A. nur die Organe *junta general* und *consejo de administración*. Allein die Struktur der Gesellschaften deutet darauf hin, dass die Kompetenzen der einzelnen Organe voneinander abweichen müssen. Die an dieser Stelle angeführte Übersetzung ist demnach ein Vorschlag für einen deutschen Begriff, der in dieser Form in Spanien nicht existiert. Die Mitglieder des *Vorstandes* bzw. des *consejo de administración*, die nicht unbedingt Aktionäre der Gesellschaft sein müssen, werden vom *Aufsichtsrat* bzw. von der *junta general de accionistas* für die Dauer von fünf Jahren gewählt. Sowohl der *Vorstand* als auch der *consejo de administración* sind für die Verwaltung sowie für die gerichtliche und außergerichtliche Vertretung der Gesellschaft verantwortlich.; (def) El consejo directivo es el órgano directivo de la sociedad anónima alemana. Tiene responsabilidad propia y sus dos funciones principales consisten en dirigir los negocios de la sociedad y representarla en cuestiones procesales y extraprocesales. En las sociedades cuyo capital supere una suma de 3 millones de euros tiene que constar como mínimo de dos miembros. Estos están designados por el consejo de vigilancia para un mandato máximo de cinco años con la posibilidad de una segunda designación. No deben ser necesariamente accionistas. El consejo de vigilancia puede nombrar a uno de los miembros presidente del consejo, quien tendrá el derecho a dirigir las sesiones. Los consejeros responden personalmente de eventuales incumplimientos de sus deberes en cuyo caso tendrán que indemnizar a la sociedad. (DV)

Vorzugsaktie *f* ^*Aktie*^ ^*Stammaktie*^ (def) Vorrechtsaktie, Prioritätsaktie, Stammpriorität, preference share, preferred stock. I. Begriff: Aktien, die aufgrund der Satzung gegenüber den Stammaktien mit besonderen Vorrechten ausgestattet sind (§ 11 AktG). Die Vorrechte können sich erstrecken auf Gewinnbeteiligung (Dividendenvorrecht), Beteiligung am Liquidationserlös der Gesellschaft und Stimmrecht. (...) Um die Inhaber von V[orzugsaktien] zu schützen, ist es möglich, die V[orzugsaktien] mit einem Nachbezugsrecht auszustatten: Ausfallende Dividenden aufgrund zu geringen Bilanzgewinns sind in den folgenden Jahren, in denen der Bilanzgewinn dies zulässt, nachzuholen (kumulative Vorzugsdividende). (...) 2. Vorrechte bzgl. Stimmrecht (Mehrstimmrechtsaktien) sind durch § 12 AktG allgemein verboten. 3. Sonderform der V[orzugsaktie] ist die immer mehr an Bedeutung gewinnende stimmrechtslose V[orzugsaktie]. Als Ausgleich für den Stimmrechtsverlust erhält der Aktionär i. d. R. eine höhere Dividende oder ein Nachbezugsrecht. Stimmrechtslose V[orzugsaktien] dürfen maximal bis zur Hälfte des Gesamtnennbetrags aller Aktien ausgegeben werden (§§ 139-141 AktG). III. Bedeutung: 1. V[orzugsaktien] werden als Mittel der Eigenfinanzierung angewendet, wenn aufgrund des zu geringen Kurses der Aktie (kleiner als der Nennwert) eine Kapitalerhöhung nicht möglich ist (Verbot der Unter-Pari-Emission). Um dennoch an das benötigte Eigenkapital zu gelangen, werden die V[orzugaktien] mit den o. a. Vorrechten als zusätzlichen Kaufanreiz ausgestattet. 2. Auch für AGs, deren Kapital sich in den Händen einer Familie befindet (Familienaktiengesellschaften), ist die Ausgabe von V[orzugsaktien] ein bevorzugtes Mittel der Eigenfinanzierung: Durch die Ausgabe stimmrechtsloser V[orzugsaktien] kann der Kapitalbedarf gedeckt und die Mitsprache der neuen Kapitalgeber ausgeschlossen werden. Die Geschäftsführung bleibt so unter dem ausschließlichen Einfluss der Familienaktionäre. Wird das Stimmrecht der V[orzugsaktien] ausgeschlossen, so ist diese mit einem nachzuzahlenden Vorzug auszustatten. (GWL); (kon) Als Aktiengattung werden unterschieden: Stammaktien, Vorzugsaktien und Genussscheine. (GUF: 24) **acción privilegiada** *f* (Komm) In Fachtexten wird auch der Terminus *acciones preferentes* – obwohl etwas ungenau – verwendet.; (def) Las acciones privilegiadas, (...), son aquellas que conceden a sus titulares ciertas ventajas o privilegios en relación con los concedidos por las acciones ordinarias. Estos privilegios sólo pueden tener carácter patrimonial; nunca pueden suponer la privación de derechos mínimos que la Ley concede a todos los accionistas, ni tampoco pueden tener por objeto el derecho de voto constituyendo acciones de derecho plural. (...) (DEE); (kon) Las acciones tendrán igual valor y no podrán establecerse series de acciones ni acciones privilegiadas. (www.anfitrion.cl)

W

Wandelanleihe *f*^ *Anleihe*^ ^*Umtausch*^ ^*Wandelobligation*^ ^*Wandelschuldverschreibung*^ (def) Obligation einer AG, die dem Eigentümer das Recht einräumt, sie zu einem bestimmten Zeitpunkt in einem bestimmten Umwandlungsverhältnis in Aktien umzutauschen. Es wird so der Vorteil der Obligation, einen festen Zins zu ergeben, verbunden mit dem Vorteil der Aktie, einen Anteil am Vermögen der AG erlangen zu können. (...) Solche Anleihen dürfen nur aufgrund eines Hauptversammlung-Beschlusses ausgegeben werden. Der Beschluss bedarf einer Mehrheit, die mindestens ¾ des vertretenen Grundkapitals umfasst. (...) Da die Ausgabe von Wandelanleihen wegen des Umtauschrechts und der damit verbundenen Ausgabe neuer Aktien die Rechte der Aktionäre schmälert, haben bei Abgabe von Wandelschuldverschreibungen die Aktionäre ein Bezugsrecht. (...) (BAL); (kon) Die Vorteile der Wandelanleihe werden dadurch eingeschränkt, dass sie infolge der vielen möglichen und komplizierten Anleihekonditionen beim Anlegerpublikum nicht sehr beliebt ist und für das Unternehmen eine Ungewissheit bleibt, ob, wann und in welchem Umfang die Anleihegläubiger tatsächlich wandeln werden. (GUF: 45) **título convertible** *m*

Wandelobligation *f* ^*Obligation*^ ^*Umtausch*^ ^*Wandelanleihe*^ ^*Wandelschuldverschreibung*^ (kon) Bei den Wandelschuldverschreibungen (Wandelobligationen) wird dem Inhaber gemäß § 221 AktG ein Recht auf Umtausch in Aktien gewährt. (GUF: 43) **obligación convertible** *f* ^*obligación canjeable*^ (def) Concede al tenedor el derecho a canjearlos por acciones del emisor, en favor y a precios fijados, a cambio de un menor tipo de interés. El emisor obtiene así financiación más barata, a cambio del riesgo de tener que emitir acciones para la conversión a un precio menor que el de mercado. A diferencia de las obligaciones con warrants, implican una dilución de las acciones del emisor. (TAM); (kon) Las obligaciones convertibles no pueden emitirse por una cifra inferior a su valor nominal. (LSA art. 292, 3.)

Wandelschuldverschreibung *f* ^*Schuldverschreibung*^ ^*Umtausch*^ ^*Wandelanleihe*^ ^*Wandelobligation*^ (def) Wandelobligation, Wandelanleihe, convertible bond. I. Begriff: Schuldverschreibung (Anleihe) von Aktiengesellschaften bei der neben dem Anspruch auf Rückzahlung des Nennwerts und der geringen Zinsen ein Wandlungsrecht in eine bestimmte Anzahl von Stammaktien der emittierenden Gesellschaft besteht. Die W[andelschuldverschreibung] bedarf der staatlichen Genehmigung (...). II. Ausgabe: Erfordert einen Beschluss der Hauptversammlung mit mindestens ¾-Mehrheit (§ 221 AktG). Den Aktionären steht ein Bezugsrecht auf die W[andelschuldverschreibung] zu, das jedoch durch Beschluss der Hauptversammlung mit mindestens ¾-Mehrheit ausgeschlossen werden kann (bedingte Kapitalerhöhung). Bei der Begebung von W[andelschuldverschreibungen] sind anzugeben: Zinssatz, Laufzeit, Zinstermine, Besicherung, Wandlungsverhältnis, Zuzahlung bei Wandlung und Umtauschfrist. III. Vorteile: 1. Für die ausgebende Unternehmung: W[andelschuldverschreibungen] ermöglichen Unternehmen die Aufnahme von (zunächst) Fremdkapital zu günstigeren Bedingungen (z. B. niedrigerer Zinssatz als bei Anleihen). Die Ausgabe von W[andelschuldverschreibungen] ist zunächst steuerlich günstiger: (...). 2. Für den Anleger: Die W[andelschuldverschreibung] eröffnet die Chance, an Kursgewinnen der Aktie teilzuhaben; bei steigenden Kursen realisiert der Anleger durch Ausübung des Wandelrechts und Verkauf der Aktien zusätzliche Gewinne. In Zeiten stagnierender oder fallender Kurse wird das Wandelrecht nicht ausgeübt, der Anleger erhält weiterhin die vertraglich fixierten Zinszahlungen und hat Anspruch auf Rückzahlung des Nennwerts. Den Zeitpunkt der Ausübung des Wandlungsrechts, also des Übergangs vom Gläubiger zum Eigentümer, kann der Anleger innerhalb der Umtauschfrist selbst bestimmen. (GWL); (kon) Begreift man die Ausgabe von Wandelschuldverschreibungen als Kapitalerhöhung mit langer Vorlaufzeit, so lässt sich zwar auch hier der rechnerische Wert des Aktienbezugsrechtes ermitteln, wenngleich mit größeren erwartungsbedingten Unsicherheiten. (GUF: 44) **bono convertible** *m* (def 1) Modalidad consistente en la emisión de unos bonos de renta fija a los cuales se les atribuye la posibilidad de su conversión en acciones de acuerdo con los términos y plazos estipulados. Por lo general los bonos salen a un tipo de interés fijo, estableciéndose a priori el plazo o plazos para la conversión, que es facultativa para el tenedor. Usualmente se fija una prima de bonificación para el titular por si decidiera no hacer uso de la opción de convertibilidad, (...). (MDB);

(def 2) Es el que concede a su poseedor la opción de canjearlo en acciones de la sociedad a un precio prefijado. A cambio, tiene un cupón inferior al que tendría sin la opción de convertibilidad, lo cual el inversor acepta previendo una posible subida del precio de la acción. (...) Desde la adaptación de la ley de sociedades anónimas a la legislación comunitaria, en España ya no es posible que la conversión de bonos se realice a un tipo de descuento sobre la cotización existente en el momento de la conversión; es preciso fijar en la emisión la cotización de las acciones a que puede hacerse la conversión. (TAM)

Wandlung *f ^Umwandlung^*

Warenbilanz *f ^Handelsbilanz^*

Warenlombard *m ^Lombardkredit^* (def) Kreditgewährung gegen Verpfändung von Waren. Die verpfändeten Waren werden von der kreditgebenden Bank in Verwahrung genommen (wegen der dazu erforderlichen Lagerräume selten), beim Kreditnehmer unter Mitverschluss der Bank gelagert oder in einem Lagerhaus eingelagert, derart, dass nur unter Zustimmung der Bank darüber verfügt werden darf. (GWL); (kon) Sieht man von der Lombardierung von Edelmetallen ab, so haben Effekten- und Warenlombard die größere Bedeutung als Kreditinstrumente innerhalb der Lombardkreditarten. (GUF: 56) **crédito pignoraticio (sobre mercancías)** *m ^fianza pignoraticia (DDU)^ ^préstamo sobre mercancías^*

Wartung *f ^Leasing^* (def) Maßnahme der vorbeugenden Instandhaltung. Zur Wartung werden alle Pflegemaßnahmen von Produktionsanlagen gerechnet wie Reinigen, Abschmieren, Justieren, Nachfüllen von Betriebsstoffen und Katalysatoren sowie ähnliche Maßnahmen zur Verminderung bzw. Verhinderung von Verschleißerscheinungen. (GWL); (kon) Schließt der Leasingvertrag auch Wartung mit ein, so spricht man von Maintenance-Leasing. (GUF: 70) **mantenimiento** *m* (Komm) Bezieht sich der Terminus *Wartung* nur auf die Vorbeugung des Verschleißes eines Objekts – im Gegensatz zu routinemäßigen Kontrollmaßnahmen – so bieten sich die Termini *mantenimiento preventivo* oder *mantenimiento de prevención* als Übersetzung an.; (def) Actividad destinada a la conservación en condiciones de funcionamiento correcto de un activo. El mantenimiento se divide en tres áreas: la prevención, que consiste en las revisiones y sustituciones de equipo periódicas, con el fin de evitar una avería; la reparación, realizada una vez aparece la avería; y la mejora, consistente en la adecuación del activo a nuevas necesidades. (DEI); (kon) Es frecuente que equipos que hemos adquirido no hace muchos años empiecen a generar gastos de conservación o mantenimiento que superan unos límites de razonabilidad. (MEE: 161)

Wechsel *m ^Akzept^ ^Aussteller^ ^Bezogener^ ^Indossament^ ^Scheck^ ^Tratte^ ^Zahlungsanweisung^* (def) (...) Nach dem heute in der Bundesrepublik D[eutschland] geltenden Wechselrecht ist der W[echsel] eine Urkunde, die die unbedingte Anweisung des Ausstellers an den Bezogenen enthält, eine bestimmte Geldsumme einer im Wechsel genannten Person oder deren Order zu zahlen. Die Urkunde muss im Text als W[echsel] bezeichnet sein und gilt kraft Gesetzes als geborenes Orderpapier und abstraktes Forderungspapier. (...) Neben der traditionellen Zahlungsmittelfunktion, die gegenüber den anderen wirtschaftlichen Funktionen in ihrer Bedeutung allerdings erheblich zurückgeht, dient der W[echsel] vor allem der kurzfristigen Finanzierung des Warenhandels (Kreditfunktion). Eine Kreditgewährung ergibt sich daraus, dass durch das Akzept die effektive Zahlung des Bezogenen um die Laufzeit des W[echsels] hinausgeschoben wird. (...) (GWL); (expl) Rechtsgrundlage: Art. 1 des Wechselgesetzes: Der gezogene Wechsel enthält: 1) die Bezeichnung als Wechsel im Texte der Urkunde, und zwar in der Sprache, in der sie ausgestellt ist; 2) die unbedingte Anweisung, eine bestimmte Geldsumme zu zahlen; 3) den Namen dessen der Zahlen soll (Bezogener); 4) die Angabe der Verfallzeit; 5) die Angabe des Zahlungsortes; 6) den Namen dessen, an den oder an dessen Order gezahlt werden soll; 7) die Angabe des Tages und des Ortes der Ausstellung; 8) die Unterschrift des Ausstellers.; (kon) Die Banken kaufen bevorzugt solche Wechsel an, die den Rediskonterfordernissen der Deutschen Bundesbank und damit dem Refinanzierungsinteresse der Bank entsprechen. (GUF: 52) **letra de cambio** *f ^letra (DEN)^* (def) Documento cambiario con carácter ejecutivo, por el que el librador ordena al librado que pague una cantidad en fecha y lugar determinados a favor del tenedor del documento. La letra de cambio es un título-valor de crédito, esto es un documento que incorpora un crédito de forma que la transmisión del documento implica la transmisión del crédito incorporado al mismo, facilitando con ello el tráfico bancario y la movilización financiera. La letra de cambio puede realizar funciones como título valor o título de crédito, ya que de ambas maneras se designa el valor de un crédito instrumentado sobre un documento apto para la transmisión de un derecho de crédito. Por un lado, el aceptante de una letra de cambio se constituye en acreditado del librador en el origen de la misma, y, por otro, gracias al endoso, el librador puede ceder la letra a un tercero del que resulta a su vez acreditado, pudiéndose, mediante sucesivos endosos, producir sucesivos créditos de los que son beneficiarios los endosantes. Esta posibilidad hace que desde que se inició el desarrollo de la actividad bancaria intervenga la letra en la misma, dando lugar a la operación de descuento, que no es otra cosa que el endoso de una letra a una entidad de crédito, que se convierte en tenedora de la misma mediante el pago de su importe nominal menos el descuento. (...) (DEI); (expl) Rechtsgrundlage: Art. 1 de la Ley Cambiaria y del Cheque: La letra de cambio deberá contener: 1) La denominación de letra de cambio inserta en el texto mismo del título expresada en el idioma empleado para su redacción. 2) El mandato puro y simple de pagar una suma determinada en euros o moneda extranjera convertible admitida a cotización oficial. 3) El nombre de la persona que ha de pagar, denominada librado. 4) La indicación del vencimiento. 5) El lugar en que se ha de efectuar el pago. 6) El nombre de la persona a quien se ha de hacer el pago o a cuya orden se ha de efectuar. 7) La fecha y el lugar en que la letra se libra. 8) La firma del que emite la letra, denominado librador.; (kon) La letra de cambio es un doble mandato realizado por el librador. (LCC: 107)

Wechsel, eigener *m ^Solawechsel^*

Wechsel, trockener *m ^Solawechsel^*

Wechseldiskontkredit *m ^Diskontkredit^* (def) Ankauf von noch nicht fälligen Wechseln und (seltener) Schecks unter Abzug der Zinsen (Diskont) bis zum Fälligkeitstag und meist auch einer Diskontprovision. Der anzurechnende Zinssatz (Diskontsatz) richtet sich nach dem Notenbankdiskontsatz. (GWL vs Diskontgeschäft); (expl) Der Wechseldiskontkredit verdankt seine Existenz der Tatsache, dass ein großer Teil der Bezahlung im Warenhandel durch Wechsel abgewickelt wird. Da die Wechsel im Allgemeinen eine Laufzeit von höchstens drei Monaten haben, sind die Wechseldiskontkredite ein kurzfristiges Finanzierungsinstrument. Die Kreditfunktion besteht darin, dass der Wechselinhaber (Kreditnehmer) die Wechsel vor deren Fälligkeit an die Bank verkauft und damit die noch nicht fälligen Forderungen, die auf diesem Wechsel gründen, »bevorschusst« werden. (SPR); (kon) Der Wechseldiskontkredit ist ein Teilbereich des Wechselkredits und wird auch als Wechselkredit im engeren Sinne bezeichnet. (GUF: 52) **crédito de descuento de letras** *m ^crédito cambiario (DDU)^ ^descuento financiero (DEN)^* (def) Operación financiera realizada por las entidades de crédito, consistente en abonar al prestatario el importe, con rebaja por intereses, de una letra de cambio u otro efecto mercantil antes de la fecha de vencimiento. (DEN vs descuento financiero)

Weihnachtsgeld *n ^Weihnachtszuwendung^*

Weihnachtsgratifikation *f ^Weihnachtszuwendung^*

Weihnachtszuwendung *f ^Arbeitsentgelt^ ^Weihnachtsgelder (GUF)^ ^Weihnachtsgratifikation (GWL)^* (Komm) Während die Termini *Weihnachtszuwendung* und *Weihnachtsgratifikation* meist in Fachtexten verwendet werden, kommt der Terminus *Weihnachtsgeld* häufig auch in der Umgangssprache vor.; (def) W[eihnachtszuwendungen] gehören zum Arbeitsentgelt und sind beitragspflichtig. Die darauf entfallenden Beiträge sind im Monat ihrer Auszahlung zu entrichten. Sie sind dem Lohnabrechnungszeitraum zuzuordnen, in dem sie ausgezahlt werden; d. h. die W[eihnachtszuwendungen] sind über die monatliche Beitragsbemessungsgrenze hinaus beitragspflichtig, da für die Beitragsberechnung nicht nur die Gesamteinnahme dieses einen Monats von Bedeutung ist, sondern alle bis zu diesem Monat beim gleichen Arbeitgeber erzielten Entgelte dieses Jahres. Beitragspflicht besteht, soweit die Beitragsbemessungsgrenze bei der Summe aller Einnahmen im Gesamtzeitraum nicht überschritten wird. Beitragspflicht besteht entsprechend auch bei Zahlung der W[eihnachtszuwendung] in an sich beitragsfreier Zeit oder bei Zahlung nach Beendigung des Beschäftigungsverhältnisses. Zuordnung erfolgt zu dem letzten Lohnabrechnungszeitraum im Kalenderjahr (GWL); (kon) Eine derartige Betriebsübung hat man vor allem bei mehrfacher Gewährung gleichartiger Sozialleistungen (z. B. dreimalige Gewährung einer Weihnachtsgratifikation) angenommen und ihr für die Zukunft anspruchsbegründete Wirkung beigelegt. (AZL: 67) **gratificación de Navidad** *f ^gratificación con ocasión de las fiestas de Navidad^ ^gratificación extraordinaria (DTA)^ ^paga de Navidad (SAE/RES)^* (Komm) Die angeführten Termini fallen unter den Oberbegriff *pagas extraordinarias*. In der Fachliteratur und auch in der Umgangssprache wird häufig der Terminus *paga de Navidad* verwendet.; (expl) Rechtsgrundlage: Art. 3 § 2 del Código del Trabajo: Gratificaciones extraordinarias: El trabajador tiene derecho a dos gratificaciones extraordinarias al año, una de ellas con ocasión de las fiestas de Navidad y la otra en el mes que se fije por convenio colectivo o por acuerdo entre el empresario y los representantes legales de los trabajadores. Igualmente se fijará por convenio colectivo la cuantía de tales gratificaciones. No obstante, podrá acordarse en convenio colectivo que las gratificaciones extraordinarias se prorrateen en las doce mensualidades.; (kon) Pagos extraordinarios. Se refiere a los pagos de vencimiento superior al mes y no prorrateados (paga de navidad, beneficios). (RES: 22)

Weiterveräußerung *f ^Weiterverkauf (WDW)^* (def 1) Handelsrechtlicher Begriff: jedes auf Eigentumsübertragung gerichtete, entgeltliche Rechtsgeschäft, z. B. Verkauf, Tausch etc. (auch bei Eigentumsvorbehalt), nicht aber Schenkung, Verpfändung, Vermietung etc. (GWL); (def 2) Bezeichnung für eine Veräußerung im Rahmen eines Umsatzgeschäfts bestehend aus Beschaffung und Weiterveräußerung. (LHW); (kon) Bis auf Widerruf ist der Besteller zur Einbeziehung der abgetretenen Forderungen aus der Weiterveräußerung befugt. (www.vem-group.com) **reventa** *f ^enajenación posterior^ ^venta posterior^* (def) Nueva enajenación, sin larga espera y con apreciable ganancia, por el antes comprador y vendedor luego. La reventa es operación típicamente comercial cuanto es habitual, y caracteriza de modo singular la compraventa mercantil (...). (DDU); (kon) El proveedor determine de modo directo o indirecto los precios o condiciones de contratación para la reventa a terceros de los productos identificados en el contrato. (www.sice.oas.org)

Weiterverkauf *m ^Weiterveräußerung^*

Wertpapier *n ^Effekten^* (def) In Form einer Urkunde verbrieftes Vermögensrecht, zu dessen Ausübung der Besitz der Urkunde nötig ist. Nur gegen Vorlage und Rückgabe des W[ertpapiers] ist, abgesehen von dem Fall der Kraftloserklärung bei abhanden gekommenen Wertpapieren, der aus der Urkunde Verpflichtete zur Leistung verpflichtet. (...) I. Wirtschaftlich: 1. Wertpapiere verbriefen eine Warenforderung, z. B. Orderlagerschein, Ladeschein, Konnossement. 2. Geldpapiere verbriefen eine Geldforderung. Sie gliedern sich rechtlich in sachenrechtliche W[ertpapiere], schuldrechtliche W[ertpapiere] und Mitgliedschaftsrechte (s. u.). 3. Zur langfristigen Kapitalanlage geeignete Geldpapiere sind Effekten; (...) II. Nach dem Inhalt des verbrieften Rechts: 1. Sachenrechtliche W[ertpapiere]: verbriefen ein Sachenrecht, z. B. Hypothekenbrief, Grundschuldbrief, Rentenschuldbrief. 2. Schuldrechtliche W[ertpapiere] oder W[ertpapiere] über Forderungen: besonders häufig, z. B. Wechsel, Scheck, Schuldverschreibung (Anleihe) auf den Inhaber (Obligation), Staatsschuldverschreibung (§ 793 BGB). 3. Mitgliedschaftspapiere: verkörpern in erster Linie die Mitgliedschaft in einer Körperschaft, z. B. Aktie, Zwischenschein (Interimsschein), Kuxe. 4. Mischformen: a) Traditionspapiere (...) b) Wandelschuldverschreibung des Aktienrechts (...): Mischform zwischen Forderungspapier und Mitgliedschaftspapier. III. Nach der Person des Berechtigten (wichtigste Einteilung): 1. Inhaberpapiere: auf den Inhaber ausgestellten W[ertpapiere]. Das verbriefte Recht kann vom jeweiligen Inhaber geltend gemacht werden (Legitimationspapier), z. B. Inhaberscheck, Schuldverschreibung auf den Inhaber (§§ 793 ff. BGB), Inhaberaktien (§ 10 I AktG). 2. Rektapapier (Namenspapier): auf eine bestimmte, in dem Papier mit Namen bezeichnete Person ausgestelltes W[ertpapier], z. B. Kuxe, Rektakonnossement, Depotschein. Besonderheit in der Form der Übertragung, die durch Abtretung der Forderung (Forderungsabtretung) und Übergabe des Papiers erfolgt. 3. Orderpapiere: auf eine bestimmte Person oder deren Order ausgestellt (Orderklausel). (...) (GWL); (kon) Als Sicherheiten sind beim Kontokorrentkredit Sicherungsübereignung von Vorratsvermögen, Zession von Buchforderungen und (seltener) Verpfändung von Wertpapieren gebräuchlich. (GUF: 51) **título valor** *m* (Komm) Die Schreibweise *título-valor*, also mit Bindestrich, ist auch üblich in der spanischen Fachliteratur. Weitere mögliche Übersetzungen für *Wertpapier* sind *título* und *valor.*; (def 1) Papel legitimador de la condición de socio (acción) o de obligacionista (obligación), o de otros derechos y obligaciones que se documenten bajo esta forma. Desde un enfoque financiero, es el documento que emite una sociedad con el fin de obtener recursos financieros, en el que consta la cantidad por la que se emite el título. (DEE); (def 2) Documento esencialmente transmisible necesario para ejercitar el derecho literal y autónomo en él mencionado. Según el derecho que incorpora son: títulos de crédito cuando el derecho es el pago de una suma de dinero; títulos de tradición o representación de mercaderías, cuando el derecho es a la entrega de una cosa almacenada o en transporte, (...); títulos de participación, incorporan el conjunto de derechos que integran a la posición de socio en una sociedad. Según el modo de circulación (...): títulos al portador, que no designan nominalmente al tenedor y circulan mediante la simple entrega del documento; a la orden, aquellos que expresan nominalmente al tomador, pero de modo que éste puede hacerlos circular por medio del endoso (...); títulos nominativos o directos, los que designan directamente al tomador (...). (ESJ); (kon) La bolsa de valores constituye un mercado organizado (regulado por leyes) de títulos valores, especialmente acciones y obligaciones. (SMA: 123)

Wettbewerb *m* *^Wettbewerbsfähigkeit^* (def) (...) Komplex vielgestaltiger Verhaltensformen, die dadurch gekennzeichnet sind, dass zwei oder mehrere miteinander rivalisierende Wirtschaftseinheiten im individuellen Interesse ein wirtschaftliches Ziel anstreben, wobei mit dem jeweils höheren Grad der Zielverwirklichung eine bessere Honorierung (z. B. Gewinn) zu Lasten der Konkurrenten verbunden ist. Folge des Wettbewerbs ist eine dauernde Verbesserung der wirtschaftlichen Leistung unter Einsatz aller unternehmerischen Kräfte. Wettbewerb ist daher als Leistungswettbewerb das zentrale Ordnungs- und Organisationsprinzip der Marktwirtschaft. Jeder Anbieter sucht möglichst vorteilhaft (bestens) wirtschaftliche Leistungen zu verkaufen, jeder Nachfrager möglichst vorteilhaft (billig) zu kaufen. Abstimmung und Ausgleich von Angebot und Nachfrage gewährleisten den Selbststeuerungsmechanismus der Märkte, der mittels der Funktionen des Preises (...) zugleich Anreiz (...) und Verteilung nach Leistung bewirken soll. (...) Wettbewerb ist nicht so sehr Ziel als vielmehr Mittel (Rahmenbedingung) zur Schaffung bzw. Aufrechterhaltung wirtschaftlicher Aktivität. Inflation schaltet Wettbewerb nicht aus, verzerrt ihn aber. Wird die Wettbewerbsfreiheit als Triebkraft unangemessen eingeengt oder besteht schrankenloser Wettbewerb, müssen zur Annäherung an das Leitbild Maßnahmen der Wettbewerbspolitik gegen Wettbewerbsbeschränkungen und unlauteren Wettbewerbs ergriffen werden. (GLV); (expl) Wettbewerb als Erscheinungsform menschlichen Verhaltens ist schwer zu definieren. Bezogen auf die evolutionäre Entwicklung ist Wettbewerb nichts anderes als die möglichst exakte Verhaltensanpassung an die gestellten, sich möglicherweise ändernden Umwelt- und Lebensbedingungen. Wirtschaftlicher Wettbewerb ist darauf gerichtet, dass der Anbieter einer Leistung für sich bzw. sein Produkt den bestmöglichen Preis auf dem Markt erzielt. Preis bedeutet in diesem Zusammenhang nur den Oberbegriff aller möglichen Gegenleistungen. Die Preisbildung erfolgt anhand von Angebot und Nachfrage. Der Preis ist der Punkt, an dem sich die Angebots- und die Nachfragekurve schneiden. Der frei gebildete Preis bringt die Bedürfnisse der Marktteilnehmer zum Ausdruck. Kennzeichnend für das Wettbewerbssystem ist, dass der einzelne Teilnehmer seine Interessen möglichst nachhaltig zu verwirklichen sucht. Die Marktteilnehmer passen sich nicht nur den Marktverhältnissen (Umweltbedingungen) an, sondern sie versuchen, die Marktbedingungen selbst in ihrem Sinn zu gestalten. (...). Hinter diesem Vorgang steht die Vorstellung, dass Wettbewerb das adäquate gesellschaftliche Verfahren ist, um knappe Mittel auf miteinander konkurrierende Zwecke zu verteilen. Wettbewerb ist daher ein an ökonomischer Effizienz orientiertes Entscheidungsverfahren, nach dem die Marktteilnehmer (Unternehmer, Verbraucher, Arbeitnehmer) ihre wirtschaftlichen Entscheidungen treffen. (HGW: 21/22); (kon) Funktionierender Wettbewerb führt aber nicht automatisch zu sinkenden Preisen. (www.rwe.com)
competencia *f* (def) Concurrencia de una multitud de vendedores en el mercado libre, que para conseguir la venta de sus productos pugnan entre sí proponiendo los precios que les permitan sus costes, y que se alinean con los del mercado. La competencia puede ser perfecta, o imperfecta u oligopolística. (TAM); (kon) En España, una combinación equilibrada de las políticas fiscal y monetaria y las medidas adoptadas para aumentar la competencia y la flexibilidad de la economía favorecieron la consecución de un mayor crecimiento, compatible con la reducción de la inflación. (RBE: 13)

Wettbewerbsfähigkeit *f* *^Wettbewerb^* (def) Fähigkeit eines Unternehmens mit anderen Unternehmen, die gleiche Güter herstellen bzw. gleiche Dienstleistungen anbieten, auf bestimmten Märkten auf nationaler und internationaler Ebene zu konkurrieren. (DV); (kon) In einer nachhaltigen Chemiepolitik sind Sicherheit, Innovation und Wettbewerbsfähigkeit keine einander ausschließenen Gegensätze, sondern gehören zusammen. www.muf.rlp.de) **competitividad** *f* (def) Capacidad de competir, generalmente a nivel internacional. (DEN); (kon) La libertad de acción y la competitividad creciente durante las últimas décadas entre los diferentes agentes económicos, financieros y no financieros, ha constituido probablemente el principal factor desencadenante del actual proceso de innovación financiera. (SSD: 814)

Wirtschaftlichkeit *f* *^Rentabilität^* (def) Wirtschaftssystem- und unternehmenszielindifferenter Ausdruck dafür, inwieweit eine Tätigkeit dem Wirtschaftlichkeitsprinzip genügt. Abgrenzung: a) Zur Produktivität: Die Wirtschaftlichkeit ist wertmäßig erfassbar (bewertete Beziehung zwischen Mitteleinsatz und Handlungsergebnis). b) Zur Rentabilität: Es erfolgt keine zwangsläufige Bezugnahme auf das eingesetzte Kapital. (GWL); (Komm) Ökonomisches Prinzip, Grundsatz, dass ein bestimmter Erfolg mit dem geringstmöglichen Mitteleinsatz (Minimalprinzip) bzw. mit einem bestimmten Mitteleinsatz der größtmögliche Erfolg (Maximalprinzip) erzielt werden soll.; (kon) Ein weiterer Vorteil langfristiger Finanzplanung liegt darin, dass im Rahmen der Investitionsrechnung die Wirtschaftlichkeit und damit letztendlich auch die Rentabilität der vorgesehenen Projekte geprüft wird. (GUF: 118) **productividad** *f* *^economicidad (ABA)^* *^productividad (DEN)^* (def 1) Se dice de la capacidad (o no) de una actividad, rama, sector, etc., de producir ingresos por encima de sus costes, en donde reside la justificación misma de su existencia, habitualmente. Uno de los problemas centrales asociados a este concepto reside en la medición de la rentabilidad de actividades no directamente productivas (servicios generales, administración, etc., y los problemas de imputación asociados.) (AEE); (def 2) Productividad en general = indicativo del uso y aprovechamiento para una unidad económica determinada, es decir, del rendimiento que se obtiene de cada factor de producción. (...) El grado de productividad se traduce en competitividad dentro del mercado (...). (DEN); (kon) En la evolución de la rentabilidad de la empresa española se distinguen, en el período considerado, dos fases: 1974-1984 y a partir de 1985. Desde 1974 cae la rentabilidad económica o de la inversión y aumenta el coste nominal del capital ajeno. (....) (EED: 614)

Wirtschaftsjahr *n* *^Geschäftsjahr^*

Wirtschaftsprüfer *m* *^Bilanzprüfer (WDW)^* *^Jahresabschluss^* (def) Gemäß § 2 WPO haben Wirtschaftsprüfer die berufliche Aufgabe, betriebswirtschaftliche Prüfungen, insbes. Jahresabschlussprüfung wirtschaftlicher Unternehmen durchzuführen und Bestätigungsvermerke über deren Vornahme und Ergebnis zu erteilen. Außerdem sind sie befugt, ihre Auftraggeber in steuerlichen Angelegenheiten nach Maßgabe der bestehenden Vorschriften zu beraten und zu vertreten. (GWL); (kon) Die Beantwortung durch die teilnehmenden Wirtschaftsprüfer erfolgte bis Ende August 1999. (www.studis-online.de) **auditor censor jurado de cuentas** *m* (def) Persona encargada de revisar las cuentas anuales de una empresa o entidad y verificar si dichas cuentas expresan la imagen fiel del patrimonio y de la situación financiera de la empresa o entidad auditada, así como el resultado de sus operaciones y los recursos obtenidos y aplicados en el período examinado para poder emitir el correspondiente informe de auditoría. Podrán ser auditores censores jurados de cuentas todas aquellas personas físicas o jurídicas que hayan obtenido una titulación universitaria, hayan seguido programas de enseñanza teórica y adquirido una formación práctica por un período mínimo de tres años, hayan superado un examen de aptitud profesional organizado y reconocido por el Estado y estén inscritos en el Registro oficial de Auditores de Cuentas. (DEN)

Z

Zahlungsanweisung *f* *^Akkreditiv^* *^Anweisung (BGB)^* *^Commercial Letter of Credit^* *^Wechsel^* (Komm) In Fachtexten, meist in Gesetzestexten, wird i. d. R der Terminus *Anweisung* anstelle von *Zahlungsanweisung* verwendet (vgl. (expl 2).; (def) Allgemein Urkunde in Form eines Wertpapiers, durch die der Aussteller einen anderen (Angewiesener), z. B. eine Bank, anweist, Geld, Wertpapiere etc. an einen Dritten (Anwiesungsempfänger (...)) zu übertragen. Rechtlich eine einseitige abstrakte Willenserklärung ohne Vertragseigenschaft. Bestimmte Anweisungen, z. B. der Wechsel, können vom Angewiesenen angenommen (akzeptiert) werden (Akzept, Bankakzept). Dadurch wird dessen Verpflichtung zu einer selbstständigen, vom ursprünglichen (Grund-)Geschäft losgelösten Verbindlichkeit. (BAL vs Anweisung); (expl 1) Unter einer Anweisung kann man im weiteren Sinne die an einen anderen gerichtete Aufforderung und Ermächtigung verstehen, für Rechnung des Anweisenden an einen Dritten etwas zu leisten. (BGBM: 134); (expl 2) Rechtsgrundlage: § 783 BGB: Händigt jemand eine Urkunde, in der er einen anderen anweist, Geld, Wertpapiere oder andere vertretbare Sachen an einen Dritten zu leisten, dem Dritten aus, so ist dieser ermächtigt, die Leistung bei dem Angewiesenen in eigenem Namen zu erhaben; der Angewiesene ist ermächtigt, für Rechnung des Anweisenden an den Anweisungsempfänger zu leisten.; (kon) Die Zahlungsanweisung muss unbedingt sein, d. h., sie darf nicht vom Eintritt einer Bedingung abhängig gemacht werden. (WSZ: 24) **orden de pago** *f ^orden de pago documentario (DBC)^ ^orden de pago o de entrega (DBC)^ ^mandato de pago (DDU)^* (Komm) Der Terminus *orden de pago* ist ein Oberbegriff für verschiedene Dokumente, die als Zahlungsanweisungen fungieren, wie etwa *cheques* und *libranzas*.; (def 1) También conocida como orden de pago contra entrega de documentos; es aquella en virtud de la cual un comerciante (importador) de un país se vale de este medio de pago internacional, ordenando a su banco que pague a un comerciante (exportador) de otro país una determinada cantidad de dinero en divisas contra entrega de una serie de documentos debidamente estipulados. (DBC vs orden de pago documentaria); (def 2) Modalidad de transferencia bancaria por la cual el cliente ingresa en caja o autoriza para que se le debite en cuenta el importe que desea sea pagado en efectivo al beneficiario. (DBC vs orden de pago o de entrega); (def 3) Orden o autorización dada por una persona que tiene fondos en poder de otro, para que éste entregue cierta cantidad a un tercero o al mismo librador. (DDU vs mandato de pago); (kon) Tanto la letra de cambio como el cheque son órdenes de pago dadas por el librador al librado para que pague al tenedor. (LCC: 178)

Zahlungsbilanz *f ^Dienstleistungsbilanz^ ^Handelsbilanz^ ^Leistungsbilanz^ ^Übertragungsbilanz^* (def) Ist die systematische Darstellung aller außenwirtschaftlichen Transaktionen eines Landes. Diese werden kontenartig erfasst. Die Zahlungsbilanz setzt sich zusammen aus der Leistungsbilanz, bestehend aus der Handels-, Dienstleistungs- und Übertragungsbilanz, sowie der Kapitalverkehrsbilanz, bestehend aus der Kapitalverkehrsbilanz im engeren Sinne und der Devisenbilanz. (GWL); (kon) Die Währungsreserven der Bundesbank, die in der Zahlungsbilanz getrennt ausgewiesen werden, sind im vergangenen Jahr zu Transaktionswerten betrachtet um 1½ Mrd. EUR gesunken. (www.bundesbank.de) **balanza de pagos** *f* (def) La balanza de pagos es el estado comparativo de los ingresos y de los pagos (o entradas y salidas) de una economía nacional por todos los conceptos. Se compone de varias subbalanzas: de mercancías (importaciones y exportaciones); de servicios (fletes, seguros, turismo, etc.); de transferencias (remesas de emigrantes, donaciones, etc.); de capital a largo plazo (inversiones directas en empresas, en bolsa, en inmuebles, créditos etc.); y de capital a corto plazo (movimientos monetarios). El cierre de la balanza de pagos puede arrojar un excedente que se traduce en el alza de las reservas internacionales o una insuficiencia que se refleja en la disminución de las reservas o en un mayor endeudamiento. (TAM); (kon) La balanza de pagos de un país registra todas las transacciones que éste realiza con el extranjero en un período determinado de tiempo, normalmente un año. (SMA: 33)

Zahlungseinstellung *f ^Illiquidität^ ^Konkurs^* (def) Nichtbezahlung eines bedeutenden Teiles der fälligen Schulden eines Schuldners wegen des tatsächlichen oder angeblichen Mangels an Geldmitteln. Der Mangel an Mitteln muss voraussichtlich andauernd sein. Kennzeichnend für Zahlungsunfähigkeit. (GWL); (Komm) Die Zahlungseinstellung gilt als Vorstufe des Konkurses. Anders dagegen verhält es sich mit einer Zahlungsschwierigkeit: Hierbei handelt es sich um eine Zahlungsstockung bzw. um den vorübergehenden Mangel an liquiden Mitteln für die Erfüllung von Verpflichtungen (Illiquidität); (kon) (...) Die Zahlungseinstellung, die Zahlungsunfähigkeit, ist das Ende jedes Unternehmens und damit auch seines Rentabilitätsstrebens. (GUF: 90) **suspensión de pagos** *f* (def) Situación jurídica a que llegan las empresas cuyo activo no es inferior al pasivo frente a terceros; pero que por razones de dificultades coyunturales o estructurales, no pueden atender puntualmente sus obligaciones. La suspensión implica la intervención judicial de la empresa, y comporta el establecimiento de moratorias – muchas veces concertadas con los propios acreedores – para intentar la superación de problemas y evitar así el posible desmoronamiento final con una declaración de quiebra. En ocasiones, la suspensión de pagos equivale a una quiebra encubierta. (TAM); (kon) La suspensión de pagos, sólo la puede solicitar el deudor, en cambio la quiebra puede ser también pedida por cualquier acreedor legítimo. (www.uned.es)

Zahlungsfähigkeit *f* ^*Bonität*^ ^*Solvenz (WDW)*^ ^*Zahlungsunfähigkeit*^ (def) Fähigkeit einer Person oder einer Unternehmung, ihre fälligen Verbindlichkeiten sofort bzw. innerhalb absehbarer Zeit zu erfüllen. (GWL); (kon) Der Investor befürchtete neben erheblichen (...) Altschulden, die das Unternehmen hatte, die Zahlungsfähigkeit der Kunden des Unternehmens. (www.fifoost.org) **solvencia** *f* ^*capacidad de pago*^ (def) Capacidad de una entidad para hacer frente a todas sus obligaciones, para lo cual debe mantener a medio y largo plazo unos activos suficientes para cubrir sus pasivos. (AEE); (kon) En todo crédito se realiza un estudio previo para determinar la solvencia del prestatario. (SMA: 98)

Zahlungsgarantie *f* ^*Garantie*^ (def) Form der Garantie. Z[ahlungsgarantien] sichern den Gläubiger für den Fall ab, dass der Schuldner seinen Zahlungsverpflichtungen nicht oder nur teilweise nachkommt. Bei Exportgeschäften wird die Z[ahlungsgarantie] oft mit einer Transfergarantie verbunden, wenn dies länderspezifische Risiken erforderlich machen. (GWL); (kon) Garantien werden meist von Banken übernommen und sind hauptsächlich Zahlungsgarantien. (GUF: 63) **garantía de pago** *f* (def) Forma de garantía que asegura al acreedor en caso de que el deudor no cumpla con sus obligaciones de pago total o parcialmente. (DV)

Zahlungsmittel *n* ^*Bargeld*^ ^*Geld*^ ^*Gelder*^ (def) Zahlungsmittel sind grundsätzlich Geld und geldähnliche Güter und Forderungen, die im Tausch gegen andere Güter akzeptiert werden. Hierbei ist es möglich, dass in einer Gruppe ein Gut als Zahlungsmittel anerkannt wird, nicht aber in einer anderen. Innerhalb eines Staatsgebietes erfüllen i. d. R. nur das dortige Zentralbankgeld und Buchgeld die Funktion eines allgemeinen Zahlungsmittels. Gesetzliche Zahlungsmittel sind in der BRD Scheidemünzen und Banknoten; sie müssen kraft Gesetzes als Schuldentilgungsmittel akzeptiert werden. Geld im Rechtssinne (als Schuldentilgungsmittel nach Treu und Glauben) ist aber auch häufig Buchgeld. (GLV); (kon) Bei den Produktionsbetrieben nutzte sogar jede fünfte Firma die neue Währung als Zahlungsmittel, wie eine Umfrage ergab. **medio de pago** *m* (def) Medio de pago es el dinero, la moneda o un activo financiero dotado de poder liberador de deudas y obligaciones. Sin embargo, en una definición menos rigurosa se utilizan también otros instrumentos que constituyen mandamientos de pago, pero que son transmitidos del emisor a un tercero que admite el título como si realmente le hubieran realizado el pago, en base a que dicho título o documento es un mandamiento u orden contra una entidad financiera que »a priori« se considera solvente sin ninguna duda. (DEI); (kon) No hay duda, con todo, de que en la sociedad moderna los medios de pago más comunes son los depósitos bancarios a la vista, transferibles mediante talón, y el efectivo (monedas y billetes) de curso legal. (EPE: 34)

Zahlungsunfähigkeit *f* ^*Insolvenz (GWL)*^ ^*Konkurs*^ ^*Zahlungseinstellung*^ ^*Zahlungsfähigkeit*^ (def) Das auf Mangel an Zahlungsmitteln beruhende, nach außen erkennbare, voraussichtlich dauernde Unvermögen eines Schuldners, seine fälligen Geldschulden noch im Wesentlichen zu erfüllen. (GWL); (kon) Die Zahlungseinstellung, die Zahlungsunfähigkeit, ist das Ende jedes Unternehmens und damit auch seines Rentabilitätsstrebens. (GUF: 90) **insolvencia** *f* (def) Imposibilidad del cumplimiento de una obligación por falta de medios. (DDU); (kon) Desde la perspectiva del acreedor ordinario, sigue siendo fundamental contar con herramientas capaces de detectar la insolvencia en los estadios iniciales, antes de que se deterioren las posibilidades de recobro y aumente el volumen del crédito impagado. (www.foroindeco.com)

Zedent *m* ^*Zession*^ (def) Derjenige, der eine Forderung abtritt. Der Zedent hat dem Zessionar auf Verlangen eine öffentlich beglaubigte Urkunde (öffentliche Beglaubigung) über die Forderungsabtretung auszustellen. Die Kosten hat der Zessionar zu tragen und vorzulegen (§ 403 BGB). Der Zedent muss dem Zessionar die zur Geltendmachung der Forderung nötige Auskunft erteilen und die zum Beweis der Forderung dienenden, in seinem Besitz befindlichen Urkunden aushändigen (§ 402 BGB). (GWL vs Forderungsabtretung); (kon) Durch den Zessionsvertrag überträgt der Zedent (Altgläubiger) Rechte bzw. Forderungen auf den Zessionär (Neugläubiger). (GUF: 66) **cedente** *m* (def) La parte que transfiere a otra una cosa, derecho, acción o valor. Quien renuncia a algo a favor de otro. En realidad, constituye un donante que, ante la negativa de la donación, hace abandono de su bien o derecho. (DDU); (kon) En el momento del otorgamiento del contrato, el cedente hará entrega al cesionario del documento que acredite la garantía, referida e individualizada a las cantidades que han de ser anticipadas a cuenta del precio. (http://civil.udg.es)

zeichnen *vt* (def) Im Wertpapiergeschäft: sich durch schriftliche Erklärung auf dem Zeichnungsschein zur Übernahme eines bestimmten Betrags neu emittierter Wertpapiere (Aktien, Anleihen) verpflichten. Zeichnungsstelle ist die Bank, die mit der Entgegennahme von Zeichnungen auf neue Wertpapiere beauftragt ist. (BAL); (kon) Die Eigenmittel werden bei der Gründung durch mindestens sieben Genossen aufgebracht, die Kapitalanteile zeichnen. (GUF: 30) **suscribir** *vt* (def) (...) Adquirir títulos de un empréstito o de una emisión de acciones u obligaciones de una sociedad mercantil, al ser lanzados al público, antes de negociación bursátil. (DDU II); (kon) En ningún caso podrá la sociedad suscribir acciones propias ni acciones emitidas por su sociedad dominante. (LSA art. 74, 1.)

Zession *f ^Abtretung^ ^Forderungsabtretung^ ^Forderungszession^ ^Globalzession^ ^Mantelzession^ ^Sicherungsabtretung^ ^Übertragung^* (def) Übertragung einer Forderung von dem bisherigen Gläubiger (Zedenten) auf einen neuen Gläubiger (Zessionar). Rechtsgrundlage: §§ 398 ff. BGB. (GWL vs Forderungsabtretung); (expl) Die Forderungszession oder Sicherungsabtretung hat zum Inhalt, dass der Kreditnehmer dem Kreditgeber eine Forderung gegenüber einer anderen Person (Drittschuldner) gemäß § 398 BGB abtritt. Sie wird häufig benutzt, weil eine der Verpfändungsanzeige entsprechende Benachrichtigung des Drittschuldners unterbleiben kann (sog. Stille Zession). Erfolgt die Benachrichtigung des Drittschuldners, liegt eine offene Zession vor. Weil auch die Abtretung noch nicht bestehender, erst in der Zukunft entstehender Forderungen möglich ist, soweit die abgetretenen Forderungen zweifelsfrei bestimmbar sind, findet sich die Sicherungsabtretung in der Praxis der Kreditbesicherung recht häufig. (DRU); (kon) Als Sicherheiten sind beim Kontokorrentkredit Sicherungsübereignung von Vorratsvermögen, Zession von Buchforderungen und (seltener) Verpfändung von Wertpapieren gebräuchlich. (GUF: 51) **cesión** *f* (def) La renuncia o transmisión, gratuita u onerosa, que se hace de una cosa, crédito, acción o derecho a favor de otra persona. La cesión – de no usarse como sinónimo de transmisión – es un contrato por el cual uno transfiere a otro el crédito, derecho o acción que tiene contra un tercero. La cesión puede efectuarse por venta, donación, permuta, dación en pago, legado o cualquier otro título eficaz para que lo propio de uno se torne del que antes era ajeno. Pueden constituir objeto de la cesión todos los derechos y acciones, así reales como personales. (DDU); (kon) [La] cesión se realizó mediante un documento notariado (www.cubaliberal.org)

Zession, stille *f ^Forderungsabtretung, stille (GWL)^ ^Zession^* (def) Zession, die dem Schuldner nicht angezeigt wird. Üblich u. a. bei Sicherungsabtretung an Banken. Die stille Zession birgt die Gefahr, dass der Zedent die Forderung erneut abtritt, der Schuldner in Unkenntnis der stillen Zession an den zweiten Zessionar leistet und damit befreit wird (§ 408 BGB). (GWL); (kon) Wird die Abtretung dem Drittschuldner nicht mitgeteilt (= Stille Zession), so zahlt er mit befreiender Wirkung an den Kreditnehmer, der den Betrag weiterleitet. (GUF: 66) **cesión de créditos (en la que no figura el deudor cedido)** *f* (ÜV) (def) Cesión de créditos en la que el deudor no recibe notificación (...). La falta de notificación al deudor tiene por efecto principal que, si paga antes de conocer la cesión, queda liberado de la obligación. El precepto no deja de ser curioso, por cuanto en el momento del pago el acreedor anterior, que ya ha dejado de serlo, puede oponerse que ya no tiene derecho de pago. La cesión puede hacerse sin que el deudor intervenga en ella, y sin requerírsele siquiera su consentimiento (...). (DDU vs cesión)

Zessionar *m ^Zession^ ^Zessionär (WDW)^* (def) Derjenige, an den eine Forderung abgetreten wird. (GWL vs Forderungsabtretung); (kon) Durch den Zessionsvertrag überträgt der Zedent (Altgläubiger) Rechte bzw. Forderungen auf den Zessionar (Neugläubiger). (GUF: 66) **cesionario** *m* (def) La persona a cuyo favor se hace la cesión de bienes, el traspaso de un crédito o la transmisión de cualquiera otros derechos. El cesionario tiene igual derecho que el acreedor de un partícipe cuando se divida un condominio: concurrir, oponerse a la división sin su concurso e impugnar la fraudulenta. (DDU); (kon) Durante la vigencia del contrato, el cedente y cesionario, pueden llegar a acordar que la adquisición del inmueble se efectúe mediante la entrega en un solo acto, o en varios, de las cantidades que esté oblidago a satisfacer. (www.admicove.com)

Zessionär *m ^Zessionar^*

Zessionsverbot *n ^Abtretungsverbot^*

Zins *m ^Effektivverzinsung^ ^Festverzinsung^ ^Nominalzins^ ^Verzinsung^ ^Zinssatz^* (def) Preis für die leihweise Überlassung von Kapital in Form von Geld- oder Realkapital. Wird i. d. R. in Geld bezahlt; bei Überlassung von Realkapital kann aber auch Naturalzins (...) vereinbart werden. (...) Die Höhe des Zinses ergibt sich aus dem Kapitalertrag, der Laufzeit und dem Zinssatz (Zinsfuß). Er wird in Prozent des überlassenen Kapitals pro Zeiteinheit (Jahr, Monat) ausgedrückt. (...) (BAL); (kon) [Bei der Tilgung in Annuitätenform] bleibt zwar die Summe aus Tilgung und Zinsen (Kapitaldienst) während der gesamten Darlehenslaufzeit unverändert, jedoch fallen mit zunehmender Dauer durch den schrumpfenden Darlehensbetrag die Zinsen, und es steigt der Tilgungsanteil. (GUF: 38/39) **intereses** *mpl* (def) Cantidad que se paga como remuneración por la disponibilidad de una suma de dinero tomada en concepto de crédito. Se justifica como retribución por el factor capital, o por la abstinencia de consumo que significa para el prestamista. El interés es el origen de la renta generada por las instituciones crediticias, que toman dinero con pago de intereses pasivos y lo prestan con el cobro de intereses activos. (TAM); (kon) El financiamiento puede ser considerado solamente para intereses pagaderos sobre préstamos del banco. (www.iadb.org)

Zinssatz *m ^Verzinsung^ ^Zins^* (Komm) In finanzmathematischen Kontexten wird *Zinssatz* häufig als Synonym für *Zinsfuß* verwendet.; (def) In Hundertteilen ausgedrückte jährliche Vergütung für geliehenes Geld oder Kapital (Prozent p. a.) bzw. in Prozent des Nennwertes einer Schuld, z. B. Obligation, festgelegter Zins. (BAL); (kon) Der Zinssatz hängt von der Darlehenssumme ab. (www.sweethome.dk) **tipo de interés** *m* (def) En teoría económica se define como el precio del dinero. Es la forma de cuantificar, generalmente en tanto por ciento anual, las cantidades que el deudor habrá de pagar al acreedor – como retribución del capital recibido a crédito. Puede tratarse de interés simple o compuesto. El tipo de interés fluctúa en función de la liquidez de las entidades financieras, y de las previsiones de las autoridades monetarias; de modo que será tanto más bajo cuanto mayor sea la liquidez, y cuanto mayor sea el propósito de impulsar la actividad productiva o la recuperación después de una crisis. Los tipos de interés presentan diferenciaciones importantes en función de las distintas clases de operaciones, y pueden ser fijos, cuando no varian a lo largo del tiempo, o ajustables, en función de una referencia básica del tipo del LIBOR o del MIBOR. Pueden expresarse en términos monetarios o reales (...). El coste real de un crédito no depende exclusivamente del tipo de interés aplicado, sino de la frecuencia de pago de intereses. (...) Dependiendo de la forma de expresarlo puede hablarse de tipo de interés efectivo, nominal o real. (TAM); (kon) Tal y como se preveía, el Banco Central Europeo (BCE) mantuvo los tipos de interés sin cambios, en el 2,25% en su reunión de hoy. www.elmundo.es)

Zollaval *m ^Avalkredit^* (expl 1) Selbstschuldnerische Bürgschaft, die von den Banken für ihre Kunden übernommen wird, um diesen die Stundung der geschuldeten Zollbeträge zu ermöglichen, die sonst nur gegen Sicherheitsleistung gewährt wird. (MÜS); (expl 2) Verbürgt sich ein Kreditinstitut gegenüber der Finanzverwaltung für einen Importeur oder Spediteur, so räumt die Zollverwaltung diesem einen Zahlungsaufschub für Zölle ein, der den Umschlag der Waren bzw. die Einziehung der Frachten vor Abführung der Zölle ermöglicht. (WÖH); (kon) Sehr wichtig und immer aktuell ist die Problematik des Bürgschaftsbedarfes, da vor allem die Auftraggeber ihr Sicherheitsbedürfnis gegenüber dem Unternehmen durch die Forderung nach Vertragserfüllungs-, Mängelgewährleistungs- und Anzahlungsbürgschaften in den Verträgen fest schreiben. Dazu gehören auch Sonderformen, wie z. B. Miet- und Zollavale. (www.fimo-leipzig.de) **garantía ante la aduana** *f ^seguro de aduana^* (def) Modalidad de garantía bancaria prestada ante la aduana para responder del pago de los derechos arancelarios por parte del importador o del exportador, según los casos. (DCE)

Zuschlag *m* (def) bestimmter Betrag, um den ein Preis, Gehalt o. Ä. erhöht wird (DAB); (kon) Die Kostenkomponenten des Kontokorrentkredits sind: der Kontokorrentkreditzins (Sollzins), der als Zuschlag zum Diskontsatz der Bundesbank bestimmt wird. (GUF: 51) **suplemento** *m ^recargo^* (Komm) Im Deutschen wird der Terminus *Zuschlag* in verschiedenen Kontexten verwendet, um den Aufpreis einer Sache auszudrücken. Im Spanischen hingegen wird je nach Kontext terminologisch differenziert: Für den angeführten deutschen Kontext bietet sich beispielsweise der Terminus *recargo* als Übersetzung an, denn er bezieht sich i. d. R. auf Zinsen, im weitesten Sinne auf Steuern. In Kontexten, in denen sich ein Zuschlag auf Gehälter und Löhne bezieht, sollte im Spanischen der Terminus *suplemento* als Übersetzung gewält werden. Für Zuschläge im Zusammenhang mit Preisen können die Termini *recargo* und *suplemento* als Übersetzungsmöglichkeit dienen.; (def 1) Cantidad adicional que se ha de satisfacer para la obtención de un servicio o compensación de un daño. (DEI); (def 2) Complemento. Adicional. (DDU)

Zuschüsse *mpl* (def) private oder öffentliche

Zuwendungen, i. d. R. Zahlungen an eine Unternehmung aus unterschiedlichen Gründen und mit unterschiedlicher Zwecksetzung. (GWL); (kon) Dass (...) gerade bei vielen mittelständischen Unternehmen auf diesem Gebiet ein außerordentlicher Beratungsbedarf besteht, kommt unter anderem auch darin zum Ausdruck, dass diese Unternehmen speziell hierfür staatliche Zuschüsse erhalten. (GUF: 114) **subvenciones** *fpl ^subsidio (DEN)^* (def) Beneficio económico que el Estado u otro organismo público otorga o una persona física o jurídica a título gratuito y que ésta debe obligatoriamente emplear en aquella actividad económica para la que fue concedido, además de cumplir determinados requisitos. Las subvenciones son un mecanismo que permiten al Estado intervenir en la actividad económica, ya que, dependiendo de las subvenciones que decida otorgar, puede potenciar determinadas operaciones en detrimento de otras. (DEN); (kon) El Instituto Nacional de Empleo, como órgano gestor de la política de empleo, tiene las siguientes funciones: (...) Gestionar y controlar las prestaciones de desempleo y las subvenciones y ayudas para fomento y protección del empleo. (INE: 293)

Zuzahlung (1) *f* (def) Über die Einlage hinausgehende Zahlungen. Aktionäre einer AG brauchen grundsätzlich keine Z[uzahlung] zu leisten (...), so wird die Fungibilität der Aktie gewährleistet. Freiwillige Z[uzahlungen] kommen bei der Kapitalerhöhung gegen Ausgabe von Vorzugsaktien vor. Die AG muss die durch Z[uzahlung] zufließenden Beträge in der Kapitalrücklage einstellen (§ 272 II Nr. 4 HGB). (GWL); (kon) Anlässe bzw. Gründe für die Ausgabe von Genussscheinen sind beispielsweise die Einlage schwerbewertbarer Rechte, Sachen oder Leistungen, Zuzahlungen der Aktionäre oder Ablösung von Gläubigerrechten bei der Sanierung, Ablösung von Vorrechten der Vorzugsaktionäre, Durchführung einer Kapitalerhöhung, wenn zum Emissionszeitpunkt der Börsenkurs der Aktien unter pari steht. (GUF: 25) **aportación adicional** *f ^pago adicional^* (def 1) Pagos que tienen que realizar los socios además de sus aportaciones habituales, por ejemplo la aportación voluntaria en caso de una ampliación de capital. (DV); (def 2) (...) Derecho o contribución que se manda cobrar como extraordinario, unido a otro anteriormente establecido. (DDU II vs adicional); (expl) Art. 151 Modalidades del aumento. 1. El aumento del capital social podrá realizarse por emisión de nuevas acciones o por elevación del valor nominal de las ya existentes. 2. En ambos casos el contravalor del aumento del capital podrá consistir tanto en nuevas aportaciones dinerarias o no dinerarias al patrimonio social, incluida la compensación de créditos contra la sociedad, como en la transformación de reservas o beneficios que ya figuraban en dicho patrimonio. (LSA art. 151)

Zuzahlung (2) *f* (def) (...) Die Zuzahlung (Umtauschkurs) ist der Betrag, der bei der Ausübung des Wandlungsrechts geleistet werden muss (fest bzw. variabel, steigend oder fallend, innerhalb der Umtauschfrist). (...) (BFL vs Wandelanleihe); (kon) Die Wandlungsbedingungen – Umtauschobjekt, Umtauschverhältnis, Umtauschfrist und Umtauschkurs bzw. Zuzahlung – müssen bei Anleiheangabe festgelegt sein. (GUF: 44) **recargo** *m ^diferencia de cotización^* (def 1) Cuantía adicional que hay que pagar para poder disfrutar un servicio o adquirir un bien, generalmente en condiciones especiales en comparación con las ofrecidas normalmente en el mercado. (DEN); (def 2) (...) Aumento contributivo, ya por elevación de la cuota, ya por retraso en el pago. (DDU)

Zwangsbetreibung *f ^Zwangsvollstreckung^*

Zwangsvollstreckung *f ^Schuldbetreibung^ ^Verpfändung^ ^Versteigerung^ ^Zwangsbetreibung (MÜS)^* (Komm) Der Terminus *Schuldbetreibung* wird vorwiegend im schweizerischen Sprachgebrauch verwendet.; (def) 1. Anwendung staatlicher Gewalt zur Durchsetzung eines privatrechtlichen Anspruchs des Gläubigers, geregelt in §§ 704-915 ZPO und im Gesetz über die Zwangsversteigerung und Zwangsverwaltung. Sachen, die sich im Gewahrsam des Schuldners befinden, werden vom Gerichtsvollzieher gepfändet (Pfändung) und durch Versteigerung verwertet. Die Verwertung kann auf Antrag einstweilen mit Ratenzahlungsauflage ausgesetzt werden. 2. Geldforderungen des Schuldners gegen einen Dritten werden durch Pfändungs- und Überweisungsbeschluss des Vollstreckungsgerichts gepfändet (maßgebend Zustellung an Drittschuldner) und dem Gläubiger zur Einziehung (oder an Zahlungs Statt) überwiesen (Lohnpfändung). 3. Bei Pfändung eines Anspruchs auf Herausgabe einer Sache wird Herausgabe an Gerichtsvollzieher oder Sequester angeordnet. (GWL); (kon) Befriedigung findet der Gläubiger bei Rechten aus der Zwangsvollstreckung, bei Pfandgütern aus dem Verkauf, der von einem öffentlichen Handelsmakler oder als öffentliche Versteigerung vollzogen wird. (GUF: 64) **ejecución forzosa** *f ^subasta forzosa^*

^*venta forzosa (CDC)*^ (def) Procedimiento especial de que puede valerse la Hacienda pública para hacer efectivos sus créditos contra deudores morosos en el pago de impuestos o contribuciones (...). Consecuencia de una decisión judicial. (DDU); (kon) En el momento de la ejecución forzosa el buque se encuentre dentro de la jurisdicción de los tribunales del País Membro. (www.dimar.mil.co)

Zwischenerzeugnisse *npl* ^*Halbwaren*^

Zwischenschein *m* ^*Aktie*^ (def) Interimsscheine, Anrechtsscheine. 1. Vorläufige Urkunden, die nach Gründung der AG oder bei Kapitalerhöhung vor Ausstellung der endgültigen Aktien anstelle dieser ausgegeben werden, jedoch nicht vor Eintragung der AG bzw. der Kapitalerhöhung im Handelsregister. Z[wischenscheine] sind Wertpapiere, müssen auf den Namen lauten und sind als Orderpapiere durch Indossament übertragbar (§§ 10 III, 68 V AktG). Die Übertragung muss bei der Gesellschaft unter Nachweis des Übergangs zur Eintragung im Aktienbuch angemeldet werden (§ 68 AktG). Mindestnennbetrag wie bei Aktien (§ 8 IV AktG). Abhandengekommene oder vernichtete Z[wischenscheine] können im Aufgebotsverfahren für kraftlos erklärt, beschädigte ohne weiteres ersetzt werden (§§ 72, 74 AktG). (...) (GWL); (kon) Auch Zwischenscheine müssen stets auf Namen lauten. (GUF: 24) **resguardo provisional** *m* (def) Previo a la emisión de los títulos. (GAR) ; (expl) Los resguardos provisionales. (...) Queda ilegitimada así la práctica muy extendida de emitir al tiempo de constituir la sociedad simples resguardos provisionales de las acciones, canjeables en su día por los títulos definitivos. El carácter provisional de esos resguardos no les priva, en el sentir general de la doctrina, de la condición de títulos, y exige que en los resguardos provisionales se haga constar necesariamente el nombre del titular de las acciones, declarando explícitamente nulos los resguardos no nominativos (art. 34). (...) (UDM: 177/178); (kon) Los resguardos provisionales de las acciones revestirán necesariamente forma nominativa. (LSA art. 54, 1.)

SPANISCH – DEUTSCH

A

abonar *vt ^acreditar (DEN)^ ^satisfacer^* (def) En contabilidad, practicar una anotación en el haber de una cuenta. (DEN); (kon) Es, como se ha indicado, el caso más frecuente y diariamente se da miles de veces, primordialmente en la práctica bancaria; actualmente el giro a la orden o el endoso se realiza normalmente con un Banco, el cual descuenta la cambial y abona el importe de la letra descontada en la cuenta corriente del librador o del endosante, salvo que la letra haya sido tomada en comisión de cobro, en cuyo caso el abono sólo tiene lugar cuando la cambial ha sido pagada por el librador; (...). (LCC: 162) **gutschreiben** *vt ^Gutschrift^* (def) als Guthaben eintragen, anrechnen (DAB); (kon) Ist der gezeichnete Kapitalanteil voll eingezahlt, so werden Gewinnanteile der Kommanditisten nicht den Kapitalkonten gutgeschrieben, sondern als Auszahlungsverbindlichkeiten der Gesellschaft gegenüber den Kommanditisten auf sog. Gesellschafterdarlehenskonten ausgewiesen. (GUF: 17)

abono *m* (def) En contabilidad, anotación o asiento en el haber de una cuenta. (DEN); (kon) Las relaciones contables describen los motivos más comunes o generales de cargo y abono de las cuentas de tres cifras, sin agotar las posibilidades que cada una de ellas admite. (LAG: 50) **Gutschrift** *f ^Guthaben^ ^gutschreiben^ ^Lastschrift^* (def) Buchung einer Leistung zugunsten einer Person oder eines Unternehmens auf der Habenseite des betreffenden Kontos (...) (GWL); (kon) Man sagt, das Warenkonto wird mit dem Betrag belastet (...), das Kreditorenkonto dagegen (...) entlastet (...) oder der Betrag dem Kreditorenkonto gutgebracht oder gutgeschrieben. Die Einträge selbst bezeichnet man als Belastung und Lastschrift im Soll, als Gutschrift im Haben. (WAS: 34/35)

acción *f* (def 1) Cada una de las partes en que está dividido el capital escriturado de una sociedad anónima. Pueden ser nominales o al portador, pudiendo diferenciarse en series distintas por su valor nominal o por el contenido de sus derechos; p.e.: con derecho a voto – acciones políticas – o sin él. La tenencia de acciones faculta a participar preferentemente en las sucesivas ampliaciones de capital, a entrar en el reparto de las ganancias (dividendos), a percibir parte del patrimonio resultante en caso de liquidación de la sociedad, y a votar en la junta general de accionistas cuando se posee el mínimo que los estatutos exigen para el ejercicio de tal derecho. Las acciones de las empresas que cumplen ciertos requisitos son objeto de cotización en bolsa. Pueden ser »ordinarias«, (...); »nominativas«, (...); »al portador«, (...); »con prima«, (...); »liberadas«, (...); y »sindicadas«, (...), »sindicato de accionistas«, (...). (TAM); (def 2) La acción, referida naturalmente a la Sociedad Anónima, puede contemplarse: 1) Como cada una de las partes alícuotas en que el capital social se divide. Su valor nominal es una cifra permanente resultante de dividir el capital social (también cifra permanente) por el número de acciones. Pero frente a este »valor nominal« existe el »valor real«, que es el resultado de dividir el patrimonio social (cifra variable que está en función de los avatares económicos de la sociedad) por el número de acciones. Incluso podríamos añadir un tercer valor: »valor en Bolsa o de mercado«, que depende de múltiples factores, entre los que destaca el patrimonio que la sociedad ostenta y la coyuntura económica en un momento determinado. 2) Como título. La acción se refleja en un documento, apto para la circulación, que deberá contener como requisitos mínimos los establecidos en el artículo 43 de la Ley de Sociedades Anónimas. En este documento se refleja la participación económica del socio, así como la legitimación para el ejercicio de los derechos sociales, acreditando, asimismo, la pertenencia de su titular a la sociedad. 3) Como fundamento de la condición de socio. La titularidad de la acción lleva inherentes una serie de derechos y que como mínimo son: a) Derecho a participar en los beneficios; b) Derecho a la cuota de liquidación; c) Derecho de suscripción preferente en la emisión de nuevas acciones, y d) Votar en las Juntas Generales. (DEE); (def 3) (...), ni tampoco podrán ser emitidas por una cifra inferior a su valor nominal, aunque es lícita la emisión de acciones con prima. (...) (GAR); (kon) En la sociedad anónima el capital, que estará dividido en acciones, se integrará por las aportaciones de los socios, quienes no responderán personalmente de las deudas sociales. (LSA art. 1) **Aktie** *f ^Aktien, neue^ ^Aktiengesellschaft^ ^Aktionär^ ^Gattung^*

^*Inhaberaktie*^ ^*Namensaktie*^ ^*Namensaktie, vinkulierte*^ ^*Quotenaktie*^ ^*Stammaktie*^ ^*Summenaktie*^ ^*Vorzugsaktie*^ (def) I. Begriff: Bruchteil des Grundkapitals einer Aktiengesellschaft. Jede A[ktie] repräsentiert einen in Euro ausgedrückten, nach der Gesamtzahl der ausgegebenen A[ktien] berechneten Bruchteil des Grundkapitals (§ 1 II, § 6 AktG). Das deutsche Aktienrecht kennt nur die Nennwertaktie. In anderen Ländern hat sich daneben auch die Quotenaktie eingebürgert, die auf einen bestimmten Anteil, z. B. ein Fünfzigtausendstel, des Grundkapitals lautet. Die A[ktie] ist ein Wertpapier, das der Beteiligungsfinanzierung dient und das Mitgliedschaftsrecht (vgl. unten) des Aktionärs an einer Aktiengesellschaft verbrieft. Die A[ktie] ist ein deklaratorisches Wertpapier, da die Urkunde lediglich die auch schon vorher bestehende mitgliedschaftliche Stellung des Aktionärs bestätigt, also nicht begründet. Die Verbriefung der Aktionärsrechte in A[ktie] dient der leichteren Übertragung der Mitgliedschaft und damit dem Aktienhandel. (...) 2. Das Grundkapital der Aktiengesellschaft und der Kommanditgesellschaft auf Aktien ist in A[ktien] zerlegt (§ 1 II AktG). Die A[ktien] lauten auf einen festen Nennbetrag (§ 6 AktG, sog. Nennwertaktie). Die Nennbeträge der A[ktien] und deren Zahl bestimmt die Satzung der AG (§ 23 III 4 AktG). A[ktien] sind unteilbar (§ 8 III AktG). 3. Ausgabe: Die Ausgabe von A[ktien] verschiedener Nennbeträge ist zulässig. Die Ausgabe von A[ktien] (Emission) mit Disagio (unter dem Nennwert; Unterpari-Emission) ist unzulässig, mit Agio (Überpari-Emission) zulässig (§ 9 AktG). (...) 4. Die Aktienurkunde, die durch besonderes Papier (Wasserzeichen) und besonderen Druck gegen Fälschung gesichert ist, muss enthalten: Nennbetrag, Name des Ausstellers (AG) und, falls Namensaktie, Name des Berechtigten; sie ist vom Vorstand zu unterzeichnen (Faksimile statthaft). Zwecks Erhebung der Dividende sind sämtliche A[ktien] mit Dividendenscheinen und Erneuerungsschein ausgestattet, sog. Bogen, die zusammen mit der Aktienurkunde (Mantel) erst das Gesellschaftsrecht verbriefen. (...) V. Wirtschaftliche Funktionen: 1. Die A[ktie] als Finanzierungsinstrument dient der Beschaffung von Risikokapital. Die Aktienfinanzierung als Form der Beteiligungsfinanzierung dominiert traditionell in Branchen, in denen vornehmlich große Unternehmen vertreten sind. (...) Auch in der Kreditwirtschaft hat die Aktienfinanzierung eine erhebliche Bedeutung. 2. Die A[ktie] als Anlageinstrument hat vorrangig für Unternehmen und private Haushalte Bedeutung. Weitere Anlegergruppen sind ausländische Investoren, Versicherungen, Kapitalanlagegesellschaften und Kreditinstitute sowie öffentliche Haushalte. Mit einer Anlage in A[ktien] können verschiedene Ziele verfolgt werden: Beteiligung an einer Aktiengesellschaft als dauernde, ertragbringende Kapitalanlage (Anlagemotiv), Sachwertbeteiligung zur Vermeidung von Geldwertverlusten (Sachwertmotiv), Gewinnerzielung über Kauf und Verkauf (Spekulationsmotiv) und – für Großanleger – Einflussnahme auf die Geschäftspolitik der AG bzw. Beherrschung des Unternehmens (Mitsprache- und Beherrschungsmotiv). (...) (GWL); (kon) Nach geltendem Recht übernehmen die Gründer in Form der Einheits- oder Simultangründung selbst alle Aktien. (GUF: 24)

acción común *f* ^*acción ordinaria*^

acción de cuota *f* (expl) Las llamadas acciones de cuota. La exigencia del valor nominal en las acciones no cierra el paso, sin embargo, a las denominadas acciones de cuota por contraposición a las de suma. Mientras en estas últimas acciones el valor nominal se expresa numéricamente en dinero, en las de cuota se determina por referencia a una cuota-parte del capital social (una milésima, una diezmilésima, etc.). En realidad también en estas acciones queda perfectamente determinado su valor nominal, ya que, habiendo de figurar en la acción la cifra del capital social, para determinar en [efectivo] el valor de la cuota-parte que la acción representa bastará realizar una simple operación aritmética. (...) (UDM 174/175); (kon) Aclaremos, sin embargo, que no hay que confundir las acciones de cuota con las cuotas sociales; o en otros términos, que no es lo mismo hablar de sociedades con acciones de cuota que de sociedades (no anónimas) con el capital dividido en cuotas. (UDM: 175) **Quotenaktie** *f* ^*Aktie*^ ^*Summenaktie*^ (def) Nennwertlose Aktie, in der Bundesrepublik Deutschland unzulässige Form der Aktie; in Kanada und den USA jedoch gebräuchlich. Die Q[uotenaktie] lautet, ohne einen festen Geldbetrag (Nennwert) zu nennen, auf einen dem Anteilsrecht entsprechenden Bruchteil, z. B. bei insgesamt 1.000 Aktien einer Gesellschaft 1/1.000 des Gesellschaftsvermögens. Gegensatz: Nennwertaktie. (GWL); (kon) Nach der Art der Ausstellung unterscheidet man Summenaktien, d. h. Anteilsscheine, die auf einen festen Nennbetrag lauten, und Quotenaktien, die auf einen Anteil (Prozentsatz vom Grundkapital) ausgestellt sind. (GUF: 24)

acción nominativa *f* (def) Son aquellas en las

que figura en el documento el nombre del titular, que es el único facultado para ejercitar los derechos y acciones. La L. S. A. exige que sean nominativas mientras no haya sido desembolsado enteramente el importe o cuando lo exijan disposiciones especiales (...). Cuando los títulos representativos del capital social están constituidos por acciones nominativas, la sociedad lleva un libro-registro de socios en el que se anotan todas las transferencias de dominio que implican un cambio de titularidad y los agentes vienen obligados a comunicarlo a la sociedad. (GAR); (kon) Las acciones nominativas figurarán en un libro registro que llevará la sociedad, en el que se inscribirán las sucesivas transferencias de las acciones, con expresión del nombre, apellidos, razón o denominación social, en su caso, nacionalidad y domicilio de los sucesivos titulares, así como la constitución de derechos reales y otros gravámenes sobre aquéllas. (LSA art. 55) **Namensaktie** *f* ^*Aktie*^ ^*Inhaberaktie*^ ^*Namensaktie, vinkulierte*^ (def) Aktie, die auf den Namen des Inhabers lautet (geborenes Orderpapier). Der Aktionär muss in das Aktienbuch der AG eingetragen sein, da nur die in das Aktienbuch eingetragene Person Aktionärsrechte ausüben kann. Nach Indossierung oder Übergabe muss der Gesamtvorgang gemäß § 68 AktG dem Vorstand der AG angezeigt werden. Dieser veranlasst dann die Eintragung in das Aktionärsbuch. (...) (BFL); (kon) Nach § 10 AktG müssen dagegen die Aktien als Namensaktien ausgestellt werden, wenn sie vor der vollen Leistung des Nennbetrages oder des höheren Ausgabebetrages ausgegeben werden. (GUF: 24)

acción nominativa vinculada *f* (def) Acción cuya cesión esta sometida a ciertas condiciones legales o contractuales y especialmente a las estatutarias. (Edic) **vinkulierte Namensaktie** *f* ^*Aktie*^ ^*Namensaktie*^ (def) Ist die Übertragung von Namensaktien an die Zustimmung der Gesellschaft gebunden, so liegen vinkulierte Namensaktien vor (...). Mit Hilfe der Vinkulierung kann die Gesellschaft Einfluss auf die Zusammensetzung des Anteilseignerkreises nehmen und so z. B. verhindern, dass die Aktien in die Hände von Personen gelangen, die aus herrschaftsrechtlichen Gründen als Aktionäre nicht genehm sind oder – im Falle nicht voll eingezahlter Aktien – deren Kreditwürdigkeit problematisch ist. (...) Nach gewerblichen Vorschriften zwingend sind v[inkulierte] N[amensaktien] für Kapitalanlagegesellschaften (...), für Wirtschaftsprüfungs- und Buchprüfungsgesellschaften (...), für Steuerberatungsgesellschaften (...) sowie gemeinnützige Wohnungsunternehmen. (VGW vs Namensaktie); (kon) Eine besondere Form der Namensaktien sind die vinkulierten Namensaktien. (GUF: 24)

acción ordinaria *f* ^*acción común (DEE)*^ (def 1) Acciones ordinarias (...) son aquellas que otorgan a sus titulares el régimen normal de derechos y obligaciones inherentes a la calidad de socio. (DEE); (def 2) (...) Dan derecho a la percepción del dividendo y representan una parte del capital social igual a su nominal. (MDB); (kon) [El] Banco Guipuzcoana pagará un dividendo de 0,31 euros por acción ordinaria y 0,46 por acción preferente. (http://bolsa.hispavista.com) **Stammaktie** *f* ^*Aktie*^ ^*Vorzugsaktie*^ (def) common share, common stock, gewöhnliche Form der Aktie, die dem Inhaber die normalen, im Aktiengesetz vorgesehenen Mitgliedschaftsrechte (Stimm-, Dividenden- und Bezugsrecht, Recht auf Anteil am Liquidationserlös sowie Recht auf Rechenschaftslegung und Information) gewährt. St[ammaktie] ist Hauptträger der Beschaffung von Eigenkapital (vgl. auch Kapitalerhöhung) in der AG. Gegensatz: Vorzugsaktie. (GWL); (kon) Für die Stammaktien gilt das Prinzip der Gleichberechtigung im Hinblick auf das Stimmrecht, das Dividendenrecht, das Bezugsrecht und das Recht auf den Liquidationserlös. (GUF: 24)

acción al portador *f* (def) Título cuyo poseedor es considerado a todos los efectos como propietario de los derechos y obligaciones dimanantes del mismo, sin necesidad de que conste expresamente su nombre. La transmisión de propiedad se produce por simple entrega física del título. Para ser reputada al portador es preciso que su importe esté totalmente desembolsado. Contrario: Acción nominativa. (MDB); (kon) Una vez impresos y entregados los títulos, la transmisión de las acciones al portador se sujetará a lo dispuesto por el artículo 545 del Código de Comercio. (...) (LSA art. 56, 2.) **Inhaberaktie** *f* ^*Aktie*^ ^*Namensaktie*^ (def) Als I[nhaberaktie] (im Gegensatz zu Namensaktien) werden Aktien bezeichnet, bei denen der Berechtigte in der Aktienurkunde nicht namentlich genannt wird und somit jeder Inhaber legitimiert ist, die mit der I[nhaberaktie] verbundenen Rechte auszuüben. I[nhaberaktien] sind durch Einigung und Übergabe übertragbar und damit als fungible Wertpapiere (Effekten) für einen börsenfähigen Handel hervorragend geeignet. I[nhaberaktien] sind die in der BRD vorherrschende Aktienart. (LBW); (kon) Soweit die Satzung der Gesellschaft nichts anderes bestimmt, sind die Aktien grundsätzlich als Inhaberaktien auszustellen (§ 24 AktG). (GUF: 24)

acción privilegiada *f* (Komm) In Fachtexten wird auch der Terminus *acciones preferentes* – obwohl etwas ungenau – verwendet.; (def) Las acciones privilegiadas, (...), son aquellas que conceden a sus titulares ciertas ventajas o privilegios en relación con los concedidos por las acciones ordinarias. Estos privilegios sólo pueden tener carácter patrimonial; nunca pueden suponer la privación de derechos mínimos que la Ley concede a todos los accionistas, ni tampoco pueden tener por objeto el derecho de voto constituyendo acciones de derecho plural. (...) (DEE); (kon) Las acciones tendrán igual valor y no podrán establecerse series de acciones ni acciones privilegiadas. (www.anfitrion.cl) **Vorzugsaktie** *f ^Aktie^ ^Stammaktie^* (def) Vorrechtsaktie, Prioritätsaktie, Stammpriorität, preference share, preferred stock. I. Begriff: Aktien, die aufgrund der Satzung gegenüber den Stammaktien mit besonderen Vorrechten ausgestattet sind (§ 11 AktG). Die Vorrechte können sich erstrecken auf Gewinnbeteiligung (Dividendenvorrecht), Beteiligung am Liquidationserlös der Gesellschaft und Stimmrecht. (...) Um die Inhaber von V[orzugsaktien] zu schützen, ist es möglich, die V[orzugsaktien] mit einem Nachbezugsrecht auszustatten: Ausfallende Dividenden aufgrund zu geringen Bilanzgewinns sind in den folgenden Jahren, in denen der Bilanzgewinn dies zulässt, nachzuholen (kumulative Vorzugsdividende). (...) 2. Vorrechte bzgl. Stimmrecht (Mehrstimmrechtsaktien) sind durch § 12 AktG allgemein verboten. 3. Sonderform der V[orzugsaktie] ist die immer mehr an Bedeutung gewinnende stimmrechtslose V[orzugsaktie]. Als Ausgleich für den Stimmrechtsverlust erhält der Aktionär i. d. R. eine höhere Dividende oder ein Nachbezugsrecht. Stimmrechtslose V[orzugsaktien] dürfen maximal bis zur Hälfte des Gesamtnennbetrags aller Aktien ausgegeben werden (§§ 139-141 AktG). III. Bedeutung: 1. V[orzugsaktien] werden als Mittel der Eigenfinanzierung angewendet, wenn aufgrund des zu geringen Kurses der Aktie (kleiner als der Nennwert) eine Kapitalerhöhung nicht möglich ist (Verbot der Unter-Pari-Emission). Um dennoch an das benötigte Eigenkapital zu gelangen, werden die V[orzugaktien] mit den o. a. Vorrechten als zusätzlichen Kaufanreiz ausgestattet. 2. Auch für AGs, deren Kapital sich in den Händen einer Familie befindet (Familienaktiengesellschaften), ist die Ausgabe von V[orzugsaktien] ein bevorzugtes Mittel der Eigenfinanzierung: Durch die Ausgabe stimmrechtsloser V[orzugsaktien] kann der Kapitalbedarf gedeckt und die Mitsprache der neuen Kapitalgeber ausgeschlossen werden. Die Geschäftsführung bleibt so unter dem ausschließlichen Einfluss der Familienaktionäre. Wird das Stimmrecht der V[orzugsaktien] ausgeschlossen, so ist diese mit einem nachzuzahlenden Vorzug auszustatten. (GWL); (kon) Als Aktiengattung werden unterschieden: Stammaktien, Vorzugsaktien und Genussscheine. (GUF: 24)

acción de suma *f* (expl) (...) La exigencia del valor nominal en las acciones no cierra el paso, sin embargo, a las denominadas acciones de cuota por contraposición a las de suma. Mientras en estas últimas acciones el valor nominal se expresa numéricamente en dinero, en las de cuota se determina por referencia una cuota-parte del capital social (una milésima, una diezmilésima, etc.). (...) (UDM: 174/175); (kon) Las acciones de cuota son incorporables como las de suma a títulos negociables de igual valor, mientras que las cuotas se caracterizan esencialmente por no ser susceptibles de incorporación a documentos circulantes y por la posible desigualdad de los mismos. (UDM: 175) **Summenaktie** *f ^Aktie^ ^Quotenaktie^* (def) Summenaktie, Form der Aktie, die auf eine feste Summe (Nennwert) lautet. Die Einlageverpflichtung des Aktionärs ist begrenzt, ausgenommen, es wird ein höherer Ausgabebetrag festgelegt (vgl. auch Kapitalerhöhung). Gemäß § 6 AktG ist in der Bundesrepublik Deutschland nur die N[ennwertaktie] zulässig. Gegensatz: Quotenaktie. (GWL vs Nennwertaktie); (kon) Nach der Art der Ausstellung unterscheidet man Summenaktien, d. h. Anteilsscheine, die auf einen festen Nennbetrag lauten, und Quotenaktien, die auf einen Anteil (Prozentsatz vom Grundkapital) ausgestellt sind. (GUF: 24)

acciones, nuevas *fpl* (def) Acción que pertenece a la emisión más reciente, contrariamente a la acción antigua, que corresponde a las anteriores o a la primera emisión. En ocasiones, las acciones viejas y las nuevas poseen derechos económicos diferentes. (DEN vs acción nueva); (kon) El aumento del capital social podrá realizarse por emisión de nuevas acciones o por elevación del valor nominal de las ya existentes. (LSA art. 151, 1.) **neue Aktien** *fpl ^Aktie^ ^Bezugsrecht^ ^Neuaktie^* (def) (...) die bei einer Kapitalerhöhung neu ausgegebenen Aktien im Gegensatz zu den alten Aktien. Die Inhaber alter Aktien erhalten i. d. R. ein Bezugsrecht auf die j[ungen] A[ktien] oder auf einen Teil davon. Sobald die j[ungen] A[ktien] den alten hinsichtlich Dividende etc. gleichstehen, entfällt die Bezeichnung j[unge] A[ktien] und die gesonderte Notierung im Börsenverkehr. (...) (GWL vs junge Aktien); (kon) [Die ordentliche Kapitalerhöhung] ist laut § 182 AktG nur durch Ausgabe neuer Aktien, also nicht durch Erhöhung des Nennbetrages der vorhandenen Aktien möglich. (GUF: 26)

accionista *m* (Komm) En la Sociedad Anónima, los términos *accionista* y *socio* son sinónimos.; (def 1) (...) Las acciones confieren a su titular legítimo la condición de socio y le atribuyen, como mínimo, los siguientes derechos: a) Participar en el reparto de las ganancias sociales y en el patrimonio resultante de la liquidación. b) Derecho preferente de suscripción en la emisión de nuevas acciones. c) Voto en las Juntas Generales, con sujeción a lo estatutariamente dispuesto. d) Obtención de información de conformidad con lo dispuesto en varios artículos de la mencionada ley. (MDB); (def 2) (...) Es accionista el que es titular de acciones, bastando la titularidad de una sola acción para tener tal condición. (...) Se obtiene la calidad de accionista por la adquisición de acciones; se pierde por la transmisión o pérdida de todas ellas. (...) (DEE); (kon) Sólo tienen acciones aquellos que participan en el capital de una sociedad anónima, o de una sociedad comanditaria por acciones. (www.contabilidad.tk) **Aktionär** *m ^Aktie^ ^Aktiengesellschaft^ ^Hauptversammlung^* (def 1) Besitzer von Aktien einer AG, somit Gesellschafter oder Miteigentümer der Unternehmung, dessen Verpflichtung zur Leistung von Einlagen bei der Gründung der AG oder bei der Ausgabe neuer Aktien bei Grundkapitalerhöhungen durch den Nennbetrag oder höheren Ausgabebetrag begrenzt wird. Er hat i. d. R. keine Geschäftsführungsbefugnisse noch muss er bei der AG tätig sein (...). Der Aktionär haftet nicht persönlich für die Schulden der AG. (...) (BAL); (def 2) (...) 1. Rechte: Der A[ktionär] hat Anspruch auf Anteil am Reingewinn (auf Dividende) sowie bei Auflösung der AG am Liquidationserlös. Er hat Stimmrecht und Auskunftsrecht in der Hauptversammlung, ferner zum Schutze seiner Interessen besondere Rechte, wie das der Anfechtung von Beschlüssen der Hauptversammlung sowie u. U. Minderheitsrecht, mit deren Hilfe er auch die Einberufung einer außerordentlichen Hauptversammlung erzwingen kann. Bei Ausgabe neuer Aktien oder von Wandelschuldverschreibungen hat der A[ktionär] i. A. ein Bezugsrecht. 2. Pflichten: Der A[ktionär] ist zu Zahlungen gegenüber der AG nur bis zur Vollzahlung des Nennwertes bzw. des satzungsmäßigen höheren Ausgabebetrags der Aktie oder zu den in der Satzung bestimmten Sacheinlagen verpflichtet. Für Gesellschaftsschulden haftet er persönlich nur, wenn ihm Einlagen zurückgewährt wurden. In besonderen Fällen können dem A[ktionär] auch Nebenverpflichtungen obliegen und Sonderrechte zustehen (Nebenverpflichtungen der Aktionäre). (GWL); (kon) Es ist für die Eigenfinanzierung einer Aktiengesellschaft von besonderer Bedeutung, dass der Aktionär die Mitgliedschaft in der Gesellschaft nicht kündigen kann. (GUF: 24)

aceptación *f ^letra de cambio aceptada (LCC)^* (def) En Derecho mercantil, la aceptación es el acto por el que el librado acepta una letra de cambio presentada por el tenedor o simple portador. (DEI); (kon) La aceptación es la declaración de voluntad del librado, obligándose a satisfacer el importe de la letra a su vencimiento, la asunción de su obligación cambiaria. (LCC: 50) **Akzept** *n ^Wechsel^* (def) Akzept bedeutet allgemein Annahme (...), im Besonderen aber die Annahme eines Wechsels. Die Annahmeerklärung wird auf den Wechsel gesetzt, i. d. R. auf die Vorderseite links quer durch die Unterschrift des Akzeptanten. (...) Durch das Akzept wird der Bezogene verpflichtet, den Wechsel bei Fälligkeit (...) zu bezahlen. (...) (CRL); (kon) Eine besonders wichtige Position der Finanzsphäre sind vom Unternehmen akzeptierte Wechsel (Akzepte), die an vorderster Stelle zu den Fälligkeitsterminen einzuplanen sind. (GUF: 97)

acreditado *m ^tomador del crédito (GCB)^* (def) Persona o entidad que, en virtud de un contrato de crédito, puede utilizar en una o varias veces la suma de dinero puesta a su disposición por el acreditante, con la obligación de devolverla al vencimiento de la operación, pagando los correspondientes intereses. (DDM); (kon) La apertura de crédito es una operación jurídica unitaria. Es un contrato único, que atribuye al acreditado un derecho de crédito sobre la suma total que el banco pone a su disposición. (UDM II: 866) **Kreditnehmer** *m ^Kredit^ ^Kreditgeber^* (def) Die Privatperson oder das Unternehmen oder der öffentliche Haushalt, der (die) einen Kredit von einer Bank zugesagt erhält bzw. in Anspruch nimmt. (...) (BAL); (kon) Das Schuldscheindarlehen wird über die Laufzeit von einer (Einzelschuldscheindarlehen) oder mehreren (Teilschuldscheindarlehen) Kapitalsammelstellen dem Kreditnehmer ohne Vermittlung durch eine Bank oder einen Finanzmakler gewährt. (GUF: 46)

acreditante *m* ^*dador del crédito (GCB)*^ (def) Persona que, en virtud de un crédito, pone a disposición de otra, llamada acreditado, cierta suma de dinero para que éste último la utilice cuando le convenga según sus necesidades, durante el plazo convenido, devolviéndolo al final del mismo y pagando los correspondientes intereses. (DDM); (kon) Persona o entidad que, en virtud de un contrato de crédito, puede utilizar en una o varias veces la suma de dinero puesta a su disposición por el acreditante, con la obligación de devolverla al vencimiento de la operación, pagando los correspondientes intereses. (DDM vs acreditado) **Kreditgeber** *m* ^*Kredit*^ ^*Kreditnehmer*^ (def) Ausleiher von Krediten bzw. Darlehen, auch in wirtschaftlicher Sicht, Käufer von Schuldtiteln wie verzinslichen Wertpapieren und dergleichen. Kreditgeber sind vor allem Banken aller Art, aber auch Unternehmen, z. B. als Lieferantenkreditgeber. Nach der Verbraucherkreditrichtlinie ist ein Kreditgeber eine natürliche oder juristische Person, die in Ausübung ihrer gewerblichen oder beruflichen Tätigkeit einen Kredit gewährt, oder eine Gruppe solcher Personen. (...) (BAL); (kon) Bei der Sicherungsübereignung wird dem Kreditgeber zwar das Eigentumsrecht am Sicherungsgut übertragen, der unmittelbare Besitz aber bleibt beim Kreditnehmer aus betrieblichen Nutzungsgründen und wird für den Gläubiger durch Besitzmittlungsverhältnis (§ 930 BGB) ersetzt. (GUF: 64)

acreditar *vt* ^*abonar*^

acreedor *m* (def) Es la persona que tiene derecho a pedir el pago de una deuda o bien exigir el cumplimiento de una obligación. El acreedor sujeto activo puede requerir el cumplimiento de una obligación al deudor, sujeto pasivo. (AEE); (kon) Los acreedores de la sociedad de responsabilidad limitada tienen por sola garantía el activo social y no pueden entablar acción alguna contra los socios. (HAC: 167) **Gläubiger** *m* ^*Debitor*^ ^*Kreditgeber (WDW)* ^*Kreditor (GWL)*^ ^*Schuldner*^ (def) Derjenige, der aufgrund eines Schuldverhältnisses vom Schuldner (Debitor) eine Leistung zu fordern berechtigt ist (§ 241 BGB). Bei allen Kaufverträgen ist der Lieferant G[läubiger] des Käufers hinsichtlich des Kaufpreises, Schuldner in Bezug auf die Lieferung der Ware. (GWL); (expl) An einem Schuldverhältnis beteiligte Person, die berechtigt ist, vom Schuldner etwas zu fordern (nämlich: Sachleistung, Sachüberlassung, Arbeitsleistung, Rechtsübertragung, Einräumung von Sicherheiten). Bei zweiseitigen Verträgen (z. B. Kauf, Kredit) ist der Gläubiger der Forderung zugleich Schuldner der Gegenleistung. So hat z. B. der Verkäufer einer Sache einen Anspruch auf Zahlung des Kaufpreises, ist aber verpflichtet, die Kaufsache zu Eigentum zu übertragen. (MÜS); (kon) Laut § 2 GenG haftet den Gläubigern einer Genossenschaft nur das Vermögen der Genossenschaft. (GUF: 30)

actividades de compra *fpl* ^*compra*^

activo *m* ^*patrimonio*^ (def) Denominación de la contabilidad para registrar en el balance (normalmente en su parte izquierda y frente al pasivo) las anotaciones que reflejan las inversiones realizadas en capital fijo, en otras formas de inmovilizado, mercaderías, stocks (de productos terminados), derechos de cualquier clase, caja y bancos, y activos financieros (inversiones en valores, fondos públicos, etc.). (TAM); (kon) El activo es el conjunto de todo lo que la empresa posee y lo que le deben, el pasivo la suma de todo lo que adeuda. También se dice que el pasivo indica la fuente de donde procede el capital, y el activo la forma que éste adquiere dentro de la empresa. (HAC: 156) **Aktivposten** *pl* ^*Aktiva (WDW)*^ ^*Bilanz*^ ^*Passivseite*^ (def) Summe der Vermögensteile, Rechnungsabgrenzungsposten, Korrekturposten und Bilanzierungshilfen eines Unternehmens, die auf der linken Seite der Bilanz aufgeführt werden. (GWL vs Aktiva); (kon) In der Unternehmung kann jedoch auch Eigenkapital durch Anlage stiller Reserven gebildet werden, indem Aktivposten der Bilanz unter- oder Passiva überbewertet werden. (GUF: 75)

activo contable *m* ^*capital de explotación*^

activo fijo *m* ^*capital fijo*^ ^*activo permanente*^ ^*inmovilizado (DCE)*^ ^*valores inmovilizados (UEC)*^ (def) Conjunto de elementos tangibles e intangibles e inversiones financieras permanentes destinados a servir, de forma duradera, a la actividad de la empresa y que generalmente no se destinan a la venta. También llamado inmovilizado. (DEN); (kon) Las nuevas inversiones extranjeras pueden hacerse tanto en divisas como en forma de importación de bienes de equipo. (HAC: 182) **Anlagen** *fpl* (def) Alle Vermögensteile, die einer Unternehmung nicht zur Weiterveräußerung, sondern zur dauernden Nutzung im Rahmen des Betriebszwecks dienen. (GWL); (expl) Unter dem wirtschaftlichen Vorgang des Anlegens versteht man die Umwandlung von Bargeld in Vermögenspositionen, die der Unternehmung auf Dauer dienen sollen und in der Regel selbst nicht Geld darstellen. In diesem weiten Sinne sind sowohl Ansprüche auf Geld als auch Realgüter ihrem Wesen nach Anlagen. Während im ersten Fall von Finanzanlagen gesprochen wird, handelt es sich im zweiten Fall um Realanlagen. Im betrieblichen Rechnungswesen, in der Absatzwirtschaft und in der Produktionswirtschaft hat sich jedoch ein engerer Anlagenbegriff als zweckmäßig durchgesetzt, der sich nur auf materielle Realgüter (Sachgüter) bezieht. Demnach sind Anlagen Vermögensteile einer Unternehmung, die unbewegliche oder bewegliche Sachgüter darstellen. Dieser Begriff umfasst beispielsweise Grundstücke, Gelände, Maschinen, Transfergrößen, Schmelzöfen, Gießformen, Werkzeuge, u. a. (HWW); (kon) In der Unternehmung kann jedoch auch Eigenkapital durch Anlagen stiller Reserven gebildet werden, indem Aktivposten der Bilanz unter- oder Passiva überbewertet werden. (GUF: 74)

activo resultante de la liquidación *m* *^patrimonio resultante de la liquidación^*

activo móvil *m* *^capital circulante^*

activo permanente *m* *^activo fijo^*

activos *mpl* (Komm) siehe *^créditos^* bzgl. Forderungen aus Sicht des Gläubigers; (def) Derecho a recibir de otro alguna cosa, por lo general dinero. (DDU); (Komm) créditos: en el comercio, el importe general de los valores efectivos, créditos y derechos que un comerciante tiene a su favor. DDU; (kon) El contrato de cesión de bienes se perfecciona por el mero consentimiento de acreedores y deudor, y la entrega de los activos por parte de éste, supone el cumplimiento de una de las obligaciones a su cargo, en fase en ejecución de contrato. (ACM: 189) **Forderungen** *fpl ^Anspruch (WDW)^*

actualizar *vt ^descontar^*

acumulación de beneficios *f* *^retención de beneficios (DEN)^* (def) Suma global de los beneficios pendientes de distribuir que va obteniendo una empresa en los distintos períodos de su vida económica y que forma parte del patrimonio neto junto con el capital y las reservas. (DEN); (kon) En función del agente con el que se llega al acuerdo, la financiación básica se subdivide en aportaciones de los propietarios, beneficios acumulados, en forma de reservas y reservas de origen diferente a la acumulación de beneficios. **Gewinnthesaurierung** *f ^Gewinn^ ^Rücklagen^* (def) Die G[ewinnthesaurierung] ist die wichtigste Maßnahme zur Bildung von Gewinnrücklagen. G[ewinnthesaurierung] bedeutet soviel wie Zurückbehaltung von Gewinnen. Ihr Ergebnis ist die Bildung offener Rücklagen. Während bei Personengesellschaften der zurückgehaltene Gewinn auf die individuellen Eigenkapitalkonten der Gesellschafter übertragen wird, erscheinen die offenen Rücklagen bei Gesellschaften mit fest gebundenen Haftungskapital (AG, GmbH, KGaA) auf gesonderten Passivkonten der Bilanz (Gewinnrücklagen). (...) (LBW); (kon) Die Körperschaftssteuer reduziert den Unternehmensgewinn – die Steuerbelastung mindert damit die Dividende oder im Fall der Gewinnthesaurierung den Anteilswert, d. h. den Aktienkurse fallen. (www.amcham.de)

adeudo *m ^cargo^*

admisión a cotización en bolsa *f* (def) Acción de inscribir un determinado valor, previos ciertos requisitos legales (de capital mínimo e información), para su libre negociación en una bolsa de valores. Puede tratarse de acciones, obligaciones, deuda pública, pagarés, etc. En España, los requisitos son tener un capital mínimo de unos 1.200.000 millones de euros; los beneficios de los dos últimos ejercicios o en tres ejercicios no consecutivos de los últimos cinco años deben haber sido suficientes para poder repartir al menos un dividendo del 6%; el número de accionistas con participaciones individuales menores del 25% deben ser al menos de cien; la sociedad debe tener auditados sus estados financieros de los tres últimos años; y debe obtener autorización pertinente de la Comisión Nacional del Mercado de Valores. (TAM); (expl) Art. 27. (...) La Comisión Nacional del Mercado de Valores verificará que la auditoría exigida cumple los requisitos establecidos, procediendo, en caso afirmativo, a incorporarla al correspondiente registro oficial previsto en el artículo 92 y, en otro caso, a requerir dicho cumplimiento. (CLM: Ley del Mercado de valores: 711/712); (kon) Se solicitará la admisión de estos títulos a cotización oficial en la Bolsa de Madrid. (AEO: 306) **Börsenzulassung** *f ^Börse^ ^Börsenprospekt^ ^Börsenzulassungsgebühr^* (def) Zum börsenmäßigen Handel von Wertpapieren erforderliche Erlaubnis. Die Z. v. W. [Zulassung von Wertpapieren] z. B. erfolgt an jeder Börse in einem besonderen (...) Verfahren durch eine Kommission, die Zulassungsstelle, die über den Zulassungsantrag entscheidet, insbes. ob die Emission erhebliche allgemeine Interessen schädigt oder offenbar zu einer Übervorteilung des Publikums führt (...). Voraussetzungen: Der Antragsteller hat einen Prospekt vorzulegen, der vor der Einführung des Wertpapiers an der Börse zu veröffentlichen ist. Das Gesamtvolumen muss mindestens EUR 250.000 betragen. Der von einer an der Börse vertretenen Bank zu stellende Antrag wird von Zulassungsstellen veröffentlicht. Die Bekanntgabe der Zulassung erfolgt durch Börsenaushang und im amtlichen Kursblatt. Bundes- und Länderanleihen bedürfen keiner Zulassungsgenehmigung. (GWL vs Zulassung von Wertpapieren); (kon) Über die Zulassung von Aktien zum amtlichen Handel entscheidet die Zulassungsstelle der jeweiligen Börse auf Antrag eines Kreditinstituts, das Mitglied der Börse sein muss. (WÖH: 57)

adquisición (1) *f ^compra (DTB)^* (Komm) Die Begriffe *adquisición* bzw. *Ankauf* implizieren die eigentliche Handlung und den Moment des Kaufs einer Sache. (Vgl. *Einkauf* und *Kauf*).; (def) (...) Acto por el que una persona se apropia de un bien o derecho que anteriormente no tenía, de dueño conocido o que éste le ha transmitido. (...) (DEI); (kon) La adquisición de la vivienda, dado el precio de ésta en relación con la renta personal, requiere un ahorro previo que generalmente se complementa con un préstamo. (CAV: 2) **Ankauf** *m ^Kauf^* (Komm) Die Begriffe *Ankauf* bzw. *adquisición* implizieren die eigentliche Handlung und den Moment des Kaufs einer Sache. (Vgl. *Einkauf* und *Kauf*).; (def) Kauf, Erwerb eines Wertobjektes, Kauf in einer größeren Menge (DUW); (kon) Ist der Exporteur der Begünstigte eines Zahlungsversprechens der auftraggebenden (Importeurs-) Bank im Rahmen der akkreditivähnlichen Ermächtigung des Commercial Letter of Credit (CLC), so kann er unter Vorlage des CLC die Dokumententratte einer Bank seiner Wahl zum Ankauf vorlegen, sofern er nicht auf eine bestimmte Bank verwiesen ist (restricted CLC). (GUF: 61) **adquisición (2)** *f* (def 1) La incorporación de cualquiera de las facultades jurídicas, personales o reales, al patrimonio de un sujeto. (...) La adquisición de un derecho lleva aneja la posibilidad y licitud de su ejercicio en la forma de actuación inmediata que al mismo corresponda, y por el sujeto mismo, por su representante o por quien obtenga poder o autorización para ello. (...). Unos derechos se adquieren por el nacimiento: (...). Otros se adquieren por el transcurso del tiempo; (...). Pero la fuente principal de los derechos proviene de los hechos con consecuencias jurídicas y de los negocios jurídicos en que la voluntad se entrega, se ofrece, se encadena o vence. (...) (DDU vs adquisición de derechos); (def 2) (...) es la acción y efecto de adquirir; el acto por el cual se hace uno dueño de alguna cosa; y también la misma cosa adquirida. La palabra adquisición, en este último sentido, comprende, hablando en general, todo cuanto logramos o nos viene por compra, donación, herencia u otro título cualquiera; pero, con más rigor, sólo abraza lo que alcanzamos o conseguimos por dinero, ajuste, habilidad, industria u otro título semejante; más no lo que nos viene por derecho de herencia o sucesión; (...). Las reglas que rigen al efecto son: a) el adquiriente debe tener capacidad para adquirir y derecho a la cosa; b) nadie puede transmitir a otro derecho superior al que él mismo tiene; c) la adquisición puede hacerse directamente por uno o por mandatario o representante. (DDU); (kon) El mismo régimen se aplicará cuando la adquisición de las acciones se haya producido como consecuencia de un procedimiento judicial o administrativo de ejecución. (LSA art. 64, 2.) **Erwerb** *m* (def 1) Im Rechtssinne Erlangung von Vermögensrechten (...). (ÖL I); (def 2) Der allgemeine Sprachgebrauch unterscheidet nicht zwischen schuldrechtlichen und dinglichen Erwerbsgeschäften. Dagegen ist in der Terminologie des BGB E[rwerb] nur die unmittelbare Begründung einer Rechtsinhaberschaft. Diese kann abgeleitet (derivativ) oder ursprünglich (originär) sein. Abgeleiteter E[rwerb] beruht entweder auf Einzelverfügungen (Veräußerungen) oder auf Gesamtrechtsnachfolge. Originär ist ein E[rwerb], der auf bloß tatsächlichen Veränderungen oder allein auf einem Verhalten des Erwerbers beruht (...). (DRL); (kon) Erwerb von Beteiligungen: Finanzwirtschaftlich bedingt ist der Anlass zur Bereitstellung von Kapital auch dann, wenn mit den zur Verfügung gestellten Mitteln eine Beteiligung an einem anderen Unternehmen erworben werden soll. (GUF: 9)

Agencia Federal del Trabajo *f* (Komm) Bei Verwendung dieses Übersetzungsvorschlags sollte die offizielle Bezeichnung *Bundesagentur für Arbeit* in Parenthese angeführt werden. (def) Organismo público alemán, dependiente del Ministerio de [Economía y Tecnología], cuyas principales funciones son ayudar a que los trabajadores encuentren un puesto de trabajo y a que las empresas contraten a aquellos trabajadores que lo están buscando, tramitar y controlar las prestaciones de desempleo y, en general, toda actividad encaminada a conseguir el pleno empleo. (DEN); (expl) Institución análoga en España: [*Instituto Nacional de Empleo*]. Real Decreto Ley 16 de noviembre [1978], núm. 36/78, Art. 5: (...) 1. Se crea el Instituto Nacional de Empleo con el carácter de Organismo autónomo administrativo, dotado de personalidad jurídica propia para el cumplimiento de sus fines y adscrito al Ministerio de Trabajo. Se integran en el Instituto Nacional de Empleo: El Servicio de Empleo y Acción Formativa, Promoción Profesional Obrera y la Obra de Formación Profesional de la administración Institucional de Servicios Socio-Profesionales. Son funciones del Instituto Nacional de Empleo: Organizar los Servicios de Empleo en orden a procurar, pública y gratuitamente, el mejor desarrollo y utilización de los recursos; ayudar a los trabajadores a encontrar un empleo y a las Empresas a contratar a los trabajadores apropiados a sus necesidades; fomentar la formación del trabajador en estrecha vinculación con la política de empleo, a través de las oportunas acciones de actualización, perfeccionamiento y, en su caso, de reconversión profesionales; gestionar y controlar las prestaciones de empleo y las subvenciones y ayudas para fomento y protección del empleo y, en general, cualquier acción conducente a una política activa de empleo. 2. Los recursos del Instituto Nacional de Empleo serán los siguientes: a) Las consignaciones y recursos que tienen asignados los Organismos que se integran en el mismo, exceptuados, en su caso, los procedentes de la participación en la cuota de Seguridad Social, que se reconvierten en aportación estatal. b) Las consignaciones que se le asignen con cargo a los Presupuestos Generales del Estado. c) La cuota de desempleo y la participación en la cuota de Formación Profesional. d) Los rendimientos de su patrimonio y de los bienes de los Organismos que en él se integran. e) Las subvenciones y donaciones de Entidades públicas y Entidades y personas privadas. (...); (kon) Se crea el INEM por Real Decreto Ley 36/1978, de 16 de noviembre sobre gestión institucional de la Seguridad Social, la Salud y el Empleo, aunque su estructura se establece por el Real Decreto 1458/1986, de 6 de junio, por el que se determina la estructura orgánica del Instituto Nacional de Empleo. (INE: 292); (Komm) Die Einrichtung *Instituto Nacional de Empleo* entspricht in Deutschland der *Bundesagentur für Arbeit.* Aufgrund der jeweiligen unterschiedlichen Bedingungen haben sich in den Institutionen beider Länder verschiedene Strukturen herausgebildet. Die offizielle Bezeichnung des *Instituto Nacional de Empleo* lautet seit 2003 *Servicio Público de Empleo Estatal.* Im allgemeinen Sprachgebrauch sowie in offiziellen Dokumenten wird jedoch immer noch *Instituto Nacional de Empleo* verwendet. **Bundesagentur für Arbeit** *f ^BA^* (def) Körperschaft des öffentl[ichen] Rechts mit Selbstverwaltung, errichtet 1952, bis 1969 unter der Bez[eichnung] Bundesanstalt für Arbeitsvermittlung und Arbeitslosenversicherung, bis 2003 unter der Bez[eichnung] Bundesanstalt für Arbeit, Sitz: Nürnberg. Die der Rechtsaufsicht des Bundesministeriums für Wirtschaft und [Technologie] unterstellte B[undesagentur] f[ür] A[rbeit] ist Trägerin der Aufgaben der Arbeitsförderung. (...) Sie gliedert sich in die Zentrale, die Regionaldirektionen (frühere Landesarbeitsämter) auf der mittleren Verwaltungsebene und die Agenturen für Arbeit (frühere Arbeitsämter) auf der örtl[ichen] Verwaltungsebene. Die Selbstverwaltungsorgane setzen sich drittelparitätisch aus Vertretern der Gewerkschaften, der Arbeitgeber und von öffentl[ichen] Körperschaften zusammen. (...) Die B[undesagentur] f[ür] A[rbeit] erhebt für die Durchführung ihrer Aufgaben von Arbeitnehmern und Arbeitgebern Beiträge, soweit die Mittel nicht durch Umlagen aufgebracht werden. Der Beitragssatz ist für Arbeitnehmer und Arbeitgeber gleich. Kann der Bedarf der B[undesagentur] f[ür] A[rbeit] aus den Einnahmen und den Umlagen nicht gedeckt werden, gewährt der Bund Darlehen bzw. Zuschüsse. (BRO-06); (kon) Wegen der hohen Kosten für den virtuellen Arbeitsmarkt hat die Innenrevision der Bundesagentur für Arbeit (BA) die Staatsanwaltschaft benachrichtigt. (www.heise.de)

agio *m* (def 1) Beneficio que se obtiene del cambio de moneda, o de descontar letras, pagarés, etc. // Especulación sobre valores cotizados en bolsa, a veces manipulando noticias o con información confidencial (insider trading). Se llama agionista a la persona que se dedica al agio, y por extensión, y con connotación peyorativa, a cualquier especulador. (TAM); (def 2) Es el beneficio realizado sobre determinados operaciones de Banca. Aparece, básicamente, en el descuento de efectos de comercio. El agio es una cantidad cobrada por el banco por el descuento del efecto de que se trate. (...) (ADE); (def 3) (...) Diferencia, expresada en tanto por ciento, entre el valor nominal, o par, y un precio más elevado. (MDB) **Agio** *n ^Disagio^* (Komm) Bei den Termini *Agio* und *agio* handelt es sich nicht – wie aufgrund derselben Herkunft zu vermuten wäre – um vollständige Synonyme. Je nach Kontext könnte es sich dabei auch um falsche Freunde handeln: Während der deutsche Terminus *Agio* hauptsächlich im Sinne von *Emissions-*

agio verwendet wird, bezeichnet der spanische Terminus *agio* verschiedene Formen des Aufgeldes im Allgemeinen und nur selten ein *Emissionsagio* (def 3). Auch Spekulationen über an der Börse gehandelte Wertpapiere werden im Spanischen als *agio* bezeichnet (def 1). Bei der Übersetzung sollte die Vielzahl der verschiedenen Bedeutungen des spanischen Begriffs beachtet werden. Es empfiehlt sich, statt *agio* den Begriff *prima de emisión* zu verwenden. (siehe auch Kommentar bei Agio (1) im Deutschen.

ahorro *m* *^economías (DEN)^* (Komm) Der deutsche Terminus *Ersparnisse* sollte nach Möglichkeit im Spanischen singularisch übersetzt werden, da der Terminus *ahorros* sich auf Ersparnisse einer Person und nicht einer Unternehmung bezieht (dinero ahorrado a lo largo de la vida). Im hier angegebenen deutschen Kontext bezieht sich der Terminus Ersparnisse auf die Ersparnisse eines Unternehmens, die zu einer besseren finanziellen Organisation desselben beitragen sollen. Der spanische Kontext hingegen lässt eine allgemeine Auslegung von *Ersparnissen* im makroökonomischen Sinn zu.; (def) Resultado de la actividad de reservar una parte del consumo actual para destinarla a un consumo futuro. Diferencia positiva entre ingresos y gastos. (DEN); (kon) El ahorro se coloca en su mayor parte en depósitos bancarios, que luego el sistema bancario utiliza para conceder créditos (préstamos) de diferentes tipos a las empresas. (SSD: 358)
Ersparnisse *fpl* (def) Im Sinne der volkswirtschaftlichen Gesamtrechnung: Der nach Abzug aller Konsumaufwendungen verbleibende Rest des verfügbaren Einkommens. Identisch mit dem Differenzbetrag von Erträgen (periodenbezogenen empfangenen Leistungen) und Aufwendungen (periodenbezogenen in Anspruch genommenen Leistungen). (GLV); (kon) Die Ausgliederung von Inkasso- und Mahnwesen bringt Ersparnisse an Verwaltungskosten (Personal-, Raum-, Büroausstattungskosten). (GUF: 60)

alquiler *m* *^arrendamiento de uso (CCA)^* (Komm) Das angegebene Synonym stammt aus der Übersetzung des BGB von Melón Infante. Durch die Gliedteile *de uso* des Mehrwortterminus wird das Substantiv *arrendamiento* spezifiziert. Die von Melón Infante gewählte Übersetzungsmöglichkeit verdeutlicht den Gegensatz zum Terminus *Pacht*, für den er die Übersetzung *arrendamiento de uso y disfrute* vorschlägt.; (def 1) Precio que se paga o se recibe por lo alquilado, sean casas o cosas muebles. (DDU); (def 2) Cantidad determinada de dinero que paga el arrendatario al arrendador por el uso de un bien. Se utiliza en ocasiones para designar el régimen de arrendamiento. (DEN); (def 3) Dar o tomar alguna cosa para usarla durante el tiempo determinado por contrato, o sin tiempo fijo, mediante el pago de cierta cantidad. Se refiere especialmente a casas, animales, vehículos y muebles (vgl. Kommentar zu *Pacht*). (DDU vs alquilar); (kon) El alquiler de edificios, maquinaria y aperos entra también en la corriente de ingresos de la empresa agraria. (PTE: 28)
Miete *f* *^Miete^* *^Pacht^* (def) Die Miete ist ein Dauerschuldverhältnis, das durch einen gegenseitigen Vertrag (den Mietvertrag) zustande kommt und den Vermieter verpflichtet, dem Mieter den Gebrauch der vermieteten Sache während der Mietzeit zu gewähren; der Mieter ist verpflichtet, dem Vermieter den vereinbarten Mietzins zu zahlen. Die Miete unterscheidet sich von der Pacht zum einen dadurch, dass sich die M[iete] nur auf Sachen, die Pacht sich dagegen auf Gegenstände (= Sachen und Rechte) bezieht, und zum anderen dadurch, dass die M[iete] nur die Überlassung zum Gebrauch, die Pacht dagegen zusätzlich die zum »Genuss der Früchte« (i. d. R. wirtschaftliche Nutzung) umfasst. Gegenstand eines Mietvertrages kann jede Sache, also körperlicher Gegenstand sein. (...). (LBW); (expl) Rechtsgrundlage: § 535 BGB: Durch den Mietvertrag wird der Vermieter verpflichtet, dem Mieter den Gebrauch der vermieteten Sache während der Mietzeit zu gewähren. Der Mieter ist verpflichtet, dem Vermieter den vereinbarten Mietzins zu entrichten.; (kon) Die Miete ist ab dem im Mietvertrag angegebenen Termin zu zahlen. (www.uni-wuerzburg.de)

alquiler-venta *m* *^lease back^*

amortización (1) *f* *^amortización a efectos impositivos)^* (def 1) La amortización contable consiste en la operación contable mediante la cual se va reduciendo el valor de las inmovilizaciones de estructura que se deprecian necesariamente en el curso del tiempo. La amortización le proporciona a la empresa ciertas cantidades de dinero, que se deducen de los beneficios brutos para llegar a la determinación de los beneficios netos, que no es necesario, por el momento, gastar. (AEE); (def 2) Reducción del valor atribuido a la propiedad, maquinaria y mercaderías comprendidas en un inventario o balance, a medida que pierden utilidad, pasa el tiempo o deben ser renovados; su depreciación. (AEE); (kon) En contabilidad, sin embargo, la amortización se refiere a la depreciación o pérdida de valor de un bien.

(SMA: 81) **Abschreibung** *f* (def) Betrag bzw. Methode zur Ermittlung des Betrages, der bei Gegenständen des Anlagevermögens, die im Laufe der Nutzungsdauer durch Nutzung eingetretenen Wertminderungen an den einzelnen Vermögensgegenständen erfassen soll und der dementsprechend in der Gewinn- und Verlustrechnung als Aufwand (bzw. in der Kostenrechnung als Kosten) angesetzt wird. Von »Abschreibung« wird heute auch dann gesprochen, wenn die unterschiedlichen vorgeschriebenen oder möglichen Verfahren zur Abwertung (einschl. Bewertungskorrekturen) von Vermögensgegenständen des Anlage- und Umlaufvermögens (vgl. §§ 253, 254 HGB) sowie von Bilanzierungshilfen gemeint sind. Mit A[bschreibung] i. w. S. wird nicht nur der betrieblich bedingte Leistungsverzehr während einer Rechnungsperiode an einem Vermögensgegenstand des Anlagevermögens erfasst, sondern auch die sich aus sonstigen Abwertungsgeboten und Abwertungswahlrechten ergebenden Wertminderungen. (GWL); (expl) Wenn in der Literatur und Praxis von Finanzierung aus Abschreibungen bzw. Abschreibungsgegenwerten die Rede ist, dann meint man einen Effekt, der häufig als Lohmann-Ruchti-Effekt oder auch als Ruchti-Effekt bezeichnet wird. Allgemein versteht man unter Abschreibung die Verteilung eines Kaufpreises für ein langfristig nutzbares Wirtschaftsgut auf eine Anzahl von Jahren. (DÄU); (kon) Bekanntlich gibt es Aufwendungen, die erst zu einem späteren Zeitpunkt zu Ausgaben werden (zum Beispiel Abschreibungen), während andererseits Umsatzerlöse aus Zielverkäufen dem Unternehmen erst später als Einzahlungen zufließen. (GUF: 79) **amortización (2)** *f* ^*reembolso*^ (def 1) (...) Un caso particular dentro de la amortización financiera es el de la amortización de obligaciones o devolución en el tiempo de un empréstito: Los métodos más usados son: a) amortización constante de un capital; b) anualidad constante, y c) creación de un fondo de amortización. (DEE vs amortización financiera); (def 2) (...) La amortización es una operación financiera de prestación única y contraprestación múltiple. La amortización constituye el reembolso gradual de una deuda. Así, el reembolso a los tenedores de valores mobiliarios (acciones u obligaciones) del importe de las mismas constituye una amortización. Las acciones pueden ser reembolsadas mediante compra directa en bolsa, o bien mediante sorteo. Se trata de un reembolso voluntario. Las obligaciones constituyen un préstamo que recibe la empresa de los particulares. Éstos reciben el nombre de obligacionistas y se convierten en acreedores de la empresa, la cual debe restituirles la cantidad de los mismos recibida más los intereses. La amortización o devolución del valor de las obligaciones a los obligacionistas es obligatoria y puede ser efectuada por anualidades, quinquenios, decenios, etc. (...) (AEE); (kon) Cuando la sociedad haya retrasado en más de seis meses el pago de los intereses vencidos o la amortización del principal, el comisario podrá proponer al Consejo la suspensión de cualquiera de los administradores y convocar la junta general de accionistas, si aquéllos no lo hicieren, cuando estime que deben ser sustituidos. (LSA art. 304) **Rückzahlung** *f*

amortización (a efectos impositivos) *f* ^*amortización*^ (def) Acción y efecto de contabilizar en el ejercicio una cuota o porcentaje del precio de adquisición de los bienes del activo fijo para reflejar la depreciación sufrida por el desgaste o la obsolescencia. Se denomina amortización constante o amortización lineal cuando las cuotas son iguales para todos los ejercicios contables; amortización decreciente, cuando disminuyen. Esta última es la que, generalmente, refleja con mayor fidelidad la depreciación del activo, ya que éste pierde una gran parte de su valor de cambio en el momento en que se adquiere. No es fácil, sin embargo, mantener en el tiempo una correspondencia exacta entre la depreciación del activo y la amortización acumulada: basta la aparición de un sustituto más productivo para que la depreciación sea muy significativa o total. Para que no haya pérdida es necesario que el activo esté amortizado cuando deje de ser útil. (RDD); (Komm) Der Terminus *Absetzung für Abnutzung* gehört im Deutschen ausschließlich der steuerrechtlichen Terminologie an. Durch steuerrechtliche Abschreibungen wird der zu versteuernde Gewinn einer Unternehmung ermittelt. In der Gewinn und Verlustrechnung stellen sie den Aufwand dar und verringern den Jahresabschluss. Im Ertragssteuerrecht werden insgesamt drei Arten von Abschreibungen unterschieden: a) Absetzung für Abnutzung, b) Teilwertabschreibung und c) Sonderabschreibung und Bewertungsfreiheit. Die Absetzung für Abnutzung fungiert als steuerliche Normalabschreibung. 1974 wurde in einem Entwurf eines EStG (Einkommenssteuergesetz) von der Steuerreformkommission daher vorgeschlagen, in Zukunft nur noch den Terminus *Abschreibung* an Stelle von *Absetzung für Abnutzung* zu verwenden.

Dieser Vorschlag hat sich in der Praxis jedoch nicht durchgesetzt. Da das spanische Steuersystem vom deutschen abweicht, gibt es im Spanischen keine Entsprechung des Terminus Absetzung für Abnutzung mit allen seinen Ausprägungen. Es ist daher möglich, den Begriff mit dem Terminus *amortización* zu übersetzen, da es sich um den Normalfall der Abschreibung handelt oder den Terminus *amortización (a efectos impositivos)* als Übersetzung zu wählen. Um bei der Übersetzung deutlich zu machen, dass dieser Terminus ausschließlich im deutschen Steuerrecht vorkommt (im Handelsrecht wird für diesen Begriff »planmäßige Abschreibung« verwendet, vgl. KKB: 186 ff.), sollte der deutsche Terminus im Anschluss an den spanischen in Parenthese angeführt werden.; (kon) Hemos visto en el apartado anterior cómo contabilizar la amortización del inmovilizado. No obstante, a la hora de fijar la amortización del inmovilizado hay que decidir dos parámetros: el plazo de amortización y el método de amortización. (ABC: 78)

Absetzung für Abnutzung *f ^AfA^* (Komm) In Fachtexten ist die Abkürzung AfA eher gebräuchlich.; (def) Unter dem steuerrechtlichen Begriff Absetzung für Abnutzung (AfA) wird die planmäßige Erfassung des nutzungsbedingten Werteverzehrs einzelner Wirtschaftsgüter des abnutzbaren Anlagevermögens verstanden. Bei der Absetzung für Abnutzung tritt die tatsächliche Wertentwicklung der Wirtschaftsgüter zunächst in den Hintergrund. Die Vornahme planmäßiger Wertherabsetzungen hängt nicht davon ab, dass das Wirtschaftsgut tatsächlich auch eine Wertminderung erfahren hat. Vielmehr besteht die Zielsetzung der planmäßigen Abschreibung darin, die Anschaffungs- oder Herstellungskosten (AHK) der Wirtschaftsgüter möglichst periodengerecht auf die Nutzungsdauer zu verteilen, um eine gleichmäßige Besteuerung zu gewährleisten. Grundsätzlich sind die AfA nach Maßgabe der betriebsgewöhnlichen Nutzungsdauer des Wirtschaftsgutes zu bemessen (§ 7 Abs. 1 S. 2 EStG). Um Gewinnverlagerungen durch überhöhten oder zu geringen Abschreibungsaufwand zu vermeiden, werden die AfA-Sätze und betriebsgewöhnlichen Nutzungsdauern der einzelnen Anlagegüter für die Bemessung der steuerlichen Abschreibung von der Finanzverwaltung in AfA-Tabellen zusammengestellt. (...) Eine Abweichung von den Werten der AfA-Tabellen ist nur in Ausnahmefällen erlaubt und muß besonders begründet werden. Das Einkommensteuerrecht geht grundsätzlich von der linearen AfA aus (Abschreibung in gleichen Jahresbeträgen). Daneben ist die (geometrisch) degressive Abschreibung (Abschreibung in fallenden Jahresbeträgen) bei beweglichen Wirtschaftsgütern des Anlagevermögens innerhalb bestimmter Grenzen zulässig (§ 7 Abs. 1 und Abs. 2 EStG).(...) Ein Wechsel der Abschreibungsmethode ist nur von der degressiven zur linearen Methode erlaubt (§ 7 Abs. 3 EStG). (...) (LBW); (expl) Die steuerliche Normalabschreibung, die Absetzung für Abnutzung (AfA), ist die Abschreibung im eigentlichen Sinne und ein rechnungstechnisches Mittel der betrieblichen Aufwandsverteilung und periodengerechten Erfolgsermittlung. (ZBR: 40); (kon) Abnutzbares Anlagevermögen ist mit den Anschaffungs- oder Herstellungskosten vermindert um die Absetzung für Abnutzung zu bewerten. (HFK: 331)

amortización de acciones *f ^devolución de aportaciones^ ^reembolso del capital^* (def) Práctica exclusiva de las sociedades anónimas y las comanditarias por acciones que consiste en una reducción de un capital social mediante el reembolso a los accionistas de todo o parte del valor nominal del capital por ellos suscrito, o mediante la adquisición de sus propias acciones. (DEN vs amortización); (expl) Rechtsgrundlage : Modalidades de la reducción. 1. La reducción del capital puede tener por finalidad la devolución de aportaciones, la condonación de dividendos pasivos, la constitución o el incrementó de la reserva legal o de reservas voluntarias o el restablecimiento del equilibrio entre el capital y el patrimonio de la sociedad disminuido por consecuencia de pérdidas. (...) 2. La reducción podrá realizarse mediante la disminución del valor nominal de las acciones, su amortización o su agrupación para canjearlas. Art. 164 (...) 3. Cuando la reducción implique amortización de acciones mediante reembolso a los accionistas y la medida no afecte por igual a todas las acciones, será preciso el acuerdo de la mayoría de los accionistas interesados, adoptado en la forma prevista en los artículos 144 y 148. (LSA art. 163/164); (kon) [La reducción del capital] Se suele instrumentar a través de la amortización de acciones existentes o mediante la reducción del valor nominal de las mismas. (AEE vs reducción del capital) **Kapitalrückzahlung** *f ^Kapitalherabsetzung^* (def) Allgemein: Begleichung von Verbindlichkeiten in Geldform. Speziell: Verminderung des haftenden Eigenkapitals durch Rückzahlung von Einlagen an Anteilseigner. (BAL); (kon)

Grundsätzlich kann es sich dabei um drei Vorgänge handeln: die Kapitalbeschaffung im Rahmen der Gründung oder Erweiterung, die Kapitalrückzahlung bei einer Schrumpfung oder Auflösung des Betriebes oder um reine Tausch- oder Umschichtungsvorgänge innerhalb der verschiedenen Kapitalpositionen. (GUF: 2/3)

amortización degresiva *f* *^amortización parcial^*

amortización parcial *f ^amortización degresiva (DEN)^* (def) En un préstamo o crédito, es la forma de cancelación de la deuda mediante la entrega de cantidades cada vez más reducidas. Esto se debe a que la cuota de amortización del principal es constante, mientras que la cuota de interés disminuye, ya que se calcula sobre el principal pendiente de amortización. (DEN vs amortización degresiva en sentido financiero); (expl) (...) La amortización parcial consiste en ir reembolsando periódicamente parte del capital a la vez que se abonan los intereses, de tal forma que, al llegar el vencimiento, que es único, hayan quedado pagados todos los intereses y reembolsado el capital. Si tenemos unas obligaciones que valen 1000 euros y se efectúa su amortización parcial durante diez años, habrá que ir reembolsando 100 euros cada uno de ellos, pero entonces resulta que la deuda iría disminuyendo y que al mismo tenor deberían reducirse los intereses. (AEO: 137) **Ratentilgung** *f ^Tilgung^*

amortización a plazos *f* (def) El que se integra por distintas cuotas generalmente iguales, salvo la primera o la última que suelen modificarse para unificar las demás. Los vencimientos se fijan por lo común en plazos mensuales, anuales o intermedios. El recibo del último plazo de un débito, cuando el acreedor no haga reservas, extingue la obligación en cuanto a los plazos anteriores (...). (DDU vs pago a plazos) **Ratentilgung** *f* (def) Art der Rückzahlung von Verbindlichkeiten, bei der der Schuldner gleichbleibende jährliche Tilgungsraten bis zur vollständigen Tilgung zu entrichten hat. Da die Kapitalschuld und damit auch die jährliche Zinsschuld immer geringer werden, sinkt auch die sich aus Tilgung und Zins zusammensetzende Jahresleistung. Diese Art der Tilgung wird nicht selten bei der Rückzahlung von Schuldverschreibungen gewährt (Tilgungsanleihe), wenn auch die Rückzahlung der gesamten Anleihe zu einem festen Termin (Gesamtfälligkeit) die heute gebräuchlichste Form der Tilgung ist. (BAL); (kon) Da infolge der üblichen Ratentilgung – Finanzierungssumme durch Laufzeit in Monaten bzw. Quartalen ergibt die monatliche Wechselsumme – der durchschnittliche Kreditbetrag nur etwa die Hälfte des ursprünglichen ausmacht, ist die Effektivverzinsung p. a. etwa doppelt so hoch wie die Optik des Nominalzinses vortäuscht. (GUF: 57)

ampliación de capital *f ^aumento de capital^*

anticipo *m ^pago a cuenta^*

apalancamiento *m ^apalancamiento financiero (DEN)^* (def 1) El endeudamiento de una empresa tiene una repercusión, que puede ser positiva o negativa, sobre su rentabilidad financiera, esto es, sobre el resultado de sus recursos propios. Cuando los costes financieros son muy elevados, el efecto de apalancamiento puede llegar a ser tan negativo que haga entrar en pérdidas a la empresa. El punto crítico en el que el endeudamiento de una empresa no debe subir, fijándonos exclusivamente en los efectos de la rentabilidad financiera, es aquél en el que el coste de los recursos ajenos sea igual al beneficio obtenido con ellos, en este sentido, lo más normal es establecer si el apalancamiento es positivo, para lo cual, el porcentaje que representen los beneficios antes de deducir cargas financieras, amortizaciones y provisiones e impuestos sobre recursos totales (ajenos y propios) debe ser superior al de la tasa media a la que resulten los recursos ajenos. (...) (DEI); (def 2) Efecto que el endeudamiento origina en la rentabilidad de los capitales propios de una empresa, cuyos resultados pueden incrementarse por encima de lo que se derivaría de sus recursos originarios. Para ello la condición necesaria es que la rentabilidad de las inversiones sea mayor que el coste de las deudas. (DEN vs apalancamiento financiero); (kon) El nivel de rivalidad de un sector afecta al apalancamiento, fundamentalmente, como resultado de las limitaciones que impone en las áreas de la promoción y de los precios. (DPE: 87) **Leverage** *f* (def) Erhöhung der Eigenkapitalrentabilität durch zunehmende Fremdfinanzierung, solange die Gesamtkapitalrentabilität über dem Fremdkapitalzins liegt. Die betonte Finanzierung mit Fremdkapital (Zunahme des Verhältnisses Fremdkapital zu Eigenkapital) garantiert so lange eine Steigerung der Ertragskraft des Unternehmens, wie die Fremdkapitalzinsen geringer sind als der durch den Fremdkapitaleinsatz erzielte Gewinn (...). Der steigende Fremdkapitaleinsatz birgt jedoch die Gefahr in sich, dass bei rückläufigen Gewinnen die fixen Kosten des Fremdkapitals (Zinsen und Tilgung) zu einer überdurchschnittlichen Abnahme der Rendite führen (= negativer Leverage-Effekt). (LBW vs Leverage-Effekt); (kon) Zudem ist Fremdkapital nicht überall einsetzbar und kann in Krisenzeiten am Eigenkapital zehren (negativer Leverage), weil mit hoher Verschuldung das Kapitalstrukturrisiko ansteigt. (GUF: 35)

apalancamiento financiero *m* ^*apalancamiento*^

aportación (1) *f* (def) Cantidad o bien aportado. (DDU); (kon) Los fondos aportados por los promotores del proyecto constituyen el primer recurso de la nueva empresa. En muchos casos esta aportación es claramente insuficiente y esto condiciona la marcha de la empresa. (ABC: 131) **Aufbringung** *f* (def) Das Beschaffen von Geldmitteln. (DV); (kon) Die externe Aufbringung von Eigenkapital ist im Rahmen einer Kapitalerhöhung sowohl durch eine Erhöhung bereits gezeichneter Geschäftsanteile als auch durch die Aufnahme neuer Genossen möglich. (GUF: 30) **aportación (2)** *f* (def) En el ámbito mercantil, entrega por parte de cada uno de los socios del contravalor, en dinero o en especie, de las acciones que suscriben. (...) En las sociedades anónimas, el accionista debe desembolsar en el momento de la suscripción, al menos el 25 por 100 del valor nominal de cada una de las acciones, salvo que los estatutos de la sociedad aumenten dicho porcentaje. Posteriormente, en los plazos fijados en los estatutos, o en su defecto, el determinado por los administradores, deberá completar el pago hasta cubrir totalmente el nominal. En el caso de sociedades de responsabilidad limitada, el desembolso de las acciones debe ser íntegro en el momento de la suscripción. (DEI); (expl) Rechtsgrundlage: Art. 36 de la Ley de Sociedades Anónimas: 1) Sólo podrán ser objeto de aportación los bienes o derechos patrimoniales susceptibles de valoración económica. En ningún caso podrán ser objeto de aportación el trabajo o los servicios. No obstante, en los estatutos sociales podrán establecerse con carácter obligatorio para todos o algunos accionistas prestaciones accesorias distintas de las aportaciones de capital, sin que pueden integrar el capital de la sociedad. 2) Toda aportación se entiende realizada a título de propiedad, salvo que expresamente se estipule de otro modo. Art. 47: 1) Las acciones representan partes alícuotas del capital social. Será nula la creación de acciones que no respondan a una efectiva aportación patrimonial a la sociedad.; (kon) Los socios o el empresario individual habrán realizado una serie de aportaciones, en el inicio de las actividades por parte de la empresa, para conformar su capital inicial, su función será la adquisición del inmovilizado. (FEI: 2.2) **Beiträge** *mpl* ^*Einlage (CRL)*^ (def) Einlage wird der Beitrag eines Gesellschafters (Aktionärs, Genossen) genannt, den er als Beteiligung an einer Gesellschaft des bürgerlichen Rechts, einer Handelsgesellschaft oder einer stillen Gesellschaft leistet. Meist wird die Einlage in Geld erbracht (...) Sie kann aber (...) auch durch Übertragung von Sachwerten oder Rechten geleistet werden. (...) Die E[inlage] ist i. d. R. maßgebend für die Höhe des Gesellschaftsanteils. Sie ist immer Ausgangsbetrag für die Feststellung des Kapitalanteils. (...). (CRL vs Einlage); (kon) Wurde im Gesellschaftsvertrag nichts anderes vereinbart, haben die Gesellschafter nach § 706 BGB die gleichen Beiträge zu leisten. (GUF: 19)

aportación adicional *f* ^*pago adicional*^ (def 1) Pagos que tienen que realizar los socios además de sus aportaciones habituales, por ejemplo la aportación voluntaria en caso de una ampliación de capital. (DV); (def 2) (...) Derecho o contribución que se manda cobrar como extraordinario, unido a otro anteriormente establecido. (DDU II vs adicional); (expl) Art. 151 Modalidades del aumento. 1. El aumento del capital social podrá realizarse por emisión de nuevas acciones o por elevación del valor nominal de las ya existentes. 2. En ambos casos el contravalor del aumento del capital podrá consistir tanto en nuevas aportaciones dinerarias o no dinerarias al patrimonio social, incluida la compensación de créditos contra la sociedad, como en la transformación de reservas o beneficios que ya figuraban en dicho patrimonio. (LSA art. 151) **Zuzahlung** *f* (def) Über die Einlage hinausgehende Zahlungen. Aktionäre einer AG brauchen grundsätzlich keine Z[uzahlung] zu leisten (...); so wird die Fungibilität der Aktie gewährleistet. Freiwillige Z[uzahlungen] kommen bei der Kapitalerhöhung gegen Ausgabe von Vorzugsaktien vor. Die AG muss die durch Z[uzahlung] zufließenden Beträge in der Kapitalrücklage einstellen (§ 272 II Nr. 4 HGB). (GWL); (kon) Anlässe bzw. Gründe für die Ausgabe von Genussscheinen sind beispielsweise die Einlage schwerbewertbarer Rechte, Sachen oder Leistungen, Zuzahlungen der Aktionäre oder Ablösung von Gläubigerrechten bei der Sanierung, Ablösung von Vorrechten der Vorzugsaktionäre, Durchführung einer Kapitalerhöhung, wenn zum Emissionszeitpunkt der Börsenkurs der Aktien unter pari steht.

(GUF: 25)

aportación dineraria *f* (def) Son las efectuadas en metálico por los socios de la S. A.; deberán realizarse en moneda nacional. Si la aportación fuere en moneda extranjera, se determinará la equivalencia en moneda nacional con arreglo a la ley (...). (DDM vs aportación dineraria a la Sociedad Anónima); (kon) Las aportaciones dinerarias deberán establecerse en moneda nacional. (LSA art. 37, 1.) **Bareinlage** *f ^Bargründung^ ^Einlage^ ^Sacheinlage^* (def) Im Gegensatz zur Sacheinlage Einbringung von Bargeld in eine Unternehmung, z. B. bei der Zeichnung von Aktien einer AG, bei deren Gründung oder einer Grundkapitalerhöhung. (...) (BAL); (kon) Im Gegensatz zur Sachgründunng Gründung einer Unternehmung unter Einbringung von Geldkapital, von Bareinlagen. (BAL vs Bargründung)

aportación no dineraria *f ^aportación in natura (CDS)^* (def) Son aquellas que se efectúan en bienes o derechos, no en metálico; el valor que se les atribuya, así como el número de acciones recibidas en pago por esta clase de aportaciones, deberá figurar en la escritura de constitución (...). Los fundadores responderán solidariamente frente a la sociedad y frente a terceros de la realidad de las mismas y de su valoración (...). En el caso de fundación sucesiva, el programa de fundación hará mención de la naturaleza y el valor de estas aportaciones y expresará el nombre del aportante y el lugar en que estará a disposición de los suscriptores una memoria explicativa y un informe técnico sobre la valoración asignada (...). Si la aportación consistiere en bienes muebles o inmuebles o derechos asimilados a ellos el aportante estará obligado a la entrega y saneamiento de la cosa objeto de la aportación, (...). Si la aportación consistiere en un derecho de crédito, el aportante responderá de la legitimidad de éste y de la solvencia del deudor. (...) (DDM vs aportaciones no dinerarias a la Sociedad Anónima); (kon) En el caso de que se proyecten aportaciones no dinerarias, en una o en varias veces, el programa hará mención suficiente de su naturaleza y valor, del momento o momentos en que deban efectuarse y, por último, del nombre o denominación social de los aportantes. (LSA art. 20, 1a) **Sacheinlage** *f ^Bareinlage^ ^Einlage^ ^Sachgründung^* (def) Einlage, die nicht durch Bareinzahlung, sondern durch Einbringung von Maschinen, Gebäuden, Grundstücken etc. geleistet wird. 1. S[acheinlage] im Falle der Gründung einer AG (Sachgründung): In der Satzung der AG muss festgesetzt werden: a) Gegenstand der S[acheinlage], b) Person, von der die AG den Gegenstand erwirbt und c) Nennbetrag der zu gewährenden Aktien bzw. Vergütung. Andernfalls sind Vereinbarungen über S[acheinlagen] unwirksam (§ 27 AktG). 2. S[acheinlagen] im Falle einer Kapitalerhöhung einer AG (Sachkapitalerhöhung): Die gleichen, oben genannten Bestimmungen sind im Hauptversammlungsbeschluss zu treffen (§ 183 AktG). Ähnlich bei bedingter Kapitalerhöhung und genehmigtem Kapital (§§ 194, 205 ff. AktG). 3. S[acheinlage] im Falle der Gründung einer GmbH (Sachgründung): In der Satzung der GmbH müssen der Gegenstand der S[acheinlage] und der Betrag der Stammeinlage, auf die sich die S[acheinlage] bezieht, festgesetzt werden (§ 5 IV GmbHG). Gleiches gilt für die S[acheinlage] im Falle einer Kapitalerhöhung (Sachkapitalerhöhung). (GWL); (kon) Bei Sacheinlagen ist der Nennbetrag der für die Einlage zu gewährenden Aktien in der Satzung festzulegen. (www.rhein-necker.ihk24.de)

aportación in natura *f ^aportación no dineraria^*

aportación suplementaria *f ^pago adicional^ ^pago suplementario (COD)^* (def) Pagos suplementarios al capital social. (DV) **Nachschüsse** *mpl ^Nachschusspflicht^* (def 1) Kaufmannssprache (zusätzl. Einzahlung über die Stammeinlage hinaus) (WDW); (def 2) Verpflichtung zu zusätzlichen Einzahlungen auf Kapitalanteile, z. B. bei GmbH, Genossenschaften. Sind Wertpapiere beliehen worden, sind bei Kursrückgängen Nachschüsse zu leisten, damit der gewährte Kredit ausreichend abgesichert bleibt. (BAL); (kon) Die Genossen haben beschränkt auf eine bestimmte Haftsumme Nachschüsse zu leisten. (GUF: 30)

aportaciones *fpl* (def 1) (...) Parte invertida en la sociedad por cada socio. (MDB); (def 2) Constituye la contribución del socio en cuanto tal a la promoción del fin común de la sociedad. La aportación debe ser determinada, lícita y posible, pero además adecuada a la naturaleza del fin social propuesto y al régimen de responsabilidad patrimonial propio del tipo de sociedad de que se trate. Puesto que la sociedad mercantil tiene un fin económico, la aportación ha de tener una valoración patrimonial. El régimen de limitación de responsabilidad al exclusivo patrimonio social determina que en las sociedades que tienen dicho carácter o nota la aportación deba ser en dinero o en cosas o bienes inmediatamente evaluables en dinero. Los títulos por los que puede efectuarse la aportación son variados, pero igualmente ha de tenerse en cuenta la congruencia entre el título de la aportación y el tipo de sociedad de que se trate. (...) (ESJ); (kon) En la sociedad anónima el capital, que estará dividido en acciones, se integrará por las aportaciones de los socios, quienes no responderán personalmente de las deudas sociales. (LSA art.1) **Einlagen** *fpl* *^Bareinlage^* *^Beiträge^* *^Kapitalerhöhung gegen Einlagen^* *^Sacheinlage^* (def) I. Handelsrecht: Die Bar- oder Sachleistungen, mit denen sich ein Gesellschafter an einer Handelsgesellschaft beteiligt. 1. Aktiengesellschaft: Dem Nennwert bzw. höheren Ausgabebetrag der Aktien entsprechende Beträge, evtl. auch Sacheinlagen. E[inlagen] dürfen wegen der Erhaltung des Grundkapitals nicht zurückgewährt werden; bei verbotswidriger Rückgewähr tritt persönliche Haftung des Aktionärs gegenüber den Gesellschaftsgläubigern und Ersatzpflicht des Vorstandes ein (§§ 57, 62, 93 AktG). (...) 2. Offene Handelsgesellschaft: der sich nach dem Gesellschaftsvertrag bestimmende Gesellschaftsbeitrag. (...) 3. Kommanditgesellschaft: Es gilt Entsprechendes. (...) 4. Stille Gesellschaft: Die E[inlage] des stillen Gesellschafters geht in das Vermögen des Geschäftsinhabers über (...) und wird dem Einlagekonto gutgeschrieben. (...) II. Steuerrecht: 1. Begriff: E[inlagen] sind alle Wirtschaftsgüter, die der Steuerpflichtige dem Betrieb zuführt (§ 4 I 5 EStG). Hierzu gehören Wirtschaftsgüter aller Art (z. B. Geld, Waren, Grundstücke, Forderungen, Patente), Nutzungen und Leistungen nur, wenn ein der E[inlagen] fähiges Wirtschaftsgut vorliegt (z. B. hinsichtlich des Nutzungsrechts eine gesicherte Rechtsposition). Nicht einlagefähig sind die persönliche Arbeitskraft des Unternehmers sowie Wirtschaftsgüter des notwendigen Privatvermögens. (...) Gegensatz: Entnahmen. (GWL); (kon) Für den Eigenkapitalgeber gilt im Gegensatz zum Darlehensgeber jedoch das Prinzip, dass kein fester Zinsanspruch besteht, sondern lediglich ein Anspruch auf eine der jeweiligen Einlage entsprechende Beteiligung am Gewinn oder Verlust. (GUF: 13)

aprovisionamiento *m* (expl) Función por la que una empresa o un comerciante programa, obtiene y gestiona los bienes y servicios necesarios para desarrollar su actividad de fabricación o venta. Adquisición de un producto o servicio. Puede ser al contado, con entrega simultánea de su precio, bien en dinero efectivo o por otro medio de pago, o a crédito, con diferimiento del pago de su importe. (TMD); (kon) (...) En la mayoría de ellas [empresas] se establecen departamentos de acuerdo con las distintas funciones del proceso productivo: aprovisionamiento, producción, distribución, contabilidad, dirección de personal, etc. (SMA: 70) **Beschaffung** *f* *^Absatz^* *^Beschaffungsmarkt^* *^Kauf (WDW)^* *^Produktion^* (def 1) Bezeichnung für die Versorgungsfunktion von Organisationen. Im Gegensatz zur Praxis, in der der Einkaufsbegriff synonym verwendet wird, hat sich in der Wissenschaft Beschaffung als Oberbegriff für die Subsysteme Einkauf (mit dem Ziel der Optimierung des Preis-Leistungs-Verhältnisses) und Beschaffungslogistik (Ziel einer bedarfsgerechten, körperlichen Verfügbarkeit der Einsatzgüter) eingebürgert. Auch der Objektumfang der Beschaffung wird in Wissenschaft und Praxis uneinheitlich abgegrenzt. Während in der betriebswirtschaftlichen Literatur alle zur Erreichung des Sachzieles der Unternehmung erforderlichen Einsatzfaktoren (Material, Anlagegüter, Arbeitskräfte, Kapital, Dienstleistungen, Rechte, externe Informationen) als Beschaffungsobjekte diskutiert werden, konkretisiert sich die engere Begriffsinterpretation der Praxis in der Zuordnung von Material (Roh-, Hilfs- und Betriebsstoffe, Halbfabrikate, Handelsware) und Dienstleistungen als üblicher Objektumfang der Beschaffungsabteilung. (GWL); (def 2) Als Beschaffung im weiteren Sinne bezeichnet man sämtliche Tätigkeiten, die darauf gerichtet sind, dem Betrieb die benötigten, aber nicht selbst erzeugten Güter zur Verfügung zu stellen. Diese Güter werden von den Beschaffungsmärkten bezogen. (HAW); (kon) Ursächlich für die Kapitalbindung in einer Unternehmung ist (...) die Tatsache, dass einerseits in der Realität Beschaffung, Produktion und Absatz nur zu verschiedenen Zeiten möglich sind, andererseits aber der zu Einnahmen führende Absatz den ausgabenwirksamen Prozessen Beschaffung und Produktion nachgeschaltet ist. (GUF: 1)

arrendador *m* *^arrendador financiero^*

arrendador financiero *m* *^arrendador (HJL)^* *^compañía de leasing (HJL)^* *^proveedor (SSL)^* *^sociedad de leasing (HJL)^* (Komm) In der Fachliteratur findet man verschiedene Möglichkeiten, den Begriff *Leasinggeber* ins Spanische zu übersetzen. Die meisten Autoren verwenden *arrendador* und *proveedor* als Synonyme. Die Verwendung dieser Termini ist aber nur empfehlenswert, wenn aus dem Kontext deutlich hervorgeht, dass es sich um einen Vermieter eines Leasingvertrags handelt. In spanischen Gesetzestexten wird vorrangig der Terminus *arren-*

dador verwendet. In der Quelle HJL wird vorgeschlagen, den Terminus *Leasinggeber* mit *arrendador financiero* zu übersetzen. Dies ist nicht empfehlenswert: Zum einen weil dieser Terminus nicht in jedem Kontext verständlich ist, und zum anderen weil er der Quelle HJL zufolge auf den Leasinggeber eines jeden Leasingvertrags zutrifft. Warum sollte man aber den Leasinggeber eines Operationsleasingvertrags als *arrendador financiero* bezeichnen? Der Terminus *arrendador operativo* würde sich in diesem Fall als Übersetzung eher anbieten. Um Missverständnisse zu vermeiden, ist es empfehlenswert, den Terminus *Leasinggeber* in nicht eindeutigen Kontexten mit dem spanischen Terminus *arrendador en un contrato de leasing* zu übersetzen. Der Übersetzer hat damit die Möglichkeit, den Terminus je nach Leasingvertrag zu spezifizieren, indem die Termini *contrato de leasing* oder *contrato de arrendamiento* mit den Adjektiven für die jeweiligen Leasingarten erweitert werden, z. B. *arrendador de un contrato de leasing operativo*. (Vgl. Kommentar zu *Leasingnehmer*).; (def) Parte contratante que asume la obligación de adquirir el bien, según las especificaciones del futuro usuario, y facilita a éste su utilización en régimen de leasing durante el período estipulado, confiriéndole además la opción de compra, que puede ser ejercitada al término de dicho período. Como contraprestación por estos servicios, el arrendador financiero acredita frente al usuario un determinado precio contractual. La condición de arrendador financiero venía conferida a las sociedades con objeto social exclusivo, autorizadas expresamente para el ejercicio de esas actividades por la autoridad administrativa competente (que fue el Ministerio de Economía y Hacienda hasta agosto de 1988, y el Banco de España desde entonces) e inscritas en el Registro Especial llevado por la misma autoridad administrativa. Desde el 1 de enero de 1990, los Bancos, Cajas de Ahorro, Caja Postal de Ahorros y Cooperativas de Crédito pueden actuar también como arrendadores financieros. Junto con las antesmencionadas sociedades, que tienen consideración de entidades de crédito (si bien, según la terminología del Banco de España, son entidades de crédito »de ámbito operativo limitado«). (HJL); (kon) La diferencia sustancial radica en que en todo caso y momento, el arrendador financiero es dueño del bien, por lo que parecería lógico que en caso de incumplimiento, los arrendadores tengan derechos sobre los bienes para ejecutar conforme a derecho. **Leasinggeber** *m* ^*Leasing*^ ^*Leasinggesellschaft (KKL)*^ ^*Leasingnehmer*^ ^*Vermieter (KEL)*^ (expl) Als Leasinggesellschaft wird ein Unternehmen bezeichnet, das sich mit der Vermietung von mobilen oder immobilen Investitionsgütern beschäftigt, die es nach den Vorstellungen und Bedürfnissen der von vornherein feststehenden Mieter anschafft oder herstellt und deren Investitionskosten es 100 % oder nahezu in voller Höhe fremdfinanziert. (...). (KKL: 36); (kon) Leasing ist ein für einen bestimmten Zeitraum abgeschlossenes, in der Regel während dieser Zeit unkündbares Mietverhältnis zwischen einem Leasinggeber und einem Leasingnehmer zwecks Finanzierung beweglicher und unbeweglicher Investitionsgüter. (GUF: 69)

arrendamiento *m* ^*arriendo*^ (Komm) Der Terminus *arrendamiento* ist eine häufig verwendete Übersetzung für den Terminus *Pacht*. Es gibt jedoch weitere Übersetzungsmöglichkeiten, wie z. B. *arrendamiento de uso y disfrute*, welches den Unterschied zu Miete, *arrendamiento de uso* (vgl. CCA) hervorhebt. Aus dem hier angegebenen deutschen Kontext geht nicht klar hervor, um welche Art von Pacht es sich handelt. Würde es sich um eine Landpacht handeln, bietet sich gemäß DDU besonders der Terminus *arrendamiento rústico* als Übersetzung an: »(...) en algunas legislaciones, es el contrato por el cual una de las partes cede a otra voluntariamente el disfrute de una finca rústica o de alguno de sus aprovechamientos, mediante precio, canon o renta; ya sea en metálico, ya en especie, ya en ambas cosas a la vez, con el fin de dedicarla a la explotación agrícola, forestal o ganadera. (...).« Bei der Pacht eines Geschäftslokals o. Ä. ist laut DDU *arrendamiento mercantil* eine treffende Übersetzung: »En otras ocasiones, por referirse, al establecimiento o actividad mercantil que se arrienden de modo similar a los de indole común: como el de locales para la instalación o funcionamiento de industrias o el arrendamiento de una empresa; pues nada impide que se ceda temporalmente y por precio la explotación de una fábrica o la de un establecimiento de venta al público. (...)«; (def) Contrato por el que una de las partes se compromete, mediante precio a que la otra se obliga, a prestarle o procurar a ésta el uso o goce temporal de una cosa, o prestarle temporalmente sus servicios o hacer por cuenta de ella una obra determinada. (...). (GDJ); (expl) Rechtsgrundlage: Art. 1.543 del Código Civil: En el arrendamiento de cosas, una de las partes se obliga a dar a la otra el goce o uso de una cosa por tiempo determinado y precio cierto. Rechtsgrundlage: Art. 1.544 del Código Civil: En el arrendamiento de obras o servicios, una de las partes se obliga a ejecutar una obra o a prestar a la otra un servicio por precio cierto.; (kon) La Ley protege especialmente el arrendamiento de local de negocio, configurando como aquel arriendo que recae sobre edificaciones habitables, cuyo destino primordial no sea la vivienda, sino el de ejercerse en ellas, con establecimiento abierto, una actividad de industria, comercio o de enseñanza con fin lucrativo (art.1). (UDM: 136/137) **Pacht** *f* ^*Leasing*^ ^*Leihe*^ ^*Miete*^ (def) Die P[acht] ist ein Dauerschuldverhältnis, das durch einen gegenseitigen Vertrag (den Pachtvertrag) zustande kommt und den Verpächter verpflichtet, dem Pächter den Gebrauch des verpachteten Gegenstands und den Genuss der Früchte [sonst nur Miete!], soweit sie nach den Regeln einer ordnungsgemäßen Wirtschaft als Ertrag anzusehen sind, während der Pachtzeit zu gewähren. Der Pächter ist verpflichtet, dem Verpächter den vereinbarten Pachtzins zu entrichten. (...). (LBW); (expl) Rechtsgrundlage: § 581 BGB: 1) Durch den Pachtvertrag wird der Verpächter verpflichtet, dem Pächter den Gebrauch des verpachteten Gegenstandes und den Genuss der Früchte, soweit sie nach den Regeln einer ordnungsmäßigen Wirtschaft als Ertrag anzusehen sind, während der Pachtzeit zu gewähren. Der Pächter ist verpflichtet, dem Verpächter den vereinbarten Pachtzins zu entrichten. 2) Auf die Pacht mit Ausnahme der Landpacht sind, soweit sich nicht aus den §§ 582 bis 584 b etwas anderes ergibt, die Vorschriften über die Miete entsprechend anzuwenden.; (kon) Die Einnahmen außerhalb der laufenden Geschäftstätigkeit sind relativ einfach zu ermitteln und der entsprechenden Planperiode zuzuordnen, sofern ihnen vertragliche Vereinbarungen zugrundeliegen, zum Beispiel Pachten oder Einnahmen aus Patenten und Lizenzen. (GUF: 94)

arrendamiento financiero *m* ^*leasing financiero (SLL)*^ (def) Puede definirse el arrendamiento financiero como un contrato mercantil en que una de las partes, mediante precio determinado, se obliga a adquirir una cosa cierta y ceder su uso a la otra parte por un período al término del cual ésta deberá devolvérsela o, a su elección, comprársela a un precio adicional. De lo expuesto se deduce que el arrendamiento financiero es un negocio jurídico de mediación, concertado sobre un objeto que, en el momento del concierto de voluntades, no pertenece a la parte que asume la obligación de ceder su uso. La sociedad de leasing, actuando en nombre y por cuenta propios, pero por encargo de la otra parte contractual, y en interés tanto de ésta como propio, debe realizar otro negocio jurídico – la adquisición del bien con un tercero –, llevando a cabo así una actividad de intermediación característica, que sitúa a toda la institución en el genuino ámbito crediticio. (...). (HJL); (expl) Rechtsgrundlage: Real Decreto Ley 15/1977, art. 19 de 25 de febrero: A los efectos de la presente disposición constituyen operaciones de arrendamiento financiero aquellas operaciones que, cualquiera que sea su denominación, consistan en el arrendamiento de bienes de equipo, capital productivo y vehículos adquiridos exclusivamente para dicha finalidad por Empresas constituidas en la forma prevista en el artículo 22 y según las especificaciones señaladas por el futuro usuario. Las mencionadas operaciones deberán incluir una opción de compra a favor del usuario a término del arrendamiento.; (kon) Por norma general, los contratos de arrendamiento financiero documentan los términos del arrendamiento propiamente dicho y los de la opción de compra, dejando fuera del alcance de los derechos y obligaciones derivados de dicho convenio jurídico a la fase de adquisición del bien por parte de la entidad arrendadora. (SSL: 63); (Komm) Der am häufigsten vorkommende Typ von Leasingverträgen ist der Finanzierungsleasingvertrag. Sowohl im Deutschen als auch im Spanischen wird daher der Terminus *Leasing* als Synonym für *Finanzierungsleasing* verwendet. Der englische Terminus *Leasing* ist fester Bestandteil der deutschen und spanischen Wirtschaftssprache geworden: »el término leasing se utiliza en casi todos los países del mundo occidental, ya que con el se quiere expresar algo más que un alquiler tradicional« (Vgl. SDD: 95). In Spanien wird daher neben dem Terminus *arrendamiento financiero* auch *leasing financiero* verwendet, selbst wenn dies manchmal auf Widerstand stoßen mag: »La denominación de leasing financiero constituye (al menos en el ordenamiento jurídico español) una genuina redundancia, ya que si se considera que el término arrendamiento financiero es el equivalente que el legislador español ha consagrado para trasladar jurídicamente el vocablo sajón leasing, resulta claro que leasing financiero significa, ni más ni menos, arrendamiento financiero financiero, duplicación por completo reprobable. Si cuanto antecede se calificara de purismo terminológico, habría de indicarse entonces que esta denominación de leasing financiero aparece por oposición a la de leasing operativo (...).« (Vgl. HJL: 90). Im Deutschen ist neben der dt.-engl. Hybridbildung *Finanzierungsleasing* auch der englische Terminus *Financial Leasing* üblich.; (kon) Los dos grandes tipos de leasing son el leasing operativo y el leasing financiero. (SLL: 23)

Finanzierungsleasing *n ^Financial Leasing^ ^Leasing^* (def) Bei den [Finanzierungsleasingverträgen] handelt es sich um solche Verträge, die für eine zwischen dem L[easing]-Geber und dem L[easing]-Nehmer vereinbarte Grundmietzeit unkündbar sind. Die Grundmietzeit entspricht maximal der betriebsgewöhnlichen Nutzungsdauer, ist aber i. d. R. kürzer, jedoch meist länger als die Hälfte der in den AfA-Tabellen angegebenen Nutzungsdauer. Je nachdem, ob das L[easing]-Objekt durch die L[easing]-Raten nach Ablauf der Grundmietzeit einschließlich aller Nebenkosten voll oder teilamortisiert ist, unterscheidet man beim [Finanzierungsleasing] zwischen Voll- oder Teilamortisationsverträgen. Im Gegensatz zum Operate-L[easing] trägt der L[easing]-Nehmer das volle Investitionsrisiko, insbesondere auch die Gefahr des technischen Fortschritts oder der Einschränkung bzw. des Wegfalls der Verwendungsmöglichkeiten des L[easing]-Objektes während der Grundmietzeit. Zusätzlich trifft den L[easing]-Nehmer neben den Versicherungs-, Wartungs- und Reparaturaufwendungen auch das Risiko des zufälligen Untergangs des L[easing]-Objektes, da die Verpflichtung zur Zahlung der noch fälligen L[easing]-Raten bestehen bleibt. (LBW vs Leasing); (expl) Üblicherweise wird Leasing mit Finanzierungs-Leasing gleichgesetzt. Finanzierungs-Leasing kann man als Sonderform der Fremdfinanzierung ansehen. Es dient allgemein der Beschaffung von Investitionsgütern. Grundlage ist ein langfristiger, in der Regel unkündbarer Vertrag zwischen einem Unternehmen (Leasingnehmer) und einer Leasinggesellschaft (Leasinggeber). Der Leasinggeber erwirbt das Wirtschaftsgut und stellt es dem Leasingnehmer für einen bestimmten, vertraglich fixierten Zeitraum (Grundmietzeit) zur Nutzung zur Verfügung. Nach Ablauf dieser Grundmietzeit muss der Leasingnehmer das Leasingobjekt zurückgeben bzw. kann bestimmte Optionsrechte ausüben. Unter einer Option wird beim Leasing verstanden, dass der Leasingnehmer nach Ablauf der Vertragslaufzeit die Wahlmöglichkeit hat, bestimmte, bei Vertragsbeginn vereinbarte Rechte wahrzunehmen. Häufig wird ihm eine Kaufoption oder eine Mietverlängerungsoption eingeräumt. Dem Leasingnehmer steht es dann frei, die Option auszuüben oder das Leasingobjekt an die Leasinggesellschaft zurückzugeben. (...) Die Vertragslaufzeit liegt aus steuerrechtlichen Gründen allgemein zwischen 40 und 90 Prozent der betriebsgewöhnlichen Nutzungsdauer und dauert im Mobilien-Leasing meistens zwischen 2 bis 9 Jahre, im Immobilien-Leasing bis zu 22,5 Jahre. Die Leasinggesellschaft ist zivilrechtlicher und regelmäßig auch wirtschaftlicher Eigentümer des Leasingobjektes und bilanziert dieses. Das Investitionsrisiko wird beim Finanzierungs-Leasing vom Leasingnehmer getragen, da er das Objekt nicht beliebig zurückgeben kann. Zudem muss er auch die Objektwartung und -instandhaltung übernehmen. (KKL: 33); (kon) Üblicherweise wird Leasing mit Finanzierungsleasing gleichgesetzt. (KKL: 33)

arrendamiento de uso *m ^alquiler^*

arrendatario *m ^arrendatario financiero^*

arrendatario financiero *m ^arrendatario (SLL)^ ^usuario (HJL)^* (Komm) Analog zu *arrendador* kann mit *arrendatario* bei der Benennung der Parteien in den verschiedenen Leasingverträgen verfahren werden. (siehe Kommentar zu *Leasingeber*).; (def) Parte contratante según cuyas especificaciones la sociedad de arrendamiento financiero adquiere un bien, cuya utilización en régimen de leasing le facilita durante el período estipulado, confiriendo además al usuario su opción de compra, que podría ser ejercitada al término de dicho período. Como contraprestación, el usuario se obliga a pagar al arrendador financiero un determinado precio contractual. (...) (HJL vs usuario).; (kon) Los requerimientos y notificaciones prevenidos en los apartados anteriores se efectuarán en el domicilio del arrendatario financiero designado en el contrato inicial. **Leasingnehmer** *m ^Leasing^ ^Leasinggeber^ ^Mieter (KML)^* (def) Partei eines Leasingvertrages, der von der Leasinggesellschaft das Leasingobjekt gegen Zahlung vereinbarter Leasingraten zur Benutzung überlassen wird. (DV); (kon) Leasing ist ein für einen bestimmten Zeitraum abgeschlossenes, in der Regel während dieser Zeit unkündbares Mietverhältnis zwischen einem Leasinggeber und einem Leasingnehmer zwecks Finanzierung beweglicher und unbeweglicher Investitionsgüter. (GUF: 69)

arriendo *m ^arrendamiento^*

asamblea general *f* (def) Es el órgano deliberante de las sociedades cooperativas. (...) La asamblea general, integrada por los socios, y en su caso los asociados, es el órgano supremo de expresión de la voluntad social, y sus acuerdos se imponen en todos aquellos, incluso a los disidentes y a los que no hayan participado en la reunión. Tiene las más amplias facultades de orden a los asuntos propios de la cooperativa. En un principio cada socio tiene derecho a un voto, sin perjuicio de que en las cooperativas de primer grado, que no sean de vivienda o de consumo, puedan establecer los estatutos un voto plural. Los acuerdos se adoptan por mayoría simple, y los que sean contrarios a la ley o a los estatutos pueden ser impugnados en juicio declarativo ordinario o por un procedimiento especial, similar a la impugnación de los acuerdos sociales de la [sic.] sociedades anónimas. (ESJ vs asamblea general (cooperativas)) **Generalversammlung** *f* ^*Hauptversammlung*^ (Komm) Während *Generalversammlung* im Deutschen ein Oberbegriff für die Versammlung der Gesellschafter aller Unternehmensformen ist, wird im Spanischen zwischen der *junta general* (Gesellschaftsformen: sociedades anónimas und sociedades de responsabilidad limitada) sowie der *asamblea general* (Gesellschaftsform: cooperativas) unterschieden. (def) Auf Gesetz beruhende Versammlung der Gesellschafter a) einer AG: Hauptversammlung, b) einer GmbH: Gesellschafterversammlung (Gesellschaft mit beschränkter Haftung (GmbH) V), c) einer Genossenschaft: Generalversammlung (Genossenschaftsorgane 3). Die G[eneralversammlung] beschließt insbes. über den Jahresabschluss, die Gewinn- und Verlustverteilung über die Entlastung von Vorstand und Aufsichtsrat, sowie über Änderungen der Satzung. (GWL); (kon) Andererseits ist sie juristische Person, die besonders auch in ihrem organisatorischen Aufbau mit Vorstand, Aufsichtsrat und Generalversammlung als Beschlussorgan Wesenszüge einer Kapitalgesellschaft trägt. (GUF: 30)

asegurado con prenda *m* ^*crédito con garantía de valores*^ ^*crédito pignoraticio (AEE)*^ ^*préstamo con prenda*^ (kon) El crédito pignoraticio sigue devengando intereses pese a la declaración del concurso de acreedores. En concurrencia con otros créditos sobre bienes muebles, »el crédito pignoraticio excluye a los demás hasta donde alcance el valor de la cosa dada en prenda.« (AEE) **Darlehen gegen Faustpfänder** *n* ^*Lombardkredit (GUF)*^ (kon) Lombardkredit ist die Vergabe von Darlehen gegen Faustpfänder – bewegliche Sachen oder Forderungen – gemäß §§ 1204 ff. BGB. (GUF: 56)

aseguramiento de crédito *m* ^*garantía del crédito*^ (def) En general, con una garantía se trata de asegurar el cumplimiento de una obligación, en este caso el reembolso de las cantidades recibidas en concepto de crédito, respondiendo con una cosa o derecho u obligándose un tercero personalmente. (DDU); (expl) Contrato por el cual el asegurador garantiza al asegurado la insolvencia eventual de algunos deudores de éste. (UEC) **Kreditsicherheit** *f* ^*Sicherheiten*^ (def) Durch die Vereinbarung von Kreditsicherheiten in einem Kreditvertrag erhält der Kreditgeber einen Anspruch auf die Verwertung von Sachen bzw. Rechten (Sachsicherheit) oder gegen dritte Personen (Personensicherheit) für den Fall, dass der Kreditnehmer seine Zahlungen aus dem Kreditvertrag nicht vertragskonform leistet. Die Forderung des Kreditgebers wird in diesem Fall durch den Erlös für das Sicherungsgut bei Ausübung des Verwertungsrechts im Falle der Real- oder Sachsicherheit bzw. durch die Leistung eines Dritten im Falle der Personensicherheiten gedeckt. Durch den Verwertungsanspruch bzw. den Anspruch gegen Dritte soll die Gefahr von Kreditausfällen für den Kreditgeber verhindert bzw. vermieden werden. Während der Laufzeit des Kredits vermindern Kreditsicherheiten die Kontrollkosten des Kreditgebers, soweit diese das Engagement voll decken und von zweifelsfreiem Wert sind (z. B. Bardeckung, Grundpfandrechte im erststelligen Beleihungsraum. (GWL)

asesor de empresa *m* ^*consultor de empresa*^

auditor censor jurado de cuentas *m* (def) Persona encargada de revisar las cuentas anuales de una empresa o entidad y verificar si dichas cuentas expresan la imagen fiel del patrimonio y de la situación financiera de la empresa o entidad auditada, así como el resultado de sus operaciones y los recursos obtenidos y aplicados en el período examinado para poder emitir el correspondiente informe de auditoría. Podrán ser auditores censores jurados de cuentas todas aquellas personas físicas o jurídicas que hayan obtenido una titulación universitaria, hayan seguido programas de enseñanza teórica y adquirido una formación práctica por un período mínimo de tres años, hayan superado un examen de aptitud profesional organizado y reconocido por el Estado y estén inscritos en el Registro oficial de Auditores de Cuentas. (DEN) **Wirtschaftsprüfer** *m* ^*Bilanzprüfer (WDW)*^ ^*Jahresabschluss*^ (def) Gemäß § 2 WPO haben Wirtschaftsprüfer die berufliche Aufgabe, betriebswirtschaftliche Prüfungen, insbes. Jahresabschlussprüfung wirtschaftlicher Unternehmen durchzuführen und Bestätigungsvermerke über deren Vornahme und Ergebnis zu erteilen. Außerdem sind sie befugt, ihre Auftraggeber in steuerlichen Angelegenheiten nach Maßgabe der bestehenden Vorschriften zu beraten und zu vertreten. (GWL); (kon) Die Beantwortung durch die teilnehmenden Wirtschaftsprüfer erfolgte bis Ende August 1999. (www.studis-online.de)

aumento de capital *m* ^*ampliación de capital (MDB)*^ (Komm) In der konsultierten Fachliteratur werden die Termini *aumento de capital* und *ampliación de capital* in etwa mit der gleichen Häufigkeit verwendet, wenn allgemein von einer Kapitalerhöhung gesprochen wird. Wird aber die Form der Kapitalerhöhung im Kontext genauer präzisiert , wird i. d. R. der Terminus *aumento* verwendet.; (def) Decisión que toma la junta general de accionistas de una sociedad anónima, o por delegación de ésta su consejo de administración, para emitir nuevas acciones con las cuales aumentar el capital escriturado de la empresa. La ampliación puede hacerse con cargo a reservas sin desembolso por parte de los accionistas que reciben las acciones gratis; o con el pago de su valor nominal; o incluso con una prima por encima del mismo. Frecuentemente los accionistas tienen derecho de suscripción preferente de las acciones de la ampliación y si no desean hacer uso del mismo pueden vender los cupones representativos de sus derechos. (TAM vs ampliación de capital); (expl 1) Concepto. Por aumento de capital hay que entender aquella operación jurídica por virtud de la cual se eleva la cifra del capital social que figura en los Estatutos. Con esto queda dicho que todo aumento de capital implica en definitiva una modificación estatutaria. (...) (UDM: 265); (expl 2) El aumento del capital social podrá realizarse por emisión de nuevas acciones o por elevación del valor nominal de las ya existentes. En ambos casos el contravalor del aumento del capital podrá consistir tanto en nuevas aportaciones dinerarias o no dinerarias al patrimonio social, incluida la compensación de créditos contra la sociedad, como en la transformación de reservas o beneficios que ya figuraban en dicho patrimonio. (LSA art. 151, 2.); (kon) Kasenna consigue un aumento de capital por valor de 11 millones de dólares. (http://es.biz.yahoo.com) **Kapitalerhöhung** *f* ^*Kapitalerhöhung aus Gesellschaftsmitteln*^ ^*Kapitalerhöhung, bedingte*^ ^*Kapitalerhöhung gegen Einlagen*^ ^*Kapitalherabsetzung*^ (def) Sämtliche Finanzierungsmaßnahmen zur Erhöhung des Eigenkapitals eines Unternehmens. Die Kapitalerhöhung kann entweder durch Zuführung neuen Eigenkapitals von außen (z. B. Einlagen der Unternehmer oder Mitunternehmer, Ausgabe junger Aktien, Erhöhung des Stammkapitals der GmbH) oder durch Selbstfinanzierung (Nichtentnahme von Gewinnen bzw. Zuweisung von Gewinnen an offene Rücklagen) erfolgen. (...) Die Aufgabe einer Kapitalerhöhung ist i. d. R. eine Verbesserung der Liquidität des Betriebes, (...). Eine Kapitalerhöhung wird immer dann erfolgen müssen, wenn ein Betrieb auf Grund einer guten Geschäftslage seine Kapazität erweitern will und folglich neue Mittel zur Finanzierung benötigt. (...) (VGW); (kon) Gründe für die Ausgabe von Genussscheinen sind beispielsweise die Einlage schwerbewertbarer Rechte, Sachen oder Leistungen, Zuzahlungen der Aktionäre oder Ablösung von Gläubigerrechten bei der Sanierung, Ablösung von Vorrechten der Vorzugsaktionäre, Durchführung einer Kapitalerhöhung, wenn zum Emissionszeitpunkt der Börsenkurs der Aktien unter pari steht. (GUF: 25)

aumento del capital mediante nuevas aportaciones *m* (def) (...) El aumento de capital puede llevarse a cabo mediante nuevas aportaciones o con medios propios de la sociedad. Normalmente, en el primer caso se emitirán nuevas acciones; pero, por lo que se refiere a éstas, el aumento de capital puede significar la emisión de nuevas acciones o el incremento del valor nominal de las viejas en circulación. El acuerdo de la Junta General relativo al aumento de capital con nuevas aportaciones y emisión de acciones nuevas debe fijar las condiciones del desembolso, y para el caso de admitir aportaciones no dinerarias se aportarán las formalidades y garantías previstas para este supuesto en el momento de la fundación. Los socios tienen el derecho de suscripción preferente. Si las nuevas acciones se van a ofrecer al público, se redactará el programa de aumento con los datos que requiere el artículo 91 LSA. (...) (ESJ vs aumento del capital social) **Kapitalerhöhung gegen Einlagen** *f* ^*Kapitalerhöhung*^ ^*Kapitalerhöhung, ordentliche*^ (def) (Ordentliche Kapitalerhöhung) vollzieht sich durch Ausgabe neuer (junger) Aktien (...). Sie erfordert einen Beschluss der Hauptversammlung mit mindestens Dreiviertelmehrheit des bei der Beschlussfassung anwesenden Aktienkapitals. Sind mehre Aktiengattungen vorhanden, so muss diese Mehrheit für jede Gattung getrennt erzielt werden. (...) Der Beschluss über die Kapitalerhöhung und ihre Durchführung ist zur Eintragung in das Handelsregister anzumelden. Die Kapitalerhöhung wird wirksam, wenn ihre Durchführung eingetragen worden ist. Den Aktionären steht grundsätzlich ein unentziehbares Bezugsrecht auf die neuen Aktien entsprechend ihrem Anteil am bisherigen Grundkapital zu (...), um dem Aktionär die Aufrechterhaltung seiner bisherigen prozentualen Beteiligung (...) zu ermöglichen. (...) (VGW)

aumento del capital por conversión de obligaciones en accion *m* (expl) (...) La característica de esta operación, peculiar de las sociedades en situación económica precaria, está en que no se traen nuevos fondos al patrimonio social, pero disminuye el pasivo exigible al hacerse el desembolso de las nuevas acciones con cargo a los créditos representados por las obligaciones que se convierten en acciones. La mecánica de la operación será distinta según que la conversión de las obligaciones esté prevista o no en la escritura de emisión de éstas. En el primer caso, la conversión de las obligaciones, y el aumento consiguiente del capital, se hará en la forma y condiciones previstas en dicha escritura. En el segundo, para que pueda realizarse la operación exige la ley (art. 95) dos condiciones especiales: »1°El consentimiento de los obligacionistas afectados. 2°Que el valor nominal del conjunto de las acciones que han de recibirse no supere el valor de las obligaciones objeto del canje, calculando el tipo de emisión. En otro caso, la diferencia habrá de ser abonada por los obligacionistas o estar cubierta por las reservas libres o los beneficios de la sociedad.« El consentimiento de los obligacionistas ha de ser individual. No se trata de que la asamblea de obligacionistas acuerde por mayoría la conversión; es preciso que la consienta cada obligacionista. Con la segunda condición se propone la ley evitar que la emisión de las acciones se haga bajo la par, contraviniendo la prohibición del artículo 36. Por último, como la conversión de obligaciones en acciones podría ser perjudicial para los obligacionistas en el supuesto de que la sociedad no esté in bonis, la ley se ocupa de proteger a aquéllos estableciendo que »no podrá la sociedad recurrir a este procedimiento de aumento de capital en el caso de que, siendo el valor del patrimonio inferior a la cifra del capital social, no proceda en primer término a reducir su capital para restablecer el equilibrio con el patrimonio« (art. 95, 4). Este precepto jugará especialmente en el supuesto de que la conversión esté prevista en favor de la sociedad en la escritura de emisión, pues, en otro caso, la mejor defensa del obligacionista estará en la negación de su consentimiento a la conversión. (UDM: 68/269); (Komm) Puede tratarse también de obligaciones en sentido amplio: derechos de crédito a favor de los empleados para participar en los beneficios. **bedingte Kapitalerhöhung** *f* ^*Kapitalerhöhung*^ (def) Sonderform der Kapitalerhöhung von Aktiengesellschaften (...), die drei Zwecke verfolgen kann (...): (1) Sicherung der Ansprüche auf Aktien, die sich aus Umtausch- und Bezugsrechten der Inhaber von Wandelschuldverschreibungen ergeben, (2) Vorbereitung von Fusionen (3) Schaffung von Bezugsrechten für Arbeitnehmer der Gesellschaft zum Bezug neuer Aktien gegen Einlage von Geldforderungen, die den Arbeitnehmern aus einer ihnen von der Gesellschaft eingeräumten Gewinnbeteiligung zustehen. Eine bedingte Kapitalerhöhung kann ebenso wie das genehmigte Kapital nur mit qualifizierter Mehrheit von der Hauptversammlung beschlossen werden. Es dürfen nur so viele Aktien ausgegeben werden, wie Umtausch- oder Bezugsrechte durch die Inhaber von Wandel- oder Optionsschuldverschreibungen und durch gewinnbeteiligte Arbeitnehmer geltend gemacht werden. (...) Da durch die bedingte Kapitalerhöhung der Aktienkurs beeinflusst werden kann und die Aktionäre kein Bezugsrecht auf die im Rahmen einer solchen Kapitalerhöhung ausgegebenen Aktien besitzen, wird eine mögliche Vermögensminderung für die Aktionäre dadurch ausgeschlossen, dass ihnen ein Bezugsrecht auf die Wandel- und Optionsschuldverschreibungen eingeräumt werden muss (...). (...) (VGW); (kon) Auch bei ihrer Ausgabe sind eine qualifizierende Mehrheit der Hauptversammlung, ein Bezugsrecht der Aktionäre sowie eine beschlossene bedingte Kapitalerhöhung (§ 192 ff. AktG) Voraussetzung. (GUF: 43/44)

aumento del capital con cargo a reservas *m* (expl) Aumento del capital con cargo a reservas: Está regulado en el artículo 94, que admite este procedimiento tanto emitiendo acciones nuevas como aumentando el valor nominal de las acciones antiguas. Habrá de realizarse con cargo a reservas disponibles, y suele acudirse a este procedimiento en las épocas económicamente buenas, en que las sociedades acumulan más reservas de las necesarias. La operación ofrece la ventaja de no imponer sacrificio económico alguno a los accionistas, y su mecanismo está perfectamente explicado por el texto legal. El aumento se hace »mediante traspaso de la cuenta de reservas a la de capital y entrega a los accionistas de nuevas acciones ordinarias en proporción a las que ya posean y sin exigirles desembolso alguno. También podrán convertirse estas reservas en capital sin emisión de nuevas acciones, aumentando el valor nominal de las antiguas«. Para esta operación no se puede utilizar la reserva legal, que tiene otro destino distinto marcado por la ley (...). Habrán de ser reservas disponibles. Y en realidad, en su aspecto económico, la operación se traduce en un simple traspaso de la cuenta de reservas a la de capital, sin incrementar en nada el patrimonio social. Las acciones emitidas no tienen la consideración de acciones »gratuitas«, que estarían prohibidas. Son acciones real y efectivamente desembolsadas, siquiera el desembolso se haga con cargo a beneficios acumulados en poder de la sociedad e integrados en su patrimonio. Cuando la sociedad tiene reservas tácitas u ocultas (...), también con cargo a ellas se puede hacer la ampliación de capital (art. 88). (...) (UDM: 267/268); (kon) En cualquier caso, la junta general deberá señalar el plazo máximo para que pueda llevarse a efecto la conversión. En tanto ésta sea posible, si se produce un aumento del capital con cargo a reservas o se reduce el capital por pérdidas, deberá modificarse la relación de cambio de las obligaciones por acciones, en proporción a la cuantía del aumento o de la reducción de forma que afecte de igual manera a los accionistas y a los obligacionistas. (LSA art. 294) **Kapitalerhöhung aus Gesellschaftsmitteln** *f* ^*Kapitalerhöhung*^ (def) I. Begriff: Besondere Form der Kapitalerhöhung bei Kapitalgesellschaften. Kapitalrücklagen und Gewinnrücklagen werden in Grund- bzw. Stammkapital umgewandelt. II. Durchführung: 1. Bei Aktiengesellschaften (§§ 207-220 AktG): a) Voraussetzungen: Beschluss der Hauptversammlung mit ¾-Mehrheit. Anmeldung des Beschlusses zur Eintragung in das Handelsregister. (...). b) Umwandlungsfähigkeit: Gewinnrücklagen können, soweit sie nicht zweckbestimmt sind, in vollem Umfang umgewandelt werden; die Kapitalrücklage und die gesetzliche Rücklage nur, soweit sie den zehnten oder den in der Satzung bestimmten höheren Teil des bisherigen Grundkapitals übersteigen. (...) c) Verfahren: Mit der Eintragung in das Handelsregister gilt das Grundkapital als erhöht. Die Aktionäre erhalten die neuen Aktien (Freiaktien) im Verhältnis ihrer Anteile am bisherigen Grundkapital. d) Bedingtes Kapital erhöht sich in gleichem Maß wie das Grundkapital, eigene Aktien nehmen an der Erhöhung des Grundkapitals teil. (...) IV. Beurteilung: 1. Nachteile: Neue Anteilsrechte sind ab dem Zeitpunkt des Beschlusses (i. d. R. für das ganze laufende Geschäftsjahr) dividendenberechtigt. Im Gegensatz dazu musste das entsprechende Kapital als Rücklage nicht bedient werden. 2. Vorteile: Durch die sinkenden Kurse wird die Fungibilität der Aktie erhöht; auch erhöht sich dadurch die Dividendenrendite der Aktionäre. Im Gegensatz zur Bindung in den Gewinnrücklagen ist die Ausschüttung der entsprechenden Mittel als Grundkapital nur unter bestimmten Bedingungen (bei einer Kapitalherabsetzung) möglich; die Kreditwürdigkeit des Unternehmens wird dadurch erhöht. (GWL); (kon) Die Kapitalerhöhung aus Gesellschaftsmitteln: Sie erfolgt gemäß §§ 20 bis 220 AktG und stellt lediglich eine Berichtigung des Grundkapitals dar. (GUF: 27)

aumento ordinario de capital *m* **ordentliche Kapitalerhöhung** *f*

autofinanciación *f* (def 1) Práctica de retener en la sociedad los beneficios no distribuidos. Representa un ahorro de sus rentas. La mayoría de empresas encuentran que necesitan más capital a medida que se desarrollan y expansionan. Una gran parte de este capital lo proporciona la autofinanciación. La mayoría de las sociedades reinvierten parte de sus beneficios o los colocan en reservas. El capital empleado por las empresas incluye, por consiguiente, los beneficios no distribuidos. (...) Tanto las reservas generales como los beneficios no distribuidos representan beneficios pasados que se han vuelto a invertir. El valor de las acciones ordinarias de una sociedad aumenta a medida que van aumentando los beneficios no distribuidos. Si se emprende una nueva emisión de acciones, el precio deberá tener en cuenta la cantidad de beneficios que se han vuelto a invertir dentro de la empresa. Muchas sociedades con grandes beneficios no distribuidos convierten parte de ellos en capital permanente mediante la emisión de acciones bonificadas a los accionistas existentes. (...) (SDE); (def 2) Aplicación de fondos propios (generalmente beneficios no repartidos y amortizaciones) en proyectos de inversión; sin recurrir, pues, a la financiación con recursos ajenos (endeudamiento). (...) (TAM); (kon) Permanece, sin embargo, como diferencia fundamental entre cajas de ahorro y bancos la ausencia en las cajas de capital social y, por tanto, su única vía de fortalecer los recursos propios es la autofinanciación mediante beneficios retenidos, práctica realizada intensivamente por las cajas en los últimos años a costa, en parte, del crecimiento de su obra benéfica y social. (GDE: 395) **Selbstfinanzierung** *f* *^Eigenfinanzierung^* *^Finanzierung^* *^Finanzierung, interne^* (def) I. Begriff/Arten: Finanzierung durch einbehaltene Gewinne (Gewinnthesaurierung). Bei Einzelunternehmen und Personengesellschaften durch Ansammlung von Gewinnen auf dem Kapitalkonto, bei Kapitalgesellschaften durch Bildung von Gewinnrücklagen (offene S[elbstfinanzierung]); auch z. B. durch die Unterbewertung von Vermögensgegenständen (stille Rücklagen) möglich (stille S[elbstfinanzierung]). (...) Die Entscheidung, ob und in welcher Höhe Gewinne einbehalten oder ausgeschüttet werden, treffen in der GmbH die Gesellschafter; bei der AG ist wegen der Trennung von Eigentum und Geschäftsführung die Entscheidungsbefugnis geteilt: Vorstand und Aufsichtsrat können unter bestimmten Bedingungen bis zur Hälfte des Jahresüberschusses ohne Zustimmung der Aktionäre in Gewinnrücklagen einstellen. Über die Verwendung des verbleibenden Restes entscheidet die Hauptversammlung. Das durch S[elbstfinanzierung] gewonnene Kapital führt bei unverändertem Nominalkapital zu einem höheren Kurswert. III. Beurteilungen: 1. Bei Personengesellschaften und Einzelunternehmen: Die S[elbstfinanzierung] ist wegen der fehlenden Emissionsfähigkeit oft die einzige Möglichkeit zur Eigenkapitalbeschaffung. Durch die S[elbstfinanzierung] wird so indirekt auch der Verschuldungsspielraum beeinflusst. 2. Bei Kapitalgesellschaften: a) Vorteile: Die Haftungsbasis des Unternehmens wird erweitert und der Verschuldungsspielraum erhöht. Das durch S[elbstfinanzierung] aufgebrachte Kapital muss nicht bedient werden; die Mehrheits- und somit Herrschaftsverhältnisse im Unternehmen bleiben unverändert bestehen. Im Vergleich zur Finanzierung über neues Beteiligungskapital (Beteiligungsfinanzierung) ist die S[elbstfinanzierung] weit kostengünstiger, da die Emissionskosten nicht anfallen. b) Nachteile: Durch die erhöhten Kurse nach durchgeführter S[elbstfinanzierung] wird die Fungibilität der Aktien eingeschränkt. Zugleich sinkt die Dividendenrendite der Aktie: Die Ausschüttung pro Aktie sinkt durch die Einstellung in die Gewinnrücklagen, gleichzeitig wird dadurch der Kurs erhöht. Eine Senkung des Kurses ist durch eine Kapitalerhöhung aus Gesellschaftsmitteln möglich. Bei AGs ist die Höhe der S[elbstfinanzierung] und die der Ausschüttung häufig Konfliktstoff zwischen Vorstand und Aufsichtsrat einerseits und den Eigentümern andererseits (agency problem). (...) (GWL); (kon) Aus der Sicht der Unternehmensleitung bestehen die Vorteile der internen Eigenfinanzierung gegenüber der Fremdfinanzierung vor allem darin, dass die zusätzlichen Eigenmittel ohne besondere Formalitäten und Kosten zur Verfügung gestellt werden können und das über die Selbstfinanzierung aufgebrachte Kapital nicht mit starren Zins- und Tilgungsverpflichtungen belastet wird. (GUF: 75/76)

aval bancario *m* *^crédito de aval (DDU)^* (Komm) En el caso del aval bancario el avalista es una entidad de crédito, la cual responde con su solvencia.; (def 1) Fianza por la que una persona, avalista, responde del pago de una letra de cambio si el obligado, avalado, no satisface su importe. (AEE); (def 2) Dentro del comercio, el afianzamiento, dado por un tercero, para pagar una letra de cambio. Es la »obligación escrita que toma un tercero de garantizar, a su vencimiento, el pago de una letra de cambio. El aval es una obligación particular independiente de la que contraen el endosante y el aceptante.« (...) Es una garantía especial usada en el comercio. Cabe, además, señalar que el aval no es privativo de las letras de cambio. (DDU); (kon) El aval tiene por objeto afianzar, en todo o en parte, el pago de una letra de cambio; y aunque constituye una obligación distinta o independiente de la contraída por el aceptante y endosante, es un contrato mercantil y accesorio del de la letra, cuyo abono garantiza. **Avalkredit** *m* *^Bankaval (GWL)^* *^Bankgarantie^* (def) Haftungsübernahme durch Kreditinstitute (Avalkreditgeber) für und im Auftrag eines Kunden (Avalkreditnehmer) gegenüber Dritten im In- oder Ausland (Begünstigter). Die Bank stellt dabei keine eigenen Mittel, sondern ihre eigene Kreditwürdigkeit zur Verfügung (Kreditleihe).Die wichtigsten Avalkredite sind: Kreditbürgschaft, Frachtstundungsbürgschaft (Frachtstundung), Prozessbürgschaft, Bietungsgarantie, Anzahlungsgarantie, Lieferungs und Leistungsgarantie, einschließlich Gewährleistungsgarantie. (GWL); (expl) Der Avalkredit stellt – ähnlich wie der Akzeptkredit – keine Geldleihe, sondern eine Kreditleihe dar. Der (französische) Begriff Aval stand ursprünglich für »Wechselbürgschaft«, heute wird er allgemeiner verwendet: Die Bank gibt eine Bürgschaft oder eine Garantie dafür, dass der Avalkreditnehmer einer von ihm eingegangenen Verpflichtung gegenüber einem Dritten nachkommt. Sie stellt also keine liquiden Mittel, sondern ihren guten Ruf zur Verfügung und ermöglicht so dem Avalkreditnehmer die Aufnahme von Krediten bei Dritten ohne besondere Kreditwürdigkeitsprüfung. Die Bank wird aus diesem Engagement nur dann in Anspruch genommen, wenn der Avalkreditnehmer seine Verbindlichkeiten gegenüber dem Dritten nicht ordnungsgemäß begleicht. (DÄU); (kon) Beim Avalkredit verbürgt sich die avalierende Bank im Auftrag eines Kunden (Avalkreditleiher) gegenüber einem Dritten (Avalbegünstigter), für gegenwärtige oder künftige Zahlungsverbindlichkeiten des kreditleihenden Unternehmens einzustehen. (GUF: 55)

aval en la fianza limitada *m ^fianza limitada^*

avalista *m* (def 1) El que da el aval. El que afianza una letra de cambio o un pagaré dado por un tercero. Como obligaciones del avalista, aun no siendo comerciante, figuran la de quedar solidariamente garante de la letra de cambio. (DDU); (def 2) La diferencia entre el aval y la fianza está en que, por esta última, se obliga uno a pagar o cumplir por un tercero, en el caso de no hacerlo éste; mientras, en el aval, el tenedor del documento puede, a su vencimiento, reclamar el importe, directa y ejecutivamente, de cualquiera de los firmantes del mismo. El aval es una garantía especial usada en el comercio. (DDU); (kon) El avalista resulta garante frente ad incertam personam (si no se limita el aval a persona determinada), (...) mientras que en la fianza se es deudor frente a un acreedor determinado. (SCJ: 176 (I)) **Bürge** *m*

avenencia *f ^convenio^ ^procedimiento conciliatorio (DDU)^* (def) Comparecencia de los interesados, presuntos litigantes, ante el juez municipal u otra autoridad judicial, con la finalidad de evitar la promoción de un litigio (o la prosecución del iniciado sin el cumplimiento de ese trámite procesal previo), mediante fórmulas amistosas y de avenencia, e incluso con el desistimiento del que ha adoptado la iniciativa o por la aceptación del requerido, que encuentran en el solemne acuerdo un substitutivo de la decisión judicial, con la fuerza de documento solemne (...). (DDU vs acto de conciliación); (kon) La comisión deberá dilucidar los puntos controvertidos por las partes y esforzarse por lograr la avenencia entre ellas, en condiciones aceptables para ambas. (www.worldbank.com). **Vergleich** *m ^Konkurs^* (def) Vertrag, durch den der Streit oder die Ungewissheit der Parteien über ein Rechtsverhältnis im Wege gegenseitigen Nachgebens beseitigt wird (§ 779 BGB). Vergleich kann sowohl außergerichtlich (außergerichtlicher Vergleich) als auch vor Gericht (gerichtlich) geschlossen werden (Prozessvergleich, Schiedsvergleich). Der Vergleich ist unwirksam, wenn der von den Parteien als feststehend zugrunde gelegte Sachverhalt der Wirklichkeit nicht entspricht und der Streit oder die Ungewissheit bei Kenntnis der Sachlage nicht entstanden wäre. Vergleich kann als Maßnahme zur Abwendung eines Konkurses eingesetzt werden. (GWL); (kon) Kapitalentzug durch Tilgung oder Auslosung sowie durch Kapitalverlust im Vergleich oder Konkurs. (GUF: 5)

B

balance *m* (def) Existen dos tipos de balance: a) balance de situación, que recoge la situación del patrimonio de la empresa en un momento determinado. Indica el valor del patrimonio, así como los resultados obtenidos durante un período económico. Éste se ordena en dos grandes masas patrimoniales llamadas activo y pasivo, b) balance de comprobación de sumas y saldos que recoge los saldos de todas las cuentas en un momento dado. Como su nombre indica, sirve para comprobar que la suma de todas las cuentas con saldo deudor tiene que ser exactamente igual a la suma de todas las cuentas con saldo acreedor. (En este tipo de balance intervienen toda clase de cuentas de activo, de pasivo, de neto) (AEE); (kon) Las sociedades anónimas tienen obligación de publicar anualmente el balance detallado de su situación económica. (HAC: 166) **Bilanz** *f ^Aktivposten^ ^Kontenabschluss, jährlicher (WDW)^ ^Passivseite^* (def) Im Grundsatz der Abschluss des Rechnungswesens einer Unternehmung für einen bestimmten Zeitpunkt (Bilanzstichtag) in Form einer Gegenüberstellung von Vermögen und Kapital. Das Vermögen (Aktiva) zeigt die konkrete Verwendung der eingesetzten finanziellen Mittel, das Kapital (Passiva) die Ansprüche der Gläubiger (Fremdkapital) und der Unternehmer (Eigenkapital als Saldo zwischen

Vermögen und Fremdkapital, also als Restanspruch) an das Vermögen. Vermögen und Kapital stellen dieselbe Wertgesamtheit dar; kommt in der sog. Bilanzgleichung (Aktiva = Passiva) zum Ausdruck. I. d. R. ist nur eine rein rechnerische, also keine materielle Zuordnung zwischen einzelnen Vermögens- und Kapitalteilen möglich (goldene Bilanzregel). (GWL); (expl) Die Bilanz ist eine Gegenüberstellung der Aktiva und Passiva eines Unternehmens. Die Aktiva repräsentieren das Vermögen der Unternehmung nach seiner art- und wertmäßigen Zusammensetzung, während die Passiva das zur Finanzierung der Vermögenswerte notwendige Kapital aufzeigen. Die Passivseite zeigt die Herkunft der zur Verfügung gestellten Mittel, die Aktivseite dokumentiert deren Verwendung. (SPR); (kon) Der klassische Finanzierungsbegriff knüpft an die Gliederung der Bilanz an und umfasst die Versorgung des Unternehmens mit Kapital. (GUF: 2)

balanza de capital *f* *^balanza por cuenta de capital^* (def) Dentro de la balanza de pagos, recoge los movimientos de capital a largo y corto plazo, y la variación de la reserva de divisas de un país. En los movimientos de capital se distingue entre los correspondientes al sector público y al privado, y los que conciernen el sistema bancario. (TAM); (kon) La cuarta y última de las subbalanzas es la por cuenta de capital o balanza de capitales, tanto privados como públicos. Esta balanza recoge todos los flujos financieros que se deben a inversiones o a la concesión de créditos. (SMA: 34) **Kapitalbilanz** *f* *^Kapitalverkehrsbilanz (VGW)^* *^Zahlungsbilanz^* (def) Teilbilanz der Zahlungsbilanz, in der die in einer Periode neu begründeten Forderungen und Verbindlichkeiten (jeweils abzüglich Tilgungen) von Inländern gegenüber Ausländern einander gegenübergestellt werden. (VGW); (kon) In der Kapitalbilanz, auch Kapitalverkehrsbilanz, sind alle Gegenwerte aus Güter- und Dienstleistungsausfuhren bzw. –einfuhren sowie reine Kapitaltransaktionen erfasst. (VGW vs Zahlungsbilanz)

balanza comercial *f* (def) Parte de la balanza de pagos en la que se recogen los ingresos procedentes de las exportaciones y los pagos de las importaciones. Su saldo refleja el superávit o déficit comercial (...) (DMA); (kon) La primera de las subbalanzas es la ya mencionada balanza comercial o de mercancías que registra todas las transacciones de bienes o productos tangibles que realiza un país con el extranjero. (SMA: 33) **Handelsbilanz** *f* *^Warenbilanz (GWL)^* *^Zahlungsbilanz^* (def) Als Handelsbilanz bezeichnet man die nach handelsrechtlichen Vorschriften aufzustellenden Bilanzen. Sie gehören zu der Gruppe der externen Bilanzen, die sich im Gegensatz zu internen Bilanzen zwar in erster Linie an außerhalb des Betriebes stehende Personen und Institutionen wenden (...), die aber auch der Selbstinformation der Unternehmer bzw. der geschäftsführenden Gesellschafter oder Organe dienen. (LBW); (kon) In der Handelsbilanz werden Importe und Exporte von Erzeugnissen und Waren erfasst. (VGW vs Zahlungsbilanz)

balanza por cuenta de capital *f* *^balanza de capital^*

balanza de pagos *f* (def) La balanza de pagos es el estado comparativo de los ingresos y de los pagos (o entradas y salidas) de una economía nacional por todos los conceptos. Se compone de varias subbalanzas: de mercancías (importaciones y exportaciones); de servicios (fletes, seguros, turismo, etc.); de transferencias (remesas de emigrantes, donaciones, etc.); de capital a largo plazo (inversiones directas en empresas, en bolsa, en inmuebles, créditos etc.); y de capital a corto plazo (movimientos monetarios). El cierre de la balanza de pagos puede arrojar un excedente que se traduce en el alza de las reservas internacionales o una insuficiencia que se refleja en la disminución de las reservas o en un mayor endeudamiento. (TAM); (kon) La balanza de pagos de un país registra todas las transacciones que éste realiza con el extranjero en un período determinado de tiempo, normalmente un año. (SMA: 33) **Zahlungsbilanz** *f* *^Dienstleistungsbilanz^* *^Handelsbilanz^* *^Leistungsbilanz^* *^Übertragungsbilanz^* (def) Ist die systematische Darstellung aller außenwirtschaftlichen Transaktionen eines Landes. Diese werden kontenartig erfasst. Die Zahlungsbilanz setzt sich zusammen aus der Leistungsbilanz, bestehend aus der Handels-, Dienstleistungs- und Übertragungsbilanz, sowie der Kapitalverkehrsbilanz, bestehend aus der Kapitalverkehrsbilanz im engeren Sinne und der Devisenbilanz. (GWL); (kon) Die Währungsreserven der Bundesbank, die in der Zahlungsbilanz getrennt ausgewiesen werden, sind im vergangenen Jahr zu Transaktionswerten betrachtet um 1½ Mrd. EUR gesunken. (www.bundesbank.de)

balanza de pagos corrientes *f* *^saldo de balanza de pagos por cuenta corriente (DMA)^* (def) Parte de la balanza de pagos compuesta por la balanza comercial, la balanza de servicios y la balanza de transferencias. Comprende las operaciones que modifican la renta y la capacidad de gasto de un país. Un saldo negativo (déficit) de esta balanza indica que el ahorro ha sido menor que la inversión o, lo que es lo mismo, que el país ha obtenido un préstamo neto del exterior. (DMA); (kon) A la hora de realizar comparaciones internacionales se suele utilizar, no tanto la balanza de pagos, sino algunas subbalanzas, como la comercial o la de servicios, pero todavía más la denominada balanza por cuenta corriente, que es una suma de los saldos de las subbalanzas de mercancías, de servicios y de transferencias. (SMA: 34) **Leistungsbilanz** *f* *^Erfolgsrechnung^* *^Zahlungsbilanz^* (def) Von Anhängern der dynamischen Bilanztheorie geschaffener Begriff für die Erfolgsrechnung. (GWL); (kon) Zusammen mit der Handelsbilanz und der Übertragungsbilanz bildet die Dienstleistungsbilanz die Leistungsbilanz. (VGW vs Dienstleistungsbilanz)

balanza de servicios *f* (def) Parte de la balanza de pagos en la que se recogen las exportaciones e importaciones de servicios (transportes, seguros, fletes, turismo, asistencia técnica, etc). (DMA); (kon) La segunda subbalanza es la de servicios. El turismo es por ejemplo en el caso de España el principal apartado dentro de esta subbalanza, pero no el único, pues también aparecen las rentas de inversión, los fletes y seguros, las operaciones gubernamentales y otros servicios como patentes, comisiones bancarias, etc. (SMA: 33) **Dienstleistungsbilanz** *f* *^Zahlungsbilanz^* (def) (Bilanz des unsichtbaren Handels) Teilbilanz der Zahlungsbilanz, in der die Dienstleistungstransaktionen zwischen Inland und Ausland erfasst werden. Auf der Aktivseite wird die Ausfuhr, auf der Passivseite die Einfuhr von Dienstleistungen ausgewiesen. (VGW); (kon) Die Dienstleistungsbilanz erfasst alle Dienstleistungen, die zwischen In- und Ausländern geleistet werden. (VGW vs Zahlungsbilanz)

balanza de transferencias *f* (def) Parte de la balanza de pagos en la que se recogen los movimientos internacionales correspondientes a las donaciones públicas o privadas, remesas de emigrantes, etc. (DMA); (kon) La tercera de las subbalanzas es la de transferencias. A diferencia de todas las anteriores se trata de operaciones unilaterales o gratuitas, contra las que no hay que realizar ninguna contraprestación (...). (SMA: 33) **Übertragungsbilanz** *f* *^Bilanz^* *^Schenkungsbilanz (GWL)^* *^Zahlungsbilanz^* (def) (...) In dem Maße, wie ein Teil des Güterhandels auf Schenkungen beruht, erfolgt eine entsprechende Korrektur im Bereich der Übertragungsbilanz. Analoges gilt für die einseitigen Zahlungen, die zunächst in der Kapitalbilanz verbucht werden und in der Übertragungsbilanz ihre Gegenbuchung finden. (GWL vs Zahlungsbilanz); (kon) Zusammen mit der Handelsbilanz und der Übertragungsbilanz bildet die Dienstleistungsbilanz die Leistungsbilanz. (VGW vs Dienstleistungsbilanz)

bancarrota *f* *^quiebra^*

banco *m* (def) Institución financiera de intermediación que recibe fondos en forma de depósito de las personas que poseen excedentes de liquidez, utilizándolos posteriormente para operaciones de préstamo a personas con necesidades de financiación, o para inversiones propias. Presta también servicios de todo tipo relacionados con cualquier actividad realizada en el marco de actuación de un sistema financiero. (DEN); (kon) Los bancos y otras instituciones financieras tienen entre sus cometidos el de prestar recursos económicos a las empresas. (ABC: 134) **Bank** *f* *^Sparkasse^* (def) (...) Wirtschaftsunternehmen, die Handel mit Forderungen auf eigene Rechnung betreiben, d. h. Kredit aufnehmen und vergeben und in diesem Rahmen den bargeldlosen und bargeldsparenden Zahlungsverkehr ermöglichen, da ihre Verbindlichkeiten in Form von Sichteinlagen allgemein als Zahlungsmittel akzeptiert werden. Zusätzlich bieten sie Dienstleistungen im Zusammenhang mit Finanztransaktionen wie Vermittlung von Kreditgeschäften und Verwaltung von Forderungen an. Der Kreis der Kreditinstitute wird im Gesetz über das Kreditwesen (§ 1) definiert. Banken gehören zum Sektor der Finanzinstitutionen, deren gemeinsames Charakteristikum ist, dass ihre Aktiva zum größten Teil aus Forderungen bestehen. Sie unterscheiden sich von nichtmonetären Finanzinstitutionen (Versicherungen, Investmentgesellschaften) durch die Art der gehandelten Vermögensobjekte (...), doch bestehen zwischen allen Finanzinstitutionen Konkurrenzbeziehungen, da die jeweils gehandelten Aktiva von den Nichtbanken als begrenzt substituierbar angesehen werden. Die wichtigste Funktion der Banken besteht in der Kredittransformation. Ihre Existenz ermöglicht indirekte Kreditbeziehungen zwischen Nichtbanken. Aufgrund von Spezialisierungsvorteilen (...), Risikominderung durch Risikostreuung (...) sowie öffentlicher Bankenaufsicht (...) sind Banken in der Lage, Schuldtitel und Kredite anzubieten, welche die unterschiedlichen Portfoliopräferenzen von Kreditanbietern und -nachfragern im

Nichtbankensektor besser zu befriedigen vermögen als eine direkte Kreditbeziehung. Bankeinlagen haben typischerweise ein geringeres Vermögensrisiko (...), kürzere Laufzeiten und eine höhere Liquidität und Teilbarkeit als Bankkredite (...). (GLV); (kon) Die Banken kaufen bevorzugt solche Wechsel an, die den Rediskonterfordernissen der Deutschen Bundesbank und damit dem Refinanzierungsinteresse der Bank entsprechen. (GUF: 52)

beneficiario de la garantía *m* ^*garantizado*^ (def) Persona por la que se responde mediante una garantía. (DCE); (kon) En verdad la contestación del deudor principal frente al acreedor está subordinada a la doble condición de que el garante haya pagado y sucesivamente se haya reembolsado del garantizado, mientras en el caso concreto se estaba todavía en el estadio de una simple solicitud de pago hecha por el acreedor al garante. (SCJ: 498 (II)) **Garantienehmer** *m* ^*Garantiebegünstigter (KSK)*^ ^*Garantiegeber*^ (def) Begünstigter aus einer Garantie. Derjenige, gegenüber dem sich ein anderer als Garant für einen Dritten verpflichtet, eine Garantie zu übernehmen. (BAL); (kon) Garantiegeber haften mit dem Garantievertrag dem Garantienehmer, für einen bestimmten künftigen Erfolg einzustehen oder für das Ausbleiben eines Erfolges Gewähr zu leisten. (GUF: 63)

beneficio *m* ^*ganancia*^ ^*lucro*^

bien *m* (def) Cualquier objeto o servicio capaz de satisfacer una necesidad. (DEN); (kon) Cuando el riesgo de cambio se deriva de la existencia de bienes en el exterior o de activos financieros con vencimiento a largo plazo, la cobertura total no es posible en el mercado de cambios a plazo. (FEE: 73) **Gut** *n* ^*Investitionsgüter*^ ^*Konsumgüter*^ (def) Jedes Mittel, das Nutzen stiftet und damit der Befriedigung menschlicher Bedürfnisse dient. Da die Bedürfnisse der Wirtschaftssubjekte i. d. R. größer sind als die für ihre Befriedigung verfügbaren Mittel, ist Knappheit das Merkmal der wirtschaftlichen Güter; nur sie sind Gegenstand des Wirtschaftens. (BRO); (kon) Der in jedem Unternehmen sich vollziehende betriebliche Kreislauf zwischen Geld- beziehungsweise Sacheinlagen, Erstellung von Gütern oder Bereitstellung von Dienstleistungen und daraus erzielten Umsatzerlösen muss durch den Finanzplan hinsichtlich der Zahlungsströme so gesteuert werden, dass die Erlöse so früh wie möglich zu Einzahlungen werden. (GUF: 81)

bien inmueble *m* (def) Se consideran bienes inmuebles, por contraposición a los bienes muebles, los que tienen una situación fija en el espacio y no son susceptibles de desplazamiento. (...) (DEI); (Komm) Je nach Art des Grundstücks bieten sich im Spanischen verschiedene Übersetzungen für den deutschen Terminus *Grundstück*. In Kontexten, in denen es sich im weitesten Sinne um Grundstücke handelt, wird der Terminus mit *bien inmueble* oder *inmueble* übersetzt. In konkreteren Fällen wird im Spanischen zwischen Grundstücken, die sich auf dem Land oder in der Stadt befinden, unterschieden. Gemäß DDU und GDJ wird der Terminus *solar* für bebaute und unbebaute Flächen in städtischen Gebieten verwendet. In diesem Fall werden ebenso die Termini *predio urbano* und *finca urbana* verwendet. Durch die Adjektive wird signalisiert, wo sich das Grundstück befindet. Im Gegensatz dazu spricht man von *finca rústica* oder *predio rústico*, wenn sich ein Grundstück auf dem Land befindet. Im Allgemeinen handelt es sich dabei um Nutzflächen für land- oder forstwirtschaftliche Zwecke, d. h das Errichten von Gebäuden auf diesen Flächen ist i. d. R. nicht vorgesehen bzw. erlaubt.; (kon) La Ley 26/1988, de Disciplina e Intervención de las Entidades de Crédito, en su Disposición adicional séptima establece que los contratos de arrendamiento financiero tendrán una duración mínima de dos años cuando tengan por objeto bienes muebles y de diez años cuando tengan por objeto bienes inmuebles; (...). (SSD: 354) **Grundstück** *n* ^*Grundpfandrechte*^ ^*Immobiien*^ ^*Mobilien*^ (def 1) Im privatrechtlichen Sinn begrenzte, durch Vermessung gebildete Teile der Erdoberfläche, die im Grundbuch als selbstständige Grundstücke eingetragen sind. (BAL); (def 2) Zivilrecht: Der allgemeine Sprachgebrauch bezeichnet als G[rundstück] einen durch eine geschlossene Grenzlinie festgelegten Teil der Erdoberfläche. Diese begrifflichen Anforderungen sind weder hinreichend noch notwendig, um ein G[rundstück] i[m] S[inne] der Rechtssprache des BGB, der zugehörigen Verfahrensvorschriften (...) und der hierauf bezogenen sonstigen gesetzlichen Regelungen zu bestimmen. Danach ist ein G[rundstück] der Teil der Erdoberfläche, der im Bestandsverzeichnis des Grundbuchs unter einer eigenen Nummer eingetragen ist (...). (DRL); (def 3) Einkommenssteuerlich werden G[rundstücke] in zwei verschiedene Wirtschaftsgüter aufgeteilt: in Grund und Boden und Gebäude. (DRL); (kon) Grundpfandrechte sind dingliche Rechte an einem Grundstück und bestehen unabhängig von dessen jeweiligem Eigentümer. (GUF: 66)

bienes de capital *mpl ^bienes de equipo^ ^bienes de inversión^ ^bienes de producción (TMD)^* (def) Bienes que se utilizan para la producción de otros bienes de consumo o de inversión, y que se deprecian en el proceso de fabricación. Por ejemplo, maquinaria, herramientas, edificios, etc. (DEN); (kon) Esta combinación EXIM BANK-Banca privada es el fruto del interés del gobierno Norteamericano por fomentar la exportación de bienes de capital, y consiste básicamente en que por medio del EXIM BANK el gobierno asegura o garantiza el pago del financiamiento que un banco comercial haga a una empresa extranjera que desee comprar bienes de capital fabricados en los Estados Unidos. (I-09) **Investitionsgüter** *npl ^Anlagen^ ^Gut^ ^Konsumgüter^* (def) Investitionsgüter sind Leistungen, die von Organisationen (NichtKonsumenten) beschafft werden, um mit ihrem Einsatz (Ge- oder Verbrauch) weitere Güter für die Fremdbedarfsdeckung zu erstellen oder um sie unverändert an andere Organisationen weiterzuveräußern, die diese Leistungserstellung vornehmen. Wesentliche Merkmale der Abgrenzung von Investitionsgütern gegenüber Konsumgütern sind demnach der Nachfrager (Konsument/NichtKonsument) und der Verwendungszweck (Konsum/Leistungserstellung). (...) (GML); (kon) Leasing ist ein für einen bestimmten Zeitraum abgeschlossenes, in der Regel während dieser Zeit unkündbares Mietverhältnis zwischen einem Leasinggeber und einem Leasingnehmer zwecks Finanzierung beweglicher und unbeweglicher Investitionsgüter. (GUF: 69)

bienes de consumo *mpl* (def) Bienes o servicios destinados a satisfacer necesidades humanas y que son consumidos por los usuarios finales sin sufrir ninguna transformación ulterior. (DEN); (kon) El automóvil, lejos ya de considerarse un bien de lujo, ha adquirido el carácter de herramienta fundamental de trabajo para las empresas o de bien de consumo duradero fundamental para las familias. (REE: 66) **Konsumgüter** *npl ^Gut^ ^Investitionsgüter^* (def) Güter, die für den Letztverbrauch bestimmt sind und der Bedürfnisbefriedigung der Konsumenten dienen. Konsumgüter können dauerhafte Güter oder Güter für den sofortigen Verbrauch (...) sein. (BRO); (kon) Gliedert man nach der Art des Leasing-Gegenstandes, so sind Leasing-Verträge über Konsumgüter (Konsumgüter-Leasing), LeasingVerträge über Investitionsgüter (Investitionsgüter-Leasing), Leasing-Verträge über Gebäude (Immobilien-Leasing) etc. zu unterscheiden. (WÖH: 186)

bienes de equipo *mpl ^bienes de inversión^* (def) En contraposición a inmuebles e instalaciones, por una parte, y por otra parte, a mercaderías y materias primas, se llama bienes de equipo a los objetos materiales con identidad propia, susceptibles de ser integrados en explotaciones empresariales o profesionales, con carácter instrumental en orden a la obtención de los resultados económicos a que dichas explotaciones se enderezan. Los bienes de equipo constituyen un típico objeto de las operaciones de leasing. (HJL); (kon) En el comercio bilateral hispano-argentino destacan las exportaciones españolas de maquinaria y bienes de equipo. (REE: 59) **Anlagen** *fpl ^Anlagen^ ^Anlagevermögen^ ^Investitionsgüter^ ^Leasing^* (def) Vermögensgegenstände, die dem Unternehmen langfristig zu dienen bestimmt sind (...). (GWL); (kon) Aus betriebswirtschaftlicher Sicht geht es bei Investitionen in der Regel um den Einsatz von langfristigem Kapital in Produktionsmittel eines Unternehmens, also in Grundstücke, Betriebs- und Geschäftsgebäude, Maschinen, technische und andere Anlagen sowie Betriebs- und Geschäftsausstattung als Sachinvestitionen. (GUF: 105)

bienes inmuebles *mpl ^bienes raíces (TAM)^ ^inmuebles (DEN)^* (Komm) Vgl. Kommentar zu *Grundstück.* (def) Las tierras, solares, edificios y construcciones que son objeto de transacciones en el llamado mercado inmobiliario. (TAM vs bienes raíces); (kon) Para asegurarse el pago del impuesto sobre la ganancia de capital derivada de los bienes inmuebles, la ley española obliga, a quien adquiera un inmueble a un no residente, a retener el 5% del importe del precio e ingresarlo en el Tesoro Público. **Immobilien** *fpl ^Grundstück^ ^Mobilien^* (def) Unbewegliche Güter, also vor allem Grundstücke und Gebäude. Im Gegensatz zu Geldvermögen ist der Eigentümer von Immobilien gegen die Auswirkungen einer Geldwertminderung (Inflation) geschützt; Immobilien gelten als besonders krisensichere Kapitalanlagen. Sie können in der Regel leicht zur Sicherung von Darlehen verpfändet werden (...) (BAL); (kon) Die Finanzierung sämtlicher Immobilien in beiden Parks soll im Investorenmodell z. B. im Rahmen eines offenen Immobilienfonds durch einen Investor erfolgen.

bienes de inversión *mpl ^bienes de capital^*

bienes muebles (1) *mpl* (def) Son los bienes que no tienen la consideración de inmuebles. En general, aquellos que pueden ser transportados de un sitio a otro sin pérdida de su valor o utilidad (dinero en cuentas bancarias, efectivo, participaciones en sociedades, etc.) (DEI); (expl) Rechtsgrundlage: Art. 336 del Código Civil: Tienen también la consideración de cosas muebles las rentas o pensiones, sean vitalicias o hereditarias, afectas a una persona o familia, siempre que no graven con carga real una cosa inmueble, los oficios enajenados, los contratos sobre servicios públicos y las cédulas y títulos representativos de préstamos hipotecarios.; (kon) La Ley 26/1988, de Disciplina e Intervención de las Entidades de Crédito, en su Disposición adicional séptima establece que los contratos de arrendamiento financiero tendrán una duración mínima de dos años cuando tengan por objeto bienes muebles y de diez años cuando tengan por objeto bienes inmuebles; (...). (SSD: 354) **Mobilien** *fpl ^Grundstück^ ^Immobilien^* (def) Bewegliche Gegenstände: Mobilien sind dem zivilrechtlichen Oberbegriff Sachen zugeordnet, der bewegliche Gegenstände, Grundstücke und Gebäude umfasst. (ÖLW); (kon) Mobilien werden grundsätzlich degressiv abgeschrieben. **bienes muebles (2)** *mpl* (def) »Los que sin alteración alguna pueden trasladarse de una parte a otra (...)«. Para el legislador español son bienes muebles los no enumerados como inmuebles; »y, en general, todos los que se pueden transportar de un punto a otro sin menoscabo de la cosa inmueble a que estuvieren unidos« (art. 335). Tienen también la consideración de cosas muebles las rentas o pensiones, sean vitalicias o hereditarias, afectas a una persona o familia, siempre que no graven con carga real a una cosa inmueble, los oficios enajenados, los contratos sobre servicios públicos y las cédulas y títulos representativos de préstamos hipotecarios (art. 336 del Cód Civ. esp.). (DDU); (kon) Al dar principio a sus operaciones, el comerciante debe establecer un inventario que contenga la relación exacta del dinero, valores, créditos, bienes muebles e inmuebles, mercancías que constituyen el activo, la relación exacta de las deudas y toda clase de obligaciones pendientes que forman el pasivo y, por fin, la diferencia exacta entre el activo y el pasivo. (HAC: 156) **bewegliche Sachen** *fpl* (def) Alle Sachen, die nicht Grundstücke oder Bestandteile von Grundstücken sind. (GWL); (kon) Der Eigentumsvorbehalt basiert auf § 449 BGB und besagt, dass der Verkäufer einer beweglichen Sache sich das Eigentum an ihr bis zur vollen Bezahlung des Kaufpreises vorbehält. (GUF: 65)

bienes de producción *mpl ^bienes de capital^*

bienes raíces *mpl ^bienes inmuebles^*

bienes de la sociedad *mpl ^capital social^*

bolsa *f* (Komm) Die Großschreibung des Terminus überwiegt in der Fachliteratur.; (def) Institución de carácter económico que tiene por objeto la contratación pública mercantil sobre: a) Los efectos públicos b) Los valores industriales y mercantiles emitidos por las personas físicas y las jurídicas legalmente constituidas, y los certificados de participación de los fondos de inversión mobiliaria. c) Las letras de cambio, cobranzas, pagarés y cualesquiera otros valores mercantiles organizados en régimen colegiado de mediación para la seguridad jurídica y económica de lo contratado y la proclamación oficial de los precios. Este mercado de negociación es un mercado de inversión de ahorros y posibilitador de la financiación de la empresa. La eficacia de este mercado depende preferentemente de la eficacia cualitativa de su funcionamiento: fluidez de recursos, estabilidad a corto y largo plazo, coste de funcionamiento y aptitud para reparto de los fondos en proporción a las necesidades. En España existen tres Bolsas de valores: Madrid, Barcelona y Bilbao. [Hoy en día 4: otra en Valencia]. Dentro de lo que en sentido general se denomina Bolsa, existen en realidad, dos instituciones: El mercado de emisiones y el mercado bursátil propiamente dicho. En el primero las empresas y el sector público obtienen financiación por medio de la emisión de valores, que son suscritos por los ahorradores. Una vez emitidos los títulos, éstos pueden ser objeto de transacciones en el mercado secundario. Es evidente que este segundo mercado, aunque no suministra financiación a las entidades emisoras, la posibilita por la liquidez que da la colocación de futuras emisiones. (DEE); (kon) (...) Cuando haya de procederse a la venta de las acciones, la enajenación se verificará por medio de un miembro de la bolsa, si están admitidas a negociación en el mercado bursátil, o por medio de Corredor de Comercio colegiado o Notario público, en otro caso, y llevará consigo, si procede, la sustitución del título originario por un duplicado. (LSA art. 45, 2.) **Börse** *f ^Börseneinführungsprovision^ ^Börsenprospekt^ ^Börsenzulassung^ ^Börsenzulassungsgebühr^ ^Effekten^ ^Wertpapier^* (def) I. Begriff: 1. Allgemein: Marktveranstaltung, die hinsichtlich des Ortes, der Zeit, der Marktteilnehmer und des Ablaufs genau geregelt ist. Wichtige Merkmale einer B[örse]: a) Fungibilität (gegenseitige Vertretbarkeit) der Handelsobjekte wie

Waren, Devisen oder Effekten; b) örtliche Konzentration von Angebot und Nachfrage. Letztgenanntes Merkmal verliert jedoch insofern an Bedeutung als durch den Einsatz moderner Kommunikationstechnologien die örtliche Dezentralisation voranschreitet. Neben den Präsenzbörsen entstanden zahlreiche Computerbörsen u. a. die Deutsche Terminbörse (DTB). 2. In der Bundesrep[ublik] D[eutschland]: Eine staatlich genehmigte Marktveranstaltung, auf der sich regelmäßig zu bestimmten Zeiten an bestimmten Örtlichkeiten Kaufleute treffen, um vertretbare Effekten, Waren oder Devisen, die nicht im Börsenraum körperlich vorhanden sind, zu standardisierten Börsen- und Vertragsbedingungen zu handeln. II. Arten: (nach den jeweiligen Handelsobjekten zu unterscheiden): 1. Waren-B[örsen]: (...). 2. Dienstleistungs-B[örsen]: (...). 3. Devisen-B[örsen]: (...). 4. Effekten-B[örsen] (Wertpapier-B[örsen]): Handelsobjekte auf diesen B[örsen] sind Wertpapiere des Kapitalmarktes (Aktien, Rentenwerte). a) Rechtsgrundlage: Rechtsgrundlage jeder B[örse] ist das Börsengesetz (BörsG) vom 22. Juni 1896, zuletzt [2002] geändert. Durch dieses werden für alle deutschen B[örsen] gültige Bestimmungen über Aufbau der B[örse], Ablauf des Börsengeschehens, Staatsaufsicht, Träger, Selbstverwaltungsorgane kodifiziert. Darüber hinaus hat jede B[örse] eine durch den Börsenvorstand zu erlassende und von der jeweiligen Landesregierung zu genehmigende Börsenordnung. Seit dem 1. Mai 1987 gibt es zudem ein eigenes Börsenzulassungs-Gesetz. b) Rechtsform: Die B[örse] selbst hat die Rechtsform einer öffentlich-rechtlichen, körperschaftsähnlichen Einrichtung eigener Art nach Maßgabe des Börsengesetzes. Die Träger der B[örse] sind entweder rechtsfähige Vereine (Vereinsbörsen) oder die Industrie- und Handelskammer als eine Körperschaft des öffentlichen Rechts (Kammerbörsen). Börsenplätze in der Bundesrep[ublik] D[eutschland]: München, Stuttgart, Frankfurt am Main, Düsseldorf, Hamburg, Hannover, Berlin, Bremen. (...) Als Börsenteilnehmer mit Befugnis zur Teilnahme am Börsenhandel können auf Antrag zugelassen werden: Alle ins Handelsregister eingetragenen Einzelkaufleute, persönlich haftende Gesellschafter einer OHG, KG, KGaA und die gesetzlichen Vertreter einer juristischen Person sowie deren Vertreter (Prokuristen, Handlungsbevollmächtigte); kraft ihres Amtes sind zugelassen amtliche Kursmakler und freie Makler. (...) d) Teilmärkte: (1) Amtlicher Handel: Bundes- und Länderanleihen sind kraft Gesetz an allen B[örsen] zugelassen. Alle anderen Wertpapiere bedürfen der Zulas-sung zum amtlichen Handel durch die Zulassungsstelle der jeweiligen B[örse] (...) (2) Geregelter Markt: Nicht zum amtlichen Handel zugelassene Papiere werden in diesem Marktsegment gehandelt. Die Aufsicht über den geregelten Markt hat der Börsenvorstand. (...) (GWL); (kon) Da (...) die Gesellschaftsanteile nicht an der Börse gehandelt werden können und die Veräußerung eines Geschäftsanteils nach dem Gesellschaftsvertrag oft nur mit Zustimmung der Gesellschafterversammlung oder nach Erfüllung ganz bestimmter Auflagen möglich ist, sind die Kapitalanteile im Vergleich zur Aktiengesellschaft stärker personengebunden. (GUF: 22)

bono *m* ^*obligación*^ (def) Título valor con características básicas análogas a las obligaciones, pero generalmente más a corto plazo. Por medio de bonos se materializa la emisión de los empréstitos públicos o privados. Son títulos en general al portador, normalmente negociables en bolsa, con ámbito nacional o internacional, e interés fijo; o flotante, con base en el LIBOR o en otra referencia. Su precio varía inversamente a las variaciones de los tipos de interés. En la mayor parte de los mercados, los precios se cotizan limpios, sin incluir intereses, es decir, ex-cupón. (...) (TAM); (expl) Originalmente la diferencia entre obligaciones y bonos consistía en el plazo de amortización del empréstito. Mientras que las obligaciones implicaban una deuda a largo plazo, es decir de cinco a treinta años, los bonos preveían un plazo medio (hasta cinco años). Sin embargo, en la actualidad esta diferencia tiende a desaparecer y, a veces, se usa el término »bono« también para títulos de renta fija a largo plazo. (SMA: 131); (kon) Al contrario de las acciones, los bonos y obligaciones son casi siempre títulos de renta fija, por lo tanto su poseedor conoce el momento y la cantidad de los intereses que va a cobrar. (SMA: 131) **Schuldverschreibung** *f* ^*Anleihe*^ ^*Gewinnschuldverschreibung*^ ^*Obligation*^ ^*Optionsschuldverschreibung*^ ^*Teilschuldverschreibung*^ ^*Wandelschuldverschreibung*^ (def) Geschäftsgrundlage der S[chuldverschreibung] ist die Aufnahme eines langfristigen Darlehens über den anonymen Kapitalmarkt. Die S[chuldverschreibung] selbst sind die Schuldurkunden, in denen sich der Emittent der Anleihe seinen Gläubigern gegenüber zu bestimmten Leistungen verpflichtet, die i. d. R. in der Tilgung des Darlehensbetrages und in der Zahlung fester, an bestimmten Terminen fälliger Nominalzinsen bestehen. In der Praxis werden die Begriffe Anleihe, Obligation und S[chuldverschreibung] häufig synonym verwendet. (...) Die S[chuldverschreibungen] gliedern sich je nach Aussteller in die Staats-, Landes- und Kommunalanleihen der öffentlichen Hand, in die Pfandbriefe und Kommunalobligationen der Realkreditinstitute und in die Industrieobligationen der privaten Unternehmungen. (...) S[chuldverschreibungen] werden als Inhaberschuldverschreibungen oder Orderschuldverschreibungen ausgegeben. Die Rückzahlung kann nach einem festen Tilgungsplan erfolgen, durch Rückzahlung nach Kündigung durch den Emittenten oder durch den Rückkauf an der Börse durch den Schuldner. (LBW); (kon) Die Gutschrift der Zinsen- und Tilgungszahlungen erfolgt über die jeweilige für die Inhaber der Schuldverschreibung depotführende Stelle. (www.direktbank.at)

bono convertible *m* (def 1) Modalidad consistente en la emisión de unos bonos de renta fija a los cuales se les atribuye la posibilidad de su conversión en acciones de acuerdo con los términos y plazos estipulados. Por lo general los bonos salen a un tipo de interés fijo, estableciéndose a priori el plazo o plazos para la conversión, que es facultativa para el tenedor. Usualmente se fija una prima de bonificación para el titular por si decidiera no hacer uso de la opción de convertibilidad, (...). (MDB); (def 2) Es el que concede a su poseedor la opción de canjearlo en acciones de la sociedad a un precio prefijado. A cambio, tiene un cupón inferior al que tendría sin la opción de convertibilidad, lo cual el inversor acepta previendo una posible subida del precio de la acción. (...) Desde la adaptación de la ley de sociedades anónimas a la legislación comunitaria, en España ya no es posible que la conversión de bonos se realice a un tipo de descuento sobre la cotización existente en el momento de la conversión; es preciso fijar en la emisión la cotización de las acciones a que puede hacerse la conversión. (TAM) **Wandelschuldverschreibung** *f* ^*Schuldverschreibung*^ ^*Umtausch*^ ^*Wandelanleihe*^ ^*Wandelobligation*^ (def) Wandelobligation, Wandelanleihe, convertible bond. I. Begriff: Schuldverschreibung (Anleihe) von Aktiengesellschaften bei der neben dem Anspruch auf Rückzahlung des Nennwerts und der geringen Zinsen ein Wandlungsrecht in eine bestimmte Anzahl von Stammaktien der emittierenden Gesellschaft besteht. Die W[andelschuldverschreibung] bedarf der staatlichen Genehmigung (...). II. Ausgabe: Erfordert einen Beschluss der Hauptversammlung mit mindestens ¾-Mehrheit (§ 221 AktG). Den Aktionären steht ein Bezugsrecht auf die W[andelschuldverschreibung] zu, das jedoch durch Beschluss der Hauptversammlung mit mindestens ¾-Mehrheit ausgeschlossen werden kann (bedingte Kapitalerhöhung). Bei der Begebung von W[andelschuldverschreibungen] sind anzugeben: Zinssatz, Laufzeit, Zinstermine, Besicherung, Wandlungsverhältnis, Zuzahlung bei Wandlung und Umtauschfrist. III. Vorteile: 1. Für die ausgebende Unternehmung: W[andelschuldverschreibungen] ermöglichen Unternehmen die Aufnahme von (zunächst) Fremdkapital zu günstigeren Bedingungen (z. B. niedrigerer Zinssatz als bei Anleihen). Die Ausgabe von W[andelschuldverschreibungen] ist zunächst steuerlich günstiger: (...). 2. Für den Anleger: Die W[andelschuldverschreibung] eröffnet die Chance, an Kursgewinnen der Aktie teilzuhaben; bei steigenden Kursen realisiert der Anleger durch Ausübung des Wandelrechts und Verkauf der Aktien zusätzliche Gewinne. In Zeiten stagnierender oder fallender Kurse wird das Wandelrecht nicht ausgeübt, der Anleger erhält weiterhin die vertraglich fixierten Zinszahlungen und hat Anspruch auf Rückzahlung des Nennwerts. Den Zeitpunkt der Ausübung des Wandlungsrechts, also des Übergangs vom Gläubiger zum Eigentümer, kann der Anleger innerhalb der Umtauschfrist selbst bestimmen. (GWL); (kon) Begreift man die Ausgabe von Wandelschuldverschreibungen als Kapitalerhöhung mit langer Vorlaufzeit, so lässt sich zwar auch hier der rechnerische Wert des Aktienbezugsrechtes ermitteln, wenngleich mit größeren erwartungsbedingten Unsicherheiten. (GUF: 44)

bono de disfrute *m* (Komm) El *Genussschein* es un fenómeno que no tiene una equivalencia absoluta en el derecho español, tampoco se trata en todo caso de bonos de disfrute. El problema del *Genussschein* como producto financiero radica ante todo en su dispar tratamiento fiscal en los distintos países: en España los rendimientos están sometidos a una retención importante (superior al 30%) al estar considerados como dividendos. Éste es en la práctica el principal impedimiento que se encuentra a la hora de colocar el producto en España, ya que el otro aspecto problemático (la posibilidad de riesgo de que no sean pagados intereses cuando el emisor del *Genussschein* no obtenga beneficios, y riesgo de perder el principal) es muy difícil de que se dé, pues quedaría en entredicho el prestigio de la entidad financiera alemana.; (def) Son títulos que se entregan a los titulares de acciones amortizadas como consecuencia de algunas operaciones de reducción del capital social. En virtud de estos títulos, el accionista afectado, aun habiendo recibido el valor nominal de las acciones amortizadas, no queda desligado de la sociedad de modo definitivo. Ya que tales títulos o bonos le otorgan el derecho a seguir participando en los beneficios y en la cuota de liquidación. En cambio tales títulos no le confieren: ni el derecho de voto, ni el derecho de información. Por tanto, dejan de ser accionistas – su participación ya no es una parte alícuota del capital social – y de ahí sea incorrecta la expresión acciones de goce o de disfrute con que se conoce en la práctica. (DEE); (kon) (...) Los bonos de disfrute entregados a los titulares de acciones amortizadas en virtud de reembolso no atribuyen el derecho de voto. (LSA art. 48, 3.) **Genussschein** *m* (def) 1. Begriff: Urkunde, die Rechte verschiedener Art (vornehmlich Genussrecht am Reingewinn oder am Liquidationserlös) an einer Unternehmung unabhängig von der Rechtsform verbrieft, im Gegensatz zur Aktie, die Gesellschaftsrechte beurkundet. 2. Arten: a) G[enussscheine] können als Inhaberpapiere, Namenspapiere oder Orderpapiere ausgegeben werden. Wietere Unterscheidungen: b) Nach der Form: (1) Nominalpapier, auf bestimmte Summe lautend; (2) Quotenpapier, auf prozentualen Anteil am Gewinn oder Liquidationserlös lautend. c) Nach dem Inhalt: (1) G[enussscheine] mit Anspruch auf Gewinnbeteiligung; (2) G[enussscheine] mit Anspruch auf Anteil am Liquidationserlös; (3) G[enussscheine] mit Anspruch auf Zahlung einer bestimmten Summe. 3. Ausgabe: a) G[enussscheine] können ausgegeben werden (1) als Entschädigung für Forderungserlass bei Sanierung, (2) als Dividendenausgleich, (3) als Aktienersatz für ausscheidende Gesellschafter. b) Die Ausgabe darf nur auf Beschluss der Hauptversammlung mit Zustimmung von mindestens 75 % des anwesenden Kapitals erfolgen (§ 221 AktG). c) Die Aktionäre haben grundsätzlich ein Bezugsrecht. 4. G[enussscheine] sind Eigenkapital, wenn kein Kündigungsrecht seitens des G[enussschein-]Inhabers besteht; Fremdkapital, wenn Kündigungsrecht besteht. (GWL); (kon) Gründe für die Ausgabe von Genussscheinen sind beispielsweise die Einlage schwerbewertbarer Rechte, Sachen oder Leistungen, Zuzahlungen der Aktionäre oder Ablösung von Gläubigerrechten bei der Sanierung, Ablösung von Vorrechten der Vorzugsaktionäre, Durchführung einer Kapitalerhöhung, wenn zum Emissionszeitpunkt der Börsenkurs der Aktien unter pari steht. (GUF: 25)

bono con warrant *m* (def) Es aquel que incorpora un warrant o derecho a comprar a un cierto precio, un bono o una acción. El inversor recibe un tipo de interés inferior al de un bono normal, a cambio de la previsión de que los tipos de interés bajen, aumentando así el precio del bono que podrá comprar o de la esperanza de que suba la cotización de la acción. (...) (TAM) **Optionsschuldverschreibung** *f* ^*Option*^ ^*Optionsanleihe*^ ^*Optionsschein*^ (kon) Je nach Entwicklung des Aktienkurses ist die Optionsschuldverschreibung mit einem mehr oder weniger starken spekulativen Moment als Kaufanreiz ausgestattet. (GUF: 43)

C

C. de C. *m* ^*Código de Comercio*^ **HGB** *n*

Caja de Ahorro *f* ^*caja de ahorros*^

caja de ahorros *f* ^*caja de ahorro (DEN)*^ (Komm) Die Termini *caja de ahorros* und *caja de ahorro* werden in der Umgangs- und Fachsprache gleichbedeutend verwendet. Oft werden im selben Fachtext beide Termini ohne Rücksicht auf terminologische Konsistenz verwendet,. Die Großschreibung der beiden Termini (*Caja de Ahorros* bzw. *Caja de Ahorro* ist auch möglich, meist in Kontexten, in denen sich die Termini auf konkrete Institutionen beziehen, z. B. *Caja de Ahorros de Madrid*.; (def 1) Institución financiera, en la que ejercen una notable influencia algunas instancias públicas como ayuntamientos, diputaciones o comunidades autónomas. Carece de capital, teniendo en su lugar un fondo de dotación fundacional. No tiene ánimo de lucro y originariamente tenía una naturaleza benéfico-social, aunque ha ido perdiendo progresivamente esta característica. (DEN); (def 2) Es difícil señalar qué instituciones fueron las primeras en adoptar actividades que pudieran considerarse propias de las cajas de ahorros, tal como se desarrollaron en el siglo XX hasta su »bancarización«, es decir, hasta su igualación operativa en el marco del Derecho con las restantes entidades de depósito. Con finalidades apreciables de las cajas de ahorro se constituyó la primera Sparkasse en Hamburgo en 1768, pasando en 1778 a ser caja municipal de la ciudad; sobre este modelo de fundación de los gobiernos locales o de organizaciones religiosas se crean en los estados germánicos otras cajas: en Oldenbourg, en 1786; en Kiel en 1796; en Gottingen, en 1801, y bastantes más en el siglo XIX. Este modelo se adoptaría igualmente por Suiza, en donde se estableció la primera caja, la Dienstkasse en 1787; así como por Austria en 1819 y, finalmente en Italia, cuya primera Caja es la de Lombardía, en 1823 y le sigue la de Piamonte en 1827, aunque debe recordarse que algunos importantes Montes de Piedad realizaban operaciones propias de las cajas. (...) En España la primera es una caja particular de ahorros creada en Jerez de la Frontera en 1834, si bien se considera que es la Caja de Madrid la primera, creada en 1838, más en la línea del concepto de cajas de ahorros, siguiendo el modelo francés (...) Basta decir, que en el caso de España el progreso fue considerable a partir del momento en que las cajas tuvieron mayor libertad para realizar sus inversiones y la toma de recursos, aunque es evidente que este crecimiento fue posible gracias a una época de consolidación muy importante en sus respectivas zonas de influencia. (DEI); (kon) Las cajas de ahorros concentran el 53,5% de las oficinas bancarias en España. (http://telefonica.terry.es) **Sparkasse** *f ^Bank^* (def) Kreditinstitute, die heute mit wenigen Ausnahmen die gleichen Bankgeschäfte tätigen wie Kreditbanken. Gegründet wurden Vorläufer der heutigen Sparkassen schon Ende des 18. Jahrhunderts, doch in größerer Zahl entstanden sie erst nach Beendigung der Freiheitskriege. Ursprünglich war ihr Geschäft einlagenorientiert; die Förderung des Kleinsparens sollte vermögenslosen Bevölkerungsschichten ein Mindestmaß an sozialer Sicherheit verschaffen. Das Sparkassenwesen wurde im 19. Jahrhundert von den Kommunen aufgebaut und entwickelte sich erst im 20. Jahrhundert immer mehr in Richtung Geschäftsbank. Noch heute weichen die geschäftspolitischen Grundsätze der Sparkassen erheblich von denen der Kreditbanken ab. Gemeinnützige Ziele haben den Vorrang vor der Gewinnmaximierung, sodass auch unrentable Aufgaben (z. B. Weiterleitung öffentlicher Kreditmittel) übernommen werden. Im Vordergrund steht nach wie vor die Funktion der Kapitalsammelstelle (Kleinsparen) sowie die Kreditgewährung an den Mittelstand und wirtschaftlich schwächere Bevölkerungsschichten. Sparkassen sind überwiegend selbstständige Anstalten des öffentlichen Rechts, für deren Verbindlichkeiten Gemeinden bzw. Gemeindeverbände haften. Sie sind statuarisch verpflichtet, bei ihrer Anlagepolitik besonders auf Sicherheit und Liquidität der erworbenen Vermögensobjekte zu achten. Zulässige Aktivgeschäfte sind vorwiegend Real-, Personal- und kurzfristige Kommunalkredite, Erwerb von Geldmarktpapieren, festverzinslichen Wertpapieren. Spekulative Geschäfte sind ausdrücklich verboten. Der Erwerb von Dividendenwerten und Beteiligungen ist mit Genehmigung der Aufsichtsbehörde möglich. Das Gironetz der Sparkassen und Girozentralen spielt bei der Abwicklung des Zahlungsverkehrs eine wichtige Rolle. (GLV); (kon) Die Darlehen dienen primär zur Finanzierung von Anlageinvestitionen und werden überwiegend von Banken, Sparkassen und Realkreditinstituten, seltener von Pensionskassen und Versicherungen gewährt. (GUF: 38)

caja de jubilaciones *f* (def) Organismo creado por la ley especial para ocuparse de la recaudación de las aportaciones jubilatorias, administración e inversión de tales recursos y pago del retiro o jubilación de los empleados y obreros de la Administración pública o de la actividad privada; y también de los jubilados fallecidos que dejen determinados parientes. Las cajas de jubilaciones pueden organizarse con carácter nacional y general, o de modo descentralizado y según la naturaleza de las prestaciones o servicios; sistema este último que, por múltiples razones de simplificación y solidez financiera, debe evitarse. (DDU) **Pensionskasse** *f* (def) Die P[ensionskassen] stellen neben den Unterstützungskassen, der Direktversicherung, der betrieblichen Ruhegeldverpflichtung (= Pensionszusage) sowie der freiwilligen Höherversicherung in der gesetzlichen Rentenversicherung eine mögliche Form der betrieblichen Altersversorgung dar. P[ensionskassen] werden in der Rechtsform eines Versicherungsvereins auf Gegenseitigkeit oder einer Aktiengesellschaft mit der Zielsetzung gegründet, die Altersversorgung (z. B. Gewährung von Alters-, Invaliditäts-, Witwen- und Waisenrenten) für die Betriebsangehörigen der die Kasse errichtenden Firma durch ausreichende Finanzierung während der Anwartschaft mit Rechtsanspruch sicherzustellen. P[ensionskassen] unterliegen der Versicherungsaufsicht. Ferner unterliegen sie dem Mitbestimmungsrecht des Betriebsrates, wenn die Kasse auf einen Betrieb, ein Unternehmen oder einen Konzern beschränkt ist (...). (...) (LBW); (kon) Der umsatzmäßig weltgrößte Computerkonzern IBM hat angekündigt, rund drei Milliarden Dollar in seine Pensionskasse einzuzahlen, um ein Loch in der Pensionskasse zu füllen. (www.newsbyte.ch)

cálculo de amortización (según el pay-back) *m* (def) La amortización en sí misma se calcula en función de la vida económica o capacidad de generación de fondos de un activo. En el caso de inseguridad respecto a un proyecto de inversión se efectúa un cálculo básico: en qué período de tiempo (en análisis económicos) se puede recuperar la inversión realizada a través de los ingresos netos. (DV vs TAM); (Komm) Auch als Pay-Back bezeichnet (siehe TAM : expresión anglosajona que se refiere al período de recuperación de un capital invertido). **Amortisationsrechnung** *f* (def) Verfahren der Praxis zur Beurteilung von Investitionsobjekten bei Unsicherheit. Vorteilhaftigkeitskriterium ist die Dauer der Amortisation des investierten Kapitals (Amortisationsdauer; payback period). (GWL); (expl) Der Ansatzpunkt der Amortisationsrechnung besteht in der Überlegung, die Zeitspanne zu bestimmen, innerhalb derer die durch das Investitionsobjekt gebundenen Finanzmittel über die Einnahmen aus dem Umsatzprozess wieder zurückfließen. (EIL); (kon) Zu den statischen Verfahren gehören die Kosten-/Leistungs- und die Gewinnvergleichsrechnung, die Return on Investment-Methode sowie die Amortisationsrechnung. (GUF: 108)

canje *m* (def 1) Operación de intercambio de unos títulos-valores por otros ya existentes. (AEE); (def 2) Conversión de obligaciones o bonos en acciones. (...) (MDB); (kon) En el caso de canje de acciones, la información contable y financiero del emisor de la oferta de valores negociables debe estar incluida en el prospecto. (www.legalmania.com.ar) **Umtausch** *m ^Umwandlung^ ^Wandelanleihe^ ^Wandelobligation^ ^Wandelschuldverschreibung^* (kon) Bei den Wandelschuldverschreibungen (Wandelobligationen) wird dem Inhaber gemäß § 221 AktG ein Recht auf Umtausch in Aktien gewährt. (GUF: 43)

capacidad *f* (def) En un contexto empresarial, cantidad de producción que una empresa puede realizar en un período de tiempo y con una técnica y tecnología dadas. (DEI); (kon) En la medida en que se espera una estabilización de la producción en 15,8 millones de unidades en los próximos años y que la capacidad productiva sigue aumentando como consecuencia de las nuevas inversiones y mejoras de la productividad, el grado medio de utilización de la capacidad instalada permanecerá en torno al 75 por 100. (REE: 67) **Kapazität** *f* (def) Kapazität ist die Fähigkeit eines Betriebes, innerhalb eines Zeitabschnitts eine bestimmte Leistung zu erstellen. Die Kapazität hängt ab von der Anzahl und dem Ausbildungsstand der Belegschaftsmitglieder, von quantitativen und qualitativen Leistungsvermögen (...) der maschinellen Anlagen und von der Organisation des Betriebsablaufes. Die Kapazität eines Betriebes bzw. eines Betriebsteiles verursacht fixe Kosten. Je besser die Kapazität ausgenutzt wird, um so niedriger liegen die fixen Kosten je Leistungseinheit. (...) (LKC); (kon) Wird die Kapazität eines Unternehmens vergrößert, zum Beispiel durch den Bau einer Anlage zur Herstellung von Produkt E (die Produkte A bis D werden bereits gefertigt), so handelt es sich um eine Erweiterungsinvestition. (GUF: 105)

capacidad de pago *f ^solvencia^*

capacidad para contratar préstamos *f* (def 1) (...) los préstamos de dinero se sometan, ya desde el Derecho Romano, a restricciones severas cuando de menores se trata. Así, aun emancipado un menor, no puede tomar dinero a préstamo sin consentimiento de sus padres o tutor (...). Aun siendo administrador legal – salvo pacto – de la sociedad de gananciales el marido, mientras no llegue a la mayor edad, no puede, sin consentimiento de las personas antes citadas, tomar dinero en préstamo (...). El tutor necesita autorización del Consejo de familia para dar y tomar dinero a préstamo, en relación con el menor o incapacitado por aquél tutelado (...). (DDU vs préstamo de dinero); (def 2) Esta capacidad surge de manera negativa, por exclusiones, del art. 1.263 del Cód. Civ. esp. No pueden prestar consentimiento, y en consecuencia tampoco contratar: 1°Los menores no emancipados. [2 Los incapacitados.] (DDU vs capacidad para contratar); (kon) Para dar fianza hay que poseer capacidad para contratar préstamos. (DDU vs capacidad para afianzar) **Kreditfähigkeit** *f ^Kredit^* (Komm) Eine definitorisch eindeutige Unterscheidung zwischen den Begriffen *Kreditfähigkeit* und *Kreditwürdigkeit* wird in der deutschen Fachliteratur nicht immer konsequent einge-halten. Auch zweisprachige Wörterbücher schlagen als Übersetzung für *Kredit-fähigkeit* i. d. R. *solvencia* vor; dieser Terminus enspricht im Deutschen jedoch dem Terminus *Kreditwürdigkeit*. (def) Fähigkeit, rechtswirksame Kreditverträge abzuschließen. Kreditfähig sind geschäftsfähige natürliche Personen, juristische Personen des privaten und öffentlichen Rechts sowie Personenhandelsgesellschaften, die unter ihrer Firma Rechte und Pflichten erwerben können (OHG, KG sowie Partnerschaftsgesellschaften). Zur Eingehung von Kreditverpflichtungen für Geschäftsunfähige bzw. beschränkt Geschäftsfähige bedürfen die Eltern bzw. der Vormund (Vormundschaft) der Genehmigung des Vormundschaftsgerichts (§§ 1643, 1822 BGB). (GWL); (kon) TC TrustCenter hat weiter das Recht, den Vertrag zu kündigen, wenn sich die Kreditfähigkeit des Kunden seit Vertragsabschluss verschlechtert hat, insbesondere wenn es zu Wechselprotesten gekommen ist oder ein Insolvenzantrag gestellt wurde. (www.trustcenter.de)

capital *m* (def 1) (...) Los recursos financieros de los que a largo plazo dispone una empresa: recursos ajenos o deuda frente a terceros, y recursos propios. (...) (TAM); (def 2) Partida del balance formada con las aportaciones realizadas por los socios de una sociedad. (DEN); (kon) En la sociedad anónima el capital, que estará dividido en acciones, se integrará por las aportaciones de los socios, quienes no responderán personalmente de las deudas sociales. (LSA art. 1) **Kapital** *n ^Grundkapital^ ^Kapital, genehmigtes^ ^Kapital, gezeichnetes^ ^Kapitalerhöhung^ ^Kapitalherabsetzung^ ^Kapitalrückzahlung^ ^Mindestkapital^* (def) Umfasst im betriebswirtschaftlichen Sinne die Gesamtheit aller Sachmittel (Realkapital) und Finanzmittel (Geldkapital), die der Betriebswirtschaft zur Leistungserstellung und/oder Leistungsverwertung zur Verfügung stehen. Die Passivseite der Bilanz weist das Kapital von Volumen und Herkunft, untergliedert in Eigen- und Fremdkapital aus. (BFL); (kon) Dieser Zusammenhang wird besonders dann deutlich, wenn im Falle rückläufiger Beschäftigung zwecks Auslastung der Kapazitäten unvermindert weiterproduziert wird in der Erwartung, dass die dadurch anwachsenden Lagerbestände, die Kapital binden, zu einem späteren Zeitpunkt wieder abgebaut werden können. (GUF: 8)

capital ajeno *m ^capital externo^ ^recursos ajenos (TEE)^* (def) Dentro de las fuentes de financiación, los recursos ajenos comprenden los fondos obtenidos de terceras personas, que esterán reflejadas en las cuentas de Pasivo. Pueden dividirse en créditos de funcionamiento y créditos de financiación. (CDE vs recursos ajenos); (kon) Las instituciones de crédito son entidades que con recursos propios y ajenos realizan esencialmente operaciones crediticias y prestan subsidiariamente servicios mercantiles de otro tipo. (TEE: 962) **Fremdkapital** *n ^Eigenkapital^ ^Fremdmittel (WDW)^ ^Kreditkapital^ ^Schulden (GWL)^* (def) Bezeichnung für die in der Bilanz ausgewiesenen Schulden der Unternehmung (Verbindlichkeiten und Rückstellungen mit Verbindlichkeitencharakter) gegenüber Dritten, die rechtlich entstanden oder wirtschaftlich verursacht sind. Gegensatz: Eigenkapital (GWL); (expl) Wenn in einem Finanzkontrakt die Rechte des Kapitalgebers und die Pflichten des Kapitalnehmers eher Zinszahlungen und Tilgungen zu einem festen Zeitpunkt zum Inhalt haben, spricht man von Fremdkapital. (SPR); (kon) Bei jeder Unternehmensrechtsform haftet das Eigenkapital bei Verlusten der Unternehmung gegenüber den Gläubigern an erster Stelle. Dadurch ist sichergestellt, dass Verluste das Fremdkapital erst dann berühren, wenn das Eigenkapital voll aufgezehrt ist. (GUF: 11)

capital autorizado *m* (def) En una Sociedad Anónima, y según el artículo 96 de la Ley reguladora de su régimen jurídico, »es la cifra de capital a la que se puede llegar por acuerdo del Consejo de Administración, que tiene la facultad de aumentar el capital de la misma en una o varias veces hasta una cifra determinada en la oportunidad y en la cuantía que ellos decidan sin previa consulta a la Junta General. Estas elevaciones no podrán, en ningún caso, ser superiores a la mitad del capital nominal de la sociedad en el momento de la autorización, y deberá realizarse dentro del plazo máximo de cinco años a contar de la fundación de la sociedad o de la modificación de sus estatutos...«, donde se autorizó por la Junta General a los administradores a llevar a cabo tales ampliaciones de capital. Hasta que la emisión se realice, el capital autorizado no podrá estar representado por acciones ni llevado al pasivo del balance. (DEE); (kon) El aumento de capital en caso de capital autorizado excluye la necesidad del acuerdo de Junta General, pues los estatutos (originarios o modificados) delegan en los administradores la facultad de elevar el capital, pudiendo éstos hacerlo en el momento que consideren más oportuno, pero con los siguientes límites: (...) (ESJ vs aumento del capital social) **genehmigtes Kapital** *n ^Kapitalerhöhung^* (def) Form der Kapitalerhöhung (...), die nicht an einen bestimmten Finanzierungsanlass gebunden ist. Der Vorstand der Aktiengesellschaft wird für längstens fünf Jahre von der Hauptversammlung ermächtigt, das Grundkapital bis zu einem bestimmten Nennbetrag, der die Hälfte des bisherigen Grundkapitals nicht überschreiten darf, durch Ausgabe neuer Aktien, zu der der Aufsichtsrat seine Zustimmung geben soll, zu erhöhen. Dieses Verfahren soll die Schwerfälligkeit, die der ordentlichen Kapitalerhöhung durch eine Anzahl rechtlicher Vorschriften anhaftet, überwinden und dem Vorstand eine größere Elastizität in der finanziellen Disposition, insb. die Ausnutzung günstiger Situationen am Kapitalmarkt ermöglichen. (...) (VGW); (kon) Das genehmigte Kapital: Es gibt der Aktiengesellschaft die Möglichkeit, die externe Beschaffung des Eigenkapitals den Finanzierungsnotwendigkeiten rasch und ohne Einschaltung der zum Teil umständlichen Formvorschriften bei den übrigen Kapitalerhöhungen anzupassen. (GUF: 26/27)

capital circulante *m* ^*activo circulante*^ ^*capital móvil*^ ^*circulante (m)*^ (Komm) Dieser Terminus sollte nicht *capital de rotación* (= Umlaufvermögen abzüglich der kurzfristigen Verbindlichkeiten) verwechselt werden. Im Deutschenn wird *capital de rotación* meist mit dem englischen Terminus *working capital* übersetzt. Dieser Terminus bezeichnet eine Kennzahl zur Beurteilung der Finanzlage einer Unternehmung; (def) En las empresas comerciales, bienes o valores destinados a producir y que se hallan unas veces invertidos en materias primas, otras en dinero o crédito, en productos, en acciones, etc., según las conveniencias y actividades. (DDU); (expl) Conjunto de bienes y derechos cuya conversión en efectivo es posible a corto plazo. (NET) **Umlaufvermögen** *n* ^*Anlagevermögen*^ ^*Betriebsvermögen*^ ^*Vermögen*^ (def) Sammelbezeichnung für Vermögensgegenstände, die nicht dazu bestimmt sind, dauernd dem Geschäftsbetrieb zu dienen und nicht Posten der Rechnungsabgrenzung sind. Gegensatz: Anlagevermögen. Zum Umlaufvermögen gehören: Vorräte; Forderungen und sonstige Vermögensgegenstände; Wertpapiere; Schecks, Kassenbestände, Bundesbankguthaben, Guthaben bei Kreditinstituten. Wertpapiere gehören nur zum Umlaufvermögen, wenn sie zur Veräußerung oder als kurzfristige Liquiditätsreserve bestimmt sind; andernfalls sind sie im Anlagevermögen auszuweisen. (GWL); (kon) Eine genaue Beobachtung des Umlaufvermögens und seiner Veränderung in der Bilanz kann wertvolle Hinweise auf die Gewinn- und Aktienentwicklung liefern. (www.nzz.ch)

capital de explotación *m* ^*activo contable (AEE)*^ (def) Conjunto de bienes y derechos de contenido económico de los que es titular una empresa. El activo representa la estructura económica o capital en funcionamiento. Los diversos elementos del activo se clasifican por su grado de disponibilidad. Dentro de la empresa forma la estructura económica, es decir, el destino de las fuentes de financiación. El activo se divide en: a) activo inmovilizado, que está compuesto por elementos patrimoniales cuya función es asegurar la vida de la empresa, b) activo circulante, que está compuesto por elementos patrimoniales cuyo fin es el desarrollo de la actividad principal de la empresa. (AEE); (kon) La situación financiera al final del ejercicio es consecuencia de una serie de operaciones que pueden ser de dos clases esenciales: a) de explotación: ventas e ingresos de explotación, compras y gastos de explotación (...). (ABA: 356) **Betriebsvermögen** *n* ^*Anlagevermögen*^ ^*Privatvermögen*^ ^*Umlaufvermögen*^ ^*Vermögen*^ (def) Der Begriff Betriebsvermögen ist gesetzlich nicht definiert. Unter Betriebsvermögen wird die Summe aller dem Unternehmer zuzurechnenden Wirtschaftsgüter verstanden, die in einem tatsächlichen oder wirtschaftlichen Förderungszusammenhang zum Betrieb gestellt sind. Die Betriebsvermögen-Eigenschaft ist für jedes einzelne Wirtschaftsgut gesondert zu prüfen. (GWL); (expl) Summe der Vermögensgegenstände, die zum Betrieb gehören. Die Abgrenzung der Wirtschaftsgüter des Betriebsvermögens und des Privatvermögens ist für die Zwecke der Besteuerung sehr erheblich. Zum notwendigen Betriebsvermögen zählen vor allem Grundstücke, die betrieblich genutzt werden. Dies gilt auch bei teilweise betrieblicher Nutzung. Bei Personengesellschaften zählen auch betrieblich genutzte Grundstücke, die einem Gesellschafter allein gehören, zum Betriebsvermögen. Dagegen sind Gegenstände, die der privaten Lebensführung dienen, notwendiges Privatvermögen und können nicht ins Betriebsvermögen eingelegt werden. (MÜS); (kon) Da die Eröffnung des Geschäftes in finanztechnischer Hinsicht keiner Form unterliegt, gestaltet sich die Gründung im Normalfall in der Weise, dass der Unternehmer aus seinem Privatvermögen Kapital abzweigt und es dem Betriebsvermögen der Unternehmung zuführt. (GUF: 14)

capital escriturado *m* ^*capital social*^

capital externo *m* ^*capital ajeno*^

capital fijo *m* ^*activo fijo*^

capital jurídico *m* ^*capital social*^

capital mínimo *m* (expl) En el marco del Derecho comparado, la fijación de un capital mínimo responde al deseo de reservar ciertos tipos sociales (en particular, la anónima) a iniciativas empresariales de cierta dimensión. Con arreglo a esta idea, la sociedad anónima viene a constituir la forma organizativa de la gran empresa, por la que resulte especialmente idónea su organización interna (estructura corporativa, régimen de mayorías, fácil transmisión de la posición de socio, etc. (...). (CDS: 87); (kon) La cuestión del establecimiento, o no, de un capital mínimo constituye un viejo problema del Derecho de sociedades anónimas español. (CDS: 87) **Mindestkapital** *n* *^Grundkapital^* *^Kapital^* (def) Mindestgrundkapital, gesetzlich festgelegte Summe des Eigenkapitals, mit dem AG und GmbH mindestens ausgestattet sein müssen. Das M[indestkapital] bei der AG (Grundkapital) beträgt 50.000 EUR, bei der GmbH (Stammkapital) 25.000 EUR. Für Einzelunternehmungen, OHG und KG ist kein M[indestkapital] vorgeschrieben. (GWL); (kon) Hat man sich jedoch aus diesen Überlegungen zur Gründung einer Kapitalgesellschaft entschlossen, dann mag aus finanzwirtschaftlicher Sicht allenfalls das relativ geringe Mindestkapital die zugunsten der GmbH getroffene Entscheidung mit beeinflussen. (GUF: 23)

capital móvil *m* *^capital circulante^*

capital privado *m* *^patrimonio (personal)^*

capital propio *m* *^fondos propios (NET)^* *^recursos propios (MDB)^* (def 1) De los que dispone la empresa por participación de los accionistas (...). (MDB); (def 2) Comprende: capital desembolsado, reservas legales, estatutarias, voluntarias y previsiones, resultados anteriores, fondos de renovación. (AEE); (kon) Las instituciones de crédito son entidades que con recursos propios y ajenos realizan esencialmente operaciones crediticias y prestan subsidiariamente servicios mercantiles de otro tipo. (TEE: 962) **Eigenkapital** *n* *^Eigenmittel^* *^Fremdkapital^* (def) Im Gegensatz zum Fremdkapital jene Mittel, die von den Eigentümern einer Unternehmung zu deren Finanzierung aufgebracht oder als erwirtschafteter Gewinn im Unternehmen belassen wurden (Selbstfinanzierung). (GWL), (expl) Wenn der Kapitalgeber eher Ansprüche auf Gewinnanteile hat, wenn er mithin Risiken trägt, und wenn ihm gewisse Rechte der Entscheidung beim Kapitalnehmer zustehen, spricht man von Eigenkapital. (SPR); (kon) Das Eigenkapital wird im Rahmen der externen Finanzierung durch Einzahlungen der Eigenkapitalgeber bei der Gründung oder bei einem laufenden Betrieb durch Kapitalerhöhungen aufgebracht. (GUF: 10)

capital social (1) *m* *^bienes de la sociedad (DDU)^* *^fondo social^* (Komm) Im Deutschen wird der Terminus *capital social* in Kontexten, die sich auf eine GmbH (S. L.) beziehen, mit *Stammkapital* und in Kontexten, die sich auf eine AG (S. A.) beziehen, mit *Grundkapial* übersetzt.; (def) En la legislación, el nombre de capital social, con mayor o menor precisión técnica, alterna con las expresiones fondo social y bienes de la sociedad. (DDU) **Stammkapital** *n* *^Stammeinlage^* (def) Einlage- oder Nominalkapital einer Gesellschaft mit beschränkter Haftung (GmbH), das sich aus der Summe der Nennbeträge aller GmbH-Anteile (Stammeinlagen) ergibt. Mindestsumme: 25.000 EUR (§ 5 GmbHG). Erhöhung oder Verminderung (nicht unter 25.000 EUR): Nur durch Satzungsänderung auf Gesellschafterbeschluss. Finanzierungsmäßig ist das Stammkapital Eigenkapital; es dient zur Finanzierung und als Garantiekapital. (GWL); (kon) Die finanzwirtschaftlich relevanten Vorschriften des Gesetzes bestimmen, dass das Eigenkapital oder auch Stammkapital im Gesellschaftsvertrag fixiert wird und sich nach Geschäftsanteilen auf die einzelnen Gesellschafter verteilt. (GUF: 22)

capital social (2) *m* *^capital escriturado^* *^capital jurídico (DEE)^* (def) Para las sociedades que revisten forma mercantil, es la cifra representativa de los compromisos de aportación de los socios o accionistas a la sociedad. Dicha cifra se denomina también capital social o capital escriturado, por ser el capital que figura en la escritura de constitución con las modificaciones (por aumento o reducción) legalmente adoptadas durante la vida social. Tal capital social puede estar desembolsado en su totalidad o desembolsado parcialmente. En el caso de tratarse de una Sociedad Anónima, el capital desembolsado no puede ser inferior al 25 por 100 del capital social. (...) (DEE vs capital jurídico); (kon) Gas Natural ha vendido un 4,5% de Enagás, con lo que su participación en su capital social se reduce hasta el 34,9%. (www.cincodias.com) **Grundkapital** *n* (def) Aktienkapital einer Aktiengesellschaft (AG), entspricht zahlenmäßig dem Nennwert aller ausgegebenen Aktien. 1. Höhe des G[rundkapitals]: Die Höhe des G[rundkapitals] sagt nichts über den ständig wechselnden Wert des Gesellschaftsvermögens aus. 2. In der Bilanz ist das G[rundkapital] als gezeichnetes Kapital auf der Passivseite auszuweisen (§ 152 AktG, § 266 HGB). Der feste Betrag des G[rundkapitals] kann nicht durch Gewinn oder Verlust verändert werden; (...). (...) (GWL); (kon) Umfinanzierung des Passivkapitals: Veränderung der abstrakten Kapitalpositionen der Passivseite der Bilanz, ohne dass sich das Gesamtkapital ändert (z. B. Umwandlung von Fremdkapital in Eigenkapital oder von Rücklagen in Grundkapital). (GUF: 5)

capital suscrito *m* (def) Capital que los socios de una sociedad mercantil se han comprometido documentalmente a aportar a la sociedad, al construirse la sociedad, o en posteriores ampliaciones del capital social, legalmente aprobadas. (DEE); (kon) Para que la junta pueda constituirse válidamente, deberá concurrir a ella, en nombre propio o ajeno, un número de suscriptores que represente, al menos, la mitad del capital suscrito. (...) (LSA art. 26, 2.) **gezeichnetes Kapital** *n* ^*Grundkapital*^ (def) Nominalkapital von Kapitalgesellschaften, als erste Position auf der Passivseite der Bilanz ausgewiesen. G[ezeichnetes]. K[apital] ist das Kapital, auf das die Haftung der Gesellschafter für die Verbindlichkeiten der Kapitalgesellschaft gegenüber den Gläubigern beschränkt ist (§ 272 I HGB). Bei AGs ist als g[ezeichnetes] K[apital] das Grundkapital (§ 152 I AktG) und bei GmbHs das Stammkapital (§ 42 I GmbHG) auszuweisen. (...) (GWL); (kon) Das Genossenschaftsgesetz sieht außerdem vor, dass bei Gründung der Genossenschaft die Genossen mindestens 10 v. H. des gezeichneten Kapitals sofort einzahlen. (GUF: 30)

cargo *m* ^*adeudo (DTB)*^ (def) Anotación en el debe de una cuenta. (DEN); (kon) Las relaciones contables describen los motivos más comunes o generales de cargo y abono de las cuentas de tres cifras, sin agotar las posibilidades que cada una de ellas admite. (LAG: 50) **Lastschrift** *f* ^*Guthaben*^ ^*Gutschrift*^ (def) Bezeichnung für die buchungstechnische Belastung der Soll-Seite eines Kontos. (BFL); (kon) Man sagt, das Warenkonto wird mit dem Betrag belastet (...), das Kreditorenkonto dagegen (...) entlastet (...) oder der Betrag dem Kreditorenkonto gutgebracht oder gutgeschrieben. Die Einträge selbst bezeichnet man als Belastung und Lastschrift im Soll, als Gutschrift im Haben. (WAS: 34/35)

carta comercial de crédito *f* (def) Variante del crédito documentario utilizada primordialmente en los Estados Unidos consistente en un compromiso unilateral del Banco emisor directamente frente al beneficiario del crédito en el sentido de que atenderá a los giros que el beneficiario libre a su cargo relativos a la carta comercial de crédito expedida. Este tipo de crédito elimina la función que el Banco intermediario ejercía en el crédito documentario, y la reduce a la secundaria de hacer seguir el original de la carta a su beneficiario. (PDE); (kon) Contrariamente a la carta comercial de crédito, que es básicamente un mecanismo de pago, la carta de crédito standby es una forma de garantía de banco. **Commercial Letter of Credit** *m* ^*CLC*^ ^*Zahlungsanweisung*^ (def) Handelskreditbrief, Sonderform des Akkreditivs; besonders in angloamerikanischen Ländern bevorzugtes Instrument zur Finanzierung des internationalen Handels. (GWL); (kon) Ist (...) (in einer dritten Form) der Exporteur der Begünstigte eines Zahlungsversprechens der auftraggebenden (Importeurs-) Bank im Rahmen der akkreditivähnlichen Ermächtigung des Commercial Letter of Credit (CLC), so kann er unter Vorlage des CLC die Dokumententratte einer Bank seiner Wahl zum Ankauf vorlegen, sofern er nicht auf eine bestimmte Bank verwiesen ist (restricted CLC). (GUF: 61); (Komm) Sowohl in deutschen als auch in spanischen Fachtexten ist es üblich, die englische Abkürzung zu verwenden. Bezüglich der Verwendung der Langform in spanischen Fachtexten konnte nach Rücksprache mit Fachleuten, die im Außenhandel tätig sind, festgestellt werden, dass der englische Terminus (Commercial Letter of Credit) dem spanischen in der Praxis vorgezogen wird. In manchen Lexika ist zwar eine spanische Entsprechungen zu finden, im Sprachgebrauch wird sie aber kaum verwendet. Ein Grund dafür könnte die vorrangige Position der englischen Sprache im internationalen Handel sein: Um Missverständnisse beim anderssprachigen Handelspartner zu vermeiden, wird auf eine einheitliche (englische) Ter-minologie zurückgegriffen. Eine Abkürzung für den spanischen Terminus *Carta Comercial de Crédito* konnte in der Fachliteratur nicht nachgewiesen werden. Laut Auskunft eines spanischen Experten auf diesem Gebiet wäre sie *CCC*.

cash flow *m* ^*flujo de caja*^

cedente *m* (def) La parte que transfiere a otra una cosa, derecho, acción o valor. Quien renuncia a algo a favor de otro. En realidad, constituye un donante que, ante la negativa de la donación, hace abandono de su bien o derecho. (DDU); (kon) En el momento del otorgamiento del contrato, el cedente hará entrega al cesionario del documento que acredite la garantía, referida e individualizada a las cantidades que han de ser anticipadas a cuenta del precio. (http://civil.udg.es) **Zedent** *m* ^*Zession*^ (def) Derjenige, der eine

Forderung abtritt. Der Zedent hat dem Zessionar auf Verlangen eine öffentlich beglaubigte Urkunde (öffentliche Beglaubigung) über die Forderungsabtretung auszustellen. Die Kosten hat der Zessionar zu tragen und vorzulegen (§ 403 BGB). Der Zedent muss dem Zessionar die zur Geltendmachung der Forderung nötige Auskunft erteilen und die zum Beweis der Forderung dienenden, in seinem Besitz befindlichen Urkunden aushändigen (§ 402 BGB). (GWL vs Forderungsabtretung); (kon) Durch den Zessionsvertrag überträgt der Zedent (Altgläubiger) Rechte bzw. Forderungen auf den Zessionär (Neugläubiger). (GUF: 66)

certificado de participación *m* (def 1) Documento en el que se asegura la veracidad de un hecho, de un documento o de circunstancias que constan en un archivo, registro o libro, autorizado por una persona competente para que pueda tener un valor jurídico determinado. (DEN vs certificado); (def 2) Forma de representar una cuota en un fondo de inversión. En él deberá figurar el número de participaciones que representa, denominación del fondo, sociedad gestora, domicilios, fecha de constitución del fondo y datos regístrales. El participante en un fondo tiene derecho, si así lo solicita, a recibirlo de la sociedad gestora. (...) (TAM); (Komm) Definition 2 des Spanischen bezieht sich auf Anteilscheine eines Investmentfonds. Diesem entspricht Punkt 2 der deutschen Definition, der sich mit Sondervermögen befasst.; (kon) Entidades de Inversión Colectiva. (...) Como intermediarios financieros su función es la de atraer recursos, mediante la emisión de activos financieros indirectos (sus propias acciones, los certificados de participación, etc.) que invierten en la adquisición de activos financieros directos (en su mayoría títulos-valores cotizados en Bolsa). (LBE: 221) **Anteilschein** *m ^Anteil^* (Komm) In der Fachliteratur ist sowohl die Schreibweise *Anteilschein* als auch *Anteilsschein* zu finden.; (def) Investmentzertifikate. 1. Begriff: Wertpapiere, die die Ansprüche des Anteilinhabers gegenüber der Kapitalanlagegesellschaft verbriefen. A[nteilscheine] können als Inhaberpapiere ausgegeben werden oder auf Namen lauten; im letzten Fall gilt Entsprechendes wie für Namensaktien. Mit Übertragung des A[nteilscheins] geht der Anteil des Veräußerers an den zum Sondervermögen der Kapitalanlagegesellschaft gehörenden Gegenständen auf den Erwerber über (Traditionspapiere). 2. Der Wert des im A[nteilscheins] verbrieften Anteils ergibt sich aus der Teilung des Wertes des Sondervermögens durch die Zahl der Anteile; befinden sich eigene A[nteilscheine]. im Sondervermögen, so wird für die bei der Ermittlung des Wertes des Sondervermögens kein Wert angesetzt und die Anteile, über welche die A[nteilscheine] ausgestellt sind, werden bei der Zahl der Anteile nicht mitgerechnet. (...) 3. Der Ausgabepreis für einen A[nteilschein] muss dem Wert des Anteils am Sondervermögen zuzüglich eines in den Vertragsbedingungen festzusetzenden Aufschlags entsprechen. (...) (GWL); (kon) Nach der Art der Ausstellung unterscheidet man Summenaktien, d. h. Anteilscheine, die auf einen festen Nennbetrag lauten, und Quotenaktien, die auf einen Anteil (Prozentsatz vom Grundkapital) ausgestellt sind. (GUF: 24)

cesión (1) *f* (def) La renuncia o transmisión, gratuita u onerosa, que se hace de una cosa, crédito, acción o derecho a favor de otra persona. La cesión – de no usarse como sinónimo de transmisión – es un contrato por el cual uno transfiere a otro el crédito, derecho o acción que tiene contra un tercero. La cesión puede efectuarse por venta, donación, permuta, dación en pago, legado o cualquier otro título eficaz para que lo propio de uno se torne del que antes era ajeno. Pueden constituir objeto de la cesión todos los derechos y acciones, así reales como personales. (DDU); (kon) En el Derecho alemán se permite la cesión del nombre mercantil al enajenar un negocio. (HAC: 81) **Abtretung** *f ^Forderungsabtretung (GWL)^ ^Zession^* (Komm) Man unterscheidet zwischen offener, halboffener und stiller Forderungsabtretung, Global- und Mantelzession; (def) Übertragung einer Forderung von dem bisherigen Gläubiger (Zedenten) auf einen neuen Gläubiger (Zessionar). (GWL vs Forderungsabtretung); (expl) Mit dem Abschluss des Vertrages zur Abtretung von Forderungen (Zession) tritt der neue Gläubiger (Zessionar) an die Stelle des alten Gläubigers (Zedent). Dem Schuldner braucht die Abtretung nicht angezeigt werden. Die Abtretung kann formlos (auch mündlich) erfolgen, doch übergibt der Zedent dem Zessionar in der Regel eine einfache schriftliche Abtretungserklärung. (MÜS); (kon) Wird die Abtretung dem Drittschuldner nicht mitgeteilt (= Stille Zession), so zahlt er mit befreiender Wirkung an den Kreditnehmer, der den Betrag weiterleitet. (GUF: 66) **cesión (2)** *f* (def) La renuncia o transmisión, gratuita u onerosa, que se hace de una cosa, crédito, acción o derecho a favor de otra persona. La cesión – de no usarse como sinónimo de transmisión – es un contrato por el cual uno transfiere a otro el crédito, derecho o acción que tiene contra un tercero. La cesión puede efectuarse por venta, donación, permuta, dación en pago, legado o cualquier otro título eficaz para que lo propio de uno se torne del que antes era ajeno. Pueden constituir objeto de la cesión todos los derechos y acciones, así reales como personales. (DDU); (kon) [La] cesión se realizó mediante un documento notariado (www.cubaliberal.org) **Zession** *f ^Abtretung^ ^Forderungsabtretung^ ^Forderungszession^ ^Globalzession^ ^Mantelzession^ ^Sicherungsabtretung^ ^Übertragung^* (def) Übertragung einer Forderung von dem bisherigen Gläubiger (Zedenten) auf einen neuen Gläubiger (Zessionar). Rechtsgrundlage: §§ 398 ff. BGB. (GWL vs Forderungsabtretung); (expl) Die Forderungszession oder Sicherungsabtretung hat zum Inhalt, dass der Kreditnehmer dem Kreditgeber eine Forderung gegenüber einer anderen Person (Drittschuldner) gemäß § 398 BGB abtritt. Sie wird häufig benutzt, weil eine der Verpfändungsanzeige entsprechende Benachrichtigung des Drittschuldners unterbleiben kann (sog. Stille Zession). Erfolgt die Benachrichtigung des Drittschuldners, liegt eine offene Zession vor. Weil auch die Abtretung noch nicht bestehender, erst in der Zukunft entstehender Forderungen möglich ist, soweit die abgetretenen Forderungen zweifelsfrei bestimmbar sind, findet sich die Sicherungsabtretung in der Praxis der Kreditbesicherung recht häufig. (DRU); (kon) Als Sicherheiten sind beim Kontokorrentkredit Sicherungsübereignung von Vorratsvermögen, Zession von Buchforderungen und (seltener) Verpfändung von Wertpapieren gebräuchlich. (GUF: 51)

cesión (de la totalidad de créditos sobre algo en particular) *f ^cesión en bloque (ABA)^* **Globalzession** *f ^Globalabtretung (GWL)^ ^Zession^* (def) Forderungsabtretung, meist zur Sicherung eines Bankkredits, durch die der Zedent alle gegenwärtigen und zukünftigen Forderungen aus dem Verkauf oder der Verwertung einer Sache oder einer geschäftlichen Tätigkeit (z. B. »aus Lieferung von Leder gegen dessen Abnehmer«) mit Vertragsabschluss schon abtritt. (GWL vs Globalabtretung); (expl) In einem Globalzessionsvertrag wird vereinbart, dass sämtliche Forderungen der Unternehmung an namentlich oder örtlich bestimmte Kunden, die bestehen oder in einem bestimmten Zeitraum entstehen werden, an den Kreditgeber abgetreten sind. (SWO); (kon) Bei der Mantelzession werden laufend Forderungen in einer bestimmten Gesamtsumme abgetreten, bei der Globalzession werden Teile aller gegenwärtigen und künftigen Forderungen des Kreditnehmers gegenüber bestimmten Schuldnern (z. B. Buchstabengruppe A bis M) oder aus bestimmten Geschäften abgetreten (GUF: 66)

cesión en bloque *f ^cesión^*

cesión de créditos (en la que no figura el deudor cedido) *f* (def) Cesión de créditos en la que el deudor no recibe notificación (...). La falta de notificación al deudor tiene por efecto principal que, si paga antes de conocer la cesión, queda liberado de la obligación. El precepto no deja de ser curioso, por cuanto en el momento del pago el acreedor anterior, que ya ha dejado de serlo, puede oponerse que ya no tiene derecho de pago. La cesión puede hacerse sin que el deudor intervenga en ella, y sin requerírsele siquiera su consentimiento (...). (DDU vs cesión) **stille Zession** *f ^Forderungsabtretung, stille (GWL)^ ^Zession^* (def) Zession, die dem Schuldner nicht angezeigt wird. Üblich u. a. bei Sicherungsabtretung an Banken. Die stille Zession birgt die Gefahr, dass der Zedent die Forderung erneut abtritt, der Schuldner in Unkenntnis der stillen Zession an den zweiten Zessionar leistet und damit befreit wird (§ 408 BGB). (GWL); (kon) Wird die Abtretung dem Drittschuldner nicht mitgeteilt (= Stille Zession), so zahlt er mit befreiender Wirkung an den Kreditnehmer, der den Betrag weiterleitet. (GUF: 66)

cesión a título de garantía *f ^transmisión en garantía^*

cesión en garantía *f ^transmisión en garantía^*

cesión general *f* (def) Forma de la cesión de créditos en la cual el cedente se obliga a ceder al cesionario sus créditos actuales o futuros para mantener el total de los créditos cedidos en un mínimo contractualmente establecido. (DV) **Mantelzession** *f ^Zession^* (def) Eine Art der Sicherungsabtretung (Zession) von Forderungen, bei der sich der Zedent verpflichtet, dem Zessionär Forderungen in bestimmbarer oder variabler Höhe abzutreten und ihm zu bestimmten Zeitpunkten die abgetretenen Forderungen aufzulisten. Die Abtretung wird erst mit der Übergabe der Forderungsaufstellungen wirksam. Damit wird dem Bestimmtheitsgebot genügt. Bis dahin ist der Zessionar nicht vor weiteren Abtretungen geschützt. Mantelzession ist insbes. zur Sicherung von Bankkrediten üblich. Der Gesamtbetrag der abgetretenen Forderungen wechselt und richtet sich jeweils nach der Höhe des beanspruchten Kredits. (GWL); (expl) Die Mantelzession bzw. die Globalzession erfassen Forderungsgesamtheiten. Bei Vereinbarung einer Mantelzession tritt der Schuldner bereits entstandene Forderungen gegenüber Drittschuldnern ab und verpflichtet sich, künftig entstehende Forderungen nach deren Entstehen auf den Gläubiger zur übertragen, um so den Gesamtbestand der abgetretenen Forderungen auf einer vertraglich definierten Mindesthöhe zu halten. (DRU); (kon) Bei der Mantelzession werden laufend Forderungen in einer bestimmten Gesamtsumme abgetreten, bei der Globalzession werden Teile aller gegenwärtigen und künftigen Forderungen des Kreditnehmers gegenüber bestimmten Schuldnern (z. B. Buchstabengruppe A bis M) oder aus bestimmten Geschäften abgetreten. (GUF: 66)

cesionario *m* (def) La persona a cuyo favor se hace la cesión de bienes, el traspaso de un crédito o la transmisión de cualquiera otros derechos. El cesionario tiene igual derecho que el acreedor de un partícipe cuando se divida un condominio: concurrir, oponerse a la división sin su concurso e impugnar la fraudulenta. (DDU); (kon) Durante la vigencia del contrato, el cedente y cesionario, pueden llegar a acordar que la adquisición del inmueble se efectúe mediante la entrega en un solo acto, o en varios, de las cantidades que esté oblidago a satisfacer. (www.admicove.com) **Zessionar** *m ^Zession^ ^Zessionär (WDW)^* (def) Derjenige, an den eine Forderung abgetreten wird. (GWL vs Forderungsabtretung); (kon) Durch den Zessionsvertrag überträgt der Zedent (Altgläubiger) Rechte bzw. Forderungen auf den Zessionar (Neugläubiger). (GUF: 66)

cheque *m ^talón (DEI)^* (def) Talón emitido por un banco contra sus propios fondos. Es una promesa de pago del banco nominativa o al portador. Una persona puede comprar un cheque bancario con dinero en efectivo o mediante cargo en su propia cuenta. El banco cobra usualmente una comisión por este servicio. Actualmente es sinónimo de talón. (EEE); (kon) El cheque, como documento, lo crea el librador en el acto de extenderlo. (LCC: 193) **Scheck** *m ^Wechsel^* (def) Scheck ist ein schuldrechtliches Wertpapier, das in bestimmter Form ausgestellt, als Scheck bezeichnet werden und auf die Zahlung einer bestimmten Geldsumme (Schecksumme) lauten muss. Der Scheck ist eine besondere Form der Anweisung; er darf nur auf eine Bank, Sparkasse oder bestimmte öffentliche Anstalten gezogen werden (...) Im Gegensatz zum Wechsel kann ein Scheck nicht angenommen werden (...). Auch ein Indossament des Bezogenen ist nichtig (...) Außerdem ist der Scheck zwingend bei Sicht zahlbar (...); dadurch soll vermieden werden, dass der Scheck, der lediglich dem Zahlungsverkehr dienen soll, als Kreditmittel benutzt wird. (...) Wer einen Scheck ausstellt haftet für dessen Zahlung (...). (CRL); (kon) Als Zahlungsmittelbestände kommen in Frage: Kassenbestände (Bargeld), Bank- und Postgiroguthaben sowie sofort liquidierbare Vermögensgegenstände, wie Schecks, rediskontfähige Wechsel und andere Wertpapiere. (GUF: 90)

cierre de ejercicio *m ^cuentas anuales^*

cifra de negocios *f ^facturación^ ^volumen de ventas^* (expl) Expresión utilizada para señalar los ingresos de una empresa por ventas o prestación de servicios durante un período de tiempo determinado. (DEN); (kon) La cifra de negocios del sector industrial aumenta un 7,6% en 2004 respecto al año anterior. (www.ine.es) **Umsatz** *m ^Erlös (GWL)^ ^Umsatzerlös^* (def 1) Summe der in einer Periode verkauften, mit ihren jeweiligen Verkaufspreisen bewerteten Leistungen; auch als Erlös (v. a. im Rechnungswesen) bezeichnet. Umsatz ist Grundlage für die Ermittlung der Umsatzsteuer. (GWL); (def 2) Wert der abgesetzten Erzeugnisse und der erbrachten Leistungen. (LHW); (kon) Im Vorjahresquartal wurde ein Umsatz von 3,49 Milliarden US-Dollar bzw. ein NettoGewinn von 295 Millionen US-Dollar oder 0,35 US-Dollar por Aktie erzielt. (www.apple.com)

cifra de ventas *f ^distribución (UEC)^ ^ventas^* (Komm) Der Terminus *ventas* ist die Kurzform von *cifra de ventas* (en unidades físicas); (def) Suma de las operaciones realizadas durante el ejercicio o período considerado. Normalmente un año contable. (MDB); (kon) La facturación, la cifra (o el volumen) de ventas y la cifra de negocios son indicadores de la dimensión de las actividades comerciales de una empresa. (SMA: 79) **Absatz** *m ^Absatzmarkt^ ^Beschaffung^ ^Produktion^ ^Verkauf (WDW)^* (def) Die Schlussphase des innerbetrieblichen Umsatzprozesses, der aus den Kapitalbewegungen im Beschaffungs-, Produktions- und »Absatzbereich« besteht bzw. die Menge der in einer Zeiteinheit veräußerten Güter von Gewinnungs-(Urproduktions-), Fabrikations-, Veredelungs- und Handelsunternehmen. (GWL); (kon) Die deutsche Papierindustrie hat beim Absatz und der Produktion ein zufrieden stellendes Ergebnis für das Jahr 2003 erreicht. (www.presseportal.de)

circulante *m ^capital circulante^*

clase *f* (def) (...) [Las acciones] Pueden ser

entre otras: a) nominativas; b) al portador; c) desembolsadas; d) no desembolsadas; e) acciones liberadas; f) acciones preferentes. (AEE vs acción); (expl) (...) En este precepto [la reforma de la L.S.A.] se acaba con el confusionismo del artículo 37 de la Ley anterior al distinguir entre clases y series de acciones, quedando muy claro que la clase constituye el género y la serie la especie, puesto que cada clase puede comprender varias series. Todas las acciones de la misma clase tendrán el mismo contenido de derechos ya sean ordinarias o privilegiadas; y cada serie estará constituida por acciones de idéntico valor nominal, lo que implica que dentro de una misma clase se puedan contener varias series de acciones de distinto valor nominal. (...) (NLS: 53); (kon) (...) El número de acciones en que estuviera dividido el capital social; su valor nominal; su clase y serie, si existieren varias, con exacta expresión del valor nominal, número de acciones y derechos de cada una de las clases; el importe efectivamente desembolsado; y si están representadas por medio de títulos o por medio de anotaciones en cuenta. En caso de que se representen por medio de títulos, deberá indicarse si son nominativas o al portador y si se prevé la emisión de títulos múltiples. (LSA art. 8. g) **Gattung** *f ^Aktie^* (def) Aktien können verschiedene Rechte gewähren, so bei Gewinnverteilung und Verteilung des Gesellschaftsvermögens (Liquidationserlöse) sowie bei der Ausübung des Stimmrechts. Aktien einer AG mit gleichen Rechten bilden eine Gattung. In der Jahresbilanz sind beim gezeichneten Kapital die Gesamtnennbeträge der Aktien jeder Gattung gesondert anzugeben. (...) (BAL vs Aktiengattungen); (kon) Laut § 11 AktG bilden Aktien mit gleichen Rechten eine Gattung. (GUF: 24)

cláusula de pignoración negativa *f ^cláusula negativa^* (def) Promesa escrita del prestatario de no gravar ningún activo con un derecho pignoraticio sin el consentimiento previo del prestamista. (TAM) **Negativklausel** *f* (def) Klausel in den Anleihekonditionen (Anleihe), gemäß der der Emittent verpflichtet ist, für die Laufzeit der Anleihe seinen Grundbesitz nicht anderweitig zu verpfänden oder im Falle einer neuen Emission den alten Gläubigern eine gleichrangige Sicherung einzuräumen. (GWL); (expl) Schuldverschreibungen (Obligationen) werden in der Regel durch Belastung von Grundstücken des Unternehmens in Form der Eintragung einer Hypothek oder bevorzugt durch eine Grundschuld gesichert. Verzichtet man jedoch auf diese Art der Sicherung, so findet auf jeden Fall die sogenannte Negativklausel Anwendung, d. h. der Emittent übernimmt die Verpflichtung, sein Vermögen nicht durch Veräußerung oder Belastung seines Grundbesitzes und/oder durch Bestellung sonstiger Sicherheiten zugunsten Dritter zum Nachteil der Obligationäre zu verändern. (EIL); (kon) Unternehmen erstklassiger Bonität verzichten z. T. auf Besicherung und gestehen den Obligationären lediglich die Negativklausel zu. (GUF: 41)

cláusula negativa *f ^cláusula de pignoración negativa^*

cliente *m* (expl) Vendedor de mercancías o servicios y titular, por tanto, de los créditos comerciales (facturas) que cede a la compañía de factoring (factor). (HCF); (kon) En un contrato de factoring aparecen todas o varias de las cláusulas siguientes: (...) Aseguramiento al cliente del pago de los créditos aceptados por el factor, cualesquiera que sea el resultado de cobro y el compromiso del cliente para facilitar los instrumentos adicionales de prueba para ejercer las oportunas acciones contra los deudores. (FEI: 3. 39) **Klient** *m ^Factoring^* (expl) [Bezüglich Factoring-Geschäfte:] (...) Ehe wir jedoch in unseren Erörterungen fortfahren (...), sollen zwei Bezeichnungen, die ständig wiederkehren und zu Verwechslungen Anlass geben könnten, klargestellt werden. Es handelt sich um die Termini *Klient* und *Kunde* oder *Abnehmer*. Jedesmal, wenn vom *Klienten* gesprochen wird, ist damit immer das Unternehmen gemeint, das mit dem Factor in einem direkten Vertragsverhältnis steht, mit anderen Worten, das Unternehmen, welches seine Forderungen an den Factor verkauft. Der Amerikaner spricht hier vom *client* (...). (KGF: 17); (kon) Factoring ist der Verkauf von Forderungen aus Warenlieferungen und Dienstleistungen durch ein Unternehmen (Klient) an ein Finanzierungsinstitut (Factor). (GUF: 58)

clientela *f* (def) Conjunto de clientes de una persona física o jurídica. (DEN); (kon) La clientela es atraída por la notoriedad de una marca. (BFF: 120) **Kundenstamm** *m* (def) fester Kundenkreis (DAB); (kon) Factoring wird angewandt, wenn es sich um repetierende Verkäufe mit einer konstanten Kundschaft oder einen festen Kundenstamm handelt. (GUF: 60)

clientes por ventas y prestaciónes de servicios *mpl* (Komm) Der Terminus *clientes por ventas y prestaciones de servicios* wird im juristischen Bereich sowie im Rechnungswesen verwendet. Er entspricht dem deutschen Terminus *Forderungen aus Lieferungen und Leistungen*. Je nach Kontext sind verschiedene Übersetzungsmöglichkeiten gegeben. Beispielsweise kann (kon 1) des Deutschen mit »*...cesión de créditos provenientes de ventas y prestaciones de servicios*« übersetzt werden. Für (kon 2) des Deutschen bietet sich im Spanischen die Übersetzung »*clientes por ventas y prestaciones de servicios*« an.; (def) Cuenta del activo del balance de una empresa que indica la cantidad a recibir de sus clientes como pago por los productos vendidos o los servicios prestados. (DEN); (kon) El apartado c) del Activo, »Activo circulante», incluirá: (...) 2. En el apartado III, »Deudores»: 1. Clientes por ventas y prestaciones de servicios. (SAG: 187) **Lieferungen und Leistungen** *fpl* (def) nach dem Umsatzsteuerrecht Unterbegriff der Leistung. L[ieferungen] u[nd] s[eine] L[eistungen], die ein Unternehmer im Rahmen seines Unternehmens gegen Entgelt im Erhebungsgebiet ausführt, unterliegen der Umsatzsteuer, wenn sie nicht steuerbefreit sind. (...) Lieferung: Durch die Lieferung befähigt der Unternehmer (oder der von ihm Beauftragte) den Abnehmer (oder in dessen Auftrag einen Dritten), im eigenen Namen über den Gegenstand zu verfügen (§ 3 I UStG). Entscheidend ist Übertragung der Verfügungsmacht, nicht des Eigentums; z. B. Lieferung, wenn ein Gegenstand unter Eigentumsvorbehalt verkauft und übergeben wird; keine Lieferung also z. B. bei Sicherungsübereignung vor Eintritt des Sicherungsfalls. Als Gegenstand der Lieferung im Sinne des UStG gelten insbes. Sachen im Sinne des BGB und solche Wirtschaftsgüter, die im Wirtschaftsverkehr wie Sachen behandelt werden (z. B. Strom). Beschafft ein mit der Bearbeitung oder Verarbeitung eines Gegenstandes beauftragter Unternehmer hierzu mindestens einen Hauptstoff, aus dem der Lieferungsgegenstand besteht, so liegt eine Werklieferung vor, die wie die Lieferung behandelt wird. (...) Sonstige Leistung: Leistung, die nicht in Lieferung besteht, auch ein Dulden oder Unterlassen (§ 3 IX UStG) sowie Übertragung von Rechten oder Verzicht auf sie. Werden von einem be- oder verarbeitenden Unternehmer nur Hilfsstoffe (Zutaten und Nebensachen) selbst beschafft, dann handelt es sich um eine Werkleistung (§ 3 IV UStG), dergleichen. wenn ein Unternehmer einem Auftraggeber, der ihm einen Stoff zur Herstellung eines Gegenstandes übergeben hat (z. B. Roggen zur Herstellung von Mehl), an Stelle des hieraus herzustellenden Gegenstandes (Mehl) einen gleichartigen Stoff überlässt, vorausgesetzt, dass das Entgelt für die Leistung unabhängig vom Unterschied des empfangenen Stoffes und dem des überlassenen Gegenstandes berechnet wird (»Umtauschmüllerei«; § 3 X UStG). (GWL); (kon 1) Im Kreditgeschäft mit Unternehmen dominiert die Zession von Forderungen aus Lieferungen und Leistungen. (GUF: 66) ; (kon 2) Hierbei handelt es sich um Eingänge aus »offenen Debitoren« (Forderungen aus Lieferungen und Leistungen). (GUF: 92)

cobertura *f* (def) Cantidad, suma, posición o garantía que se tiene disponible o fácilmente utilizable para responder de una deuda o compromiso. Se dice que un cliente tiene cobertura suficiente cuando el saldo de su cuenta de ahorro excede en mucho al descubierto de su cuenta corriente. Y asimismo, cuando para responder al riesgo de papel comercial tenga en cualquier modalidad de cuenta dinero suficiente o una posición acreedora próxima y vencer que represente la suficiente garantía como para responder de ese riesgo. (MDB); (kon) Nos referimos, por un lado, al riesgo de insolvencia, y, por otro, a la cobertura de los compromisos que en materia de pensiones tienen contraídos con el personal. (GDE: 393) **Deckung** *f* ^*Deckungsstock*^ ^*Überdeckung*^ ^*Unterdeckung*^ (def) (...) Befriedigung, Bereitstellung der erforderlichen Mittel (...) (DUW); (kon) Bei der Abstimmung zwischen Finanzmittelbedarf und dessen Deckung durch entsprechendes Kapital sind neben der jeweiligen unternehmerischen Leitmaxime auch die daraus abgeleiteten Teilziele und Nebenbedingungen, wie Rentabilität, Unabhängigkeit, Sicherheit und vor allem Liquidität, zu berücksichtigen. (GUF: 89)

cobros *mpl* (Komm) weitere Informationen siehe Anhang; (def 1) En la terminología alemana, se entiende por el concepto de *Einzahlungen* un aumento de liquidez de una empresa causada por entradas de dinero en efectivo o dinero en cuenta. Las *Einzahlungen* son convertibles directamente en dinero y, por consiguiente, son importantes para la planificación de inversiones, finanzas y liquidez de la empresa. En el balance se contraponen a las *Auszahlungen* (gastos). (DV); (def 2) Sumas de dinero que por cualquier concepto entran en el patrimonio del comerciante. (COD); (kon) La Tesorería refleja la cantidad de dinero líquido disponible. Refleja pues pagos y cobros, independientemente de como se generen los gastos e ingresos. (ABC: 51/52) **Einzahlungen** *fpl* ^*Auszahlungen*^ (def) Zahlungsmittelbetrag (Bargeld, Giralgeld), der einem Wirtschaftssubjekt von anderen Wirtschaftssubjekten (Beschaffungs, Absatz, Geld- und Kapitalmärkten sowie vom Staat) zufließt (Strömungsgröße). (...) (GWL); (kon) In Kleinunternehmen, in denen der Unternehmer die finanziellen Zahlungsströme in Form von Einzahlungen und fälligen Auszahlungen noch selbst überblicken kann, mögen einfache Notizen ausreichen; sofern das Finanzvolumen jedoch eine gewisse Größenordnung angenommen hat, und auf diese Weise nicht mehr kontrolliert werden kann, reicht eine derartige Finanzdisposition nicht mehr aus. (GUF: 79)

cobros pendientes *mpl* ^*deuda pendiente*^

Código de Comercio *m* (Komm) Der Código de Comercio regelt den Handel in Spanien. Bezieht sich der Terminus Handelsgesetzbuch in einem Kontext speziell auf das deutsche Handelsgesetzbuch, wird empfohlen *código de comercio alemán* als Übersetzung zu wählen. Analog verhält es sich mit der Übersetzung des spanischen Terminus *Código de Comercio* ins Deutsche: In entsprechenden Kontexten, sollte die Übersetzung *spanisches Handelsgesetzbuch* gewählt werden.; (def) Principal cuerpo legal del Derecho mercantil, que regula los actos de comercio efectuados entre las personas físicas y/o jurídicas. Fue promulgado en 1885 y entró en vigor el 1 de enero de 1886, consta de 955 artículos divididos en cuatro libros cuyos títulos son: a) De los comerciantes y del comercio en general. b) Los contratos especiales de comercio. c) El comercio marítimo. d) La suspensión de pagos, las quiebras y las prescripciones. (DDM); (kon) Si la aportación consistiese en bienes muebles o inmuebles o derechos asimilados a ellos, el aportante estará obligado a la entrega y saneamiento de la cosa objeto de la aportación en los términos establecidos por el Código Civil para el contrato de compraventa, y se aplicarán las reglas del Código de Comercio sobre el mismo contrato en punto a la transmisión de riesgos. (LSA: art. 39, 1.) **Handelsgesetzbuch** *n* ^*HGB*^ (Komm) Das HGB regelt den Handel in Deutschland. Bezieht sich der Terminus Handelsgesetzbuch in einem Kontext speziell auf das deutsche Handelsgesetzbuch, wird empfohlen *código de comercio alemán* als Übersetzung zu wählen. Analog verhält es sich mit der Übersetzung des spanischen Terminus *Código de Comercio* ins Deutsche: In entsprechenden Kontexten, sollte die Übersetzung *spanisches Handelsgesetzbuch* gewählt werden.; (def) Das H[andelsgesetzbuch] vom 10. Mai 1897 mit späterer Änderung, regelt einen wesentlichen Teil des vom allgemeinen bürgerlichen Recht abweichenden Sonderrechts des Handels. Inhalt: Vorschriften über den Handelsstand (Kaufmann, Handelsregister, Firma, Prokura, Handlungsvollmacht, Handlungsgehilfen und Handlungslehrlinge, Handelsvertreter und Handelsmakler), die offene Handelsgesellschaft (OHG), Kommanditgesellschaft (KG) und stille Gesellschaft; allgemeine Regeln über Handelsgeschäfte, Handelsbücher (Bücher); Einzelbestimmungen über den Handelskauf, das Kommissionsgeschäft, die Spedition, das Lagergeschäft und den Frachtvertrag. (...) (GWL); (kon) Das Rechtsverhältnis der persönlich haftenden Gesellschafter untereinander und gegenüber den Kommanditisten sowie gegenüber Dritten bestimmt sich abweichend vom Aktienrecht nach den Vorschriften des Handelsgesetzbuches über die Kommanditgesellschaft. (GUF: 28)

coeficiente de endeudamiento *m* ^*ratio de endeudamiento*^

coeficiente de estabilidad *m* ^*ratio de estabilidad*^

coeficiente de inmovilización *m* ^*ratio de estabilidad*^

colocación *f* (def 1) Distribución de acciones u obligaciones entre los accionistas u obligacionistas. (GAR vs colocación de valores mobiliarios); (def 2) Es la venta efectiva de activos financieros; por la propia entidad emisora, o a través de intermediación. Puede conceptuarse también como la actividad conducente a transformar los excedentes de ahorro invertiéndolos en los diferentes activos. (...) (TAM vs colocación de valores mobiliarios); (kon) El programa deberá ser suscrito por todos los promotores, cuyas firmas habrán de legitimarse notarialmente. El folleto habrá de ser suscrito, además, por los intermediarios financieros que, en su caso, se encarguen de la colocación y aseguramiento de la emisión. (LSA art. 21, 1.) **Platzierung** *f* (Komm) frühere Schreibweise: Plazierung; ^*Emission*^ ^*Fremdemission*^ ^*Konsortium*^ (def) I. Bankwesen: 1. Begriff: Unterbringung neu ausgegebener Wertpapiere (Aktien, industrielle Schuldverschreibungen), insbes. durch Verkauf an das breitere Publikum (vgl. auch Emissionsgeschäft). P[latzierung] wird häufig von einem Konsortium (Platzierungskonsortium, auch underwriter) durchgeführt, das dem Emittenten die vollständige P[latzierung] garantiert; im Fall der Nichtplatzierung verbleiben die Papiere im Bestand der Konsortialbanken. Platzierende Banken erhalten für die Durchführung der P[latzierung] eine Provision. 2. Arten: a) Öffentliche Zeichnung: Anleger besitzen die Möglichkeit, innerhalb einer bestimmten Frist Teile der Wertpapieremission zu zeichnen. Bei hoher Nachfrage kann Zeichnungsfrist verkürzt werden, bei Überzeichnung erfolgt die Zuteilung z. B. durch Verlosung (oft bei Aktienneuemissionen). b) Freihändiger Verkauf: Die platzierenden Banken verkaufen ihr Kontingent ab einem bestimmten Termin ohne vorhergehende Zeichnung. (...) (GWL); (kon) Nach der erfolgreichen Platzierung des ersten Portfolios am Kapitalmarkt legen IKB Deutsche Industriebank und Deutsche Bank gegenwärtig das zweite equiNotes-Progamm auf (www.equinotes.de)

comanditario *m ^socio comanditario^*

comanditario accionista *m* (def) Accionista de la sociedad en comandita por acciones, el cual no responde personalmente por las deudas de la empresa. Sus derechos y deberes equivalen a aquellos del accionista de la sociedad anónima. (DV); (kon) Ante la laguna legal, que no determina normas específicas para el régimen de estas sociedades, la doctrina esp. se inclina a aceptar las reglas de la sociedad anónima en cuanto al capital integrado por acciones y los derechos y deberes de los comanditarios accionistas. (DDU vs sociedad en comandita por acciones) **Kommanditaktionär** *m ^Aktionär^ ^Kommanditgesellschaft auf Aktien^* (def) Aktionär einer Kommanditgesellschaft auf Aktien, der nicht persönlich für die Verbindlichkeiten der Gesellschaft haftet. (BAL); (kon) Sie wird in § 278 AktG definiert als »eine Gesellschaft mit eigener Rechtspersönlichkeit, bei der mindestens ein Gesellschafter den Gesellschaftsgläubigern unbeschränkt haftet (persönlich haftender Gesellschafter) und die übrigen an dem in Aktien zerlegten Grundkapital beteiligt sind, ohne persönlich für die Verbindlichkeiten der Gesellschaft zu haften (Kommanditaktionäre)«. (GUF: 28)

comercio al detalle *m ^comercio minorista^*

comercio detallista *m ^comercio minorista^*

comercio al por mayor *m ^comercio minorista^*

comercio mayorista *m ^comercio al por mayor (DEN)^* (def) En el sentido estricto, los mayoristas son intermediarios que venden la mercancía a otros intermediarios, sin embargo, pueden existir comercios minoristas con venta al público que también comercien con establecimientos comerciales, con lo que también realizan funciones de mayorista. La justificación de la existencia del comercio mayorista se basa en la reducción de las transacciones que se realizan entre fabricantes y minoristas, además de ofrecer una serie de servicios como el mantener una fuerza de ventas que permite llegar a un mayor número de clientes, reducción del coste de transporte entre fabricante y vendedor, adecuación de la producción a la demanda mediante el almacenamiento, etc. (DEI); (kon) Las repercusiones de la integración económica europea en el sector de la distribución comercial, y específicamente en el ámbito del comercio mayorista, están suponiendo la reforma y modernización de sus estructuras internas. (CMM: 13) **Großhandel** *m ^Einzelhandel^* (def) (...) der nur an Einzelhandel und weiterverarbeitende liefernde Handel; vielfach spezialisiert: Rohstoff-, Halbfabrikat-, Fertigfabrikat-, Großhandel (...); Hauptfunktion: Vermittlung des Güteraustausches über große Entfernungen, Lagerhaltung und Sortimentsgestaltung, Kreditgewährung an den Einzelhandel; (...) (HLW); (kon) Zur großen Verbreitung des Lieferantenkredits besonders im Groß- und Einzelhandel hat beigetragen, dass die Lieferanten die Zielgewährung oft als absatzförderndes Mittel einsetzen. (GUF: 60)

comercio al por menor *m ^comercio minorista^*

comercio minorista *m ^comercio al detalle (DEN)^ ^comercio al por menor (DEN)^ ^comercio detallista (REE)^* (def) Se trata de la actividad relacionada con la venta de bienes y servicios directamente para el consumidor final para su uso personal. Esta tarea puede ser realizada directamente por el fabricante, intermediarios mayoristas o por empresas minoristas. Este comercio al por menor es una de las actividades principales en la economía española. El comercio minorista establece su estrategia comercial en función de la selección del segmento de mercado al que se pretenda dirigir y la imagen del establecimiento, su localización, el tipo y calidad de los productos ofrecidos, la estrategia de precios y la comunicación que va a realizar frente a los consumidores. (...) (DEI); (kon) Veamos las siguientes cifras orientativas, según las cuales un 2 por 100 de las ventas del comercio minorista fue realizado en España por unos 8.500 establecimientos franquiciados en 1988. (BFF: 122) **Einzelhandel** *m ^Großhandel^* (def) Im funktionellen Sinne ist Einzelhandel der Handel, d. h. die Beschaffung und der Absatz von Handelswaren und sonstigen Leistungen an Letztverbraucher. Der Begriff knüpft also nicht an die Betriebsgröße, sondern am Abnehmerkreis der Betriebe an. Im institutionellen Sinne umfasst der Einzelhandel jene Institutionen und Organisationen, deren wirtschaftliche Tätigkeit ausschließlich oder überwiegend dem Einzelhandel im funktionellen Sinne zuzurechnen ist. Es handelt sich dabei also um eine Wirtschaftsstufe in der Absatzkette für Wirtschaftsgüter, welcher der Großhandel vorgelagert und der Konsumenten nachgelagert ist. (...) (GML); (kon) Zur großen Verbreitung des Lieferantenkredits besonders im Groß- und Einzelhandel hat beigetragen, dass die Lieferanten die Zielgewährung oft als absatzförderndes Mittel einsetzen. (GUF: 50)

comisión *f* (def) Retribución dada a la persona (comisionista) que actúa como intermediario realizando algún acto comercial por cuenta de otro, a título oneroso. (DEN); (kon) La retribución por comisión es muy frecuente respecto de determinados clasificaciones laborales, tales como las de viajantes y agentes de ventas, y por supuesto, representantes de comercio (...). (DTA: 225) **Provision** *f ^Arbeitsentgelt^* (def) Provision ist die Vergütung für geleistete Dienste, die nach einem im Einzelfall bestimmten Prozentsatz vom Wert eines besorgten oder vermittelten Geschäfts bemessen wird. Voraussetzungen und Umfang des Anspruchs auf Provisionen sind je nach dem zugrunde liegenden Rechtsverhältnis verschieden. (...) (CRL); (expl) Rechtsgrundlage: § 354 HGB: Wer in Ausübung seines Handelsgewerbes einem anderen Geschäfte besorgt oder Dienste leistet, kann dafür auch ohne Vorabrechnung Provision (...) nach den an dem Orte üblichen Sätzen fordern.; (kon) Die Provision stellt also eine Zahlung in prozentualer Relation zum Umsatzertrag oder -ergebnis der Verkaufsmitarbeiter dar. (PPU: 14)

comisión de apertura *f* (def) (...) Percepción por la prestación de un servicio. Las comisiones bancarias están sujetas, en España, a las tarifas publicadas por el Consejo Superior Bancario. Se diferencian de los intereses en que éstas se perciben por un servicio, mientras que los intereses responden a un capital. (MDB vs comisión); (expl) (...) La obligación típica del acreditado en esta fase del contrato consiste en pagar la comisión pactada como contraprestación de la concesión de crédito. La comisión representa así el precio del alquiler del crédito y confirma en este sentido el carácter bilateral del contrato. Las pólizas bancarias impresas imponen la obligación de pagar la comisión aunque no se haga uso del crédito, y es lógico que así sea por el carácter que acabamos de atribuir a esta obligación. En algunas pólizas se prevé, además, el pago de otra comisión trimestral sobre el saldo mayor dispuesto durante ese período. En realidad esto representa un interés adicional. (...) (GCB: 210/211); (kon) El acreditado asume normalmente en la apertura de crédito tres distintas obligaciones: a) La de satisfacer al Banco una comisión de apertura consistente en un tanto por ciento sobre el total del crédito abierto. (UDM II: 867) **Bearbeitungsprovision** *f ^Kredit^* (def) Provision, die u. U. von Banken im Zusammenhang mit der Gewährung von Krediten anstelle einer Umsatzprovision berechnet wird. (GWL); (Komm) Bei Krediten, die nicht in laufender Rechnung gewährt werden und für die eine Tilgung in regelmäßigen Raten über einen Zeitraum von mehr als 12 Monaten vereinbart ist, darf eine einmalige Bearbeitungsprovision von höchstens zwei Prozent des ursprünglichen Kreditbetrages an Stelle der Umsatzprovision berechnet werden. (kon) Die Finanzierungskosten beim Diskontkredit umfassen die Wechselsteuern, die Diskontspesen als Inkassospesen, die Diskontprovision als Bearbeitungsprovision und den Diskont. (GUF: 53)

comisión para la admisión a cotización en bolsa *f* (def 1) Es la comisión que cobra el banco encargado del proceso de la admisión de valores a cotización en bolsa de la entidad emisora. Se compone de los gastos de todo el proceso de admisión como por ejemplo los gastos para el prospecto, etc. (DV); (def 2) Cantidad expresada en términos absolutos, y con más frecuencia en porcentaje, que suele pactarse antes de realizar una operación comercial, inmobiliaria, bursátil, financiera, etc., y que se otorga por un mandante a un agente como retribución por su labor de intermediación. (TAM vs comisión) **Börseneinführungsprovision** *f ^Börse^* (def 1) Für die Börseneinführung von Wertpapieren muss eine an der Börse zugelassene Bank die Antragstellung übernehmen. Für die dabei entstehenden Kosten berechnet die Bank dem betreffenden Emittenten eine Provision, deren Berechnung von der Höhe des zur Zulassung beantragten Grundkapitals abhängt. (BAL); (def 2) Die Börseneinführungsprovision, die für die Ausarbeitung des Prospekts, die Stellung des Zulassungsantrags, Durchführung des Zulassungsverfahrens und Übernahme der Prospekthaftung erhoben wird, wird von der einführenden Bank dem Emittenten bzw. der Unternehmung, die die Einführung des Wertpapiers betreibt, berechnet und unter die Mitglieder des Emissionskonsortiums nach ihren

Quoten verteilt. (BAL vs Börseneinführungskosten); (kon) (...) der Emissionskurs vermindert sich um die einmaligen Kosten wie Bankenprovisionen, Börseneinführungsprovisionen, Genehmigungs- und Notariatsgebühren, Börsenzulassungsgebühren, Druck-, Investitions- und Projektkosten und anderes mehr. (GUF: 41/42)

comisión de colocación *f ^comisión de cotización^*

comisión de cotización *f ^comisión de colocación^* (def) La que las bolsas cobran por admitir una acción a cotizar en ella. (TAM); (kon) El Plan General de Contabilidad cita en modo de ejemplo los siguientes [gastos de constitución]: »honorarios de letrados, notarios y registradores; impresión de memorias, boletines y títulos; tributos del Estado, Provincia y Municipio, publicidad, comisiones y otros gastos de colocación de títulos.« (DEE vs gastos de constitución) **Börsenzulassungsgebühr** *f ^Börse^* (def) Für die Zulassung von Wertpapieren zum Börsenhandel sind i. d. R. an die Börse Gebühren zu entrichten. (...) Die Zulassungsgebühren für den geregelten Markt betragen die Hälfte der Gebühren für den amtlichen Handel. Gebührenfrei ist die Börseneinführung der Anleihen des Bundes, der Bundesländer, von Bundesbahn, Bundespost, Kreditanstalt für Wiederaufbau, Deutsche Ausgleichsbank. (BAL vs Zulassungsgebühren für Wertpapiere); (kon) Denn der Emissionskurs vermindert sich um die einmaligen Kosten wie Bankenprovisionen, Börseneinführungsprovisionen, Genehmigungs- und Notariatsgebühren, Börsenzulassungsgebühren, Druck-, Investitions- und Projektkosten und anderes mehr. (GUF: 41/42)

comisión por exceso de descubierto *f* (def) Comisión que se aplica cuando el titular de la cuenta corriente sobrepasa el límite de descubierto permitido. (DV) **Überziehungsprovision** *f* (def) Provision für die Inanspruchnahme eines Überziehungskredits auf dem laufenden Konto (Kontokorrentkredit). Die Überziehungsprovision wird zusätzlich zu den Sollzinsen von dem über dem Kreditlimit liegenden (überzogenen) Betrag erhoben. (GWL); (kon) Die Überziehungsprovision beträgt im Allgemeinen ⅛ ‰ täglich und ersetzt bei Überschreitung des bewilligten Kredites die Kreditprovision auf den beanspruchten Kredit, so wird sie oft mit dem Kontokreditzins zu einem Nettozinssatz zusammengefasst. (GUF: 52)

comodato *m* (def) El comodato es un contrato civil, esencialmente gratuito, consistente en la entrega que una persona hace a otra durante cierto de tiempo de una cosa no fungible para que la use y posteriormente la devuelva. El comodato, según el art. 1.740 del C[ódigo] c[ivil] se configura como un préstamo de uso, por oposición al mutuo o simple préstamo que es de consumo. El comodante conserva la propiedad de la cosa, y el comodatario adquiere un derecho de uso por el que no debe pagar ningún interés. Se diferencia del simple préstamo en que éste es remunerado generalmente y la entrega es de dinero u otra cosa fungible con el pacto de devolver al finalizar el plazo, otro tanto de la misma especie y calidad. Concluyendo, el comodato recae sobre cosas no fungibles e inconsumibles, y se caracteriza como un préstamo de uso; el mutuo o simple préstamo tiene por objeto dinero u otros bienes fungibles y consumibles, caracterizándose como un préstamo de consumo. (DEI); (expl) Rechtsgrundlage: Art. 1.740 del Código Civil: Por el contrato de préstamo, una de las partes entrega a la otra, o alguna cosa no fungible para que use de ella por cierto tiempo y se la devuelva, en cuyo caso se llama comodato, o dinero u otra cosa fungible, con condición de devolver otro tanto de la misma especie y calidad, en cuyo caso conserva simplemente el nombre de préstamo. El comodato es esencialmente gratuito. El simple préstamo puede ser gratuito o con pacto de pagar interés. (kon) Aus der Übersetzung des § 598 BGB: Por el contrato de comodato el comodante de una cosa se obliga a permitir gratuitamente al comodatorio el uso de la cosa. (CCA: 123) **Leihe** *f ^Miete^ ^Pacht^* (def 1) die unentgeltliche Überlassung des Gebrauchs einer Sache (§§ 598-604 BGB). Gegensatz: Die entgeltliche Gebrauchsüberlassung (Miete). Der Verleiher muss den Gebrauch gestatten, haftet nur für Vorsatz und grobe Fahrlässigkeit und kann i. d. R. die Sache jederzeit zurückfordern. Der Entleiher haftet für jedes Verschulden, muss die Sache pfleglich behandeln, darf sie nicht weiterverleihen und muss sie nach Zeitablauf oder Kündigung zurückgeben. (GWL); (def 2) (...) bei der »Leihe» des täglichen Lebens liegt dagegen oftmals nur ein Gefälligkeitsverhältnis ohne rechtliche Bindung vor (...). Sobald ein Entgelt für die Gebrauchsüberlassung zu zahlen ist, liegt – trotz fälschlicher Bezeichnung (»Leihbücherei») – Miete (...) vor. (...) (CRL); (expl) Rechtsgrundlage: § 598 BGB: Durch den Leihvertrag wird der Verleiher einer Sache verpflichtet, dem Entleiher den Gebrauch der Sache unentgeltlich zu gestatten.; (kon) Der Vertrag über das unentgeltliche Unterstellen von Möbeln auf dem Dachboden ist also Leihe. (BGBE: 564); (Komm) Juristisch gesehen ist die Leihe ein Vertrag. In der Praxis wird daher häufig auch der Terminus *Leihvertrag* verwendet. Auch im Spanischen wird der Terminus *comodato* sowohl für *Leihvertrag* als auch für *Leihe* verwendet. In Definitionen wird *comodato* meist als *contrato* bezeichnet. Der Begriff *comodato* ist eine der zwei Ausprägungen des *contrato de préstamo*, die im Gegensatz zur Miete steht. »Es necesariamente a título gratuito; pues, si mediara en el préstamo un precio, se convertiría en un contrato de arrendamiento de cosa.« (Vgl. die hier angeführten Definitionen im Deutschen). Die zweite Ausprägung des *contrato de préstamo* ist die entgeltliche Überlassung einer Sache. Im Deutschen entspricht dies dem Darlehen. Der im DDU und DEI angegebene Terminus *préstamo de uso* ist eine weitere Übersetzungsmöglichkeit sowie der Terminus *empréstito de uso*, der im DDU angegeben wird: »(...) se refiere al contrato de préstamo, en sus dos formas: tanto el de las cosas que cabe usar sin destruirlas, que se denomina comodato o empréstito de uso, como el de cesión de las mismas para un empleo en que se consumen, denominado mutuo o empréstito de consumo. (...)«.

compañía de factoring *f ^factor^*

compañía de leasing *f ^arrendador financiero^*

comparación de previsiones y resultados (de costes) *f* (def) Comparación de previsiones y resultados en un período determinado dentro del cálculo empresarial. Comparación de las cantidades dadas y de las consumidas que se suman.; (expl) Estudio de la evolución de una serie de parámetros de la empresa que pretende definir el nivel de salud económica de la empresa, la calidad del servicio prestado, la extensión o población servida por la misma, etc. (DV) **Soll-Ist-Vergleich** *m* (def) Gegenüberstellung von Sollkosten und wirklich entstandenen Kosten eines bestimmten Zeitabschnittes (Istkosten) in der Betriebsabrechnung. Aufgabe der Plankostenrechnung. Bei Verwendung gleicher Planpreise im Soll und Ist entspricht der Soll-Ist-Vergleich einer Gegenüberstellung der vorgegebenen und der verbrauchten Mengen, die dadurch erst addierbar werden. Die errechneten Kostenabweichungen (Abweichungen) werden ermittelt und unter Berücksichtigung der Kosteneinflussgrößen bzw. –bestimmungsfaktoren analysiert, d. h. auf ihre Ursachen zurückgeführt. (GWL); (kon) Durch einen Soll-Ist-Vergleich lassen sich nicht nur Planabweichungen mit ihren Auswirkungen für das Unternehmen feststellen; auf diese Weise können auch bessere Planungsunterlagen für zukünftige Vorhaben geschaffen und damit die Investitionsplanung zu einem wichtigen Führungsinstrument ausgebaut werden. (GUF: 111)

competencia *f* (def) Concurrencia de una multitud de vendedores en el mercado libre, que para conseguir la venta de sus productos pugnan entre sí proponiendo los precios que les permitan sus costes, y que se alinean con los del mercado. La competencia puede ser perfecta, o imperfecta u oligopolística. (TAM); (kon) En España, una combinación equilibrada de las políticas fiscal y monetaria y las medidas adoptadas para aumentar la competencia y la flexibilidad de la economía favorecieron la consecución de un mayor crecimiento, compatible con la reducción de la inflación. (RBE: 13) **Wettbewerb** *m ^Wettbewerbsfähigkeit^* (def) (...) Komplex vielgestaltiger Verhaltensformen, die dadurch gekennzeichnet sind, dass zwei oder mehrere miteinander rivalisierende Wirtschaftseinheiten im individuellen Interesse ein wirtschaftliches Ziel anstreben, wobei mit dem jeweils höheren Grad der Zielverwirklichung eine bessere Honorierung (z. B. Gewinn) zu Lasten der Konkurrenten verbunden ist. Folge des Wettbewerbs ist eine dauernde Verbesserung der wirtschaftlichen Leistung unter Einsatz aller unternehmerischen Kräfte. Wettbewerb ist daher als Leistungswettbewerb das zentrale Ordnungs- und Organisationsprinzip der Marktwirtschaft. Jeder Anbieter sucht möglichst vorteilhaft (bestens) wirtschaftliche Leistungen zu verkaufen, jeder Nachfrager möglichst vorteilhaft (billig) zu kaufen. Abstimmung und Ausgleich von Angebot und Nachfrage gewährleisten den Selbststeuerungsmechanismus der Märkte, der mittels der Funktionen des Preises (...) zugleich Anreiz (...) und Verteilung nach Leistung bewirken soll. (...) Wettbewerb ist nicht so sehr Ziel als vielmehr Mittel (Rahmenbedingung) zur Schaffung bzw. Aufrechterhaltung wirtschaftlicher Aktivität. Inflation schaltet Wettbewerb nicht aus, verzerrt ihn aber. Wird die Wettbewerbsfreiheit als Triebkraft unangemessen eingeengt oder besteht schrankenloser Wettbewerb, müssen zur Annäherung an das Leitbild Maßnahmen der Wettbewerbspolitik gegen Wettbewerbsbeschränkungen und unlauteren Wettbewerbs ergriffen werden. (GLV); (expl) Wettbewerb als Erscheinungsform menschlichen Verhaltens ist schwer zu definieren. Bezogen auf die evolutionäre

Entwicklung ist Wettbewerb nichts anderes als die möglichst exakte Verhaltensanpassung an die gestellten, sich möglicherweise ändernden Umwelt- und Lebensbedingungen. Wirtschaftlicher Wettbewerb ist darauf gerichtet, dass der Anbieter einer Leistung für sich bzw. sein Produkt den bestmöglichen Preis auf dem Markt erzielt. Preis bedeutet in diesem Zusammenhang nur den Oberbegriff aller möglichen Gegenleistungen. Die Preisbildung erfolgt anhand von Angebot und Nachfrage. Der Preis ist der Punkt, an dem sich die Angebots- und die Nachfragekurve schneiden. Der frei gebildete Preis bringt die Bedürfnisse der Marktteilnehmer zum Ausdruck. Kennzeichnend für das Wettbewerbssystem ist, dass der einzelne Teilnehmer seine Interessen möglichst nachhaltig zu verwirklichen sucht. Die Marktteilnehmer passen sich nicht nur den Marktverhältnissen (Umweltbedingungen) an, sondern sie versuchen, die Marktbedingungen selbst in ihrem Sinn zu gestalten. (...). Hinter diesem Vorgang steht die Vorstellung, dass Wettbewerb das adäquate gesellschaftliche Verfahren ist, um knappe Mittel auf miteinander konkurrierende Zwecke zu verteilen. Wettbewerb ist daher ein an ökonomischer Effizienz orientiertes Entscheidungsverfahren, nach dem die Marktteilnehmer (Unternehmer, Verbraucher, Arbeitnehmer) ihre wirtschaftlichen Entscheidungen treffen. (HGW: 21/22); (kon) Funktionierender Wettbewerb führt aber nicht automatisch zu sinkenden Preisen. (www.rwe.com)

competitividad *f* (def) Capacidad de competir, generalmente a nivel internacional. (DEN); (kon) La libertad de acción y la competitividad creciente durante las últimas décadas entre los diferentes agentes económicos, financieros y no financieros, ha constituido probablemente el principal factor desencadenante del actual proceso de innovación financiera. (SSD: 814) **Wettbewerbsfähigkeit** *f ^Wettbewerb^* (def) Fähigkeit eines Unternehmens mit anderen Unternehmen, die gleiche Güter herstellen bzw. gleiche Dienstleistungen anbieten, auf bestimmten Märkten auf nationaler und internationaler Ebene zu konkurrieren. (DV); (kon) In einer nachhaltigen Chemiepolitik sind Sicherheit, Innovation und Wettbewerbsfähigkeit keine einander ausschließenen Gegensätze, sondern gehören zusammen. www.muf.rlp.de)

compra *f ^actividades de compra^ ^adquisición^* (Komm) Bezieht sich der Terminus *Einkauf* auf den Teilbereich eines Unternehmens, sollte, die Übersetzung *departamento de compra* gewählt werden.; (def) Convenio entre dos o más partes por el que una persona o entidad adquiere de otra un producto o servicio a cambio de una determinada cantidad de dinero. La compra puede efectuarse al contado, a crédito o con pago anticipado. (DTB); (kon) En otras ocasiones, las compras se gestionan teniendo en cuenta las posibles fluctuaciones de los mercados internacionales de productos. (MEE: 194) **Einkauf** *m ^Kauf^* (def) In der Wirtschaftspraxis geläufiger Begriff, der alle operativen Tätigkeiten eines Wirtschaftssubjektes beschreibt, die mit der Bestellung im Rahmen der Versorgung mit Werkstoffen, Waren und Betriebsmitteln verbunden sind. (...) Zielsetzung des E[inkaufs] ist die Optimierung des Preis-Leistungsverhältnisses. Tätigkeiten des E[inkaufs] sind die Abwicklung des Bestellvorganges, die Festlegung der Einkaufspolitik und die Beschaffungsmarktforschung. (...) (GWL); (kon) Die wesentlichen Einflussfaktoren für das verbesserte Betriebsergebnis sind Konditionsverbesserungen im Einkauf und Kosteneinsparungen im Vertrieb.

compraventa (1)*f* (def) Contrato por el que uno de los contratantes (vendedor) se obliga a entregar una cosa determinada y el otro (comprador) a pagar por ella un precio estipulado. (DEN); (kon) Si se trata de un contrato de compraventa de bienes inmuebles (un piso, un terreno etc.), deberá constar en escritura pública necesariamente. **Kauf** *m ^Ankauf^ ^Einkauf^ ^Verkauf^* (def) Der Kauf ist ein gegenseitiger Vertrag, durch den eine Verpflichtung zum Austausch einer Sache oder eines sonstigen Gegenstandes, insbesondere eines Rechts (Rechtkauf) oder einer Sachgesamtheit, gegen Geld (sonst Tausch) begründet wird (...). Durch den Kaufvertrag wird der Verkäufer verpflichtet, dem Käufer die Sache zu übergeben (...), ihm also den Besitz einzuräumen, und das Eigentum an der Sache bzw. das verkaufte Recht zu verschaffen (...). (CRL); (kon) Zusätzlich zu den Obligationen können nämlich Neuaktien später durch Kauf in Ausübung des Options-/Bezugsrechts erworben werden, sodass der Gläubiger hernach auch Aktionär ist. (GUF: 43) **compraventa (2)** *f ^Beschaffung^*

compromiso *m ^obligación^* (def) Obligación contraída por alguien como consecuencia de una promesa unilateral, contrato, etc. (DEN) **Obligo** *n* (def) (...) Kaufmännischer Sprachgebrauch: Verpflichtung, Verbindlichkeit (z. B. Wechselobligo). (...) (GWL); (kon) Er besteht im Ankauf von Besitzwechseln in- oder ausländischer Währung durch Banken und ist Kreditgewährung insofern, als die

Wechseleinreicher bis zur Zahlung durch den Bezogenen im Obligo bleiben. (GUF: 52)

comunidades de garantía crediticia *fpl* *^sociedad de garantía recíproca^*

concesión de un anticipo *f* (def) En el ámbito bancario, crédito a corto plazo en base a la realización de títulos valores o de crédito. También suelen denominarse así los descubiertos en cuenta corriente o el pago por descuento de certificaciones. (DEI); (kon) Se trata de entidades cuya actividad consiste en gestionar el cobro de los créditos contra terceros por sus empresas clientes y en la concesión de anticipos sobre los mismos, en comisión de cobranza o en nombre propio con asunción de riesgo. (SSD: 368) **Bevorschussung** *f* (def) Gewährung eines Vorschusses, der zur Finanzierung von noch nicht fälligen Forderungen oft auch im Rahmen des Factoring vergeben wird. (DV); (kon) Kreditiert wird die Frist, die zwischen Bevorschussung der Forderung und ihrer Fälligkeit verstreicht, als Kreditsicherung dienen die abgetretenen bzw. verkauften Forderungen. (GUF: 58)

concurso público *m* *^concurso-subasta^* *^licitación pública (DDU)^* (def) Son tanto los que tienen por objeto la ejecución de obras y servicios públicos como los tendientes a la provisión de cargos de esa misma índole. (DDU) **öffentliche Ausschreibung** *f* *^Auftragsvergabe, öffentliche (GWL)^* *^Ausschreibung^* (def) Verfahren zur Vergabe von öffentlichen Aufträgen. Nationale Verfahren der ö[ffentlichen] A[usschreibung] sind seit Ende 1989 stark von den EU-Richtlinien (RL) beeinflusst. Ziel der RL ist es, auf dem Weg zum Binnenmarkt allen Unternehmen der Gemeinschaft gleichermaßen Zugang zu den öffentlichen Aufträgen (über einem jeweils spezifischen Schwellenwert) sämtlicher Mitgliedstaaten zu verschaffen. Für die ö[ffentliche] A[usschreibung] bedeutet dies insbesondere (1) gemeinschaftsweite Publizität der Ausschreibung, (2) Transparenz des Vergabeverfahrens, (3) Zuschlag ohne Diskriminierung, (4) Kontrolle der Vergabeentscheidung. (GWL vs Öffentliche Auftragsvergabe); (kon) Die öffentliche Ausschreibung muss stattfinden, soweit nicht die Natur des Geschäfts oder besondere Umstände eine Ausnahme rechtfertigen. (www.uni-weimar.de)

concurso-subasta *m* *^licitación (DDU)^* *^concurso público^* (def) La subasta se caracteriza por el automatismo, ya que el contrato se adjudica a la mejor oferta económica. El concurso es el procedimiento de selección del contratista que concede a la Administración mayor margen de apreciación. La adjudicación se ortoga a la proposición que reuniendo las condiciones exigidas en el pliego resulte más ventajosa, atendiendo a criterios no exclusivamente económicos. (ESJ vs contratos administrativos) **Ausschreibung** *f* *^Auftragsvergabe, öffentliche^* *^Ausschreibung, öffentliche^* *^Submission^* *^Verdingung^* (def 1) Öffentliche Bekanntgabe von Bedingungen, zu denen ein Vertragsangebot erwartet wird, z. B. für Bauarbeiten, Beschaffungsaufträge u. Ä. Zwei Formen der Ausschreibung sind zu unterscheiden: offene Ausschreibung (für jeden Anbieter möglich) und beschränkte Ausschreibung (Kreis der Bieter wird nach bestimmten Kriterien begrenzt). (GWL); (def 2) Die Ausschreibung ist ein vorwiegend im öffentlichen Einkauf angewandtes Verfahren der organisierten Konkurrenz. Die Ausschreibung ist dadurch gekennzeichnet, dass durch einen Konkurrenzaufruf zur Abgabe von Angeboten für eine durch eine Leistungsbeschreibung präzisierte Leistung aufgefordert wird und dass die einzelnen Angebote nach bestimmten Spielregeln behandelt werden. Im Falle eines öffentlichen Konkurrenzaufrufs – z. B. durch Anzeige in einer Tageszeitung – spricht man von einer öffentlichen Ausschreibung. (HAW); (kon) Gebräuchlich sind sie als Sicherung der Auftragsausführung bei öffentlichen Ausschreibungen (Bietungsgarantie), der ordnungsgemäßen Vertragserfüllung (Lieferungs- bzw. Leistungsgarantie), der geleisteten Anzahlungen besonders im Anlageauslandsgeschäft (Anzahlungsgarantie) und Beseitigung von Qualitätsmängeln (Gewährleistungsgarantie). (GUF: 55)

configuración del título *f* (def) Se refiere a la configuración del aspecto físico de los títulos valores para diferenciar los de distintos emisores: colores, marco, dibujos, tamaño, etc. (DV); (expl) Título de la acción. 1. Los títulos, cualquiera que sea su clase, estarán numerados correlativamente, se extenderán en libros talonarios, podrán incorporar una o más acciones de la misma serie y contendrán, como mínimo, las siguientes menciones: a) La denominación y domicilio de la sociedad, los datos identificadores de su inscripción en el Registro Mercantil y el número de identificación fiscal. b) El valor nominal de la acción, su número, la serie a que pertenece y, en el caso de que sea privilegiada, los derechos especiales que otorgue. c) Su condición de nominativa o al portador. d) Las restricciones a su libre transmisibilidad, cuando se hayan establecido. e) La suma desembolsada o la indicación de estar la acción completamente liberada. f) Las prestaciones accesorias, en el caso de que las lleven aparejadas. g) La suscripción de uno o varios administradores, que podrá hacerse mediante reproducción mecánica de la firma. En este caso se extenderá acta notarial por la que se acredite la identidad de las firmas reproducidas mecánicamente con las que se estampen en presencia del Notario autorizante. El acta deberá ser inscrita en el Registro Mercantil antes de poner en circulación los títulos. (LSA art. 53) **Ausstattung** *f* ^*Aktie*^ ^*Kupon*^ ^*Mantel*^ (def) Das Grundkapital einer AG und die Aktien müssen auf einen Nennbetrag in EUR lauten. (...) Die Aktienurkunden selbst bestehen aus dem Mantel, d. h. der Urkunde, in der die Aktionärsrechte verbrieft sind, und Bogen (Couponbogen), der meist mit 10 oder 20 Gewinnanteilscheinen (Coupons) und einem Erneuerungsschein (Talon) versehen ist. Mantel und Bogen sind bei deutschen Aktien i. d. R. nicht miteinander verbunden, werden aus Sicherheitsgründen von den Banken meist auch getrennt voneinander aufbewahrt. (...) Durch die Wahl anderer Umrahmungen, Farben, Untergrundzeichnungen, Typensorten u. dgl. sind die Wertpapiere verschiedener Emittenten abweichend zu gestalten. (...) Die banktechnischen Anweisungen bestimmen, dass die Nummer des Stücks auf der rechten oberen Hälfte des Mantels anzubringen, der Nennbetrag der Wertpapiere an der oberen Kante rechts außerhalb der Umrahmung zu wiederholen ist (...), verschiedene Stückelungen derselben Emission durch veränderte Farbzusammenstellungen zu unterscheiden sind, Mantel und Bogen getrennt sein müssen, Mäntel und Ertragsscheine bestimmte Formate und festgesetzte Größen haben, die Gewinnanteil- und Zinsscheine die Nummern der Papiere und den Nennbetrag tragen, die Gewinnanteilscheine statt Angabe des Geschäftsjahrs fortlaufende Nummern aufweisen müssen. (...) (BAL vs Ausstattung von Aktien); (kon) Die Aktiengesellschaft muss im Rahmen ihrer Emissionspolitik insbesondere die Art der Kapitalerhöhung festlegen, die Bezugsbedingungen definieren, den Zeitpunkt der Emission bestimmen und die Ausstattung der Aktie regeln. (GUF: 27)

congruencia en el plazo *f* (def) Para garantizar a largo plazo el equilibrio financiero de una empresa es necesario que sus necesidades financieras se financien con recursos cuya duración de cesión coincida con la duración de vinculación del capital. Es decir, las inversiones a largo plazo tienen que ser cubiertas por capitales a largo plazo y las inversiones a corto plazo con capitales a corto plazo. (DV) **Fristenkongruenz** *f* ^*Schuldscheindarlehen*^ (def) (...) Postulat, dass der Kapitalbedarf seiner zeitlichen Bindung entsprechend finanziert wird (Kapitalbindungs- und Kapitalüberlassungsdauer müssen deckungsgleich sein). Langfristige Investitionen sind durch langfristiges Kapital (...) zu finanzieren, kurzfristige Investitionen durch kurzfristiges Kapital zu decken. (...) (BFL); (kon) Da ist zunächst einmal das Postulat der Fristenkongruenz, welches als goldene Finanzierungsregel bedeutet, dass die Geldbindungsdauer in Aktiva der Geldüberlassungsdauer vom Kapitalgeber entsprechen soll. (MOI: 259)

consejero de gestión *m* ^*consultor de empresa*^

consejo directivo *m* (Komm) Die Übersetzung der Organe der deutschen *Aktiengesellschaft* bzw. der spanischen *sociedad anónima* ist problematisch, weil diese Unternehmensrechtsformen in beiden Ländern unterschiedlich strukturiert sind. Während die deutsche AG aus drei Organen (Vorstand, Aufsichtsrat und Hauptversammlung) besteht, gibt es in der spanischen *S. A.* nur die Organe *junta general* und *consejo de administración*. So deutet allein die Struktur der Gesellschaften darauf hin, dass die Kompetenzen der einzelnen Organe voneinander abweichen müssen. Die an dieser Stelle angeführte Übersetzung ist demnach ein Vorschlag für einen deutschen Begriff, der in dieser Form in Spanien nicht existiert. Die Mitglieder des *Vorstandes* bzw. des *consejo de administración*, die nicht unbedingt Aktionäre der Gesellschaft sein müssen, werden vom *Aufsichtsrat* bzw. von der *junta general de accionistas* für die Dauer von fünf Jahren gewählt. Sowohl der *Vorstand* als auch der *consejo de administración* sind für die Verwaltung sowie für die gerichtliche und außergerichtliche Vertretung der Gesellschaft verantwortlich.; (def) El consejo directivo es el órgano directivo de la sociedad anónima alemana. Tiene responsabilidad propia y sus dos funciones principales consisten en dirigir los negocios de la sociedad y representarla en cuestiones procesales y extraprocesales. En las sociedades cuyo capital supere una suma de 3 millones de euros tiene que constar como mínimo de dos miembros. Estos están designados por el consejo de vigilancia para un mandato máximo de cinco años con la posibilidad de una segunda designación. No deben ser necesariamente accionistas. El consejo de vigilancia puede nombrar a uno de los miembros presidente del consejo, quien tendrá el derecho a dirigir las sesiones. Los consejeros responden personalmente de eventuales incumplimientos de sus deberes en cuyo caso tendrán que indemnizar a la sociedad. (DV) **Vorstand** *m* ^*Aktiengesellschaft*^ (def 1) (...) Der Vorstand kann aus einer oder mehreren Personen bestehen. Bei AG mit einem Grundkapital von mehr als EUR 3 Mio. hat er aus mindestens 2 Personen zu bestehen, sofern nicht die Satzung nur 1 Person bestimmt. (...) Mitglied des Vorstands kann nur eine natürliche, unbeschränkt geschäftsfähige Person sein. (...) Vorstandmitglieder erhalten für ihre Tätigkeit bei der AG i. d. R. ein festes Gehalt und Beteiligung am Jahresgewinn (Tantiemen). (BAL); (def 2) (...) II. V[orstand] der Aktiengesellschaft: (§§ 76-94 AktG): 1. Bestellung: a) der V[orstand] wird vom Aufsichtsrat bestellt. Amtszeit höchstens fünf Jahre, jedoch wiederholte Bestellung zulässig (§ 84 AktG). Bei mehrköpfigem Vorstand kann der Aufsichtsrat ein Mitglied des Vorstandes zum Vorsitzenden ernennen, der, wenn die Satzung oder die Geschäftsordnung des Vorstands nichts anderes bestimmt, nur gleichberechtigtes Mitglied des Vorstands ist. (...). 2. Pflichten: a) Der V[orstand] leitet die AG mit eigener Verantwortung und vertritt sie gerichtlich und außergerichtlich. Vertretungs- und Zeichnungsbefugnis regelt sich nach der Satzung, andernfalls können nur sämtliche Vorstandsmitglieder gemeinsam handeln und zeichnen. b) Er hat mindestens vierteljährlich dem Vorsitzer des Aufsichtsrates oder seinem Stellvertreter zu berichten (§ 90 AG). Er hat für ordnungsmäßige Buchführung zu sorgen, bei Verlust des halben Aktienkapitals die Hauptversammlung einzuberufen (§ 92 AG) und bei der Geschäftsführung die Sorgfaltspflicht eines ordentlichen und gewissenhaften Geschäftsleiters anzuwenden (§ 93 AG). c) Bei Verletzung ihrer Pflichten sind die Vorstandsmitglieder der Gesellschaft gegenüber zum Ersatz des daraus entstehenden Schadens als Gesamtschuldner verpflichtet. Die Vorschriften für die Vorstandsmitglieder gelten auch für ihre Stellvertreter. (...) (GWL); (kon) Obgleich grundsätzlich zunächst die Kapitaleigner zur Geschäftsführung berufen sind, reicht die Vielfalt der Möglichkeiten von der automatischen Berufung zur Geschäftsführung in der Einzelfirma bis zum bestellten, angestellten Geschäftsführer oder Vorstand in Kapitalgesellschaften. (GUF: 13)

consejo de vigilancia *m* (Komm) Die Übersetzung der Organe der deutschen *Aktiengesellschaft* bzw. der spanischen *sociedad anónima* ist problematisch, weil diese Unternehmensrechtsformen in beiden Ländern unterschiedlich strukturiert sind. Während die deutsche AG aus drei Organen (Vorstand, Aufsichtsrat und Hauptversammlung) besteht, gibt es in der spanischen *S.A.* nur die *junta general* und den *consejo de administración*. Allein aus der unterschiedlichen Anzahl an Organen ergibt sich also, dass deren jeweilige Kompetenzen voneinander abweichen müssen. Die o. g. Übersetzung kann also nur ein Übersetzungsvorschlag für einen deutschen Begriff sein, der in dieser Form in Spanien nicht existiert.; (def) El consejo de vigilancia de la sociedad anónima alemana es el órgano de control sobre el consejo directivo. No sólo vigila la gestión que realice el consejo directivo, sino designa y destituye al mismo. Para poder ejercer estas funciones dispone de derechos de consulta e inspección y el consejo directivo está obligado a informarle detalladamente. Aparte de esta función de control el consejo de vigilancia tiene la obligación de convocar a la junta general en situaciones especiales. El consejo de vigilancia está formado por lo menos de tres miembros, o de un número de ellos divisible entre tres. La composición del consejo está regulada en el § 96 AktG, donde se establecen los casos en los cuales los representantes de los trabajadores han de formar parte del consejo. La duración de su cargo se extiende a cuatro años como máximo. (DV); (expl) La legislación de países como Alemania y Austria contempla la existencia de un consejo de vigilancia, formado por representantes de la propiedad y de los trabajadores, que tiene como función principal la elección y el control del consejo de administración. (SMA: 72); (kon) Y, al contrario, la participación puede efectuarse a través de órganos, como los consejos de administración o vigilancia en las sociedades anónimas, que no son órganos de representación del personal, ni siquiera órganos de la empresa, sino órganos de la misma sociedad. (MDT: 125) **Aufsichtsrat** *m* ^*Aktiengesellschaft*^ ^*Hauptversammlung*^ ^*Vorstand*^ (def) Vom Gesetz (§§ 95-116 AktG, §§ 9, 36-41 GenG) zwingend vorgeschriebenes Organ einer Aktiengesellschaft (AG) und Genossenschaft (Genossenschaftsorgane 2) auch bei GmbH, OHG, KG und KGaA möglich (...). 1. Aufgaben: Überwachung der Geschäftsführung, Prüfung von Jahresabschluss und Lagebericht und Bericht darüber in der Hauptversammlung. 2. Zusammensetzung: a) Der A[ufsichtsrat] muss nach § 95 AktG mindestens aus drei Mitgliedern bestehen; (...) Ein Drittel der Aufsichtsratsmitglieder müssen (von den Betriebsangehörigen in geheimer Wahl unmittelbar gewählte) Vertreter der Arbeitnehmer (darunter keine leitenden Angestellten) sein (...). Keine Beteiligung der Arbeitnehmer im Aufsichtsrat, wenn die Aktiengesellschaft weniger als 500 Arbeitnehmer beschäftigt (...). (...) e) Der A[ufsichtsrat] wählt aus seiner Mitte einen Vorsitzenden und mindestens einen Stellvertreter, die zum Handelsregister anzumelden sind (§ 107 AktG). f) Die Aufsichtsratsmitglieder brauchen nicht Aktionäre der Gesellschaft zu sein, dürfen aber nicht dem Vorstand angehören. (...) 3. Wahl: Der A[ufsichtsrat] wird durch die Hauptversammlung (mit Ausnahme der Arbeitnehmervertreter), der erste A[ufsichtsrat] durch die Gründer gewählt (Gründung). (...) 5. Die Amtsdauer darf vier Bilanzjahre nicht überschreiten (beim ersten A[ufsichtsrat] läuft sie nur bis zur Hauptversammlung, die über die erste Bilanz zu beschließen hat). 6. Veränderungen im A[ufsichtsrat] sind in den Gesellschaftsblättern zu veröffentlichen und unverzüglich dem Handelsregister einzureichen. 7. Abberufung des A[ufsichtsrats] ist, falls die Satzung nichts anderes vorsieht, nur mit Dreiviertel-Mehrheit der Hauptversammlung (mit Ausnahme der Arbeitnehmervertreter) möglich. (...) 9. Für seine Tätigkeit erhält der A[ufsichtsrat] eine Vergütung (Aufsichtsratsvergütung). 10. Haftung: Falls ein Mitglied seine Obliegenheiten nicht mit der Sorgfalt eines ordentlichen Kaufmanns wahrnimmt, kann es für Schäden von den Aktionären haftbar gemacht werden. 11. Der A[ufsichtsrat] muss mindestens in jedem Halbjahr einmal einberufen werden. Die Beschlussfähigkeit kann, soweit nicht gesetzlich geregelt, durch Satzung bestimmt werden. Mangels gesetzlicher oder Satzungsbestimmung ist der A[ufsichtsrat] beschlussfähig, wenn mindestens die Hälfte der vorgesehenen Mitgliederzahl teilnimmt, mindestens jedoch drei Mitglieder. Der Beschlussfähigkeit steht nicht entgegen, dass die vorgesehenen Sitze nicht alle besetzt sind, auch wenn das vorgeschriebene zahlenmäßige Verhältnis zwischen Vertretern der Aktionäre und der Arbeitnehmer nicht gewahrt ist (§ 108 AktG). (...) (GWL); (kon) Der Aufsichtsrat sollte seiner Überwachungspflicht unabhängig von finanziellen Anreizen nachkommen. (www.dis-ag.com)

consorcio *m* ^*sindicato de colaboración*^ (def 1) Grupo de bancos o entidades financieras que se reparten los títulos de una emisión con el fin de colocar los nuevos valores entre los accionistas, con lo que tambien reparte los riesgos asociados a esa operación. (DFB); (def 2) El que se forma para la financiación y concesión de créditos a grandes empresas, que sería difícil y arriesgado realizar por un solo banco. (MDB vs consorcio bancario o de bancos); (def 3) Agrupación de empresas pertenecientes a un mismo sector que persiguen alcanzar ciertos objetivos con un menor riesgo, conservando cada empresa su personalidad jurídica y autonomía financiera. (DEN) **Konsortium** *n* ^*Fremdemission*^ (def) Gemeinschaft von Banken zur Durchführung eines einmaligen Geschäfts oder sich wiederholender Geschäfte z. B. zur Unterbringung von Wertpapieren im Rahmen des Emissionsgeschäfts, zur Gewährung von Krediten. (...) Bei Konsortialgeschäften handelt es sich im Allgemeinen um Großgeschäfte, die über die Finanzkraft eines Instituts hinausgehen. (...) (BAL vs Bankenkonsortium); (kon) P[latzierung] wird häufig von einem Konsortium (Platzierungskonsortium, auch underwriter) durchgeführt, das dem Emittenten die vollständige P[latzierung] garantiert; im Fall der Nichtplazierung verbleiben die Papiere im Bestand der Konsortialbanken. (GWL vs Plazierung)

constitución *f* ^*fundación*^ (Komm) Als alleinstehende Begriffe werden *fundación* und *constitución* vollständig synonym verwendet. Auch zur Bildung von Komposita sind beide Termini gebräuchlich, allerdings bestehen hier i. d. R. feste Verbindungen, in denen *fundación* und *constitución* nicht austauschbar sind: z. B. *fundación simultánea* oder *escritura de constitución*.; (def) Creación legal de una sociedad. Para que una sociedad adquiera personalidad jurídica debe constituirse mediante escritura pública y ser inscrita en el Registro Mercantil. (DEN); (kon) Cuando el desembolso se efectúe, total o parcialmente, mediante aportaciones no dinerarias, deberá expresarse, además, su valor, y si los futuros desembolsos se efectuarán en metálico o en nuevas aportaciones no dinerarias. En este último caso, se determinará su naturaleza, valor y contenido, la forma y el procedimiento de efectuarlas, con mención expresa del plazo de su desembolso, que no podrá exceder de cinco años desde la constitución de la sociedad. (...) (LSA art. 40, 2.) **Gründung** *f* ^*Bargründung*^ ^*Einheitsgründung*^ ^*Sachgründung*^ ^*Simultangründung*^ ^*Stufengründung*^ (def 1) [allgemein] Firmengründung,

Geschäftsgründung, Unternehmungsgründung. I. Allgemein: 1. Begriff: Errichtung eines arbeitsfähigen, erwerbswirtschaftlichen Betriebs. Erforderliche Maßnahmen: Planung (der Beschaffung, der Leistungserstellung, des Absatzes, der Finanzierung und der Organisation), Beschaffung der Erstausstattung an Kapital, an Personal, an Betriebsmitteln und ggf. Waren oder Stoffen, Aufbau der inneren und äußeren Organisation. 2. Arten der Gründung: a) Bargründung; b) Sachgründung; c) gemischte Gründung. 3. Erforderlichenfalls Handelsregistereintragung (...). (GWL); (kon) Grundsätzlich kann es sich dabei [Finanzierung] um drei Vorgänge handeln: die Kapitalbeschaffung im Rahmen der Gründung oder Erweiterung, die Kapitalrückzahlung bei einer Schrumpfung oder Auflösung des Betriebes oder um reine Tausch- oder Umschichtungsvorgänge innerhalb der verschiedenen Kapitalpositionen. (GUF: 2/3); (def 2) [Aktiengesellschaft]) I. Ablauf: 1. Die Satzung (Gesellschaftsvertrag) ist in notariell beurkundeter Form durch den oder die Gründer festzustellen (§§ 2, 23, 28 AktG). (...) 2. Gleichzeitig mit der Feststellung der Satzung findet die Übernahme der Aktien durch die Gründer gegen Einlagen statt (Simultangründung, Einheitsgründung). Mit Übernahme aller Aktien durch die Gründer ist die Gesellschaft errichtet (§ 29 AktG). Die Übernahme der Aktien verpflichtet zur Einlage. Die Errichtung der Gesellschaft ist somit nicht auch an die Voraussetzung geknüpft, dass die Einlagen bereits geleistet sind. (...). 3. (Notariell beurkundete) Bestellung des ersten Aufsichtsrats (AR) und des Abschlussprüfers für das erste Voll- oder Rumpfgeschäftsjahr durch die Gründer sowie Bestellung des ersten Vorstands durch den Aufsichtsrat (§ 30 AktG). 4. Gründungsprüfung und Erstattung des Gründungsberichts durch die Gründer und Prüfung des Hergangs der G[ründung] durch den Vorstand und Aufsichtsrat, deren Ergebnisse in einem besonderen Prüfungsbericht darzulegen sind. (...) 5. Leistung der Einlagen: Im Falle der Bareinlage muss der eingeforderte Betrag mindestens ein Viertel des Nennbetrags und bei Ausgabe der Aktien über pari auch den Mehrbetrag umfassen (Unterpari-Emissionen sind gem. § 9 I AktG verboten). Sacheinlagen sind vollständig zu leisten. (...) 6. Anmeldung der Gesellschaft durch sämtliche Gründer, Mitglieder des Vorstands und Mitglieder des Aufsichtsrats zur Eintragung in das Handelsregister (§§ 36, 37 AktG). (...) 8. Eintragung in das Handelsregister, mit der die Gesellschaft die eigene Rechtspersönlichkeit erlangt (konstitutive Wirkung der Eintragung gem. § 3 AktG). Vor der Eintragung besteht die Gesellschaft zivilrechtlich als teilfähige Organisationsform sui generis (Vorgesellschaft). 9. Ausgabe der Aktien durch Eintausch der Kassenscheine. Inhaberaktien dürfen nur ausgegeben werden, wenn das Grundkapital voll eingezahlt ist. Stehen stattdessen Einlagen noch aus, darf die Gesellschaft nur Namensaktien ausgeben oder für den Fall einer baldigen Einzahlung der noch ausstehenden Einlagen die Kassenscheine gegen Zwischenscheine (Interimsscheine) eintauschen (§ 10 AktG). (GWL vs Gründung einer Aktiengesellschaft); (kon) Die bei der Gründung einer Aktiengesellschaft zu erfüllenden Mindestauflagen bestimmen in § 2 AktG, dass die Gesellschaft von mindestens fünf Personen gegründet werden muss. (GUF: 24)

constituto posesorio *m* (def) Pacto en virtud del cual el vendedor de una cosa continúa ocupándola como representante del comprador (...). Se califica de simple tenedor al »que trasmitió la propiedad de la cosa, y se constituyó poseedor a nombre del adquirente.« (DDU) **Besitzkonstitut** *n ^constitutum possessorium (GWL)^ ^Sicherungsübereignung^* (def) Besitzverschaffung bei Übereignung beweglicher Sachen (§ 930 BGB), die die nach § 929 BGB zur Eigentumsübertragung erforderliche Übergabe der Sache durch eine Vereinbarung zwischen dem bisherigen Eigentümer und dem Erwerber ersetzt, nach der der Erwerber den mittelbaren Besitz an der Sache erlangt in Form eines konkreten Rechtsverhältnisses, z. B. Miete, Leihe, Verwahrung. Besitzkonstitut ist von Bedeutung bei der Sicherungsübereignung, z. B. zur Kreditgewährung. Der Gläubiger wird Eigentümer und zugleich mittelbarer Besitzer, wohingegen der Schuldner im (unmittelbaren) Besitz der Sache bleibt. Dagegen ist der Eigentumsvorbehalt auch ohne Besitzkonstitut voll wirksam. (GWL); (expl) Besonderes Besitzmittlungsverhältnis zwischen unmittelbarem und mittelbarem Besitzer. Überlässt jemand aufgrund eines genau bestimmten Rechtsverhältnisses eine Sache einem anderem, so bleibt er solange mittelbarer Besitzer der Sache, bis ihm der unmittelbare Besitzer den Besitz mittelt, d. h. eine für den anderen besitzt. Beim Besitzkonstitut wird der mittelbare Besitz dadurch gegründet, dass der Besitzer einer Sache einem anderen unter Beibehaltung des unmittelbaren Besitzers den mittelbaren Besitz einräumt, dies geschieht u. a. bei der Sicherungübereignung. (MÜS); (kon) Ein Besitzkonstitut kommt bei einer Sicherungsübereignung vor. (www.anwalt-suchservice.de)

consultor de empresa *m* *^asesor de empresa^* *^consejero de gestión (UEC)^* (def) Persona exterior a una empresa que asiste a sus directivos en una materia delimitada (...). Normalmente, carece de responsabilidad en la decisión propuesta, pero en los resultados efectivos se pone en juego su prestigio profesional. (TAM); (kon) Los consultores de empresa tuvieron su origen en las economías de mercado libre y actualmente son más comunes en los países altamente desarrollados. (www.lagente.com) **Unternehmensberater** *m* *^Consulter^* *^Managementberater (GWL)^* (def) Für das Unternehmensmanagement durch Selbstständige oder Angestellte einer unabhängigen Beratungsgesellschaft erbrachte Dienstleistung, mit der hauptsächlich ein Transfer externer Problemlösungskapazität bezweckt wird. (VGW); (kon) Der Unternehmensberater analysiert die Abläufe und Strukturen in einem Unternehmen mit dem Ziel, den wirtschaftlichen Erfolg zu sichern und auszubauen. (www.hobsons.ch)

contrafianza *f* *^garantía subsidiaria^*

contrapartida *f* *^contraprestación^*

contraprestación *f* *^contrapartida (SAN)^* (def) Prestación que ha de realizar una parte contratante, por razón de la que ha recibido o debe recibir. (GDJ); (kon) El concepto legal de salario incluye no sólo lo percibido como contraprestación del trabajo efectivo sino también de »los periodos de descanso computables como de trabajo«. (CDT: 378) **Gegenleistung** *f* *^Leistung^* (def) Leistung als Erwiderung einer erbrachten Leistung (DAB); (kon) Auf dieser Basis [Rechtsgrundlagen für Anleihen] lassen sich Obligationen, Schuldverschreibungen als verkehrsfähige Urkunden definieren, mit denen sich ausstellende Schuldner gegenüber dem Gläubiger zu bestimmten Gegenleistungen (Zinszahlungen) für die Gewährung eines langfristigen Darlehens verpflichten. (GUF: 39/40)

contrato de cuentas en participación *m* *^sociedad en participación^*

contrato de opciones *m* *^opción^*

contravalor *m* (def) Equivalencia entre dos magnitudes. (DTB); (kon) El programa [programa de conversión de la deuda externa en proyectos medioambientales] permite convertir deuda externa de Costa Rica hasta un importe máximo de 4,68 millones de dólares USA y 50,97 millones de pesetas. Con la aplicación del programa, España condonará el 100% de la deuda concesional (deuda derivada de préstamos FAD), que venza entre el 5 de abril de 1999 y el 31 de diciembre del año 2015, y Costa Rica depositará el 100% del contravalor de la deuda condonada en colones costarricenses en el fondo para el programa medioambiental de Costa Rica-España. (REE: 65) **Gegenwert** *m* *^Leistung^* (def) einem anderen Wert entsprechender Wert, Ausgleich (WDW); (kon) Die Bank behält Zinsen für die Restlaufzeit – den Diskont(abschlag) ein – und schreibt lediglich den Gegenwert des Wechsels gut. (GUF: 52)

contribución *f* (def) Cuota o cantidad que se paga para algún fin, y principalmente la que se impone para las cargas del Estado. Aportación a un objetivo, gasto o pérdida común, por ejemplo, la contribución a gastos fijos de un producto es la diferencia entre su precio de venta y su coste variable. (DEI); (expl) (...) Contribuciones especiales son aquellos tributos cuyo hecho imponible consiste en la obtención por el sujeto pasivo de un beneficio o de un aumento de valor de sus bienes, como consecuencia de la realización de obras públicas o del establecimiento o ampliación de servicios públicos, (...). (LGT); (kon) Deberá abarcar las cuotas fija y proporcional actualmente vigentes dentro de la contribución rústica y pecuaria. (PTE: 34) **Beiträge** *mpl* *^Abgaben^* (def) Beiträge (...) sind eine Unterart der öffentlichen Abgaben. Man versteht darunter Geldleistungen, die dem Einzelnen im Hinblick auf eine besondere Gegenleistung des Beitragsberechtigten auferlegt werden, nämlich dafür, dass ihm die Möglichkeit der Benutzung besonderer Einrichtungen oder der Ausnutzung besonderer Vorteile zur Verfügung gestellt wird (...). Voraussetzung ist deshalb die Nutzungsmöglichkeit; entsprechend dieser sind daher ggf. die Beitrágssätze zu staffeln. Ob der Beitragspflichtige von der Nutzungsmöglichkeit Gebrauch macht, ist unerheblich. (...) (CRL); (def) (...) Abgaben, die von der öffentlichrechtlichen Körperschaft aufgrund spezieller gesetzlicher Ermächtigung zur Deckung des Aufwands für die Schaffung, Erweiterung oder Erneuerung öffentlicher Einrichtungen von demjenigen erhoben werden, dem die Möglichkeit der Inanspruchnahme dieser Einrichtungen nicht nur vorübergehende Vorteile bietet. (GWL); (kon) Die Beiträge müssen dann bis auf einen Mindestbestand abgebaut und zinsbringend (zum Beispiel als Termingeld) angelegt werden, da überflüssige Liquidität zu Lasten der Rentabilität geht. (GUF: 82)

convenio *m* *^avenencia^*

conversión (1) *f* (def 1) Sustitución de un préstamo por otro con un tipo de interés menor que el inicial o anterior. (AEE); (def 2) Cambio realizado en el marco de una gestión patrimonial, por oposición a las operaciones corrientes de cambio correspondientes a actos de producción de comercio: se refiere a bienes y con mayor frecuencia a valores, transformados en bienes y valores de otra naturaleza o que presentan otras características. Cuando afecta a un crédito, la conversión se realiza por iniciativa del acreedor o a veces por iniciativa del deudor. La conversión decidida por el acreedor significa la utilización de la convertibilidad derivada del título que posee. Esta conversión está inspirada por preocupaciones de rentabilidad, regularidad o especulación. (...) (ESJ); (kon) Abusando una vez más, y unilateralmente, de su potestad legislativa o reglamentaria, el Poder público »estafa« en cierto modo a los subscriptores de los empréstitos cuando, evolucionada la plaza económica o superada la transitoria dificultad monetaria para la Hacienda pública, resuelve una conversión que le permite reducir la tasa del interés, que los subscriptores suelen soportar, privados de mejor panorama para sus inversiones y contra la colocación de su dinero a mayor plazo, como supusieron al prestar al Estado. (DDU vs empréstito) **Konversion** *f* ^*Austauschanleihe*^ (def) (...) Bankwesen: 1. Begriff: Umwandlung der Schuldbedingungen einer Anleihe durch Umwandlung in eine neue (Konvertierungsanleihe) mit verändertem Zinsfuß, veränderter Laufzeit und/oder veränderten Tilgungsbedingungen, meist nach vorheriger Kündigung. (...) 2. Zweck: K[onversion] soll dem Schuldner günstigere Bedingungen für Verzinsung und Tilgung der Schulden verschaffen, wenn die Bedingungen der alten Anleihe den veränderten Kapitalmarktverhältnissen nicht mehr entsprechen. Im Rechtsstaat erfolgen K[onversion] auf freiwilliger Basis, d. h., der Gläubiger hat die Wahl zwischen Annahme der Zinsherabsetzung seines Papiers oder Rückzahlung des Anleihebetrages. K[onversion] mit Heraufsetzung des Zinsfußes kommt vor, wenn z. B. bei Fälligkeit die zur Einlösung erforderlichen Mittel nicht zur Verfügung stehen und Ersatz durch eine Anleihe nur mit erhöhtem Zinsfuß möglich ist bzw. wenn eine langfristige, nachhaltige Erhöhung des Marktzinses zu verzeichnen ist. (GWL); (kon) Rückzahlung der gesamten Anleihe: Regelfall bei den Schatzanweisungen; sie findet häufig statt bei Staatsanleihen und Industrieobligationen, bei denen der Schuldner sich die Kündigung jederzeit oder von einem bestimmten Termin ab vorbehalten hat, wenn die (...): Lage auf dem Geldmarkt günstig ist und eine Konversion durchführbar erscheint. (GWL vs Tilgung) **conversión (2)** *f* **Umwandlung** *f* ^*Konvertierung*^ ^*Wandelanleihen*^ (def) Umtausch von Wandelanleihen in Aktien. Das Recht zur Wandlung ist in der Anleihe verbrieft und nicht entziehbar. Sie kann nur zu den entsprechenden Wandlungsbedingungen durchgeführt werden. (BAL vs Wandlung); (kon) Bei [Wandelanleihen] muss zumeist eine Sperrfrist, in der die Umwandlung in Aktien nicht möglich ist, beachtet werden (www.acteam.de)

cooperativa *f* ^*sociedad cooperativa (CSC)*^ (def) Sociedad compuesta por una asociación de personas que aportan un fondo común, y que se repartirán los beneficios en función de los excedentes. (...) Históricamente, las cooperativas surgieron como un medio de asociación económica de los trabajadores y productores, como asociaciones de tipo mutualista para mejorar su situación social y abaratar los productos de consumo. En la actualidad, el cooperativismo responde a una exigencia constitucional, ya que el art. 129 de la CE contiene un mandato hacia los poderes públicos de promover eficazmente las diversas formas de participación en la empresa y fomentar las sociedades cooperativas mediante la legislación adecuada. Las sociedades cooperativas se constituirán mediante escritura pública, que se inscribirá en el Registro de Cooperativas, momento a partir del cual adquirirán personalidad jurídica. La escritura de constitución deberá contener los estatutos sociales, que pueden ser objeto de calificación previa a su inscripción por el Registro. Es preciso un número mínimo de socios que será de cinco para las cooperativas de primer grado y de dos para las de segundo y ulterior grado. El capital social es variable, dependiendo del número de socios que haya en cada momento, si bien deberá haber un capital social mínimo que vendrá consignado en los estatutos. Este capital está integrado por las aportaciones obligatorias y voluntarias de los socios y asociados y se acreditarán mediante títulos nominativos, que en ningún caso tendrán la consideración de títulos valores, o mediante libretas de participación. (DEI); (expl) Rechtsgrundlage: Art. 1 de la Ley 3/1987, de 2 de abril: 1) Las Cooperativas son Sociedades que, con capital variable y estructura y gestión democráticas, asocian, en régimen de libre adhesión y baja voluntaria, a personas que tienen intereses o necesidades socio-económicas comunes,

para cuya satisfacción y al servicio de la comunidad desarrollan actividades empresariales, imputándose los resultados económicos a los socios, una vez atendidos los fondos comunitarios, en función de la actividad cooperativizada que realizan. 2. Cualquier actividad económica podrá ser organizada y desarrollada mediante una Sociedad constituida al amparo de la presente Ley. 3. Las cooperativas se ajustarán en su estructura y funcionamiento a los principios formulados por la Alianza Cooperativa Internacional en los términos establecidos en la presente Ley.; (kon) Los planteamientos ideológicos del cooperativismo fueron enriquecidos por pensadores sociales y aplicados con criterios operativos a las cooperativas. (CSC: 16)
Genossenschaft *f ^eG^ ^Genosse^* (def) Gesellschaft mit nicht geschlossener Mitgliederzahl, die die Förderung des Erwerbs und der Wirtschaft ihrer Mitglieder mittels gemeinschaftlichen Geschäftsbetriebes bezweckt. Die Firma muss die Bezeichnung »eingetragene Genossenschaft«oder kurz »eG« enthalten, jedoch darf kein Zusatz beigefügt werden, der darauf hindeutet, ob und in welchem Umfang die Genossen zur Leistung von Nachschüssen verpflichtet sind. Im Statut müssen jedoch Bestimmungen darüber enthalten sein, ob die Genossen für den Fall, dass die Gläubiger im Konkurs der Genossenschaft nicht befriedigt werden, Nachschüsse zur Konkursmasse unbeschränkt auf eine bestimmte Summe (Haftsumme) oder überhaupt nicht zu leisten haben. Die Genossenschaft, die mindestens sieben Mitglieder haben muss, hat einen Vorstand und einen Aufsichtsrat; Hauptorgan ist die Mitgliederversammlung (Generalversammlung). Sie ist in das Genossenschaftsregister einzutragen. Durch Beitrittserklärung kann man Mitglied der Genossenschaft werden. In der Generalversammlung können die Genossen ihre Rechte ausüben, wobei jeder Genosse unabhängig von der Höhe seines Geschäftsguthabens bzw. Anzahl seiner Geschäftsanteile nur eine Stimme hat. (BAL); (expl) Rechtsgrundlage: GenG § 1: (...) Gesellschaften von nicht geschlossener Mitgliederzahl, welche die Förderung des Erwerbes oder der Wirtschaft ihrer Mitglieder mittels gemeinschaftlichen Geschäftsbetriebes bezwecken (Genossenschaften), namentlich: 1. Vorschuss- und Kreditvereine, 2. Rohstoffvereine, 3. Vereine zum gemeinschaftlichen Verkauf landwirtschaftlicher oder gewerblicher Erzeugnisse (Absatzgenossenschaften, Magazinvereine), 4. Vereine zur Herstellung von Gegenständen und zum Verkauf derselben auf gemeinschaftliche Rechnung (Produktivgenossenschaften), 5. Vereine zum gemeinschaftlichen Einkauf von Lebens- oder Wirtschaftsbedürfnissen im großen und Ablass im kleinen (Konsumvereine), 6. Vereine zur Beschaffung von Gegenständen des landwirtschaftlichen oder gewerblichen Betriebes und zur Benutzung derselben auf gemeinschaftliche Rechnung, 7. Vereine zur Herstellung von Wohnungen, erwerben die Rechte einer »eingetragenen Genossenschaft« nach Maßgabe dieses Gesetzes. 2) Eine Beteiligung an Gesellschaften und sonstigen Personenvereinigungen einschließlich der Körperschaften des öffentlichen Rechts ist zulässig, wenn sie 1. Der Förderung des Erwerbs oder der Wirtschaft der Mitglieder der Genossenschaft oder, 2. ohne den alleinigen oder überwiegenden Zweck der Genossenschaft zu bilden, gemeinnützigen Bestrebungen der Genossenschaft zu dienen bestimmt ist.; (kon) Als Gesellschaft mit nicht geschlossener Mitgliederzahl ist die Genossenschaft eine Personenvereinigung. (GUF: 30)

cooperativista *m ^socio cooperativo^*

cosas *fpl* (def) En una primera aproximación jurídica al lineamiento del concepto de cosa, se debe considerar la tradicional oposición entre cosa y persona; la consideración de la persona como el sujeto del Derecho, y la cosa como el objeto del mismo, que va a dar lugar a la distinción entre el Derecho de las personas y el Derecho de las cosas. Un siguiente aspecto viene dado por la relación entre cosas materiales y tangibles, y cosas inmateriales, generalmente identificadas con derechos, facultades, etc. En la práctica, y aún a pesar de la discusión de algunos juristas que han querido apreciar matices diferenciadores, cosas y bienes se utilizan como equivalentes (...). (DEI); (expl) Rechtsgrundlage: Art. 333 del Código Civil: Todas las cosas que son o pueden ser objeto de aprobación se consideran como bienes muebles o inmuebles.; (kon) Sin embargo, en el Código se afirma que pueden ser objeto de posesión las cosas y los derechos (art. 437). (PYP: 110) **Sachen** *fpl* (def) I[m] S[inne] des Bürgerlichen Gesetzbuches Gegenstände der Körperwelt, und zwar feste, flüssige und gasförmige Körper; letztere i. d. R. nur im Behältnis. Keine S[achen] sind dagegen unkörperliche Gegenstände, z. B. Rechte, Sachgesamtheiten, Firmenwert, Kundenkreis eines Kaufmannes und geistige Schöpfungen (z. B. ein Roman als solcher, anders das Buch). Keine Sache ist der Körper des lebenden Menschen. Tiere sind keine Sachen; auf sie sind jedoch die für Sachen geltenden Vorschriften anzuwenden, soweit nichts anderes bestimmt ist (...). (GWL); (expl) Rechtsgrundlage: § 90 BGB: Sachen im Sinne des Gesetzes sind nur körperliche Gegenstände. Dazu heißt es in einem Kommentar zur »Definition der Sache«: § 90 macht die Körperlichkeit eines Gegenstandes zum Kriterium für seine Sachqualität. Dazu bezieht sich das BGB auf die natürliche Anschauung, welche räumliche Abgrenzung und Beherrschbarkeit des Gegenstandes verlangt (...). Nicht gefordert wird die Wahrnehmbarkeit durch den Tastsinn. Die Abgrenzung der Sache muss nicht von Natur aus bestehen. Sache im Sinne des § 90 ist also jedes in räumlicher Abgrenzung für sich bestehende und im Verkehrsleben als selbstständig anerkannte Stück der beherrschten Materie (...).; (kon) Das Pfandrecht dient dem Gläubiger insofern zur Sicherheit, als er sich aus der Sache bzw. dem Recht befriedigen kann; es ist akzessorisch. (GUF: 64)

coste, de bajo *adv* ^*coste, de menor* ^ ^*costoso, poco (DDU)*^ (Komm) In Fachwörterbüchern wird für den Terminus *kostengünstig* meist *económico* als Übersetzungsmöglichkeit angeboten. Dieser Begriff ist jedoch sehr weit gefasst und impliziert nicht in erster Linie die Vorteilhaftigkeit, die sich aus niedrigen Kosten ergibt.; (def) Lo que causa costes inferiores a otras opciones o sencillamente bajo en relación con el fin perseguido. (DV); (kon) British Airways e Iberia irán equiparando progresivamente sus tarifas a las de las compañía de bajo coste. **kostengünstig** *adj* ^*Kosten*^ (def) bei der Erreichung eines bestimmten Ziels niedrige Kosten verursachend (DV); (kon) In welchem Fall soll eine im Unternehmen vorhandene Anlage durch eine neue, kostengünstigere ersetzt werden? (GUF: 108)

coste explícito de capital *m* ^*servicio de la deuda*^

coste, de menor *adv* ^*coste, de bajo* ^

costes *mpl* (def 1) Valoración en términos monetarios del consumo o sacrificio de los factores productivos aplicados en una actividad económica para la obtención de un determinado producto (bien o servicio). (TMD); (def 2) En la terminología alemana, el concepto de *Kosten* (costes) se contrapone en la cuenta de pérdidas y ganancias a *Erlöse* (ingresos). (Ver esquema en el anexo.) En general, las *Kosten* reflejan la disminución del valor de bienes y prestaciones de servicios gastados por la empresa durante un cierto periodo. En realidad, este concepto se asemeja a *Aufwendungen*, con la única diferencia de que las *Kosten* sirven para fines internos de la empresa. Junto con *Erlöse* reflejan el resultado »objetivo« de la empresa, es decir, un resultado que no está influido o alterado por disposiciones legales (por ejemplo, impuestos). Normalmente la información sobre las *Kosten* no se difunde fuera de la empresa. (DV) (kon) El inconveniente más importante del sistema leasing es su elevado coste. (SSD: 357) **Kosten** *pl* ^*Erlöse*^ ^*Fixkosten*^ ^*Leistungen*^ ^*Nebenkosten*^ (def) Allgemein Bezeichnung für die zur Erstellung einer betrieblichen Leistung (...) eingesetzten bzw. verbrauchten in Geld bewerteten Mengen an produktiven Faktoren. Bewerteter Verzehr an wirtschaftlichen, materiellen und immateriellen Gütern zur Erstellung und zum Vertrieb von Gütern und Dienstleistungen. (BAL); (kon) Der Vorteil jeglicher Investitionsplanung liegt (...) in einer systematischen Ermittlung von Kosten und Nutzen und damit darin, die für das Unternehmen gewinnoptimalen Maßnahmen festzulegen. (GUF: 118) ; (Komm) *Kosten* bzw. *costes* spiegeln den Wert von verbrauchten Gütern und Leistungen eines Zeitraums wider. Steuernachzahlungen (pagos posteriores de impuestos) sind nicht Teil von *Kosten*, ebenso verhält es sich mit dem Verzehr von Gütern einer Periode, die zu Produktionskosten einer anderen Periode gerechnet werden. Zu *Kosten* zählen aber Opportunitätskosten (costes-oportunidad), wie beispielsweise Löhne und Gehälter von Angestellten (vgl. Schemata im Anhang).

costes fijos *mpl* (def) Los costes fijos son aquellos que permanecen invariables para un período de tiempo, y no disminuyen aunque se reduzca el nivel de actividad de la empresa, pues son independientes del volumen de operaciones de la misma. Esto no quiere decir que permanezcan invariables para otros períodos, sino que se modificarán como consecuencia, por ejemplo, de una alteración en los precios de los factores o por una necesidad de aumentar los medios de producción. (...) (DEI); (kon) En efecto, los pagos fijos por su cuantía y vencimiento pueden coincidir o no con los costes fijos de la empresa. (ABA: 272) **Fixkosten** *pl* ^*Kosten*^ (def) (...) Kosten, die von der jeweils betrachteten Einflussgröße unabhängig sind, d. h. Kosten, die sich nicht automatisch mit der jeweils betrachteten Einflussgröße ändern. (GWL); (kon) Die fallenden Preise bei gleichzeitig hohen Fixkosten erhöhen den Rationalisierungsdruck.

costoso, poco *adj* ^*coste, de bajo* ^

cotización *f ^cambio bursátil (AEE)^* (def) Precio de los valores mobiliarios en Bolsa expresado generalmente en porcentaje de su valor nominal (cotización). (AEE vs cambio bursátil); (kon) Esta operación [el rescate en bolsa] es beneficiosa a la sociedad cuando los títulos son cotizados por debajo de la par. Debe hacerse con prudencia para no hacer subir la cotización. (AEO: 133) **Kurs** *m ^Notierung^* (def) 1. Begriff: Der an der Börse amtlich durch einen Kursmakler festgestellte Marktpreis für fungible Wertpapiere, Devisen (Wechselkurs) oder Waren. Bei Wertpapieren ist zwischen der Kursnotierung (in Prozent des Nominalbetrags) und der Stücknotierung zu unterscheiden. (...) 2. Arten: a) Kassakurs: für im Kassamarkt abgeschlossene Geschäfte; zu unterscheiden: (1) Einheitskurs (Kassakurs i. e. S.): vom Kursmakler für jedes Papier täglich festgesetzter, offizieller K[urs] aller zum amtlichen Handel zugelassenen Papiere; der Börsenmakler hat diesen so festzusetzen, dass die Umsätze maximiert werden; (2) variabler K[urs] (fortlaufender K[urs], Schwankungs-K[urs]): für bestimmte Papiere fortlaufend notierter K[urs]; die Geschäfte werden individuell zu unterschiedlichen Preisen ermittelt. b) Terminkurs: (variabler) K[urs] für erst später zu erfüllende Geschäfte (Termingeschäfte). 3. Kursbildung: Die Höhe des K[urses] ist abhängig von den Vorgängen auf Geld- und Kapitalmarkt, Veränderung von Angebot und Nachfrage des betreffenden Papiers oder einer Wertpapiergattung, sowie von politischen Ereignissen und psychologischen Faktoren. (...) (GWL); (kon) Die Konditionen – Recht auf Bezug von Aktien in einem bestimmten Verhältnis, zu einem bestimmten Kurs und innerhalb einer festgesetzten Frist – des späteren Aktienbezuges müssen bei Ausgabe der Obligationen festgelegt werden. (GUF: 43)

cotización oficial *f* (def 1) (...) Las bolsas de valores, de productos básicos, metales, etc., publican diariamente el precio alcanzado por los títulos o mercancías que en ellas se negocian. La cotización puede darse para cuatro momentos de la sesión: apertura, mínima, máxima, y cierre. (...) (TAM); (def 2) (...) es la publicación oficial de los precios o cambios –cotizaciones – alcanzados en cada una de las sesiones del mercado mediante mecanismos competitivos, y de acuerdo con las normas y usos bursátiles. Esta publicidad oficial de las cotizaciones es uno de los fines de la mediación en la contratación bursátil, que se señala en el Reglamento de Bolsas. Esta autenticación oficial se materializa en el Acta de Cotización Oficial y en el Boletin Oficial de cotización. (DFB); (kon) El inversor recibe un tipo de interés inferior al de un bono normal, a cambio de la previsión de que los tipos de interés bajen, aumentando así el precio del bono que podrá comprar o de la esperanza de que suba la cotización de la acción. (...) (TAM vs bono con warrant) **Notierung** *f ^Kurs^* (def 1) (Börsennotierung) Festsetzung der amtlichen Börsenkurse durch den Börsenvorstand, der diese Aufgabe den amtlichen Börsenmaklern übertragen kann. (...) (BFL); (def 2) (...) Erfolgt für Aktien in €/Stück und für Rentenwerte in Prozent vom Nennwert. Die Kursnotierung für Wertpapiere wird an den verschiedenen Börsenplätzen gesondert durchgeführt; es bestehen jedoch keine gravierenden Unterschiede. I. d. R. erfolgt die Kursnotierung zu Einheitskursen (Kassakurse). Für Wertpapiere, die in großen Stückzahlen gehandelt werden, erfolgt eine variable Notierung. Die Mindestzahl an Aktien für diese Art der Notierung beträgt i. d. R. 50 Stück. (BAL); (kon) Notierung an der Börse: Erfolgt u. a. getrennt für Anleihe mit Optionsschein, Anleihe ohne Optionsschein und Optionsschein. (GWL vs Optionsanleihe)

crédito *m ^solvencia^* (def) Crédito significa solvencia. Desde una concepción financiera, solvencia se puede definir como la capacidad de la empresa o individuo de convencer al intermediario financiero de que le facilite el crédito. (En esta capacidad se incluyen consideraciones personales, profesionales, etc.). Crédito es, pues, una transferencia temporal limitada del poder de disposición sobre capitales, al efecto de poderlos explotar mediante el pago de unos intereses. Crédito es la transferencia temporal de poder adquisitivo a cambio de reembolsar éste más sus intereses. El crédito es el principal medio de financiación de la empresa. En su planteamiento operativo, se suele diferenciar dentro del mismo el préstamo de la cuenta de crédito propiamente dicho. Normalmente la diferencia entre estos dos planteamientos del crédito (préstamo, cuenta de crédito) está en la formula documental y en las cláusulas que condicionan la utilización. Cara a la empresa, la cuenta de crédito se suele plantear en operaciones con necesidades variables de inversión en el tiempo, mientras que préstamo se une a la inversión cuyo monto está prefijado en fecha y cuantía. La clasificación del crédito se puede efectuar en base a la persona del acreedor, en razón del tiempo, en base a la garantía, a la formalización, (...). (DEE); (kon) (...) Los acreedores de la sociedad podrán ejercitar la acción social de responsabilidad contra los administradores cuando no haya sido ejercitada por la sociedad o sus accionistas, siempre que el patrimonio social resulte insuficiente para la satisfacción de sus créditos. (LSA art. 134, 5.) **Kredit** *m ^Bankkredit^ ^Kredit, kurzfristiger^ ^Kredit, langfristiger^ ^Kredit, mittelfristiger^ ^Kreditfähigkeit^ ^Kreditgeber^ ^Kredit-institut^ ^Kreditnehmer^ ^Personalkredit^ ^Realkredit^* (def) (...) II. Bankwesen: 1. Begriff/Abgrenzung: I. e. S. die Über-lassung von Kapital bzw. Kaufkraft auf Zeit (Kreditgewährung), i. w. S. das Vertrauen in die Fähigkeit und Bereitschaft, Schuldver-pflichtungen (Verpflichtung zur Rückzahlung oder zur Bereitstellung der Deckung [Revaluierung]) zu erfüllen (Kreditwürdigkeit). Darüber hinaus wird auch das bei der Fremdfinanzierung überlassene Kapital selbst als K[redit] bezeichnet. Abgrenzung zwischen K[redit] und Darlehen: K[redit] ist gegenüber Darlehen der umfassendere Begriff, da er sich nicht nur auf die Geldleihe, sondern auch auf andere Kreditarten, wie Akzeptkredit und Avalkredit (Formen der Kreditleihe) und auch auf den Diskontkredit erstreckt. Diese Kreditverhältnisse sind recht-lich nicht als Darlehen, sondern als Ge-schäftsbesorgungsvertrag, als Bürgschaft bzw. Garantie oder als Kauf zu qualifizieren. 2. Kreditbegriff nach Kreditwesengesetz (KWG): (...) Hiernach gehören zu den K[rediten]: (1) Gelddarlehen aller Art, entgelt-lich erworbene Geldforderungen, Akzept-kredite sowie Forderungen aus Namens-schuldverschreibungen, (2) die Diskontierung von Wechseln und Schecks, (3) die Stundung von Forderungen, (4) Bürgschaften, Garantien und sonstige Gewährleistungen für andere, (5) die Verpflichtung, für die Erfüllung entgeltlich übertragener Geldforderungen einzustehen oder sie auf Verlangen des Erwerbers zurückzuerwerben, (6) Beteiligungen, (7) Gegenstände, über die ein Kreditinstitut als Leasinggeber Leasing-Verträge (Leasing) abgeschlossen hat. (...) 3. Volkswirtschaftliche Bedeutung: Mit K[rediten] stellen Banken und Sparkassen Geldkapital zur Finanzierung der Güter-produktion bereit. Die Kreditinstitute über-nehmen dabei Transformationsfunktionen (Funktionen und Struktur des Kreditwesens). Der produktive Einsatz von Geldkapital dient der Erhöhung des Sozialprodukts und der Beschäftigung. 4. Arten: a) nach Fristigkeit: (...); b) nach Kreditform: (...); c) nach Kreditzweck: (...); d) nach Kreditbesicherung: (...); e) oft auch Unterscheidung von (1) Personalkredit und (2) Realkredit, (...) f) nach Kreditnehmer: (...); g) nach Kredit-geber: (...); h) nach Zahl der Kreditgeber: (...); i) nach Form der Kreditgewährung: (...) (GWL); (kon) Externe Fremdfinanzierung: Bereitstellung fremder Mittel von außen, besonders die Beschaffung von Krediten und sonstigen Fremdmitteln aller Art. (GUF: 4)

crédito de aceptación *m* (def) La aceptación bancaria cuando se utiliza como instrumento crediticio. (...) Un banco, mediante un contrato especial, abre un crédito. El titular del mismo libra letras hasta determinado importe contra el banco, que las acepta. Los plazos de ambas operaciones se escalonan de forma tal, que el titular del crédito tenga que saldarlo antes del vencimiento de las letras. El titular del crédito obtiene de esa manera descuentos en el mercado de dinero a un tipo de interés que suele ser inferior al corriente (...). (DDU); (expl) Crédito por el cual un banco acepta una letra de cambio librada a su cargo por un cliente; el efecto aceptado es descontado por ese banco o por otro banco. (UEC) **Akzeptkredit** *m ^Diskontkredit^ ^Negotiationskredit^ ^Rembourskredit^* (def) Der Akzeptkredit gehört zu den kurzfristigen Bankkrediten. Eine Bank akzeptiert im Auftrag des Kreditnehmers einen auf sie gezogenen Wechsel unter der Bedingung, dass der Kreditnehmer den Gegenwert des Wechsels bei Fälligkeit der Bank zur Verfügung stellt. Diese Verpflichtung begründet das Verhältnis zwischen akzeptierender Bank und Wechselaussteller (= Kreditnehmer). (HFW); (kon) Da (...) auch solche Gläubiger den Wechsel akzeptieren werden, die den Schuldner nicht kennen, hat der Akzeptkredit seine größte Bedeutung in der Außenhandelsfinanzierung. (GUF: 54)

crédito de aceptación (contra documentos) *m ^crédito documentario de aceptación^ ^crédito contra reembolso^ ^crédito de reembolso^* (def 1) El banco está obligado a reembolsar el importe de los documentos en orden exigidos en el crédito, al banco intermediario remitente de dichos documentos. El reembolso puede efectuarse a través de un tercer banco quien actuará de acuerdo con las instrucciones del banco emisor y a quien debe dirigirse el banco intermediario para obtener dicho reembolso (...). (DCE); (def 2) Forma de crédito bancario a los particulares instrumentada por letras de cambio. Consiste en la apertura por parte del banco de un crédito a un paticular, a partir de ahí, éste libra letras hasta el importe del crédito concedido, el Banco las aceptará, y se arbitrará un sistema de plazos en los vencimientos, de tal modo que el titular se consigue un crédito para operaciones a corto plazo a un tipo de interés por debajo del normal para otro tipo de empréstitos. (DFB) **Rembourskredit** *m ^Akzeptkredit^ ^Negotiationskredit^* (def) Die Mitwirkung der Bank bei der Begleichung eines überseeischen Warengeschäfts, in bestimmten Fällen verbunden mit Kreditgewährung (Rembourskredit). Als Unterlage für das Remboursgeschäft dienen die Fracht- und Versicherungspapiere (Konnossemente und Versicherungsscheine), evtl. Fakturen und Prüfungszertifikate für Gewicht und Qualität (sog. Dokumente). (GWL vs Remboursgeschäft); (expl) Die Schwierigkeit bei Auslandsgeschäften liegt in der Absicherung von Zahlungszielen. Hier bietet sich die Unterlegung der Exportforderung durch einen Wechsel an, der es dem Exporteur ermöglicht, sich bei Bedarf durch Diskontierung des Wechsels zu refinanzieren. An Stelle sofortiger Zahlung bei Vorlage der Dokumente tritt jedoch die Aushändigung des Akzeptes einer deutschen Bank oder auch einer ausländischen Bank, wenn hierfür die deutsche Bank die Haftung übernimmt. Wechselrechtlich ist also nicht der Importeur, sondern ein bekanntes Kreditinstitut Hauptschuldner. Diese Art des Akzeptkredits wird als Rembourskredit bezeichnet. (WÖH); (kon) Der Rembourskredit verbindet den Akzeptkredit mit dem Dokumentenakkreditiv und dem Diskontkredit. (GUF: 61)

crédito de aval *m ^aval bancario^*

crédito bancario *m* (def) Es el que concede un banco, como derecho a obtener fondos hasta una cierta cantidad, a cambio de unos intereses o comisiones determinados, y hasta una fecha en que ha de devolverse. Durante el plazo acordado, el acreditado puede hacer uso o no del crédito a su conveniencia; a diferencia del préstamo, en el que se tiene la obligación contractual de recibir los fondos desde el primer día. (...) Dependiendo de la forma en que se paguen los intereses, existen los créditos a tipo fijo, a tipo fijo variable, etc. Los fondos disponibles en el crédito pueden o no provenir de un solo banco, como es el caso de los créditos sindicados o los club deals. (TAM); (kon) Pero llegó un momento en que el crédito bancario a corto plazo no satisfazó las necesidades del comercio y de la industria. (UDM II: 850) **Bankkredit** *m ^Kredit^* (def 1) Kredit, der Unternehmungen sowie privaten und öffentlichen Haushalten bei Banken eingeräumt wird. – Einteilungsmöglichkeiten: a) Nach der Fristigkeit: Kurz-, mittel- und langfristige B[ankkredite] – b) Nach der Art der Mittelbereitstellung: Buchkredit, Diskontkredit und Akzeptkredit. B[ankkredit] in Form von Bar- oder Buchgeld: Geldleihe. (GWL); (def 2) Bankkredite sind Gelddarlehen von Kreditinstituten aufgrund eines Kreditvertrages und gehören zu den typischen Aktivgeschäften der Banken. Aufgrund der unterschiedlichen Refinanzierungsmöglichkeiten legen Sparkassen und Realkreditinstitute hauptsächlich langfristige B[ankkredite] heraus, die durch Spareinlagen und Pfandbriefemissionen finanziert werden, wohingegen die Kreditbanken überwiegend kurz- und mittelfristige B[ankkredite] gewähren, deren Refinanzierung durch kurzfristige Kundeneinlagen erfolgt. (...) (LBW); (kon) Ein Kontokorrentkredit ist ein Bankkredit, der in in- oder ausländischer Währung von einem Kreditinstitut seinen Kunden in bestimmter Höhe eingeräumt und von diesen je nach Bedarf in wechselndem Umfang bis zu der vereinbarten Höchstgrenze (Kreditlinie) beansprucht wird. (GUF: 50)

crédito cambiario *m ^crédito de descuento de letras^*

crédito comercial *m ^crédito mercantil (UEC)^* (def) Crédito a corto plazo que conceden los proveedores a una empresa para poder financiar sus compras. Tiene un punto de vista doble: para el proveedor es un crédito a clientes y para el cliente es un crédito de proveedores. (DDU); (kon) Según el sector al que se oriente el crédito puede ser agrícola, industrial, comercial, de inversión de consumo, etc. (MDB vs crédito) **Lieferantenkredit** *m ^Eigentumsvorbehalt^* (def) Kredit, den Lieferanten ihren Kunden durch Gewährung von Zahlungsziel einräumen, eine typische Form des kurzfristigen Kredits. Fristen: Im Durchschnitt 1-3 Monate, zuweilen nach der Absatzdauer der gelieferten Waren (bis 6 Monate, auch länger) bemessen. Bis zum Zahlungseingang häufig Eigentumsvorbehalt. Da der Kunde bei früherer Zahlung in der Regel Skonto abziehen kann (nach Zeitspannen gestaffelt), empfiehlt sich oft Aufnahme von Bankkredit zum Barkauf mit Skontoabzug. Lieferantenkredit bezweckt Absatzsicherung oder Beeinflussung der Geschäftsführung des Kundenunternehmens. Hohe Zinsbelastung durch Lieferantenkredit wird im Warenpreis einkalkuliert. Lieferantenkredit erscheint in der Bilanz unter der Bezeichnung »Verbindlichkeiten aus Lieferungen und Leistungen.« (GWL); (expl) Der bei weitem wichtigste Kredit von Nichtbanken ist der Lieferantenkredit. Der Lieferant liefert eine Ware, gewährt dem Abnehmer ein Zahlungsziel von z. B. 30 Tagen und sichert seinen Zahlungsanspruch durch Vereinbarung eines einfachen bzw. verlängerten

Eigentumsvorbehalts. Der Abnehmer kann die Ware verarbeiten und weiterverkaufen und somit möglicherweise die Zahlungsverpflichtungen ganz oder zum Teil aus seinen Umsatzeinzahlungen decken. Der Lieferantenkredit wird, im Vergleich zu einer Kreditgewährung durch Kreditinstitute, nahezu formlos gewährt. (DRU); (kon) Der Lieferantenkredit ist ein Warenkredit insofern, als der Verkäufer dem Abnehmer Zahlungsaufschub gewährt. (GUF: 49)

crédito en cuenta corriente *m* (Komm) Crédito que puede tomarse dentro del plazo establecido disponiendo hasta el límite fijado en la línea de crédito concedida a través de la cuenta corriente.; (kon) Corresponderán principalmente a la índole de estas [sociedades de crédito] compañías las operaciones siguientes: (...) Prestar sobre efectos públicos, acciones u obligaciones, géneros, frutos, cosechas, fincas, fábricas, buques y sus cargamentos, y otros valores, y abrir créditos en cuenta corriente, recibiendo en garantía efectos de igual clase. (LHP: 122) **Kontokorrentkredit** *m* *^Kredit in laufender Rechnung (GWL)^* *^Kreditlinie^* (def) Kredit, den der Kreditnehmer innerhalb der festgesetzten Laufzeit durch Verfügungen über sein Konto bis zur vereinbarten Kreditlinie in Anspruch nehmen kann. Der K[ontokorrentkredit] an Unternehmen ist ein Betriebskredit, der der Finanzierung der Gütererzeugung und Güterbereitstellung dient (Betriebsmittelkredit, Saisonkredit, Überziehungskredit, Zwischenkredit). Der K[ontokorrentkredit] an Privatpersonen wird als Dispositionskredit zur Verfügung gestellt und dient der Konsumfinanzierung (Konsumentenkredit). (GWL); (expl) Der Kontokorrentkredit wird in der Regel für ein Jahr gewährt, sodass er zu den kurzfristigen Krediten gerechnet wird. Da es aber üblich ist, ihn immer wieder zu verlängern, ist er faktisch meist längerfristig. Mit diesem Kredit stellt die Bank ein Instrument zur Verfügung, das den schwankenden Einzahlungen aus dem Umsatzprozess entgegen kommt. Die Zahlungsreihe ist hier nicht fix, sondern es wird eine Höchstgrenze (Kreditlinie) festgelegt, bis zu der der Kreditnehmer den Kredit je nach Bedarf in wechselndem Umfang in Anspruch nehmen kann. (SPR); (kon) Durch diese technische Eigenart ist der Kontokorrentkredit ein sehr flexibles Kreditinstrument, mit dem das Kapitalvolumen bei schwankenden Liquiditätserfordernissen fein auf den Kapitalbedarf abgestimmt werden kann. (GUF: 51)

crédito de descuento *m* (def) Contrato por virtud del cual el banco anticipa a su cliente el importe de un crédito no vencido que éste tiene contra un tercero y que le es cedido salvo buen fin, descontando del importe íntegro del crédito los intereses correspondientes al tiempo que media entre el anticipo y el vencimiento de un crédito. (ESJ vs descuento); (kon) Se entiende por descuento (...) el hecho de abonar un Banco al cliente, en dinero, el importe de un título de crédito no vencido, descontando los intereses correspondientes al tiempo que media entre el anticipo y el vencimiento del crédito. De este modo, el Banco concede crédito al poseedor de otro crédito contra tercera persona, y obtiene la garantía que desea mediante la cesión pro solvendo del mismo crédito que descuente. (BPM: 57) **Diskontkredit** *m* *^Akzeptkredit^* *^Wechseldiskontkredit^* (expl) Ein Lieferant, der Forderungen an Abnehmer hat, kann diese Forderungen durch einen Wechsel im Sinne des Art. 1 des WG, den der Schuldner akzeptiert, verbriefen. Der Wechsel kann bei einer Bank unter bestimmten Bedingungen zur Diskontierung eingereicht werden: die noch nicht fällige Forderung an den Lieferanten wird – in Wechselform gekleidet – an die Bank verkauft. Die Bank schreibt dem Lieferanten den Betrag vermindert um Zinsen für die Restlaufzeit (Diskont) und Spesen gut und gewährt damit dem den Wechsel einreichenden Lieferanten Kredit. (DRU); (kon) Im Allgemeinen stellt sich der Wechseldiskontkorrentkredit effektiv 1,5 bis 2,5 Prozent günstiger dar als der Kontokorrentkredit, allerdings werden beim Diskont die Zinsen im voraus abgezogen. (GUF: 53)

crédito de descuento de letras *m* *^crédito cambiario (DDU)^* *^descuento financiero (DEN)^* (def) Operación financiera realizada por las entidades de crédito, consistente en abonar al prestatario el importe, con rebaja por intereses, de una letra de cambio u otro efecto mercantil antes de la fecha de vencimiento. (DEN vs descuento financiero) **Wechseldiskontkredit** *m* *^Diskontkredit^* (def) Ankauf von noch nicht fälligen Wechseln und (seltener) Schecks unter Abzug der Zinsen (Diskont) bis zum Fälligkeitstag und meist auch einer Diskontprovision. Der anzurechnende Zinssatz (Diskontsatz) richtet sich nach dem Notenbankdiskontsatz. (GWL vs Diskontgeschäft); (expl) Der Wechseldiskontkredit verdankt seine Existenz der Tatsache, dass ein großer Teil der Bezahlung im Warenhandel durch Wechsel abgewickelt wird. Da die Wechsel im Allgemeinen eine Laufzeit von höchstens drei Monaten haben, sind die Wechseldiskontkredite ein kurzfristiges Finanzierungsinstrument. Die Kreditfunktion besteht darin, dass der Wechselinhaber (Kreditnehmer) die Wechsel vor deren Fälligkeit an die Bank verkauft und damit die noch nicht fälligen Forderungen, die auf diesem Wechsel gründen, »bevorschusst« werden. (SPR); (kon) Der Wechseldiskontkredit ist ein Teilbereich des Wechselkredits und wird auch als Wechselkredit im engeren Sinne bezeichnet. (GUF: 52)

crédito documentario *m* (def) Medio de pago muy utilizado en comercio internacional, también denominado carta de crédito. Es un medio seguro, que suele utilizarse con nuevos clientes. Se inicia con las instrucciones que da el importador a su banco para que emita un crédito a favor del exportador. El banco paga contra la entrega de los documentos requeridos. (TMD); (expl) (...) Según las Reglas y Usos Uniformes relativos a los Créditos Documentarios, las expresiones »crédito(s) documentario(s)« (...) significan todo convenio, cualquiera que sea su denominación o descripción, en virtud del cual un banco (banco emisor), obrando a petición y de acuerdo con las instrucciones de un cliente (ordenante), deberá efectuar un pago a un tercero (beneficiario), o a su orden, o deberá pagar, aceptar o negociar las letras de cambio (giros), que libre el beneficiario, o autorizar que tales pagos sean efectuados, o que tales giros sean pagados, aceptados o negociados por otro banco, contra entrega de los documentos exigidos, siempre que las cláusulas y condiciones estipuladas hayan sido cumplidas. (...) (BCD: 53); (kon) Los créditos documentarios son, por excelencia, los medios de pago y de financiación del comercio internacional, principalmente en las relaciones comerciales con países lejanos o en vías de desarrollo. (BCD: 14) **Akkreditiv** *n* *^Zahlungsanweisung^* (def) An eine Bank erteilter Auftrag, aus dem Guthaben (...) des Auftraggebers (...) in einer bestimmten Zeitspanne einem Dritten (...) eine bestimmte Geldsumme unter bestimmten Bedingungen (...) verfügbar zu machen. Da eine Bank den Auftrag meist an eine weitere weitergibt, kann man das Akkreditiv auch als Anweisung einer Bank an eine andere bezeichnen, im Auftrag ihres Kunden einem Dritten (...) einen bestimmten Geldbetrag unter bestimmten Bedingungen und in festgelegter Zeit zur Verfügung zu stellen oder eine Tratte zu akzeptieren bzw. zu diskontieren. (...) Das Akkreditiv, vor allem im Außenhandelsgeschäft gebräuchlich, ist ein abstraktes Zahlungsversprechen. Es dient zunächst der für zwei Vertragsparteien sicheren Zahlungsabwicklung, ist aber oft auch mit einer Kreditaufnahme verbunden. (...) (BAL); (kon) Die Akzeptleistung erfolgt zugunsten des Exporteurs unter einem Akkreditiv, das im Auftrag des Importeurs von der Importbank oder im Auftrag der Importeursbank von der Remboursbank meist unwiderruflich eröffnet und als bestätigtes oder unbestätigtes dem Exporteur von seiner Hausbank avisiert wird. (GUF: 61)

crédito documentario de aceptación *m* *^crédito de aceptación^*

crédito documentario por negociación *m* (def) Por medio de él, un banco se compromete a pagar el importe de los efectos emitidos por el exportador a cargo del importador, una vez comprobada la validez de los documentos comerciales presentados. (TAM) **Negotiationskredit** *m* *^Negoziierungskredit (GWL)^* *^Rembourskredit^* (def) Im Auslandsgeschäft übliche Finanzierungsform, bei der von Dokumenten begleitete Tratten (gezogener Wechsel) auf der Grundlage von Ziehungsermächtigungen angekauft werden. (GWL vs Negoziierungskredit); (expl) Eine weitere Kreditform im Auslandsgeschäft, die mit dem Rembourskredit eng verwandt ist, ist der Negotiationskredit. Vom Rembourskredit unterscheidet er sich dadurch, dass bei diesem der Exporteur ein Bankakzept erhält, das er bei seiner Bank diskontieren kann, während beim Negotiationskredit die Bank des Exporteurs von der des Importeurs ermächtigt wird, zu ihren Lasten einen vom Exporteur auf den Importeur oder eine Bank gezogenen Wechsel gegen Vorlage der Dokumente anzukaufen oder zu bevorschussen (zu negoziieren), und zwar bevor der Wechsel vom Importeur oder der Bank akzeptiert worden ist. (WÖH); (kon) Dem Negotiationskredit (Trattenankaufkredit) in Form der authority of purchase liegt eine vom Exporteur auf den Importeur gezogene Tratte zugrunde. (GUF: 60)

crédito con garantía de valores *m* *^asegurado con prenda^*

crédito personal *m* (def) El que se basa exclusivamente en la garantía de un individuo y de sus calidades personales y patrimoniales. (GDJ); (kon) Según la garantía de que disponga el acreedor, el crédito puede ser personal y real. (GCB: 40) **Personalkredit** *m* *^Kredit^* *^Realkredit^* (def) (Blankokredit) unbesicherter Bankkredit (reiner Personalkredit), der an besonders kreditwürdige Kunden herausgelegt wird. Grundlage hierfür ist das Vertrauen der für die Kreditherauslage zuständigen Personen in die absolut gegebene gegenwärtige und zukünftig erwartete Kreditwürdigkeit und -fähigkeit des Kreditnehmers. Auf dieser Annahme beruht das Vertrauen der Bank in die Fähigkeit des Kunden, fristgerecht und in vollem Umfang die vereinbarten Nutzungsentgelte (Zinsen, Provisionen etc.) und die Tilgungsraten zu leisten. Die notwendigen Informationen liegen der Bank i. d. R. vor, da ein Personalkredit im Normalfall nur an langjährige Kunden herausgelegt wird. (...) (BFL); (kon) Einem Kreditnehmer darf an Personalkredit nicht mehr als 25 Prozent der Bemessungsgrundlage gewährt werden. (www.meinepolitik.de)

crédito pignoraticio *m* *^asegurado con prenda^*

crédito pignoraticio (sobre mercancías) *m* *^fianza pignoraticia (DDU)^* *^préstamo sobre mercancías^* (kon) El prestador tendrá, sobre los efectos o valores pignorados conforme a las disposiciones de esta sección, derecho a cobrar su crédito con preferencia a los demás acreedores, quienes no podrán retirar de su poder dichos efectos, a no ser satisfaciendo el crédito constituído sobre ellos. **Warenlombard** *m* *^Lombardkredit^* (def) Kreditgewährung gegen Verpfändung von Waren. Die verpfändeten Waren werden von der kreditgebenden Bank in Verwahrung genommen (wegen der dazu erforderlichen Lagerräume selten), beim Kreditnehmer unter Mitverschluss der Bank gelagert oder in einem Lagerhaus eingelagert, derart, dass nur unter Zustimmung der Bank darüber verfügt werden darf. (GWL); (kon) Sieht man von der Lombardierung von Edelmetallen ab, so haben Effekten- und Warenlombard die größere Bedeutung als Kreditinstrumente innerhalb der Lombardkreditarten. (GUF: 56)

crédito a corto plazo *m* (def) Recoge los fondos obtenidos a corto plazo y los epígrafes o formas en que los mismos son invertidos. La denominación varía según la partida concreta que se estudie. Así, por ejemplo, (...), para los créditos los que no pasan de año y medio, (...). (MDB vs corto plazo); (kon) En los mercados monetarios se compran y venden activos a corto plazo, lo que quiere decir que el plazo previsto para el vencimiento del título es casi siempre inferior a un año. Este mercado monetario se subdivide, según el tipo de título, en mercado de divisas (...), mercado interbancario (en el que los bancos se conceden mutuamente créditos a corto plazo) y otro tipo de mercado en el que se negocian efectos comerciales (...). (SMA: 121) **kurzfristiger Kredit** *m* *^Kredit^* *^Kredit, langfristiger^* *^Kredit, mittelfristiger^* (def) (...) Arten [von Krediten]: a) nach Fristigkeit: (1) kurzfristiger Kredit: Laufzeit bis zu einem Jahr; (...). (GWL vs Kredit); (kon) Durch Gläubigertausch werden die kurzfristigen Kredite in langfristige umgewandelt; bei dieser Anschlussfinanzierung trägt der Makler das Betrags- und Terminrisiko, das Zinsrisiko trägt der Kreditnehmer. (GUF: 46); (Komm) Bei der Unterteilung in kurz-, mittel- und langfristige Kredite existiert weder in der deutschen noch in der spanischen Fachliteratur ein einheitlicher Maßstab. So heißt es z. B. in ELG vs Kredit: »Die Deutsche Bundesbank grenzt ab zwischen bis zu sechs Monaten, bis zu vier Jahren und über vier Jahre. In der Fachliteratur werden die Grenzen des kurzfristigen Kredits häufig auch auf bis zu zwei Jahre festgelegt, während der langfristige Kredit erst mit Laufzeiten über zehn Jahren beginnt«, und bei RSF: 228 ist Folgendes aufgeführt: »[El] plazo de vencimiento: a corto, medio y largo plazo (hasta un año, entre uno y tres y más de tres años, respectivamente), aunque esta distinción resulta siempre subjetiva y discutible.» Vergleicht man die verschiedenen Fristen in der Fachliteratur kann man in etwa von folgender groben Unterteilung ausgehen: kurzfristige Kredite bei Laufzeiten bis zu ein oder zwei Jahren, mittelfristige Kredite bei Laufzeiten von drei bis fünf Jahren und langfristige Kredite bei Laufzeiten über drei bzw. fünf Jahren.

crédito a largo plazo *m* (def) Fondos que, según los países y los sectores, exceden de los tres años, (...) (MDB vs largo plazo); (expl) (...) El Plan de Contabilidad, al referirse a préstamos, acreedores, fianzas y depósitos considera: plazo largo: si exceden de 5 años; plazo medio: entre 18 meses y 5 años; plazo corto: menos de 18 meses. (...) (ABA: 160); (kon) En teoría, cuanto más larga sea la duración de un crédito tanto más altos serán los intereses (un depósito a largo plazo devenga un interés más alto, un crédito a largo plazo es más caro que uno a corto plazo). (SMA: 99) **langfristiger Kredit** *m* *^Kredit^* *^Kredit, kurzfristiger^* *^Kredit, mittelfristiger^* (def) (...) Arten: a) nach Fristigkeit: (...) langfristiger Kredit: Laufzeit von über vier Jahren; (...). (GWL vs Kredit); (kon) Während die Rentenschuld als Kreditsicherungsmittel bei Bankkrediten ungeeignet ist, sind Hypothek (§§ 1113 ff. BGB) und Grundschuld (§§ 1191 BGB) von überragender Bedeutung für die Absicherung langfristiger Kredite. (GUF: 67); (Komm) Bei der Unterteilung in kurz-, mittel- und langfristige Kredite existiert weder in der deutschen noch in der spanischen Fachliteratur ein einheitlicher Maßstab. So heißt es z. B. in ELG vs Kredit: »Die Deutsche Bundesbank grenzt ab zwischen bis zu sechs Monaten, bis zu vier Jahren und über vier Jahre. In der Fachliteratur werden die Grenzen des kurzfristigen Kredits häufig auch auf bis zu zwei Jahre festgelegt, während der langfristige Kredit erst mit Laufzeiten über zehn Jahren beginnt«, und bei RSF: 228 ist Folgendes aufgeführt: »[El] plazo de vencimiento: a corto, medio y largo plazo (hasta un año, entre uno y tres y más de tres años, respectivamente), aunque esta distinción resulta siempre subjetiva y discutible.« Vergleicht man die verschiedenen Fristen in der Fachliteratur kann man in etwa von folgender groben Unterteilung ausgehen: kurzfristige Kredite bei Laufzeiten bis zu ein oder zwei Jahren, mittelfristige Kredite bei Laufzeiten von drei bis fünf Jahren und langfristige Kredite bei Laufzeiten über drei bzw. fünf Jahren.

crédito a medio plazo *m* (def) (...) En principio, significa todos aquellos fondos o fuentes de financiación a término medio (uno a cinco años), (...) (MDB vs medio plazo); (kon) La evolución posterior consistió en ir ampliando el abanico de instituciones autorizadas hasta llegar a la Orden ministerial de 21 de julio de 1969, que la conformidad con las orientaciones del Plan de Desarrollo señala »... la conveniencia de – en tanto no culmine el proceso de especialización bancaria – generalizar la autorización a la banca comercial y mixta para conceder créditos a medio y largo plazo (...)«. (LBE: 157) **mittelfristiger Kredit** *m ^Kredit^ ^Kredit, kurzfristiger^ ^Kredit, langfristiger^* (def) (...) Arten: a) nach Fristigkeit: (...); (2) mittelfristiger Kredit: Laufzeit von einem Jahr bis zu vier Jahren; (...). (GWL vs Kredit); (kon) Bei entsprechendem Finanzverhalten des Unternehmens kann der Kontokorrentkredit daher leicht prolongierbar sein und oft in einen mittel- und sogar langfristigen Kredit übergehen. (GUF: 51); (Komm) Bei der Unterteilung in kurz-, mittel- und langfristige Kredite existiert weder in der deutschen noch in der spanischen Fachliteratur ein einheitlicher Maßstab. So heißt es z. B. in ELG vs Kredit: »Die Deutsche Bundesbank grenzt ab zwischen bis zu sechs Monaten, bis zu vier Jahren und über vier Jahre. In der Fachliteratur werden die Grenzen des kurzfristigen Kredits häufig auch auf bis zu zwei Jahre festgelegt, während der langfristige Kredit erst mit Laufzeiten über zehn Jahren beginnt«, und bei RSF: 228 ist Folgendes aufgeführt: »[El] plazo de vencimiento: a corto, medio y largo plazo (hasta un año, entre uno y tres y más de tres años, respectivamente), aunque esta distinción resulta siempre subjetiva y discutible.« Vergleicht man die verschiedenen Fristen in der Fachliteratur kann man in etwa von folgender groben Unterteilung ausgehen: kurzfristige Kredite bei Laufzeiten bis zu ein oder zwei Jahren, mittelfristige Kredite bei Laufzeiten von drei bis fünf Jahren und langfristige Kredite bei Laufzeiten über drei bzw. fünf Jahren.

crédito real *m* (def) El asegurado con la garantía de una cosa mueble o inmueble. (DDU); (expl) En el crédito real las garantías descansan fundamentalmente en derechos de prenda que concede el tomador del crédito al dador del crédito. Se concede, pues, en consideración a los bienes del deudor, y puede ser crédito pignoraticio (...) o crédito hipotecario, en el cual la cosa dada en garantía y gravada por el importe del crédito continúa en posesión del deudor o del tercero (...). (GCB: 40/41); (kon) Según la garantía de que disponga el acreedor, el crédito puede ser personal y real. (GCB: 40) **Realkredit** *m ^Kredit^ ^Personalkredit^* (def) I. w. S. im Gegensatz zum Personalkredit durch Vermögenswerte gesicherter Kredit; die Sicherung erfolgt durch Verpfändung von Immobilien, Wertpapieren, Forderungen, Waren. I. e. S. ein Immobilienkredit, d. h. ein durch Grundschulden oder Hypotheken auf Grundstücke und Gebäude gesicherter langfristiger Kredit, deren Wert Verzinsung und Tilgung des Darlehens unabhängig von der Person und Zahlungsfähigkeit des Schuldners jederzeit gewährleistet. (BAL); (kon) Der Begriff Realkredit erfasst langfristige Darlehen, die durch Grundpfandrechte abgesichert sind. (GUF: 38)

crédito contra reembolso *m ^crédito de aceptación^*

crédito de reembolso *m ^crédito de aceptación^*

crédito rotativo *m* (def) El que una vez reembolsado puede volver a utilizarse durante un determinado período, análogamente a lo que sucede con una cuenta de crédito. El prestatario gira contra el crédito cuando lo necesita, y paga intereses sobre las cantidades dispuestas; así como una comisión de disponibilidad sobre la parte no utilizada. (TAM) **Revolving-Kredit** *m ^revolvierend^ ^Revolving^* (def 1) Bezeichnung für einen Kredit, der von einer Unternehmung im Rahmen eines zugesagten Höchstbetrages je nach ihren Finanzierungsbedürfnissen immer wieder in Anspruch genommen werden kann. (BAL vs revolving credit (2)); (def 2) (...) Das Akkreditiv kann kumulativ oder nicht kumulativ revolvierend sein. (GAB vs revolvierendes

Akkreditiv)

crédito sobre valores *m* ^*adelanto sobre valores (DTE)*^ ^*crédito pignoraticio*^ (def) El asegurado con prenda. El crédito pignoraticio sigue devengando intereses pese a la declaración del concurso de acreedores. En concurrencia con otros créditos sobre bienes, muebles, »el crédito pignoraticio excluye a los demás hasta donde alcance el valor de la cosa dada en prenda.« (DDU); (kon) El crédito sobre valores excluye a los demás hasta donde alcance el valor de la cosa dada en prenda. (LCE, Art. 1926) **Lombardkredit** *m* ^*Darlehen gegen Faustpfänder (GUF)*^ ^*Effektenlombard*^ ^*Warenlombard*^ (def) Von der Zentralbank gegen Verpfändung von Wertpapieren und Schuldbuchforderungen gewährter kurzfristiger Kredit. Die Deutsche Bundesbank hat nach § 19 BBankG das Recht, aber nicht die Pflicht, Kreditinstituten Darlehen zu geben gegen Hinterlegung von im Verzeichnis der bei der Bundesbank beleihbaren Wertpapiere (Lombardverzeichnis) näher bestimmten Schuldtitel. (GWL); (expl) Unter »lombardieren« versteht man die Beleihung von Waren oder Wertpapieren. Der Lombardkredit ist also ein durch die Verpfändung von Waren oder Wertpapieren gesichertes Darlehen. Der Kunde einer Bank nimmt Lombardkredite normalerweise nur dann in Anspruch, wenn die Kontokorrentkreditlinie bereits ausgeschöpft ist. Im Prinzip handelt es sich dann um einen Kontokorrentkredit, der sich durch eine besondere Besicherung auszeichnet. (DÄU); (kon) Lombardkredit ist die Vergabe von Darlehen gegen Faustpfänder – bewegliche Sachen oder Forderungen – gemäß §§ 1204 ff. BGB. (GUF: 56)

créditos *mpl* ^*activos*^

créditos a cobrar *mpl* ^*deuda pendiente*^

créditos pasivos *mpl* ^*obligaciones*^

cuenta (contable) *f* (def) Representación contable que refleja la situación de cada uno de los elementos patrimoniales de una empresa. Consta de dos partes, debe y haber. (DEN) **Konto** *n* (def) (Rechnung) Zweiseitige Geschäftsvorfall-Aufzeichnungsstelle in der (doppelten) Buchführung. (NFW)

cuenta de ahorro-vivienda *f* (def) Cuenta abierta mediante contrato de depósito entre particulares e instituciones financieras con el único fin de ahorrar para la compra de una vivienda. Suele ofrecer un tipo de interés inferior al de otras cuentas de depósito a plazo, pero lleva inherente, bajo ciertas condiciones, un beneficio fiscal, cuya cuantía se calcula como un porcentaje sobre la cuantía depositada. (DEN); (expl) (...) Libreta de ahorro de naturaleza fiscal, con alta remuneración, cuya finalidad es la formación de un capital con destino a la adquisición o rehabilitación de una vivienda que vaya a constituir la residencia habitual del titular. Está sujeta a las características legales de la Cuenta Vivienda y puede acogerse a las ventajas fiscales de la misma. **Bausparvertrag** *m* (def) Vertrag zwischen einer Bausparkasse und einem Bausparer über eine bestimmte Vertragssumme (Bausparsumme) zur Erlangung eines Baudarlehens. Von der vereinbarten Bausparsumme muss der Bausparer einen bestimmten Prozentsatz (meist 40 %) selbst als Sparguthaben aufbringen. Durch die Leistung von Sparbeiträgen, die verzinst werden, erwirbt der Bausparer den Anspruch auf Gewährung eines vonseiten der Bausparkasse unkündbaren Bauspardarlehens. Die Vertragssumme wird nach Ablauf der Mindestsparzeit (meist 18 Monate) und dem Erreichen des Mindestsparguthabens (Leistungszahl oder Bewertungszahl) zugeteilt. Die Leistungszahl wird aus dem Bausparguthaben und dem zehnfachen Betrag der in ihm enthaltenen Zinsen errechnet. Die Zuteilung hängt allerdings auch von den verfügbaren Mitteln der Bausparkasse (Bauspareinzahlungen, Zins- und Tilgungsleistungen, Fremdmittel) ab (Zuteilungsmasse). Das Bauspardarlehen, das steuerlich begünstigt ist, muss in monatlichen Raten i. d. R. innerhalb von etwa zehn jahren einschließlich einer Verzinsung von etwa 5 % zurückgezahlt werden. Die Bausparförderung besteht in der Gewährung einer an eine bestimmte Einkommensgrenze gebundenen staatlichen Bausparprämie. Seit 1996 sind Bausparverträge nicht mehr als Sonderausgaben abzugsfähig. In einen Bausparvertrag können auch vermögenswirksame Leistungen eingebracht werden. Innerhalb bestimmter Einkommensgrenzen wird hier mit einer Arbeitnehmer-Sparzulage gefördert. (BRO-06); (kon) Zweck des Bausparvertrages ist die Erlangung eines unkündbaren, in der Regel zweistellig zu sichernden Tilgungsdarlehens (Bauspardarlehen) aufgrund planmäßiger Sparleistungen. (BBB: 17)

cuenta bancaria *f* (def) Es la representación de la evolución y situación de un elemento patrimonial con independencia de los demás. Por convenio admitido universalmente, a la parte izquierda se le denomina deber y a la parte derecha haber. (AEE); (kon) La creación del depósito significa ingresar en el banco una determinada cantidad de dinero; en ese momento se dice que el banco abre una cuenta a favor de ese ahorrador.

(SMA: 95) **Konto** *n* ^*Bankkonto (WDW)*^ ^*Konto*^ (def) In der Buchführung die zur Aufnahme und wertmäßigen Erfassung von Geschäftsvorfällen bestimmten Rechnungen. Jedes Konto hat eine Soll- und eine Habenseite (auch: Debet- und Kreditseite). (GWL vs Konten); (expl) Ein Konto, das auf der Grundlage eines Kontokorrentvertrages gemäß §§ 355-357 HGB von einem Kreditinstitut geführt wird, kann kreditorisch oder debitorisch sein. Der Kontoinhaber erhält über die Bestandsveränderungen besondere Mitteilungen, entweder in Form von Kontoauszügen oder besonders ausgestatteter Urkunden (Sparbuch). (MÜS); (kon) Das Kontokorrentkonto (auch Girokonto genannt) ist ein laufendes Konto, das der Abwicklung des täglichen Zahlungsverkehrs dient. (www.kreditmagazin.com)

cuenta corriente *f* (kon) La cuenta corriente, al establecerse mediante el concierto de voluntades entre las personas que convienen llevarla a efecto, constituye un contrato que ni el Código Civil ni el de Comercio, aunque mencionado por éste en los artículos 175, 543 y 909, lo definen y regulan, pero, que según los usos y costumbres mercantiles reconocidos y admitidos por la jurisprudencia, tiene dos caracteres jurídicos, distintos esencialmente, además, de los créditos en cuenta corriente, según que consistan en la imposición de cantidades que quien las recibe, si bien puede utilizarlas, está obligado a devolverlas, parcial o totalmente, cuando se le reclamen, a virtud de mandatos de pago del imponente, y que median entre los contratantes, ya sean en favor o en contra de cualesquiera de ellos (...). **Kontokorrentkonto** *n* ^*Konto, atmendes*^ ^*Kontokorrentkredit*^ (def) Bankkonto: Die kontenartig geführte Rechnung eines Bankkunden, die seinen Geschäftsverkehr mit der Bank erkennen lässt. (…) für täglich mögliche Einzahlungen, Abhebungen, Überweisungen ein laufendes Giro- oder Kontokorrentkonto (GWL vs Bankkonto).; (kon) Das Kontokorrentkonto (auch Girokonto genannt) ist ein laufendes Konto, das der Abwicklung des täglichen Zahlungsverkehrs dient. (www.kreditmagazin.com)

cuenta de pérdidas y ganancias (1) *f* ^*cuenta de resultados (AEE)*^ (def) En la contabilidad mercantil, título de la cuenta donde se registran los aumentos y beneficios y las disminuciones habidas durante un ejercicio, según el extracto que se realiza de otras cuentas u operaciones. Se indica que a esta cuenta se llevan los créditos incobrables, los quebrantos o ganancias imprevistas; y sus saldos se suman al activo o al pasivo de la empresa, según corresponda. (...) (DDU); (expl) Evaluación de los costes y de los beneficios. (NET); (kon) Para conocer los resultados de la empresa hay que mirar la cuenta de pérdidas y ganancias. (SMA: 78) **Erfolgsrechnung** *f* ^*Artikelerfolgsrechnung (HUM)*^ ^*Betriebsergebnisrechnung*^ ^*Gewinn und Verlustrechnung*^ (def) Ermittlung des Erfolgs einer wirtschaftenden Institution innerhalb eines Zeitabschnitts (Totalrechnung, Periodenerfolgsrechnung). Die Art der zu erfassenden Rechengrößen hängt von den Zielen der jeweiligen Institution ab. Gewinn- und Verlustrechnung (GuV): Ermöglicht eine genauere Darstellung des Erfolgs. (GWL); (expl) Die auch als Betriebsergebnisrechnung oder Artikelerfolgsrechnung bezeichnete Erfolgsrechnung erfasst in der Regel differenzierend nach Produktsparten, -gruppen, -arten, mitunter darüber hinausgehend sogar unter Differenzierung nach Produktvarianten (-sorten) für unterjährige Perioden (meist für einzelne Monate) den Überschuss der Erlöse über die Kosten eines Unternehmens. (HUM); (kon) Die kurzfristige Erfolgsrechung für kleine Unternehmen ist gewissermaßen die »kleine Schwester« der EinnahmenÜberschussrechnung zum Jahresende. (www.existenzgruender.de) **cuenta de pérdidas y ganancias (2)** *f* **Gewinn- und Verlustrechnung** *f* ^*Aufwands- und Ertragsrechnung (GWL)*^ ^*Erfolgsbilanz*^ ^*Erfolgsrechnung (GUF)*^ ^*Ergebnisrechnung*^ ^*Ertragsbilanz*^ ^*Umsatzrechnung*^ (def) Die GuV ist eine Gegenüberstellung von Aufwendungen und Erträgen zur Ermittlung des Unternehmungsergebnisses und der Darstellung seiner Quellen. Sie ist Pflichtbestandteil des Jahresabschlusses von Kaufleuten (§ 242 III HGB). (GWL); (expl) Die Gewinn- und Verlustrechnung (GuV) ermittelt wie die Bilanz durch Abschluss der Buchführung den Periodenerfolg des Unternehmens, wobei beide Rechnungen durch das Prinzip der doppelten Buchführung miteinander verbunden sind. Die GuV ermittelt den Erfolg durch Saldierung von Aufwendungen und Erträgen der entsprechenden Abrechnungsperiode. (SPR); (kon) Als Ergebnis erhält der Anwender Planbilanzen, Plangewinn- und Verlustrechnungen und Kreditberechnungen über einen Zeitraum von bis zu fünf Jahren. (GUF: 112)

cuenta de resultados *f* ^*cuenta de pérdidas y ganancias*^

cuentas anuales *fpl* ^*cierre de ejercicio (UEC)*^ (Komm) El cierre de ejercicio se refiere a las cuentas de balance y de pérdidas y ganancias (PyG).; (def) Estados finales de un ejercicio económico donde se encuentra recopilada toda la información contable de una unidad económica. Según se recoge en la cuarta parte del Plan General de Contabilidad de 1990, las cuentas anuales comprenden el balance, la cuenta de pérdidas y ganancias y la memoria. Estos documentos forman una unidad y deben ser redactados con claridad y mostrar la imagen fiel del patrimonio, de la situación financiera y de los resultados de la empresa, de conformidad con el Código de Comercio, con lo previsto en el Texto Refundido de la Ley de Sociedades Anónimas y con el Plan General de Contabilidad. Las cuentas anuales deberán ser formuladas por el empresario o, en su caso, por los administradores, en el plazo de tres meses a partir de la fecha de cierre de ejercicio. La estructura de las cuentas anuales de las Sociedades Anónimas, incluidas las laborales, las Sociedades de responsabilidad limitada y las comanditarias por acciones, se ajustarán a los modelos normales según lo dispuesto reglamentariamente, salvo para aquellos casos que cumplan los requisitos establecidos para formular cuentas anuales abreviadas. (MDB); (expl) Es el asiento final que se anota en los libros al cierre del ejercicio contable; consiste en adeudar todas las cuentas que tengan saldo acreedor y abonar todas las que tengan saldo deudor, con lo cual todas las cuentas quedarán canceladas (...). (COD); (kon) Cuenta final por mayor, de entradas y salidas, efectuada en una casa de comercio, y que revela la situación de su activo y pasivo, es decir, su capital. (...). (DDU vs balance) **Jahresabschluss** *m ^Bilanz^ ^Gewinn- und Verlustrechnung^* (def) Die nach den handelsrechtlichen Vorschriften von allen Kaufleuten aufzustellende Jahresbilanz auch und Gewinn- und Verlustrechnung (GuV) (§§ 242 ff. HGB). Im Rahmen der gesetzlichen Vorschriften sind sämtliche Vermögensgegenstände, Schulden, Rechnungsabgrenzungsposten, Aufwendungen und Erträge im Jahresabschluss auszuweisen. Der Jahresabschluss hat den Grundsätzen ordnungsmäßiger Buchführung zu entsprechen, insbesondere muss er klar und übersichtlich sein, Saldierungen zwischen Aktiva und Passiva, Aufwendungen und Erträgen sind unzulässig (vgl. Bilanzgliederung, Gliederung der Gewinn- und Verlustrechnung (GuV)). (GWL); (expl) Nach § 242 HGB bilden Bilanz und Gewinn- und Verlustrechnung den Jahresabschluss, der nach Grundsätzen ordnungsgemäßer Buchführung klar und übersichtlich, innerhalb einer dem ordnungsgemäßen Geschäftsgang entsprechenden Zeit, in deutscher Sprache und rechtsverbindlich unterzeichnet, aufzustellen ist. (MÜS); (kon) Während der Jahresabschluss über die Unternehmensentwicklung der Vergangenheit Rechenschaft gibt, ist der Finanzplan das Steuerungsinstrument für die unternehmerische Finanzpolitik der Zukunft. (GUF: 79)

cuota *f* (Komm) *Cuota* wird im Allgemeinen als Kurzform von *cuota de participación* verwendet.; (def) Parte determinada y fija que corresponde a cada uno de los interesados en un negocio, suscripción, empréstito, etc. (...) (DDU); (kon) El acuerdo de transformación no podrá modificar las participaciones de los socios en el capital de la sociedad. A cambio de las acciones que desaparezcan los antiguos accionistas tendrán derecho a que se les asignen acciones, cuotas o participaciones proporcionales al valor nominal de las acciones poseídas por cada uno de ellos. (LSA art. 229, 1.) **Anteil** *m ^Aktie^ ^Anteilschein^ ^Beteiligung^ ^Einlage^* (def) Grundlage der Eigentumsrechte der Gesellschafter an Personengesellschaften (Einlagen), Kapitalgesellschaften (Stammeinlagen, Aktien), Genossenschaften und an Sondervermögen (z. B. Investmentanteile an einem Wertpapierfonds). Verbriefte Eigentumsrechte an einer Gesellschaft bezeichnet man auch als Anteilspapiere, die Eigentumsrechte an dem Sachvermögen einer Kapitalgesellschaft als Anteilsscheine. Beide können als Inhaber- oder als Namenspapiere ausgegeben werden. (LBW vs Anteile); (kon) Gründet ein maßgeblicher Kapitalgeber mit Hilfe von Strohmännern eine GmbH oder eine AG und erwirbt er später die Anteile der übrigen Gründer wieder zurück, so handelt es sich zwar formal bei diesen Unternehmungen um Kapitalgesellschaften mit den dafür geltenden Haftungen, de facto hat eine solche Unternehmung in ihren Entscheidungen jedoch die Beweglichkeit einer Einzelfirma. (GUF: 33)

cuota de arrendamiento financiero *f* (def) Cada una de las partes en las que se fracciona el precio contractual del arrendamiento financiero, para realizar periódicamente su pago. Dicho faccionamiento no implica la pérdida del carácter unitario del referido precio. Cada cuota se compone de varios conceptos: »parte destinada a la recuperación del coste del bien«, »cargas financieras« y a veces otros como »seguro«, »gastos de formalización«, »timbraje«, »corretaje«, »mantenimiento del material« etc. A la cantidad resultante se le aplica el impuesto indirecto correspondiente, que no puede considerarse que forme parte de la cuota (no del precio contractual). Dentro de una operación, todas las cuotas pueden ser del mismo importe (cuotas lineales), o presentar diferencias cuantitativas. En estos casos, pueden ser de las llamadas cuotas crecientes o decrecientes, según sus cuantificaciones vayan en aumento o disminución a lo largo de la operación. (HJL vs cuota); (Komm) Die vorangehende Definition ist in der zitierten Quelle unter dem Terminus *cuota* aufgeführt. Da dieser Terminus wegen seines allgemeinen Charakters und der ungenauen Begriffsabgrenzung jedoch nur in eindeutigen Kontexten verwendet werden kann, bietet es sich vielmehr an, den Terminus *cuota de arrendamiento financiero* als Übersetzung für *Leasingrate* zu wählen. Der Terminus *cuota de leasing* ist eine weitere Übersetzungsmöglichkeit, die je nach Vertragstyp durch Anfügen der entsprechenden Adjektive spezifiziert werden könnte, z. B. *cuota de leasing operativo, cuota de leasing de retro*, etc.; (kon) Las cuotas de arrendamiento financiero deberán aparecer expresadas en los respectivos contratos diferenciando la parte que corresponde a la recuperación del bien por la entidad arrendadora, excluido el valor de la opción de compra, y la carga financiera exigida por la misma. (SSD: 354) **Leasingrate** *f* ^*Leasing*^ (def) Teilbetrag der Gesamtsumme des Leasinggegenstandes, den der Leasingnehmer je nach Vertragsgestaltung an den Leasinggeber in vereinbarten Zeitabständen entrichten muss. Dabei unterscheidet man zwei Arten der Ratenzahlungen: a) Vollamortisation: dem Leasinggeber werden während der Grundmietzeit die gesamten Kosten des Leasinggegenstandes erstattet (Anschaffungskosten, Finanzierungskosten etc.). b) Teilamortisation: dem Leasinggeber werden die gesamten Kosten für den Leasinggegenstand während der Grundmietzeit nicht vollständig zurückbezahlt. In diesem Fall wird eine unkündbare Grundmietzeit von mehr als 40 % jedoch nicht mehr als 90 % der betriebsgewöhnlichen Nutzungsdauer des Leasinggegenstandes vereinbart. (DV); (kon) Außerdem sind die Leasingraten so bemessen, dass sie in ihrer Gesamtheit während der Grundmietzeit bereits 120 bis 150 Prozent der Anschaffungskosten betragen. (GUF: 70)

cupón *m* (def) Parte separable de un título que representa el derecho de su propietario a cobrar una suma correspondiente a la renta de dicho título. El cupón representa los intereses de una obligación, el dividendo de una acción o el derecho de suscripción o de atribución para un aumento de capital. (ESJ); (expl) Por razones prácticas de comodidad, para el cobro de los intereses los títulos suelen llevar cupones, adheridos, ordinariamente al portador, de manera que su importe se percibirá contra la sola presentación del cupón respectivo. (...) Los cupones son pequeñas cédulas que van unidas al título y gozan de fuerza ejecutiva, (...). Estas cédulas, cuadritos o pequeños rectángulos, van generalmente bordeando el título o adheridos a su parte inferior y llevan impreso el nombre de la sociedad, el número de la obligación, el número de cada cupón y la fecha en que deben ser pagados. (...) Las sociedades o entidades emisoras de obligaciones crean con estos cupones un sucedáneo del dinero circulante, porque el cupón es, al fin y al cabo, un documento de crédito; documento al portador y negociable, ya que en Bolsa también se negocian los cupones independientemente del título respectivo. (...) El cupón es, pues, en su aspecto jurídico, un documento de crédito representativo de una deuda vencida a favor de su tenedor y por ello tiene fuerza ejecutiva con sólo confrontarlo con el título de que procede (...). Es fundamental la distinción entre los cupones de las obligaciones y los de las acciones. Los primeros dan derecho a un interés fijo mientras que los de las acciones no dan por sí derecho en nada. Lo que perciben los accionistas es una cantidad que determina la Junta General de Accionistas. El acuerdo de esta Junta es el que confiere el derecho a percibir el dividendo y no la mera posesión de un cupón, el cual sólo se utiliza con fines prácticos y para facilitar la operación. Tanto es así, que unas veces el cupón da derecho a dividendos, otras a asistencia a Juntas, otras a suscripción de acciones de nuevas emisiones, etc. Por el contrario, el cupón de una obligación confiere un derecho de crédito; tiene valor en sí que se hará realizable cuando llegue su vencimiento. (AEO: 76/77); (kon) Antiguamente, para tener derecho al cobro de los intereses era necesario recortar el cupón correspondiente a cada periodo, que llevaba incorporado el título. (SMA: 131) **Kupon** *m* (Komm) Die Schreibweise *Coupon* ist auch möglich. GWL ^*Aktie*^ ^*Ausstattung*^ ^*Mantel*^ (def) Sammelbezeichnung für die zu einem Wertpapier gehörenden Ertragsscheine, Dividendenscheine oder Zinsscheine, die neben dem Erneuerungsschein den (Coupon)Bogen bilden (...). Der Inhaber des Coupons bezieht auf ihn die fällige Dividende bzw. Zinszahlung. Er ist zu diesem Zweck der betreffenden Unternehmung vorzulegen (nach Abtrennung vom Bogen). Beim Normalfall der Depotverwaltung durch eine Bank gehört die Einziehung der Coupons und die Auszahlung der entsprechenden Beträge zu den Depotverwaltungsarbeiten, die ohne Mitwirkung des Depotkunden erledigt werden. Ansprüche aus fälligen Coupons verjähren in 4 Jahren. (BAL); (kon) Der Bogen verbrieft bei Aktien die Gewinnanteilsscheine (Kupons), bei anleihen die Zinsscheine und den jeweiligen zugehörigen Talon. (www.ax.net.de)

D

dador del crédito *m ^acreditante^*

damnum *m* (def 1) En general se entiende por damnum la diferencia entre el importe total puesto a la disposición del prestatario y el importe a reembolsar o sea el valor nominal del préstamo. (DV); (def 2) (...) pérdida/perjuicio/gasto (DDU) **Damnum** *n ^Darlehen^* (def) Betrag, der bei einer Darlehensgewährung häufig neben den Darlehenszinsen berechnet wird. Das D[amnum] kann in Form eines Abschlags bei Auszahlung des Darlehens (Disagio), eines Zuschlags bei Rückzahlung (Agio) oder durch entsprechende Verbuchungen der ersten Tilgungsraten (Tilgungsstreckung) vereinbart werden. (GAB); (expl) (...) Das [Damnum] ist die Differenz zwischen dem Nominalwert eines Darlehens und dem tatsächlich an den Darlehensnehmer ausbezahlten Betrag, die in Prozent des Nominalwerts ausgedrückt wird. (...) (WÖH: 140); (kon) Die laufenden Kosten langfristiger Darlehen umfassen neben sonstigen vor allem den Nominalzins, die einmaligen setzen sich meist aus Kosten der Sicherheitenbestellung und dem Damnum zusammen, um welches der Auszahlungsbetrag unter dem Nominalbetrag liegt. (GUF: 39)

debe *m* (def) Es la expresión de un gasto, de una salida, que se carga al titular de la cuenta como una deuda. Se asienta a la izquierda del haber. (...) (TAM); (kon) Las cuentas de gastos, que habitualmente tendrán saldo deudor, se colocarán así en el haber y las de ingresos en el debe. (ABC: 95) **Soll** *n ^Haben^* (def) Linke Seite des Kontos (...), auf der die Lastschrift gebucht wird. (...) (GWL); (kon) Ganz gleich um welches Konto es sich handelt, die linke Seite ist mit »Soll« und die rechte mit »Haben« überschrieben. (WAS: 31)

déficit de fondos *m* (def 1) Es la diferencia negativa entre la caja generada operativa y el uso de fondos. Deberá ser financiada con deuda o incrementos de capital. (...) (TAM); (def 2) Situación que acaece cuando los flujos negativos son superiores a los positivos. Se aplica generalmente a patrimonio y tesorería. (...) (DEN vs déficit); (kon) Finalmente, el sector público puede tener, a lo largo del ejercicio presupuestario, unos gastos que superen a sus ingresos corrientes; en este caso deberá emitir ciertos títulos que, adquiridos por otros agentes económicos, pondrán a su disposición los recursos financieros necesarios para cubrir su déficit. (RSF: 4/5) **Unterdeckung** *f ^Deckung^ ^Überdeckung^* (def 1) Unvollständige Deckung kurzfristiger Kredite durch Materialbestände. Die zur Sicherung des Kredits bestimmten Materialbestände sind wertmäßig geringer als die Kreditschuld. (...) (ÖLW); (def 2) (Kaufmannsspr[ache]) nicht ausreichende Deckung. (DUW); (kon) Die Vermeidung einer finanziellen Unterdeckung, also einer Situation, in der die Auszahlungsverpflichtungen die vorhandenen Finanzierungsmittel übersteigen, dürfte in der wirtschaftlichen Praxis gegenüber einem evtl. Finanzstau der weitaus häufigere Fall sein. (GUF: 81)

defraudación *f ^malversación^*

delcrédere *m ^garantía (LPH)^* (Komm) In der deutschen Übersetzung des spanischen Handelsgesetzbuches wird *Delkredere-(Provision)* mit dem Terminus *garantía* wiedergegeben. Bei den Recherchen erwies es sich als sehr schwierig, für den Terminus *delcrédere* im Spanischen eine Definition und Kontexte zu finden. Außerdem weist dieser Terminus keine einheitliche Schreibweise auf. Neben der hier angegebenen Version kann er auch als zweigliedriger Terminus auftreten (üblich im Italienischen, aus dem dieser Terminus entlehnt ist: *del crédere* (siehe OED vs del credere). Dies könnte ein Hinweis darauf sein, dass der Terminus *delcrédere* im Spanischen zu den selten vorkommenden Fachausdrücken gehört und in der Praxis immer mehr vom Terminus *garantía* aus dem Sprachgebrauch verdrängt wird. Trotzdem wurde der Terminus *garantía* an dieser Stelle nicht als erste Übersetzungsmöglichkeit, sondern als Synonym aufgeführt, da es sich dabei um einen sehr weitgefassten Begriff handelt, der je nach Kontext verschiedene Bedeutungen zulässt.; (def) Prima al comisionista, garantía. (...) (DBE); (def) Fianza mercantil contractual, según la cual puede garantizarse un riesgo máximo o mínimo en favor de un tercero. La suma a ella afecta se llama Delkredereprovision, y trata de ella el pár. 394 del HGB. (QDD); (kon) Si el comisionista percibiere sobre una venta además de la comisión ordinaria, otra, llamada de garantía, correrán de su cuenta los riesgos de la cobranza, quedando obligado a satisfacer al comitente el producto de la venta en los mismos plazos pactados por el comprador. (Art. 272 del Código de Comercio). (LPH: 172) **Delkredere** *n* (Komm) Laut OED bedeutet del crédere »of belief«, »of trust« (del = of the; credere = to believe). Ebenso ist *del crédere* der angeführten Quelle zufolge produktiv mit Wortzusammensetzungen: del credere agent, del credere account etc.; (def) (...) Das Delkredere kommt bei Handelsvertretern und Kommissionären vor. Beim Delkredere steht der Handelsvertreter oder Kommissionär dem Unternehmer oder Kommittenten gegenüber dafür ein, dass der Dritte (Kunde, Vertragspartner des Kommissionärs) die Verbindlichkeit aus dem abgeschlossenen oder vermittelten Geschäft erfüllt. Das Delkredere ist also eine Garantie für die Zahlungsfähigkeit. (CRL); (kon) In der Regel wird beim Exportfactoring neben der Finanzierung und Dienstleistung auch das Delkredere übernommen, weil die Gebühr von 1 Prozent des Rechnungsbetrages durch den Vorteil des sicheren Forderungseingangs mehr als aufgewogen wird. (GUF: 62)

demanda de capital *f* (def) La cantidad o stock de capital (equipo y planta) deseado por una unidad de producción depende del volumen esperado de ventas, del estado de la tecnología, del coste del trabajo y del capital financiero, de los rendimientos del equipo capital y de las expectativas empresariales sobre el futuro. (...) (DEE) **Kapitalbedarf** *m* *^Finanzbedarf^* (def) Finanzbedarf, Summe der für die Durchführung der verschiedenen unternehmerischen Teilpläne erforderlichen finanziellen Mittel einer Periode. Die Differenz zwischen (Gesamt)K[apitalbedarf] und den aus der Innenfinanzierung zur Verfügung stehenden Mitteln der Periode ist der Betrag, der durch Außenfinanzierung beschafft werden muss. (GWL); (kon) Erhaltung der Kapazität: Ist es dem Unternehmen nicht möglich, Preissteigerungsrücklagen zu bilden, und konnte während der Nutzung eines Anlagegutes lediglich vom Anschaffungspreis abgeschrieben werden, so löst die Wiederbeschaffung dieses Anlagegutes nach Erschöpfung seines Nutzungsvorrates bei gestiegenem Preis einen Kapitalbedarf aus, ohne dass dadurch eine Veränderung der Kapazität eintreten muss. (GUF: 8)

departamento de moniciones *m* *^sistema monitorio^*

derecho real *m* (def) Potestad personal sobre una o más cosas, objetos del Derecho. Existe esta facultad cuando una cosa se encuentra sometida total o parcialmente al poder de una persona, en virtud de una relación inmediata oponible a cualquier otro sujeto. Por tanto, derecho real constituye una relación jurídica entre una persona y una cosa: aquélla como sujeto, y ésta cual objeto. En cuanto a las cosas que pueden constituir objeto de un derecho real, lo son todas las que se encuentran en el comercio jurídico, y descritas en las categorías de bienes muebles e inmuebles; además las cosas incorporales, aun cuando no sean hábiles para la generalidad de los derechos reales mencionados, fuera de la propiedad o posesión (...) (DDU); (kon) Si bien los derechos reales no pueden ser definidos con carácter general, y sí especial y determinadamente, es indudable que las obligaciones de los Capitanes como mandatarios, el especialísimo derecho de abandono del buque, da lugar a una garantía real en beneficio de los intereses del comercio marítimo, a fin de que queden siempre asegurados los derechos de tercero, y de esta manera hay que interpretar los artículos 580 y 584 del Código de Comercio. (CDC, II.Apartado II Art. 584: 2941) **dingliches Recht** *n* *^Sachrechte (GWL)^* (def) Sind Sachrechte, weil sie die Sache (das Ding) unmittelbar umfassen, gegen jedermann (jeden Dritten) wirken und von jedem respektiert werden müssen (absolutes Recht). (GWL); (expl) Unter einem Pfandrecht ist ein dingliches Recht zu verstehen, das es dem Sicherungsnehmer gestattet, die verpfändete Sache oder das Recht mit Vorrang vor anderen Gläubigern zu verwerten. (WÖH); (kon) Grundpfandrechte sind dingliche Rechte an einem Grundstück und bestehen unabhängig von dessen jeweiligem Eigentümer. (GUF: 66)

derecho de suscripción *m* *^derecho de suscripción preferente^*

derecho de suscripción preferente *m* *^derecho de suscripción (TAM)^* (def) La emisión de nuevas acciones afecta directamente al interés de los accionistas, ya que las nuevas van a participar juntamente con las antiguas en el reparto de dividendos, en las reservas y en el activo de la sociedad en el momento de su liquidación. Precisamente surge el derecho de suscripción preferente para los antiguos accionistas como compensación a este perjuicio. La LSA lo concede en su artículo 48. En los aumentos de capital podrán ejercerlo los accionistas existentes al momento de la nueva emisión y los obligacionistas titulares de obligaciones convertibles en aquel momento (art. 158). Los derechos de suscripción preferente serán transmisibles en las mismas condiciones que las acciones de las que se deriven. En las cosas en que el interés de la Sociedad así lo exija, la Junta General, al decidir el aumento de capital, podrá acordar la supresión total o parcial del derecho de suscripción preferente, en los términos previstos en los artículos 144 y 159 LSA. (ESJ); (kon) El derecho de suscripción preferente defiende los intereses de los accionistas actuales evitando que pierdan valor con la ampliación de capital. (www.aulafacil.com) **Bezugsrecht** *n* ^*Aktien, neue*^ ^*Aktionär*^ (def) Erfolgt in einer Aktiengesellschaft eine Kapitalerhöhung durch Ausgabe junger Aktien (...), so hat jeder Aktionär ein gesetzliches Bezugsrecht, d. h. das Recht, dass ihm ein seinem Anteil am bisherigen Grundkapital entsprechender Teil der neuen Aktien zugeteilt wird (§ 186 Abs. 1 AktG). Ein Bezugsrecht haben die Aktionäre auch auf Wandelschuldverschreibungen, Gewinnschuldverschreibungen und Genussrechte (§ 221 Abs. 4 AktG). Im Kapitalerhöhungsbeschluss kann das Bezugsrecht ganz oder z. T. ausgeschlossen werden (§ 186 Abs. 3 AktG). (...) Das Bezugsrecht hat die Aufgabe, der Gesellschaft die Ausgabe neuer Aktien zu einem Kurs zu ermöglichen, der erheblich unter dem Kurs der alten Aktien liegen kann. (...) Der Ausgleich des für die alten Aktionäre durch die Kapitalverwässerung eingetretenen Vermögensverlust genügt allein nicht, um ihre Zustimmung zu einer Kapitalerhöhung zu gewinnen, denn die Erhöhung des Grundkapitals führt zu einer Veränderung der Stimmrechtsverhältnisse, wenn nicht jeder alte Aktionär im Verhältnis zu seinem bisherigen Anteil an der Kapitalerhöhung teilnehmen kann. Das Bezugsrecht hat deshalb weiterhin die Aufgabe, die bestehenden Stimmrechtsverhältnisse zu wahren. (VGW); (kon) Optionsanleihen verbuchen als Zusatzrecht im Optionsschein ein Bezugsrecht auf Aktien, sie erfordern nach § 221 AktG die qualifizierte Mehrheit der Hauptversammlung und begründen ein Bezugsrecht der Altaktionäre. (GUF: 43)

derecho de voto *m* (def) Es el principal de los derechos de soberanía del accionista. Mediante él participa el socio en la administración de la sociedad y fiscaliza la gestión de los administradores, probándola o desaprobándola. Es el instrumento que utiliza el accionista para asegurar su participación en las ganancias de la sociedad. La ley ha consagrado el uso estatutario que condiciona el voto a la posesión de un cierto número de acciones que demuestre la existencia de un interés legítimo en el ejercicio del voto (...). Asimismo dispone la ley de otras dos limitaciones en este derecho: no puede ser ejercitado por el socio que se hallare en mora en el pago de los dividendos pasivos (...). El derecho de voto constituye, según la elaboración jurisprudencial, un derecho personal que por su especial naturaleza no puede ser enajenado con independencia de la acción y ha de ser ejercitado necesariamente por el propio titular por sí o por medio de representante. (ESJ); (kon) Es importante destacar la relevancia que posee el derecho de voto como instrumento que permite a los accionistas fiscalizar la gestión desarrollada por los administradores, que ha adquirido en los últimos tiempos una renovada significación a través del así llamado mercado del control de las empresas. (http://premium.vlex.com) **Stimmrecht** *n* ^*Aktionär*^ (def) Durch das S[timmrecht] erhalten Eigenkapitalgeber einer Kapitalgesellschaft (KGaA, GmbH und AG) die Möglichkeit der Einflussnahme auf die Geschäftsführung. Bei der Aktiengesellschaft üben die Aktionäre ihr S[timmrecht] entsprechend dem Nennwert ihrer Stammaktien auf der Hauptversammlung aus. Ausnahmen sind Vorzugsaktien, die ohne Stimmrecht ausgestattet werden können, Mehrstimmrechtsaktien, die vom Aktiengesetz (§ 12) als prinzipiell unzulässig erklärt sind, und die satzungsmäßige Festsetzung eines sog. Höchststimmrechts bzw. Abstufungen des S[timmrechts] für Inhaber mehrerer Aktien der Gesellschaft. Das S[timmrecht] kann durch einen schriftlich legitimierten Bevollmächtigten ausgeübt werden (...), wobei besondere Regelungen für Vertretungen der Aktionäre durch Kreditinstitute gelten. (...) (LBW); (kon) Aus dem Eigenkapital leitet der einzelne Kapitalgeber eine Einflussqualität in der Weise ab, dass er entweder selbst einen Anspruch auf die Geschäftsführung erheben kann oder über sein Stimmrecht den Spielraum der Geschäftsführung beeinflusst. (GUF: 12/13)

derechos *mpl* ^*pretensión*^
derechos de crédito *mpl* ^*activos*^
descontar *vt* ^*actualizar (DEN)*^ (def 1) Procedimiento de cálculo financiero por el cual es posible expresar el valor futuro de un capital a su valor presente en función de la variable tiempo. (DEN vs actualización); (def 2) Calcular el valor actual de una renta que se va a recibir en un futuro. (DEN); (Komm) Die Termini *actualización* bzw. *indexación* implizieren die Ermittlung von Daten, die einen monetären Wertverlust verhindern sowie den tatsächlichen Wert von zukünftigen Ein- und Auszahlungen widerspiegeln.; (kon) Para calcular la Rentabilidad Real del Fondo Tipo A del mismo mes de noviembre, debemos incorporar los valores de la unidad de fomento para esos días, con el objeto de deflactar la rentabilidad nominal, es decir, descontar el valor de la inflación del período calculado. **abzinsen** *vt* ^*diskontieren*^ (def) Begriff der Zinseszinsrechnung: Ermittlung des Anfangskapitals für ein gegebenes Endkapital bzw. Bestimmung des Bar- oder Gegenwartwertes zukünftiger Zahlungen durch Multiplikation mit dem zugehörigen Abzinsungsfaktor. (GWL vs Abzinsung); (kon) Da diese [Ausgaben und Einnahmen] zu verschiedenen Zeiten anfallen, müssen sie auf den Berechnungszeitpunkt abgezinst, also diskontiert werden. (GUF: 107)
descuento (1) *m* ^*rebaja (DEN)*^ ^*reducción de precio (DMD)*^ (def) Cualquier tipo de reducción en el precio de venta de un producto tanto al consumidor como al distribuidor como recompensa a una actuación determinada (pronto pago, compra en grandes volúmenes, compra fuera de temporada, colaboración en la compañía de promoción, etc.). Los descuentos en los precios pueden ser generales, en todos los establecimientos, o aleatorios. (...) (DMD); (kon) El empresario puede acortar el período de maduración sin necesidad de modificar la estructura de la empresa ni su dimensión: el plazo de fabricación disminuye con el uso de horas extraordinarias, primas, nuevos turnos de trabajo; el plazo de ventas se acorta concediendo descuentos a los compradores; el período de cobro se reduce también mediante rebajas por pronto pago, etc. (ABA: 289) **Preisnachlass** *m* ^*Preis*^ (def) (...) Als Preisnachlass wird insbesondere der bei der Einräumung von Sonderpreisen, Senkung von Höchstpreisen oder Vorliegen von Qualitätsmängeln gewährte Abschlag bezeichnet. (ÖLW); (kon) Rabatte sind Preisnachlässe, die der Abnehmer einer Ware erhält, wenn er bestimmte Leistungskriterien erfüllt. (PPS: 175)
descuento (2) *m* (def) Cantidad que se descuenta o se rebaja del importe de una letra, pagaré u otro documento mercantil por abonarla antes de vencer. (DDU); (expl) Diferencia entre el valor nominal y el valor actual de un crédito a su vencimiento (UEC); (kon) Si el tomador lo desea, puede llevar la letra al descuento, normalmente a un banco, que le avanzará el importe menos un descuento. (SMA: 101) **Diskont** *m* (def) Zinsabzug bei noch nicht fälligen Zahlungen, insbes. beim Ankauf von Wechseln für die Zeit vom Verkaufstag des Wechsels bis zum Fälligkeitstag; der Verkäufer des Wechsels erhält die um die Zinsen verkürzte Wechselsumme ausgezahlt. (GWL); (kon) Die Finanzierungskosten beim Diskontkredit umfassen die Wechselsteuern, die Diskontspesen als Inkassospesen, die Diskontprovision als Bearbeitungsprovision und den Diskont. (GUF: 53) **descuento (3)** *m* (def) Son operaciones bancarias por las que se adquieren títulos de crédito de vencimiento futuro. Con este tipo de operaciones, el banco paga al tenedor del importe que percibirá en su día, cuando el título venza, descontando el interés correspondiente. Los títulos más frecuentemente descontados son las letras de cambio, conociéndose ese descuento como descuento comercial. (AEE); (expl) Transferencia de créditos no vencidos, generalmente materializados por efectos (descuento sobre efectos de comercio) contra pago del valor actual. (UEC); (kon) Si el tomador lo desea, puede llevar la letra al descuento, normalmente a un banco, que le avanzará el importe menos un descuento. (SMA: 101) **Diskontierung** *f* ^*Diskont (GWL)*^ (def) Diskontierung ist der Ankauf von noch nicht fälligen Wechseln und (seltener) Schecks unter Abzug der Zinsen (Diskont) bis zum Fälligkeitstag und meist auch einer Diskontprovision. Der anzurechnende Zinssatz (Diskontsatz) richtet sich nach dem Notenbankdiskontsatz. (GWL vs Diskontgeschäft); (kon) Das Unternehmen wird sich nun meist durch Diskontierung Geld verschaffen oder (seltener) den Wechsel zahlungshalber weitergeben. (GUF: 54)
descuento (por pronto pago) *m* (def) Descuento por pronto pago es la deducción efectuada, del importe de las mercaderías, por verificar el pago al contado. (DDU); (kon) También se hace referencia al la posibilidad de obtener un descuento por pronto pago del 5 % si se abona la compra antes del día 15 de junio (www.contabilidad.tk) **Skonto** *n* (def) Prozentualer Nachlass, der vom Kaufpreis entsprechend den Zahlungsbedingungen auf

den Rechnungsbetrag bei Barzahlung binnen einer bestimmten Frist gewährt wird, oft auch gestaffelt z. B. »Zahlbar in 3 Monaten netto, binnen 1 Monat 2 %, binnen 10 Tagen 3 % Skonto.« Wirtschaftlich gesehen ist Skonto der Preis für die Kreditnutzung bzw. Vorfinanzierung, die bei der Warenlieferung dem Abnehmer eingeräumt wurde. Außer den anteiligen Zins- und Verwaltungskosten enthält der dem Barpreis zugeschlagene Skonto kalkulatorisch noch eine Prämie für das Kreditrisiko, sodass dem Käufer ein Anreiz für Barzahlung gegeben ist. (GWL); (kon) Der Lieferer gewährt folgende Zahlungsbedingungen: 3 % Skonto bei Zahlung in 10 Tagen oder Netto-Kasse bei 60 Tagen Zahlungsfrist. (GUF: 49)

descuento financiero *m ^crédito de descuento de letras^*

desembolso *m ^pagos^*

desinversión *f* (def) En general, la desinversión es el procedimiento por el que se disminuyen los activos producidos existentes en una economía, o se minoran los inventarios de un patrimonio dado. Un modo de realizarlo es mediante la desvalorización o cambio de destino de los bienes de capital. Desde un punto de vista empresarial, las desinversiones son orígenes de fondos, es decir, la conversión de empleos en recursos mediante la venta de activos. Desde un punto de vista más general, la desinversión consiste en la retirada de un inversor de la inversión en la que tomaba parte, ya sea con el fin de recuperar liquidez, o por haber finalizado el plazo de dicha inversión, de manera que el inversor recupera lo invertido y los resultados obtenidos. Puede no implicar la destrucción de la inversión, sino simplemente la salida del patrimonio del inversor de la misma, para pasar a otro sujeto. (DEI); (kon) La Corporación Banesto quiere aprovechar el buen ejercicio previsto por Isolux-Wat en 1998 para poner en marcha la última desinversión significativa de su cartera empresarial. (I-05) **Desinvestition** *f ^Investition^* (def) Rückgewinnung bzw. Freisetzung der in konkreten Vermögenswerten gebundenen finanziellen Mittel durch Verkauf, Liquidation und Aufgabe. Die Desinvestition ist die Umkehrung der Investition. (...) (GWL); (kon) In der Vorstudie gilt es, in einem ersten Schritt abzuklären, ob in den nächsten Jahren überhaupt mit einer signifikanten Desinvestition der Pensionskassen im Bereich des Immobilienmarktes resp. des Mietwohnungsmarktes zu rechnen ist. (www.aramis-research.de)

deuda pendiente *f ^créditos a cobrar (GWW)^ ^cobros pendientes (GWW)^ ^deuda activa (ABC)^ ^saldos pendientes (ECT)^* (def) Crédito pendiente a favor, que faculta al acreedor para exigir el pago. (DEI); (kon) Cuando solicitamos un crédito a un banco, y el plazo en el que lo tenemos que devolver es superior a un año, registraremos en esta cuenta el importe de la deuda pendiente con el banco. (ABC: 62) **Außenstände** *pl* (def) Summe der Forderungen aus Warenlieferungen und Leistungen. Außenstände stehen gesammelt im Kunden- oder Debitorenkonto, spezialisiert im Kontokorrentbuch oder in der Kundenkartei. Sie bedürfen einer ständigen Kontrolle, damit ggf. das Mahnverfahren sofort einsetzen kann. Ordnungsmäßiger Eingang der A[ußenstände] ist Voraussetzung für die Zahlungsbereitschaft (Liquidität). (GWL); (kon) Der Abbau der Forderungen (Außenstände) kann zum Beispiel durch Verschärfung des Mahnwesens, Verbesserung der Konditionen für prompte Zahler (Skonto), Verkauf von Forderungen an eine Factoring-Gesellschaft erfolgen, sofern die entsprechenden Voraussetzungen vorliegen (GUF: 116)

deuda de renta *f* (def) Institución jurídica peculiar de Alemania, país donde se denomina Rentenschuld, sumamente parecida al censo consignativo. Consiste en afectar indefinidamente una finca al pago de cierta renta o pensión periódica. No configura derecho real de garantía, puesto que no está relacionada con obligaciones personales. Como característica se citan la determinación del capital para redimirla; corresponder al propietario el derecho de liberarse de esta deuda, sin que el acreedor posea el derecho de exigirla; y aplicarse a las pensiones las reglas relativas a los intereses hipotecarios. Esta deuda de renta puede convertirse en deuda territorial, y a la inversa. (DDU); (expl) La deuda de renta, como subtipo de deuda territorial, es, al igual que ésta, independiente del crédito personal (no accesoria). Su particularidad radica en que hay que pagar una suma determinada por la finca en plazos periódicos regulares, con la que el propietario tiene un derecho de rescate (Ablösungsrecht) (pago de una suma de rescate); el acreedor, sin embargo, no tiene, por lo general, un derecho de rescisión. (CCA: 357/358); (kon) Aus der Übersetzung des § 1199 BGB: 1) Una deuda territorial puede constituirse de tal forma que una cierta suma de dinero deba pagarse a costa de la finca a intervalos reiterados regularmente (deuda de renta). (EEC: 374) **Rentenschuld** *f ^Grundpfandrechte^* (def) Die Rentenschuld ist eine Grundschuld, durch die das Grundstück nicht für eine feste Summe, sondern für fortlaufende Zahlungen an regelmäßig wiederkehrenden Terminen haftet (...). Bei ihrer Begründung muss der Betrag bestimmt werden, durch dessen Zahlung die Rentenschuld durch den Grundstückseigentümer abgelöst werden kann (...). Auf die einzelnen Leistungen finden die Vorschriften über die Zinsen einer Hypothek entsprechende Anwendung. Eine persönliche Haftung des Grundstückseigentümers wie bei der Reallast tritt bei der Rentenschuld nicht ein. (CRL); (expl) Die Rentenschuld (...) hat inzwischen jede praktische Bedeutung verloren. (...) (BRS: Teil 12, Kapitel 7. 1:12); (expl) Rechtsgrundlage: § 1199 BGB: 1) Eine Grundschuld kann in der Weise bestellt werden, dass in regelmäßig wiederkehrenden Terminen eine bestimmte Geldsumme aus dem Grundstücke zu zahlen ist (Rentenschuld). 2) Bei der Bestellung der Rentenschuld muss der Betrag bestimmt werden, durch dessen Zahlung die Rentenschuld abgelöst werden kann. Die Ablösungssumme muss im Grundbuch angegeben werden.; (kon) Während die Rentenschuld als Kreditsicherungsmittel bei Bankkrediten ungeeignet ist, sind Hypothek (§§ 1113 ff. BGB) und Grundschuld (§§ 1191 BGB) von überragender Bedeutung für die Absicherung langfristiger Kredite. (GUF: 67)

deuda territorial *f* (def) Relación jurídica originada en Alemania, donde es conocida con el nombre de Grundschuld, que se traduce por deuda territorial o hipoteca independiente. Constituye el gravamen de una finca a cambio de una cantidad de dinero. A diferencia de la hipoteca propiamente dicha, la deuda territorial no es derecho accesorio, por no suponer un crédito, y por la posibilidad de establecerla sin necesidad de asegurar obligación alguna. Esta deuda admite su constitución en cédulas o cartas de deuda al portador. El capital sólo vence después de la denuncia, derecho éste que corresponde por igual al propietario del inmueble y al acreedor del capital. (DDU); (expl) La deuda territorial es una carga del contenido que consiste simplemente en una suma de dinero que hay que pagar por la finca; este pago puede, aunque no debe, servir para la satisfacción de una reclamación. Si lo hace, la deuda territorial será, sin embargo, independiente del crédito en su contenido real (no accesoria). Puede ser solicitada como tal para el propietario (§ 1196) (EEC: 357); (Komm) Bei einem Immobilienerwerb in Spanien wird die Sicherung i. d. R. durch eine Hypothekenbestellung gewährleistet, da es im spanischen Recht den Begriff Grundschuld nicht gibt.; (kon) Aus der Übersetzung des § 1191 BGB: 1) Una finca puede ser gravada de manera que una cierta suma deba pagarse a costa de la finca a la persona en cuyo beneficio se establece el gravamen (deuda territorial). (CCA: 373) **Grundschuld** *f* ^*Grundpfandrechte*^ (def) (...) Durch die Bestellung einer Grundschuld wird ein Grundstück in der Weise belastet, dass aus ihm eine Geldsumme zu zahlen ist. Eine Grundschuld entsteht durch Einigung und Eintragung im Grundbuch und erlischt durch Aufhebung in Verbindung mit der Löschung des Rechts im Grundbuch (...) oder Befriedigung aus dem Grundstück. (...) (BRO); (expl 1) die Grundschuld unterscheidet sich von der Hypothek dadurch, dass bei ihr die rechtliche Verbindung mit einer Forderung fehlt. Sie stellt eine abstrakte Belastung eines Grundstücks dar, weil sie lediglich dessen unmittelbare dingliche Haftung für den eingetragenen Betrag zuzüglich Zinsen und Nebenleistungen begründet (...). Außer Anwendung bleiben deshalb diejenigen Vorschriften des Hypothekenrechts, die auf der Abhängigkeit der Hypothek von der gesicherten Forderung beruhen. Die übrigen Vorschriften des Hypothekenrechts sind dagegen entsprechend anwendbar (...). So ist es für den Bestand der Grundschuld vollkommen unschädlich, wenn die Forderung, zu deren Sicherung sie bestellt worden ist, geringer wird oder ganz erlischt. Auch zur Entstehung der Grundschuld ist das Bestehen einer Forderung nicht notwendig. Ebenso ist ein Auswechseln der Forderung, die gesichert werden soll, ohne weiteres möglich. Diese außerordentliche Flexibilität erklärt, weshalb die Grundschuld mittlerweile in der Bankpraxis die Hypothek als Kreditsicherungsmittel weitgehend verdrängt hat. (BRS: Teil 12, Kap. 7.3: 1); (expl 2) Rechtsgrundlage: § 1191 BGB: Ein Grundstück kann in der Weise belastet werden, dass an denjenigen, zu dessen Gunsten die Belastung erfolgt, eine bestimmte Geldsumme aus dem Grundstücke zu zahlen ist (Grundschuld). § 1192 BGB: 1) Auf die Grundschuld finden die Vorschriften über die Hypothek entsprechende Anwendung, soweit sich nicht daraus ein anderes ergibt, dass die Grundschuld nicht eine Forderung voraussetzt..; (kon) Die Grundschuld eignet sich vorzüglich als Sicherungsmittel, weil sie abstrakt, d. h. unabhängig vom wechselndem (Fort-)Bestand der Kreditforderung ist. (GUF: 67)

deudas (1) *fpl* (Komm) aus der Sicht des Schuldners siehe ^*deudores (DDU)*^ (def) En su significado más general, sinónimo de obligación. Con mayor propiedad técnica, su efecto jurídico: la prestación que el sujeto pasivo (o deudor) de la relación obligacional debe al sujeto activo (o acreedor) de la misma. Así, toda deuda consiste en un dar, decir, a hacer o no hacer algo que otro puede exigir (...) (DDU); (kon) Al dar principio a sus operaciones, el comerciante debe establecer un inventario que contenga la relación exacta del dinero, valores, créditos, bienes muebles e inmuebles, mercancías que constituyen el activo, la relación exacta de las deudas y toda clase de obligaciones pendientes que forman el pasivo y, por fin, la diferencia exacta entre el activo y el pasivo. (HAC: 156) **Forderungen** *fpl* (def) Anspruch auf Entgelt für eine erbrachte Leistung. In der Bilanz sind Forderungen in der Regel im Umlaufvermögen auszuweisen und zu untergliedern (Bilanzgliederung). (Vgl. auch *Besitzwechsel*). (GWL); (expl) »Forderungen an Kreditinstitute«, Aktivposition der Bankbilanz, in der alle Einlagen des Kreditinstituts auf einem Konto bei einer anderen Bank und alle Kreditaufnahmen der anderen Bank bei bilanzierenden Kreditinstitut ausgewiesen werden, unterteilt nach Fristen. »Forderungen an Kunden«, Aktivpostition der Bankbilanz, in der alle Kredite der Bank in Geld an Nichtbanken ausgewiesen werden. Der Posten ist aufgeteilt in Forderungen mit einer Laufzeit oder Kündigungsfrist von weniger als vier Jahren und einer Laufzeit oder Kündigungsfrist von vier Jahren und länger. Für die Zuordnung ist die ursprünglich vereinbarte Frist maßgeblich. (MÜS); (kon) Um auszuschließen, dass das Unternehmen nur seine zweifelhaften Forderungen an die Factoringbank veräußert, übernimmt der Factor nur die gesamten Forderungen oder wenigstens sämtliche Forderungen eines Teilbereiches; auch kann er nach Prüfung die Übernahme bestimmter Kundenforderungen ablehnen und sich auf Forderungen mit Restlaufzeit von nicht mehr als drei Monaten beschränken. (GUF: 58) **deudas (2)** *fpl* (def) Obligación que surge de tomar a préstamo y/o de tomar mercancías a crédito. Dependiendo de la transacción puede incorporar o no intereses. Existen numerosas formas de deuda y, acaso, la más conocida e interesante sea la deuda pública. (AEE); (kon) Las crisis empresariales suponen deudas de más de dos mil millones de euros anuales. (www.unav.es) **Schulden** *fpl ^Fremdkapital^ ^Schuldverhältnis^ ^Verschuldung^ ^Verschuldungsgrad^ ^Umschuldung^* (Komm) Im Gegensatz zur allgemeinsprachlichen Bedeutung wird der Terminus in der Fachsprache stets im Plural verwendet.; (def) Schulden sind Verpflichtungen eines Kaufmanns gegenüber einem Dritten. Im Einzelnen werden sie allgemein definiert als (1) bestehende oder hinreichend sicher erwartete Belastungen des Vermögens, die (2) auf einer rechtlichen oder wirtschaftlichen Leistungsverpflichtung des Unternehmens beruhen und (3) selbstständig bewertbar, d. h. als solche abgrenzbar und z. B. nicht nur Ausfluss des allgemeinen Unternehmerrisikos sind. Der Begriff Schulden umfasst somit nicht nur Verbindlichkeiten, sondern grundsätzlich auch Rückstellungen, die durch die Ungewissheit hinsichtlich Bestehen und/oder Höhe der künftigen Belastungen gekennzeichnet sind. (LBW); (kon) Dabei gilt in den einschlägigen Gesetzen das generelle Prinzip, dass der Haftungsumfang für die Schulden der Unternehmung für den einzelnen Kapitalgeber mit seinem Einfluss auf die Geschäftsführung ebenfalls steigt. (GUF: 12) **deudas (3)** *fpl ^obligaciones^*

deudor (1) *m* (def) Es el sujeto pasivo de una obligación, es decir, el que está obligado a cumplir la prestación en virtud de un contrato o disposición expresa legal. (AEE); (Komm) Dentro de la contabilidad se distingue entre deudores (= personas que deben dinero al comerciante por otros conceptos distintos de la venta de mercancías) y clientes (= personas a las que el comerciante vende las mercancías, objeto de su negocio).; (kon) El fiador no puede ser compelido a pagar al acreedor sin hacerse antes excusión de todos los bienes del deudor. **Debitor** *m ^Gläubiger^ ^Schuldner^* (def) In der Buchführung gebrauchter Ausdruck für Warenschuldner oder Kunden, die die Waren vom Lieferer auf Kredit beziehen (Schuldner). (GWL); (expl) Aktivposten in der Bankbilanz unter der Bezeichnung »Forderungen«. (MÜS); (kon) Hierbei handelt es sich um Eingänge aus »offenen Debitoren« (Forderungen aus Lieferungen und Leistungen). (GUF: 92) **deudor (2)** *m* (def) El sujeto pasivo de una obligación, es decir, el que está obligado a cumplir la prestación en virtud de un contrato o disposición expresa legal. (AEE); (kon) El deudor puede ceder sus bienes a los acreedores en pago de sus deudas. (www.solon.org) **Schuldner** *m ^Debitor (GWL)^ ^Debitoren^ ^Gläubiger^* (def) Derjenige, der aufgrund eines Schuldverhältnisses dem Gläubiger eine Leistung zu erbringen verpflichtet ist (§ 241 BGB). (GWL); (expl) Notwendig an einem Schuldverhältnis beteiligte Person, die verpflichtet ist, eine Leistung (Geld- oder Sachleistung, Sachüberlassung, Arbeitsleistung, Rechtsübertragung, Einräumung von Sicherheiten) zu erbringen. Die gleichfalls notwendig an einem Schuldverhältnis beteiligte Person, die berechtigt ist, vom Schuldner etwas zu fordern, heißt Gläubiger. (MÜS); (kon) Die Insolvenzordnung differnziert zwischen Verbraucher- und Regelinsolvenzverfahren, wobei der Schuldner keine Wahlmöglichkeit hat. (www.ihk-koeln.de)

deudor tercero *m* (def) Deudor del deudor. El acreedor, para satisfacer el pago de la deuda que se ha contraído con él, pignora los derechos de crédito de un deudor sobre otras personas. (DV); (expl) El [deudor] tercero, a diferencia de lo que ocurre con el deudor, no está vinculado en la relación obligatoria y, por tanto, si se prescinde de su animus solvendi, se pierde también todo punto de referencia y aun de justificación respecto a su incidencia en el débito ajeno. (ACM: 51); (kon) La posibilidad de la intervención solutaria del tercero obliga a considerar si será o no preciso que el mismo esté animado del propósito de extinguir la obligación que cumple o animus solvendi o si, por el contrario, bastará con la mera plasmación objetiva de la prestación que adeuda. (ACM: 52) **Drittschuldner** *m ^Verpfändung^ ^Zwangsvollstreckung^* (def 1) Bei der Zwangsvollstreckung durch Forderungspfändung derjenige, der seinerseits dem Schuldner etwas schuldet, z. B. bei der Zwangsvollstreckung in die Lohnforderung des Schuldners der Arbeitgeber. (GWL); (def 2) Schuldner einer Forderung, die vom Gläubiger des Gläubigers gepfändet wird. (LHW); (kon) Diese Zession ist auch ohne Benachrichtigung der Drittschuldner wirksam. (GUF: 66)

deudores *mpl ^deudas^*

devolución de aportaciones *f ^amortización de acciones^*

diferencia de cotización *f ^recargo^*

dinero *m* (def) Cualquier mercancía ampliamente aceptada como un medio de cambio y medida de valor en pago de bienes y servicios o como descargo de deudas y obligaciones. (...) El dinero actúa como: a) Un medio de cambio. Fundamentalmente debe aceptarse en el intercambio de bienes y servicios y dar a su propietario el poder de comprar bienes y servicios. b) Una medida del valor. Debe utilizarse para comparar el valor de bienes y servicios entre sí con referencia a la mercancía patrón; es decir, debe ser capaz de utilizarse como unidad de cuenta. c) Una medida de pagos diferidos. Los individuos que convienen en recibir el pago en fechas futuras, deben estar seguros de que el valor que recibirán entonces no será inferior al valor de la fecha de la transacción. d) Un almacén de valor. El dinero no debe deteriorarse con el tiempo y su poseedor debe poder retenerlo de un modo indefinido como un medio de cambio. Las propiedades o cualidades del dinero deben deducirse de sus funciones; divisibilidad: el dinero debe ser divisible en unidades de cuenta conveniente; indestructibilidad: no debe deteriorarse ni gastarse con el tiempo y son pocas las monedas que satisfacen este requisito; estabilidad de su valor; su valor no debe fluctuar ampliamente en el tiempo; homogeneidad: todas las unidades deben ser de la misma calidad; reconocibilidad: para desanimar las falsificaciones; de fácil manejo: debe poseer un alto valor de cambio en relación con su volumen y este atributo se hace menos importante cuanto mejor desarrollado está el sistema crediticio. Todas estas propiedades están implicadas en la propiedad fundamental de la aceptabilidad: debe tomarse a cambio de bienes y servicios. (...) (SDE); (Komm) Die Definitionen zeigen, dass eine genaue Abgrenzung des Begriffs *Geld* nicht möglich ist. Besonders deutlich wird dies beim Vergleich mit dem Medium *Sprache*, wie (def 4) des Deutschen zeigt: Über Jahrhunderte hinweg haben die Menschen die Funktion des Geldes, wie die der Sprache, immer wieder neu an die Bedürfnisse ihrer Umwelt angepasst. Geld unterlag einem Zeiten- und Gesellschaftswandel, der sich auf die Ausgestaltung seines Begriffs so bereichernd auswirkte, dass er schliesslich nicht mehr fassbar war. Im spanischen Código Civil wird die Schwierigkeit der Abgrenzung des Begriffs folgendermaßen formuliert: »El dinero y la moneda reciben del legislador civil y mercantil una numerosa y variada denominación peculiar según la función y finalidad con que intervienen en el intercambio patrimonial de las cosas, bienes y servicios; así se habla de »metálico«, »efectivo«, »precio«, »renta«, »interés«, etc., pudiéndose apreciar más de noventa acepciones diversas. (...)«; (kon) El dinero es un bien de uso común en toda clase de transacciones que permite la partición de una operación de trueque, en la que se da una compraventa simultánea de mercancías, en dos operaciones separadas de intercambio. (EPE: 32) **Geld** *n ^Zahlungsmittel^* (def 1) Geld ist begrifflich nicht eindeutig abgrenzbar. Vielfach wird es nach seinen Funktionen definiert. Damit ein Gut als Geld bezeichnet werden kann, muss es als allgemeines Zahlungsmittel, als Schuldentilgungsmittel und als Wertaufbewahrungsmittel anerkannt sein; häufig wird auch noch die Eigenschaft der allgemeinen Recheneinheit (...) verlangt. Solche Funktionen erfüllen die gesetzlichen Zahlungsmittel und die Sichteinlagen (...) bei Banken. Aber auch Termin- oder Spareinlagen und Forderungen gegenüber bestimmten Nichtbanken wie Versicherungen und Bausparkassen können in diesem Sinne Geldcharakter besitzen, weshalb sie auch als Quasigeld bzw. near money bezeichnet werden. Geld lässt sich auch als Gut höchster Liquidität definieren. Diese Eigenschaft weisen Bargeld und Buchgeld auf, nicht jedoch Quasigeld oder andere Aktiva, bei deren Umwandlung in Zahlungsmittel Kosten entstehen, die jedoch andererseits i. d. R. (Zins-) Erträge bringen. Während früher Geld durch Prägung von Gold und Silber einen Substanzwert aufwies, ist Geld heute meist völlig stoffwertlos; es entsteht durch Geldschöpfung bei Zentral- und Geschäftsbanken, weshalb es sich um Kreditgeld handelt. (GLV); (def 2) Geld ist das vom Staat (»gesetzliches Zahlungsmittel«) oder vom Verkehr allgemein als Wertmaßstab und Recheneinheit anerkannte Tauschmittel (...) (CRL); (def 3) Geld oder Zahlungsmittel sind Aktiva, die aufgrund von Marktkonventionen oder gesetzlicher Verpflichtung vom Gläubiger zur Abdeckung von Verbindlichkeiten angenommen werden. (...) (GWL); (def 4) Die Ökonomik hat es bisher nicht vermocht, einen allgemeinen akzeptierten Begriff des Geldes vorzulegen. (...) Einzelne Autoren nennen mehr als ein Dutzend verschiedener Geldfunktionen. (...) Geld diene als Recheneinheit, als generelles Tauschmittel und schließlich als Wertaufbewahrungsmittel. Die genannten Funktionen kreisen somit mehr oder weniger eng um den Tausch. (...) Das Geld ist eine gesellschaftliche Institution, ein soziales Konstrukt. Insoweit ähnelt das Geld der Sprache. Beide Male handelt es sich um ein »dialektisches« Verhältnis zwischen scheinbarem Subjekt und Objekt: Menschen haben die Kommunikationsmedien hervorgebracht und werden zugleich von ihnen geprägt. Der Umgang mit Geld (und Sprache) stellt freilich nicht nur den mehr oder weniger sporadischen Gebrauch eines Werkzeugs zu einem gegebenen Zweck dar, sondern die zwangsläufig permanente Benutzung modifiziert das Verhältnis der Person zu dem, was sie anstrebt. (...) (KEL); (kon) Die Gründung als ein betriebswirtschaftlicher Vorgang beinhaltet Fraugen der Planung, der Organisation, der Beschaffung von Geld, Sachmitteln sowie Arbeitskräften und schließlich auch die Erfüllung von verschiedenen Rechtsvorschriften. (GUF: 10)

dinero en efectivo *m ^metálico^*

dirección *f ^gerencia^*

disagio *m* (def) Diferencia expresada en tanto por ciento entre el valor nominal o par y un precio inferior. Contr.: agio. (MDB) **Disagio** *n ^Agio^* (def) Abgeld 1. Begriff: Spanne, um die der Preis oder Kurs hinter dem Nennwert eines Wertpapiers oder der Parität einer Geldsorte zurückbleibt. Aktien dürfen nicht mit D[isagio] ausgegeben werden (§ 9 AktG). (...) Gegensatz: Agio. (GWL); (kon) Die Ausgabe muss nicht zum Nennwert erfolgen: bei Unterpari-Ausgaben liegt der Begebungskurs um das Disagio darunter, bei Überpari-Ausgaben liegt er um das Agio darüber, bei Pariausgaben ist er mit dem Nennwert identisch. (GUF: 40)

disminución de capital *f ^reducción de capital^*

disposición de crédito *f* (def) Cada una de las entregas que un prestatario renta con cargo a una cuenta de crédito o un préstamo. (EEE); (kon) Durante el auge de la primera mitad de la década hubo una gran disposición de crédito externo a tasas inferiores a las nacionales, en medio de la apertura al mercado de capitales, la acumulación de reservas internacionales y la revaluación del peso. **Disposition** *f* (def) Verfügung, z. B. über ein Konto, über einen zugesagten Kredit usw. (BAL); (kon) Vielmehr sind diese (...) in der monetären Sphäre der Unternehmung zu suchen. Dispositionen bzw. Bewegungen im Geldbereich erfordern dann die Bereitstellung von Kapital. (GUF: 9)

distribución *f ^cifra de ventas^*

dividendo *m ^dividendo activo (TAM)^* (def) Fracción de los beneficios que se destina para distribuir entre los accionistas después de atender las dotaciones legales, estatutarias y voluntarias. El derecho del accionista al dividendo está recogido en la ley (...). (GAR); (kon) La distribución de dividendos a los accionistas ordinarios se realizará en proporción al capital que hayan desembolsado. (LSA art. 215, 1.) **Dividende** *f ^Ausschüttung^ ^Gewinnbeteiligung (siehe (def 2))^* (def) Anteil am Gewinn einer AG (auch der GmbH, Genossenschaft u. a.), der auf eine einzelne Aktie entfällt. Bei Aktien, die pro Stück notiert werden, bezieht sich die Dividende auf das Stück. Die HV [Hauptversammlung] beschließt nach dem Vorschlag von Vorstand und Aufsichtsrat über die Höhe. Die Satzung kann auch eine andere Form der Gewinnverteilung vorschreiben. Anders als der Zins ist die Dividende vom Bilanzgewinn abhängig, den eine Unternehmung im Geschäftsjahr erzielt bzw. ausweist. Sie kann daher schwanken evtl. ausfallen, wenn die Ertragslage schlecht ist oder Investitionen Verzicht auf Dividendenausschüttung anraten. (...) (BAL); (kon) Die Ausgestaltungen kann die Gewinnrechte anstelle eines festen Anleihezinses einsetzen, wenn ein fester Grundzins entfällt, oder sie kann die Gewinnansprüche ergänzend über einen festen Anleihegrundzins hinaus gewähren, wobei oft eine Kopplung mit den Dividenden praktiziert wird. (GUF: 42/43)

dividendo activo *m ^dividendo^*

duración de leasing *f ^plazo^*

E

economías *fpl ^ahorro^*

economicidad *f ^productividad^*

efectivo *m ^metálico^*

ejecución forzosa *f ^subasta forzosa^ ^venta forzosa (CDC)^* (def) Procedimiento especial de que puede valerse la Hacienda pública para hacer efectivos sus créditos contra deudores morosos en el pago de impuestos o contribuciones (...). Consecuencia de una decisión judicial. (DDU); (kon) En el momento de la ejecución forzosa el buque se encuentre dentro de la jurisdicción de los tribunales del País Membro. (www.dimar.mil.co) **Zwangsvollstreckung** *f ^Schuldbetreibung^ ^Verpfändung^ ^Versteigerung^ ^Zwangsbetreibung (MÜS)^* (Komm) Der Terminus *Schuldbetreibung* wird vorwiegend im schweizerischen Sprachgebrauch verwendet.; (def) 1. Anwendung staatlicher Gewalt zur Durchsetzung eines privatrechtlichen Anspruchs des Gläubigers, geregelt in §§ 704-915 ZPO und im Gesetz über die Zwangsversteigerung und Zwangsverwaltung. Sachen, die sich im Gewahrsam des Schuldners befinden, werden vom Gerichtsvollzieher gepfändet (Pfändung) und durch Versteigerung verwertet. Die Verwertung kann auf Antrag einstweilen mit Ratenzahlungsauflage ausgesetzt werden. 2. Geldforderungen des Schuldners gegen einen Dritten werden durch Pfändungs- und Überweisungsbeschluss des Vollstreckungsgerichts gepfändet (maßgebend Zustellung an Drittschuldner) und dem Gläubiger zur Einziehung (oder an Zahlungs Statt) überwiesen (Lohnpfändung). 3. Bei Pfändung eines Anspruchs auf Herausgabe einer Sache wird Herausgabe an Gerichtsvollzieher oder Sequester angeordnet. (GWL); (kon) Befriedigung findet der Gläubiger bei Rechten aus der Zwangsvollstreckung, bei Pfandgütern aus dem Verkauf, der von einem öffentlichen Handelsmakler oder als öffentliche Versteigerung vollzogen wird. (GUF: 64)

ejercicio *m ^ejercicio económico^*

ejercicio económico *m ^ejercicio (MEE)^* (def) Período de tiempo, generalmente un año natural, en el que se divide la actividad de una empresa para valorarla a efectos económicos y contables y medir el resultado, así como calcular el impuesto de sociedades. (DEN); (kon) Cuando una firma toma, por ejemplo, un especialista en soldadura, los gastos necesarios para su reclutamiento (anuncio publicitario, pruebas de selección, formación asentamiento, etc.) así como los derivados de su entrenamiento permanente, suelen imputarse al ejercicio en que se han materializado. (MEE: 239) **Geschäftsjahr** *n ^Geschäft^ ^Wirtschaftsjahr (GWL)^* (def) bestimmter Zeitraum, für den die Ergebnisse eines Betriebes regelmäßig abschließend (Inventur und Bilanz) buchmäßig festgestellt werden. Das W[irtschaftsjahr] entspricht dem im § 240 HGB erwähnten Geschäftsjahr und umfasst i. d. R. zwölf Monate. Bei Eröffnung oder Aufgabe eines Betriebes oder beim Wechsel des Abschlusstages darf das W[irtschaftsjahr] auch weniger als zwölf Monate umfassen (...) (GWL vs Wirtschaftsjahr); (expl) Rechtsgrundlage: § 240 HGB: 1) Jeder Kaufmann hat zu Beginn seines Handelsgewerbes seine Grundstücke, seine Forderungen und Schulden, den Betrag seines baren Geldes sowie seine sonstigen Vermögensgegenstände genau zu verzeichnen und dabei den Wert der einzelnen Vermögensgegenstände und Schulden anzugeben. 2) Er hat demnächst für den Schluss eines jeden Geschäftsjahrs ein solches Inventar aufzustellen. Die Dauer des Geschäftsjahrs darf zwölf Monate nicht überschreiten. Die Aufstellung des Inventars ist innerhalb der einem ordnungsgemäßen Geschäftsgang entsprechenden Zeit zu bewirken.; (kon) »Jeder Gesellschafter ist berechtigt, aus der Gesellschaftskasse Geld bis zum Betrage von vier v. H. seines für das letzte Geschäftsjahr festgestellten Kapitalanteils zu seinen Lasten zu erheben und, soweit es nicht zum offenbaren Schaden der Gesellschaft gereicht, auch die

Auszahlung seines den bezeichneten Betrag übersteigenden Anteils am Gewinn des letzten Jahres zu verlangen.« (GUF: 15)

emisión *f* (def 1) (...) Consiste en la creación y puesta en circulación, por parte de las instituciones públicas o privadas, de unos títulos, que son adquiridos o suscritos por el público en general u otras entidades jurídicas. Se concretan [sic.] en la emisión de acciones, emisión de obligaciones, emisión de bonos o títulos de la deuda pública, emisión de títulos de tesorería y emisión de papel moneda cuyo privilegio atañade a los bancos centrales. (AEE); (def 2) (...) Tratándose de valores puede ser a la par: valor nominal; sobre la par o bajo la par. (MDB); (kon) El aumento del capital social podrá realizarse por emisión de nuevas acciones o por elevación del valor nominal de las ya existentes. (LSA art. 151, 1.) **Emission** *f* *^Ausgabe^* *^Emittent^* *^Fremdemission^* *^PariEmission^* *^Über-Pari-Emission^* *^Unter-Pari-Emission^* (def) (...) II. Bank- und Börsenwesen: Ausgabe von Aktien und anderen Wertpapieren, d. h. ihre Unterbringung im Publikum und Einführung in den Verkehr. Die Schaffung von Wertpapieren, ihre Herstellung und Vollziehung durch den Aussteller ist noch keine E[mission]. E[mission] erfolgt a) auf direktem Wege (Handverkauf oder Zeichnung an das Publikum) und b) durch Vermittlung von Banken (das ist die Regel): (1) Die Bank bzw. ein Bankenkonsortium führt den Verkauf kommissionsweise für Rechnung des Ausstellers der Wertpapiere und erhält für ihre Tätigkeit eine Vergütung, Bonifikation; (2) die Bank bzw. ein Bankenkonsortium übernimmt die Wertpapiere zu einem festen Kurs (Übernahmekurs) und bietet sie zu einem darüberliegenden Kurs (Emissionskurs) dem Publikum an. (GWL); (kon) Die einzige Quelle der externen Eigenfinanzierung der Aktiengesellschaft ist die Emission von Aktien, die bei Erfüllung ganz bestimmter Voraussetzungen durch die Zulassungsstelle der Börse zum amtlichen Wertpapierhandel zugelassen werden. (GUF: 25)

emisión por medio de intermediarios *f* (def) Es la modalidad más extendida de colocación en el mercado de obligaciones o pagarés, o de ampliaciones de capital. Los bancos que integran el sindicato de emisión adquieren la totalidad de los títulos, y se encargan de ofrecerlos al público a su entero riesgo, de modo que si en parte no pueden venderlos, han de quedarse con ellos. (TAM vs emisión asegurada en firme); (Komm) Die *emisión asegurada en firme* ist nur eine der drei Formen der *Fremdemission*. Sie entspricht Punkt 3 der deutschen Definition und Punkt a) der folgenden spanischen Explikation.; (expl) (...) Las ofertas directas al público son las más usuales, pueden ir dirigidas al público en general o a grupos especiales, tales como empleados, directivos, accionistas y clientes. En el primer caso, la venta se realiza a través de un intermediario financiero que actúa como distribuidor de los títulos. Los denominados bancos de inversión y las sociedades de valores actúan como intermediarios entre los emisores de los títulos y los posibles suscriptores. Sus funciones principales en el mercado primario de valores son las de »intermediario« y »consejero financiero«, además de actuar, en ocasiones, como garantía de la suscripción. El banco de inversión o sociedad de valores que va a intervenir en la operación puede seleccionarse directamente, mediante negociación, o a través de un concurso o subasta pública. En este segundo caso se constituye, habitualmente, un sindicato, ya sea de responsabilidad limitada o colectiva, con la finalidad de repartir el riesgo de la emisión. La venta de títulos por medio de intermediarios especializados de colocación presenta una de las tres modalidades siguientes: a) Venta en firme (aseguramiento). En este supuesto, se realiza directamente la compra de los valores mobiliarios que la empresa quiere colocar en el mercado, y asume el riesgo de quedarse con los invendidos. El beneficio será la diferencia entre los ingresos conseguidos por la venta de los títulos y el precio que ha pagado a la empresa, más los gastos de la operación. b) Venta a comisión (colocación). El banco o Sociedad de Valores actúa como mero intermediario entre la empresa y el público, cobrando una comisión por los títulos vendidos. c) acuerdo »stand by«. Es una venta a comisión con el compromiso de compra de los títulos invendidos a un precio especial. (RSF: 446/447) **Fremdemission** *f* *^Emission^* *^Konsortium^* (def) (...) Die gängige Emissionsart ist jedoch die Fremdemission, bei der zur Platzierung der Wertpapiere ein Kreditinstitut bzw. ein Bankenkonsortium eingeschaltet wird. Dabei gibt es drei Möglichkeiten: 1. Die Bank tritt als Geschäftsbesorger auf. Ihre Funktionen beschränken sich dann lediglich auf Zeichnungs-, Vermittlungs- und Verwaltungstätigkeiten. Der emittierenden Unternehmung wird kein Kapital seitens der Bank zur Verfügung gestellt. 2. Die Bank führt den Verkauf kommissionsweise für Rechnung des Emittenten aus und erhält dafür eine Vergütung. 3. Die Bank tritt als Selbstkäufer auf, übernimmt die Wertpapiere zum Übernahmekurs und bietet sie zum höher liegenden Emissionskurs dem Publikum an. (BAL vs Emissionsarten); (kon) Die Fremdemission unter Mitwirkung von Banken ist die Regel, wobei diese die Papiere in konsortialer Form auf eigene Rechnung und Gefahr übernehmen oder lediglich für Rechnung des Emittenten kommissionsweise begeben. (GUF: 40)

emisión a la par *f* (def) Cuando el precio de emisión de un valor coincide con el de su valor nominal. (...) (DEE vs a la par); (kon) (...) Tratándose de valores puede ser a la par: valor nominal; sobre la par o bajo la par. (MDB vs emisión) **Pari-Emission** *f ^Emission^ ^Pari-Ausgabe^ ^Über-Pari-Emission^ ^Unter-Pari-Emission^* (def) Emission von Wertpapieren zu einem dem Nennwert des Papiers entsprechenden Emissionskurs, d. h. 100 % des Nennwerts. (...) (GWL)

emisión por debajo de la par *f* (def) Colocación de títulos en el mercado de capitales, percibiendo la empresa como contrapartida una cantidad inferior en efectivo al valor nominal de los títulos. Está permitido en cuanto a la emisión de obligaciones, pero no de acciones. (GAR); (kon) Intimamente ligada con aquella otra clasificación que hemos hecho entre las obligaciones, según la forma de emisión (a la par, por debajo y por encima de la par), está la que podemos realizar atendiendo a la forma del reembolso. (AEO: 51) **Unter-Pari-Emission** *f ^Emission^ ^Pari-Emission^ ^Über-Pari-Emission^ ^Unterpari-Ausgabe^ ^Unterparibegebung^* (def) Emission von Wertpapieren zu einem unter dem Nennwert liegenden Kurs. Bei Anleihen ist die U[nter]-P[ari]-E[mission] die Regel außer bei einem sehr aufnahmefähigen Kapitalmarkt; bei Aktien ist die U[nter]-P[ari]-E[mission] durch § 9 AktG verboten. Gegensatz: Über-Pari-Emission. (GWL)

emisión sobre la par *f* (def) Emisión de un título por encima de su valor nominal. (...) (DEE vs sobre la par); (kon) Tratándose de valores puede ser a la par: valor nominal; sobre la par o bajo la par. (MDB vs emisión) **Über-Pari-Emission** *f ^Emission^ ^Pari-Emission^ ^Unter-Pari-Emission^ ^Unterpari-Ausgabe^* (def) Emission von Wertpapieren zu einem Kurs, der über 100 % des Nennwerts liegt. In der Bundesrepublik Deutschland gestattet. Gegensatz: Unter-Pari-Emission. (GWL)

emisor *m* (def) Ente jurídico que desarrolla una emisión de acciones u obligaciones. (GAR); (kon) La inversión en acciones de una empresa, en la medida en que su remuneración, caso de existir, depende de los resultados que tal empresa genere, comporta un mayor riesgo que la inversión, por ejemplo, en bonos o en obligaciones, cuya remuneración es más independiente de los resultados del emisor y prioritaria su percepción frente a la posible distribución de beneficios vía dividendos, por ejemplo. (GDE: 409) **Emittent** *m ^Emission^* (def) Juristische Person des Privatrechts (meist AG) oder öffentlich-rechtliche Körperschaft, die Wertpapiere ausgibt. Emittent ist der Antragsteller der Wertpapiere (also z. B. bei Bundesanleihen der Bund, bei Aktien die AG). (...) (BAL); (kon) Nimmt man die Markt-(Verkehrs-)fähigkeit der Obligationen infolge ihrer Verbriefung in der Form vertretbarer Wertpapiere (Effekten) hinzu, so wird die sehr große langfristige Schuldsumme eines Emittenten in viele kleine fungible Anlagebeträge finanzschwacher Sparer mit evtl. auch nur relativ kurzfristigen Anlageengagements transformiert. (GUF: 40)

empeño *m ^pignoración^*

empresa (1) *f* (def 1) Asociación científica, industrial o de otra índole, creada para realizar obras materiales, negocios o proyectos de importancia, concurriendo de manera común a los gastos que origina y participando también todos los miembros de las ventajas que reporte. Casa o sociedad mercantil (...) (DDU); (def 2) Desde un punto de vista económico, se define como unidad económica de producción básica. Es decir, la empresa a través de unos factores de producción, combinados adecuadamente, obtiene bienes y servicios que, una vez realizados, llevan a alcanzar unos objetivos definidos. Unidad o agente que manipula factores propios y/o alquilados para producir bienes y servicios que vende a otras empresas, a las economías domésticas o a la administración pública. Generalmente, se la supone motivada por el deseo de maximización de beneficio. (AEE); (kon) Empresa es la organización económica, aislada e independiente, de un proceso de producción en la economía moderna, en oposición a la unidad técnica que es la explotación. (HAC: 146) **Betrieb** *m ^Produktionsstätte (GWL)^* (def 1) Systemindifferenter Oberbegriff für Wirtschaftseinheiten, die mittels des Einsatzes von Produktionsfaktoren für Dritte Leistungen erstellen. B[etriebe] in Marktwirtschaften werden als Unternehmungen bezeichnet, wenn sie dem Autonomieprinzip, dem Prinzip des Privateigentums und dem erwerbswirtschaftlichen Prinzip gehorchen. Der Begriff B[etrieb] wird in verschiedener Weise benutzt und umgangssprachlich oft als Synonym für Unternehmung gebraucht. Mit B[etrieb] können auch nur Teilbereiche der Unternehmung bezeichnet werden. (GWL); (def 2) Wirtschaftseinheit, die der ständigen Durchführung bestimmter Produktionsaufgaben (kein Konsum) im Rahmen der gesamtwirtschaftlichen Gütererstellung dient. (LHW); (kon) Das Eigenkapital wird im Rahmen der externen Finanzierung durch Einzahlungen der Eigenkapitalgeber bei der Gründung oder bei einem laufenden Betrieb durch Kapitalerhöhungen aufgebracht. (GUF: 10) **empresa (2)** *f* **Unternehmen** *n* ^*Unternehmer*^ ^*Unternehmung*^ (Komm) Der Terminus *Unternehmen* wird v. a. in Gesetzestexten und in der Wirtschaftszweigsystematik verwendet.; (def) (...) Der für die marktwirtschaftliche Ordnung typische Betriebstyp ist das U[nternehmen. (LBW); (kon) Der klassische Finanzierungsbegriff knüpft an die Gliederung der Bilanz an und umfasst die Versorgung des Unternehmens mit Kapital. (GUF: 2) **empresa (3)** *f* (def 1) (...) La empresa privada puede ser de carácter individual, sociedad familiar, sociedad, comanditaria o bien, cuando limita su responsabilidad y divide su capital en acciones, sociedad de responsabilidad limitada o sociedad anónima. En la empresa de tipo cooperativa, los socios son propietarios y trabajadores a la vez, con igual participación todos ellos; cabe, en cambio, diferentes aportaciones en la sociedad anónima laboral. La empresa pública es de capital total o mayoritariamente perteneciente a un poder público, en cuyo caso cabe hablar de empresa mixta. La empresa será nacional o extranjera, según cuál sea el origen de su capital mayoritario. También se distingue en grandes y pequeñas y medianas empresas (PYMEs). (TAM); (def 2) Unidad organizativa y autónoma dedicada a la producción de bienes o al mantenimiento o prestación de ciertos servicios, dirigidos al consumo de la comunidad, y en cuyo seno se desarrollan las relaciones laborales, y con una finalidad lucrativa, ya sea económica o moral, pudiendo gozar o no de personalidad jurídica propia según los casos. La empresa como organización se estructura subjetivamente entre quienes dirigen la producción y controlan los medios productivos, y quienes utilizan éstos para abastecer a la sociedad de una serie de bienes o servicios, pudiendo organizarse en uno o varios centros de trabajo. Ante una clasificación de los elementos integrantes de la empresa, puede estructurarse el elementos [sic.] personal en: empresarios y trabajadores; y el elemento material o patrimonial también admite su clasificación en cuanto a la titularidad, ya que puede pertenecer al estamento directivo, al dirigido, a ambos, o a terceros (como es el caso de las Sociedades Anónimas). (...) (ESJ); (kon) IMAPC agrupa a 24 empresas españolas. (www.plastunivers.com) **Unternehmung** *f* ^*Unternehmen*^ ^*Unternehmer*^ (Komm) Der Terminus *Unternehmung* wird häufig als Synonym für die Termini *Unternehmen* und *Betrieb* verwendet.; (def) Unternehmen. I. Begriff: Wirtschaftlich-rechtlich organisiertes Gebilde, in dem auf nachhaltig ertragbringende Leistung gezielt wird, je nach der Art der U[nternehmung] nach dem Prinzip der Gewinnmaximierung oder dem Angemessenheitsprinzip der Gewinnerzielung. Das Gewinnstreben richtet sich zumindest auf angemessene Verzinsung des betriebsnotwendigen Kapitals. In diesem Sinne kann eine U[nternehmung] aus mehreren bzw. keinem Betrieb (im technischen Sinne) bestehen (z. B. Holding-Gesellschaft). (...) II. Abgrenzung: 1. U[nternehmung] als untergeordneter Begriff: Zunehmend wird »Betrieb« als übergeordneter Begriff verwendet, um auch die Arbeitsstätten der Behörden-Verwaltungen (im eigentlichen Sinne keine U[nternehmung]) einordnen zu können sowie zur besseren Rechtfertigung des Begriffs Betriebswirtschaftslehre. 2. U[nternehmung] als Synonym für Betrieb (häufig verwendet). 3. U[nternehmung] als Synonym für Unternehmen: Inhaltlich gleich sind die Begriffe U[nternehmung] und Unternehmen; letzterer wird z. T. in Gesetzestexten und in der Wirtschaftszweigsystematik verwendet. III. Charakterisierung: Die U[nternehmung] ist eine selbstständige, vom Haushalt des oder der Unternehmer losgelöste Einzelwirtschaft, die sich vom Betrieb dadurch unterscheidet, dass sie eine örtlich nicht gebundene, wirtschaftlich-finanzielle und rechtliche Einheit darstellt. (...) Für ihr Fortbestehen muss die U[nternehmung] im finanziellen Gleichgewicht bleiben: die U[nternehmung] muss langfristig Gewinne machen, da sonst das Eigenkapital aufgezehrt würde (Konkurs); es muss gewährleistet sein, dass die Einnahmen und Auszahlungen so koordiniert werden, dass die U[nternehmung] zu jedem Zeitpunkt liquide ist (Liquidität). (...) IV. Arten: 1. Nach dem Träger des Eigentums: a) private U[nternehmung], b) gemischt-wirtschaftliche U[nternehmung], d. h. U[nternehmung], die der Staat oder eine öffentlich-rechtliche Körperschaft unter Beteiligung privaten Kapitals betreibt und c) öffentliche U[nternehmung] (öffentliche Unternehmen). 2. Nach der Rechtsform: a) Einzelkaufmann, b) Personengesellschaft, (...), c) Kapitalgesellschaft, (...), d) Genossenschaft mit beschränkter Haftpflicht und mit unbeschränkter Haftpflicht, e) Stiftung, f) Versicherungsverein auf Gegenseitigkeit und g) Partenreederei. (...). 3. Das Vorhandensein einer U[nternehmung] lässt erst die Firma entstehen; mit Wegfall der U[nternehmung] erlischt die Firma. 4. Die U[nternehmung] erlischt, wenn die dauernd auf Gewinn gerichtete Tätigkeit nicht fortgesetzt werden soll oder kann. (...). Die U[nternehmung] lässt sich durch die organisatorische Einheit des dahinterstehenden wirtschaftlichen oder ideellen Zwecks kennzeichnen. Anders: Betrieb. Eine U[nternehmung] kann aus mehreren Betrieben bestehen, wenn der mit der U[nternehmung] verfolgte Zweck durch mehrere organisatorisch verselbstständigte Zweckeinheiten erstrebt wird. In diesem Fall hat der Begriff der U[nternehmung] neben dem des Betriebs eine eigenständige betriebsverfassungsrechtliche Bedeutung, da er Anknüpfungspunkt für die Bildung des Gesamtbetriebsrats ist. Andererseits ist es möglich, dass arbeitsrechtlich mehrere Unternehmen einen (gemeinsamen) Betrieb bilden. (GWL); (kon) Ein falscher Standort kann zum Scheitern einer vielversprechenden Unternehmung führen. (www.bridge-online.de)

empresa de factoring *f ^factor^*

empresario *m* (def) Titular de una unidad de producción, que asume el riesgo principal de la misma, circunstancia que le diferencia del ejecutivo. Otra nota del verdadero empresario, (...), es la de ser innovador, para alcanzar el más alto nivel de modernización a efectos de lograr el máximo de competitividad. (TAM); (kon) La competencia china inquieta a los empresarios de la automoción. (www.iese.edu) **Unternehmer** *m ^Unternehmen^ ^Unternehmung^* (def 1) Entrepreneur, Persönlichkeit, die eine Unternehmung plant, mit Erfolg gründet und/oder selbstständig und verantwortlich mit Initiative leitet, wobei sie persönliches Risiko oder Kapitalrisiko übernimmt. (...) (GWL); (def 2) Kombiniert aus Eigeninitiative Produktionsfaktoren, um Güter und Dienste zu produzieren, die er mit Gewinn am Markt absetzen will. (...) Der Unternehmer ist der Motor der wirtschaftlichen Entwicklung: (...). (VGW); (kon) Da die Eröffnung des Geschäftes in finanztechnischer Hinsicht keiner Form unterliegt, gestaltet sich die Gründung im Normalfalle in der Weise, dass der Unternehmer aus seinem Privatvermögen Kapital abzweigt und es dem Betriebsvermögen der Unternehmung zuführt. (GUF: 14)

empréstito *m* (Komm) En la terminología alemana el término *Anleihe* designa tanto la forma de crédito (die Kreditart = empréstito) como el título-valor (das Wertpapier) que lo materializa. Con este segundo significado se usan prácticamente como sinónimos: *Anleihe*, *Obligation*, y *Schuldverschreibung* (siehe auch Kommentar bei *Obligation)*; (def 1) Préstamo que toma el Estado o una corporación, o una empresa, y que normalmente está representado por títulos negociables en bolsa, nominativas o al portador, y que cabe colocar en el mercado interior o en el exterior. (...) (TAM); (def 2) Es un préstamo de gran cuantía, dividido en préstamos pequeños. Cada préstamo pequeño se llama obligación, y el conjunto de todas las obligaciones empréstito. Constituye una fuente tradicional de financiación a largo plazo de las grandes empresas, a través de la emisión de obligaciones o de bonos de caja, reintegrados por anualidades. Es decir, se trata de créditos a largo plazo que van convirtiéndose periódicamente en exigible a corto plazo hasta su total extinción. (AEE); (kon) El empréstito, a su vez, es una forma específica del crédito que normalmente toma forma de emisión de obligaciones o bonos. (SMA: 97) **Anleihe** *f ^Austauschanleihe^ ^Obligation^ ^Optionsanleihe^ ^Schuldverschreibung^ ^Wandelanleihe^ ^Teilschuldverschreibung^* (def 1) Langfristiger Kredit, der durch die Ausgabe von Schuldverschreibungen am Kapitalmarkt aufgenommen wird. (...) Die Bedeutung der Anleihen in Form von Inhaberschuldverschreibungen liegt darin, dass ein Kreditnehmer große Kreditsummen, die eine einzelne Bank nicht einräumen kann oder wegen des damit verbundenen Risikos nicht einräumen will, von vielen einzelnen Gläubigern aufnehmen kann. Die insgesamt benötigte Kreditsumme wird somit in marktgängiger Stückelung auf die einzelnen Stücke, die man als Teilschuldverschreibungen bezeichnet, aufgeteilt. Neben der Aufnahmemöglichkeit großer Kreditsummen liegt der Vorteil der Inhaberschuldverschreibungen in der Abstimmung der Überlassungsdauer zwischen Gläubigern und Schuldnern. (...) Anleihen kommen wegen der geforderten Mindesthöhe der Emissionen, wegen der erheblichen Ausgabekosten und wegen der geforderten Sicherheiten nur für große Unternehmen, meist in der Rechtsform der Aktiengesellschaft (...), für Kreditinstitute (...), und für staatliche Institutionen (...) in Frage. (...) (VGW); (def 2) Schuldverschreibung, Obligation, bond. 1. Begriff: Sammelbezeichnung für Effekten mit (meist) fester Verzinsung, in marktgängiger Stückelung, in denen die Gläubigerrechte verbrieft sind; Begebung i. d. R. zur langfristigen Schuldaufnahme in größerem Umfang am in- und ausländischen Kapitalmarkt. Die Emission bedarf staatlicher Genehmigung. 2. Ausstattung: a) Verzinsung: i. d. R. festverzinslich, international neue Anleiheformen mit Zinsanpassungen, d. h. mit variabler Verzinsung möglich (floating rate note (FRN)); Zinszahlungen jährlich oder halbjährlich. (...) Wesentlich für den Plazierungserfolg einer A[nleihe] ist nicht die Nominal-, sondern die Effektivverzinsung. b) Laufzeit: I. A. 5-10 Jahre, in Hochzinsperioden auch darunter. Seitens der Gläubiger sind A[nleihen] unkündbar; die Schuldner behalten sich i. d. R. das Recht auf Kündigung vor (meist nach Ablauf einer Sperrfrist). Grundsätzlich kann zwischen (in der Bundesrepublik Deutschland nicht vorkommenden) Rentenanleihen ohne Tilgungszwang und Tilgungsanleihen unterschieden werden. (...) d) Stückelung: Mindestnennbeträge meist 50 EUR, bevorzugte Mittelgröße 500 EUR; Stücke sind i. d. R. mit Zinsscheinen und Erneuerungsschein ausgestattet. Heute werden vielfach nur Sammelurkunden ausgestellt und effektive Stücke nicht mehr ausgeliefert. (...) 3. Emission: Die Abstimmung geplanter Emissionen mit der Aufnahmebereitschaft des Kapitalmarktes erfolgt durch den Zentralen Kapitalmarktausschuss. (...) (GWL); (kon) Die Laufzeit von Anleihen beträgt im allgemeinen 8-20 Jahre, wobei in der Regel eine tilgungsfreie Zeit von oft fünf Jahren am Anfang steht. (GUF: 40)

empréstito de conversión *m* (def) (...) Abusando una vez más, y unilateralmente, de su potestad legislativa o reglamentaria, el Poder público »estafa« en cierto modo a los subscriptores de los empréstitos cuando, evolucionada la plaza económica o superada la transitoria dificultad monetaria para la Hacienda pública, resuelve una conversión que le permite reducir la tasa del interés, que los subscriptores suelen soportar, privados de mejor panorama para sus inversiones y contra la colocación de su dinero a mayor plazo, como supusieron al prestar al Estado. (DDU vs empréstito) **Austauschanleihe** *f* *^Anleihe^* *^Konversion^* (def) Umwandlung der Schuldbedingungen einer Anleihe durch Umwandlung in eine neue (Konvertierungsanleihe) mit verändertem Zinsfuß, veränderter Laufzeit und/oder veränderten Tilgungsbedingungen, meist nach vorheriger Kündigung. (GWL vs Konversion); (kon) Fast ausschließlich behalten sich die Schuldner das Recht auf vorzeitige Kündigung, d. h. auf Rückzahlung vor dem Ablauf der vorgesehenen Laufzeit vor, um bei abgesunkenem Zinsniveau durch eine Austauschanleihe herunterkonvertieren oder bei gestiegenem Zinsniveau zur Pflege ihres Emissionsstandings heraufkonvertieren zu können. (GUF: 41)

en el plazo determinado *adv ^en el plazo fijado^*

en el plazo fijado *adv ^en el plazo determinado^* (Komm) Im Gegensatz zum Terminus *termingerecht* liegt bei *fristgerecht* die Betonung auf einer Zeitspanne und nicht auf einem Zeitpunkt. Zur Unterscheidung dieser beiden Termini wird im DDU vs plazo Folgendes aufgeführt: »(...) La legislación procesal con gran frecuencia, la doctrina también y los prácticos, se sirven como sinónimos, soslayando sutilezas técnicas, de los vocablos plazo y término. Sin embargo, discrepan en esencia, por cuanto el plazo es comprensivo de todo el lapso para actuar; en tanto que el término integra tan sólo su vencimiento o final. De ahí que, para ajustarse al léxico positivo, en no pocas especies de las insertas luego, sobre los distintos plazos, se haga remisión a los respectivos términos. (...).«; (def) cumplir con un plazo acordado (DV); (kon) El vendedor se compromete a otorgar la Escritura Pública de compraventa en el plazo fijado a favor del comprador o de cualquier persona o Sociedad que éste designe a tales efectos. **fristgerecht** *adj ^Fristigkeit^ ^termingerecht^* (Komm) Auch als Adverb möglich (siehe Kontextbeispiel im Deutschen). Im Gegensatz zum Terminus *termingerecht* liegt bei *fristgerecht* die Betonung auf einer Zeitspanne und nicht auf einem Zeitpunkt. (siehe Kommentar bei *en el plazo fijado*.; (def) unter Einhaltung einer bestimmten Frist (DAB); (kon) Liquiditätsrisiken bergen die Gefahr, Zahlungsverpflichtungen nicht fristgerecht oder gar nicht nachkommen zu können.

en la fecha fijada *adv* (def) Lo que se cumple en la fecha acordada. (DV) **termingerecht** *adj ^fristgerecht^* (Komm) Auch als Adverb möglich, z. B. etw. termingerecht abwickeln. Im Gegensatz zum Terminus *fristgerecht*, bei dem die Betonung auf einer Zeitspanne liegt, impliziert *termingerecht* das Einhalten eines Zeitpunktes. Zur Unterscheidung dieser beiden Termini wird im DDU vs plazo Folgendes aufgeführt: »(...) La legislación procesal con gran frecuencia, la doctrina también y los prácticos, se sirven como sinónimos, soslayando sutilezas técnicas, de los vocablos plazo y término. Sin embargo, discrepan en esencia, por cuanto el plazo es comprensivo de todo el lapso para actuar; en tanto que el término integra tan sólo su vencimiento o final. De ahí que, para ajustarse al léxico positivo, en no pocas especies de las insertas luego, sobre los distintos plazos, se haga remisión a los respectivos términos. (...).«; (def) gemäß einem Termin (DAB); (kon) Durch unsere langjährige Zusammenarbeit mit Fachfirmen garantieren wir (...) eine termingerechte Lieferung (...). (www.piano-fischer.de)

enajenación *f* (def) Transmisión del dominio o derecho que asiste a alguien sobre una cosa. Venta de bienes, valores, etc. para resarcirse de una deuda o cancelar un préstamo. (MDB); (kon) Se debe registrar los datos relativos al inversionista que efectúa el retiro o enajenación de acciones, anotando su nombre completo (...). www.sii.cl) **Veräußerung** *f ^Sperrfrist^* (def) I. Allgemein: Unmittelbar rechtsändernde rechtsgeschäftliche Übertragung von Gegenständen, im Gegensatz zu dem nur eine Verpflichtung zur V[eräußerung] begründenden schuldrechtlichen Geschäft, z. B. dem Kaufvertrag. Form der V[eräußerung] je nach dem Gegenstand unterschiedlich: a) Sachen werden durch Übereignung, b) Forderungen durch Forderungsabtretung veräußert. Sondervorschriften gelten für die Übertragung von Grundpfandrechten (Hypotheken etc.) und von in Wertpapieren verbrieften Forderungen sowie für die V[eräußerung] im Wege der Zwangsvollstreckung. (GWL); (kon) Da jedoch die Gesellschaftsanteile nicht an der Börse gehandelt werden können und die Veräußerung eines Geschäftsanteils nach dem Gesellschaftsvertrag oft nur mit Zustimmung der Gesellschafterversammlung oder nach Erfüllung ganz bestimmter Auflagen möglich ist, sind die Kapitalanteile im Vergleich zur Aktiengesellschaft stärker personengebunden. (GUF: 22)

enajenación posterior *f ^reventa^*

encargo *m ^mandato^*

endeudamiento *m* (def) Toda financiación por medio de capital ajeno. Se suele considerar, en términos absolutos o relativos, como el importe del capital ajeno o la relación de capital ajeno en función del pasivo total de la empresa, o bien la relación de fondos ajenos a fondos propios. (DEE); (kon) Como hemos visto en el capítulo 10, se llama endeudamiento a la relación entre recursos ajenos y propios. (ABA: 320) **Verschuldung** *f ^Schulden^ ^Schuldverhältnis^ ^Verschuldungsgrad^* (def) Synonym für die Verbindlichkeitssituation einer Unternehmung. Entspricht dem aufgenommenen Fremdkapital. (...) Die Einhaltung einer optimalen Verschuldung der Unternehmung ist eine schwierige Managemententscheidung, da dem positiven Rentabilitätseffekt einer erhöhten Verschuldung (Leverage-Effekt) u. U. eine Verschlechterung der Kreditwürdigkeit gegenübersteht. (BAL); (kon) (...) Fremdkapital nicht überall einsetzbar und kann in Krisenzeiten am Eigenkapital zehren (negativer Leverage), weil mit hoher Verschuldung das Kapitalstrukturrisiko ansteigt. (GUF: 35)

endoso *m* (def) Forma de transmisión y circulación de los documentos de créditos mediante una declaración escrita en el título por la que el actual tenedor (endosante) transmite a otra persona (endosatario) el derecho incorporado al título, mandando que se pague a esa nueva persona designada a su orden. (...). (DEI); (kon) El endoso es un acto jurídico cambiario accesorio por el cual el tenedor de la letra (tomador o cesionario del tomador), mediante una declaración suscrita en el título, acompañada de la entrega del documento, transmite al endosatario, utilizando la fórmula legal, la propiedad de la letra de cambio y todos los derechos a ella inherentes. (LCC: 56) **Indossament** *n ^Wechsel^* (def) Schriftliche Übertragungserklärung bei Orderpapieren. Die schriftliche Erklärung ist meist auf der Rückseite des Orderpapiers anzubringen, wodurch Eigentum und die weiteren Rechte aus dem Wertpapier durch den bisherigen Inhaber der Urkunde (Indossant, Girant) auf einen anderen (Indossatar, Giratar) übertragen werden. (BAL); (expl) Rechtsgrundlage: Art. 11 Wechsel- und Scheckgesetz: Jeder Wechsel kann durch Indossament übertragen werden, auch wenn er nicht ausdrücklich an Order lautet.; (kon) Der Erwerb einer vollgültigen Wechselforderung setzt im Regelfall die Übertragung durch Indossament voraus. (WSZ: 43)

entidad de crédito *f ^institución de crédito^*

estatutos *mpl* (def) Son reglas corporativas que establecen la organización durable de una entidad, por medio de normas de carácter instrumental; los estatutos constituyen la reglamentación abstracta de una persona jurídica y la ordenación que rige su origen, funcionamiento y disolución. (DEE); (kon) En los estatutos que han de regir el funcionamiento de la sociedad se hará constar: (...) (LSA art. 9) **Satzung** *f* (def) Statut, vertragliche Bestimmungen über die Verfassung von Kapitalgesellschaften, Genossenschaften etc. (...) Im Sinne der Kapitalgesellschaften: 1. Aktiengesellschaften und Kommanditgesellschaften auf Aktien: a) Voraussetzungen: Die S[atzung] der AG und KGaA bedarf öffentlicher Beurkundung (§ 23 I AktG), an ihrer Feststellung muss mindestens ein Gründer beteiligt sein (§ 2 AktG). b) Inhalt (§ 23 II, III, IV AktG): (1) Zwingender Inhalt: die Gründer, Angabe von Nennwert, Ausgabebetrag und, wenn mehrere Gattungen bestehen, Gattung der Aktien, Firma und Sitz der Gesellschaft, Gegenstand des Unternehmens, Höhe des Grundkapitals, Nennbeträge und Zahl der Aktien, Form der Bekanntmachungen der Gesellschaft. (...) c) Änderungen der S[atzung] sind nur durch Beschluss der Hauptversammlung mit einer Mehrheit, die i. d. R. ¾ des bei der Beschlussfassung vertretenen Grundkapitals umfassen muss, möglich (§§ 179 ff. AktG). Eine andere Kapitalmehrheit kann in der S[atzung] bestimmt werden. (...) (GWL); (kon) Da jedes Mitglied, soweit nicht in der Satzung etwas anderes bestimmt wurde, unter Einhaltung einer dreimonatigen Kündigungsfrist zum Ende eines Geschäftsjahres kündigen kann, ist das Eigenkapital der Genossenschaft unter Umständen eine rasch veränderliche Größe. (GUF: 31)

estructura del capital *f* (def) Relación o ratio del capital de una empresa o institución a su deuda a largo plazo. (AEE); (kon) Indica la estructura del capital de la empresa separando la financiación propia de la financiación ajena. (SMA: 77) **Kapitalstruktur** *f* (def) Aufbau und Zusammensetzung der Kapitalrechte an einem Unternehmen dokumentiert auf der Passivseite der jeweiligen Bilanz. Nach den klassischen Finanzierungsregeln stellt die Kapitalstruktur einen Maßstab für die Beurteilung der Finanzierungspolitik eines Unternehmens mittels der Bilanzanalyse dar. Nach ihnen gibt es zu jeder Vermögenszusammensetzung eine optimale Kapitalstruktur, die die durchschnittlichen Kapitalkosten minimiert. (KEL); (kon) Sämtliche Unternehmensaktivitäten in diesem Bereich werden als Finanzwerte (Soll-/Istwerte) geplant, und zwar unter Berücksichtigung (...) der gewünschten Vermögens- und Kapitalstruktur der Bilanz (...) (GUF: 111)

examen de la solvencia *m* (def) Análisis de la situación personal y económica de un eventual tomador de crédito con el fin de evaluar el riesgo que resulta de la concesión de un crédito. El resultado del examen de la solvencia sirve de base decisoria para la concesión de créditos. (DV) **Kreditwürdigkeitsprüfung** *f* *^Bonitätsprüfung (EIL)^* *^Kreditwürdigkeit^* *^Kreditwürdigkeitsanalyse (GWL)^* (def) Analyse der persönlichen und wirtschaftlichen Verhältnisse eines potenziellen Kreditnehmers zur Abschätzung des mit einer Kreditvergabe verbundenen Risikos. Das Ergebnis der Kreditwürdigkeitsprüfung dient als Entscheidungsgrundlage für die Gewährung beauftragter bzw. die Belassung eingeräumter Kredite. (GWL); (kon) Auch die übrigen mit der Kreditwürdigkeitsprüfung verbundenen Aktivitäten des Kreditinstituts, insbesondere die Prüfung der Zahlungsfähigkeit, die Untersuchung der Rentabilität von Investitionen, die Prüfung der Kapitalstruktur oder der Wettbewerbsfähigkeit, decken sich weitgehend mit den Zielen der Finanzplanung. (GUF: 119)

exceso de fondos *m* (def) Es la diferencia positiva entre la caja generada operativa y el uso de sus fondos. Es la caja disponible para reducir la deuda a corto plazo o incrementar la caja. (...) (TAM) **Überdeckung** *f* *^Deckung^* *^Unterdeckung^* (def) Nichtübereinstimmung zwischen materiellen und finanziellen Fonds, wonach den im Betrieb vorhandenen materiellen Umlaufmittelbeständen entgegen dem Plan nur ein geringeres Volumen an finanziellen Fonds gegenübersteht. (...) (ÖL I); (kon) [Der Finanzbedarf beziehungsweise Finanzüberschuss] bildet dann die Dispositionsgrundlage für vom Unternehmen zu treffende Ausgleichs- und Anpassungsmaßnahmen, wie Kreditaufnahme, Eigenmittelzuführung bei Unterdeckung beziehungsweise Anlage in Wertpapieren oder Kreditrückführung bei Überdeckung. (GUF: 91/92)

exclusión de la cesión de créditos *f* *^pacto de no cesión de crédito^*

excusión *f* (def) Derecho de los fiadores que garantizan un pago para no ser compelidos a él mientras tenga bienes suficientes el obligado principal o preferentemente. (DMM); (kon) La excusión no tiene lugar: cuando el fiador haya renunciado expresamente a ella; cuando se haya obligado solidariamente con el deudor; en el caso de quiebra o concurso del deudor; cuando éste no pueda ser demandado judicialmente dentro del Reino. **Ausfallbürgschaft** *f* *^Bürgschaft^* *^Schadlosbürgschaft (GWL)^* (def) Sonderform der Bürgschaft. Der Bürge haftet nur, soweit der Gläubiger mit seiner Forderung ausfällt. Der Ausfallbürge braucht nicht erst die Einrede der Vorausklage zu erheben, vielmehr muss der Gläubiger nachweisen, dass er die Zwangsvollstreckung gegen den Hauptschuldner versucht und dabei einen Ausfall erlitten hat. (GWL); (expl) Die Ausfallbürgschaft lässt den Rückgriff auf den Bürgen nur in der Höhe des Betrages zu, mit dem der Kreditgeber bei der Verwertung anderer Sicherheiten des Kreditnehmers ausfällt. (DRU); (kon) Ihre Bürgschaften sind Ausfallbürgschaften: Sie greifen also erst bei nachgewiesener Zahlungsunfähigkeit des Schuldners und wandeln sich nach einjährigem Zahlungsversuch in selbstschuldnerische um. (GUF: 63)

existencias (1) *fpl* *^stocks (SDE)^* (Komm) Beim Terminus *stocks* handelt es sich um einen englischen Ausdruck, der im Spanischen als Synonym für den Terminus *existencias* verwendet wird; (def) Todos los bienes y materiales de una empresa que son almacenados para ser vendidos, o incluidos en el proceso productivo. Recibe el mismo nombre el grupo de cuentas del activo circulante del balance que incluye las siguientes partidas: mercaderías, materias primas, otros aprovisionamientos, productos en curso, productos semiterminados, productos terminados y subproductos, residuos y materiales recuperados. (DEN); (Komm) Der Terminus *Bestand* erfordert im Spanischen je nach Kontext verschiedene Übersetzungen. Die Entsprechung für *Bestand an Aufträgen* ist der spanische Terminus *cartera de pedidos* Der *Bestand an Finanzmitteln* sollte mit den Termini *fondos* bzw. *reservas* übersetzt werden. In Kontexten, in denen *Bestand* in seiner allgemeinen Bedeutung (Bestehen) verwendet wird – wie zum Beispiel in folgendem Kontextbeispiel: »Zum Vorteil der zielnehmenden Betriebe erfolgt die Besicherung lediglich durch (verlängerten) Eigentumsvorbehalt, sodass sie ihren Bestand an Sicherheiten schonen.« (GUF: 50) – empfiehlt es sich meist, eine Umschreibung als Übersetzung zu wählen. Diese könnte im angegebenen Beispiel wie folgt lauten: »...sin que la empresa deba prestar garantías adicionales.«; (kon) En temas anteriores fueron estudiadas la inversión en bienes de equipo y en existencias, que absorben una considerable parte del caudal inversor en la empresa. (MEE: 233) **Bestand** *m* (def) Bestand = Menge x Preis; Anzahl der materiellen und immateriellen Gegenstände einer Unternehmung, die in Maßangaben und Gewicht ausgedrückt wird (DV); (kon) Zwar werden (...) bei zweifelsfrei bestimmbaren Sicherungsgütern wie Kraftfahrzeugen, Maschinen und Geräten die Nachteile der schwerfälligen Verpfändung vermieden, bei Warenlagern mit wechselndem Bestand kann es aber Probleme geben. (GUF: 65) **existencias (2)** *fpl* *^reserva de liquidez^* **existencias (3)** *fpl* *^reservas existentes^*

expansión *f* *^expansión comercial^*

expansión comercial *f* *^expansión^* (Komm) Der Terminus *expansión* sollte in Wirtschaftstexen nur in eindeutigen Kontexten verwendet werden. Ansonsten empfiehlt sich die Verwendung des Terminus *expansión comercial*, da durch das Adjektiv die Bedeutung des Substantivs konkretisiert wird.; (def) Crecimiento o desarrollo de la actividad económica de una empresa mediante la ampliación de la gama de productos o servicios que ofrece, la diversificación hacia nuevos mercados, etc. (DEI); (kon) Actualmente, México y Brasil celebran negociaciones para el establecimiento de un acuerdo de expansión comercial a través del que se pretenden otorgar preferencias arancelarias recíprocas, el cual valdría como preámbulo para lograr un acuerdo México-Mercosur. **Expansion** *f* (def) (...) Auswoitung der Aktivitäten von Unternehmen (...) (BRO); (kon) Bei Kapitalerhöhungen im Rahmen der Expansion wird es eine gut geführte Aktiengesellschaft am leichtesten haben, sich zusätzliches Eigenkapital von außen zu beschaffen. (GUF: 32)

explotación *f* (def 1) Es una unidad productiva de carácter técnico. Se constata en ella un hecho material, sin sentido jurídico. La explotación es el lugar de trabajo en el que se encuentra la materia que da sentido al hecho empresarial. La explotación se corresponde con una única empresa, mientras que la empresa puede tener varias explotaciones. (AEE); (def 2) Organización de los medios conducentes al aprovechamiento de las riquezas de toda índole, y principalmente agrícolas, pecuarias, mineras e industriales. (DDU); (kon) Empresa es la organización económica, aislada e independiente, de un proceso de producción en la economía moderna, en oposición a la unidad técnica que es la explotación. (HAC: 146) **Betrieb** *m*

F

fácil realización *f* **Mobilisierbarkeit** *f*

factor *m* *^compañía de factoring (HCF)^* *^em-*

presa de factoring^ ^*sociedad de factoring (BFF)*^ (def) En un contrato de factoring, empresa que compra los créditos comerciales de otra empresa y se encarga de gestionar su cobro a los clientes de ésta. De este modo, el cliente paga directamente al factor y éste paga a la empresa sobre la base del período medio de cobro acordado, independientemente de que el cliente pague o no. El factor es generalmente una empresa filial de bancos comerciales que cobra como comisión un porcentaje del 1 al 3% del valor de la factura y que le compensará de aquellos créditos que resultan incobrables. (DEN); (kon) El factoring consiste en la adquisición de las deudas de los clientes de una empresa por parte de un tercero, el Factor, que asume el riesgo y la tarea de cobro. (FEI: 3.38) **Factor** *m* ^*Factoring*^ (Komm) Laut RAD ist die Form *factor* ursprünglich eine Entlehnung aus dem Lateinischen (factor, -oris). Die Inhaltsseite des vorliegenden Terminus ist jedoch aus dem Englischen in die deutsche Wirtschaftsterminologie übernommen worden.; (def) (...) Als Forderungsverkäufer (Factor) treten überwiegend Spezialinstitute (...) auf, bei denen es sich in der Regel um Tochtergesellschaften von Großbanken oder um Institute, die den öffentlich-rechtlichen Sparkassen (...) und genossenschaftlichen Volksbanken verbunden sind, handelt. Sie besitzen zum größten Teil Bankstatus. Vermehrt treten seit einigen Jahren eigenständige in- und ausländische Institute am Markt auf, die nicht mit Banken verbunden sind. (...) (KEL vs Factoring); (kon) Factoring ist der Verkauf von Forderungen aus Warenlieferungen und Dienstleistungen durch ein Unternehmen (Klient) an ein Finanzierungsinstitut (Factor). (GUF: 58)

factoring *m* (def) Operación financiera que consiste en la cesión a un factor (empresa de factoring) de créditos comerciales contra sus clientes por una empresa, a cambio de un importe convenido en términos relativos en un contrato, con o sin unos márgenes de variación (un descuento sobre el nominal de los créditos en función de las características, más una retención sobre el volumen de crédito vivo), o disposición discrecional hasta un límite en función de créditos cedidos. El factor realiza una tarea de evaluación técnica de riesgos, una labor de gestión de cobros, unas tareas administrativas y una función de financiación mediante la apertura de crédito al cedente. (...) (DEI); (kon) La empresa que acude al factoring puede aumentar significativamente la velocidad de rotación de su capital circulante, con lo cual puede pasarse a un mayor volumen de ventas y a un mayor beneficio. (BFF: 23) **Factoring** *n* ^*Exportfactoring*^ ^*Factor*^ ^*Factoring, echtes*^ ^*Factoring, unechtes*^ ^*Klient*^ (def) Unter Factoring versteht man ein Finanzierungsgeschäft, bei dem ein spezialisiertes Finanzierungsinstitut (Factor) von einem Verkäufer dessen Forderung aus Warenlieferungen und Dienstleistungen laufend oder einmalig ankauft und das Processing (Debitorenmanagement, Mahnwesen, Inkasso) der Forderungen übernimmt. Factoring umfasst demnach den Ankauf von Forderungen unabhängig davon, ob der Käufer der Forderung die Haftung (Delkredere) für deren Einbringlichkeit übernimmt oder nicht. (...) (KEL); (kon) Ausgeschlossen ist Factoring dort, wo im vorhinein eine Fixierung der Rechungsbeträge (Baubranche), der Lieferfristen und (damit) der Zahlungsbedingungen (Großanlagen und Schiffbau) unmöglich ist. (GUF: 60)

factoring de exportación *m* (expl 1) En términos generales, es la prestación de los servicios administrativo-financieros del factoring a los créditos comerciales originados por las ventas a otros países (...). (HCF); (expl 2) (...) Lo importante a destacar en esta alternativa es que el exportador que lo utiliza se pone en condiciones de replantear su marketing en el país de destino, pudiendo ofertar precios con modalidad de pago en cuenta abierta. Con ello, el exportador puede competir en igualdad de condiciones con sus competidores en el extranjero. (BFF: 27); (kon) Indiquemos, en último término, que para determinados países puede ser compatible que la empresa utilice simultáneamente el factoring de exportación, con una póliza de riesgos de organismos tipo CESCE. (BFF: 52) **Exportfactoring** *n* ^*Factoring*^ (def) Auch: Ausfuhr-Factoring. Variante des Factoring: Factoring in der Außenhandelsfinanzierung. Hierbei schaltet der inländische Factor zur Abdeckung des Kreditrisikos und für das Inkasso der Forderung im anderen Land Korrespondenzbanken, Schwestergesellschaften o. Ä. ein. (BAL); (kon) Beim Exportfactoring verkauft ein Exporteur seine Forderungen eines bestimmten Landes oder Währungsraumes einer Factorbank, die sich mit einem Korrespondenzinstitut im Land des Importeurs in Verbindung setzt (GUF: 61)

factoring con recurso *m* (def) (...) Existen dos modalidades de factoring en función del riesgo asumido por el factor: con recurso, si se puede reclamar a la empresa que cede sus créditos cuando el deudor no paga a su vencimiento, y sin recurso, si no se puede realizar dicha reclamación salvo por defecto de factura. (DEN vs factoring); (kon) Factoring con recurso: si es el cliente (vendedor) el que soporta el riesgo de insolvencia de sus compradores (deudores). (HCF: 32) **unechtes Factoring** *n* *^Factoring^* (expl) Beim unechten Factoring trägt der Forderungszedent auch weiterhin das Delkredererisiko, eine Übernahme der Zahlungsfähigkeit des Schuldners durch den Factor findet nicht statt. Vielmehr kann der Factor bei Uneinbringlichkeit der Forderung auf den Factoring-Nehmer zurückgreifen, dem die Pflicht zur Rückzahlung des bereits vorausgezahlten Betrags zukommt, was dem vollen Umfang der ausstehenden Forderung entspricht. (...) (CAL); (kon) Übernimmt der Factor alle genannten Funktionen, liegt sog. echtes Factoring vor. Verbleibt das Ausfallrisiko beim Lieferanten, handelt es sich um »unechtes Factoring«. (DJF: 496)

factoring sin recurso *m* (def) (...) Existen dos modalidades de factoring en función del riesgo asumido por el factor: con recurso, si se puede reclamar a la empresa que cede sus créditos cuando el deudor no paga a su vencimiento, y sin recurso, si no se puede realizar dicha reclamación salvo por defecto de factura. (DEN vs factoring); (kon) Factoring sin recurso: cuando la compañía de factoring (factor) asume el riesgo de insolvencia de los compradores (deudores). (HCF: 32) **echtes Factoring** *n* *^Factoring^* (expl) Beim echten Factoring übernimmt der Factor das Risiko der Zahlungsunfähigkeit des Schuldners, das so genannte Delkredererisiko, im Rahmen des vertraglich vereinbarten Limits, zu hundert Prozent. Die Übernahme des Risikos bedeutet, dassder Factor verpflichtet ist, an den Factoring-Nehmer den Betrag der abgetretenen Forderungen zu zahlen, unabhängig davon, ob letztendlich der Schuldner an den Factor bezahlt oder nicht. (...) (CAL); (kon) Übernimmt der Factor alle genannten Funktionen, liegt sog. echtes Factoring vor. (DJF: 496)

facturación *f ^cifra de negocios^*

falta de liquidez *f* (def) Situación de la persona física o jurídica en la que le es imposible hacer frente a sus obligaciones a corto plazo por insuficiencia de efectivo. En el ámbito empresarial se produce por un desacompasamiento entre el activo realizable y el pasivo de donde proviene (...). (DEE); (kon) Por ejemplo, una empresa puede devenir en insolvente por una mala gestión de tesorería, siendo su activo superior al pasivo exigible; esto es, la insolvencia se debe a la falta de liquidez y no a la insuficiencia patrimonial, porque el neto patrimonial es positivo. (SST: 730) **Illiquidität** *f* *^Kreditwürdigkeit^* *^Liquidität^* *^Zahlungsunfähigkeit^* (def) Kennzeichen des Zustandes eines Wirtschaftssubjekts (privater oder öffentlicher Haushalt, Unternehmung, Bank), dem zur Fortführung seiner laufenden Geschäfte die erforderlichen liquiden Mittel fehlen. Illiquide können natürliche und juristische Personen sowie Staaten und Länder sein. Illiquidität hat je nach Wirtschaftssubjekt verschiedene Ursachen. Bei Unternehmen können Gründe für die Illiquidität in dauernden Betriebsverlusten oder in langfristiger Anlage kurzfristiger Verbindlichkeiten liegen. Für Banken bestehen besondere gesetzliche Vorschriften, die Illiquidität verhüten sollen. Außenwirtschaftliche Illiquidität von Staaten ist in ihrer mangelnden oder fehlenden Devisenschöpfungskraft bzgl. relativ konstanter bzw. ansteigender Devisenausgaben begründet. Illiquidität ist immer mit fehlender Kreditwürdigkeit verbunden, da kreditwürdige Personen, Unternehmen oder Staaten vorübergehende Zahlungsunfähigkeit, die nur durch Fehldispositionen und nicht durch fundamentale Ursachen begründet ist, durch Kreditaufnahmen überbrücken können. (BAL); (kon) Die Verhütung von Zahlungsschwierigkeiten bis hin zur Illiquidität ist die wichtigste Aufgabe insbesondere des kurzfristigen Finanzplanes (Liquiditätsplans), weil sonst dem Unternehmen der Kollaps in Form des Vergleichs- oder Konkursverfahrens droht. (GUF: 81)

Federación y estados federados *f ^Federación y Länder^*

Federación y Länder *^Federación y estados federados^* (def) En Alemania, denominación para el Estado central, compuesto de varios estados federados llamados Länder. El bund es el órgano de decisión de todos los asuntos referentes a la unidad y mantenimiento del Estado central, y cuenta con un gobierno y un Jefe del Estado, que lo preside. Dentro de sus competencias, el Bund otorga a los estados federados un verdadero poder de autodeterminación: los Länder tienen su propia legislación en muchos campos, pueden tomar decisiones referentes a su Constitución y mandar sus propios representantes (diputados elegidos por el pueblo) a la Cámara Baja o Bundestag del Gobierno central. Sin embargo, ciertas competencias, como el mando militar o la facultad de declarar guerra o paz residen exclusivamente en el Bund. Además, la Constitución de los diferentes estados federados debe tener cierta homogeneidad con la del

Bund, y la legislación del Estado central tendrá preferencia sobre la de los Länder. (DV); (Komm) In den konsultierten spanischen Lexika ist der Teminus *Bund und Länder* nicht lemmatisiert. Selbst unter dem Lemma *Alemania* findet man zu diesem Begriff kaum Informationen. Ein Grund dafür ist wahrscheinlich die Schwierigkeit, diesen Begriff in eine andere Sprache und Kultur zu übertragen (Realienbezeichnung), da er sich ausschließlich auf das politische System in Deutschland bezieht. In Fachtexten zu diesem Thema fällt auf, dass bei der Übersetzung dieses Terminus terminologische Abweichungen auftreten. Für den Terminus *Bund* bietet die Fachliteratur die Übersetzungen *estado federado*, *estado central*, *federación* oder *bund*. Als Äquivalent für *Länder* findet man folgende Varianten: *estados*, *estados federados*, *estados federales* und *länder*. Außerdem findet man – auch häufig in Tageszeitungen – für den Terminus *Bund und Länder* die Übersetzung *el Bund y los Länder*. Diesen Terminus sollte man in spanischen Texten jedoch nur verwenden, wenn man davon ausgehen kann, dass die Leser den Begriff verstehen. In spanischen Übersetzungen bietet es sich an, den deutschen Terminus anzuführen gefolgt von einem in Parenthese gesetzten hier angeführten spanischen Termini.; (kon) Cuando en alguna esfera de competencia exclusiva de la Federación resultasen afectados intereses de los Länder o cuando, por lo demás, la Federación tuviese derecho a legislar, el Gobierno federal tendrá en cuenta la postura del Bundesrat. [Aus der spanischen Übersetzung zum Grundgesetz]. (LUE: 60) **Bund und Länder** (def) Bund ist die Bezeichnung des GG [Grundgesetzes] für den Gesamtstaat (Zentralstaat), dessen Gliedstaaten die Länder sind. (...) (CRL); (expl) Der Bund ist kein Zentralstaat im Unterschied zu einem Gesamtstaat, sondern nur die oberstaatliche Organisation, die zugleich im Verhältnis zu den Gliedstaaten den Bundesstaat repräsentiert. (...) Das Grundgesetz hat eine Aufteilung der Kompetenzen nur zwischen den Organen des Bundes und denen der Länder vorgenommen, wobei unter Bund der durch Zusammenschluss der Länder entstandene Gesamtstaat verstanden wird. (...) Es gibt für die Aufgaben der Länder weder besondere Organe eines Zentralstaates oder eines Gesamtstaates noch ist eine Aufteilung der den Ländern zugewiesenen staatlichen Aufgaben zwischen einem Gesamtstaat und einem Zentralstaat vorgenommen worden. (...) Das Verhältnis von Bund und Ländern ist grundsätzlich das der Gleichordnung. Im Bundesstaat des Grundgesetzes gibt es weder eine allgemeine Überordnung des Bundes, noch eine allgemeine Bundesaufsicht über die Länder. (...) Die Länder sind Glieder des Bundes mit eigener (...) nicht vom Bunde abgeleitet, sondern von ihm anerkannter staatlicher Hoheitsmacht. (...) Es ist von Rechts wegen ausgeschlossen, die bundesstaatliche Struktur zu beseitigen und an ihrer Stelle irgendeine Form des Einheitsstaates zu setzen, aber die einzelnen Länder der Bundesrepublik sind weder in ihrer Existenz noch in ihrem Gebietsstand gegen Eingriffe und Veränderungen durch die Bundesgewalt verfassungsrechtlich geschützt. (...) Das Eigentümliche des Bundesstaates ist, dass der Gesamtstaat und die Gliedstaaten Staatsqualität besitzen. Das heißt, dass sowohl der Gesamtstaat als auch die Gliedstaaten je ihre eigene, von ihnen selbst bestimmte Verfassung besitzen. (...) Die Länder sind soweit nicht das Grundgesetz in Art. 28 Abs. 1 und 2 oder in anderen Vorschriften für bestimmte Tatbestände etwas anderes vorschreibt, frei in der Ausgestaltung ihrer Verfassung. Im Rahmen der bundesstaatlichen Ordnung ist grundsätzlich den Organen des Bundes die Wahrung der Gesamtverfassung allein anvertraut (...). Die Staatsgewalt ist im Bundesstaat für Gesetzgebungs-, Vollziehungs- und Rechtssprechungskompetenzen zwischen Bund und Ländern geteilt. Diese Art der Gewaltenteilung hat sich als besondere Garantie für die Freiheit des Bürgers erwiesen (...) (SBK: 517/518); (kon) Infolge der erleichterten, mittelstandsfördernden Kreditbeschaffungswirkung bestehen zwischen Bund und Ländern und den Kreditgarantiegemeinschaften Rückbürgschaftsvertäge. (GUF: 63)

fiador *m ^garante (UEC)^* (def) Quien constituye una fianza u obligación de responder por otra persona en el caso de que ésta no quiera o no pueda cumplir total o parcialmente. El fiador es un segundo deudor, pero no siempre de segundo grado, porque puede obligarse solidariamente, y entonces el acreedor puede dirigirse contra él, conjunta o preferentemente. (DDU); (kon) Personas que aceptan sustituir al deudor en caso de insolvencia. (SMA: 98) **Bürge** *m ^Bürge^ ^Bürgschaft^* (def) Vertrag, durch den sich der Bürge gegenüber dem Gläubiger eines Dritten (des sog. Hauptschuldners) verpflichtet, für die Erfüllung einer (auch künftigen oder bedingten) Verbindlichkeit des Hauptschuldners einzustehen (§ 765 BGB). Die Erklärung des Bürgen bedarf wegen ihrer Gefährlichkeit der Schriftform gem. § 766 BGB. Die Annahme durch den Gläubiger ist formlos, auch stillschweigend möglich. Die Verpflichtung des Bürgen richtet sich nach dem jeweiligen Stand der Hauptverbindlichkeit, der Bürge haftet auch, wenn die Hauptverbindlichkeit durch Verschulden oder Verzug des Hauptschuldners geändert wird. Der Bürge hat, sofern er keine selbstschuldnerische Bürgschaft übernommen hat, in der Regel die Einrede der Vorausklage (§§ 771 ff. BGB). Befriedigt der Bürge den Gläubiger, geht dessen Forderung gegen den Hauptschuldner nebst etwaigen Sicherungsrechten (z. B. Pfandrecht) kraft Gesetzes (also ohne besondere Forderungsabtretung) auf ihn über (§ 774 BGB); aus diesem Grunde wird der Bürge auch befreit, soweit der Gläubiger Sicherungsrechte aufgibt, aus denen er Ersatz hätte erlangen können (§ 776 BGB). (GWL vs Bürgschaft); (kon) Durch Bürgschaftsvertrag verpflichtet sich der Bürge gegenüber dem Gläubiger (Kreditgeber) eines Dritten, für die Erfüllung der Verbindlichkeiten des Dritten einzustehen (§ 765 BGB). (GUF: 63)

fianza (1) *f ^garantía (DDU)^* (def) Toda obligación, constituída para asegurar el cumplimiento de otra principal, contraída por un tercero. Fianza es también la prenda dada por el contratante para asegurar el exacto cumplimiento de su obligación. Las partidas expresaban que era »la obligación que uno hace para seguridad de que otro pagará lo que debe, o cumplirá las condiciones de algún contrato«, así como »la convención por la cual un tercero toma sobre sí el cumplimiento de la obligación ajena, para el caso de que no la cumpla el que la contrató« (...) (DDU); (kon) Por la fianza se obliga uno a pagar o cumplir por un tercero, en el caso de no hacerlo éste (...). **Bürgschaft** *f ^Bürge^ ^Garantie^ ^Sicherheit (WDW)^* (def 1) Vertrag, durch den sich der Bürge gegenüber dem Gläubiger eines Dritten (des sog. Hauptschuldners) verpflichtet, für die Erfüllung einer (auch künftigen oder bedingten) Verbindlichkeit des Hauptschuldners einzustehen (§ 765 BGB). (GWL); (def 2) Durch eine Bürgschaft übernimmt eine Person, der Bürge, gegenüber dem Kreditgeber die Verpflichtung, für die Erfüllung der Verbindlichkeiten des Kreditnehmers einzustehen. Hinter den Kreditnehmer tritt somit eine bürgende zweite Person, von der der Kreditgeber die Zahlungen einfordern kann, wenn der Kreditnehmer diese nicht leistet. (KEL); (kon) Während Bürgschaften gegenüber der Öffentlichen Hand als Zollaval (für Zahlungsaufschub bei Zollschulden von Importeuren), Steueraval oder Frachtaval üblich sind, findet der Avalkredit in dieser Form auch Verwendung bei vorgesehenen Vertragsstrafen, geleisteten Anzahlungen, Prozessverpflichtungen, Wechselschulden u. a. m. (GUF: 55); (Komm) In der Abstraktheit unterscheidet sich die *Bürgschaft* von dem im Sprachgebrauch sehr häufig synonym verwendeten Begriff *Garantie*: Die Bürgschaft ist vom Grundgeschäft abhängig, weshalb man sie als akzessorisch bezeichnet. **fianza (2)** *f ^garantía (DDU)^ ^seguro de crédito^* (def) Fianza es también la prenda dada por el contratante para asegurar el exacto cumplimiento de su obligación. (DDU); (kon) Con esta fianza se garantiza el pago del crédito otorgado por la compra de bienes y servicios, o el financiamiento obtenido a través de distintos beneficiarios. (www.banorte.com) **Sicherheit** *f ^Ausfallrisiko^ ^Bonität^ ^Bürgschaft^ ^Kreditsicherheit^ ^Pfand (WDW)^ ^Sicherung^* (def) Durch die Vereinbarung von Kreditsicherheiten in einem Kreditvertrag erhält der Kreditgeber einen Anspruch auf die Verwertung von Sachen bzw. Rechten (Sachsicherheit) oder gegen dritte Personen (Personensicherheit) für den Fall, dass der Kreditnehmer seine Zahlungen aus dem Kreditvertrag nicht vertragskonform leistet. Die Forderung des Kreditgebers wird in diesem Fall durch den Erlös für das Sicherungsgut bei Ausübung des Verwertungsrechts im Falle der Real- oder Sachsicherheit bzw. durch die Leistung eines Dritten im Falle der Personensicherheiten gedeckt. (GWL vs Kreditsicherheiten); (expl) Sicherheiten sind wesentlicher Bestandteil des Kreditvertrages. Kreditsicherheiten haben eine juristische und eine ökonomische Dimension. In der Literatur werden Sicherheiten überwiegend im Hinblick auf ihre rechtliche Funktion beschrieben. Die ökonomische Sichtweise dagegen beschreibt die Sicherheiten als ein Instrument zur Reduzierung der Kreditausfallgefahr und schafft somit Erklärungsansätze, warum sich in der Praxis Sicherheiten als Kreditbestandteil herausgebildet haben. (SPR); (kon) Die Sicherheit besteht für die Bank in der Wechselverpflichtung von Ausstellern, Bezogenem und evtl. Vorgiranten sowie der Wechsel(rechts-)strenge, sodass das Unternehmen von gesonderten zusätzlichen Sicherheiten absehen kann. (GUF: 52) **fianza (3)** *f ^garantía^*

fianza sin beneficio de excusión *f ^garantía de responsabilidad directa^*

fianza limitada *f ^aval limitado en la cantidad^ ^aval limitado en el importe^ ^garantía de monto máximo^* (def) El aval limitado reduce la garantía a tiempo, caso, cantidad o personas expresamente determinados. (DDU vs aval limitado) **Höchstbetragsbürgschaft** *f* ^*Bürgschaft*^ (expl 1) Bürgschaftsverpflichtung, die auf einen Maximalbetrag (zuzüglich Zinsen und Kosten) begrenzt ist. (MÜS); (expl 2) Die Höchstbetragsbürgschaft beschränkt die Sicherheit für den Kreditgeber auf einen be-stimmten Betrag, der den Stand der Forderung gegen den Kreditnehmer unterschreiten kann. (DRU); (kon) Banken verlangen selbstschuldnerische Bürgschaften und Schriftform, üblich ist die Höchstbetragsbürgschaft. (GUF: 63)

fianza pignoraticia *f* ^*crédito pignoraticio*^

fianza subsidiaria *f* ^*fianza subsidiaria a favor del prestamista*^ ^*subfianza*^ (def 1) La obligación que se contrae de responder por el fiador; en realidad, se trata de la subfianza, o fianza de la fianza, regida por normas análogas a las de la institución principal. (DDU); (def 2) Garantía que se constituye asumiendo un tercero el compromiso de responder del cumplimiento de una obligación si no la cumple el fiador. Este contrato es accesorio del propio de fianza y admite la pluralidad de elementos en su ejercicio (variedades de solidaridad o subsidiariedad respecto de la responsabilidad). (ESJ vs fianza); (Komm) siehe Art. 1.823 del Código Civil **Nachbürgschaft** *f* ^*Bürgschaft*^ ^*Rückbürgschaft*^ (def) Eine für den Bürgen geleistete Bürgschaft. Der Nachbürge muss dem Gläubiger dafür einstehen, dass ein anderer Bürge (Vorbürge) ggf. seine Verpflichtungen dem Gläubiger gegenüber erfüllt. (GWL); (expl) Im Gegensatz zur Rückbürgschaft, mit der eine Absicherungskette seitens des Bürgen gewährleistet wird, erfolgt bei der Nachbürgschaft eine doppelte Absicherung von Seiten der Banken. (KSK); (kon) Daneben kennt das Bürgschaftsrecht noch die Formen der Ausfallbürgschaft, der Zeit-, Mit-, Teil-, Nach- und Rückbürgschaft. (GUF: 63)

financiación *f* (def) En su consideración original, la financiación de la empresa se plantea como la obtención de medios de financiación para la empresa (créditos, empréstitos, ampliaciones de capital). Este enfoque se centraba en la obtención de fondos, en el análisis de las instituciones financieras aportantes de fondos, con una preocupación por los costes directos de los diferentes fondos, sin analizar los efectos de los medios sobre la estructura financiera. En una segunda etapa, la financiación se amplia introduciendo en la misma no sólo los problemas de obtención de fondos para la empresa, sino la utilización de éstos, es decir, integra los fenómenos del proceso de inversión. Por ello, la financiación es algo más que la obtención de fondos para la empresa, analiza también la efectiva utilización de estos fondos en las actividades de la empresa. En este proceso nos encontramos con un objetivo de igualación marginal de las ventajas derivadas del uso potencial de fondos con su coste, es decir, con el concepto central de la financiación que es el coste de capital de la empresa. La financiación es, pues, aquella parte de la empresa o, mejor, aquel subsistema de la misma que pretende lograr los objetivos financieros asignados, teniendo presente las ventajas de los empleos potenciales con el coste de los diversos medios potenciales. Las funciones de financiación se pueden agrupar en: obtención de medios, decisión sobre medios alternativos, decisiones de inversión, y decisiones de análisis y planificación financiera, soporte de las anteriores decisiones. (DEE); (kon) Se entiende por financiación la consecución de dinero por la empresa para su equipamiento y desarrollo; (...). (ABA: 16) **Finanzierung** *f* ^*Anschlussfinanzierung*^ ^*Beteiligungsfinanzierung*^ ^*Eigenfinanzierung*^ ^*Finanzierung, externe*^ ^*Finanzierung, interne*^ ^*Fremdfinanzierung*^ ^*Innenfinanzierung*^ ^*Refinanzierung*^ ^*Selbstfinanzierung*^ ^*Umfinanzierung*^ ^*Vorfinanzierung*^ (def) 1. Begriff: Maßnahmen der Mittelbeschaffung und -rückzahlung und damit der Gestaltung der Zahlungs-, Informations-, Kontroll- und Sicherungsbeziehungen zwischen Unternehmen und Kapitalgebern (...). 2. Formen: a) Außenfinanzierung: (1) Finanzierung durch bisherige Eigentümer (Eigenfinanzierung); (2) Finanzierung durch neue Eigentümer (Beteiligungsfinanzierung); (3) Finanzierung durch Gläubiger (Fremdfinanzierung). b) Innenfinanzierung: (1) Finanzierung durch zwangsweise erfolgende Bindung von Mitteln an Unternehmen (z. B. Finanzierung aus Abschreibungen, Finanzierung über die Dotierung von Rückstellungen); (2) Finanzierung durch Einbehaltung von ausschüttungsfähigem, aber nicht ausgeschüttetem Überschuss (Selbstfinanzierung). (GWL); (kon) Dieses Schema macht sowohl die geldwirtschaftliche Verflechtung einer Unternehmung mit ihrem Umfeld (Unternehmen der vorgelagerten Stufe, Arbeitsmärkte, Geld- und Kapitalmärkte sowie Absatzmärkte) als auch die Wiedergeldwerdung als zeitliche Brücke zwischen Beschaffung und Absatz und damit die zeitliche Komponente der Finanzierung deutlich. (GUF: 2)

financiación ajena *f* (def 1) Es la financiación

de la empresa mediante fondos ajenos obtenidos o de créditos, préstamos, etc. o de los beneficios de su propia actividad mercantil. (DV); (def 2) Los medios de financiación de la empresa procedentes de los acreedores. Corresponden a los fondos acumulados por créditos, empréstitos, préstamos. Los fondos ajenos son deudas contraídas por la empresa. (DEE vs fondos ajenos); (kon) El balance no muestra cómo se han generado las pérdidas o los beneficios de una empresa, sino cómo ha financiado la empresa sus actividades. Indica la estructura del capital de la empresa separando la financiación propia de la financiación ajena. (SMA: 77/78) **Fremdfinanzierung** *f* *^Eigenfinanzierung^* *^Finanzierung^* *^Finanzierung, externe^* (def 1) Finanzierung von Unternehmen mittels Fremdkapital. Fremdkapital steht der Unternehmung im Gegensatz zu Eigenkapital nur vorubergehend zur Verfügung. Maßnahmen zur Mittelbeschaffung im Bereich der Fremdfinanzierung richten sich daher auf Kapitalgeber, die nur Gläubigerrechte erwerben und an pünktlicher Erfüllung von Zins- und Tilgungsleistungen interessiert sind. Fremdkapitalgeber erlangen i. d. R. keinen Einfluss auf die Geschäftspolitik. Anspruch auf Anteile am Gewinn entsteht nicht (...), sondern lediglich Anspruch auf fristgerechte Zahlung vereinbarter Zahlungen, allerdings auch im Falle einer Verlustsituation. (...) (BAL); (def 2) Arten der F[remdfinanzierung]: 1) Externe F[inanzierung] (Kreditfinanzierung): Den Unternehmen werden liquide Mittel durch einen speziellen Finanzierungsakt zugeführt. 2) Interne F[inanzierung]: Den Unternehmen fließen im Rahmen des betrieblichen Umsatzprozesses liquide Mittel zu, die Aufwandsäquivalente darstellen, sodass für die zukünftigen Zahlungsverpflichtungen Rückstellungen gebildet werden. Die langfristige F[inanzierung] dient vor allem der Finanzierung des Anlagevermögens. (...) Die wichtigsten Instrumente der kurzfristigen F[inanzierung] sind der Kontokorrentkredit und der Diskontkredit (...) der Banken sowie der Lieferantenkredit und Kundenanzahlungen. (...) (LBW); (kon) Im Vergleich zur Fremdfinanzierung bietet die Bereitstellung von Eigenkapital auch den Vorteil, dass bei schlechter Geschäftslage kein Zinsanspruch besteht. (GUF: 11)

financiación de la empresa *f* *^financiación empresarial (SSD)^* (Komm) Sowohl der deutsche als auch der spanische Terminus sind gängige Ausdrücke in der Wirtschaftsterminologie, jedoch geben weder die konsultierten Lexika noch die Fachliteratur Auskunft über diesen Begriff. Die hier angeführten Definitionen für das Deutsche und Spanische wurden anderen Einträgen in Lexika entnommen. Sie treffen dennoch auf den Begriff *Unternehmensfinanzierung* zu. (def) Cantidad de dinero necesaria para la realización de una actividad o proyecto de una persona, ente público o empresa. Puede hallarse en forma de recursos propios o de recursos ajenos, que se encuentran detallados según su origen o precedencia en el pasivo del balance y como inversiones en el activo. (DEN vs financiación); (kon) Una importante cuestión consiste en saber si la práctica de la autofinanciación reduce, aumenta o deja inalteradas las posibilidades de financiación de la empresa. (SSD: 332) **Unternehmensfinanzierung** *f* (def) Die sich dem Unternehmen bietenden Finanzierungsmöglichkeiten lassen sich aufgrund verschiedener Merkmale systematisieren: 1. Nach der Art der Rechtsbeziehungen zwischen dem Unternehmen und seinen Finanziers unterscheidet man die Eigenfinanzierung und die Fremdfinanzierung. Die Eigenfinanzierung berührt das Eigenkapital, die Fremdfinanzierung das Fremdkapital der Unternehmen. 2. Nach der Art der Herkunft der Finanzierungsmittel unterscheidet man die Außenfinanzierung (externe Finanzierung) von der Innenfinanzierung (interne Finanzierung), wobei im ersten Fall die Finanzierungsmittel von den Unternehmensfinanziers aufgebracht werden, während sie im zweiten Fall aus dem Erlös am Markt verwerteter Vermögensobjekte (insbesondere der betrieblichen Erzeugnisse) entstehen. 3. Nach der zwischen dem Unternehmen und seinen Finanziers verabredeten Dauer der Überlassung der Finanzierungsmittel unterscheidet man die unbefristete von der befristeten Finanzierung und unterteilt die befristete Finanzierung in kurz-, mittel- und langfristige Finanzierung. 4. Nach den besonderen Finanzierungsanlässen ist es üblich, die Gründung, die Kapitalerhöhung, die Kapitalherabsetzung, die Umwandlung, die Fusion, die Sanierung und die Liquidation zu unterscheiden. Diese besonderen Finanzierungsanlässe heben sich von den laufenden Finanzentscheidungen der Unternehmen deutlich ab, insbesondere in Aktiengesellschaften, die bei der Durchführung dieser besonderen Finanzierungsvorgänge zahlreiche Vorschriften des Aktiengesetzes zu beachten haben. 5. Nach der Form, in der den Unternehmen Finanzierungsmittel zufließen, unterscheidet man die Geldfinanzierung (Zufluss von Sachvermögen, Beteiligungen oder besonderen

Rechten). (...) (LBW vs Arten der Finanzierung); (kon) Unser Ziel ist es, den Börsengang für das Unternehmen zu einem nachhaltigen Erfolg werden zu lassen, sodass der Kapitalmarkt langfristig als attraktive Quelle zur Unternehmensfinanzierung genutzt werden kann.

financiación empresarial *f* ^*financiación de la empresa*^

financiación exterior *f* ^*financiación externa*^

financiación externa *f* ^*financiación exterior*^ (def) Corresponde a la financiación que tiene su origen en el ahorro externo a la empresa. Esta financiación se plantea ante los mercados nacional o internacional, ante las diferentes instituciones financieras (Banca, Cajas de Ahorro, etc.) y de acuerdo con un conjunto de posibles medios, acciones, obligaciones, créditos etc. (...). (DEE); (kon) Cuando una empresa por necesidad o conveniencia decide incrementar sus medios de acción debe elegir entre la financiación exterior y la autofinanciación. (ABA: 17) **externe Finanzierung** *f* ^*Beteiligungsfinanzierung*^ *Eigenfinanzierung*^ ^*Finanzierung*^ ^*Finanzierung, interne*^ ^*Fremdfinanzierung*^ (def) Marktfinanzierung, Art der Finanzierung, bei der Kapital von außen in die Unternehmung einfließt. Zu unterscheiden sind: (1) zusätzliche Kapitaleinlagen des oder der bisherigen Unternehmer (Eigenfinanzierung); (2) Kapitaleinlagen aus Beteiligungen Dritter an der Unternehmung (Beteiligungsfinanzierung); (3) Aufnahme von Krediten (Fremdfinanzierung). (...) (GWL vs Außenfinanzierung); (kon) Mittels eines bewährten Evaluationsverfahrens wird abgeklärt, ob das Projekt die Bedingungen (...) des Marktpotenzials erfüllt und eine reale Chance auf externe Finanzierung hat.
(www.kmuinnovation.com)

financiación interna *f* (def) La financiación interna de la empresa está integrada por la autofinanciación más los recursos ocasionales (beneficios extraordinarios) y ajenos a la explotación no distribuidos. Se corresponde con el ahorro bruto de la empresa. (DEE) **interne Finanzierung** *f* ^*Finanzierung*^ ^*Finanzierung, externe*^ ^*Innenfinanzierung*^ ^*Selbstfinanzierung*^ (Komm) Die in (kon 2) angeführte Unterscheidung zwischen der internen Finanzierung und der Innenfinanzierung (als interne Finanzierung zzgl. Abschreibungen), konnte in der konsultierten Fachliteratur nicht nachgewiesen werden. In den konsultierten Fachwörterbüchern wurde diese Art der Finanzierung meist unter dem Eintrag *Innenfinanzierung* lemmatisiert und der Terminus *interne Finanzierung* als Synonym angegeben. Im Spanischen existiert für diese Art der Finanzierung nur der Terminus *financiación interna*. Soll in einem bestimmten Kontext explizit die enge Bedeutung des Terminus *interne Finanzierung* ausgedrückt werden, könnte dafür der Terminus *financiación interna sin amortizaciones* gewählt werden.; (kon 1) Nur zum Teil identisch sind die Begriffe interne Finanzierung und Innenfinanzierung, die für verschiedene Sachverhalte in der Literatur verwendet werden. (GUF: 73); (kon 2) Der Begriff der Innenfinanzierung ist insofern weiter gefasst, als er die interne Finanzierung (Eigen- und Fremdfinanzierung) beinhaltet und zusätzlich noch die Finanzierung durch Abschreibungen einschließt. (GUF: 73)

financiación mediante nuevas participaciones *f* (def) Adquisición de capital propio mediante nuevas participaciones de terceros, hasta entonces no vinculados con la sociedad, quienes, aportando su capital a ella, reciben los mismos derechos como los otros socios. (DV) **Beteiligungsfinanzierung** *f* ^*Beteiligung*^ ^*Finanzierung*^ ^*Finanzierung, externe*^ ^*Fremdfinanzierung*^ (def) 1. Begriff: Sammelbezeichnung für alle Formen gesellschaftlicher Beschaffung von Eigenkapital durch Kapitaleinlagen von neu hinzukommenden Gesellschaftern der Unternehmung. Die aus der B[eteiligungsfinanzierung] möglichen Rechtsfolgen, wie Mitwirkung an der Geschäftsführung, Gewinn und Verlustbeteiligung sowie Haftung für die Verbindlichkeiten, sind (je nach der rechtlichen Unternehmungsform) verschieden gesetzlich geregelt oder vertraglich zu vereinbaren. 2. Finanzierungsmittel zur B[eteiligungsfinanzierung]: (1) Einlagen, (2) Aktien, (3) Kuxe, (4) Bohranteile, (5) Schiffsparts des Kapitalgebers am Gewinn (in der AG in Form der Dividende, sonst als Gewinnausschüttung) und gegebenenfalls am Liquidationserlös sind vertraglicher Vereinbarung zugängig. 3. Mischformen zwischen B[eteiligungsfinanzierung] und Fremdfinanzierung werden in der Gewinnobligation gesehen (d. h. Papiere mit begrenztem Dividendenanspruch) sowie in der Wandelanleihe und auch in zweckgebundenen Rücklagen für soziale Zwecke. 4. Für die Kapitalgeber gehört die Beteiligung zum Finanzanlagevermögen, sofern es sich um eine dauernde Beteiligung handelt. (...) (GWL); (kon) Eine messerscharfe Trennung von Beteiligungs- und Fremdfinanzierung ist nicht immer möglich, weil die Praxis eine Reihe von Mischformen ausgebildet hat, in dem Bestreben, die Vorzüge beider Finanzierungsarten zu verbinden.

(GUF: 35)

financiación propia *f* (def 1) Medios de financiación acumulados procedentes del ahorro de la empresa (reservas, previsiones) y del ahorro de los accionistas o propietarios del capital. Los fondos propios equivalen a la suma del capital desembolsado más las reservas y previsiones en un momento de vida de la empresa. (DEE vs fondos propios); (def 2) Es la forma de financiación de la empresa mediante fondos propios obtenidos o de nuevas aportaciones de los socios o del proceso de la autofinanciación. (DV); (kon) El balance no muestra cómo se han generado las pérdidas o los beneficios de una empresa, sino cómo ha financiado la empresa sus actividades. Indica la estructura del capital de la empresa separando la financiación propia de la financiación ajena. (SMA: 77/78) **Eigenfinanzierung** *f ^Finanzierung^ ^Finanzierung, externe^ ^Finanzierung, interne^ ^Beteiligungsfinanzierung^ ^Fremdfinanzierung^ ^Selbstfinanzierung^* (def) Zuführung von Eigenkapital in einem Unternehmen entweder von außen (Außenfinanzierung) oder »von innen«, d. h. aus dem betrieblichen Umsatzprozess (Innenfinanzierung). Um eine Eigenfinanzierung in Form der Einlagen- oder Beteiligungsfinanzierung handelt es sich, wenn einem Unternehmen durch den Eigentümer (...), durch die Miteigentümer (...), oder durch die Anteilseigner (...) Eigenkapital von außen zugeführt wird. (...) Die wichtigste Form der Eigenfinanzierung aus dem betrieblichen Umsatzprozess ist die Selbstfinanzierung, d. h. die Finanzierung aus Gewinnen, die nicht ausgeschüttet, sondern auf Rücklagekonten überführt werden. (VGW); (kon) Kernstück jeder Unternehmensfinanzierung sollte die Eigenfinanzierung sein. (www.kmu-next.ch);

firma *f ^razón social^*

fiscal *adj ^impositivo (VOX)^ ^tributario (VOX)^* (Komm) Die Termini *fiscal*, *impositivo* und *tributario* werden meist synonym verwendet. In einigen Kontexten ist jedoch eine terminologische Differenzierung nötig: Der Terminus *tributario* impliziert eher eine allgemeine Bedeutung, d. h., dieser Terminus kann sich auf alle Kontexte beziehen, die mit Abgaben im weitesten Sinn zu tun haben. Der Terminus *impositivo* hat dagegen eine eingeschränkte Bedeutung und bezieht sich eher auf Steuern und das damit zusammenhängende System und seine Regeln. *Fiscal* wird hauptsächlich in Kontexten, die sich auf finanztechnische Sachverhalte beziehen oder auf Finanzbehörden hinweisende Bedeutung haben, verwendet. Im hier aufgeführten deutschen Kontext bieten sich die Termini *fiscal* oder *impositivo* als mögliche Übersetzungen an.; (def) Como adjetivo, se aplica a todo lo relativo a la Hacienda Pública, al sistema tributario. (DEN); (kon) La neutralidad fiscal es básica para el desarrollo de unas relaciones fluidas en la Comunidad. (SFE: 12) **steuerlich** *adj ^Steuern^* (def) die Steuer betreffend; auf die Steuer bezogen (DAB); (kon) Wegen Haftung und der steuerlichen Gesichtspunkte wird bei der GmbH & Co. KG das Gesamtkapital des Komplementärs meistens auf die gesetzlich vorgeschriebene Mindesthöhe beschränkt. (GUF: 34)

flujo de caja *m ^cash flow (DEI)^ ^flujo de tesorería (DEI)^* (Komm) Der konsultierten spanischen Fachliteratur zufolge kann der Terminus *cash flow* mit oder ohne Bindestrich geschrieben werden.; (def 1) Frecuentemente mencionada como cash flow, es la cantidad neta de dinero que con su actividad de ventas y otros ingresos genera una empresa. Es igual a los cobros realizados durante el período estudiado, menos los pagos. Con la información que publican las empresas en las cuentas anuales, no es posible calcularla, y se utilizan varias aproximaciones al cálculo exacto. La primera aproximación, desde el punto de vista histórico, fue la suma de beneficio neto más la amortización, lo que equivalía a no considerar como gasto la amortización, ya que no implica salida de caja. Posteriormente, empezó a definirse como el beneficio neto más todos los gastos y menos todos los ingresos no dinerarios: provisiones, amortizaciones, etc. Con esta definición se conseguía revelar la cosmética contable que algunas empresas realizaban, modificando las cifras de gasto o ingreso no dinerarios, meros apuntes contables, para mostrar el beneficio deseado. (...). (TAM vs caja generada); (def 2) En contabilidad, conjunto de las anotaciones contables que se realizan en la cuenta de tesorería de una empresa. (DEN); (def 3) Entradas y salidas de dinero generadas por un proyecto, inversión o cualquier actividad económica. También es la diferencia entre los cobros y los pagos realizados por una empresa en un período determinado. (DEN); (kon) El cash-flow es uno de los conceptos que con mayor dinamismo se utilizan por los responsables de la función financiera de la empresa. (MEE: 65) **Cash-flow** *m* (def) In der Bilanz-, Unternehmungs- und Aktienanalyse verwendete Kennzahl zur Beurteilung der Finanz- und Ertragskraft einer Unternehmung. Der Cash-flow (Umsatz- oder Finanzüberschuss) bezeichnet den Zugang an flüssigen Mitteln einer Unternehmung aus dem Umsatzprozess und anderen Quellen innerhalb eines bestimmten Zeitraumes, i. d. R. des Geschäftsjahres. Zur Berechnung des Cash-flow werden verschiedene Elemente berücksichtigt. Üblicherweise setzt er sich zusammen aus dem Bilanzgewinn der Periode (ohne Vortrag), vermindert um die Auflösung von Rücklagen, plus Zuführung zu den Rücklagen, plus Abschreibungen auf das Anlagevermögen. Eine detaillierte Cash-flow-Ermittlung berücksichtigt darüber hinaus z. B. die Zu- bzw. Abgänge an Wertberichtigungen oder Pensionsrückstellungen usw. (...) (BAL); (kon) Reicht der Cash-flow aus, um die Fremdmittel innerhalb eines vertretbaren Zeitraumes wieder zurückzuführen? (GUF: 117)

flujo de tesorería *m ^flujo de caja^*

folleto de emisión *m ^folleto informativo^*

folleto informativo *m ^folleto de emisión (DEN)/(TAM)^ ^prospecto (AEO)^ ^prospecto de emisión (AMC)^* (def) Es la información que se requiere publicar para conseguir que la CNMV [Comisión Nacional del Mercado de Valores] apruebe una emisión de valores. Aparte de incluir la descripción detallada de los valores a emitir, del procedimiento que se seguirá para su colocación, y del colectivo de potenciales compradores, se requiere que incluya los informes de auditoría del emisor (a una fecha no anterior a los seis meses de la de presentación de la Comisión), copia de la comunicación previa enviada a la CNMV, y régimen fiscal de los valores emitidos. Si la emisión de valores estuviera garantizada por terceros, se tiene que registrar también la información financiera auditada de los garantes. Asimismo, se deberá detallar cualquier contrato de aseguramiento de la emisión que pueda existir. El espíritu de la regulación del folleto es la protección del pequeño inversor. (TAM vs folleto de emisión); (expl) Art. 28. El folleto informativo contendrá la información necesaria para que los inversores puedan formular un juicio fundado sobre la inversión que se les propone. El folleto informativo deberá reproducir literalmente las conclusiones de las auditorías de cuentas previstas en el artículo 27 y los términos de los documentos que acrediten las características de los valores afectados y los derechos y obligaciones de tenedores, así como, en los términos previstos en el artículo 29, el procedimiento de colocación de los valores. Dicho folleto deberá ser suscrito por persona con poder para obligar a la entidad emisora de los valores, y ésta no podrá oponer, frente al inversor de buena fe, hecho o derechos derivados de las auditorías de cuentas y de los citados documentos o relativos al procedimiento de colocación que no consten en el expresado folleto. El resto del contenido del folleto informativo se determinará reglamentariamente y podrá ser distinto en función de las características de la entidad emisora, de las cuantías de la emisión afectada o de otras características de los correspondientes valores. La Comisión Nacional del Mercado de Valores verificará que el folleto informativo cumple los requisitos establecidos, procediendo en caso afirmativo a incorporarlo al correspondiente registro oficial previsto en el artículo 29 y, en otro caso, a requerir dicho cumplimiento. Toda entidad emisora de valores estará obligada a publicar el correspondiente folleto informativo y a hacer entrega de él gratuitamente a sus suscriptores. Dicha entidad deberá, además, facilitar el acceso del público al folleto informativo en su domicilio social, así como mediante cualquier otro procedimiento que reglamentariamente se determine. (CLM: Ley del Mercado de Valores: 712); (kon) Los promotores, antes de realizar cualquier publicación de la sociedad proyectada, deberán aportar a la Comisión Nacional del Mercado de Valores una copia completa del programa de fundación a la que acompañarán un informe técnico sobre la viabilidad de la sociedad proyectada y los documentos que recojan las características de las acciones a emitir y los derechos que se reconocen a sus suscriptores. Asimismo aportarán un folleto informativo, cuyo contenido se ajustará a lo previsto por la normativa reguladora del Mercado de Valores. (...) (LSA: art. 21, 1)

Börsenprospekt *m ^Börse^ ^Börsenzulassung^* (def) (...) (2) Bei Börseneinführung: Der vor Einführung zu veröffentlichende ausführliche Bericht, von dessen Vorlage nur Bund, Länder, und Mitgliedsstaaten der Europäischen [Union] befreit sind (...). Der Prospekt muss alle für die Beurteilung des Wertpapiers wesentlichen Angaben enthalten, insbesondere Verwendungszweck und Nennbetrag der Emission, Kündigungs- und Beleihungsbedingungen, Kennzeichnung der Wertpapierurkunde, Sicherstellung, Vorzugsrechte, Zweck und Umfang der Gesellschaft, Kapitalhöhe und -zusammensetzung, Gewinnverteilungsvorschriften und Gewinnentwicklung der letzten fünf Jahre, letzte Bilanz und Erfolgsrechnung, Höhe der Hypothekarschulden und Anleihen usw. Der Prospekt muss in einer Zeitung (»Pflichtblatt«) bzw. im Bundesanzeiger veröffentlicht werden (...).

(BFL vs Prospekt); (kon) Für den Zulassungsantrag und den Börsenprospekt müssen verschiedene Publizitätspflichten beachtet werden. (GUF: 24)

fondo *m* (def) Las cantidades de dinero reunido en una caja o en un depósito para llevar a cabo determinadas actividades económicas, tales como amortización de deudas, fomento de la agricultura, ayuda al desarrollo, etc. (TAM); (kon) Los proyectos que se financiarán con los recursos del fondo deberán ser factibles desde el punto de vista técnico, económico y social y ser ejecutados por empresas, organizaciones o instituciones con adecuada capacidad técnica y financiera. (REE: 65) **Fonds** *m* (def) Für bestimmte Zwecke gehaltene Geldmittel oder Vermögenswerte (...), die z. T. auch unter besonderer Verwaltung stehen (...) (BRO); (kon) Dabei werden die verschiedenen Beteiligungen zu einem Fonds zusammengefasst, der sich durch Ausgabe von Zertifikaten refinanziert. (GUF: 21)

fondo de garantía *m* (def 1) Tercera parte del margen de solvencia que las entidades aseguradoras deberán disponer en cada ejercicio económico como patrimonio propio no comprometido. Su cuantía depende del ramo en que la entidad opere y del tipo de ésta (...). (ESJ); (def 2) En determinadas sociedades, empresas e instituciones, cuenta especial formada por aportaciones periódicas, o cantidades retiradas de los beneficios especiales o cuantiosos, para responder de ciertas obligaciones, dar solidez a la entidad o atender eventuales gastos extraordinarios. (...) (DDU II) **Deckungsstock** *m* ^*Deckung*^ (def) Prämienreservefonds, Summe der zur Deckung der Deckungsrückstellungen aller Versicherten eines Versicherers erforderlichen Vermögenswerte. Der D[eckungsstock] wird getrennt verwaltet, ein Treuhänder überwacht die Einhaltung der strengen aufsichtsrechtlich vorgeschriebenen Vermögensanlage-Richtlinien. (GWL); (kon) Deckungsstock ist ein Begriff des Versicherungsaufsichtsgesetzes für das Deckungskapital besonders der Lebensversicherungen; wird die Deckungsstockfähigkeit erteilt, können Versicherungen ihre Deckungskapitalbeträge in entsprechenden Forderungen anlegen. (GUF: 42)

fondo de reservas *m* ^*reservas existentes*^

fondo social *m* ^*capital social*^

fondos *mpl* ^*recursos financieros*^

fondos propios *mpl* ^*capital propio*^

fondos realizables en corto plazo *mpl* ^*reserva de liquidez*^

forma jurídica *f* (expl 1) Por regla general, las compañías mercantiles se constituirán adoptando algunas de las siguientes formas: 1. La regular colectiva, (...). 2. La comanditaria, (...). 3. La anónima, (...). (CDC art. 122); (expl 2) Las sociedades civiles, por el objeto a que se consagren, pueden revestir todas las formas reconocidas por el Código de comercio. En tal caso, les serán aplicables sus disposiciones en cuanto no se opongan a las del presente Código. (...) (CC art. 1670); (kon) A la hora de optar la forma jurídica más conveniente para poner en marcha el proyecto, es necesario analizar una serie de factores que ayudan a determinar la conveniencia de una u otra fórmula. (www.e-empresarias.net) **Rechtsform** *f* ^*Unternehmen*^ ^*Unternehmung*^ (def) Ausdruck der gesetzlich unterschriebenen Form, in der sich ein Unternehmen entfalten darf. (...) (BAL); (kon) Während bei der Einzelunternehmung das in keiner Weise begrenzte Entnahmerecht des Unternehmers und dessen einsame Entschlüsse die Existenz der Unternehmung gefährden können, birgt die Rechtsform der OHG andere Gefahren in sich, wie z. B. Fehleinschätzung der Geschäftsführungsqualitäten von Mitgesellschaftern, Kündigung eines Gesellschafters, Eintritt neuer Gesellschafter durch Erbfolge usw. (GUF: 16)

franquicia *f* (def) Contrato por el cual una empresa (franquiciadora) concede a otra (franquiciada) el derecho a vender sus productos o prestar sus servicios bajo su misma denominación social o marca, en un territorio determinado, a cambio de una compensación económica y de comprometerse a cumplir las normas en él establecidas. (DEN); (expl) Rechtsgrundlage: Boletín Oficial del Estado (BOE) 17-1-99 no. 15 art. 62: De la actividad comercial en régimen de franquicia 1) La actividad comercial en régimen de franquicia es la que se lleva a efecto en virtud de un acuerdo o contrato por el que una empresa denominada franquiciadora, cede a otra, denominada franquiciada, el derecho a la explotación de un sistema propio de comercialización de productos o servicios. 2) Las personas físicas o jurídicas que pretenden desarrollar en España la actividad de franquiciadores a que se refiere el apartado anterior, deberán inscribirse, en su caso, en el registro que pueden establecer las Administraciones competentes. 3) Asimismo, con una antelación mínima de veinte días a la firma de cualquier contrato o precontrato de franquicia o entrega por parte del futuro franquiciado al franquiciador de cualquier pago, el franquiciador deberá haber entregado al futuro franquiciado por escrito la información necesaria para que pueda decidir libremente y con conocimiento de causa su incorporación a la red de franquicia y, en especial, los datos principales de identificación del franquiciador, descripción del sector de actividad del negocio objeto de franquicia, contenido y características de la franquicia y de su explotación, estructura y extensión de la red y elementos esenciales del acuerdo de franquicia. Reglamentariamente se establecen las demás condiciones básicas para la actividad de cesión de franquicias (...).; (kon) La franquicia se ha desarrollado, con frecuencia, en sectores tradicionales cuya aparición en el mercado estaba en plena madurez o bien en descenso. (BFF: 137) **Franchising** *n* *^Franchisee^* *^Franchisegeber^* *^Franchise-nehmer^* *^Franchisor^* (def) (...) Franchising ist eine besondere Form der absatzwirtschaftlichen Kooperation, die finanzwirtschaftliche Aspekte für den Franchise-Geber wie auch vor allem für den Franchise-Nehmer mit sich bringt. Bei Franchising liegt eine vertraglich geregelte, auf Dauer angelegte Zusammenarbeit zwischen rechtlich selbständig bleibenden Unternehmen zugrunde. Der Franchise-Geber erteilt dem Franchise-Nehmer gegen Zahlung einmaliger und/oder laufender Beträge die Genehmigung, in einem festgelegten Rahmen über bestimmte Rechte zu verfügen. Im Einzelnen handelt es sich um die Erlaubnis zur Benutzung einer Marke oder des Firmennamens des Franchise-Gebers, um die Erzeugung und/oder den Vertrieb einer Ware bzw. einer Warengruppe, um die Anwendung eines Produktionsverfahrens oder einer Rezeptur, um die Nutzung eines bestimmten Absatzprogramms. Der Franchise-Geber unterstützt den Franchise-Nehmer durch Beratung, Schulung usw. Im Rahmen des Franchise-Systems erfolgen Finanzierungsleistungen sowohl seitens des Franchise-Gebers als auch des Franchise-Nehmers. Dem Franchise-Nehmer werden verschiedene geregelte Pflichten übertragen. Er hat sich an eine im Einzelnen festgelegte äußere und innere Gestaltung des Geschäfts und der Geschäftsräume zu halten. Sortiment bzw. Produktionsprogramm sind ebenfalls genau fixiert. Außerdem müssen sich die Franchise-Nehmer der vorgegebenen Marken und Zeichen bedienen und die vorgeschriebene Preis- und Wettbewerbspolitik einhalten. Dadurch wird ein einheitliches Image in den Augen der Kunden erreicht, wie es z. B. auch beim Filialunternehmen der Fall ist. (BFL); (expl) Offizielle Definition des Deutschen Franchise-Verbandes: Franchising ist ein vertikal-kooperativ organisiertes Absatzsystem rechtlich selbstständiger Unternehmen auf der Basis eines vertraglichen Dauerschuldverhältnisses. Das System tritt am Markt einheitlich auf und wird geprägt durch das arbeitsteilige Leistungsprogramm der Systempartner sowie durch ein Wiesungs- und Kontrollsystem zur Sicherung eines systemkonformen Verhaltens. Das Leistungsprogramm des Franchise-Gebers ist das Franchise-Paket; es besteht aus einem Beschaffungs-, Absatz- und Organisationskonzept, der Gewährung von Schutzrechten, der Ausbildung des Franchise-Nehmers und der Verpflichtung des Franchise-Gebers, den Franchise-Nehmer aktiv und laufend zu unterstützen und das Konzept ständig weiterzuentwickeln. Der Franchise-Nehmer ist im eigenen Namen und für eigene Rechnung tätig; er hat das Recht und die Pflicht, das Franchise-Paket gegen Entgelt zu nutzen. Als Leistungsbeitrag liefert er Arbeit, Kapital und Informationen. (HFT: 22/23); (kon) Franchising ist ein Marketing-Kooperationssystem, das meist sehr ausgeprägte Finanzierungsakzente enthält. (GUF: 72)

franquiciado (1) *m* **Franchisee** *m* *^Franchise-nehmer (GUF)^* *^Franchising^* (Komm) Der Einfluss von Anglizismen auf die deutsche Wirtschaftssprache ist sehr groß. Um im internationalen Geschäftsverkehr zwischen Fachleuten eine reibungslose Kommunikation zu gewährleisten, wird in deutschen Wirtschaftstexten häufig der englische Terminus dem deutschen vorgezogen.; (kon) Der Franchisegeber (Franchisor) schließt Franchiseverträge mit vielen Franchisenehmern (Franchisees) ab, die Franchisees berechtigen bzw. verpflichten, bestimmte Leistungen des Franchisors unter Verwendung vorgegebener Namen, Warenzeichen, Ausstattung und sonstiger Schutzrechte zu vertreiben. (GUF: 72) **franquiciado (2)** *m* (def) Persona que en un contrato de franquicia explota un negocio bajo la marca o nombre social de otra (franquiciador), beneficiándose de la práctica y la experiencia de ésta y de un nombre y publicidad comunes al conjunto de las franquicias de esa misma organización. (DEN); (kon) Los franquiciados deben desarrollar el negocio en unas condiciones comparables a las que tuvo la fórmula del franquiciador. (BFF: 123) **Franchisenehmer** *m* *^Franchisee (GUF)^* *^Franchising^* (Komm) In deutschen Fachtexten ist auch die Schreibweise mit Bindestrich zu finden: Franchise-Nehmer. (expl) (...) Aufgrund des Vertrages erhält das eine Unternehmen (...)

ge-gen Zahlung eines einmaligen Betrages und/oder laufender Beträge die Genehmigung, unter genau festgelegten Bedingungen über bestimmte Rechte des anderen Unternehmens (...) zu verfügen. (HFT: 21); (kon) Der Franchisegeber (Franchisor) schließt Franchiseverträge mit vielen Franchisenehmern (Franchisees) ab, die Franchisees berechtigen bzw. verpflichten, be Leistungen des Franchisors unter Verwendung vorgegebener Namen, Warenzeichen, Ausstattung und sonstiger Schutzrechte zu vertreiben. (GUF: 72)

franquiciador (1) *m* (def) Persona que en un contrato de franquicia concede al franquiciado la explotación de ciertos productos o servicios bajo una misma denominación social o marca y unas condiciones comunes a un conjunto de establecimientos similares pertenecientes a la misma organización. El franquiciador busca diversificar su riesgo, disminuir sus costes fijos y expandir el negocio con una inversión no muy grande. (DEN); (kon) El franquiciador se interesa permanentemente por los resultados que el franquiciado va a conseguir. (BFF: 123) **Franchisegeber** *m ^Franchisor (GUF)^ ^Franchising^* (Komm) In deutschen Fachtexten ist auch die Schreibweise mit Bindestrich zu finden: Franchise-Geber.; (expl) (...) Das Leistungsprogramm des Franchise-Gebers ist das Franchise-Paket; es besteht aus einem Beschaffungs-, Absatz- und Organisationskonzept, der Gewährung von Schutzrechten, der Ausbildung des Franchise-Nehmers und der Verpflichtung des Franchise-Gebers, den Franchise-Nehmer aktiv und laufend zu unterstützen und das Konzept ständig weiterzuentwickeln. (...) (HFT) (kon) In aller Regel wird der Franchisenehmer vom Franchisegeber werblich, organisatorisch, schulungs- und finanzmäßig unterstützt. (GUF: 72) **franquiciador (2)** *m* **Franchisor** *m ^Franchisegeber (GUF)^ ^Franchising^* (Komm) Der Einfluss von Anglizismen auf die deutsche Wirtschaftssprache ist sehr groß. Um im internationalen Geschäftsverkehr zwischen Fachleuten eine reibungslose Kommunikation zu gewährleisten, wird in deutschen Wirtschaftstexten häufig der englische Terminus dem deutschen vorgezogen.; (kon) Häufiges Motiv für das Franchisesystem liegt darin, dass der Franchisor trotz knapper Finanzmittel expansives Marketing betreiben will. (GUF: 72)

fundación *f ^constitución^*

fundación mediante aportaciones en especie *f* (def) Es la forma de fundación de una sociedad mercantil en la cual los socios de la misma no realizan aportaciones dinerarias sino no dinerarias como inmuebles, equipo técnico, etc. (DV); (expl) La aportación social: Para la constitución de la sociedad, cualquiera que sea el sistema seguido, hay que desembolsar el capital social – según ya hemos dicho – en una cuarta parte al menos (art. 8). El desembolso se hace aportando los socios a la sociedad dinero u otros bienes patrimoniales valuables en dinero (bienes muebles o inmuebles, derechos reales y de crédito, de propiedad industrial y comercial, establecimientos comerciales, concesiones mineras y administrativas, títulos de crédito, etcétera), de forma que lo aportado entre a formar parte del patrimonio social, distinto y separado del de los socios. (...) (UDM: 167) **Sachgründung** *f ^Bargründung^ ^Gründung^ ^Sacheinlage^* (def) Mögliche Form der Gründung einer Handelsgesellschaft, bei der Gründer als Eigenkapital teilweise oder ausschließlich anstelle von Geld Sacheinlagen (Fabrikanlagen, Patente, Maschinen, Grundstücke u. a.) einbringen. Zur Vermeidung von Bewertungsmanipulationen ist anlässlich der Sachgründung eine Gründungsprüfung durch unabhängige Prüfer erforderlich. Gegensatz: Bargründung. (BAL); (kon) Wird (...) der Vorgang der Bereitstellung des Geldkapitals übersprungen und werden an Stelle von Barmitteln Vermögensgegenstände aus dem Privatvermögen in das Betriebsvermögen überführt, so bezeichnet man diesen Vorgang als Sachgründung. (GUF: 10)

fundación con aportaciones en metálico *f* (def) La fundación con aportaciones en metálico es la forma usual de la constitución de una sociedad, sobre todo en caso de una sociedad anónima. Se trata de una fundación de este tipo en caso de que todos los socios realicen sus aportaciones en capital monetario, es decir tratándose sólo de aportaciones dinerarias. (DV); (expl) La aportación social. Para la constitución de la sociedad, cualquiera que sea el sistema seguido, hay que desembolsar el capital social – según ya hemos dicho – en una cuarta parte al menos (art. 8). El desembolso se hace aportando los socios a la sociedad dinero (...), de forma que lo aportado entre a formar parte del patrimonio social, distinto y separado del de los socios. (...) (UDM: 167) **Bargründung** *f ^Bareinlage^ ^Gründung^ ^Sachgründung^* (def) Im Gegensatz zur Sachgründung Gründung einer Unternehmung unter Einbringung von Geldkapital, von Bareinlagen. Normalfall vor allem bei der

Gründung der AG. (BAL); (kon) Wird das Kapital durch Geldeinzahlungen zur Verfügung gestellt, spricht man von der so genannten Bargründung. (GUF: 10)

fundación por convenio *f ^fundación simultánea^*

fundación simultánea *f ^fundación por convenio (DDM)^* (def) Se da este caso cuando los fundadores de la Sociedad Anónima, cuyo número no puede ser inferior a tres, asumen todas las acciones y otorgan la escritura social (artículo 10 de la L. S. A.). (DDM); (kon) En el caso de fundación simultánea o por convenio, serán fundadores las personas que otorguen la escritura social y suscriban todas las acciones. (LSA art. 14) **Simultangründung** *f ^Einheitsgründung^ ^Gründung^ ^Stufengründung^* (def) Auch: Einheitsgründung. Heute in der Bundesrepublik Deutschland üblich und nach dem AktG allein zulässige Form der Gründung einer AG, bei der das gesamte Grundkapital von den Gründern fest übernommen wird. Gegensatz: Stufengründung (BAL); (kon) Nach geltendem Recht übernehmen die Gründer in Form der Einheits- oder Simultangründung selbst alle Aktien. (GUF: 24)

fundación sucesiva *f ^fundación por suscripción pública (DDM)^* (def) Se da este caso cuando los promotores de una Sociedad Anónima deciden solicitar del público en general la aportación de capital para la constitución de la sociedad mediante la suscripción de las acciones. En este supuesto, deberán redactar el programa de fundación depositándolo en el Registro Mercantil, previa legitimación notarial de sus firmas, antes de lanzar a la publicidad el programa de fundación. El Registro Mercantil hará público en el B.O.E. tanto el depósito como un extracto del programa de fundación (...). El siguiente paso es la suscripción de acciones, y el desembolso mínimo de un 25 por 100 de las mismas (...). Finalmente, en el plazo máximo de seis meses contados a partir del depósito del programa de fundación en el Registro Mercantil, los promotores convocarán, mediante carta certificada y con quince días de antelación como mínimo, a cada uno de los suscriptores de las acciones para que concurran a la Junta Constituyente. El otorgamiento de la escritura de constitución de la Sociedad Anónima, y su posterior inscripción en el Registro Mercantil se efectuará por las personas designadas en la Junta. (DDM); (kon) La Sociedad Anónima puede fundarse en un sólo acto por convenio entre los fundadores (fundación simultánea), o en forma sucesiva por suscripción pública de las acciones (fundación sucesiva). (DDM vs fundación Sociedad Anónima) **Stufengründung** *f ^Gründung^ ^Einheitsgründung^ ^Simultangründung^* (Komm) In Deutschland wurde die Stufengründung 1965 im AktG verboten. In Spanien ist sie dagegen neben der Simultangründung eine zulässige Form der Gründung einer Aktiengesellschaft. Aufgrund des komplizierten Verfahrens der öffentlichen Zeichnung der Aktien, kommt der Stufengründung aber in der Praxis in Spanien eine weitaus geringere Bedeutung zu als der Simultangründung (vgl. SAG: 5/6).; (def) Sukzessivgründung, Zeichnungsgründung, Form der Gründung einer AG, bei der die Gründer nicht das gesamte Grundkapital (Aktien) übernehmen, sondern das Publikum durch Zeichnung von Aktienbeträgen mitwirken soll. (...) Gegensatz: Einheitsgründung. (GWL); (kon) In der Praxis ist in der Türkei die Einheitsgründung die meist verbreitete Form der AG, da ihre Gründung – im Gegensatz zur Stufengründung – wesentlich einfacher abzuwicklen ist.(www.hermesprojekt.de)

fundación por suscripción pública *f ^fundación sucesiva^*

fungibilidad *f* (def 1) En el lenguaje financiero y económico en general, característica de determinados bienes consistente en la absoluta equivalencia, por su homogeneidad, entre elementos individuales de una determinada especie; de modo que pueden intercambiarse unos por otros en cualquier momento, sin que se aprecie ninguna diferencia; p. e. el dinero, las acciones de una sociedad, (...). (TAM vs fungible); (def 2) Sustituibilidad. (GAR); (kon) Todas las acciones podrán ser representadas por meras anotaciones en cuenta, en un Registro contable, sin el requisito previo de emisión de títulos, aunque debiendo concurrir también el requisito de la fungibilidad: (...). (CDS: 109) **Fungibilität** *f ^Effekten^* (def) Bez[eichnung] für Waren, Devisen und Wertpapiere, bei denen die einzelnen Stücke oder bestimmte Mengen ohne weiteres ausgetauscht werden können. Fungibel sind vor allem Effekten. Vertretbarkeit des Wertpapiers durch ein anderes Wertpapier derselben Art und desselben Ausstellers über denselben Nennbetrag. Die Börse wird auch als Markt für fungible (vertretbare) Güter bezeichnet. Soweit bei Waren keine völlige Gleichmäßigkeit erwartet werden kann, (z. B. Getreide, Tabak, Kaffee, Baumwolle), können sie durch Typisierung fungibel gemacht und damit börsenmäßig gehandelt werden. (...) (BAL); (kon) Demgemäß werden Schuldscheindarlehen auch nicht an der Börse gehandelt, haben also nur relativ geringe Fungibilität. (GUF: 45)

fusión *f* (def 1) (...) Tiende principalmente a la eliminación de competencia y marcas comerciales, dominio de mercados, crecimiento, reagrupación de capitales, pase de mediana a gran empresa y otros fines. (...) (MDB); (def 2) (...) En toda una serie de legislaciones las fusiones están prohibidas o sometidas a control, para así evitar concentraciones económicas con posibilidades efectivas de restricción de la competencia. (...) (TAM); (def 3) (...) Una fusión entre dos empresas consiste en la adquisición de una empresa por otra y en la absorción de la empresa adquirida por parte de la empresa compradora. En general (...), la empresa compradora mantiene su razón social y adquiere los activos y las deudas de la empresa comprada, que deja de existir en el momento en que la integración se completa. Esta forma de proceder es lo que se conoce como »la fusión por absorción« que es la fusión típica. Junto a esta manera de actuar, existen otros tres procedimientos de llevar a cabo una adquisición: fusión por consolidación, adquisición de acciones sin integración y adquisición de activos. Fusión por consolidación: Se caracteriza por la creación de una nueva empresa, la cual es resultado de dos empresas que existían previamente y que dejan de hacerlo para transferir sus activos y sus deudas a la nueva entidad legal. (...). (AEE); (kon) La fusión de cualesquiera sociedades en una sociedad anónima nueva implicará la extinción de cada una de ellas y la transmisión en bloque a los respectivos patrimonios sociales a la nueva entidad que haya de adquirir por sucesión universal los derechos y obligaciones de aquéllas. (LSA art. 233, 1.) **Fusion** *f* (def) (Verschmelzung) Rechtliche und wirtschaftliche Vereinigung zweier oder mehrerer vordem selbständiger Unternehmen. Eine Fusion kann durch Aufnahme einer anderen Unternehmung oder durch Neubildung vollzogen werden. Bei der Fusion durch Aufnahme verliert zumindest ein Unternehmen seine rechtliche und wirtschaftliche Selbständigkeit. Sein Vermögen wird auf die aufnehmende Unternehmung übertragen. Die Fusion durch Neubildung hat zur Folge, dass die Vermögen der beteiligten Unternehmen zusammengefasst und in eine neue Unternehmung eingebracht werden. Fusionsmotive sind Diversifikationsstreben, Streben nach Marktmacht, Zielsetzung der kostengünstigeren Massenproduktion, Konzentration der Kapitalkraft. (...) (BFL); (kon) Verschmelzung von Firmen: Auch die Fusion als die Verschmelzung zweier Unternehmen kann einen Kapitalbedarf auslösen, wenn die Gesellschafter beider Unternehmen nach der Verschmelzung in einer festgelegten Relation an der Unternehmung beteiligt sein sollen. (GUF: 9)

G

ganancia (1) *f ^beneficio (DTE)^* (def 1) Incremento del patrimonio líquido del comerciante a consecuencia del éxito en las operaciones mercantiles de su negocio. (COD); (def 2) En general beneficio, utilidad o provecho obtenidos mediante el trabajo o cualquier otra actividad lucrativa. Estrictamente, ganancia hace referencia a la que se obtiene en las actividades comerciales, y en especial, en las operaciones de compraventa mercantil, mediante la compra al por mayor y reventa al detalle, generándose una diferencia entre el precio de adquisición y el de enajenación. Esa plusvalía obtenida en sentido técnico es la ganancia, si bien debe diferenciarse la ganancia bruta, así considerada, de la ganancia neta, la efectivamente obtenida una vez deducidos los gastos necesarios de administración, distribución, etc. (DEI); (kon) Los fondos de renta fija internacional eran, en el plazo de un año, de nuevo más rentables con una ganancia media del 2, 1% que los nacionales, tanto a largo (pérdidas de 1,9% en promedio) como a corto plazo. (I-08) **Gewinn** *m ^Aufwendungen^ ^Erträge^ ^Gewinnthesaurierung^ ^Tantieme^ ^Verlust^* (def) G[ewinn] ist die Differenz zwischen Ertrag und Aufwand einer Abrechnungsperiode. Er wird bei Personenunternehmen auf der Habenseite des Eigenkapitalkontos verbucht und tritt in der Bilanz entweder in Form des erhöhten Eigenkapitals auf oder wird dort gesondert ausgewiesen. In der Gewinn- und Verlustrechnung von Kapitalgesellschaften erfolgt der Ausweis des G[ewinns] unter der Bezeichnung Jahresüberschuss. Der Posten Bilanzgewinn in der Gewinn- und Verlustrechnung von Aktiengesellschaften beinhaltet dagegen den Jahresüberschuss (bzw. Fehlbetrag) sowie Gewinn- oder Verlustvorträge aus dem Vorjahr und Einstellungen oder Entnahmen aus den Rücklagen. In der Kostenrechnung handelt es sich beim G[ewinn] nicht um die Differenz zwischen den in der Periode erbrachten Leistungen und den Periodenkosten (...). Diese Differenz wird als Betriebsgewinn oder kalkulatorischer G[ewinn] bezeichnet. Der Gewinnbegriff des Steuerrechts ergibt sich aus § 4 Abs. 1 EStG. G[ewinn] ist dabei der Unterschiedsbetrag zwischen dem Betriebsvermögen am Schluss des Wirtschaftsjahres und dem Betriebsvermögen am Schluss des vorangegangenen Wirtschaftsjahrs, vermehrt um den Wert der Entnahmen und vermindert um den Wert der Einlagen. Ohne Bezugnahme auf einen Zurechnungszeitraum wird der Begriff G[ewinn] auch verwendet, um den Erfolg eines Einzelumsatzes zu kennzeichnen. Differenziert werden kann in diesem Fall zwischen dem durchschnittlichen Stückgewinn und dem Grenzgewinn einer zusätzlichen Produktions- bzw. Verkaufseinheit. (LBW); (expl) Ein Gewinn (positiver Erfolg) liegt vor, wenn die Erträge größer sind als die Aufwendungen; Gewinn ist gleichbedeutend mit Kapitalmehrung. (ZBR: 4); (kon) Selbstfinanzierung (auch als interne Eigenfinanzierung zu bezeichnen) bedeutet, dass in der Unternehmung durch Nichtausschüttung von Gewinnen Eigenmittel angesammelt werden. (GUF: 74)

ganancia (2) *f* ^*lucro*^

garante (1) *m* (def) Persona que responde mediante una garantía de una obligación contraída por otra persona denominada garantizado. (DCE) **Garantiegeber** *m* ^*Garantieauftraggeber*^ ^*Garantienehmer*^ ^*Garantiesteller (KSK)*^ (def) Derjenige, der zugunsten eines Dritten eine Garantie übernimmt; oftmals eine Bank im Rahmen ihres Garantiegeschäfts. (BAL); (kon) Garantiegeber haften mit dem Garantievertrag dem Garantienehmer, für einen bestimmten künftigen Erfolg einzustehen oder für das Ausbleiben eines Erfolges Gewähr zu leisten. (GUF: 63)

garante (2) *m* ^*fiador*^

garantía (1) *f* ^*fianza (DDU)*^ (def) Toda obligación, constituída para asegurar el cumplimiento de otra principal, contraída por un tercero. Fianza es también la prenda dada por el contratante para asegurar el exacto cumplimiento de su obligación. Las partidas expresaban que era »la obligación que uno hace para seguridad de que otro pagará lo que debe, o cumplirá las condiciones de algún contrato«, así como »la convención por la cual un tercero toma sobre sí el cumplimiento de la obligación ajena, para el caso de que no la cumpla el que la contrató...« (DDU); (kon) Los acreedores de la sociedad de responsabilidad limitada tienen por sola garantía el activo social y no pueden entablar acción alguna contra los socios. (HAC: 167) **Garantie** *f* ^*Anzahlungsgarantie*^ ^*Ausschreibungsgarantie*^ ^*Bietungsgarantie*^ ^*Bürgschaft*^ ^*Gewähr*^ ^*Gewährleistungsgarantie*^ ^*Haftung*^ ^*Leistungsgarantie*^ ^*Liefergarantie*^ (def) Im Sinne von Gewährleistung, auch von Bürgschaft. Abstraktes Zahlungsversprechen einer Bank (Garantiebank) für einen Garantieauftraggeber gegenüber dem Garantienehmer (Begünstigter). (GWL); (expl) Zum Katalog der Personalsicherheiten zählen neben der Bürgschaft die Garantie, der Schuldbeitritt und der Kreditauftrag. Wie die Bürgschaft ergibt sich die Garantie aus einem einseitig verpflichtenden Schuldvertrag. Der Garant verpflichtet sich, für einen in der Zukunft liegenden Erfolg einzustehen. Der Unterschied zur Bürgschaft besteht darin, dass die Garantie nicht akzessorisch, d. h. von der dem Vertragsabschluss zugrundeliegenden Forderung unabhängig ist. (WÖH); (Komm) In der Abstraktheit unterscheidet sich die *Garantie* von dem in Fachtexten sehr häufig synonym verwendeten Terminus *Bürgschaft*: Eine Garantie ist abstrakt, d. h. dass die Verpflichtung des die Garantie gewährenden Kreditinstituts vom Grundgeschäft (z. B. Kaufvertrag) unabhängig ist und in der Bundesrepublik Deutschland nicht gesetzlich geregelt ist.; (kon) Da die Garantie abstrakt ist, begründet sie die Verpflichtung des Garanten losgelöst vom Bestand der Hauptschuld. (GUF: 63)

garantía (2) *f* (def) Depósito, fianza, aval, prenda, caución. Persona o cosa que responde del cumplimiento o resolución de lo pactado por un tercero, en caso de que éste no cumpla con su obligación. (DEN); (expl) Derechos aportados por el prestatario o por un tercero al banco que concede el crédito, con el fin de garantizar el importe del mismo en su integridad, en caso de insolvencia total o parcial del deudor. (UEC); (kon) Reserva para garantías de préstamos en favor y dentro de terceros países. (NET) **Sicherung** *f* ^*Kreditsicherheit*^ ^*Sicherheiten*^ (def) Hingabe von Vermögenswerten oder Rechten daran als Sicherung des Gläubigers vor Verlusten aus gewährten Krediten. Möglichkeiten der Kreditsicherung: a) Belastung von Grundstücken durch Eintragung von Hypotheken oder Grundschulden in das Grundbuch; b) Sicherungsübereignung von Mobilien, insbes. des Warenlagers; c) Verpfändung bzw. Beleihung von sonstigen Vermögenswerten, z. B. Lombardierung von Wertpapieren; d) Bürgschaftsübernahme durch Dritte (Bürgschaft); e) Eigentumsvorbehalt

bei Lieferung von Waren auf Ziel. (GWL vs Kreditsicherung); (expl) Betrachtet man die Kredite nach ihrer Sicherung, d. h. nach den zu ihrer Deckung gegebenen Sicherheiten, kann grundsätzlich zwischen gedeckten und ungedeckten Krediten unterschieden werden. (EIL); (kon) Da an denjenigen eine bestimmte Geldsumme zu zahlen ist, zu dessen Gunsten die Belastung eingetragen wird, bedarf es zur Sicherung der persönlichen Forderung einer zusätzlichen Vereinbarung zwischen Kreditgeber (Sicherungsnehmer) und Kreditnehmer (Sicherungsgeber). (GUF: 67)
garantía (3) *f* (def) (...) Contrato por el cual una persona llama fiador, se obliga a cumplir pagar la obligación de otro, llamado deudor principal, en el supuesto de que éste no cumpla con el acreedor. (...) (TRI vs fianza); (kon) Los acreedores de la sociedad de responsabilidad limitada tienen por sola garantía el activo social y no pueden entablar acción alguna contra los socios. (HAC: 167) **Besicherung** *f ^Garantie^ ^Kreditsicherheit^* (def) Bevorrechtigter Anspruch auf Befriedigung einer Kreditforderung auf bestimmten Vermögensbestandteilen des Kreditnehmers oder eines Dritten oder auf Befriedigung aus dem gesamten Vermögen eines Dritten, der dazu dient, im Falle der völligen oder eingeschränkten Zahlungsunfähigkeit des Kreditnehmers die Rückzahlung des Darlehens sicherzustellen. (VGW vs Kreditsicherheit); (kon) Da meist Kapitalsammelstellen, z. B. Versicherungen, Sozialversicherungsträger, Pensionskassen, Bundes[agentur] für Arbeit, die Kreditgeber sind, müssen die strengen Anforderungen des Bundesaufsichtsamtes für das Versicherungs- und Bausparwesen an die Besicherung erfüllt werden. (GUF: 45)
garantía (4) *f* (def) En el ámbito mercantil y comercial, la garantía es el compromiso que asume el vendedor frente al comprador en cuanto a la mercancía o producto vendido, mediante el cual se compromete durante un período de tiempo a reparar el artículo gratuitamente, reponer las piezas que pudieran estar defectuosas, etc. (DDU) **Gewährleistungsgarantie** *f ^Garantie^* (def) Form der Garantie. Die Gewährleistungsgarantie sichert den Garantienehmer (Begünstigter) für den Fall ab, dass der Garantieauftraggeber (Lieferer, Verkäufer) seinen vertraglichen Gewährleistungspflichten nicht nachkommt. Durch die Gewährleistungsgarantie wird in der Regel eine Liefer- und Leistungsgarantie abgelöst. (GWL); (Komm) Der Betrag einer Gewährleistungsgarantie beträgt circa 5-10 Prozent des Vertragswertes.; (kon) Die meisten Hersteller gewähren auf die Wasserbettenmatratze eine Gewährleistungsgarantie von fünf Jahren, deren Umfang aus der Garantieurkunde hervorgeht. (www.wasserbetten-fakten.de)
garantía (5) *f ^delcrédere^* **garantía (6)** *f ^fianza^*

garantía accesoria *f ^fianza accesoria (CDC)^* (def) Bien, título, derecho o cualquier otra cosa que responde del cumplimiento de una obligación, y que resulta accesoria a ella, de modo que si la obligación principal se extingue, también se extinguirá la garantía. (DEN); (kon) La fianza es un contrato accesorio que supone siempre una obligación principal, como que su objeto es asegurar el cumplimiento de ésta y el fiador, no puede, por tanto, obligarse más intensa ni más extensamente que el deudor en la obligación a que aquél sirve de garantía. **akzessorische Bürgschaft** *f ^Bürgschaft^ ^Sicherheiten, akzessorische (GWL)^* (def) Unbedingt und dauernd mit dem Bestand einer Forderung verbundene Kreditsicherheiten (Sicherheit). Akzessorische Sicherheiten haben demnach ein unselbstständiges Nebenrecht zum Gegenstand, das nur in Verbindung mit der zugrundeliegenden Forderung gilt. Zu den a[kzessorischen] S[icherheiten]. Zählen: Bürgschaft, Pfandrecht und Hypothek. (GWL vs akzessorische Sicherheiten); (expl) Die Bürgschaft ist akzessorisch, d. h. die Verpflichtung des Bürgen ist nach Bestand und Umfang von der Hauptschuld abhängig. (WÖH); (kon) Die Bürgschaft ist akzessorisch. (GUF: 63)

garantía ante la aduana *f ^seguro de aduana^* (def) Modalidad de garantía bancaria prestada ante la aduana para responder del pago de los derechos arancelarios por parte del importador o del exportador, según los casos. (DCE) **Zollaval** *m ^Avalkredit^* (expl 1) Selbstschuldnerische Bürgschaft, die von den Banken für ihre Kunden übernommen wird, um diesen die Stundung der geschuldeten Zollbeträge zu ermöglichen, die sonst nur gegen Sicherheitsleistung gewährt wird. (MÜS); (expl 2) Verbürgt sich ein Kreditinstitut gegenüber der Finanzverwaltung für einen Importeur oder Spediteur, so räumt die Zollverwaltung diesem einen Zahlungsaufschub für Zölle ein, der den Umschlag der Waren bzw. die Einziehung der Frachten vor Abführung der Zölle ermöglicht. (WÖH); (kon) Sehr wichtig und immer aktuell ist die Problematik des Bürgschaftsbedarfes, da vor allem die Auftraggeber ihr Sicherheitsbedürfnis gegenüber dem Unternehmen durch die Forderung nach Vertragserfüllungs-, Mängelgewährleistungs- und Anzahlungsbürgschaften in den Verträgen fest schreiben. Dazu gehören auch Sonderformen, wie z. B. Miet- und Zollavale. (www.fimo-leipzig.de)

garantía autónoma *f* ^*garantía de responsabilidad directa*^

garantía bancaria *f* (def 1) Clase de fianza en virtud de la cual un banco, actuando como fiador, responde frente al acreedor principal, del cumplimiento de alguna obligación contraída por su cliente, que en este caso es el deudor principal o afianzado (...). (DCE); (def 2) Documento independiente emitido por un banco para responder ante terceros del cumplimiento de una obligación contraída por un cliente suyo (...). Tratándose de un banco de primer orden, la garantía bancaria se considera como sinónimo de liquidez. (MDB); (kon) Modalidad de garantía bancaria prestada ante la aduana para responder del pago de los derechos arancelarios por parte del importador o del exportados, según los casos. (DDU vs garantía ante la aduana) **Bankgarantie** *f* ^*Anzahlungsgarantie*^ ^*Avalkredit*^ ^*Bietungsgarantie*^ ^*Liefergarantie*^ ^*Leistungsgarantie*^ (def) (abstraktes, d. h. vom Grundgeschäft gelöstes) Leistungsversprechen, das insbes. im Auslandsgeschäft große Bedeutung besitzt. Es wird seitens einer Bank die Haftung übernommen, dass ein bestimmter Erfolg eintritt bzw. ein möglicher Schaden nicht eintritt. Bedeutende Formen: (1) Anzahlungsgarantie; (2) Bietungsgarantie; (3) Liefergarantie; (4) Leistungsgarantie; (5) Gewährleistungsaval; (6) Konossementsgarantie (Indemnitätsbrief), Bankaval auf Wechseln, (Avalkredit). (GWL); (Komm) Die Bankgarantie ist kein Finanzierungsgeschäft, sondern ein Avalkredit: die Bank stellt bei der Herauslegung von Bankgarantien lediglich ihre eigene Kreditwürdigkeit zur Verfügung (= Kreditleihegeschäft); (kon) Der kreditnehmende Betrieb betreibt mit der Vorauszahlung Abnahmesicherung, der Kunde vergewissert sich des betrieblichen Leistungswillens und sichert sich vor dem Anzahlungsverlust durch eine Bankgarantie (Bankbürgschaft), die er dem Lieferanten abverlangt. (GUF: 57)

garantía del crédito *f* ^*aseguramiento de crédito*^

garantía directa *f* ^*garantía de responsabilidad directa*^

garantía de entrega *f* ^*garantía de suministro (UEC)*^ (def) Garantía bancaria para asegurar el cumplimiento de lo estipulado en contrato para plazos de entrega largos. Utilizada en comercio exterior y en contratación pública. Junto con la garantía de funcionamiento constituye un instrumento adicional al crédito documentario. (DV) **Lieferungsgarantie** *f* ^*Garantie*^ ^*Liefergarantie (GWL)*^ (def) Gewährleistung (Garantie) für die Erfüllung eines Kaufvertrages bei längeren Lieferzeiten; besonders im Auslandsgeschäft sowie als Bedingung bei Ausschreibungen gefordert. Die geforderte L[ieferungsgarantie] stellt entweder eine vom Abnehmer akzeptierte Bank im Inland oder eine ausländische Bank durch Vermittlung der Bank des Exporteurs. Höhe: ca. 10-20 % des Wertes des Objektes, für das der Zuschlag erteilt wurde. (GWL vs Liefergarantie); (expl 1) Die Liefergarantie beläuft sich wie die Vertragserfüllungsgarantie betragsmäßig auf 5-10 % des Kontraktwertes. (KSK); (expl 2) Hierbei verpflichtet sich die Bank als Avalkreditgeber zur Zahlung von Konventionalstrafen, falls der abgeschlossene Vertrag nicht ordnungsgemäß erfüllt wird. (DÄU); (kon) Umgekehrt musste Greiner bei diesem Vorhaben keine Lieferungsgarantie abgeben. (www.w-und-o.ch)

garantía de funcionamiento *f* ^*garantía de rendimiento*^ (def 1) (...) En términos comerciales se llama asimismo garantía la seguridad de buen funcionamiento, respaldada por la reparación gratuita, que los vendedores de ciertos productos, especialmente máquinas, dan durante un lapso determinado a los compradores. (DDU vs garantía); (def 2) Se trata de un tipo de fianza mercantil, es decir, que tiene por objeto asegurar el cumulimiento de un contrato mercantil, utilizado en el comercio exterior. El fiador o avalista es un banco. (DV) **Leistungsgarantie** *f* ^*Bankgarantie*^ ^*Garantie*^ (def) Vom jeweiligen Lieferanten im Außenhandel zu erstellende, meist mit der Bürgschaft einer Bank gekoppelte Garantie als Sicherheit dafür, dass die Lieferung oder die Ausführung der Aufträge die technischen Bedingungen auch nach Erstellung der Anlage erfüllt. (GWL) (expl 1) Absicherung von Seiten des Importeurs mittels Eventualverbindlichkeiten der Bank in Form von Aval. (KSK); (expl 2) Hierbei verpflichtet sich die Bank als Avalkreditgeber zur Zahlung von Konventionalstrafen, falls der abgeschlossene Vertrag nicht ordnungsgemäß erfüllt wird. (DÄU); (kon) Eastgate wird den Kunden in vielen Bereichen eine Leistungsgarantie geben und möchte sich damit mit der Hong Kong Telecom und mit Singapore Telecom messen. (www.localglobal.de)

garantía de licitación *f* (def) Modalidad de garantía bancaria que debe acompañar a las ofertas de licitación para responder de las obligaciones inherentes a la adjudicación de dicha licitación. (DCE) **Bietungsgarantie** *f* ^*Ausschreibungsgarantie*^ ^*bid bond*^ ^*tender guarantee (GWL)*^ ^*Garantie*^ (Komm) Im Auslandsbankgeschäft werden die Termini Ausschreibungs- und *Bietungsgarantie* synonym verwendet.; (def) Form der Bankgarantie, auch im Rahmen von Auslandsausschreibungen, für Kunden (Anbieter) dafür, dass alle Ausschreibungsbedingungen erfüllt und alle Leistungsinhalte (qualitativ und fristgemäß) erbracht werden können sowie für die Zahlung einer für Nichtannahme des Auftrags, für Nicht- oder Teilerfüllung oder im Mangelfall oder bei Verzug fälligen Verbotsstrafe; dient der Absicherung der ausschreibenden Stelle. (GWL) (Komm) Der Garantiebetrag einer Bietungsgarantie liegt meist über 2-5 % des Angebotswertes. (KSK); (expl) Bei öffentlichen Ausschreibungen besteht für die Auftraggeber das Risiko, dass das Unternehmen, das den Zuschlag erhält, den Auftrag nicht oder nicht vollständig ausführt. Die Lösung besteht in der Vereinbarung von Konventionalstrafen, die den Auftragnehmer binden und in der Absicherung durch eine Bietungsgarantie eines Kreditinstituts, das in Konventionalstrafe auch dann leistet, wenn der Auftraggeber nicht leisten will oder nicht (mehr) kann. (DRU); (kon) Gemäß den Ausschreibungsbedingungen muss eine Bietungsgarantie beigebracht werden. (www.sparkasse-koelnbonn.de)

garantía de monto máximo *f* ^*fianza limitada*^

garantía de pago *f* (def) Forma de garantía que asegura al acreedor en caso de que el deudor no cumpla con sus obligaciones de pago total o parcialmente. (DV) **Zahlungsgarantie** *f* ^*Garantie*^ (def) Form der Garantie. Z[ahlungsgarantien] sichern den Gläubiger für den Fall ab, dass der Schuldner seinen Zahlungsverpflichtungen nicht oder nur teilweise nachkommt. Bei Exportgeschäften wird die Z[ahlungsgarantie] oft mit einer Transfergarantie verbunden, wenn dies länderspezifische Risiken erforderlich machen. (GWL); (kon) Garantien werden meist von Banken übernommen und sind hauptsächlich Zahlungsgarantien. (GUF: 63)

garantía de participación *f* (def) Modalidad de garantía bancaria que debe acompañar a las ofertas de licitación para responder de las obligaciones inherentes a la adjudicación de dicha licitación. (DCE) **Ausschreibungsgarantie** *f* ^*Bietungsgarantie*^ ^*Garantie*^ (Komm) Im Auslandsbankgeschäft werden die Termini *Ausschreibungs-* und *Bietungsgarantie* synonym verwendet. (KSK); (expl) (Bietungsgarantie), wird häufig bei öffentlichen und privaten Ausschreibungen verlangt, besonders im Auslandsgeschäft, wenn die sich bewerbende Firma unbekannt ist. Die Bank übernimmt bei der Ausschreibungsgarantie die Gewähr dafür, dass die Firma ein ernsthaftes Angebot macht und nicht zurücktritt, bevor der Vertrag zum Abschluss kommt. Tritt dieser Fall doch ein, so haftet die Bank in der vereinbarten Höhe für die der ausschreibenden Stellen entstandenen Kosten und Nachteile. Wenn die Firma den Zuschlag erhält, tritt an die Stelle der Bietungsgarantie die Leistungs- oder Lieferungsgarantie der Bank (MÜS); (kon) Zunächst wird eine Ausschreibungsgarantie in Höhe von 5 % des Gegenstandswerts des betreffenden Projekts benötigt. (www.hallodubai.com)

garantía de reembolso de pago a cuenta *f* (def) Por medio de esta garantía el comprador se asegura el reembolso de los anticipos efectuados en el caso de que el vendedor no cumpla sus obligaciones. En el comercio internacional existen la cláusula roja y la cláusula verde en los créditos documentarios, con las cuales se cumple esta función. (TAM) **Anzahlungsgarantie** *f* ^*Garantie*^ (def) Verpflichtungserklärung von Seiten des Empfängers einer Anzahlung, diesen Betrag zurückzuzahlen, falls die im Kaufvertrag zur Lieferung vorgesehene Ware von ihm nicht geliefert wird. Im Auslandsgeschäft wird die A[nzahlungsgarantie] durch eine Bank mit selbstschuldnerischer Bürgschaft geleistet, wenn es der ausländische Besteller fordert; Form der Bankgarantie. (GWL); (Komm) Der Garantiebetrag lautet etwa auf 10-20 % des Auftragswertes und ist in der Höhe mit der geleisteten Anzahlung identisch.; (expl) Die etwa im Schiffsbau und im Großmaschinenbau sowie im Auslandsgeschäft üblichen Anzahlungen können verloren sein, wenn der Auftragnehmer seiner Lieferverpflichtung nicht nachkommt. Dies wird durch die Anzahlungsgarantie ausgeschlossen. Der Auftraggeber (Avalbegünstigter) erhält in diesem Fall von der Bank einen Betrag in Höhe der Anzahlung, die er dem Auftragnehmer (Avalkreditnehmer) geleistet hat. (DÄU); (kon) Anzahlungsgarantien sind hauptsächlich bei der Ausfuhr von Industrieanlagen und anderen langfristigen Investitionsgütern üblich. (www.hypovereinsbank.de)

garantía de rendimiento *f* ^*garantía de funcionamiento*^

garantía de responsabilidad directa *f* ^*fianza sin beneficio de excusión*^ ^*fianza solidaria (FHW)*^ ^*garantía autónoma (SCJ)*^ ^*garantía directa (SCJ)*^ (def) Se trata de un contrato accesorio de otro principal. (...) Consecuencia de esta subsidiariedad es el beneficio de excusión (...). Dicho beneficio es renunciable, lo que proporciona la existencia de la fianza solidaria, en virtud de la cual el acreedor goza de la posibilidad de dirigirse indistintamente contra el deudor o fiador, sin necesidad de excusión alguna. Ultimamente se ha desarrollado una variedad de esta fianza solidaria de gran raigambre en el mundo mercantil; es la conocida como »pago al primer requerimiento«, en virtud del cual, el acreedor, vencida la obligación, requiere al garante exigiéndole su cumplimiento y éste ha de satisfacer el pago de forma inmediata. (ESJ vs fianza); (kon) La garantía venía sucesivamente cedida a un banco austríaco (se trata, por consiguiente, de un típico caso de la denominada garantía directa o triangular con cesión de la misma a un tercero) (...). (SCJ: 509) **selbstschuldnerische Bürgschaft** *f* *^Bürgschaft^* (def) Form der Bürgschaft, bei der der Bürge auf die Einrede der Vorausklage verzichtet hat (§ 773 BGB). Der Gläubiger braucht also nicht gegen den Schuldner zu klagen; er kann sofort den Bürgen in Anspruch nehmen. Die selbstschuldnerische Bürgschaft ähnelt der Schuldmitübernahme, die Erklärung des Bürgen bedarf aber der Schriftform (§ 766 BGB). (GWL); (expl) Bevor der Gläubiger seine Rechte aus dem Bürgschaftsvertrag geltend machen kann, muss er ohne Erfolg eine Zwangsvollstreckung gegen den Hauptschuldner versucht haben. Ist das nicht geschehen, so kann der Bürge die sog. Einrede der Vorausklage geltend machen. Es ist jedoch auch möglich, dass – wie es in der Praxis die Regel ist – der Bürge auf die Einrede der Vorausklage von vorneherein verzichtet. Das macht den Bürgschaftsanspruch zur Kreditsicherung tauglicher, weil der Gläubiger seine Ansprüche schneller befriedigen kann. Diese Form der Bürgschaft bezeichnet man als selbstschuldnerische Bürgschaft. (WÖH); (kon) Zur Sicherung des Darlehens ist eine selbstschuldnerische Bürgschaft für den gesamten Darlehensbetrag beizubringen. (http://studentenwerk.tu-clausthal.de)

garantía subsidiaria *f* *^contrafianza^ ^fianza subsidiaria a favor del primer fiador^ ^garantía de fianza (DDU)^ ^retrogarantía^* (def) Se aplica a la acción o responsabilidad dispuestas para sustituir a otra principal en caso de fallar ésta. (DMM vs subsidiario); (Komm) El fiador se asegura con la fianza (garantía) prestada por otro fiador para el caso de que el deudor no haga frente al pago. En ese caso el primer fiador paga y puede pedir el reembolso directamente al segundo fiador. **Rückbürgschaft** *f* *^Bürgschaft^ ^Bürgschaft für Regressschuld (WDW)^ ^Nachbürgschaft^* (def) Person, die sich einem Bürgen für den Fall, dass er aus der Bürgschaft in Anspruch genommen wird, für die Sicherheit des dem Bürgen vom Hauptschuldner zu leistenden Ersatzes verbürgt. (GWL); (Komm) Im Gegensatz zur Rückbürgschaft, mit der eine Absicherungskette von Seiten des Bürgen gewährleistet wird, erfolgt bei der Nachbürgschaft eine doppelte Absicherung von Seiten der Banken.

garantía de suministro *f ^garantía de entrega^*

garantizado *m ^beneficiario de la garantía^*

gastos (1) *mpl ^gastos del periodo por consumo de bienes o servicios ^* (def) En la terminología alemana, el término *Aufwendungen* refleja las salidas de dinero en la cuenta de pérdidas y ganancias, es decir, los gastos. Según la definición alemana, se entiende por *Aufwendungen* el valor de bienes y prestaciones de servicios absorbidos durante el proceso de producción de una empresa. Contribuyen, por consiguiente, a una reducción del patrimonio neto. (DV); (Komm) Die zweite aufgeführte Übersetzungsmöglichkeit bietet sich an, wenn durch den Terminus *gastos* der Begriff *Aufwendungen* nicht treffend übersetzt werden kann. In diesem Fall ist eine Umschreibung des Begriffs nötig. Der zweiten Übersetzungsmöglichkeit zufolge ist in *Aufwendungen* nicht der Wert von entrichteten Leistungen enthalten, die erst später in Anspruch genommen werden (z. B. Benzinverbrauch, der erst nach der Bezahlung einsetzt). (Vgl. Schemata im Anhang). **Aufwendungen** *pl ^Aufwand (GUF)^ ^Erfolg^ ^Erträge^ ^Gewinn^ ^Verlust^* (Komm) Der Fachliteratur zufolge sind die Termini *Aufwand* und *Aufwendungen* Synonyme.; (def) Erfolgsrechnerischer Begriff des Jahresabschlusses (Gewinn- und Verlustrechnung). Aufwendungen repräsentieren den Wert der in der Rechnungsperiode verbrauchten oder verzehrten Güter und Dienstleistungen einer Unternehmung. Sie stehen den Erträgen (...) gegenüber. (...) (LKC); (kon) Bekanntlich gibt es Aufwendungen, die erst zu einem späteren Zeitpunkt zu Ausgaben werden (zum Beispiel Abschreibungen), während andererseits Umsatzerlöse aus Zielverkäufen dem Unternehmen erst später als Einzahlungen zufließen. (GUF: 79) **gastos (2)** *mpl ^gastos por compra de bienes o contratación de servicios ^* (Komm) Die zweite angeführte Übersetzungsmöglichkeit bietet sich an, wenn durch den Terminus *gastos* der Begriff *Ausgaben* nicht treffend übersetzt werden kann. In diesem Fall ist eine Umschreibung des Begriffs nötig. Bei der Begriffsabgrenzung sollte beachtet werden, dass Ausgaben immer zu einer Verringerung der liquiden Mittel führen (vgl. Schemata im Anhang).; (def) Costo, coste, importe en dinero desembolsado por la realización de una actividad. Equivalente monetario de las compras realizadas, haciendo referencia al momento de adquisición. Conjunto de desembolsos y pagos, normalmente en dinero aunque se admiten otro tipo de bienes o valores, realizados dentro del normal ejercicio y funcionamiento de una actividad económica. En materia presupuestaria, los gastos que se contraponen a los ingresos, se señalan como partida periódica para hacer frente a las necesidades previstas. (DEI); (expl) Gastos y pagos: Estos términos se confunden habitualmente en el lenguaje coloquial, sin embargo la Contabilidad los otorga significados distintos. Decimos que se ha producido un gasto en el momento en que se contrae el compromiso de pago, independientemente de que este se produzca o no. Quiere decir esto, por ejemplo, que en una compra al contado coinciden en el tiempo el gasto y el pago, pero en una compra a crédito el gasto se produce en el momento en que efectuamos la compra mientras que el pago puede producirse mucho tiempo después. (ABC: 19); (kon) Económicamente una empresa es rentable siempre que el conjunto de sus ingresos sea superior al conjunto de sus gastos. (FEI: 1.5) **Ausgaben** *fpl ^Einnahmen^* (def) (...) Monetäres Äquivalent der beschafften Menge an Gütern und Dienstleistungen. Ausgaben führen zu einer Abnahme des Geldvermögensbestandes, d. h. des Bestandes an liquiden Mitteln (Bargeld und Sichtguthaben) und Forderungen abzüglich des Bestandes an Verbindlichkeiten. Ausgaben können, müssen aber nicht mit einem unmittelbaren Abfluss von Zahlungsmitteln verbunden sein (...). Bei Ratenkauf bzw. Kauf auf Kredit entstehen Ausgaben (...), die erst zu einem späteren Zeitpunkt durch Auszahlung getilgt werden. (...) (BRO); (kon) Jede Investition im Sinne einer Beschaffung von Realgütern zur Durchführung der betrieblichen Tätigkeit verursacht Ausgaben und setzt die Verfügbarkeit finanzieller Mittel voraus. (GUF: 7)

gastos accesorios *mpl ^gastos adicionales^*

gastos adicionales *mpl ^gastos accesorios (CAI)^* (def) Son costes que tienen una relación con otros costes normalmente más importantes. (DV); (kon) El precio de adquisición comprenderá el consignado en factura más todos los gastos adicionales que se produzcan hasta que los bienes se hallen en almacén, tales como transportes, aduanas, seguros, etc. (LAG: 67) **Nebenkosten** *pl ^Kosten^* (def 1) Kosten, für die eine enge sachliche Verknüpfung zu einer bestimmten, betragsmäßig zumeist weit bedeutsameren Kostenart besteht. (GWL); (def 2) Nichtzinsmäßige Kosten des Bank- und Geldverkehrs einer Unternehmung, z. B. Gebühren, Spesen der Bank usw. (BAL); (kon) Die Kreditbeschaffung erfolgt schnell, unkompliziert und unbürokratisch, mit geringen Nebenkosten. (GUF: 48)

generar *vt* (def) Causar, ocasionar, formar, producir. (AEI); (kon) Cuando se percibe el capital derivado de un seguro de vida o de invalidez, el perceptor obtiene un incremento de capital que se ha generado en varios años. (CAI: 23) **erwirtschaften** *vt* (Komm) Die Definitionen des Begriffs *erwirtschaften* in allgemeinsprachlichen Wörterbüchern beziehen sich nicht konkret auf seine wirtschaftliche Bedeutung. In den konsultierten fachsprachlichen Wörterbüchern konnte der Terminus nicht nachgewiesen werden.; (def) Ein Ergebnis durch möglichst rationelle Verwendung der zur Verfügung stehenden Mittel erzielen. (DV); (kon) Die interne Finanzierung setzt die Ertragskraft eines Unternehmens voraus; denn nur aus tatsächlich erwirtschafteten Erträgen können durch den Betrieb selbst zusätzliche Mittel aufgebracht werden. (GUF: 74)

gerencia *f ^dirección (DEI)^* (def) Administración y dirección de una empresa o sociedad por encargo o mandato, que tiene el fin de cumplir de la manera más eficiente posible una serie de objetivos preestablecidos. (DEN); (kon) El factoring (...) disminuye (...) la presión y las preocupaciones de la gerencia. (HCF: 39/40) **Geschäftsführung** *f ^Geschäft^* (def) Die G[eschäftsführung] steht den Gesellschaftern gemeinschaftlich zu; für jedes Geschäft ist Zustimmung aller Gesellschafter erforderlich (§ 709 BGB). 1. Durch abweichende Vereinbarung kann die G[eschäftsführung] einem oder mehreren Gesellschaftern unter Ausschluss der übrigen übertragen werden oder kann Mehrheitsbeschluss für verbindlich erklärt werden; Stimmenmehrheit ist im Zweifel nach Kopfzahl zu berechnen. Die geschäftsführenden Gesellschafter sind, soweit im Gesellschaftsvertrag nichts anderes bestimmt, auch zur Vertretung der Gesellschaft berechtigt (§ 714 BGB). 2. Entziehung der im Gesellschaftsvertrag einem oder bestimmten Gesellschaftern übertragenen Geschäftsführung bei wichtigem Grund, z. B. grober Pflichtverletzung oder Unfähigkeit zur ordnungsgemäßen Geschäftsführung, durch einstimmigen Beschluss der übrigen Gesellschafter; falls nach Gesellschaftsvertrag Stimmenmehrheit entscheidet, genügt Mehrheitsbeschluss der übrigen (§ 712 BGB). Wird die Geschäftsführungsbefugnis entzogen, steht sie künftig allen Gesellschaftern gemeinsam zu; ebenso mangels anderer Abrede bei Auflösung der Gesellschaft (§ 730 II BGB). (GWL); (kon) Durch die klare Trennung einer Kapitalgesellschaft von der Privatsphäre der Gesellschafter sowie die im Gesetz verankerte Möglichkeit, die Geschäftsführung auch Nichtgesellschaftern zu übertragen, sind die Kapitalgesellschaften in stärkerem Maße auf Dauer angelegte Unternehmungsformen. (GUF: 32)

gestión de cobros *f* (def) Actividad realizada por los bancos, cajas u otras entidades financieras consistente en ocuparse del cobro de los efectos o facturas que sus clientes les han dado para ello. (DEN); (kon) Por otro lado, es bien conocido el importante papel que desempeña en la empresa una buena gestión de cobros, utilizando mecanismos como los descuentos por pronto pago. (BFF: 22) **Inkassowesen** *n* *^Mahnwesen^* (def) Einzug von fälligen Forderungen, meist durch finanzwirtschaftliche Institutionen (Post, Banken, Inkassogesellschaften) für Dritte, unentgeltlich oder gegen Inkassoprovision (Akkreditive, Schecks, verloste Wertpapiere, Wechsel). (...) (BFL); (kon) Die Ausgliederung von Inkasso- und Mahnwesen bringt Ersparnisse an Verwaltungskosten (Personal-, Raum-, Büroausstattungskosten). (GUF: 60)

gestión empresarial *f* *^dirección de la empresa^* (def) Acción consistente en la ejecución y toma de decisiones en la empresa. El dinamismo de la empresa dependerá de su gestión, la cual implica la búsqueda de equilibrio en las actividades que realice. (AEE); (kon) De todo lo dicho hasta ahora se desprende que una correcta gestión empresarial ha de obtener los recursos suficientes para sustituir todas sus inversiones al final de su vida útil. (SMA: 81) **Unternehmensführung** *f* *^Management (GWL)^* (def 1) Anglo-amerikanischer, im Rahmen des betriebswirtschaftlichen Sprachgebrauchs verwandter Begriff für die Leitung eines Unternehmens. Management umfasst alle Aufgaben, die die Leitung eines Unternehmens in allen ihren Bereichen mit sich bringt. Management ist damit wesentlich mehr als Verwaltung. Seit der Jahrhundertwende sind die Probleme der Betriebs- und Geschäftsleitung in den USA, auch in Deutschland in ständig steigendem Maße wissenschaftlich untersucht worden. (GWL vs Management); (def 2) Als Unternehmensführung werden einerseits die Tätigkeiten des Führens (Führungsfunktion, Führungsverhalten), andererseits die Tätigkeiten der Führung (Führungsinstitutionen) verstanden. (HWW); (kon) Geordnete Finanzen sind die Grundlage für jede erfolgreiche Unternehmensführung. (GUF: 79)

gratificación *f* (Komm) Der Terminus *gratificaciones extraordinarias* wird im Gesetz verwendet. Im allgemeinen Sprachgebrauch ist der Terminus *pagas extraordinarias* eher üblich.; (def 1) Recompensa pecuniaria por un servicio eventual o por una prestación extraordinaria. (...) En sentido laboral estricto, beneficio económico, más en concreto, cierta suma de dinero que el empresario concede en forma excepcional, y también habitualmente, a sus subordinados, en razón de los servicios prestados por éstos y por las ventajas que en forma directa o indirecta le hayan reportado a la empresa. (DDU); (def 2) Compensación monetaria que se da a cambio de un servicio prestado de forma eventual o como recompensa por un buen rendimiento obtenido en el desempeño de la actividad laboral. (DEN); (expl 1) Rechtsgrundlage: Art. 31 § 2 del Código del Trabajo: Gratificaciones extraordinarias: El trabajador tiene derecho a dos gratificaciones extraordinarias al año, una de ellas con ocasión de las fiestas de Navidad y la otra en el mes que se fije por convenio colectivo o por acuerdo entre el empresario y los representantes legales de los trabajadores. Igualmente se fijará por convenio colectivo la cuantía de tales gratificaciones. No obstante, podrá acordarse en convenio colectivo que las gratificaciones extraordinarias se prorrateen en las doce mensualidades.; (expl 2) pagas extraordinarias: Son dos al año y se pagan en los meses de junio y diciembre. Su importe será al menos de una mensualidad de sueldo y trienio. (INE: 4); (kon) Las ganancias incluyen: El salario base – complementos salariales que pueden ser: (...) De vencimiento periódico superior al mes tales como gratificaciones, pagas extraordinarias, participación en beneficios etc. (RES: 7) **Gratifikation** *f* *^Arbeitsentgelt^* (def 1) G[ratifikation] ist ein Teil des Arbeitslohns, der aus besonderen Anlässen (z. B. Weihnachten, Dienstjubiläum) neben dem laufenden Gehalt (Lohn) gezahlt wird. Die G[ratifikation] kann freiwillig geleistet werden, (...) oder auf einer Rechtspflicht (...) beruhen.

Die G[ratifikation] unterliegt dem Gleichbehandlungsgrundsatz. Anspruch nur, wenn das Arbeitsverhältnis im maßgeblichen Zeitpunkt noch besteht. (...) (CRL); (def 2) (...) G[ratifikationen]. sind keine Schenkungen; sie sind i. d. R. Anerkennung für geleistete Dienste und Anreiz für weitere Dienstleistung. Auf die Zahlung einer G[ratifikation] besteht weder kraft Gesetzes noch der Fürsorgepflicht des Arbeitgebers ein Rechtsanspruch. Es ist eine besondere Rechtsgrundlage erforderlich. (GWL); (kon) Viele Arbeitgeber haben über Jahre hinweg vorbehaltlos bestimmte Gratifikationen (z. B. 13. Monatsgehalt, Urlaubsgeld, Weihnachtsgeld) an ihre Arbeitnehmer gezahlt. (www.sakowski.de)

gratificación extraordinaria *f ^gratificación de Navidad^*

gratificación con ocasión de las fiestas de Navidad *f ^gratificación de Navidad^*

gratificación de Navidad *f ^gratificación con ocasión de las fiestas de Navidad^ ^gratificación extraordinaria (DTA)^ ^paga de Navidad (SAE/RES)^* (Komm) Die angeführten Termini fallen unter den Oberbegriff *pagas extraordinarias*. In der Fachliteratur und auch in der Umgangssprache wird häufig der Terminus *paga de Navidad* verwendet.; (expl) Rechtsgrundlage: Art. 3 § 2 del Código del Trabajo: Gratificaciones extraordinarias: El trabajador tiene derecho a dos gratificaciones extraordinarias al año, una de ellas con ocasión de las fiestas de Navidad y la otra en el mes que se fije por convenio colectivo o por acuerdo entre el empresario y los representantes legales de los trabajadores. Igualmente se fijará por convenio colectivo la cuantía de tales gratificaciones. No obstante, podrá acordarse en convenio colectivo que las gratificaciones extraordinarias se prorrateen en las doce mensualidades.; (kon) Pagos extraordinarios. Se refiere a los pagos de vencimiento superior al mes y no prorrateados (paga de navidad, beneficios). (RES: 22) **Weihnachtszuwendung** *f ^Arbeitsentgelt^ ^Weihnachtsgratifikation (GWL)^ ^Weihnachtsgelder (GUF)^* (Komm) Während die Termini *Weihnachtszuwendung* und *Weihnachtsgratifikation* meist in Fachtexten verwendet werden, kommt der Terminus *Weihnachtsgeld* häufig auch in der Umgangssprache vor.; (def) W[eihnachtszuwendungen] gehören zum Arbeitsentgelt und sind beitragspflichtig. Die darauf entfallenden Beiträge sind im Monat ihrer Auszahlung zu entrichten. Sie sind dem Lohnabrechnungszeitraum zuzuordnen, in dem sie ausgezahlt werden; d. h. die W[eihnachtszuwendungen] sind über die monatliche Beitragsbemessungsgrenze hinaus beitragspflichtig, da für die Beitragsberechnung nicht nur die Gesamteinnahme dieses einen Monats von Bedeutung ist, sondern alle bis zu diesem Monat beim gleichen Arbeitgeber erzielten Entgelte dieses Jahres. Beitragspflicht besteht, soweit die Beitragsbemessungsgrenze bei der Summe aller Einnahmen im Gesamtzeitraum nicht überschritten wird. Beitragspflicht besteht entsprechend auch bei Zahlung der W[eihnachtszuwendung] in an sich beitragsfreier Zeit oder bei Zahlung nach Beendigung des Beschäftigungsverhältnisses. Zuordnung erfolgt zu dem letzten Lohnabrechnungszeitraum im Kalenderjahr (GWL); (kon) Eine derartige Betriebsübung hat man vor allem bei mehrfacher Gewährung gleichartiger Sozialleistungen (z. B. dreimalige Gewährung einer Weihnachtsgratifikation) angenommen und ihr für die Zukunft anspruchsbegründete Wirkung beigelegt. (AZL: 67)

H

haber (1) *m* (def) En un sistema contable de doble entrada, parte derecha de las hojas de contabilidad. En el haber se anotan las disminuciones, si la cuenta es de activo; los aumentos, si es de pasivo, y los ingresos y ganancias, si es una cuenta de pérdidas y ganancias, es decir, recoge todos los abonos contables. (DEN); (kon) Las cuentas de gastos, que habitualmente tendrán saldo deudor, se colocarán así en el haber y las de ingresos en el debe. (ABC: 95) **Haben** *n ^Soll^* (def) Rechte Bankkontoseite. Auf ihr werden Gutschriften auf dem Konto des Kunden verbucht. (...) (BAL); (kon) Ganz gleich um welches Konto es sich handelt, die linke Seite ist mit »Soll« und die rechte mit »Haben« überschrieben. (WAS: 31) **haber (2)** *m ^saldo acreedor (DEN)^ ^saldo activo (GWW)^* (def 1) En el ámbito bancario, situación en la que en una cuenta corriente o de ahorro hay fondos a favor de su titular. (DEN vs saldo acreedor); (def 2) En un sistema contable de doble entrada, parte derecha de las hojas de contabilidad. En el haber se anotan las disminuciones, si la cuenta es de activo; los aumentos, si es de pasivo, y los ingresos y ganancias, si es una cuenta de pérdidas y ganancias, es decir, recoge todos los abonos contables. (DEN); (kon) Así, para cada cuenta conoceremos la suma total de las operaciones registradas tanto en el debe como en el haber y su saldo en un momento dado. (ABC: 93) **Guthaben** *n* ^*Gutschrift*^ ^*Lastschrift*^ (def) Geldbestand eines Bankkunden bei seiner Bank auf seinem Konto. Auch: Differenz (...) auf einem Konto zwischen der Summe der Gutschriften und der Lastschriften, wobei erstere größer ist. (BAL); (kon) Im besonderen kommen Grundstücke und Gebäude (Eigenheim) sowie Vermögenswerte, die beim Kreditinstitut angelegt und hinterlegt sind (Guthaben, Wertpapiere) in Betracht. (RPB: 150)

haber social resultante de la liquidación *m* ^*patrimonio resultante de la liquidación*^

hipoteca *f* (def) La hipoteca, en general, hace referencia a la hipoteca inmobiliaria (...). De este concepto se desprende que la hipoteca es un derecho real de garantía que se impone como medida de aseguramiento de una obligación de tal modo que, en caso de incumplimiento, el acreedor hipotecario se encuentra legitimado para proceder a la satisfacción forzosa de su derecho de crédito, a través de los procedimientos legales establecidos para el ejercicio de la acción hipotecaria, realizando el valor de los bienes hipotecados, enajenándolos y percibiendo el producto de la venta, independientemente de quién sea en el momento de la ejecución el poseedor o propietario de los mismos. La hipoteca es un derecho real que sujeta directa e inmediatamente los bienes sobre los que se impone, pero que no requiere el desplazamiento de la cosa hipotecada, quedando ésta en poder del deudor hipotecario. Además tiene carácter accesorio a la misma, corriendo la misma suerte de la obligación principal, lo que implica que la extinción de la obligación supone la de la hipoteca. Uno de los requisitos constitutivos de la hipoteca para su plena validez y eficacia es la necesidad de constancia en escritura pública y su inscripción en el Registro de la Propiedad, así como en los demás Registros oficiales o administrativos cuando sea necesario. La hipoteca garantiza tanto el importe nominal del principal como los intereses y rentas que se hubieran devengado desde su constitución, siempre y cuando no se hubiere pactado lo contrario. Así pues, cuando en la escritura se hubiera hecho constar el importe de los intereses que genera la obligación, éstos quedan igualmente amparados con la garantía hipotecaria. (...) (DEI); (expl) Rechtsgrundlage: Art. 1.782 del Código Civil: La hipoteca es un derecho real sobre los bienes inmuebles, que se sujetan al cumplimiento de una obligación.; (kon) La comparación de precios de hipotecas o préstamos de vivienda lo ayudará a conseguir términos de financiamiento más favorables. (www.ftc.gov) **Hypothek** *f* ^*Grundpfandrechte*^ (def) zu den Grundpfandrechten zählendes eingeschränktes dingliches Grundstücksrecht zur Sicherung einer Forderung. Mit der Hypothek wird ein Grundstück oder Miteigentumsanteil hieran in der Weise belastet, dass an den Berechtigten eine bestimmte Geldsumme wegen einer ihm zustehenden oder künftigen bedingten Forderung aus dem Grundstück zu zahlen ist (...). Der Grundstückseigentümer haftet also mit dem Wert des Grundstücks. Belastet werden können auch grundstücksgleiche Rechte wie Erbbaurechte. Dagegen gibt die Hypothek kein Recht auf Besitz an dem Grundstück. (BRO); (expl 1) Die Hypothek ist in ihrem Bestand abhängig von einer zu sichernden Forderung, d. h., die Höhe der Hypothek ist abhängig vom Forderungsbestand. Entsteht keine Forderung, kann auch keine Hypothek entstehen. Dieser Zusammenhang wird als Akzessorietät bezeichnet. Eine Hypothek und Forderung können nur gemeinsam übertragen werden (...). Dies gilt nicht nur bei rechtsgeschäftlichem Erwerb (...), sondern auch bei Erwerb der Hypothek durch Erbgang (...) oder im Weg der Zwangsvollstreckung kraft gerichtlicher Anordnung (...). In der Bankpraxis spielt die Hypothek als Sicherungsmittel kaum noch eine Rolle; sie wurde fast vollständig von der Grundschuld verdrängt. Auf eine Darstellung des Hypothekenrechts kann aber keinesfalls verzichtet werden, weil das Recht der Grundschuld weitgehend durch Verweisung auf die für die Hypothek geltenden Vorschriften geregelt ist (...), also auf diesen aufbaut. (BRS: Teil 12, Kap. 7.2: 1); (expl 2) Der Unterschied zwischen Grundschuld und Hypothek besteht darin, dass die Grundschuld schlechthin die Zahlung einer bestimmten Geldsumme aus dem Grundstück zum Inhalt hat, während bei der Hypothek die Geldsumme an den Berechtigten zur Befriedigung wegen einer ihm zustehenden Forderung zu zahlen ist. (BGBW: 630); (expl 3) Rechtsgrundlage: § 1113 BGB: 1) Ein Grundstück kann in der Weise belastet werden, dass an denjenigen, zu dessen Gunsten die Belastung erfolgt, eine bestimmte Geldsumme zur Befriedigung wegen einer ihm zustehenden Forderung aus dem Grundstücke zu zahlen ist (Hypothek).;

(kon) Die Hypothek ist akzessorisch, sie ermäßigt sich also und erlischt mit der Kreditforderung. (GUF: 67)

hipoteca independiente *f* *^deuda territorial (DDU)^* (Komm) Der Terminus *hipoteca abstracta* ist gemäß DDU ebenfalls eine Übersetzungsmöglichkeit für den Terminus *Grundschuld*. Nach Rücksprache mit spanischen Juristen wird jedoch folgender Einwand bezüglich der unter (2) angeführten Übersetzungsvorschläge vorgebracht: Eine Hypothek ist laut Definition sowohl im Deutschen als auch im Spanischen an eine Forderung gebunden (Akzessorietät). Die Termini *hipoteca abstracta* und *hipoteca independiente* erscheinen daher paradox, denn die Adjektive *abstracta* und *independiente* weisen auf etwas hin, das »ungebunden« ist. Aus diesem Grund wird empfohlen, für den Terminus *Grundschuld* die wörtliche Übersetzung *deuda torritorial* zu wählen. Andernfalls könnten sich Missverständisse ergeben.; (def) La carente de vínculo registral entre el crédito y la hipoteca que lo garantiza. En tal hipoteca, para fines de movilización territorial, se reserva al propietario el establecimiento del rango hipotecario. La hipoteca pierde así su carácter accesorio, para transformarse en un valor preferentemente económico. Para Giménez Arnau constituye el gravamen que se supone existente a favor del dueño de la finca gravada y que hace a éste acreedor con garantía real sobre su inmueble, en el grado y con la preferencia señalada por la antigüedad de un título hipotecario. La institución ha tenido favorable acogida en el Derecho alemán. (DDU) **Grundschuld** *f*

hoja principal de una acción sin cupones ni talón *f ^título sin cupones^*

I

impagados *mpl ^sistema monitorio^*

importe *m* (def) Cuantía, cantidad total de dinero en una operación. (DEI); (kon) La diferencia entre ambos importes, constituida por los gastos financieros de la operación, se contabilizará como gastos a distribuir en varios ejercicios. (SSD: 355); (kon) Una muestra de esta consolidación es el Acuerdo de Cooperación Económica y Financiera para el período 1998-2000, por el que España pone a disposición de Turquía facilidades financieras por importe de 410 millones de dólares con el objetivo de dar cobertura a los proyectos españoles de diversos sectores. (REE: 91) **Betrag** *m* (def) bestimmte Geldsumme (DAB); (kon) Wird Wandelrecht von Obligationären ausgeübt, verwandelt sich in Höhe entsprechender Beträge Fremdkapital in Eigenkapital. Wandlungsobjekte sind in der Regel Stammaktien, in die umgewandelt wird. (GUF: 44)

impositivo *adj ^fiscal^*

impuestos *mpl* (def) (...) Los impuestos son los tributos exigidos sin contraprestación, cuyo hecho imponible está constituido por negocios, actos o hechos de naturaleza jurídica o económica, que ponen de manifiesto la capacidad contributiva del sujeto pasivo, como consecuencia de la posesión de un patrimonio, la circulación de bienes o la adquisición o gasto de la renta. Igualmente, participan de la naturaleza de los impuestos las denominadas exacciones parafiscales cuando se exijan sin especial consideración a servicios o actos de la Administración que beneficien o afecten al sujeto pasivo. Los impuestos, como una especialidad de los tributos, son unas obligaciones pecuniarias de Derecho público, impuestas legalmente a favor del Estado u otro ente público, que se origina por la realización del hecho imponible por el sujeto pasivo. La nota principal de los impuestos es la falta de correspondencia recibida por el Estado, lo que los diferencia de las tasas y contribuciones especiales en donde dicha equivalencia o correspondencia se aprecia más de forma inmediata. Por otra parte, los impuestos, que en cualquier caso habrán de ser establecidos por ley, ponen de manifiesto la coacidad contributiva del sujeto pasivo. (DEI); (kon) El dominio normativo de los impuestos a nivel comunitario puede convertirse a su vez en un importante instrumento para la aproximación de las políticas económicas de los Estados miembros cuando se puedan determinar márgenes estrechos para la fijación de los tipos impositivos de la imposición indirecta y de la imposición de sociedades. (SFE: 4) **Steuern** *fpl ^Abgaben^* (def) Steuer ist die einmalige oder laufende Geldleistung, die nicht eine Gegenleistung für eine besondere Leistung darstellt und die von einem öffentlich-rechtlichen Gemeinwesen zur Erzielung von Einnahmen allen auferlegt wird, bei denen der Tatbestand zutrifft, an den das Gesetz die Leistungspflicht knüpft. (...) St[euern] sind ein Teil der öffentlichen Abgaben. (...) St[euern] sind über den Einnahmezweck hinaus Instrumente der Wirtschafts- und Sozialpolitik (...). Die St[euern] teilt man wie folgt ein: 1. Nach der Ertrags- oder Verwaltungshoheit: Bundes-, Landes-, Gemeinde- und Kirchensteuern (...). 2. Nach dem Gegenstand der Besteuerung: a) Personen (Subjekt)steuern, Real (Objekt-)steuern. b) Ertragsteuern (...). c) Besitzsteuern (...). 3. Nach der Auswirkung beim Schuldner: direkte und indirekte Steuern: 4. Kostensteuern (gehen in die Gewinnermittlung ein) und aus dem Gewinn zu entrichtende Steuern. 5. Laufende (ordentliche) Steuern, z. B. Einkommenssteuer, und einmalige (außerordentliche) Steuern (...). (CRL); (kon) In einem Unternehmen fallen ständig die verschiedensten Ausgaben an: Fällige Wechsel müssen bezahlt, vorgelegte Schecks eingelöst, Löhne und Gehälter gezahlt werden, Steuern sind zu bestimmten Terminen zu entrichten. (GUF: 81)

incorporación al certificado *f ^incorporación al título-valor^*

incorporación al título-valor *f ^incorporación al certificado^* (expl 1) (...) El título-valor como objeto de derecho. La incalculable ventaja técnica de la fusión del derecho con el documento en los títulos-valores consiste en que el derecho toma, por decirlo así, la forma del documento y se hace visible en sus transmisiones: el título no sólo prueba el derecho, sino que lo lleva consigo. (...) (GCB: 111); (expl 2) (..) La incorporación de los derechos de socio al título-acción permite que éste cumpla además de una función probatoria una permanente función dispositiva, transmitiendo los derechos con la circulación del documento y legitimando al adquiriente para el ejercicio de los mismos. (...) La más acusada peculiaridad de la acción es la de ser un título que incorpora derechos de carácter corporativo; las acciones son sencillamente títulos de participación social. Por otro lado, como los derechos de la acción no están definidos y delimitados exclusivamente por el tenor de la misma, la nota de la literalidad peculiar de los títulos de crédito está notablemente disminuida en ella, al propio tiempo que se deja transparentar fácilmente su carácter de título causal. (UDM: 174) **Verbriefung** *f* (def) Verkörperung von Rechten durch Urkunden mit Wertpapiercharakter. Zulassungsansprüche können durch Schuldverschreibungen verbrieft sein. Aktionärsrechte werden i. d. R. durch die Aktienurkunde verbrieft. (BAL); (kon) Nimmt man die Markt-(Verkehrs-)fähigkeit der Obligationen infolge ihrer Verbriefung in der Form vertretbarer Wertpapiere (Effekten) hinzu, so wird die sehr große langfristige Schuldsumme eines Emittenten in viele kleine fungible Anlagebeträge finanzschwacher Sparer mit evtl. auch nur relativ kurzfristigen Anlageengagements transformiert. (GUF: 40)

índice de endeudamiento *m ^ratio de endeudamiento^*

INEM *m* (Komm) Akronym für *Instituto Nacional de Empleo.* Diese spanische Institution entspricht der *Bundesagentur für Arbeit* in Deutschland. Seit 2003 ist die offizielle Bezeichnung dieser Institution *Servicio Público de Empleo Estatal.* Im Sprachgebrauch und auch in offiziellen Dokumenten wird jedoch immer noch *Instituto Nacional de Empleo* verwendet.; (kon) El INEM se estructura en Servicios Centrales y Territoriales. (INE: 294) **BA** *f ^Bundesagentur für Arbeit^ (kon)* Wegen der hohen Kosten für den virtuellen Arbeitsmarkt hat die Innenrevision der Bundesagentur für Arbeit (BA) die Staatsanwaltschaft benachrichtigt. (www.heise.de)

ingresos (1) *mpl ^ingresos de explotación que contribuyen a un aumento del patrimonio^* (Komm) Die zweite Übersetzungsmöglichkeit dient zur genaueren Spezifizierung des Begriffs *Erlöse* und ist empfehlenswert in Fällen, in denen der Terminus *ingresos* nicht ausreicht, um den deutschen Begriff wiederzugeben. Das hier angegebene Äquivalent ist eine Begriffsumschreibung. Erlöse stellen ebenso wie Kosten ein objektives Bild des Erfolges einer Unternehmung dar. Dieses Bild sollte möglichst unverzerrt von gesetzlichen Bestimmungen sein, die von unternehmensfremden Aspekten beeinflusst werden. Aus diesem Grund wirken sich steuerliche Einflüsse oder Erlösschmälerungen (disminuciones de ingreso), wie z. B. Preisnachlasse aufgrund mangelhafter Güterqualität, nicht auf den Erlös aus (vgl. Schemata im Anhang). In der Fachliteratur wird der Terminus *Leistungen* auch als Synonym für *Erlöse* verwendet, da dieser vor Einführung des Terminus *Erlös* in Gebrauch war. *Leistungen* wird in Fachtexten jedoch immer weniger verwendet, da es zu Verwechslungen mit dem in der Wirtschaftsterminologie verwendeten Begriff *Leistungen* im Sinne von Sach- bzw. Dienstleistungen kommen kann.; (def) En la terminología alemana, el concepto de *Erlöse* (ingresos) se contrapone en la cuenta de pérdidas y ganancias a *Kosten* (costes). (Ver esquema en el anexo). En general, *Erlöse* reflejan al igual que *Erträge*, el valor de los bienes y prestaciones de servicio producidos y

recibidos de la empresa durante un cierto periodo. La diferencia importante entre estos dos términos es que *Erlöse* reflejan el resultado »objetivo de una empresa«, es decir, un resultado que no está influido o alterado por disposiciones legales. Los *Erlöse* ofrecen principalmente información relevante para fines internos de la empresa. Normalmente, esta información no se difunde fuera de la empresa. (DV); (kon) En esta cuenta se registran todos los ingresos y todos los gastos en los que ha incurrido la empresa durante el ejercicio. (ABC: 38) **Erlöse** *mpl* ^*Kosten*^ ^*Leistungen*^ (def) Auf besonderen Ertragskonten ausgewiesener Gegenwert aus Verkauf, Vermietung und Verpachtung von Produkten, Waren und Dienstleistungen, vermindert um Umsatzsteuer und Erlösschmälerungen (Umsatzerlös). Die E[rlöse] umfassen in der Gewinn- und Verlustrechnung (GuV) (§ 275 HGB) die Umsatzerlöse und einen Teil der sonstigen betrieblichen Erträge. (...) (GWL); (kon) Der in jedem Unternehmen sich vollziehende betriebliche Kreislauf zwischen Geld- beziehungsweise Sacheinlagen, Erstellung von Gütern oder Bereitstellung von Dienstleistungen und daraus erzielten Umsatzerlösen muss durch den Finanzplan hinsichtlich der Zahlungsströme so gesteuert werden, dass die Erlöse so früh wie möglich zu Einzahlungen werden. (GUF: 81) **ingresos (2)** *mpl* ^*ingresos que contribuyen a un aumento patrimonial*^
(Komm) Die zweite hier aufgeführte Übersetzungsmöglichkeit (Umschreibung des deutschen Begriffs) dient zur genaueren Spezifizierung des deutschen Begriffs. Sie ist in Kontexen empfehlenswert, in denen der Terminus *ingresos* nicht ausreicht, um den deutschen Begriff treffend zu übersetzen. Zur Bedeutung des Begriffs: Der monetäre Wert aus dem Verkauf von Gütern zählt nicht zu *Erträgen*, da dadurch das Nettovermögen einer Unternehmung nicht erhöht wird. *Erträge* piegeln den monetären Wert von erstellten Gütern oder Dienstleistungen wider, ungeachtet der Tatsache, ob diese veräußert wurden oder nicht (z. B. gelagerte Güter, die produziert wurden und somit einen Wertzuwachs für das Unternehmen zur Folge haben). (Vgl. Schemata im Anhang).; (def) En la terminología alemana, se llaman *Erträge* o *Ertrag* a las entradas de dinero en la cuenta de pérdidas y ganancias. Representan el valor material e inmaterial producido o recibido por una empresa en cierto período. Por consiguiente, los *Erträge* contribuyen a un aumento del patrimonio neto de la empresa y a la determinación del resultado. Para compararlo con su contrapartida las *Aufwendungen* (gastos) (Ver esquema en el anexo.) (DV) **Erträge** *mpl* ^*Aufwendungen*^ ^*Erfolg*^ ^*Gewinn*^ ^*Verlust*^ (def) (...) In der volkswirtschaftlichen Gesamtrechnung: periodenbezogener monetärer Zufluss aufgrund laufender Leistungstransaktionen. (GLV); (kon) Der operative Gewinn ohne sonstige Erträge und Aufwendungen wuchs um 20 Prozent auf 918 Millionen DKK, während der operative Gewinn (EBIT) 1.083 Millionen DKK betrug. (www.danfoss.com) **ingresos (3)** *mpl* ^*ingresos procedentes de la venta de bienes y prestaciones de servicios*^ (Komm) Die zweite hier angeführte Übersetzungsmöglichkeit bietet sich an, wenn der Terminus *ingresos* nicht ausreicht, um den Begriff *Einnahmen* treffend wiederzugeben. In diesem Fall ist eine Umschreibung des Begriffes nötig. Der Übersetzer sollte wissen, dass *Einnahmen* monetäre Ansprüche implizieren, im Gegensatz zu *Einzahlungen* jedoch keinen direkten Zugriff auf den entsprechenden Betrag ermöglichen (vgl. Schemata im Anhang).; (def 1) En la terminología alemana, el concepto *Einnahmen* comprende todos los cobros, y todas las entradas de obligaciones a favor de la empresa. Son el equivalente de valor para todas las ventas realizadas. Además, son muy importantes para controlar la situación de liquidez a medio y a largo plazo de una empresa porque reflejan la capacidad de cumplir las obligaciones. (DV); (def 2) Entradas de dinero que tienen como contrapartida una entrega de bienes o prestación de servicios. Son consecuencia de la actividad de la empresa que es posible porque previamente se han desembolsado unos gastos determinados. Precisamente, la diferencia entre los gastos aplicados al desempeño de la actividad y los ingresos derivados de ella constituye el resultado económico. (DEN); (kon) Económicamente una empresa es rentable siempre que el conjunto de sus ingresos sea superior al conjunto de sus gastos. (FEI: 1. 5) **Einnahmen** *fpl* ^*Ausgaben*^ (def) Sie umfassen in betriebswirtschaftlicher Sicht die Einzahlungen , die Forderungszugänge und die Schuldenabgänge eines Unternehmens. Die Einnahmen bilden das wertmäßige Äquivalent zu den vom Betrieb getätigten Verkäufen. Weiterhin wird in der Investitionsrechnung von durchschnittlichen Einnahmen bei der Ermittlung der Annuität sowie von leistungswirtschaftlichen Einnahmen, die sich auf den betrieblichen Prozess der Leistungserstellung bzw., die Transformation dieser

Leistungen auf dem Absatzmarkt in finanzielle Mittel beziehen, gesprochen. (...). (GBL); (kon) Die Einnahmen außerhalb der laufenden Geschäftstätigkeit sind relativ einfach zu ermitteln und der entsprechenden Planperiode zuzuordnen, sofern ihnen vertragliche Vereinbarungen zugrundeliegen, zum Beispiel Pachten oder Einnahmen aus Patenten und Lizenzen. (GUF: 94) **ingresos (4)** *mpl ^rentas (TAM)^* (def) En la terminología alemana, el término *Einkünfte* se usa exclusivamente en el sistema fiscal para denominar los siete tipos de ingresos que pueden obtener los contribuyentes. Hay dos categorias de tipos de ingresos: Dentro de la primera categoria se incluyen los ingresos provenientes de la agricultura y silvicultura, los ingresos de las empresas industriales y los ingresos de las profesiones autónomas. Dentro de la segunda categoria se incluyen los ingresos provenientes del trabajo no autónomo, del patrimonio de capital, del alquiler y arrendamiento o de otras fuentes. (DV); (Komm) Der Terminus *Einkünfte* wurde in Deutschland im Einkommenssteuerrecht eingeführt, um damit verschiedene Einkommensarten voneinander abzugrenzen. *Einkommen* kann somit als Oberbegriff zu *Einkünften* verstanden werden. Da im Spanischen dieser terminologische Unterschied nicht gegeben ist, können die Termini *ingresos* und *renta* als Übersetzung für *Einkünfte* gewählt werden. Sollten im selben Kontext jedoch *Einkünfte* und *Einkommen* zu übersetzen sein, ist es empfehlenswert, für *Einkünfte* den Terminus *tipos de ingresos* zu wählen. In einer Anmerkung im Text könnte der im Deutschen gegebene Unterschied kurz erläutert werden. (Vgl. Definition zu *Einkommen*). **Einkünfte** *pl ^Einkommen^* (def) Begriff des Einkommensteuerrechts. Einkünfte sind der Gewinn (§§ 4-7 f EStG) oder der Überschuss der Einnahmen über die Werbungskosten (§§ 8-9 EStG), die der Steuerpflichtige im Rahmen der sieben Einkunftsarten erzielt (§ 2 II EStG). Danach sind zu unterscheiden: 1. Einkünfte aus Land- und Forstwirtschaft (...), 2. Einkünfte aus Gewerbebetrieb (...), 3. Einkünfte aus selbstständiger Arbeit (...), 4. Einkünfte aus nichtselbstständiger Arbeit (...), 5. Einkünfte aus Kapitalvermögen (...), 6. Einkünfte aus Vermietung und Verpachtung (...), 7. Sonstige Einkünfte (...). (GWL); (expl) Die Abgrenzung zwischen den einzelnen Einkunftsarten ist von besonderer Bedeutung. Wie bereits erwähnt, sind die Einkünfte der ersten drei Einkunftsarten durch Gewinnermittlung, die Einkünfte der vier letzten Einkunftsarten durch Überschuss der Einnahmen über die Werbungskosten zu ermitteln. Bei den Einkunftsarten aus nichtselbstständiger Arbeit, Kapitalvermögen und bei wiederkehrenden Bezügen werden Werbungskosten-Pauschalbeträge gewährt. Bei den einzelnen Einkunftsarten sind besondere Freibeträge bzw. Freigrenzen zu beachten. Schließlich knüpfen an die Einordnung in eine bestimmte Einkunftsart andere Steuern an, z. B. Lohnsteuerpflicht bei nichtselbstständigen Einkünften, Gewerbesteuer bei Einkünften aus Gewerbebetrieb. (HFK: 336); (kon) Die Einkünfte aus Land- und Forstwirtschaft, Gewerbebetrieb und aus selbstständiger Arbeit werden jeweils durch den Gewinn bestimmt. (HGU: 10) **ingresos (5)** *mpl ^renta^*

inmovilizado *m ^activo fijo^*

inmuebles *mpl ^bienes inmuebles^*

solvencia *f ^capacidad de pago^* (def) Capacidad de una entidad para hacer frente a todas sus obligaciones, para lo cual debe mantener a medio y largo plazo unos activos suficientes para cubrir sus pasivos. (AEE); (kon) En todo crédito se realiza un estudio previo para determinar la solvencia del prestatario. (SMA: 98) **Zahlungsfähigkeit** *f ^Bonität^ ^Solvenz (WDW)^ ^Zahlungsunfähigkeit^* (def) Fähigkeit einer Person oder einer Unternehmung, ihre fälligen Verbindlichkeiten sofort bzw. innerhalb absehbarer Zeit zu erfüllen. (GWL); (kon) Der Investor befürchtete neben erheblichen (...) Altschulden, die das Unternehmen hatte, die Zahlungsfähigkeit der Kunden des Unternehmens. (www.fifoost.org)

instalaciones *fpl* (def) Conjunto de los elementos del inmovilizado material que en una empresa permiten el correcto funcionamiento de ésta. (DEN); (kon) En la valoración de los elementos del activo deberán observarse las reglas siguientes: 1.°Los inmuebles, instalaciones, concesiones, licencias, patentes, marcas y demás elementos del patrimonio de la empresa que figuren en el activo se valuarán al precio de adquisición, que deberá ser amortizado anualmente en proporción al tiempo que hayan de utilizarse y a la disminución que sufran por su uso o disfrute. (MLS: 107 (Art. 104)) **Anlagen** *fpl*

institución de crédito *f ^entidad de crédito^* (def) Establecimientos bancarios o entidades que de algún modo tengan en el crédito su función habitual. Intervienen decisivamente en el mercado de dinero recogiendo las sumas que exceden las necesidades inmediatas de los ahorradores para destinarlas a quienes precisan fondos para invertirlos. Pueden ser públicas o privadas, según el origen del capital inicial, su constitución y el ámbito de su actividad. (MDB); (kon) Cuando una institución de crédito preste servicios de Tesorería y caja, no estará sujeta a requisitos adicionales de capital por causa de tales servicios. (www.superval.gob.sv) **Kreditinstitut** *n* (def) Sind nach der Legaldefinition in § 1 Kreditwesengesetz (KWG) (...) Unternehmen, die Bankgeschäfte betreiben, wenn der Umfang dieser Geschäfte einen in kaufmännischer Weise eingerichteten Geschäftsbetrieb erfordert. Werden Bankgeschäfte in vollkaufmännischem Umfang betrieben, so ist es für die hierdurch begründeten Kreditinstitute unerheblich, ob und in welchem Umfang daneben noch andere Geschäfte betrieben werden. Unerheblich ist ferner die Rechtsform. (...) Kreditinstitute (...) bedürfen der schriftlichen Erlaubnis des Bundesaufsichtsamtes für das Kreditwesen (BAK) zum Betreiben von Bankgeschäften. (...) (LBW); (kon) Ein Kontokorrentkredit ist ein Bankkredit, der in in- oder ausländischer Währung von einem Kreditinstitut seinen Kunden in bestimmter Höhe eingeräumt und von diesen je nach Bedarf in wechselndem Umfang bis zu der vereinbarten Höchstgrenze (Kreditlinie) beansprucht wird. (GUF: 50)

interés fijo *m ^renta fija (TAM)^* (def) Tipo de interés que no sufre variaciones y que no fluctúa a la par que los otros variables económicos del mercado. (DEN); (kon) No vemos dificultad alguna en admitir esta modalidad ya que los obligacionistas percibirán siempre un interés fijo aparte de esa participación en beneficios que es una ventaja más de las muchas que pueden ofrecérseles. (AEO: 94) **Festverzinsung** *f* (def) Zinssatz, der für eine bestimmte Laufzeit, i. d. R. bis maximal zehn Jahre, festgeschrieben ist. Nach Ablauf der Zinsbindungsfrist muss über die Konditionen neu verhandelt werden. (GWL vs Festzinssatz); (kon) Die Gewinnbeteiligung kann beispielsweise lauten: Festverzinsung plus Zusatzzins ab einer gewissen Dividendensatzhöhe bis zu einer gewissen Höhe des Gesamtzinses oder Festverzinsung plus 0,5 % Zusatzzins je Prozentpunkt der Aktiendividende. (GUF: 43)

intereses *mpl* (def) Cantidad que se paga como remuneración por la disponibilidad de una suma de dinero tomada en concepto de crédito. Se justifica como retribución por el factor capital, o por la abstinencia de consumo que significa para el prestamista. El interés es el origen de la renta generada por las instituciones crediticias, que toman dinero con pago de intereses pasivos y lo prestan con el cobro de intereses activos. (TAM); (kon) El financiamiento puede ser considerado solamente para intereses pagaderos sobre préstamos del banco. (www.iadb.org) **Zins** *m ^Effektivverzinsung^ ^Festverzinsung^ ^Nominalzins^ ^Verzinsung^ ^Zinssatz^* (def) Preis für die leihweise Überlassung von Kapital in Form von Geld- oder Realkapital. Wird i. d. R. in Geld bezahlt; bei Überlassung von Realkapital kann aber auch Naturalzins (...) vereinbart werden. (...) Die Höhe des Zinses ergibt sich aus dem Kapitalertrag, der Laufzeit und dem Zinssatz (Zinsfuß). Er wird in Prozent des überlassenen Kapitals pro Zeiteinheit (Jahr, Monat) ausgedrückt. (...) (BAL); (kon) [Bei der Tilgung in Annuitätenform] bleibt zwar die Summe aus Tilgung und Zinsen (Kapitaldienst) während der gesamten Darlehenslaufzeit unverändert, jedoch fallen mit zunehmender Dauer durch den schrumpfenden Darlehensbetrag die Zinsen, und es steigt der Tilgungsanteil. (GUF: 38/39)

intermediario financiero *m* (def) Instituciones especializadas en la mediación entre los prestamistas últimos (los que gastan por debajo de sus disponibilidades) y los prestatarios últimos (los que gastan por encima de sus disponibilidades) de la ecoomía; su objeto es conseguir una mayor eficacia en la asignación de los fondos y diversificar los riesgos, transformando los activos financieros indirectos. Los interediaios financieros se suelen clasificar en banarios y no bancarios. (AEE); (kon) El programa deberá ser suscrito por todos los promotores, cuyas firmas habrán de legitiarse notarialmente. El folleto habrá de ser suscrito, además, por los intermediarios financieros que, en su caso, se encarguen de la colocación y aseguramiento de la emisión. (LSA art. 21, 1.) **Finanzmakler** *m* (def) Sammelbezeichnung für berufsmäßige Vermittler v. a. von mittel- und langfristigen Krediten (Schuldscheindarlehen, Hypotheken und revolvierenden Wechselkrediten) sowie von Beteiligungen und ganzen Unternehmungen. Z. T. vermitteln F[inanzmakler] Industriekredite aus Geldern der Kapitalsammelstellen (Lebensversicherungsunternehmen, Sozialversicherungsträger, Arbeitslosenversicherung etc.); z. T. betreiben sie neben dem Finanzmaklergeschäft auch Finanzberatung. Die F[inanzmakler] arbeiten z. T. in privatem Auftrag, z. T. als Agenten von Teilzahlungsbanken, Hypothekenbanken und der filiallosen Universalbanken. Bei kleinen F[inanzmaklern] häufig Koppelung mit Versicherungsvertretungen. (GWL); (kon) Das Schuldscheindarlehen wird über die Laufzeit von einer (Einzelschuldscheindarlehen) oder mehreren (Teilschuldscheindarlehen) Kapitalsammelstellen dem Kreditnehmer ohne Vermittlung durch eine Bank oder einen Finanzmakler gewährt. (GUF: 46)

interventor *m* (Komm) Der Terminus *interventor* hat verschiedene Bedeutungen. Gemäß DEN wird er als spanisches Äquivalent zum englischen Terminus *controller* definiert.; (def) Persona que dentro de una empresa o entidad garantiza la legitimidad de las operaciones internas. (DEN); (kon) El interventor, cuya misión es controlar la ejecución de los Presupuestos de todos los ministerios, se irá a Washington a trabajar en el Fondo Monetario Internacional (FMI) como auditor. (I-04) **Controller** *m* ^*Treasurer*^ (def) Controller ist der amerikanische Ausdruck für den Verantwortlichen für die Planung, Lenkung und Kontrolle des Unternehmensgeschehens. *Control* bedeutet dabei nicht allein kontrollieren, sondern lenken, beherrschen, in der Hand haben. Der Controller ist jedoch nicht verantwortlich für die Gewinnerzielung, sondern dafür, dass ein entsprechender Apparat vorhanden ist, um das Ziel »Gewinn« zu überwachen und zu steuern. Der Controller ist mehr ein wirtschaftlicher Ratgeber des Managements. Seine Aufgabe besteht in der fachlichen Interpretation der Zahlen und betriebswirtschaftlichen Zusammenhänge. Auf diese Weise leistet er gleichzeitig einen wesentlichen Beitrag zur Realisierung einer Führung durch Ziele (...). (LKC); (kon) Eine laufende Liquiditätsplanung deckt nicht nur finanzielle Engpässe frühzeitig auf, sie signalisiert dem »Controller« oder dem »Treasurer« einen nachhaltigen Finanzüberschuss im Unternehmen. (GUF: 117)

inversión *f* (def) Colocación de fondos en un proyecto (de explotación, financiero, etc.) con la intención de obtener un beneficio en el futuro. (DEN); (kon) La inversión es una magnitud que desempeña un papel básico en todo proceso económico (...). (MEE: 139) **Investition** *f* ^*Desinvestition*^ (def) Einsatz von Produktionsverfahren zur Erhaltung (...), Ausdehnung (...) und Verbesserung (...) des reproduzierbaren volkswirtschaftlichen Sachvermögens. Durch Investition wird ein Teil des volkswirtschaftlichen Güterangebotes künftiger Verwendung gewidmet und damit gegenwärtigem Konsum (und Export) vorenthalten (...). (GLV); (kon) Die Notwendigkeit einer Investition ist stets im Zusammenhang mit der gesamten Unternehmenssituation zu beurteilen. (GUF: 107)

J

junta general *f* (def) Organo deliberante supremo de las sociedades, de carácter necesario en las sociedades anónimas tal como prevé su ley especial (...). En estas sociedades la junta decide por mayoría en los asuntos de su competencia. Es difícil determinar la línea divisoria con carácter general entre lo que es de la competencia de la junta general y del órgano de la administración, y habrá que estar a lo que dispongan los estatutos, respetando el carácter soberano de la junta en punto a cuestiones de organización o estructura interna de la sociedad en sí y a la que son las naturales consecuencias de la composición y funcionamiento de uno y otro órgano. En cualquier caso la competencia de la junta no se extiende fuera de los límites que marca el carácter corporativo de la participación de los socios en la sociedad. La junta general puede ser ordinaria o extraordinaria, según sus reuniones estén o no previstas en la hoja de estatutos, pero una y otra tienen el mismo ámbito de competencia. Necesariamente ha de reunirse en los seis primeros meses de cada ejercicio para deliberar y resolver acerca de las cuentas y gestión del ejercicio precedente. (...) La junta debe constituirse regularmente con la asistencia de socios que señalen los estatutos (...). La junta se celebrará en el lugar en el que la sociedad tenga su domicilio. Tienen derecho de asistencia los titulares de acciones que acrediten su titularidad como determina el artículo 104. El accionista puede hacerse representar en la junta por otra persona sea o no accionista, salvo que los estatutos nieguen esta facultad o exijan que la representación pueda conferirse sólo a otro accionista. (...) Pueden asistir a la junta, salvo que los estatutos lo prohiban, los gerentes y administradores. Los estatutos pueden autorizar la asistencia de cualesquiera tengan interés en la marcha de la empresa. Los asistentes no accionistas tienen voz, pero carecen de voto. (...) En la sociedad de responsabilidad limitada sólo es exigida la junta general cuando el número de socios exceda de quince o cuando lo exijan los estatutos. En las demás sociedades, la escritura respectiva proveerá. (ESJ vs junta general de socios); (kon) Los accionistas, constituidos en junta general debidamente convocada, decidirán por mayoría en los asuntos propios de la competencia de la junta. (L.S.A. art. 93) **Generalversammlung** *f* ^*Hauptversammlung*^ (Komm) Während *Generalversammlung* im Deutschen ein Oberbegriff für die Versammlung der Gesellschafter aller Unternehmensformen ist, wird im Spanischen zwischen der *junta general* (Gesellschaftsformen: sociedades anónimas und sociedades de responsabilidad limitada) sowie der *asamblea general* (Gesellschaftsform: cooperativas) unterschieden.; (def) Auf Gesetz beruhende Versammlung der Gesellschafter a) einer AG: Hauptversammlung, b) einer GmbH: Gesellschafterversammlung (Gesellschaft mit beschränkter Haftung (GmbH) V), c) einer Genossenschaft: Generalversammlung (Genossenschaftsorgane 3). Die G[eneralversammlung] beschließt insbes. über den Jahresabschluss, die Gewinn- und Verlustverteilung über die Entlastung von Vorstand und Aufsichtsrat, sowie über Änderungen der Satzung. (GWL); (kon) Andererseits ist sie juristische Person, die besonders auch in ihrem organisatorischen Aufbau mit Vorstand, Aufsichtsrat und Generalversammlung als Beschlussorgan Wesenszüge einer Kapitalgesellschaft trägt. (GUF: 30)

junta general de accionistas *f* (def) La junta general es el máximo órgano de la sociedad anónima alemana. Es la asamblea de todos los accionistas de la sociedad y de los miembros de los consejos directivo y de vigilancia que tienen que tomar parte en ella. En la junta general el accionista tiene la posibilidad de ejercer sus derechos principales como el derecho de voto y el derecho de información. La junta general presupone la convocatoria en debida forma por el consejo directivo o, excepcionalmente, por el consejo de vigilancia. Se ha de convocar al menos una junta general ordinaria anualmente. Las juntas generales extraordinarias se convocarán en caso de necesidad o por petición de una mayoría de accionistas. (DV); (Komm) Die Übersetzung der Organe der deutschen *Aktiengesellschaft* bzw. der spanischen *sociedad anónima* ist problematisch, weil diese Unternehmensrechtsform in beiden Ländern unterschiedlich strukturiert ist. Während die deutsche AG aus drei Organen (Vorstand, Aufsichtsrat und Hauptversammlung) besteht, gibt es in der spanischen *S. A.* nur die *junta general* und den *consejo de administración*. Schon aus der verschiedenen Anzahl an Organen ergibt sich also, dass deren jeweilige Kompetenzen voneinander abweichen müssen. Die o. a. Übersetzung kann also nur ein Übersetzungsvorschlag für einen deutschen Begriff sein, der in dieser Form in Spanien nicht existiert. Die größte Übereinstimmung besteht bei der deutschen *Hauptversammlung* und der spanischen *junta general de accionistas*. Beide stellen eine Vollversammlung der Aktionäre und das oberste Willenbildungsorgan der Gesellschaft dar. Eine wietere wichtige gemeinsame Funktion ist die Kontrolle über die Entscheidungen von Vorstand und Aufsichtsrat bzw. vom *consejo de administración*. Auch die Entscheidungskompetenzen von *Hauptversammlung* und *junta general* stimmen im Wesentlichen überein: Beide Organe entscheiden z. B. über die Verwendung des Bilanzgewinns oder mögliche Satzungsänderungen wie Kapitalerhöhungen bzw. -herabsetzungen.; (kon) La sociedad anónima se gobierna a través de una junta general de accionistas en la que están representados todos los socios. (SMA: 72) **Hauptversammlung** *f* ^*Aktiengesellschaft*^ ^*Aktionär*^ ^*Generalversammlung*^ (def) Die H[auptversammlung] ist das oberste Willensbildungsorgan einer Aktiengesellschaft oder Kommanditgesellschaft auf Aktien. (...) In ihr üben die Aktionäre ihre Rechte in den Angelegenheiten der Gesellschaft aus, soweit das Gesetz nichts anderes bestimmt. Insbesondere zählen hierzu gem. § 119 AktG die Bestellung der Aufsichtsratsmitglieder (ausschließlich der Arbeitnehmervertreter), Verwendung des Bilanzgewinns, Entlastung des Vorstands und des Aufsichtsrates, die Bestellung des Abschlussprüfers, Satzungsänderungen, Maßnahmen der Kapitalbeschaffung und -herabsetzung, Bestellung von Prüfern für bestimmte Vorgänge und die Auflösung der AG. Über die Entlastung von Vorstand und Aufsichtsrat und die Verwendung des Bilanzgewinns (...) verhandelt und beschließt die H[auptversammlung] in den ersten acht Monaten des Geschäftsjahres nach Einberufung durch den Vorstand (...). Eine außerordentliche H[auptversammlung] ist einzuberufen, wenn es das Wohl der Gesellschaft erfordert (...), oder wenn Aktionäre, deren Anteile den zwanzigsten Teil des Grundkapitals erreichen, sie unter Angabe von Gründen verlangen (...). Den Vorsitz der H[auptversammlung] bestimmt die Satzung; regelmäßig wird es der Aufsichtsratsvorsitzende sein. Über die Beschlüsse ist ein notariellens Protokoll aufzunehmen. (...) (LBW); (kon) Optionsanleihen verbuchen als Zusatzrecht im Optionsschein ein Bezugsrecht auf Aktien, sie erfordern nach § 221 AktG die qualifizierte Mehrheit der Hauptversammlung und begründen ein Bezugsrecht der Altaktionäre. (GUF: 43)

L

lease back *m* ^*alquiler-venta (EEE)*^ ^*leasing de retro (SLL)*^ (def) Es aquella operación en que el propietario de un bien mueble o inmueble lo vende a la entidad de leasing, quien lo adquiere y lo entrega a aquél (anterior propietario) en régimen de arrendamiento financiero. Es decir, se trata de operaciones en que el vendedor o proveedor del material y el usuario son una misma persona. Salvo en lo concerniente a este aspecto subjetivo del negocio jurídico, se documenta en contratos con los mismos pactos y cláusulas básicas que se contienen en los demás. La finalidad económica comúnmente perseguida por el usuario en este tipo de operaciones es la de obtener tesorería para atender a las necesidades de explotación del negocio o para atender a nuevas inversiones en activos. Por otros motivos, el lease-back es frecuentemente utilizado en las operaciones de leasing sobre materiales de importación, cuando es el futuro usuario quien, por razón de licencias u otros trámites administrativos, ha importado a su propio nombre el bien en cuestión, y una vez en territorio nacional, lo vende a la entidad de arrendamiento financiero, que se lo cederá en leasing. (...) (HJL); (kon) El »lease back« o »leasing de retro« es una fórmula de leasing en la cual el futuro arrendatario, un empresario o usuario, se desprende de un bien de su propiedad vendiéndolo a una sociedad de leasing que a su vez se lo arrienda en régimen de leasing propiamente dicho. (SLL: 15) **Sale-and-lease-back** *n* ^*Leasing*^ ^*Verkauf-Rückmiete (LFL)*^ (def) Eine Sonderform [des Leasing] stellt das so genannte »sale and lease back«-Verfahren (»Verkauf und Rückmiete«) dar. Der zukünftige L[easing]-Nehmer verkauft hierbei zunächst das Wirtschaftsgut an eine L[easinggesellschaft] und mietet es von dieser zurück. (LBW vs Leasing); (kon) Das Sale-and-lease-back (...) bewirkt einen echten Liquiditätszuwachs. (GUF: 72)

leasing *m* (def) La palabra anglosajona leasing deriva del verbo »to lease«, que en inglés significa »arrendar«. Con aquella palabra se denominó en Estados Unidos la técnica de financiación que, a finales del siglo XIX, comenzaron a emplear las compañías explotadoras de grandes ferrocarriles y de telecomunicaciones para utilizar o colocar en el mercado determinados instrumentos en régimen de alquiler, dando origen a lo que hoy se llamaría leasing operativo, si bien la voz se trasladó ya a mediados del siglo XX a operaciones financieras, con intervención de agentes crediticios. (...) La expresión arrendamiento financiero se introdujo en España por el Real Decreto-ley 15/1977, de 25 de febrero, y desde entonces es la que se utiliza en el lenguaje oficial, aunque en términos comerciales y financieros se emplee habitualmente la palabra leasing. Es de notar que la voz leasing había aparecido en documentos oficiales administrativos, como la Circular de la Dirección General de Tráfico de 16 de febrero de 1979, sobre matriculación y transferencias de vehículos, y la Orden de 3 de junio de 1976, que adoptó el Plan General de Contabilidad. (HJL); (kon) Las dos grandes clases de leasing »strictu sensu« son el leasing operativo y el leasing financiero, distinción que se basa principalmente en las características del arrendador. (SLL) **Leasing** *n* ^*Financial Leasing*^ ^*Finanzierungsleasing*^ ^*Grundmietzeit*^ ^*Laufzeit*^ ^*Leasinggeber*^ ^*Leasingnehmer*^ ^*Leasingrate*^ ^*Operating Leasing*^ ^*Sale and lease back*^ ^*Wartung*^ (Komm) Terminologisch ist der Begriff *Leasing* schwer zu fassen, da er verschiedene Leasingvertragstypen bezeichnet. In der Regel wird er für die am häufigsten auftretende Leasingvariante verwendet: das Finanzierungsleasing. »Wenn in Deutschland von Leasing die Rede ist, so meint man das sog. Finanzierungsleasing.« (LFL: 37); (def) (...) Besondere Vertragsformen der Vermietung und Verpachtung von Investitions- und Konsumgütern. Der Vermieter (L[easing]geber) verpflichtet sich im Rahmen eines L[easing]vertrags, dem Mieter (L[easing]nehmer) bestimmte Wirtschaftsgüter (L[easing]-Objekte) gegen periodische Zahlungen (L[easing]raten) zur Verfügung zu stellen. Wegen der vielfältigen Erscheinungsformen in der Praxis ist der L[easing]-Begriff nicht eindeutig abgrenzbar. (...) Wirtschaftliche Beurteilung des L[easing]: Wirtschaftlichkeitsvergleiche zwischen dem Kreditkauf und dem L[easing] lassen i. d. R. die Kreditfinanzierung günstiger erscheinen. Wird berücksichtigt, dass der L[easing]-Nehmer beim L[easing] neben dem Kaufpreis des Wirtschaftsguts bzw. den Kapitalkosten auch den Verwaltungskostenanteil, die Risikoprämie und eine Gewinnquote des L[easing]-Gebers kalkulieren muss, scheint die Kreditfinanzierung günstiger als das L[easing] zu sein. Die Kosten des L[easing] belaufen sich auf etwa 130 % des Kaufpreises. L[easing] hat allerdings gegenüber dem Kreditkauf steuerliche Vorteile. Durch eine L[easing]-Finanzierung wird die Bezugsbasis der Gewerbeertrag- und Gewerbekapitalsteuer nicht berührt. Dagegen müssen bei einer Kreditfinanzierung die Dauerschulden zum Gewerbekapital und die Zinsen auf diese Dauerschulden zum Gewerbeertrag jeweils zur Hälfte hinzugerechnet und damit versteuert werden. L[easing] weist auch gegenüber der Eigenfinanzierung Vorteile auf. Durch die ratenweise Zahlung erfolgt eine relative Zinsersparnis im Vergleich zur sofortigen Zahlung. Ist das L[easing]-Objekt beim L[easing]-Geber zu bilanzieren, hat der L[easing]-Nehmer im Vergleich zu einer eigenen Aktivierung einen liquiditäts- und rentabilitätsmäßigen Vorteil durch eine Steuerverschiebung. Dies ergibt sich daraus, dass die L[easing]-Raten beim L[easing]-Nehmer steuerlich als Betriebsausgabe voll absetzbar sind. Der L[easing]-Nehmer erhält einen zinslosen Steuerkredit, je kürzer die Grundmietzeit im Verhältnis zur betriebsgewöhnlichen Nutzungsdauer ist und somit je höher die L[easing]-Raten im Verhältnis zu den Abschreibungen sind. Diese rentabilitätsmäßigen Vorteile können die höheren Kosten des L[easing] überkompensieren. Folgende Gründe können für eine L[easing]-Finanzierung sprechen: a) Schonung der Eigenkapitaldecke; b) Schonung von Sicherheiten; c) Ausdehnung des Finanzierungsvolumens; d) Liquiditätsvorsorge; e) Einschränkung des Überalterungsrisikos; f) Kostenvorteile gegenüber einer Kreditfinanzierung; g) steuerliche Vorteile; h) feste Kalkuationsbasis. (LBW); (expl) Heutzutage begegnet einem der Begriff »Leasing« fast täglich und in allen Bereichen. Leasing wird nicht nur als Finanzierungsalternative für die Beschaffung von Investitionsgütern gesehen. Mittlerweile gibt es Leasingfinanzierungen auch für alle möglichen anderen Objekte, vom Privatfahrzeug über teuere Uhren bis hin zu Hühnern. Es liegt auf der Hand, dass es sich hier nicht um die gleichen Formen des Leasing handelt, auch wenn im ursprünglichen Sinne immer eine besondere Form der Miete zugrunde liegt. (...) (KKL: 33); (kon) Gegenüber der Eigenfinanzierung ist das Leasing anfänglich in einem liquiditätsmäßigen Vorteil, der aber mit fortschreitender Nutzungsdauer abnimmt. (GUF: 72); (Komm) Der Leasingvertrag ist rechtlich gesehen ein Mietvertrag. Als Vorteil des Leasing gilt der Finanzierungseffekt, da das Leasingobjekt dem Leasinggeber als Sicherheit dient, und der übrige Sicherheitenbestand des Leasingnehmers für andere Zwecke verfügbar bleibt. Im Allgemeinen dient Leasing zur Schonung der Liquidität, konkrete Vor- und Nachteile des Leasing hängen vom Leasingvertragstyp ab. (Vgl. GUF: 68-72).

leasing financiero *m* *^arrendamiento financiero^*

leasing operativo *m* (def) Se denomina leasing operativo al arrendamiento con opción de compra efectuado por el fabricante, concesionario o distribuidor del bien de que se trata. La diferencia respecto del leasing financiero (...) consiste en que recae sobre un bien que no es adquirido por el arrendador siguiendo especificaciones del usuario, sino en bienes fabricados por dicho arrendador, o en productos que el arrendador comercializa. El leasing operativo es, en consecuencia, utilizado por el agente económico que lo realiza como un instrumento de su propio servicio de ventas para colocar en el mercado los bienes de sus líneas productivas o comerciales. (...) El leasing operativo difiere esencialmente del financiero, y no está regulado en nuestro ordenamiento jurídico, aun cuando pueda practicarse en el marco de la autonomía de la voluntad que caracteriza a nuestro derecho. (...). El leasing operativo se emplea por los fabricantes o comercializadores de algunos importantes sectores económicos, como el de automóviles y de informática, y no es infrecuente que incluya prestaciones complementarias, como mantenimiento y asistencia técnica. (...) Por su propia naturaleza, las sociedades de arrendamiento financiero no pueden realizar operaciones de leasing operativo. (...) (HJL); (kon) La característica principal que diferencia el leasing financiero del leasing operativo, es que el contrato del leasing operativo es revocable a voluntad del arrendatario, previo aviso comunicado al arrendador. (SSD: 356) **Operating Leasing** *n* *^Leasing^* (def) Hierbei handelt es sich um normale Mietverträge im Sinne des BGB. Sie können von beiden Seiten sofort oder erst unter Einhaltung einer Kündigungsfrist gekündigt werden. Der L[easing]-Geber übernimmt bei dieser Vertragsgestaltung das volle Investitionsrisiko. Eine volle Amortisation des L[easing]-Objektes kann bei Kündigung vor Ablauf der Nutzungsdauer nur durch eine oder mehrere Anschlussmieten erzielt werden. Die Gefahren des zufälligen Untergangs und der technischen Entwertung sowie die Aufwendungen für Versicherungen, Wartung und Reparaturen trägt der L[easing]-Geber. Als Folge der Risikobelastung des L[easing]-Gebers kommen für solche L[easing]-Geschäfte i. d. R. nur Wirtschaftsgüter in Betracht, die von einer größeren Zahl von potenziellen L[easing]-Nehmern nachgefragt werden und somit jederzeit weitervermietet werden können. (LBW vs Leasing); (kon) Im Bereich des Operating Leasing etablierte Gesellschaften haben in den letzten Jahren überdurchschnittliche Eigenkapitalrenditen erzielt.

leasing de retro *m ^lease back^*

letra *f ^letra de cambio^*

letra de cambio (1) *f ^letra (DEN)^* (def) Documento cambiario con carácter ejecutivo, por el que el librador ordena al librado que pague una cantidad en fecha y lugar determinados a favor del tenedor del documento. La letra de cambio es un título-valor de crédito, esto es un documento que incorpora un crédito de forma que la transmisión del documento implica la transmisión del crédito incorporado al mismo, facilitando con ello el tráfico bancario y la movilización financiera. La letra de cambio puede realizar funciones como título valor o título de crédito, ya que de ambas maneras se designa el valor de un crédito instrumentado sobre un documento apto para la transmisión de un derecho de crédito. Por un lado, el aceptante de una letra de cambio se constituye en acreditado del librador en el origen de la misma, y, por otro, gracias al endoso, el librador puede ceder la letra a un tercero del que resulta a su vez acreditado, pudiéndose, mediante sucesivos endosos, producir sucesivos créditos de los que son beneficiarios los endosantes. Esta posibilidad hace que desde que se inició el desarrollo de la actividad bancaria intervenga la letra en la misma, dando lugar a la operación de descuento, que no es otra cosa que el endoso de una letra a una entidad de crédito, que se convierte en tenedora de la misma mediante el pago de su importe nominal menos el descuento. (...) (DEI); (expl) Rechtsgrundlage: Art. 1 de la Ley Cambiaria y del Cheque: La letra de cambio deberá contener: 1) La denominación de letra de cambio inserta en el texto mismo del título expresada en el idioma empleado para su redacción. 2) El mandato puro y simple de pagar una suma determinada en euros o moneda extranjera convertible admitida a cotización oficial. 3) El nombre de la persona que ha de pagar, denominada librado. 4) La indicación del vencimiento. 5) El lugar en que se ha de efectuar el pago. 6) El nombre de la persona a quien se ha de hacer el pago o a cuya orden se ha de efectuar. 7) La fecha y el lugar en que la letra se libra. 8) La firma del que emite la letra, denominado librador.; (kon) La letra de cambio es un doble mandato realizado por el librador. (LCC: 107)
Wechsel *m ^Akzept^ ^Aussteller^ ^Bezogener^ ^Indossament^ ^Scheck^ ^Tratte^ ^Zahlungsanweisung^* (def) (...) Nach dem heute in der Bundesrepublik D[eutschland] geltenden Wechselrecht ist der W[echsel] eine Urkunde, die die unbedingte Anweisung des Ausstellers an den Bezogenen enthält, eine bestimmte Geldsumme einer im Wechsel genannten Person oder deren Order zu zahlen. Die Urkunde muss im Text als W[echsel] bezeichnet sein und gilt kraft Gesetzes als geborenes Orderpapier und abstraktes Forderungspapier. (...) Neben der traditionellen Zahlungsmittelfunktion, die gegenüber den anderen wirtschaftlichen Funktionen in ihrer Bedeutung allerdings erheblich zurückgeht, dient der W[echsel] vor allem der kurzfristigen Finanzierung des Warenhandels (Kreditfunktion). Eine Kreditgewährung ergibt sich daraus, dass durch das Akzept die effektive Zahlung des Bezogenen um die Laufzeit des W[echsels] hinausgeschoben wird. (...) (GWL); (expl) Rechtsgrundlage: Art. 1 des Wechselgesetzes: Der gezogene Wechsel enthält: 1) die Bezeichnung als Wechsel im Texte der Urkunde, und zwar in der Sprache, in der sie ausgestellt ist; 2) die unbedingte Anweisung, eine bestimmte Geldsumme zu zahlen; 3) den Namen dessen der Zahlen soll (Bezogener); 4) die Angabe der Verfallzeit; 5) die Angabe des Zahlungsortes; 6) den Namen dessen, an den oder an dessen Order gezahlt werden soll; 7) die Angabe des Tages und des Ortes der Ausstellung; 8) die Unterschrift des Ausstellers.; (kon) Die Banken kaufen bevorzugt solche Wechsel an, die den Rediskonterfordernissen der Deutschen Bundesbank und damit dem Refinanzierungsinteresse der Bank entsprechen. (GUF: 52) **letra de cambio (2)** *f*
Tratte *f ^Wechsel^* (def) Tratte ist ein gezogener Wechsel. Die T[ratte] ist der gesetzliche Regelfall eines Wechsels (...). In diesem Fall wird der Wechsel vom Aussteller auf den Namen dessen gezogen, der bezahlen soll (Bezogener). Notwendige Bestandteile der T[ratte] sind (...): Wechselbezeichnung, Zahlungsanweisung, Bezogener, Verfallzeit, Zahlungsort, Remittent, Ausstellungstag und -ort, Unterschrift. (...) (CRL); (kon) Die Exporteursbank oder eine sonstige im Exportland ist von der Importbank ermächtigt, die Tratte zusammen – weil meist unter einem Dokumentenakkreditiv – mit genau bestimmten Dokumenten zu Lasten der Importbank anzukaufen. (GUF: 61)

letra de cambio aceptada *f ^aceptación^*

librado *m* (def) Persona física o jurídica a cuyo cargo se libra una letra de cambio o a quien se dirige el mandato de pago. En caso de no cumplir con su obligación, puede ser reclamado por vía ejecutiva u ordinaria. (DEN); (kon) La aceptación es la declaración de voluntad del librado, obligándose a satisfacer el importe de la letra a su vencimiento, la asunción de su obligación cambiaria. (LCC: 50) **Bezogener** *m ^Aussteller^ ^Wechsel^* (def) Bezogener ist bei einem Wechsel oder Scheck derjenige, der die Wechsel(scheck)summe zahlen soll (...). Zur Zahlung verpflichtet wird der Bezogene erst, wenn er den Wechsel annimmt (Akzept). (...) Bezogener darf bei einem Scheck nur ein öffentliches oder privates im Handelsregister eingetragenes Bankinstitut sein (...). (CRL); (kon) Die Sicherheit besteht für die Bank in der Wechselverpflichtung von Ausstellern, Bezogenem und evtl. Vorgiranten sowie der Wechsel(rechts)strenge, sodass das Unternehmen von gesonderten zusätzlichen Sicherheiten absehen kann (GUF: 52/53)

librador *m* (def) Es la persona que emite o libra un efecto de comercio mandando que el importe del mismo sea pagado. En la letra de cambio, la firma del librador es requisito esencial para la creación de una cambial válida. El librador garantiza, con su firma, el pago de la letra; y, salvo cláusula en contra, garantiza también la aceptación de aquélla. (...) (RDD); (kon) El librador es el autor de la declaración cambiaria principal, el creador de la letra y por lo tanto el deudor cambiario frente a terceros. (LCC: 24) **Aussteller** *m ^Bezogener^ ^Wechsel^* (def) Derjenige, der einen Wechsel oder einen Scheck ausschreibt und ihn damit auf einen anderen zieht. (BAL); (kon) Die Sicherheit besteht für die Bank in der Wechselverpflichtung von Ausstellern, Bezogenem und evtl. Vorgiranten sowie der Wechsel(rechts-)strenge, sodass das Unternehmen von gesonderten zusätzlichen Sicherheiten absehen kann. (GUF: 52/53)

licitación *f ^concurso-subasta^*

licitación pública *f ^concurso público^*

límite de pignoración *m ^límite de crédito^* (def 1) Cantidad máxima de que se puede disponer de un crédito bancario. (...). (MDB); (def 2) Límite del préstamo a cuenta de garantías o seguridades dadas. Cantidad mínima de la que puede disponer un cliente de un crédito bancario, que será establecida de acuerdo al riesgo tolerable para cada prestatario en función del bien o derecho dado en garantía. (DV); (kon) El límite máximo de los créditos que pueden autorizarse por el Banco de España a organismos públicos, empresas nacionales y nacionalizadas, para operaciones de corto plazo o de campaña, se fija por decreto previo informe del Consejo de Economía Nacional. (TEE: 969) **Beleihungsgrenze** *f ^Beleihungssatz (GWL)^ ^Beleihungswert^* (def 1) Prozentsatz vom Beleihungswert, bis zu dem ein Gegenstand oder Recht beliehen werden kann. Die Höhe des B[eleihungssatzes] richtet sich nach der Verwertbarkeit des Beleihungsobjektes. (GWL vs. Beleihungssatz); (def 2) Höchstmaß, zu dem die Bank ein Objekt (Pfand, Hypothek, Grundschuld) beleiht. In der Regel 80 % des Verkehrswertes. (Verkehrswert = zu einem bestimmten Zeitpunkt erzielbarer Verkaufspreis.). (WDW); (expl) Da die Qualität des Objektes sowohl von seinem Wert als auch von seiner Ertragskraft bestimmt wird, muss dessen Beleihungswert (= Höhe der Beleihungsfähigkeit) und ggf. eine (darunter liegende) Beleihungsgrenze ermittelt werden. Die Beachtung einer Beleihungsgrenze durch einen Kreditgeber beruht einerseits auf gesetzlichen Vorschriften, andererseits auf dem Vorsichtsmotiv, um durch eine Kürzung des Beleihungswertes anfällige Abschläge im Falle zwangsweiser Verwertung vorwegzunehmen. (EIL); (kon) Unter den grundpfandrechtlichen Sicherungsformen dominiert (...) die Grundschuld vor der Hypothek, die Beleihungsgrenze liegt je nach Objekt höchstens bei 60 Prozent des Beleihungswertes, der ein besonderes Problem darstellen kann. (GUF: 38)

límite de préstamo *m ^valor de pignoración^*

línea de crédito *f* (def) Modalidad de crédito bancario por la que el banco abre una cuenta de crédito al prestatario para que éste disponga de ella en la forma que estime conveniente dentro del plazo y cuantía estipulados. El coste de la operación se determina en función del importe del crédito dispuesto. (DEN); (expl) Importe puesto a la disposición de alguien, cuya utilización está subordinada a la iniciativa del beneficiario. (UEC) **Kreditlinie** *f ^Kontokorrentkredit^* (def) Einem Kreditnehmer entsprechend der Kreditzusage eingeräumte Kreditbeträge. Die Krediteinräumung kann nach außen dokumentiert (Kreditvertrag) oder intern von der Bank festgesetzt worden sein. Offene Kreditlinien entstehen, wenn die Höchstbeträge nicht beansprucht werden. (GWL); (expl) Im Allgemeinen erfolgt ähnlich der Handhabung bei der Gewährung des Kontokorrentkredits nach Prüfung der Kreditwürdigkeit die Einräumung einer Kreditlinie (Diskontlinie) als Höchstbetrag, bis zu dem die Bank bereit ist, geeignete Wechsel anzukaufen. Bis zu diesem Betrag kann somit das Wechselobligo des Kunden auf Grund geeigneten Wechselmaterials ausgedehnt werden. (EIL); Komm) Maximaler Betrag, über den man verfügen kann (Dispokredit). (kon) Die Höhe der Kreditlinie richtet sich u. a. nach der Dauer der Mitgliedschaft des durchschnittlichen Umsatzvolumens, [und] der Einhaltung von Zahlungszielen (...). (https://club.masterplan.de)

liquidación *f* (def 1) Operación por la cual una sociedad, al disolver su negocio, realiza su activo y liquida sus deudas. (...) (MDB); (def 2) Proceso jurídico encaminado al reparto del Haber social entre los socios, una vez que se hayan dado las causas que motivan la disolución de la sociedad, teniendo en cuenta el marco legal del Derecho Mercantil que regula dicha figura. La liquidación de una sociedad supone la necesidad de tener que arbitrar una instrumentación contable adecuada que recoja el proceso liquidatorio y lo separe del período de gestión normal. El período de liquidación termina con la confección de un balance final, que sirve de base al reparto del haber social entre los socios. (DEE vs liquidación de una sociedad); (kon) La sociedad disuelta conservará su personalidad jurídica mientras la liquidación se realiza. Durante este tiempo deberá añadir a su nombre la frase »en liquidación«. (LSA art. 264) **Liquidation** *f* *^Liquidationserlös^* (def) (...) Veräußerung vorhandener Vermögenswerte bei der Auflösung einer Unternehmung. Die Gläubigerbefriedigung erfolgt aus dem Erlös der Vermögensgegenstände. Der verbleibende Rest wird unter den Gesellschaftern entsprechend ihrem Kapitalanteil verteilt (...). Allgemeine Gründe für die Liquidation sind: Unrentabilität des Unternehmens, Erreichung des Betriebszwecks, Ausscheiden der (des) Gesellschafter(s) durch Tod, Krankheit. Das AktG (...) nennt folgende Gründe: Ablauf der in der Satzung bestimmten Zeit; Beschluss der Hauptversammlung (...); durch Eröffnung des Konkursverfahrens über das Vermögen der Gesellschaft; Ablehnung des Konkursverfahrens mangels Masse. (...) (BFL); (kon) Während bei der Einzelunternehmung das in keiner Weise begrenzte Entnahmerecht des Unternehmers und dessen einsame Entschlüsse die Existenz der Unternehmung gefährden können, birgt die Rechtsform der OHG andere Gefahren in sich, wie z. B. Fehleinschätzung der Geschäftsführungsqualitäten von Mitgesellschaftern, Kündigung eines Gesellschafters, Eintritt neuer Gesellschafter durch Erbfolge usw. Solche Anlässe können eine Gesellschaft auch bei einem gut laufenden Betrieb unter Umständen zur Liquidation zwingen. (GUF: 16)

liquidez *f* (def) Naturaleza de ciertos activos de los particulares, de las empresas, o de las entidades financieras, según la cual son transformables en dinero efectivo de forma inmediata (...). (TAM); (kon) Los mercados de futuros y opciones desempeñan funciones de gran importancia para el buen funcionamiento de la empresa y del mercado en general. Facilitan liquidez a los títulos, valores que sirven de soporte documental a este tipo de operaciones. (SSD: 750) **Liquidität** *f* *^Illiquidität^* *^Liquiditätsreserve^* (def) (...) Liquidität im einzelwirtschaftlichen engeren Sinne ist die Fähigkeit eines Wirtschaftssubjekts, allen fälligen bzw. berechtigt geltend gemachten Zahlungsanforderungen entsprechen zu können. Diesem Anforderungspostulat dient u. a. die Unterhaltung einer Liquiditätsreserve, die aus monetisierbaren bzw. liquidi(si)erbaren Objekten (sowie Finanzierungsreserven (...)) besteht. (BAL); (kon) Investitionsplanung ist (...) nicht nur Kapazitätsplanung, sondern als Beteiligungsplanung auch strategische Unternehmensplanung, bei der primär nicht so sehr die Aufrechterhaltung der Liquidität im Vordergrund steht, sondern die Erhaltung und Verbesserung der Wettbewerbsfähigkeit des Unternehmens. (GUF : 105)

local *m ^negocio^*

local de negocio *m ^negocio^*

lucro *m ^beneficio (DEN)^ ^ganancia (DEN)^* (def) Animo de obtención de rentas y beneficios. Ganancias, provecho, utilidad de naturaleza monetaria conseguida con alguna operación o acto. Constituye el fin último y diferenciador de las sociedades civiles y mercantiles. (DEN); (kon) Los efectos de la inflación en los estados contables de las empresas obligan también a introducir una serie de correcciones en la cuenta de resultados, de forma que los nuevos beneficios o pérdidas reflejen las ganancias de capital anteriormente referidas y resulten coherentes con los balances corregidos por causa de la inflación. (EEF: 49) **Profit** *m* *^Gewinn^* (Komm) Der aus dem englischen entlehnte Terminus *Profit* umfasst im Deutschen zwei Bedeutungen: Zum einen wird *Profit* als Synonym für *Unternehmergewinn*, der sich aus der Differenz von Erlös und Kosten ergibt, verwendet. Diese Bedeutung wurde von der englischen Wirtschaftsterminologie beeinflusst, wo der Terminus *profit* Gewinn bedeutet. Zum anderen kann sich der deutsche Terminus *Profit* auf den von Karl Marx geprägten Begriff beziehen. Marx definierte ihn als Mehrwert, der dem Kapitalist (Unternehmer) durch die Ausbeutung der Arbeiter zufließt. Im Spanischen wird für den von Marx geprägten Profitbegriff der Terminus *plusvalía* verwendet. In deutschen Fachtexten wird der Terminus *Profit* nicht einheitlich verwendet. Manche Autoren beziehen sich auf einen wirtschaftlichen Gewinn im weitesten Sinne, andere wiederum verwenden ihn ausschießlich im Zusammenhang mit dem von Marx geprägten Begriff.; (def) Bezeichnung für Unternehmergewinn. (...) (GWL); (kon) Die Betreiber dieser Mailbox wollen keinen Profit erzielen, sondern sie setzen sich für einen freien Austausch von Meinungen und Informationen ein.

M

malversación *f ^defraudación (DDU)^* (Komm) El término *defraudación* se emplea de modo especial en los abusos cometidos contra el fisco y contra las propiedades intelectual e industrial.; (def) Apropiación indebida de cosas muebles, recibidas con la obligación de restituirlas (...). (DDU) ; (kon) Penalmente, se estima que existe defraudación cuando se trata de caudales privados, confiados a administradores; y malversación, si la irregularidad recae sobre caudales públicos. (DDU vs malversación) **Veruntreuung** *f ^Unterschlagung^ ^Unterschlagung, veruntreuende (WDW)^ ^Untreue (GWL)^* (def 1) Die vorsätzliche, rechtswidrige Zueignung einer fremden (d. h. nicht im Alleineigentum des Täters stehenden) beweglichen Sache, die der Täter in Besitz oder Gewahrsam hat (Abgrenzung zum Diebstahl, der rechtswidrigen, in Zueignungsabsicht erfolgenden Wegnahme einer Sache, die sich im fremden Gewahrsam befindet, sowie zu Untreue und Betrug mitunter schwierig). (GWL vs Unterschlagung); (def 2) Unterschlagung einer dem Täter besonders anvertrauten Sache (Bsp. Verkauf einer hinterlegten Ware) (VGW); (kon) Selbst ein gesonderter Sicherungsraum kann weder Kollisionen mit verlängertem Eigentumsvorbehalt der Lieferanten noch Veruntreuung durch den Kreditnehmer, z. B. durch Mehrfachübereignung, Weiterverpfändung usw., verhindern. (GUF: 65)

mandato *m ^encargo (DDU)^* (def) El mandato es un contrato consensual por el cual una de las partes, llamada mandante, confía su representación, el desempeño de un servicio o la gestión de un negocio, a otra persona, el mandatario (...), que acepta el encargo. (...). (DDU) **Auftrag** *m* (def) Allgemein: organisatorisches Hilfsmittel der Betriebssteuerung: Die beauftragte Stelle wird zur Ausführung einer Leistung verpflichtet. Das Recht, Aufträge zu erteilen, ist bei bestimmten Funktionsstellen (Instanzen) konzentriert (...). (GWL); (kon) Die Akzeptleistung erfolgt zugunsten des Exporteurs unter einem Akkreditiv, das im Auftrag des Importeurs von der Importbank oder im Auftrag der Importeursbank von der Remboursbank meist unwiderruflich eröffnet und als bestätigtes oder unbestätigtes dem Exporteur von seiner Hausbank avisiert wird. (GUF: 61)

mandato de pago *m ^orden de pago^*

mantenimiento *m* (Komm) Bezieht sich der Terminus *Wartung* nur auf die Vorbeugung des Verschleißes eines Objekts – im Gegensatz zu routinemäßigen Kontrollmaßnahmen – so bieten sich die Termini *mantenimiento preventivo* oder *mantenimiento de prevención* als Übersetzung an.; (def) Actividad destinada a la conservación en condiciones de funcionamiento correcto de un activo. El mantenimiento se divide en tres áreas: la prevención, que consiste en las revisiones y sustituciones de equipo periódicas, con el fin de evitar una avería; la reparación, realizada una vez aparece la avería; y la mejora, consistente en la adecuación del activo a nuevas necesidades. (DEI); (kon) Es frecuente que equipos que hemos adquirido no hace muchos años empiecen a generar gastos de conservación o mantenimiento que superan unos límites de razonabilidad. (MEE. 101) **Wartung** *f ^Leasing^* (def) Maßnahme der vorbeugenden Instandhaltung. Zur Wartung werden alle Pflegemaßnahmen von Produktionsanlagen gerechnet wie Reinigen, Abschmieren, Justieren, Nachfüllen von Betriebsstoffen und Katalysatoren sowie ähnliche Maßnahmen zur Verminderung bzw. Verhinderung von Verschleißerscheinungen. (GWL); (kon) Schließt der Leasingvertrag auch Wartung mit ein, so spricht man von Maintenance-Leasing. (GUF: 70)

masa de la quiebra *f* (def) Conjunto patrimonial de la quiebra, sujeto a satisfacción de los créditos contra el quebrado y de las responsabilidades y gastos a resarcir inherentes a tal situación de insolvencia; masa que se administra por representantes de los acreedores, aunque dependientes de la superior decisión o aprobación judicial (...). En definitiva, la masa de la quiebra puede caracterizarse, por lo que el Código de Comercio califica de estado de la misma: la universalidad de los bienes, derechos, acciones y obligaciones del fallido o quebrado, con las excepciones establecidas en la ley (...). (DDU); (kon) Los síndicos son los mandatarios designados para representar a los acreedores. Ejercen el derecho de disposición y administración sobre la masa de quiebra, realizándola para satisfacer a los acreedores. (HAC: 171) **Konkursmasse** *f* ^*Insolvenzmasse (GWL)*^ ^*Konkurs*^ ^*Zwangsvollstreckung*^ (def) Das gesamte einer Zwangsvollstreckung unterliegende Vermögen des Gemeinschuldners im Zeitpunkt der Konkurseröffnung (§ 1 KO, ab 1. Januar 1999: § 35 InsO). Bewegliche Sachen; Grundstücke und grundstücksgleiche Rechte; Forderungen; das Geschäft des Gemeinschuldners; Arbeitseinkommen bis zur Konkurseröffnung, soweit eine Lohnpfändung zulässig ist; Ansprüche aus Versicherungsverträgen; Urheberrechte an Werken der Literatur, Tonkunst, bildenden Kunst und Fotografie gehören nur zur K[onkursmasse], wenn der Gemeinschuldner die Einbeziehung bewilligt; bei Erfinderrechten (Patenten, Gebrauchsmustern), soweit schon Vorbereitungen zu ihrer Verwertung getroffen sind, kann auch die Anmeldebefugnis zur K[onkursmasse] gehören; das Warenzeichen fällt mit dem Geschäftsbetrieb, zu dem es gehört, in die Masse und kann mit diesem ohne Zustimmung des Gemeinschuldners veräußert werden. (GWL); (expl) Ausgeschlossen von der Konkursmasse ist alles, was der Gemeinschuldner nach Konkurseröffnung erwirbt, und die nach § 811 ZPO unpfändbaren Sachen. Ferner gehört nicht zur Konkursmasse, was als Sache Dritter der Aussonderung unterliegt. (MÜS); (kon) Das Kreditverhältnis kann darüber hinaus zusätzlich Verwertungsrechte eines Sicherungsgutes, Informations-, Kontroll- und Mitspracherecht sowie Ansprüche auf Konkursmasse als Gläubigerrechte umfassen. (GUF: 34)

materia prima *f* (def) Se trata de objetos o materiales destinados a ser incorporados a los productos fabricados. Puede ser un producto elaborado o semielaborado en la empresa, que se utiliza para ulteriores transformaciones (por ejemplo, un motor para un automóvil) o de elementos que no han sufrido ninguna transformación, en cuyo caso son materias primas en sentido estricto. Desde el punto de vista de la Contabilidad de Costes, para que un elemento integrante del coste sea considerado materia prima, se exigen dos condiciones: la primera es formar parte físicamente del producto terminado, y la segunda es que sean consumos controlables desde el punto de vista económico, es decir, el beneficio del control es superior al coste. (DEE); (kon) Según el estado de transformación se distingue entre materias primas, bienes intermedios y bienes finales. Las materias primas entran en el proceso productivo tal como se extraen de la naturaleza, sin haber sufrido ningún cambio (...). (SMA: 1) **Rohstoff** *m* ^*Fertigwaren*^ ^*Halbwaren*^ ^*Rohmaterial (WDW)*^ (def) Grundstoffe, die im Produktionsprozess in das Erzeugnis eingehen. Rohstoffe bilden den stofflichen Hauptbestandteil der Erzeugnisse. (GWL); (kon) Neben einmaligen und laufenden, vom Umsatz berechneten Gebühren kann der Franchisegeber Einnahmen erzielen aus Vermietung von Ausstattungs-, Beratungs-, Ausbildungsleistungen, aus Verkauf von Roh-, Hilfs-, Betriebsstoffen, Halb- und Fertigwaren sowie Werbematerialien und schließlich aus gewährten Krediten. (GUF: 73)

mayoría cualificada *f* (def) La exigida por encima de la estricta mayoría absoluta (...); como los dos tercios o tres cuartos de los votos o votantes. Se reserva para decisiones importantes, en que no se quiere exponer a una precipitación o un apasionamiento momentáneo la actitud, quizás irrevocable, en un grave asunto. Suelen exigirse las mayorías cualificadas (...); en las modificaciones del capital o de los estatutos de las compañías de comercio, etc. (DDU) **qualifizierte Mehrheit** *f* (def) (...) 2. Aktienrecht: In der Hauptversammlung der AG eine Mehrheit, die zum Zustandekommen eines gültigen Beschlusses neben der Stimmenmehrheit (mehr als die Hälfte der abgegebenen Stimmen) auch z. B. ¾ des in der Hauptversammlung vertretenen Grundkapitals (bedeutsam bei Vorhandensein von Mehrstimmrechtsaktien) umfassen muss; vorgeschrieben u. a. bei Satzungsänderung, Abberufung von Aufsichtsratsmitgliedern, Kapitalherabsetzung, Verschmelzung (Fusion) und Auflösung der Gesellschaft. (GWL); (kon) Optionsanleihen verbuchen als Zusatzrecht im Optionsschein ein Bezugsrecht auf Aktien, sie erfordern nach § 221 AktG die qualifizierte Mehrheit der Hauptversammlung und begründen ein Bezugsrecht der Altaktionäre. (GUF: 43)

medio de pago *m* (def) Medio de pago es el dinero, la moneda o un activo financiero dotado de poder liberador de deudas y obligaciones. Sin embargo, en una definición menos rigurosa se utilizan también otros instrumentos que constituyen mandamientos de pago, pero que son transmitidos del emisor a un tercero que admite el título como si realmente le hubieran realizado el pago, en base a que dicho título o documento es un mandamiento u orden contra una entidad financiera que »a priori« se considera solvente sin ninguna duda. (DEI); (kon) No hay duda, con todo, de que en la sociedad moderna los medios de pago más comunes son los depósitos bancarios a la vista, transferibles mediante talón, y el efectivo (monedas y billetes) de curso legal. (EPE: 34) **Zahlungsmittel** *n* *^Bargeld^* *^Geld^* *^Gelder^* (def) Zahlungsmittel sind grundsätzlich Geld und geldähnliche Güter und Forderungen, die im Tausch gegen andere Güter akzeptiert werden. Hierbei ist es möglich, dass in einer Gruppe ein Gut als Zahlungsmittel anerkannt wird, nicht aber in einer anderen. Innerhalb eines Staatsgebietes erfüllen i. d. R. nur das dortige Zentralbankgeld und Buchgeld die Funktion eines allgemeinen Zahlungsmittels. Gesetzliche Zahlungsmittel sind in der BRD Scheidemünzen und Banknoten; sie müssen kraft Gesetzes als Schuldentilgungsmittel akzeptiert werden. Geld im Rechtssinne (als Schuldentilgungsmittel nach Treu und Glauben) ist aber auch häufig Buchgeld. (GLV); (kon) Bei den Produktionsbetrieben nutzte sogar jede fünfte Firma die neue Währung als Zahlungsmittel, wie eine Umfrage ergab.

mercado de aprovisionamiento *m* (def) Lugar de negociación de bienes y servicios en el que una empresa se abastece de los que precisa para el proceso de producción. (DV) **Beschaffungsmarkt** *m* *^Beschaffung^* (def) Ein der Produktionsstufe einer Unternehmung vorgelagerter Markt, auf dem Güter oder Dienstleistungen für den Produktionsprozess gekauft werden können. Gegensatz: Absatzmarkt. Der Beschaffungsmarkt des Käufers (Nachfragers) ist für den Verkäufer (Anbieter) Absatzmarkt. (GWL)

mercado de capitales *m* (def) Mercado en el que se negocian activos financieros a medio y largo plazo (de vencimiento superior al año). Dichos activos pueden negociarse en forma de créditos (mercado de crédito a medio y largo plazo) o en forma de valores (mercado de valores). A su vez, en este último mercado existe un mercado primario o de emisión donde surgen inicialmente los activos financieros y un mercado secundario, donde estos activos son objeto de negociaciones sucesivas. Aunque la expresión mercado de capitales incluye, en realidad, un conjunto de mercados, su transparencia parcial permite hablar de un único mercado de capitales. (AEE); (kon) Los mercados de capitales comprenden las transacciones de títulos cuya vida es a más largo plazo. (SMA:121) **Kapitalmarkt** *m* *^Geldmarkt^* (def) Allgemein gilt, dass als Kapitalmarkt die gedachte Einheit jener Institutionen und Tauschbeziehungen bezeichnet wird, durch welche liquide Mittel von Individuen, Firmen, Gesellschaften und staatlichen Körperschaften an andere Wirtschaftseinheiten gegen Entgelt leihweise oder in einem Beteiligungsverhältnis gegeben werden. Im Gegensatz zu dieser wissenschaftlich orientierten Definition bezeichnet die Praxis den Kapitalmarkt häufig als Markt für Wertpapiere (Rentenmarkt und Aktienmarkt) (HFW); (kon) Dieser Umstand setzt die Aktiengesellschaft im Vergleich mit anderen Rechtsformen in die Lage, sich über den Kapitalmarkt relativ leicht langfristiges Kapital (sowohl Eigen- als auch Fremdkapital) zu beschaffen. (GUF: 25)

mercado consumidor *m* *^mercado de ventas^*

mercado de consumo *m* *^mercado de ventas^*

mercado de dinero *m* *^mercado monetario^*

mercado monetario *m* *^mercado de dinero (TAM)^* (def) Mercado en el que se negocian activos financieros a corto plazo (de vencimiento inferior al año). Dichos activos se negocian en forma de créditos, de manera que el mercado de dinero es un mercado de crédito. El papel del mercado de dinero consiste en asegurar que los fondos líquidos o semilíquidos de la economía estén distribuidos y empleados de forma óptima. También se le denomina mercado monetario. (AEE vs mercado de dinero); (kon) Según las características de los títulos que se negocian, los mercados financieros se clasifican en mercados monetarios y mercados de capitales. (SMA: 121) **Geldmarkt** *m* *^Kapitalmarkt^* *^Markt, monetärer (HFW)^* (def) Genauso wie es einen Markt für Waren und Leistungen gibt, hat auch Geld einen Markt. Die Gesamtheit des Angebots und der Nachfrage nach Geld nennt man den monetären Markt, manchmal auch den Kreditmarkt. (HFW); (kon) [Kleine Geldinstitute] holen sich ihre Liquidität am Geldmarkt von den großen Banken, die entsprechend mehr von der EZB besorgen, als sie selbst brauchen. (http://ockenfels.uni-koeln.de)

mercado de venta *m ^mercado consumidor (ABA)^ ^mercado de consumo (TMD)^* (expl) Segmento de mercado formado por los particulares y familias, o consumidores últimos, que usan un producto o servicio para satisfacer sus propias necesidades. (TMD); (kon) Por mercado se entiende el establecimiento destinado a las operaciones de compra y venta de artículos de primera necesidad y de consumo diario. (...). (DDU vs mercado); (Komm) Hay que entender el término *consumidor último* en su sentido más general, pues para una empresa que produzca productos intermedios el consumidor de los mismos será otra empresa y no los particulares o las familias. **Absatzmarkt** *m ^Beschaffungsmarkt^* (def) Bezeichnung der Wirtschaftstheorie und -praxis für den der Produktion nachgelagerten Markt, auf dem die Produkte einer Firma verkauft (abgesetzt) werden. Gegenstück ist der vorgelagerte Markt, der Beschaffungsmarkt. Der Absatzmarkt des Verkäufers (Anbieters) ist für den Käufer (Nachfrager) Beschaffungsmarkt. (GWL); (kon) Ausgangspunkt für Investitionen müssen (...) grundsätzlich die auf den Absatzmärkten des Unternehmens bestehenden Chancen sein, welche unter Abwägung der mit ihnen verbundenen Risiken im Hinblick auf ihre Rentabilität zu beurteilen sind. (GUF: 105)

metálico *m ^dinero en efectivo (ECT)^ ^efectivo (DEI)^* (def) Relativo al metal o confeccionado con ese material. Por antonomasia hace referencia a las monedas, acuñadas con metal, antiguamente nobles (oro y plata), y en la actualidad con aleaciones de menor valor. Aunque en un principio el dinero en metálico hacía referencia al representado en monedas, por oposición al papel moneda y billetes de banco, en la actualidad, al hablar de metálico, y más especialmente, de pagos en metálico se relaciona con las operaciones realizadas al contado, por oposición a las efectuadas a plazo o valiéndose de cualquier otro instrumento de pago. (DEI); (kon) Todo lo que se ha hecho hasta ahora nos recuerda bastante a la cuenta de la vieja. Sin embargo estos sencillos mecanismos nos permiten ver algunas de las cosas que nos interesan. Por ejemplo, el saldo de la cuenta de caja nos dirá la disponibilidad en metálico en cada momento, sin tener que contar el dinero. (ABC: 31) **Bargeld** *n ^Zahlungsmittel^* (def) Primärliquide Mittel, also Banknoten und Geldmünzen als gesetzliche Zahlungsmittel sowie evtl. Guthaben bei der Zentralnotenbank (...) (BAL); (kon) Als Zahlungsmittelbestände kommen in Frage: Kassenbestände (Bargeld), Bank- und Postgiroguthaben sowie sofort liquidierbare Vermögensgegenstände, wie Schecks, rediskontfähige Wechsel und andere Wertpapiere. (GUF: 90)

método MAPI *m* (Komm) Abkürzung für: *Machinery and Allied Products Institute*; (def) Método de cálculo de la rentabilidad de determinadas inversiones. (DV) **MAPI-Verfahren** *n ^MAPI-Methode (GWL)^* (def 1) Vom Machinery and Allied Products Institute (Washington D. C.) entwickeltes Rechenverfahren zur Bestimmung der Rentabilität von Investitionen, vorwiegend von Ersatzinvestitionen; Sonderform der internen Zinsfußmethode (Investitionsrechnung III 2). Durch Vergleich zwischen der Lage des Unternehmens mit und ohne geplante Investition wird die Dringlichkeit einer Investition ermittelt. (GWL); (def 2) Ein Hauptproblem der Investitionsrechnung ist die Einbeziehung der Unsicherheit über die zukünftige Entwicklung. Terborgh geht davon aus, dass nur über die unmittelbare Zukunft von einem Jahr sichere Erwartungen zugrunde gelegt werden können und untersucht, ob es vorteilhaft ist, eine Anlage bereits im augenblicklichen Zeitpunkt oder erst in einem Jahr zu ersetzen. (HFW); (expl) Unter der Abkürzung MAPI wird ein Konglomerat von Veröffentlichungen zur Investitionstheorie angesprochen, die von dem Forschungsdirektor des Machinery & Allied Products Institute in Washington, D. C., George Terborgh, herausgegeben wurden. Terborgh bezeichnet die MAPI-Methode als ein geeignetes Instrument zur Behandlung von Investitionsobjekten »having to do with the reduction of costs and the improvement of methods in existing operations (...)«. (FRA); (kon) Ein besonders in den USA verbreitetes Verfahren ist das sogenannte MAPI-Verfahren, welches vor allem bei der Ermittlung der Dringlichkeit von Ersatzinvestitionen Anwendung findet. (GUF: 108)

movilización *f ^realización^*

N

necesidad de dinero *f* (def 1) Disposición de los sujetos económicos a mantener saldos de dinero ociosos para hacer frente a los desfases habituales entre ingresos y pagos, y/o para evitar los riesgos no aceptados de las formas de mantener riqueza, y/o para obtener beneficios derivados de las fluctuaciones de las cotizaciones de los activos financieros. (DEE); (def 2) Cantidad de dinero líquido que los agentes económicos desean mantener en un momento dado. (AEE) **Finanzbedarf** *m ^Kapitalbedarf^* (def) F[inanzbedarf] (Kapitalbedarf) ist der Bedarf der Unternehmen an Finanzierungsmitteln. Da die Finanzierungsmittel eines Unternehmens stets dem im Unternehmen investierten Vermögen entsprechen, resultiert der Finanzbedarf aus den Investitionsplänen der Unternehmen. (...) Der F[inanzbedarf] ergibt sich in der Praxis als Summe der in einem Unternehmen geplanten Investitionsauszahlungen, wobei zur Erstellung der Investitionspläne von pauschalen Annahmen über die Kosten der Deckung des F[inanzbedarfs] ausgegangen wird. (LBW); (kon) Andererseits lässt sich eine ungünstige Phase für Kapitalerhöhung vermeiden, indem diese bei Deckung des Finanzbedarfs per Ausgabe von Wandelobligationen vertagt wird. (GUF: 45)

necesidades (1) *fpl* (def) Necesidad de obtener recursos para enjugar el déficit, por el exceso del gasto sobre los ingresos o para incrementar el negocio o emprender uno nuevo, tanto se refiera al Estado, Autonomías, Ayuntamientos o empresas. (TRI vs necesidad de financiación); (kon) Parte a un consumo inmediato, o sea gasta dinero para satisfacer sus necesidades más básicas. (SMA: 7) **Bedarf** *m ^Bedürfnis^ ^Menge, erforderliche^ ^Nachfrage (WDW)^ ^Verbrauch^* (def) Ökonomischer Begriff für eine am Markt tatsächlich auftretende Nachfrage (GWL); (Komm) Bedarf = konkretisiertes Bedürfnis, dem die verfügbare Kaufkraft gewidmet werden kann. VLS; (kon) Übersteigt der Bedarf an Eigenkapital die Finanzierungsmöglichkeiten der Teilhaber, haben diese Unternehmungsformen nicht die Möglichkeit, sich an den organisierten Kapitalmarkt zu wenden. (GUF: 21) **necesidades (2)** *fpl* (def) Sensación de carencia de algo unida al deseo de satisfacerla. (AEE); (kon) Se entiende por necesidad la sensación de una carencia, unida al deseo de hacerla desaparecer. (LTE: 93) **Bedürfnis** *n ^Bedarf^* (def) Wunsch, der aus dem Empfinden eines Mangels herrührt. Man unterscheidet: natürliche Bedürfnisse, gesellchaftliche Bedürfnisse, Grundbedürfnisse. (GWL); (kon) Auf der Website (...) finden KMU und Neuunternehmen durch Hinweise, Verhaltens- und Vorgehenstipps aufgezeigt, welche Finanzierungsmöglichkeiten ihnen für die spezifischen Bedürfnisse offen stehen und auf welche Informationen ihre Geldgeber angewiesen sind, um einen bedarfsgerechten Finanzierungsweg zu finden. (www.unternehmensfinanzierung.de)

negocio (1) *m ^local (DEI)^ ^local de negocio (UDM)^ ^tienda (DEI)^* (Komm) Der Terminus *empresa* ist eine weitere Übersetzungsmöglichkeit für den Terminus *Geschäft* in diesem Kontext.; (def) Local en que se negocia o comercia (DMM); (kon) Son normas en Derecho objetivo creadas por la observancia repetida, uniforme y constante de los comerciantes en sus negocios. (UDM: 342) **Geschäft** *n ^Geschäftsführung^ ^Geschäftsjahr^* (def) (...) Bezeichnung für eine Unternehmung und für das Verkaufslokal (Laden) einer Unternehmung (meist Handelsbetrieb), aber auch für eine von mehreren Verkaufsstellen (...) (GWL); (kon) Da die Eröffnung des Geschäftes in finanztechnischer Hinsicht keiner Form unterliegt, gestaltet sich die Gründung im Normalfalle in der Weise, dass der Unternehmer aus seinem Privatvermögen Kapital abzweigt und es dem Betriebsvermögen der Unternehmung zuführt. (GUF: 14) **negocio (2)** *m ^transacción (DEI)^ ^operación (DEN)^* (def) Toda actividad de carácter mercantil y con ánimo de lucro. Cuando se manejan ciertos volúmenes de ventas y un determinado nivel de organización, el negocio alcanza la categoría de empresa. (DEN); (kon) La novedad se ha producido hace apenas quince días, cuando el BBVA y Telefónica anunciaron una alianza mucho más ambiciosa – en recursos económicos y objetivos de desarrollo de nuevos negocios – inmediatamente seguida por el anuncio de acuerdos de similar calado con grandes operadores de telecomunicaciones e Internet por parte de los gigantes alemanes Commerzbank y Deutsche Bank. (I-07) **Geschäft** *n* (def) (...) Jede auf Erwerb abzielende Tätigkeit einer Person. (...) (HLW); (kon) Bei der Mantelzession werden laufend Forderungen in einer bestimmten Gesamtsumme abgetreten, bei der Globalzession werden Teile aller gegenwärtigen und künftigen Forderungen des Kreditnehmers gegenüber bestimmten Schuldnern (z. B. Buchstabengruppe A bis M) oder aus bestimmten Geschäften abgetreten. (GUF: 66)

O

obligación (1) *f* (def 1) [El empréstito] Es un préstamo de gran cuantía, dividido en préstamos pequeños. Cada préstamo pequeño se llama obligación, y el conjunto de todas las obligaciones empréstito. (...) (AEE vs empréstito); (def 2) A una emisión se denomina empréstito cuando los valores mobiliarios introducidos en el mercado son obligaciones. Las obligaciones son títulos de renta fija, preferentemente, emitidas por una sociedad de derecho privado, y representan una parte alícuota de un empréstito (crédito) contra la sociedad emisora. (DEE vs empréstito) **Teilschuldverschreibung** *f ^Anleihe^ ^Obligation^ ^Schuldverschreibung^* (def) Die einzelnen Stücke einer Anleihe (Schuldverschreibung, Obligation). Eine Teilschuldverschreibung drückt also einen verbrieften Anteil am Gesamtbetrag einer Anleihe aus. Die insgesamt benötigte Kreditsumme wird in marktgängiger Stückelung (...) auf die einzelnen Stücke aufgeteilt, die man deshalb als Teilschuldverschreibungen bezeichnet. Neben der Aufnahmemöglichkeit großer Kreditsummen liegt der Vorteil der Stückelung in der Abstimmung der Überlassungsdauer zwischen Gläubigern und Schuldnern. (...) (VGW); (kon) Zum Wesen der Anleihe gehört es, dass die Anleihegesamtsumme in Teilschuldverschreibungen gestückelt wird. (GUF: 40) **obligación (2)** *f ^bono^* (def) En Economía, y en sentido estricto, los títulos valores que emiten empresas o entidades de todo tipo para obtener crédito en el mercado de capitales; con el compromiso de su amortización en un plazo determinado y a un interés normalmente fijo. Suelen tener vencimiento superior a cinco años, ser títulos al portador, y pagar intereses semestral o anualmente. El interés que se paga, expresado en tasa anual, es llamado cupón. Puede emitirse a la par (...) con prima (...) o al descuento (...). Pueden amortizarse a la par o con prima. En algunas emisiones, cada año se amortiza, por sorteo, una parte de las obligaciones emitidas. Pueden ser obligaciones convertibles, con warrant, o indexadas. A veces, los emisores conceden a los compradores una opción de venta (put option), con lo cual consiguen reducir el tipo de interés a pagar, a cambio del riesgo de que la opción sea ejercitada si los tipos de interés han subido en la fecha de ejercicio. (...) (TAM); (kon) Para que la junta general ordinaria o extraordinaria pueda acordar válidamente la emisión de obligaciones, el aumento o la reducción del capital, la transformación, fusión, o escisión de la sociedad y, en general, cualquier modificación de los estatutos sociales, será necesaria, en primera convocatoria, la concurrencia de accionistas presentes o representados que posean, al menos, el cincuenta por ciento del capital suscrito con derecho a voto. (LSA art. 103, 1.) **Obligation** *f ^Anleihe^ ^Gewinnobligation^ ^Obligationär^ ^Schuldverschreibung^ ^Teilschuldverschreibung^ ^Wandelobligation^* (Komm) In der Praxis werden die Begriffe Anleihe, Obligation und Schuldverschreibung häufig synonym verwendet. Ein Bedeutungsunterschied besteht nur dann, wenn die Papiere vom Staat ausgegeben werden. Die Termini *Anleihe*, *Obligation* und *Schuldverschreibung* kennzeichnen dann eine unterschiedliche Ausgestaltung der Wertpapiere, i. d. R. bezüglich ihrer Laufzeit. Im Spanischen wird eine entsprechende Unterscheidung bei *obligaciones* und *bonos* gemacht. Teilweise werden sogar die Begriffe *Obligation* und *Schuldverschreibung* als Synonyme für *Teilschuldverschreibung* verwendet, obwohl diese die Schuldurkunden darstellen, die einen Anteil am Gesamtbetrag der Anleihe verbriefen. Dies könnte dadurch erklärt werden, dass es sich bei Anleihen i. d. R. um so große Summen handelt, dass kein einzelner Kreditgeber die Gesamtsumme zur Verfügung stellen kann, sondern viele Kreditgeber jeweils nur Teilbeträge einbringen können (vgl. Kommentar zu *Schuldverschreibung*).; (def) (Anleihe, Schuldverschreibung) Wertpapiermäßige Urkunde, die ihrem Inhaber ein Forderungsrecht verbrieft, in dem sich der Aussteller zur Zahlung eines bestimmten Geldbetrags verpflichtet. Als Emittent (Herausgeber) von Obligationen, d. h. festverzinslichen Wertpapieren, treten die öffentliche Hand (...), verschiedene Banken (...), und die Industrie auf (...), die sich auf diese Weise direkt am Kapitalmarkt Fremdkapital beschaffen. Als Mittler sind i. d. R. Banken eingeschaltet. Der Gesamtbetrag einer Anleihe wird in Teilbeträge unterschiedlicher Nennwerte gestückelt, (...). Der Erwerber erhält jährlich einen gleichen Zinsbetrag. Der Zinssatz wird bei Ausgabe der Papiere festgelegt. Rückzahlung erfolgt planmäßig in Teilbeträgen oder zu einem Gesamtfälligkeitstermin. (...) Obligationen sind i. d. R. Inhaberpapiere. (BAL); (kon) Nimmt man die Markt-(Verkehrs-)fähigkeit der Obligationen infolge ihrer Verbriefung in der Form vertretbarer Wertpapiere (Effekten) hinzu, so wird die sehr große langfristige Schuldsumme eines Emittenten in viele kleine fungible Anlagebeträge finanzschwacher Sparer mit evtl. auch nur relativ kurzfristigen Anlageengagements transformiert. (GUF: 40)

obligación canjeable *f ^obligación convertible^*

obligación con cláusula de participación *f ^obligación partícipe^*

obligación convertible *f ^obligación canjeable (DEN)^* (def) Concede al tenedor el derecho a canjearlos por acciones del emisor, en favor y a precios fijados, a cambio de un menor tipo de interés. El emisor obtiene así financiación más barata, a cambio del riesgo de tener que emitir acciones para la conversión a un precio menor que el de mercado. A diferencia de las obligaciones con warrants, implican una dilución de las acciones del emisor. (TAM); (kon) Las obligaciones convertibles no pueden emitirse por una cifra inferior a su valor nominal. (LSA art. 292, 3.) **Wandelobligation** *f ^Obligation^ ^Umtausch^ ^Wandelanleihe^ ^Wandelschuldverschreibung^* (kon) Bei den Wandelschuldverschreibungen (Wandelobligationen) wird dem Inhaber gemäß § 221 AktG ein Recht auf Umtausch in Aktien gewährt. (GUF: 43)

obligación industrial *f* (def) Las que han sido emitidas por una sociedad industrial. (GAR) **Industrieobligation** *f ^Obligation^* (def) Festverzinsliche Anleihe, deren Emittent (Schuldner) ein Industrieunternehmen ist. Diese Wertpapiere dienen der Beschaffung langfristigen Fremdkapitals, das meist für Investitionen benötigt wird. Zur Ausgabe ist eine Genehmigung des Bundesfinanzministeriums erforderlich. Besicherung erfolgt regelmäßig durch erststellige Grundschulden oder Sicherungshypotheken; in Ausnahmefällen kommen auch Bürgschaften von anderen Unternehmen, öffentliche Bürgschaften u. a. in Frauge. Bei bekannten Unternehmen unzweifelhafter Bonität werden auch Negativerklärungen abgegeben. Die Konditionen sind unterschiedlich; die Anleihebedingungen geben im Einzelnen Auskunft darüber. Industrieobligationen werden an der Börse meist amtlich gehandelt und notiert. Die deutschen Unternehmen haben in den letzten Jahren nur in wenigen Fällen von der Möglichkeit, Fremdkapital durch Auflegung einer Anleihe aufzunehmen, Gebrauch gemacht. Stattdessen ist das flexiblere und kostengünstigere Schuldscheindarlehen in den Vordergrund gerückt. (BAL); (kon) Die Industrieobligationen haben viel ihrer Bedeutung an Schuldscheindarlehen abgetreten. (GUF: 42)

obligación partícipe *f ^obligación con cláusula de participación^* (def) Aquéllas que, además de un interés fijo, reciben un interés supletorio de acuerdo con los beneficios registrados al final del ejercicio. (DMA); (expl) (...) [Las] obligaciones con cláusula de participación (...) vinculan sus rendimientos a los resultados económicos de la empresa a través de un índice de variabilidad referido a uno de los elementos que condicionan o reflejan dichos resultados; a su vez puede estipularse que la participación de las obligaciones en los resultados de la empresa sea el único rendimiento periódico de las obligaciones, o que sea uno adicional que se suma a un tipo de interés anual fijo. (RSF: 448) **Gewinnobligation** *f ^Gewinnschuldverschreibung^ ^Obligation^* (def) (...) Variante der Industrieobligation, bei der als Nutzungsentgelt für die Kapitalüberlassung entweder neben einem festen Basiszins zusätzlich ein mit der Dividende gekoppelter Gewinnanspruch besteht (participating bond) oder lediglich ein Gewinnanteil ohne Basiszinsanspruch (income bond) gewährt wird. Der Obligationär trägt somit das Risiko eines teilweisen oder vollständigen Nutzungsentgeltausfalls. Dieser Tatbestand kann eintreten bei Nichtrealisierung von Gewinnen oder im Fall der Gewinnthesaurierung. Die Gewinnobligation gewährt im Gegensatz zur Aktie kein Beteiligungs-, sondern lediglich ein Gläubigerrecht. Ihre Emission bietet sich in Kapitalmarktsituationen an, die für die Unterbringung von klassischen Festzinsanleihen ungünstig sind. (...) (BFL); (kon) Gewinnobligationen ohne festen Grundzins sind durch Verluste und/oder durch aggressive Einbehaltungspolitik des Unternehmens in ihren Gewinnansprüchen gefährdet, mit Grundzins sind sie im Risiko begrenzt und bei günstigen (künftigen) Ertragslagen und Dividendenaussichten attraktiv. (GUF: 43)

obligación con warrant *f* (def) La que lleva incorporado un warrant, que puede separarse de la obligación y negociarse aparte. A diferencia de las obligaciones convertibles, el ejercicio del warrant no implica una dilución de las acciones del emisor. Además, la deuda permanece en libros a pesar de dicho ejercicio. (TAM); (kon) Pueden ser obligaciones convertibles, con warrant, o indexadas. (TAM vs obligación) **Optionsanleihe** *f ^Option^ ^Optionsschein^ ^Optionsschuldverschreibung^* (def) Optionsschuldverschreibung, Bezugsobligation, Bezugsrechtsobligation, bond warrant, Anleihe, der ein Optionsschein (warrant) beigelegt ist, der zum Kauf einer in den Optionsbedingungen festgelegten Anzahl von Aktien in einem bestimmten Zeitraum zu einem festen Optionspreis berechtigt. Im Gegensatz zur Wandelschuldverschreibung führt die Ausübung des Optionsrechts nicht zur Einziehung der Anleihe. Optionsschein und Anleihe sind getrennt handelbar. Voraussetzungen: Staatliche Genehmigung ist erforderlich (...). O[ptionsanleihen] müssen mit ¾-Mehrheit in der Hauptversammlung beschlossen werden (§ 221 AktG), den Aktionären steht ein Bezugsrecht zu. Notierung an der Börse: Erfolgt u. a. getrennt für Anleihe mit Optionsschein, Anleihe ohne Optionsschein und Optionsschein. Vorteile: Der Emittent erhält durch Optionsanleihen] zinsgünstiges Fremdkapital, da die O[ptionsanleihen] i d. R. mit niedrigerem Zins als marktüblich ausgestattet ist, und zu späterem Zeitpunkt Eigenkapital. Optionsscheine besitzen im Vergleich zur Aktie höhere Hebeleffekte. Nachteil: Wegen des individuell bestimmbaren Ausübungszeitpunkts des Optionsrechts liegt die Entwicklung des Eigenkapitals nicht fest. (...) (GWL); (kon) Optionsanleihen verbuchen als Zusatzrecht im Optionsschein ein Bezugsrecht auf Aktien, sie erfordern nach § 221 AktG die qualifizierte Mehrheit der Hauptversammlung und begründen ein Bezugsrecht der Altaktionäre. (GUF: 43)

obligaciones *fpl ^créditos pasivos^ ^deudas (DDU)^* (def) En sentido jurídico, deuda es sinónimo de obligación, y más estrictamente, la presentación que el sujeto pasivo de la relación obligatorio (deudor) se ha comprometido a satisfacer al sujeto activo (acreedor), en cuyo favor nace el derecho de crédito. Así pues, toda deuda, al igual que toda obligación, consiste en dar, hacer o no hacer algo, aunque en su acepción más corriente se identifique deuda con el pago o entrega de la cantidad de dinero debida. Las deudas asumidas obligan al deudor a satisfacerlas por completo a su vencimiento, aunque se permiten pagos anticipados y pagos parciales. El retraso en el pago constituirá en mora al deudor, y facultará al acreedor a exigir el pago de los intereses debidos. (DDU); (Komm) 1. Deuda a corto plazo: Obligaciones de pago de una empresa con vencimiento no superar a un año. Se trata de un tipo de financiación ajena de carácter temporal. 2. Deuda a largo plazo: Obligaciones de pago de una empresa con vencimiento superar a un año. Se trata de una financiación ajena de carácter permanente.; (kon) El intercambio de mercancías entre la República Federal de Alemania y la República Dominicana se regula por los derechos y obligaciones que para los dos países se derivan del Acuerdo General sobre Aduana y Comercio (GATT). (HAC: 99) **Verbindlichkeiten** *fpl* (def) Begriff des Bilanz- und Steuerrechts: Verbindlichkeiten zählen zu den Schulden und sind – im Gegensatz zu Rückstellungen – prinzipiell dem Grunde und der Höhe nach gewiss. Zu den Verbindlichkeiten gehören Anleihen, Verbindlichkeiten gegenüber Kreditinstituten, Anzahlungen von Kunden, Verbindlichkeiten aus Lieferungen und Leistungen (Warenschulden), Schuldwechsel, Verbindlichkeiten gegenüber verbundenen Unternehmen und gegenüber Unternehmen, mit denen ein Beteiligungsverhältnis besteht, sonstige Verbindlichkeiten insbesondere aus Steuern und im Rahmen der sozialen Sicherheit. (GWL); (expl) Kreditoren eines Kreditinstituts sind insbesondere: Einlagen, aufgenommene Gelder, aufgenommene langfristige Darlehen, eigene Akzepte im Umlauf. Sie sind in die Bilanz zu ihrem Rückzahlungswert einzustellen. Die Verbindlichkeiten sind auszuweisen in den Positionen: Verbindlichkeiten gegenüber Kreditinstituten und Verbindlichkeiten aus dem Bankgeschäft gegenüber anderen Gläubigern sowie eigene Akzepte im Umlauf und Schuldverschreibungen. (MÜS); (kon) Durch Bürgschaftsvertrag verpflichtet sich der Bürge gegenüber Gläubiger (Kreditgeber) eines Dritten, für die Erfüllung der Verbindlichkeiten des Dritten einzustehen (§ 765 BGB). (GUF: 63)

obligacionista *m* (def) Persona propietaria de obligaciones emitidas por una empresa. Para la toma de decisiones que afectan a las obligaciones poseidas es frecuente que se constituyan consejos o asambleas de obligacionistas. (MDB); (kon) La convocatoria de la junta habrá de publicarse con un mes de antelación, como mínimo, a la fecha prevista para su celebración, deberá incluir las menciones mínimas del proyecto de fusión legalmente exigidas y hará constar el derecho que corresponde a todos los accionistas, obligacionistas y titulares de derechos especiales distintos de las acciones a examinar en el domicilio social los documentos indicados en el artículo 238, así como el de obtener la entrega o envío gratuitos del texto íntegro de los mismos. (LSA art. 240, 2.) **Obligationär** *m ^Obligation^* (def) Besitzer (Inhaber) von Schuldverschreibungen (Obligationen). (BAL); (kon) Wird Wandelrecht von Obligationären ausgeübt, verwandelt sich in Höhe entsprechender Beträge Fremdkapital in Eigenkapital. (GUF: 44)

Oficina Federal de Control de Seguros *f* (Komm) Diese Übersetzung stammt aus der internen Datenbank *Euterpe* des Europäischen Parlaments in Luxemburg. Der deutschen BAV entspricht die spanische Institution *Dirección General de Seguros*. Es empfiehlt sich, in einer Übersetzung vom Deutschen ins Spanische den deutschen Terminus gefolgt von dem in Parenthese gesetzten Terminus *Oficina Federal de Control de Seguros* anzuführen. Je nach textrelevanter Spezifizierungsnotwendigkeit empfiehlt es sich, den Terminus der spanischen Institution in einer kurzen Erklärung, z. B. *corresponde a la Dirección General de Seguros*, anzuführen. Bei einer Übersetzung vom Spanischen ins Deutsche ist analog zu verfahren. Die *Dirección General de Seguros* wurde im Jahr 2004 in *Dirección General de Seguros y Fondos de Pensiones* umbenannt. Die folgenden Angaben beziehen sich auf den Terminus *Dirección General de Soguros.*; (def) 1. Es en España el Órgano de Control de la actividad aseguradora encuadrado en el Ministerio de Economía y Hacienda. Ejerce materialmente el control indicado atribuido legalmente a referido Ministerio. 2. Competencias: a) Respecto a las entidades aseguradoras: i) Autorización previa inicial para efectuar operaciones. ii) Autorización previa de nuevos Ramos. iii) Autorizaciones de las cesiones de cartera, fusiones, transformaciones, escisiones y agrupaciones de entidades. iv) Supervisión de la documentación contractual y técnica que utilicen las entidades. v) Programar o acordar, según el caso, la adopción de determinadas medidas en situaciones anómalas: medidas cautelares (planes de financiación o de rehabilitación, supervisión de operaciones, prohibición de disposición de bienes, suspensión de funciones al consejo de adminstración, etc.) o sanciones (destitución de administradores, renovación de la autorización para operar y disolución de la entidad, etc.). vi) Comparación y análisis de la información estadístico-contable que trimestralmente y anualmente han de remitir las entidades. b) Respecto a los mediadores de seguros: agentes, corredores de seguros: Control sobre las personas físicas o jurídicas que realicen dichas actividades, comprobando si se cumplen las condiciones necesarias para su actuación, la obtención del título correspondiente, su inscripción en el Registro Especial que se lleva a tales efectos aplicando, en la medida que corresponda, el régimen disciplinario y de control por inspección previsto por la Ley. c) Respecto a los peritos-tasadores de seguros, comisarios de averías y liquidadores de averías: El control se ejerce, en esencia, con el mismo ámbito de aplicación que en el caso anterior, si bien referido únicamente a la actuación del tercer perito. d) Inspección sobre las personas y entidades sometidas a la legislación especial de seguros: De acuerdo con la Ley, se efectuará por los funcionarios pertenecientes al Cuerpo Superior de Inspectores de Finanzas del Estado. e) Resolución de las reclamaciones que puedan formularse contra las personas o entidades sometidas a control, por razón de sus actividades y operaciones específicas. f) Formalización y custodia de los Registros Especiales en entidades, de peritos-tasadores, comisarios y liquidadores de averías, de corredores de reaseguro y de título de agentes y corredores de seguros. 3. Organización interna: La Dirección General de Seguros se articula en las cinco Subdirecciones Generales siguientes: a) Subdirección General de Seguros: Con funciones de coordinación de las distintas unidades administrativas y de sustitución del Director General en los casos de enfermedad, ausencia, vacaciones u otras causas justificadas. b) Subdirección General de Gestión. Sus funciones más destacadas son: i) Tramitar los expedientes relativos a inscripciónes, ampliaciones de ramos, fusiones, cesiones de cartera, escisiones, transformaciones y agrupaciones transitorias. ii) Controlar la documentación estatuaria, técnica y contractual que utilizen las entidades aseguradoras. iii) Tramitar todas las cuestiones referentes a los mediadores, peritos-tasadores, comisarios y liquidadores de averías. iv) Confección y custodia de los Registros Especiales antes referidos. c) Subdirección General de Inspección. Su cometido principal es la realización del control por inspección o intervención, la aplicación del régimen sancionador y de las medidas cautelares, así como el análisis y comprobación de la documentación estadístico-contable que periódicamente deben remitir las entidades. d) Subdirección General de Planes y Fondos de Pensiones. Su función principal es la de tramitar todos los expedientes referentes a Planes y Fondos de Pensiones y los Registros Especiales referidos a esta materia. e) Gabinete de Estudios y Relaciones Internacionales. Coordinar los grupos de trabajo que se puedan constituir, así como las relaciones con organismos internacionales, y efectuar los estudios macroeconómicos e informes especiales que se consideren necesarios. (DMS); (kon) La política de cesión de las entidades, según los datos remitidos a la

Dirección General de Seguros en la documentación estadística, permanece prácticamente constante a lo largo del periodo considerado. (ESE: 13) **Bundesaufsichtsamt für das Versicherungswesen** *n* (def) Abk. BAV, 1901 gegr[ündet] (seitdem mehrere Namensänderungen), 1951 neu errichtete selbstständige Bundesoberbehörde im Geschäftsbereich des Bundesministeriums der Finanzen, Sitz: Bonn. Aufgaben: Finanz- und Rechtsaufsicht über deutsche Versicherungsunternehmen im Inland und bei Tätigkeit in der EU; Aufsicht über die Tätigkeit von Versicherern aus Drittstaaten; Bearbeitung der Beschwerden von Versicherungsnehmern, Versicherten und Geschädigten. 2002 ging das BAV in der neu gegründeten Bundesanstalt für Finanzdienstleistungen auf.; (kon) In der Regel werden sich die Emissionsunternehmen darum bemühen, für ihre Obligationen beim Bundesaufsichtsamt für das Versicherungswesen die Deckungsstockfähigkeit zu erhalten, um sie auch bei Versicherungen und anderen Kapitalsammelstellen unterbringen zu können. (GUF: 42)

opción *f ^contrato de opciones (AEE)^* (def 1) (...) Existen opciones sobre commodities, acciones, opciones sobre índices bursátiles, opciones sobre tipos de interés, opciones sobre divisa, etc. Pueden ser opciones de compra (call) u opciones de venta (put). Atendiendo al momento en que pueden ejercitarse, serán opciones americanas u opciones europeas. (...) El valor de una opción depende del precio de ejercicio, del precio del activo subyacente y de su volatibilidad, del plazo de la opción, y de los tipos de interés. (...) La principal utilidad de las opciones es la cobertura de una posición tomada en el activo subyacente generándose así, al cubrirse, una posición cubierta. (...) (TAM); (def 2) Contrato entre dos partes que confiere a su comprador el derecho, pero no la obligación, de comprar o vender un activo subyacente a un precio determinado (precio de ejercicio) durante un período o en una fecha fijada de antemano (vencimiento), a cambio del pago de una prima. (...) (AEE); (kon) La opción es un contrato que da derecho a su propietario a comprar o vender un bien a un precio fijo y en un momento determinado (opción europea) o dentro de un periodo de tiempo (opción americana). (SMA: 133) **Option** *f ^Optionsanleihe^ ^Optionsschein^ ^Optionsschuldverschreibung^* (def) Unter einer Option versteht man einen standarisierten Terminkontrakt zwischen zwei Partnern, der ein Wahlrecht enthält. Der Käufer der Option zahlt heute den Optionspreis an den Verkäufer (Stillhalter), von dem er dafür das Entscheidungsrecht erhält, gewisse Transfers zukünftig zu vereinbarten Konditionen verlangen zu können. In dem Kontrakt werden die Erfüllungszeitpunkte bzw. Erfüllungsfristen (Optionsfrist) und der Basispreis, zu dem die Option ausgeübt werden kann, festgelegt. Gegenstand von Optionsgeschäften, die an Optionsbörsen abgewickelt werden, sind Aktien, festverzinsliche Wertpapiere, Devisen, Waren, Terminkontrakte und Aktienindizes. Es ist grundsätzlich zwischen einer Kaufoption (»call«) und einer Verkaufsoption (»put«) zu unterscheiden. (...) Bei einer europäischen Option ist eine Ausübung nur am Ende der Laufzeit möglich. (...) (LBW); (kon) Optionen erlebten in den letzten Jahren eine stürmische Entwicklung und sind zu einem wichtigen Finanzierungsinstrument geworden. (SIF: 533)

operación *f ^negocio^*

operación de activo *f* (def) Operaciones de crédito que la Banca concede a su clientela, quedando contabilizadas en el activo e instrumentadas en distintas modalidades: pólizas de crédito, descuento financiero, descuento de papel comercial, etc., por las cuales percibe comisión e intereses. (MDB); (kon) Las operaciones bancarias se clasifican en: operaciones de activo (la concesión de créditos y préstamos, el descuento de letras de cambio), operaciones de pasivo (captación de ahorro mediante depósitos bancarios). (SMA: 91) **Aktivgeschäft** *n ^Passivgeschäft^* (def) Bezeichnung der Gesamtheit aller Bankgeschäfte, die der Mittelverwendung der Kreditinstitute dienen und ihren Niederschlag auf der Aktivseite der Bankbilanz finden. Hierzu zählen insbes.: 1. Kurzfristige Aktivgeschäfte: Diskont- und Akzeptkredit (Wechselkredit), Lombardkredit (Kreditgewährung gegen Verpfändung von Wertpapieren oder Waren), Kontokorrentkredit, Avalkredit und Rembourskredit. 2. Langfristige Aktivgeschäfte: Hypothekarkredit (der Realkreditinstitute und Sparkassen), Kommunaldarlehen, sonstige langfristige Darlehen (meist von Spezialinstituten gewährt). (GWL)

operación de pasivo *f* (def) Fondos que la clientela deposita en un banco, de los cuales éste puede disponer para realizar operaciones de activo. Entre las principales operaciones de pasivo destacan las modalidades de cuenta corriente, cuenta de ahorro, imposición a plazo fijo, etc. La captación de pasivo es de gran importancia para todo banco, ya que supone la tendencia de fondos con los cuales trabajar y dar un mejor servicio a su clientela. (MDB); (kon) Las operaciones bancarias se clasifican en: operaciones de activo (la concesión de créditos y préstamos, el descuento de letras de cambio), operaciones de pasivo (captación de ahorro mediante depósitos bancarios). (SMA: 91) **Passivgeschäft** *n ^Aktivgeschäft^* (def) Der Refinanzierung dienende Aufnahme von Geldkapital durch die Banken (Bankgeschäfte). Hauptformen: a) Ausgabe von Banknoten: Den Notenbanken vorbehalten; b) Einlagengeschäft: Annahme kurz- und mittelfristiger Einlagen sowie Annahme von Spareinlagen; c) Aufnahme von Geldern am Geldmarkt; d) Ausgabe von Bankaktien, -schuldverschreibungen und Genussscheinen sowie Pfandbriefen, Kommunalobligationen und Kassenobligationen. (GWL)

orden de pago *f ^orden de pago documentario (DDC)^ ^orden de pago o de entrega (DBC)^ ^mandato de pago (DDU)^* (Komm) Der Terminus *orden de pago* ist ein Oberbegriff für verschiedene Dokumente, die als Zahlungsanweisungen fungieren, wie etwa *cheques* und *libranzas*.; (def 1) También conocida como orden de pago contra entrega de documentos; es aquella en virtud de la cual un comerciante (importador) de un país se vale de este medio de pago internacional, ordenando a su banco que pague a un comerciante (exportador) de otro país una determinada cantidad de dinero en divisas contra entrega de una serie de documentos debidamente estipulados. (DBC vs orden de pago documentaria); (def 2) Modalidad de transferencia bancaria por la cual el cliente ingresa en caja o autoriza para que se le debite en cuenta el importe que desea sea pagado en efectivo al beneficiario. (DBC vs orden de pago o de entrega); (def 3) Orden o autorización dada por una persona que tiene fondos en poder de otro, para que éste entregue cierta cantidad a un tercero o al mismo librador. (DDU vs mandato de pago); (kon) Tanto la letra de cambio como el cheque son órdenes de pago dadas por el librador al librado para que pague al tenedor. (LCC: 178) **Zahlungsanweisung** *f ^Akkreditiv^ ^Anweisung (BGB)^ ^Commercial Letter of Credit^ ^Wechsel^* (Komm) In Fachtexten, meist in Gesetzestexten, wird i. d. R der Terminus *Anweisung* anstelle von *Zahlungsanweisung* verwendet (vgl. (expl 2)).; (def) Allgemein Urkunde in Form eines Wertpapiers, durch die der Aussteller einen anderen (Angewiesener), z. B. eine Bank, anweist, Geld, Wertpapiere etc. an einen Dritten (Anweisungsempfänger (...)) zu übertragen. Rechtlich eine einseitige abstrakte Willenserklärung ohne Vertragseigenschaft. Bestimmte Anweisungen, z. B. der Wechsel, können vom Angewiesenen angenommen (akzeptiert) werden (Akzept, Bankakzept). Dadurch wird dessen Verpflichtung zu einer selbstständigen, vom ursprünglichen (Grund)Geschäft losgelösten Verbindlichkeit. (BAL vs Anweisung); (expl 1) Unter einer Anwiesung kann man im weiteren Sinne die an einen anderen gerichtete Aufforderung und Ermächtigung verstehen, für Rechnung des Anweisenden an einen Dritten etwas zu leisten. (BGBM: 134); (expl 2) Rechtsgrundlage: § 783 BGB: Händigt jemand eine Urkunde, in der er einen anderen anweist, Geld, Wertpapiere oder andere vertretbare Sachen an einen Dritten zu leisten, dem Dritten aus, so ist dieser ermächtigt, die Leistung bei dem Angewiesenen in eigenem Namon zu erhaben; der Angewiesene ist ermächtigt, für Rechnung des Anweisenden an den Anweisungsempfänger zu leisten.; (kon) Die Zahlungsanweisung muss unbedingt sein, d. h., sie darf nicht vom Eintritt einer Bedingung abhängig gemacht werden. (WSZ: 24)

orden de pago documentario *f ^orden de pago^*

orden de pago o de entrega *f ^orden de pago^*

P

pacto de no cesión de crédito *m ^exclusión de la cesión de créditos^ ^pacto por la no cesión de créditos^ ^prohibición de la cesión de créditos^* (Komm) El contexto alemán se refiere a una modalidad de la prohibición que consiste en un pacto entre las partes. Los pactos prohibitivos son una práctica corriente, recogida por la doctrina en sus formas más tradicionales (pacto de no prestar la evicción, pacto de no pedir, pacto de no enajenar...). La cesión de créditos no tiene lugar cuando hay prohibición expresa, restricción que consiste en el título, o impedimentos generales de ilicitud o inmoralidad. **Abtretungsverbot** *n ^Abtretung^ ^Zessionsverbot (MÜS)^* (def) Ausschluss der Abtretung von Forderungen an Dritte (§ 398 BGB). A[btretungsverbot] besteht, wenn Leistung an einen anderen nicht ohne Inhaltsveränderung erfolgen kann, wenn Abtretung durch Vereinbarung ausgeschlossen (§ 399 BGB) oder Forderung unpfändbar ist (§ 400 BGB). (GWL); (expl) Die Parteien eines Schuldverhältnisses können formfrei vereinbaren, dass eine Abtretung der Forderung unstatthaft ist. Wird gleichwohl die Forderung abgetreten, so ist die Abtretung rechtsunwirksam; im Einzelfall kann das Abtretungsverbot durch Zustimmung des Schuldners mit Wirkung für die Zukunft aufgehoben werden. (MÜS); (kon) Probleme auf der Abnehmerseite können sich ergeben, wenn Kunden für die Forderungen Abtretungsverbote praktizieren und den Übergang zum Factoring als Schwäche missdeuten. (GUF: 60)

pacto por la no cesión de créditos *m ^pacto de no cesión de crédito^*

paga *f* (def 1) (...) De modo más específico, sueldo; y más aún el de empleados burocráticos. (...) (DDU); (def 2) Retribución por la prestación de un servicio derivado de una relación contractual. Generalmente se aplica al pago de sueldos y honorarios a los trabajadores y puede ser en dinero o en especie. (DEN vs remuneración); (Komm) Im wietesten Sinne umfassen die beiden hier aufgeführten spanischen Definitionen das Arbeitsentgelt aus selbstständiger Arbeit, wobei im engeren Sinne damit – wie im Deutschen – normalerweise auch das Arbeitsentgelt aus unselbstständiger Arbeit bezeichnet werden kann.; (kon) La paga corresponde al diferencial de 1,5 puntos registrado desde 1995 entre la inflación media española y la catalana. (I-01) **Arbeitsentgelt** *n ^Einkommen^ ^Entgelt^ ^Gehalt^ ^Gratifikation^ ^Lohn^ ^Provision^ ^Tantieme^ ^Weihnachtszuwendung^* (def) (...) Inbegriff aller aus nichtselbstständiger Arbeit erzielten Einkünfte, d. h. aus einem Arbeits- oder Dienstverhältnis. A[rbeitsentgelt] ist das Bruttoentgelt, das sich aus dem an den Arbeitnehmer auszubezahlenden Nettoentgeltbetrag und den vom Arbeitgeber einbehaltenen öffentlich-rechtlichen Lohnabzügen (Lohnsteuer und Sozialversicherungsbeiträge) zusammensetzt. (...) Grundsätze: Für gleiche oder gleichwertige Arbeit darf nicht wegen des Geschlechts des Arbeitnehmers eine geringere Vergütung vereinbart werden (Gleichbehandlung). Die Höhe des Arbeitsentgeltes sollte grundsätzlich dem Wert der geleisteten Arbeit entsprechen; Zuschläge (z. B. für Mehrarbeit, Sonn- und Feiertagsarbeit) sind unabhängig von diesem Grundsatz zu sehen. Regelung i. d. R. im Arbeitsvertrag. Arbeitsentgelte, die nicht üblicherweise in den Tarifverträgen des betreffenden Wirtschaftszweiges geregelt sind, können durch Betriebsvereinbarung geregelt werden (§ 77 III BetrVG). Auch ohne besondere Abmachung ist der Arbeitgeber zur Zahlung des Arbeitsentgeltes an den Arbeitnehmer in Höhe des ortsüblichen Lohns (§ 612 BGB) als Entgelt für geleistete Arbeit verpflichtet. (...). (GWL); (kon) Kurzarbeitergeld können Sie beziehen, wenn Sie wegen des Arbeitsausfalls ein vermindertes oder gar kein Arbeitsentgelt erhalten und der Arbeitsunfall erheblich ist. (SSÜ: 8)

paga de Navidad *f ^gratificación de Navidad^*

pagar (1) *vt ^satsifacer^* **pagar (2)** *vt ^saldar^*

pagar cuentas pendientes *vt ^saldar^*

pagaré (1) *m* (def) Definido en el Reino Unido por la Bills of Exchange Act de 1882, como una promesa incondicional escrita que una persona hace a otra, comprometiéndose la primera cuando se le demande, o a una fecha fija, a pagar una suma de dinero a una persona determinada, a su orden, o al portador (...) (SDE); (kon) Por descuento bancario se entiende el interés que los bancos cobran por adelantar el importe de un efecto comercial (letras de cambio, pagarés). (SMA: 100) **Solawechsel** *m ^Eigenwechsel (WDW)^ ^Wechsel, eigener^ ^Wechsel, trockener^ (GWL)^* (def) Wechsel, in dem sich der Aussteller zur Zahlung einer Geldsumme verpflichtet. Gegensatz: gezogener Wechsel (Tratte). (GWL); (kon) Für hypothekarisch gesicherte Solawechsel beträgt der Sicherheitsabschlag 22 %. (www.ecb.int)

pagaré (2) *m* (def) Documento por el que una persona se compromete a pagar a la orden de otra una suma de dinero a una fecha cierta; supone una promesa personal de pago que hace el firmante y tiene carácter mercantil si procede de una operación de comercio, produciendo entonces, los mismos efectos que las letras de cambio, salvo la aceptación que es privativa de éstas. (DEE); (kon) Los títulos que se negocian en Bolsa pueden ser: acciones, obligaciones, fondos públicos y pagarés (públicos y privados). (GDE: 413) **Schuldschein** *m ^Schuldscheindarlehen^* (def) Schuldbrief, Schuldurkunde. Bürgerliches Recht: 1. Begriff: Urkunde, in der der Schuldner eine bestimmte Leistung, i. d. R. Zahlung einer Geldsumme, verspricht; meist zu Beweiszwecken ausgestellt. Angabe des Schuldgrundes ist nicht erforderlich. Sch[uldschein] ist kein Wertpapier; Besitz der Urkunde ist zur Geltendmachung des Rechts nicht erforderlich. Vorlage bei der Forderungsabtretung kann aber zu gutgläubigem Erwerb führen (...). Das Eigentum am

Sch[uldschein] steht dem Gläubiger der Forderung zu (§ 952 BGB). 2. Nach bewirkter Leistung kann der Schuldner neben der Quittung Herausgabe des Sch[uldscheines] verlangen (§ 371 BGB). Erklärt der Gläubiger sich zur Rückgabe außerstande, kann der Schuldner auf dessen Kosten eine Erklärung mit öffentlicher Beglaubigung über das Erlöschen der Schuld verlangen; (Löschungsbewilligung). 3. Die von einem Kaufmann gezeichneten Sch[uldscheine] gelten als im Betrieb seines Handelsgewerbes gezeichnet, sofern sich nicht aus der Urkunde selbst das Gegenteil ergibt (§ 344 II HGB). (...) (GWL); (kon) Während beim fristkongruenten Schuldscheindarlehen der Schuldschein laufzeitkonform untergebracht ist, werden beim revolvierenden mehrere kürzerfristige Geldanlagen wechselnder Kapitalgeber aneinandergereiht in den langfristigen Kredit transformiert. (GUF: 47)

pagaré de empresa *m* (def) Pagaré emitido por una empresa para la obtención de recursos a corto plazo. Suele ser emitido al descuento y al portador, y en caso de insolvencia de la empresa emisora hay una tercera entidad que se compromete a satisfacer la deuda de aquélla. (DEN); (expl) Los pagarés de empresa son valores de renta fija negociables, cualquiera que sea su instrumentación, seriados o no, con vencimiento a corto plazo, emitidos típicamente a descuento por grandes empresas, con la finalidad de diversificar sus fuentes de financiación y conocidos internacionalmente como papel comercial (...). La emisión de pagarés suele responder a necesidades de circulante de las empresas, pero son susceptibles también de uso como financiación a medio y largo plazo, lo que puede instrumentarse mediante la rotación de los pagarés al vencimiento y a través de contratos con entidades bancarias para la adquisición de los no colocados entre el público (o, alternativamente, para la concesión de un crédito por igual importe) en caso de condiciones desfavorables del mercado de pagarés. (...) Dos son, pues, hoy los grandes grupos de oferentes en el mercado de pagarés de empresa. Por una parte, los denominados emisores habituales, normalmente empresas bien conocidas, solventes y de gran dimensión. Suelen realizar las llamadas emisiones en serie, de relativamente bajos nominales (medio o un millón de pesetas, generalmente) y a plazos cortos (en torno a 3-6 meses habitualmente) de acuerdo con programas previamente diseñados, registradas obligatoriamente en la CNMV y que se colocan entre los intermediarios financieros concurrentes por medios de subastas (en las que las instituciones financieras invitadas a participar pujan competitivamente por los pagarés, quedando así fijados sus tipos de interés), quienes luego redistribuyen los pagarés entre el público. (...) Por otra parte, los que podrían denominarse nuevos emisores, que aun siendo empresas reconocidas y de buen nivel de solvencia tienen menor tamaño, se han visto obligadas por el racionamiento crediticio de 1989-1990 a tomar ocasionalmente fondos prestados a través de las denominadas emisiones a medida, que se caracterizan en general por la acomodación del demandante de fondos (el emisor de pagarés) a las exigencias de la demanda (compañías de seguros, sociedades y fondos de carretera, etc.) en cuanto a importe, plazo y tipo de interés. Estas emisiones a medida se han canalizado fundamentalmente a través de los intermediarios financieros y no hay que registrarlas necesariamente en la CNMV, aunque a veces se han colocado sin su colaboración, es decir, estableciéndose un contacto directo entre emisor-inversor, que fijan de mutuo acuerdo las condiciones de la operación. (...) Como características adicionales de los pagarés de empresa actualmente emitidos en España, podemos señalar, por otra parte, las siguientes: a) Son activos que generalmente (salvo que vayan avalados) no llevan garantía especial del emisor, por lo que su colocación depende, en gran medida, de la confianza del inversor en su solvencia. b) Desde que comenzaron a emitirse en nuestro país (...) presentan un elevado nominal, un vencimiento corto (el 85% del total a plazo menor a 6 meses) y un número escaso de grandes empresas emisoras, aunque ampliado en los últimos años, como ya apuntamos. c) (...) Y suele ser igualmente algo inferior a los tipos de interés del mercado interbancario, de forma que las empresas emisoras consigan una finanziación más barata que la proporcionada por un crédito indiciado con el interbancario. (...) (RSF: 158-160); (Komm) Während *Schuldscheindarlehen* in Deutschland ausschließlich als langfristige Kredite ausgegeben werden, handelt es sich bei *pagarés de empresa* in Spanien i. d. R. um kurzfristige, und nur in Ausnahmefällen um mittel- oder gar langfristige Kredite.; (kon) En efecto, tradicionalmente los pagarés de empresa se emitían sobre todo en nuestro país a través del sistema de back up o respaldo bancario, aun cuando también se realizaran colocaciones directas de pagarés por las empresas.

(RSF: 159) **Schuldscheindarlehen** *n* ^*Darlehen*^ ^*Schuldschein*^ (def 1) 1. Begriff/Charakterisierung: Darlehen, über das ein Schuldschein ausgestellt wird. Sch[uldscheindarlehen] sind anleiheähnliche (Anlei_he), langfristige Großkredite, die von öffentlichen Stellen (Bund, Länder, Gemeinden, ERP-Sondervermögen, Fonds »Deutsche Einheit«) bestimmten Unternehmen (z. B. Deutsche Bahn AG und Deutsche Post AG) bei Kapitalsammelstellen (i. d. R. keine Banken) aufgenommen werden. Die Kapitalsammelstellen erhalten die erforderlichen Mittel von mehreren Kapitalgebern, da es sich um Großkredite handelt. 2 Darlehensgeber: Versicherungsunternehmen (insbes. Lebensversicherungen und Pensionskassen), auch Sozialversicherungsträger. (...) 4. Ausstattung: Die Verzinsung bestimmt sich nach dem Kapitalmarktsatz für erstklassige Anlagen. (...) I. d. R. sind die ersten Jahre tilgungsfrei, dann gleichmäßige jährliche Tilgungsquoten. 5. Beurteilung: a) Vorteile: (1) Der Darlehensnehmer profitiert von den geringen Transaktionskosten und der relativ schnellen und einfachen Bereitstellung. Vorteilhaft ist auch die Flexibilität der Kreditbedingungen und der i. d. R. verglichen mit Bankkrediten, niedrigere Zinssatz. (2) Der Darlehensgeber erhält i. d. R. einen Zinssatz über der Kapitalmarktrendite. b) Nachteile: (1) Hohe Bonitätsanforderungen an Kreditnehmer; eine vorzeitige Kündigung ist i. d. R. nicht möglich. (2) Gefahr der Illiquidität bei unterschiedlichen Bindungsfristen von Darlehensgebern und -nehmern. (GWL); (def 2) (...) Fristkongruente Schuldschein-Darlehen werden dem Kreditnehmer über die Gesamtlaufdauer, ausgestattet mit Festzins oder variablem Zins (Anpassung alle drei oder sechs Monate an die Entwicklung eines Referenzzinssatzes plus Aufschlag), eingeräumt. (...) Revolvierende Schuldschein-Darlehen sind kurzfristige Darlehen, die im Falle der Laufzeitinkongruenz so nacheinandergeschaltet werden, dass über die sich permanent ergebende Fristentransformation die Deckung von Kapitalbedarf und Finanzierung erreicht werden soll. (...) (BFL); (kon) Das Schuldscheindarlehen wird über die Laufzeit von einer (Einzelschuldscheindarlehen) oder mehreren (Teilschuldscheindarlehen) Kapitalsammelstellen dem Kreditnehmer ohne Vermittlung durch eine Bank oder einen Finanzmakler gewährt. (GUF: 46)

pago por adelantado *m* ^*pago anticipado (DDU)*^ (def) Se alude, generalmente, al acto del cobro o pago con anticipación a la entrega de una mercancía, o previamente a la contraprestación de un servicio. El pago por adelanto suele implicar alguna ventaja especial para el comprador; p. e. una reducción en el precio, o la entrega prioritaria del género. (TAM) **Vorauszahlung** *f* ^*Anzahlung*^ ^*Vorausbezahlung (GWW)*^ ^*Vorauszahlungsfinanzierung (GWL)*^ (Komm) In der konsultierten deutschen Fachliteratur gibt es keine einheitliche Definition dieses Begriffs. Die Frage, ob der Terminus die Entrichtung des gesamten oder nur eines Teilbetrags vor Erhalt der Ware ausdrückt, wird nicht befriedigend geklärt. Dem hier angegebenen deutschen Kontext zufolge wird unter *Vorauszahlung* die gesamte Tilgung eines Betrags verstanden, während der Terminus *Anzahlung* nur die Tilgung eines Teilbetrags impliziert. Das GWL trägt zu diesem Problem keine Klärung bei. Durch die Definition im BAL wird der Leser allenfalls verwirrt, denn *Vorauszahlung* wird als ganze und teilweise Zahlung definiert. Die Lexika geben auch keinen Aufschluss darüber, ob sich der Terminus *Anzahlung* auf die Entrichtung einer Gesamt- oder Teilsumme bezieht: Das BAL gibt keine klärende Erläuterung; das GWL setzt in seiner Definition *Anzahlung* mit *Vorauszahlung* gleich. Der Schluss liegt daher nahe, dass die beiden Termini in der Wirtschaftssprache synonym sowohl für die Entrichtung einer Gesamt- als auch einer Teilsumme vor Erhalt der Ware verwendet werden. Im Spanischen verhält es sich ähnlich. Als Grund könnte dafür angeführt werden, dass beide Termini eine Bezahlung vor Erhalt einer Ware implizieren und sich im Sprachgebrauch keine klare Differenzierung bezüglich der Entrichtung einer Gesamt- oder Teilsumme durchgesetzt hat. In manchen spanischen Lexika wird der Terminus *pago a cuenta* als Synonym für *pago parcial* verwendet. Im Sprachgebrauch hat sich der Terminus *pago parcial* jedoch nicht durchgesetzt.; (def) Bezahlung, bevor die damit zu entgeltende Leistung erbracht worden ist. Es kann sich dabei um einen Teil der gesamten später geschuldeten Zahlung handeln oder um die ganze. In der Außenhandelsfinanzierung ist oft Vorauszahlung eines Teils der Auftragssumme bei Vertragsabschluss oder Bestellung üblich. (BAL); (kon) Die Zahlungsvorausleistung des Abnehmers kann ganz (Vorauszahlung) oder teilweise (Anzahlung) erfolgen, der Leistungsvollzug des kreditnehmenden Betriebes ist ihr jedenfalls nachgelagert. (GUF: 56/57)

pago adicional (1) *m* ^*aportación adicional*^

pago adicional (2) *m* ^*aportación suplementaria*^

pago anticipado *m* ^*pago por adelantado*^

pago a cuenta *m* ^*anticipo (DEI)*^ ^*pago parcial (DEI)*^ (def) Pago realizado por el deudor en el momento de constitución de la obligación a modo de pago parcial, que habrá de ser descontado del monto total en la liquidación final de la operación. Anticipo o pago parcial realizado por el deudor y aceptado por el acreedor, en el bien entendido de la no existencia de convenio para ello, pues en caso contrario se trataría de una operación a plazos, y la cantidad entregada, el cumplimiento de uno de esos plazos. (...). (DEI); (Komm) In der konsultieren Fachliteratur bleibt offen, ob es sich bei diesem Begriff um die Entrichtung einer Gesamtsumme oder nur um die eines Teilbetrages handelt. Dem hier angegebenen deutschen Kontext zufolge handelt es sich um eine Zahlung eines Teilbetrages einer Gesamtsumme. Die Definitionen der konsultierten Lexika, in denen dieser Terminus oft mit *Vorauszahlung* gleichgesetzt wird, bestätigen diese Aussage jedoch nicht. Das nähere Studium der Fachliteratur lässt den Schluss zu, dass die Begriffe *Anzahlung* und *Vorauszahlung* in der Wirtschaftsterminologie synonym verwendet werden (vgl. Kommentar zu *Vorauszahlung*).; (kon) Alle anderen Zeiten, in denen das Arbeitsvehältnis ruht und der Mitarbeiter daher nicht das reguläre Arbeitsentgelt bezieht (z. B. Zeiten des Erziehungsurlaubs, Zeiten unbezahlten Urlaubs), gelten nicht als anrechenbare Dienstzeiten. **Anzahlung** *f* ^*Vorauszahlung*^ (def) Bei einem zu erwerbendem Gut oder zu produzierenden Objekt (...) Zahlung des Käufers bzw. des Auftraggebers, bevor er das Gut usw. erhält. Anzahlungen sichern dem Käufer im Normalfall den späteren Erhalt des Objektes, vor allem aber sichern sie den Verkäufer gegen die spätere Nichtabnahme in Höhe der Anzahlung ab (...). (BAL); (kon) Die Zahlungsvorausleistung des Abnehmers kann ganz (Vorauszahlung) oder teilweise (Anzahlung) erfolgen, der Leistungsvollzug des kreditnehmenden Betriebes ist ihr jedenfalls nachgelagert. (GUF: 56/57)

pago de intereses *m* (def) Obligación accesoria, que se suma a la principal de devolver el dinero ajeno tomado en préstamo, y que consiste en entregar una cantidad adicional, que depende de la cuantía y del tiempo de disfrute del capital ajeno. (GDJ); (kon) En determinados casos el empréstito no prevé el pago de intereses antes del vencimiento del título, es decir, el inversor recibe en el momento de la amortización el capital inicial más todos los intereses devengados hasta este momento. (SMA: 132) **Verzinsung** *f* ^*Effektivverzinsung*^ ^*Nominalzins*^ ^*Zins*^ ^*Zinssatz*^ (def 1) Zahlung von Teilbeträgen auf den Nennwert einer ausgeliehenen Summe von Geldkapital als Preis für dessen Bereitstellung (Zins). (GWL); (def 2) Ertrag bzw. Rendite aus einem Wertpapier. Die Nominalverzinsung gibt den auf den Nennwert bezogenen Ertrag in Prozent an. Die Effektivverzinsung zeigt den prozentualen Ertrag bezogen auf den Kurswert an. Die laufende Verzinsung beschreibt die jährliche Zinszahlung für überlassenes Kapital, wobei Zinseszinseffekte aus unterjähriger Zinszahlung unberücksichtigt bleiben. Ferner ist zu unterscheiden, ob die Verzinsung im Voraus festgeschrieben ist (festverzinsliche Wertpapiere), aufgrund gewisser Bezugsgrößen variabel gestaltet wird (Dividenden, Erträge aus Investmentanteilen) oder aus teils fixen, teils variablen Elementen besteht (z. B. bei zinsvariablen Anleihen bzw. floating rate notes, Gewinnschuldverschreibungen, mit Einschränkung auch Vorzugsaktien.) (BAL); (kon) Für die Unternehmen ist die Ausgabe von Wandelobligationen durch die relativ niedrige Verzinsung und das Agio bzw. geringere Disagio speziell dann vorteilhaft, wenn ihnen der Kapitalmarktzins zu hoch erscheint. (GUF: 44/45)

pago parcial *m* ^*pago a cuenta*^

pago suplementario *m* ^*aportación suplementaria*^

pagos *mpl* ^*desembolso (DEI)*^ (def 1) (...) Entrega de una cantidad debida. Desde un punto de vista financiero, el pago está constituido por los desembolsos efectuados como consecuencia de la adquisición de los factores necesarios para la realización de la actividad de la empresa y que se imputan al período en que esos factores vayan a ser consumidos en el proceso productivo. Aunque en una acepción general, suele identificarse el pago con el cumplimiento de las obligaciones pecuniarias, con el pago de las deudas de dinero, en sentido jurídico, el pago es la ejecución de la prestación debida que extingue la obligación, cualquiera que fuera ésta (entrega de una cosa, ejecución de una obra, etc.). El pago tiene la doble función de satisfacer el interés del acreedor y liberar al deudor, por lo que es el modo normal de extinción de las obligaciones. (...) (DEI); (def 2) En la terminología alemana, se entiende por el concepto de *Auszahlungen* una disminución de los fondos monetarios de la empresa causada por salidas de dinero en efectivo o dinero en cuenta. En el balance se contraponen a los cobros (*Einzahlungen*) y junto con estos reflejan la situación de liquidez de la empresa. Son magnitudes importantes para la planificación de inversiones, de finanzas y de liquidez. (DV); (kon) Los pagos se realizan usualmente mediante cheque a la orden, letras de cambio, giros bancarios, carta de crédito, siendo este último medio el más recomendable. (REC: 45) **Auszahlungen** *fpl ^Einzahlungen^* (def) Auszahlungen im Sinne des Rechnungswesens liegen vor, wenn Geldbeträge von einer Unternehmung an Dritte überführt werden. Auszahlungen sind direkt an Zahlungsvorgänge geknüpft. (...) (LKC); (expl) Der Begriff kennzeichnet Bewegungen von Zahlungsmittelbeträgen von der Unternehmung an die Umwelt. Durch die Auszahlung werden die Zahlungsmittelbestände (Bar- und Buchgeld) des Unternehmens vermindert. (...). (WER: 10); (Komm) Häufig wird der Terminus *Auszahlungen* fälschlicherwiese als Synonym für den Terminus *Ausgaben* verwendet. Dies hängt damit zusammen, dass die beiden Begriffe eng beieinander liegen: Beide bezeichnen einen Geldabfluss. Während Auszahlungen direkt an Zahlungsvorgänge, z. B. durch Barzahlung, gebunden sind, stellen Ausgaben das monetäre Äquivalent für eine beschaffte Güter- und Leistungsmenge dar, d. h. die Zahlung erfolgt nicht bei Warenannahme, sondern zu einem späteren Zeitpunkt. Folgendes Beispiel trägt zur Klärung bei: Erhält ein Unternehmen am 1. März von einem Lieferanten Waren für EUR 1.000 gegen bar, so entsteht eine Ausgabe in Höhe der Auszahlung von EUR 1.000. Eine Ausgabe in gleicher Höhe (und noch keine Auszahlung) entsteht auch dann, wenn der Lieferant ein Zahlungsziel von einem Monat gewährt.; (kon) Als Finanzplan, auch Finanzbudget, bezeichnet man eine mehr oder weniger detaillierte Gegenüberstellung aller zukünftigen Einzahlungen und Auszahlungen. (GUF: 79)

participación (1) *f* (def 1) Presencia de una persona física o jurídica en el capital de una empresa, de forma directa o a través de otra empresa previamente participada. (...) (TAM) ; (def 2) Contribuir a la expansión de un negocio aportando capital, trabajo o técnica y percibiendo una fracción de los beneficios según la forma estipulada. (GAR vs participar); (kon) El acuerdo de transformación no podrá modificar las participaciones de los socios en el capital de la sociedad. A cambio de las acciones que desaparezcan los antiguos accionistas tendrán derecho a que se les asignen acciones, cuotas o participaciones proporcionales al valor nominal de las acciones poseídas por cada uno de ellos. (LSA art. 229, 1.) **Beteiligung** *f ^Anteil^ ^Beteiligungsfinanzierung^* (def) Gesellschaftlicher Anteil am Kapital einer Unternehmung. Mit einer Beteiligung sind grundsätzlich folgende Rechte und Pflichten verbunden: a) Möglichkeit der Einflussnahme auf die Unternehmenspolitik, b) Anspruch auf Anteil (entsprechend dem Kapitalanteil) am Gewinn, c) Haftung für Verluste zumindest bis zur Höhe des nominalen Kapitalanteils und d) Anspruch auf einen Anteil am Liquidationserlös bei Auflösung des Unternehmens. Rechtsform und Gesellschaftsvertrag der Beteiligungsgesellschaft bestimmen den rechtlichen Charakter der Beteiligung (...). Die Stärke des Einflusses auf die Unternehmenspolitik hängt von der Höhe der Beteiligung (...) ab. (VGW); (kon) Finanzwirtschaftlich bedingt ist der Anlass zur Bereitstellung von Kapital auch dann, wenn mit den zur Verfügung gestellten Mitteln eine Beteiligung an einem anderen Unternehmen erworben werden soll. (GUF: 9) **participación (2)** *f ^cuota^*

participación en beneficios *f* (def) Sistema utilizado para incentivar a los trabajadores de una empresa consistente en distribuirles un porcentaje determinado del beneficio al final de cada ejercicio económico de forma adicional al sueldo o salario. Para que este sistema realmente funcione es necesario que la cantidad a repartir sea fijada por las partes de común acuerdo y antes de que el beneficio se genere, así como que los trabajadores tengan acceso a las cuentas de la empresa para poder verificar que están cobrando efectivamente lo pactado. (DEN); (kon) Tienen la consideración de retribuciones en especie los derechos especiales de contenido económico que se reserven los fundadores y promotores de una sociedad como remuneración de servicios personales. Según el Reglamento, estos derechos se valorarán, como mínimo, en el 35% del valor equivalente de capital social que permita la misma participación en beneficios. (CAI: 16) **Tantieme** *f ^Arbeitsentgelt^ ^Gewinn^* (def) Anteil am Jahresgewinn einer Unternehmung. Art der Gewinnbeteiligung für leitende Angestellte, Vorstands- und Aufsichtsratsmitglieder. Berechtigte kommen nur dann in den Genuss von Tantiemen, wenn mit Gewinn abgeschlossen wird. (BAL); (kon) Manager sind immer häufiger auch am Unternehmenserfolg beteiligt, sei es als Kapitaleigner, über Gewinnbeteiligungen oder Tantiemen.

participación en los beneficios *f ^particiación en las ganancias (LSA art. 30)^* (def) (...) Sistema de retribución del trabajo en el que los trabajadores tienen parte en las utilidades de la empresa. Se suele emplear como estímulo del personal, bien como una parte de los beneficios netos variables, bien por una asignación fija anual (...). (IDL); (kon) Acostumbra hablarse de participación en los beneficios cuando la remuneración del trabajador, en todo o en parte, viene determinada por, o es extraída de, los beneficios que obtenga el empresario. (ODT: 35) **Gewinnbeteiligung** *f ^Ausschüttung^ ^Dividende^* (def) Maßnahmen um Arbeitnehmer über den tariflichen oder vereinbarten Lohn hinaus am Ertrag der Unternehmung zu beteiligen. Auch: Bei von Unternehmen ausgegebenen Schuldverschreibungen kann Gewinnbeteiligung vorgesehen sein: Gewinnschuldverschreibungen, die neben festem Zins mit Anspruch auf Gewinnbeteiligung ausgestattet sind. Entsprechend auch bei der Stillen Gesellschaft. (BAL); (kon) Die Gewinnbeteiligung kann beispielsweise lauten: Festverzinsung plus Zusatzzins ab einer gewissen Dividendensatzhöhe bis zu einer gewissen Höhe des Gesamtzinses oder Festverzinsung plus 0,5 % Zusatzzins je Prozentpunkt der Aktiendividende. (GUF: 43)

participación en las ganancias *f ^participación en los beneficios^*

participaciones sociales *fpl* (def) Cada una de las partes iguales, acumulables e indivisibles en que se divide el capital social de una sociedad de responsabilidad limitada, que no podrán incorporarse a títulos negociables ni denominarse acciones. La sociedad está obligada a llevar un libro de socios en el que se identifique a cada uno de ellos y sus respectivas participaciones, y donde harán constar todas las circunstancias que afecten a las mismas y las posibles transmisiones habidas. La condición de socio se acredita por la inscripción en el libro de socios, si bien éstos tendrán derecho también a obtener una certificación de sus participaciones en la sociedad. (DEN); (kon) La sociedad debe llevar un libro registro de socios, en el que se harán constar la titularidad originaria y las sucesivas transmisiones, voluntarias o forzosas, de las participaciones sociales. (www.telepolis.com) **Stammeinlage** *f ^Stammkapital^* (def) Die auf den einzelnen Gesellschafter entfallende Beteiligung am Stammkapital der GmbH. Die Stammeinlage muss mindestens 100 Euro betragen; der Betrag der Stammeinlage kann für die Gesellschafter verschieden bestimmt werden, muss aber durch 50 teilbar sein. (§ 5 GmbHG). Kein Gesellschafter kann bei Errichtung der GmbH mehrere St[ammeinlagen] übernehmen; nach Errichtung können Gesellschafter auch mehrere Geschäftsanteile erwerben. (GWL); (kon) Mindestens 25 v. H. jeder Stammeinlage müssen eingezahlt sein, damit die Gesellschaft zur Eintragung in das Handelsregister beim zuständigen Gericht angemeldet werden kann. (GUF: 22)

pasivo *m* (def 1) En contabilidad, y por oposición al activo, el lado derecho del balance donde se anotan las partidas del capital de la empresa, las reservas, el beneficio pendiente de destitución y las demás obligaciones frente a terceros. (TAM); (def 2) Indica, al fin de un período determinado, los capitales puestos a disposición del jefe de empresa, para el funcionamiento de ésta. Es la cantidad total de deudas que una empresa tiene contraídas con terceros (personas o empresas). Representa la estructura financiera o fuentes de financiación de la empresa. (AEE); (kon) El activo es el conjunto de todo lo que la empresa posee y lo que le deben, el pasivo la suma de todo lo que adeuda. También se dice que el pasivo indica la fuente de donde procede el capital, y el activo la forma que éste adquiere dentro de la empresa. (HAC: 156) **Passivseite** *f ^Aktivposten^ ^Bilanz^ ^Passiva (WDW)^ ^Passivposten (GWL)^* (def) Sammelbegriff für alle auf der Passivseite der Bilanz ausgewiesenen Positionen (Posten), v. a. Eigenkapital einschließlich Rücklagen, Sonderposten mit Rücklagenanteil, Rückstellungen, Verbindlichkeiten, passive Rechnungsabgrenzungsposten. (GWL vs Passiva); (kon) Unter Kapital versteht man dabei die abstrakte Wertsumme des in dem Unternehmen eingesetzten Vermögens, die in der Bilanz auf der Passivseite erscheint. (GUF: 2)

patrimonio *m ^activo^* (def) Haber total de una persona natural y jurídica. Por extensión, en el comercio se habla de activo como de haber, que en todo patrimonio hay. (DDU); (kon) El patrimonio es un concepto que corresponde a la consideración estática de la riqueza poseída por una persona. (LTE: 100) **Vermögen** *n ^Anlagevermögen^ ^Betriebsvermögen^ ^Privatvermögen^ ^Umlaufvermögen^ ^Vorratsvermögen^* (def) Gegenwartswert aller Dinge, die ein Konsument besitzt einschließlich seiner Forderungen und abzüglich seiner Schulden. (GWL); (expl) Die auf der Aktivseite der Bilanz ausgewiesenen Vermögensgegenstände. (LHW); (kon) Unter Kapital versteht man dabei die abstrakte Wertsumme des in dem Unternehmen eingesetzten Vermögens, die in der Bilanz auf der Passivseite erscheint. (GUF: 2)

patrimonio (personal) *m ^capital privado (AEE)^* (def) Bienes propios, adquiridos personalmente por cualquier título (...) (DDU); (kon) Reina escasez de capital privado, por lo que ha de estimularse el ahorro a través de la nueva modalidad de los bancos de inversión, evitando la preocupación y el riesgo del depositante individual. (HAC: 194)

Privatvermögen *n* *^Betriebsvermögen^* *^Vermögen^* (def 1) Zusammenfassende betriebswirtschaftliche und handelsrechtliche Bezeichnung für privaten Zwecken dienendes Vermögen; im Sinne des BewG Grundvermögen und sonstiges Vermögen, im Sinne des BewG Kapitalvermögen, Ansprüche aus Lebensversicherungen, Schmucksachen, Hausrat, Kleidung u. Ä., das nicht Betriebsvermögen oder land- und forstwirtschaftliches Vermögen ist. (GWL); (def 2) Im Eigentum eines Einzelkaufmannes oder Gesellschafters einer Personengesellschaft stehendes Vermögen, soweit es nicht Betriebszwecken dient. (LHW); (kon) Da die Eröffnung des Geschäfts in finanztechnischer Hinsicht keiner Form unterliegt, gestaltet sich die Gründung im Normalfalle in der Weise, dass der Unternehmer aus seinem Privatvermögen Kapital abzweigt und es dem Betriebsvermögen der Unternehmung zuführt. (GUF: 14)

patrimonio resultante de la liquidación *m* *^activo resultante de la liquidación^* *^haber social resultante de la liquidación^* (def) Terminada la liquidación de la S. A., los liquidadores de la S. A. formarán el balance final, que será censurado por los interventores si hubiesen sido nombrados. También determinarán la cuota del activo social que deberá repartirse por cada acción. Transcurrido el término para impugnar el balance sin que contra él se hayan formulado reclamaciones o firme la sentencia que las hubiese resuelto (...), se procederá al reparto entre los accionistas del haber social existente ateniéndose a lo que del balance resulte. Las cuotas no reclamadas en el término de los noventa días siguientes a la publicación del acuerdo de pago, se consignarán en depósito en el Banco de España o en la Caja General de Depósitos, a disposición de sus legítimos dueños (...). La división del haber social se practicará con arreglo a las normas que se hubieren establecidos en los estatutos o, en su defecto, a las fijadas por la Junta General de accionistas. En todo caso se tendrán en cuenta las siguientes: 1.°Los liquidadores no podrán repartir entre los socios el patrimonio social sin que hayan sido satisfechos todos los acreedores o consignado el importe de sus créditos. Cuando existan créditos no vencidos se asegurará previamente el pago. 2.°El activo resultante después de satisfacer los créditos contra la sociedad se repartirá entre los socios en la forma prevista en los estatutos, o, un su defecto, en proporción al importe nominal de las acciones. Si todas las acciones no se hubiesen liberado en la misma proporción, se restituirán en primer término a los accionistas que hubiesen desembolsado mayores cantidades, del exceso sobre la aportación del que hubiese desembolsado menos, y el resto se distribuirá entre los accionistas en proporción al importe nominal de sus acciones. En esta misma proporción sufrirán las eventuales pérdidas en el caso de que el activo no bastase para reembolsarles las aportaciones hechas (...). (DDM vs división del haber social de la Sociedad Anónima); (expl) El derecho de participar en el patrimonio resultante de la liquidación. (...) Como el patrimonio se va nutriendo con las ganancias sucesivamente reservadas y con las plusvalías que experimenten los bienes sociales, siempre que a la liquidación de la sociedad resulte un patrimonio repartible superior a la cifra del capital nominal, en el reparto final del patrimonio necesariamente irán englobadas ganancias no repartidas durante la vida de la sociedad. En otro caso la cuota de liquidación implicará simple devolución a los socios de todo o parte del capital aportado. (...) (UDM: 185); (kon) En los términos establecidos en esta Ley, y salvo en los casos en ella previstos, el accionista tendrá, como mínimo, los siguientes derechos: a) El de participar en el reparto de las ganancias sociales y en el patrimonio resultante de la liquidación. (LSA art. 48)

Liquidationserlös *m* *^Liquidation^* (expl) (...) Beendet ein Unternehmen freiwillig seine Erwerbstätigkeit, so werden in einem – im Gegensatz zum Konkurs – außergerichtlichen Verfahren seine Vermögenswerte veräußert und von dem Veräußerungserlös die Ansprüche der Gläubiger und – soweit noch Mittel übrig bleiben – die Ansprüche der Kapitaleigner befriedigt. Diesen Vorgang nennt man Liquidation oder Abwicklung. (...) Sind alle Gläubiger aus dem Liquidationserlös befriedigt worden, wird das restliche Vermögen auf die Anteilseigner im Verhältnis ihrer Kapitalanteile verteilt. (...) (WÖH: 118/119); (kon) Die Funktion als Basis der Ergebnisverrechnung bezieht sich sowohl auf die laufenden Geschäftsergebnisse als auch auf die Verteilung des Liquidationserlöses bei Beendigung der Unternehmung. (GUF: 13)

patrimonio social *m* (def) Patrimonio de una empresa o sociedad mercantil, compuesto por los bienes, derechos y obligaciones que consituyen los medios económicos y financieros a través de los cuales la empresa puede realizar su actividad. La situación económico-financiera normal es aquella en la que los bienes y derechos sumen más que las obligaciones, en caso contrario, supondría un estado de quiebra. El concepto de patrimonio se encuentra en íntima relación con el de capital social, aunque en la realidad casi nunca coinciden ambas cifras. En realidad, el capital social sólo coincidirá con el patrimonio al inicio de la sociedad, y ello cuando todas las acciones o participaciones se encuentren íntegramente desembolsadas, posteriormente, el patrimonio de la sociedad será superior o inferior a la cifra contable del capital según la buena o mala marcha de la sociedad. (DEN) **Geschäftsvermögen** *n* ^*Betriebsvermögen*^ (Komm) Hier in der Bedeutung von Gesellschaftsvermögen; (def) Das Gesellschaftsvermögen ist das gemeinschaftliche Vermögen der Gesellschafter. Es besteht aus den Gesellschaftsbeiträgen (sowie ggf. der Einlage der Kommanditisten) und den für die Gesellschaft erworbenen Gegenständen. Gesellschaftsvermögen steht allen Gesellschaftern in Gemeinschaft zur gesamten Hand zu. (GWL vs Gesellschaftsvermögen); (kon) Die atypische Stille Gesellschaft: Sie ist dann gegeben, wenn der Gesellschafter am gesamten Geschäftsvermögen, d. h. auch an den stillen Reserven, den Rücklagen und den Vermögenszuwächsen, beteiligt ist. (GUF: 19)

pedido *m* (def) Encargo de compra o entrega que se hace a una fábrica o comercio, ya directamente, ya a través de un comisionista o viajante. (DDU); (kon) El incremento en el número de pedidos en la primera mitad del año 2003 de un 25% con respecto al mismo período en el 2002, hace suponer que esta previsión es muy conservadora. **Auftrag** *m* ^*Kundenauftrag (GWL)*^ (def) Durch einen Kunden ausgelöste Aufforderung, eine spezifische Leistung bzw. ein spezifisches Gut (Produkt oder Produktbündel) zu erstellen, was nur durch bestimmte Aktionen (Arbeiten, Operationen, Tätigkeiten) von Aktionsträgern (Potenzialelementen) möglich ist (...). (GWL vs Kundenauftrag); (expl) Rechtsgrundlage: § 662 BGB: Durch die Annahme eines Auftrages verpflichtet sich der Beauftragte, ein ihm von dem Auftraggeber übertragenes Geschäft für diesen unentgeltlich zu besorgen. (kon) Die deutsche Industrie hat im August deutlich weniger Aufträge als vor einem Jahr verbucht.

pensión de jubilación *f* (def) Prestación económica de larga duración, es decir, renta normalmente vitalicia que principalmente entrega la Seguridad Social, a partir del cumplimiento de determinados requisitos, con el fin de sustituir la capacidad de generar ingresos cuando ésta ha desaparecido. Las pensiones más habituales son las de jubilación, orfandad, viudedad e incapacidad. A finales del siglo XX proliferan los planes y fondos de pensiones, que son fondos de inversión colectiva a través de los cuales los individuos canalizan su ahorro en previsión de necesidades futuras de forma que les permita asegurarse una retribución futura en forma de pensión al margen de la Seguridad Social. (DEI); (expl) [La] pensión de jubilación o retiro (...) puede ser: a) De carácter forzoso al cumplir el personal la edad legalmente señalada para cada caso (generalmente sesenta y cinco años). b) Voluntaria, que se declara a instancia de parte, siempre que el interesado haya cumplido los sesenta años y reconocidos treinta de servicio. (ESJ vs funcionarios); (kon) Sin pretender abarcar la gama completa de costes que afectan a los recursos humanos, tendremos: (...) los gastos derivados de prestaciones sociales, no salariales, tales como complementos de pensiones de jubilación, créditos al personal y otras atenciones laborales. (MEE: 239); (Komm) Die Beitragsbetimmungen werden im spanischen Gesetz zur Sozialversicherung (Ley General de la Seguridad Social) zu Beginn des Kapitels über die Altersversorgung (capítulo VII, sección primera) geregelt. Es wird dort von *cotizaciones* (Beitragsleistungen) gesprochen. Die Termini *Altersversorgung* bzw. *pensión de jubilación* beziehen sich demnach in erster Linie auf das Rentensystem (régimen de pensiones). Als Äquivalent empfiehlt sich der hier angeführte spanische Terminus oder der Terminus *pensión de jubilación complementaria* (= betriebliche Altersversorgung). Übersetzungsvorschläge zum deutschen Kontext: a) *pagos de las cotizaciones a la Seguridad Social (jubilación),* b) *pagos para las pensiones de jubilación.* **Altersversorgung** *f* ^*Sozialleistungen*^ ^*Sozialversicherung*^ (def) Bezeichnung für die auf den einzelnen Bürger bezogene allgemeine Daseinsvorsorge für das Alter. Sie hat drei »Säulen«: die individuelle Vorsorge durch Ersparnisse i. w. S. (einschließlich Lebensversicherung), die gesetzliche Altersversorgung (vor allem Rentenversicherung) sowie teilweise die betriebliche Altersversorgung . (...) (BAL); (kon) [Bei Personalausgaben] ist zu berücksichtigen, dass Urlaubs- und Weihnachtsgelder und sonstige tarifliche Zahlungen (zum Beispiel für Altersversorgung und Unterstützung) in den jeweiligen Monaten einzuplanen sind, in denen die tatsächlichen Zahlungen erfolgen. (GUF: 96)

pérdida *f* (def) Quebranto sufrido por el comerciante en sus operaciones mercantiles, debido al fracaso total o parcial de las mismas. La pérdida supone una disminución del patrimonio líquido y, generalmente, puede evitarse con una buena dirección de los negocios. (COD); (kon) La pérdida que sufre la empresa con las cuentas a cobrar se puede compensar con el beneficio que obtiene de las cuentas a pagar, siempre que su importe y plazos se correspondan. (ABA: 69) **Verlust** *m ^Aufwendungen^ ^Erträge^ ^Gewinn^* (def) V[erlust] ist die Differenz zwischen Aufwand und Ertrag (...) in der externen Rechnungslegung bzw. die Differenz zwischen den Kosten und Leistungen (...) in der Kostenrechnung. In der externen Rechnungslegung wird der V[erlust] bei Personengesellschaften auf der Sollseite des Eigenkapitalkontos als Abgangsposten verbucht und tritt in der Bilanz in Form des verminderten Eigenkapitals auf oder wird dort besonders ausgewiesen. Bei Kapitalgesellschaften wird ein V[erlust] unter dem Posten Jahresfehlbetrag ausgewiesen. Der Posten Bilanzverlust bei Aktiengesellschaften setzt sich aus dem Jahresfehlbetrag bzw. Jahresüberschuss, den Einstellungen in die Gewinnrücklagen bzw. Entnahmen aus Rücklagen und den Gewinn- bzw. Verlustvorträgen zusammen. (LBW); (kon) Hat ein Unternehmen ein negatives Ergebnis erwirtschaftet, sodass die Erlöse die Kosten nicht decken, so wirkt sich finanzwirtschaftlich diese Mindereinnahme in Höhe des Verlustes in gleicher Weise kapitalbindend aus wie die Ausgabe für die Investition in Form eines Realgutes. (GUF: 9)

período básico de leasing *m* (def) En operaciones leasing período contractualmente establecido en el cual, por regla general, no se puede rescindir el contrato de arrendamiento financiero. (DV); (kon) Si éste [contrato] no fuera rescindible durante el período básico de leasing o período de amortización fiscal del bien, el riesgo de obsolescencia seguiría pesando sobre la empresa-cliente. (SSD: 356) **Grundmietzeit** *f ^Leasing^* (def) Bei Leasing-Geschäften vertraglich fixierter Zeitraum, in dem der Leasingvertrag in der Regel von keiner der Vertragsparteien gekündigt werden kann. (DV); (kon) Die Investitionsrisiken (Schäden, Untergang etc.) trägt während der Grundmietzeit der Leasingnehmer. (GUF: 70)

persona jurídica *f* (def 1) (...) Asociación de interés particular, sea civil, mercantil o industrial, a la que la ley ha concedido personalidad propia, independiente de la de cada uno de sus asociados. (MDB); (def 2) Todo el que tiene aptitud para el Derecho y ante él; el sujeto susceptible de adquirir y ejercer derechos y de aceptar y cumplir obligaciones; ya lo sea por sí o por representante. (DDU); (kon) En la escritura de constitución de la sociedad se expresarán: a) Los nombres, apellidos y edad de los otorgantes, si éstos fueran personas físicas, o la denominación o razón social, si son personas jurídicas, y, en ambos casos, la nacionalidad y el domicilio. (LSA art. 8. a) **juristische Person** *f* (def) Personenvereinigung oder Zweckvermögen mit vom Gesetz anerkannter rechtlicher Selbständigkeit. J[uristische] P[erson] ist Träger von Rechten und Pflichten, hat Vermögen, kann als Erbe eingesetzt werden, in eigenem Namen klagen und verklagt werden. J[uristische] P[ersonen] des Privatrechts sind unter anderem: eingetragene Vereine, Aktiengesellschaften, Gesellschaften mit beschränkter Haftung, Kommanditgesellschaften auf Aktien, eingetragene Genossenschaften. Teilnahme am Wirtschaftsleben durch gewählte oder mittels Satzung bestimmte Organe, durch die sie handelt. Grundsätzlich keine persönliche Haftung der beteiligten Gesellschafter oder Vereinsmitglieder. Anmeldung zum Handelsregister erfolgt ggf. durch sämtliche vertretungsberechtigten Vorstandsmitglieder bzw. Geschäftsführer. J[uristische] P[ersonen] sind nicht deliktsfähig, also auch strafrechtlich nicht verantwortlich. An ihrer Stelle können ihre Organträger (Vorstand, Geschäftsführer und dgl.) bestraft werden (§ 14 I Nr. 1 StGB). Sonderregelung im Ordnungswidrigkeitengesetz (§§ 29, 30 OWiG). (...) (GWL); (kon) Da die Stille Gesellschaft weder eine juristische Person ist noch eine Vermögensgemeinschaft wie die OHG und die KG, bietet sie als reine Personengemeinschaft die Möglichkeit, die Basis der Eigenfinanzierung des Geschäftsinhabers, der als alleiniger Vermögensträger auftritt, zu erweitern. (GUF: 18)

pignoración *f ^empeño^ ^remate (DDU)^* (def) Contrato y derecho real por los cuales una cosa mueble se constituye en garantía de una obligación, con entrega de la posesión al acreedor y derecho de éste para enajenarla en caso de incumplimiento y hacerse pago con lo obtenido (...). Pueden darse en prenda todas las cosas muebles que estén en el comercio, siempre que sean susceptibles de posesión. (DDU); (kon) Las pignoraciones sobre valores son sumamente prácticas para prestadores y prestatarios. (HAC: 195) **Verpfändung** *f* (def) Die rechtsgeschäftliche Bestellung eines Pfandrechts im Gegensatz zum Entstehen der gesetzlichen Pfandrechte. (GWL); (kon) Als Sicherheiten sind beim Kontokorrentkredit Sicherungsübereignung von Vorratsvermögen, Zession von Buchforderungen und (seltener) Verpfändung von Wertpapieren gebräuchlich. (GUF: 51)

plan de asignación de recursos *m* *^presupuesto^*

plan financiero *m* *^presupuesto^*

plan de inversiones *m* (def) Plan que contempla las inversiones a realizar en un período determinado. Se elabora sobre la base de los datos facilitados por los distintos departamentos de la empresa. (DV) **Investitionsplan** *m* (def 1) Aufstellung der für einen bestimmten Zeitraum (meist mittel- und langfristig) geplanten Investitionen einer Unternehmung aufgrund der Anforderungen der verschiedenen Betriebsabteilungen und der Investitionsrechnung. Der I[investitionsplan] geht in den Finanzplan ein. (GWL); (def 2) Grundlage der Bereitstellung und Errichtung neuer Anlagen ist in der Regel der Investitionsplan. Er informiert darüber zu welchem Zeitpunkt, in welchem Bereich, welche Anlagen zu erstellen sind. (HWW); (kon) Der Finanzplan oder das Finanzbudget besteht bei größeren Unternehmen aus verschiedenen Teilplänen, zum Beispiel aus dem kurzfristigen Finanzplan, dem Kostenplan, dem Debitorenbudget sowie dem langfristigen Finanzplan (Investitionsplan). (GUF: 80)

plan de liquidez *m* (def) Dentro de la planificación financiera el plan de liquidez se puede incluir como plan de ingresos y gastos. Se elabora a medio plazo (de uno a cuatro años). Con el plan de liquidez se pretende contar con un instrumento para adoptar precauciones como aumentar las líneas de crédito disponibles, cambiar las condiciones de pago de los clientes o a los proveedores, posponer gastos o inversiones que no sean absolutamente necesarios. (DV) **Liquiditätsplan** *m* *^Finanzplan^* (def) Im Bereich der betrieblichen Teilpläne ist der Liquiditätsplan im Rahmen der Finanzplanung als Einnahmen-/Ausgabenplan einzuordnen, wobei Schnittstellen zum Erfolgs-, Investitions-, Produktions- und Lagerplan bestehen. Aufgrund der von der Unternehmensleitung oder den zuständigen Stabsstellen prognostizierten Vorgaben (Umsätze, Zahlungsziele der Kunden und bei Lieferanten, Einkäufe, nicht ausgenutzte Kreditlinien von Betriebsmittelkrediten, anstehende Investitionen und noch nicht valutierte Darlehen, Darlehenstilgungen) wird geplant, im Allgemeinen zunächst in der Form eines mittelfristigen (ein bis vier Jahre) Rahmenplans, der alle erwarteten Zahlungsflüsse in der Prognoseperiode aufnimmt. Dabei nimmt die Planungsunsicherheit proportional zur Entfernung der Planperiode vom Planungszeitpunkt zu. Die kurzfristigen Liquiditätspläne fügen sich in den Rahmenplan ein; sie werden wochen-, monats-, oder quartalsweise bis zu jährlich aufgestellt. (GWL); (expl) Stabsstellen sind Leitungshilfen ohne Entscheidungs- und Wiesungsbefugnis. Sie dienen der Entlastung von Instanzen. (ABW: 171); (kon) Die Verhütung von Zahlungsschwierigkeiten bis hin zur Illiquidität ist die wichtigste Aufgabe insbesondere des kurzfristigen Finanzplanes (Liquiditätsplans), weil sonst dem Unternehmen der Kollaps in Form des Vergleichs- oder Konkursverfahrens droht. (GUF: 81)

plan de ventas *m* *^expectativas de ventas (ABA)^* *^previsión de ventas^* (def) Recoge los fondos obtenidos a corto plazo y los epígrafes o formas en que los mismos son invertidos. La denominación varía según la partida concreta que se estudie. Así, por ejemplo, para el papel comercial se reconoce como corto plazo los vencimientos interiores a noventa días, para los créditos los que no pasan de año y medio, mientras que los depósitos ajenos sólo engloban los contabilizados en cuenta corriente y Caja de Ahorros. (MDB); (kon) La fijación <a priori> de la actividad microeconómica comienza, generalmente por la previsión de ventas; este problema implica las mayores dificultades, debido a la incertidumbre que impregna el mercado. (ABA: 136) **Absatzplan** *m* *^Absatzplanung^* (def) Ausgangspunkt betrieblicher Planung, mit dem alle anderen Planungen verknüpft sind: Kapazitäts- und Investitionsplanung, Finanzplanung, Produktions- und Einkaufsplanung, Kosten-, Ertrags- und Gewinnplanung. Kurzfristiger Absatzplan: Bestimmend für Umfang und zeitliche Verteilung der Produktion sowie für die kurzfristige Finanzplanung. (GWL); (kon) Hieraus abgeleitet wird der kurzfristige Absatzplan, welcher die Planungsgrundlage für die übrigen Teilbereiche (Einkauf, Produktion, Verkauf, Forschung und Verwaltung) bildet. (GUF: 111)

planificación de ventas *f* *^programa de ventas (ABA)^* (def) Decisiones empresariales sobre los objetivos de venta según mercados y grupos de clientes durante un período de tiempo determinado. (DV); (expl) Actividad de la dirección de ventas que comprende las funciones de especificación de los objetivos de venta, elección del sistema de ventas y selección de los vendedores (...) (TMD); (kon) Los demás presupuestos (compras, fabricación, costes, inversión, financiación...) se deducen del programa de ventas. (ABA: 136) **Absatzplanung** *f ^Absatzplan^* (def) Entscheidungen über in der Zukunft zu erzielende Absatzmengen und Umsätze auf den jeweiligen Märkten und Teilmärkten sowie mit den jeweiligen Kundengruppen der Unternehmung in den Planungszeiträumen. Der Absatzplanung liegt der geplante Einsatz der marketingpolitischen Instrumente sowie die Einschätzung des Konkurrenz- und Kundenverhaltens zugrunde. (GWL); (kon) Bei erhöhten Absatzerwartungen wird sich die Investitionsplanung auf die Unterlagen der Absatzplanung stützen, bei Investitionen zur Verbesserung der Produktionsstruktur dagegen unmittelbar auf die Produktplanung zurückgreifen. (GUF: 106)

plazo (1) *m* (def 1) En un empréstito, tiempo que transcurre desde su emisión hasta su amortización, y en un crédito, período comprendido entre su concesión y su vencimiento. (DEN); (def 2) Tiempo o lapso fijado para una acción. (DDU) **Fristigkeit** *f ^fristgerecht^* (def) (...) Zeitdauer der Überlassung finanzieller Mittel bzw. der Bindung finanzieller Mittel (Investition). (...) (GWL); (kon) Im langfristigen Finanzplan sind die für den betreffenden Zeitraum vorgesehenen Investitionen des Unternehmens aufgrund der Anforderungen der einzelnen Unternehmensbereiche (bei Großunternehmen) nach Art, Höhe und Zusammensetzung sowie nach der Quelle oder Fristigkeit der Finanzierungsmittel ausgewiesen. (GUF: 109) **plazo (2)** *m ^duración de leasing (SSD)^* (Komm) Die Termini *periodo contractual* und *plazo de vigencia* sind ebenfalls Übersetzungsmöglichkeiten für den Terminus *Laufzeit*.; (def) En un empréstito, tiempo que transcurre desde su emisión hasta su amortización, y en un crédito, período comprendido entre su concesión y su vencimiento. (DEN) **Laufzeit** *f ^Leasing^* (def) (...) Der Zeitraum, über den ein Kredit (...) bzw. eine Anleihe (...) vertragsgemäß läuft, bis er (sie) voll zurückgezahlt ist. (BAL); (kon) Die Laufzeit von Anleihen beträgt im Allgemeinen 8-20 Jahre, wobei in der Regel eine tilgungsfreie Zeit von oft fünf Jahren am Anfang steht. (GUF: 40)

plazo de espera obligatorio *m ^plazo de suspensión^*

plazo de suspensión *m ^plazo de espera obligatorio^* (def) Es el período dentro del cual está prohibida la enajenación de un título-valor. (DV); (Komm) Neben der hier angeführten allgemeinen Bedeutung kann der sich der Terminus *plazo de suspensión* auch auf ein zeitweiliges Aussetzen der Notierung eines Wertpapiers an der Börse beziehen. **Sperrfrist** *f ^Veräußerung^* (def) Zeitraum, in dem ein Wertpapier nicht veräußert werden darf. (BAL); (kon) Die Laufzeit beginnt meist mit einer Sperrfrist, nach deren Ablauf das Wandelrecht frühestens ausgeübt werden kann, aber nicht muss. (GUF: 44)

posesión *f* (def) Estrictamente el poder de hecho y de derecho sobre una cosa material, constituido por un elemento intencional o animus (la creencia y el propósito de tener la cosa como propia) y un elemento físico o corpus (la tenencia o disposición efectiva de un bien material.). (...). (DDU); (expl) Rechtsgrundlage: Art. 431 del Código Civil: La posesión se ejerce en las cosas o en los derechos por la misma persona que los tiene y los disfruta, o por otra parte en su nombre.; (kon) Si hay en nuestro Código una materia en que la utilización de los elementos históricos de la interpretación resulta completamente indispensable para su correcto y coherente entendimiento, tal materia es sin duda la posesión. (PYP: 121) **Besitz** *m ^Eigentum^* (def) Zum Unterschied gegenüber dem Eigentum tatsächliche Verfügungsgewalt über eine Sache. Als Besitzer, der die Rechte über die Sache selbst ausübt, als auch der Mittelbare, der durch ein Besitzmittlungsverhältnis (Miete, Pacht, Leihe) einem anderen den unmittelbaren Besitz überlassen hat. Besitz ist vererblich und übertragbar. Er wird durch die Rechtsordnung gegen Eingriffe Dritter geschützt. Wer eine Sache vom Besitzer gutgläubig erwirbt, wird Eigentümer, sofern die Sache nicht gestohlen, verloren gegangen oder sonstwie abhanden gekommen ist. Es wird vermutet, dass ein Besitzer zugleich Eigentümer einer Sache ist. (BAL); (expl) Rechtsgrundlage: § 854 BGB: 1) Der Besitz einer Sache wird durch die Erlangung der tatsächlichen Gewalt über die Sache erworben. 2) Die Einigung des bisherigen Besitzers und des Erwerbers genügt zum Erwerbe, wenn der Erwerber in der Lage ist, die Gewalt über die Sache auszuüben.; (kon) Bei der Sicherungsübereignung wird dem Kreditgeber zwar das Eigentumsrecht am Sicherungsgut übertragen, der unmittelbare Besitz aber bleibt beim Kreditnehmer aus betrieblichen Nutzungsgründen und wird für den Gläubiger durch Besitzmittlungsverhältnis (§ 930 BGB) ersetzt. (GUF: 64)

precio *m* (def) Valor de una cosa traducido a dinero u otro instrumento de cambio. (...) En

Derecho económico, el precio es la suma de dinero entregada a cambio de una cosa, producto o servicio, esto es, la valoración de los mismos compensada en dinero. La fijación del precio es el resultado de dos fuerzas encontradas, de un lado el transmitente que pretende obtener la mayor rentabilidad, de otro el adquirente que persigue la menor onerosidad de la operación. En una economía de mercado, la fijación de los precios como regla general se deriva de la concurrencia de la oferta y la demanda, sin perjuicio de otros factores que pueden intervenir. El precio como compensación y valoración de un bien o servicio, recibe distintos nombres según el ámbito donde se desarrolle: renta, alquiler, interés, rédito, comisión, descuento, salario, honorarios, etc. (...) (DEI); (kon) La diferencia entre el precio y el coste de los productos vendidos constituye el beneficio de explotación, que si no existen otros ingresos y gastos atípicos, coincide con el beneficio de la empresa. (SSD: 306) **Preis** *m* ^*Preisnachlass*^ (def) Der in Geldeinheiten ausgedrückte (Tausch-) Wert eines Gutes, also einer Ware, einer Dienstleistung, einer Finanzdienstleistung usw. Kommt bei Gütern zustande, die der Bedürfnisbefriedigung dienen können und die knapp sind. (BAL); (kon) Ist es dem Unternehmen nicht möglich, Preissteigerungsrücklagen zu bilden, und konnte während der Nutzung eines Anlagegutes lediglich vom Anschaffungspreis abgeschrieben werden, so löst die Wiederbeschaffung dieses Anlagegutes nach Erschöpfung seines Nutzungsvorrates bei gestiegenem Preis einen Kapitalbedarf aus, ohne dass dadurch eine Veränderung der Kapazität eintreten muss. (GUF: 8)

prefinanciación *f* (def) Financiación de carácter provisional, generalmente a corto plazo, obtenida para cubrir las necesidades de fondos que se originan en el espacio de tiempo que media hasta la concesión del crédito definitivo necesario para la financiación de operaciones de gran envergadura. (DEN); (expl 1) (...) Existe, además, el denominado »crédito de prefinanciación«, el cual se solicita de un Banco (...), en espera de mejores condiciones para la emisión de obligaciones o de su consolidación por el Banco de Crédito Industrial. (...) (ABA: 17); (expl 2) (...) b) Créditos de prefinanciación: ocupan una zona intermedia entre los créditos de funcionamiento [a corto plazo] y los de financiamiento [a largo plazo]; sirven de puente entre la concesión de créditos a plazo largo y su disponibilidad. Por ejemplo, la obtención de un crédito oficial de 10 años ha permitido reembolsar el crédito de prefinanciación a 18 meses que se destinó a la compra de una máquina, cuya adquisición interesaba efectuar sin esperar a la concesión del mencionado crédito oficial. (...) (ABA: 197); (kon) En todos los casos el vencimiento del pago de la prefinanciación y financiación deberá guardar relación con el cobro de las exportaciones según lo pactado contractualmente. (www.soler.com.ar) **Vorfinanzierung** *f* ^*Finanzierung*^ ^*Umfinanzierung*^ (def) Die Beschaffung kurzfristiger Kredite für meist langfristige Finanzierungsvorhaben mit dem Ziel, sie später durch langfristiges Kapital abzulösen. Insbesondere bei angespannter Kapitalmarktsituation bedienen sich Unternehmen dieser Finanzierungsform (...), um sich zu gegebenem Zeitpunkt durch zinsgünstige-re Schuldverschreibungen, langfristige Kredite oder auch Aktienemission umzufinanzieren. (...) (BAL); (kon) Die (Vor-)Finanzierung der Forderungen wird vom Factor separat in Rechnung gestellt, wenn man vom Diskontverfahren absieht. (GUF: 58)

prestación *f* (def) En sentido genérico, acto de prestar, préstamo, empréstito. En materia obligacional, la prestación es el objeto de la obligación, cuyo contenido necesariamente ha de consistir en dar, hacer o no hacer alguna cosa. La prestación es el deber jurídico del deudor, obligado a su cumplimiento, y cuyo correlativo es el derecho de crédito del acreedor para exigir su ejecución. (DEI); (kon) Donde se incluirán las prestaciones recibidas de mano de obra o maquinaria, de fuera de la explotación por ejemplo, la recolección con cosechadora alquilada, transportes contratados, etc. (PTE: 33) **Leistung** *f* ^*Gegenleistung*^ (def) (Zivilrecht) Im engeren Sinne Handlung oder Unterlassung, zu der der Schuldner aufgrund eines Schuldverhältnisses verpflichtet ist (...) (GWL); (kon) Wurde im Gesellschaftsvertrag eine Nachschusspflicht vereinbart, dann kann die Gesellschaft das Eigenkapital dem jeweiligen Bedarf elastisch anpassen, weil die Gesellschafter automatisch zur Leistung von wieteren Einlagen verpflichtet sind. (GUF: 22/23)

prestaciones sociales *fpl* (def) Facilidades económicas y ayudas de carácter social que conceden, bajo determinadas circunstancias, los organismos públicos y ciertas empresas a las unidades familiares. (DEN); (kon) Todos los trabajadores y trabajadoras tienen derecho a prestaciones sociales que les recompensen la antigüedad en el servicio y los amparen en caso de cesantía.

(www.constitución.org) **Sozialleistungen** *fpl* ^*Altersversorung*^ ^*Sozialversicherung*^; (def) soziale Leistungen des Staates bzw. öffentlich-rechtlicher Körperschaften. Zu den Sozialleistungen gehören: a) die im Prinzip aus dem Sozialsystem des Deutschen Reiches übernommene öffentliche Sozialversicherung (Kranken-, Pflege-, Unfall-, Renten- und Arbeitslosenversicherung); b) Kriegs und Kriegsfolgeleistungen (Kriegsopferversorgung, Lastenausgleich); c) Sozialhilfe, Fürsorgeerziehung und Jugendhilfe; d) Kindergeld; e) Unterhaltsvorschuss; f) Erziehungsgeld. Sozialleistungen sind Gegenstand der amtlichen Sozialstatistik. (...) (GWL); (kon) Für Sozialleistungen sind die sog. Leistungsträger zuständig. (www.bfd.bund.de)

prestaciones de servicios *fpl* (def) (...) Concepto: Se definía en el texto legal como contrato por el cual una de las partes se obliga a prestar a la otra un servicio mediante un precio cierto, que ésta última se compromete a pagar a la primera. Pueden celebrarlo todos los que con arreglo a su ley nacional tienen capacidad para obligar y obligarse. Se perfecciona por el mero consentimiento y puede celebrase de palabra o por escrito. (..) Objeto: Forman el mismo todos los hechos y servicios no contrarios a la ley, a las buenas costumbres o al orden público. Ha de señalarse la cuantía y forma de pago de la remuneración convenida y determinarse del modo más preciso la prestación o servicio contratado. (DDU); (kon) La liberalización interior se extenderá a las prestaciones de servicios entre dos Estados miembros. (SFE: 9) **Dienstleistungen** *fpl* (def) (...) In Abgrenzung zur Warenproduktion (materielle Güter) spricht man bei den Dienstleistungen von immateriellen Gütern. Als ein typisches Merkmal von Dienstleistungen wird die Gleichzeitigkeit von Produktion und Verbrauch angesehen (z. B. Taxifahrt, Haarpflege in einem Frisiersalon). Da die unmittelbare, überwiegend auch personengebundene Arbeitsleistung des Produzenten hier den wesentlichen Inhalt der Dienstleistungen ausmacht, werden nur geringe Möglichkeiten zur Produktivitätssteigerung gesehen. (GWL); (kon) Der in jedem Unternehmen sich vollziehende betriebliche Kreislauf zwischen Geldbeziehungsweise Sacheinlagen, Erstellung von Gütern oder Bereitstellung von Dienstleistungen und daraus erzielten Umsatzerlösen muss durch den Finanzplan hinsichtlich der Zahlungsströme so gesteuert werden, dass die Erlöse so früh wie möglich zu Einzahlungen werden. (GUF: 81)

prestamista *m* (def) Persona o entidad que entrega las cosas objeto del préstamo. (...) (DDM); (kon) En el ámbito financiero, por crédito se entiende una operación por la cual el prestamista (normalmente un banco) deja una determinada suma de dinero (capital inicial o principal) a la libre disposición del prestatario durante un período prefijado. (SMA: 97) **Darlehensgeber** *m* ^*Darlehen*^ ^*Darlehensnehmer*^ (def 1) Ausleiher von Krediten bzw. Darlehen, auch in wirtschaftlicher Sicht. Käufer von Schuldtiteln wie verzinslichen Wertpapieren u. dgl. (...) (BAL vs Kreditgeber); (def 2) Das D[arlehen] (...) ist Gegenstand eines – im Allgemeinen Sprachgebrauch häufig ebenfalls als Darlehen bezeichneten – schuldrechtlichen Darlehensvertrags. Danach hat der Darlehensgeber dem Darlehensnehmer die freie Nutzung von Geld oder anderen vertretbaren Sachen (...) für die Laufzeit des Darlehens dadurch zu verschaffen, dass er dem Darlehensnehmer das Eigentum am Darlehensgegenstand überträgt. (...); der Darlehensgeber ist zur Valutierung und Belassung des Kapitals verpflichtet, der Darlehensnehmer zur Darlehensrückzahlung. Das entgeltliche D[arlehen] bildet sogar einen gegenseitigen Vertrag (...); im Gegenseitigkeitsverhältnis stehen einerseits die Pflicht des Darlehensgebers, dem Darlehensnehmer das Kapital bis zur Fälligkeit des Darlehensrückzahlungsanspruchs zu belassen, und andererseits die Pflicht des Darlehensnehmers, den vereinbarten Darlehenszins zu entrichten. (...) Unter den Ansprüchen des Darlehensgebers ragt beim verzinslichen D[arlehen] der Anspruch auf die vertraglich vereinbarten Zinsen hervor, die nach der dispositiven gesetzlichen Regelung nachträglich zum Jahresende fällig werden (...). (LLR vs Darlehen); (kon) Für den Eigenkapitalgeber gilt im Gegensatz zum Darlehensgeber (...) das Prinzip, dass kein fester Zinsanspruch besteht, sondern lediglich ein Anspruch auf eine der jeweiligen Einlage entsprechende Beteiligung am Gewinn oder Verlust. (GUF: 13)

préstamo *m* (def 1) Por el préstamo una persona transmite a otra el uso de un bien por cierto tiempo, con obligación de devolución de la misma cosa prestada si ésta no es fungible (...), o bien si se trata de dinero o cosa fungible de devolverse otro tanto de la misma especie y calidad (préstamo simple que admite el cobro de interés). (DEE); (def 2) Uso de dinero ajeno a cambio del pago de intereses. Se diferencia del crédito en que es una suma cierta que se devuelve en un término fijo. El que concede el préstamo es llamado prestamista y el que lo recibe prestatario. El más conocido es el préstamo bancario. (TAM); (kon) (...) En el caso de que se incluyan en el coste de producción del inmovilizado los intereses de los préstamos destinados a financiar su fabricación, se hará constar esta circunstancia en la memoria. (LSA art. 195, 4.) **Darlehen** *n* *^Damnum^* *^Darlehen, langfristiges^* *^Darlehen, partiarisches^* *^Darlehensgeber^* *^Darlehensnehmer^* (def) (...) die Hingabe von Geld oder anderen vertretbaren Sachen mit der Verpflichtung des Darlehensempfängers dem Darleiher das Empfangene in Sachen von gleicher Art, Güte und Menge zurückzuerstatten. Für die Vergabe von Darlehen wird in der Praxis oft der Begriff »Kredit« verwendet. Dieser Begriff, (...), ist weiter als der des Darlehens, das nur eine bestimmte Form des Kredits darstellt. (...) Ein Darlehen liegt aber nur dann vor, wenn der Schuldner die geliehenen Geld- oder Sachwerte für eine gewisse Zeit behalten, d. h. wenn der Gläubiger seine Leistung nicht regelmäßig zurückfordern darf. Kredite in Form des Darlehens treten häufig im Bereich der Personalkredite, Realkredite und langfristigen Unternehmensfinanzierung (dort z. B. als Schuldscheindarlehen) auf. (...) Die wichtigsten Merkmale von Darlehen sind die Tilgung und die Verzinsung. (...) (VGW); (kon) Der genau umgekehrte Vorgang würde sich vollziehen bei einer Erhöhung der Einlagen der Gesellschafter zur Tilgung eines Darlehens (Substitution von Fremdkapital durch Eigenkapital). (GUF: 9)

préstamo sobre mercancías *m* *^crédito pignoraticio^*

préstamo participativo de los socios *m* (expl) (...) Los créditos participativos, (...) son préstamos en los cuales, con independencia del pacto de interés que se fija, el acreedor participa en el beneficio neto del deudor, aunque en cuanto a la prelación de créditos se sitúe en orden posterior al resto de los acreedores ordinarios y previo al de los accionistas, (...) (RSF: 448); (Komm) Se trata de un préstamo de los socios a la sociedad que conlleva una característica de los créditos participativos en el sentido de que los socios prestamistas reciben unos intereses o una prima única en función de los beneficios de la empresa.; (kon) Existen algunas modalidades de préstamos como pueden ser los préstamos participativos o las obligaciones convertibles en acciones que están en una situación intermedia entre la inversión vía capital y la inversión vía crédito. (AAI: 340) **partiarisches Darlehen** *n* *^Darlehen^* (def 1) (Gesellschafterdarlehen) gewinnbeteiligtes Darlehen, welches eine Personengesellschaft durch ihre Gesellschafter erhält. Die Unternehmung erhält durch die Gesellschafter zusätzliches Kapital, welches im Zeitpunkt des Kapitalzu- oder abflusses in der Machtstruktur des Gesellschafterkreises keinerlei Verschiebungen auslöst. Die Gesellschafter erhalten eine Verzinsung, die sich i. d. R. am Unternehmenserfolg orientiert und damit u. U. deutlich über derjenigen für alternative Kapitalanlagen liegt. Soweit Unternehmen mit festen Eigenkapitalien ausgestattet sind (GmbH, AG, KGaA, KG), die den Gesellschaftern (oder einem Teil von ihnen) ein Entnahmerecht verwehren, bietet sich das partiarische Darlehen an. Zudem erfolgt bei Darlehenseinräumung keine Erweiterung des Haftungsumfangs der nicht voll haftenden Gesellschafter. (...) (BFL); (def 2) Partiarischer Vertrag ist ein Vertrag, durch den jemand am Gewinn eines Unternehmens verhältnismäßig beteiligt wird. Dies kann in Form einer einmaligen Prämie für das Zustandekommen des Geschäfts (...) geschehen, aber auch durch eine echte Gewinnbeteiligung (z. B. Geldhingabe von 20 % des erzielten Reingewinns; sog. partiarisches Darlehen). Der partiarisch Beteiligte hat einen Anspruch auf Auskunft und Rechenschaftslegung über die Höhe des erzielten Gewinns. (...) (CRL vs partiarischer Vertrag); (kon) Wird bei einem Rechtsgeschäft, bei dem dem Vertragspartner eine Geldsumme überlassen wird, eine Beteiligung am Verlust ausgeschlossen, so muss es sich dabei nicht notwendigerweise um ein partiarisches Darlehen handeln, da auch bei der stilen Gesellschaft die Verlustbeteiligung ausgeschlossen werden kann. (www.kaerner.de)

préstamo a largo plazo *m* (Komm) Zum Problem der nichteinheitlichen Abgrenzung der einzelnen Fristen siehe Kommentar bei *langfristiger Kredit.*; (def) De cinco años en adelante. (MDB); (kon) Las monedas y los billetes son, por tanto, los activos más líquidos: en el extremo opuesto, estarían los préstamos a largo plazo sin posibilidad de recuperación total hasta su vencimiento. (GDE: 406) **langfristiges Darlehen** *n* *^Darlehen^* (expl) Als langfristig werden solche Darlehen bezeichnet, deren Laufzeit mehr als vier Jahre beträgt. (WÖH: 131); (kon) Auf dieser Basis [Rechtsgrundlage für Anleihen] lassen sich Obligationen, Schuldverschreibungen als verkehrsfähige Urkunden definieren, mit denen sich ausstellende Schuldner gegenüber dem Gläubiger zu bestimmen Gegenleistungen (Zinszahlungen) für die Gewährung eines langfristigen Darlehens verpflichten. (GUF: 39/40)

préstamo con prenda *m ^asegurado con prenda^*

prestatario *m* (def) Persona o entidad que recibe las cosas objeto del préstamo; tiene la obligación de devolver otra cantidad igual de la misma especie o clase y pagar la retribución correspondiente si se hubiese estipulado. (...). (DDM); (kon) En el ámbito financiero, por crédito se entiende una operación por la cual el prestamista (normalmente un banco) deja una determinada suma de dinero (capital inicial o principal) a la libre disposición del prestatario durante un período prefijado. (SMA: 97) **Darlehensnehmer** *m ^Darlehen^ ^Darlehensgeber^* (def 1) (...) Vertrag, durch den ein Darlehensnehmer, der Geld oder andere vertretbare Sachen empfangen hat, verpflichtet wird, dem Darlehensgeber das Empfangene in Sachen von gleicher Art, Güte und Menge zurückzuerstatten (...) und je nach Vereinbarung auch Zinsen zu zahlen (...). (GAB vs Darlehen); (def 2) Das D[arlehen] (...) ist Gegenstand eines – im allgemeinen Sprachgebrauch häufig ebenfalls als Darlehen bezeichneten – schuldrechtlichen Darlehensvertrags. Danach hat der Darlehensgeber dem Darlehensnehmer die freie Nutzung von Geld oder anderen vertretbaren Sachen (...) für die Laufzeit des Darlehens dadurch zu verschaffen, dass er dem Darlehensnehmer das Eigentum am Darlehensgegenstand überträgt. (...); der Darlehensgeber ist zur Valutierung und Belassung des Kapitals verpflichtet, der Darlehensnehmer zur Darlehensrückzahlung. Das entgeltliche D[arlehen] bildet sogar einen gegenseitigen Vertrag (...); im Gegenseitigkeitsverhältnis stehen einerseits die Pflicht des Darlehensgebers, dem Darlehensnehmer das Kapital bis zur Fälligkeit des Darlehensrückzahlungsanspruchs zu belassen, und andererseits die Pflicht des Darlehensnehmers, den vereinbarten Darlehenszins zu entrichten. (...) Der wichtigste Anspruch des Darlehensnehmers aus dem Darlehensvertrag geht auf die Hingabe des Darlehensvaluta durch Übertragung des Eigentums. (...) (LLR vs Darlehen); (kon) Beim Direktrevolving kommen die Kreditverträge zwischen Darlehensnehmer und Kapitalgeber unmittelbar zustande. (GUF: 47)

presupuesto (1) *m ^plan de asignación de recursos (AEE/TAM)^ ^plan financiero (ABA)^* (def) Resultado del proceso de preparación de las decisiones financieras. Resumen numérico de las estrategias financieras de la empresa. El plan financiero recoge los orígenes de fondos de la empresa con sus previsibles empleos en su consideración de medio y largo plazo (...). (DEE); (kon) En su aspecto financiero y contable, la Academia entiende por presupuesto: Cómputo anticipado del coste de una obra; y también de los gastos o de las rentas de un hospital, ayuntamiento u otro cuerpo, y aun de los generales de un Estado, o especiales de un ramo; (...). (DDU) **Finanzplan** *m ^Finanzbudget (VGW)^ ^Liquiditätsplan^* (def) Zukunftsbezogene Rechnung, die für eine bestimmte Zeitspanne (Planungszeitraum) Ein- und Auszahlungen für jede zu definierende Periode (Tag, Woche, Monat, Quartal, Jahr) gegenüberstellt. (GWL); (Komm) kurzfristiger Finanzplan = Liquiditätsplan; langfristiger Finanzplan = Investitionsplan (GUF); (kon) Während der Jahresabschluss über die Unternehmensentwicklung der Vergangenheit Rechenschaft gibt, ist der Finanzplan das Steuerungsinstrument für die unternehmerische Finanzpolitik der Zukunft. (GUF: 79)

presupuesto (2) *m* (def) Conjunto de los gastos e ingresos previstos en cierta operación, particularmente, de los previstos en la vida de la empresa para cierto tiempo. (DMM) **Finanzbudget** *n ^Finanzplan (VGW)^* (def) Instrument der Finanzplanung zur Erfassung sämtlicher Ereignisse mit Konsequenzen für die Zahlungsmittelebene einer Unternehmung. Der Finanzplan dient der prospektiven Sicherung der Zahlungsfähigkeit eines Unternehmens und bildet die Grundlage für die sich anschließende Finanzkontrolle. (VGW vs Finanzplan); (kon) Als Finanzplan, auch Finanzbudget, bezeichnet man eine mehr oder weniger detaillierte Gegenüberstellung aller zukünftigen Einzahlungen und Auszahlungen. (GUF: 79)

pretensión *f ^derechos (DDU)^* (Komm) Der Terminus *derechos* erlangt seine fachsprachliche Bedeutung durch die Pluralverwendung; (def) Derecho, cualquier sea su solidez, que se alega para obtener una cosa o ejercer determinadas facultades. (DDU); (kon) El objetivo final de este registro consiste en mostrar la situación patrimonial de la sociedad. Es decir, se intenta conocer los bienes, los derechos y las deudas que tiene la empresa en un momento dado. (SMA: 77) **Anspruch** *m* (def) Im Sinne des BGB »das Recht, von einem anderen ein Tun oder ein Unterlassen zu verlangen« (§ 194 BGB). (GWL); (Komm) Der Anspruch besteht immer zwischen zwei Personen, dem Anspruchsberechtigten und dem Anspruchsverpflichteten. Der Berechtigte kann ein bestimmtes Verhalten vom Verpflichteten verlangen; der Verpflichtete ist zu diesem Verhalten dem Berechtigten gegenüber verpflichtet.; (kon) Für den Eigenkapitalgeber gilt im Gegensatz zum Darlehensgeber jedoch das Prinzip, dass kein fester Zinsanspruch besteht, sondern lediglich ein Anspruch auf eine der jeweiligen Einlage entsprechende Beteiligung am Gewinn oder Verlust. (GUF: 13)

prima anual *f* (def) Aquélla cuya satisfacción por el tomador del seguro se realiza al principio de la anualidad correspondiente de vigencia de la cobertura. La regla general, para los seguros concertados por años, prorrogables por iguales períodos, es el cálculo anual de la prima y su satisfacción anticipada al período en curso. Sin embargo, y pese al principio de indivisibilidad de la prima, ésta puede ser fraccionada en períodos más cortos facilitando su liquidación por el asegurado. (DEI); (kon) La cuota o prima anual del seguro se calcula de acuerdo al número de personas de la familia y los ingresos de los asegurados. **Jahresprämie** *f* *^Einkommen^* (def) Entgelt des Versicherungsnehmers für den Versicherungsschutz. Zusammen mit der Prämie sind Versicherungssteuer und Nebengebühren zu entrichten. Die Prämie ist im Allgemeinen für ein Jahr bemessen und wird i. d. R. im Voraus bezahlt; bei Zahlung einer tariflichen Jahresprämie in unterjährigen Raten ist für Zinsausfall und Verwaltungskosten Zuschlag zu entrichten. (GRL vs Prämie); (kon) Zu beachten ist, dass alle Ausgaben (zum Beispiel Jahresprämien bei Versicherungen) für den Zeitpunkt des jeweiligen Mittelabflusses einzuplanen sind. (GUF: 96)

prima de emisión *f* (def 1) (...) Cantidad por encima del valor nominal de una acción que se exige a los suscriptores en el momento de entrar una sociedad en el mercado bursátil, o al ampliar su capital, para ajustar el precio de venta efectivo al valor en libros de la sociedad, o al nivel de su cotización en bolsa. (...) (TDE); (def 2) Diferencia entre el precio de pago de una emisión y el nominal del título. (...) (ADE); (Komm) Im aufgeführten deutschen Kontextbeispiel wird der Begriff *Agio* in seiner engeren Bedeutung des *Emissionsagios* gemäß der deutschen Definition verwendet. Dieser Sachverhalt sollte bei der Übersetzung immer durch den spanischen Terminus *prima de emisión* und nicht durch den Terminus *agio* ausgedrückt werden, da Letzterer noch einige andere Bedeutungen umfasst. (siehe auch Kommentar bei *Agio (2)*).; (kon) Será lícita la emisión de acciones con prima. La prima de emisión deberá satisfacerse íntegramente en el momento de la suscripción. (LSA art. 47, 3.) **Agio** *n* *^Disagio^* (def) Aufgeld. 1. Begriff: Betrag, um den der Preis oder Kurs den Nennwert eines Wertpapiers oder die Kaufkraftparität einer Geldsorte übersteigt (genauer: Emissionsagio). Das A[gio] wird meist in Prozent des Nennwertes ausgedrückt. – Gegensatz: Disagio. – (...) Beispiele: (1) Aktie mit Nennwert 1.000 EUR wird zum Kurs von 110 ausgegeben; Agio = 10 % des Nennwertes = 100 EUR. (...) (GWL); (kon) Die Ausgabe muss nicht zum Nennwert erfolgen: Bei Unterpari-Ausgaben liegt der Begebungskurs um das Disagio darunter, bei Überpari-Ausgaben liegt er um das Agio darüber, bei Pariausgaben ist er mit dem Nennwert identisch. (GUF: 40)

procedimiento conciliatorio *m* *^avenencia^*

proceso de producción y venta *m* (def) Período entre el aprovisionamiento de los factores productivos y los ingresos que resultan de la transformación de estos factores en bienes. (DV); (kon) Hay una relación muy estrecha entre al calidad de los bienes y servicios que adquirimos y la motivación que han demostrado quienes estuvieron involucrados en el proceso de producción y venta de éstos. (www.monografias.com) **Umsatzprozess** *m* *^Produktion^* (def) Zeitspanne zwischen der Beschaffung der produktiven Faktoren und dem Eingang der Erlöse für die Erzeugnisse, die aus diesen produktiven Faktoren hergestellt werden. Der Umsatzprozess umfasst die Produktions- und Lagerdauer sowie das Zahlungsziel. (GWL); (kon) Auch kann über kurzfristige Rückstellungen ein langfristiger Finanzierungseffekt erzielt werden, wenn sich die jeweilige Position durch den Umsatzprozess dauernd aufbaut und durch Inanspruchnahme auflöst. (GUF: 78)

producción *f* (def) Consiste en la transformación de unos inputs o productos intermedios mediante la aplicación de ciertos inputs primarios y según una técnica productiva dada, obteniéndose unos bienes finales cualitativa y/o cuantitativamente distintos. Hay dos facetas en la producción, una de posibilidades productivas debidas a la técnica disponible (faceta técnica) y otra faceta económica, que tiene en cuenta los precios de los factores de producción utilizados y que busca la obtención de una dimensión óptima de operación. (AEE); (kon) La producción de bienes de capital ha bajado algo a favor de un ligero aumento de la producción de bienes de consumo. (HAC: 36) **Produktion** *f* *^Absatz^ ^Beschaffung^ ^Erzeugung^ ^Fertigung (GWL)^ ^Herstellung (WDW)^ ^Umsatzprozess^* (def 1) Nach D. Hahn und G. Laßmann der von Menschen gelenkte Entstehungsprozess von Produkten (Sachgütern, Energie und Dienstleistungen). Er wird durch den Einsatz von Arbeitskräften, technischen Anlagen, Material, Energie und Dienstleistungen (Produktionsfaktoren) sowie Informationen unter Beachtung technologischer Bedingungen und Verfahrensregeln sowie sozial-ethischer Normvorstellungen bewirkt. (GWL); (def 2) Herstellung von Gütern, im weiteren Sinne durch die Kombination von Produktionsfaktoren zum Zwecke der Leistungserstellung. (LHW); (kon) Bei der Produktion von Gütern anfallende hohe Standortkosten – wie etwa in Deutschland – sind durchaus auch von Vorteil. (www.wz-berlin.de)

productividad (1) *f* (def) Hablar de productividad equivale a referirse al grado de eficacia de los factores productivos. En general, se asocia a la idea de eficiencia. Es aplicable a un factor de producción, empresa, industria o economía. La productividad es la relación entre la cantidad producida y los factores empleados para obtenerla. Es la capacidad de producir que presenta cualquier factor. (AEE); (kon) El aumento de la productividad general fue considerable durante el año pasado. (HAC: 36) **Produktivität** *f ^Effizienz (GWL)^ ^Ergiebigkeit (WDW)^* (def) Ergiebigkeit der betrieblichen Faktorkombination. Produktivität ist nicht gleichbedeutend mit Wirtschaftlichkeit, auch nicht mit Rentabilität, sondern ist das Verhältnis von Output zu Input. (GWL); (kon) Die Produktitivät gilt als entscheidender Wachstumsfaktor für die Wirtschaft. (www.bfs.admin.ch)

productividad (2) *f ^economicidad (ABA)^ ^productividad (DEN)^* (def 1) Se dice de la capacidad (o no) de una actividad, rama, sector, etc., de producir ingresos por encima de sus costes, en donde reside la justificación misma de su existencia, habitualmente. Uno de los problemas centrales asociados a este concepto reside en la medición de la rentabilidad de actividades no directamente productivas (servicios generales, administración, etc., y los problemas de imputación asociados.) (AEE); (def 2) Productividad en general = indicativo del uso y aprovechamiento para una unidad económica determinada, es decir, del rendimiento que se obtiene de cada factor de producción. (...) El grado de productividad se traduce en competitividad dentro del mercado (...). (DEN); (kon) En la evolución de la rentabilidad de la empresa española se distinguen, en el período considerado, dos fases: 1974-1984 y a partir de 1985. Desde 1974 cae la rentabilidad económica o de la inversión y aumenta el coste nominal del capital ajeno. (....) (EED: 614) **Wirtschaftlichkeit** *f ^Rentabilität^* (def) Wirtschaftssystem- und unternehmenszielindifferenter Ausdruck dafür, inwieweit eine Tätigkeit dem Wirtschaftlichkeitsprinzip genügt. Abgrenzung: a) Zur Produktivität: Die Wirtschaftlichkeit ist wertmäßig erfassbar (bewertete Beziehung zwischen Mitteleinsatz und Handlungsergebnis). b) Zur Rentabilität: Es erfolgt keine zwangsläufige Bezugnahme auf das eingesetzte Kapital. (GWL); (Komm) Ökonomisches Prinzip, Grundsatz, dass ein bestimmter Erfolg mit dem geringstmöglichen Mitteleinsatz (Minimalprinzip) bzw. mit einem bestimmten Mitteleinsatz der größtmögliche Erfolg (Maximalprinzip) erzielt werden soll.; (kon) Ein weiterer Vorteil langfristiger Finanzplanung liegt darin, dass im Rahmen der Investitionsrechnung die Wirtschaftlichkeit und damit letztendlich auch die Rentabilität der vorgesehenen Projekte geprüft wird. (GUF: 118)

productos acabados *mpl ^productos finales^ productos terminados (DEE)^* (def) Se trata de aquellos productos que han recibido todos los costes de las distintas fases de fabricación de la empresa y que se destinan a la venta o a ser consumidos en la propia empresa. (DEE); (kon) (...) En el ámbito de la economía de la empresa muchas veces se utilizan los términos productos semielaborados y productos acabados. Los primeros no han pasado por todas las fases de transformación, los acabados y a están listos pasa la venta. (SMA: 1) **Fertigwaren** *fpl ^Fertigfabrikate (WDW)^ ^Fertigungserzeugnis (GWL)^ ^Halbwaren^ ^Rohstoff^* (def) Produkt, das den Produktionsprozess des Betriebes bis zum Ende durchlaufen hat und das zur weiteren Verwendung bereitsteht: (1) am Markt (Verkauf an nachgelagerte Betriebe oder an Endverbraucher); (2) zum Verbrauch im eigenen Betrieb (Selbstverbrauch). Die rechnerische Übernahme auf Fertigwarenlager erfolgt zumeist mit den bis dahin aufgelaufenen Ist-, Plan- oder Standardkosten (Herstellungskosten) auf die Kostenträgerkonten. (GWL vs Fertigungserzeugnis); (kon) Neben einmaligen und laufenden, vom Umsatz berechneten Gebühren, kann der Franchisegeber Einnahmen erzielen aus Vermietung von Ausstattungs-, Beratungs-, Ausbildungsleistungen, aus Verkauf von Roh-, Hilfs-, Betriebsstoffen, Halb- und Fertigwaren sowie Werbematerialien und schließlich aus gewährten Krediten.

productos finales *mpl ^productos acabados^*

productos semielaborados *mpl* (def) Son los productos fabricados en la empresa que son susceptibles de una fase de transformación ulterior, o bien de ser destinados a la venta. Esto último es menos frecuente. La diferencia conceptual con los productos en curso es que éstos se encuentran dentro de una fase y no han recibido todos los costes correspondientes a la misma, mientras que los productos semiterminados han terminado al menos una fase (nunca la última) y no han comenzado la siguiente. (DEE); (kon) En el ámbito de la economía de la empresa muchas veces se utilizan los términos productos semielaborados y productos acabados. Los primeros no han pasado por todas las fases de transformación, los acabados y a están listos para la venta. (SMA: 1) **Halbwaren** *fpl ^Erzeugnisse, unfertige (GWL)^ ^Fertigwaren^ ^Halberzeugnisse^ ^Rohstoff^ ^Zwischenerzeugnisse^* (def) Be- oder verarbeitete Stoffe, deren Produktionsprozess noch nicht beendet ist. (GWL vs unfertige Erzeugnisse); (kon) Neben einmaligen und laufenden, vom Umsatz berechneten Gebühren kann der Franchisegeber Einnahmen erzielen aus Vermietung von Ausstattungs-, Beratungs-, Ausbildungsleistungen, aus Verkauf von Roh-, Hilfs-, Betriebsstoffen, Halb- und Fertigwaren sowie Werbematerialien und schließlich aus gewährten Krediten. (GUF: 73)

productos terminados *mpl ^productos acabados^*

programa de ventas *m ^planificación de ventas^*

prohibición de la cesión de créditos *f ^pacto de no cesión de crédito^*

prolongación *f ^prórroga^*

propiedad *f* (def) Derecho real de disposición y goce de un bien o un derecho, sin más limitaciones que las establecidas por las leyes. (EEE); (expl) Rechtsgrundlage: Art. 348 del Código Civil: Derecho de gozar y disponer de una cosa, sin más limitaciones que las establecidas por las leyes. El propietario tiene acción contra el tenedor y el poseedor de la cosa para reivindicarla.; (kon) El comprador adquiere la propiedad de la empresa sin efectuar apenas desembolso inicial. (SSD: 811) **Eigentum** *n ^Besitz^* (def 1) Umfassendstes, absolutes dingliches Recht an einer Sache. Das Recht auf (Privat-) Eigentum wird durch das Grundgesetz in Art. 14 ausdrücklich gewährleistet; es gibt dem Eigentümer neben den Rechten auch Pflichten auf (...). Der Eigentümer [kann], soweit nicht Gesetze oder Rechte Dritter entgegenstehen, mit einer Sache, die sein Eigentum ist, nach Belieben verfahren und andere von jeder Einwirkung ausschließen. (BAL); (def 2) (...) Sache über die jdm. Verfügungs- und Nutzungsgewalt, die rechtliche (aber nicht unbedingt die tatsächliche) Herrschaft hat. (...) (DAB); (expl 1) Kommentar zur Rechtsgrundlage Art. 14 Grundgesetz: Das Eigentum ist ebenso wie die Freiheit ein elementares Grundrecht; das Bekenntnis zu ihm ist eine Wertentscheidung des GG von besonderer Bedeutung für den sozialen Rechtsstaat (...). Es steht in einem inneren Zusammenhang mit der Garantie der persönlichen Freiheit. Ihm kommt im Gesamtgefüge der Grundrechte die Aufgabe zu, dem Träger des Grundrechts einen Freiheitsraum im vermögensrechtlichen Bereich sicherzustellen und ihm damit eine eigenverantwortliche Gestaltung des Lebens zu ermöglichen (...). (LGK: Art. 14 Rz. 1-20 13); (expl 2) Das Eigentum ist bekanntlich ein unerschöpfiches Thema, das keineswegs Philosophen, Soziologen und Politikwissenschaftlern heimisch ist. Darüber hinaus ist es außerhalb des wissenschaftlichen Bereichs seit langem zu einem Synonym für wirtschaftliche Macht und damit zu einem Schlag- und Kampfwort in ideologischen und politischen Auseinandersetzungen geworden (...). (BGBK: 40); (kon) Der Eigentumsvorbehalt basiert auf § 449 BGB und besagt, dass der Verkäufer einer beweglichen Sache sich das Eigentum an ihr bis zur vollen Bezahlung des Kaufpreises vorbehält. (GUF: 65)

propietario *m* (def 1) Persona o entidad que goza del derecho de propiedad sobre una cosa, es decir, que puede disponer de ella libremente, sin más limitaciones que las impuestas por las leyes o por la naturaleza de la cosa en cuestión. (...) (DMM); (def 2) En derecho alemán de sociedades significa concretamente »empresario a cuya cuenta y riesgo corre la explotación; la mayor parte de las veces idéntico a la razón inscrita en el Registro Mercantil.« (DV); (kon) Como concepto más amplio, la expresión »participación« o »participación en la gestión« puede utilizarse para referirse al conjunto de situaciones en las que los trabajadores participan, junto con los propietarios de las empresas, en la gestión de las mismas en virtud precisamente de su condición de trabajadores. (MDT: 126) **Inhaber** *m ^Aktionär^ ^Obligationär^ ^Unternehmer^* (def) Unternehmer auf dessen/deren Rechnung und Gefahr ein Gewerbebetrieb geführt wird; meist identisch mit der im Handelsregister eingetragenen Firma. Ausnahmen: Einzelkaufmann führt übernommene Firma fort; bei der OHG sind nicht alle Gesellschafter namentlich in der Firma genannt; Kommanditisten, die in der Firma nicht erwähnt werden. Auch Kapitalgesellschaften wird man zu den I[nhabern] zu rechnen haben. (LBW); (kon) Der Gläubiger des früheren Inhabers kann (...) den Erwerber in Anspruch nehmen. (www.ihk-nordwestfalen.de)

prórroga *f ^prolongación^* (def) Nuevo plazo que se concede como ampliación de otro vencido con anterioridad. (MDB); (expl) (....) Entendemos por prórroga una extensión o prolongación del plazo previsto inicialmente en el contrato y acordada dentro del primitivo plazo de vida de éste. (...) En el primer caso (prórroga) se trata de una simple modificación de uno de los elementos del contrato primitivo (el plazo) y no implica una novación en sentido estricto de las obligaciones contractuales, las cuales subsistirán con sus restantes elementos (sujetos, cantidad, condiciones, etc.) (...) (GCB: 214/215); (kon) Intimamente relacionado con la cuestión del vencimiento del plazo está el problema de las prórrogas y el de las renovaciones. (GCB: 214) **Prolongation** *f ^Fälligkeit^* (def) P[rolongation] (lat. Verlängerung) bedeutet Stundung einer fälligen Leistung bzw. Verlängerung einer Frist. 1. P[rolongation] eines Kredits: Auf Antrag des Kreditnehmers wird die Frist für die Rückzahlung des Kredits verlängert, wobei der prolongierte Kredit nicht zu denselben Konditionen weitergeführt werden muss. Die Bank bestätigt die P[rolongation] schriftlich. (...) (LBW); (kon) In Fällen indirekt revolvierender Teilschuldscheindarlehen kann das Unternehmen Einzelabschnitte freihändig zurückkaufen oder auf eine Prolongation verzichten. (GUF: 47)

prospecto de emisión *m ^folleto informativo^*

proveedor (1) *m* (def) Persona o empresa que suministra los bienes y servicios necesarios para el proceso productivo de otra empresa, o las mercancías que ésta necesita para realizar su actividad comercial. (DEN); (kon) Si el proveedor está de acuerdo con esta forma de actuar, al mismo tiempo que entrega el jugo de tomate girará una letra. (SMA: 101) **Lieferant** *m* (def) Jemand, der Waren liefert. (DGF); (kon) Grunsätzlich kann der Lieferant in seinen Allgemeinen Geschäftsbedingungen die Rückgriffsrechte ausschließen. (www.internetrecht-rostock.de) **proveedor (2)** *m ^arrendador financiero^*

provisión para pensiones *f* (def) Cuenta del pasivo de una empresa, en la que se contabiliza el pasivo que en el futuro supondrá el tener que pagar pensiones suplementarias a las que reciben sus empleados de la Seguridad Social. Desde el punto de vista del análisis del riesgo crediticio, hay que estudiar si esta provisión es suficiente; así como la inmediatez del pago. (TAM); (kon) No obstante, los pasivos de la empresa de servicios públicos crecieron únicamente 6 por ciento (...) en parte por un aumento en la provisión para pensiones de 1,21 billones de pesos a 1,32 billones de pesos, así como por la reserva para bonos pensionales (...). (www.portafolio-com.co) **Pensionsrückstellung** *f ^Rückstellung^* (def) Rückstellungen für ungewisse Verbindlichkeiten, die gem. § 249, 1 HGB gebildet werden müssen (Passivierungspflicht). Sie entstehen aufgrund vertraglicher Zusagen einer Unternehmung gegenüber Arbeitnehmern, ihnen und ggf. auch ihren Angehörigen Alters- oder Invaliditätszusatzversorgung zu gewähren. (...) (BFL); (kon) Interne Fremdfinanzierung: Fremdfinanzierung von innen, durch Bildung von Rückstellungen für nicht sofort fällige Verpflichtungen (z. B. Pensions- oder Steuerrückstellungen). (GUF: 5)

provisiones *fpl* (def) Pérdidas ciertas no realizadas, coberturas de gastos futuros para reparaciones extraordinarias o responsabilidades futuras por litigios en curso. Las provisiones son cuentas de compensación que tratan de indicar que algunas cuentas de activo están supervaloradas. (AEE vs provisiones); (kon) Si la empresa estima que Hacienda puede reclamarle el pago de impuestos de ejercicios pasados, procederá a dotar una provisión aunque aún no haya una resolución definitiva. (www.aulafacil.com) **Rückstellungen** *fpl ^Pensionsrückstellung^* (def) Auf der Passivseite der Bilanz als Sicherheitsreserve ausgewiesene Beträge, die zur Begleichung von Verbindlichkeiten gebildet werden, die am Bilanzstichtag bestehen oder erkennbar, aber in ihrer Höhe und evtl. Fälligkeit ungewiss sind (echte Verbindlichkeiten). Für Steuer-, Prozess-, Lohnnachzahlungs-, Prüfungs- und Sachverständigengebühren, Steuern, Risiken aus Lieferungs- und Abnahmeverpflichtungen können Rückstellungen erforderlich sein. Rückstellungen belasten das Jahresergebnis, mindern also den Gewinn, auch steuerlich. Die Höhe der Rückstellungen beruht meist auf Schätzungen; daher enthalten sie oft Stille Reserven. (...) (BAL); (kon) Auch kann über kurzfristige Rückstellungen ein langfristiger Finanzierungseffekt erzielt werden, wenn sich die jeweilige Position durch den Umsatzprozess dauernd aufbaut und durch Inanspruchnahme auflöst. (GUF: 78)

publicidad de derecho *f ^publicidad legal^*

publicidad legal *f ^publicidad de derecho^ ^publicidad oficial^* (Komm) Obwohl der Begriff *publicidad legal* inhaltlich mit dem deutschen Begriff *Publizitätspflicht* übereinstimmt, ist er als Übersetzung des deutschen Terminus nicht in allen Kontexten ausreichend: Soll die Verplichtung der Gesellschaft besonders hervorgehoben werden, ist es empfehlenswert, diesen Sachverhalt im Spanischen z. B. mit *obligación de publicar* zu übersetzen.; (def) Este término se refiere a la naturaleza de los Registros, cuya información podrá ser conocida mediante certificación del contenido de sus asientos, por simple nota informativa o bien a través de copia de los asientos y documentos que se encuentran en él depositados. Sin embargo, el significado de esta palabra va más lejos, también hace referencia a la veracidad de la información contenida en el Registro y su oponibilidad frente a terceros como garantizador de la seguridad jurídica. (DEN vs publicidad registral); (expl 1) Art. 35. Las entidades emisoras de valores admitidos a negociación en algún mercado secundario oficial deberán someter anualmente a auditoría de cuentas sus estados financieros. (...) Dichas entidades deberán hacer público, con carácter trimestral, un avance de sus resultados y otras informaciones relevantes. En todo caso, con carácter semestral, harán públicos sus estados financieros completos, con un detalle similar al requerido para sus estados anuales. El contenido de las informaciones trimestrales y semestrales a las que se refiere este artículo será determinado por el Ministerio de Economía y Hacienda. (CLM: Ley del Mercado de Valores: 715); (expl 2) (…) Doble sentido de la publicidad mercantil. (...) Pero, aparte de que la actividad publicitaria privada pueda estar legalmente regulada, las legislaciones mercantiles modernas se han preocupado de robustecer o reforzar el estatuto jurídico de los empresarios y de amparar el legítimo interés de los terceros, instituyendo un sistema orgánico de publicidad de aquellos actos y situaciones jurídicas más relevantes concernientes al empresario y a su empresa. Y ésta es ya una publicidad legal o de derecho, predominantemente obligatoria, realizada a medio de declaraciones de conocimiento hechas en instrumentos oficiales creados y sostenidos por los Poderes públicos (Registros y periódicos oficiales), a los cuales atribuye la ley importantes efectos. (...) II. Publicidad legal mercantil (…) Sentido y fin de esta publicidad. La extraordinaria importancia de la actividad empresarial en el cuadro general de la actividad económica exige rodearla de un sistema de publicidad oficial que permita conocer en cualquier momento, con rapidez y certidumbre, los más importantes datos referentes a los sujetos de esa actividad, a sus cambios y mutaciones, y a ciertos aspectos del tráfico que realizan. Esta publicidad se practica por declaraciones hechas en boletines o periódicos oficiales y sobre todo por inscripciones en los registros públicos. La publicidad oficial más importante es la publicidad registral. Los registros son los instrumentos típicos de la publicidad legal, y entre ellos destaca por su importancia el Registro Mercantil, que tiene su precedente remoto en la matrícula de mercaderes de las corporaciones o gremios medievales. (...) (UDM II: 75-79); (kon) La información administrativa facilitada a través del sitio web no sustituye la publicidad legal de las leyes, normativas, planes, disposiciones generales y actos que tengan que ser publicados formalmente a los diarios oficiales de las administraciones públicas, que constituyen el único instrumento que da fe de su autenticidad y contenido. (www.camaramadrid.es) **Publizitätspflicht** *f* (def) I. Begriff: Unterrichtung der Öffentlichkeit über das Betriebsgeschehen, die Lage und Erfolge einer Unternehmung sowie über die Ursachen ihrer geschäftlichen Entwicklung. P[ublizitätspflicht] liegt grundsätzlich im Interesse des Betriebes, soweit sie seinen Goodwill stärkt und den Kapitalmarkt für eventuelle Wertpapieremissionen aufgeschlossen macht. Die Grenzen der P[ublikationspflicht] liegen dort, wo es um das Bekanntwerden von Betriebsgeheimnissen geht, deren Wahrung gegenüber der Konkurrenz dem Betrieb gestattet sein muss. Eine zu große Ängstlichkeit in dieser Hinsicht liegt jedoch weder im betrieblichen noch im öffentlichen Interesse. II. Gesetzliche Regelung: 1. Grundsätzliches: I. a. besteht für die Unternehmen nur die Verpflichtung, die gesetzlich vorgeschriebenen Eintragungen im Handels- bzw. Genossenschaftsregister durch entsprechende Anmeldungen herbeizuführen. 2. Eine weitergehende Verpflichtung besteht für Kapitalgesellschaften (§§ 325-329 HGB) und eingetragene Genossenschaften (§ 339 HGB). a) Veröffentlichungsumfang: (1) bei kleinen Kapitalgesellschaften (Größenklassen) Jahresbilanz, gem. § 326 HGB verkürzter Anhang, Ergebnisverwendungsvorschlag und -beschluss; (2) bei mittelgroßen und großen Kapitalgesellschaften Jahresbilanz, Gewinn- und Verlustrechnung, Anhang (bei mittelgroßen Gesellschaften Möglichkeit der Vereinfachung der Bilanz und des Anhangs), Lagebericht, Prüfungsvermerk, Bericht des Aufsichtsrats, Ergebnisverwendungsvorschlag und -beschluss die Angaben können zusätzlich in europäischen Währungseinheiten gemacht werden; (...) b) Offenlegungsort: (1) bei kleinen und mittelgroßen Kapitalgesellschaften Einreichung der Unterlagen zum Handelsregister und Bekanntmachung der Einreichung im Bundesanzeiger; (2) bei großen Gesellschaften Veröffentlichung im Bundesanzeiger und anschließende Einreichung der Unterlagen zum Handelsregister; (...) c) Offenlegungsfrist: (1) bei großen und mittelgroßen Kapitalgesellschaften bis zu neun Monaten nach dem Bilanzstichtag, bei kleinen bis zu zwölf Monaten; (...) (GWL vs Publizität); (kon) Vielmehr geben hier primär die Befreiung von der Publizitätspflicht, die Haftungsbeschränkungen und die geringen Gründungskosten den Ausschlag. (GUF: 23)

publicidad oficial *f ^publicidad legal^*

Q

quiebra *f ^bancarrota (VOX)^* (def) De las acepciones anteriores surgen las jurídicas de insolvencia, bancarrota, de pasivo superior al activo, de superar las deudas a los bienes y a los créditos. En Derecho Mercantil, acción y situación del comerciante que no puede satisfacer las deudas u obligaciones contraídas; ya porque al vencimiento de algunas no dispone de fondos o bienes que le son debidos (...), ya por notoria falta de recursos ecnómicos, en que propiamente existe quiebra, por cuanto alguno o varios de los acreedores no podrán cobrar íntegramente; y todos, o los demás, deberán ser sometidos a soportar a prorrata el perjuicio consiguiente. (...) (DDU); (kon) Se considera en quiebra al comerciante que sobresee en el pago corriente de sus obligaciones. (HAC: 170) **Konkurs** *m ^Konkursverfahren (WDW)^ ^Zahlungseinstellung^ ^Zahlungsunfähigkeit^* (def) Ein besonderes gerichtliches Vollstreckungsverfahren, das der Verwertung des gesamten, dem Schuldner im Zeitpunkt der Konkurseröffnung gehörenden pfändbaren Vermögens zum Zweck der gleichmäßigen Befriedigung aller an dem Verfahren teilnehmenden persönlichen Gläubiger (Konkursgläubiger) dient. (GWL); (expl) Konkursgrund ist gemäß Konkursordnung für alle Unternehmungen, unabhängig von der Rechtsform, die Zahlungsunfähigkeit, bei einigen Rechtsformen, vor allem juristischen Personen, darüber hinaus die Überschuldung. Als Konkurskriterium wird Überschuldung gewählt. (SWO); (kon) Im Hinblick auf die Konsequenzen dieser Regelung für die Genossen modifiziert jedoch § 6 Nr. 3 GenG, dass im Statut für den Fall eines Konkurses folgende Alternativregelungen getroffen werden müssen: (GUF: 30)

R

ratio de endeudamiento *m ^coeficiente de endeudamiento (TAM)^ ^índice de endeudamiento (ABA)^* (Komm) Der im Rechnungswesen häufig vorkommende Gliedteil *-grad* kann im Spanischen mit *coeficiente*, *ratio* oder *índice* übersetzt werden. »La palabra »ratio« (...) figura en la literatura contable de casi todos los países; con el sentido que la utilizamos aquí equivale a razón, ídice o coeficiente; es el cociente o relación existente entre dos cuentas, dos masas o dos magnitudes determinadas.« (ABA: 131); (def) Es el cociente entre recursos ajenos y recursos propios. (...) (TAM); (expl) En general se entiende por endeudamiento la proporción existente entre capitales ajenos y propios, referido corrientemente a porcentaje (...). Se estima, en principio, que las deudas no deben exceder del 100% de los recursos propios; de lo contrario, en épocas de crisis pronto caen las empresas en suspensión de pagos, o, lo que es peor, se ven abocadas a la quiebra. (...) Un índice bajo de endeudamiento puede revelar también que el capital propio es excesivo; tal vez reduciendo los recursos propios y sustituyéndolos por capital ajeno, el porcentaje de beneficios de la empresa se vería aumentado (...). Por lo tanto, un pasivo exigible poco elevado puede revelar que no se aprovechan todas las posibilidades del crédito. Si, por el contrario, el índice de endeudamiento es muy elevado puede señalarnos que los recursos propios son insuficientes; la empresa se encuentra demasiada sometida a sus acreedores y su situación financiera puede resultar peligrosa.

(...) (ABA: 189/190); (kon) Ratios de endeudamiento. Como hemos visto en el capítulo 10, se llama endeudamiento a la relación existente entre recursos ajenos y propios. (ABA: 320) **Verschuldungsgrad** *m* ^*Schulden*^ ^*Verschuldung*^ (def 1) Kennzahl, die im Rahmen der externen Bilanzanalyse zur Beurteilung der Kapital- und Finanzstruktur einer Unternehmung herangezogen wird. Es lassen sich verschiedene Begriffe unterscheiden: Der statische Verschuldungsgrad zeigt das Verhältnis von Fremdkapital zu Gesamtkapital bzw. Eigenkapital. Der dynamische Verschuldungsgrad spiegelt das Verhältnis von Nettoverschuldung zu cash-flow wieder. Der Begriff Verschuldungsgrad hat darüber hinaus im Rahmen der betrieblichen Finanzwirtschaft zentrale Bedeutung für die Herleitung von Kapitalstrukturmodellen bzw. Aufstellung von Regeln für die optimale Finanzierungsentscheidung (...) (BAL); (def 2) (...) Der Verschuldungsgrad soll den Umfang der Verschuldung (damit des Risikos) und somit die Fähigkeit, bei entstehenden Verlusten aufgenommene Kredite dennoch bedienen zu können, Auskunft geben. Damit erhält der Kreditgeber Informationen über die Dispositionsfreiheit der Unternehmung und ihre Kreditwürdigkeit. (...) Als optimaler Verschuldungsgrad wird diejenige Kapitalstruktur (Verhältnis des Eigenkapitals zum Fremdkapital) bezeichnet, bei der die durchschnittlichen Kapitalkosten gegenüber anderen Alternativen am geringsten sind (...). (...) (BFL); (kon) Als Sicherheit dient die Eintragung einer erstrangigen vollstreckbaren Grundschuld, die max. 40 Prozent des Beleihungswertes beträgt, sowie die Negativklausel. Dazu muss das kreditnehmende Unternehmen ein Grund/Stammkapital von mindestens 6 Mio. ausweisen und darf keinen höheren Verschuldungsgrad haben als 2:1. (GUF: 46)

ratio de estabilidad *m* ^*coeficiente de estabilidad (COD)*^ ^*coeficiente de inmovilización (ABA)*^ (Komm) Der im Rechnungswesen häufig vorkommende Gliedteil *-grad* kann im Spanischen mit *coeficiente*, *ratio* oder *índice* übersetzt werden. »La palabra »ratio« (...) figura en la literatura contable de casi todos los países; con el sentido que la utilizamos aquí equivale a razón, ídice o coeficiente; es el cociente o relación existente entre dos cuentas, dos masas o dos magnitudes determinadas.« (ABA: 131); (expl) Ratio de estabilidad (financiación del activo fijo por capitales permanentes). Es el cociente de dividir el Activo fijo entre el Pasivo fijo (recursos propios y exigible a largo plazo): (Activo fijo)/(Recursos permanentes) < 1. Este ratio deberá dar menor que uno, de lo contrario significaría que parte del Activo fijo era financiado con créditos a corto plazo; ello implica la amenaza constante de suspensión de pagos, debido a la falta de correlación entre las financiaciones y las inversiones. Al ser menor que uno, una parte de los recursos permanentes van a financiar una porción del circulante (alrededor del 50% de éste), tal como debe suceder en toda empresa normalmente estructurada. (...) (ABA: 320); (kon) Al ratio de estabilidad se le denomina también coeficiente de inmovilización. (ABA: 320) **Anlagendeckungsgrad** *m* (def) Horizontale Bilanzkennzahl, die angibt, in welchem Umfang das Anlagevermögen einer Unternehmung durch langfristige Finanzierungsmittel (Eigenkapital, langfristiges Fremdkapital) gedeckt ist. Anzustreben ist i. d. R. ein kongruenter Anlagendeckungsgrad, d. h. ein Verhältnis von 1:1. (...) (BAL), (kon) Zählt es außerdem zu einer relativ konjunkturstabilen Branche und erfüllt gewisse Anforderungen an die Bilanzkennzahlen (z. B. Anlagendeckungsgrad und Liquiditätsziffern), so wird für das Schuldscheindarlehen die Deckungsstockfähigkeit erteilt, wenn seine Laufzeit 15 Jahre nicht übersteigt. (GUF: 46/47)

razón social *f* ^*firma (ESJ)*^ (def) Denominación de una sociedad que la identifica como tal en el tráfico y con el que interviene en las transacciones propias de su objeto. Las exigencias legales para la formación de la firma son distintas según el tipo de sociedad. Pero en todas ellas ha de expresarse el tipo de sociedad de que se trate. La denominación de la sociedad es mención esencial de la escritura. Las sociedades anónimas y de responsabilidad limitada no podrán adoptar denominación idéntica a la de otra sociedad preexistente, a cuyo efecto funcionan en el Ministerio de Justicia sendos Registros de nombres que expiden las oportunas certificaciones. La firma, denominación o razón social en cuanto identificadora de la sociedad no constituye de suyo el nombre comercial como signo distintivo amparado por la propiedad industrial, aunque puede acogerse a esta protección con sujeción a sus normas propias. Sin embargo, la práctica registral se orienta en el sentido de asimilar la función identificadora de la sociedad, con la función identificadora contra la confusión en el mercado propio del nombre comercial. (ESJ vs firma o razón social); (kon) En la escritura de constitución de la sociedad se expresarán: a) Los nombres, apellidos y edad de los otorgantes, si éstos fueran personas físicas, o la denominación o razón social, si son personas jurídicas, y, en ambos casos, la nacionalidad y el domicilio. (...) (LSA art. 8) **Firma** *f* (def) (...) II. Begriff: 1. Allgemein: Name, unter dem ein Vollkaufmann im Handel seine Geschäfte betreibt und die Unterschrift abgibt. Das Recht des Kaufmanns auf seine F[irma] ist ein gegen jeden Dritten wirkendes absolutes Recht (Firmenschutz). Der Kaufmann muss seine F[irma] zwecks Eintragung im Handelsregister zur Anmeldung bringen (§ 29 HGB). (...) Die F[irma] muss Aufschluss über die Person des Inhabers und die Art seines Unternehmens geben (Grundsatz der Firmenwahrheit). (...) (GWL); (Komm) Aus den folgenden Kontextbeispielen wird deutlich, dass der Begriff *Firma* nur selten (hier ausschließlich in (kon 3)) in seiner eigentlichen Bedeutung des Namens eines Unternehmens verwendet wird. Üblicher ist die synonyme Verwendung des Terminus für *Unternehmen*.; (kon 1) Verschmelzung von Firmen: Auch die Fusion als die Verschmelzung zweier Unternehmen kann einen Kapitalbedarf auslösen, wenn die Gesellschafter beider Unternehmen nach der Verschmelzung in einer festgelegten Relation an der Unternehmung beteiligt sein sollen. (GUF: 9); (kon 2) Ohne gesetzlichen Beschränkungen zu unterliegen, kann er zu jeder Zeit das Eigenkapital der Firma durch Entnahmen oder Einlagen vermindern oder erhöhen. (GUF: 14); (kon 3) Die OHG ist zwar keine juristische Person, sie tritt aber im Rechtsverkehr als eine geschlossene Einheit unter ihrer Firma auf. (GUF: 15)

realización *f ^movilización^* (def) En el comercio, la acción de vender géneros de cualquier clase, o títulos valores en bolsa, para transformarlos en dinero u otros activos inmediatamente líquidos, incluso aunque sea a un precio por debajo del de adquisición. (TAM vs realizar); (kon) La liquidez de un activo se mide por la facilidad y la certeza de su realización a corto plazo sin sufrir pérdidas. (RSF: 6) **Mobilisierung** *f ^Mobilisierbarkeit^* (def) Vorgang, durch den Vermögensgegenstände, insbesondere Forderungstitel, ganz oder vorübergehend vor deren geplanten Liquidationszeitpunkt bzw. Fälligkeit übertragen werden, um so vorzeitig Zahlungsmittel zu erhalten. (Monetisierung) (BAL)

rebaja *f ^descuento^*

recargo (1) *m ^diferencia de cotización^* (def 1) Cuantía adicional que hay que pagar para poder disfrutar un servicio o adquirir un bien, generalmente en condiciones especiales en comparación con las ofrecidas normalmente en el mercado. (DEN); (def 2) (...) Aumento contributivo, ya por elevación de la cuota, ya por retraso en el pago. (DDU) **Zuzahlung** *f* (def) (...) Die Zuzahlung (Umtauschkurs) ist der Betrag, der bei der Ausübung des Wandlungsrechts geleistet werden muss (fest bzw. variabel, steigend oder fallend, innerhalb der Umtauschfrist). (...) (BFL vs Wandelanleihe); (kon) Die Wandlungsbedingungen – Umtauschobjekt, Umtauschverhältnis, Umtauschfrist und Umtauschkurs bzw. Zuzahlung – müssen bei Anleiheangabe festgelegt sein. (GUF: 44) **recargo (2)** *m ^suplemento^* (Komm) Im Deutschen wird der Terminus *Zuschlag* in verschiedenen Kontexten verwendet, um den Aufpreis einer Sache auszudrücken. Im Spanischen hingegen wird je nach Kontext terminologisch differenziert: Für den angeführten deutschen Kontext bietet sich beispielsweise der Terminus *recargo* als Übersetzung an, denn er bezieht sich i. d. R. auf Zinsen, im weitesten Sinne auf Steuern. In Kontexten, in denen sich ein Zuschlag auf Gehälter und Löhne bezieht, sollte im Spanischen der Terminus *suplemento* als Übersetzung gewält werden. Für Zuschläge im Zusammenhang mit Preisen können die Termini *recargo* und *suplemento* als Übersetzungsmöglichkeit dienen.; (def 1) Cantidad adicional que se ha de satisfacer para la obtención de un servicio o compensación de un daño. (DEI); (def 2) Complemento. Adicional. (DDU) **Zuschlag** *m* (def) bestimmter Betrag, um den ein Preis, Gehalt o. Ä. erhöht wird (DAB); (kon) Die Kostenkomponenten des Kontokorrentkredits sind: der Kontokorrentkreditzins (Sollzins), der als Zuschlag zum Diskontsatz der Bundesbank bestimmt wird. (GUF: 51)

reclamación por defecto de la fabricación *f ^reclamación por vicios^*

reclamación de impagos *f ^sistema monitorio^*

reclamación por vicios *f ^reclamación por defecto de la fabricación^ ^reclamación por vicios de la cosa (UEC)^* (expl 1) El comprador tendrá el derecho de repetir contra el vendedor por defecto en la cantidad o calidad de las mercaderías recibidas enfardadas o embaladas, siempre que ejercite su acción dentro de los cuatro días siguientes al de su recibo, y no proceda la avería de caso fortuita, vicio propio de la cosa o fraude (...). (LHP: 206 (Art.336)); (expl 2) El comprador que no haya hecho reclamación alguna fundada en los vicios internos de la cosa vendida, dentro de los treinta días a su entrega, perderá toda acción y derecho a repetir por esta causa contra el vendedor. (LHP: 208 (Art.342)); (kon) Si el comprador no está conforme con la mercancía, puede hacer valer sus derechos legales y escribir una carta de reclamación indicando sus quejas (...). (WTP: 36) **Mängelrüge** *f* (def) Die beim Handelskauf unverzüglich nach Ablieferung der Ware an den Verkäufer abzusendende Mängelanzeige des Käufers (§§ 377, 378 HGB), Voraussetzung zur Erhaltung der Rechte aus der Sachmängelhaftung. (GWL); (expl) Mitteilung eines Sachmangels durch den Käufer dem Verkäufer gegenüber; die begründete Mängelrüge gibt dem Käufer das Recht auf Minderung oder Wandlung, evtl. auf Schadenersatz. (LHW); (kon) Am durchschnittlichen Verfalltag oder zuvor erhält der Klient 80-90 % der factorierten Forderungen: 10-20 % dienen als Sperrbetrag für die Regelung von Mängelrügen, für Skontiabzüge etc. und werden erst überwiesen, wenn die Rechnung vom Abnehmer ohne Abzug beim Factor beglichen ist. Die (Vor-)Finanzierung der Forderungen wird vom Factor separat in Rechnung gestellt, wenn man vom Diskontverfahren absieht. (GUF: 58)

recursos *mpl ^recursos financieros^*

recursos ajenos *mpl ^capital ajeno^*

recursos financieros *mpl ^fondos (DEI)^ ^recursos (DEI)^* (def) Fuentes de financiación, recogidas en el pasivo de la empresa, que se materializan en las inversiones o activo de ésta. Según su origen o naturaleza se distinguen varias categorías: créditos a corto, medio y largo plazo, financiación interna y externa y capitales permanentes y no permanentes. (DEN); (kon) Las empresas quiebran cuando los recursos financieros disponibles no alcanzan a hacer frente a los compromisos vencidos. (CSC: 15) **Gelder** *npl ^Zahlungsmittel^* (Komm) Im Vergleich zur Singularform *Geld*, bei der es Schwierigkeiten bezüglich der Begriffsabgrenzung gibt, kann bei der Pluralform festgestellt werden, dass in den konsultierten Wörterbüchern der Terminus *Gelder* weder lemmatisiert noch unter dem Eintrag *Geld* auf die Pluralform verwiesen wird. Im Gespräch mit Ökonomen stellte sich heraus, dass dieser Begriff *finanzielle Mittel* impliziert, die in der Regel im Zusammenhang mit Unternehmen, Organisationen, Regierungen etc. eingesetzt werden.; (def) finanzielle Mittel (DV); (kon) Die Fälle, in denen eine finanzielle Überdeckung eintritt, also überflüssige Gelder in der Kasse oder auf den Bankkonten ruhen, dürften in der Praxis seltener auftreten. (GUF: 82)

recursos propios *mpl ^capital propio^*

reducción de capital *f ^disminución de capital^* (def 1) Disminución del capital social de una empresa que ha de hacerse de acuerdo con lo estipulado en los estatutos o en virtud de acuerdo tomado en Junta General de socios. Se da esta situación cuando se producen pérdidas o cuando una empresa dedicada a una actividad que ha de extinguir se va paulatinamente procediendo a su liquidación. (MDB); (def 2) (...) Se suele instrumentar a través de la amortización de acciones existentes o mediante la reducción del valor nominal de las mismas. En el ordenamiento jurídico español se debe instrumentar mediante escritura pública con posterior inscripción en el Registro Mercantil. (AEE); (kon) La reducción del capital puede tener por finalidad la devolución de aportaciones, la condonación de dividendos pasivos, la constitución o el incrementó de la reserva legal o de reservas voluntarias o el restablecimiento del equilibrio entre el capital y el patrimonio de la sociedad disminuido por consecuencia de pérdidas. (...) (LSA art. 163, 1.) **Kapitalherabsetzung** *f ^Kapitalerhöhung^ ^Kapitalrückzahlung^* (def) Verringerung des Grund- bzw. des Stammkapitals einer Kapitalgesellschaft. Zu unterscheiden: 1. Nominelle K[apitalherabsetzung]: Ausgleich von Verlusten oder Wertminderungen durch Anpassung des Eigenkapitals (Sanierung). 2. Effektive K[apitalherabsetzung]: Rückzahlung eines Teils des Grundkapitals oder Umwandlung von Grundkapital in Rücklagen. I. Aktiengesellschaft (gesetzlich geregelt): 1. Ordentliche K[apitalherabsetzung] (§§ 222-228 AktG): a) Voraussetzungen: Beschluss der Hauptversammlung nur mit ¾- oder höherer Mehrheit. Im Beschluss ist der Zweck der K[apitalherabsetzung] festzulegen, insbes., ob Rückzahlungen an die Aktionäre erfolgen sollen. b) Verfahren: Herabsetzung des Nennbetrags pro Aktie (Aktienherabsetzung) oder, wenn dadurch der gesetzlich vorgeschriebene Mindestnennwert unterschritten würde, durch eine Zusammenlegung von Aktien (Aktienzusammenlegung) realisiert. Mit der Eintragung des Beschlusses im Handelsregister ist das Grundkapital herabgesetzt. c) Den Gläubigern, die sich binnen sechs Monaten nach Bekanntmachung der Eintragung melden, ist Sicherheit zu leisten, soweit sie nicht Befriedigung verlangen können. Zahlungen an Aktionäre sind erst nach Gewährung dieser Sicherheiten gestattet. (...) 2. Vereinfachte K[apitalherabsetzung] (§§ 229-236 AktG): Es dürfen keine Zahlungen an die Aktionäre erfolgen. Die K[apitalherabsetzung] ist zulässig zur Verlustdeckung, Einstellung von Beträgen in die

Kapitalrücklage. Die Gewinnrücklagen sind vorher ganz aufzulösen, die gesetzliche und Kapitalrücklage insoweit, als sie 10 % des nach Herabsetzung verbleibenden Grundkapitals übersteigen. Gewinne dürfen erst wieder ausgeschüttet werden, wenn die gesetzliche und die Kapitalrücklage 10 % des Aktienkapitals erreichen; höhere Ausschüttung als 4 % auf das Grundkapital ist erst nach Befriedigung oder Sicherstellung der Gläubiger zulässig. 3. Einziehung von Aktien (§§ 237-239 AktG): a) Erwerb eigener Aktien oder b) zwangsweiser Einzug. Letzterer ist nur möglich, wenn er in der Satzung vorgesehen ist. (...) (GWL); (kon) Eigenkapitalrückzahlung: Dauerhafter Eigenkapitalentzug durch Ausschüttung, effektive Kapitalherabsetzung, Ausgleich von Verlusten durch Liquidation. (GUF: 5)

reducción de precio *f ^descuento^*

reembolso (1) *m ^amortización^* (def) En economía, la acción de ir cancelando de forma gradual, por plazos, una deuda, con la devolución paulatina del principal y de los intereses pactados en la operación de préstamo. (TAM); (kon) Al término del plazo fijado, cuando vence el crédito, el prestatario está obligado a devolver el capital inicial, lo que se llama la amortización o el reembolso del crédito. (SMA: 97) **Rückzahlung** *f ^Tilgung^* (def) Vorgang und Ergebnis der Rückerstattung einer früher erfolgten Zahlung, in dem der Zahlungsmittelschuldner seine Zahlungsmittelverbindlichkeit an den Gläubiger durch Rückzahlung begleicht. Allgemein: Tilgung von Krediten u. a. Schulden aller Art. Speziell: Tilgung von Schuldverschreibungen (Anleihen) aller Art. (...) (BAL); (kon) Von den üblichen Tilgungsformen – Rückzahlung nach Kündigung oder bei Laufzeitende, Rückzahlung in regelmäßigen Zahlungen gleicher Tilgungsbeträge (Tilgungsdarlehen) oder gleicher Kapitaldienstbeträge (Annuitätsdarlehen) – ist die Tilgung in Annuitätenform sehr gebräuchlich. (GUF: 38) **reembolso (2)** *m ^amortización^*

reembolso del capital *m ^amortización de acciones^*

reestructuración de la deuda *f* (def) Es la transformación de créditos a corto plazo en créditos a largo plazo mediante una prolongación del plazo de vencimiento. (DV) **Umschuldung** *f ^Konversion^ ^Schulden^ ^Verschuldung^* (def) Umwandlung kurzfristiger oder kurzfristig fälliger Kredite durch Verlängerung der Laufzeit in langfristige. (...) I. w. S. auch Umwandlung von Fremdkapital in Eigenkapital, z. B. durch Ausgabe von Aktien und Verwendung des Erlöses zur Schuldentilgung. (BAL); (kon) Muss unerwartet ein Darlehen abgelöst werden, kann dies auch durch die Aufnahme eines neuen Darlehens geschehen (Umschuldung). (GUF: 9)

reestructuración de la financiación *f* (def) Se denomina reestructuración de la financiación a aquellas formas de financiación por las cuales una empresa no recibe medios financieros nuevos, sino mediante la cual se reemplaza una forma de financiación por otra. Por ejemplo sustituyendo el capital propio por capital ajeno o viceversa, o una forma del capital propio por otra forma del mismo así como una forma del capital ajeno por otra forma del capital ajeno. (DV) **Umfinanzierung** *f ^Finanzierung^* (def) Alle Finanzierungsvorgänge, die zwar der Kapitalbeschaffung subsumiert werden, aber letztlich keine Vermehrung des der Unternehmung zur Verfügung stehenden Kapitals zur Folge haben: (1) Umschichtung von Fremdkapital in Eigenkapital; (2) Umschichtung von Eigenkapital in Fremdkapital; (3) Umschichtung einer Art des Fremdkapitals in eine andere; (4) Umschichtung einer Art des Eigenkapitals in eine andere. (BAL); (kon 1) Umfinanzierung des Passivkapitals: Veränderung der abstrakten Kapitalpositionen der Passivseite der Bilanz, ohne dass sich das Gesamtkapital ändert (z. B. Umwandlung von Fremdkapital in Eigenkapital oder von Rücklagen in Grundkapital). (GUF: 5); (kon 2) Umfinanzierung des Aktivkapitals: Veränderungen der Vermögenspositionen, ohne dass sich das Gesamtvermögen ändert (z. B. Liquidation von Vermögensteilen und Bereitstellung der frei gewordenen Mittel für neue Investitionen). (GUF: 5)

refinanciación *f* (def) En el ámbito bancario, obtención de fondos por parte de las entidades de crédito de otras entidades cuando no tienen disponibles los recursos suficientes para satisfacer las peticiones de crédito de su clientela. (DEN); (expl) Refinanciación. Que el Banco de España puede, y debe en ocasiones, prestar su colaboración a la banca privada transformando en recursos líquidos activos que no lo serían en otro caso, es decir, monetizando dichos activos, (...). La L. O. B. de 1946 llegó más allá, puesto que en el artículo 18 estableció que el Banco de España »... considerará también como misión propia, cuando así lo aconseje el interés general, la de ofrecer a las instituciones de crédito que, habiendo acomodado su actuación a las buenas prácticas bancarias, se encuentren, en caso de crisis general o por otras circunstancias con dificultades de tesorería, el concurso posible dentro de su órbita de acción y compatible con la seguridad de sus operaciones«. Se trata de un artículo muy importante que plantea la actuación del Banco de España como prestamista en última instancia, (...). El redescuento y la pignoración fueron las vías tradicionales de acceso de la banca privada a la refinanciación por el Banco de España. En la actualidad es necesario hablar (...), también y sobre todo, de los créditos del Banco de España de apoyo a la liquidez bancaria y de los bonos de Tesoro, sin olvidar las posibilidades de ajustes de tesorería a través del mercado interbancario. (...) El procedimiento habitual de refinanciarse la banca privada en el Banco de España fue la pignoración de toda clase de valores, efectos o bienes que precisamente hubiera aceptado el Consejo General atendiendo a su estimación en el mercado; (...). Al hablar de los mecanismos de refinanciación no puede el mercado interbancario olvidarse. (...) No existe, (...), una normativa específica dentro de la reglamentación bancaria y se trata esencialmente de un mecanismo de intermediación que pone en contacto a las entidades crediticias que disponen de un superávit transitorio con las que están dispuestas a endeudarse, siempre a plazos cortos y con tipos de interés libres. (LBE: 151-154); (kon) Desde el punto de vista de su normativa jurídica, la clasificación más importante es la que diferencia el crédito a corto plazo del crédito a plazo medio por las repercusiones (...) en su regulación específica: instituciones autorizadas para concederlos, normas para la refinanciación por el Banco de España, tipos de interés, etc. (LBE: 154) **Refinanzierung** *f* ^*Finanzierung*^ (def) Fremdkapitalaufnahme durch Kreditgeber (insbesondere Kreditinstitute), um Mittel für die eigene Kreditgewährung zur Verfügung zu haben. Die häufigsten Refinanzierungsformen der Geschäftsbanken sind Rediskontierung von Wechseln, Aufnahme von Lombardkrediten, Verkauf von Offenmarktpapieren, Aufnahme von Geldmarktkrediten, Emission von Anleihen. (BFL); (kon) Insbesondere in ländlichen Gegenden ist der formale Bankensektor nahezu nicht vertreten und die Unternehmen müssen dort für Kredite aus dem informellen Bereich sehr hohe Zinsen zahlen. Dies führt dazu, dass auf externe Refinanzierung durch Kredite nur in geringem Ausmaß zurückgegriffen wird. (www.kfw-entwicklungsbank.de)

Registro Mercantil *m* (Komm) Dem spanischen *Registro Mercantil* entspricht das Handelsregister in Deutschland. Die inhaltlichen Ausgestaltungen der beiden Register beziehen sich demnach jeweils auf Deutschland oder Spanien. Bezieht sich ein Kontext auf das deutsche Handelsregister, wird empfohlen, den Terminus *registro mercantil alemán* zu wählen. Analog sollte der Terminus *Registro Mercantil* mit *spanisches Handelsregister* übersetzt werden, sofern der Kontext dies entsprechend erfordert.; (def) Institución oficial, abierta al público, en la que para garantizar la seguridad del tráfico mercantil han de inscribirse las sociedades de todo tipo, así como los demás actos jurídicos que se detallan por las leyes y reglamentos y depositar las cuentas anuales. (TAM); (kon) Los títulos, cualquiera que sea su clase, estarán numerados correlativamente, se extenderán en libros talonarios, podrán incorporar una o más acciones de la misma serie y contendrán, como mínimo, las siguientes menciones: a) La denominación y domicilio de la sociedad, los datos identificadores de su inscripción en el Registro Mercantil y el número de identificación fiscal. (...) (LSA art. 53, 1.) **Handelsregister** *n* (Komm) Dem deutschen Handelsregister entspricht in Spanien die Realie *Registro Mercantil*. Die inhaltlichen Ausgestaltungen der beiden Register beziehen sich demnach jeweils auf Deutschland oder Spanien. Bezieht sich ein Kontext auf das deutsche Handelsregister, wird empfohlen, den Terminus *registro mercantil alemán* zu wählen. Analog sollte der Terminus *Registro Mercantil* mit *spanisches Handelsregister* übersetzt werden, sofern der Kontext dies entsprechend erfordert.; (def 1) ein bei den Amtsgerichten geführtes öffentliches Register, das Vollkaufleute und Handelsgesellschaften unter ihrer Firma verzeichnet und bestimmte Rechtsvorgänge offenkundig macht (Publizitätsprinzip). Im HGB und Nebengesetzen (z. B. Aktiengesetz) finden sich verstreut die Vorschriften über die Pflicht zur Eintragung und zur Anmeldung eintragungspflichtiger Tatsachen. Die Eintragung kann mit Zwangsgeld erzwungen, in Ausnahmefällen von Amts wegen vorgenommen werden. Bestandteile: Das H[andelsregister] besteht aus der Abteilung A für die Einzelkaufleute und die Personengesellschaften des Handelsrechts mit Ausnahme der stillen Gesellschaft sowie für die juristischen Personen des öffentlichen Rechts und Abteilung B für die Kapitalgesellschaften. Die Bestimmung des H[andelsregisters] für die Öffentlichkeit findet darin Ausdruck, dass die Einsicht jedem gestattet ist (Handelsregistereinsicht). Darüber hinaus erfolgt auch die öffentliche Bekanntmachung der eingetragenen Tatsachen. Den Behörden gegenüber wird ein Zeugnis über Eintragungen oder Fehlen solcher durch ein Positivattest bzw. Negativattest erbracht. Verstößt eine Eintragung gegen gesetzliche Vorschriften, so kann sie von Amts wegen gelöscht werden. (...) (GWL); (def 2) (...) Enthält insbesondere Angaben über Firma und Sitz der Unternehmung, Haftungsverhältnisse (Unternehmungsform, Namen voll haftender Gesellschafter), Höhe des Kapitals bei Kapitalgesellschaften, Ausgabe über die zur Vertretung einer Gesellschaft berechtigten Personen und Umfang der Vertretungsbefugnis. (...) (BAL); (kon) Das Eigenkapital des Kommanditisten: Die Kapitalanteile der Kommanditisten sind nominell fixiert und werden in der festgelegten Höhe auch in das Handelsregister eingetragen. (GUF: 17)

relación obligacional *f* (def 1) Todo vínculo de Derecho entre dos o más personas, o entre una de ellas al menos y una cosa corporal o incorporal, con transcendencia en el ordenamiento vigente. Con inconveniente repetición del calificativo substancial, De Castro define la relación jurídica como »situación jurídica en que se encuentran las personas, organizadas unitariamente dentro del orden jurídico total por un especial principio jurídico.« Un sujeto al menos (y la colectividad obligada al reconocimiento o respecto) y una norma rectora caracterizan los elementos necesarios de la relación jurídica. (DDU II vs relación jurídica); (def 2) (...) El tratadista español De Diego enumera estas ocho aceptaciones de obligación: (...) relación obligatoria o derecho de crédito o de obligación (...). En las consideraciones que siguen (...), se examinarán éstas, predominantemente, desde el punto de vista de la relación jurídica entre dos o más personas, en virtud de la cual una o varias de ellas tienen derecho a exigir de otra u otras, y a veces a exigirse recíprocamente, una prestación, positiva o negativa. (...) Como substratos necesarios de toda obligación figuran los personales o sujetos (al menos un acreedor y un deudor), reales (dar hacer o no hacer una cosa) y formales (la causa eficiente). Acreedor y deudor pueden encontrarse en situación recíproca, como en la permuta; en que una de las partes entrega, por ejemplo un libro y recibe un reloj. (...) En el aspecto personal también, la relación jurídica que la obligación engendra requiere un mínimum de dos personas, acreedora la una y la otra deudora, de no engarzarse recíprocamente tales caracteres, como en los contractos bilaterales u onerosos.; (kon) En su significado más general, sinónimo de obligación. Con mayor propiedad técnica, su efecto jurídico: la prestación que el sujeto pasivo (o deudor) de la relación obligacional debe al sujeto activo (o acreedor) de la misma. (DDU II vs deuda)

Schuldverhältnis *n* ^*Schulden*^ (def 1) I. d. R. durch Vertrag begründete rechtliche Form eines Anspruchsverhältnisses zwischen Parteien. (BAL); (def 2) Ein S[chuldverhältnis] kann aus Vertrag oder aus Gesetz folgen. Im ersten Fall beruht es auf (mindestens) zwei Willenserklärungen, die auf die Begründung des S[chuldverhältnisses] gerichtet sind; dies ist der Regelfall (...). Im zweiten Fall entsteht das S[chuldverhältnis] dadurch, dass jemand einen gesetzlichen Tatbestand erfüllt, an den das Gesetz unabhängig vom Willen des Handelnden als Rechtsfolge eine Pflicht zu einem Tun oder Unterlassen knüpft. (...) Der Inhalt des S[chuldverhältnisses] besteht darin, dass der Gläubiger vom Schuldner eine Leistung fordern kann, die Leistung kann auch in einem Unterlassen bestehen (...). Neben den Hauptleistungspflichten folgen aus dem S[chuldverhältnis] eine Reihe von Nebenleistungspflichten (etwa: die Leistung zur rechten Zeit am rechten Ort und in der rechten Weise zu erbringen) sowie sonstige Nebenpflichten (etwa: Pflicht zur Rücksichtnahme auf Rechtsgüter des Gläubigers, Treuepflicht, Aufklärungspflicht). (...) (LBW); (kon) Der Schuldschein ist kein Wertpapier, sondern lediglich Beweisurkunde in einem individuellen Schuldverhältnis. (GUF: 45)

remate *m* ^*pignoración*^

remuneración *f* ^*retribución*^

rendimiento del capital invertido *m* ^*rentabilidad sobre la inversión*^

rendimiento de la inversión *m* ^*rentabilidad sobre la inversión*^

renta *f* ^*ingresos (TAM)*^ (def 1) Utilidad, beneficio o incremento de riqueza que una persona física o jurídica percibe en un período de tiempo en forma de retribuciones del trabajo o rendimientos del capital o de la tierra. La renta puede percibirse en unidades monetarias (renta monetaria) o en productos (renta en especie). (DEN); (def 2) Cantidades que son pagadas o debidas a una empresa, a cambio de la venta de sus productos o prestación de un servicio. Son un mero apunte contable a distinguir de los cobros, o dinero que la empresa recibe. (TAM vs ingresos); (kon) La financiación es una de las principales necesidades del sector de la vivienda, ya que, dada la relación de su precio con la renta del usuario, su adquisición requiere un ahorro previo del adquirente y/o de terceros. (CAV: 1); (Komm) Der Terminus

Einkommen kann im Spanischen mit *renta* oder *ingresos* übersetzt werden. Im Gegensatz zum Spanischen wird im Deutschen zwischen *Einkommen* und *Einkünfte* terminologisch unterschieden: Beide bezeichnen zwar Zuflüsse von Geld an natürliche Personen, der Terminus *Einkünfte* wurde jedoch im Einkommenssteuerrechtswesen eingeführt, um damit verschiedene Einkommensarten zu bezeichnen. *Einkommen* kann somit als Oberbegriff zu *Einkünfte* verstanden werden. Falls beide Termini im gleichen Kontext auftreten, empfiehlt es sich, zur besseren Begriffsabgrenzung für *Einkünfte* die Übersetzung *tipos de ingresos* zu wählen. In einer Anmerkung im Text könnte der begriffliche Unterschied kurz erklärt werden bzw. in Parenthese der Terminus *Einkünfte* aufgeführt werden. (Vgl. Definition zu *Einkünfte*). **Einkommen** *n* ^*Arbeitsentgelt*^ ^*Einkünfte*^ (def) Den Wirtschaftseinheiten auf Grund ihrer Position im Prozess der volkswirtschaftlichen Wertschöpfung oder auf Grund ihrer Position im gesellschaftlichen Gefüge zufließende Geldbeträge oder Naturalleistungen. Man unterscheidet u. a.: a) mit Rücksicht auf die Verteilungsstufe: Faktoreinkommen (...), laufende Übertragung (...); b) unter klassenspezifischen Gesichtspunkten: Lohneinkommen (Lohn), Profiteinkommen (Profit); unter Beachtung der Anspruchsgrundlage: kontraktbestimmte Einkommen (insbes. Löhne, Gehälter, Renten, Nettomieten und -pachten, Zinsen), Residualeinkommen (...); d) als Kategorien des Einkommenskreislaufs: Brutto/ Nettoeinkommen, Inlands-/ Inländereinkommen, entstandenes/verteiltes/verfügbares Einkommen; e) mit Rücksicht auf die ökonomische Substanz: Nominaleinkommen, Realeinkommen (...); f) als Steuergegenstand (...): Differenz der einem Wirtschaftssubjekt zufließenden Wertströme (...) und der zu ihrer Erlangung notwendigen in Geld ausgedrückten »Vorleistungen«. Das Einkommen stellt eine wichtige Bestimmungs- und Bezugsgröße einzelwirtschaftlicher Entscheidungen dar. Dementsprechend nimmt es in der Haushaltstheorie (...) ebenso wie in der Unternehmenstheorie (...) einen hervorragenden Platz ein. (...) (GLV); (kon) Die Bezieher höherer Einkommen werden versuchen, ihr Konsumniveau zu halten.

renta fija *f* ^*interés fijo*^

rentabilidad *f* (def) Se dice de la capacidad (o no) de una actividad, rama, sector, etc., de producir ingresos por encima de sus costes, en donde reside la justificación misma de su existencia, habitualmente. Uno de los problemas centrales asociados a este concepto reside en la medición de la rentabilidad de actividades no directamente productivas (servicios generales, administración, etc., y los problemas de imputación asociados). (AEE) **Rentabilität** *f* ^*Beschaffenheit, rentable*^ ^*Einträglichkeit (WDW)*^ ^*Wirtschaftlichkeit*^ (def) Allgemeine Bezeichnung für die Rendite oder Verzinsung einer Investition. In der Investitionsrechnung wird die Rentabilität einer Investition ermittelt, indem der durchschnittliche Gewinn pro Jahr zum durchschnittlich gebundenen Kapital ins Verhältnis gesetzt wird. (KEL); (kon) Bei der Abstimmung zwischen Finanzmittelbedarf und dessen Deckung durch entsprechendes Kapital sind neben der jeweiligen unternehmerischen Leitmaxime auch die daraus abgeleiteten Teilziele und Nebenbedingungen, wie Rentabilität, Unabhängigkeit, Sicherheit und vor allem Liquidität, zu berücksichtigen. (GUF: 89)

rentabilidad sobre la inversión *f* ^*rendimiento de la inversión*^ ^*rendimiento del capital invertido*^ (def) Es el cociente entre el beneficio neto y la inversión medida como activo total menos pasivo circulante. (TAM); (expl) Ratio financiero, al que se le suele denominar con las siglas ROI, correspondientes a la locución inglesa (...), y que expresa la relación entre el beneficio neto y el capital invertido, expresada en tanto por ciento. (TMD) **Return on Investment** *m* ^*Kapitalrendite (GWL)*^ ^*Rentabilität*^ (def) Verhältnis des gesamten investierten Kapitals und des Umsatzes zum Gewinn: RoI ist Kennzahl zur Analyse der Rentabilität. Sie kann als Grundlage für die Unternehmenspolitik und Unternehmensplanung dienen. Als Entscheidungsgrundlage bzgl. Investitionen hat RoI den Nachteil der statischen Betrachtungsweise. (GWL); (expl) Der Return on Investment (ROI) ist eine durchaus verbreitete Kenngröße, die mehr oder minder nahe beim internen Zinsfluss steht oder mehr oder minder nahe an den internen Zinsfluss herangestellt wird. Eine solche »Renditerechnung« wird den statischen Verfahren zugoordnet. Man sagt, sie basiere auf buchhalterischen Daten. Gemeint sind damit relativ einfache Erfolgsgrößen wie Gewinne und Kosten neben Bestandsgrößen wie Investitionsvolumina oder Buchwerten. (ALT); (kon) Betriebswirtschaftlich besonders wirkungsvoll sind alle Maßnahmen, die dazu führen, dass sich der Kapitalumschlag erhöht, da sich hierdurch nicht nur die Finanzlage verbessert (geringerer Kapitalbedarf durch stärkere Nutzung der Finanzmittel), sondern gleichzeitig auch die Rentabilität des Unternehmens erhöht wer-

den kann (Return on Investment). (GUF: 102)
rentas *fpl* ^*ingresos*^
reparto de las ganancias *m* (Komm) Der Terminus *reparto de las ganancias* bezeichnet die Ausschüttungen eines Unternehmens an die Anteilseigner im Allgemeinen (vgl. (def) im Deutschen). Der Sonderfall der *Dividendenausschüttung* wird im Spanischen als *reparto de dividendos* oder *distribución de dividendos* bezeichnet.; (expl 1) (...) La explotación de la empresa social se hace por parte de los socios con ánimo de obtener un beneficio individual participando en el reparto de las ganancias obtenidas. De ahí que no puedan considerarse verdaderas sociedades mercantiles aquellas uniones de personas que no persigan un fin económico lucrativo o que, aun procurando la obtención de ganancias, no se propongan la distribución de éstas entre los coasociados. Todos los socios, sin excepción, deben ser llamados a participar en las ganancias. Ordinariamente la participación es proporcional al importe de la respectiva aportación; pero cabe pactar un régimen distinto, estableciendo diferentes medidas de participación para unos y otros socios, sin que pueda llegarse a excluir a ninguno de toda participación en los beneficios, porque esa exclusión sería contraria a la esencia misma de la sociedad. (...) (UDM: 94); (expl 2) El derecho de participar en el reparto de las ganancias sociales. (...) La sociedad puede constituir reservas voluntarias substrayendo al reparto una parte de los beneficios de cada ejercicio, e incluso podrá suspender totalmente el reparto de dividendos si las necesidades de la empresa así lo exigen; pero no podrá negarse sistemáticamente a repartir las ganancias arrojadas por los balances, porque ello iría contra la finalidad perseguida por los socios al constituirse en sociedad. Una vez que la sociedad acuerda el reparto de determinados beneficios surge en cada accionista el derecho al dividendo correspondiente a sus acciones; derecho que tiene ya un contenido concreto y definido y que coloca al accionista en la posición de acreedor frente a la sociedad. Este derecho viene a constituir en definitiva la realización práctica del derecho a participar en las ganancias. (...) (UDM: 184/185); (kon) Concepto de la sociedad mercantil. Puede definirse como asociación de personas que crean un fondo patrimonial común para colaborar en la explotación de una empresa, con ánimo de obtener un beneficio individual participando en el reparto de las ganancias que se obtengan. (...) (UDM: 92) **Ausschüttung** *f* ^*Dividende*^ ^*Gewinnbeteiligung (siehe (def 2))*^ (def) Sammelbezeichnung für Zahlungen wie Dividende, Boni, Gratisaktien, Liquidationserlöse u. dgl., die an die Anteilseigner einer Unternehmung ausgeschüttet (verteilt) werden. (BAL); (kon) Eine erste Ausschüttung planen wir für Anfang Dezember 2004 in der Sammelausschüttung für Bibliothekstantieme, Kopiervergütung, Pressespiegel und Weitersendevergütung. (www.bildkunst.de)
rescate en Bolsa *m* (def) Las sociedades, bajo determinados supuestos, recuperan sus emisiones de obligaciones antes de la fecha de vencimiento. Estos supuestos, regulados por la Ley de Sociedades Anónimas, pueden ser por amortización anticipada según las condiciones de la escritura de emisión, por convenio entre la sociedad y el sindicato de obligacionistas, o por su conversión en acciones (lo que implica una ampliación de capital). (DEN vs rescate de obligaciones); (expl) Cuando las obligaciones son cotizadas en Bolsa, la sociedad tiene otro medio de proceder al reembolso: el de comprarlas. La práctica, considerando la colocación como una venta, emplea la expresión de rescate en Bolsa. Esta operación es beneficiosa a la sociedad cuando los títulos son cotizados por debajo de la par. Debe hacerse con prudencia para no hacer subir la cotización. La validez de la operación no ha sido nunca contradicha ya que la sociedad es libre de adquirir los créditos contra ella misma y su realización no presenta las dificultades encontradas para el rescate de acciones. (...) (AEO: 133); (kon) El rescate en Bolsa acelera la amortización, disminuyendo el número de títulos en circulación pero la sociedad no podrá modificar su cuadro de amortización bajo pretexto de que ha rescatado en el año un cierto número de títulos que quiere descontar de los que debe amortizar. (AEO: 133/134) **freihändiger Rückkauf** *m* ^*Schuldverschreibung*^ ^*Tilgung*^ (def) Tilgung von Schuldverschreibungen durch Käufe des Emittenten an der Börse, wenn die Tageskurse niedriger als die Rückzahlungskurse sind und die Anleihebedingungen den f[reihändigen] R[ückkauf] vorsehen. (GWL); (kon) Die Tilgung kann, hinausgehend über die beim Realkredit geschilderten Formen, durch Auslosung und/oder als freihändiger Rückkauf (an der Börse) erfolgen. (GUF: 40/41)
reserva de dominio *f* ^*reserva de propiedad (UEC)*^ (def) Modalidad de la compraventa en la cual el vendedor se reserva la propiedad de la cosa vendida hasta que el compra-

dor le pague íntegramente el precio. (DDU vs pactum reservatae dominii); (kon) El pacto de reserva de dominio es relativamente moderno. (http://premium.vlex.com) **Eigentumsvorbehalt** *m* (def) Besondere Abrede beim Kaufvertrag über bewegliche Sachen, durch die sich der Verkäufer das Eigentum an der verkauften Sache bis zur vollständigen Bezahlung des Kaufpreises vorbehält. Eigentumsvorbehalt bedeutet, dass das Eigentum unter der aufschiebenden Bedingung der vollständigen Zahlung des Kaufpreises übertragen wird und dass der Verkäufer zum Rücktritt vom Vertrag berechtigt sein soll, wenn der Käufer mit der Zahlung in Verzug kommt. (§ 449 BGB) (GWL); (expl) Der Eigentumsvorbehalt ist das am weitesten verbreitete Sicherungsmittel der Warenkreditgeber, der Lieferanten. Der Eigentumsvorbehalt besteht darin, dass sich der Verkäufer einer beweglichen Sache das Eigentum an der Sache bis zur Zahlung des vollen Kaufpreises durch den Käufer vorbehält. Das Eigentum an der Sache geht erst mit der vollständigen Zahlung des Kaufpreises auf den Käufer über. Der Verkäufer ist bis zur vollen Zahlung des Kaufpreises Kreditgeber und sichert den Kredit durch das Rückforderungsrecht »seiner« Ware, wenn der Käufer mit der Zahlung in Verzug gerät. (DRU); (kon) Neben seiner Kostspieligkeit bereits bei weithin üblichen Zahlungsbedingungen birgt er für den Käufer auch die Gefahr, von Lieferanten abhängig zu werden, wegen des Eigentumsvorbehaltes nur beschränkte Verfügungsgewalt über die bezogene Ware zu haben, durch hohe Lieferverbindlichkeiten seine Kreditfähigkeit bei Banken zu beeinträchtigen und bei Umsatz(Absatz-)stockungen in Liquiditätsschwierigkeiten zu geraten. (GUF: 49)

reserva de liquidez *f ^existencias^ ^fondos realizables a corto plazo (DEN)^ ^reservas líquidas^* (def) Cualquier elemento del activo que puede ser convertido en dinero de forma más o menos inmediata. Puede clasificarse en funcional, cuando dicho elemento de activo está ligado estrechamente al proceso productivo. Por extensión, característica de ciertos activos que son fácilmente transformables en efectivo (depósitos bancarios a la vista, activos financieros que pueden ser vendidos instantáneamente en un mercado organizado, etc.). (DV) **Liquiditätsreserve** *f ^Liquidität^* (def) Summe der liquiden oder kurzfristig liquidierbaren Aktiva der Banken, die zwangsweise (»Zwangsreserven«, Mindestreserve) oder freiwillig (freie Liquiditätsreserven) bei der Zentralbank gehalten werden. Die Liquiditätsreserven der Geschäftsbanken sind in der traditionellen Geld- und Kreditschöpfungstheorie eine wichtige Größe für die Geldpolitik, da nach ihr Kreditinstitute mit dem freien Teil der Liquiditätsreserven einen Kreditschöpfungsprozess einleiten, der erst dann zum Stillstand kommt, wenn die anfänglich vorhandenen Reserven vollständig durch Barabhebung und zusätzliche Mindestreservebelastungen absorbiert worden sind. (GWL); (expl) Mittel eines Kreditinstituts, die zur Aufrechterhaltung der Zahlungsbereitschaft im normalen Ablauf der Bankgeschäfte erforderlich sind. Dagegen können Liquiditätsreserven eines Kreditinstituts nicht im Hinblick auf eine extreme Liquiditätsbelastung bei allgemeinen oder speziellen Vertrauenskrisen der Kreditwirtschaft bzw. einzelner Institute dimensioniert werden. (MÜS); (kon) Selbst bei schlecht überschaubarer Geschäftslage eines Unternehmens ist eine Liquiditätsreserve, die über den Finanzbedarf von zwei Monaten hinausgeht, betriebswirtschaftlich kaum vertretbar. (GUF: 117)

reserva mercantil *f ^reservas existentes^*

reserva de propiedad *f ^reserva de dominio^*

reservas *fpl* (def) Beneficios del ejercicio y de ejercicios anteriores no distribuidos que se utilizarán como autofinanciación o para ser distribuidos entre los socios en el futuro. Se incluyen también las plusvalías calculadas por actualización de balances cuando estas actualizaciones han sido aprobadas legalmente. En el Plan General de Contabilidad están recogidas en varias cuentas que forman parte de los fondos propios, se abonan con cargo a la cuenta de pérdidas y ganancias y se cargan cuando se produce la pérdida o se distribuyen entre los socios. (DEN); (kon) Las reservas, las amortizaciones, las provisiones y las previsiones constituyen las cuatro partidas fundamentales en que se pueden agrupar los recursos financieros internos de la empresa. (SSD: 299) **Rücklagen** *fpl ^Gewinnthesaurierung^ ^Reserve, stille^* (def) Bei Unternehmen Kapitalreserven, die zum Ausgleich evtl. späterer Verluste dienen sollen. Rücklagen bedeuten zusätzliches Eigenkapital; sie werden auf der Passivseite der Bilanz, wenn es sich um offene Rücklagen handelt, nicht auf dem Eigenkapitalkonto, sondern auf gesonderten Rücklagenkonten (Passivkonten) ausgewiesen (...); oder, wenn stille Reserven, treten sie überhaupt nicht in der Bilanz in Erscheinung, weil Vermögensteile unterbewertet oder sie in überhöhten Schuldposten, z. B. in Rückstellungen (...) enthalten sind. Rücklagen haben in erster Linie die Aufgabe, bei Verlusten das Nominalkapital vor einer Reduzierung zu schützen. Sie stellen damit insbesondere eine Art Garantieposten für den Gläubiger dar, weil sie das Risiko eines Zusammenbruchs der Unternehmung mindern. Sie entstehen neben Zurückbehalten von Gewinnen im Unternehmen (Selbstfinanzierung, Gewinnthesaurierung) gelegentlich auch durch Einlage von zusätzlichem Eigenkapital (...). (BAL); (kon) Werden die nicht ausgeschütteten Gewinnanteile offen ausgewiesen, dann schlagen sie sich bei Kapitalgesellschaften im Gewinnvortrag oder in den Rücklagen nieder. (GUF: 75)

reservas existentes *fpl ^existencias^ ^fondo de reserva (AEE)^ ^reserva mercantil^ ^stocks (mpl) (ABA)^* (def) Todos los bienes y materiales de una empresa que son almacenados para ser vendidos, o incluidos en el proceso productivo. Recibe el mismo nombre el grupo de cuentas del activo circulante del balance que incluye las siguientes partidas: mercaderías, materias primas, otros aprovisionamientos, productos en curso, productos semiterminados, productos terminados y subproductos, residuos y materiales recuperados. (DEN); (kon) Definido como la relación entre los recursos propios y ajenos se incluyen en el primer concepto capital desembolsado, las reservas, fondos de regulación y remanente de ejercicios anteriores. (LBE: 147) **Vorratsvermögen** *n ^Umlaufvermögen^ ^Vermögen^* (def) Bezeichnung für die auf Lager befindlichen, für den Produktionsprozess oder für den Absatz bestimmten Erzeugnisse, Leistungen, Waren und Stoffe, die in der Bilanz unter den Positionen Roh-, Hilfs- und Betriebsstoffe, unfertige Erzeugnisse, unfertige Leistungen, fertige Erzeugnisse und Waren als Teil des Umlaufvermögens ausgewiesen werden. Geleistete Anzahlungen auf Lieferungen von Vermögensgegenständen des Vorratsvermögen sind als gesonderter Posten zusammen mit diesen auszuweisen (§ 266 II HGB). (GWL); (kon) Dieses Vorratsvermögen war weder in den Bilanzen bis zur Verpachtung des Betriebes noch in der Bilanz zum 30. Juni 1977 ausgewiesen. (www.bfn.simons-moll.de)

reservas latentes *fpl ^reservas ocultas^*

reservas líquidas *fpl ^reserva de liquidez^*

reservas ocultas *fpl ^reservas latentes (GWW)^ ^reservas tácitas (GWW)^* (def) Son reservas latentes cuya falta de reflejo contable es totalmente intencionada. (DEI); (kon) Varias delegaciones y observadores se refirieron a la utilización de reservas ocultas. (www.unctad.org) **stille Reserve** *f ^Rücklagen^* (def) Aus der veröffentlichten Bilanz nicht ersichtliche Rücklagen, also verdeckte Eigenkapitalteile. Gebildet unter Ausnutzung handels-, und/oder steuerrechtlicher Bewertungsspielräume (Unterbewertung von Aktiva, auch durch überhöhte Abschreibungen, Überbewertung von Passiva). Stellen Selbstfinanzierung dar (...). (BAL); (kon) Die atypische Stille Gesellschaft: Sie ist dann gegeben, wenn der Gesellschafter am gesamten Geschäftsvermögen, d. h. auch an den stillen Reserven, den Rücklagen und den Vermögenszuwächsen, beteiligt ist. (GUF: 19)

reservas tácitas *fpl ^reservas ocultas^*

resguardo provisional *m* (def) Previo a la emisión de los títulos. (GAR) ; (expl) Los resguardos provisionales. (...) Queda ilegitimada así la práctica muy extendida de emitir al tiempo de constituir la sociedad simples resguardos provisionales de las acciones, canjeables en su día por los títulos definitivos. El carácter provisional de esos resguardos no les priva, en el sentir general de la doctrina, de la condición de títulos, y exige que en los resguardos provisionales se haga constar necesariamente el nombre del titular de las acciones, declarando explícitamente nulos los resguardos no nominativos (art. 34). (...) (UDM: 177/178); (kon) Los resguardos provisionales de las acciones revestirán necesariamente forma nominativa. (LSA art. 54, 1.) **Zwischenschein** *m ^Aktie^* (def) Interimsscheine, Anrechtsscheine. 1. Vorläufige Urkunden, die nach Gründung der AG oder bei Kapitalerhöhung vor Ausstellung der endgültigen Aktien anstelle dieser ausgegeben werden, jedoch nicht vor Eintragung der AG bzw. der Kapitalerhöhung im Handelsregister. Z[wischenscheine] sind Wertpapiere, müssen auf den Namen lauten und sind als Orderpapiere durch Indossament übertragbar (§§ 10 III, 68 V AktG). Die Übertragung muss bei der Gesellschaft unter Nachweis des Übergangs zur Eintragung im Aktienbuch angemeldet werden (§ 68 AktG). Mindestnennbetrag wie bei Aktien (§ 8 IV AktG). Abhandengekommene oder vernichtete Z[wischenscheine] können im Aufgebotsverfahren für kraftlos erklärt, beschädigte ohne weiteres ersetzt werden (§§ 72, 74 AktG). (...) (GWL); (kon) Auch Zwischenscheine müssen stets auf Namen lauten. (GUF: 24)

resolución *f* (def) Procedimiento jurídico por el que se deja sin efecto una obligación o un contrato. En el primer caso la resolución puede ser instada por una sola de las partes implicadas o bien por ambas, y puede afectar al futuro exclusivamente, o bien tanto al futuro como al pasado. En la resolución contractual, la extinción del contrato puede ser solicitada por uno sólo de los contratantes al haberse producido unos o varios de los hechos previstos como causantes de dicha extinción (resolución unilateral) o puede efectuarse por mutuo acuerdo de los contratantes (resolución convencional). (DEN); (kon) La acción de resolución del contrato de arrendamiento por obras inconsentidas que modifican la configuración del local de negocio es viable dentro de los quince años siguientes a su realización, sin que entre tanto el mero conocimiento de los hechos y la subsiguiente actitud pasiva del arrendador, impliquen consentimiento tácito de las obras llevadas a cabo. (JDI: 678) **Kündigung** *f* (def) An die Stelle des Rücktritts tritt bei Dauerschuldverhältnissen i. d. R. die K[ündigung]. Sie ist im BGB nicht zusammenfassend geregelt, sondern bei den einzelnen Vertragstypen ((...) Dienstleistungsvertrag, Arbeitsverhältnis, Miete, Gesellschaft usw.) besonders ausgestaltet. Dies gilt insbesondere hinsichtlich der K[ündigungs]fristen (...) sowie der sonstigen K[ündigungs]voraussetzungen. Man unterscheidet allgemein die sog. ordentliche und außerordentliche Kündigung. Die ordentliche Kündigung ist regelmäßig an eine besimmte Frist und oftmals an sonstige Voraussetzungen gebunden; sie kann auch für eine bestimmte Zeit vertraglich ganz ausgeschlossen werden (...) sofern hierin keine Sittenwidrigkeit oder ein Verstoß gegen Treu und Glauben zu sehen ist. Daneben gibt die außerordentliche Kündigung das Recht, ein Vertragsverhältnis i. d. R. ohne Einhaltung einer Frist (fristlose Kündigung) zu lösen. Die Voraussetzungen für eine außerordentliche Kündigung sind gleichfalls bei den einzelnen Vertragsverhältnissen verschieden; gemeinsam ist jedoch allen, dass ein wichtiger Grund, der in einzelnen Fällen konkretisiert ist, vorliegen muss, der unter Berücksichtigung der gesamten Verhältnisse (..) nach Treu und Glauben die Fortsetzung des Dauerschuldverhältnisses bis zum nächsten ordentlichen Kündigungstermin dem Kündigenden nicht mehr zumutbar erscheinen lässt (...). Verschiedentlich ist auch vorgesehen, dass die außerordentliche Kündigung innerhalb einer bestimmten Frist ab Kenntnis des wichtigen Grundes erklärt werden muss (...), sonst wird das Kündigungsrecht verwirkt (...). Das Recht zur außerordentlichen Kündigung kann durch Vertragsbestimmungen regelmäßig nicht ausgeschlossen werden (...). Für die Kündigungserklärung als Ausübung eines Gestaltungsrechts gelten die Grundsätze über die Rücktrittserklärung (...) entsprechend. Durch die wirksame Kündigung erlischt das Schuldverhältnis für die Zukunft (...), eine Rückforderung wie beim Rücktritt ist daher ausgeschlossen (...). (CRL); (kon) Innerhalb der Grundmietzeit ist eine Kündigung des Leasingvertrages nicht möglich. (GUF: 69); (Komm) Dem deutschen Terminus *Kündigung*, der das Auflösen eines Rechtsverhältnisses impliziert, stehen im Spanischen verschiedene Termini gegenüber, die nur in bestimmten Kontexten verwendet werden können. Der Terminus *resolución de un contrato* bezeichnet *Kündigung* im weitesten Sinne. In bestimmten Fällen wird jedoch das Synonym *rescisión de un contrato* verwendet (siehe Código de Comercio Art. 132 und 135 bzgl. Offene Handelsgesellschaften). Im spanischen Gesellschaftsrecht werden im GmbH-Gesetz vom 23. März 1995 in Kapitel IX Artikel 95 und 96 die Termini *separación* und *exclusión* im Zusammenhang mit Mitgliedern angeführt. Der Terminus *separación* steht dabei für die Kündigung, die durch eigene Entscheidung und auf Wunsch des Mitgliedes erfolgte, also für den freiwilligen Austritt. Der Terminus *exclusión* steht dagegen für die Kündigung durch die GmbH, also für den unfreiwilligen Ausschluss eines Mitgliedes aus der Gesellschaft. Im arbeitsrechtlichen Sinn werden andere Termini für Kündigung verwendet: Der Terminus *cese* wird in diesem Zusammenhang sowohl als Kündigung durch den Arbeitgeber als auch durch den Arbeitnehmer verstanden. Zur besseren Unterscheidung dieser beiden Kündigungsfälle spricht man von *dimisión*, wenn die Kündigung auf eigenen Wunsch des Arbeitnehmers eingereicht wird, und von *despido*, wenn dem Arbeitnehmer von seinem Arbeitgeber gekündigt wird, d. h., die Kündigung gegen den Willen des Arbeitnehmers geschieht.

responsabilidad (1) *f* (def) Obligación de satisfacer cualquier pérdida o daño causado, porque así lo exija la naturaleza de una obligación, o se halle determinado por la Ley. (GDJ); (kon) La sociedad colectiva y la sociedad comanditaria (o en comandita) son dos tipos de sociedades mercantiles en las que la responsabilidad de algunos socios por la actuación de la empresa va más allá del capital invertido en ella. (SMA: 73) **Haftung** *f* (def) Schuldenhaftung besteht für Gesellschaftsschulden (Haftung der Gesellschaft und eine persönliche Haftung der Gesellschafter als Gesamtschuldner). Entgegenstehende Vereinbarungen sind möglich, Dritten gegenüber aber unwirksam (§ 128 HGB). Hierin liegt ein grundlegender Unterschied im Wesen der Personengesellschaft zu dem der Kapitalgesellschaft. Diese besondere Art der Schuldenhaftung gestattet dem Gläubiger, auf zwei verschiedene Vermögensbereiche, nämlich das Gesellschaftsvermögen und das Privatvermögen der einzelnen Gesellschafter, Zugriff zu nehmen. Schuldenhaftung bei juristischen Personen (insbes. Kapitalgesellschaften): Es haftet nur das Vermögen der juristischen Person, nicht das Privatvermögen ihrer Mitglieder, Gesellschafter etc. Gewisse Ausnahmen bei der Genossenschaft (GWL vs Schuldenhaftung); (expl) Im engeren Sinne haftet für die Erfüllung einer Schuld, welchen Rechtsgrund sie auch haben möge, das Vermögen des Schuldners. Im weiteren Sinne wird mit Haftung auch das Einstehen für eine aus einem Schuldverhältnis herrührende Schuld, insbesondere auf Schadensersatz bezeichnet (MÜS); (kon) In der Rangfolge und im Umfang der Haftung des einer Unternehmung zur Nutzung überlassenen Kapitals konkretisiert sich eine bestimmte Sicherungsqualität des Eigenkapitals. (GUF: 12) **responsabilidad (2)** *f* (def) (...) Cada uno de los endosos viene a contituir [sic!], en realidad, una garantía que se superpone a la de emisión del documento y sucesivas cesiones. Mientras mayor sea el número de las personas que han firmado o endosado, mayor seguridad le confiere al titular del crédito, por la responsabilidad solidaria de todos los firmantes. (...) (DDU II vs endoso) **Obligo** *n* (def) (...) Angstklausel (»ohne Obligo« = ohne Gewähr) zur Haftungsbefreiung beim Wechsel (Indossament). (...) (BFL); (kon) Der Vermittler übernimmt zwar die Plazierung, jedoch ohne eigenes Obligo. (GUF: 46)

resultado *m* (def) Se define por resultado al excedente o ganancia o a la pérdida obtenidos en un período determinado por la empresa o una parte orgánica de la misma (...) a través de la diferencia entre los ingresos y los costes determinados en la Contabilidad Analítica. El resultado puede clasificarse en dos categorías: una que atiende a la diferencia calculada por la actividad del proceso y otra que se relaciona al período, una vez que se ha deducido del resultado anterior el coste de la subactividad. (COD); (kon) La suma de los distintos resultados, ordinarios (explotación y financieros) y extraordinarios, será el resultado del ejercicio, salvando la incidencia del gasto por el impuesto de sociedades. (LAG: 33) **Erfolg** *m ^Aufwendungen^ ^Erträge^* (def) das i. d. R. in monetären Größen erfasste bzw. ausgedrückte Ergebnis des Wirtschaftens (GWL); (expl) Aufwendungen und Erträge bestimmen den Erfolg eines Unternehmens, und dieser wiederum steht im Mittelpunkt des Interesses einer Vielzahl unterschiedlicher externer Adressaten des Rechnungswesens. (WER: 40); (kon) Die Garantiegeber haften mit dem Garantievertrag gegenüber dem Garantienehmer, für einen bestimmten künftigen Erfolg einzustehen oder für das Ausbleiben eines Erfolges Gewähr zu leisten. (GUF: 63)

resultado de explotación *m* (def) Son los resultados derivados de la gestión normal de la empresa. (DEE); (kon) Para conocer los resultados de la empresa hay que mirar la cuenta de pérdidas y ganancias. (SMA: 78) **Betriebsergebnis** *n ^Betriebserfolg (GWL)^* (def) Im Rechnungswesen das getrennt vom Unternehmensergebnis ermittelte Ergebnis des betrieblichen Leistungsprozesses (Betriebsgewinn oder -verlust), festzustellen durch Gegenüberstellung der Kosten und Betriebserträge (Leistungen). B[etriebsergebnis] und das neutrale Ergebnis bilden das Unternehmungsergebnis. (GWL); (kon) Wie beeinflusst die Fortführung der bisherigen Geschäftspolitik das Betriebsergebnis, die Liquidität und die Steuerbelastung? (GUF: 113)

retención de beneficios *m ^acumulación de beneficios^*

retirada de fondos *f* (def) En el sentido amplio se entiende por retirada el hecho de que un empresario o sus socios sacan de la empresa unos bienes económicos, p. e. dinero o mercancías, para fines ajenos a la explotación económica. En un sentido más estricto se refiere a la retirada de aportaciones del capital social por parte de los socios en la sociedad colectiva y en la sociedad comanditaria. El importe máximo que se permite retirar depende de la forma jurídica de la empresa y del consentimiento de todos los socios. (DV) **Entnahme** *f* (def) Privatentnahmen. I. Allgemeines: 1. Begriff: Entnahme von Wirtschaftsgütern (Geld, Waren, Erzeugnisse, Nutzungen und Leistungen) durch Unternehmer oder Mitunternehmer aus dem Betrieb für sich, seinen Haushalt oder andere betriebsfremde Zwecke. (...) 2. E[ntnahme] von Geld aus dem Gesellschaftsvermögen ist dem Gesellschafter der OHG sowie dem Komplementär der KG bis zu 4 % seines Kapitalanteils gestattet (§ 122 HGB), außer im ersten Geschäftsjahr. Darüber hinaus kann er seinen diesen Betrag übersteigenden Gewinnanteil des letzten Jahres verlangen, wenn die Auszahlung der Gesellschaft nicht schadet. Weitere E[ntnahmen] nur mit Einwilligung der anderen Gesellschafter. Die Gesellschaft ist verpflichtet, Geld zum Zwecke der gesetzlichen E[ntnahme] zur Verfügung zu halten. Der Anspruch auf E[ntnahme] entfällt nach Fertigstellung der nächsten Jahresbilanz, wobei der nicht erhobene Betrag dem Kapitalanteil zuwächst. Der Kommanditist hat nur Anspruch auf ihm zustehenden Gewinn. Er kann keine Auszahlungen verlangen, solange sein Kapitalanteil die Haftsumme nicht erreicht. (...) (GWL); (kon) Ohne gesetzlichen Beschränkungen zu unterliegen, kann [der Inhaber der Einzelfirma] zu jeder Zeit das Eigenkapital der Firma durch Entnahmen oder Einlagen vermindern oder erhöhen. (GUF: 14)

retribución *f* *^remuneración (DEN)^* (Komm) Eine weitere Übersetzung von *Entgelt* ist der Terminus *contraprestación* (vgl. BRW spanisch-deutsch Seite 257). Der Terminus *Entgelt* entspricht einer monetären Gegenleistung für geleistete Dienste. Zur besseren Unterscheidung nicht-monetärer Gegenleistungen gegenüber monetären ist es jedoch empfehlenswert, den deutschen Terminus *Entgelt* mit den spanischen Termini *retribución* bzw. *remuneración* wiederzugeben und Gegenleistungen nicht-monetärer Art mit dem Terminus *contraprestación* zu übersetzen (vgl. *Gegenleistung*).; (def) En general, compensación o remuneración obtenida por la realización de una obra o la prestación de un servicio. En un sentido más restringido se utiliza como sinónimo de salario. (DEN); (kon) Habiendo sido superado el repetido baremo por las retribuciones de los trabajadores de la industria de referencia, se hace necesario su revisión, en lo que respeta al Régimen de Accidentes de Trabajo y Enfermedades Profesionales, para acomodarlo en lo posible a las situaciones actuales. (RES: 12) **Entgelt** *n* *^Arbeitsentgelt^* (def) Zu zahlendes Äquivalent für beschaffte Waren, Dienst- oder Arbeitsleistungen oder Anspruch auf Zahlung eines geldlichen Äquivalents für abgesetzte Güter. (...) (GWL); (kon) Die Kostenkomponenten des Kontokorrentkredits sind: (...) eine Umsatzprovision als Entgelt für die Zahlungsverkehrsdienste. (GUF: 51)

retrogarantía *f* *^garantía subsidiaria^*

reventa *f* *^enajenación posterior^* *^venta posterior^* (def) Nueva enajenación, sin larga espera y con apreciable ganancia, por el antes comprador y vendedor luego. La reventa es operación típicamente comercial cuanto es habitual, y caracteriza de modo singular la compraventa mercantil (...). (DDU); (kon) El proveedor determine de modo directo o indirecto los precios o condiciones de contratación para la reventa a terceros de los productos identificados en el contrato. (www.sice.oas.org) **Weiterveräußerung** *f* *^Weiterverkauf (WDW)^* (def 1) Handelsrechtlicher Begriff: jedes auf Eigentumsübertragung gerichtete, entgeltliche Rechtsgeschäft, z. B. Verkauf, Tausch etc. (auch bei Eigentumsvorbehalt), nicht aber Schenkung, Verpfändung, Vermietung etc. (GWL); (def 2) Bezeichnung für eine Veräußerung im Rahmen eines Umsatzgeschäfts bestehend aus Beschaffung und Wieterveräußerung. (LHW); (kon) Bis auf Widerruf ist der Besteller zur Einbeziehung der abgetretenen Forderungen aus der Weiterveräußerung befugt. (www.vem-group.com)

riesgo de impago *m* *^riesgo de pérdida^*

riesgo de pérdida *m* *^riesgo de impago (AEE)^* (def) Es la probabilidad de que los intereses o el principal, o ambos, de un crédito no sean repagados (...) (TAM); (expl) En general, es toda consecuencia no prevista que pueda ocasionar una pérdida económica, resultar perjudicial o ser desagradable. (...) En una decisión de compra el comprador incurre en un riesgo, por cuanto la adquisición de un producto puede ocasionarle algún tipo de perjuicio.(...) (TMD); (kon) El cheque cruzado permite evitar los riesgos de pérdida, robo o extravío del documento. (HAC: 203) **Ausfallrisiko** *n* *^Kreditsicherheit^* (def) Gefahr des teilwiesen oder vollständigen Verlustes von Forderungen allgemein sowie von Forderungen und Kursverlusten bei Wertpapieren; hervorgerufen durch Insolvenz bzw. Insolvenzgefährdung des Schuldners. Das Ausfallrisiko wird beim Gläubiger auch als Gläubigerrisiko und beim Anteilseigner (z. B. Aktionär) als Anteilseignerrisiko bezeichnet. (GWL); (expl) Durch die Kreditsicherheit erwirbt der Kreditgeber – zusätzlich zu den vertraglichen Ansprüchen gegen den Kreditnehmer – Ansprüche auf die Verwertung von Sachen bzw. Rechten (Real- oder Sachensicherheit) oder gegen dritto Personen (Personensicherheit). Je nach dem Rechtscharakter und dem ökonomischen Wert der Sicherheit kann eine solche Vereinbarung das Risiko des Kreditgebers, Zins- und/oder Tilgungsbeträge nicht oder verspätet zu erhalten, spürbar senken. Kreditsicherheiten senken somit das Ausfallrisiko des Kreditgebers. (DRU); (kon) Die Auslagerung des Ausfallrisikos erspart evtl. Kreditversicheungsprämien, Wegfälle von Debitorenverlusten und alle Eintreibkosten von Forderungen. (GUF: 60)

rotación *f* **Revolving** *n* *^revolvierend^* *^Revolving-Kredit^* (def) Bankgeschäft, das (...)

in der »Eingehung der Verpflichtung, Darlehensforderungen vor Fälligkeit zu erwerben« besteht, etwa die Refinanzierung eines langfristigen Kredits mit kurzfristigen Mitteln, die von einer Vielzahl von Kreditgebern stammen (Revolving-System). Wenn die Kreditgeber ihre Gelder zurückrufen, werden die entsprechenden Mittel durch neu hinzutretende Kapitalgeber ersetzt. Durch das laufende Wechseln findet so die Fristentransformation zwischen den kurzfristig angelegten Mitteln und dem langfristigen Darlehen statt. Der Vermittler trägt das Transformationsrisiko und i. d. R. auch das Zinsänderungsrisiko. (GAB vs Revolving-Geschäft); (kon) Der Schuldscheindarlehensvertrag wird beim indirekten Revolving zwischen Kapitalnehmer und der zwischengeschalteten Bank abgeschlossen, die für die Refinanzierung einzustehen und damit Zins-, und Fristen- und Prolongationsrisiko zu tragen hat. (GUF: 47)

rotativo *adj* **revolvierend** *adj ^Anschlussfinanzierung^ ^Revolving^ ^Revolving-Kredit^* (Komm) Dieses Adjektiv wird in Verbindung mit verschiedenen Substantiven aus dem Bereich der Kreditfinanzierung und Finanzierung mit Schuldscheindarlehen verwendet.; (def) Revolvierend. Allgemein Bezeichnung für – in zahlreichen Wortverbindungen – das fortwährende Wiederaufleben von Fazilitäten u. dgl. zur erneuten Inanspruchnahme. (BAL vs revolving); (kon) Die revolvierende Einzeldeckung sichert die kurzfristigen Forderungen mit Kreditlaufzeiten bis zu 24 Monaten eines Exporteurs, der einen Besteller in laufender Geschäftsbeziehung beliefert. (www.agaportal.de)

S

S. A. *f* (kon) En la denominación de la Compañía deberá figurar necesariamente la indicación »Sociedad Anónima« o su abreviatura »S.A.«. (LSA art. 2, 1.) **AG** *f ^Aktiengesellschaft^* (kon) Gründet ein maßgeblicher Kapitalgeber mit Hilfe von Strohmännern eine GmbH oder eine AG und erwirbt er später die Anteile der übrigen Gründer wieder zurück, so handelt es sich zwar formal bei diesen Unternehmungen um Kapitalgesellschaften mit den dafür geltenden Haftungen, de facto hat eine solche Unternehmung in ihren Entscheidungen jedoch die Beweglichkeit einer Einzelfirma. (GUF: 33)

S. C. *f ^S. Com. (MLE)^* **KG** *f ^Kommanditgesellschaft^* (kon) In der externen Eigenfinanzierung bietet die KGAA gegenüber der KG den Vorteil, dass das Kommanditkapital über den organisierten Kapitalmarkt beschafft werden kann. (GUF: 29)

S. Com. por A. *f* (kon) Podrá utilizarse una razón social, con el nombre de todos los socios colectivos, de algunos de ellos o de uno sólo, o bien, una denominación objetiva, con la necesaria indicación de »Sociedad en comandita por acciones« o su abreviatura »S. Com. Por A.« (C. de c. art. 153) **KGaA** *f ^Kommanditgesellschaft auf Aktien^* (kon) Durch die starke Stellung der Komplementäre ist die KGAA im Vergleich zur AG stärker personengebunden, was sich dann zum Vorteil der Gesellschaft auswirkt, wenn es sich bei den Komplementären um qualifizierte Unternehmerpersönlichkeiten handelt. (GUF: 29)

S. L. *f ^S. Ltda. (DDU)^* (Komm) Die Abkürzung *S. Ltda.* wird überwiegend in Lateinamerika verwendet.; (def) La mercantil de tipo intermedio entre la colectiva, cuyo carácter personal mantiene, y la anónima, de la cual adopta la limitación de la responsabilidad. Constituye modalidad relativamente moderna de las compañías mercantiles, de éxito grande por rehuir la confusión del patrimonio social y personal de los socios colectivos. Son mercantiles; pueden realizar todas clases de operaciones civiles o comerciales, con excepción de las bancarias, las de seguros, ahorro y capitalización. El número de socios e limitado: no puede exceder de 20. Hasta alcanzar un 10% del capital, habrá que destinar un 5% de las ganancias anuales para el fondo de reserva. No se disuelven estas sociedades por la muerte, interdicción o quiebra de uno o más socios. La quiebra de la sociedad no implica la de los socios. (DDU); (expl) Sociedad mercantil cuyo capital está dividido en participaciones no negociables en bolsa y en la que los socios no son responsables del pasivo social, sino hasta el importe del capital aportado. La S. L. posee personalidad jurídica. (NET); (kon) Tanto la sociedad anónima (S. A.) como la sociedad limitada (S. L. – también llamada sociedad de responsabilidad limitada S. R. L.) son sociedades mercantiles en las que los socios tienen una responsabilidad limitada a las aportaciones efectuadas. (SMA: 70) **GmbH** *f ^Gesellschaft mit beschränkter Haftung^* (def) Kapitalgesellschaft mit eigener Rechtspersönlichkeit, selbst unbeschränkt mit ihrem Vermögen haftend. Eine Haftung der Gesellschafter besteht nur gegenüber der Gesellschaft; sie ist begrenzt auf die Erbringung der Einlagen und etwaiger Nachschüsse. Gesellschaftsvertrag (vgl. dort IV) mit weitem Spielraum, mitunter Annäherung an offene Handelsgesellschaft (OHG). (GWL vs Gesellschaft mit beschränkter Haftung); (expl) Die GmbH hat selbstständig ihre Rechte und Pflichten. Sie ist juristische Person. Das Mindest-Stammkapital beträgt 25.000 EUR. Wegen der beschränkten Haftung der Gesellschaft hat der Grundsatz der Sicherung der Kapitalaufbringung und Kapitalerhaltung im Interesse des Schutzes der Gläubiger Bedeutung. Durch Bilanzierungsvorschriften wird verhindert, dass das zur Erhaltung des Stammkapitals erforderliche Vermögen der Gesellschaft an die Gesellschafter verteilt wird. Die Geschäftsführung der GmbH erfolgt durch einen oder mehrere Geschäftsführer, die Gesellschafter sein können. Organ der Eigentümer der Gesellschaft ist die Gesellschafterversammlung. (DRU); (kon) Während bei der Kommanditgesellschaft der Komplementär mit seinem gesamten Vermögen, die übrigen Gesellschafter als Kommanditisten aber nur in Höhe ihrer Einlage haften, tritt bei der GmbH das persönliche Element in der Unternehmungsform noch stärker zurück. (GUF: 22)

S. Ltda. *f* ^*S. L.*^

salario *m* (def 1) Remuneración monetaria o en especie que recibe un trabajador por sus prestaciones en la producción de bienes y servicios. Las retribuciones de un trabajador pueden traducirse en ventajas para su familia, como facilidades para la vivienda, en la educación de los hijos, etc. El salario se pacta bien de forma bilateral entre el trabajador y el empresario o por convenio colectivo, entre los sindicatos y las organizaciones de empresarios. (DEN); (def 2) Conjunto de percepciones económicas que reciben los trabajadores, en dinero o en especie, por la prestación profesional de los servicios laborales por cuenta ajena. Aunque es un término general, se aplica más a los obreros que a los directivos, a diferencia de su traducción literal al inglés. Puede ser por horas trabajadas, por días (jornal) o por producto fabricado (salario a destajo). (EEE) ; (expl) Rechtsgrundlage: § 136, Art. 26: 1 del Estatuto de los Trabajadores: Se considerará salario la totalidad de las percepciones económicas de los trabajadores, en dinero o en especie, por la prestación profesional de los servicios laborales por cuenta ajena, ya retribuyan el trabajo efectivo, cualquiera que sea la forma de remuneración, o los períodos de descanso computables como de trabajo. 2. No tendrán la consideración de salarios las cantidades percibidas por el trabajador en concepto de indemnizaciones o suplidos por los gastos realizados como consecuencia de su actividad laboral, las prestaciones e indemnizaciones de la Seguridad Social y las indemnizaciones correspondientes a traslados, suspensiones o despidos. (EST); (kon) Pensemos por ejemplo en los salarios, éstos habitualmente se pagan en unos determinados plazos, normalmente al final de cada mensualidad, sin embargo el trabajo se está realizando desde el día primero de cada mes y, además cuanto mayor sea la actividad de la compañía mayor será la necesidad de mano de obra, por tanto la financiación gratuita, que recibe la empresa en estos casos es tanto mayor cuanto mayor sea su actividad. (FEI: 3.15); (Komm) In der spanischen Fachliteratur werden die Termini *salario* und *sueldo* nicht einheitlich verwendet (vgl. Kommentar zu *Lohn*). Bezüglich der Begriffsüberschneidung dieser beiden Termini wird im DDU vs salario Folgendes aufgeführt: »(...) Sinonimia. Como sinónimos de salario, aunque con las consiguientes sutilezas diferenciadoras, Casares incluye: haber, dietas, sobresueldo, sobrepaga, semana, quincena, mensualidad (...); todos ellos vocablos que expresan la idea de retribución de servicios. Pero, en concreto, los términos más próximos son: sueldo, soldada, emolumentos, estipendio, derechos, jornal, remuneración, paga, haberes y gratificación (...). Barcia distingue estas últimas palabras, diciendo que el sueldo es la cantidad que el Estado paga a sus empleados; estipendio, la cantidad estipulada de antemano por un trabajo cualquiera; emolumento, lo que aumenta nuestro haber, hace crecer nuestros bienes, y expresa la idea de sobresueldo o gaje, lo opuesto a menoscabo o detrimento; derechos son pagas especiales fijadas en un arancel, por disposiciones legales vigentes; honorarios, el salario distinguido, honroso, que se da a los profesionales académicos. Dentro de la terminología de las retribuciones laborales, barajadas por los distintos autores, quizás el criterio más práctico y lógico sea adoptar la voz de salario para denominar lo que el trabajador percibe por su trabajo; reservar el término de jornal para la remuneración que se conviene por día; y designar como sueldo la retribución abonada con periodicidad semanal al menos, y por lo general por meses completos y vencidos.« **Lohn** *m* ^*Arbeitsentgelt*^ (def) Im weiteren Sinne jedes Entgelt für menschliche Arbeitsleistung. Unabhängig von der Art der Tätigkeit umfasst dieser Begriff die verschiedensten Formen des Arbeitsentgeltes: Lohn, Gehalt, Besoldung (des Beamten), Honorar (für den Freiberufler), Unternehmerlohn (für die Unternehmertätigkeit). Als Objekt der Lohntheorie ist Lohn im engeren Sinne das Entgelt für diejenige Arbeit, die in Abhängigkeit von einem Arbeitgeber geleistet wird. (...) (GLV); (kon) In einem Unternehmen fallen ständig die verschiedensten Ausgaben an: Fällige Wechsel müssen bezahlt, vorgelegte Schecks eingelöst, Löhne und Gehälter gezahlt werden, Steuern sind zu bestimmten Terminen zu entrichten. (GUF: 81)

saldar *vt* ^*pagar (BRW)*^ ^*pagar cuentas pendientes*^ (def) En banca, liquidar una cuenta, deuda u obligación entregando la cantidad que se debe o recibiendo la cantidad a la que se tiene derecho. (DEN); (kon) Colombia insistirá en usar reservas para saldar la deuda externa. **begleichen** *vt* ^*Saldo*^ (def) (...) (Verdeutschung von saldieren) (...) (eine Schuld, eine Rechnung) bezahlen (...) (DAB); (kon) Bei Abwägung von Bankkredit und Lieferantenkredit wird sich das Unternehmen im Regelfall für einen Kontokorrentkredit entscheiden und seine Warenrechnungen unter Abzug von Skonto begleichen. (GUF: 119)

saldo *m* (def) Diferencia existente en un momento determinado entre el debe y el haber de una cuenta contable. (DEN); (kon) La serie en su conjunto muestra una participación de las Cajas normalmente superior al 90% en el total de saldos, que llega a alcanzar el 99% en los años de 1978 a 1980. (CAV: 7) **Saldo** *m* ^*begleichen*^ ^*Haben*^ ^*Soll*^ (def) Differenzbetrag, der sich durch Aufrechnung der Soll- und Habenseite eines Kontos ergibt. Je nachdem, ob die Soll-, oder Habenseite größer ist, ergibt sich ein Soll-Saldo (Aktiv-Saldo) oder ein Haben-Saldo (Passiv-Saldo). Der Saldo wird bei Abschluss des Kontos als Ausgleichsposten auf der kleineren Seite gebucht; bei Eröffnung des Kontos wird der Saldo der Vorperiode auf der jeweiligen Gegenseite verbucht (Saldo-Vortrag). (BRO); (kon) Der jeweilige Saldo auf einem Konto oder der Stand des Kontos ist meist wichtiger als die absoluten Zahlen im Soll und Haben. (WAS: 38)

saldo acreedor *m* ^*haber*^

saldo activo *m* ^*haber*^

saldo de balanza de pagos por cuenta corriente *m* ^*balanza de pagos corrientes*^

saneamiento *m* (def) (...) Hacer que la economía, los bienes, las rentas, etc., dejen de producir pérdidas y comiencen a prosperar y a dar beneficios (...). (DES vs sanear); (kon) En este período se produce el saneamiento económico-financiero de las empresas y la recuperación de sus indicadores de rentabilidad. (GDE: 601) **Sanierung** *f* (def) Maßnahmen zur Wiederherstellung der Rentabilität und des finanziellen Gleichgewichts verlustreicher, überschuldeter bzw. der Gefahr der Zahlungsunfähigkeit ausgesetzter Unternehmungen. Die Sanierung wird meist nicht auf Finanzierungsmaßnahmen beschränkt. Häufig werden zugleich Umstrukturierungen, personelle Veränderungen, Rationalisierungsmaßnahmen usw. eingeleitet, je nach den spezifischen Ursachen der Sanierungsbedürftigkeit (...). Sanierungsmaßnahmen: (1) Buchtechnische (formelle) Sanierung zur Beseitigung einer Unterbilanz (...): (a) Auflösung offener Reserven, die das Buchkapital vermindern, (b) Auflösung Stiller Reserven. (...) (c) Kapitalherabsetzung auf die Höhe des durch Verluste verminderten Vermögens bei Personen und Kapitalgesellschaften. (...) (2) Zufluss neuen Eigenkapitals. (...) (a) freiwillige Zuzahlung bei der Aktiengesellschaft (...), Nachschüsse bei der GmbH (...). (b) Kapitalerhöhung (...). Bei Aktiengesellschaft erfolgt die Sanierung durch Neuemission von Aktien, bei Einzelunternehmen und Personengesellschaften durch Kapitaleinlagen. (c) Teilliquidation durch Verkauf von Vermögensteilen. (3) Im Bereich des Fremdkapitals: Schuldenumwandlung (...), Kreditaufnahme, Moratorium (Zahlungsaufschub), Forderungsverzicht bzw. außergerichtlicher Vergleich (...). (4) Änderung der Rechts- und Organisationsform (...), personelle Veränderungen, Rationalisierung (...) usw. (5) Gerichtlicher Vergleich (...) oder Zwangsvergleich. (BFL); (kon) Anlässe bzw. Gründe für die Ausgabe von Genussscheinen sind beispielsweise die Einlage schwerbewertbarer Rechte, Sachen oder Leistungen, Zuzahlungen der Aktionäre oder Ablösung von Gläubigerrechten bei der Sanierung, Ablösung von Vorrechten der Vorzugsaktionäre, Durchführung einer Kapitalerhöhung, wenn zum Emissionszeitpunkt der Börsenkurs der Aktien unter pari steht. (GUF: 25)

satisfacer *vt* ^*abonar (GWW)*^ ^*pagar (GWW)*^ (def) Pagar enteramente lo que se debe. (AEI); (kon) Los rendimientos de los depósitos en moneda extranjera y de las cuentas extranjeras en pesetas que se satisfagan a no residentes en España, salvo que el pago se realice a un establecimiento permanente, por el Banco de España y Bancos, Cajas de Ahorro, Cajas Rurales y Cooperativas de Crédito con funciones delegadas de aquél. (CAI: 64) **entrichten** *vt* (def) (einen festgelegten Betrag) bezahlen (DAB); (kon) In einem Unternehmen fallen ständig die verschiedensten Ausgaben an: Fällige Wechsel müssen bezahlt, vorgelegte Schecks eingelöst, Löhne und Gehälter gezahlt werden, Steuern sind zu bestimmten Terminen zu entrichten. (GUF: 81)

SC *f* ^*Soc. Col.*^ **OHG** *f* ^*Offene Handelsgesellschaft*^ (kon) Die OHG ist zwar keine juristische Person, sie tritt aber im Rechtsverkehr als eine geschlossene Einheit unter ihrer Firma auf. (GUF: 15)

SCom. *f* ^*SC*^

SCoop. *f* ^*Soc. Coop.*^ **eG** *f*

Seguridad Social *f* (Komm) Der Terminus *Seguridad Social* bezieht sich zum einen auf die Einrichtung, die für das Sozialversicherungswesen in Spanien zuständig ist, und zum anderen auf das System der Sozialversicherung im weitesten Sinne. Aus diesem Grund sind die Möglichkeiten der Groß- sowie der Kleinschreibung gegeben. Der großgeschriebene Terminus bezieht sich i. d. R. auf die Institution, der kleingeschriebene auf das Sozialversicherungssystem, wobei diese Konvention in der Fachliteratur nicht immer eingehalten wird bzw. werden kann, da sich beide Begriffe bedingen und untrennbar sind (vgl. die hier angeführte (expl)).; (def) Sistema gestionado por el Estado cuya finalidad principal es dotar de protección a los ciudadanos de un país en caso de enfermedad, muerte de un familiar, etc. La Seguridad Social cubre a los trabajadores por cuenta ajena y autónomos, así como a sus familiares y asimilados, en caso de enfermedad, accidente, desempleo, vejez, etc. Obtiene los recursos necesarios de las aportaciones efectuadas por los trabajadores, empresarios y Estado (DEN); (expl) »Seguridad« es la cualidad del que está seguro, es decir, libre de daño o de peligro. »Social« es todo lo que se refiere a la sociedad. Luego seguridad social, dicho con expresión vulgarizada, consistirá en lograr por determinados medios que los miembros de la sociedad estén libres de daño o peligro. (...) consideramos una definición que, aunque formulada en 1944, tiene plena vigencia y validez en los momentos actuales. Se debe a William Beveridge y dice como sigue: »Seguridad Social es el conjunto de medidas adoptadas por el Estado para proteger a los ciudadanos contra aquellas situaciones de necesidad de concreción individual que jamás dejarán de presentarse, por óptima que sea la situación de conjunto de la sociedad en que viven.« (SST: 68); (kon) La Seguridad Social nació en la Alemania de Bismarck, como un sistema de protección al trabajador frente a una serie de riesgos. (SST: 12) **Sozialversicherung** *f* ^*Altersversorgung*^ ^*Sozialleistungen*^ (def) System der Versicherung, in dem Versicherungs- und Zwangsprinzip unter der Zielsetzung des sozialen Ausgleichs vereint sind. Bei Einführung in Deutschland (1883-89) stand die Verringerung sozialer Spannungen und die Wahrung des sozialen Friedens sowie die Verbesserung der Lebenslage sozial schwacher Bevölkerungsgruppen im Vordergrund. Heute liegt das Schwergewicht der Sozialversicherung in der Erhaltung des Produktionsfaktors Arbeit und in der Erhöhung der individuellen Sicherheit in einem über die freiwillige Vorsorge hinausgehendem Maß (im Sinne der Bereitstellung meritorischer Güter). Dabei stellt die allgemeine Volksversicherung als umfassende wohlfahrtsstaatliche soziale Sicherung eine Maximallösung dar. Das für die Privatversicherung geltende Prinzip der Gleichwertigkeit von Leistung und Gegenleistung (...) wird in der Sozialversicherung dominiert von sozialen Überlegungen bezüglich Leistungsmöglichkeit und -bereitschaft sowie Bedürftigkeit (...). Damit in enger Verbindung steht der grundsätzliche Versicherungszwang in der Sozialversicherung als gesetzlicher Versicherung (...). Weitere Unterschiede zur Individualversicherung liegen in der Art der Aufbringung der Finanzierungsmittel (teilweise durch Nicht-Versicherte: Arbeitgeber, Staat), in der von der individuellen Gefahrenlage absehenden Bemessung der Beiträge der Versicherungsleistungen sowie der Priorität des Schutzes des Versicherten. (...) (GLV); (kon) Die deutschen Gesetze über die Sozialversicherung sehen vor, dass ihre Leistungen nur innerhalb Deutschlands erbracht werden. (SSÜ: 84)

seguro *m* (def) Contrato consensual en virtud del cual una persona o entidad, denominada asegurador, se compromete mediante un precio convenido, llamado prima, a indemnizar a otra persona, denominada asegurado, o a quien éste designe como beneficiario, los daños ocasionados por un siniestro o acontecimiento, bien en su patrimonio o en su propia persona, según lo pactado y en la proporción establecida. De acuerdo con el C[ódigo] de C[omercio], este contrato será mercantil si fuera comerciante el asegurador y se estableciese a prima fija

(...). El contrato de seguro se consignará por escrito en póliza o en otro documento público o privado suscrito por los contratantes (...). (DDM); (kon) Unos y otros tipos de seguro tienen como base económica inexcusable la reunión de gran número de operaciones de la misma especie para llegar a neutralizar el riesgo, repartiéndolo sobre una masa de operaciones uniformes. (UDM II: 769) **Versicherung** *f* *^Kapitalsammelstelle^* (def) 1. Begriff: a) Im Rechtssinn: Gemeinschaft gleichartig Gefährdeter (Gefahrengemeinschaft) mit selbstständigen Rechtsansprüchen auf wechselseitige Bedarfsdeckung. b) Im wirtschaftlichen Sinn: Deckung eines im Einzelnen ungewissen, insgesamt geschätzten Mittelbedarfs auf der Grundlage des Risikoausgleichs im Kollektiv und in der Zeit. 2. Einteilung: Unterschieden werden die Privatversicherung und die Sozialversicherung. 3. Bedeutung: Die V[ersicherung] besitzt eine einzelwirtschaftliche und eine volkswirtschaftliche Bedeutung. Sie ist für die Einzelwirtschaft oft einfacher, zweckmäßiger und billiger als die Ansammlung entsprechender Mittel für den Schadenfall. Volkswirtschaftliche Bedeutung besitzt die V[ersicherung] insbes. dadurch, dass sie Folgeschäden begrenzt und den technischen Fortschritt fördert. (GWL); (kon) Allerdings müssen Studenten nicht unbedingt eine eigene Versicherung abschließen. (www.wdr.de)

seguro de aduana *m* *^garantía ante la aduana^*

seguro para el transporte ferroviario *m* (def) Tipo de aval bancario que permite a las empresas el pago aplazado de las tasas debidas por el transporte por ferrocarril. (DV) **Frachtaval** *m* *^Avalkredit^* (expl 1) Bankbürgschaft bei Frachtstundung: Von der Dt. Verkehrs-Kredit-Bank zur Abwicklung des Bahnverkehrs durchgeführtes Verfahren zur bargeldlosen Abrechnung von Frachten, Gebühren und sonstigen tarif- oder vertragsmäßigen Forderungen der Bahn und der von ihr geschuldeten Nachnahmen und sonstigen Beträge mittels Anweisungen. (MÜS); (expl 2) Betrieben, die regelmäßig Güter von der Bundesbahn transportieren lassen, werden die anfallenden Gebühren gestundet, wenn Kreditinsitute gegenüber der Deutschen Verkehrs-Kredit-Bank AG, die die Abrechnung für die Bundesbahn übernimmt, eine entsprechende Bürgschaft leisten. (WÖH); (kon) Während Bürgschaften gegenüber der Öffentlichen Hand als Zollaval (für Zahlungsaufschub bei Zollschulden von Importeuren), Steueraval oder Frachtaval üblich sind, findet der Avalkredit in dieser Form auch Verwendung bei vorgesehenen Vertragsstrafen, geleisteten Anzahlungen, Prozessverpflichtungen, Wechselschulden u. a. m. (GUF: 55)

serie *f* (def) Conjunto de valores homogéneos. (GAR vs series) **Serie** *f* *^Anleihe^* *^Auslosung^* (def) Unterscheidungsmerkmal bei Wertpapieren (Reihe), die aus unterschiedlichen Emissionen stammen. (BAL); (kon) Bei der Auslosung wird die Anleihe in soviel Serien aufgeteilt, wie Tilgungstermine geplant sind, und die zu tilgende Serie wird durch Los bestimmt. (GUF: 41)

servicio de la deuda *m* *^coste explícito de capital (RCS)^* (def 1) Está formado por la parte del principal y por los intereses correspondientes que en una emisión de deuda, bonos, obligaciones y otros títulos de renta fija entrega periódicamente el prestatario. (DEN vs servicio de deuda); (def 2) El servicio de la deuda pública, que incluye el reembolso del principal y el pago de los intereses, constituye partida obligada de los presupuestos generales del Estado. (...) (TAM vs deuda pública) **Kapitaldienst** *m* *^Tilgung^* *^Verzinsung^* (def) Tilgungs- und Zinszahlungen des Schuldners für aufgenommene Anleihen und Kredite sowie laufend wiederkehrende Leistungen wie Renten, Pensionen usw. Bei der Annuitätenmethode bedeutet der Kapitaldienst den jährlichen Beitrag zur Tilgung und Verzinsung des noch in dem Investitionsobjekt gebundenen Kapitals. (BAL); (kon) Dabei bleibt zwar die Summe aus Tilgung und Zinsen (Kapitaldienst) während der gesamten Darlehenslaufzeit unverändert, jedoch fallen mit zunehmender Dauer durch den schrumpfenden Darlehensbetrag die Zinsen, und es steigt der Tilgungsanteil. (GUF: 38/39)

sindicato de colaboración *m* *^consorcio^*

sistema monitorio *m* *^departamento de moniciones (GWW)^* *^impagados (DEN)^* *^reclamación de impagos (BRW)^* (def 1) Nombre del departamento encargado de gestionar los créditos que, vencidos, no han sido cobrados. (DEN vs impagados); (def 2) Sistema por el cual, con motivo de demora, un acreedor exige a sus deudores el pago de las facturas pendientes. En Alemania, el primer aviso es gratuito, es decir, a partir del segundo aviso es cuando el acreedor puede exigir al deudor el pago de una tasa de demora. La ley no regula las disposiciones sobre el número de avisos antes de llevar a cabo medidas legales. En general, el proceso monitorio depende de las costumbres del acreedor y de las disposiciones del contrato. (DV) **Mahnwesen** *n* *^Inkassowe-*

sen^ (def) Das Mahnwesen umfasst alle Aktivitäten eines Unternehmens, die notwendig sind, um säumige Kunden zur Begleichung ihrer Schulden aufzufordern. Die dem Unternehmen dafür zur Verfügung stehenden Mittel sind gesetzlich geregelt. (DV); (expl 1) Normalerweise muss der Gläubiger den Schuldner, der nach Eintritt der Fälligkeit nicht leistet, durch eine Mahnung in Verzug setzen (§ 286 Abs. 1 BGB). Wann die Leistung fällig ist, richtet sich nach der vertraglichen Vereinbarung. Ist kein Fälligkeitstermin vereinbart worden, so kann der Gläubiger die Leistung sofort verlangen (§ 271 Abs. 1 BGB). Eine Mahnung braucht nicht als solche bezeichnet zu werden. Der Gläubiger muss dem Schuldner aber unmissverständlich zu verstehen geben, dass er die Leistung nun erwarte und ein Ausbleiben der Leistung Folgen nach sich ziehen werde. Eine Mahnung kann auch mündlich geschehen. Als Mahnung gilt auch die Klageerhebung auf die Leistung oder die Zustellung eines Mahnbescheids. Eine Mahnung ist nicht erforderlich, wenn ein fester Leistungszeitpunkt (Datum) ausgemacht war (§ 286 Abs. 2 BGB), ferner nicht, wenn sie von vornherein zwecklos erscheint (der Schuldner hat sich ernsthaft geweigert zu leisten). Liegen diese Voraussetzungen vor, so tritt der Verzug automatisch ein; es sei denn, dass den Schuldner am Ausbleiben der Leistung kein Verschulden trifft (§ 286 BGB). Liegt dagegen Verzug vor, so muss der Schuldner dem Gläubiger denjenigen Schaden ersetzen, den dieser durch die Leistungsverzögerung erleidet. Daneben behält der Gläubiger natürlich seinen Erfüllungsanspruch. (...). Liegt eine Geldschuld vor, so kann der Gläubiger immer 4 % Verzugszinsen verlangen (...). (RMR: 41/42); (expl 2) Rechtsgrundlage: § 286 BGB: Leistet der Schuldner auf eine Mahnung des Gläubigers nicht, die nach dem Eintritte der Fälligkeit erfolgt, so kommt er durch die Mahnung in Verzug. Der Mahnung steht die Erhebung der Klage auf die Leistung sowie die Zustellung eines Mahnbescheids im Mahnverfahren gleich.; (kon) Abbau der Forderungen (Außenstände) zum Beispiel durch Verschärfung des Mahnwesens, Verbesserung der Konditionen für prompte Zahler (Skonto), Verkauf von Forderungen an eine Factoring-Gesellschaft, sofern die entsprechenden Voraussetzungen vorliegen. (GUF: 116)

Soc. Col. *f ^SC^*

Soc. Coop. *f ^Scoop.^*

sociedad anónima *f* (Komm) In der Fachliteratur ist sowohl die Groß- als auch die Kleinschreibung zu finden. Streng genommen müsste immer dann die Großschreibung angewandt werden, wenn es sich um eine bestimmte Gesellschaft handelt, wohingegen die Kleinschreibung allgemeinen Aussagen über die Gesellschaftsform vorbehalten ist.; (def 1) (...) Se gobierna por un consejo de administración – que a su vez puede transferir muchas de sus competencias a un consejo delegado – que responde ante la junta general de accionistas. Es la única clase de empresa cuyas acciones pueden cotizarse en Bolsa. (...) (TAM); (def 2) Es una sociedad de carácter mercantil cuyo capital está dividido en acciones y se integra por las aportaciones de los socios, los cuales no responden personalmente de las deudas sociales; es, por tanto, una sociedad capitalista en la que más que las condiciones de los socios interesa su participación social; (...). (DEE); (kon) La sociedad anónima, cualquiera que sea su objeto, tendrá carácter mercantil, y en cuanto no se rija por disposición que le sea específicamente aplicable, quedará sometida a los preceptos de esta Ley. (LSA art. 3) **Aktiengesellschaft** *f ^AG^ ^Aktie^ ^Aktionär^ ^Aufsichtsrat^ ^Hauptversammlung^ ^Vorstand^* (def) Handelsgesellschaft (»Aktienverein«) mit eigener Rechtspersönlichkeit, also eine juristische Person, deren Gesellschafter, die Aktionäre, i. d. R. nicht aktiv bei ihr tätig sind, sondern lediglich mit ihren Einlagen auf das Grundkapital beteiligt sind und nur damit haften. Eine persönliche Haftung der Aktionäre existiert nicht, für die Verbindlichkeiten der AG haftet ausschließlich das Aktienkapital. Das Grundkapital, das mit seinem Nennbetrag ins Handelsregister eingetragen ist, entspricht dem Nennwert der Summe aller von der AG emittierten Aktien. Es wird aufgebracht, in dem die Anteile an Kapitalanleger verkauft werden, die sowohl natürliche Personen als auch andere Unternehmen sein können. Die AG ist die geeignetste Unternehmungsform, die die Möglichkeit bietet, große Kapitalbeträge dadurch aufzubringen (Beteiligungsfinanzierung), dass sehr viele Kapitalanteile mit niedrigen Nennwerten emittiert werden und sich auch kleine Kapitalanleger an ihr beteiligen können. Sie ist zugleich die typische Rechtsform für Großunternehmen. (...) Die Satzung der AG bestimmt Firma, Sitz, Unternehmensgegenstand, Höhe des Grundkapitals, Nennwerte und Gattungen der Aktien (...) u. a. m. Die AG hat 3 Organe: Vorstand, Aufsichtsrat und HV [Hauptversammlung]. (...) Die Konstruktion der AG findet sich in den Grundlagen in sämtlichen wesentlichen Industriestaaten; allerdings differieren die rechtlichen Regelungen. Prototyp sind vor allem die großen Publikumsgesellschaften, bei denen eine große Anzahl von Aktionären oft mit kleinen und kleinsten Aktienbeträgen beteiligt ist. (BAL); (kon) In der Aktiengesellschaft treten die Bindungen zwischen dem Eigenkapital und den Kapitalgebern im Vergleich zur GmbH noch stärkter zurück. (GUF: 23)

sociedad de capital *f* ^*sociedad capitalista*^

sociedad capitalista *f* ^*sociedad de capital (DDU)*^ (Komm) El término alemán es más restrictivo que el español: sólo comprende las *S. A., S. L.* y *S. C. por acciones.*; (def) En el Derecho Mercantil, aquella en que la aportación de los socios consiste en dinero. Aunque ello constituya la norma general, y aun la exclusiva en las sociedades anónimas, no acontece lo mismo en todas las especies; y así tanto en las sociedades colectivas como en las comanditarias, cabe que los socios aporten bienes de todas clases, y aun que no aporten sino el valor que significa el propio trabajo, sea manual, de asesoramiento o de dirección. (DDU); (kon) La sociedad mercantil, caracterizada como persona jurídica, constituye el comerciante social o colectivo; y reviste multitud de formas, de las cuales las más frecuentes son: la sociedad colectiva, la anónima, la comanditaria, la de responsabilidad limitada, la de capital y la de industria, analizadas en las respectivas voces. (DDU vs sociedad mercantil) **Kapitalgesellschaft** *f* ^*Personengesellschaft*^ (Komm) El término alemán es más restrictivo que el español: sólo comprende las *S. A., S. L.* y *S.C. por acciones.*; (def) Eine Gruppe der möglichen Unternehmungsformen der Handelsgesellschaften. Im Gegensatz zu Personengesellschaften steht die kapitalmäßige Beteiligung der Gesellschafter im Vordergrund. Eine Beteiligung ohne Kapitaleinlage ist nicht möglich, eine persönliche Mitarbeit der Gesellschafter nicht erforderlich. Das Zurücktreten persönlicher Gesichtspunkte wird begünstigt durch die der K[apitalgesellschaft] eigene Rechtsform der juristischen Person, die der Kapitalgesellschaft Rechtsfähigkeit verleiht und für Vertretung und Geschäftsführung besondere (nicht notwendig mit den Gesellschaftern personengleiche) Organe erfordert. Die Anteile der Gesellschafter der Kapitalgesellschaft sind regelmäßig übertragbar, ohne dass durch Gesellschafterwechsel oder Ausscheiden bzw. Eintritt von Gesellschaftern der Bestand der Kapitalgesellschaft beeinflusst wird. Die Willensbildung (Beschlussfassung) erfolgt in der Regel nach dem Verhältnis der Kapitalbeteiligung. Das persönliche Vermögen der Gesellschafter haftet nicht für die Schulden der Gesellschaft (Ausnahme: Komplementär der KGaA). (GWL); (expl) Kapitalgesellschaften heben sich vor allem dadurch von Personengesellschaften ab, dass die Geschäftsführungsberechtigung nicht automatisch den Eigenkapitalgebern (oder einer Gruppe aus ihnen) zusteht, sondern die Geschäftsführer durch Gremien – in denen die Eigentümer allerdings mindestens mitentscheiden – gewählt werden. Auch ist die Haftung der Gesellschafter für die Verbindlichkeiten der Gesellschaft bei Kapitalgesellschaften zumeist stärker eingeschränkt als bei Personengesellschaften. (SWO); (kon) Die Geschäftsführung wird in der GmbH, wie bei allen Kapitalgesellschaften, von den Kapitalgebern losgelöst. (GUF: 22)

sociedad colectiva *f* ^*sociedad regular colectiva (EEE)*^ (def) Sociedad personalista dedicada, en nombre colectivo y bajo el principio de responsabilidad personal, ilimitada y solidaria de los socios, a la explotación de una industria mercantil. Suelen señalarse como características de estas sociedades. 1) Personalismo. La sociedad colectiva es una sociedad personalista donde la cualidad del socio es determinante, lo que se traduce en la imposibilidad de su transmisibilidad, ni poder sustituir a uno de ellos por un tercero sin el consentimiento de los demás socios colectivos. 2) Sociedad de trabajo, pues los socios colectivos aportan además de sus bienes su esfuerzo personal en la consecución del objeto social. 3) Nombre colectivo, que está formado por el nombre de todos, alguno o uno sólo de los socios colectivos, añadiendo en los dos últimos casos las palabras »y compañía«. No está admitida la posibilidad de utilizar nombres de fantasía, no la inclusión en el nombre social de personas que no pertenezcan a la sociedad, y si lo hacen, quedarán igualmente sometidos a la responsabilidad personal por las deudas sociales. 4) Responsabilidad personal, ilimitada y solidaria de los socios de las deudas sociales. Todos los socios colectivos, esté o no incluido su nombre en la razón social responden personalmente con su patrimonio personal de las deudas de la sociedad, teniendo esta responsabilidad carácter ilimitado y solidario. La gestión y administración de la sociedad, salvo que expresamente en la escritura social se hubiere atribuido a persona determinada, corresponderá a todos los socios colectivos, que por este hecho, se constituirán en gestores de ésta debiendo adoptar las decisiones por unanimidad, aunque puede establecerse en el contrato social que éstas se tomarán simplemente por mayoría. Si la administración se ha atribuido a uno o varios socios gestores, el resto de los socios colectivos no podrán inmiscuirse en la gestión social. Puede suceder también que la representación de la sociedad se otorgue especialmente a un socio concreto, que estará autorizado para usar de la firma social y vincular a la sociedad y el resto de los socios, aunque para ello debe constar así inscrito en el Registro Mercantil. El representante sólo podrá utilizar la firma social en beneficio de la sociedad pues si lo hace en interés propio, incurrirá en abuso de facultades, pudiendo incluso llegarse a nombrar un coadministrador cuando el representante ponga en peligro la masa social. Los socios de la sociedad colectiva tienen la prohibición de concurrencia, esto es, no están capacitados para ejercer por cuenta propia actividades empresariales que pudieran concurrir en régimen de competencia desleal con la sociedad. En cuanto a la distribución de las ganancias, en primer lugar se estará a la escritura social, y cuando no exista determinación al respecto, éstas se dividirán a prorrata de la porción de interés que cada uno tuviera en la sociedad, percibiendo los socios industriales, al menos, igual cantidad que la que percibe la clase de socio capitalista con menor participación. Las pérdidas se imputarán en la misma proporción entre los socios capitalistas, quedando excluido el socio industrial, salvo pacto en contrario. Cuando las sociedades colectivas admiten algún socio comanditario, con un régimen distinto en cuanto a su inclusión en la razón social y en el sistema de participación en las pérdidas y ganancias sociales, la sociedad deja de ser colectiva para encuadrarse en las reglas de la sociedad comanditaria o sociedad en comandita simple. (DEI); (kon) La sociedad colectiva es una verdadera comunidad de trabajo, en la que, salvo prescripción contraria del contrato, todos los socios »tienen la facultad de concurrir a la dirección y manejo de los negocios comunes« (art. 129), sin que la participación del socio en la gestión social se mida por el importe de su aportación patrimonial. (UDM: 190) **Offene Handelsgesellschaft** *f ^OHG^* (def) Die OHG als Personengesellschaft ist Grundform für einen engen Zusammenschluss, wobei persönliche Mitwirkung und volle vermögensmäßige Haftung im Regelfall die wesentlichen Charakteristika sind. Rechtsgrundlagen in folgender Priorität: Gesellschaftsvertrag, §§ 105 ff. HGB, §§ 705 ff BGB (Gesellschaft des bürgerlichen Rechts); die jeweils nachrangigen sind subsidiär. Die Normen aus HGB und BGB sind in vieler Hinsicht veraltet; sie enthalten meist dispositives (abänderbares) Recht, sodass es bei vielen Elementen der Unternehensverfassung darauf ankommt, im Gesellschftsvertrag eine angemessene Regelung zu treffen. Gegenstand der OHG muss ein vollkaufmännisches Unternehmen sein, sonst ist sie Gesellschaft des BGB. Gesellschafter kann auch eine juristische Person sein. Die OHG hat zwar keine eigene Rechtspersönlichkeit, sie kann aber als Übergangsform zur juristischen Person angesehen werden: Partiell besteht gewisse Rechtsfähigkeit, indem die OHG unter ihrer Firma Eigentum und Rechte erwerben, Verbindlichkeiten eingehen und vor Gericht Prozesspartei sein kann. Das Vermögen der OHG ist Gesamthandvermögen (...). Gesellschafter haften unmittelbar und unbegrenzt. Prinzipiell ist jeder Gesellschafter allein zur Führung der Geschäfte (im Innenverhältnis) berechtigt und verpflichtet. Korrespondierend dazu kann im Grundsatz jeder Teilhaber die Gesellschaft nach außen allein vertreten. Der Ausschluss einzelner Gesellschafter von der Geschäftsführung und von der Vertretung ist möglich, jedoch bedarf dies der Handelsregistereintragung. Die Befugnis zur Geschäftsführung erstreckt sich auf alle Handlungen, die der gewöhnliche Betrieb des Handelsgewerbes der OHG mit sich bringt. Widerspruchsrecht eines Teilhabers. Da nach dem Wortlaut des Gesetzes jeder alles machen und alle verpflichten kann, empfiehlt sich eine klare Kompetenzabgrenzung namentlich in einem größeren, vielgliedrig organisierten Unternehmen, unter Umständen Vorbehalt des Mehrheitsbeschlusses, etwa bei Überschreiten einer bestimmten Wertgrenze, noch bedeutungsvoller aber bei Unternehmenskonzeption oder Vertriebsstrategie. Die gesetzliche Regel über die Beschlussfassung, nämlich Einstimmigkeit, wird meist abgeändert, dabei Stimmverhältnisse nach der Kapitalbeteiligung. Ähnlich veraltet ist die HGB-Vorschrift über die Ergebnisverteilung: Kapitalverzinsung, Zuordnung des Rests nach Köpfen. Die Praxis davon abweichend: Tätigkeitsvergütung, unter Umständen Kapitalverzinsung, Aufgliederung des Restgewinnes nach Kapitalbeteiligung. Wichtiger Punkt für den Gesellschaftsvertrag: Entnahmeregelung. Die dem Gesetzgeber vorschwebenden Auflösungsgründe bedürfen einer Anpassung an heutige Verhältnisse, z. B. zum Tod eines Teilhabers und bei Kündigung. Über die Ermittlung des Auseinandersetzungsguthaben des Ausscheidenden und die Auszahlung sollte der Gesellschaftsvertrag Normen vorsehen, die die Fortführung des Unternehmens finanziell ermöglichen. Betriebswirtschaftlich ist die OHG die Rechtsform für Unternehmen im überschaubaren Rahmen. Sie ist besonders stark vom Vertrauen der Gesellschafter untereinander abhängig. Dem trägt das Gesetz dadurch Rechnung, dass kein Gesellschafter seinen Anteil ohne Zustimmung der anderen abtreten kann. Diese notwendige Kontinuität kann aber problematisch werden, wenn Erben eines Teilhabers eintreten. Auf jeden Fall sollte man in einer OHG die Zahl der Gesellschafter auch bei Erbfolge begrenzen. Nicht selten führt die vornehmlich auf die Persönlichkeiten abgestellte OHG in späteren Generationen zu Problemen im Zusammenwirken. Hier kann u. U. ein neutraler Beirat hilfreich sein. (LBW); (expl) Rechtsgrundlage: § 105 HGB: Eine Gesellschaft, deren Zweck auf dem Betrieb eines Handelsgewerbes unter gemeinschaftlicher Firma gerichtet ist, ist eine offene Handelsgesellschaft, wenn bei keinem der Gesellschafter die Haftung gegenüber den Gesellschaftsgläubigern beschränkt ist.; (kon) Die Offene Handelsgesellschaft kann als ein Zusammenschluss von zwei oder mehreren Einzelkaufleuten aufgefasst werden. (GUF: 15); (Komm) Sowohl im deutschen als auch im spanischen Gesellschaftsrecht ist für die OHG keine Mindestkapitaleinlage vorgesehen, dennoch fand in beiden Ländern eine unterschiedliche Entwicklung statt: Während in Spanien seit Beginn der 1960er Jahre selten Gründungen von OHGs vorgenommen werden, zählt sie in Deutschland zu den bedeutenden und häufig vorkommenden Gesellschaftsformen. Manche spanische Autoren führen die ablehnende Haltung spanischer Gesellschafter gegenüber der Gründung einer OHG auf die gesellschafterunfreundliche spanische Gesetzgebung zurück und nicht zuletzt auf die Tatsache, dass in der Vergangenheit für die Gründung von Aktiengesellschaften ebenfalls kein Mindestkapital vorgesehen war. In Deutschland dagegen hat sich die OHG in der Praxis behauptet. Sie wird als die typische Rechtsform kleinerer und mittlerer Betriebe angesehen. Dies wird ebenfalls auf die Gesetzgebung zurückgeführt, wobei die Gründe, die in Spanien als nachteilig für Gesellschafter betrachtet werden, in Deutschland als besonders vorteilhaft gewertet werden: »Die OHG ist eine ideale Kombination von Arbeitseinsatz, Kapitaleinsatz und Kreditwürdigkeit. Ihrem Leitbild nach sind sämtliche Gesellschafter identisch mit seiner Berufsausübung. Die Kreditwürdigkeit ist wegen der unbeschränkten Haftung optimal. Man kann deshalb mit Recht die offene Handelsgesellschaft als volkswirtschaftlich wünschenswerte Unternehmensform bezeichnen, da sie individuelle Initiativen fördert und an das Verantwortungsbewusstsein der Gesellschafter appelliert.« (KGG: 46). Die Rechtsgrundlagen dieser Gesellschaftsform sind in den Artikeln 125-144 des Código Comercio und in den §§ 105-160 des HGB zu finden.

sociedad en comandita (1) *f* ^*sociedad comanditaria (DEI)*^ (def) La sociedad comanditaria o sociedad en comandita viene a ser una sociedad colectiva con algunas notas de las sociedades anónimas. La característica principal de las sociedades comanditarias es la coexistencia de dos clases diferenciadas de socios: socios colectivos con una responsabilidad personal, solidaria e ilimitada de las deudas sociales y unos socios comanditarios que tienen una responsabilidad limitada a su aportación a la sociedad. La sociedad comanditaria, al igual que la colectiva, es una sociedad personalista, en la que la gestión social queda encomendada a los socios colectivos, pero en la que existe además otra clase de socios: los comanditarios. La sociedad en comandita gira bajo un nombre colectivo que incluirá todos, alguno o uno sólo de los socios colectivos, indicando a continuación en los dos últimos casos »y compañía«, y siempre indicando además »sociedad en comandita«. En la razón social no pueden incluirse los nombres de los socios comanditarios, quedando en caso contrario sujetos a idénticas responsabilidades que los socios gestores, sin adquirir por ello iguales derechos. Los socios colectivos tienen el mismo régimen en cuanto a derechos y obligaciones que los socios colectivos en la sociedad colectiva, por tanto, vendrán obligados a realizar su aportación; participarán en la gestión y administración de la sociedad cuando éstas no se hayan atribuido a alguno o algunos socios en concreto; precisarán para la representación de la sociedad tener la autorización de uso de la firma social y constar así inscrito en el Registro Mercantil; acceso a la contabilidad e información sobre la marcha de la sociedad en los plazos establecidos; derecho a participar a prorrata en los beneficios sociales y una responsabilidad personal e ilimitada sobre las deudas sociales. Por su parte, los socios comanditarios vendrán obligados a efectuar su aportación al capital de la sociedad, que en ningún caso podrá efectuarse en especie, esto es, el socio comanditario no puede ser socio industrial. Dicha aportación será el límite de su responsabilidad por las deudas sociales. Los socios comanditarios tienen prohibido cualquier acto de gestión de la sociedad, que no podrán realizar ni tan siquiera en calidad de apoderados de los socios gestores, en contrapartida, no pesa sobre ellos la obligación de no concurrencia. Por último, su participación en las ganancias se acomodará a su proporción en la aportación social. Este es el régimen de la sociedad comanditaria simple. (...). (DEI); (kon) La sociedad en comandita, al igual que la colectiva, gira y se obliga en el tráfico bajo una denominación subjetiva o razón social. (UDM: 221) **Kommanditgesellschaft** *f ^KG^ ^Kommanditist^ ^Komplementär^* (def) K[ommanditgesellschaft] ist eine handelsrechtliche Personengesellschaft, die sich von der offenen Handelsgesellschaft allein dadurch unterscheidet, dass bei einem Teil der Gesellschafter die Haftung gegenüber den Gesellschaftsgläubigern auf einen bestimmten Betrag begrenzt ist (§ 161 I HGB). Es müssen also im Übrigen alle Voraussetzungen einer OHG vorliegen. Gesellschafter der KG sind die unbeschränkt haftenden Komplementäre und die beschränkt haftenden Kommanditisten. Jede KG muss mindestens einen Komplementär und mindestens einen Kommanditisten haben. Wie bei der OHG kann Komplementär auch eine juristische Person, insbesondere eine Gesellschaft mit beschränkter Haftung sein (...). Die Rechtsverhältnisse der KG entsprechen grundsätzlich denen der OHG (§ 161 II HGB) mit folgenden Ausnahmen: In die Firma darf nicht der Name eines Kommanditisten aufgenommen werden. In das Handelsregister sind die Namen der Kommanditisten und die Geldbeträge ihrer Einlage (Haftsumme) einzutragen, während bei der Bekanntmachung nur die Zahl der Kommanditisten anzugeben ist (§ 162 HGB). Die Kommanditisten sind von der Geschäftsführung ausgeschlossen; diese steht allein den Komplementären zu (§ 164 HGB). Jedoch kann im Gesellschaftsvertrag einem Kommanditisten die Geschäftsführung übertragen werden. Die Kommanditisten haben stets Kontrollrechte (§ 166 HGB). Bei der Verteilung von Gewinn und Verlust (§§ 167, 168 HGB) ist wichtig, dass der Kommanditist am Verlust nur bis zum Betrag seines Kapitalanteils und seiner noch rückständigen Einlage teilnimmt. Für die Verbindlichkeiten der Gesellschaft haftet er ebenso wie der Komplementär persönlich und unmittelbar, jedoch nur bis zur Höhe seiner Einlage (Haftsumme); seine Haftung entfällt, wenn er seine Einlage geleistet hat und so der Betrag der Haftsumme in das Gesellschaftsvermögen geflossen ist (§ 171 I HGB). Anders als bei der OHG ist der Tod eines Kommanditisten kein Auflösungsgrund (§ 177 HGB), desgleichen nicht dessen Ausscheiden aus einer KG, die auf die Mitgliedschaft vieler rein geldmäßig beteiligter Kommanditisten angelegt ist (...). (CRL); (kon) Die Rechtsform der Kommanditgesellschaft wird unter Finanzierungsgesichtspunkten meistens dann gewählt, wenn das Kapital der Initiatoren der Gesellschaft (Komplementäre) für die Eigenfinanzierung nicht ausreicht. (GUF: 17/18) **sociedad en comandita (2)** *f ^Sociedad Limitada y Cia.^*

sociedad en comandita por acciones *f ^Sociedad comanditaria por acciones (HAC)^* (def 1) Variedad de la Sociedad en Comandita, en la que el capital aportado por los socios comanditarios está representado por acciones. Debido a esto, presenta ciertas semejanzas con la S. A. Así, por ejemplo en la escritura de constitución deberán constar los detalles referentes a las acciones (...). Su capital no podrá exceder de cincuenta millones de pesetas, de acuerdo con el artículo 4.°de la L. S. A. y deberá estar desembolsado en una cuarta parte conforme al artículo 8.° de la L. S. A. (DDM); (def 2) (...) Ante la laguna legal, que no determina normas específicas para el régimen de estas sociedades, la doctrina esp. se inclina a aceptar las reglas de la sociedad anónima en cuanto al capital integrado por acciones y los derechos y deberes de los comanditarios accionistas. (...) (DDU); (kon) La sociedad en comandita por acciones tendrá el capital dividido en acciones, que se formarán por las aportaciones de todos los socios, uno de los cuales responderá personalmente de las deudas sociales como socio colectivo en los términos previstos por los artículos 127 y 137. (ODM: 115) **Kommanditgesellschaft auf Aktien** *f* (def) I. Charakterisierung: 1. Begriff: Handelsrechtliche Unternehmungsform, Mischform von Kommanditgesellschaft (KG) und Aktiengesellschaft (AG). 2. Rechtliche Grundlagen: §§ 278-290 AktG. 3. Rechtliche Gestaltung: a) Die KGaA ist eine juristische Person, hat also eigene Rechtspersönlichkeit. Ein oder mehrere Gesellschafter haften persönlich mit ihrem gesamten Vermögen (Komplementäre), die übrigen (Kommanditisten, KommanditAktionäre) nur mit ihrer Einlage, die durch die Aktie verbrieft ist. b) Die Vorschriften über Gründung und Verwaltung sind mit gewissen, durch das Hinzutreten der Komplementäre bedingten Abweichungen die gleichen wie bei der AG: Die Komplementäre (auch Geschäftsinhaber genannt) bilden den Vorstand der KGaA. Die Beschlüsse der Hauptversammlung bedürfen der Zustimmung der Komplementäre bei Angelegenheiten, für die auch bei der KG das Einverständnis der Komplementäre und Kommanditisten erforderlich ist. Die Komplementäre dürfen Aktien übernehmen und können selbstständige Einlagen neben dem Kommanditkapital machen. Sie haben in der Hauptversammlung nur ein Stimmrecht für ihre Aktien, keines in den Fällen des § 286 I AktG. Rechtsstellung der Komplementäre untereinander und gegenüber den Kommanditaktionären entsprechend §§ 161 ff. HGB. c) Umwandlung in eine KG ist durch Beschluss der Hauptversammlung mit Zustimmung aller Komplementäre möglich. Soweit Sondervorschriften nichts anderes bestimmen, gelten sämtliche Bestimmungen für die AG sinngemäß, insbesondere bezüglich der Publikationspflicht, des Jahresabschlusses etc. 4. Wirtschaftliche Bedeutung: Die KGaA hat nur geringe Verbreitung gefunden. Doch kann die Persönlichkeit der Komplementäre, die durch die persönliche Haftung aufs engste mit dem Geschick des Unternehmens verknüpft sind, der KGaA besonderes Vertrauen verschaffen. (...) (GWL); (kon) Die Kommanditgesellschaft auf Aktien ist eine Unternehmungsmischform mit Wesenszügen der Kommanditgesellschaft und der Aktiengesellschaft. (GUF: 28)

sociedad comanditaria *f ^sociedad en comandita^*

sociedad cooperativa *f ^cooperativa^*

sociedad de factoring *f ^factor^*

sociedad de garantía recíproca *f ^comunidades de garantía crediticia^* (def) Es aquella cuyo objeto social consiste en avalar a las PYMEs [pequeñas y medianas empresas], que muchas veces no tienen suficiente solvencia, una a una, a efectos de conseguir créditos bancarios. También, facilita el acceso a líneas de financiación privilegiada. (TAM); (kon) Existen 26 sociedades de garantía recíproca, con más de 40.000 socios partícipes. (DEN) **Kreditgarantiegemeinschaft** *f ^Ausfallbürgschaft^* (def) Spezialbanken, die als Selbsthilfeeinrichtungen der mittelständischen Wirtschaft für Unternehmen, die keine ausreichenden Kreditsicherheiten bieten können, Ausfallbürgschaften für langfristige Investitionskredite übernehmen. (GWL); (expl) Kreditgarantiegemeinschaften sind privatwirtschaftlich geführte Selbsthilfeinstitutionen einzelner Branchen, die, durch Rückbürgschaften der öffentlichen Hand abgesichert, Ausfallbürgschaften für langfristige Kredite übernehmen, die der Existenzgründung, Betriebsvergrößerung, Rationalisierung und Umsiedlung kleinerer und mittlerer Unternehmen dienen. (WÖH); (kon) Eigens für die Bürgschaftsübernahme geschaffen sind Kreditgarantiegemeinschaften, die sich gegenüber Banken für Kredite an Freiberufler sowie an kleinere und mittlere Betriebe verbürgen. (GUF: 63)

sociedad de leasing *f ^arrendador financiero^*

Sociedad Limitada y Cia. *f ^sociedad en comandita^* (def) Compañía mercantil alemana basada en la dualidad de socios: colectivos unos, de responsabilidad ilimitada; y comanditarios otros, de limitada responsabilidad; por lo cual combina el sistema general de la sociedad colectiva en cuanto a los primeros, con las normas de la sociedad anónima, a cuyos accionistas son similados los segundos. En estas sociedades, el socio o socios que tengan el manejo de la compañía, o que estén incluídos en el nombre o razón social, responden solidariamente de los resultados de las operaciones sociales. La sociedad ha de girar con el nombre de uno o varios socios, o de todos ellos. En los dos primeros casos ha de añadirse »y compañía«; y, siempre la indicación de »sociedad en comandita« (...) (DDU); (Komm) En el Derecho español se considera admitida por la doctrina la participación de personas jurídicas como socios de una sociedad colectiva o de una sociedad comanditaria. En consecuencia, la figura de la sociedad de responsabilidad limitada socio colectivo de una sociedad comanditaria resulta posible también en el Derecho español. En la reforma de 1995 se introdujo un precepto por imperativo comunitario que se dirige a esta clase de sociedades. En la práctica española esta solución se encuentra poco difundida.; (kon) La comanditaria, en que uno o varios sujetos aportan capital determinado al fondo común, para estar a las resultas de las operaciones sociales dirigidas exclusivamente por otros. Las Compañías pueden admitir a un socio comanditario respecto al cual regirán las disposiciones establecidas sobre las disposiciones en comandita, quedando sujetos los demás socios a las reglas comunes de las Sociedades des colectivas. **GmbH & Co. KG** *f* (def) Kommanditgesellschaft, bei der eine GmbH persönlich haftender Gesellschafter ist und andere Rechtspersonen (meist die Gesellschafter der GmbH) Kommanditisten sind. Zulässige Gesellschaftsform, juristisch Personengesellschaft. Durch die Beteiligung der juristischen Person (GmbH) wird die Haftung des persönlich haftenden Gesellschafters auf deren Vermögen beschränkt. Gründung nach den Grundsätzen der Errichtung der KG. In der Firmenbezeichnung muss die GmbH erscheinen, auch bei Gesellschafterwechsel durch Ausscheiden einer natürlichen Person als persönlich haftender Gesellschafter und Eintritt einer GmbH an seine Stelle. Bei Nichtangabe der Beteiligung der GmbH in der Firmenbezeichnung kommt Durchgriffshaftung in Betracht. (GWL); (expl) In dieser Rechtskonstruktion tritt an die Stelle des immer notwendigen Vollhafters (Komplementärs) in einer KG eine Gesellschaft mit beschränkter Haftung. Dadurch gelingt es, die unbeschränkte Haftung einer natürlichen Person (Komplementärs) durch die beschränkte Haftung der juristischen Person <GmbH> abzulösen. Diese KG hat somit ausschließlich beschränkt haftende Teilhaber. Sie ist deshalb recht beliebt. Dies hängt einmal mit den Vorteilen der Haftungsbeschränkung zusammen (...). Es hängt zum anderen mit der Möglichkeit zusammen, sehr viele Kommanditisten an einer KG zu beteiligen und somit relativ hohe Eigenkapitalbeträge aufzubringen. Dies wiederum erlaubt die Realisierung großer Projekte, ohne dass das Risiko für den Einzelnen der Beteiligten zu groß wird: dafür sorgt die durch diese Konstruktion herbeigeführte generelle Haftungsbeschränkung. (DRU); (kon) Wegen der Haftung und der steuerlichen Gesichtspunkte wird bei der GmbH & Co. KG das Gesamtkapital des Komplementärs meistens auf die gesetzlich vorgeschriebene Mindesthöhe beschränkt. (GUF: 34)

Sociedad Mediadora del Mercado de Dinero (SMMD) *f* (def 1) Son sociedades anónimas que actúan por cuenta propia, es decir, asumiendo riesgo, y cuyo objeto social es la intermediación financiera en los mercados monetarios, interbancarios y, de acuerdo con lo prescrito en la ley 14/1988, del Mercado de Valores, en el mercado de la Deuda Pública representada en Anotaciones en Cuenta. (DFB); (def 2) (SMMD) Es aquella que interviene como mediador o broker en el mercado interbancario español. Están reguladas por el Banco de España. (TAM) **Kapitalsammelstelle** *f* ^*Kreditinstitut*^ ^*Versicherung*^ (def) Einrichtung am Finanzmarkt, die durch das Angebot von Kapitalanlagealternativen mehr oder weniger große Einlagen verschiedener Anleger bündelt und diese an Kunden in Form von Krediten vergibt oder selbst nach den Grundsätzen der Risikostreuung anlegt. Diese Losgrößentransformation resultiert daraus, dass Investoren für die Finanzierung ihrer Investitionen hohe Kapitalbeträge benötigen, während die einzelnen privaten Anleger nur verhältnismäßig geringe Beträge zur Verfügung stellen wollen oder können. (...) Kapitalsammelstellen sind Kreditinstitute, Versicherungsgesellschaften, Sozialversicherungsträger, Bausparkassen, Investmentgesellschaften und Kapitalbeteiligungsgesellschaften. (...) (VGW); (kon) Da meist Kapitalsammelstellen, z. B. Versicherungen, Sozialversicherungsträger, Pensionskassen, (...) die Kreditgeber sind, müssen die strengen Anforderungen des Bundesaufsichtsamtes für das Versicherungs- und Bausparwesen an die Besicherung erfüllt werden. (GUF: 45)

sociedad en participación (1) *f* ^*contrato de cuentas en participación*^ (def) En alemán, »Stille Gesellschaft«. Es la entidad que admite los capitales sin concederles ni adjudicarles propiedad en la empresa, pero sí derecho a los beneficios. El capitalista limita su riesgo a la aportación que ha hecho. (ADE); (expl) El art. 239 del C[ódigo] de C[omercio] al contrato de cuentas en participación lo define de la siguente forma: »Podrán los comerciantes interesarse los unos en las operaciones de los otros, contribuyendo para ellas con la parte del capital que convinieren, y haciéndose partícipes de sus resultados prósperos o adversos en la proporción que determinen«. El régimen de constitución de las cuentas en participación no está sometido a ninguna solemnidad, según se establece en el art. 240 del C[ódigo] de C[omercio], y puede pactarse privadamente, tanto de forma oral como escrita, y no es necesaria su inscripción en el Registro Mercantil, bastando como prueba de su existencia cualquiera de los medios admitidos en Derecho. (DFB); (kon) La nueva sociedad en participación se hará cargo tanto de las operaciones como de las redes de distribución de los dos socios. (www.cnh.com) **stille Gesellschaft** *f* (def) Die (typische) stille Gesellschaft ist eine Sonderform der Gesellschaft, bei der sich eine Person (auch juristische Person, andere Gesellschaften u. Ä.; stiller Gesellschafter), derart an dem Handelsgewerbe eines anderen (Einzelkaufmann oder Handelsgesellschaft) beteiligt, dass ihre Einlage gegen einen Anteil am Gewinn in das Vermögen des Inhabers des Handelsgeschäfts übergeht. Die Einlage des stillen Gesellschafters kann in Geld-, Sach-, Dienstleistungen u. Ä. bestehen. Ein Gesellschaftsvermögen entsteht nicht. Der stille Gesellschafter wird durch die Beteiligung nicht zum Kaufmann; der Inhaber muss aber Kaufmannn (wenn auch Minderkaufmann) sein und wird aus den mit Dritten abgeschlossenen Geschäften allein berechtigt und verpflichtet. Die stille Gesellschaft ist als solche keine Handelsgesellschaft, sondern eine Gesellschaft des bürgerlichen Rechts. An einem Unternehmen können sich mehrere stille Gesellschafter beteiligen. Es bestehen dann ebenso viele voneinander unabhängige stille Gesellschaften, wie stille Gesellschafter vorhanden sind. (GWL); (expl) Die Stille Gesellschaft ist in §§ 230-237 HGB geregelt: Sie heißt so, weil sie von außen nicht erkennbar ist. Sie wirkt als reine Innengesellschaft nur zwischen einem Unternehmer und dem stillen Gesellschafter, dem so genannten Stillen. Die Stille Gesellschaft ist in der Praxis häufig anzutreffen und dient meist der Finanzierung. (SPR); (kon) Da die Stille Gesellschaft weder eine juristische Person ist noch eine Vermögensgemeinschaft wie die OHG und die KG, bietet sie als reine Personengemeinschaft die Möglichkeit, die Basis der Eigenfinanzierung des Geschäftsinhabers, der als alleiniger Vermögensträger auftritt, zu erweitern. (GUF: 18) **sociedad en participación (2)** *f* (expl) Sociedad cuyo objeto es el control de otras sociedades mediante participaciones financieras en ellas. (NET); (Komm) In spanischen Wörterbüchern oft auch als *sociedad de cartera* bezeichnet, die der im Deutschen verwendeten Entsprechung »Holding-Gesellschaft« gleichkommt. **Beteiligungsgesellschaft** *f ^Holding-Gesellschaft (GWL)^* (def) Als Vorform des Trusts in den USA entwickelte Effektenhaltungsgesellschaft. H[olding]-G[esellschaften] produzieren nicht selbst; ihre wirtschaftliche Tätigkeit erstreckt sich auf die Verwaltung von Effekten sämtlicher von ihnen beherrschter Unternehmungen und zumeist auf die Abstimmung von deren Produktionsprogrammen, soweit dies zur Marktbeeinflussung zweckmäßig erscheint. Die Aktionäre einzelner Gesellschaften geben der H[olding]-G[esellschaft] ihre Aktien und erhalten dafür diejenigen der H[olding]-G[esellschaft] (sog. Effektensubstitution). Die rechtliche Selbstständigkeit der Unternehmungen bleibt zumindest nach außen bestehen; die wirtschaftliche Selbstständigkeit geht im Hinblick auf die Finanzierung völlig, bezüglich der Unternehmenspolitik weitgehend auf die H[olding]-G[esellschaft] über. (GWL vs Holding-Gesellschaft); (expl) Gesellschaft, die über andere Gesellschaften aufgrund finanzieller Beteiligungen eine Kontrolle ausübt (NET); (kon) Da die Beteiligungsgesellschaften die unternehmerische Selbstständigkeit der finanzierungswürdigen Firmen nicht antasten möchten, bewegen sich die Kapitalquoten zwischen 10 und 49 Prozent. (GUF: 21)

sociedad personalista *f ^sociedad de personas^*

sociedad de personas *f ^sociedad personalista (DDU)^* (def) No es de los tecnicismos más felices, por cuanto no cabe sociedad en que no participe el hombre y que, por exigencias del mínimo asociativo que la dualidad impone, no sea de personas. No obstante, con ciertas indulgencias técnicas se emplea para caracterizar a las compañías mercantiles en que los socios son responsables solidaria e ilimitadamente; como sucede en la sociedad colectiva. Con enfoque tal, y por limitarse entonces la contingencia de las obligaciones patrimoniales a los bienes aportados o al capital social, la especie opuesta es la sociedad de responsabilidad limitada (...). (DDU); (expl) Denominación general para las sociedades colectivas y en comandita simple; sociedades en las cuales la »partnership«, la actividad de los socios tiene una importancia particular, con independencia de su participación en el capital. (UEC) **Personengesellschaft** *f ^Kapitalgesellschaft^* (def) Zusammenschluss von mindestens zwei Personen zur Verwirklichung eines bestimmten Zwecks in der Rechtsform der Gesellschaft. Personengesellschaften sind: Gesellschaft des bürgerlichen Rechts, Partnerschaftsgesellschaft, offene Handelsgesellschaft (OHG), Kommanditgesellschaft (KG), nicht aber die typische stille Gesellschaft, weil hier ein gesellschaftlicher Zusammenschluss nur im Innenverhältnis vorhanden ist. Im Gegensatz zur Kapitalgesellschaft keine juristische Person; nicht die Kapitalbeteiligung, sondern die Person als Gesellschafter steht im Vordergrund. Grundsätzlich arbeiten die Gesellschafter persönlich mit und haften persönlich mit ihrem Vermögen. Eine Kapitalbeteiligung ist bei den Personengesellschaften nicht erforderlich, wenn auch üblich. Die Abstimmung innerhalb der Personengesellschaften findet nach der Zahl der Gesellschafter, nicht nach dem Verhältnis der Kapitalbeteiligung statt. Die Gesellschafter sind stärker an die Gesellschaft gebunden als die Gesellschafter der Kapitalgesellschaft: die Gesellschaftsbeteiligung ist regelmäßig nicht übertragbar (anders: die Aktie); das Gesellschaftsvermögen steht den Gesellschaftern in Gemeinschaft zur gesamten Hand zu. (GWL); (kon) Die Hauptquelle für die Bereitstellung von Eigenkapital ist bei den Personengesellschaften und bei der Einzelfirma daher zunächst das private Vermögen der Gesellschafter. (GUF: 21)

sociedad regular colectiva *f ^sociedad colectiva^*

sociedad de responsabilidad limitada *f* (expl) Sociedad mercantil cuyo capital está dividido en participaciones no negociables en bolsa y en la que los socios no son responsables del pasivo social, sino hasta el importe del capital aportado. La S. L. posee personalidad jurídica. (NET); (kon) Las sociedades de responsabilidad limitada, que tienen su reglamentación más adecuada en Alemania, toman de la colectiva la gestión, y de la anónima la responsabilidad limitada. (HAC: 166) **Gesellschaft mit beschränkter Haftung** *f ^GmbH^* (expl) Handelsgesellschaft, deren Gesellschafter mit Stammeinlagen am Stammkapital beteiligt sind, ohne für die Verbindlichkeiten der Gesellschaft über das Stammkapital hinaus zu haften. Die GmbH hat eigene Rechtspersönlichkeit. (NET); (kon) Dagegen bringen die zahlenmäßig wesentlich weniger vertretenen Aktiengesellschaften ein höheres Eigenkapital auf als die Gesellschaften mit beschränkter Haftung. (GUF: 23)

socio (1) *m* (def) Se denomina socio a la persona con la que se comparten problemas y beneficios. Las disputas entre socios se originan por diferentes percepciones. De ahí que sea tan importante determinar qué papel juega cada cual en las perspectivas futuras de la empresa. Entre las condiciones que se deben negociar se cuentan: a) cómo se compartirán al activo y las responsabilidades en el caso de una disolución, y b) las normas para apartar de la sociedad a las personas que sean incompetentes o que no sean adecuadas para la empresa. (AEE); (kon) El socio X no aporta capital alguno, figurando como socio industrial y aportando sus iniciativas y trabajo. En la sociedad colectiva los socios se comprometen, en nombre colectivo y bajo una razón social, a participar, en la proporción fijada por ellos, de los mismos derechos y obligaciones. (HAC: 166) **Gesellschafter** *m* (def) Gesellschafter kann entweder eine natürliche oder eine juristische Person des privaten bzw. öffentlichen Rechts sein, die an der Gründung einer Gesellschaft teilnimmt oder später in einem gesellschaftsrechtlichen Akt oder durch Erbfolge Gesellschafter geworden ist (...). (LBW); (kon) Da die mit ihrem gesamten Geschäfts- und Privatvermögen haftenden Gesellschafter zur Geschäftsführung berechtigt sind, steht jedem Gesellschafter ein Kontrollrecht gegenüber der gesamten Unternehmung zu. (GUF: 15) **socio (2)** *m ^socio cooperativo^* **socio (3)** *m ^accionista^*

socio colectivo *m* (def) Socio que forma parte de una sociedad colectiva o de una sociedad comanditaria encargado de desempeñar la dirección y la gestión de la sociedad y que se caracteriza por responder personal, solidaria e ilimitadamente de las obligaciones sociales frente a terceros. (DEN); (kon) Las obligaciones que asume el socio comanditario no coinciden enteramente con las del socio colectivo. (UDM: 217) **Komplementär** *m ^Kommanditgesellschaft^ ^Kommanditist^* (def) Komplementär ist derjenige Gesellschafter einer Kommanditgesellschaft oder KG auf Aktien, der unbeschränkt haftet und dem grundsätzlich die Geschäftsführung zusteht. (...) (CRL); (kon) Da die Komplementäre zur Geschäftsführung befugt sind, können diese nur natürliche Personen sein. (GUF: 29)

socio comanditario *m ^comanditario (DEI)^* (def) Socio que junto con los socios colectivos forma parte de una sociedad comanditaria, y que se caracteriza por no intervenir en la gestión social y responder de las deudas sociales de forma limitada hasta una cantidad establecida que generalmente coincide con la cifra de su aportación a la sociedad. (DEN); (kon) Las obligaciones que asume el socio comanditario no coinciden enteramente con las del socio colectivo. (UDM: 217) **Kommanditist** *m ^Kommanditgesellschaft^ ^Komplementär^* (def) Gesellschafter einer Kommanditgesellschaft (KG). [Der Kommanditist haftet] nur beschränkt mit seinem Vermögen, nämlich bis zur Höhe der in dem Handelsregister eingetragenen Kommanditeinlage (Haftsumme). (...). (GWL); (kon) Die Kapitalanteile der Kommanditisten sind nominell fixiert und werden in der festgelegten Höhe auch in das Handelsregister eingetragen. (GUF: 17)

socio cooperativo *m ^cooperativista (CAV)^ ^socio (DEI)^* (Komm) Wenn aus dem Kontext hervorgeht, dass sich der Terminus *socio* auf ein Mitglied einer Genossenschaft bezieht, wird auf das Adjektiv *cooperativo* verzichtet. In Fällen, in denen der Terminus *socio* jedoch nicht ausreicht, um die Zugehörigkeit einer Person zu einer Genossenschaft deutlich zu machen, wird der Terminus *socio cooperativo* vorgezogen.; (def) Persona que forma parte de una cooperativa y que se caracteriza por tener los mismos derechos que todos los demás socios de la cooperativa, por no responder personalmente de las deudas sociales a no ser que los estatutos establezcan lo contrario, por tener la obligación de participar en la actividad empresarial de la cooperativa, por tener la posibilidad de percibir un interés por su aportación al capital y por no participar directamente en los posibles excedentes del balance de fin de ejercicio. (DEN) ; (expl) Rechtsgrundlage: Art. 29 de la Ley de Sociedades Cooperativas: Personas que pueden ser socios. 1. En las Cooperativas de primer grado pueden ser socios, tanto las personas físicas como las jurídicas, públicas o privadas, con las salvedades establecidas en el capítulo XII. En las Cooperativas de segundo o ulterior grado sólo pueden ser socios las Sociedades Cooperativas, salvo lo establecido en el artículo 30 y en el número 1 del artículo 148. 2. Nadie podrá pertenecer a una Cooperativa a título de empresario, contratista, capitalista u otro análogo, respecto de la misma o de los socios como tales. **Genosse** *m ^Genossenschaft^* (def) Mitglied einer Genossenschaft (GWL); (expl) Rechtsgrundlage: § 15 GenG [Genossenschaftsgesetz]: 1) Nach der Anmeldung des Statuts zum Genossenschaftsregister bedarf es zum Erwerb der Mitgliedschaft einer von dem Beitretendem zu unterzeichnenden, unbedingten Erklärung des Beitritts. 2) Der Vorstand hat die Erklärung im Fall der Zulassung des Beitretenden behufs Eintragung desselben in die Liste der Genossen dem Gericht (...) einzureichen. Die Eintragung ist unverzüglich vorzunehmen. 3) Durch die Eintragung, welche auf Grund der Erklärung und deren Einreichung stattfindet, entsteht die Mitgliedschaft des Beitretenden. 4) Von der Eintragung hat das Gericht den Genossen und den Vorstand zu benachrichtigen: der Genosse kann auf die Benachrichtigung nicht verzichten. Die Beitrittserklärung wird in Urschrift bei dem Gericht aufbewahrt. Wird die Eintragung versagt, so hat das Gericht hiervon den Antragsteller unter Rückgabe der Beitrittserklärung und den Vorstand in Kenntnis zu setzen.; (kon) Die externe Aufbringung von Eigenkapital ist im Rahmen einer Kapitalerhöhung sowohl durch eine Erhöhung bereits gezeichneter Geschäftsanteile als auch durch die Aufnahme neuer Genossen möglich. (GUF: 30)

socio menor *m ^socio no principal^* (def) Socio de una sociedad, de una empresa o de un bufete que todavía no tiene derecho a voto para decidir e influir en los asuntos de negocios. (DV); (Komm) Weder in Spanien noch in Deutschland gibt es eine rechtliche Regelung über Rechte, Funktionen und Stellung eines Juniorpartners. Wie lange ein Geschäftspartner als Juniorpartner fungiert, bis er zum Seniorpartner aufsteigt, ist je nach Gesellschaft oder Unternehmen unterschiedlich. Der Begriff stammt ursprüngllich aus dem nordamerikanischen Wirtschaftssystem. Durch den starken Einfluss der englischen Sprache im wirtschaftlichen Bereich gelangte der Begriff ins Deutsche und Spanische. Im Deutschen fällt kaum noch auf, dass es sich bei dem Terminus um ein entlehntes Wortgut handelt, da er durch Groß- und Zusammenschreibung »eingedeutscht« wurde. Ein Vergleich mit verschiedenen Übersetzungen englisch-deutscher Wörterbücher ergibt, dass für den englischen Terminus *junior* meist die Übersetzungen *ohne Vorrechte* und *nachrangig* gewählt werden. **Juniorpartner** *m ^Seniorpartner^* (Komm) Dieser Terminus wurde aus dem Englischen entlehnt (junior partner). Durch seinen häufigen Gebrauch in Wirtschaftstexten wurde er im Laufe der Zeit in den deutschen Wortschatz übernommen und seine Schreibweise ans Deutsche angepasst (siehe auch Kommentar bei *socio menor*).; (def) Mit weniger Rechten ausgestatteter (jüngerer) Geschäftspartner. (DUW); (kon) Nimmt eine OHG oder eine Einzelunternehmung einen Juniorpartner auf (in den meisten Fällen einen ehemaligen Mitarbeiter oder einen Nachkommen des Einzelunternehmers bzw. eines Gesellschafters der OHG), so werden dem Seniorpartner oft besondere Rechte eingeräumt. (GUF: 16)

socio principal *m ^socio más antiguo^* (def) Aquel socio que en una sociedad tiene un poder de voto tal que le permite ser quien más influya en las decisiones sociales, y en consecuencia dirigir la gestión y la administración de dicha sociedad. (DEN); (Komm) Weder in Spanien noch in Deutschland gibt es gesetzliche Bestimmungen bezüglich der Rechte, Funktionen und Stellung eines Seniorpartners. In der Regel entscheidet die Dauer der Tätigkeit in oder für eine bestimmte Gesellschaft oder ein bestimmtes Unternehmen, wann ein Geschäftspartner vom Junior- zum Seniorpartner aufsteigt. Die Dauer ist jeweils gesellschafts- oder firmenintern festgelegt. Ursprünglich stammt der Begriff *Seniorpartner* aus dem nordamerikanischen Wirtschaftssystem. Durch den starken Einfluss der englischen Sprache auf den wirtschaftlichen Bereich gelangte der Terminus in den Wortschatz anderer Sprachen. Im Deutschen ist die Form des englischen Terminus durch Groß- und Zusammenschreibung eingedeutscht worden. Es fällt daher kaum noch auf, dass es sich dabei um ein entlehntes Wortgut handelt. Der spanische Terminus *socio principal* wird häufig in der Wirtschaftsprüfung verwendet. Zur besseren Erschließung des Terminus ist die Angabe zum englischen Wort *senior* in zweisprachigen englisch-deutschen Wörterbüchern hilfreich, die in der Regel die Übersetzung *bevorrechtigt*, *vorrangig*, *leitend*, Führungs- anführen. **Seniorpartner** *m* ^*Juniorpartner*^ (def) Geschäftspartner einer Gesellschaft, eines Unternehmens oder Kanzlei, der Stimmrecht hat und somit Geschäftsentscheidungen mitbestimmen und beeinflussen kann. (DV); (kon) Ist ein Einzelkaufmann oder eine OHG jedoch unter dem Druck von Finanzierungsschwierigkeiten gezwungen, einen Partner aufzunehmen, so muss oft der Seniorpartner dem neuen Gesellschafter Sonderrechte einräumen. (GUF: 16)

socio no principal *m* ^*socio menor*^

solvencia (1) *f* (def 1) (...) La solvencia determina la »salud« patrimonial; el no ser superado el activo por el pasivo exigible; el poseer bienes bastantes para hacer frente a las eventuales obligaciones. (DDU); (def 2) Capacidad de una entidad para hacer frente a todas sus obligaciones, para lo cual debe mantener a medio y largo plazo unos activos suficientes para cubrir sus pasivos. (AEE); (kon) Además el banco central controla los balances y la solvencia de los distintos bancos obligándoles a mantener unas reservas obligatorias. (SMA: 107) **Bonität** *f* ^*Kreditwürdigkeit*^ ^*Sicherheit (WDW)*^ ^*Zahlungsfähigkeit*^ (def) Im weiteren Sinne Fähigkeit eines institutionellen oder individuellen Schuldners, in der Zukunft seinen Schuldendienstverpflichtungen nachzukommen; im engeren Sinne relative Ertragskraft des Schuldners in der Zukunft, die Quantifizierung des Grades der zukünftigen Schuldendienstfähigkeit eines Schuldners. (GWL); (expl) Güte oder Qualität eines Schuldners bzw. Emittenten, bezeichnet den Grad der persönlichen Kreditwürdigkeit (Ruf, Charakter und Zuverlässigkeit einer Person) und der materiellen Kreditwürdigkeit (Fähigkeit zur Kreditbedienung aufgrund gesicherter Liquidität und/oder Vermögenswerten). Auskunfteien versuchen die Bonität einer Firma durch Kennziffern zu erfassen. (MÜS); (kon) Unternehmen erstklassiger Bonität verzichten z. T. auf Besicherung und gestehen den Obligationären lediglich die Negativklausel zu. (GUF: 41) **solvencia (2)** *f* ^*crédito (DDU)*^ (def) Capacidad de una entidad para hacer frente a todas sus obligaciones, para lo cual debe mantener a medio y largo plazo unos activos suficientes para cubrir sus pasivos. (AEE); (kon) (...) Se dice dar a crédito cuando se presta dinero o se vende algo para ser pagado más adelante, sin otra seguridad que la del crédito (solvencia) de quien lo recibe. (DDU vs crédito) **Kreditwürdigkeit** *f* ^*Bonität*^ ^*Kreditwürdigkeitsprüfung*^ ^*Vertrauenswürdigkeit (WDW)*^ (def) Maßstab für die Beurteilung der Fähigkeit eines potentiellen privaten oder institutionellen Kreditnehmers, einen zur Verfügung gestellten Kredit vereinbarungsgemäß verzinsen und tilgen zu können. Die K[reditwürdigkeit] ist abhängig von den persönlichen Verhältnissen sowie von den gegenwärtigen und zu erwartenden zukünftigen Einkommens- und Vermögensverhältnissen eines Kreditnehmers. Diese werden im Rahmen der Kreditwürdigkeitsprüfung vor der Kreditvergabe überprüft. (GWL); (expl) In erster Linie abhängig von der Ertragslage des Kreditnehmers. Bei der Prüfung der Kreditwürdigkeit ist deshalb vor allem aufgrund von Bilanzen nebst Gewinn- und Verlustrechnungen, Vermögensaufstellungen, ferner Kreditstatus, Liquiditätsbilanzen, Finanzplänen und dergleichen festzustellen und damit die Aussicht für die Bedienung des Kredites. (MÜS); (kon) Vor der Vergabe von Krediten wird die Kreditwürdigkeit des Kreditnehmers geprüft. (GUF: 62) **solvencia (3)** *f* ^*capacidad de pago*^ (def) Capacidad de una entidad para hacer frente a todas sus obligaciones, para lo cual debe mantener a medio y largo plazo unos activos suficientes para cubrir sus pasivos. (AEE); (kon) En todo crédito se realiza un estudio previo para determinar la solvencia del prestatario. (SMA: 98) **Zahlungsfähigkeit** *f* ^*Bonität*^ ^*Solvenz (WDW)*^ ^*Zahlungsunfähigkeit*^ (def) Fähigkeit einer Person oder einer Unternehmung, ihre fälligen Verbindlichkeiten sofort bzw. innerhalb absehbarer Zeit zu erfüllen. (GWL); (kon) Der Investor befürchtete neben erheblichen (...) Altschulden, die das Unternehmen hatte, die Zahlungsfähigkeit der Kunden des Unternehmens. (www.fifoost.org)

sorteo *m* (def) Amortización de obligaciones de acuerdo con el sistema de sorteo en fechas determinadas, quedando, en consecuencia, sujeta la amortización a un procedimiento de azar. (MDB); (kon) (...) El comisario presenciará los sorteos que hubieren de celebrarse, tanto para la adjudicación como para la amortización de las obligaciones, y vigilará el pago de los intereses y del principal, en su caso, y, en general, tutelará los intereses comunes de los obligacionistas. (LSA art.

303, 3.) **Auslosung** *f ^Anleihe^ ^Obligation^ ^Schuldverschreibung^ ^Serie^ ^Tilgung^* (def) Verlosung. I. Wertpapierrecht: Form der Tilgung (...) von Schuldverschreibungen (Anleihen) während der Laufzeit gemäß den Anleihebedingungen. Es werden nach einer tilgungsfreien Zeit jeweils zu den Zinsterminen anhand der Stücknummern Papiere ausgelost und zurückgezahlt. Die einfachere Form der Tilgung ist der Rückkauf von Stücken durch den Emittenten (Schuldner). Man unterscheidet Serienauslosungen und Gruppenauslosungen (Auslosungsanleihen). (...) (GWL); (kon) Die Tilgung kann, hinausgehend über die beim Realkredit geschilderten Formen, durch Auslosung und/oder als freihändiger Rückkauf (an der Börse) erfolgen. (GUF: 40/41)

stocks *mpl ^existencias^*

subasta *f ^licitación^ ^remate^ ^venta pública^* (def 1) (...) La subasta es la venta pública de bienes o alhajas al mejor postor, por mandato y con intervención de la justicia. (DDU); (def 2) Genéricamente, sistema de venta por el que el propietario de un bien o su representante pone en competencia de los potenciales compradores un día y una hora determinados la posibilidad de adquirirlo, con adjudicación al mejor postor. También utilizado en la venta judicial de bienes en pago a los acreedores. (AEE); (kon) Es la mayor cantidad que se ha pagado en la istoria de una subasta por una instantánea. (www.elmundo.de) **Versteigerung** *f ^Auktion (WDW)^ ^Zwangsvollstreckung^* (def) Marktveranstaltung, die im Weg des öffentlichen Aufrufs durch den Versteigerer an bestimmten Orten und zu bestimmten Zeiten stattfindet und bei der nicht fungible (nicht vertretbare) Waren an den Meistbietenden verkauft werden. Zwecks Information der Teilnehmer muss die Versteigerungsware am Versteigerungsort oder zumindest in dessen Nähe präsent sein. a) Öffentliche Versteigerung nach privatrechtlichen Grundsätzen, z. B. beim Pfandverkauf, Selbsthilfeverkauf. b) Behördliche Versteigerung: Zwangsvollstreckung; Zwangsversteigerung. (GWL); (kon) Befriedigung findet der Gläubiger bei Rechten aus der Zwangsvollstreckung, bei Pfandgütern aus dem Verkauf, der von einem öffentlichen Handelsmakler oder als öffentliche Versteigerung vollzogen wird. (GUF: 64)

subasta forzosa *f ^ejecución forzosa^*

subfianza *f ^fianza subsidiaria^*

subsidio *m ^subvenciones^*

subvenciones *fpl ^subsidio (DEN)^* (def) Beneficio económico que el Estado u otro organismo público otorga o una persona física o jurídica a título gratuito y que ésta debe obligatoriamente emplear en aquella actividad económica para la que fue concedido, además de cumplir determinados requisitos. Las subvenciones son un mecanismo que permiten al Estado intervenir en la actividad económica, ya que, dependiendo de las subvenciones que decida otorgar, puede potenciar determinadas operaciones en detrimento de otras. (DEN); (kon) El Instituto Nacional de Empleo, como órgano gestor de la política de empleo, tiene las siguientes funciones: (...) Gestionar y controlar las prestaciones de desempleo y las subvenciones y ayudas para fomento y protección del empleo. (INE: 293) **Zuschüsse** *mpl* (def) private oder öffentliche Zuwendungen, i. d. R. Zahlungen an eine Unternehmung aus unterschiedlichen Gründen und mit unterschiedlicher Zwecksetzung. (GWL); (kon) Dass (...) gerade bei vielen mittelständischen Unternehmen auf diesem Gebiet ein außerordentlicher Beratungsbedarf besteht, kommt unter anderem auch darin zum Ausdruck, dass diese Unternehmen speziell hierfür staatliche Zuschüsse erhalten. (GUF: 114)

sueldo *m* (Komm) Die Termini *salario* und *sueldo* werden in spanischen Fachtexten nicht einheitlich verwendet. Eine Begriffsdifferenzierung, die im Deutschen zwischen *Gehalt* und *Lohn* gemacht wird, ist im Spanischen nicht gegeben (vgl. Kommentar zu *Lohn*).; (def) Retribución de un empleado. Viene fijada por mes o por año, y es independiente de las horas efectivamente trabajadas o de la cantidad de productos abricados. El término salario es más general (...). (EEE).; (kon) La presente orden se aplicará sobre los sueldos o salarios que se devenguen a partir de 1 de diciembre del año en curso (...). (RES: 20) **Gehalt** *n ^Arbeitsentgelt^* (def) Gehälter sind auf die Perioden (Monate) bezogene Arbeitsvergütungen für Angestellte. Sie werden als Bruttobeträge, d. h. einschließlich der Arbeitgeberanteile an den gesetzlichen Sozialleistungen erfasst und umfassen auch die Gesamtbezüge des Vorstandes (bei Aktiengesellschaften) sowie die Nebenbezüge der Gehaltsempfänger, inklusive den Gegenwerten für Sachleistungen aller Art. (...) In der Regel stellen Gehälter intervallfixe Kosten dar. Solange die Betriebsbereitschaft einer Kostenstelle aufrechterhalten werden soll, sind alle Gehaltskosten absolut fixe Kosten. (...) (LKC); (kon) In einem Unternehmen fallen ständig die verschiedensten Ausgaben an: Fällige Wechsel müssen bezahlt, vorgelegte Schecks eingelöst, Löhne und Gehälter gezahlt werden,

Steuern sind zu bestimmten Terminen zu entrichten. (GUF: 81)

suplemento *m ^recargo^*

suscribir *vt* (def) (...) Adquirir títulos de un empréstito o de una emisión de acciones u obligaciones de una sociedad mercantil, al ser lanzados al público, antes de negociación bursátil. (DDU II); (kon) En ningún caso podrá la sociedad suscribir acciones propias ni acciones emitidas por su sociedad dominante. (LSA art. 74, 1.) **zeichnen** *vt* (def) Im Wertpapiergeschäft: sich durch schriftliche Erklärung auf dem Zeichnungsschein zur Übernahme eines bestimmten Betrags neu emittierter Wertpapiere (Aktien, Anleihen) verpflichten. Zeichnungsstelle ist die Bank, die mit der Entgegennahme von Zeichnungen auf neue Wertpapiere beauftragt ist. (BAL); (kon) Die Eigenmittel werden bei der Gründung durch mindestens sieben Genossen aufgebracht, die Kapitalanteile zeichnen. (GUF: 30)

suspensión de pagos *f* (def) Situación jurídica a que llegan las empresas cuyo activo no es inferior al pasivo frente a terceros; pero que por razones de dificultades coyunturales o estructurales, no pueden atender puntualmente sus obligaciones. La suspensión implica la intervención judicial de la empresa, y comporta el establecimiento de moratorias – muchas veces concertadas con los propios acreedores – para intentar la superación de problemas y evitar así el posible desmoronamiento final con una declaración de quiebra. En ocasiones, la suspensión de pagos equivale a una quiebra encubierta. (TAM); (kon) La suspensión de pagos, sólo la puede solicitar el deudor, en cambio la quiebra puede ser también pedida por cualquier acreedor legítimo. (www.uned.es) **Zahlungseinstellung** *f ^Illiquidität^ ^Konkurs^* (def) Nichtbezahlung eines bedeutenden Teiles der fälligen Schulden eines Schuldners wegen des tatsächlichen oder angeblichen Mangels an Geldmitteln. Der Mangel an Mitteln muss voraussichtlich andauernd sein. Kennzeichnend für Zahlungsunfähigkeit. (GWL); (Komm) Die Zahlungseinstellung gilt als Vorstufe des Konkurses. Anders dagegen verhält es sich mit einer Zahlungsschwierigkeit: Hierbei handelt es sich um eine Zahlungsstockung bzw. um den vorübergehenden Mangel an liquiden Mitteln für die Erfüllung von Verpflichtungen (Illiquidität); (kon) (...) Die Zahlungseinstellung, die Zahlungsunfähigkeit, ist das Ende jedes Unternehmens und damit auch seines Rentabilitätsstrebens. (GUF: 90)

T

talón *m ^cheque^*

tarifa *f ^tasas^*

tasas *fpl ^tarifa (DEN)^* (Komm) Für den Terminus *Gebühren* gibt es im Spanischen je nach Kontext folgende Übersetzungsmöglichkeiten: Fallen die Gebühren bei Kreditinstituten oder im Rahmen einer Vermittlungstätigkeit (z. B. Maklergebühren) an, so bieten sich die Übersetzungen *comisión* oder *gastos*. Gebühren, die bei Leasing- oder Factoringgeschäften anfallen, sollten mit *derechos de franquicia* übersetzt werden. Im Unterschied dazu beziehen sich die Termini *tarifa* und *tasa* auf Abgaben, die beispielsweise für die Inanspruchnahme öffentlicher Institutionen entrichtet werden (vgl. die hier angeführten Definitionen).; (def 1) Empleada la voz como sinónimo de tarifa, y más todavía por impuesto, constituye galicismo. (...) En la definición legal, tasas son los tributos cuyo hecho imponible consiste en la utilización del dominio público, la prestación de un servicio público o la realización por la Administración de una actividad que se refiera, afecte o beneficie de modo particular al sujeto pasivo (art. 26). (DDU); (def 2) Lista en la que se recogen los distintos precios de venta de un producto o servicio; este término es mucho más utilizado en el caso de que éstos sean públicos (tarifa telefónica, tarifas del transporte público, etc.). (DEN vs tarifa); (def 3) En el ámbito impositivo, tributo cuyo hecho imponible consiste en la prestación de servicios o la realización de actividades en régimen de derecho público que se refieran, afecten, o beneficien a los sujetos pasivos, siempre que sean de solicitud o recepción obligatoria y que no puedan prestarse o realizarse por el sector privado (...). (DEN); (kon) Además de los impuestos estatales sobre los beneficios, existen también tasas de tipo local que gravan la cifra de negocios (varían entre el 0,1% y el 0,2%, dependiendo de la región) o el total de la nómina (entre el 0,2% y el 0,38%) (REE: 34) **Gebühren** *fpl ^Abgaben^* (def 1) Abgaben für die Inanspruchnahme einer öffentlichen Institution bzw. für Dienstleistungen im öffentlichen Interesse (Rechts-, Gesundheitswesen, usw. (...). (LKC); (def 2) (...) Im Gegensatz zu Beiträgen belasten G[ebühren] den Einzelnen, der die öffentliche Leistung tatsächlich in Anspruch nimmt; das Einzelmitglied, nicht eine

Gruppe als Ganzes gilt als Leistungsempfänger (...). (GWL); (kon) Die in Deutschland besonders hohen Gebühren für die Flugsicherung und die Abfertigung auf den Flughäfen konnten gegenüber dem Vorjahr durch Verhandlungen sogar gesenkt werden.

tenedor *m* ^*titular*^

tesorero *m* (def) Responsable de la administración y gestión de la liquidez de una sociedad (efectivo, cobros a clientes, pagos a proveedores, etc.) y de encontrar las formas de financiación de entre los recursos propios y ajenos (créditos, emisiones de obligaciones, etc.). (DEN); (kon) En todas las Cooperativas, pero sobre todo en las Cooperativas que comienzan, el cargo de Tesorero es uno de los más importantes. (ECT: 9) **Treasurer** *m* ^*Controller*^ (def) (...) Treasurer [sind] heute in erster Linie für die externe und interne Finanzierung, die Sicherung des finanziellen Gleichgewichts (...) sowie die Verwaltung und Sicherung der Wertpapiere und des sonstigen Eigentums der Unternehmung verantwortlich. Im Einzelnen: Prognose des Kapitalbedarfs, der Zahlungsein-, und -ausgänge, die externe kurzfristige und langfristige Finanzierung, Vorschläge zur Dividendenpolitik, financial public relations, Verwaltung der flüssigen Mittel, Überwachung des Geldein-, und -ausgangs, Kreditgewährung, Forderungseinzug, Anlage freier Mittel, Regelung der Effektenemission, Berichterstattung über das finanzielle Ergebnis und der gesamte Versicherungsbereich. (...) (BFL); (kon) Eine laufende Liquiditätsplanung deckt nicht nur finanzielle Engpässe frühzeitig auf, sie signalisiert dem »Controller« oder dem »Treasurer« einen nachhaltigen Finanzüberschuss im Unternehmen. (GUF: 117)

tienda *f* ^*negocio*^

tipo de descuento *m* (def) Porcentaje de minoración del valor de un activo en general, normalmente letras de cambio o pagarés, para asegurar su remuneración. (AEE); (expl) Tasa de descuento bancario: tasa a la cual, en función de la tasa oficial de descuento, un banco practica el descuento de letras de cambio. (UEC); (kon) El Bundesbank es independiente del Gobierno, fija los tipos de descuento y las reservas mínimas que deben mantener las instituciones de crédito, y dirige las operaciones sobre el mercado de dinero. (HAC: 194) **Diskontsatz** *m* ^*Diskont (GWL)*^ (def) Zinssatz für Wechselkredite (Diskontkredit, Rediskontkredit). Beim Wechselankauf werden die anzukaufenden Wechsel mit dem im Kreditvertrag vereinbarten Zinssatz (Diskontsatz) entsprechend ihrer Laufzeit abgezinst. Dem Kreditnehmer (Wechseleinreicher) wird der Barwert der Wechsel gutgeschrieben. Bei Fälligkeit der Wechsel erfolgt die Rückzahlung durch den Zahlungspflichtigen zum Nennbetrag der Wechsel. Die Differenz zwischen Barwert und Nennbetrag wird als Diskont bezeichnet. (GWL); (expl) Im Regelfall werden im Diskontsatz sowohl die Sollzinsen als auch die Diskontprovision zu einem einheitlichen Nettozinssatz zusammengefasst und von der Wechselsumme als Bezugsgrundlage berechnet. Die Besonderheit besteht darin, dass der Zins nicht auf die Kreditsumme aufgeschlagen, sondern von dieser abgezogen wird. (EIL); (kon) [Teil der] Kostenkomponenten des Kontokorrentkredits [ist]: der Kontokorrentkreditzins (Sollzins), der als Zuschlag zum Diskontsatz der Bundesbank bestimmt wird (...). (GUF: 51)

tipo de interés *m* (def) En teoría económica se define como el precio del dinero. Es la forma de cuantificar, generalmente en tanto por ciento anual, las cantidades que el deudor habrá de pagar al acreedor – como retribución del capital recibido a crédito. Puede tratarse de interés simple o compuesto. El tipo de interés fluctúa en función de la liquidez de las entidades financieras, y de las previsiones de las autoridades monetarias; de modo que será tanto más bajo cuanto mayor sea la liquidez, y cuanto mayor sea el propósito de impulsar la actividad productiva o la recuperación después de una crisis. Los tipos de interés presentan diferenciaciones importantes en función de las distintas clases de operaciones, y pueden ser fijos, cuando no varían a lo largo del tiempo, o ajustables, en función de una referencia básica del tipo del LIBOR o del MIBOR. Pueden expresarse en términos monetarios o reales (...). El coste real de un crédito no depende exclusivamente del tipo de interés aplicado, sino de la frecuencia de pago de intereses. (...) Dependiendo de la forma de expresarlo puede hablarse de tipo de interés efectivo, nominal o real. (TAM); (kon) Tal y como se preveía, el Banco Central Europeo (BCE) mantuvo los tipos de interés sin cambios, en el 2,25% en su reunión de hoy. (www.elmundo.es) **Zinssatz** *m* ^*Verzinsung*^ ^*Zins*^ (Komm) In finanzmathematischen Kontexten wird *Zinssatz* häufig als Synonym für *Zinsfuß* verwendet.; (def) In Hundertteilen ausgedrückte jährliche Vergütung für geliehenes Geld oder Kapital (Prozent p. a.) bzw. in Prozent des Nennwertes einer Schuld, z. B. Obligation, festgelegter Zins. (BAL); (kon) Der Zinssatz hängt von der Darlehenssumme ab. (www.sweethome.dk)

tipo de interés efectivo *m* (def 1) [La tasa anual equivalente] Generalmente conocido por su acrónimo TAE, tipo de interés efectivo que cobran o pagan anualmente las entidades de crédito en la concesión de un préstamo o aceptación de un deposito, respectivamente. Para su cálculo se tienen en cuenta el tipo de interés nominal, así como todas las comisiones y gastos que sean repercutibles al prestatario. Este tipo de interés, junto con la fórmula financiera utilizada para su determinación debe obligatoriamente constar en todas las operaciones de crédito. (DEN vs tasa anual equivalente); (def 2) Para un determinado período, es aquel tipo de interés que pagadero al final del período, tiene el mismo resultado económico que un tipo de interés nominal que se abona con mayor frecuencia. Un interés del 12% anual mensualizado representa un interés efectivo mayor que el mismo interés nominal del 12% semestral. (TAM); (kon) Dependiendo de la frecuencia de pago de intereses se puede calcular el tipo de interés efectivo. (TAM vs tipo de interés nominativo) **Effektivverzinsung** *f* ^*Nominalzins*^ ^*Verzinsung*^ ^*Zins*^ (def) Tatsächlicher (relativer) Ertrag, den ein Wertpapier einbringt. (Gegens.: Nominalzins). Wird bestimmt von Erwerbskurs, Erwerbskosten, Zinsertrag, Zinstermine, Agio bzw. Disagio bei Rückzahlung, Laufzeit und Form der Tilgung. Wird ein Titel zu einem Kurs unter 100 gekauft, liegt die effektive Verzinsung über dem Nominalzins; bei einem Kaufpreis über 100 ist die Effektivverzinsung niedriger als die Nominalverzinsung. Der Effektivzins bei Krediten bringt für den Schuldner das tats[ächliche] Leistungsentgelt für die Aufnahme des Kredits zum Ausdruck. Für den Gläubiger ist er Ausdruck der Rentabilität (Rendite). Durch die verschiedenen Faktoren weichen regelmäßig der Nominalzins einer Anleihe und ihre tatsächliche Rendite voneinander ab. (...) (BAL); (kon) Da infolge der üblichen Ratentilgung – Finanzierungssumme durch Laufzeit in Monaten bzw. Quartalen ergibt die monatliche Wechselsumme – der durchschnittliche Kreditbetrag nur etwa die Hälfte des ursprünglichen ausmacht, ist die Effektivverzinsung p. a. etwa doppelt so hoch wie die Optik des Nominalzinses vortäuscht. (GUF: 57)

tipo de interés nominal *m* (def) Es el que figura en los contratos de financiación o inversión. Dependiendo de la frecuencia de pago de intereses se puede calcular el tipo de interés efectivo. (...) (TAM); (kon) Para un determinado período, es aquel tipo de interés que pagadero al final del período, tiene el mismo resultado económico que un tipo de interés nominal que se abona con mayor frecuencia. Un interés del 12% anual mensualizado representa un interés efectivo mayor que el mismo interés nominal del 12% semestral. (TAM vs tipo de interés efectivo) **Nominalzins** *m* ^*Effektivverzinsung*^ ^*Verzinsung*^ ^*Zins*^ (def) (-fuß, -satz) Der auf das Kapital, den Nennwert bezogene Zins. Gegensatz: der auf den Kurswert eines Wertpapiers bezogenen Zins (Realzins, Effektivverzinsung). (...) (BAL); (kon) Der Nominalzins wird üblicherweise in Schritten von 0,5 % festgelegt, die Zins- (und Tilgungs-) Zahlungen erfolgen im Allgemeinen jährlich oder halbjährlich, z. B. Januar/Juli oder April/Oktober. (GUF: 41)

titular *m* ^*tenedor*^ (def) (...) A quien se reconoce un derecho como consecuencia de ser propietario de un documento o título. (MDB); (kon) Los titulares de acciones sin voto tendrán derecho a percibir el dividendo anual mínimo que establezcan los estatutos sociales, que no podrá ser inferior al cinco por ciento del capital desembolsado por cada acción sin voto. (...) (LSA art. 91, 1.) **Inhaber** *m* (def) Besitzer einer finanziellen Position i. w. S. (...). (BAL); (kon) Der Inhaber einer Wandelschuldverschreibung hat die Vorteile, gegen Kursverfall durch den Kurs vergleichbarer Normalobligationen als Kursuntergrenze abgesichert zu sein und zugleich durch den Wandelcharakter an den Chancen einer Aktienkurssteigerung teilzuhaben. (GUF: 45)

título sin cupones *m* ^*hoja principal de una acción sin cupones ni talón (GWB)*^ (def 1) Es el documento expresivo de la tenencia de un derecho sobre una sociedad (acción, obligación) o sobre un deudor (deuda pública, letras del tesoro, cheque). (...) (TAM vs título); (def 2) (...) Como título. La acción se refleja en un documento, apto para la circulación, que deberá contener como requisitos mínimos los establecidos en el artículo 43 de la Ley de Sociedades Anónimas. En este documento se refleja la participación económica del socio, así como la legitimación para el ejercicio de los derechos sociales, acreditando, asimismo, la pertenencia de su titular a la sociedad. (...) (DEE vs acción); (expl) Título de la acción. 1. Los títulos, cualquiera que sea su clase, estarán numerados correlativamente, se extenderán en libros talonarios, podrán incorporar una o más acciones de la misma serie y contendrán, como mínimo, las siguientes menciones: a) La denominación y domicilio de la sociedad, los datos identificadores de su inscripción en el Registro Mercantil y el número de identificación fiscal. b) El valor nominal de la acción, su número, la serie a que pertenece y, en el caso de que sea privilegiada, los derechos especiales que otorgue. c) Su condición de nominativa o al portador. d) Las restricciones a su libre transmisibilidad, cuando se hayan establecido. e) La suma desembolsada o la indicación de estar la acción completamente liberada. f) Las prestaciones accesorias, en el caso de que las lleven aparejadas. g) La suscripción de uno o varios administradores, que podrá hacerse mediante reproducción mecánica de la firma. En este caso se extenderá acta notarial por la que se acredite la identidad de las firmas reproducidas mecánicamente con las que se estampen en presencia del Notario autorizante. El acta deberá ser inscrita en el Registro Mercantil antes de poner en circulación los títulos. (LSA art. 53) **Mantel** *m* *^Aktie^* *^Ausstattung^* *^Kupon^* (def) M[antel] bei Wertpapieren: Urkunde, in der bei Aktien das Anteilsrecht bzw. bei Anleihen die Forderung verbrieft ist. Auf dem M[antel] sind u. a. Wertpapiernummer, Firma, Nennbetrag sowie Ausstellungsdatum und Ort, bei Schuldverschreibungen zusätzlich Zinstermin und Zinssatz sowie Teile der Anleihebedingungen zu vermerken. Außer dem M[antel] gehören zum Wertpapier die Kupons; nur beide zusammen sind verkäuflich, daher werden aus Sicherheitsgründen in der Depotabteilung die M[äntel] meist getrennt von den Kupons im M[antel]tresor aufbewahrt. (...) (GWL); (kon) Die Aktienurkunden selbst bestehen aus dem Mantel, d. h. der Urkunde, in der die Aktionärsrechte verbrieft sind, und Bogen (Couponbogen), der meist mit 10 oder 20 Gewinnanteilscheinen (Coupons) und einem Erneuerungsschein (Talon) versehen ist. (BAL vs Ausstattung von Aktien)

título valor *m* (Komm) Die Schreibweise *título-valor*, also mit Bindestrich, ist in der spanischen Fachliteratur auch üblich. Weitere mögliche Übersetzungen für *Wertpapier* sind *título* und *valor*.; (def 1) Papel legitimador de la condición de socio (acción) o de obligacionista (obligación), o de otros derechos y obligaciones que se documenten bajo esta forma. Desde un enfoque financiero, es el documento que emite una sociedad con el fin de obtener recursos financieros, en el que consta la cantidad por la que se emite el título. (DEE); (def 2) Documento esencialmente transmisible necesario para ejercitar el derecho literal y autónomo en él mencionado. Según el derecho que incorpora son: títulos de crédito cuando el derecho es el pago de una suma de dinero; títulos de tradición o representación de mercaderías, cuando el derecho es a la entrega de una cosa almacenada o en transporte, (...); títulos de participación, incorporan el conjunto de derechos que integran a la posición de socio en una sociedad. Según el modo de circulación (...): títulos al portador, que no designan nominalmente al tenedor y circulan mediante la simple entrega del documento; a la orden, aquellos que expresan nominalmente al tomador, pero de modo que éste puede hacerlos circular por medio del endoso (...); títulos nominativos o directos, los que designan directamente al tomador (...). (ESJ); (kon) La bolsa de valores constituye un mercado organizado (regulado por leyes) de títulos valores, especialmente acciones y obligaciones. (SMA: 123) **Wertpapier** *n* *^Effekten^* (def) In Form einer Urkunde verbrieftes Vermögensrecht, zu dessen Ausübung der Besitz der Urkunde nötig ist. Nur gegen Vorlage und Rückgabe des W[ertpapiers] ist, abgesehen von dem Fall der Kraftloserklärung bei abhanden gekommenen Wertpapieren, der aus der Urkunde Verpflichtete zur Leistung verpflichtet. (...) I. Wirtschaftlich: 1. Wertpapiere verbriefen eine Warenforderung, z. B. Orderlagerschein, Ladeschein, Konnossement. 2. Geldpapiere verbriefen eine Geldforderung. Sie gliedern sich rechtlich in sachenrechtliche W[ertpapiere], schuldrechtliche W[ertpapiere] und Mitgliedschaftsrechte (s. u.). 3. Zur langfristigen Kapitalanlage geeignete Geldpapiere sind Effekten; (...) II. Nach dem Inhalt des verbrieften Rechts: 1. Sachenrechtliche W[ertpapiere]: verbriefen ein Sachenrecht, z. B. Hypothekenbrief, Grundschuldbrief, Rentenschuldbrief. 2. Schuldrechtliche W[ertpapiere] oder W[ertpapiere] über Forderungen: besonders häufig, z. B. Wechsel, Scheck, Schuldverschreibung (Anleihe) auf den Inhaber (Obligation), Staatsschuldverschreibung (§ 793 BGB). 3. Mitgliedschaftspapiere: verkörpern in erster Linie die Mitgliedschaft in einer Körperschaft, z. B. Aktie, Zwischenschein (Interimsschein), Kuxe. 4. Mischformen: a) Traditionspapiere (...) b) Wandelschuldverschreibung des Aktienrechts (...): Mischform zwischen Forderungspapier und Mitgliedschaftspapier. III. Nach der Person des Berechtigten (wichtigste Einteilung): 1. Inhaberpapiere: auf den Inhaber ausgestellten W[ertpapiere]. Das verbriefte Recht kann vom jeweiligen Inhaber geltend gemacht werden (Legitimationspapier), z. B.

Inhaberscheck, Schuldverschreibung auf den Inhaber (§§ 793 ff. BGB), Inhaberaktien (§ 10 I AktG). 2. Rektapapier (Namenspapier): auf eine bestimmte, in dem Papier mit Namen bezeichnete Person ausgestelltes W[ertpapier], z. B. Kuxe, Rektakonnossement, Depotschein. Besonderheit in der Form der Übertragung, die durch Abtretung der Forderung (Forderungsabtretung) und Übergabe des Papiers erfolgt. 3. Orderpapiere: auf eine bestimmte Person oder deren Order ausgestellt (Orderklausel). (...) (GWL); (kon) Als Sicherheiten sind beim Kontokorrentkredit Sicherungsübereignung von Vorratsvermögen, Zession von Buchforderungen und (seltener) Verpfändung von Wertpapieren gebräuchlich. (GUF: 51)

tomador del crédito *m ^acreditado^*

transacción *f ^negocio^*

transformación *f* (def) Consiste en el cambio experimentado por una compañía que pasa de un tipo de sociedad a otro distinto conservando la misma personalidad jurídica (...). El acuerdo de transformación en las sociedades colectivas y comanditarias requiere el consentimiento de todos los socios y en las sociedades anónimas y de responsabilidad limitada debe adoptarse igual que los acuerdos de modificación de los estatutos o de la escritura social. Debe además este acuerdo hacerse constar en escritura pública e inscribirse en el Registro Mercantil, y además publicarse tres veces en el B.O.E y en los periódicos de gran circulación en la provincia. La transformación no afecta a la personalidad jurídica de la sociedad, ni podrá modificar las participaciones de los socios en el capital de la sociedad. (ESJ vs transformación de sociedades mercantiles); (kon) Salvo disposición legal en contrario, cualquier transformación en una sociedad de tipo distinto será nula. (LSA art. 223, 2.) **Umwandlung** *f ^Umtausch^* (def) I. Handelsrecht: 1. Begriff: U[mwandlung] ist die Veränderung der Rechtsform eines Unternehmens ohne Liquidation im Wege der Gesamtrechtsnachfolge. 2. Mögliche Gründe: Änderungen der Steuergesetze, Einführung von Publizitäts- und Prüfungspflichten, Mitbestimmungsregelungen, Erbfälle, Kapitalbeschaffungsprobleme, Interesse an einer Änderung der bestehenden Geschäftsführungs- und Haftungsregelungen. (...) 3. Arten: a) Formwechselnde U[mwandlung]: Es ändert sich lediglich die Rechtsform der Gesellschaft (§§ 190 UmwG). b) Verschmelzende Umwandlung]: Übertragung der Vermögensgegenstände und Schulden ohne Liquidation im Wege der Gesamtrechtsnachfolge auf einen bereits bestehenden Rechtsträger (Verschmelzung). (...). Sie wird wirksam mit Eintragung im Register des Sitzes der neuen Rechtsform. Der formwechselnde Rechtsträger besteht hierbei in der in dem Umwandlungsbeschluss bestimmten Rechtsform fort (im Gegensatz zur Verschmelzung). (...) (GWL); (kon) Die Umwandlung einer GmbH in eine AG ist prinzipell problemlos möglich. (www.faz.net)

transmisión en garantía *f ^cesión a título de garantía^ ^cesión en garantía^*

tributario *adj ^fiscal^*

tributos *mpl* (def) Prestación pecuniaria de carácter coactivo establecida por el Estado u otro ente público, de acuerdo con los procedimientos establecidos en el ordenamiento jurídico, y con la finalidad u objetivo primordial de financiar los gastos públicos. Los tributos se dividen en impuestos, tasas y contribuciones especiales. (DEN); (expl) Los tributos se clasifican en tasas, contribuciones especiales e impuestos: a) Las tasas son tributos cuyo hecho imponible consiste en la prestación de servicios o la realización de actividades en régimen de Derecho público que se refieran, afectan o benefician a los sujetos pasivos, cuando concurran las dos siguientes circunstancias: 1) Que sean de solicitud o recepción obligatoria por los administrados [entspricht dem Terminus *Gebühren*]. 2) Que no puedan prestarse o realizarse por el sector privado por cuanto impliquen intervención en la actuación de los particulares o cualquier otra manifestación del ejercicio de autoridad o porque, en relación a dichos servicios, esté establecida su reserva a favor del sector público conforme a la normativa vigente. (...) b) Contribuciones especiales son aquellos tributos cuyo hecho imponible consiste en la obtención por el sujeto pasivo de un beneficio o de un aumento de valor de sus bienes, como consecuencia de la realización de obras públicas o del establecimiento o ampliación de servicios públicos [entspricht dem Terminus *Beiträge*]; c) Son impuestos los tributos exigidos sin contraprestación, cuyo hecho imponible está constituido por negocios, actos o hechos de naturaleza jurídica o económica, que ponen de manifiesto la capacidad contributiva del sujeto pasivo, como consecuencia de la posesión de un patrimonio, la circulación de los bienes o la adquisición o gasto de la renta [entspricht dem Terminus *Steuern*]. (LGT); (kon) Los tributos en los Estados de la CEE cumplen la función esencial de ser ingresos estatales para el sostenimiento de las cargas públicas, pero adicionalmente contribuyen también al mantenimiento de las cargas propias del funcionamiento de las Comunidades. (SFE: 5) **Abgaben** *fpl* ^*Beiträge*^ ^*Gebühren*^ ^*Steuern*^ (def) (öffentliche) ist der Sammelbegriff für alle Geldleistungen, die der Bürger kraft öffentlichen Rechts an den Staat oder an sonstige Körperschaften des öffentlichen Rechts abzuführen hat. (...) (CRL); (kon) Verbrauchsteuern sind Abgaben, die den Verbrauch oder Gebrauch bestimmter Waren belasten. (USS: 126)

U

usuario *m* ^*arrendatario financiero*^

V

valor facial *m* ^*valor nominal*^
valores inmovilizados *mpl* ^*activo fijo*^
valor mobiliario *m* (def) Instrumento que surgió para proporcionar seguridad y facilidad a la transmisión de derechos, con frecuencia sobre bienes inmuebles, transformando dichos derechos en valores que son fácilmente transmisibles, razón por la cual reciben esa denominación. Todo valor mobiliario se caracteriza además por ser negociable y estar agrupado en emisiones. Los principales ejemplos de valores mobiliarios son las acciones, las obligaciones, las letras de cambio y los pagarés. (DEN); (kon) Las acciones podrán estar representadas por medio de títulos o por medio de anotaciones en cuenta. En uno y otro caso tendrán la consideración de valores mobiliarios. (LSA art. 51) **Effekten** *pl* ^*Fungibilität*^ ^*Wertpapier*^ (def) In Urkunden verbriefte Wertpapiere, die vertretbar (fungibel), börsenfähig, und zur Kapitalanlage geeignet sind (Aktien, Anleihen, Pfandbriefe, Kuxe usw.). Effekten sind i. d. R. leicht übertragbar und daher für den Handel an der Effektenbörse geeignet. Vielfach wird der Begriff *Effekten* – als Synonym für *Wertpapier* verwendet. Dies ist nicht zulässig, da zwar einerseits Effekten Wertpapiere sind, dennoch zahlreiche Wertpapiere die Effekteneigenschaft fehlt (z. B. Wechsel, Schecks, Banknoten). (BFL); (kon) Nimmt man die Markt-(Verkehrs)fähigkeit der Obligationen infolge ihrer Verbriefung in der Form vertretbarer Wertpapiere (Effekten) hinzu, so wird die sehr große langfristige Schuldsumme eines Emittenten in viele kleine fungible Anlagebeträge finanzschwacher Sparer mit evtl. auch nur relativ kurzfristigen Anlageengagements transformiert. (GUF: 40); (Komm) Die in der deutschen Definition erläuterte klare Unterscheidung zwischen Wertpapieren und Effekten konnte in der konsultierten spanischen Fachliteratur nicht nachgewiesen werden. Den Definitionen in der konsultierten spanischen Fachliteratur zufolge wird jede Art von Wertpapieren – unabhängig davon, ob sie das in Deutschland für die Effekteneigenschaft notwendige Kriterium einer hohen Fungibilität erfüllen – als *título valor* bezeichnet. Die o. a. Definition zu *valores mobiliarios* entspricht zwar zum Großteil der deutschen Definition, schließt aber auch *letras de cambio*, also Wechsel, mit ein. Diese zählen im Deutschen nicht zu den Effekten. Für die Übersetzung des deutschen Terminus kommen im Spanischen die Termini *título valor* und *valor mobiliario* in Frage. Der Terminus *efectos*, der auch in zweisprachigen Wörterbüchern als Übersetzung vorgeschlagen wird, sollte eher mit Vorsicht verwendet werden, da er im Spanischen vor allem Wertpapiere, wie Wechsel oder Schecks, bezeichnet. Diese zählen im Deutschen nicht zu den Effekten.
valor nominal *m* ^*valor facial (TAM)*^ (def 1) Dícese del que figura como nominal en cualquier título valor, billete o moneda. (...) (TAM vs valor facial); (def 2) Valor de la parte que representa en el capital social o en el empréstito la acción o la obligación emitida. (...) (DEE); (kon) No podrán ser emitidas acciones por una cifra inferior a su valor nominal. (LSA art. 47, 2.) **Nennwert** *m* ^*Nennbetrag*^ ^*Nominalbetrag*^ (def) Nennbetrag, Nominalwert. (...). N[ennwert] einer Aktie, Anleihe etc.: N[ennwert] entspricht dem aufgedruckten Geldbetrag. Er ergibt sich durch Division von gezeichnetem Grundkapital bzw. Schuldsumme durch die Anzahl der hierüber auszugebenden Anteilscheine oder Obligationen. [Die Aktien müssen auf vollen Euro lauten. Mindestbetrag 1 Euro. (§ 8 AktG)]. Bei festverzinslichen Wertpapieren wird der N[ennwert] am Ende der Laufzeit an den Gläubiger

zurückbezahlt, falls kein anderer Rückzahlkurs angegeben ist. Der N[ennwert] kann vom Marktwert und Vermögensteuerwert stark abweichen, insbes. bei Aktien. (...) (GWL); (kon) Die Ausgabe muss nicht zum Nennwert erfolgen: bei Unterpari-Ausgaben liegt der Begebungskurs um das Disagio darunter, bei Überpari-Ausgaben liegt er um das Agio darüber, bei Pariausgaben ist er mit dem Nennwert identisch. (GUF: 40)

valor de pignoración *m* *^límite de préstamo (UEC)^* (Komm) Weitere Übersetzungsmög-lichkeiten sind : *valor como colateral* oder der englische Terminus *value to loan*, oft abgekürzt als *VTL*.; (def) Valor concedido a un objeto dado en garantía. La base para calcular el valor del objeto dado en prenda es el valor de venta, el valor real. Valor que se ortoga a un título cuando se utiliza como garantía de una operación crediticia. Valor que se ortorga a un título cuando se utiliza como garantía de una operación crediticia. (DV) **Beleihungswert** *m* *^Beleihungsgrenze^* (def) Wert, der dem Beleihungsgegenstand unter Berücksichtigung aller für die Bewertung maßgebenden Umstände beizumessen ist. Gegenstände der Beleihung sind u. a. Grundstücke und Gebäude, Wohnungs- bzw. Teileigentum, Erbbaurechte, Wertpapiere, Forderungen und Schiffe. Grundlage für die Ermittlung des B[eleihungswertes] sind – je nach Beleihungsgegenstand – der Ertragswert, der Sach- bzw. Substanzwert (Sachwert) oder der Verkehrswert; (GWL); (expl 1) Vor der Beleihung bebauter Grundstücke ist daher der Beleihungswert zu ermitteln, d. h. der Wert, der bei einer (Zwangs-)Veräußerung als erzielbar angesehen wird (Verkehrswert). (WÖH); (expl 2) Beleihungswert = Höhe der Beleihungsfähigkeit (EIL); (Komm) Verkehrswert = zu einem bestimmten Zeitpunkt erzielbarer Verkaufspreis. WDW; (kon) In der Besicherung rangiert die Grundschuld bei Anleihen mit etwa 40 Prozent des Beleihungswertes vor der Hypothek wegen ihres abstrakten Charakters. (GUF: 41)

vencimiento *m* (def) Fecha en que una deuda: crédito, préstamo, etc. debe de quedar saldada, tras pagarse principal e intereses. (TAM); (kon) Si no hubiere cumplido esa obligación cinco días antes del vencimiento del plazo fijado para realizar el pago, podrá hacerlo el usufructuario, sin perjuicio de repetir contra el nudo propietario al terminar el usufructo. (LSA art. 69, 2.) **Fälligkeit** *f* *^Prolongation^* *^Tilgung^* (def) Tritt ein, sobald der Schuldner auf Verlangen des Gläubigers leisten muss. Zeitpunkt der [Fälligkeit eines Anspruchs] je nach dem Inhalt des entsprechenden Rechtsgeschäfts verschieden; ist eine Zeit für die Leistung weder bestimmt noch aus den Umständen zu entnehmen, so kann der Gläubiger die Leistung sofort verlangen, der Schuldner sie sofort bewirken (§ 271 BGB). Oft ist die [Fälligkeit eines Anspruchs] (bei den sog. verhaltenen Ansprüchen) von einer fristgerechten vorhergehenden Kündigung abhängig (z. B. meist beim Darlehen). (GWL vs Fälligkeit eines Anspruchs); (kon) Kreditiert wird die Frist, die zwischen Bevorschussung der Forderung und ihrer Fälligkeit verstreicht, als Kreditsicherung dienen die abgetretenen bzw. verkauften Forderungen. (GUF: 58)

venta *f* (def 1) Operación mediante la cual una persona transmite la propiedad que tiene sobre un bien o derecho a otra a cambio de un precio determinado. (DEN); (def 2) Es la cantidad que una empresa ha facturado a sus clientes por la entrega de bienes o ejecución de servicios. Normalmente, se contabiliza en el momento en que los bienes son entregados y dejan de ser existencias. En algunas industrias, como la construcción naval por ejemplo, se contabilizan como ventas el trabajo realizado en el período considerado, aun cuando el buque no haya sido acabado y entregado. Según la contabilidad española, las ventas hay que contabilizarlas sin incluir los impuestos indirectos, que son considerados un gasto, ni los descuentos por pronto pago, que son considerados como gastos financieros. Sin embargo, los descuentos concedidos por volumen de compras, y las devoluciones, se contabilizan como una reducción en la cifra de ventas. (...). (TAM); (kon) En 1997 las ventas mundiales de automóviles nuevos ascendieron a 37 millones de unidades. (REE: 66) **Verkauf** *m* *^Absatz^* *^Kauf^* (Komm) Die Termini *Verkauf* und *venta* implizieren alle nötigen Handlungen, die der Verkauf eines Produkts verlangt sowie den Moment einer Verkaufshandlung. Eine weitere Bedeutung des Terminus *Verkauf* bezieht sich auf den Geschäftsbereich eines Unternehmens, der dafür zuständig ist, den Verkauf eines Produkts abzuwickeln. Diese Bedeutung sollte im Spanischen mit *departamento de ventas* übersetzt werden.; (def 1) Verkauf (§ 433 BGB) ist der gegenseitige Vertrag, durch den sich ein Teil zur Übertragung eines Gegenstandes gegen die Verpflichtung des anderen Teils zur Bezahlung des Kaufpreises verpflichtet (...). (KJB); (def 2) Rechtliche und wirtschaftliche Güterübertragung. Der Absatz umfasst hingegen auch die absatzpolitischen Instrumente wie z. B. Preis- oder Produktpolitik. (SBL); (kon) Neben einmaligen und laufenden, vom Umsatz berechneten Gebühren kann der Franchisegeber Einnahmen erzielen aus Vermietung von Ausstattungs-, Beratungs-, Ausbildungsleistungen, aus Verkauf von Roh-, Hilfs-, Betriebsstoffen, Halb- und Fertigwaren sowie Werbematerialien und schließlich aus gewährten Krediten. (GUF: 73)

venta forzosa *f ^ejecución forzosa^*

venta posterior *f ^reventa^*

ventas *fpl ^cifra de ventas^*

volumen de ventas *m ^cifra de negocios^*

W

warrant *m* (Komm) Puede emplearse directamente el término inglés; cabría traducirlo por derecho especial de suscripción.; (def) En economía financiera, el título valor o parte del mismo, que da derecho a comprar una o más acciones de una sociedad determinada (a un precio prefijado y por un tiempo también preestablecido), que las emite precisamente en el momento en que puede ejercitarse el derecho del warrant. Si al término del plazo el precio del mercado resulta ser más alto que el fijado en el warrant, prevalece este último. Los warrants se utilizan como atractivo adicional en ciertas emisiones de obligaciones. Existen diferentes tipos: separable, el que puede ser escindido del bono al que estaba unido (...); ventana, el que sólo puede ser ejercitado durante un período de tiempo (...); desnudo, el que es emitido sin estar unido a ninguna emisión de obligaciones (...); vendible, el que tiene una opción de venta por la que el inversor puede venderlos al emisor a un precio fijo (...); cubiertos, el que no es emitido por una empresa junto a una emisión de obligaciones, sino que es emitido por un banco como mero producto financiero (...). (...) (TAM); (kon) A diferencia de las obligaciones convertibles, el ejercicio del warrant no implica una dilución de las acciones del emisor. (TAM vs obligación con warrant) **Optionsschein** *m ^Option^ ^Optionsanleihe^ ^Optionsschuldverschreibung^* (def) (Warrant) Bei Optionsanleihen ist das Recht auf Ausübung der Option gesondert in Optionsscheinen verbrieft, die zwar zusammen mit den Teilschuldverschreibungen der Anleihe ausgegeben werden, aber selbstständige Rechte beinhalten. Daher werden die Optionsscheine an der Börse gehandelt und können amtlich notiert werden. (BAL); (kon) Optionsanleihen verbuchen als Zusatzrecht im Optionsschein ein Bezugsrecht auf Aktien, sie erfordern nach § 221 AktG die qualifizierte Mehrheit der Hauptversammlung und begründen ein Bezugsrecht der Altaktionäre. (GUF: 43)

Anmerkungen zu den Termini Einzahlungen, Einnahmen, Erträge, Erlöse, Auszahlungen, Ausgaben, Aufwendungen, Kosten

Das betriebliche Rechnungswesen dient dazu, wirtschaftliche Sachverhalte abzubilden (Schöttler, Spulak 2003: 12). Die in Zahlen ausgedrückten Informationen werden verschiedenen Adressatengruppen zur Verfügung gestellt, etwa der Unternehmensführung, Gläubigern oder dem Fiskus (Weber 1993: 23). Die im betrieblichen Rechnungswesen ermittelten Informationen legen das Fundament für die Unternehmungsplanung und -steuerung sowie für Entscheidungs- und Kontrollprozesse (Schöttler, Spulak 2003: 12).

In Deutschland entwickelte sich für Zahlungs- und Leistungsvorgänge, die vom betrieblichen Rechnungswesen für verschiedene Adressaten und Zwecke erfasst werden, eine eigene Terminologie (Wöhe 1990: 10). Die folgenden Begriffspaare, die im täglichen Sprachgebrauch meist undifferenziert verwendet werden, sollten zur Vermeidung von Missverständnissen in fachlichen Kontexten begrifflich exakt abgegrenzt werden. Probleme bei der Übersetzung von Fachtexten können sich aufgrund der Überlappung dieser Begriffe sowie aufgrund der Tatsache, dass diese Begriffsdifferenzierungen in anderen Sprachen, wie etwa im Spanischen, nicht bestehen, ergeben. Bei diesen Begriffen handelt es sich um betriebswirtschaftliche Strömungsgrößen, die sich innerhalb eines bestimmten Zeitraums ereignen (Wöhe 1990: 10):

Einzahlungen – Auszahlungen
Einnahmen – Ausgaben
Erträge – Aufwendungen
Erlöse[1] – Kosten

Diese Strömungsgrößen führen zu einer Erhöhung (positive Strömungsgrößen) bzw. zu einer Verminderung (negative Strömungsgrößen) von Bestandsgrößen, wie etwa die Erhöhung des Geldbestands durch die Bereitstellung von Dispokrediten (siehe Abbildungen 1 und 2). Je nach Kontext können sich diese Begriffe überlappen: Auszahlungen können beispielsweise Ausgaben sein, wie etwa die unmittelbare Barbezahlung eines Produkts (z. B. Wörterbuch) nach dessen Erhalt. Würde die Bezahlung für ein Produkt erst einige Zeit nach seinem Erhalt erfolgen, würde es sich bei diesem Vorgang in betriebswirtschaftlicher Hinsicht um Ausgaben handeln, die keine Auszahlungen sind. Die Abbildungen 2 und 3 veranschaulichen diese und weitere Begriffsdifferenzierungen. In Abbildung 1 werden die betriebswirtschaftlichen Strömungsgrößen definiert, Wertbeständen zugeordnet und ihr betrieblicher Verwendungszweck dargestellt.

[1] Viele Autoren verwenden den Terminus *Leistungen* als Synonym für den Terminus *Erlöse*.

Ebene		Zweck	Strömungsgrößen positiv	Strömungsgrößen negativ
EXTERNES RECHNUNGSWESEN	Investitions-, Finanz- und Liquiditätsplanung	Abbildung der aktuellen Liquiditätssituation eines Unternehmens	**Einzahlungen** unmittelbar in Geld umwandelbar Zufluss von Bar- oder Buchgeld ⇒ Erhöhung des Zahlungsmittelbestandes (1) **(Geldbestand)**	**Auszahlungen** unmittelbar in Geld umwandelbar Abfluss von Bar- oder Buchgeld ⇒ Verminderung des Zahlungsmittelbestandes (1) **(Geldbestand)**
EXTERNES RECHNUNGSWESEN	Forderungen und Verbindlichkeiten	Abbildung der mittel- und langfristigen Liquiditätssituation unter Einbeziehung von Kreditvorgängen	**Einnahmen** Wert aller veräußerten Leistungen ⇒ Erhöhung des Geldvermögens (2) **(Geld- und Kreditbestand)**	**Ausgaben** Wert aller zugegangenen Güter und Leistungen ⇒ Verminderung des Geldvermögens (2) **(Geld- und Kreditbestand)**
EXTERNES RECHNUNGSWESEN	Gewinn- und Verlustrechnung	Abbildung von Wertentstehung und Werteverzehr zur Bestimmung des Erfolges einer Unternehmung	**Erträge** in einem bestimmten Zeitraum entstehender Wertezuwachs (= Wert der in einem Unternehmen erstellten oder dem Unternehmen zugeflossenen Sachgüter oder Dienstleistungen) ⇒ Erhöhung des Nettovermögens (3) **(bilanzieller Vermögens- und Kapitalbestand)**	**Aufwendungen** in einem bestimmten Zeitraum anfallender Werteverzehr (= Wert der bei Ausübung der Wirtschafts-tätigkeit verbrauchten Güter und in Anspruch genommenen Dienstleistungen) ⇒ Verminderung des Nettovermögens (3) **(bilanzieller Vermögens- und Kapitalbestand)**
INTERNES RECHNUNGSWESEN		Abbildung des "objektiven" Erfolges	**Erlöse** bewertete und betriebsnotwendige Güterentstehung **(kalkulatorischer Vermögens- und Kapitalbestand)**	**Kosten** bewerteter und betriebsnotwendiger Güterverzehr **(kalkulatorischer Vermögens- und Kapitalbestand)**

Abbildung 1: Strömungsgrößen

(1) Zahlungsmittelbestand: Summe aus Kassenbeständen und jederzeit verfügbarem Bankguthaben. Bestand an liquiden
(2) Geldvermögen: Das Geldvermögen eines Wirtschaftssubjekts kann folgendermaßen dargestellt werden: Zahlungsmittelbestand + Bestand an sonstigen Geldforderungen - Geldverbindlichkeiten = Geldvermögen.
(3) Nettovermögen (auch: Reinvermögen): Differenz zwischen Bruttovermögen, Verbindlichkeiten und Rückstellungen eines Wirtschaftssubjekts.

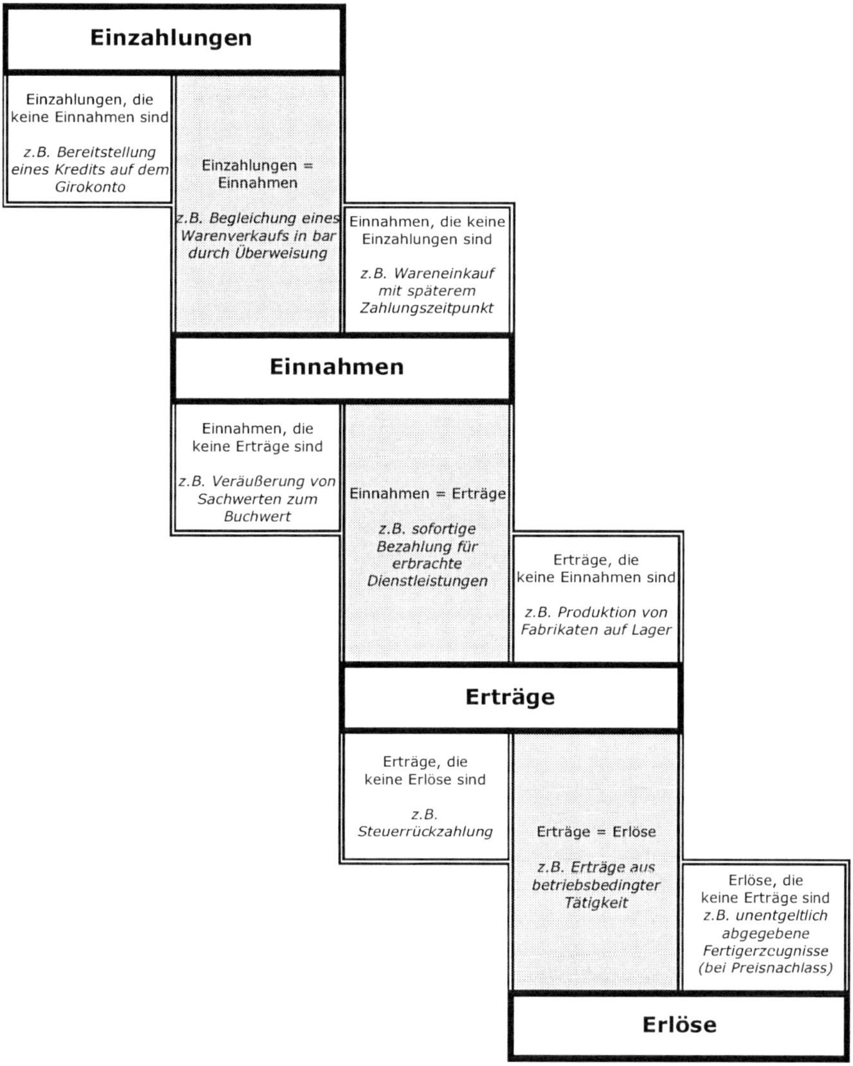

Abbildung 2: Begriffsdifferenzierung positive Strömungsgrößen

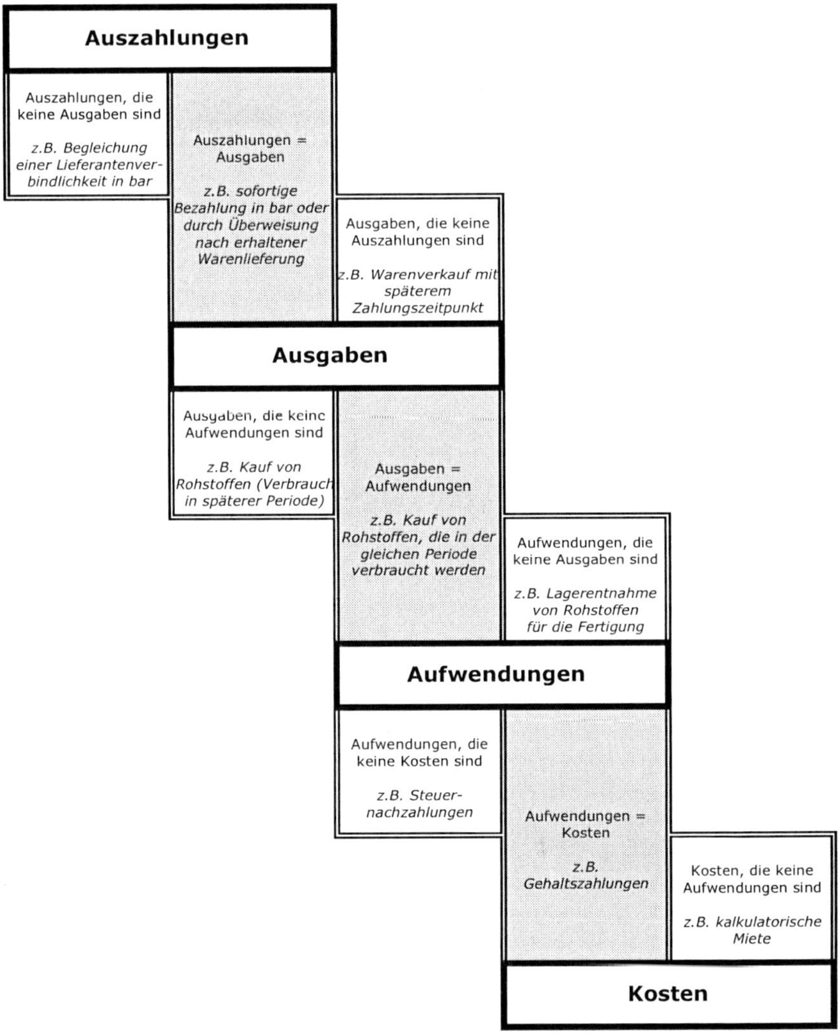

Abbildung 3: Begriffsdifferenzierung negative Strömungsgrößen

In der spanischen betriebswirtschaftlichen Terminologie wird diese im deutschen Rechnungswesen übliche Begriffsdifferenzierung nicht praktiziert. Im Spanischen wird in der Regel zwischen *ingresos* zur Benennung von positiven Strömungsgrößen und *gastos* zur Benennung von negativen Strömungsgrößen unterschieden. Ausnahmen stellen *Einzahlungen* und *Auszahlungen* dar, die mit den Termini *cobros* bzw. *pagos* übersetzt werden können, sowie *Kosten*, für die der Terminus *costes* eine gängige Übersetzung ist.

Solange die Termini *ingresos* und *gastos* beim Textrezipienten nicht zu Verständnisproblemen führen, können sie in Fachtexten für die Termini *Einnahmen*, *Erträge*, *Erlöse* bzw. *Ausgaben* und *Aufwendungen* verwendet werden. In Fällen, in denen diese Termini jedoch nicht ausreichen, um eine reibungslose Verständigung zu gewährleisten, beispielsweise wenn die Termini *Einnahmen* und *Erträge* im selben Kontext vorkommen, ist eine Umschreibung der deutschen Begriffe eine geeignete Übersetzungslösung. Die folgenden Tabellen zeigen mögliche Lösungsvorschläge für die Übersetzung der deutschen Termini ins Spanische:

Positive Strömungsgrößen

Einzahlungen	cobros
Einnahmen	ingresos procedentes de la venta de bienes y prestaciones de servicios
Erträge	ingresos que contribuyen a un aumento patrimonial ingresos que contribuyen a un aumento del patrimonio neto
Erlöse	ingresos de explotación que contribuyen a un aumento del patrimonio

Negative Strömungsgrößen

Auszahlungen	pagos
Ausgaben	gastos por compra de bienes o contratación de servicios
Aufwendungen	gastos del periodo por consumo de bienes o servicios
Kosten	costes

Sigelverzeichnis und Literaturangaben

AAI SÁNCHEZ-ARROYO, Gil (1998): *Análisis e interpretación de la información Contable*. Madrid: Pirámide.

ABA ALVAREZ LÓPEZ, José (1989[18)]: *Análisis de balances*. San Sebastian: Donostiarra.

ABC MATEU, José Maria et al. (1998): *ABC de la contabilidad y finanzas*. Barcelona: Gestión 2000.

ABW BEA, F.; DICHTL; SCHWEIZER, M. (1997[7]): *Allgemeine Betriebswirtschaftslehre*, Bd. 2: Stuttgart: UTB.

ACM CRISTÓBAL MONTES, Angel (1989): *El pago o cumplimiento de las obligaciones*. Madrid: Tecnos.

ADE ARNICHES, Francisco (1950): *Diccionario de voces, locuciones y conceptos de Economía*. Madrid.

AEE AHIJADO, Manuel; AGUER, Mario (1996): *Diccionario de Economía y Empresa*. Madrid: Pirámide.

AEI MARTÍN, Alonso (1982): *Enciclopedia del Idioma*. Madrid: Aguilar.

AEO ARRILLAGA, J. I. (1952): *Emisión de obligaciones y protección de los obligacionistas*. Madrid: Revista de derecho privado.

ALT ALTROGGE, Günter: *Investition*. München: Oldenbourg.

AZL LORITZ, Karl-Georg; ZÖLLNER, Wolfgang (1992[4]): *Arbeitsrecht – Ein Studienbuch*. München: Beck.

BAL BÜSCHGEN, Hans E. (1992[1]): *Das kleine Banklexikon*. Düsseldorf: Wirtschaft und Finanzen.

BBB LAUX, Hans (1986[4]): *Bausparwissen für Bankkaufleute, Baufinanzierungs- und Anlageberater*. Frankfurt: Knapp.

BCD BOIS SERRANO, Rafael (1986): *Los Créditos documentarios*. Madrid: Edersa.

BFF BESCOS TORRES, Modesto (1990): *Factoring y Franchising – Nuevas técnicas de dominio de los mercados exteriores*. Madrid: Pirámide.

BFL BEYER, Horst-Tilo (1971): *Finanzlexikon*. München: Vahlen.

BGBE EMMERICH, Volker et al. (1996): *J. von Staudingers Kommentar zum Bürgerlichen Gesetzbuch mit Einführungsgesetz und Nebengesetzen. Zweites Buch: Recht der Schuldverhältnisse § 581-606*. Berlin: Sellier – de Gruyter.

BGBK KOHLER, Jürgen; ROTH, Herbert (1996): *J. von Staudingers Kommentar zum Bürgerlichen Gesetzbuch mit Einführungsgesetz und Nebengesetzen. Drittes Buch: Sachenrecht §§ 903-924*. Berlin: Sellier – de Gruyter.

BGBM MARBURGER, Peter et al. (1997): *J. von Staudingers Kommentar zum Bürgerlichen Gesetzbuch mit Einführung und Nebengesetzen. Zweites Buch: Recht der Schuldverhältnisse §§ 779-811*. Berlin: Sellier – de Gruyter.

BGBW WOLFSTEINER, Hans et al. (1996): *J. von Staudingers Kommentar zum Bürgerlichen Gesetzbuch mit Einführungsgesetz und Nebengesetzen. Drittes Buch: Sachenrecht § 1113-1203*. Berlin: Sellier – de Gruyter.

BRO *Brockhaus Enzyklopädie* (1986[16]). Mannheim et al.: F.A. Brockhaus.

BRO 06 *Brockhaus Enzyklopädie* (2006[21]). Mannheim et al.: F.A. Brockhaus.

BRS BIEBL, Matthias et al. (1999): *Bankrecht*. Frankfurt/Main: Bankakademie Verlag.

BRW BECHER, Herbert *(1994[4])*: *Wörterbuch der Rechts- und Wirtschaftssprache (Deutsch-Spanisch, Spanisch-Deutsch)*. München: C. H. Beck.

CAI [N.N.] (1992): *Cómo ahorrar impuestos con el nuevo IRPF?* Madrid: Recoletos.

CAL CARSTENN-LICHTERFELDE, Fernando von (1998): *Das Factoring in Spanien*.

CAV MORÓN BECQUER, Pedro; SAN RAMÓN RODRÍGUEZ, Juan (1984): *El ahorro vinculado a la adquisición de viviendas: incentivos financieros y fiscales*. Madrid: Servicio de Publicaciones del Ministerio de Economía y Hacienda.

CCA Código Civil Alemán (Bürgerliches Gesetzbuch) (1994). *(Übersetzt von Carlos Melón Infante)*. Barcelona: Bosch.

CDC SÁNCHEZ-GALIANO, J. G. (1993): *Código de Leyes Mercantiles/Código de Comercio y legislación mercantil*. Madrid: Actualidad.

CDS QUINTANA CARLO, Ignacio y otros (1989[1)]: *El nuevo derecho de las sociedades de capital*. Madrid: Trivium.

CDT GARCÍA ORTEGA, Jesús et al. (1994[3)]: *Curso de Derecho del Trabajo*. Valencia: Tirant lo Blanch.

CMM Ministerio de Comercio y Turismo (1996) (Hrsg.): *Comercio mayorista – Análisis por Comunidades Autónomas (Vol. 1)*. Madrid: Colección Estudios de Comercio Interior.

COD CODERA MARTÍN, José María (1992[8)]: *Diccionario de Contabilidad*. Madrid: Pirámide.

CRL CREIFELDS, Carl (1983): *Rechtswörterbuch*. München: C. H. Beck.

CSC CELAYA ULIBARRI, Adrián (1992): *Capital y sociedad cooperativa*. Madrid:Tecnos.

DAB *Duden – Das große Wörterbuch der deutschen Sprache* (1993[2]). Mannheim et al.: Duden.

DÄU DÄUMLER, Klaus-D. (1983^{2}): *Betriebliche Finanzwirtschaft*. Berlin: NWB-Verlag.

DBC CEREZO MARTÍNEZ, A (1986^{7}): *Diccionario de Banca*. Madrid: Pirámide.

DBE LOZANO IRUESTRE, José María (1998): *Diccionario de Economía y Finanzas (Inglés-Español)*. Madrid: Lerko Print.

DCE CODERA MARTÍN, José M. (1986): *Diccionario de Comercio Exterior*. Madrid: Pirámide.

DDM CODERA MARTÍN, José M (1982^{2}): *Diccionario de Derecho Mercantil*. Madrid: Pirámide.

DDU CABANELLAS, Guillermo (1998^{26}): *Diccionario Enciclopédico de Derecho Usual*. Buenos Aires: Heliasta.

DDU II CABANELLAS, Guillermo (1998^{26a}): *Diccionario Enciclopédico de Derecho Usual*. Buenos Aires: Heliasta.

DEE SUÁREZ SUÁREZ, Andrés S. y otros (1985^{5}): *Diccionario Económico de la Empresa*. Madrid: Pirámides.

DEI *Diccionario Enciclopédico Empresarial* (1999). Madrid: Instituto Superior de Técnicas y Prácticas Bancarias.

DEN ANDERSEN, Arthur (1998^{3}): *Diccionario Espasa de Economía y Negocios*. Madrid: Espasa-Calpe.

DES *Diccionario Esencial Santillana de la lengua española* (1991). Madrid: Santillana.

DFB *Diccionario Enciclopédico Profesional de Finanzas y Banca* (1992). Madrid: Instituto Superior de Técnicas y Prácticas Bancarias.

DGF *Duden – Das große Fremdwörterbuch* (1994). Mannheim et al.: Duden.

DJF DRUKARCZYK, Jochen (1996^{7}): *Finanzierung*. Stuttgart/Jena: Fischer.

DMA RABASSA ASENJO, B.; GARCÍA TOUS, M. R. (1985^{3}): *Diccionario de Marketing*. Madrid: Pirámide.

DMD CAMARA IBANEZ, D. (1995): *Diccionario de Marketing*. Bilbao: Universidad de Deusto.

DMM MOLINER, María (1998^{2}): *Diccionario de Uso del Español*. Madrid: Gredos.

DMS CASTELO MATRÁN, Julio; GUARDIOLA LOZANO, Antonio (1992): *Diccionario Mapfre de Seguros*. Madrid: Mapfre.

DPE MILIND M. LELE (1995): *Desarrollo del apalancamiento estratégico*. (Creating strategic leverage). *(Übersetzung von Claudio L. Soriano Soriano)*. Madrid: Díaz de Santos.

DRL TILCH, Horst (1992²): *Deutsches Rechts-Lexikon*. München: C. H. Beck.

DRU DRUKARCZYK, Jochen (1993⁶): *Finanzierung*. Stuttgart/Jena: UTB, Fischer.

DTA ALONSO OLEA, Manuel et al. (1993): *Derecho del Trabajo*. Madrid: Universidad de Madrid – Facultad de Derecho, Sección de Publicaciones.

DTB Instituto de Banca (1994) (Hrsg.): *Diccionario de Términos Bancarios*. Madrid: Paraninfo.

DTE AHIJADO, Manuel et al. (1985): *Diccionario de Teoría Económica*. Madrid: Pirámide.

DUW *Duden – Deutsches Universalwörterbuch* (1996³). Mannheim et al.: Duden.

ECT ECHEVERRIA, S. J. (1970): *La Carpeta del tesorero de las cooperativas de ahorro y crédito*. Pamplona: Aramburu.

Edic Eurodicautom (http://eurodic.echo.lu/)

EEC EIRANOVA ENCINAS, Emilio (1998): *Código Civil Alemán – comentado BGB*. Madrid: Marcial Pons.

EEE ELOSUA, Marcelino et al. (1998): *Diccionario de Capital, Economía y Empresa*. Madrid: LID.

EEF GUTIÉRREZ, Fernando; FERNÁNDEZ, Eduardo (1986): *La empresa y su financiación (1963-1982)*. Madrid: Relieves Heysa.

EIL EILENBERGER, Guido (1994⁵): *Betriebliche Finanzwirtschaft*. München/Wien: Oldenbourg.

EPE ARGANDOÑA, Antonio et al. (1983): *Enciclopédia práctica de economía (Vol. 1)*. Barcelona: Orbis.

ESE Ministerio de Hacienda (1980) (Hrsg.): *El Seguro Español (Período 1974-1978)*. Madrid: Dirección General de Seguros.

ESJ *Diccionario Jurídico Espasa* (1992). Madrid. Editorial Espasa-Calpe.

EST Estatuto de los Trabajadores. Real Decreto Legislativo 1/1995, de 24 de marzo

FEE MOCHÓN MORCILLO, Francisco et al (1995): *La financiación de la empresa en el exterior*. Madrid: Lavel.

FEI Instituto Directivos de Empresa: *La financiación de la empresa*. Madrid.

FHW FISCHER, Ana-Katharina; FISCHER, Klaus-Bernd (1995²): *Spanisches Handels- und Wirtschaftsrecht*. Heidelberg: Recht und Wirtschaft.

FRA FRANCK, Thomas (1994): *Konzeption und Praktikabilität von MAPI*. Frankfurt/Main: Harri Deutsch.

GAB GRILL, W.; GRAMLICH, L.; ELLER, R. (Hrsg.) (1995[11]): *Gabler Banklexikon.* Wiesbaden: Gabler.

GAR GARMENDÍA Y MIANGOLARRA, J. Ignacio (1982[3]): *Diccionario de Bolsa.* Madrid: Pirámide.

GBL *Bank Lexikon – Handwörterbuch für das Geld-, Bank- und Börsenwesen* (1988[10]). Wiesbaden: Gabler.

GCB GARRIGUES, Joaquin (1958): *Contratos Bancarios.* Madrid: F. Vicentearche.

GCP LANZAS GALVACHE, J. (1991): *Comentarios prácticos a la ley de sociedades anónimas y reglamento del Registro Mercantil en la aplicable a dicho tipo societario.* Madrid: J. San José.

GDE GARCÍA DELGADO, José Luis (1989): *España Economía*, Bd. 2. Madrid: Espasa Calpe.

GDJ GÓMEZ DE LIAÑO, Fernando (1996[5]): *Diccionario Jurídico.* Oviedo: Forum.

GLV GEIGANT, Friedrich et al. (1983[4]): *Lexikon der Volkswirtschaft.* Landsberg/Lech: Moderne Industrie.

GML DILLER, Hermann (1992): *Vahlens Großes Marketinglexikon.* München: C. H. Beck.

GRL WINTER, Eggert (1998) (Hrsg.): *Lexikon Recht in der Wirtschaft.* Wiesbaden: Gabler.

GUF DORNIEDEN, Ulrich et al. (1993[1]): *Unternehmensfinanzierung.* Wiesbaden: Gabler.

GWB IMMENGA, Ulrich; MESTMÄCKER, Ernst-Joachim (1992): *Gesetz gegen Wettbewerbsbeschränkungen – Kommentar.* München: C. H. Beck.

GWL *Gabler Wirtschaftslexikon* (1997[14]) (CD-Rom). Wiesbaden: Gabler.

GWW SÁNCHEZ, Celestino (1999[2]): *Wirtschaftswörterbuch (Deutsch-Spanisch).* Wiesbaden: Gabler.

HAC HAENSCH, Günther; CASERO, Francisco (1961): *Deutsch-Spanische Wirtschaftssprache/Terminología Económica Alemán-Español.* München: Hueber.

HAW TIETZ, B. (1974): *Enzyklopädie der BWL, Handwörterbuch der Absatzwirtschaft, Bd. 4.* Stuttgart: C. E. Poeschel.

HCF Hispafactor (1990) (Hrsg.): *Las 55 primeras preguntas del factoring.* Madrid.

HFK IRGEL, Lutz (1991[3]): *Handbuch für Kaufleute.* Wiesbaden: Gabler.

HFT TIETZ, Bruno (1987): *Handbuch Franchising – Zukunftsstrategien für die Marktbearbeitung.* Landsberg/Lech: Moderne Industrie

HFW BÜSCHGEN, Hans E. (1976): *Handbuch der Finanzwirtschaft,* Bd. 6. Stuttgart: C. E. Poeschel.

HGU HINZ, Michael (1993): *Grundlagen der Unternehmensberatung*. Herne/Berlin: Neue Wirtschafts-Briefe.

HGW HÖSCH, Ulrich (1996): *Grundlagen des Wettbewerbsrechts*. Stuttgart et al.: Boorberg.

HJL Corporación Financiera Hispamer (1991) (Hrsg.): *Diccionario Jurídico del Leasing.* Madrid: Civitas.

HLW *Herder Lexikon Wirtschaft* (1974). Freiburg im Breisgau: Herder.

HUM HUMMEL; MÄNNEL (1990^4): *Kostenrechnung 1*. Wiesbaden: Gabler.

HWW ALBERS, Willi (1980) (Hrsg.): *Handwörterbuch der Wirtschaftswissenschaft*, zugleich Neuauflage des Handwörterbuch der Sozialwissenschaften. Stuttgart: Fischer.

I-01 http://www.elpais.es

I-02 http://www.arbeitsamt.de

I-03 http://www.arbeitsamt.de

I-04 http://www.elpais.es

I-05 http://www.galeon.com

I-06 http://de.news.yahoo.com

I-07 http://www.elpais.es

I-08 http://www.elpais.es

I-09 http://www.humberstone.com

I-10 http://www3.anaya.es

INE Instituto Nacional de Empleo (1995) (Hrsg.): *Auxiliares Administrativos*. Madrid: Lojex.

JDI JORDANO BAREA, Juan B. (1964): *Dictamen sobre impugnación y resolución de contratos*. Madrid: Instituto Nacional de Estudios Jurídicos.

KEL *Enzyklopädisches Lexikon des Geld-, Bank- und Börsenwesens* (1994^4): Frankfurt/Main: Knapp.

KGF KNOPIK, Gisbert (1960): *Factoring – Ein neuer Weg zur Absatzfinanzierung und der Kreditsicherung.* Frankfurt/Main: Knapp.

KGG KLUNZINGER, Eugen (1997^{10}): *Grundzüge des Gesellschaftsrechts*. München: Vahlen.

KJB KÖBLER, Gerhard (1983[3]): *Juristisches Wörterbuch*. München: Vahlen.

KKB KNOBBE-KEUK, Brigitte (1993[9]): *Bilanz- und Unternehmenssteuerrecht*. Köln: Schmidt.

KKL KROLL, Michael (1992): *Kauf oder Leasing?* Wiesbaden: Gabler.

LAG LOZANO ARAGUES, Ricardo; FERNANDEZ VERDESOTO, Ana Isabel (1997): *Guía Elemental de Contabilidad para juristas*. Madrid: Marcial Pons.

LBE PEREZ DE ARMINAN, Gonzálo (1980): *Legislación Bancaria Española*. Madrid: Banco de España.

LBW LÜCK, Wolfgang (1993[5]) (Hrsg.): *Lexikon der Betriebswirtschaft*. Landsberg/Lech: Moderne Industrie.

LCC ALONSO SAMA, Juan Antonio et al. (1981): *De la letra de cambio y del cheque*. Barcelona: Centro de Estudios Universitarios Ramón Areces CEURA.

LCE SANTOS BRIZ, J. (1965): *Legislación Civil Española*. Madrid: Revista de Derecho Privado.

LFL LEIBLE, Stefan (1996): *Finanzierungsleasing und arrendamiento financiero*. Berlin: Duncker und Humblot.

LGT Ley General Tributaria Española. Ley 58/2003, de 17 de diciembre.

LHW LÖBER, Burckhard et al. (1991) (Hrsg.): *Aktuelles spanisches Handels- und Wirtschaftsrecht*. Frankfurt/München: Carl Heymanns.

LKC FÄSSLER, Klaus et al. (1973[4]): *Lexikon Kostenrechnung und Controlling*. München: Moderne Industrie.

LLR *Ergänzbares Lexikon des Rechts*, Bd 5. Loseblatt-Ausgabe. Neuwied et al.: Luchterhand.

LPH LÖBER, Burckhardt et al. (1984): *Spanisches Handelsgesetzbuch*. Frankfurt/Main: Edition für Internationale Wirtschaft.

LSA Ley de Sociedades Anónimas (http://derecho.org/cgibin/base.cgi?/Mercantil/LSA)

LTE CASTAÑEDA, José (1968): *Lecciones de teoría económica*. Madrid: Aguilar.

LUE Conserjería de Presidencia (1995) (Hrsg.): *La participación de los Länder en los asuntos de la Unión Europea a través del Bundesrat (Übersetzung aus dem Deutschen)*. Madrid.

MDB MARTINEZ CEREZO, A. (1986[7]): *Diccionario de Banca*. Madrid: Ediciones Pirámides.

MDT RAMIREZ MARTINEZ, Juan M. (1994[3]): *Curso de Derecho de Trabajo*. Valencia: Tirant lo Blanch.

MEE MORALES-ARCE MACIA, Rafael (1994): *Economía de la empresa: Inversión y financiación*. Madrid: Impresos y Revistas.

MLE MILLAN GARRIDO, Antonio (1999): *Libro de estilo para juristas*. Barcelona: Casa Editorial Bosch.

MOI MICHEL, Reiner (1979): *Optimale Investitionspolitik*. Heidelberg: Sauer.

MÜL MÜLHAUPT; WIELENS (1978): *Unternehmensfinanzierung heute*. Frankfurt: Knapp.

MÜS MÜSSIG, Karlheinz. (1995[11]): *Bank Lexikon, Handwörterbuch für das Geld-, Bank- und Börsenwesen*. Wiesbaden: Gabler.

NET http://www2.echo.lu/edic/

NFW NORMANN, Reinhard von (1990): *Das treffende Fachwort für die Wirtschaft*. Bonn: Rentrop.

NLS CLAVERO BLANC, M.; PERIEL GARCIA, J. (1990): *Nueva legislación de Sociedades Anónimas y de responsabilidad limitada*. Madrid: La Ley.

ODM ILLESCAS ORTIZ, Rafael (1990): *Derecho Mercantil, Textos legales*. Barcelona: Ariel.

ODT ALONSO OLEA, Manuel; CASAS BAAMONDE, María Emilia (1993[13]): *Derecho del Trabajo*. Madrid: Universidad de Madrid – Facultad de derecho, Sección de publicaciones.

OL I *Ökonomisches Lexikon* (1967). Berlin: Die Wirtschaft.

ÖLW *Ökonomisches Lexikon* (1978[3]). Berlin: Die Wirtschaft.

PDE *Diccionario Enciclopédico de Economía* (1980). Barcelona: Planeta.

PPS SCHMALEN, Helmut (1982): *Preispolitik*. Stuttgart: Fischer.

PPU UNGER, Fritz (1981): *Provision und Prämie als Instrumente der Außendienststeuerung*. Weinheim. [Dissertation]

PTE Ministerio de Agricultura (1967) (Hrsg.): *Propuesta sobre terminología económica*. Madrid-Zaragoza.

PYP LALAGUNA DOMINGUEZ, Enrique (1989): *Temas de derecho civil – Propiedad y Posesión*. Valencia: Tirant lo Blanch.

QDD QUINTANO RIPOLES, A. (1951): *Diccionario de Derecho Comparado*. Madrid: Editorial Revista de Derecho Privado.

RBE Banco de España (1998): *Informe Anual 1997*. Madrid.

RDD RIBO DURAN, Luis (1998): *Diccionario de Derecho Empresarial*. Barcelona: Casa Editorial Bosch.

REC Instituto Nacional de fomento de la exportación (1985): *Expansión Comercial*. Madrid.

REE Instituto Español de Comercio Exterior (ICEX) (1999): *El Exportador*. Madrid.

RES Instituto Nacional de Estadística (1994): *Encuesta de Salarios en la Industria y los Servicios*. Madrid.

RMR SANGENSTEDT, Hans Rudolf (1980): *Meine Rechte als Verbraucher*. München: C. H. Beck.

RPB RIEBELL, Claus (1972): *Die Praxis der Bilanzauswertung*. Stuttgart: Deutscher Sparkassenverlag.

RSF RODRIGZUEZ SAIZ, L. et al. (1993): *Manual del sistema financiero español*. Barcelona: Ariel.

SAE *Diccionario Salamanca de la Lengua Española* (1996). Madrid: Santillana.

SAG RECKHORN-HENGEMÜHLE, Monika (1992): *Die spanische Aktiengesellschaft nach der Reform des Aktiengesetzes von 1989*. München: C. H. Beck.

SAN *Diccionario Escencial de la Lengua Española (1996)*. Madrid: Santillana.

SBK SCHMIDT-BLEIBTREU, Bruno; KLEIN, Franz (1999[9]): *Kommentar zum Grundgesetz*. Neuwied, Kriftel: Luchterhand.

SBL SCHNECK Ottmar (1993*): Lexikon der Betriebswirtschaft*. München: C. H. Beck.

SCJ SÁNCHEZ CALERO, Fernando (1993): *Comentarios a Jurisprudencia de Derecho bancario y cambiario (I, II)*. Madrid: Centro de Documentación bancaria y bursátil.

SDE SELDON, Arthur (1995): *Diccionario de Economía*. Barcelona: Pennance Oikos Tau.

SFE DE LA LLAVE DE LARRA, Joaquín (1986): *El sistema fiscal europeo*. Madrid: Trivium.

SIF SPREMANN, Klaus (1990[3]): *Investition und Finanzierung*. München: Oldenbourg.

SLL SEGURADO LLORENTE, Juan Luis (1989): *Todo sobre el leasing*. Barcelona: De Vecchi.

SMA SCHNITZER, Johannes; MARTI, Jordi (1996): *Wirtschaftsspanisch, terminologisches Handbuch, Manual de lenguaje económico*. München: Oldenbourg.

SPR SPREMANN, Klaus (1996[5]): *Investition und Finanzierung*. München: Oldenbourg.

SSD SUAREZ SUAREZ, Andrés S. (1996): *Decisiones óptimas de inversión y financiación en la empresa*. Madrid: Pirámide.

SST Seguridad Social (1989) (Hrsg.): *Temarios de gestión – Estado, Seguridad Social, INEM*. Madrid, Barcelona: Adams.

SSÜ Bundesministerium für Arbeit und Sozialordnung (1998) (Hrsg.): *Soziale Sicherung im Überblick*. Berlin.

SWO SWOBODA, Peter (1994[3]): *Betriebliche Finanzierung*. Heidelberg: Physica.

TAM TAMAMES, Ramón; GALLEGO, Santiago (1996): *Diccionario de Economía y Finanzas*. Madrid: Alianza.

TEE TAMAMES, Ramón (1980[13]): *Estructura económica de España*, Bd. II. Madrid: Alianza.

TMD SANTESMASES MESTRE, Miguel (1996): *Términos de Marketing – Diccionario – Base de datos*. Madrid: Ediciones Pirámide.

TRI *Diccionario Trivium. Derecho y Economía* (1998). Madrid: Trivium.

UDM URIA, Rodrigo (1994): *Derecho Mercantil*. Madrid: Ediciones Jurídicas.

UDM II URIA, Rodrigo (1998[25]): *Derecho Mercantil*. Madrid: Marcial Pons.

UEC Union Européenne des Experts Comptables Economiques et Financiers (1974[2]): *Lexique de l´UE*. Düsseldorf: IdW-Verlag.

USS Bundesministerium für Finanzen (1984[6]) (Hrsg.): *Unsere Steuern von A-Z*. Bonn.

VGW DICHTL, Erwin; ISSING, Otmar (1987) (Hrsg.): *Vahlens Großes Wirtschaftslexikon*. München: C. H. Beck, Deutscher Taschenbuch Verlag.

VOX *Diccionario General Ilustrado de la Lengua Española* (1994[1]). Barcelona: Bibliograf.

WAS WILLENBRINK, Karl (1973[5]): *Von der Anfangs- zur Schlußbilanz*. München: C. H. Beck.

WDW WAHRIG, Gerhard (1997): *Deutsches Wörterbuch*. Gütersloh: Bertelsmann Lexikon Verlag.

WER WEBER, Jürgen (1991): *Einführung in das Rechnungswesen I Bilanzierung*. Stuttgart: C. E. Poeschel.

WÖH WÖHE, Günter; BILSTEIN, Jürgen (1981[2]): *Grundzüge der Unternehmensfinanzierung*. München: Vahlen.

WSZ ASHAUER, Günter et al. (1995): *Wechsel- und Scheckrecht, Zahlungsverkehr*. Stuttgart: Deutscher Sparkassenverlag.

WTP GÁLVEZ, Jesus; DE WACHTER, Fatima (1997): *Wirtschaftsspanisch Textproduktion*. München: Oldenbourg.

ZBR ZIMMERMANN, Werner (1985): *Betriebliches Rechnungswesen*. München: Oldenbourg.

Literatur zum Anhang

SCHÖTTLER, Jürgen; SPULAK, Reinhard (2003): *Technik des betrieblichen Rechnungswesens.* München et. al.: Oldenbourg

WEBER, Helmut Kurt (1988): *Betriebswirtschaftliches Rechnungswesen.* München: Vahlen.

WEBER, Jürgen (1993): *Einführung in das Rechnungswesen I Bilanzierung.* Stuttgart: Schäffer-Poeschel.

WÖHE, Günter (1990): *Das betriebliche Rechnungswesen.* München. Vahlen.

In der Schriftenreihe des BDÜ sind bisher folgende Bücher erschienen:

25	„Sprachdidaktik und Computer: MT-Dictionaries. Ein Beitrag zur Usability-Forschung“ von Martina Schwanke, ca. 130 Seiten, 2006. In dieser Studie werden die Instruktionen zum Aufbau und zur Erweiterung der Lexika in maschinellen Übersetzungssystemen untersucht. Der Schwerpunkt der Analysen liegt auf der Flexion der deutschen Substantive.	€ 13,00
24	„Übersetzen und Globalisierung. Globalisierung und ihre Auswirkungen auf die Übersetzungs- und Lokalisierungsindustrie“ (Diplomarbeit) von Florian Willer, ca. 130 Seiten, 2006. Welche Vorteile entstehen mit der fortschreitenden Technisierung in der Übersetzungs- und Lokalisierungsindustrie für den freiberuflichen Übersetzer? Wie reagieren die Auftraggeber und welchen Nutzen sehen sie? Eine empirische Studie über globale Entwicklungen und Veränderungen in der Übersetzerbranche als Folge der unaufhaltsamen Technisierung bei der Abwicklung von Übersetzungs- und Lokalisierungsprojekten.	€ 13,00
23	„Gesellschaftsvertrag Deutsch-Englisch. Die Besonderheiten der englischen und deutschen Rechtssprache und Probleme der juristischen Übersetzung am Beispiel einer Übersetzung eines Gesellschaftsvertrages“ (Diplomarbeit) von Babette Knauer, ca. 120 Seiten, 2006. Wie ist ein Gesellschaftsvertrag aufgebaut und welche Eigenarten weist er auf? Inwieweit ist die Rechtssprache der Ausgangs- und der Zielkultur in die jeweiligen Rechtssysteme eingebunden und welche Konsequenz hat dies für die Übersetzung eines Gesellschaftsvertrages? Welche Probleme entstehen bei der Übersetzung und wie können diese gelöst werden? Die vorliegende Arbeit beantwortet all diese Fragen ausführlich!	€ 12,00
22	„Glossar der Gefängnissprache“ von Anja Pachel, ca. 100 Seiten, 2006. Was tun, wenn ein Strafgefangener bei einem Gerichtstermin plötzlich davon redet, dass er sich „blankmachen“ musste, um sich einer „84-2“ zu unterziehen, dass der „Pop Shop“ viel zu früh ist und er nun nach seiner Erfahrung im „Kahn“ sicher weiß, dass er nie wieder etwas „eintüten“	€ 10,00

wird. Was ist der Unterschied zwischen einem Be- und einem Angeschuldigten oder zwischen Außenbeschäftigung, Ausführung, Freigang und Ausgang? Dieses Nachschlagewerk soll Dolmetschern helfen, sich auf einen Einsatz vor Gericht vorzubereiten.

21 „Die Bedeutung von Fachwissen für das Simultandolmetschen: Eine empirische Untersuchung“ (Diplomarbeit) von Silke Fritz, ca. 120 Seiten, 2006. Dolmetscher finden in dieser Diplomarbeit eine Analyse der wichtigsten Bausteine für eine gute Arbeitsleistung. Dieses Buch zeigt auf, inwieweit Vorwissen wesentlich für das Verstehen eines Textes ist und wie wichtig es für Dolmetscher ist, sich hierfür nicht nur Fachvokabular, sondern auch Fachwissen anzueignen. Weiterhin wird beleuchtet, wie Verstehensdefizite durch geschickte Dolmetschstrategien ausgeglichen werden können. € 12,00

20 „Wörterbuch zur Unternehmensfinanzierung Deutsch-Spanisch/Spanisch-Deutsch“ von Juan Fernández-Nespral; Julia Fritz; Anke Lutz; Sylvia Thebes, ca. 430 Seiten, 2006. Das Wörterbuch durchleuchtet pro Sprachrichtung etwa 650 Termini. Durch seine Konzeption unterscheidet sich das vorliegende Wörterbuch von üblichen (Groß-)Wörterbüchern, die zwar eine Vielzahl von Termini beleuchten, meist aber keine Sachinformationen zur Verfügung stellen. Definitionen, Kontextbeispiele sowie sprach- und kulturvergleichende Informationen bieten dem Nutzer dieses Wörterbuchs eine fundierte Entscheidungsgrundlage für die Wahl des treffenden Terminus. Gerade das Zusammenspiel von Sprach- und Sachinformationen macht das Wörterbuch zur Unternehmensfinanzierung zu einem Fachwörterbuch im besten Sinne, das seinen Nutzern einen entscheidenden Mehrwert bietet. € 43,00

19 „Wer übersetzt was? 2006/2007“ ca. 253 Seiten, 2006. Hier finden Sie ausführliche Angaben über mehr als 900 Dolmetscher und Übersetzer. Erstmals werden hier in Buchform auch Bildungswege, Erfahrungen und Kenntnisse von BDÜ-Mitgliedern veröffentlicht. Selbst wenn es zwei Dutzend Datenbanken gibt, aus denen die eine oder andere Information gewonnen werden kann, geht doch nichts über ein Buch, das direkt griff- € 26,00

bereit hinter dem Schreibtisch steht. Vor allem: Im Gegensatz zu den meisten kommerziellen Datenbanken, bei denen der Eingetragene reinschreiben kann, was er will, sind die hier enthaltenen Angaben nach den strengen Grundsätzen des BDÜ geprüft. Das Buch ist gedacht für Behörden, Hochschulen, Wissenschaftsinstitute, Verlage, Gerichte, Verbände, Bibliotheken, Sprachendienste, Großunternehmen sowie Dolmetscher und Übersetzer selbst.

18 „Strafbefehle und Anklagen", Norbert Zänker (Hrsg.), ca. 140 Seiten, 2006. Was schreibt ein Staatsanwalt denn wirklich, wenn er einem Angeklagten Betrug, Diebstahl oder Körperverletzung vorwirft? Hier finden Sie Materialien für Gerichtsdolmetscher, d.h. zur Vorbereitung von Einsätzen dienende konkrete Texte des Strafverfahrens. Strafbefehle und Anklagen sind die bei weitem häufigste, im Gericht vom Blatt übersetzte bzw. gedolmetschte Textsorte. € 13,00

17 „Das Strafprozessrecht in Deutschland, Chile, Argentinien und Spanien. Ein terminologischer Vergleich (Diplomarbeit)", von Karin Porstmann, 397 Seiten, 2006. Dieses Buch stellt das Strafprozessrecht im Sprachenpaar Deutsch-Spanisch vergleichend dar. Gerichtsdolmetscher mit Arbeitssprache Spanisch finden in dieser Diplomarbeit einen guten Überblick über die Funktionsweise des deutschen Strafverfahrens, besonders im Bezug zur Praxis in Spanien und Lateinamerika. € 40,00

16 „Aufsätze und Beiträge. Theoretische Einsichten und praktische Ausblicke", von Prof. Dr. Albrecht Neubert, 229 Seiten, 2006. In seinen Artikeln und Aufsätzen aus den Jahren 2003 bis 2005 widmet sich der langjährige Direktor des Leipziger Dolmetscherinstituts dem Zusammenhang zwischen Theorie und Praxis. € 22,00

15 „Theoria cum Praxi. Theoretische Einsichten und praktische Ausblicke", von Prof. Dr. Albrecht Neubert, 293 Seiten, 2006. In seinen Artikeln und Aufsätzen aus den Jahren 1986 bis 2002 widmet sich der langjährige Direktor des Leipziger Dolmetscherinstituts dem Zusammenhang zwischen Theorie und Praxis. € 29,00

14 „Deutsche Urteile in Strafsachen“, Norbert Zänker (Hrsg.), ca. 200 Seiten, 2006. Dieser Band enthält authentische, aber anonymisierte Urteile der bundesdeutschen Strafgerichtsbarkeit. Vom Diebstahl über die Körperverletzung bis zum Raub und Mord sind hier Urteile abgedruckt, die angehenden Gerichtsdolmetschern die Einarbeitung in ihr neues Tätigkeitsfeld erleichtern sollen. € 20,00

13 „Terminologie und Lexikographie“ Reprint 3, ca. 227 Seiten, 2005. Der hier als Nachdruck vorgelegte Tagungsband des BDÜ-Fachseminars Terminologie und Lexikographie, Frankfurt am Main 23.-25.10.1974, galt als „Quelle der Weisheit“ für den Übersetzer draußen im Lande. € 20,00

12 „Dolmetscher und Übersetzer im Landesrecht“, Norbert Zänker (Hrsg.), ca. 340 Seiten, 1. Auflage 2005. Prüfung, Beeidigung, Ermächtigung bzw. Bestellung von Dolmetschern und Übersetzern sind - wie auch zum Teil die Ausbildung für diese Berufe - in Deutschland landesrechtlich geregelt. Der BDÜ legt hier eine erste Übersicht über die Vielfalt an Gesetzen und Verordnungen der Bundesländer vor. € 35,00

11 „Gerichts- und Behördenterminologie“, von Prof. Dr. Ulrich Daum, ca. 172 Seiten, 2005, ist eine Handreichung zur Sprache von Gericht und Verwaltung und Vademecum angehender Gerichtsdolmetscher. Kandidaten der Staatsprüfung für Übersetzer und Bewerber um Beeidigung als Dolmetscher finden hier die wichtigsten einschlägigen Informationen und sprachlichen Besonderheiten. € 15,00

10 „Übersetzen und Dolmetschen im 20. Jahrhundert“ von Prof. Dr. Wolfram Wilss, Nachdruck 2005, ca. 300 Seiten, 1999, ist innerhalb weniger Jahre zum Standardwerk geworden. Angehenden Dolmetschern und Übersetzern, Berufspraktikern und Philologen wird es zur Lektüre empfohlen. € 15,00

9 „4. Deutscher Gerichtsdolmetschertag“, ca. 114 Seiten, 2004. Der Band enthält, mit wenigen Ausnahmen, die beim 4. Gerichtsdolmetschertag des BDÜ-Landesverbandes Bayern am 28. und 29. Oktober 2004 im Justizpalast in München gehalte- € 12,00

nen Vorträge. Sie gewähren einen Einblick in das weite Einsatzgebiet von beeidigten Dolmetschern und Übersetzern bei Justiz, Staatsanwaltschaft und Polizei, verbunden mit den dadurch gestellten hohen Anforderungen an Wissen, Kommunikationsfähigkeit und Vermittlungsgeschick, nicht nur hinsichtlich der Sprachen, sondern auch in Bezug auf die unterschiedlichen Rechtssysteme. Die Vorträge behandeln wichtige Aspekte dieses Berufs und eignen sich hervorragend sowohl für Berufsanfänger, da sie zahlreiche Fragen aus der täglichen Praxis beleuchten, als auch für erfahrene Kollegen, die sich über den neuesten Stand der Dinge informieren möchten.

8 „Das berufliche Umfeld des Dolmetschers und Übersetzers - Aus der Praxis für die Praxis“, Reprint 1 (2004), ca. 350 Seiten, 1993. Bei diesem größten BDÜ-Kongress wurden alle wichtigen beruflichen Themen der Dolmetscher und Übersetzer von sachkundigen Referenten behandelt. € 18,00

7 „2. Deutscher Gerichtsdolmetschertag“, Reprint 2 (2004), ca. 130 Seiten, 1997. Zivilverfahren, Strafverteidigung, Daktyloskopie, Psychiatrische Gutachten, BTM-Untersuchungen, Asylrecht, Alkoholgutachten u.a. (Keine andere Zusammenstellung dieser Art geht so auf die Bedürfnisse der Gerichtsdolmetscher ein und vermittelt ihnen Grundlagenwissen, welches sie im Kriminalgericht, aber auch bei Verkehrszivilsachen, Betreuungsfällen oder polizeilichen Ermittlungen nutzen können.) € 14,00

6 „Codice Penale“ – Das italienische Strafgesetzbuch, ca. 250 Seiten, 1. Auflage 2004. Auch Gerichtsdolmetscher für Italienisch schlagen gern einmal in der Quelle der Erkenntnis, hier im italienischen Strafgesetzbuch, nach, wenn sie Anklagen, Strafbefehle, Urteile und ähnliche Texte zu übersetzen haben. € 25,00

5 „Justizvergütungs- und -entschädigungsgesetz“, ca. 60 Seiten, 2. Auflage 2005. Seit 1. Juli 2004 hat das mit seiner Begründung abgedruckte JVEG für Dolmetscher und Übersetzer bei Gericht erstmals das Vergütungsprinzip eingeführt. € 6,00

4 „Dolmetscher und Übersetzer in Deutschen Gesetzen – Auszüge aus deutschen Gesetzen, die sich auf Dolmetschen und € 14,00

Übersetzen beziehen“, Norbert Zänker (Hrsg.), ca. 140 Seiten, 2. Auflage 2005, Dieses Buch beantwortet u.a. folgende Fragen: Wer darf die Richtigkeit und Vollständigkeit von Übersetzungen bescheinigen? Wo ist die Geheimhaltung geregelt? Was verdient ein Gerichtsdolmetscher? Wann kann ein Dolmetscher vor Gericht abgelehnt werden? Wie lang ist die Zeile einer Übersetzung?

3	„Gerichtsdolmetscher in Berlin, 2006: Für die Berliner Gerichte und Notare allgemein beeidigte Dolmetscher (und Übersetzer)“, ca. 180 Seiten, 2006. Dies ist kein Mitgliederverzeichnis des BDÜ! Dies ist eine nach Sprachen geordnete Liste von in Berlin allgemein beeidigten Dolmetschern (und Übersetzern).	€ 40,00
2	„Das Praktikum im Dolmetschen und Übersetzen – Ein Leitfaden für Schüler, Studenten, Freiberufler sowie Firmen“, ca. 70 Seiten. 2. überarbeitete Auflage 2003. Dieser Band gibt einen umfassenden Einblick in Sinn und Nutzen eines Praktikums. Der umfangreiche Adressteil erleichtert es dem Berufsnachwuchs, ein für ihn sinnvolles Praktikum erfolgreich zu gestalten.	€ 10,00
1	„Erfolgreich selbstständig als Dolmetscher und Übersetzer“ - Ein Leitfaden für Existenzgründer, ca. 135 Seiten, 3. Auflage 2005. Dieser Leitfaden enthält eine Vielzahl aktueller Informationen, um jungen Kolleginnen und Kollegen den Einstieg in eine selbständige Karriere zu erleichtern.	€ 20,00

Alle Preise sind Bruttopreise und verstehen sich zzgl. Porto und Verpackung (€ 4,00).

Bestellungen erbitten wir über die Rubrik „Publikationen“ auf www.bdue.de.